# COMENTÁRIOS À LEI DA DEFENSORIA PÚBLICA



www.editorasaraiva.com.br/direito
Visite nossa página

Gustavo REIS
Gustavo JUNQUEIRA
Daniel ZVEIBIL

# COMENTÁRIOS À LEI DA DEFENSORIA PÚBLICA

**LEI COMPLEMENTAR N. 80/94**

**Atualizada de acordo com**

**EMENDA CONSTITUCIONAL N. 80/14**

**LEI N. 13.105/2015**
(Código de Processo Civil)

**LEI N. 13.964/2019**
(Pacote "Anticrime")

2ª edição
2021

saraiva EDUCAÇÃO | saraiva jur

Av. Paulista, 901, 3º andar
Bela Vista – São Paulo – SP – CEP: 01311-100

SAC | sac.sets@saraivaeducacao.com.br

| | |
|---|---|
| **Diretoria executiva** | Flávia Alves Bravin |
| **Diretoria editorial** | Renata Pascual Müller |
| **Gerência editorial e de projetos** | Fernando Penteado |
| **Planejamento** | Josiane de Araujo Rodrigues |
| **Novos projetos** | Sérgio Lopes de Carvalho<br>Dalila Costa de Oliveira |
| **Gerência editorial** | Isabella Sánchez de Souza |
| **Edição** | Iris Lopes de Mello Dias Ferrão |
| **Produção editorial** | Daniele Debora de Souza (coord.)<br>Daniela Nogueira Secondo |
| **Arte e digital** | Mônica Landi (coord.)<br>Camilla Felix Cianelli Chaves<br>Claudirene de Moura Santos Silva<br>Deborah Mattos<br>Guilherme H. M. Salvador<br>Tiago Dela Rosa |
| **Projetos e serviços editoriais** | Daniela Maria Chaves Carvalho<br>Kelli Priscila Pinto<br>Marília Cordeiro<br>Nicoly Wasconcelos Razuk |
| **Diagramação** | Claudirene de Moura Santos |
| **Revisão** | Bernadete Maurício<br>Daniela Georgeto<br>Denise Dognini |
| **Capa** | Fabio Kato |
| **Produção gráfica** | Marli Rampim<br>Sergio Luiz Pereira Lopes |
| **Impressão e acabamento** | |

**DADOS INTERNACIONAIS DE CATALOGAÇÃO NA PUBLICAÇÃO (CIP)**
**ANGÉLICA ILACQUA CRB-8/7057**

J95c Junqueira, Gustavo Octaviano Diniz

Comentários à Lei da Defensoria Pública / Gustavo Junqueira, Daniel Zveibil, Gustavo Reis. – 2. ed. – São Paulo : Saraiva Educação, 2021.
784 p.

ISBN 978-65-5559-486-7 (Impresso)

1. Direito. 2. Lei da Defensoria Pública. I. Zveibil, Daniel. II. Reis, Gustavo. III. Título.

2021-788 CDD 340
CDU 34

**Índices para catálogo sistemático:**

1. Direito 340
2. Direito 34

**Data de fechamento da edição: 12-5-2021**

Dúvidas? Acesse www.editorasaraiva.com.br/direito



CL 607106 CAE 761239

Daniel Zveibil:
Dedico essa obra à minha família, especialmente *à minha esposa e defensora pública*, Laura Sarti Côrtes, pelo incentivo, e à minha filha, Julia, pela inspiração.

Gustavo Reis:
Dedico este livro a toda minha família. Em especial, à pessoa que me completa, me faz sorrir, me dá razão para sonhar. À Isabela.

Gustavo Junqueira:
Dedico este livro à minha esposa, Flávia, e aos meus filhos, Júlia e Gustavo.

Os autores dedicam o livro a usuárias e usuários da Defensoria Pública, incluindo os movimentos sociais, que compõem a razão de existência da instituição, além de cada defensora pública e defensor público que enfrenta cotidianamente a luta pela concretização do acesso à Justiça em um país tão injusto.

# Uma observação necessária

Caro leitor, dividimos o livro em três partes. A primeira parte trata de assuntos de teoria do acesso à justiça e de aspectos históricos da assistência jurídica, além de uma abordagem jurídico-dogmática da Defensoria Pública na Constituição Federal de 1988. A segunda parte foi destinada a comentários à Lei Complementar n. 80/1994, que organiza a Defensoria Pública da União, do Distrito Federal e dos Territórios e prescreve normas gerais para sua organização nos Estados. Conquanto tenhamos optado por desenvolver comentários à referida lei, o leitor notará que, para fins didáticos, aglutinamos artigos que tratam das mesmas temáticas para cada uma das Defensorias Públicas. Cremos que, dessa forma, haverá melhor visualização e o diálogo necessário dos institutos será alcançado. Por fim, a terceira parte destina-se a abordar os assuntos mais importantes sobre *gratuidade da justiça*, envolvendo a respectiva regulamentação no CPC/2015, bem como aquilo que restou de vigente na Lei n. 1.060/1950, a qual *"estabelece normas para a concessão de assistência judiciária aos necessitados"*.

# Sumário

# Apresentação à 1ª edição

Este livro tem como principal escopo analisar o arcabouço legislativo sobre a Defensoria Pública, sem deixar de refletir sobre o papel da instituição.

A Defensoria Pública é uma das novidades da Constituição Federal de 1988, época em que, tanto no Brasil como em outros países, foi nítida a preocupação com o efetivo acesso à justiça, sobretudo das pessoas necessitadas.

Uma análise abrangente da Defensoria Pública requer reflexões sobre a teoria do acesso à justiça e considerações, ainda que pontuais, sobre o percurso histórico da assistência jurídica no Brasil. Só a partir de tais premissas é que uma abordagem detida das principais leis atinentes à Defensoria Pública ficará contextualizada e, por conseguinte, mais claramente compreensível.

O livro pretende explorar o tratamento da Defensoria Pública na Constituição de 1988. Não foi suficiente discorrer sobre os dispositivos constitucionais explicitamente atrelados à instituição, cujo art. 134 é o mais emblemático. Foi necessário lançar o devido diálogo que uma Constituição republicana e transformadora exige de uma nova instituição do sistema de justiça, também republicana e comprometida com a transformação social.

Dentre os marcos normativos infraconstitucionais, houve preocupação em fazer uma leitura crítica da Lei Orgânica Nacional da Defensoria Pública e breves considerações sobre a antiga Lei n. 1.060/1950.

Muito há a ser escrito sobre o direito fundamental à assistência jurídica e sobre a Defensoria Pública. Se esta obra despertar ainda mais o interesse do leitor para aprofundar os estudos, nossa missão terá sido cumprida.

# Apresentação à 2ª edição

Publicamos a 1ª edição de nossos Comentários no ano de 2013. Lá se vão 8 anos, e muita coisa mudou em relação à Defensoria Pública. Consideramos exitosa a 1ª edição, embora reconheçamos muitos aspectos que, sem dúvida, poderiam ter ficado melhores.

Desde 2013 tínhamos a intenção de atualizar, corrigir e aprimorar o livro. A boa acolhida que teve entre leitores alimentava esse desejo, além, por certo, de alertas e críticas pertinentes àquela edição. Contingências da vida, porém, fizeram com que desviássemos, ainda que momentaneamente, de nossos objetivos, afastando-os ou postergando-os. É assim a vida.

Por falar em contingências, em 2020 vivemos – e seguimos sobrevivendo – em meio a uma pandemia. A Covid-19 nos impôs o confinamento por longo período; um confinamento *necessário para todos, mas possível para poucos*. O mundo segue profundamente desigual e, não fosse uma política de transferência de renda (auxílio emergencial) – tida por muitos como uma medida imprescindível em tempos "normais", como um modo conservador até de redução das desigualdades sociais –, a catástrofe teria sido ainda maior.

Nós, os autores, pertencemos ao grupo privilegiado cujo confinamento necessário era possível. A Defensoria Pública não parou, como não parou o sistema da justiça como um todo, adaptando-se, porém, ao momento.

Fato é que a pandemia propiciou a retomada da intermitente atualização que vínhamos fazendo desde 2013. De um lado, o fator tempo, dado ao confinamento; de outro, o estímulo ocasionado pela percepção do papel desempenhado pela Defensoria Pública durante a pandemia.

Indubitavelmente, a 2ª edição, escrita e lançada ainda durante a pandemia, exigiria reflexões sobre a Defensoria Pública também nesse período específico, e temos ciência de que diversos artigos e livros já foram ou estão sendo escritos. No entanto, não quisemos abordar essa interessante temática neste livro por um detalhe: estudar o comportamento da Defensoria Pública (e do sistema de justiça como um todo) durante a pandemia requer uma investigação empírica, baseada em análise séria de cunho quantitativo e qualitativo, explorando vieses, por exemplo, sobre como se deu a atuação coletiva; como ocorreram os atendimentos individuais; qual o impacto nas audiências virtuais; como o acesso à justiça lidou com a falta de inclusão digital, até então um obstáculo desconhecido, embora anunciado; por fim, a inevitável e importante análise comparativa entre a Defensoria Pública e o modelo *judicare*. Isso, vale reiterar, requer uma abordagem empírica. Do contrário, quaisquer reflexões, conquanto ricas e interessantes, não passariam de ensaios especulativos. A especulação, sem dúvida, tem grande valor no desenvolvimento das ideias, mas escolhemos privilegiar, quando possível, posições construídas em cima de bases mais firmes. Assim, quem sabe, o tema pode ficar para uma possível 3ª edição ou para outra ocasião na qual esteja mais amadurecido.

De lá para cá, nesses 8 anos, muita coisa se transformou em relação à Defensoria Pública – houve evoluções e involuções. A começar pela Emenda Constitucional n. 80, do ano de 2014 – ano seguinte ao da 1ª edição, refletindo grande conquista institucional.

Inevitavelmente, tal emenda exigiu, por si só, a atualização da 1ª edição. E, por óbvio, a essa empreitada nos dedicamos ao longo do livro.

O advento do Código de Processo Civil, em 2015, foi outra importante novidade, afinal, consagrou um capítulo dedicado à Defensoria Pública, além de outras inovações. E o advento deste Código nos impôs rever, sobretudo, a Parte III da 1ª edição, que originalmente fora dedicada à análise da Lei n. 1.060/1950.

Desde 2013, um assunto dos mais importantes acerca do acesso à justiça no Brasil refere-se à consolidação da atuação coletiva da Defensoria Pública, seja devido ao julgamento da ADIn 3.943 pelo Supremo Tribunal Federal, seja pela já citada Emenda Constitucional n. 80/2014. A segurança jurídica necessária foi assegurada.

Nesta 2ª edição, além das atualizações, chamamos a atenção do leitor para ao menos três outras inovações relevantes.

A primeira delas, tentamos melhorar a visualização dos assuntos, com uma mais robusta divisão em tópicos. Se na 1ª edição houve muitos aspectos que poderiam ter sido melhores, certamente este é um deles. E, quanto a isso, a imperiosa melhoria não passou despercebida apenas por nós, os autores, mas também por alguns de nossos estimados leitores, que nos alertaram para essa necessidade. Esperamos que críticas construtivas como essa ocorram também quanto à 2ª edição.

O segundo ponto que chamamos a atenção diz respeito a uma tentativa de nos predispormos em, se possível, tornar mais didático e interessante o estudo da Defensoria Pública. Essa predisposição refere-se a exemplificarmos e refletirmos sobre determinados temas com o auxílio da literatura e das artes em geral. E do Cinema, em particular. Procuramos não nos exceder, mas excessos podem ter ocorrido, pelos quais nos desculpamos desde já. De qualquer forma, entendemos que a ciência do Direito precisa se tornar mais viva, mais sentimental, mais humana – para que o direito positivado tenha real eficácia, e para que, quando necessário, também seja aprimorado, corrigindo injustiças que contribuem para deteriorar o convívio social, especialmente tornando *humanos e sujeitos de direito* os que são tratados como se fossem *sub-humanos e objetos descartáveis* – "uma imensidão de seres que nós excluímos desde sempre", nas palavras de Ailton

Krenak[1]. Na Defensoria Pública e, claro, no sistema de justiça lidamos com dramas normalmente "interpretados" a partir da frieza da lei. A frieza, em verdade, não é da lei, que é uma abstração. *Ela é nossa*. E se o Direito posto não responde como deveria ao ideal de transformação social, então que ao menos nós, interessados no estudo do acesso à justiça, procuremos o calor das emoções ante a frieza que, no mínimo, nos deixa apáticos.

Por fim, o terceiro ponto a destacar: nesta 2ª edição, alguns temas complexos e envoltos em grandes polêmicas exigiram mais do que comentários diretos e concisos; exigiram análise mais detida e cuidadosa, talvez amadurecida pelos longos anos que se passaram desde a 1ª edição. Por sinal, esta "demora" parece ser uma qualidade que podemos destacar em nossa obra, e não por causa de "nossas virtudes pessoais", mas porque o tempo passado permitiu que digeríssemos com mais vagar e atenção as transformações ocorridas durante esse período de 8 anos. Esse contexto consideramos particularmente valioso em um mundo imediatista, de *cliques* e *descliques*, e no qual há forte defasagem entre os *tempos* da política e do direito, de um lado, em relação às novas e rápidas necessidades sociais geradas pelos velozes tempos da economia e de novas tecnologias[2]. Seja como for, dentre os temas aos quais demos mais espaço, no propósito de desenvolvê-los mais adequadamente, destacamos os seguintes:

a) o exercício de atividade político-partidária;
b) a capacidade postulatória dos defensores públicos;
c) a atuação da Defensoria Pública em favor do assistente de acusação;
d) nossas reflexões sobre a teoria da intervenção *custos vulnerabilis*;
e) aspectos envolvendo a Ouvidoria-Geral e o Defensor Público-Geral;
f) limites e alcance da inamovibilidade e do também defensor natural;
g) o exercício da independência funcional (um tema clássico, conhecido, mas que parece inesgotável);
h) autonomias atribuídas à Defensoria Pública;
i) os princípios institucionais;
j) conceito de pessoa necessitada.

Obviamente, ao longo do livro procuramos tratar todos os temas com certa profundidade dentro de nossas possibilidades. No entanto, cremos que os assuntos acima listados mereceram perspectivas novas quando olhamos para a doutrina institucional, que também se expandiu e pluralizou sobremaneira nos últimos anos. Nosso escopo, assim, foi lançar nossos olhares ou criticar algumas teorias, sempre visando ao saudável debate acadêmico.

---

1 KRENAK, Ailton. *A vida não é útil*. Pesquisa e organização de Rita Carelli. São Paulo: Companhia das Letras, 2020. p. 9-15.

2 Daniel Innerarity aponta existirem "heterocronías (el tiempo de los jóvenes y el de los mayores, el desequilibrio entre las generaciones o las desigualdades en general) o como falta de sincronía entre los diversos sistemas sociales (los avances tecnológicos frente a la lentitud del derecho, el tiempo del consumo contra el tiempo de los recursos, el tiempo midiático que contrasta con el tiempo científico). (...) el tiempo de la moda no coincide con el tiempo de la religión, ni el de la tecnologia con el del derecho, ni de la economía con el de la política, ni el de los ecosistemas con el del consumo" (INNERARITY, Daniel. *Un mundo desincronizado. Claves de razón práctica*, 186 (octubre, 2008), p. 12-16).

Enfim, cara leitora e caro leitor, entregamos a vocês, nossos mais estimados interlocutores, a apreciação de nossas ideias. Esperamos ter alcançado nossos objetivos. Esperamos que eventual 3ª edição não demore tanto para ocorrer, mas estamos certos de que a reflexão necessária nem sempre é possível se o tempo não fizer seu trabalho.

Que superemos a pandemia da Covid-19, mas que ela tenha servido para que todos nós busquemos compreender melhor o mundo no qual vivemos e quem realmente somos. E, dentro do que nos é possível, que procuremos interferir nesse mundo, cuja volta à "normalidade" pré-pandêmica talvez seja a mais clara demonstração do rumo equivocado que tomamos.

# Parte I
Introdução

# 1 ACESSO À JUSTIÇA: NOÇÕES FUNDAMENTAIS

## 1.1 Acesso à justiça: fundamento e contexto

A expressão "acesso à justiça" não possui um significado unívoco na doutrina. Quando utilizada, ora se apresenta significando algo como a duração razoável do processo, ora como devido processo legal. Outro significado que lhe é corriqueiramente atribuído diz com a assistência jurídica. Na verdade, a expressão "acesso à justiça" corresponde a todas aquelas noções, podendo-se afirmar, com segurança, que seu melhor conceito é aquele que não o confunde como mero acesso ao Judiciário – como veremos adiante, a propósito, esta noção corresponde ao fato de que as funções institucionais da Defensoria Pública abrem campo de ação para além do sistema de Justiça[1]. É fora de dúvida que o tema da assistência jurídica integral e gratuita figura como um dos mais importantes para o estudo do acesso à justiça. Mas não se trata de expressões sinônimas.

A ideia de acesso à justiça é mais abrangente do que a de assistência jurídica integral e gratuita. Esta se insere naquela, porque qualquer jurisdicionado – seja necessitado, ou não – é titular do direito fundamental de acesso à justiça. Conforme lições de Mauro Cappelletti e Bryant Garth,

> (...) o direito ao acesso efetivo tem sido progressivamente reconhecido como sendo de importância capital entre os novos direitos individuais e sociais, uma vez que a titularidade de direitos é destituída de sentido, na ausência de mecanismos para sua efetiva reivindicação. O acesso à justiça pode, portanto, ser encarado como o requisito fundamental – o mais básico dos direitos humanos – de um sistema jurídico moderno e igualitário que pretenda garantir, e não apenas proclamar os direitos de todos[2].

Na mesma linha são os ensinamentos da pesquisadora e professora de Ciência Política da USP, Maria Teresa Sadek:

> Para a materialização de todos os direitos, sejam eles individuais ou supraindividuais, o acesso à justiça é requisito fundamental. Em outras palavras, o direito de acesso à justiça é o direito sem o qual nenhum dos demais se concretiza. Assim, qualquer óbice ao direito de acesso à justiça tem condições de provocar limitações ou mesmo de impossibilitar a efetivação dos demais direitos e, portanto, a concretização da cidadania, a realização da igualdade[3].

Alerta importante e constantemente lembrado por doutrinadores é que o acesso à justiça pressupõe – mas não se confunde com – a cláusula da inafastabilidade da jurisdição.

---

1 Quando nos referimos ao *sistema de Justiça*, referimo-nos ao conjunto formado pelo Poder Judiciário (Título IV, capítulo III, da Constituição Federal) e às funções essenciais à Justiça (Título IV, capítulo IV, da Constituição Federal). Doravante, considere o leitor essa convenção, a não ser que expressamente a obra excepcione o sentido.

2 CAPPELLETTI, Mauro; GARTH, Bryant. *Acesso à justiça*. Trad. Ellen Gracie Northfleet. Porto Alegre: Sergio Antonio Fabris Editor, 1988. p. 11-12.

3 SADEK, Maria Teresa. Justiça e direitos: a construção da igualdade. In: BOTELHO, André; SCHWARCZ, Lilia Moritz (orgs.). *Agenda brasileira*: temas de uma sociedade em mudança. São Paulo: Companhia das Letras, 2011. p. 331.

O art. 5º, XXXV, da CF/88 estabelece que "a lei não excluirá da apreciação do Poder Judiciário lesão ou ameaça a direito". Vale rememorar o valor democrático dessa norma: durante a ditadura civil-militar de 1964[4] brasileira, por exemplo, foi editado o Ato Institucional n. 5 (AI-5), que em seu art. 11 dispunha: "Excluem-se de qualquer apreciação judicial todos os atos praticados de acordo com este Ato Institucional e seus Atos Complementares, bem como os respectivos feitos".

Nesse sentido, Ada Pellegrini Grinover rememora que:

> A partir de 1930, com o início dos governos autoritários, o princípio da apreciação judiciária entrou em franco retrocesso. Primeiro, o Decreto Institucional do Governo Provisório de 1930 [segundo nota de rodapé da Professora, o art. 5º excluía da apreciação judiciária 'os decretos e atos do Governo Provisório, ou dos interventores federais, praticados na conformidade da presente lei ou de modificações ulteriores']; depois, o Decreto n. 24.233, de 12 de maio de 1934, que estabelecia a competência da Câmara de Reajustamento Econômico, entidade administrativa criada para reajustar as dívidas dos agricultores, excluindo, nesse caso, a apreciação judiciária[5].

O defensor público carioca Rogério Nunes de Oliveira esclarece que a cláusula da inafastabilidade da jurisdição possui dupla dimensão: uma negativa e outra positiva[6]. A dimensão negativa corresponde justamente ao enfrentamento de regras como a do AI-5, por exemplo, não se admitindo, portanto, óbices jurídicos ao acesso ao Judiciário.

Já a faceta positiva compreende, dentre outras coisas, as obrigações impostas ao Estado para que todas as pessoas tenham condições efetivas de acessar o Judiciário, superando principalmente obstáculo de ordem econômica; não por acaso, já no início da década de 1970, a Professora Ada afirmava que a inafastabilidade do controle judiciário prende-se à cláusula do *due process law*"[7].

| Faces da inafastabilidade da jurisdição |
|---|
| • Negativa: proibição de controle jurisdicional contra atos estatais imunizados<br>• Positiva: obrigações impostas ao Estado para que todos tenham condições efetivas de acesso ao Judiciário |

Para finalizar este tópico, é importante ter clareza quanto a alguns conceitos por vezes confundidos.

De uns tempos pra cá a doutrina e a jurisprudência vêm reconhecendo que as expressões "assistência jurídica", "assistência judiciária" e "gratuidade judiciária" (atualmente referida pelo CPC/2015 por "gratuidade da justiça") não se confundem, embora sejam interligadas e até interdependentes.

Começando pela última expressão, "gratuidade da justiça" diz respeito às isenções relativas aos custos do processo (ou ao seu preço). Afinal de contas, na medida em que o processo (no

4 Sobre o caráter civil-militar da ditadura brasileira, recomendamos o premiado documentário *Cidadão Boilesen*, dirigido por Chaim Litewski, ano 2009.

5 GRINOVER, Ada Pellegrini. *As garantias constitucionais do direito de ação*. São Paulo: RT, 1973. item 46, p. 135.

6 OLIVEIRA, Rogério Nunes de. *Assistência jurídica gratuita*. Rio de Janeiro: Lumen Juris, 2006. p. 60.

7 GRINOVER, Ada Pellegrini. *As garantias constitucionais*..., cit., item 45, p. 132.

caso, o exercício da jurisdição) custa dinheiro, é necessário racionalizar um regime financeiro que o sustente[8].

Sobre as isenções atinentes aos custos do processo tratava o revogado art. 3º da Lei n. 1.060/1950, substituído pelo art. 98, § 1º, do CPC/2015. Em suma, num Estado Democrático de Direito que, por coerência, pretenda garantir que todas as pessoas possam resolver seus conflitos jurídicos por meio do Estado-juiz, impor aos pobres os mesmos custos processuais impostos aos mais abastados consubstancia, na prática, uma negação ao acesso à justiça daqueles. Daí a necessidade da gratuidade da justiça.

Já a terminologia "assistência judiciária" pretende tratar de outro aspecto: o problema de como os pobres poderão se defender em juízo, já que a ordenação jurídica, em geral, atribui tal função a profissões com bacharelado em Direito.

Como os não bacharéis em Direito não podem – salvo exceções – se defender ou defender os interesses de outrem em juízo, cabe ao Estado intervir para que os pobres tenham condições de contar com esse serviço. Assim, enquanto quem possui condições financeiras contrata advogados, que são profissionais liberais, quem não as possui fica na dependência de que o Estado de alguma maneira garanta-lhe a prestação desse serviço, que recebe o nome de assistência judiciária. Para que não reste dúvida: essa assistência limita-se ao campo *processual* ou *judiciário*.

Falta esclarecer o que significa "assistência jurídica".

Não há consenso doutrinário sobre qual seria a real abrangência da nova expressão. O que há de consenso reside no seguinte: a nova expressão "(...) ampliou o campo de abrangência do instituto para abarcar não só o patrocínio judiciário, reduzido à garantia de um profissional habilitado para a defesa em juízo, como também atividades de aconselhamento, informação jurídica e orientação em geral para a prática de atos extrajudiciais"[9]. Por sinal, em trabalho publicado no ano de 1988 – a nosso ver, um importante ponto temporal de inflexão na assistência judiciária brasileira –, Walter Piva Rodrigues já apontava que: "Um dos institutos a merecer reformulação é o da assistência judiciária. Seu emprego é reconhecidamente deficiente posto que, também, limitado ao plano das disputas judiciárias"[10].

Outro elemento desse conceito e que cada vez mais ganha atenção nos discursos e práticas das Defensorias Públicas é a "educação em direitos", por vezes conhecida como educação jurídica popular[11].

É possível afirmar que existe uma **transformação** do conceito de "assistência judiciária" para o de "assistência jurídica", inexistindo uma contraposição entre tais noções. Com efeito,

---

8 DINAMARCO, Cândido Rangel. *Instituições de direito processual civil*. 6. ed. São Paulo: Malheiros, 2009. p. 650-651.

9 OLIVEIRA, Rogério Nunes de. *Assistência jurídica gratuita*, cit., p. 74.

10 RODRIGUES, Walter Piva. Assistência judiciária, uma garantia insuficiente. In: GRINOVER, Ada Pellegrini; DINAMARCO, Cândido Rangel; WATANABE, Kazuo. *Participação e processo*. São Paulo: RT, 1988. p. 244.

11 Sobre esse assunto, conferir: ALVES, Cléber Francisco. Defensoria Pública e educação em direitos humanos. In: SOUSA, José Augusto Garcia de (org.). *Uma nova Defensoria Pública pede passagem*: reflexões sobre a Lei Complementar 132/09. Rio de Janeiro: Lumen Juris, 2001. p. 199-216.

enquanto a "assistência judiciária" prioriza suas atenções ao acesso *ao Poder Judiciário*, a "assistência jurídica" não se limita a isso. No fundo, o que as distingue é o momento histórico, pois hoje cada vez mais se compreende que o acesso à justiça não se confunde com o acesso ao Judiciário, reservando-se a entrada em cena do Estado-juiz para quando outros métodos de resolução dos conflitos se mostrem inócuos – ou em termos mais precisos, pode-se dizer que tem prevalecido a ideologia de aplicação dos métodos de resolução de conflitos mais apropriados ao tipo de conflito ou de crise jurídica pendente, e há muitos conflitos ou crises jurídicas cuja técnica adjudicatória é muito limitada para solucioná-los.

Não é por outra razão que no rol de atribuições da Defensoria Pública – portanto, rol de atribuições dos defensores públicos – encontram-se deveres de atuação que transcendem, e muito, a atuação processual.

Quando dissemos acima que existe uma relação de dependência entre as expressões analisadas neste tópico, é porque a garantia de um sem o outro pode ser metaforicamente encarada como dar com uma mão e tirar com a outra. Ademais, a transformação acima apontada – do direito de "assistência judiciária" para "assistência jurídica" – reflete a tentativa de se abranger todos os conflitos e crises de direito que possam atingir os necessitados. Daí a **interdependência** existente entre as expressões "assistência jurídica", "assistência judiciária" e "gratuidade da justiça" – que, de certo modo, não deixa de refletir a própria **interdependência dos direitos humanos**.

## 1.2 Mauro Cappelletti e a teoria do acesso à justiça

O jurista e sociólogo do Direito Mauro Cappelletti desenvolveu e coordenou, sobretudo a partir de meados do século XX, estudos pioneiros acerca do tema do acesso à justiça. No entanto, não podemos descurar que ele, em certa medida, deu prosseguimento a estudos dessa temática feitos por seu mestre, Piero Calamandrei[12].

Na década de 1960 Mauro Cappelletti coordenou o Projeto de Florença, patrocinado pela Fundação Ford. Tratava-se de uma pesquisa interdisciplinar destinada a pesquisar as transformações por que passava o acesso à justiça no pós-guerra, e tais transformações eram referidas metaforicamente como ondas.

As ondas do acesso à justiça estão sintetizadas na clássica obra *Acesso à Justiça*, que é uma síntese da pesquisa desenvolvida no Projeto de Florença.

Em resumo, as três ondas do acesso à justiça são três: assistência judiciária para os pobres, representação dos interesses difusos e, por fim, o chamado enfoque do acesso à justiça.

Por se tratar de uma tipologia muito difundida, não a exporemos nesse livro o que cada uma das ondas significa – e não é demais dizer que a consulta direta à obra cappellettiana se mostra essencial. Em vez disso, reputamos mais apropriado tecer algumas considerações envolvendo essas ondas de acesso à justiça.

---

12 Sobre o tema do acesso à justiça na obra de Piero Calamandrei, ver, por exemplo, *Proceso y democracia*, trad. Hector Fix Zamudio, Buenos Aires: EJEA, 1960, principalmente capítulo VI.

### 1.2.1 As ondas do acesso à justiça e as atribuições da Defensoria Pública

As ondas cappellettianas do acesso à justiça possuem relação direta com a Defensoria Pública e, ao contrário do que pareceria à primeira vista, ela não se explica apenas e tão só pela primeira onda.

A primeira onda do acesso à justiça, qual seja, a assistência judiciária para os pobres, corresponde à razão de existir da Defensoria Pública. "Pessoas necessitadas", "assistência jurídica" e "Defensoria Pública" são irmãs siamesas no direito brasileiro.

No entanto, a relação entre a Defensoria Pública e as ondas do acesso à justiça não termina aqui. É no rol amplo e exemplificativo do art. 4º da Lei Complementar n. 80/94 que temos a demonstração de que a Defensoria Pública é uma instituição jurídica "desenhada" na segunda metade do século XX e que, por isso, traz consigo a virtude – e o imenso fardo – da tarefa de praticar um acesso à justiça já pensado pelas lentes daquelas ondas.

Exemplos disso se encontram não apenas na legitimidade para proposição de ação civil pública como a promoção de audiências públicas e, num sentido amplo, a fiscalização de locais de restrição da liberdade de ir e vir. Por outro lado, a Defensoria Pública deve zelar pela promoção de solução pacífica dos conflitos e buscar a efetivação de direitos antes mesmo da etapa da judicialização, evitando-a tanto quanto for possível – isto é, evitando a judicialização imediata se o tipo de conflito jurídico for compatível com outros meios de resolução diversos do método adjudicatório.

### 1.2.2 O enfoque do acesso à justiça lido em conjunto com o programa de reforma de Mauro Cappelletti

O capítulo IV do *Acesso à Justiça* de Cappelletti e Garth é intitulado "Tendências no uso do enfoque do acesso à justiça".

Nele, os autores explicam que essa terceira onda receberia o nome "enfoque do acesso à justiça" por sua abrangência e por suas inúmeras implicações, e ao longo desse capítulo eles expõem e analisam as diversas facetas e pormenores envolvendo a temática. Basicamente, são retratadas experiências concernentes à reforma dos procedimentos em relação a novos direitos e tipos de litígios, os tribunais de "pequenas causas" e uma prospecção acerca de métodos "alternativos" à jurisdição.

O enfoque do acesso à justiça nessa obra, pode-se dizer, é apresentado através de uma visão panorâmica, algo como: "algumas mudanças estão ocorrendo no acesso à justiça e elas são as seguintes", mas os autores não expõem nessa obra as causas que levam ao enfoque do acesso à justiça.

Para saber sobre essas causas, deve-se recorrer a outro estudo de Mauro Cappelletti que ele denomina "acesso à justiça como programa de reforma e como método de pensamento". Esse estudo está situado no livro *Processo, ideologias e sociedade*[13]. Façamos uma síntese disso.

---

13 CAPPELLETTI, Mauro. Acesso à justiça como programa de reforma e como método de pensamento. In: *Processo, ideologias e sociedade*. Porto Alegre: Sérgio Antonio Fabris, 2008. v. I, p. 379 e seguintes.

Escrevendo a partir de meados do século passado, Mauro Cappelletti constata haver três mudanças nos ordenamentos jurídicos da época: a) dimensão constitucional (valores fundamentais vão ganhando *status* de normas constitucionais; aqui, ganha relevância a jurisdição constitucional); b) dimensão transnacional (superação da soberania nacional); e c) dimensão social (tem o acesso ao Direito e à justiça como protagonista)[14].

A dimensão social está ligada ao surgimento dos direitos sociais, fruto de "profundas transformações das sociedades industriais e pós-industriais modernas". O que se pede perante a justiça é a igualdade material, e a intervenção do Estado, aqui, é fundamental (função promocional). E se a intervenção do Estado é essencial, ela tem um porém: ela leva ao perigo do "gigantismo governamental" (algo potencialmente opressivo).

O "problema do acesso" é esse: de um lado, ele tem que garantir (i) a efetividade dos direitos sociais – o que requer a intervenção do Estado –, mas, (ii) até para controlar aquela potencial capacidade opressiva do Estado, surge a necessidade de modos alternativos à efetivação dos direitos[15], e é nesse contexto que o autor apresenta suas propostas: o **duplo programa de reforma:**

a) superar as barreiras reais que impedem os pobres de acessar a justiça (e "justiça" não é sinônimo de Judiciário), o que significa buscar a igualdade material. O Judiciário ganha um papel protagonista, sendo esse primeiro aspecto das propostas representados pelas duas primeiras ondas do acesso à justiça: assistência judiciária para os pobres e tutela coletiva (resolução de crises de direito relativos a interesses difusos e coletivos pela via judicial);

b) enfrentar o "gigantismo governamental" por meio de (i) procedimentos mais simples e adequados para certos tipos de controvérsias; (ii) fomento de uma "justiça coexistencial" (conciliação e mediação) para atender a conflitos que exijam a continuidade da relação direta dos conflitantes; e (iii) possibilitar formas de participação ("participação dos leigos na administração da justiça"). Esses são os três remédios contra "os perigos da opressão do burocrático governamental, do legalismo, do tecnicismo jurídico"[16].

Como se vê, num período brevemente posterior à Segunda Guerra Mundial, o Estado é visto simultaneamente como herói e vilão do acesso à justiça, e é isso que explica a ligação direta da terceira onda também com a função de contenção do aparato estatal.

Além do duplo programa de reforma, Cappelletti apresenta **um "novo método de pensamento"**: numa época de revolução cultural em matéria de distribuição de justiça, também o método de análise jurídica haveria que passar por uma revolução. Agora, *os "consumidores" do acesso à justiça são o centro de toda a análise jurídica*, e não mais prevalecendo os "produtores" (juízes, legisladores e administradores). Há uma "metamorfose de análise jurídica": a técnica deve conviver agora com a "investigação empírica e interdisciplinar". E conclui:

> O direito e o Estado devem, finalmente, ser vistos por aquilo que são: como simples instrumentos a serviço dos cidadãos e de suas necessidades, e não vice-versa[17].

14 Idem, p. 379.

15 Idem, p. 385.

16 Idem, p. 391.

17 Idem, p. 393.

## 1.3 Quais são os obstáculos para o acesso à justiça; os obstáculos relacionados ao conceito de necessitado e à extensão das funções institucionais da Defensoria Pública

A doutrina aponta exemplificativamente alguns obstáculos, ou barreiras, ao acesso à justiça. Os mais citados e de maior interesse para os escopos deste livro são os seguintes:

a) obstáculo econômico;

b) obstáculo organizacional.

c) obstáculo processual;

d) obstáculo cultural.

O obstáculo econômico diz respeito à carência de recursos financeiros que permitam à pessoa custear as despesas oriundas do processo judicial e os honorários advocatícios. Apesar de a CF/88 prever a inafastabilidade da jurisdição (art. 5º, XXXV), essa regra se torna letra morta quando se trata de pessoa necessitada, e por isso o filósofo Ovídio sentenciava: "o tribunal está fechado para os pobres".

Como obstáculo organizacional costuma-se asseverar que a sociedade brasileira, em razão de sua formação histórica, teria dificuldades de várias ordens para se organizar e, com isso, defender seus direitos de maneira coletiva. Essa perspectiva é verdadeira, contudo, ainda estreita, pois Cappelletti aponta que o obstáculo organizacional é decorrência de "uma das características fundamentais das sociedades contemporâneas, e reflete-se na transformação da economia, do tipo primariamente baseado em relações interindividuais para outro em que a produção, a distribuição e o consumo se tornaram *fenômenos de massa*"[18]. Ao lado dessa constatação, Cappelletti acrescenta outo aspecto fundamental:

> De modo análogo, os 'direitos sociais' emergiram como extremamente importantes. Pois bem: os direitos sociais acarretam, ou tendem a acarretar, benefícios para amplas categorias de pessoas fracas ou anteriormente discriminadas: crianças, mulheres, idosos, minorias raciais ou linguísticas, deficientes, etc. Em todos esses casos, o indivíduo isolado é em regra incapaz de vindicar efetivamente os direitos em causa; uma vez que se cuida de direitos coletivos ou difusos, a única proteção realmente efetiva será aquela que reflita o caráter de 'coletivo' ou de 'classe' do direito[19].

Assim, nasce uma nova espécie de "pobreza", referida por Mauro Cappelletti como "pobreza organizacional", a qual, segundo ele, se não for superada, torna de todo ineficiente a proteção judicial[20]. Em razão dessa correta perspectiva, Ada Pellegrini Grinover bem sintetiza quem são os necessitados organizacionais, além de introduzir que a questão da assistência jurídica não deve se limitar ao aspecto econômico:

> (...) todos aqueles que são socialmente vulneráveis: os consumidores, os usuários de serviços públicos, os usuários de planos de saúde, os que queiram implementar ou contestar políticas

18 CAPPELLETTI, Mauro. Os métodos alternativos de solução de conflitos no quadro do movimento universal de acesso à justiça. *Revista de Processo*, n. 74, p. 84, abr./jun. 1994.

19 Idem, ibidem.

20 Idem, p. 84-85.

públicas, como as atinentes à saúde, à moradia, ao saneamento básico, ao meio ambiente, etc. E tanto assim é que se afirmava, no mesmo estudo, que a assistência judiciária deve compreender a defesa penal, em que o Estado é tido a assegurar a todos o contraditório e a ampla defesa, quer se trate de economicamente necessitados, quer não. O acusado está sempre em uma posição de vulnerabilidade frente à acusação[21].

Em se tratando de vulnerabilidade não econômica, Tiago Fensterseifer também explica a curadoria especial como outra função institucional da Defensoria Pública fundada a esta vulnerabilidade, e ressalta que:

> O conceito de necessidade (ou pessoa necessitada) 'em sentido amplo' [isto é, para além da perspectiva econômica] resultou consagrado no art. 4º, XI, da LC 80/94, com as alterações trazidas pela LC 132/2009, ao determinar que cabe à Defensoria Pública 'exercer a defesa dos interesses individuais e coletivos da criança e do adolescente, do idoso, da pessoa portadora de necessidades especiais, da mulher vítima de violência doméstica e familiar e de outros grupos sociais vulneráveis que mereçam proteção especial do Estado'[22].

Também se deve mencionar o que a doutrina denomina "obstáculo processual", assim definido com precisão por Mauro Cappelletti:

> Por 'obstáculo processual' entendo o fato de que, em certas áreas ou espécies de litígio, a solução normal – o tradicional processo litigioso em juízo – pode não ser o melhor caminho para ensejar a vindicação efetiva de direitos. Aqui, há busca de se visar reais *alternativas* (*stricto sensu*) aos juízos ordinários e aos procedimentos usuais[23].

Anote-se que os ditos métodos "alternativos" – alternativos em relação à técnica judicial adjudicatória – não são novidades na história do processo[24], havendo atualmente, porém, segundo Cappelletti, "um novo elemento":

> (...) consistente em que as sociedades modernas descobriram *novas razões* para preferir tais alternativas. É importante acentuar que essas novas razões incluem a própria essência do movimento de acesso à justiça, a saber, o fato de que o processo judicial agora é, ou deveria ser, acessível a seguimentos cada vez maiores da população, aliás, ao menos teoricamente, a toda população[25].

---

21 GRINOVER, Ada Pellegrini. Parecer sobre a legitimidade da Defensoria Pública para o ajuizamento de ação pública, *Revista da Defensoria Pública do Estado de São Paulo*, ano 4, n. 2, 2001, p. 155.

22 FENSTERSEIFER, Tiago. *Defensoria Pública, direitos fundamentais e ação civil pública.* São Paulo: Saraiva: 2015, p. 64.

23 CAPPELLETTI, Mauro. Os métodos alternativos de solução de conflitos no quadro do movimento universal de acesso à justiça. *Revista de Processo*, n. 74, abr./jun. 1994, p. 87-88.

24 Idem, p. 88-95. Para uma história de variação do método de resolução de conflitos mais voltada para o campo judicial, e que demonstra a variação processual de acordo com a natureza do conflito (e do valor nele envolvido), confira amplamente um dos mais importantes estudos de processo desde a inauguração e sua fase científica: LACERDA, Galeno. Mandados e sentenças liminares, *Revista da Faculdade de Direito UFPR*, v. 14, n. 0, 1971, disponível inteiramente em meio digital no seguinte endereço: <http://revistas.ufpr.br/direito/article/view/7191/5146>.

25 CAPPELLETTI, Mauro. Os métodos alternativos de solução de conflitos no quadro do movimento universal de acesso à justiça. *Revista de Processo,* n. 74, abr./jun. 1994, p. 87-88.

Inspirando-se nesse ideal, mas havendo consciência de que o método adjudicatório é bastante apropriado apenas a uma parcela de crises de direito (conflitos), tendo serventia limitada a outros tipos de crises de direito por ser incapaz de resolver adequadamente os conflitos respectivos e, muitas vezes, até estimulando novos conflitos em cima dos conflitos formalmente resolvidos em juízo, é o motivo básico pelo qual se revalorizou métodos de resolução de conflitos milenares e que fogem da tradição política liberal consolidada a partir do século XVIII. Esse quadro, anote-se, fez Mauro Cappelletti advertir que "deveríamos ser suficientemente humildes para reconhecer que podemos ter muito que aprender com as tradições africanas e asiáticas"[26].

Nesta parte introdutória, vale pontuarmos dois alertas.

Primeiro, *hoje em dia não se fala mais em métodos "alternativos"*, e é por esse motivo que, acima, grafamos o termo entre aspas, pois, corretamente, para a doutrina atual a questão reside no método resolutivo ser, ou não, apropriado a determinado conflito. Ou seja, fala-se em *métodos apropriados*. Assim, por exemplo, na teoria o conflito familiar atrai o método consensual para sua melhor resolução, na medida em que esta forma de resolução é capaz de evitar que novos conflitos derivem daquele primevo. Contudo, se o conflito familiar conter o ingrediente da violência a colocar em risco a integridade física e moral dos envolvidos, especialmente dos mais vulneráveis – crianças, mulheres, idosos, pessoas com deficiência etc. –, a intervenção judicial será o método mais apropriado à contenda em um primeiro momento, pois *a desigualdade do conflito colocará em vantagem quem age com violência.* Depois de contida a violência no conflito familiar, serenando-se os ânimos – ainda que na aparência – nada impede que o método consensual seja aplicado para tentar solucionar questões que ficaram pendentes e podem ser fontes de novos conflitos (e outros processos judiciais).

Segundo alerta, que, a nosso ver, é decorrência lógica do primeiro, é o fato de que *não existem métodos de resolução que sejam mais importantes em abstrato*, mas cada método é o mais apropriado para cada tipo de conflito. Há conflitos que exigem mediação para reconstrução do diálogo. Outros comportam o atalhamento do diálogo, atraindo para si o método de conciliação. Outros exigem método adjudicatório arbitral, em razão das características que uma arbitragem pode oferecer (maior rapidez, árbitros especializados no complexo conflito, confidencialidade etc.). Outros conflitos exigem intervenção judicial, embora uma medida liminar seja prescindível. Porém, há conflitos que exigem medida liminar sob pena de perecimento de direito que seja de difícil ou impossível reparação, havendo também conflitos que não se contentam com a tutela provisória do procedimento civil comum, mas que se ajustam melhor a procedimento judicial especial. Como se pode notar, é preciso enxergar a terceira onda de acesso à justiça – que visa superar o obstáculo processual – como crítica à "revolução liberal", é verdade, especialmente às limitações do critério de "igualmente formal", contudo, importantíssimo ressaltar que tal crítica "não consiste em repúdio das 'liberdades tradicionais', mas antes na *complementação* destas pelos novos 'direitos sociais', que visam precisamente a fazer acessíveis a todos aquelas liberdades, assim tornando a pobreza relevante, sim, para o direito"[27].

26 Idem, p. 87-88.

27 Idem, p. 96.

O que vale dizer, *as formas de resolução de conflitos devem ser lidas à luz da complementariedade solidária dos direitos humanos*[28], não podendo haver endeusamento nem dos métodos consensuais, nem do método judicial adjudicatório – tudo é uma questão do método de resolução ser, ou não, apropriado ao conflito.

A supervalorização da consensualidade pode erodir conquistas liberais, deixando de aplicar garantias processuais em conflitos que as exijam como condição de boa resolução, colocando em vantagem os mais fortes no conflito (estes tendem a impor seu ponto de vista), e criando o que Cappelletti chama de *"Justiça de segunda classe"*[29]. Esta, aliás, é uma das grandes críticas dirigidas por José Ignacio Botelho de Mesquita, Professor Emérito da Faculdade de Direito da USP, *contra a ideologia da instrumentalidade do processo (em seu sentido mais recente)*, responsável por pulverizar os fins do processo e, em razão desse fato, afastar o juiz da legalidade em conflitos que atrairiam o método adjudicatório judicial como mais apropriado[30]. Em perspectiva diversa, a crítica à supervalorização do método adjudicatório já é nossa velha conhecida, a saber, tal método não trata adequadamente, em profundidade, de inúmeros tipos de conflitos, e, portanto, tais conflitos se repetem em derivantes num círculo vicioso sem fim.

Seguindo em nossa exposição, está *infiltrado em todos os obstáculos apontados até aqui o obstáculo cultural.*

Por obstáculo cultural, a doutrina basicamente aponta o desconhecimento dos direitos como óbice ao acesso à justiça. A pessoa que desconhece seus direitos possui menos chances de fazê-los valer, afinal, ela sequer sabe que os possui. Por isso, em 1988 Walter Piva Rodrigues já sustentava que parcela da população necessitada carecia de:

> (...) orientação e instruções sobre o uso da lei e de seus institutos jurídicos, escolher o 'método jurisdicional' para correção de situações individuais ou de caráter coletivo, violados ou ameaçados, ou mesmo o direito de ser defendida por meio de patrocínio técnico em qualquer processo acusatório, judicial ou administrativo[31].

Em nota de rodapé, ele oferece esse triste exemplo dos prejuízos causados pela ignorância de muitos jurisdicionados necessitados:

*Anote-se que os inquilinos com renda de dois a quatro salários mínimos, que moravam em imóveis com aluguel na faixa de Cz$ 1.000,00* [moeda da época] *estão, por desconhecerem a sistemática legal da correção de aluguéis e retomada dos imóveis, cedendo à pressão dos proprietários e*

---

28 ZVEIBIL, Daniel Guimarães. Instrumentalidade, reformas e decadência do sistema processual civil brasileiro: oportunidade de revisão e reajuste. In: TUCCI, José Rogério Cruz e; RODRIGUES, Walter Piva; AMADEO, Rodolfo da Costa Manso Real (Coord.). *Processo civil*: homenagem a José Ignacio Botelho de Mesquita. São Paulo: Quartier Latin, 2013, item n. 07, p. 250-256.

29 CAPPELLETTI, Mauro. Os métodos alternativos de solução de conflitos no quadro do movimento universal de acesso à justiça. *Revista de Processo*, n. 74, abr./jun. 1994, p. 89.

30 MESQUITA, José Ignacio Botelho de. Novas tendências do direito processual: uma contribuição para o seu reexame. In: *Teses, estudos e pareceres de processo civil*. São Paulo: RT, 2005. v. 1.

31 RODRIGUES, Walter Piva. Assistência judiciária, uma garantia insuficiente. In: GRINOVER, Ada Pellegrini; DINAMARCO, Cândido Rangel; WATANABE, Kazuo. *Participação e processo*. São Paulo: RT, 1988. p. 244.

*transferindo-se para favelas (Notícias Populares, 06.4.87, p. 3; Folha de São Paulo, 12.4.87, p. A-34, 3.º caderno)*[32].

| Alguns obstáculos de acesso à justiça identificados pela doutrina (quadro exemplificativo): |
|---|
| • econômico;<br>• organizacional;<br>• processual;<br>• cultural permeando todos os demais. |

A esta altura, é importante que se guarde em mente *o paralelismo existente entre a ideia de obstáculos de acesso à justiça e o conceito de necessitado*: quanto mais obstáculos são detectados, a tendência é que se dilate o conceito de necessitado e, portanto, há uma relação direta de proporcionalidade. É o que veremos adiante[33].

Por outro lado, observe-se também outro aspecto fundamental: para cada obstáculo a Lei Complementar n. 80/1994 prevê ao menos uma específica atribuição institucional, tentando acompanhar igualmente a lógica de uma relação direta de proporcionalidade. Enquanto o obstáculo econômico é a essência da destinação constitucional da Defensoria Pública, os obstáculos organizacional e cultural devem ser enfrentados por meio e atribuições que não dizem respeito diretamente à atuação processual (ou judiciária) como, por exemplo: de promoção da difusão e da conscientização dos direitos humanos, da cidadania e do ordenamento jurídico (art. 4º, III)[34], promover, prioritariamente, a solução extrajudicial dos litígios, visando à composição entre as pessoas em conflito de interesses, por meio de mediação, conciliação, arbitragem e demais técnicas de composição e administração de conflitos (art. 4º, II), promoção de audiências públicas (art. 4º, XXII)[35] etc. Assim, percebe-se que o funcionamento das atribuições da Defensoria Pública caminha passo a passo com à lógica de funcionamento da característica de *indivisibilidade* (ou *complementariedade solidária*) dos direitos humanos[36] – e em algumas situações à caracte-

32 Idem, ibidem.

33 V. abaixo nosso item 2, à altura em que tratamos do conceito de necessitado.

34 Sobre a atribuição institucional da Defensoria acerca da educação em direitos, confira: REIS, Gustavo Augusto Soares dos, Educação em direitos e Defensoria Pública: reflexões a partir da Lei Complementar n. 132/09, *Revista da Defensoria Pública do Estado de São Paulo*, ano 4, n. 2, 2001.

35 Dentre outras experiências em que a realização de audiências públicas teve considerável importância para a atuação da Defensoria Pública do Estado de São Paulo, vale a pena assistir ao documentário relativo à 1ª Jornada da Moradia Digna, organizado por diversas entidades, dentre elas a Defensoria Pública. O documentário está disponível em: <www.defensoria.sp.gov.br/dpesp/Default.aspx?idPagina=3170>. Acesso em: 28 jan. 2013.

36 Sobre indivisibilidade (ou complementariedade solidária dos direitos humanos), Comparato assevera que "os direitos humanos constantes de ambos os Pactos [*Internacionais sobre Direitos Civis e Políticos e sobre Direitos Econômicos, Sociais e Culturais, 1966*], todavia, formam um conjunto uno e indissociável. A liberdade individual é ilusória, sem um mínimo de igualdade social; e a igualdade social imposta com sacrifício de direitos civis e políticos acaba engendrando, mui rapidamente, novos privilégios econômicos e sociais. É o

rística de *interdependência* dos direitos humanos[37] –, pois não é possível enfrentar esses obstáculos sem combinar atribuições de modo inteligente; na edição anterior, vale o registro, essa ideia ainda não nos era tão clara[38].

| Existe relação direta de proporcionalidade entre os *obstáculos de acesso à justiça* e:<br>• a amplitude do conceito de necessitado;<br>• as atribuições (funções institucionais) da Defensoria Pública. |
|---|

## 2 BREVE HISTÓRICO DA ASSISTÊNCIA JURÍDICA NO BRASIL

Trataremos da questão histórica da assistência jurídica no Brasil basicamente a partir dos textos constitucionais que explicitamente dispuseram sobre o assunto, e apenas pontualmente teceremos considerações sobre a legislação infraconstitucional ou elementos de outra ordem.

A primeira Constituição brasileira a tratar do tema da assistência jurídica foi a de 1934, cujo art. 113, inciso 32, prescrevia que "A União e os Estados concederão aos necessitados assistência judiciária, creando, para esse effeito, órgãos especiaes, e assegurando a isenção de emolumentos, custas, taxas e sellos".

Nas palavras de Cléber Francisco Alves,

> Uma guinada histórica nesse movimento ocorreu em 1934, quando foi promulgada uma nova Constituição para o Brasil em cujo texto, pioneiramente no mundo ocidental em patamar constitucional, ficou estabelecido como dever constitucional da União e dos Estados o de prestar a assistência judiciária aos necessitados, prevendo-se a criação de órgãos públicos que seriam

---

princípio da solidariedade que constitui o fecho de abóbada de todo o sistema de direitos humanos" (COMPARATO, Fabio Konder. *A afirmação histórica dos direitos humanos*. 4. ed. São Paulo: Saraiva, 2005. p. 333). No mesmo sentido: WEIS, Carlos. *Direitos humanos contemporâneos*. São Paulo: Malheiros, 2006. p. 118: "Ao se afirmar que os direitos humanos são indivisíveis se está a dizer que não existe meio-termo: só há vida verdadeiramente digna se todos os direitos previstos no Direito Internacional dos Direitos Humanos estiverem sendo respeitados, sejam civis e políticos, sejam econômicos, sociais e culturais".

37 A interdependência, segundo Carlos Weis, "diz respeito aos direitos humanos considerados em espécie, ao se entender que um certo direito não alcança a eficácia plena sem a realização simultânea de alguns ou de todos os outros direitos humanos". No caso da interdependência o autor exemplifica com o direito de locomoção, ponderando que "para sua concretização no mundo moderno já não basta a abstenção estatal ou mesmo sua atividade repressora da eventual turbação de terceiro, eis que as necessidades objetivas dos seres humanos implicam o deslocamento rápido em grandes distâncias, não só no interesse próprio, mas como parte do funcionamento de toda a sociedade, decorrendo o dever estatal de criar condições para que o direito se materialize. Além disso, faz-se necessário que as pessoas disponham de meios materiais que lhes permitam exercer seus direitos, novamente a demandar ações estatais voltadas à realização de direitos sociais. Em ambos os casos as liberdades negativas não mais se afiguram isoladas, sua eficácia demandando uma série de providências estatais que, de certo modo, anulam a clássica distinção entre as 'famílias de direitos humanos', como visto no capítulo precedente" (WEIS, Carlos. *Direitos humanos*..., cit., p. 118).

38 Mais detalhes quando comentarmos sobre *classificações das funções institucionais*, no art. 4º da Lei Complementar n. 80/1994.

especificamente encarregados de prestar tal serviço. Assim, a assistência judiciária deixava de ser um ônus legalmente imposto à classe dos advogados, passando a ser reconhecida como obrigação do poder público[39].

A Constituição de 1937 nada tratou desse assunto, mas o Código de Processo Civil de 1939 e o Código de Processo Penal de 1941 disciplinaram, respectivamente, os institutos da "justiça gratuita" e a figura do advogado dativo. A Carta de 1937, porém, sob a ótica estritamente jurídica não chegou a ter vigência[40].

Deixando de lado a falta de vigência da Constituição de 1937, é importante fazer uma reflexão de cunho filosófico: se, por um lado, a expressa previsão da assistência jurídica na Constituição reforça os traços essenciais de um regime democrático, por outro, a ausência de tal previsão não deve ensejar a conclusão de que não cabe ao Estado prestar esse serviço; afinal, o que está em jogo é o direito de acesso à justiça e, portanto, a realização do rol de direitos fundamentais pressupostos num regime democrático.

É verdade que o direito brasileiro desde 1934, sobretudo no que tange à jurisprudência de direitos fundamentais, não precisou se debruçar sobre isso, já que todas as Constituições não perderam a assistência jurídica de vista, exceto a de 1937. Mas em outros países o desenvolvimento da assistência jurídica baseou-se em pilares diversos, como o devido processo legal substantivo. Assim ocorreu nos Estados Unidos da América, por exemplo.

A Constituição posterior, de 1946, voltou a tratar do tema por meio do art. 141, § 35, assim preconizando: "O poder público, na forma que a lei estabelecer, concederá assistência judiciária aos necessitados".

Seguiu-se a Constituição de 1967. Nela, o art. 153, § 32, manteve a previsão da assistência judiciária como um direito a ser garantido pelo Estado. Esse dispositivo prescrevia que "Será concedida assistência judiciária aos necessitados, na forma da lei". Redação idêntica foi adotada pelo texto de 1969[41] (art. 153, § 32).

Como se vê, na fase republicana a única Constituição brasileira que não tratou do tema da assistência jurídica (melhor dizendo, da assistência judiciária) foi a de 1937. Além do mais, destaque-se que todas as Constituições que trataram do assunto procuraram direcionar e delimitar a atuação da Defensoria Pública em prol das "pessoas necessitadas".

---

39 ALVES, Cléber Francisco. *Justiça para todos! Assistência jurídica gratuita nos Estados Unidos, na França e no Brasil*. Rio de Janeiro: Lumen Juris, 2006. p. 242.

40 Isso porque, consoante lições de Celso Ribeiro Bastos, o art. 187 desse diploma pretensamente normativo dispunha que "esta Constituição entrará em vigor na sua data e será submetida ao plebiscito nacional (...)". No entanto, como esse plebiscito nunca se realizou "(...) segue-se que, em termos jurídicos, a Constituição jamais ganhou vigência" (*Curso de direito constitucional*. 20. ed. São Paulo: Saraiva, 1999. p. 121).

41 Advirta-se que o texto foi fruto da Emenda Constitucional n. 1, de 17 de outubro de 1969. Conquanto seja tema polêmico na doutrina constitucional, José Afonso da Silva entende que: "Teórica e tecnicamente, não se tratou de emenda, mas de nova constituição. A emenda só serviu como mecanismo de outorga, uma vez que se promulgou texto integralmente reformulado, a começar pela denominação que se lhe deu: *Constituição da República Federativa do Brasil*, enquanto a de 1967 se chamava apenas *Constituição do Brasil* (...)" (*Curso de direito constitucional positivo*. 27. ed. São Paulo: Malheiros, 2006. p. 87).

É na Constituição Federal de 1988 que o tema da assistência jurídica ganha novos contornos, tratando do assunto em vários dispositivos, destacando-se:

> Art. 5º [...] LXXIV – o Estado prestará assistência jurídica integral e gratuita aos que comprovarem insuficiência de recursos; (...)
> Art. 134. A Defensoria Pública é instituição essencial à função jurisdicional do Estado, incumbindo-lhe a orientação jurídica e a defesa, em todos os graus, dos necessitados, na forma do art. 5º, LXXIV (texto original do art. 134)

Vale a pena tratar separadamente as ideias decorrentes das inovações constitucionais:

(i) Assistência jurídica

Aqui o mais importante a ressaltar é que a CF/88, ao contrário das Constituições anteriores que trataram do assunto, abandona a tradicional expressão "assistência judiciária" passando a utilizar "assistência jurídica" – exatamente porque se pretendia expandir tal assistência para além do processo judicial.

(ii) Conceito de pessoa necessitada

Conforme aludimos acima[42], existe evidente paralelismo entre a ideia de *obstáculos de acesso à justiça* e o conceito de *necessitado*: quanto mais obstáculos são detectados, a tendência é que se dilate o conceito de necessitado e, portanto, há uma relação direta de proporcionalidade.

Indicamos a existência de dois outros obstáculos, além do econômico: obstáculos cultural e organizacional. Daí a utilidade da classificação proposta por Tiago Fernsterseifer, aludindo ao conceito de *necessitado "em sentido estrito"*, isto é, o necessitado em termos econômicos, e o *necessitado "em sentido amplo"*, isto é, em termos organizacionais – e acrescentamos, também, culturais. Desenvolvemos mais amplamente o presente tema adiante[43].

(iii) Conceito de assistência integral *e gratuita*

Não há também pleno consenso doutrinário sobre o "integral" da assistência jurídica prevista na CF/88, mas em geral costuma-se afirmar que, para ser integral, a assistência jurídica a ser prestada deve zelar em gênero, número e grau pelo devido processo legal, tanto na perspectiva da efetividade do processo (como a necessidade de manejar os instrumentos de tutela de urgência) como na do esgotamento das vias recursais.

Há ainda quem interprete que, por ser integral, a assistência jurídica não pode ser prestada parcialmente, querendo significar que ela deve se dar em todos os "ramos" do direito. Nos Estados Unidos da América, por exemplo, encontra-se a situação em que o poder público assume seu dever de proporcionar a assistência jurídica, mas primordialmente para a área criminal, não abarcando, assim, a área cível. No Brasil, em razão da integralidade não há que se falar em "corte" por matéria, devendo o serviço ser prestado em tudo o que exigir a intervenção do Direito.

De qualquer modo, pode-se também afirmar que está historicamente vincado o sentido de "*integral*" à plenitude do atendimento jurídico, seja no plano judicial ou extrajudicial, incluin-

---

42 V. nosso item 1.2.

43 Mais comentários no item 2.1.

do-se aí, a nosso ver, orientação jurídica e educação em direitos, além de assistência multidisciplinar dirigida ao atendimento jurídico, pois quando em 1988 a Assembleia Constituinte debatia o texto constitucional, Walter Piva Rodrigues fez proposta justamente para se aperfeiçoar um serviço público insuficiente por se limitar, naquele tempo, *"ao plano das disputas judiciais"*[44].

Em sua proposta, inspirada nas críticas de Mauro Cappelletti e outros analistas da assistência judiciária, asseverou:

> Em sede constitucional, um passo mais importante deverá ser dado com a inscrição expressa, na tábua de direitos sociais do cidadão, do direito de todos ao acesso à assistência jurídica e judiciária, prevendo a lei os casos em que os serviços serão prestados gratuitamente. Dessa forma, no próprio texto constitucional estará assegurado, como desdobramento do princípio de que os cidadãos são iguais entre si, o acesso dos brasileiros aos serviços que advogados estão habilitados a prestar, incluindo consultas sobre questões jurídicas, redação de documentos jurídicos e intervenção em processos judiciais e administrativos. Por isso mesmo, registramos sugestão vazada nos seguintes termos: "Inclua-se na Constituição Federal, onde couber: artigo...: § ...: É assegurado a qualquer pessoa assistência jurídica plena a ser prestada por advogados inscritos na Ordem dos Advogados do Brasil"[45].

Deste modo, a expressão "integral" deriva mesmo dessa ideia inicial – dessa semente – de uma assistência jurídica *plena*, que não se limite ao plano judiciário, embora quando estiver nesse plano esgote suas potencialidades, e também seja prestada de acordo com todas as exigências práticas relativas ao serviço público em discussão, o que inclui orientação jurídica, educação em direitos e atividades multidisciplinares.

No que tange à palavra "gratuita", trata-se do reconhecimento de uma das principais barreiras ao acesso à justiça.

Aqui, a doutrina costuma apontar como principais causas de obstáculo tanto o valor excessivo das custas judiciais[46] (que se agrava de acordo com o poder econômico do litigante do polo

---

44 RODRIGUES, Walter Piva. *Assistência judiciária, uma garantia insuficiente...*, cit., p. 244.

45 Idem, ibidem.

46 Como ensina Nelson Nery Júnior, "a garantia constitucional do acesso à justiça não significa que o processo deva ser gratuito. No entanto, se a taxa judiciária for excessiva de modo a criar obstáculo ao acesso à justiça, tem-se entendido ser ela inconstitucional por ofender o princípio aqui estudado" (*Princípios do processo civil na Constituição Federal*. 5. ed. São Paulo: RT, 1999. p. 177). Segundo Carlos Roberto Siqueira Castro, nos EUA, desde o caso Griffin v. Illinois (351 U. S. 12 (1956), *leading case* na matéria, entende-se como afronta às cláusulas do *due process of law* e *equal protection of the laws a* exigência de pagamento de custas judiciais com efeitos discriminatórios em relação a pessoas em estado de indigência. O estudioso cita julgados posteriores e inspirado em Griffin v. Illinois, caso que envolvia a discussão sobre o pagamento de custas de preparo como condição à interposição de apelação criminal. Os julgados seguintes seriam: Tate v. Short (1971), onde se discutiu a exigência de fiança a pobres em processos criminais sob pena de encarceramento; Bearden v. Georgia (1983), em que se reputou inconstitucional a exigência de depósito prévio de multa para a prática de atos de defesa na seara criminal; Little v. Streather (1981), quando se declarou inconstitucional recusa de Justiça local em ofertar gratuitamente exames de sangue necessário à defesa em ação de investigação de paternidade; Boddie v. Connecticut (1971), em que se declarou inconstitucional a exigência de pagamento antecipado de custas para o ajuizamento de ação de divórcio pela mulher sem condições financeiras. Cf.: *A Constituição aberta e os direitos fundamentais*. Rio de Janeiro: Forense, 2005. p. 336-337.

oposto e da morosidade processual) quanto o valor dos honorários advocatícios e a própria constatação da realidade socioeconômica do país[47]. Não há, assim, uma única causa relacionada ao obstáculo econômico[48].

(iv) Adoção do modelo público

No que toca à opção do constituinte pelo modelo público, significa que a partir de 5 de outubro de 1988 houve constitucionalização do modelo de assistência jurídica, optando-se pela Defensoria Pública como único prestador desse serviço público no âmbito estatal. Com isso, não mais prevalece o regime anterior, quando as demais Constituições se omitiam acerca do modelo destinado a prestar a assistência jurídica e, assim, tomava-se como facultativo à União ou ao Estado-membro que o fizesse por meio dos modelos *judicare*, público ou misto.

A esta altura, podemos afirmar que o sistema constitucional avançou adotando o modelo público de assistência jurídica, porquanto o modelo caritativo (ou honorífico) mostrou-se fracassado sobretudo pela total ausência de profissionalização no atendimento ao necessitado e porque a premissa desse modelo exige que prevaleça no coração dos seres humanos o sentimento de caridade: o que ainda não revela ser a regra de nosso mundo. Já o modelo *judicare* – em nossa realidade atual, pode ser exemplificado pelo convênio DPE/SP e OAB/SP – tenta dar o passo da profissionalização, porém as drásticas limitações do sistema *judicare* são pedregulhos no caminho: dentre elas, porque impede defesa que leve em conta o necessitado enquanto membro de uma ou mais *categorias* com diversos problemas bem definidos e muito próprios das classes sociais mais pobres, sendo incapaz igualmente de compensar a desvantagem do necessitado perante litigantes organizacionais[49].

Assim, a fórmula constitucional foi feliz ao atribuir o serviço público de assistência jurídica *integral* e *gratuita* ao Estado, vinculando-o a um órgão público especializado nessa tarefa – no caso a Defensoria Pública –, para que o necessitado seja responsabilidade expressa de alguém, e não de todos ao mesmo tempo – o que historicamente se mostrou muito ineficaz[50] – vencendo também o modelo *público* de assistência jurídica.

---

47 Já alertou Marcio Pochmann que, no Brasil, "os 10% mais ricos da população impõem, historicamente, a ditadura da concentração, pois chegam a responder por quase 75% de toda riqueza nacional. Enquanto os 90% mais pobres ficam com apenas 25%" (O país dos desiguais, *Le Monde Diplomatique Brasil*, ano 1, n. 3, out. 2007, p. 16).

48 Em tese apresentada durante o I Encontro Nacional sobre Assistência Judiciária, realizada em São Paulo, em setembro de 1985, Walter Ceneviva apontava um aparente paradoxo: "(...) os advogados têm direito constitucional a honorários; o Estado tem direito constitucional a custas. O povo, em geral, e, em especial, o pobre, tem direito a fazer chegar ao Judiciário postulação que, no seu entender, mereça apreciação desse Poder. Este direito, porém, é inviabilizado pelos dois outros, antes mencionados: o dos profissionais da Advocacia e do Poder Público" (Constitucionalidade do advogado dativo, *RT*, São Paulo, v. 602, ano 74, dez. 1985, p. 288).

49 CAPPELLETTI, Mauro; GARTH, Bryant. *Acesso à justiça*. Trad. Ellen Gracie Northfleet. Porto Alegre: Fabris, 1988. p. 38-39.

50 V. nosso comentário no item 21.2.1, Parte II.

A nosso ver, a ideia inicial de se atribuir à Ordem dos Advogados do Brasil a responsabilidade pela assistência judiciária seria grave equívoco, seja porque historicamente ficaram demonstradas as limitações decorrentes dos sistemas caritativo (honorífico) e *judicare* – tipicamente utilizados pelos órgãos de classe dos advogados –, mas também porque o serviço público de assistência jurídica do necessitado não se mostra compatível com a função sindical e mercadológica da Ordem (prevista em lei, no Estatuto dos Advogados), razão pela qual em outro estudo concluímos:

> Porém, a demonstração cabal desta necessária cisão [de hierarquia administrativa entre a OAB e defensores públicos, afastando-se exigência de registro do defensor público na Ordem] é reforçada pelo problema público e notório de excesso de advogados no mercado de trabalho – o que obriga alguns setores da Ordem fazerem prevalecer muito mais a atribuição legal de sindicato de classe em defesa de mercado de trabalho [Lei n. 8.906/94, art. 44, II], em detrimento de sua outra nobre atribuição legal de defender 'a Constituição, a ordem jurídica do Estado democrático de direito, os direitos humanos, a justiça social, e pugnar pela boa aplicação das leis, pela rápida administração da justiça e pelo aperfeiçoamento da cultura e das instituições jurídicas'[51].

Por outro lado, corretamente o sistema de assistência jurídica decorrente da Constituição Federal não veda que a OAB preste assistência jurídica por convênio concluído junto ao Estado e, isso é importante ressaltar, muito menos proíbe a atividade *pro bono* – atividade que só engrandece o papel cívico da advocacia. Há, portanto, após a Constituição de 1988, a opção pelo modelo público como sendo o principal a ser colocado à disposição do cidadão; o que vale dizer, deve existir sempre disponível ao cidadão um serviço público de assistência jurídica custeado pelo Estado, o que não afasta a possibilidade de atividade *pro bono* acrescer ao direito de acesso à justiça e do serviço público de assistência jurídica ser complementado de modo suplementar e mediante convênio.

Insta registrar ainda que a CF/88 incumbiu apenas a União, o Distrito Federal e os Estados a prestar assistência jurídica, de modo que tal prestação não deve ser feita pelos municípios – tema que aprofundaremos oportunamente adiante[52].

Por fim, mostra-se importante resumir, em ordem cronológica, outros pontos relevantes para a compreensão do histórico da assistência jurídica no Brasil:

(i) *A Lei Complementar n. 80/1994*[53]

Trata-se da primeira lei orgânica nacional da história da Defensoria Pública. A CF/88 previu, já em sua redação original, a edição dessa lei[54]. Dentre outros aspectos extremamente relevantes, essa lei teve o condão de arrolar as atribuições institucionais com vistas ao mandamento constitucional de uma assistência jurídica integral e gratuita.

---

51 JUNQUEIRA, Gustavo Octaviano; REIS, Gustavo Augusto Soares dos. Constitucionalidade da capacidade postulatória autônoma do defensor público: fundamentos e importância para a defesa dos direitos humanos. In: *Temas aprofundados da Defensoria Pública.* Salvador: Juspodivm, 2014. v. 2. Item, 12, p. 123.

52 V. item 4.4.10, Parte I.

53 V. também item 4.4.7.1, Parte I.

54 CF/88, art. 134, § 1º.

(ii) *A Emenda Constitucional n. 45/2004*

A EC n. 45 foi aprovada no ano de 2004. Conhecida como "emenda da reforma do Judiciário", no que tange à Defensoria Pública essa emenda é relevante porque reforçou a autonomia da *instituição*. Com a EC n. 45/2004, o antigo parágrafo único do art. 134 passou a ser § 1º, haja vista a inserção do § 2º, que conferiu autonomia funcional, autonomia administrativa e iniciativa de proposta orçamentária (dentro dos limites previstos na lei orçamentária e no disposto do art. 99, § 2º) às Defensorias Públicas estaduais – excluindo, assim, injustificadamente, as Defensorias Públicas da União e do Distrito Federal e Territórios. Vale observar que por esta emenda não se conferiu às Defensorias Públicas a iniciativa legislativa para a criação e extinção de seus cargos, como é previsto para o Ministério Público (art. 127, § 2º) e para o Poder Judiciário[55]. Controversa a constitucionalidade de previsão em legislação local da referida iniciativa legislativa[56].

(iii) *A alteração da Lei da Ação Civil Pública*

A lei da ação civil pública (Lei n. 7.347/1985) trazia em sua redação original a previsão de que, dentre outros legitimados, podiam propor referida ação coletiva a União e os Estados. Com base nisso alguns precedentes judiciais já afirmavam a legitimidade da Defensoria Pública para a propositura dessas ações. De qualquer forma, havia quem sustentasse, por diversas razões (ausência de regra explícita, impossibilidade de direcionar a ação na defesa de pessoas necessitadas etc.), a ilegitimidade da instituição, o que estimulou o advento da Lei n. 11.448/2007, passando o art. 5º, II, a conferir explicitamente a legitimidade à Defensoria Pública. Vale observar que esse dispositivo teve sua constitucionalidade questionada por meio da ADIn 3.943, proposta pela Confederação Nacional dos Membros do Ministério Público (CONAMP). Contudo, segundo o Informativo 784 do Supremo Tribunal Federal, este Tribunal rejeitou a tese da aludida confederação, e decidiu pela constitucionalidade do inciso II adicionado ao art. 5º da Lei n. 7.347/85 pela Lei n. 11.448/2007, e a EC n. 80/2014 mostrou-se fundamental para tanto:

> A Defensoria Pública tem legitimidade para propor ação civil pública, na defesa de interesses difusos, coletivos ou individuais homogêneos. Com base nessa orientação, o Plenário julgou improcedente pedido formulado em ação direta ajuizada contra o art. 5º, II, da Lei 7.347/1985, alterada pela Lei 11.448/2007 ("Art. 5º – Têm legitimidade para propor a ação principal e a ação cautelar: ... II – a Defensoria Pública").
>
> (...)
>
> Ao aprovar a EC 80/2014, o constituinte derivado fizera constar o papel relevante da Defensoria Pública ("Art. 134. A Defensoria Pública é instituição permanente, essencial à função jurisdicional do Estado, incumbindo-lhe, como expressão e instrumento do regime democrático,

55 No caso do Poder Judiciário – ao contrário do que se dá com o Ministério Público –, a CF/88 prevê a iniciativa legislativa em diversos dispositivos e não apenas em relação à criação e extinção de cargos. André Ramos Tavares expõe a existência de oito situações em que se dá a iniciativa legislativa, e de maneira privativa, ao Poder Judiciário (*Manual do Poder Judiciário*. São Paulo: Saraiva, 2012. p. 112-114).

56 É o caso da Constituição estadual do Rio Grande do Sul (art. 121, § 1º) e da Lei Complementar n. 136/2012, de Santa Catarina. Deixando de lado outras considerações, tais disposições normativas conferem às respectivas Defensorias Públicas a iniciativa legislativa.

fundamentalmente, a orientação jurídica, a promoção dos direitos humanos e a defesa, em todos os graus, judicial e extrajudicial, dos direitos individuais e coletivos, de forma integral e gratuita, aos necessitados, na forma do inciso LXXIV do art. 5º desta Constituição Federal").

Em Estado marcado por inegáveis e graves desníveis sociais e pela concentração de renda, uma das grandes barreiras para a implementação da democracia e da cidadania ainda seria o efetivo acesso à Justiça.

(...)

Além disso, em Estado no qual as relações jurídicas importariam em danos patrimoniais e morais de massa por causa do desrespeito aos direitos de conjuntos de indivíduos que, consciente ou inconscientemente, experimentariam viver, o dever de promover políticas públicas tendentes a reduzir ou suprimir essas enormes diferenças passaria pela operacionalização de instrumentos que atendessem com eficiência às necessidades dos seus cidadãos.

(...)

Se não fosse suficiente a ausência de vedação constitucional da atuação da Defensoria Pública na tutela coletiva de direitos, inexistiria também, na Constituição, norma a assegurar exclusividade, em favor do Ministério Público, para o ajuizamento de ação civil pública.

(iv) A alteração (pontual) do Código de Processo Penal

A Lei n. 11.449, de 2007, alterou o art. 306 do Código de Processo Penal prevendo que no trâmite judicial da prisão em flagrante, em não havendo advogado constituído, cópia do auto de prisão em flagrante deve ser encaminhada à Defensoria Pública. A importância dessa alteração está não apenas na vinculação entre Defensoria Pública e devido processo legal como por ter sido a primeira lei que inseriu a expressão "Defensoria Pública" no Código de Processo Penal, que é de 1940. Atualmente, o art. 306 está com redação dada pela Lei n. 12.403 de 2011, mantendo-se a Defensoria Pública como destinatária dos autos de flagrante caso não haja advogado constituído. Essa mesma Lei de 2011 incluiu o art. 289-A no Código de Processo Penal que regulamenta a administração de mandados de prisão e as consequências de seu cumprimento, e em cujo § 4º dispõe, dentro da mesma lógica do art. 306: "*O preso será informado de seus direitos, nos termos do inciso LXIII do art. 5º* da Constituição Federal e, caso o autuado não informe o nome de seu advogado, será comunicado à Defensoria Pública".

É interessante notar que onde mais a expressão Defensoria Pública aparece é justamente no Tribunal do Júri, ou Tribunal popular, nos arts. 432, 437, incisos V e VI, 438, § 1º, e 456, § 2º. Embora o Código de Processo Penal seja ainda muito carente de maiores menções à Defensoria Pública, órgão responsável esmagadoramente pelo grande número de defesas criminais no país – como decorrência prática da *seletividade do sistema de Justiça Criminal* –, e também haja falta de maior sintonia entre o aludido Código e a Lei Orgânica da Defensoria Pública em diversos aspectos, é indiscutível que se tentou trazer a Defensoria Pública para o Código de Processo Penal.

(iv) *A Lei Complementar n. 132/2009*[57]

No ano de 2009, a Lei Complementar n. 132 teve o condão de conferir à Defensoria Pública uma posição de vanguarda dentre as instituições jurídicas. Das várias alterações feitas, urge apontar algumas: ampliação do rol de atribuições institucionais; consolidação de um órgão jurídico incumbido de contribuir para a articulação social, seja quando de sua atuação judicial ou

57 V. também item 1.2.1, Parte I, e item 10, Parte II.

não; inserção, ao menos no bojo das Defensorias estaduais, de mecanismos de participação social, como a previsão de uma Ouvidoria externa, dentre outras coisas.

(v) *A Emenda Constitucional n. 69/2012 e a Emenda Constitucional n. 74/2013*

Se a EC n. 45/2004, ao conferir autonomia funcional e administrativa às Defensorias Públicas estaduais, excluiu injustificadamente a Defensoria Pública da União e a Defensoria Pública do Distrito Federal, como apontamos acima, em relação à Defensoria Pública do Distrito Federal, sua autonomia administrativa e iniciativa de proposta orçamentária decorrem da EC n. 69/2012: "Art. 2º Sem prejuízo dos preceitos estabelecidos na Lei Orgânica do Distrito Federal, aplicam-se à Defensoria Pública do Distrito Federal os mesmos princípios e regras que, nos termos da Constituição Federal, regem as Defensorias Públicas dos Estados". A EC n. 69/2012 não alterou os textos da CF/88, de tal forma que o art. 134 se manteve o mesmo desde a EC n. 45/2004. Foi com a EC n. 74/2013 que o art. 134 passou a explicitar a autonomia da Defensoria Pública do Distrito Federal e – esta é a verdadeira inovação – da Defensoria Pública da União.

Em vez de alterar o § 2º do art. 134 da CF/88, a EC n. 74/2013 acrescentou o § 3º, que prevê: "Aplica-se o disposto no § 2º às Defensorias Públicas da União e do Distrito Federal". Essa Emenda Constitucional, consoante seu art. 2º, entrou em vigor na data de sua publicação (7 de agosto de 2013), consolidando o que para nós era o óbvio: a natureza da Defensoria Pública da União não poderia ser a de órgão do Poder Executivo da União, ainda que a EC n. 45/2004 não tenha sido expressa nesse sentido. Porque a EC n. 45/2004 interpretada literalmente obrigava o "necessitado" a se valer de serviço público de assistência jurídica integral e gratuita subordinado ao Poder Executivo da União quando litigando no âmbito de competência da Justiça Federal, enquanto o "necessitado" litigando no âmbito de competência da Justiça estadual a se valer do mesmo serviço público protegido pela autonomia constitucional da Defensoria Pública respectiva.

(vi) *A Emenda Constitucional n. 80/2014*

A EC n. 80/2014 separou, formalmente, a função essencial "Advocacia" da "Defensoria Pública", criando a "seção IV" no capítulo "Das Funções Essenciais à Justiça".

A EC em foco também deixou mais abrangente a redação do *caput* do art. 134 da CF/88, pois explicitou que a Defensoria Pública deve ser "permanente", reconheceu a Defensoria Pública como instrumento e expressão do regime democrático do Estado, e constitucionalizou algumas atribuições gerais da Defensoria Pública.

Há mais novidades.

Constitucionalizou os princípios institucionais (unidade, indivisibilidade e independência funcional) da Defensoria Pública por meio do § 4º do art. 134 do texto constitucional. Esse mesmo § 4º determinou – "no que couber" – aplicação à Defensoria Pública do quanto disposto no art. 93 e no inciso II do art. 96 da CF/88: ou seja, aplicação de regras típicas do estatuto constitucional da magistratura, quando compatível, bem como da prerrogativa específica de iniciativa de lei para matérias específicas, devendo ser destacadas a criação de novos cargos e remuneração de membros e servidores.

Por fim, a EC n. 80/2014 alterou o Ato de Disposições Constitucionais alterando o art. 98 para prescrever que "o número de defensores públicos na unidade jurisdicional será proporcional à efetiva demanda pelo serviço da Defensoria Pública e à respectiva população", prevendo ainda prazo de 08 (oito) anos para que União, Estados e Distrito Federal tenham em todas as unidades jurisdicionais com defensores públicos, e vinculando o programa de expansão ao critério prioritário de lotação desses novos defensores públicos em "regiões com maiores índices de exclusão social e adensamento populacional" – critério compatível com os objetivos constitucionais da República Federativa do Brasil (art. 3º da CF/88).

Para mais comentários sobre a EC n. 80/2014 remetemos o leitor à passagem mais adiante[58].

(vii) *O Código de Processo Civil*[59]

A Lei n. 13.105/2015 instituiu o Código de Processo Civil sucedendo o CPC de 1973, e a Defensoria Pública ganhou um capítulo próprio.

Dispõe o art. 185: "A Defensoria Pública exercerá a orientação jurídica, a promoção dos direitos humanos e a defesa dos direitos individuais e coletivos dos necessitados, em todos os graus, de forma integral e gratuita".

Embora sucinto, o art. 185 tem a virtude de afastar a Defensoria Pública da atuação clássica no processo civil, qual seja, propondo ações e fazendo defesas em prol das partes. Já que o novo CPC consagra a ideia de que acesso à justiça não é sinônimo de Poder Judiciário, a Defensoria Pública possui papéis a desempenhar também fora de um processo. Daí o dispositivo legal ter usado a expressão propositalmente vaga "promoção dos direitos humanos".

(viii) *A Lei n. 13.840/2019, que reforma a Lei de Drogas*, dispõe, no § 7º do art. 23-A, que "Todas as internações e altas de que trata esta Lei deverão ser informadas, em, no máximo, de 72 (setenta e duas) horas, ao Ministério Público, à Defensoria Pública e a outros órgãos de fiscalização, por meio de sistema informatizado único, na forma do regulamento desta Lei".

Trata-se de importante ferramenta para controle de internações, que há muito são usadas como formas camufladas da incidência da opressão estatal, escapando das garantias do processo penal. A imposição de instâncias de controle e, no caso, a indicação da Defensoria Pública como agência fiscalizadora, é importante concretização da missão constitucional, outorgada à Defensoria, de defesa e promoção dos Direitos Humanos.

(ix) o chamado "*pacote anticrime*" (Lei n. 13.964/2019) promove um grande número de alterações na dinâmica processual penal, incrementa prazos para regressão, incrimina hipóteses de flagrante preparado, regulamenta a cadeia de custódia dos vestígios do crime e cria, ainda, o acordo de não persecução penal, além de tornar legal a exigência da audiência de custódia (entre outras inúmeras mudanças legislativas). As alterações referidas interferem, e muito, na atuação da Defensoria Pública, que, como já comentado, cuida da imensa maioria dos casos criminais,

---

58 Ver, na presente Parte I: A Defensoria Pública na Constituição de 1988.

59 Para mais detalhes acerca do tema: REIS, Gustavo Augusto Soares dos. O novo Código de Processo Civil e a Defensoria Pública do século XXI: o regime jurídico de um novo ator processual. In: SOUSA, José Augusto Garcia de (coord.). *Defensoria Pública*: repercussões do novo CPC. Salvador: JusPodivm, 2015.

dada a seletividade discriminatória do Direito Penal, somada à miséria que assola grande parte da população, que não tem condições de custear advogado.

Curiosamente, apesar da vastidão do trabalho dos Defensores Públicos na seara criminal, a instituição só é lembrada em um momento no chamado pacote anticrime, qual seja, na regulamentação da audiência de custódia, na redação do art. 310 do CPP[60].

A pouca lembrança da Defensoria no referido pacote é compreensível: trata-se de legislação marcantemente populista, com objetivo declarado (e nem sempre atingido, dada a péssima técnica legislativa) de incrementar a repressão penal, que, como já repisado, tem como alvo estrutural os hipossuficientes. A Defensoria Pública, em seu papel de guardiã da defesa criminal dos vulneráveis e promotora dos Direitos Humanos, é obstáculo à repressão, é filtro de racionalidade contrasseletiva que antagoniza com os objetivos do "pacote", razão pela qual certamente não seria esperada repetida referência.

## 2.1 Transformação histórica do conceito de necessitados

| | |
|---|---|
| CONCEITO DE NECESSITADOS (panorama geral) | 1) Critérios históricos (perspectiva econômica)<br><br>2) Transformação conceitual:<br>- Econômica<br>- Jurídica<br>- Organizacional<br><br>3) Aplicabilidade:<br>- Individual: tendência a análises mais fechadas<br>- Coletiva: tendência a análises mais abertas<br><br>4) Destinatários:<br>- Pessoa física<br>- Pessoa jurídica |

### *2.1.1 Síntese histórica: as didáticas lições de José Carlos Barbosa Moreira*

A história da Defensoria Pública é, em certo sentido, a história da inclusão jurídica dos necessitados. Por isso, optamos por abordar esse assunto neste tópico.

Desde 1934, todas as Constituições brasileiras que previram expressamente a assistência jurídica como dever do Estado a atrelaram às pessoas necessitadas. A peculiaridade da CF/88 foi ter direcionado esse conceito àqueles que demonstrem insuficiência de recursos.

Mas quem são os necessitados? Ao estudar esse tema mesmo "dentro do campo do Direito" não se pode desprezar toda uma experiência histórica.

60 "Após receber o auto de prisão em flagrante, no prazo máximo de até 24 (vinte e quatro) horas após a realização da prisão, o juiz deverá promover audiência de custódia com a presença do acusado, seu advogado constituído ou membro da Defensoria Pública e o membro do Ministério Público, e, nessa audiência, o juiz deverá, fundamentadamente (...)".

No próximo tópico vamos explorar um pouco mais esse interessante assunto, mas o leitor que não puder (ou não quiser) se aprofundar precisa ao menos conhecer a famosa síntese feita por José Carlos Barbosa Moreira, em texto clássico e imprescindível.

Barbosa Moreira[61] sintetiza do seguinte modo o "processo evolutivo" acerca da verificação do pressuposto da necessidade pela perspectiva *econômica*:

1º) Com o Código de Processo Civil de 1939 (arts. 68 e s.), estabeleceu-se que faria jus à gratuidade a pessoa que obtivesse *atestado* de autoridade pública.

2º) Posteriormente, a Lei n. 6.654/1979 flexibilizou a exigência ao substituir o atestado mediante a apresentação da *carteira de trabalho*, desde que o juiz pudesse aferir a carência.

3º) No mesmo ano, a Lei n. 6.707/1979 tornou um pouco mais objetiva a análise da carência, determinando que, para tais fins, bastava que o requerente auferisse *salário igual ou inferior ao dobro do mínimo legal*.

4º) Chegando ao que, para o autor, seria o "ápice" desse processo evolutivo, a Lei n. 7.510/1986[62] determinou que para a análise da questão da carência era suficiente a *simples declaração* do requerente de não estar em condições de custear o feito sem prejuízo próprio ou de sua família (e nesse regime de presunção relativa não apenas era possível rechaçar a autodeclaração como a má-fé podia acarretar a aplicação de multa).

Uma observação à cronologia desenvolvida por José Carlos Barbosa Moreira deve ser feita.

No direito brasileiro, o critério da autodeclaração não "nasce" em 1986 com a Lei n. 7.510, e sim em 1968 com a Lei n. 5.478.

A Lei n. 5.478/1968 traçava normas gerais para a ação de alimentos, e o critério da autodeclaração era previsto já nos §§ 2º e 3º do art. 1º, que preconizavam, em suma, que a parte que não tivesse condições de pagar as custas do processo, sem prejuízo do sustento próprio ou de sua família, faria jus à gratuidade, bastando a simples afirmativa perante o juiz, sob pena do décuplo das custas judiciais. Essa presunção, assim, era relativa.

### 2.1.2 *Aprofundando o assunto: a tensão* objetividade em nome da isonomia X flexibilidade em nome da justiça

Enquanto as Ordenações Filipinas utilizavam o termo "pobre", ou melhor, "tão pobre"[63], desde a Constituição brasileira de 1934 a expressão utilizada para definir o destinatário da prestação da assistência jurídica é "pessoa necessitada". A CF/88 também fez uso desse rótulo, mas trouxe outros elementos: necessitado é aquele que comprova a insuficiência de recursos.

---

61 O direito à assistência jurídica: evolução no ordenamento brasileiro de nosso tempo. *Revista de Processo*, São Paulo: RT, jul./set. 1992, p. 127.

62 Insta registrar que três anos antes (1983), a Lei n. 7.115 já previa essa flexibilização, mas a lei posterior (Lei n. 7.510/1986) regrou o assunto com mais especificidade.

63 Livro III, Título 84, § 10. Sobre o assunto, PEÑA de Moraes, Humberto; TEIXEIRA, José Fontenelle. *Assistência judiciária*: sua gênese, sua história e função protetiva do Estado. Niterói: La Cava Santos, 1974, p. 21.

No direito brasileiro jamais houve consenso acerca do que se deve entender por "pessoa necessitada", e talvez esse consenso não seja imprescindível, ainda menos se eventual conceito pretender impedir qualquer aferição casuística que justifique sua flexibilidade.

Com base no processo evolutivo traçado brilhantemente por Barbosa Moreira, podemos afirmar que essa discussão tem efeitos práticos consideráveis e que, em síntese, ela gira em torno da *tensão "objetividade em nome da isonomia" X "flexibilidade em nome da justiça"*.

Como exemplo de que nunca houve consenso quanto ao alcance da palavra "necessitado", quando o Código de Processo Civil de 1939 – sob a égide da Constituição de 1937, que, como já dissemos, não tratou do assunto "assistência judiciária" – estabeleceu, em seu art. 68, que faria jus ao benefício da gratuidade "a parte que não estiver em condições de pagar as custas do processo, sem prejuízo do sustento próprio ou da família", a doutrina teceu comentários, senão opostos, ao menos dessemelhantes.

Pontes de Miranda, por exemplo, enxergou na novel regra jurídica que ela, de maneira progressista, "(...) deixou claro que não se trata da antiga concepção da miserabilidade"[64], e no mesmo sentido aduziram Darcy Bessone[65] e De Plácido e Silva – para este, o modelo antigo representava uma "condição humilhante"[66].

Outros juristas da época externaram percepção diversa. Nessa linha, J. M. de Carvalho Santos foi enfático ao sustentar que "Adota o Código, assim, o critério da miserabilidade..."[67]. Pedro Batista Martins, que, aliás, redigiu o anteprojeto do referido código que ulteriormente seria enviado ao ministro da Justiça, Francisco Campos, manifestou que "(...) o Código não exigiu o requisito da miserabilidade"[68].

Independentemente de qual desses juristas estava "com a razão", o debate mostra que as dúvidas acerca do *destinatário* da prestação da assistência jurídica sempre se colocaram no direito brasileiro.

E as polêmicas se davam não apenas quanto ao aspecto terminológico ("pobre", "necessitado', "miserável", "quem não pode custear as despesas do processo" etc.) mas quanto à sua comprovação.

No que toca ao aspecto terminológico, diante do vago conceito "pessoa necessitada", doutrina e jurisprudência divergiam, uma divergência com efeitos práticos.

Em 1942, isto é, com três anos de vigência do Código de Processo Civil, Carlos S. de Barros Junior expunha que o direito à assistência judiciária se voltava aos pobres, e por pobre se devia entender a pobreza "no sentido relativo", e não a pobreza como sinônimo de indigência, sendo aquela "(...) consistente em a parte não poder recorrer aos tribunais, sem sacrificar o que possue

---

64 *Comentários ao Código de Processo Civil.* Rio de Janeiro: Forense, 1947. v. I. p. 288.

65 BESSONE, Darcy. O benefício da justiça gratuita e a assistência judiciária no Código de Processo Civil. *Revista Forense,* Rio de Janeiro, v. LXXXIII, jul. 1940, p. 57.

66 *Comentários ao Código de Processo Civil.* 4. ed. Rio de Janeiro: Forense, 1956. v. I. p. 161.

67 *Código de Processo Civil interpretado.* 6. ed. Rio de Janeiro/São Paulo: Freitas Bastos, 1963. v. I. p. 254.

68 *Comentários ao Código de Processo Civil.* Rio de Janeiro/São Paulo: Forense, 1960. v. 1. p. 254.

para sustento proprio, ou da familia"[69]. Segundo Pedro Batista Martins, a vagueza conceitual acabava causando injustiças se se interpretasse a condição de necessitado como a de indigente[70].

Por outro lado, não era em razão de uma pretensa descoberta ontológica do conceito de necessitado (ou miserável, pobre etc.) o que mobilizava as críticas pela doutrina e pela jurisprudência, e, sim, a questão concernente à *comprovação*, qualquer que fosse o rótulo do destinatário do serviço.

Nesse período, o beneficiário da assistência judiciária precisava fazer *prova documental* acerca de sua condição. Trata-se do *atestado de pobreza.*

Com o Código de Processo Civil de 1939, o atestado de pobreza seria fornecido preferencialmente pelo serviço de assistência social e, onde ele não existisse, pela autoridade policial do distrito ou circunscrição em que residisse o pretendente (art. 74). Posteriormente, com o advento da Lei n. 1.060/1950, manteve-se a comprovação via atestado, só que agora ele era expedido pela autoridade policial ou pelo prefeito municipal (art. 4º, § 1º).

Não passou despercebida pela doutrina a exigência desse atestado, variando as posições mais questionadoras e as relativamente conformadas. Além disso, é curioso o quanto a novidade do tema suscitava opiniões sem qualquer base científica – apesar de veiculada por juristas de inegável renome.

J. M. de Carvalho Santos, por exemplo, asseverou que a exigência do atestado não lhe parecia razoável. A explicação: "A assistência social só socorre e, por isso mesmo, só está habilitada a atestar a pobreza das pessoas indigentes absolutamente. E se a lei se contenta com a indigência relativa (...) bem se está a ver que o atestado que surgirá será meramente gracioso"[71].

Pontes de Miranda, por sua vez, dava a entender que discordava da exigência do atestado, mas se baseava em um ponto de vista jurídico-dogmático: "O critério de se recorrer ao serviço de assistência social destoa do conceito de pessoa economicamente insuficiente para o processo, tal como no-lo oferece o Código, nos arts. 68, 72, 79"[72].

Os artigos referidos acima pelo jurista basicamente envolviam a figura do juiz como quem, no fundo, deveria atestar a insuficiência de recursos. Com efeito, "necessitado", agora, era aquele que não podia pagar as "custas do processo", ou seja, processo judicial (art. 68); a parte que requer o benefício o pleiteava via "petição", ou seja, um ato processual (art. 72); exigia-se a concessão parcial da gratuidade se o pretendente pudesse suportar em parte as "despesas do processo", ou seja, do processo judicial (art. 79); em suma, ao menos três dispositivos do código de então indicavam o *ambiente judicial como o ambiente da discussão sobre o conceito de necessitado.* Assim, sob a ótica jurídico-dogmática, o CPC de 1939 realmente se mostrava incoerente no trato do atestado de pobreza.

Mesmo adotando essa posição, Pontes de Miranda não foi enfático como poderia ter sido, e, aqui numa posição conformista, concluiu:

69 Benefício da justiça gratuita no processo civil e serviço social, *Revista dos Tribunais*, São Paulo, ano XXXI, v. CXXXIX, set. 1942.

70 *Comentários ao Código de Processo Civil.* Rio de Janeiro/São Paulo: Forense, 1960. v. I, p. 254.

71 *Código de Processo Civil interpretado.* 6. ed. Rio de Janeiro/São Paulo: Freitas Bastos, 1963. v. I, p. 254, p. 263.

72 *Comentários ao Código de Processo Civil*, cit., p. 290.

Por outro lado, a introdução da autoridade policial como supletiva da assistência social choca-se com a realidade das situações providas pelos arts. 68-79: a autoridade policial é de supor-se mais informada que a assistência social; e a assistência social dificilmente terá outros informes a respeito de pessoas não indigentes, que aquelas mesmas que o solicitante vai mencionar, na petição, ao juiz[73].

É claro que o atestado não era concebido pela doutrina como bastante em si, que não divergia quanto ao seu caráter *juris tantum*, isto é, sujeito a *controle posterior* que lhe retirasse a veracidade, até porque o CPC de 1939 indicava em seus artigos que tanto a parte contrária como, sobretudo, o juiz podiam desconsiderá-lo.

De qualquer forma, naquela época não havia – ou, se havia, eram poucos – quem questionasse essa exigência do atestado de pobreza que, aos nossos olhos de hoje, tanto tinha um caráter estigmatizante como não deixava claro se a assistência social, a autoridade policial ou o prefeito municipal se sujeitavam a critérios minimamente objetivos. No fundo, eles simplesmente decidiam quem era pobre e quem não era. Dá para imaginar quais situações esse sistema pode ter gerado[74], como demonstra um relato de um magistrado de Pernambuco nos idos da década de 1960:

> O atestado deve ser fornecido pelo delegado de polícia ou pelo prefeito, que normalmente pertencem à facção política dominante; se o pretendente é eleitor desse grupo tudo lhe corre fácil e tem quem o oriente, mas, na outra hipótese, não é novidade que o atestado lhe seja pura e simplesmente negado[75].

Como dissemos no item precedente, ao atestado de pobreza seguiu-se a aferição através da carteira de trabalho e da renda (tendo o salário mínimo como parâmetro), ambos almejando um critério mais objetivo.

De qualquer forma, a CF/88 constitucionalizou o conceito de "pessoa necessitada" atrelando-o à comprovação da insuficiência de recursos, algo inédito, pois nas Constituições anteriores apenas se definia que fariam jus à assistência judiciária as 'pessoas necessitadas', remetendo a disciplina ao legislador ordinário.

---

73 Idem, ibidem.

74 Em 1990, isto é, dois anos antes de publicado seu artigo "O direito à assistência jurídica: evolução no ordenamento brasileiro de nosso tempo" (artigo já citado no presente livro), José Carlos Barbosa Moreira proferiu palestra na Defensoria Pública carioca (em 30 de outubro), dizendo, no ponto que nos interessa, suas considerações a respeito do atestado de pobreza: "(...) Impunha-se ao interessado a maçada de procurar a autoridade policial ou o Prefeito do Município, para que uma ou outro lhe fornecesse um documento oficial, declarando-o miserável. A simples enunciação dessa exigência já mostra o constrangimento em que ela evidentemente punha o interessado. Além disso, sabemos que esse tipo de documentos oficiais não tem valor nenhum, porque em geral são concedidos sem qualquer investigação e às vezes sob condições não muito ortodoxas. O pobre era por vezes forçado a, sabe-se Deus como, arranjar algum recurso para conseguir tirar lá o seu atestado de miserável" (O direito à assistência jurídica. *Revista de Direito da Defensoria Pública do Estado do Rio de Janeiro*, ano 4, n. 5, 1991, p. 132).

75 Apud BITTENCOURT, Edgard de Moura. *O juiz*: carreira, função e personalidade do magistrado contemporâneo. 2. ed. São Paulo: Edição Universitária de Direito, 1966. p. 160-70.

Assim, com a CF/88, que utiliza a expressão "comprovação" de recursos, voltou à tona a polêmica sobre o critério de "necessidade econômica". De um lado, tem-se uma lei infraconstitucional editada em 1950 (e, atualmente, o CPC) e cujo aspecto diretamente ligado ao tema adveio da prática da *desburocratização*[76] no Brasil; de outro lado, uma Constituição que inegavelmente permitiu a evolução da assistência jurídica no Brasil, mas que, nesse específico assunto, teria cometido um retrocesso.

É justamente nessa linha de raciocínio que José Carlos Barbosa Moreira leciona: "Nada faz crer que o legislador constituinte, ao elaborar um diploma profundamente marcado (...) pela preocupação com o social, haja querido dar marcha à ré em processo evolutivo como o de que se cuida"[77]. Daí, sua conclusão, respaldada em julgado do Tribunal de Justiça do Rio de Janeiro datado de 1990 (AgRg n. 34/90 no MS n. 137/90), é que a palavra "comprovação" não infirma o critério da mera declaração, já que é justamente a declaração que teria o condão de comprovar a pobreza[78].

Admitamos, então, à luz dos ensinamentos de José Carlos Barbosa Moreira, que a CF/88 não podia ter incorrido em retrocesso e, por isso, o critério mais liberal (autodeclaração) deve prevalecer. Para quem imaginar que, ante tal critério, esvai-se qualquer possibilidade de polêmica, engana-se piamente[79].

Com efeito, a Lei n. 1.060/1950 (pós-alteração da Lei n. 7.510/1986) não dispunha simplesmente que, para fazer jus à assistência jurídica, bastava a autodeclaração. Fosse isso e, de fato, a polêmica estaria resolvida, posto que o requerente ostentaria praticamente poderes absolutos, já

---

76 De maneira lúcida, Cléber Francisco Alves adverte que esse novo regime da assistência jurídica surge durante a década de 1980, quando o governo federal lançou um programa nacional de desburocratização dos procedimentos administrativos, criando até mesmo um ministério (o Ministério Extraordinário da Desburocratização), chefiado por Hélio Beltrão (*Justiça para todos!*, cit., p. 280-281). Uma curiosidade histórica referente a esse Ministério é explanada por Keith S. Rosenn: "Infelizmente, a burocracia tem lidado com o Programa Nacional de Desburocratização de um modo tipicamente brasileiro, ignorando muitas das suas medidas desburocratizadoras. Respondendo às várias reclamações de desrespeito às reformas, o Ministro Beltrão baixou um decreto determinando que a burocracia levasse a sério o Programa de Desburocratização" (*O jeito na cultura jurídica brasileira*. Rio de Janeiro: Renovar, 1998. p. 76). Cf. ainda a discussão havida na Constituinte acerca dos juizados especiais: segundo Luciana Gross Cunha, coube ao Ministério da Desburocratização formar uma comissão para a inserção dos juizados especiais no texto constitucional, tendo havido repúdio por parte, sobretudo, da classe dos advogados, que viam neles um instrumento antidemocrático e autoritário (já que afastava a atuação dos advogados) (CUNHA, Luciana Gross. *Juizado Especial*: criação, instalação, funcionamento e a democratização do acesso à justiça. São Paulo: Saraiva, 2008. p. 18-22).

77 *O direito à assistência jurídica*, cit., p. 131.

78 É nesse sentido o posicionamento de Maurício Vidigal, citado por Silvana Cristina Bonifácio Souza. *Assistência jurídica integral e gratuita*. São Paulo: Método, 2003. p. 75-76.

79 Artemio Zanon ponderava no ano de 1990 que "(...) a conceituação de 'necessitado', 'situação econômica', 'sem prejuízo do sustento próprio ou da família' etc. (...), em que pese parecer tão simples, não raro se apresenta como uma questão deveras complexa", propondo a análise caso a caso (*Assistência judiciária gratuita*. São Paulo: Saraiva, 1985. p. 42).

que sua manifestação de vontade seria insuscetível de controle posterior[80]. E o mesmo vale para a regra atualmente vigente: o art. 99, § 3º, do CPC[81].

A própria Lei n. 1.060/1950, no entanto, previa[82] duas situações que retiravam o caráter absoluto da autodeclaração: enquanto no § 1º do art. 4º a presunção relativa, se afastada, implicava a imposição de multa ao declarante de até dez vezes o valor das custas judiciais, tendo o § 2º conferido à parte contrária a possibilidade de impugnar e, no art. 5º, *caput*, possibilitava-se ao juiz do processo que, de ofício, indeferisse o requerimento, desde que tivesse fundamento para tanto[83]; sem esquecermos do art. 8º dessa mesma Lei n. 1.060/1950, que persiste em vigor, e investe o juiz de poder para agir *ex officio* decretando a revogação da gratuidade da justiça (ou seja, ela fora deferida), ouvida a parte beneficiária.

A LC n. 80/1994 não trouxe regramento mais detalhado a esse respeito, tendo o art. 1º (cuja redação atual adveio da LC n. 132/2009[84]) estabelecido que a assistência jurídica será prestada "(...) aos necessitados, assim considerados na forma do inciso LXXIV do art. 5º da Constituição Federal".

O resumo da ópera de todo esse percurso histórico que fizemos acima é o seguinte: independentemente do meio a ser eleito (documentos – como atestado ou carteira de trabalho – ou

80 J. M. de Carvalho Santos, ao comentar o Código de Processo Civil de 1939, já explicitava, à luz dessa lei, os mecanismos e momentos de aferição do conceito de necessitado. Não concordava o autor, porém, com a sistemática do novo código, que, ao exigir que o pleito ao benefício fosse dirigido ao juiz, retirava a possibilidade de a parte contrária ser ouvida a respeito, "(...) o que parece ser uma omissão prejudicial, pois sua intervenção tornaria mais eficaz e proveitosa a fiscalização, evitando-se abusos" (*Código de Processo Civil interpretado*, cit., p. 261).Boa ou ruim, essa sistemática ia ao encontro da filosofia do novo diploma legal. O próprio J. M. de Carvalho Santos introduziu em sua obra a exposição de motivos do CPC39, de autoria de Francisco Campos. Para Francisco Campos, o novo código superava a 'concepção duelística' de processo – onde as partes agem em duelo e, protagonistas que eram, o juiz era levado a decidir conforme as habilidades (e inabilidades) delas. Mas essa concepção, dizia Campos, prejudicava principalmente a defesa dos fracos, acarretando a descrença popular quanto à distribuição da justiça. Impunha-se, assim, a adoção, pelo novo código, de outro fundamento: a 'concepção autoritária' do processo, onde o juiz deixava de ser mero espectador para ter uma posição protagonista, cabendo a ele, e não às partes, a busca da verdade. Por isso o CPC39 previu diversas regras atinentes à função do juiz no processo. Por fim, não dá para deixar de observar que, na concepção 'autoritária' exposta conscientemente por Francisco Campos, o termo 'autoritário' era empregado com significado diverso do que atualmente se lhe dá. Hoje, mesmo os adeptos dessa corrente (talvez) jamais ousariam nominar sua escola de autoritária.

81 Art. 99, § 3º: "Presume-se verdadeira a alegação de insuficiência deduzida exclusivamente por pessoa natural".

82 O CPC trata desse assunto no art. 100, parágrafo único: "Revogado o benefício, a parte arcará com as despesas processuais que tiver deixado de adiantar e pagará, em caso de má-fé, até o décuplo de seu valor a título de multa, que será revertida em benefício da Fazenda Pública estadual ou federal e poderá ser inscrita em dívida ativa".

83 A 17ª Câmara Cível do Tribunal de Justiça do Estado do Rio Grande do Sul (Agravo n. 70015426174, rel. Des. Elaine Harzheim Macedo, de 29-6-2006) já admitiu o uso de fotos do ORKUT para provar que a parte que pleiteou o benefício fazia viagens para a Europa (para diversão), de modo que não se poderia admitir, no caso, a concessão da gratuidade. No julgado, destacou-se que a prova em si (fotos do Orkut) é admissível, mas o juiz deve fazê-lo em uma audiência na presença das partes.

84 Antes dessa alteração, o art. 1º mencionava como necessitados os "(...) assim considerados na forma da lei".

a própria declaração), a "necessidade econômica" é uma situação fática que, por possuir mecanismos de controle posterior[85], não prescinde de *interpretação*. E daí retornamos à (sempre atual e interminável) discussão sobre o que deve ser reputado como "necessidade econômica".

### *2.1.3 Necessitado econômico X necessitado jurídico?*

Historicamente, conforme vimos, e principalmente falando do Brasil, a ideia de necessitado remete à questão econômica.

Basicamente – e tratamos disso quando falamos do obstáculo econômico ao acesso à justiça –, a pessoa que não possua condições financeiras enfrenta duas barreiras ligadas à sua situação: as custas processuais e os honorários do advogado. Numa perspectiva mais ampla, o óbice econômico afeta não apenas isso, mas outros: por exemplo, dificuldades de se locomover por meio de transporte público (obstáculo geográfico)[86]; ou dificuldades – quando não total impossibilidade – de acessar e navegar com conhecimento de causa e segurança em ambientes virtuais; neste caso, pode haver uma mistura de obstáculos econômico e cultural.

De qualquer forma, tradicionalmente o foco desse obstáculo reside nas dificuldades encontradas *dentro* ou *em razão do processo.*

Como vimos anteriormente, a dificuldade de se estabelecer um critério sempre oscilou ante a tensão *objetividade em nome da isonomia X flexibilidade em nome da justiça*. Assim, atestado de pobreza, carteira de trabalho, referencial do salário mínimo: todos esses critérios, que supostamente almejavam o ideal de objetividade, sucumbiram ao advento da autodeclaração – esta, em nome da flexibilidade aos olhos da justiça.

No Brasil da década de 1980, Ada Pellegrini Grinover trouxe para as discussões jurídicas o tema da *carência organizacional.*

---

85 A Lei Complementar n. 54/2006 do Estado do Pará, que organiza a respectiva Defensoria Pública, prevê expressamente em seu § 3º do art. 2º que "A Defensoria Pública manterá permanente atividade de apuração do estado de carência dos necessitados, adotando, em relação a estes, se comprovado o não preenchimento dos requisitos estabelecidos no *caput* deste artigo, as providências legais cabíveis, inclusive as de natureza penal".

86 Como ensinava o geógrafo Milton Santos, "O valor do indivíduo depende, em larga escala, do lugar onde ele está (...). Em nosso país, o acesso aos bens e serviços essenciais, públicos e até mesmo privados é tão diferencial e contrastante, que uma grande maioria de brasileiros, no campo e na cidade, acaba por ser privada desses bens e serviços". E prossegue: "Na grande cidade, há cidadãos de diversas ordens ou classes, desde o que, farto de recursos, pode utilizar a metrópole toda, até o que, por falta de meios, somente a utiliza parcialmente, como se fosse uma pequena cidade, uma cidade local". E conclui o saudoso pensador brasileiro que "morar na periferia é condenar-se duas vezes à pobreza" (*O espaço do cidadão*. 7. ed. São Paulo: Edusp, 2007, p. 139-143). No mesmo sentido leciona Dalmo de Abreu Dallari, referindo-se ao processo de urbanização da vida social e o impacto disso no Poder Judiciário: "(...) o simples fato de ter passado a residir na cidade tornou mais viável, para muita gente, a possibilidade de procurar o Judiciário para a defesa de direitos ou a solução de conflitos, o que explica, em grande parte, o expressivo aumento do número de ações judiciais registrado nas últimas décadas" (*O poder dos juízes*. 3. ed. São Paulo: Saraiva, 2010. p. 7). Para um debate sobre o acesso à justiça na perspectiva geográfica: ALCÂNTARA, Willian Magalhães de. Contribuições para o debate a respeito do uso do território paulista pela Defensoria Pública. In: *Temas aprofundados da Defensoria Pública. Salvador*: JusPodivm, 2014. v. 2. p. 133-154.

Durante seminário realizado em São Paulo sobre o tema "assistência judiciária"[87], a eminente processualista advertiu que o tema "acesso à justiça" haveria de ser pensado e praticado tendo em vista os conflitos emergentes e os decorrentes da sociedade de massa, sendo mister reconhecer as diferenças entre as grandes e pequenas causas. Nessa linha, seria imperioso

> (...) rever o antigo conceito de assistência judiciária aos necessitados, porque, de um lado, assistência judiciária não significa apenas assistência processual, e porque, de outro lado, necessitados não são apenas os economicamente pobres, mas todos aqueles que necessitam de tutela jurídica: o réu revel no processo-crime, o pequeno litigante nos novos conflitos que surgem numa sociedade de massa, e outros mais que podem emergir em nossas rápidas transformações sociais[88].

Mais recentemente, a doutrina institucional tem se inspirado nessa linha de raciocínio. Vejamos algumas posições doutrinárias nesse sentido:

(i) José Augusto Garcia de Sousa: o autor aponta a "pluralização do fenômeno da carência, para fins de uma tutela especial"[89]. Deixa claro que a complexidade da sociedade atual deve nos estimular a evitar reducionismos. Nessa linha, cita o exemplo do Código de Defesa do Consumidor, cujo art. 4º, I, reconhece, para fins de proteção, a vulnerabilidade do consumidor, e que tal vulnerabilidade não é apenas de cunho econômico, mas também de uma carência de informações.

(ii) Pedro González: aponta como míope e obsoleta a ideia de necessitado apenas pela ótica do economicamente vulnerável. Para ele, tal visão se baseava na ordem constitucional anterior. E conclui que necessitado

> (...) deve ser compreendido como aquele que por sua condição de vulnerabilidade não tem acesso aos recursos necessários para a defesa de seus direitos. Nesse sentido, a situação de vulnerabilidade pode ter como causa razões de ordem econômica, mas também outras de origem social, cultural, étnica, de gênero, idade, deficiência, estado físico e mental, privação de liberdade etc. Ademais, comumente as causas de vulnerabilidade se somarão, ampliando ainda mais as barreiras de acesso à justiça e aos direitos[90].

(iii) Amélia Soares da Rocha: aduz que a CF/88 não restringiu a ausência de recursos à falta de recursos econômicos. Frisando que, atualmente, "(...) o necessitado não é mais apenas o pobre econômico, mas o vulnerável", conclui:

---

87 A organização do seminário, segundo a processualista, coube ao Centro de Estudos da Procuradoria-Geral do Estado de São Paulo e à Associação dos Procuradores do Estado de São Paulo.

88 *Novas tendências do direito processual*. Rio de Janeiro: Forense Universitária, 1990. p. 247.

89 O destino de Gaia e as funções constitucionais da Defensoria Pública: ainda faz sentido – sobretudo após a edição da Lei Complementar 132/09 – a visão individualista a respeito da instituição? In: SOUSA, José Augusto Garcia de (coord.). *Uma nova Defensoria Pública pede passagem*: reflexões sobre a Lei Complementar 132/09. Rio de Janeiro: Lumen Juris, 2011. p. 28.

90 *Defensoria Pública no século XXI*: novos horizontes e desafios. Rio de Janeiro: Lumen Juris, 2017. p. 17.

> O necessitado de Justiça é, pois, quem, por sua condição de vulnerabilidade, não tem acesso aos recursos necessários à sua defesa. A missão constitucional da Defensoria Pública é garantir o acesso à justiça aos necessitados, assim compreendidos aqueles que por circunstâncias sociais, econômicas, sexuais, étnicas e/ou culturais, não têm acesso aos recursos para exercitar com efetividade os seus direitos[91].

(iv) Tiago Fensterseifer: baseando-se nos obstáculos existentes para o acesso à justiça, o autor traça a discussão sobre o conceito de *necessitado*, classificando-o em *necessitado "em sentido estrito"*, isto é, o necessitado em termos econômicos, e o *necessitado "em sentido amplo"*, isto é, em termos organizacionais. Como bem esclarece o autor,

> tanto a *necessidade em sentido estrito* quanto a *necessidade em sentido amplo* conduzem à legitimidade da atuação de Defensoria Pública na tutela e promoção dos direitos das pessoas que se enquadrem em tais situações de privação de direitos e vulnerabilidades, com especial destaque para a tutela coletiva dos seus direitos fundamentais (liberais, sociais e ecológicos)[92].

As posições doutrinárias acima sem dúvida alguma contribuem para esclarecer que qualquer análise séria e transformadora desse tema terá de enfrentar, sobretudo, as complexidades da sociedade moderna e, claro, um olhar para vulnerabilidades cada vez mais reconhecidas.

No entanto, fato é que não existe um conceito claro de necessitado *jurídico* na doutrina.

Ademais, qualquer discussão doutrinária, por mais coerente e lúcida que seja, não pode desconsiderar o texto constitucional – conquanto possa e deva influenciar sobremaneira a sua interpretação.

A CF/88, ao estabelecer que necessitadas são as pessoas que *comprovarem insuficiência de recursos*, parece ter retomado a ênfase nesse viés econômico; independentemente de o diploma constitucional aceitar ou não as ideias de necessitado *jurídico* – bastante veiculadas no final da década de 1980, como vimos –, fato é que o constituinte no mínimo não abriu mão do critério econômico.

É possível aprofundarmos essa reflexão no item a seguir, cuidando do acusado no processo penal.

### *2.1.4 A presunção absoluta de necessitado não econômico para fins de defesa de direitos e garantias do acusado no processo penal – o necessitado jurídico está à margem do problema econômico?*

A atuação (obrigatória) da Defensoria Pública no *processo penal* quando se trata de *acusado que não seja pessoa economicamente necessitada* não está à margem do problema econômico.

Na verdade, quando se fala em *necessitado jurídico*, entendemos que o que se pretende – em última análise – é *socializar custos*[93] na representação legal de certos direitos e garantias, inde-

---

91 *Defensoria Pública*: fundamentos, organização e funcionamento. São Paulo: Atlas, 2013. p. 83-84.

92 FENSTERSEIFER, Tiago. *Defensoria Pública, direitos fundamentais e ação civil pública*. São Paulo: Saraiva: 2015. p. 64.

93 Juan Manuel Barquero Estevan deixa muito claro o que nós sabemos: que decisões atinentes a subvenções, ou mesmo assunção total de custos pelo Estado, de fato significam que os custos foram socializados e assumidos pela coletividade. ESTEVAN, Juan Manuel Barquero. *La función del tributo en el Estado social y demo-*

pendentemente da condição econômica de quem quer que seja o titular. Ou seja, embora a doutrina não mencione a presente perspectiva, quando tratamos de *necessitado jurídico* estamos nos referindo a certos direitos e garantias cujos titulares são adrede tratados *a priori* como necessitados.

Portanto, no campo penal emerge uma presunção absoluta de necessidade, a fim de viabilizar, juridicamente, a socialização de custos na defesa de direitos e garantias alçados a um alto grau de indisponibilidade – o direito fundamental (ou a garantia processual fundamental) à ampla defesa como instrumento de defesa do direito fundamental de ir e vir. Não é à toa que o *habeas corpus*, entre outros instrumentos processuais, segundo os termos constitucionais, deve ser gratuito – ou seja, deve ter seu custo pago por meio de impostos e não de taxas[94].

Essa perspectiva, conforme veremos, também revela mais claramente o conteúdo das decisões do Poder Constituinte em relação à Defensoria Pública e o acusado que não seja, concretamente, um necessitado econômico. Por outro lado, urge esclarecer: não somos contrários à categoria *necessitado jurídico*, consagrada e extremamente útil no cotidiano forense; apenas julgamos importante ressaltar que o necessitado jurídico não está à margem do conceito de necessitado sob o viés econômico.

#### 2.1.4.1 O acusado que não é economicamente necessitado: a ideia de necessitado jurídico e sua utilização como técnica jurídica

Tradicionalmente, e para sustentar o caráter sistêmico do instituto, a doutrina costuma aduzir que essa é uma hipótese em que a Defensoria Pública atua em prol de um necessitado *jurídico*.

Mas o que seria o necessitado *jurídico*?

Em certa medida, retomando o item precedente, quando se denomina determinada hipótese como um caso de necessitado no sentido *jurídico* – almejando-se distingui-la do necessitado *econômico* –, isso, no fundo, decorre de postura inerente a um raciocínio dogmático: estabelece-se, *a priori*, que o acusado que não constitui advogado é um necessitado *jurídico* simplesmente para concluir-se que ele deve ser tratado como o *necessitado dito econômico*.

Em síntese, dentro da teoria jurídica há uma presunção absoluta (*juris et de jure*) de necessidade, a fim de que os direitos e garantias do titular sejam defendidos mesmo que o titular *in concreto* tenha condições de arcar com todo o custo que envolve sua defesa, a qual deve ser realizada contra a sua própria vontade ou sem sua colaboração por se considerar, juridicamente, que envolve um interesse público.

No campo do processo penal, explica-se essa possibilidade por uma perspectiva há muito tempo salientada, dentre outros, por Piero Calamandrei: *o interesse do Estado na punição do*

---

*crático de Derecho*. Madrid: CEPC, 2002. p. 84.

94 Art. 5º (...) LXXVII – "são gratuitas as ações de *habeas corpus* e *habeas data*, e, na forma da lei, os atos necessários ao exercício da cidadania".

*culpado* contrapõe-se ao interesse, *que também é do Estado*, à tutela da liberdade individual[95]. Converge a essa ideia Luigi Ferrajoli ao sustentar a criação de um Ministério Público da defesa, a quem caberia a tutela da presunção da inocência produzindo, especialmente, refutações, contra-argumentos, indícios e provas apresentados pela acusação[96].

A hipótese do acusado no processo penal é bastante emblemática por atrair as ideias de *defesa efetiva numa democracia* combinada com a *socialização dos custos de uma função pública de tutela da presunção de inocência.*

#### 2.1.4.2 Defesa do acusado não economicamente necessitado no processo penal: a quem caberia esse papel?

É claro que a *indisponibilidade da defesa técnica do acusado* no processo penal – consequência da indisponibilidade do direito de ir e vir do acusado, no contexto penal – consubstancia a concreção do ideal democrático de ampla defesa, a ser realizada mesmo contra a vontade do acusado *não economicamente necessitado*. Essa perspectiva demonstra uma preocupação fundamental da sociedade democrática: propiciar que o processo penal seja aplicado da maneira mais correta possível, denotando a coexistência de um interesse individual com um interesse social (a correta apuração do fato)[97].

Por esse prisma, como no processo penal brasileiro a defesa técnica é obrigatória (ou indisponível), é inevitável desenvolver-se, conforme vimos, uma teoria em que o acusado será defendido *quer queira ou não*. Ao mesmo tempo, por outro lado, ante essa obrigatoriedade de defesa técnica, toda sistemática deve ser desenhada para que o processo penal também não seja obstado pela autonomia da vontade do acusado: bastaria que ele *não* contratasse advogado e, se não devesse a Defensoria Pública atuar em seu favor – seja porque ele não se declarou necessitado econômico, seja porque notoriamente se trata de pessoa economicamente não necessitada –, o processo penal não poderia prosseguir.

Assim, se, de um lado, o sistema processual penal é democraticamente obrigado a tornar indisponível a defesa técnica do acusado, por outro, ele precisa *garantir que alguém ponha essa defesa técnica em prática para que o processo não fique estacionado*.

Daí, surge a questão: *a quem cabe esse papel?* Aos advogados (profissionais liberais)? Ou à assistência jurídica (qualquer que seja o modelo adotado)?

Já em 1969 o STF aprovou a **Súmula 435**, que enuncia: "No processo penal, a falta da defesa constitui nulidade absoluta, mas a sua deficiência só o anulará se houver prova de prejuízo para o réu". Tal súmula observa o disposto no art. 564, III, 'c', do CPP. (Uma constatação: no

---

95 "(...) Ciò è vero del pari nel processo penale, dove, di fronte all'interesse dello Stato alla *punizione del colpevole* [grifamos], sta l'interesse *che é anche dello Stato, alla tutela della libertà individuale* [também grifamos]" (CALAMANDREI, Piero. Il concetto di "lite" nel pensiero di Francesco Carnelutti. In: *Opere giuridiche.* Volume Primo. Morano Editore, cap. X, item 7, p. 213-214).

96 FERRAJOLI, Luigi. *Derecho y razón*: teoría del garantismo penal. Prólogo de Norberto Bobbio. 10. ed. Madrid: Trotta, 2011. item n. 40.3.

97 LOPES JR., Aury. *Direito processual penal.* 16. ed. São Paulo: Saraiva, 2019. p. 102.

Brasil, contrariando uma visão de efetiva defesa de direitos e garantias fundamentais, a jurisprudência normalmente aprecia a aplicabilidade dessa súmula no âmbito da discussão acerca do *prejuízo*, isto é, a existência de uma defesa técnica sob a ótica formal, mas potencialmente ineficiente, sob a ótica material.)

No fundo, a ausência de defesa pouco se tornou um problema *prático* no Brasil porque, num primeiro momento, a classe dos advogados – inclusive atuando caritativamente – incumbiu-se desse mister[98]. Posteriormente, o Estado o fez: por meio da figura dos advogados dativos e, após, dos modelos de assistência jurídica (até culminar na Defensoria Pública)[99]. Assim, historicamente, aos poucos esse papel foi assumido pela assistência judiciária.

O Código de Processo Penal de 1941, ainda vigente, é um exemplo: ele não trazia um capítulo específico que disciplinasse o assunto nem mesmo utilizava expressões como "assistência judiciária" ou "gratuidade judiciária". Quando dispunha sobre o tema comumente referia "defensor dativo" (v.g., parágrafo único do art. 263[100]) ou simplesmente a nomeação de advogado (v.g., art. 32[101]).

De qualquer forma, em momento algum a CF/88 prevê que aquele que não contrata advogado será defendido pela Defensoria Pública e sequer o qualifica como necessitado *jurídico*. Ainda assim, podemos afirmar que *existe uma necessidade jurídica em jogo, mas ela não é apenas do réu; é, também, do processo (para que possa prosseguir)*.

Fizemos essa contextualização para concluir que estamos diante de um caso em que a defesa técnica precisa ser garantida por meio da ideia de *socialização dos custos*, isto é, a sociedade,

---

98 Há importantes escritos no Brasil acerca dessa temática. Dentre eles, sugerimos os seguintes: o capítulo 5 do insuperável *Justiça para todos! – assistência jurídica gratuita nos Estados Unidos, na França e no Brasil*, de Cleber Francisco Alves (Rio de Janeiro: Lumen Juris, 2006), em que o autor traça o desenvolvimento histórico da assistência jurídica no Brasil. O tópico 7 do artigo "*Constitucionalidade da capacidade postulatória autônoma do defensor público: fundamentos e importância para a defesa de direitos humanos", dos autores deste livro (*RÉ, Aluisio Iunes Monti Ruggeri; REIS, Gustavo Augusto Soares dos (org.). *Temas aprofundados Defensoria Pública*. Salvador: JusPodium, 2014. v. 2), em que se analisa a temática da construção da capacidade postulatória no Brasil. Por fim, o artigo "Reflexões sobre a assistência jurídica no Brasil nas fases colonial e imperial" (p. 441-64), de Gustavo Augusto Soares dos Reis (*Direitos humanos, democracia e justiça social*: uma homenagem à professora Eunice Prudente – da militância à academia. São Paulo: Letras Jurídicas, 2017), em que se analisa os primórdios da assistência jurídica e da advocacia *pro bono* no Brasil, ambas voltadas às lutas (jurídicas) abolicionistas.

99 CPP, art. 261: "Nenhum acusado, ainda que ausente ou foragido, será processado ou julgado sem defensor. Parágrafo único. A defesa técnica, quando realizada por defensor público ou dativo, será sempre exercida através de manifestação fundamentada".

100 Art. 263. Se o acusado não o tiver, ser-lhe-á nomeado defensor pelo juiz, ressalvado o seu direito de, a todo tempo, nomear outro de sua confiança, ou a si mesmo defender-se, caso tenha habilitação. Parágrafo único. O acusado, que não for pobre, será obrigado a pagar os honorários do defensor dativo, arbitrados pelo juiz.

101 Art. 32. Nos crimes de ação privada, o juiz, a requerimento da parte que comprovar a sua pobreza, nomeará advogado para promover a ação penal. § 1º Considerar-se-á pobre a pessoa que não puder prover às despesas do processo, sem privar-se dos recursos indispensáveis ao próprio sustento ou da família. § 2º Será prova suficiente de pobreza o atestado da autoridade policial em cuja circunscrição residir o ofendido.

de algum modo, deve arcar com essa incumbência *mesmo que o acusado não seja hipossuficiente econômico*. Em outras palavras: a sociedade brasileira assumiu a responsabilidade, por meio do pacto constitucional, de plenamente *socializar custos* da função defensiva técnica no processo penal, impedindo, assim, que recaia sobre essa função qualquer preço individualizado[102].

Desse modo, parece-nos que existiriam, teoricamente, *dois caminhos* para essa socialização de custos:

(i) exigir que esse papel fosse desincumbido pela classe dos advogados, afinal, o próprio Estatuto da OAB (Lei n. 8.906/1994) concebe a advocacia como um múnus público[103]. Não é à toa que Ruy de Azevedo Sodré lecionava:

> Mas há uma causa em que é *direito* e *dever* do advogado assumir o patrocínio, embora lhe pareça *ilegal*, *injusta* ou *imoral*: a defesa criminal[104].

(ii) atribuí-la ao órgão prestador de assistência jurídica, ainda que sua destinação seja a defesa, apenas e tão só (no plano individual), dos necessitados (e vimos que, historicamente, a ideia de necessitado se direciona ao viés econômico).

Se a própria Advocacia, função essencial à justiça, é tida como uma *função pública* exercida por *ministério privado* (assim, o advogado exerce não só uma profissão liberal como também uma função social), e se a CF/88 atribui à Defensoria Pública a defesa das pessoas necessitadas, na teoria não seria nenhum absurdo jurídico que, tratando-se de *acusado que não seja economicamente necessitado*, sua representação no processo penal fosse feita não pela Defensoria Pública, mas por um advogado[105]. Logo, *em vez de socializar essa tarefa por meio da Defensoria Pública* (destinada a defender as pessoas necessitadas), *tal socialização ocorreria no seio da única profissão liberal com status constitucional: a Advocacia, uma função essencial à justiça e que exerce uma função social.*

Fato é que, no Brasil, o segundo caminho é que vingou, de modo que o acusado *não economicamente necessitado* no processo penal tem como seu defensor técnico um profissional atrela-

---

102 Nada de estranho nisso, pois, como explica Nabais, "há tarefas estaduais que, embora satisfaçam necessidades individuais, sendo portanto seus custos suscetíveis de ser divididos pelos cidadãos, por imperativas constitucionais não podem, no todo ou em parte, ser financiadas senão por impostos. Assim ocorre na generalidade dos atuais Estados sociais, em que a realização de um determinado nível dos direitos econômicos, sociais e culturais tem por exclusivo suporte financeiro os impostos. Como exemplo podemos referir, tendo em conta a Constituição portuguesa, a gratuidade (...) dos serviços de justiça no respeitante aos que não podem suportar a respectiva taxa, etc." (NABAIS, José Casalta. *A face oculta dos direitos fundamentais*: os deveres e os custos dos direitos. *Revista de Direito Público da Economia*, v. 5, n. 20, out./dez. 2007, p. 153-181. Disponível também em: <http://www.egov.ufsc.br/portal/sites/default/files/anexos/15184-15185-1-PB.pdf>. Acesso em: 15 maio 2015).

103 Art. 2º O advogado é indispensável à administração da justiça. § 1º No seu ministério privado, o advogado presta serviço público e exerce função social.

104 *O advogado*: seu estatuto e a ética profissional. 2. ed. São Paulo: RT, 1967. p. 291.

105 Dativo, no sentido de "nomeado" pelo juiz, ou designado pela própria OAB, por exemplo, através de um rodízio entre os profissionais da classe. E é importante frisar que, neste caso, o advogado não seria remunerado pelo Estado (modelo *judicare*); ele apenas desempenharia caritativamente o que seu próprio órgão de classe vê – e com razão – como uma função social.

do ao serviço público de assistência jurídica (advogado, tratando-se de modelo *judicare*, ou, diretamente, pelo defensor público).

De qualquer forma, a atuação da Defensoria Pública em favor do acusado *não economicamente necessitado*, de fato, não está à margem do problema econômico; cuida-se, apenas, de *escolhas* feitas acerca de *quais direitos e garantias devem ser defendidos socializando-se custos, inclusive em favor de quem poderia arcar com esses custos*, bem como sobre *quem deve desempenhar esse papel* (que deve ser socializado).

Compreendermos as coisas dessa maneira nos permite apreender significados ocultos por detrás de silogismos como esse:

*O acusado que não contrata advogado no processo penal é necessitado jurídico;*
*A Defensoria Pública defende as pessoas necessitadas, logo:*
*O acusado que não contrata advogado no processo penal será defendido pela Defensoria Pública.*

Parece-nos, assim, que este silogismo ficaria melhor se fosse reescrito do seguinte modo:

*Todo acusado no processo penal terá defesa técnica;*
*A Defensoria é a opção de socialização de custos na ausência de advogado contratado pelo acusado, logo:*
*O acusado que não contrata advogado no processo penal será defendido pela Defensoria Pública.*

O raciocínio que estamos desenvolvendo neste tópico não é fácil de ser aceito, pois contraria a tendência atual de se estender a ideia de presunção absoluta de necessidade (o "necessitado jurídico") para pessoas pertencentes a diversas minorias sem qualquer análise econômica. De qualquer modo, estamos especulando ideias de há muito arraigadas na cultura jurídica brasileira e, como já poetizou Carlos Drummond de Andrade, "a tradição é cultuada pelos que não sabem renová-la"[106].

Pensamos ser interessante prosseguir nesse raciocínio levando em conta a inevitável influência da atuação da Defensoria Pública nas ações coletivas. E para aprofundarmos nossa análise, nada como raciocinarmos a partir de uma situação hipotética.

No ano de 2015, o STF apreciou o delicado tema da legitimidade da Defensoria Pública para propor ação civil pública (**ADIn 3.943/DF**). O *argumento central* posto pela CONAMP ao pugnar a procedência da ação era, em suma, o seguinte: se a Defensoria Pública defende as pessoas necessitadas, a conclusão é que a instituição não poderia propor essa ação coletiva porque, inevitavelmente, sua atuação beneficiaria pessoas não necessitadas – e isso a desviaria de sua destinação constitucional[107]. Ou seja, na visão do autor da ADIn, era inconcebível *externalidades*

106 *O avesso das coisas [aforismos]*. 5. ed. Rio de Janeiro: Record, 2007. p. 214.

107 "(...) Assim, a Defensoria Pública pode, somente, atender aos necessitados que comprovarem, individual-

que atingissem pessoas não economicamente necessitadas. Assim, nessa ação direta – urge ressaltar – tratava-se da aferição do conceito de pessoa necessitada no plano das ações *coletivas*.

Como sabemos, felizmente, o STF entendeu que, no plano coletivo, nada impede que a atuação da Defensoria Pública beneficie pessoa não necessitada, desde que ela, potencialmente, também beneficie as pessoas necessitadas. Trocando em miúdos, para utilizarmos uma noção típica de economia: o STF admitiu que a Defensoria Pública atue no âmbito coletivo ainda que, involuntariamente, fossem beneficiadas pessoas que não preenchem requisitos de necessitados econômicos.

Eis, então, a *situação hipotética* a que nos referimos acima.

Imagine o leitor *se* o STF, em sentido contrário, tivesse decidido pela *procedência* da ação: no dia seguinte, a Defensoria Pública não mais poderia propor ação civil pública não só porque o STF houvera decidido dessa maneira, mas porque decidira dessa maneira justamente para que a instituição *não se desviasse de sua destinação constitucional*: a defesa das pessoas (economicamente) necessitadas.

No entanto, se no plano *coletivo* esse tivesse sido o teor da decisão do STF, o plano *individual* de atuação não seria igualmente afetado? O que justificaria a Defensoria Pública não mais poder propor ação civil pública, mas permanecer atuando na defesa do acusado *não necessitado* no processo penal? Seria incoerente, para não dizer cínico.

E podemos prosseguir: *se* o STF, então, em nome da coerência que exortamos acima, fosse instado a apreciar essa questão, caso ele desse razão à tese de que, para não se desviar de sua função constitucional, não poderia mesmo competir à Defensoria Pública a atuação em favor dos *acusados não economicamente necessitados* no processo penal, como ficaria a defesa deles? Ou ficariam sem defesa técnica, o que é rechaçado no direito brasileiro?

Em conclusão, a resposta à indagação acima passa pela compreensão de que a Defensoria Pública é de suma importância para o devido processo legal. Mais do que isso, sistematicamente falando, a essencialidade da Defensoria Pública decorre de ela ser *parte da solução*, não podendo figurar como parte do problema. É por isso, assim, que a Defensoria Pública não pode se negar a atuar em favor do acusado *não economicamente necessitado* no processo penal: não (apenas) para que haja defesa efetiva, e sim porque, para haver defesa efetiva, deve-se socializar o papel da defesa técnica, o que, de há muito, tem competido à Defensoria Pública por uma questão de *escolha* dentro do sistema jurídico brasileiro.

### *2.1.5. A questão da curadoria especial*

Trataremos alhures, de modo amplo, sobre curadoria especial.

---

mente, carência financeira. (...) Portanto, aqueles que são atendidos pela Defensoria Pública devem ser, pelo menos, individualizáveis, identificáveis, para que se saiba, realmente, que a pessoa atendida pela Instituição não possui recursos suficientes para o ingresso em Juízo". Petição inicial, fl. 6. Disponível em: <http://redir.stf.jus.br/estfvisualizadorpub/jsp/consultarprocessoeletronico/ConsultarProcessoEletronico.jsf?seqobjetoincidente=2548440>. Acesso em: 19 jun. 2020.

Neste tópico, apenas chamamos a atenção do leitor para deixarmos claro que a curadoria especial é outro exemplo marcante da legislação em que emerge a tal presunção absoluta de necessidade, decorrente da técnica do *necessitado jurídico*. Assim, enquanto os fatores concretos não se alterarem, de modo a afastarem a incidência das hipóteses legais previstas no art. 72 do CPC vigente, os destinatários do instituto devem ter seu curador especial.

Deste modo, não importa a capacidade econômica do incapaz que não possua representante legal, ou do incapaz cujos interesses colidam com os interesses do representante legal: aqui a lei presume que esse incapaz está em situação vulnerável a ponto de ser aplicável a técnica do necessitado jurídico.

Diga-se o mesmo do réu preso revel, bem como do réu revel citado por edital ou com hora certa, sem que haja constituição de advogado: a ausência do réu em uma dessas situações exige, segundo o legislador, a aplicação da técnica do necessitado jurídico. Em outras palavras, socializam-se custos da defesa do ausente para evitar uma aniquilação total do devido processo legal e de seus consectários. Não é por acaso haver instituições financeiras, sociedades empresárias, todas fechadas de modo irregular, valendo-se da curadoria especial – a par de vários outros perfis de curatelados.

### *2.1.6 Pessoa necessitada no plano individual: um conceito econômico (e casuístico)*

Parece-nos que existe apenas um conceito de necessitado: o necessitado *econômico*, tanto no plano *individual* como *coletivo*.

No plano *coletivo* – veremos no próximo tópico –, é inegável que tal conceito deva ser ampliado, ou melhor, não se pode exigir sua observância rigorosa porque, do contrário, tal postura tolheria por completo a atuação da Defensoria Pública. De qualquer forma, mesmo no âmbito coletivo, basta imaginar alguma situação em que *todos* os beneficiários da atuação da Defensoria Pública não são nem poderiam ser pessoas necessitadas e – pensamos – não haveria legitimidade para a atuação defensorial. A questão – tanto para esta situação hipotética no plano coletivo como na atuação individual – é qual conceito adotar-se para concluirmos que se trata de pessoa *necessitada*, e parece que a CF/88 induz ser inevitável acharmos o conceito de *insuficiência de recursos*.

A perspectiva *econômica* de pessoa necessitada, assim, é a que vigora tanto no plano individual como coletivo, com as ponderações que fizemos acima.

Quando dizemos que, tanto no plano individual como coletivo, o critério utilizado para aferir-se a condição/situação de pessoa necessitada é o econômico, nosso escopo não é o de rechaçar todas as ponderações feitas pela doutrina. A avaliação, no final das contas, *não pode basear-se em critérios exclusivamente econômico-matemáticos* – se for assim, num futuro não muito distante a inteligência artificial poderá se encarregar do primeiro contato entre a Defensoria Pública e quem procure seus serviços.

No entanto, apenas pretendemos chamar a atenção para o seguinte: o critério econômico – qualquer que seja ele –, por ser o mais objetivo, deve ser o foco. Ele, na prática, é o que permite distinguir, num primeiro momento, quem pode e quem não pode valer-se do serviço de assistência jurídica, que não é universal.

O critério econômico, porém, também é sujeito a questionamentos e ponderações, conforme já ressaltado.

Nessa linha, *fatores notórios ou demonstrados* pela pessoa que a coloquem numa situação de vulnerabilidade podem e devem ser sopesados para que, apesar de sua *aparente* condição de pessoa não necessitada, ela seja reputada na situação de pessoa necessitada. A questão é que esse tipo de raciocínio nunca pode ser a priori, mas casuístico[108]. Eis a interpretação e a aplicação do Direito entrando em cena através da autonomia administrativa da instituição exercida pelos defensores públicos no atendimento inicial. Alguns exemplos no item seguinte.

### *2.1.7. Pessoa necessitada no plano coletivo: para além do viés econômico*

No Brasil, de meados do século XX ao nosso século XXI, a concepção de assistência jurídica representa – ou deve representar – a concepção de Estado: Estado Social e Democrático de Direito.

Assim, é preciso ter em mente que o conceito de "necessitado" é diretamente influenciado pelo que se entende por "obstáculos de acesso à justiça", razão pela qual sustentamos o seguinte: quanto mais obstáculos de acesso à justiça são detectados, a tendência é que se dilate o conceito de necessitado e, como consequente, as atribuições da Defensoria Pública devem ser dilatadas para abranger os respectivos obstáculos detectados.

No plano *coletivo*, a situação, por si só, obviamente exige muito maior flexibilidade justamente para haja sentido a atuação da Defensoria Pública.

Numa ação civil pública, por exemplo, a ideia de que basta que pessoas necessitadas possam ser beneficiárias da atuação da instituição é *conditio sine qua non* para a configuração da legitimidade da Defensoria Pública; mais do que isso não se pode exigir e de modo algum desdiz a ideia de que ela só atua em prol de pessoas necessitadas. Na verdade, essa *conditio sine qua non* é o que torna possível que a atuação ocorra – do contrário, sequer haveria atuação.

Mesmo no plano *individual*, a contínua transformação do processo civil, recheado de hipóteses em que se pretende a objetivação da tutela de direitos, isto é, permitir que um processo individual possa produzir resultados ampliados (IRDR, IAC, ou decisões de plenário ou órgão especial de Tribunais), parece tornar indispensável mais ainda a flexibilização da análise do critério econômico (e isso não contradiz o que estamos argumentando). Assim, se num proces-

108 Essa parece ser a posição de Tiago Fensterseifer, baseando-se em regramento interno da Defensoria Pública do Estado de São Paulo, que atribui ao defensor público sopesar fatores de exclusão social para superar o critério econômico que, à primeira vista, resultaria na negativa de atendimento. Daí, conclui que alguns fatores, somados a determinadas hipóteses de exclusão social, permitem o atendimento daquela pessoa (*Defensoria Pública na Constituição Federal.* Rio de Janeiro: Forense, 2017. p. 37). Embora o insigne autor não afirme expressamente, parece-nos que, no fundo, não se está a chancelar uma atuação da Defensoria Pública em favor de uma pessoa não necessitada (critério econômico), e sim levando-se em conta – casuisticamente – fatores que devem ser somados ao critério econômico. Uma soma que, na verdade, age como uma subtração, resultando numa pessoa necessitada sob a ótica econômica.

so qualquer o autor for uma *pessoa não necessitada*, não haverá atuação da Defensoria Pública. Mas a peculiaridade do caso (*leading case*) talvez permita, ou até mesmo exija, a intervenção da Defensoria Pública, uma vez que o deslinde do caso forma um precedente de inegável importância *para as pessoas necessitadas*. Sendo essa a hipótese, a Defensoria Pública estará legitimada a atuar (e em tranquila observância de respeito a seu público-alvo: as pessoas necessitadas na acepção econômica).

### *2.1.8 O critério econômico não é incorporado na pessoa, mas na situação (momentânea)*

Não percamos de vista que necessidade é, antes de tudo, uma situação; e essa *situação* pode ser momentânea. A necessidade de assistência jurídica pode atingir, assim, também os economicamente abastados (pessoas não necessitadas no sentido econômico).

Assim, a mulher que é violentamente expulsa de sua casa, ainda que tenha bens em seu nome, não tem recursos para seu sustento imediato e contratação de serviços de advogado particular, e deve ser considerada necessitada para que possa buscar a proteção jurídica pela especial situação que a oprime.

Outro exemplo é o do proprietário de vasta rede comercial que tem seus bens cautelarmente indisponibilizados por ordem judicial em processo de improbidade, tornando-o necessitado enquanto pender referida indisponibilidade judicial dos bens.

Um exemplo é o Plano Collor, como cita Hélio Marcio Campo:

> (...) até mesmo a existência de aplicações financeiras pode não ser, num dado momento, óbice ao benefício.
>
> Basta lembrar a tão discutida Medida Provisória do ex-Presidente Fernando Collor de Mello que, à guisa de empréstimo compulsório, confiscou os valores e outros investimentos em instituições bancárias. Ter-se-ia como se negar, nesta hipótese, a concessão do benefício da ajuda legal àquele que teve o seu dinheiro confiscado para recorrer ao Judiciário? Certamente que não[109].

Portanto, todo aquele que tem cerceada, por qualquer motivo, suas normais condições financeiras para buscar a defesa de seus direitos deve ser considerado necessitado *sob a ótica econômica*, ao menos até que cesse a causa que criou o obstáculo de acesso à justiça; aqui, a pessoa está em situação (momentânea) de necessitado.

Assim, mesmo para quem jamais se imaginou pessoa necessitada pode precisar da atuação da Defensoria Pública. Às vezes, afinal, como naquele samba de Nei Lopes[110], pode "sujar geral" e, neste caso, nada impedirá que a pessoa procure – *e com elegância* – o serviço da Defensoria Pública:

---

109 *Assistência jurídica gratuita, assistência judiciária e gratuidade judiciária*. São Paulo: Juarez de Oliveira, 2002. p. 60.

110 Música *Caído com elegância*, Álbum *Sincopando o breque*, 1999. Disponível em: https://www.letras.com.br/nei-lopes/caido-com-elegancia. Acesso em: 1º jun. 2020.

*Sujou geral!*
*Então pra quê essa arrogância?*
*Estás caído com elegância*
*Sem querer acreditar que a sopa acabou*
*Quem vivia de posses, agora só vive de pose*
*E até a Mary Rose*
*Hoje é Maria Rosa, mas te dispensou*
*Tudo por causa daquele antigo vício*
*De só ver teu benefício*
*E enganar quem te ajudou*

*Você que freqüentava a elite*
*Cheio de convite RSVP*
*Hoje tem correspondência farta*
*Mas é só de carta do SPC*
*Você que era fino e bacana*
*Que andava com grana, gelado e feliz*
*Foi visto lá na Rio Branco, na porta de um banco*
*Na fila do PIS (a rescisão fui eu que fiz)*

*Você que nas férias curtia*
*Miami, Bahia, Paris e Havaí*
*Hoje enfrenta um tremendo dilema*
*Entre Saquarema ou então Muriqui*
*Porém o teu santo é bem forte*
*E te dá uma sorte fora do comum*
*Se não tu tava de cueca, lá na Frei Caneca*
*No Um-Sete-Um (abre a caçapa pra mais um)*

### *2.1.9 Necessitado econômico: outras discussões que ele envolve*

O critério econômico, embora o mais objetivo, ainda assim suscita dúvidas quanto à sua aplicação, e eles são:

*a) Critério regional x nacional*

*b) Pessoa jurídica necessitada*

Tratemos desses aspectos.

*a) Critério regional x nacional*

Ainda tratando do necessitado pela perspectiva *econômica*, é digno de nota a péssima distribuição da riqueza no Brasil como fonte de desigualdades alarmantes, impondo à maioria da população renda insuficiente para alimentação, moradia, saúde e, enfim, educação e formação para a cidadania. Ora, se o mais comum e intenso critério de vulnerabilidade é a hipossuficiência econômica, este é o critério consensual para a outorga dos serviços da Defensoria Pública.

Sendo o Brasil um país de dimensões continentais, não há um critério nacional que defina o conceito de pessoa necessitada[111] e, por mais inconvenientes práticos que isso possa gerar, não se afigura inconstitucional previsão de um critério em lei *estadual*.

A falta de um critério nacional enseja regimes que quebram a lógica que vigora em outras searas. Este é o caso do benefício da gratuidade de justiça no âmbito trabalhista a partir do advento da Lei n. 13.467/2017 (Reforma Trabalhista), que alterou diversos dispositivos da Consolidação das Leis do Trabalho (CLT).

Antes dessa mudança (*vacatio legis* de 120 dias, contados a partir de 13 de julho de 2017), o § 3º do art. 790 dispunha:

> É facultado aos juízes, órgãos julgadores e presidentes dos tribunais do trabalho de qualquer instância conceder, a requerimento ou de ofício, o benefício da justiça gratuita, inclusive quanto a traslados e instrumentos, àqueles que perceberem salário igual ou inferior ao dobro do mínimo legal, ou declararem, sob as penas da lei, que não estão em condições de pagar as custas do processo sem prejuízo do sustento próprio ou de sua família.

A partir da Reforma Trabalhista, eis a redação do dispositivo em questão:

> É facultado aos juízes, órgãos julgadores e presidentes dos tribunais do trabalho de qualquer instância conceder, a requerimento ou de ofício, o benefício da justiça gratuita, inclusive quanto a traslados e instrumentos, àqueles que perceberem salário igual ou inferior a 40% (quarenta por cento) do limite máximo dos benefícios do Regime Geral de Previdência Social".

Sem aprofundar a análise dessa alteração, observa-se que a principal mudança diz respeito à retirada da hipótese de concessão do benefício a partir da mera declaração de pobreza, que existe no direito brasileiro ao menos desde o ano 1986, quando a Lei n. 1.060/1950 foi alterada. Conquanto essa declaração dificilmente tenha sido aplicada literalmente, fato é que sua existência teve o condão de flexibilizar análises concretas. Agora, porém, na seara trabalhista a gratuidade de justiça exige a *comprovação objetiva da situação econômica*. De qualquer modo, pensamos que o CPC vigente é aplicável subsidiariamente, conforme prescreve seu art. 15, bem como por força da teoria geral do processo, uma vez que não faz sentido o litigante civil, seja qual for a causa, ser mais protegido do que o litigante empregado a buscar verbas alimentares devidas pelo empregador.

Voltando à questão nacional, a nosso ver, a hipossuficiência econômica deveria atender *a critérios regionais*, espelhando a diversidade econômica e social de cada local, bem como os diversos custos dos serviços e mesmo pela diferente estrutura com que contam as Defensorias Públicas nos diferentes Estados. Quanto menor a viabilidade de atendimento pela Defensoria, maior será a restrição quanto àquele que deve ser considerado economicamente necessitado,

---

111 Por causa disso, é possível encontrar leis estaduais, vigentes ou revogadas, que estabelecem algumas diretrizes. Um curioso exemplo de lei já revogada (mas que vale citar por ser ao menos curiosa) é a Lei n. 11.795/2002, do Estado do Rio Grande do Sul, cujo art. 3º, VII, previa que necessitados eram as pessoas assim consideradas na forma da lei e também aquelas encaminhadas à Defensoria "por dirigentes de associações de moradores e de sociedades civis de natureza assistencial, por detentores de mandato popular, Vereadores, Prefeitos, Deputados, Senadores, bem como Secretários de Estado e Municípios".

desde que não se imponha dificuldade insuperável à assistência jurídica. Sem falar que o critério regional poderá levar em consideração Estados mais ricos e, eventualmente, com menor grau de desigualdade social.

O que dá suporte jurídico para esse tratamento regionalizado é a *autonomia constitucional de cada órgão da Defensoria Pública*, sendo pertinente ao exemplo a *autonomia administrativa* – conceitos de que cuidaremos em tópico próprio.

*b) Pessoa jurídica necessitada*

*b.1) Quadro geral*

A discussão sobre o conceito de pessoa necessitada também é relevante no sentido de compreender se pessoa jurídica (e não apenas a pessoa natural) pode se valer da assistência jurídica. Para Hélio Márcio Campo, "(...) é questão ultrapassada não se verificar o alcance do favor a estas pessoas sob o argumento de que não seriam miseráveis (...)"[112].

O art. 4º, inciso V, da LC n. 80/1994, faz expressa referência à atuação da Defensoria Pública em prol de pessoa jurídica necessitada.

O Conselho Federal da Ordem dos Advogados do Brasil, entretanto, propôs a **ADIn 4.636**, por meio da qual, no que tange ao tema ora em análise, pleiteia a declaração de inconstitucionalidade da expressão aludida por reputá-la inconstitucional. O argumento é o de que a expressão coloca nas atribuições da Defensoria Pública a defesa da pessoa jurídica, o que acabaria, supostamente, por desviar sua função, qual seja, voltar-se apenas e tão só à pessoa natural.

Na jurisprudência, porém, o tema enseja posições divergentes em parte. O STF firmou que a pessoa jurídica de direito privado, com e sem fins lucrativos, pode gozar da gratuidade se provar a incapacidade econômica (RE 192715). O STJ, por sua vez, já assentou posição mais favorável às pessoas jurídicas sem fins lucrativos: só a pessoa jurídica com fins lucrativos precisa provar sua hipossuficiência (EREsp 388045).

O STJ, contudo, passou a acompanhar o entendimento do STF a partir de decisão exarada pela Corte Especial em 2010 (EREsp 603137, Informativo STJ 441), advindo em 2012 a Súmula 481, transcrita a seguir, que está sendo aplicada pelo Tribunal até o presente momento: "*Faz jus ao benefício da justiça gratuita a pessoa jurídica com ou sem fins lucrativos que demonstrar sua impossibilidade de arcar com os encargos processuais*".

Mais recentemente, é importante registrar que o STF, no RE 589490, negou repercussão geral a respeito do tema, aduzindo a decisão, da lavra do então Ministro Menezes Direito, que o tema em debate sequer abordava o aspecto da gratuidade da justiça ser aproveitável a pessoas jurídicas, "*mas se é necessária a comprovação da insuficiência de recursos para que estas façam jus ao referido benefício*". O que nos leva a entender que a jurisprudência do STF está mantida, pois o Tribunal não reverteu seu posicionamento jurisprudencial: pois o juízo de repercussão geral apenas concluiu que não havia interesse atual no julgamento da matéria,

112 CAMPO, Hélio Márcio. *Assistência jurídica gratuita, assistência judiciária e gratuidade judiciária*. São Paulo: Juarez de Oliveira, 2002. p. 61.

situação que se pode alterar. Por sinal, podemos extrair daí ser esta a razão de o STJ manter a aplicação de sua Súmula 481.

*b.2) Uma distinção necessária: pessoas jurídicas sem fins lucrativos com objeto social de realização de direitos humanos*

No campo do acesso à justiça, até para facilitar a emancipação jurídico-social das comunidades necessitadas[113], é importantíssimo reconhecer a *presunção de necessidade à pessoa jurídica sem fins lucrativos e cujo respectivo objeto social seja realização de direitos humanos*, ainda que essa pessoa tenha condições de arcar com o preço global de todo o processo – o que na vida real é incomum. Constitui grande equívoco igualar esse perfil de pessoa jurídica ao da pessoa jurídica com fins lucrativos, ou de pessoa jurídica sem fins lucrativos, porém com objeto social que não se compatibilize com a defesa de direitos humanos (clube esportivo qualquer, mantenedora de obras de arte etc.).

Em nossa visão, mesmo que ficasse provado não ser "necessitada"[114] a pessoa jurídica sem fins lucrativos com objeto social de defesa dos direitos humanos, prescindindo de concessão de gratuidade judiciária segundo o entendimento atual cristalizado pela jurisprudência[115], devemos mudar esse posicionamento, admitindo que o financiamento do acesso à justiça por pessoa jurídica sem fins lucrativos e realizadora de direitos humanos se concretize por *impostos*, ou, em outras palavras, a sociedade brasileira assumiria a responsabilidade de *socializar* plenamente o preço global do processo movido por esse perfil de pessoa jurídica, se ela estiver no exercício da finalidade institucional para a qual tenha sido criada, impedindo, assim, que recaia sobre ela preço individualizado e a que título for[116].

É bastante razoável admitirmos essa isenção *para quem atue sem buscar lucro*, preocupado somente em realizar, *in concreto*, direitos humanos dos destinatários dessa sua atuação, fortalecendo o tecido social em nosso país. O dinheiro que deixará de aplicar no processo será utilizado em sua manutenção administrativa ou diretamente em sua atividade-fim.

O próprio Estado brasileiro instituiu, por meio da Lei n. 13.019/2014, normas gerais para as parcerias entre a administração pública e organizações da sociedade civil, em regime de mú-

113 RODRIGUES, Walter Piva. A assistência jurídica aos necessitados e as ações judiciais coletivas. In: Fundação Konrad Adenauer. Cadernos Adenauer 3: *Acesso à justiça e cidadania*. São Paulo: Fundação Konrad Adenauer, maio 2000. p. 53-59.

114 Termo utilizado pela CF/88, no *caput* do art. 134.

115 Súmula STJ n. 481.

116 "(...) há tarefas estaduais que, embora satisfaçam necessidades individuais, sendo portanto seus custos suscetíveis de ser divididos pelos cidadãos, por imperativas constitucionais não podem, no todo ou em parte, ser financiadas senão por impostos. Assim ocorre na generalidade dos atuais Estados sociais, em que a realização de um determinado nível dos direitos econômicos, sociais e culturais tem por exclusivo suporte financeiro os impostos. Como exemplo podemos referir, tendo em conta a Constituição portuguesa, a gratuidade (...) dos serviços de justiça no respeitante aos que não podem suportar a respectiva taxa, etc." (NABAIS, José Casalta. A face oculta dos direitos fundamentais: os deveres e os custos dos direitos, *Revista de Direito Público da Economia*, v. 5, n. 20, out./dez. 2007, p. 153/181. Disponível também em: <http://www.egov.ufsc.br/portal/sites/default/files/anexos/15184-15185-1-PB.pdf>. Acesso em: 15 maio 2015).

tua cooperação, para a consecução de finalidades de interesse público e recíproco, mediante a execução de atividades ou de projetos previamente estabelecidos em planos de trabalho inseridos em termos de colaboração, em termos de fomento ou em acordos de cooperação. Ou seja, cresce em importância o reconhecimento dessas entidades privadas sem fins lucrativos na consecução de interesses públicos.

Para fins dessa amplitude de gratuidade da justiça para a pessoa jurídica sem fins lucrativos e realizadora de direitos humanos, parece-nos suficiente aplicarmos os arts. 3º, I, e 5º, XXXIV, "a" e "b", LXXIV, e § 2º, todos dispositivos da Constituição Federal, além o art. 16, "2", da Convenção Interamericana de Direitos Humanos (CIDH), transcrito a seguir, tratado de direitos humanos ao qual o Supremo Tribunal Federal atribui eficácia de norma infraconstitucional, mas supralegal – embora pensemos, *data venia*, ser de hierarquia constitucional:

> Artigo 16. Liberdade de associação
> 1. Todas as pessoas têm o direito de associar-se livremente com fins ideológicos, religiosos, políticos, econômicos, trabalhistas, sociais, culturais, desportivos ou de qualquer outra natureza.
> 2. O exercício de tal direito *só pode estar sujeito às restrições previstas pela lei que sejam necessárias, numa sociedade democrática, no interesse da segurança nacional, da segurança ou da ordem públicas, ou para proteger a saúde ou a moral públicas ou os direitos e liberdades das demais pessoas* [grifado].

O CPC, ademais, ao dispor, em seu art. 99, § 3º, "presume-se verdadeira a alegação de insuficiência deduzida exclusivamente por pessoa natural", não exclui o entendimento de que a pessoa jurídica de direito privado sem fins lucrativos prescinda dessa alegação de insuficiência, convergindo esse entendimento à legitimidade ativa reconhecida pelo microssistema da tutela coletiva a essas pessoas jurídicas, pelo art. 5º, V, "a" e "b", da Lei n. 7.347/1985:

> Art. 5º Têm legitimidade para propor a ação principal e a ação cautelar: (Redação dada pela Lei n. 11.448, de 2007) (*Vide* Lei n. 13.105, de 2015) (Vigência)
> (...)
> V – a associação que, concomitantemente: (Incluído pela Lei n. 11.448, de 2007).
> a) esteja constituída há pelo menos 1 (um) ano nos termos da lei civil; (Incluído pela Lei n. 11.448, de 2007).
> b) inclua, entre suas finalidades institucionais, a proteção ao patrimônio público e social, ao meio ambiente, ao consumidor, à ordem econômica, à livre concorrência, aos direitos de grupos raciais, étnicos ou religiosos ou ao patrimônio artístico, estético, histórico, turístico e paisagístico. (Redação dada pela Lei n. 13.004, de 2014)

## 3. OS MODELOS DE ASSISTÊNCIA JURÍDICA

Firmada, como está no Brasil, a ideia de que a assistência jurídica deve ser prestada pelo Estado, surge a discussão prática e doutrinária sobre como prestar esse serviço.

Partindo da CF/88, em relação a outras funções do sistema de justiça nota-se que prepondera a consagração do modelo público, isto é, a estruturação de aparato estatal voltado a fazer cumprir sua destinação institucional. Assim se dá tanto na função judicante (desempenhada pelo Poder Judiciário) como na defesa de interesses sociais e individuais indisponíveis (Ministério

Público, por exemplo, quando move ações penais etc.) e do Poder Público em juízo (caso da Advocacia Pública[117]). Mas e quanto à assistência jurídica?

Com relação à assistência jurídica a doutrina[118] aponta a adoção de modelos, sendo os mais consagrados os seguintes:

a) *judicare*;

b) público;

c) misto.

a) *Sistema "judicare"*: nesse modelo, advogados (profissionais liberais) são remunerados pelos cofres públicos, prestando assistência judiciária às pessoas necessitadas. Nota-se aqui que o advogado mantém seu *status* de profissional liberal, de tal forma que a percepção de honorários através dos cofres públicos não o impede de exercer a advocacia em prol de sua clientela privada.

b) *Sistema público*: nesse modelo, existem profissionais do direito que atuam exclusivamente na assistência jurídica e, por isso, são remunerados como servidores públicos. É importante alertar que esse modelo tem variações, por isso trocamos "advogados" por "profissionais do direito" e dissemos que eles são remunerados "como servidores públicos" em vez de dizermos que "são servidores públicos".

Para ilustrarmos o parágrafo anterior, basta mencionar que no Brasil os profissionais do direito que atuaram dentro da lógica desse sistema variaram desde advogados contratados pelo poder público (sobretudo em tempos em que não existia, ou não se observava à risca, o princípio do concurso público) até procuradores do Estado, membros do Ministério Público e, por fim, os defensores públicos em decorrência do sistema constitucional de 1988.

c) *Sistema misto*: esse modelo, como o próprio rótulo diz, une os dois sistemas anteriores. Ou seja, aqui o Estado assume sua responsabilidade de prestar a assistência jurídica sem adotar um modelo em detrimento de outro; a junção dos dois modelos é a essência do sistema misto, ainda que um prepondere em relação ao outro.

- *judicare*: advogados privados recebem remuneração dos cofres públicos.
- público: criação de uma carreira com função típica, como a Defensoria Pública. É o modelo adotado no Brasil.
- misto: criada uma carreira pública, com atuação suplementar de advogados custeados pelo Estado.

## 3.1 Vantagens e limitações dos modelos

Sobre vantagens e desvantagens de cada um dos modelos: não é pretensão deste livro aprofundar a análise sobre qual dos três modelos referidos se afigura o melhor, principalmente

117 Vale registrar que, no âmbito municipal, a CF/88 não exige que a representação da municipalidade em juízo se dê por meio da Advocacia Pública, usualmente denominada Procuradoria Municipal, de tal forma que tanto órgãos públicos são criados nessa esfera federativa como, por vezes, o poder público municipal contrata, via processo licitatório, escritórios de advocacia.

118 Ver, por todos, Mauro Cappelletti e Bryant Garth, *Acesso à justiça*, cit., p. 35-47.

porque qualquer conclusão qualitativa deverá levar em conta tanto aspectos atrelados às condições orçamentárias de um país até o ideal qualitativo buscado de prestação de serviço.

Há autores que veem no modelo *judicare* desvantagens como a baixa remuneração dos advogados atuantes, a atuação focada apenas no indivíduo (e não na classe) e a indesejada concorrência de "clientela" (o advogado dedicaria seu atuar diário tanto às pessoas necessitadas como aos seus contratantes e, na prática, tenderia a conferir maior empenho a estes do que àquelas, dado o vínculo de direito civil envolvido)[119].

Quanto ao modelo público, as principais desvantagens seriam a falta de autonomia (em relação aos Poderes, sobretudo o Executivo) e a impossibilidade de assegurar às pessoas necessitadas a relação de confiança entre elas e seus patronos[120].

Se ambos os modelos se defrontam com desvantagens, também propiciam vantagens, valendo dizer que, em linhas gerais, as virtudes de um modelo são apontadas a partir dos defeitos do outro, e vice-versa. Daí o modelo *judicare*, por exemplo, garantiria aos necessitados o vínculo de confiança com seus advogados, ao passo que no modelo público esse vínculo eventualmente pode ser sentido de modo mais tênue pelo usuário (dada a sua lógica de massa). Por sua vez, o modelo público, por atuar em massa, teria maiores condições de focar o âmbito coletivo (indivíduos enquanto classe), enquanto o modelo *judicare* seria estruturado a partir da atuação individual (uma das explicações possíveis é que a remuneração do advogado geralmente se dá por caso, e, por isso, o atuar do advogado se voltaria primordialmente à solução do problema da pessoa que ele defende).

Como decorrência dessas vantagens e desvantagens é que alguns países adotariam modelos combinados ou mistos, que permitiriam aos indivíduos a escolha entre um serviço personalizado (modelo *judicare*) e a capacitação especial dos profissionais dedicados exclusivamente à assistência jurídica (modelo público)[121].

Não é demais lembrar que algumas opiniões doutrinárias sobre as vantagens e desvantagens decorrem de análises antigas e que, hoje, poderiam ser muito questionadas. Por exemplo: o modelo *judicare* até pode ser estruturado a ponto de zelar pela relação de confiança entre o advogado e a pessoa necessitada (para isso, basta conferir ao necessitado o poder de escolha do advogado que o irá representar). O fato de isso ser possível não significa que seja o corriqueiro e o mais republicano, já que não se descarta a criação de um "mercado de assistência judiciária". Por outro lado, a Defensoria Pública brasileira atual possui autonomia constitucional em relação aos Poderes, tornando ultrapassada a crítica de falta de autonomia em relação ao Poder Executivo, e o modelo público permite maior atuação estratégica que ultrapassa interesses individuais dos destinatários da assistência jurídica integral e gratuita.

Obviamente, toda a discussão acima analisa vantagens e desvantagens apenas dentro do cenário da assistência jurídica, cingindo a comparação entre o modelo *judicare* e o *staff model*.

---

119 Apontando alguns dos exemplos citados, cf. MORAIS, Guilherme Peña de. *Instituições da Defensoria Pública*. São Paulo: Malheiros, 1999. p. 105.

120 Algumas dessas críticas são referidas por Mauro Cappelletti, *Acesso à justiça*, cit., p. 41.

121 Mauro Cappelletti e Bryant Garth, *Acesso à justiça*, cit., p. 44.

Mas essa análise também pode e deve ser ampliada, ou seja: abordando a assistência jurídica (qualquer que seja o modelo) em comparação com os serviços jurídicos prestados a pessoas não necessitadas.

Luiz Guilherme Marinoni e Laércio Becker, em interessante artigo de antropologia jurídica[122], apontam que a história do Brasil é marcada pelo que a Antropologia chama de *sociedade relacional*, advinda da colonização e em benefício dos colonizadores. Essa sociedade relacional, "da qual não escapou o Judiciário", consiste numa rede de amizades, família, apadrinhamento e clientelismo, que envolve trocas de favores. Trata-se do "jeito"[123].

E apontam que, diversamente das pessoas sem recursos financeiros, os grandes escritórios de advocacia têm recursos para atuar mediante tais redes de relações (que podem ou não ser ilícitas).

No que toca à desigualdade processual e inspirados em Roberto Damatta, traçam o seguinte quadro:

**(a)** Grandes escritórios: (i) defendem litigantes habituais; (ii) são bem remunerados; (iii) possuem boa infraestrutura; (iv) têm facilidade de atualização de informações; (v) maior disponibilidade de tempo para acompanhar os processos; (vi) especialização; (vii) mais facilidade para proceder a relações pessoais no Judiciário; (viii) possibilidade de planejamento a longo prazo; (ix) grande quantidade de processos parecidos, o que lhes permite atuar em economia de escala, possibilitando assumir riscos com possíveis perdas admitidas pelo cliente.

**(b)** Pequenos escritórios e assessoria jurídica popular[124]: (i) defendem litigantes eventuais; (ii) são mal remunerados; (iii) não têm apoio administrativo adequado; (iv) não têm biblioteca adequada; (v) menos disponibilidade de tempo para acompanhar os processos; (vi) impossibilidade de especialização devido à variedade de assuntos; (vii) menor acesso à rede de relações com o Judiciário; (viii) não podem assumir riscos processuais devido à pressão dos clientes, que, por serem eventuais, não admitem adoção de riscos em razão das possíveis perdas.

Sem dúvida alguma, parece-nos que toda discussão sobre o órgão prestador de assistência jurídica deve levar em consideração talvez o viés de qual dos dois modelos detém melhores condições de se fazer mais eficiente em face de litigantes habituais.

---

122 Interessante texto: MARINONI, Luiz Guilherme; BECKER, Laércio A. A influência das relações pessoais sobre a advocacia e o processo civil brasileiros. *Jus Navigandi*, Teresina, ano 8, n. 286, 19 de abril de 2004. Disponível em: https://jus.com.br/ artigos/5066/a-influencia-das-relacoes-pessoais-sobre-a-advocacia-e-o-processo-civil-brasileiros. Acesso em: 21 maio 2020.

123 "O 'jeito', ou 'arranjo', é um modo simpático, pacífico, humano, muitas vezes até mesmo tocante ou desesperado, de relacionar o impessoal com o pessoal, de modo a permitir a justaposição de um problema pessoal (real ou não) a um problema impessoal (diante da máquina burocrática), de maneira a solucionar este utilizando aquele como escada ou aríete". Idem, p. 2.

124 É de se atentar que o artigo foi publicado em 2004. O autor, ao valer-se dessa classificação, deixou de lado a comparação da advocacia por grandes escritórios e a Defensoria Pública. E isso é relevante porque algumas das constatações não se aplicam (ou podem não se aplicar) à Defensoria Pública, como a questão da possibilidade de acesso a informações de atualização; biblioteca; especialização e remuneração.

### *3.1.1 A discussão do modelo público de assistência jurídica através do Cinema*

Ainda que nosso leitor não se interesse pelo mundo do Cinema, não temos dúvida de que se interessa pelo estudo da Defensoria Pública, seja para simples consulta ou para maior reflexão. Este tópico, portanto, pode ser de interesse do leitor não cinéfilo.

Embora a CF/88 tenha adotado o modelo público de assistência jurídica, não deixa de ter importância a discussão sobre as vantagens e desvantagens dos modelos, mormente quando analisados em comparação com a advocacia e com as atividades do sistema de justiça como um todo.

É certo que a *convicção* acerca dos argumentos não decorre da mera disciplina legal. Por isso, convidamos o leitor a vez ou outra buscar refletir o tema da assistência jurídica (e a própria Defensoria Pública) através do Cinema. Essa empreitada, para além de prazerosa, contribui para enfrentar preconceitos que se apresentam no senso comum. Que atire a primeira pedra o leitor que não conheça alguém que vê o defensor público como profissional de segunda classe, que defende bandido ou que, se estudar um pouco mais, talvez possa virar juiz.

A importância das artes em nossas vidas, com destaque o Cinema, é inegável. No século XX, tão ou mais do que a imprensa, "homens e mulheres aprenderam a ver a realidade através das lentes de câmeras", numa "ilusória crença de que a imagem não mente", explica Eric Hobsbawm[125]. E conclui: "Contudo, ao contrário da imprensa, que na maioria das partes do mundo interessava apenas a uma pequena elite, o cinema foi quase desde o início um veículo de massa internacional"[126].

É curioso notar que a indústria cinematográfica sempre se interessou pelo tema "tribunais", sendo infindável a contagem de filmes que, direta ou indiretamente, foram embasados em roteiros "jurídicos" nos seus mais diversos gêneros (drama, suspense, comédia, terror, guerra, *noir* etc.). Mas, do ponto de vista da academia, a recíproca não é verdadeira: as faculdades de Direito, ao menos no Brasil, raramente exploram o potencial dos filmes para importantes reflexões no campo jurídico, talvez porque influenciadas desde seu nascedouro (Academias de São e de Olinda) pela tradição curricular de Coimbra[127].

No entanto, não se trata apenas de entretenimento, havendo registros de verdadeira política de Estado através dos chamados *filmes de propaganda*[128]. Citemos dois exemplos.

Durante o nazismo, há estudos que demonstram ter havido algo como uma teia de *colaboração*, como mostra Ben Urwand:

---

125 HOBSBAWM, Eric. *A era dos extremos*: o breve século XX. 2. ed. São Paulo: Companhia das Letras, 1994, p. 191.

126 Idem, p. 193.

127 ADORNO, Sérgio. *Os aprendizes do poder*: o bacharelismo liberal na política brasileira. Rio de Janeiro: Paz e Terra, 1988. p. 95. Diz o sociólogo que, na disciplina de Direito Civil, por exemplo, "as aulas limitavam-se ao comentário das leis, perfilando o princípio segundo o qual os 'códigos eram considerados como expressão perfeita do direito de um povo...'" (Idem, p. 101).

128 "O poder manipulador do cinema sempre foi reconhecido. Parte dessa eficácia vem da crença de que a imagem não mente. O gênero amadureceu na I Guerra Mundial, quando as potências envolvidas encomendavam filmes oficiais mostrando seus inimigos sob prisma desfavorável" (BERGAN, Ronald. *Cinema*. Trad. Carolina Alfaro 3. ed. Rio de Janeiro: Zahar, 2009. p. 158).

> (...) aos poucos, ficou claro que essa palavra ['colaboração', *Zusammenarbeit*] descrevia com precisão o arranjo particular entre os estúdios de Hollywood e o governo alemão na década de 1930. Do mesmo modo que outras companhias americanas, como IBM e General Motors, os estúdios de Holywood colocavam o lucro acima dos princípios em sua decisão de fazer negócios com os nazistas. Eles injetaram dinheiro na economia alemã numa variedade de maneiras embaraçosas. Mas, como o Departamento de Comércio dos Estados Unidos reconheceu, os estúdios de Hollywood não eram simples distribuidores de bens; eram provedores de ideais e cultura. Tinham a oportunidade de mostrar ao mundo o que realmente acontecia na Alemanha. Nisso o termo 'colaboração' assumia seu pleno significado[129].

O próprio Hitler era cinéfilo e via um filme toda noite, antes de ir para a cama[130].

Em mais um exemplo envolvendo Hollywood, após o término da Segunda Guerra – portanto, após Hiroshima e Nagasaki –, o Japão foi ocupado pelos Estados Unidos, o que durou de 1945 a 1952. Tal ocupação tinha como pretexto "des-feudalizar " o Japão. Aqui, a interferência no Cinema (cinema produzido no Japão) se daria em duas frentes: *impedir* (censura) a produção de filmes chamados "*jidaigeki*", isto é, filmes que exploravam o Japão feudal, e *estimular*, também com um quê de censura, filmes que abordassem um novo Japão, rumo à sua ocidentalização (leia-se ao cenário capitalista)[131].

Neste tópico – assim como ao longo do livro –, faremos menção a trechos de filmes que podem contribuir para debates pontuais envolvendo nossa temática, um pouco na linha do que faz Gabriel Lacerda em seu livro *O direito no cinema: relato de uma experiência didática no campo do direito*[132].

Adiantamos, porém, que de modo algum pretendemos analisar o atual modelo brasileiro de assistência jurídica a partir da contribuição do Cinema e menos ainda a conformidade do retrato cinematográfico com o direito vigente no respectivo país. Nosso escopo, muito mais singelo, é utilizar as situações retratadas nos filmes como *ponto de partida* para a discussão acerca da assistência jurídica e da Defensoria Pública, preponderantemente de uma perspectiva *institucional*. De alguma maneira, pensamos que esse modo de refletir sobre a Defensoria Pública (e o serviço de assistência jurídica) se torna concreto, exemplificativo, logo, útil para fins didáticos – em havendo aceitação pelo nosso leitor, esperamos ampliar a lista em futura edição do livro.

Regra geral, portanto, nosso foco será delimitar alguns aspectos de um filme e debatê-lo pontualmente com mira nos possíveis debates acerca do serviço de assistência jurídica, abordando temas como semelhanças e diferenças entre a Defensoria Pública e a advocacia (inclusive *Pro Bono*), sobre autonomia institucional e independência funcional, ou mesmo sobre os potenciais, os limites e os conteúdos da ideia mesma de assistência jurídica.

---

129 URWAND, Ben. *A colaboração*: o pacto entre Hollywood e o nazismo. Trad. Luis Reyes Gil. São Paulo: Leya, 2014. p. 15-16.

130 Idem, p. 17.

131 BO, João Lanari. *Cinema japonês*: filmes, história, diretores. São Paulo: Giostri, 2016. p. 29-30.

132 LACERDA, Gabriel. *O direito no cinema*: relato de uma experiência didática no campo do direito. Rio de Janeiro: Editora FGV, 2007.

a) Filmes sobre a imagem da Defensoria Pública:

***Os suspeitos*** (*The usual suspects*, EUA, 1995) e ***Meu primo Vinny*** (*My cousin Vinny*, EUA, 1992) são filmes que, embora sem destacar esse aspecto, possuem cenas em que a Defensoria Pública (ou do defensor público) é retratada de uma maneira negativa (*As duas faces de um crime*, como veremos a seguir, também traz diálogo do tipo). Em um diálogo no suspense *Os suspeitos*, quando cinco presos suspeitos de um crime são colocados numa cela, eles dialogam e um deles reclama que, em razão de seus antecedentes, ser abordado pela polícia tornou-se algo corriqueiro. Em dado momento, outro diz que um processo criminal que tem como única prova a identificação da voz é tão simples que "até um defensor público podia te tirar dessa". Já na comédia *Meu primo Vinny* o defensor público é visto como última e desesperada opção por um dos jovens acusados, praticamente uma defesa *pro forma*. Quando o outro jovem acusado, defendido por seu primo Vinny – um advogado (Joe Pesci) com seis meses de experiência profissional, embora sem ter atuado em nenhum caso, e que havia reprovado cinco vezes no exame da Ordem dos Advogados –, nota que o total desconhecimento das regras processuais é compensado pela sagacidade de Vinny, seu amigo imediatamente "demite" o defensor público que, aparentemente e apesar de dadas circunstâncias, possui (um pouco) mais conhecimentos jurídicos que Vinny. É claro que a imagem de uma profissão não é determinada pelos meios de comunicação ou pelas artes. No entanto, a mínima experiência na área jurídica é suficiente para a compreensão de como o entretenimento (cinema, novelas, literatura) contribui para o senso comum. Nesse sentido, os chamados "filmes de tribunal", tematizados nos mais diversos gêneros do cinema, mostram arquiteturas imponentes, ritos e trajes quase sagrados e profissionais nem sempre técnicos, honestos, sensíveis ou combativos (mas também os constrói com as qualidades exatamente opostas àquelas). Na academia, as sociólogas Maria da Gloria Bonelli, Fabiana Luci de Oliveira e Rennê Martins trabalham a questão da imagem pública das profissões jurídicas na mídia[133]. Vale citar um trecho de suas conclusões:

> A análise do noticiário sobre a OAB [Ordem dos Advogados do Brasil], os magistrados do Tribunal de Justiça de São Paulo, os promotores e procuradores do Ministério Público Paulista e os delegados da Polícia Civil de São Paulo revelou como a dinâmica do mundo do Direito se manifesta na imprensa. A jurisdição de cada um desses grupos profissionais demarca o espaço do outro e a hierarquia interna das profissões jurídicas (...). A visibilidade pública influencia também o próprio grupo, e a maneira como seus membros se veem espelhados nos jornais fortalece algumas identificações e enfraquecem outras (...). A autoimagem desses profissionais sente esse impacto e se reelabora...[134].

***Justiça para todos*** (*And Justice for All*, EUA, 1979) é um filme de tribunal que expõe a combatividade e a desilusão de um advogado criminalista, Arthur Kirkland (Al Pacino). No

---

133 A Defensoria Pública não foi objeto de consideração, uma vez que a pesquisa, desenvolvida entre 1994 e 2002, teve como universo a mídia do Estado de São Paulo, sendo imperioso ressaltar que nesse Estado da federação a Defensoria Pública foi criada apenas em 2006.

134 BONELLI, Maria da Gloria; OLIVEIRA, Fabiana Luci de; MARTINS, Rennê. *Profissões jurídicas, identidades e imagem pública*. São Paulo: Edufscar, 2006. p. 172.

filme, o espectador conduz o sistema judiciário ao banco dos réus por meio de reflexões sobre seu papel: o que significa fazer justiça? Formalidades podem preponderar sobre a busca da verdade? Devemos naturalizar condutas como a do juiz que determina que o réu (um travesti) se dirija a ele apenas após tirar a peruca que estava usando? Devemos aceitar inquestionavelmente que a independência judicial (e o raciocínio vale para os demais atores do sistema) seja tão vaga a ponto de uma questão idêntica receber tratamentos absolutamente opostos (liberdade condicionada ou prisão) por juízes diferentes? Neste ponto, a imagem do defensor público também é rotulada de modo negativo: quando Kirkland conta para sua namorada a história de seu cliente que foi preso injustamente por ser homônimo de pessoa procurada, ela lhe pergunta por qual razão o acusado não explicou o que tinha acontecido. E Kirkland, desolado, diz que ele "disse ao defensor público, que não acreditou, estava ocupado demais e nem checou". De fato, independentemente da qualidade técnica dos profissionais, nem sempre o defensor público (que atua em massa) terá condições para dar a determinado caso a atenção que um advogado daria. De qualquer forma, se não acreditar na história do acusado é algo que poderia prejudicar o assistido da Defensoria Pública, isso também pode ocorrer na relação cliente-advogado, embora, neste caso, o cliente tenha a possibilidade de trocar de profissional. De qualquer forma, erros podem ocorrer e é para isso que a Defensoria Pública conta com órgãos que auxiliam a corrigi-los ou amenizá-los, como a Corregedoria e a Ouvidoria.

***Sob suspeita*** (*Suspect*, EUA, 1987): Kathleen Riley (Cher) é uma defensora pública (o filme usa outra nomenclatura, mas isso é o de menos). Já no início do filme, um mendigo (Liam Neeson), acusado de homicídio, é levado ao tribunal. O juiz questiona a seu assistente se ele tem advogado. Ele responde que o acusado se recusou a falar com um advogado ou qualquer outra pessoa. O juiz, então, nomeia Riley, que passava por lá naquele momento, como sua defensora. Ela diz ao juiz que acabara de ingressar em férias. O juiz, porém, sequer leva em conta tal empecilho pessoal e, subindo o tom de voz, a nomeia para o caso. Há outros aspectos interessantes no filme, mas essa cena permite uma importante reflexão sobre coisas do cotidiano forense. Sabemos que a Defensoria Pública é função essencial à justiça e, como tal, não está subordinada a qualquer instituição. Na prática, porém, pode ocorrer uma situação parecida com a do filme. Imagine um processo em que o juiz da comarca X, cumprindo carta precatória da comarca Y, pretende realizar uma audiência de oitiva de testemunha cujo réu possui advogado constituído que não comparece. No direito brasileiro, não se admite que a audiência seja realizada neste caso sem a participação da defesa técnica[135], mas o interesse do magistrado de não perder o ato faz com que, muitas vezes, ele nomeie advogado *Ad Hoc*. Suponha que, no dia e hora, nenhum advogado é visto nos corredores do fórum. Lá, além de quem participará da audiência, há apenas o juiz e... Riley, defensora pública. O juiz a chama,

135 CPP, art. 261. Nenhum acusado, ainda que ausente ou foragido, será processado ou julgado sem defensor. Parágrafo único. A defesa técnica, quando realizada por defensor público ou dativo, será sempre exercida através de manifestação fundamentada.

ela finge que não ouviu, mas ele sobe o tom de voz e lhe pede para atuar como *Ad Hoc*. Ela recusa. Não diz que está em férias – ela já tinha visto um filme no qual o juiz fez pouco caso disso –, mas que a Defensoria Pública não atua como *Ad Hoc* por não ter obrigação legal para tanto. O juiz lhe pergunta "onde está isso na lei?", e Riley responde: "não há previsão legal. Aliás, sequer existe regra clara sobre *Ad Hoc* na legislação, isso é praxe forense. De qualquer forma, a Defensoria Pública possui autonomia e não pode ser compelida a fazer *Ad Hoc* pois, do contrário, a própria eficiência do serviço público [CF/88, art. 37, *caput*] seria posta em risco. Afinal, toda vez que o advogado não comparecesse bastaria ao juiz *nomear* a instituição". Sua explicação não agradou ao juiz, mas ele cedeu por notar que Riley não poderia mesmo ser obrigada a atuar no caso. Como se vê, situações como a do filme podem acontecer na vida real. E se a história hipotética não bastar ao nosso empolgado leitor, convidamos a ler sobre um caso da vida real (*vide* tópico *Custos vulnerabilis* e exemplo concreto de ameaça da autonomia constitucional da Defensoria Pública na relação com o Judiciário).

b) Filmes que estimulam a reflexão sobre a advocacia *Pro Bono*, a discussão sobre a (in)eficiência da assistência jurídica e da defesa criminal pública e sobre defensor natural:

***As duas faces de um crime*** (*Primal fear*, EUA, 1996): um advogado bem-sucedido, estrelado por Richard Gere, assume a defesa (*Pro Bono*) de um jovem (Edward Norton) acusado de matar uma autoridade da igreja. Dos principais aspectos, é interessante vermos que, no caso, o advogado se voluntaria a fazer a defesa *Pro Bono* por estar diante de uma boa causa, no sentido de tratar-se de um caso de repercussão social (em geral, casos como esse não são afetados pela inexistência de um serviço de assistência jurídica, já que haverá advogados interessados em realizar a defesa). Em seguida, no primeiro contato entre advogado e pretenso cliente, o advogado argumenta que se o jovem não aceitasse seu patrocínio gratuito ele poderia ser defendido por um advogado público (defensor público) sem experiência e sem comprometimento – essa mensagem que atrela a defesa pública à ideia de ineficiência, aliás, aparece em dois momentos do filme. Por fim, outro aspecto a considerar envolve o Ministério Público: a promotora pública é designada, não havendo promotor natural, e essa designação se deve ao fato de o chefe da instituição querer que o caso resulte em pena de morte, já que, além de amigo, tinha ligações com o padre assassinado.

***Uma lição de amor*** (*I am Sam*, EUA, 2001) traz Michelle Pfeiffer no papel de Rita Harrison, uma renomada advogada que se vê moralmente obrigada a fazer uma defesa *Pro Bono* em benefício de Sam, interpretado por Sean Penn. Sam é um homem com deficiência e pai de uma garota de 7 anos cuja mãe a abandonou no dia de seu nascimento. Durante toda a vida Sam cuidou de sua filha, mas, à medida que ela se aproxima de completar 7 anos, ela se torna mais madura intelectualmente que seu pai, então a guarda de sua filha se vê *sub judice*. Os colegas de trabalho de Rita zombam dela, dizendo que ela é uma advogada que jamais faz caridade (leia-se advocacia *Pro Bono*). Quando é procurada por Sam, ela aproveita para "limpar" sua imagem perante seus colegas e, assim, atua com afinco em sua defesa. O filme, um drama de tribunal, deixa clara a mensagem de que a advocacia *Pro Bono* é uma caridade (o filme também trabalha o tema da interdisciplinaridade: por se tratar de perda de guarda, além da atividade judicial existem psicólogos e assistentes sociais, havendo, inclusive, uma cena representativa do "depoimento sem dano").

***Tudo o que desejamos*** (*Toutes nos envies*, França, 2010) é um filme francês que não aborda diretamente o tema da assistência jurídica. No entanto, se considerarmos os objetivos elencados para a Defensoria Pública no art. 3º-A da LC n. 80/1994, o filme certamente traz reflexões interessantes, já que aborda o uso – e os limites – do Direito para corrigir injustiças sociais. Cenas dando foco no direito do consumidor são constantes (como cláusulas abusivas). No filme, Claire é uma juíza que em alguns momentos se excede por aparentar não estar julgando com imparcialidade, já que conhece uma das partes (embora conhecê-la seja algo casual e não tão relevante). Nesta audiência, aliás, a mulher litigante comparece a uma espécie de audiência preliminar de conciliação na qual também está o advogado da parte contrária (uma empresa de crédito). A cena deixa clara a ausência de paridade de armas (embate entre um leigo na condição de devedor e um profissional técnico na condição de credor); tal disparidade só é amenizada pelo fato de a juíza, Claire, buscar equilibrar essa relação visivelmente assimétrica. Na busca de uma conciliação que enxergue contextualmente a situação da mulher endividada, Claire sofre um processo disciplinar e é afastada do caso (destaque para a discussão entre a juíza e o corregedor sobre o significado de aplicar a lei). Então procura um juiz mais antigo – idealista, mas já conformado com sua impotência transformadora – para que ele assuma o caso (violação ao juiz natural?) e julgue protegendo a cidadã pobre. No desenrolar da história, circunstâncias de vida pessoal aumentam ainda mais a ânsia de fazer justiça. Quando ela e o juiz se dão conta, a melhor estratégia para defender a cidadã na Corte Europeia – já que perderam na justiça nacional – não está na defesa a uma cidadã pobre (posto que isso seria o mesmo que desconsiderar, talvez inocentemente, a importância do contrato para a economia capitalista), mas chegar ao mesmo resultado através da invocação da concorrência desleal, ou seja, protegendo concorrentes e, por conseguinte, dentro da lógica do sistema capitalista. No fim das contas, o alerta de Joaquim Falcão se aplica ao filme e à Defensoria Pública: "O problema do acesso à justiça é amplo e complexo, além de comportar múltiplas interpretações: jurídica, econômica, política ou sociológica (...)"[136].

***Jornada pela Justiça*** (*The Wronged Man*, EUA, 2010) não trata diretamente da Defensoria Pública, mas traz elementos indispensáveis para qualquer concepção séria acerca da assistência jurídica. O filme mostra uma assistente de advocacia que, por vários anos, luta pela absolvição de seu cliente, atraindo a discussão sobre a presunção de inocência e, sobretudo, a dificuldade do réu pobre custear exame de DNA (no filme, esse meio de prova só se torna possível através

136 Acesso à justiça: diagnóstico e tratamento. In: *Justiça: promessa e realidade*. Org.: Associação dos Magistrados Brasileiros – AMB. Rio de Janeiro: Nova Fronteira, 1996. p. 271.

de um financiamento obtido junto a uma ONG, ou seja, filantropicamente)[137]. Além do mais, a assistente de advocacia ficou mais de vinte anos se dedicando pessoalmente ao caso, numa postura difícil de ser replicada na lógica de atuação de massa da Defensoria Pública – e, ousamos dizer, do próprio modelo *judicare*.

***Estranha compulsão*** (*Compulsion*, EUA, 1958) é um filme que tem como tema central a pena de morte. Baseado em caso real ocorrido em Chicago, em 1924, quando dois adolescentes ricos e peculiarmente inteligentes, Nathan F. Leopold e Richard A. Loeb, assassinaram Bobby Franks, que tinha 14 anos. O motivo do crime? Mataram "(...) porque podiam e porque achavam que eram inteligentes demais para serem pegos"[138]. Jonathan Wilk (Orson Welles) – no caso real, Clarence Darrow – é contratado para a defesa dos acusados. Acostumado a grandes casos, numa cena ele é questionado sobre o fato de não cobrar nada na metade dos casos que defende (*Pro Bono*). Para ele, ricos e pobres devem ter o mesmo direito de defesa. A comunidade estava indignada com o crime cometido, e numa noite cruzes foram incendiadas na frente da casa em que se hospedara. No dia seguinte, um jornalista lhe indaga por qual razão aceitara a defesa daqueles jovens ricos, já que honorários não eram um problema para ele. Ele responde: "negar aos ricos o mesmo direito de defesa que têm os pobres seria o mesmo tipo de pensamento que deu origem às cruzes queimadas". Vale dizer que, nessa época, os pobres teriam uma defesa técnica assegurada pelo Estado porque o caso poderia culminar em pena capital. No mais, ao trabalhar com um caso real de um crime inexplicável e que desde o início se sabe quem o praticou e com qual motivo, o filme contribui ao fazer as vezes de um teste de direitos humanos: o direito fundamental à ampla defesa e ao contraditório, um dos objetivos da Defensoria Pública (LC n. 80/1994, art. 3º-A, IV).

***O crime não compensa*** (*Knock on any door*, EUA, 1949) é um drama de tribunal que, na ficção, dialoga com o documentário brasileiro ***Ônibus 174*** (Brasil, 2002) que retrata a vida real. Enquanto o documentário leva o espectador a conhecer a história de Sandro, que em 12 de junho de 2000, no Rio de Janeiro, fez vítimas de reféns num ônibus e acabou sendo morto pela polícia,

---

137 Na vida real, importante lembrarmos que o *Innocence Project* (Projeto Inocência), fundado em 1992, já reverteu centenas de condenações utilizando prova técnica de DNA, e esse trabalho permite reformas judiciárias ao identificarem as causas desses erros judiciais: informações recebidas mediante recompensa, defesa inadequada, uso equivocado de prova técnica etc. Nessas reversões de condenações identificaram alguns problemas na aplicação da prova técnica: uso de metodologias inválidas ou não confiáveis; a leitura equivocada que testemunhas fazem de dados recolhidos pela prova técnica, como, por exemplo, exagerando o significado de similaridades entre as evidências colhidas na cena do crime, ou apequenando dados que podem excluir um indivíduo entre os suspeitos; erro de conduta do perito, incluindo mistura de amostras, o que pode ocorrer em qualquer tipo de teste de laboratório, segundo o Projeto Inocência, mesmo em campos científicos bem desenvolvidos e validados em seus métodos (Consulte-se a página do *Innocence Project*, em: <http://www.innocenceproject.org/causes/misapplication-forensic-science/>).

138 DONNELLEY, Paul. *501 crimes mais notórios*. Trad. Débora da Silva G. Isidoro. São Paulo: Larousse do Brasil, 2011. p. 164.

o filme traz Humphrey Bogart no papel de um advogado que defende um jovem acusado de assassinar um policial durante um assalto. Apesar de acreditar na inocência de seu cliente, Bogart quer levar ao júri toda sua história de vida na tentativa de sensibilizar os jurados sobre as condições sociais como causas reais que "convidam" a pessoa para a vida criminosa. No filme, interessante a cena que mostra Bogart integrante de um estável escritório de advocacia no qual seus sócios tentam demovê-lo da ideia de atuar naquele caso – o assassinato de um policial mancharia a imagem séria do escritório em ascensão, diz um dos sócios –, e aqui já podemos notar uma diferença entre a Advocacia e a Defensoria Pública (naquela, relação contratual, nesta, relação de direito público). Importante registrar outra cena em *O crime não compensa*: os policiais, logo ao chegarem ao local do crime que acabara de acontecer, determinam a prisão (para averiguação) de "todos aqueles que têm ficha suja", cena que coincide com uma do filme ***Casablanca*** (*Casablanca*, EUA, 1942), também estrelado por Bogart, em que um inspetor de polícia chega ao local e determina a seus subordinados: "prendam os suspeitos de sempre". Enfim, os filmes mostram o que é óbvio na rotina da Defensoria Pública que, falando da esfera penal, tem exatamente os "suspeitos de sempre" como clientela predominante, e ainda que os filmes escancarem o que boa parte das pessoas sensatas sabe mas finge não saber, nem sempre (talvez quase nunca) o formalismo processual é aberto a esse tipo de reflexão. Daí a pertinência do alerta de Mauro Cappelletti: "Podemos ser céticos, por exemplo, a respeito do potencial das reformas tendentes ao acesso à justiça em sistemas socialmente injustos. É preciso que se reconheça que as reformas judiciais e processuais não são substitutos suficientes para as reformas políticas e sociais"[139].

c) Filmes que retratam sutis diferenças na lógica de atuação do advogado e do defensor público:

***As leis de família*** (*Derecho de familia*, Argentina, 2006) é um filme argentino do tipo drama familiar. Em alguns momentos, há clara distinção entre a lógica do advogado (pai) e do defensor público (filho). O filme mostra uma Defensoria Pública mal estruturada, diversamente do escritório de advocacia de seu pai, um escritório de médio porte. Há diálogos pontuais que distinguem a lógica de atuação do defensor público (que leciona direito penal numa universidade) e do advogado (que, um pouco por necessidade da profissão, se habituou à rotina diária de ir ao fórum e se comunicar de modo agradável com funcionários, o que lhe propicia até mesmo tratamentos diferenciados como furar a fila do balcão).

***Onde está a liberdade?*** (*Dov'è la libertà?*, Itália, 1954) é uma mescla de drama e comédia protagonizado por Antonio de Curtis, o Totò, que interpreta Salvatore, um barbeiro que ficou mais de vinte anos preso por um crime passional. A questão é que os vinte anos de cárcere mudaram completamente a Itália (no filme, o diretor Roberto Rosselini também retrata a Itália do pós-Guerra). Quando é posto em liberdade, Salvatore se decepciona com o que encontra do lado

139 *Acesso à justiça*, cit., p. 161.

de fora da prisão e conclui que, para ele, a vida era melhor dentro da prisão. Salvatore, assim, decide querer voltar para o cárcere (imagine o leitor um defensor público lidando com um assistido que pretendesse algo parecido e já veremos o art. 4º, XII[140], da LC n. 80/1994 entrando em cena). Em razão do desejo de "liberdade" de Salvatore, há cenas cômicas que mostram a inevitável quebra de confiança entre ele e seu advogado e que servem também para a reflexão de que o advogado, profissional liberal que é, a todo tempo pode deixar de atuar na defesa de seu cliente, mas tal conduta não se dá com o defensor público (quando muito, outro defensor público atuará).

***A trombeta de Gedeão*** (Gideon's Trumpet, EUA, 1980) é um dos filmes de tribunal protagonizados pelo ator Henry Fonda, aqui no papel de Clarence Earl Gideon[141]. O filme é baseado no caso Gideon *vs.* Wainwright, julgado pela Suprema Corte dos Estados Unidos em março de 1963 e exposto em livro de Anthony Lewis[142], jornalista estadunidense que chegou a vencer o prêmio Pulitzer (1963) por suas reportagens sobre a Suprema Corte dos Estados Unidos.

Considerando-se a importância do tema em si para a Defensoria Pública e a raridade tanto do livro quanto do filme, faremos breve resumo.

O caso Gideon *vs.* Wainwright é emblemático porque firmou, definitivamente, o entendimento de que, nos Estados Unidos, ninguém pode ser condenado na esfera criminal sem que seja disponibilizado para o acusado, à custa do Poder Público, um advogado ou um defensor público.

Clarence Earl Gideon, que já tivera outras condenações, fora acusado de um roubo ocorrido num estabelecimento comercial. Fora preso e na sua audiência manifestou ao juiz que queria ser assistido por um advogado, já que não possuía condições de contratar um. O juiz, valendo-se do entendimento até ali reinante na Suprema Corte, indeferiu o pedido. Clarence, porém, não se deu por vencido e, convicto[143] de que era um absurdo ser condenado sem ter direito a uma defesa, levou seu inconformismo à Suprema Corte através dos meios processuais previstos e que não pressupunham o acompanhamento de um advogado.

O fato é que até o início da década de 1960 a Suprema Corte tinha um entendimento mais restritivo acerca do direito à assistência judiciária. Basicamente, desde a década de 1930[144] havia

---

140 Art. 4º, XII – deixar de patrocinar ação, quando ela for manifestamente incabível ou inconveniente aos interesses da parte sob seu patrocínio, comunicando o fato ao Defensor Público-Geral, com as razões de seu proceder.

141 Por exemplo, *Vive-se uma só vez* (You only live once, EUA, 1937), filme dirigido por Fritz Lang, no qual Fonda interpreta um ex-presidiário defendido pela Defensoria Pública; o clássico *12 homens e uma sentença* (12 angry men, EUA, 1957), em que ele faz o papel de jurado.

142 LEWIS, Anthony. *A trombeta de Gedeão*. Trad. Beatriz Moreira Pinto Beraldo. Rio de Janeiro: Forense, 1966.

143 A verdade, como esclarece Anthony Lewis, é que Clarence, por equívoco, estava convicto de que a Suprema Corte havia decidido na década de 1940 que todo acusado pobre tem direito à assistência judiciária. Não foi bem esse o entendimento da Corte em Bretts *vs.* Brady, como veremos.

144 Eis os casos em que a Suprema Corte lidou com o tema da assistência judiciária: Scottsboro, Powell *vs.* Alabama; Johnson *vs* Zerbst; Betts *vs.* Brady; Uveges *vs.* Pennsylvania; Gryger *vs.* Burke; Townsend *vs.* Burke;

alguma clareza quanto a que o cabimento do direito à assistência judiciária se dava em casos de *crimes capitais*, mas a própria jurisprudência foi se modificando e, para as concepções da época, evoluindo, até que em Betts *vs.* Brady, julgado em 1942, firmou-se o entendimento de que, para fazer jus à assistência judiciária custeada pelo Estado, o acusado precisava demonstrar que ali havia "*circunstâncias especiais*".

No momento em que o caso de Clarence foi aceito pela Suprema Corte, sua chance de efetivamente conseguir um advogado aumentou, pois dali em diante a discussão se daria naquele seleto ambiente de uma corte constitucional, e os convites feitos pelos ministros a advogados eram tão atendidos quanto "(...) um convite do Presidente para jantar"[145]. Esse convite foi feito a Abe Fortas, renomado advogado de Washington, que o aceitou de imediato.

A *doutrina das circunstâncias especiais* era essencialmente vaga, acarretando tanto em concessões quanto em denegações aos pedidos de assistência judiciária.

Abe Fortas passou a estudar com afinco o caso de Clarence, inclusive se correspondendo algumas vezes com ele, e, num determinado momento, viu-se no que ele chamou de "problema moral". O problema moral era que Abe Fortas *não sabia ainda se o caso de Clarence se encaixava nos casos similares em que se entendeu haver uma circunstância especial*. Se houvesse, revelar-se-ia o "anticlímax" de "mais um caso". E o clímax estava em *não haver tal circunstância especial*: isso possibilitaria uma revisão de quase trinta anos do entendimento firmado em Bretts *vs.* Brady, o que se daria através de um estratégico e parcimonioso estudo de como aqueles entendimentos não alcançavam as *finalidades* que almejavam, sobretudo por criarem um cenário de *insegurança jurídica*, fruto da vagueza da cláusula "circunstâncias especiais".

Enfim, Fortas sabia que, por ética profissional, se houvesse uma circunstância especial no caso de Clarence, ele deveria levantá-la, "(...) mesmo que isto viesse a eliminar o caso como um teste fabuloso do direito à assistência jurídica", pois "existem poucas coisas que desagradam mais aos Ministros [da Suprema Corte] de (*sic*) que um advogado abandonar os interesses de seu cliente com a pretensão de conseguir alguma grande mudança na jurisprudência"[146] – embora isso seja possível, inclusive por convicta adesão do próprio cliente. Felizmente, e sem incorrer no risco de contar ao leitor o desenvolvimento da história, não havia circunstâncias especiais a invocar.

Na seara da advocacia privada o cliente, por ter a opção de procurar diversos advogados, tem mais condições de não aderir à possibilidade de criação de um *leading case*, bastando que procure outro advogado mais tradicionalista. Sendo uma relação contratual, ele pode tomar decisões desse jaez.

No entanto, no plano da assistência jurídica o problema moral que Abe Fortas teve de enfrentar é mais delicado, pois o *leading case* só será trabalhado se ele consentir com isso. Se não consentir, o *leading case*, que pode corresponder a uma litigância estratégica de interesse público, terá de ser deixado de lado para o caso tradicional ser levado ao Judiciário, sob pena de negativa

---

Hudson *vs.* North Carolina; McNeal *vs.* Culver; Carnley *v.s.* Cochran.

145 LEWIS, Anthony. *A trombeta de Gedeão*, cit., p. 48.

146 Idem, p. 54.

de acesso à justiça, pois o carente de recursos financeiros não detém as mesmas condições para eleger quem irá representá-lo em juízo.

O filme e o livro, assim, deixam claro que "o direito à assistência judiciária não vem de muito longe na História, como se poderia deduzir"[147], além de suscitar reflexões sobre independência funcional e a importância de enfrentamento de obstáculos culturais ao acesso à justiça.

d) Filmes que estimulam a reflexão sobre as atribuições da Defensoria Pública:

***Anatomia de um crime*** (*Anatomy of a Murder*, EUA, 1959) é um clássico dos filmes de tribunal. James Stewart interpreta Paul Biegler, um advogado de uma cidade pequena que é convidado para fazer a defesa de um homem acusado de homicídio. Dentre vários outros aspectos interessantes, na primeira cena no tribunal um homem alcoólatra é julgado por furto de bebida. O juiz lhe indaga se ele tem advogado. Ele responde que não, pois é preciso ter dinheiro para ter um advogado. O juiz responde então que lhe indicaria um advogado, mas o réu diz não ser necessário já que iria confessar. E confessa, encerrando-se o julgamento. Também é interessante quando Paul Biegler tem sua primeira entrevista com seu cliente. Em certo momento ele faz sua orientação jurídica, dizendo-lhe que, naquele momento – após ter explicado aspectos do crime de homicídio –, sua preocupação era de esclarecer sobre como funciona a lei (leia-se o processo criminal).

***O esquadrão da justiça*** (*The star chamber*, EUA, 1983) é uma mescla de ação e suspense hollywoodiana, girando em torno de situações espetaculares. Apesar disso, o filme traz interessantes reflexões. Em primeiro lugar, ele cria a imagem de Steve Hardin (Michael Douglas) como um juiz que se depara com decisões injustas embora legais (há exposição de casos em que o espectador sabe que o acusado é criminoso, um criminoso imperdoável até, mas aspectos técnicos e às vezes incompreensíveis para o popular culminam em absolvições). O Juiz Hardin, assim, adere ao chamado Esquadrão da justiça, um grupo de juízes que faz justiça pelas próprias mãos. É peculiarmente interessante atentar para as discussões sobre provas ilícitas e sobre como a polícia se porta tentando agir conforme as regras. Outro ponto de destaque é como os juízes são tratados como vítimas do sistema, pois se veem obrigados a aplicar leis injustas. Também merece nota a cena do pai que teve seu filho assassinado e quer convencer o juiz a abrir mão das formalidades em nome da justiça, e da promotora, que num momento apela para que as tecnicidades cedam naquele caso. Enfim, a atuação da Defensoria Pública, mormente na seara penal, vê-se diretamente afrontada por situações como as tratadas no filme.

***Justiça*** (Brasil/Holanda, 2004) e ***Juízo*** (Brasil, 2007) são dois documentários de Maria Augusta Ramos importantes porque expõem o cotidiano no funcionamento do sistema de justiça criminal e infracional no âmbito do Poder Judiciário, propondo-se fazer uma abordagem

---

147 Idem, p. 88.

crítica. Em relação à Defensoria Pública, os filmes mostram um pouco o desempenho das atribuições institucionais, as quais abarcam o atendimento aos familiares de pessoas presas, a importância da entrevista reservada com o custodiado e, por óbvio, a participação em audiências. O viés rotineiro fica claro em ambos os filmes e permitem ao espectador visualizar o cotidiano forense e toda ritualística processual, discrepando, assim, da dramatização e do suspense que normalmente dão o entretenimento dos chamados "filmes de tribunal". Interessante notar que, apesar de toda ritualística legal que, em tese, serviria para guiar a marcha processual, fica clara a diferença de posturas, por exemplo, dos magistrados dos dois filmes (alguma autocontenção num caso, algum moralismo no outro). Vale registrar que as pessoas que não trabalham no sistema de justiça geralmente não sabem como é seu funcionamento (não apenas do ponto de vista da técnica, mas da própria atmosfera das audiências), e, nesse aspecto, os documentários cumprem um papel importante de informar.

***O processo***, da obra de Franz Kafka, ganhou algumas versões cinematográficas, como uma britânica (*The trial*, Reino Unido, 1993), tendo Anthony Hopkins no elenco. A temática do acesso à justiça percorre a obra ao explorar a linguagem do processo como um obstáculo cultural que dificulta a defesa do acusado, além das barreiras mais escancaradas que se colocam diante dele, como a falta de acesso aos autos do processo.

***Rebelião no presídio*** (*Riot in Cell Block 11*, EUA, 1954) é um filme que traz trechos de documentários que mostram rebeliões ocorridas em prisões dos Estados Unidos, na década de 1950. O filme começa expondo dados sobre os prejuízos financeiros que as rebeliões causam, mas sem atribuir a elas a culpa. Na verdade, o roteiro e os diálogos aproximam o espectador de toda discussão, colocando-o como parte do problema. Isso fica evidente quando uma autoridade expõe durante um seminário como as condições carcerárias exigem um debate racional de toda sociedade. Do contrário, além do caos, os prejuízos financeiros seriam suportados pela própria sociedade. No filme, alguns presos (do chamado bloco 11) iniciam uma rebelião, tornando reféns os agentes carcerários. Imediatamente, e por exigência dos presos, o diretor do presídio convoca a imprensa. Em seguida, uma cena mostra um diálogo entre ele e os jornalistas. Em vez de esbravejar e agir como a imprensa talvez estivesse acostumada, o diretor se mostra uma pessoa sensata e que, no fundo, sabia que aquela rebelião aconteceria em algum momento, dada a precariedade das prisões; a que dirige, em especial. Os jornalistas, então, perguntam-lhe de quem é a culpa por aquilo (uma vez que o próprio diretor diz que há tempo solicitava melhorias no cárcere), e ele responde: a culpa é dos políticos, do próprio Estado, mas também da opinião pública, isto é, das pessoas cuja imprensa informa. A culpa, enfim, é de todos nós, e do próprio espectador. Em seguida, chega um assessor do governador que, tal como este, esquiva-se de qualquer responsabilidade do Estado. Para ele, a culpa é dos presos, verdadeiros degenerados.

Desde o início fica claro que o diretor e os próprios agentes carcerários reconhecem os inúmeros problemas do sistema carcerário, mas ninguém lhes dá ouvidos. Menos ainda aos presos: quando o diretor é informado da iminente chegada do assessor do governador, ele desdenha, ironiza, não entendendo em quê um político "ajudaria" a negociar com os presos, afinal, presos sequer têm direito a voto, diz ele. Após iniciada a negociação, os presos apresentam suas reivindicações. Em resumo, pedem singelas melhorias no cárcere, como inexistência de superlotação, proibição de agressões físicas, garantia de trabalho e aprendizado de algum ofício e a proibição da mistura de presos perigosos com não perigosos. A imprensa, até então não acostumada a enxergar o cárcere "por dentro", surpreende-se com os pedidos. Quando o assessor do governador ouve com descaso os pedidos e insinua que "o Estado não deve negociar com bandidos", alguns jornalistas ficam surpresos, afinal, os pedidos dos presos pareciam sensatos. Na verdade, eles pediam o que a lei lhes garantia, nada além disso. Apesar de o desfecho da rebelião ter, em tese, dois caminhos (atendimento ou não das reivindicações), ainda assim o filme garante um final talvez menos óbvio, conquanto dentro das variáveis de possibilidade. Jamais diríamos ao leitor o final do filme.

O filme, como se vê, aborda de modo racional uma temática que faz parte do cotidiano da Defensoria Pública, na verdade, uma de suas facetas de atuação fora dos gabinetes: a atribuição contida no art. 4º, XVII, da LC n. 80/1994, potencializada pela Lei de Execução Penal, que desde 2010 alçou a instituição a órgão da execução penal (art. 61, VIII). Em certo sentido, há evidente sintonia entre essas tarefas atribuídas à Defensoria Pública e a experiência do diretor do presídio retratado no filme: quem é vítima e quem é algoz no caos carcerário? Talvez não haja vítima ou algoz. No fundo, todos nós somos parte do problema. E da solução.

## 4 A DEFENSORIA PÚBLICA NA CONSTITUIÇÃO DE 1988

Desde o advento da CF/88 a Defensoria Pública foi objeto de quatro emendas constitucionais, todas elas importantes para a consolidação do modelo público de assistência jurídica no Brasil. São elas: EC n. 45/2004, EC n. 69/2012, EC n. 74/2013 e EC n. 80/2014.

Diante desse conjunto normativo, propomos algumas possíveis abordagens:

### 4.1 A previsão constitucional da Defensoria Pública: abordagem geral

É conhecida a construção de que a Constituição Federal é o grande esteio da organização normativa de um país e que contém seus elementos essenciais. Ensina José Afonso da Silva que, em sentido político, a Constituição é a "decisão política fundamental, decisão concreta de conjunto sobre o modo e a forma de existência da unidade política"[148].

Um dos mais relevantes papéis que justificam a formação do Estado moderno é exatamente a prevenção e solução de conflitos. A Defensoria Pública, alçada ao patamar constitucional, é reconhecida como ferramenta essencial para a pacificação das contendas, mormente no atual estágio de exclusão e marginalização imposto à grande parte da população.

A decisão política de "constituir" a Defensoria Pública expressamente na Constituição Federal permite desde logo diversas conclusões, dentre as quais podemos destacar:

---

148 *Curso de direito constitucional positivo*, p. 39.

### 4.1.1 O papel de função essencial à justiça

Outrora asseverou Carnelutti que é por meio da parcialidade das partes que o juiz consegue se aproximar um pouco do ideal de imparcialidade. E por qual motivo só "um pouco"? Segundo Carnelutti, "a justiça humana não pode ser mais do que uma justiça parcial (...). Tudo que se pode fazer é tentar diminuir esta parcialidade"[149].

É possível iniciar, então, uma explicação sobre a ideia de funções "essenciais" à justiça por essa perspectiva, e que pode ser resumida na máxima *nemo iudex sine actore*, conforme ressalta José Afonso da Silva, sendo as funções essenciais à justiça "compostas por todas aquelas atividades profissionais públicas e privadas, sem as quais o Poder Judiciário não pode funcionar ou funcionará muito mal"[150].

Contudo, já vimos acima, o sistema de justiça *transcende os agentes do chamado "Poder Judiciário"*, visto que a solução de conflitos pela jurisdição, com a imposição coativa das decisões após procedimentos que as legitimem – o denominado "método adjudicatório" –, em regra não deve ocorrer de ofício em vista da exigência de imparcialidade do Poder Judiciário. Ademais, referido método não é a única forma de resolução de conflitos sob a ótica de uma Justiça democrática e que se preocupe em utilizar métodos apropriados às espécies de conflitos.

Assim, em síntese, se por um lado é correta a leitura de que as funções essenciais à justiça merecem égide constitucional pela possibilidade de provocarem o Judiciário, ou seja, que a jurisdição depende de provocação externa para ser exercida e que a prerrogativa de movimentar o Judiciário mostra-se, desse modo, crucial, daí a importância da ação dos entes e pessoas que oficiam perante os juízos e que, por isso, exercem funções essenciais à Justiça , por outro lado tal leitura se mostra *insuficiente.*

É que os demais atores do sistema de justiça arrolados na Constituição, mais que a nobre tarefa de provocar decisões do Poder Judiciário, têm, respectivamente, autônomas responsabilidades na prevalência de valores constitucionais nos conflitos explícitos ou latentes nas relações sociais, para que sejam respeitados os fundamentos e buscados os objetivos impostos pela Constituição, especialmente em seus arts. 1º e 3º.[151] Assim, o Ministério Público e as Advocacias privada e pública provocam o Poder Judiciário não como um fim em si, mas como meio para que sejam respeitados os ditames constitucionais. Não são funções essenciais ao Poder Judiciário, mas à justiça. Da mesma forma deve ser compreendido o papel da Defensoria Pública.

Alçada ao patamar de função essencial à justiça, a Defensoria Pública recebe os poderes correspondentes às suas funções institucionais, e conta com a vantagem de, como instituição em construção, ser desde logo forjada – e essa é uma peculiaridade de sua lei orgânica nacional – para

---

149 CARNELUTTI, Francesco. *As misérias do processo penal*. Trad. Ricardo Rodrigues Gama. Campinas: Russel, 2007. Capítulos IV e V, especialmente p. 39, 42-43.

150 *Curso de direito constitucional positivo*. 29. ed. São Paulo: Malheiros, 2007. p. 594.

151 No mesmo sentido: ALVES, Cleber Francisco. Assistência jurídica integral e Defensoria Pública no novo CPC. In: SOUSA, José Augusto Garcia de. *Defensoria Pública*. Salvador: JusPodivm, 2015. item n. 03, p. 95 (Coleção Repercussões do Novo CPC).

extrapolar a missão de simplesmente provocar o Poder Judiciário, contando com instrumentos legislativos e operacionais para assumir a responsabilidade de sua essencial função de defesa dos necessitados. Por isso, bem resumem a questão Caio Paiva e Tiago Fensterseifer ao ponderarem que a característica de função essencial à Justiça projeta a Defensoria Pública como "instituição capaz de solucionar conflitos sem que tenha, necessariamente, que se valer da judicialização, já que o *acesso à Justiça* não se resume nem se encerra no *acesso ao Poder Judiciário*"[152].

Não se pode perder de vista, nessa perspectiva – a de que a função essencial à justiça guarda significado mais amplo que função essencial ao Judiciário –, o quanto já apontamos acima sobre a *correspondência entre os obstáculos de acesso à justiça e a lógica da Lei Complementar n. 80/1994, a qual prevê ao menos uma específica atribuição institucional para cada obstáculo*, tentando acompanhar igualmente a apontada lógica de uma relação direta de proporcionalidade.

### *4.1.2 A estabilidade constitucional e seu reforço por meio da EC n. 80/2014*

De certo modo, a "essencialidade" trabalhada no item precedente compele, logicamente, que as funções essenciais à justiça sejam tratadas juridicamente como tendo a qualidade de estabilidade ou definitividade – no caso da Defensoria Pública; essencialidade não combina com provisoriedade da assistência jurídica integral e gratuita.

Podemos aprofundar essa perspectiva por outro caminho.

Sabemos que a Constituição brasileira não é flexível e, assim, o preceito constitucional é dotado de excepcional estabilidade no quadro legislativo, uma vez que exige quórum qualificado e votação repetida nas casas legislativas para alteração.

Assim, a previsão constitucional expressa da Defensoria Pública lhe confere o *status* de instituição perene, merecedora do mesmo planejamento e atenção debitados aos demais atores. Afinal, a Constituição tem como função ser instrumento de ordenação, conformação e estabilização.

De qualquer modo, em matéria de estabilidade institucional a EC n. 80/2014 expressamente atribuiu o adjetivo "permanente" à Defensoria Pública, como se pode notar da nova redação do art. 134 da CF/88:

> Art. 134. A Defensoria Pública **é instituição permanente**, essencial à função jurisdicional do Estado, incumbindo-lhe, como expressão e instrumento do regime democrático, fundamentalmente, a orientação jurídica, a promoção dos direitos humanos e a defesa, em todos os graus, judicial e extrajudicial, dos direitos individuais e coletivos, de forma integral e gratuita, aos necessitados, na forma do inciso LXXIV do art. 5º desta Constituição Federal. (Redação dada pela Emenda Constitucional n. 80, de 2014)

Qual leitura devemos fazer dessa alteração?

Sobre a "permanência" da Defensoria Pública, interessante notarmos que a CF/88 utiliza o adjetivo "permanente" em outras passagens, como revelam alguns poucos exemplos transcritos a seguir:

---

152 *Comentários à Lei Nacional da Defensoria Pública*. Belo Horizonte: CEI, 2019, primeira parte, item n. 5.1, p. 50 (Coleção Leis Especiais Comentadas).

> Art. 7º São direitos dos trabalhadores urbanos e rurais, além de outros que visem à melhoria de sua condição social: (...) XXXIV – igualdade de direitos entre o trabalhador com vínculo empregatício **permanente** e o trabalhador avulso.
> (...)
> Art. 12. (...) § 1º Aos portugueses com residência **permanente** no País, se houver reciprocidade em favor de brasileiros, serão atribuídos os direitos inerentes ao brasileiro, salvo os casos previstos nesta Constituição.
> (...)
> Art. 21. Compete à União: (...) XVIII – planejar e promover a defesa **permanente** contra as calamidades públicas, especialmente as secas e as inundações;
> (...)
> Art. 40. (...) § 1º Os servidores abrangidos pelo regime de previdência de que trata este artigo serão aposentados, calculados os seus proventos a partir dos valores fixados na forma dos §§ 3º e 17: I – por invalidez **permanente**, sendo os proventos proporcionais ao tempo de contribuição, exceto se decorrente de acidente em serviço, moléstia profissional ou doença grave, contagiosa ou incurável, na forma da lei;
> (...)
> Art. 58. O Congresso Nacional e suas Casas terão comissões **permanentes** e temporárias, constituídas na forma e com as atribuições previstas no respectivo regimento ou no ato de que resultar sua criação.

Nesses exemplos, o adjetivo qualifica as situações ora como sendo "contínuas" ou "ininterruptas", ora como sendo "definitivas".

Assim, o trabalhador avulso deve ser tratado igualmente, em termos de direitos trabalhistas, ao trabalhador que *vende continuamente* sua força de trabalho. A União deve prestar o serviço público de planejar e defender *continuamente*, ou *ininterruptamente*, contra as calamidades públicas, especialmente as secas e as inundações.

Por outro lado, a invalidez *definitiva* (estável) de servidor é fato constitutivo para que os proventos sejam calculados a partir dos valores fixados na forma dos referidos §§ 3º e 17 do art. 40 da CF/88. Ainda, a CF/88 admite que o Congresso contenha em sua estrutura tanto comissões *definitivas* (estáveis, fixas) quanto *provisórias*.

Na perspectiva desse último exemplo, registre-se haver instituições da República Federativa do Brasil para as quais a CF/88 atribui expressamente o qualificativo de "permanente", a saber:

> Art. 127. O Ministério Público é **instituição permanente**, essencial à função jurisdicional do Estado, incumbindo-lhe a defesa da ordem jurídica, do regime democrático e dos interesses sociais e individuais indisponíveis.
> (...)
> Art. 142. As Forças Armadas, constituídas pela Marinha, pelo Exército e pela Aeronáutica, são **instituições nacionais permanentes** e regulares, organizadas com base na hierarquia e na disciplina, sob a autoridade suprema do Presidente da República, e destinam-se à defesa da Pátria, à garantia dos poderes constitucionais e, por iniciativa de qualquer destes, da lei e da ordem.
> (...)
> Art. 144. (...) § 1º A polícia federal, instituída por lei como **órgão permanente**, organizado e mantido pela União e estruturado em carreira, destina-se a: (...)

Nesses últimos três exemplos, o texto original da CF/88 foi cuidadoso ao estabelecer que o próprio órgão é *definitivo* (estável, fixo, sólido), pois a CF/88 poderia ter se limitado a prescrever que o serviço público prestado por eles, respectivamente, deve ser contínuo ou ininterrupto. Perceba-se que são duas hipóteses diversas, porque aquela primeira (de definitividade ou fixidez do órgão) contida no texto constitucional deixa claro que os próprios órgãos não podem ser subtraídos ou mesmo extintos. A segunda hipótese abriria margem interpretativa para se admitir que o serviço público deve ser contínuo ou ininterrupto, mas que haveria espaço para subtrações ou mesmo extinções orgânicas sem prejuízo daquela continuidade de serviço.

Desse modo, é simbólico que a Defensoria Pública seja tida formalmente como "instituição permanente", pois ratifica-se sua estabilidade não bastando a continuidade na prestação do serviço público de assistência jurídica integral e gratuita. O texto impede, expressamente, não só a extinção da Defensoria Pública, mas subtrações que possam causar sua desfiguração ou o retorno ao infrutífero modelo pulverizado (se é que se pode falar em "modelo"), em que este serviço público era competência dos mais diversos órgãos sem haver uma defesa profissionalmente organizada em favor do necessitado.

Indo além, se ninguém duvida da impossibilidade jurídica de extinção de um dos três Poderes clássicos – Executivo, Legislativo e Judiciário –, até por força da combinação dos arts. 2º e 60, § 4º, III, da CF/88, outros órgãos constitucionais que não pertençam à clássica tríade podem sofrer em algum momento histórico mais turbulento, no qual existam maiores questionamentos, a séria ameaça de serem gravemente amputados, subtraídos ou mesmo totalmente extintos, de modo que o adjetivo *permanente* combinado com os art. 5º, LXXIV, e 60, § 4º, IV, *reforçam* a impossibilidade da Defensoria Pública ser extinta sem prejuízo ao regime constitucional vigente: a Defensoria Pública (art. 134 da CF/88) como verdadeira cláusula pétrea.

#### 4.1.2.1 Desdobramentos de admitir ou negar a Defensoria Pública como cláusula pétrea no contexto do sistema de justiça

No item anterior discutimos um pouco a importância da EC n. 80/2014 para a maior estabilização da Defensoria Pública no plano constitucional, e a menção expressa de que se trata de instituição *permanente* – conquanto essa palavra não seja determinante para o desenvolvimento do raciocínio – sem dúvida influi para a discussão atinente às cláusulas pétreas. Mas as lições de Luís Roberto Barroso devem servir de alerta:

> A locução *tendente a abolir* [CF/88, art. 60, § 4º] deve ser interpretada com equilíbrio. Por um lado, ela deve servir para que se impeça a erosão do conteúdo substantivo das cláusulas protegidas. De outra parte, não deve prestar-se a ser uma inútil muralha contra o vento da história, petrificando determinado *status quo*. A Constituição não pode abdicar da salvaguarda de sua própria identidade, assim como a preservação e promoção dos valores e direitos fundamentais; mas não deve ter a pretensão de suprimir a deliberação majoritária legítima dos órgãos de representação popular, juridicizando além da conta o espaço próprio da política. O juiz constitucional não deve ser prisioneiro do passado, mas militante do presente e passageiro do futuro[153].

De qualquer modo, a discussão – se a Defensoria Pública é cláusula pétrea – *jamais foi colocada na prática*, perante o STF.

---

153 *Curso de direito constitucional contemporâneo*. 8. ed. São Paulo: Saraiva, 2019. p. 177.

Discutir se a Defensoria Pública é cláusula pétrea *não é o mesmo que discutir se o direito à assistência jurídica o é.* Como já tratamos neste livro, a Defensoria Pública é o modelo eleito pela CF/88 para a prestação da assistência jurídica. Esse modelo não pode ser considerado uma espécie de monopólio[154], já que não impede que atores *privados* atuem (advocacia *Pro Bono*) e, ademais, ele pode conviver com atores que prestem assistência jurídica *suplementarmente* à Defensoria Pública (por meio de convênios firmados com esta instituição).

Assim, a discussão sobre se a Defensoria Pública pode ser considerada cláusula pétrea passa pela discussão se o art. 134 da CF/88 pode ser simplesmente *suprimido* (ensejando a eleição de um modelo misto por omissão) ou se ele pode ser *alterado* (substituindo a Defensoria Pública, por exemplo, pelo modelo *judicare,* ou estabelecendo a convivência dos dois modelos, isto é, adotando-se expressamente o modelo misto).

Na doutrina institucional, quem se posiciona sobre o assunto ora afirma que a Defensoria Pública é cláusula pétrea baseando-se na literalidade do texto constitucional, ora na posição da Defensoria Pública dentro do capítulo das Funções Essenciais à Justiça. De fato, o art. 134, *caput,* prevê que a Defensoria Pública é instituição *essencial* à função jurisdicional do Estado. Se ela é essencial, logo, é parte necessária e indispensável da ordem constitucional[155].

Essa discussão, entretanto, não é interessante apenas quando se trata da Defensoria Pública; em certo sentido, e *mutatis mutandis,* todas as funções essenciais à Justiça estão no mesmo barco quando o assunto é se são cláusula pétrea; afinal, no que diz respeito mais diretamente a tais instituições, o art. 60, § 4º, IV, da CF/88 entra em cena.

É claro que é mais fácil – ou melhor, mais comum ou corriqueiro – a discussão que envolve a Defensoria Pública porque, por ser (constitucionalmente falando) a mais jovem dessas instituições, negar-se-lhe o atributo de cláusula pétrea não impede enxergar imediatamente uma *alternativa* em seu horizonte. É dizer: se a Defensoria Pública sumisse do texto constitucional – simples revogação do art. 134 – como seria o *dia seguinte* da assistência jurídica em nosso país? A resposta mais óbvia é que o modelo *judicare* passaria a vigorar; a menos óbvia – mas com algum lastro histórico – seria a assunção da prestação da assistência jurídica por outros órgãos, como o Ministério Público[156], ou a definição a cargo das esferas

---

154 Nas lições de José Fontenelle Teixeira, a Defensoria Pública é uma "instituição de competição", na medida em que não detém o monopólio do serviço que presta. Defensoria Pública e política institucional: a falta de uma doutrina. *Revista da de Direito da Defensoria Pública,* Rio de Janeiro, ano 13, n. 17, jan. 2001.

155 ESTEVES, Diogo; SILVA, Franklyn Roger. *Princípios institucionais da Defensoria Pública.* 2. ed. Rio de Janeiro: Forense, 2017. p. 74. No mesmo sentido: PAIVA, Caio; FENSTERSEIFER, Tiago. *Comentários à Lei Nacional da Defensoria Pública.* Belo Horizonte: CEI, 2019. p. 49 (Coleção Leis Especiais Comentadas); GIUDICELLI, Gustavo Barbosa. *A Defensoria Pública nos 30 anos da Constituição Federal*: consolidação, desafios e perspectivas. Rio de Janeiro: Lumen Juris, 2018. p. 177. Tratando do Ministério Público e seguinte idêntica linha de argumentação: GARCIA, Emerson. *Ministério Público*: organização, atribuições e regime jurídico. 3. ed. Rio de Janeiro: Lumen Juris, 2008. p. 46.

156 A antiga Lei Orgânica Nacional do Ministério Público (LC n. 40/81), que não está mais em vigor, previa (art. 22, XXIII): Art. 22. São deveres dos membros do Ministério Público estadual: (...) XIII – prestar assistência judiciária aos necessitados, onde não houver órgãos próprios.

federativas, passando a vigorar, assim, uma redefinição do pacto federativo no que concerne à prestação desse serviço[157].

Verdade seja dita, a mesma discussão se põe quando o assunto envolve as demais funções essenciais à Justiça; e se recorrermos um pouco à história veremos que, no final das contas, *nenhuma das funções essenciais à Justiça foi tão essencial a ponto de não encontrar um substituto à altura.*

Basta sondarmos algumas situações, como (i) que a Advocacia deixasse de ser uma profissão *liberal*, passando o Estado, então, a disponibilizar a todos – como a Educação ou a Saúde – um advogado concursado; afinal, se o Estado pode destinar orçamento para a função acusatória, por que não também para a de defesa? (ii) No caso do Ministério Público, por que o Estado não poderia ampliar sobremaneira as hipóteses de ação penal privada ou contratar escritórios de advocacia em vez de deixar tais misteres a cargo dessa instituição? – como faz em relação à advocacia pública na esfera municipal (é muito comum o Município licitar esse serviço). (iii) Já no que toca à Advocacia Pública, atualmente, ainda se discute – com nítidos e dramáticos exemplos práticos – se se trata de uma advocacia (sentido amplo) de Estado ou de Governo; então, não parece ser impossível que essa incumbência um dia volte para as mãos do Ministério Público.

É evidente que não acreditamos que as situações acima possam virar realidade – e nem devem. Mas, ao menos em alguns casos, se isso ocorresse nada mais seria do que um retrocesso histórico (retorno a um modelo que já existiu) ou, no limite, uma inovação possível. Afinal, se determinado modelo se provar *ineficiente para a garantia dos direitos e garantias individuais*, para que mantê-lo?

No fundo, não queremos polemizar, mas chamar a atenção de que, conquanto menos corriqueiro, *admitir que a Defensoria Pública não é cláusula pétrea é admitir a possibilidade de que as demais Funções Essenciais à Justiça também não o sejam.* Afinal, para todas elas o escudo constitucional é o mesmo: o *aberto* art. 60, § 4º, IV.

Há farta jurisprudência do STF tanto determinando a observância do modelo público (Defensoria Pública) de assistência jurídica como assegurando a gradativa conquista explícita de sua autonomia[158]. Da mesma forma, há também um leque considerável de julgados em que a autonomia e as prerrogativas da Advocacia, a autonomia, as prerrogativas e os poderes do Ministério Público e as prerrogativas da Advocacia Pública foram respeitadas e enaltecidas pelo Guardião da Constituição. Isso, porém, não quer dizer que todas essas instituições sejam cláusula pétrea no sentido de serem mantidas *no mesmo órgão*; a *função* sem dúvida alguma o é, mas o órgão, não necessariamente.

Enquanto a Defensoria Pública – deixemos as demais funções essenciais à Justiça de lado agora – for essencial para os direitos e garantias individuais, sem dúvida, eventual situação prática que se apresente encontrará no STF (ou em outros ambientes de controle de constitucionali-

---

157 Na prática, era o que ocorria antes da CF/88: a previsão do direito à assistência judiciária sem a definição do modelo acarretava a adoção de um *modelo misto por omissão; logo, cada ente federativo disciplinava o assunto como lhe aprouvesse.*

158 Trataremos de alguns desses julgados principalmente no capítulo "O STF e a discussão do modelo público (perspectiva institucional)", para o qual remetemos o leitor.

dade) a convicta afirmação de que se trata de cláusula pétrea. E a (ainda breve) história da Defensoria Pública brasileira – verdadeiro celeiro e de obrigatório estudo para quem pretenda analisar os modelos de assistência jurídica no mundo – demonstra isso: o modelo público de assistência jurídica tem se mostrado muito mais eficaz do que o modelo *judicare*, sobretudo, embora não só, quando levamos em conta a atuação na esfera coletiva e, mais que isso, institucional, posicionando-se como órgão estatal que dá voz às pessoas necessitadas enquanto sujeitos de direito.

De qualquer forma, se a força de uma Constituição depende, dentre outras fatores, de sua prática, de uma mentalidade ou consciência constitucional[159], o "(...) futuro da Defensoria Pública depende, em grande medida, da conscientização dos próprios membros da carreira, no sentido de que a eles cabe uma responsabilidade decisiva na edificação permanente da instituição..."[160].

### *4.1.3 Defensoria Pública como expressão e instrumento do regime democrático e a função de promoção dos direitos humanos*

Convergente à exposição do item imediatamente antecedente diz respeito a outra mudança operada pelo art. 1º da EC n. 80/2014, em razão da qual a Defensoria Pública passou a ser denominada ao mesmo tempo como *expressão* e *instrumento do regime democrático*, *in verbis*:

> Art. 134. A Defensoria Pública é instituição permanente, essencial à função jurisdicional do Estado, incumbindo-lhe, como **expressão e instrumento do regime democrático**, fundamentalmente, a orientação jurídica, a promoção dos direitos humanos e a defesa, em todos os graus, judicial e extrajudicial, dos direitos individuais e coletivos, de forma integral e gratuita, aos necessitados, na forma do inciso LXXIV do art. 5º desta Constituição Federal. (Redação dada pela Emenda Constitucional n. 80, de 2014)

No que concerne ao reconhecimento da Defensoria Pública como instrumento e expressão do regime democrático do Estado, podemos rememorar parte do preâmbulo da Declaração Universal dos Direitos Humanos que reconhece uma *relação direta entre o desprezo dos direitos humanos e o surgimento de regimes de exceção*:

> (...)
> Considerando que o reconhecimento da dignidade inerente a todos os membros da família humana e dos seus direitos iguais e inalienáveis constitui o fundamento da liberdade, da justiça e da paz no mundo;
> Considerando que o desconhecimento e o desprezo dos direitos do Homem conduziram a actos de barbárie que revoltam a consciência da Humanidade e que o advento de um mundo em que os seres humanos sejam livres de falar e de crer, libertos do terror e da miséria, foi proclamado como a mais alta inspiração do Homem;
> Considerando que é essencial a proteção dos direitos do Homem através de um regime de direito, para que o Homem não seja compelido, em supremo recurso, à revolta contra a tirania e a opressão;
> (...)

159 DALLARI, Dalmo de Abreu. *Constituição e constituinte*. São Paulo: Saraiva, 1984. p. 53-54.

160 ALVES, Cléber Francisco. *Justiça para todos!*: assistência jurídica gratuita nos Estados Unidos, na França e no Brasil. Rio de Janeiro: Lumen Juris, 2006. p. 261.

Deste modo, é impossível fazer uma leitura da nova terminologia *expressão e instrumento do regime democrático* escandida ou divorciada de outra nova terminologia constitucional, que se refere a uma função institucional de *promoção dos direitos humanos*, conforme transcrição em destaque a seguir:

> Art. 134. A Defensoria Pública **é** instituição permanente, essencial à função jurisdicional do Estado, incumbindo-lhe, como **expressão e instrumento do regime democrático**, fundamentalmente, a orientação jurídica, **a promoção dos direitos humanos** e a defesa, em todos os graus, judicial e extrajudicial, dos direitos individuais e coletivos, de forma integral e gratuita, aos necessitados, na forma do inciso LXXIV do art. 5º desta Constituição Federal. (Redação dada pela Emenda Constitucional n. 80, de 2014)

No contexto brasileiro, em que impera *eloquente desigualdade social* – e que justificou o texto do art. 3º, III, da CF/88 –, torna-se clara a função da Defensoria Pública de contribuir para a transformação social brasileira ao fazer invisíveis e desprezados tornarem-se visíveis e respeitados em seus direitos – daí *a lógica de se promover os direitos humanos nas camadas de necessitados evitando que eles persistam em Estado de exceção*. A verdade é que a plenitude da democracia no Brasil – ou pelo menos sua maior solidez – depende fundamental e diretamente, para ser atingida, do respectivo aumento quantitativo e qualitativo de respeito aos direitos da população mais carente.

Ou seja: a Defensoria Pública é expressão do regime democrático porque só numa democracia faz sentido existir essa instituição, instituição essa que, na sua labuta diária, contribui para a democracia ao promover direitos humanos à população necessitada. Pode-se dizer que *a Defensoria Pública é uma prova da democracia porque a põe à prova*. O poético jogo de palavras talvez se explique pela novidade que é ainda hoje a Defensoria Pública no Brasil e a expectativa que a sociedade brasileira nela deposita.

Por outro lado, também consideramos válida a perspectiva complementar trazida por Caio Paiva e Tiago Fensterseifer, ao formularem três responsabilidades inadiáveis à Defensoria Pública para fazer jus ao qualificativo "expressão e instrumento do regime democrático"[161], conforme transcrição a seguir:

> (a) primeiro, trazer a democracia para dentro da instituição, viabilizando a participação popular efetiva nos processos deliberativos, no que estará se projetando como *expressão* da democracia;
> (b) segundo, participar ativamente dos processos decisórios e na definição de políticas públicas pelos três Poderes da República, no que estará se projetando como *instrumento* do regime democrático, como porta-voz da população necessitada [ou, ponderamos, pelo menos como uma voz somando-se à da população necessitada];
> (c) terceiro, atuar estrategicamente junto à população necessitada como uma verdadeira 'escola para a democracia', auxiliando para que a hipossuficiência econômica não elimine as possibilidades de uma autonomia política.

Nesse último item, o "c", parece-nos que a Defensoria Pública deve trabalhar a fim de que os necessitados conheçam melhor seus direitos e formas de lutar pela efetivação deles. Essa

161 *Comentários à Lei Nacional da Defensoria Pública*. Belo Horizonte: CEI, 2019. segunda parte, item n. 1.3, p. 101 (Coleção Leis Especiais Comentadas).

atuação contribui para a emancipação das populações carentes por tender a diminuir prejuízos da forte exclusão social; exclusão social que também é fruto de ensino precário e "bancário", para utilizar uma expressão de Paulo Freire.

Uma nota final: a promoção de direitos humanos não é exclusividade da Defensoria Pública, por óbvio. Basta notarmos que todos os Poderes, órgãos (autônomos ou não) e agentes do Estado devem promover direitos humanos no exercício de suas respectivas competências constitucionais e legais, não sendo ao acaso a Constituição Federal prescrever, logo no art. 1º, III, que um dos fundamentos da República Federativa do Brasil é a *dignidade da pessoa humana*.

De qualquer modo, consideramos importantíssima a nova redação do *caput* do art. 134 da CF/88, porque ela torna indiscutível que a competência constitucional da Defensoria Pública caminha *pari passu* com a *emergência* dos direitos humanos. *Emergência* tanto no sentido de urgência na aplicação de direitos humanos vigentes, em suas diversas dimensões ("gerações"), em favor dos necessitados, como no sentido de incluir os necessitados também sob a proteção de direitos humanos que vão emergindo, continuamente, em razão da transformação ética das sociedades humanas.

## 4.2 Natureza jurídica da Defensoria Pública

### *4.2.1 Algumas posições doutrinárias*

Emerge na doutrina importante discussão em torno da *natureza jurídica* da Defensoria Pública.

Esse assunto é relevante para melhor refletirmos sobre a temática da *autonomia institucional*, pois insere a Defensoria Pública no sistema de freios e contrapesos.

Noticiam Diogo Esteves e Franklyn Roger Alves Silva que, em geral, a doutrina especializada em Defensoria Pública tende a posicionar a instituição como *órgão público autônomo*. Citam: Sérgio Luiz Junkes, apontando que a Defensoria Pública é órgão, e do tipo independente em vista da independência funcional; Guilherme Peña Moraes, classificando a Defensoria Pública como órgão, funcionalmente independente mas vinculado ao Poder Executivo; e Gustavo Corgosinho, classificando a Defensoria Pública como órgão independente da administração pública direta[162].

O publicista Diogo de Figueiredo Moreira Neto, vale registrar, aponta que as funções essenciais à justiça estão aparelhadas para atuarem praticamente em todos os campos em que exista alguma atividade compreendida na esfera da juridicidade:

1º bloco, interesses individuais e coletivos, públicos ou privados, disponíveis;

2º bloco, interesses difusos e indisponíveis da sociedade;

3º bloco, interesses públicos cometidos ao Estado; e

4º bloco, interesses individuais e coletivos dos hipossuficientes.

---

162 Apud ESTEVES, Diogo; SILVA, Franklyn Roger. *Princípios institucionais da Defensoria Pública*. Rio de Janeiro: Forense, 2014. item "4.1", p. 287.

Embora constitucionalmente tratadas sob um critério de igualdade conceptual (o Título IV, Capítulo IV), apresentam-se com multiplicidade orgânico-operacional (uma vez que suas diferentes seções tratam de quatro sub-ramos: o do Ministério Público, o da Advocacia Pública, o da Defensoria Pública e o da Advocacia Privada)[163].

Nessa perspectiva, Diogo de Figueiredo qualifica as Defensorias Públicas como *"órgãos coletivos"* do sub-ramo dos hipossuficientes[164].

Inspirados nas lições de Celso Antônio Bandeira de Mello, Diogo Esteves e Franklyn Roger criticam o posicionamento doutrinário prevalecente, nos seguintes termos:

> Como unidades abstratas que condensam os vários círculos de atribuições estatais, os órgãos públicos constituem simples repartições internas da pessoa jurídica a que pertencem. Com isso, subsiste estreita relação vinculativa entre o órgão público e a entidade em cuja intimidade estrutural se encontra inserido. Justamente por serem caracterizados por frações corpusculares da pessoa jurídica a que estão atrelados, os órgãos públicos não possuem personalidade autônoma ou vontade própria, que são atributos do corpo, e não das partes. Na verdade, como sintetiza Celso Antônio Bandeira de Mello, 'os órgãos não passam de simples repartições de atribuições, e nada mais'. Diversamente da concepção clássica de órgão a Defensoria Pública não se encontra vinculada ou subordinada a nenhuma estrutura estatal, não podendo nenhum de seus membros receber ordens ou comandos funcionais de qualquer autoridade pública[165].

Nessa linha, os autores afirmam que a Defensoria Pública não deve ser enquadrada em nenhuma categoria jurídica preexistente no universo do direito, integrando grupo autônomo e singular juntamente com o Ministério Público:

> Precisamente por isso, o art. 134, *caput* da Constituição Federal deixa de qualificar a Defensoria Pública como sendo órgão público do executivo, do legislativo ou do judiciário, classificando-a lapidarmente como 'instituição', independente e desvinculada das tradicionais funções políticas. Desse modo, (...) A Defensoria Pública possui natureza jurídica de *Instituição Constitucional* ou *Instituição Primária* do Estado Democrático de Direito contemporâneo[166].

### 4.2.2 A Defensoria Pública no sistema de freios e contrapesos

É indiscutível, hoje, a Defensoria Pública ser institucionalmente autônoma – fruto das autonomias funcional, administrativa etc. – não sendo, portanto, órgão público do Poder Executivo, nem do Legislativo ou do Judiciário. Porém, não encontrando a doutrina suficiente embasamento teórico para afirmar que a Defensoria Pública é um Poder de Estado – dúvida que instigou estudos relativos ao Ministério Público, ou ao Tribunal de Contas, por exemplo –, normalmente diz-se que a Defensoria Pública é órgão autônomo ou, como fazem Diogo Esteves e

---

163 NETO, Diogo de Figueiredo Moreira. Funções Essenciais à Justiça. In: MENDES, Gilmar; MARTINS, Ives Gandra da Silva; NASCIMENTO, Carlos Valder do (Coord.). *Tratado de direito constitucional*. 2. ed. São Paulo: Saraiva, 2012. v. 1, itens "7.1" e "7.2", p. 1138-1139.

164 Idem, item "12", p. 1146.

165 ESTEVES, Diogo; SILVA, Franklyn Roger. *Princípios institucionais...*, cit., item "4.1", p. 288.

166 Idem, item "4.1", p. 288-289.

Franklyn Roger, "*Instituição Constitucional ou Instituição Primária do Estado Democrático de Direito contemporâneo*" – terminologias que pretendem distinguir a Defensoria Pública daquele tipo de órgão público produto de uma simples *desconcentração administrativa*.

Podemos aprofundar a questão se a observarmos pelas lentes da *autonomia do Sistema Judiciário*, pois as funções essenciais à justiça agem em boa parte do tempo provocando a atividade jurisdicional – não obstante atuem significativamente extravasando essa atividade específica.

Em verbete intitulado *Sistema Judiciário,* Alberto Marradi explica que o sistema judiciário

> pode cumprir sua função com tanto maior serenidade, imparcialidade e adesão às normas quanto mais estiver institucionalmente separado do resto do sistema político, constituindo, dentro dele, um subsistema autônomo. Tal autonomia tem duas faces: de uma parte, consiste nas múltiplas garantias necessárias para que o sistema possa funcionar corretamente segundo os ditames da 'função judiciária', sem instruções ou coações de fora nem perspectivas de sanções (e/ou recompensas) devidas ao conteúdo de suas decisões; da outra, requer que o sistema judiciário não tenha meios de intervenção espontânea e direta na execução de tais decisões (e, em geral, na concretização de suas orientações interpretativas) e tenha de depender da colaboração de outros setores do sistema político. Só no equilíbrio destas duas condições se realiza a autonomia: se se enfraquece a primeira, tende-se à subordinação do sistema judiciário ao resto do sistema político; se se enfraquece a segunda, tende-se ao seu domínio (o 'Governo dos juízes')[167].

Sendo assim, podemos dizer que as garantias dos membros da magistratura e do Poder Judiciário são frutos *da primeira face da autonomia do Sistema Judiciário*, e, historicamente, são conquistas de embates principalmente entre juízes e a Coroa, como nos revela a história inglesa.

Segundo Roscoe Pound, sob pressão da Coroa, o Presidente do Tribunal do Rei, o juiz Coke, bem como seus pares, concordaram com a prática de fornecer antecipadamente a opinião dos magistrados ao governo. Mas o fato não se encerrou por aí:

> Quando, contudo, o rei convocou os juízes perante o conselho porque se recusavam a suspender o processo em um caso ordinário entre dois litigantes apesar da ordem por mandado real, Coke, em resposta à pergunta se suspenderia o processo diante de ordem futura nesse sentido, respondeu que 'quando se apresentasse o caso ele faria o que achasse conveniente a juiz fazer'. O rei removeu-o então do cargo[168].

A *segunda face da autonomia* judiciária pode ser extraída desse mesmo exemplo, na medida em que o juiz Coke condicionou a resposta judicial à provocação do tribunal inglês; no contexto do conflito inglês entre Coroa e juízes, o dever de *inércia da jurisdição* foi argumentado como escudo contra a exigência real, mas com o passar do tempo percebeu-se que se tratava também de garantia de equilíbrio do sistema de freios e contrapesos, a fim de que não vivêssemos sob a égide de governo dos juízes.

Para entendermos melhor a Defensoria Pública, devemos enxergar que *as garantias legais dos membros pertencentes às funções essenciais à Justiça*, e aí incluímos a liberdade da advocacia

---

167 MARRADI, Alberto. *Sistema Judiciário (verbete).* In: BOBBIO, Norberto; MATTEUCI, Nicola; PASQUINO, Gianfranco (Organizadores). *Dicionário de política.* 13. ed. Brasília: UNB, 2010. v. 2, p. 1162-1163.

168 POUND, Roscoe. *Desenvolvimento das garantias constitucionais da liberdade.* Trad. E. Jacy Monteiro. São Paulo: IBRASA (Instituição Brasileira de Difusão Cultural), 1965. p. 32.

liberal (a qual, no fundo, é fonte de inspiração para que cargos públicos das funções essenciais à justiça gozassem de liberdade análoga), *concretizam a autonomia de todo o sistema judicial em relação aos demais Poderes ou órgãos autônomos do Estado.*

Ora, de que adiantaria todas as garantias da magistratura e do Poder Judiciário, se as funções essenciais estivessem sujeitas a pressões que abalassem um julgamento minimamente sereno, imparcial e observador das normas postas?

As garantias de autonomia das funções essenciais à Justiça permitem a busca do necessário isolamento da função judiciária em relação às funções estatais político-partidárias para que as funções judiciárias não se transformem em joguete da política, deixando o direito de lado – *no fundo, as funções essenciais formam barreira em relação ao sistema de freios e contrapesos, porque filtram, no exercício de suas funções, o que é ou não pertinente ao sistema judiciário.*

Esse ponto de vista, por si só, confirma a autonomia constitucional da Defensoria Pública, mas vai além: revela que *o sistema de freios e contrapesos do Estado também depende da autonomia das funções essenciais à Justiça*, pois a redução da autonomia do sistema judiciário pelo enfraquecimento da autonomia das funções essenciais à Justiça colide com a antiga advertência de Montesquieu, na medida em que essa redução resultaria na absorção, ainda que parcial, das funções judiciárias a algum outro Poder:

> Tudo estaria perdido se o mesmo homem ou o mesmo corpo dos principais, ou dos nobres, ou do povo, exercesse esses três poderes: o de fazer leis, o de executar as resoluções públicas, e o de julgar os crimes ou as divergências dos indivíduos[169].

Essa conjuntura nos leva obrigatoriamente a outra dúvida no que concerne ao tema "*A Defensoria no sistema de freios e contrapesos*": atualmente, poderíamos considerar a Defensoria Pública um *Poder de Estado*? Essa indagação é uma alternativa às interpretações doutrinárias esposadas acima, e nos leva, forçosamente, a interpretar o art. 2º da CF/88, núcleo central ou principal referência do sistema brasileiro de freios e contrapesos.

Devemos ter em mente que o art. 2º não pode ser compreendido literalmente, porque neste mandamento jurídico constitucional está contida apenas a *recomendação política* de Montesquieu, e não que nosso Estado só deva possuir três Poderes. Em sua recomendação política, Montesquieu nunca afirmou que somente os Estados com três Poderes são aptos à liberdade política, sugerindo tão e somente o seguinte: dentre as três funções estatais que reconheceu não deve nenhum "Poder" ou corpo estatal absorver mais de uma função, caso contrário, os princípios fundamentais da Constituição livre seriam subvertidos[170]. É essa a *ratio essendi* de sua recomendação, e James Madison compreendeu a advertência de Montesquieu nesse exato sentido:

---

169 MONTESQUIEU, Charles de Secondat – Barão de. *O espírito das leis*. Trad. Fernando Henrique Cardoso e Leôncio Martins Rodrigues. São Paulo: Difusão Europeia do Livro, 1962. v. I, Livro XI, Capítulo IV, p. 180 e s.

170 Idem, p. 180 e s.: "*Há, em cada Estado, três espécies de poderes: o poder legislativo, o poder executivo das coisas que dependem do direito das gentes, e o executivo das que dependem do direito civil. Pelo primeiro, o príncipe ou magistrado faz leis por certo tempo ou para sempre e corrige ou ab-roga as que estão feitas. Pelo segundo, faz a paz ou a guerra, envia ou recebe embaixadas, estabelece a segurança, previne as invasões. Pelo terceiro, pune os crimes ou julga as querelas dos indivíduos. Chamaremos este último o poder de julgar e, o outro, simplesmen-*

> O que ele [Montesquieu] quis dizer, conforme suas próprias palavras, e ainda mais conclusivo pelo exemplo ilustrado diante dos seus olhos [a Inglaterra de seu tempo], não pode ser outra senão esta: onde 'toda' atribuição de um Poder é exercida pelas mesmas mãos que possuam 'toda' a atribuição de outro Poder, os princípios fundamentais de uma constituição livre são subvertidos[171].

Por isso, nossa visão é a de que o sistema de freios e contrapesos

> não deve ser necessariamente construído com três Poderes, e de forma que cada função estatal esteja perfeita e exatamente vinculada a um único Poder. É possível que um Estado comporte muito mais do que três Poderes, e alguns deles exercendo funções da mesma natureza, sem que se viole a recomendação política de Montesquieu. Esta é também a clara opinião de Mazziotti[172]. É também a clara opinião de James Madison, que teve o mérito de extrair o cerne permanente da 'separação de Poderes', e o ter aplicado ao desenho do Estado norte-americano quando dividiu o Legislativo em dois diferentes ramos ('branches'), justificando tal divisão pela necessidade de proporcionar maior equilíbrio entre o Legislativo e os demais 'departments'[173].

---

*te o poder executivo do Estado. (...) Quando na mesma pessoa ou no mesmo corpo de magistratura, o poder legislativo está reunido ao poder executivo, não existe liberdade pois pode-se temer que o mesmo monarca ou o mesmo senado estabeleçam leis tirânicas para executá-las tiranicamente. Não haverá também liberdade se o poder de julgar não estiver separado do legislativo e do executivo. Se estivesse ligado ao poder legislativo, o poder sobre a vida e a liberdade dos cidadãos seria arbitrário, pois o juiz seria legislador. Se estivesse ligado ao poder executivo, o juiz poderia ter a força de um opressor. Tudo estaria perdido se o mesmo homem ou o mesmo corpo dos principais, ou dos nobres, ou do povo, exercesse esses três poderes: o de fazer leis, o de executar as resoluções públicas, e o de julgar os crimes ou as divergências dos indivíduos".*

171 MADISON, James. The particular structure of the new government and the distribution of power among its dif-ferent parts, n. 47. The Federalist. In: *Great Books of the Western World*. Chicago/ Londres/ Toronto: Encyclopa-edia Britannica, 1952. v. 43, p. 154, tradução livre, destaques estão na fonte consultada.

172 É válido transcrevermos a afirmação detalhada de Mazziotti afirmando que um regime livre pode ter mais de três Poderes, e alguns deles exercendo funções da mesma natureza: "(...) Ma in questa concezione tradizionale *[de entender a teoria de Montesquieu, considerando cada um dos três Poderes como titulares de uma das funções fundamentais do Estado]* ocorre distinguere ciò che è contingente da ciò che ha un permanente valor storico. L'esistenza, nello Stato, di una pluralità di centri di potere, capaci di equilibrarsi e quindi dotati di un'almeno relativa indipendenza reciproca, è, per quanto la esperienza ci mostra, condizione indispensabile e permanente dell'esistenza di un regime libero. (...) Ma non è detto [por Montesquieu] che allo stesso fine di equilibrio di garanzia della libertà non possa conferire, o anzi conferir meglio, in condizioni diverse, l'attribuzione, ad organi costituiti in posizione d'indipendenza, di taluni aspetti di una delle funzioni fondamentali, o di nuove funzioni; e che quindi l'esercizio di una stessa funzione possa essere attribuito a più poteri, come avviene per la funzione legislativa, che spetta alle due camere e, in regime monarchico, anche al re; e che le competenze giurisdizionali, che attengono direttamente alla garanzia della costituzione, siano attribuite a un potere diverso dal giudiziario, cioè alla corte costituzionale; e che determinate funzioni legislative, organizzatorie e di governo spettino al capo dello Stato, considerato anch'esso come potere a sè stante" (MAZZIOTTI, Manlio. *I conflitti di attribuzione fra i Poteri dello Stato*. Milano: Giuffrè, 1972. v. I, p. 143 e 144).

173 MADISON, James. The Structure of the Government Must Furnish the Proper Checks and Balances Between the Different Departments, n. 51. *The Federalist*. In: *Great Books of the Western World*. Chicago, Londres, Toronto: Encyclopaedia Britannica, Inc., 1952. v. 43, p. 163.

Julgamos, portanto, de rara felicidade o ensinamento de Federico Sorrentino, ao ressaltar que a separação do exercício de poder é "uno schema, e nulla più che uno schema, di organizzazione politica, al quale dunque possono ricondursi numerose forme di governo" (um esquema, nada mais do que um esquema de organização política, que, portanto, pode levar a numerosas formas de governo)[174-175].

Em sendo assim, é possível admitirmos que esse esquema se modificou em 1988 e, mais do que isso: esse esquema pode ser modificado desde que não se fira a recomendação de Montesquieu.

Portanto, e esse é o *ponto fundamental*, órgãos como a Defensoria Pública, o Ministério Público e os Tribunais de Contas, por exemplo, possuem tamanha autonomia que, em certo sentido, poderiam ser tidos como Poderes de Estado. Ou "instituições quase-Poder", conforme lições de Carlos Roberto Siqueira Castro:

> Desejo reconhecer (...) que as instituições que representam ou tutelam, por força de mandato constitucional, interesses e direitos fundamentais da ordem jurídica, sejam eles titulados pelo Estado ou pela sociedade, disponíveis ou não, (...) tendem a constituir-se naquilo que GERARD LEBRUN e BERTRAND DU JOUVENEL, em festejadas obras acerca da institucionalização do poder político, designam de 'INSTITUIÇÕES QUASE-PODER'. É o caso notório das instituições exercentes das funções essenciais à Justiça, de que trata o Título IV, Capítulo IV, da nova Constituição brasileira, destacadamente o Ministério Público, a advocacia d'Estado e a Defensoria Pública. É que essas corporações, muito embora não tenham se aperfeiçoado como um autêntico 'Poder Orgânico da soberania', perseverando enquanto instituições 'Intra-Poder', passaram a assumir, por exigência da evolução do constitucionalismo democrático, traços que são peculiares aos Departamentos Funcionais da Soberania, ou seja, aos Três Poderes do Estado. Por isso mesmo, essas instituições passaram a exibir, dentre outras, características vitais à independência orgânica, tais como: a) estruturação básica em matriz constitucional; b) definição de princípios institucionais expressivos da autonomia técnica e da independência orgânico-funcional em face dos Poderes constituídos, em tudo semelhantes àqueles aplicáveis à magistratura; c) regime estatutário próprio para os membros da carreira e diferenciado da generalidade do funcionalismo; d) exercício de funções institucionais e indelegáveis do Estado; e) conjunto de garantias, prerrogativas e impedimentos singularizados; f) exclusividade de suas competências em face de outros agentes do Poder Público; g) iniciativa das leis que toquem ao seu funcionamento; h) legitimação participativa no sistema de controle de constitucionalidade dos atos

---

174 Federico Sorrentino complementa o porquê de ser um esquema, e nada mais que um esquema: "(...) pois [as formas de governo existentes e que seguem o esquema da separação] são inspiradas pelos seguintes princípios: a) garantia dos particulares contra o poder estatal; b) a realização de tal garantia por meio da contraposição entre os vários detentores de poder, colocados em posição de igualdade; c) a separação imposta de maneira tal para não imobilizar o aparato estatal, mas para consentir uma colaboração entre os vários poderes" (SORRENTINO, Federico. I conflitti di attribuzione tra i poteri dello Stato. *Rivista Trimestrale di Diritto Pubblico*, Milano: Giuffrè, anno XVII, n. 3, luglio-settembre de 1967, item 7 (Posizione del problema della compatibilità del regime parlamentare com la divisione dei poteri), p. 684, tradução livre).

175 Informações e citações transcritas de: ZVEIBIL, Daniel Guimarães. *Contribuição para uma análise processual dos conflitos brasileiros de atribuição*. Dissertação de Mestrado da Faculdade de Direito da USP. Orientador: Prof. José Ignacio Botelho de Mesquita. São Paulo: [s.n.], 2006, § 4º, item "31", disponível no sítio digital da USP, em: http://www.teses.usp.br/teses/disponiveis/2/2137/tde-20052014-152804/pt-br.php.

normativos que afetem sua esfera de atribuições; i) participação cativa na composição dos órgãos superiores do Poder Judiciário[176].

Se olharmos para a história da separação do exercício político dos Poderes, notaremos que o Judiciário, por exemplo, de órgão da Coroa passou a ser um Poder de Estado por ter funções próprias, sem subordinação hierárquica ao Rei, e o mesmo se deu com o Legislativo; atualmente, outros órgãos são criados para atender a exigências contemporâneas e suas funções impõem novas autonomias no interior do sistema de freios e contrapesos.

Um exemplo disso são os Tribunais de Contas: ao tratar de sua posição em nosso sistema constitucional, Jarbas Maranhão subscreve lição de Pontes de Miranda, que constatou ser o Tribunal de Contas *"criação posterior à teoria da separação dos poderes e fruto da prática, destoa das linhas rígidas da tripartição"*[177]. A fim de que corroboremos o presente exemplo, é necessário ressaltar que a voz autorizada de Carlos Ayres Britto afirma que:

> *O Tribunal de Contas da União posta-se como órgão da pessoa jurídica União,* diretamente, *sem pertencer a qualquer dos três Poderes Federais* [grifamos]. Exatamente como sucede com o Ministério Público, na legenda do art. 128 da Constituição, incisos I e II[178].

Ayres Britto chega mesmo a concluir que *o Tribunal de Contas não é subordinado ao Poder Legislativo*, devendo a relação entre os dois pautar-se sob as garantias de independência e harmonia recíproca[179].

Para nós, assim como Ministério Público e Tribunal de Contas, *a Defensoria Pública deve ser considerada Poder de Estado (ou instituição quase-Poder) ainda que sua órbita predomine em torno do Poder Judiciário*, pois a maior parte de suas funções institucionais serve para provocar a atividade jurisdicional. Todavia, é óbvio que a Defensoria Pública não é subordinada ao Judiciário, conforme explicaremos no tópico sobre as autonomias constitucionais[180].

---

176 A constituição e a Defensoria Pública. *Revista de Direito da Defensoria Pública Geral do Estado do Rio de Janeiro*, Rio de Janeiro, n. 6, ano 5, 1992, p. 23. Disponível também em http://cejur.rj.def.br/uploads/arquivos/919bac2b703f49eeb575e8ad234fa3d8.pdf, acesso em 13/01/2021, 15h.

177 Apud MARANHÃO, Jarbas. A Constituição de 1988 e o Tribunal de Contas: seus primórdios, normas e atribuições. *Revista de Informação Legislativa*, Brasília, ano 30, n. 119, jul./set. 1993, p. 267.

178 BRITTO, Carlos Ayres. O regime constitucional dos Tribunais de Contas. In: GRAU, Eros Roberto; CUNHA, Sérgio Sérvulo da (Orgs.). *Estudos de direito constitucional em homenagem a José Afonso da Silva*. São Paulo: Malheiros, 2003. p. 92.

179 Idem, p. 93 e 94: "Em rigor de exame teórico ou apreciação dogmática, Poder Legislativo e Tribunal de Contas são instituições que estão no mesmo barco em tema de controle externo, mas sob garantia de independência e imposição de harmonia recíproca. Independência, pelo desfrute de competências constitucionais que não se confundem (o que é de um não é do outro, pois dizer o contrário seria tornar inócua a própria explicitação enumerativa que faz a Constituição para cada qual dos órgãos públicos). Harmonia, pelo fim comum de atuação no campo do controle externo, que é um tipo contábil, financeiro, orçamentário, operacional e patrimonial de controle sobre todas as pessoas estatais-federadas e respectivos agentes, ou sobre quem lhes faça as vezes".

180 O juiz, por exemplo, pode indeferir uma petição inicial ou julgar improcedente determinada ação, por exemplo, e o faz legitimamente no exercício da jurisdição; no entanto, é-lhe vedado interferir no trabalho do defensor público, quando estiver formulando a melhor estratégia para tentar obter resultados favoráveis ao destinatário do serviço público de assistência jurídica.

*Frise-se que, se a nomenclatura "Poder" desagrada – parece pomposa demais, quiçá inspirando certa prepotência –, o importante é termos em mente que a Defensoria Pública é órgão constitucionalmente autônomo.*

Diferentemente de Diogo Esteves e Franklyn Roger, apesar de acreditarmos que a evolução histórica transformou Defensoria Pública, Ministério Público e Tribunal de Contas em Poderes de Estado (ou instituições quase-Poder), não vemos problema em rotulá-los de órgãos públicos.

Parece-nos evidente que a transformação do órgão público pela desconcentração administrativa em órgão público autônomo no sistema de freios e contrapesos após ter sido submetido a longo processo histórico que o alça a órgão insubordinado aos demais Poderes ou outros corpos estatais, *traça uma linha bastante clara entre os dois tipos de órgãos públicos*. Não há, a nosso ver, o que confundir, até porque a Defensoria Pública não é mesmo pessoa jurídica: *assim como também não constituem pessoas jurídicas os Poderes Executivos, Legislativos e Judiciários país afora.*

Seja como for, constitui mesmo longa caminhada *a passagem* do órgão produto de desconcentração administrativa *para* órgão alçado a novo ente estatal autônomo no sistema de freios e contrapesos – e não é nada fácil identificar a partir de que exato ponto o órgão se tornou autônomo no sistema de freios e contrapesos, podendo, em tese, ser reconhecido como Poder de Estado (ou instituição quase-Poder). Abordar a questão nessa perspectiva *histórico-funcional* é mais racional e pragmático, facilitando o diálogo doutrinário, do que criar novas categorias ou classificações de difícil explicação e sistematização.

### *4.2.3 Poder de Estado (ou órgão constitucionalmente autônomo), legalidade e controle mútuo no sistema de freios e contrapesos*

Em clássica lição, James Madison sustentava a permeabilidade entre os Poderes do Estado britânico e, com muita lucidez, concluía sobre o real sentido da recomendação de Montesquieu acerca da separação organizacional dos entes estatais:

> Com base nestes fatos, pelos quais se guiou Montesquieu, claramente pode ser inferido que, quando ele diz 'Não pode haver liberdade onde os poderes legislativo e executivo são unidos na mesma pessoa, ou no mesmo corpo de indivíduos investidos de encargo público' [*body magistrates*], ou 'se o poder de julgar não é separado dos poderes legislativo e executivo', não quis dizer que estes ramos não teriam *representação parcial* de um em outro, ou *controle* mútuo sobre os respectivos atos. O que ele quis dizer, conforme suas próprias palavras, e ainda mais conclusivo pelo exemplo ilustrado diante dos seus olhos [a Inglaterra de seu tempo], não pode ser outra senão esta: onde 'toda' atribuição de um Poder é exercida pelas mesmas mãos que possuam 'toda' a atribuição de outro Poder, os princípios fundamentais de uma constituição livre são subvertidos[181].

Partindo dessa ideia – de existência de *representação parcial* de um Poder em outro, ou de *controle mútuo* no sistema de freios e contrapesos –, é preciso que compreendamos a real extensão da autonomia funcional da Defensoria Pública: afinal, *o que significa dizer, concretamente,*

---

181 MADISON, James. *The Particular Structure of the New Government*..., cit., n. 47, p. 154, tradução livre, itálicos estão na fonte consultada.

*que a Defensoria Pública está dispensada da submissão aos demais Poderes e órgãos constitucionais autônomos no que toca ao exercício de suas funções institucionais?*

Estar dispensada da submissão aos demais Poderes no que toca ao cumprimento de suas funções institucionais não transforma a Defensoria Pública numa ilha político-jurídica em meio ao oceano do sistema de freios e contrapesos.

É verdade que nenhum Poder ou órgão autônomo constitucional poderá determinar que a Defensoria Pública aja nesse ou naquele sentido, quando estiver exercendo suas funções institucionais. Contudo, essa realidade também não quer dizer que a Defensoria Pública não suporte os efeitos do *controle mútuo* no sistema de freios e contrapesos[182]. Afinal, como elucida Eros Roberto Grau, "Montesquieu não sustenta a impenetrabilidade, um pelos outros, dos poderes que refere"[183].

Na lógica do sistema de freios e contrapesos a autonomia funcional não coloca a Defensoria Pública numa redoma de vidro impenetrável, criando apenas um espaço de atuação em que os Poderes e outros órgãos autônomos da República não podem interferir sem que exista violação da dita autonomia funcional. Assim, se estiverem exercendo suas competências constitucionais, os Poderes e outros órgãos autônomos constitucionais da República podem interferir no desempenho das atribuições institucionais. E insista-se que não há nada de estranho nisso.

Mais concretamente, autonomia implica a existência de *autonomia administrativa*. Do contrário, a instituição ficaria refém do Poder Executivo, que poderia planejar a Defensoria Pública de modo a sabotar os objetivos defensoriais que conflitassem com seus interesses.

Ser Poder de Estado, ou, numa perspectiva menos pomposa, *órgão constitucionalmente autônomo*, traz facilidades que outros órgãos públicos, aqueles que agem por mera desconcentração administrativa, não possuem. Por exemplo, a autonomia administrativa que se atribui a esses Poderes ou órgãos autônomos lhes transfere amplas prerrogativas a fim de viabilizar a capacidade de *autogestão*, concretizando autonomia constitucional em relação principalmente ao Poder Executivo.

Mas não podemos perder de vista que *maiores poderes trazem maiores responsabilidades*.

---

182 Por exemplo, o Judiciário não poderá determinar à Defensoria Pública a estratégia de atuação no exercício de função institucional quando estiver elaborando a petição inicial; todavia, exercendo a competência constitucional de controle de pressupostos processuais, poderá indeferir a petição inicial enquanto autoridade que preside o processo, ou poderá julgar improcedente a ação proposta. Por outro lado, embora o Judiciário não possa realmente determinar à Defensoria Pública a estratégia de atuação no exercício de função institucional quando estiver elaborando a petição inicial, a Defensoria Pública não poderá ignorar jurisprudências, súmulas e precedentes dispostos pelos Tribunais, enquanto fontes normativas (CPC, arts. 926 e 927), ainda que seja para sustentar *distinção* ou *superação*. Do mesmo modo, nenhum membro do Poder Legislativo ou nenhum colegiado do Legislativo poderá interferir nas funções institucionais da Defensoria Pública quando estiverem sendo concretizadas por defensores públicos (construção da estratégia, medidas a serem tomadas etc.), todavia, isso não coloca o defensor público à margem da legalidade, ou numa palavra, da ordem jurídica construída em boa parte pelo Legislativo; e assim por diante.

183 GRAU, Eros Roberto. Crítica da 'separação dos poderes': as funções estatais, os regulamentos e a legalidade no Direito brasileiro, as 'leis-medida' (Cap. X). In: *O direito posto e o direito pressuposto*. 5. ed. São Paulo: Malheiros, 2003. p. 229.

O princípio da legalidade (tomando lei num sentido mais amplo, o que inclui a Constituição) persiste vigorando para qualquer Poder de Estado ou órgão autônomo; autonomia não significa, por óbvio, que tais entes estatais autônomos só devam satisfação a si próprios e às suas "consciências", ou que sejam ilhas jurídico-políticas autossuficientes.

Sendo assim, é preciso que compreendamos a real extensão da autonomia constitucional típica de um Poder de Estado (ou órgão constitucionalmente autônomo): estar dispensada a Defensoria Pública de submissão aos demais Poderes no que toca ao largo campo composto por suas autonomias constitucionais não a transforma numa ilha político-constitucional isolada no oceano do sistema de freios e contrapesos. A Defensoria Pública está sujeita a controles e condicionamentos típicos do *sistema de freios e contrapesos.*

Assim como a Defensoria Pública, quando na defesa de necessitados, pode colocar quem quer que seja no polo passivo de qualquer processo judicial, os outros Poderes de Estado e órgãos autônomos também se relacionam diretamente com a Defensoria Pública no exercício de suas respectivas competências; faz parte do jogo do sistema de freios e contrapesos. Exemplificando: o Poder Legislativo, no âmbito de competência de sua atividade fiscalizadora, pode cobrar prestações de contas da Defensoria Pública; o mesmo se diga com relação ao Tribunal de Contas; o Judiciário, no exercício da jurisdição, pode anular atos emitidos pela Defensoria Pública; o Ministério Público, desde que no exato exercício de suas funções constitucionalmente atribuídas, pode interferir na Defensoria Pública; e assim por diante.

Em suma, o sistema de freios e contrapesos impõe deveres mesmo aos Poderes de Estado ou órgãos constitucionalmente autônomos: deve-se respeitar leis, que são atos produzidos pelo Legislativo com sanção do Executivo; respeitar leis orçamentárias igualmente, bem como se sujeitar ao controle de Tribunal de Contas e Legislativo, e eventualmente jurisdicional; e não se pode tomar como espelho outros órgãos autônomos, que incidem em ilegalidade, como se isso sanasse ilegalidades da Defensoria Pública.

## 4.3 A opção político-constitucional pelo modelo público de assistência jurídica e o dever de propagar "inclusão jurídica"

Com relação aos diversos modelos de prestação estatal à população para possibilitar o acesso à Justiça – discussão que expusemos anteriormente –, a previsão constitucional dissipa toda dúvida em favor da adoção do modelo público, com organização e estrutura de instituição pública. Desde logo, já sob o âmbito formal, é possível concluir que os demais modelos são, assim, desobedientes à Constituição, inconstitucionais.

Há que se ressaltar não existir constitucionalismo pela metade. Se o modelo concreto diverge do proposto na Constituição, deve ser imediatamente adequado. Em um Estado Democrático de Direito não há espaço para escolha de quais normas constitucionais devem ser obedecidas, mormente as que impõem ao Estado uma prestação positiva em prol do indivíduo.

Muito além do apego ao positivismo formalista, há diversos fundamentos para a opção em tela, que devem ser compreendidos para permitir o correto entendimento da instituição e do arcabouço legislativo que a organiza.

A institucionalização constitucional da assistência jurídica à população hipossuficiente traz inerente o vetor de *maximização democrática do sistema de justiça*, na medida em que se compreende que os fundamentos e objetivos constitucionais não podem ser atingidos sem um esforço especialmente intenso para incluir o grande contingente de brasileiros excluídos econômica e juridicamente. Para tanto, não seria suficiente a mera assistência judiciária passiva e reativa, com a propositura de milhares de ações relativas aos poucos e intuitivos direitos individuais conhecidos da população carente, como prestações alimentícias e assistenciais.

A maximização democrática do acesso à justiça impõe uma ação propositiva e institucional, com planejamento a curto, médio e longo prazo no sentido da "inclusão jurídica", que permita ao cidadão, em primeiro, conhecer seus direitos, visto que declarados ou previstos em teia legislativa pouco acessível mesmo ao bacharel.

Como já antecipava Bobbio, a era da mera declaração de direitos é passada, e faz-se necessária agora sua efetivação. De nada adianta a atribuição de direitos e mesmo um sistema reativo dotado de capacidade postulatória se o detentor do direito não o concebe, e, assim, não consegue sequer sentir-se lesado. Nos dizeres do autor:

> "quando se trata de enunciá-los, o acordo é obtido com relativa facilidade, independentemente do maior ou menor poder de convicção de seu fundamento absoluto; quando se trata de passar à ação, ainda que o fundamento seja inquestionável, começam as reservas e as oposições. O problema fundamental em relação aos direitos do homem, hoje, não é tanto de justificá-los, mas o de protegê-los"[184].

A compreensão do direito subjetivo pelo cidadão, permitindo-lhe aproximar-se do Direito, é em si instrumento de pacificação de conflitos, visto que o cidadão tem segurança para exigi-lo e, se for o caso, persuadir seu interlocutor sobre suas razões. É ainda instrumento para menor litigiosidade, pois a compreensão do direito emancipa o cidadão que compreende seu poder e se sente seguro para exercê-lo, sem ter que buscar assistência jurídica ou prestações estatais/jurisdicionais a todo tempo.

Ao contrário dos demais modelos propostos, a institucionalização da Defensoria Pública e do modelo público de assistência jurídica permitem ação planejada de fomento à educação em direitos, em todos os seus aspectos.

Além de fomentar a *compreensão dos direitos*, o planejamento institucional permite ainda instituir metas gradativas e realizáveis para a democratização da justiça e realização dos objetivos constitucionais, em especial a prevalência da dignidade da pessoa humana. É assim que uma campanha de educação em direitos sobre os efeitos do reconhecimento da paternidade deve ser atrelada a campanhas sobre o reconhecimento voluntário e seus efeitos, a projetos legislativos pela desburocratização dos procedimentos administrativos e jurisdicionais e, é claro, investimentos que permitam, quando for o caso, o ingresso com ações judiciais. Só o modelo público, reforçado pela autonomia constitucional, pode harmonizar tais instrumentos.

Sob o enfoque do usuário, conhecendo seu poder, o cidadão saberá os meios para sua efetivação, o cálculo de custos e benefícios dos meios escolhidos e, então, terá autonomia para de-

184 BOBBIO, Norberto. *A era dos direitos*. Rio de Janeiro: Campus, 1992. p. 24.

fendê-los, emancipando-se em busca do protagonismo necessário para a maximização da cidadania e da democracia.

Compreendida como função essencial à justiça, a Defensoria Pública se torna *protagonista das discussões governamentais sobre demandas e investimento de recursos.* Evita-se, assim, um maior desequilíbrio entre a capacidade de a Defensoria Pública atuar perante o Poder Judiciário e o incremento de estrutura dos demais órgãos do sistema de justiça. Um modelo insuficiente de assistência jurídica é autêntica burla à cidadania e aos objetivos constitucionais. Possível concluir que o modelo público, além de extrapolar a mera assistência judiciária, ainda é mais apto a se estruturar politicamente para tal tarefa.

Por fim, o modelo público permite o *uso responsável dos instrumentos de demanda coletiva*, ainda pouco ou mal utilizados, mas que compõem o caminho óbvio diante da iminente falência das demandas individuais. Em um país com tantos excluídos e um texto legislativo tão generoso, impressiona o baixo número de ações coletivas em prol do interesse dos carentes, assim como atuações políticas (obviamente apartidárias) junto a Executivo e Legislativo visando construções práticas nos campos administrativo e legislativo na defesa de interesses dos necessitados. Desatrelada de pressões econômicas e eleitoreiras de ocasião e focada em seus objetivos constitucionais, a Defensoria Pública deve ser instrumento para a almejada eficácia das ações civis públicas em prol da diminuição das desigualdades sociais, ou de políticas públicas construídas e efetivadas pelas vias administrativa e legislativa – tudo sempre com participação popular, dialogando com os interessados para melhor compreensão de suas necessidades e esclarecimentos do que é possível diante, especialmente, da ordem normativa.

### *4.3.1 O posicionamento da Defensoria Pública no âmbito das funções essenciais à justiça e sua importância para reforço da autonomia constitucional – separação formal da Advocacia Privada*

Na CF/88, a Defensoria Pública é prevista como *função essencial à justiça*, e a EC n. 80/2014 tratou de separar, formalmente, a função essencial "Advocacia" da função essencial "Defensoria Pública", criando a "seção IV" para a Defensoria Pública, no âmbito do Capítulo IV do Título IV da CF/88:

> (...)
> SEÇÃO IV
> DA DEFENSORIA PÚBLICA
> (Redação dada pela Emenda Constitucional n. 80, de 2014)
> Art. 134. A Defensoria Pública é instituição permanente, essencial à função jurisdicional do Estado, incumbindo-lhe, como expressão e instrumento do regime democrático, fundamentalmente, a orientação jurídica, a promoção dos direitos humanos e a defesa, em todos os graus, judicial e extrajudicial, dos direitos individuais e coletivos, de forma integral e gratuita, aos necessitados, na forma do inciso LXXIV do art. 5º desta Constituição Federal. (Redação dada pela Emenda Constitucional n. 80, de 2014)
> § 1º Lei complementar organizará a Defensoria Pública da União e do Distrito Federal e dos Territórios e prescreverá normas gerais para sua organização nos Estados, em cargos de carreira, providos, na classe inicial, mediante concurso público de provas e títulos, assegurada a seus

> integrantes a garantia da inamovibilidade e vedado o exercício da advocacia fora das atribuições institucionais. (Renumerado do parágrafo único pela Emenda Constitucional n. 45, de 2004)
>
> § 2º Às Defensorias Públicas Estaduais são asseguradas autonomia funcional e administrativa e a iniciativa de sua proposta orçamentária dentro dos limites estabelecidos na lei de diretrizes orçamentárias e subordinação ao disposto no art. 99, § 2º. (Incluído pela Emenda Constitucional n. 45, de 2004)
>
> § 3º Aplica-se o disposto no § 2º às Defensorias Públicas da União e do Distrito Federal. (Incluído pela Emenda Constitucional n. 74, de 2013)
>
> § 4º São princípios institucionais da Defensoria Pública a unidade, a indivisibilidade e a independência funcional, aplicando-se também, no que couber, o disposto no art. 93 e no inciso II do art. 96 desta Constituição Federal. (Incluído pela Emenda Constitucional n. 80, de 2014)
>
> (...)

Esse aspecto a considerar pode parecer de pouca simbologia à primeira vista, mas ganha enorme relevância no contexto histórico-constitucional.

De agora em diante, o capítulo das Funções Essenciais à Justiça separa o (talvez) único e aparente cordão que supostamente ligava a Defensoria Pública à Advocacia, ao tratar dessas funções essenciais à justiça em seções autônomas. Enquanto a seção III dedica-se à 'Advocacia Privada', a seção IV se intitula 'Defensoria Pública'.

Separar a Defensoria Pública da Advocacia Privada no texto da Constituição é algo que possui simbolismo importantíssimo por formalizar o inevitável na vida. Nesse passo, o didático posicionamento das Funções Essenciais à Justiça no texto da Constituição de 1988 apenas *ratifica* que defensor público não é advogado, ou seja, não depende da manutenção na inscrição na Ordem dos Advogados do Brasil para exercer suas funções institucionais da Defensoria Pública.

Desenvolveremos esse tema com maior profundidade quando comentarmos no § 6º do art. 4º. Para lá, assim, remetemos o leitor.

### 4.3.2 A EC n. 80/2014 e as atribuições (funções) constitucionais da Defensoria Pública

O texto constitucional, *no caput* de seu art. 134, passou desse texto original:

> Art. 134. A Defensoria Pública é instituição essencial à função jurisdicional do Estado, *incumbindo-lhe a orientação jurídica e a defesa, em todos os graus, dos necessitados, na forma do art. 5º, LXXIV.*

Para o seguinte texto alterado pela EC n. 80/2014:

> Art. 134. A Defensoria Pública é instituição permanente, essencial à função jurisdicional do Estado, *incumbindo-lhe*, como expressão e instrumento do regime democrático, *fundamentalmente, a orientação jurídica, a promoção dos direitos humanos e a defesa, em todos os graus, judicial e extrajudicial, dos direitos individuais e coletivos, de forma integral e gratuita, aos necessitados, na forma do inciso LXXIV do art. 5º desta Constituição Federal.*

Constitucionalizar genericamente as atribuições da Defensoria Pública é fundamental contra retrocessos que visem subtrair a instituição, especialmente na cláusula em que está obrigada a prestar serviço de assistência jurídica *integral*, ou seja, a prestar esse serviço extravasando o processo judicial para abranger também orientação jurídica, educação em direitos, organização de audiências públicas, aplicação de métodos consensuais quando mais apropriados ao conflito (à crise de direito), a defesa dos necessitados em seus problemas coletivos e garantir que possam ser ouvidos em causas de direitos difusos, quando não promoverem tais causas por meio da Defensoria Pública etc.

A CF/88, portanto, tornou rígida as atribuições defensoriais na Constituição, reforçando também, a propósito, a conexão direta que existe entre tais atribuições e as características de interdependência e de complementaridade solidária dos direitos humanos.

#### *4.3.3 Assistência jurídica integral "parcial"? A relevância histórica da palavra "coletivos" no novo* caput *do art. 134*

Além do aspecto acima destacado, a alteração da redação do *caput* do art. 134 também ganha maior importância no atual contexto histórico no campo da *tutela coletiva*. Talvez daqui a trinta ou quarenta anos a novidade do texto constitucional seja vista até como desnecessária, mas atualmente entendemos como indispensável ao fortalecimento da Defensoria Pública.

Desse modo, o maior destaque a ser feito diz respeito à inserção da palavra "coletivos" dentre as incumbências da Defensoria Pública. Assim, atuar no plano coletivo consubstancia, já agora no texto da nossa Constituição Federal, um elemento desejado pelo constituinte dentro do conceito de assistência jurídica integral no Brasil.

Lembremos que a legitimidade da Defensoria Pública para atuar na seara coletiva foi questionada por meio da ADIn 3.943, proposta pela Confederação Nacional dos Membros do Ministério Público (CONAMP)[185].

Não que a CONAMP questionasse essa legitimidade por olhar para o texto constitucional e nele não visualizar a palavra "coletivos" atrelada à Defensoria Pública, já que a ânsia para assegurar o "monopólio" era verbalizada na ação direta na linha de afirmar que a atuação coletiva da Defensoria Pública violava seu destinatário único: as pessoas necessitadas, enquanto individualidades.

Se do ponto de vista da tese da CONAMP a previsão da atuação coletiva da Defensoria Pública encontrava polêmica diante do destinatário do serviço – uma visão pra lá de restritiva mas que, como dito, se explica pela ânsia de monopólio no manejo das ações coletivas –, desde a EC n. 80/2014 surgiu outro aspecto a considerar: o constituinte reformador explicitou (o que também já era óbvio) que assistência jurídica que não abarcar a atuação coletiva será um acesso à justiça pela metade.

Para mais considerações, remetemos o leitor aos comentários ao inciso VII do art. 4º.

#### *4.3.4 O STF e a discussão do modelo público (perspectiva institucional)*

Aos poucos, a jurisprudência vem apreciando casos que envolvem o aspecto institucional da Defensoria Pública, consagrando a adoção do modelo público pela CF/88. Por *aspecto institucional*, referimo-nos a casos:

185 É importante alertar que embora a CONAMP tenha âmbito nacional, não se pode concluir que o pensamento por ela veiculado na ação direta represente algum consenso entre os membros do Ministério Público por todo o Brasil. Prova disso é a existência de diversos exemplos em que a Defensoria Pública e o Ministério Público propuseram ações civis públicas em litisconsórcio.

(i) cuja discussão teria o condão de relativizar a adoção do modelo público (mormente por aceitar a convivência de modelos outros que não o público) ou

(ii) cujas discussões permitem compreender o atraso acerca de sua consolidação (tanto que seriam impensáveis quando pensamos em outras funções essenciais à justiça).

Nessa linha de raciocínio, a legitimidade da Defensoria Pública para propor ações civis públicas não entra nessa análise. Embora inequívoco que se o STF tivesse entendido pela ilegitimidade o dia seguinte da assistência jurídica seria bastante diferente, fato é que isso, por si só, não seria suficiente para questionar o modelo público em si (a Defensoria Pública continuaria existindo e o modelo público ainda seria o modelo constitucionalmente previsto).

Por outro lado, a jurisprudência envolvendo a *autonomia financeira* certamente entra na discussão deste tópico, mas desse assunto trataremos em item próprio (trataremos disso nesta Parte I, no capítulo sobre autonomia (item 4.5), e, na Parte II, nos comentários ao art. 97).

Sem a pretensão de esmiuçar o debate, exporemos alguns desses casos:

**a) Prazo em dobro**

No ano de 1994 foram dois os julgados do STF que trataram da Defensoria Pública como instituição.

No HC 70.514-RS, o STF apreciou a preliminar referente à constitucionalidade do § 5º do art. 5º da Lei n. 1.060/1950, que confere prazo em dobro aos defensores públicos[186]. O STF, por maioria, entendeu que o art. 5º, § 5º, da lei ainda é constitucional, baseando-se, para tanto, na precariedade estrutural das Defensorias Públicas. Vale frisar que no julgado o que se questionava era o prazo dobrado no processo penal, pois aqui o Ministério Público não possui prazo em dobro. No processo civil, por outro lado, o art. 188 do Código de Processo Civil prevê prazo em dobro e em quádruplo para a Fazenda Pública e Ministério Público.

Como se vê, considerando o teor desse precedente, o fato é que para o futuro fica em aberto a discussão sobre a constitucionalidade do prazo em dobro. A nosso ver, a atual preservação do prazo em dobro da Defensoria Pública constitui acerto do STF, porém a promessa de destruí-lo no futuro é preocupante pelo simples fato de que, ao contrário da advocacia privada, a Defensoria Pública *não escolhe seus assistidos* e deve atender a todos os que preencherem os requisitos de "necessitado" mesmo que a estrutura da Defensoria Pública esteja sobrecarregada. De qualquer modo, confira mais detalhes nos comentários ao inciso I dos arts. 44, 89 e 128.

**b) Inconstitucionalidade progressiva**

Em outro emblemático julgado (RE 135328-7-SP), discutia-se o art. 68 do Código de Processo Penal (Decreto-lei n. 3.689/1941) no que tange à legitimidade para a propositura da ação civil *ex delicto* quando a vítima for pobre. Nesse caso, o CPP dispõe que a execução da sentença ou a ação civil cabe ao Ministério Público.

---

186 Curioso e relevante notar que o § 5º do art. 5º foi inserido na Lei n. 1.060/1950 pela Lei n. 7.871, de 8-11-1989, ou seja, um ano após a promulgação da CF/88. Ao fazer menção a "defensores públicos", assim, o legislador observou a vontade da CF/88.

O STF decidiu que o art. 68[187] do Código de Processo Penal – anterior à CF/88, que conferiu à Defensoria Pública a prestação da assistência jurídica – deveria se submeter ao "processo de inconstitucionalização", isto é, no caso, até que fossem instaladas efetivamente as Defensorias Públicas, poderia o Ministério Público propor ação civil *ex delicto*. Depois dessa implementação, porém, o art. 68 haveria de ser concebido como não recepcionado pela CF/88, à luz de seu art. 134[188].

**c) Obrigatoriedade de convênio com a Ordem dos Advogados do Brasil**

Já no início do século XXI (ano de 2012) o mesmo STF – à luz de uma nova realidade histórica – foi mais incisivo a respeito desse assunto. Assim, na ADIn 4.163 (que restou conhecida como ADPF), a Corte decidiu que norma constitucional estadual (no caso, de São Paulo) que previa a obrigatoriedade de a Defensoria Pública firmar convênio com a Ordem dos Advogados do Brasil para prestação da assistência jurídica deveria ser interpretada conforme a Constituição no sentido de apenas autorizar, sem obrigatoriedade nem exclusividade, a Defensoria a celebrar tal convênio com a OAB (ADIn 4.163/SP, rel. Min. Cezar Peluso, 29-2-2012):

> **Defensoria pública paulista e convênio obrigatório com a OAB-SP: inadmissibilidade –** A previsão de obrigatoriedade de celebração de convênio exclusivo e obrigatório entre a defensoria pública do Estado de São Paulo e a seccional local da Ordem dos Advogados do Brasil – OAB-SP ofende a autonomia funcional, administrativa e financeira daquela. Essa a conclusão do Plenário ao, por maioria, conhecer, em parte, de ação direta de inconstitucionalidade como arguição de descumprimento de preceito fundamental – ADPF e julgar o pleito parcialmente procedente, a fim de declarar a ilegitimidade ou não recepção do art. 234, e seus parágrafos, da Lei Complementar paulista 988/2006, assim como assentar a constitucionalidade do art. 109 da Constituição desse mesmo ente federativo, desde que interpretado conforme a Constituição Federal, no sentido de apenas autorizar, sem obrigatoriedade nem exclusividade, a defensoria a celebrar convênio com a OAB-SP. Tratava-se, na espécie, de ação direta ajuizada pelo Procurador-Geral da República contra o art. 109 da referida Constituição estadual e o art. 234 e parágrafos da LC paulista 988/2006, que tratam da instituição de convênio entre a defensoria pública paulista e a OAB-SP, para a prestação de assistência judiciária a necessitados, a cargo da primeira.
>
> **Defensoria pública paulista e convênio obrigatório com a OAB-SP: inadmissibilidade –** De início, rechaçou-se preliminar, suscitada pela OAB-SP e pelo Governador do Estado-membro, de inadequação dos fundamentos do pedido. Asseverou-se que o objeto da ação — saber se a previsão de autêntico "convênio compulsório" transgrediria o art. 134, § 2º, da CF, que

187 Art. 68. Quando o titular do direito à reparação do dano for pobre (art. 32, §§ 1º e 2º), a execução da sentença condenatória (art. 63) ou a ação civil (art. 64) será promovida, a seu requerimento, pelo Ministério Público.

188 Note-se que o referido julgado refere-se ao Estado de São Paulo, que criou a sua Defensoria Pública no ano de 2006. De qualquer forma, a maioria das comarcas paulistas não possui ainda a sua Defensoria Pública implantada. Isso não significa que nos locais em que não há Defensoria Pública instalada o art. 68 do CPP deva ser cumprido através do Ministério Público. Isso porque, em nosso Estado, a Defensoria Pública possui um convênio firmado com a Ordem dos Advogados do Brasil, cabendo à advocacia dativa atuar onde não atua a Defensoria Pública. De um lado, o convênio firmado é importante para amenizar o problema da inexistência de Defensoria Pública em certos locais, por outro, era evidente a inconstitucionalidade da obrigatoriedade do convênio.

estabeleceria a autonomia funcional, administrativa e financeira das defensorias públicas estaduais — estaria claro e bem embasado, a afastar a alegada inépcia da inicial e a eventual ofensa indireta. Em passo seguinte, examinou-se a questão da admissibilidade, em sede de controle concentrado, de cognição de norma cuja pretensa afronta a texto da Constituição dar-se-ia em face de emenda constitucional ulterior. No tópico, assinalou-se que se estaria diante de confronto entre a parte final do art. 109 da Constituição estadual, datada de 1989, e o disposto no art. 134, § 2º, da CF, erigido a princípio constitucional com a EC 45/2004. Consignou-se que, para situações como esta, a via adequada seria a ADPF. Assim, em nome da instrumentalidade, da economia e da celeridade processuais, além da certeza jurídica, conheceu-se da presente demanda como ADPF. Salientou-se não haver óbice para a admissão da fungibilidade entre ambas as ações e destacou-se que a ação direta atenderia aos requisitos exigidos para a propositura daquela. Vencido, na conversão, o Min. Marco Aurélio ao fundamento de sua desnecessidade, uma vez que a solução diria respeito ao condomínio que o aludido art. 109 instituiria na prestação de serviços aos necessitados, tendo em conta o que previsto inicialmente na Constituição, em sua redação primitiva.

**Defensoria pública paulista e convênio obrigatório com a OAB-SP: inadmissibilidade –** Na sequência, aduziu-se que, embora se cuidasse de medida cautelar (Lei 9.868/99, art. 10), o STF poderia julgar a causa, desde logo, em termos definitivos, porquanto o feito estaria devidamente aparelhado, haja vista que todos os intervenientes ter-se-iam manifestado exaustivamente, a exemplo da AGU e do Ministério Público. No mérito, registrou-se que a previsão constante do art. 234 da lei complementar adversada imporia, de maneira inequívoca, a obrigatoriedade de a defensoria pública firmar convênio, em termos de exclusividade, com a OAB-SP, a descaracterizar tanto o conceito dogmático de convênio, quanto a noção de autonomia funcional e administrativa. Observou-se que o art. 14, § 2º, da LC 98/99 autorizaria esse acordo com entidade que desempenhasse as funções de defensoria, quando esta ainda não existisse na unidade da federação. Ademais, enfatizou-se que o Estado de São Paulo não poderia, sob o pálio de convênios firmados para responder a situações temporárias, furtar-se ao dever jurídico-constitucional de institucionalização plena e de respeito absoluto à autonomia da defensoria pública. Relativamente ao art. 109 da Constituição paulista, atribuiu-se-lhe interpretação conforme para afirmar que seu texto enunciaria apenas mera autorização ou possibilidade de celebração de convênios com a OAB-SP, sem cunho de necessidade, nem exclusividade, de modo a ficar garantida à defensoria pública, em consonância com sua autonomia administrativa e funcional, a livre definição dos seus eventuais critérios administrativos-funcionais de atuação. Frisou-se, por fim, que a regra primordial para a prestação de serviços jurídicos pela Administração Pública, enquanto atividade estatal permanente, seria o concurso público, a constituir situação excepcional e temporária a prestação de assistência jurídica à população carente por não defensores públicos.

**Defensoria pública paulista e convênio obrigatório com a OAB-SP: inadmissibilidade –** A Min. Rosa Weber ressaltou que os motivos para a existência da autonomia das defensorias públicas estaduais decorreria da importância do papel social por elas desempenhado, o qual só seria efetivamente cumprido quando sua atuação concreta fosse suficientemente eficaz para que fizesse parte fundamental de um objetivo maior, a saber, o da busca de uma sociedade livre, justa e solidária. Na mesma linha, entendeu que o mandamento constitucional seria mais bem desempenhado ao se permitir à defensoria escolher entre a locação material e pessoal próprios ou a realização de convênios a partir de necessidades específicas. O Min. Luiz Fux manifestou preocupação quanto ao fato de que setenta por cento do orçamento da defensoria pública de São Paulo seria gasto com o convênio. O Min. Dias Toffoli, por sua vez, acrescentou que a instituição não seria arredia ao estabelecimento de convênios e muito menos pretenderia monopólio em sua atuação. Requeria, ao revés, o legítimo exercício das competências a ela atribuídas pela Constituição. Nesse diapasão, vislumbrou a possibilidade de atuação de advocacia *pro bono* e de assessoria jurídica pelos municípios. A Min. Cármen Lúcia também explicitou que a solução proposta pelo relator enfatizaria a conquista da autonomia das defensorias públicas estaduais. O Min. Ricardo Lewandowski realçou que os preceitos impugnados imporiam despesa de natureza aleatória ao Estado, sob a justificativa de um conceito indeterminado de necessidade de prestação de serviço público. O Min. Ayres Britto esclareceu que a interpretação conforme significaria a viabilidade de recurso a outros organismos com capacidade postulatória, não exclusivamente à OAB, em caráter tão supletivo quanto transitório e excepcional, e sempre a critério das próprias defensorias públicas no uso de sua autonomia funcional e administrativa. O Min. Gilmar Mendes repelia, de idêntica maneira, a ideia de monopólio, entretanto, enaltecia que a defensoria pública teria papel central, como órgão de coordenação desse tipo de atividade. Vencido o Min. Marco Aurélio, que acolhia a procedência do pedido como ação direta de inconstitucionalidade. Observava que, da mesma forma que o Estado-membro não poderia impor convênio, a defensoria não poderia despir-se da incumbência constitucional de prestar diretamente a assistência e fazê-lo mediante arregimentação de advogados.

### d) Autonomia estadual e obrigatoriedade do modelo público

No mesmo ano (2012), o STF julgou a ADIn 4.270 que tratava do único estado da Federação que ainda não tinha criado (no plano normativo) a sua Defensoria Pública: o Estado de Santa Catarina. Nesse julgado, o STF julgou a ação procedente para o fim de condenar o estado catarinense a criar sua Defensoria Pública, fixando o prazo de doze meses para que isso se efetivasse (ADIn 3.892/SC, rel. Min. Joaquim Barbosa, 14-3-2012. ADIn 4.270/SC, rel. Min. Joaquim Barbosa, 14-3-2012):

> **Defensoria pública estadual e exercício por advogados cadastrados pela OAB-SC – 1**
> O Plenário, por maioria, julgou procedente pedido formulado em duas ações diretas, ajuizadas pela Associação Nacional dos Defensores Públicos da União – ANDPU e pela Associação Nacional dos Defensores Públicos – Anadep, para **declarar**, com **eficácia diferida a partir de doze meses**, a contar desta data, a inconstitucionalidade do art. 104 da Constituição do Estado de Santa Catarina e da Lei Complementar 155/97 dessa mesma unidade federada. Os dispositivos questionados autorizam e regulam a prestação de serviços de assistência judiciária pela seccional local da Ordem dos Advogados do Brasil – OAB, em substituição à defensoria pública. De início, **em votação majoritária, rejeitou-se a preliminar de ilegitimidade ativa da primeira requerente.** Aduziu-se que a propositura ulterior de ação direta pela Anadep supriria a alegada deficiência. Destacou-se que a Corte possuiria jurisprudência no sentido de que **a ANDPU atenderia ao requisito da pertinência temática na defesa da instituição defensoria pública.** Ademais, realçou-se que a Defensoria Pública da União preencheria a ausência de defensoria pública estadual nas localidades em que ainda não implementada. Vencido o Min. Marco Aurélio, que assentava a extinção do processo alusivo à ANDPU, porquanto se discutiria a criação desse órgão em âmbito estadual.
>
> **Defensoria pública estadual e exercício por advogados cadastrados pela OAB-SC – 2**
> No mérito, observou-se o fato de a lei complementar adversada resultar de **iniciativa do Poder Legislativo**, o que seria suficiente para a declaração de inconstitucionalidade formal, tendo em conta a regra constante do art. 61, § 1º, II, d, da CF ("Art. 61. A iniciativa das leis complementares e ordinárias cabe ... § 1º São de iniciativa privativa do Presidente da República as leis que: ... II – disponham sobre: ... d) organização do Ministério Público e da Defensoria Pública da

> União, bem como normas gerais para a organização do Ministério Público e da Defensoria Pública dos Estados, do Distrito Federal e dos Territórios") e o **princípio da simetria.** Acrescentou-se que **os dispositivos em comento também violariam os artigos 5º, LXXIV, e 134,** *caput* — este último em sua redação original —, ambos da CF. **Consignou-se que possíveis dúvidas a respeito do atendimento ao comando constitucional teriam sido esclarecidas pela LC 80/94, que disporia sobre normas gerais obrigatórias para a organização da defensoria pública pelos Estados-membros.** Asseverou-se, ainda, que **o modelo catarinense não se utilizaria de parceria da OAB como forma de suplementar a defensoria pública ou suprir eventuais carências desta, mas, naquele ente federativo, a seccional supostamente cumpriria o papel designado à defensoria — lá inexistente —, ao indicar advogados dativos.** Enfatizou-se que **o constituinte originário não teria se limitado a fazer mera exortação genérica quanto ao dever de prestar assistência judiciária**, porém descrevera, inclusive, a forma a ser adotada na execução deste serviço, sem dar margem a qualquer liberdade por parte do legislador estadual.
>
> **Defensoria pública estadual e exercício por advogados cadastrados pela OAB-SC – 3**
>
> O **Min. Celso de Mello** registrou que o Estado de Santa Catarina incorreria em **dupla inconstitucionalidade**: por ação — ao estabelecer essa regra na sua Constituição e ao editar legislação destinada a complementá-la —; e, por inércia — uma vez que decorridos mais de 22 anos sem que criada a defensoria pública naquela localidade. Por outro lado, no que concerne ao art. 27 da Lei 9.868/99, o Min. Ricardo Lewandowski explicitou que **o STF não obrigaria que a entidade federativa legislasse, e sim modularia temporalmente, *pro futuro*, a presente decisão. Vencido, no ponto, o Min. Marco Aurélio, que pronunciava a inconstitucionalidade com eficácia *ex tunc*.**

**e) Universidade de assistência jurídica suplementar**

Em 2016, o STF julgou ação direta de inconstitucionalidade na qual, em suma, determinada lei do Estado do Rio Grande do Norte incumbia a universidade estadual a prestar assistência jurídica (precisamente aos finais de semana, em plantões judiciários).

O STF julgou procedente a ação por entender que tal obrigatoriedade violava a autonomia universitária. Embora os ministros tenham frisado que o escopo da lei era o de suprir a notória deficiência daquela Defensoria Pública – em locais em que ela não estava instalada –, o que ensejou a declaração de inconstitucionalidade não foi uma suposta violação reflexa ao art. 134 da CF88 (modelo público), mas a autonomia universitária:

> O Plenário julgou **procedente** pedido formulado em ação direta para declarar a **inconstitucionalidade** da Lei 8.865/2006 do Estado do Rio Grande do Norte. O diploma impugnado **determina que os escritórios de prática jurídica da Universidade Estadual do Rio Grande do Norte (UERN) mantenham plantão criminal para atendimento, nos finais de semana e feriados, dos hipossuficientes presos em flagrante delito.**
>
> O Colegiado, de início, destacou a **autonomia universitária**, conforme previsão do art. 207 da CF/1988. Lembrou que, embora esse predicado não tenha caráter de independência (típico dos Poderes da República), a autonomia impossibilita o exercício de tutela ou a indevida ingerência no âmago de suas funções, assegurando à universidade a discricionariedade de dispor ou propor sobre sua estrutura e funcionamento administrativo, bem como sobre suas atividades pedagógicas.
>
> Segundo consignou, a determinação de que escritório de prática jurídica preste serviço aos finais de semana, para atender hipossuficientes presos em flagrante delito, implica necessariamente a criação ou, ao menos, a modificação de atribuições conferidas ao corpo administrativo que serve ao curso de Direito da universidade.

Ademais, como os atendimentos seriam realizados pelos acadêmicos de Direito matriculados no estágio obrigatório, a universidade teria que alterar as grades curriculares e horárias dos estudantes para que desenvolvessem essas atividades em regime de plantão, ou seja, aos sábados, domingos e feriados. Assim, **o diploma questionado fere a autonomia administrativa, financeira e didático-científica** da instituição, pois não há anuência para criação ou modificação do novo serviço a ser prestado.

Assentou, em contrapartida, que o escopo da legislação é o suprimento parcial da deficiência do poder público em assegurar aos hipossuficientes o direito à assistência judiciária integral e gratuita, bem como o amplo acesso à justiça.

Lembrou que **o poder público procurara mitigar as deficiências da Defensoria Pública** em desempenhar esse dever fundamental (CF/1988, art. 134), ao impor, nos casos de ausência de defensor público constituído, que essa função fosse desempenhada por estudantes de universidades estaduais. Tais instituições, embora tenham por principal objetivo as atividades de ensino superior, aos finais de semana passariam a desempenhar, obrigatoriamente, por meio de seu corpo de alunos e professores, funções de assistência jurídica integral e gratuita aos hipossuficientes. Essa atividade, nos termos da lei impugnada, prevê, inclusive, remuneração ao plantonista.

Frisou, entretanto, **não haver impedimento a que o Estado-Membro realize convênio com a universidade para viabilizar a prestação de serviço de assistência judiciária aos necessitados.**

Quanto à inconstitucionalidade formal, declarou que os arts. 2º e 3º da lei estadual padecem de vício de iniciativa. A criação de atribuições para as secretarias de Estado compete privativamente ao governador, e não ao parlamento.

Por fim, o Tribunal, por decisão majoritária, **modulou** os efeitos da declaração de inconstitucionalidade, para que tenham início com a publicação da ata de julgamento. Invocou, para isso, o **princípio da segurança jurídica.** Vencido, quanto à modulação, o ministro Marco Aurélio. ADIn 3792/RN, rel. min. Dias Toffoli, julgamento em 22-9-2016.

### f) Controle judicial das políticas públicas e Defensoria Pública

O STF já foi instado a se manifestar sobre a legitimidade do controle judicial das políticas públicas acerca da *instalação* da Defensoria Pública em determinado Estado-membro. Frise-se que, atualmente, a Defensoria Pública está instalada em todos o Estados da federação, bem como no âmbito da União e do Distrito Federal.

De qualquer forma, quando o Estado do Paraná não havia criado sua Defensoria Pública, essa omissão inconstitucional levou o STF a assim decidir:

Políticas públicas – Controle jurisdicional – Legitimidade – Defensoria Pública – Implantação (Transcrições)

AI 598.212/PR* **RELATOR: Min. Celso De Mello**

E M E N T A: AGRAVO DE INSTRUMENTO – EMBARGOS DE DECLARAÇÃO RECEBIDOS COMO RECURSO DE AGRAVO – **DEFENSORIA PÚBLICA – IMPLANTAÇÃO – OMISSÃO ESTATAL** QUE COMPROMETE E FRUSTRA DIREITOS FUNDAMENTAIS DE PESSOAS NECESSITADAS – **SITUAÇÃO CONSTITUCIONALMENTE INTOLERÁVEL** – O RECONHECIMENTO, EM FAVOR DE POPULAÇÕES CARENTES E DESASSISTIDAS, POSTAS À MARGEM DO SISTEMA JURÍDICO, DO "DIREITO A TER DIREITOS" COMO PRESSUPOSTO DE ACESSO AOS DEMAIS DIREITOS, LIBERDADES E GARANTIAS – INTERVENÇÃO JURISDICIONAL CONCRETIZADORA DE PROGRAMA CONSTITUCIONAL DESTINADO A VIABILIZAR O ACESSO DOS NECESSITADOS À ORIENTAÇÃO JURÍDICA INTEGRAL E À ASSISTÊNCIA JUDICIÁRIA GRATUITAS (CF, ART. 5º, INCISO LXXIV, E

ART. 134) – LEGITIMIDADE DESSA ATUAÇÃO DOS JUÍZES E TRIBUNAIS – O PAPEL DO PODER JUDICIÁRIO NA IMPLEMENTAÇÃO DE POLÍTICAS PÚBLICAS INSTITUÍDAS PELA CONSTITUIÇÃO E NÃO EFETIVADAS PELO PODER PÚBLICO – **A FÓRMULA DA RESERVA DO POSSÍVEL NA PERSPECTIVA DA TEORIA DOS CUSTOS DOS DIREITOS: IMPOSSIBILIDADE DE SUA INVOCAÇÃO PARA LEGITIMAR O INJUSTO INADIMPLEMENTO DE DEVERES ESTATAIS DE PRESTAÇÃO CONSTITUCIONALMENTE IMPOSTOS AO ESTADO** – A TEORIA DA "RESTRIÇÃO DAS RESTRIÇÕES" (OU DA "LIMITAÇÃO DAS LIMITAÇÕES") – CONTROLE JURISDICIONAL DE LEGITIMIDADE DA OMISSÃO DO ESTADO: ATIVIDADE DE FISCALIZAÇÃO JUDICIAL QUE SE JUSTIFICA PELA NECESSIDADE DE OBSERVÂNCIA DE CERTOS **PARÂMETROS CONSTITUCIONAIS** (**PROIBIÇÃO DE RETROCESSO SOCIAL, PROTEÇÃO AO MÍNIMO EXISTENCIAL, VEDAÇÃO DA PROTEÇÃO INSUFICIENTE E PROIBIÇÃO DE EXCESSO**) – DOUTRINA – PRECEDENTES – A FUNÇÃO CONSTITUCIONAL DA DEFENSORIA PÚBLICA E A ESSENCIALIDADE DESSA INSTITUIÇÃO DA REPÚBLICA – "THEMA DECIDENDUM" QUE SE RESTRINGE AO PLEITO DEDUZIDO NA INICIAL, CUJO OBJETO CONSISTE, UNICAMENTE, na "criação, implantação e estruturação da Defensoria Pública da Comarca de Apucarana" – RECURSO DE AGRAVO PROVIDO, EM PARTE. – Assiste a toda e qualquer pessoa – especialmente àquelas que nada têm e que de tudo necessitam – uma prerrogativa básica essencial à viabilização dos demais direitos e liberdades fundamentais, consistente no reconhecimento de que **toda pessoa tem direito a ter direitos, o que põe em evidência a significativa importância jurídico-institucional e político-social da Defensoria Pública**. – O descumprimento, pelo Poder Público, do dever que lhe impõe o art. 134 da Constituição da República traduz grave omissão que frustra, injustamente, o direito dos necessitados à plena orientação jurídica e à integral assistência judiciária e que culmina, em razão desse inconstitucional inadimplemento, por transformar os direitos e as liberdades fundamentais em proclamações inúteis, convertendo-os em expectativas vãs. – É que de nada valerão os direitos e de nenhum significado revestir-se-ão as liberdades, se os fundamentos em que eles se apoiam – além de desrespeitados pelo Poder Público ou transgredidos por particulares – também deixarem de contar com o suporte e o apoio de um aparato institucional, como aquele proporcionado pela Defensoria Pública, cuja função precípua, por efeito de sua própria vocação constitucional (CF, art. 134), consiste em dar efetividade e expressão concreta, inclusive mediante acesso do lesado à jurisdição do Estado, a esses mesmos direitos, quando titularizados por pessoas necessitadas, que são as reais destinatárias tanto da norma inscrita no art. 5º, inciso LXXIV, quanto do preceito consubstanciado no art. 134, ambos da Constituição da República. – O desrespeito à Constituição tanto pode ocorrer mediante ação estatal quanto mediante inércia governamental. A situação de inconstitucionalidade pode derivar de um comportamento ativo do Poder Público, que age ou edita normas em desacordo com o que dispõe a Constituição, ofendendo-lhe, assim, os preceitos e os princípios que nela se acham consignados. Essa conduta estatal, que importa em um "facere" (atuação positiva), gera a inconstitucionalidade por ação. – Se o Estado deixar de adotar as medidas necessárias à realização concreta dos preceitos da Constituição, em ordem a torná-los efetivos, operantes e exequíveis, abstendo-se, em consequência, de cumprir o dever de prestação que a Constituição lhe impôs, incidirá em violação negativa do texto constitucional. Desse "non facere" ou "non praestare" resultará a inconstitucionalidade por omissão, que pode ser total, quando é nenhuma a providência adotada, ou parcial, quando é insuficiente a medida efetivada pelo Poder Público. Precedentes (ADI 1.458-MC/DF, Rel. Min. CELSO DE MELLO, v.g.). Doutrina. – É lícito ao Poder Judiciário, em face do princípio da supremacia da Constituição, adotar, em sede jurisdicional, medidas destinadas a tornar efetiva a implementação de políticas públicas, se e quando se registrar situação configuradora de inescusável omissão estatal, que se qualifica como comportamento revestido da maior gravidade político-jurídica, eis que, mediante inércia, o Poder Público também desrespeita a Constituição, também ofende direitos que nela se fundam e também impede, por ausência (ou insuficiência) de medidas concretizadoras, a própria aplicabilidade dos postulados e princípios da Lei Fundamental. Precedentes. Doutrina. – A função constitucional da Defensoria Pública e a essencialidade dessa Instituição da República: a transgressão da ordem constitucional – porque consumada mediante inércia (violação negativa) derivada da inexecução de programa constitucional destinado a viabilizar o acesso dos necessitados à orientação jurídica integral e à assistência judiciária gratuitas (CF, art. 5º, LXXIV, e art. 134) – autoriza o controle jurisdicional de legitimidade da omissão do Estado e permite aos juízes e Tribunais que determinem a implementação, pelo Estado, de políticas públicas previstas na própria Constituição da República, sem que isso configure ofensa ao postulado da divisão funcional do Poder. Precedentes: RTJ 162/877-879 – RTJ 164/158-161 – RTJ 174/687 – RTJ 183/818-819 – RTJ 185/794-796, v.g., Doutrina (AI 598212 ED, rel. Min. Celso de Mello, 2ª Turma, julgado em 25-3-2014, ACÓRDÃO ELETRÔNICO DJE-077 DIVULG 23-4-2014 PUBLIC 24-4-2014).

No ano de 2020, o STF se viu diante de discussão no bojo de uma ADIn por omissão.

Em suma, no ano de 2008 – portanto, antes das ECs 69/2012, 74/2013 e 80/2014 –, a Associação dos Defensores Públicos da União propôs Adin por omissão, dada a notória escassez de implantação gradativa da Defensoria Pública da União. Embora em sua jurisprudência o STF forneça um histórico de sucessivas vitórias da Defensoria Pública brasileira, esta ação foi julgada doze anos após sua propositura e, dessa vez, o STF a julgou improcedente. Basicamente, o STF não desconsidera que, em 2020, falta muito por se fazer acerca da expansão da Defensoria Pública (particularmente, a da União), mas reconheceu que desde 2008 houve gradativa expansão da instituição, daí não ter reputado a existência de uma omissão inconstitucional:

EMENTA: AÇÃO DIRETA DE INCONSTITUCIONALIDADE POR OMISSÃO. ALEGADA AUSÊNCIA DE IMPLANTAÇÃO EFETIVA DA DEFENSORIA PÚBLICA DA UNIÃO. INEXISTÊNCIA DE COMPROVAÇÃO DA OMISSÃO LEGISLATIVA E ADMINISTRATIVA. CRIAÇÃO DE NOVOS CARGOS E PRERROGATIVAS. AÇÃO DIRETA DE INCONSTITUCIONALIDADE POR OMISSÃO CONHECIDA E JULGADO IMPROCEDENTE O PEDIDO. 1. A Constituição Federal evidencia a posição de destaque da Defensoria Pública na concretização do acesso à justiça, ao dispor, em seu artigo 5º, LXXIV, que "o Estado prestará assistência jurídica integral e gratuita aos que comprovarem insuficiência de recursos" e, em seu artigo 134 (na redação conferida pela Emenda Constitucional 80/2014), que "a Defensoria Publica é instituição permanente, essencial à função jurisdicional do Estado, incumbindo-lhe, como expressão e instrumento do regime democrático, fundamentalmente, a orientação jurídica, a promoção dos direitos humanos e a defesa, em todos os graus, judicial e extrajudicial, dos direitos individuais e coletivos, de forma integral e gratuita, aos necessitados, na forma do inciso LXXIV do art. 5º desta Constituição Federal". 2. A relação entre a atuação da Defensoria Pública e a defesa do Estado Democrático de Direito, ademais, deflui da interpretação sistemático-teleológica das cláusulas da inafastabilidade da jurisdição e do devido processo legal em sua acepção substancial, eis que, por meio da Defensoria Pública, reafirma-se a centralidade da pessoa humana na ordem jurídico-constitucional contemporânea, deixando-se claro que todo ser humano é digno de obter o amparo do ordenamento jurídico brasileiro. 3. As políticas públicas são realizadas por meio de processos ou ciclos, de modo que a concretização do plano constitucional não é nem instantânea nem estanque, mercê das constantes alterações econômicas, políticas, sociais e culturais. Embora alguns mandamentos fundamentais possam ser perfectibilizados, apenas, pela via normativa, outros demandam atuação coordenada de múltiplas esferas administrativas, assim como tempo de maturação, planejamento estrutural e orçamentário e, quiçá, uma certa dose de experimentalismo. 4. O controle judicial de omissão em matéria de políticas públicas é possível – e, mais que isso, imperativo – diante de quadros de eternização ilícita das etapas de implementação dos planos constitucionais ou, ainda, em face de violação sistêmica dos direitos fundamentais, uma vez que o princípio da separação dos Poderes não pode ser interpretado como mecanismo impeditivo da eficácia das normas constitucionais, sob pena de transformar os programas da Carta Maior em meras promessas. Precedente: ADPF 347 MC, Relator Min. MARCO AURÉLIO, Tribunal Pleno, julgado em 9/9/2015, DJE 19/2/2016. 5. *In casu*, não há comprovação de que o Poder Público tenha quedado inerte nos seus deveres de estruturação da Defensoria Pública Federal, máxime porque se verifica a existência de esforços legislativos e administrativos na implantação da instituição em âmbito nacional. 6. A atual redação do artigo 134 da CRFB, após sucessivas emendas, garante à Defensoria Pública autonomia funcional e administrativa, bem como a iniciativa de sua proposta orçamentária, ao passo que o artigo 168 da Carta Maior determina que os recursos correspondentes às dotações orçamentárias, compreendidos os créditos suplementares e especiais, destinados aos órgãos dos Poderes Legislativo e Judiciário, do Ministério Público e da Defensoria Pública, ser-lhes-ão entregues até o dia 20 de cada mês, em duodécimos. 7. A Emenda Constitucional 80/2014 incluiu o artigo 98 no Ato das Disposições Constitucionais Transitórias, que dispõe que "o número de defensores públicos na unidade jurisdicional será proporcional à efetiva demanda pelo serviço da Defensoria Pública e à respectiva população"; que "no prazo de 8 (oito) anos, a União, os Estados e o Distrito Federal deverão contar com defensores públicos em todas as unidades jurisdicionais (...)"; e que "durante o decurso do prazo previsto no § 1º deste artigo, a lotação dos defensores públicos ocorrerá, prioritariamente, atendendo as regiões com maiores índices de exclusão social e adensamento populacional". 8. **O IV Diagnóstico dai Defensoria Pública no Brasil, de 2015, elaborado no âmbito do projeto "Fortalecimento do Acesso à Justiça no Brasil", firmado entre o Ministério da Justiça, o Programa das Nações Unidas para o Desenvolvimento (Pnud) e a Agência Brasileira de Cooperação, expõe que "a DPU tem recebido de forma regular os repasses do duodécimo orçamentário federal, conforme previsto pela Constituição, após a promulgação da Emenda n. 74 (...). A análise dos valores demonstra o enorme incremento das receitas da instituição neste período, chegando, em 2014, a quase seis vezes o valor aprovado em 2006", e que "[o] atual número de Defensores Federais é 20% superior ao total de cargos existentes em 2008". 9. A Defensoria Pública Federal realizou concursos públicos em 2001, 2004, 2007, 2010, 2014 e 2017, havendo, igualmente, previsão de criação de novos cargos efetivos no atual Projeto de Lei Orçamentária para 2020. 10. Os recursos estatais são, por excelência, escassos, de modo que há, no mais das vezes, um descompasso entre as demandas da sociedade e as correspondentes capacidades jurídico-administrativas do Estado. Consectariamente, na impossibilidade fática de aplicar recursos ótimos em todas as áreas deficitárias, o gestor público deve realizar escolhas alocativas trágicas. 11. As constrições orçamentárias, políticas, capacitárias e institucionais da Administração Pública devem ser sopesadas pelo julgador quando da avaliação de eventual omissão ilícita, sob pena de submeter o legislador e o administrador a um patamar de perfeccionismo inalcançável e perigosamente apartado do princípio democrático. O que o Poder Judiciário deve aferir é se existe a progressiva e efetiva marcha pela consecução do programa constitucional.** Precedente: ADI 1698, Relatora Min. Cármen Lúcia, Tribunal Pleno, julgado em 25/2/2010, DJE 16/4/2010. 12. *In casu*, ausentes elementos que indiquem a imprestabilidade das políticas públicas em desenvolvimento, não há que se falar em omissão inconstitucional, mercê de uma política pública desse porte (que pressupõe a capilarização do serviço em todo o território nacional) não nascer pronta e acabada. Isso não se confunde, todavia, com a tolerância a retrocessos nessa seara, de sorte que, havendo comprovada estagnação, frustração ou vilipêndio contra a instituição, afigura-se perfeitamente possível o reconhecimento da omissão dos Poderes Constituídos. 13. Ação direta de inconstitucionalidade por omissão conhecida e julgado improcedente o pedido (ADO 2, Relator(a): Min. LUIZ FUX, Tribunal Pleno, julgado em 15-4-2020, PROCESSO ELETRÔNICO DJE-105 DIVULG 29-4-2020 PUBLIC 30-4-2020) (destacamos).

Não parece haver muita polêmica quanto a essa legitimidade de controle judicial das políticas públicas quando estava em discussão a implantação da Defensoria Pública, já que, desde a promulgação da CF/88, isso consubstanciava uma escancarada omissão inconstitucional.

No entanto, pouco depois houve julgados em que o STF admitiu ser possível o controle judicial das políticas públicas no sentido de determinar a instalação da Defensoria Pública *em certas localidades*; o STF, aliás, até mesmo reconheceu a repercussão geral desse assunto:

> ASSISTÊNCIA JURÍDICA INTEGRAL E GRATUITA – DEFENSORIA PÚBLICA – PREENCHIMENTO DE CARGO – CONTROLE JUDICIAL – SEPARAÇÃO DE PODERES – ALCANCE DOS ARTIGOS 5º, INCISO LXXIV, E 134 DA CONSTITUIÇÃO FEDERAL – RECURSO EXTRAORDINÁRIO – REPERCUSSÃO GERAL CONFIGURADA. Possui repercussão geral a controvérsia alusiva à **possibilidade de o Poder Judiciário impor o preenchimento de cargo de Defensor Público em localidade desamparada**, considerados os preceitos dos artigos 5º, inciso LXXIV, e 134 da Carta de 1988 (RE 887.671 RG, Relator(a): Min. MARCO AURÉLIO, julgado em 3-9-2015, PROCESSO ELETRÔNICO DJE-234 DIVULG 19-11-2015 PUBLIC 20-11-2015)[189].

---

189 Julgados que deram causa à Repercussão Geral:
EMENTA: DEFENSORIA PÚBLICA – DIREITO DAS PESSOAS NECESSITADAS AO ATENDIMENTO INTEGRAL, NA COMARCA EM QUE RESIDEM, PELA DEFENSORIA PÚBLICA – PRERROGATIVA FUNDAMENTAL COMPROMETIDA POR RAZÕES ADMINISTRATIVAS QUE **IMPÕEM, ÀS PESSOAS CARENTES, NO CASO, A NECESSIDADE DE CUSTOSO DESLOCAMENTO PARA COMARCA PRÓXIMA ONDE A DEFENSORIA PÚBLICA SE ACHA MAIS BEM ESTRUTURADA – ÔNUS FINANCEIRO, RESULTANTE DESSE DESLOCAMENTO, QUE NÃO PODE, NEM DEVE, SER SUPORTADO PELA POPULAÇÃO DESASSISTIDA** – IMPRESCINDIBILIDADE DE O ESTADO PROVER A DEFENSORIA PÚBLICA LOCAL COM MELHOR ESTRUTURA ADMINISTRATIVA – MEDIDA QUE SE IMPÕE PARA CONFERIR EFETIVIDADE À CLÁUSULA CONSTITUCIONAL INSCRITA NO ART. 5º, INCISO LXXIV, DA LEI FUNDAMENTAL DA REPÚBLICA – OMISSÃO ESTATAL QUE COMPROMETE E FRUSTRA DIREITOS FUNDAMENTAIS DE PESSOAS NECESSITADAS – SITUAÇÃO CONSTITUCIONALMENTE INTOLERÁVEL – O RECONHECIMENTO, EM FAVOR DE POPULAÇÕES CARENTES E DESASSISTIDAS, POSTAS À MARGEM DO SISTEMA JURÍDICO, DO "DIREITO A TER DIREITOS" COMO PRESSUPOSTO DE ACESSO AOS DEMAIS DIREITOS, LIBERDADES E GARANTIAS – INTERVENÇÃO JURISDICIONAL CONCRETIZADORA DE PROGRAMA CONSTITUCIONAL DESTINADO A VIABILIZAR O ACESSO DOS NECESSITADOS À ORIENTAÇÃO JURÍDICA INTEGRAL E À ASSISTÊNCIA JUDICIÁRIA GRATUITAS (CF, ART. 5º, INCISO LXXIV, E ART. 134) – **LEGITIMIDADE DESSA ATUAÇÃO DOS JUÍZES E TRIBUNAIS** – O PAPEL DO PODER JUDICIÁRIO NA IMPLEMENTAÇÃO DE POLÍTICAS PÚBLICAS INSTITUÍDAS PELA CONSTITUIÇÃO E NÃO EFETIVADAS PELO PODER PÚBLICO – **A FÓRMULA DA RESERVA DO POSSÍVEL NA PERSPECTIVA DA TEORIA DOS CUSTOS DOS DIREITOS: IMPOSSIBILIDADE DE SUA INVOCAÇÃO PARA LEGITIMAR O INJUSTO INADIMPLEMENTO DE DEVERES**

É evidente o quão é bem-intencionado admitir-se o controle judicial das políticas públicas. No entanto, a prevalecer esse entendimento, a única cautela que se deve ter diz respeito a como uma decisão desse jaez será posta em prática.

Referimo-nos, especificamente, a eventuais decisões judiciais que extrapolem a intenção desse comando do STF, afrontando a *autonomia administrativa* assegurada à Defensoria Pública. É dizer: conquanto a própria Defensoria Pública esteja submetida aos princípios da Administração Pública – logo, o controle judicial se aplica também em face dela –, sua autonomia administrativa acerca da definição de sua expansão também deve ser respeitada; afinal, o desejo do constituinte não é só que a Defensoria Pública exista, mas exista com autonomia.

Nesse sentido, o STF já proferiu decisão reconhecendo a autonomia (administrativa) da Defensoria Pública:

---

**ESTATAIS DE PRESTAÇÃO CONSTITUCIONALMENTE IMPOSTOS AO ESTADO** – A TEORIA DA "RESTRIÇÃO DAS RESTRIÇÕES" (OU DA "LIMITAÇÃO DAS LIMITAÇÕES") – CONTROLE JURISDICIONAL DE LEGITIMIDADE SOBRE A OMISSÃO DO ESTADO: ATIVIDADE DE FISCALIZAÇÃO JUDICIAL QUE SE JUSTIFICA PELA NECESSIDADE DE OBSERVÂNCIA DE CERTOS PARÂMETROS CONSTITUCIONAIS (PROIBIÇÃO DE RETROCESSO SOCIAL, PROTEÇÃO AO MÍNIMO EXISTENCIAL, VEDAÇÃO DA PROTEÇÃO INSUFICIENTE E PROIBIÇÃO DE EXCESSO) – DOUTRINA – PRECEDENTES – A FUNÇÃO CONSTITUCIONAL DA DEFENSORIA PÚBLICA E A ESSENCIALIDADE DESSA INSTITUIÇÃO DA REPÚBLICA – RECURSO DE AGRAVO IMPROVIDO (RE 763667 AgR, rel. Min. Celso de Mello, 2ª Turma, julgado em 22-10-2013, PROCESSO ELETRÔNICO DJE-246 DIVULG 12-12-2013 PUBLIC 13-12-2013).

EMENTA: DIREITO CONSTITUCIONAL. **AÇÃO CIVIL PÚBLICA.** DEFENSORIA PÚBLICA. AMPLIAÇÃO DA ATUAÇÃO. OMISSÃO DO ESTADO QUE FRUSTA DIREITOS FUNDAMENTAIS. IMPLEMENTAÇÃO DE POLÍTICAS PÚBLICAS. CONTROLE JURISDICIONAL. POSSIBILIDADE. PRINCÍPIO DA SEPARAÇÃO DOS PODERES. OFENSA NÃO CONFIGURADA. ACÓRDÃO RECORRIDO PUBLICADO EM 22.10.2007. Emerge do acórdão que ensejou o manejo do recurso extraordinário que **o Tribunal *a quo* manteve a sentença que condenou o Estado a designar um defensor público para prestar serviços de assistência jurídica gratuita aos hipossuficientes da Comarca de Demerval Lobão** consoante os arts. 5º, LXXIV, 127, *caput*, 129, III e IX e 134 da Constituição Federal. No caso de descumprimento da obrigação, **fixou multa diária**. O acórdão recorrido não divergiu da jurisprudência da Suprema Corte no sentido de que é lícito ao Poder Judiciário, em face do princípio da supremacia da Constituição, em situações excepcionais, determinar que a Administração Pública adote medidas assecuratórias de direitos constitucionalmente reconhecidos como essenciais, sem que isso configure violação do princípio da separação dos Poderes. Precedentes. O exame da legalidade dos atos administrativos pelo Poder Judiciário não ofende o princípio da separação dos Poderes. Precedentes. Agravo regimental conhecido e não provido (AI 739.151 AgR, rel. Min. Rosa Weber, 1ª Turma, julgado em 27-5-2014, ACÓRDÃO ELETRÔNICO DJE-112 DIVULG 10-6-2014 PUBLIC 11-6-2014).

EMENTA Agravo regimental no agravo de instrumento. Constitucional. **Ação civil pública.** Ampliação da atuação da Defensoria Pública. Relevância institucional. Implementação de políticas públicas. Possibilidade. **Violação do princípio da separação dos poderes. Não ocorrência.** Precedentes. 1. O Poder Judiciário, em situações excepcionais, pode determinar que a Administração pública adote medidas assecuratórias de direitos constitucionalmente reconhecidos como essenciais, sem que isso configure violação do princípio da separação dos poderes, inserto no art. 2º da Constituição Federal. 2. Agravo regimental não provido (AI 835.956 AgR, rel. Min. Dias Toffoli, 1ª Turma, julgado em 7-5-2013, PROCESSO ELETRÔNICO DJE-125 DIVULG 28-6-2013 PUBLIC 01-7-2013).

DECISÃO (Petição n. 4.953/2018): EXTENSÃO NA SUSPENSÃO DE TUTELA ANTECIPADA. DEFENSORIA PÚBLICA. DESIGNAÇÃO DE DEFENSORES DETERMINADA POR ORDEM JUDICIAL. PEDIDO DE EXTENSÃO DEFERIDO. Relatório 1. **Suspensão de tutela antecipada ajuizada pela Defensoria Pública da União com o objetivo de suspender-se decisão do Relator da Ação Civil Pública** 5000956-462015.4.04.7116 no Tribunal Regional Federal da 4ª Região **pela qual determinou-se à Defensoria que prestasse atendimento à população de Cruz Alta/RS.** O caso 2. Em 5.8.2015, o Ministro Ricardo Lewandowski deferiu a suspensão. Foram fundamentos da decisão: "O deferimento do pedido de suspensão exige a presença de dois requisitos: a matéria em debate ser constitucional acrescido da ocorrência de lesão à ordem, à saúde, à segurança ou à economia públicas. **Na hipótese em apreço, encontra-se devidamente demonstrada a matéria constitucional em debate: ofensa à autonomia da Defensoria Pública da União para decidir onde deve lotar os defensores públicos federais**, nos termos do art. 134 da Constituição Federal. Nesse sentido, **a decisão atacada impôs a lotação de um defensor público federal na Subseção Judiciária de Cruz Alta/RS**, interferindo em atribuição exclusiva da DPU para lotar o reduzido número de defensores públicos federais. Passo então ao exame do segundo requisito: ocorrência de lesão à ordem, à saúde, à segurança ou à economia públicas. Como relatado pela Defensoria Pública da União, já foram contabilizadas 58 (cinquenta e oito) ações com o mesmo objetivo do processo em exame, o que demonstra o chamado efeito multiplicador da causa, podendo repercutir de maneira efetiva na atuação da DPU. Demostrada, assim, a satisfação do segundo requisito para o deferimento da suspensão. Nesse sentido foi a decisão tomada pela então Presidente Ministra Ellen Gracie em situação semelhante à ora analisada, na STA 183/RS, cujo trecho destaco por oportuno: Na hipótese em apreço, a sentença impugnada impõe à Administração a efetivação de lotação de Defensor Público da União em Rio Grande/RS, atribuição que se encontra, em princípio, dentro do seu juízo discricionário de conveniência e oportunidade, interferindo, dessa forma, diretamente na destinação do limitado número de Defensores Públicos de que dispõe a União. 3. Em 8.2.2018, a União requer, nos termos do § 8º do art. 4º da Lei n. 8.437/1992, a extensão da medida liminar deferida na presente suspensão de tutela antecipada. Informa que o Ministério Público Federal ajuizou a Ação Civil Pública n. 0000474-08.2014.4.02.5005 contra a União "objetivando a instalação de unidade da Defensoria Pública da União no Município de Colatina/ES, com a presença de, pelo menos, um Defensor Público e pessoal de apoio, de modo a garantir o direito à prestação de assistência judiciária gratuita à população daquele município" (fl. 2 do doc. 228). Explica que a medida liminar foi inicialmente deferida e que sobreveio "sentença de mérito, em que o [juízo da vara federal de Colatina/ES] julgou parcialmente procedente o pedido, para condenar a União a garantir o direito dos hipossuficientes da Subseção de Colatinal/ES aos serviços da Defensoria Pública da União do modo que seja exequível (deslocamento temporário de defensores lotados em outra subseção, celebração de convênio com a Defensoria Pública Estadual ou com outra instituição pública, celebração de convênio com a OAB dentre outras formas), no prazo de 6 (seis) meses, sob pena de multa diária de R$10.000,00" (fl. 2 do doc. 228). Noticia ter interposto recurso de apelação, sem efeito suspensivo, que aguarda julgamento. Pondera figurar como "ente legítimo e interessado para o pedido de extensão da eficácia da decisão", pois "é parte tanto na Ação Civil Pública que deu ensejo ao presente pleito, em trâmite no TRF da 2ª Região, como no processo que deu origem à presente STA" (fl. 3 do doc. 228). Ressalta que "não se contrapõe (...) à possibilidade de a DPU, em nome próprio, comparecer em juízo, defendendo sua autonomia administrativa e organizacional", mas alerta que "a DPU, assim como todos os órgãos do Poderes da República, deve estar representada pela Advocacia-Geral da União" (fl. 3 do doc. 228). Pugna "em relação aos atos processuais já praticados no feito, pela (i) retificação da autuação processual, para que conste a Advogada-Geral da União como representante judicial da DPU, mormente quando o interesse da União, na espécie, é perfeitamente conciliável e coincidente com os interesses da Defensoria Pública da União; e (ii) ratificação dos atos processuais praticados em nome da Defensoria Pública da União, de modo que os mesmos sejam convalidados por essa Excelsa Corte, em face da ausência de capacidade postulatória dos subscritores do pedido inicial" (fl. 3 do doc. 228). Sustenta que "a determinação contida no provimento jurisdicional que ora se busca suspender viola diretamente comando constitucional que atribuiu à Defensoria Pública autonomia administrativa e financeira, o que gera risco de lesão à ordem e à economia públicas" (fl. 8 do doc. 228). Argumenta, ainda, que, "conforme informações prestadas pela DPU (em anexo), afigura-se inviável o cumprimento imediato da determinação judicial", pois "não existe no Orçamento de 2017 verba para novas contratações de pessoal e, para se implementar uma estrutura mínima de atendimento às pessoas do Município de Colatina/ES, estima-se um custo orçamentário mínimo anual de R$ 2,1 milhões de reais, recurso esse do qual a Defensoria Pública da União não dispõe" (fl. 9 do doc. 228). Salienta que "por levar em consideração apenas as especificidades de determinada localidade, referida decisão pode gerar ainda um efeito multiplicador, dada a realidade dos municípios brasileiros" (fl. 9 do doc. 228). Ao final, pede: "a) a retificação da autuação do feito para que conste a Advogada-Geral da União como representante da requerente; b) a ratificação dos atos processuais praticados em nome da Defensoria Pública da União, de modo que os mesmos sejam convalidados por essa Excelsa Corte, em face da ausência de capacidade postulatória dos subscritores do pedido inicial; c) a extensão dos efeitos da decisão proferida nos presentes autos, com base no § 8º do artigo 4º da Lei n. 8.437/92, a fim de sustar a eficácia da sentença exarada pelo Juízo da Vara Federal de Colatina/ES, nos autos da Ação Civil Pública n. 0000474- 08.2014.4.02.5005" (fls. 10-11 do doc. 228). Examinados os elementos havidos no processo, DECIDO. 4. Inicialmente, tenho por desnecessária a substituição do Defensor Público Geral pela Advogada-Geral da União, em razão da autonomia assegurada à Defensoria Pública pela Constituição da República. Ademais, o art. 8º, inc. II, da Lei Complementar n. 80/1994 dispõe ser atribuição do Defensor Público-Geral representar a Defensoria Pública da União judicial e extrajudicialmente. 5. A decisão proferida na Ação Civil Pública n. 0000474-08.2014.4.02.5005 é análoga àquelas suspensas em 5.8.2015, pois determina que a União designe defensor público para atuar nas comarcas de Colatina/ES. 6. Pelo exposto, defiro o pedido de extensão formulado para suspender os efeitos da decisão proferida pelo juízo da vara federal de Colatina/ES na Ação Civil Pública n. 0000474-08.2014.4.02.5005, até o trânsito em julgado da decisão de mérito proferida naquela ação. 7. Indefiro o pedido de substituição do Defensor Público-Geral como representante da Defensoria Pública da União pela Advogada-Geral da União. Comunique-se. Publique-se. Brasília, 17 de abril de 2018. Ministra CÁRMEN LÚCIA Presidente (STA 800 Extn-oitava, Relator(a): Min. Presidente, Decisão Proferida pelo(a) Ministro(a) RICARDO LEWANDOWSKI, julgado em 17-4-2018, publicado em PROCESSO ELETRÔNICO DJE-085 DIVULG 2-5-2018 PUBLIC 3-5-2018).

## 4.4 A previsão constitucional da Defensoria Pública: questões específicas

### *4.4.1 Orientação jurídica e a defesa, em todos os graus, judicial e extrajudicial [dos necessitados]*

Reitera-se que é de extrema importância o leitor correlacionar o presente item diretamente com a ideia de assistência jurídica *integral*[190].

190 V. nosso item "2", no tópico "*(iii) Conceito de assistência integral*". Não sem razão, vale reiterar, em trabalho publicado no ano de 1988 – a nosso ver, um importante ponto temporal de inflexão na assistência judiciária

A orientação jurídica, como dito alhures, é *conditio sine qua non* para a emancipação do cidadão, para seu empoderamento, permitindo que possa reconhecer seus direitos, sentir-se lesado (e não mais vitimizado ou fatalizado) e possa lutar pela melhoria de sua condição.

A orientação jurídica é, assim, atribuição institucional da Defensoria e de todo defensor público.

Para cumprir sua missão institucional, a Defensoria Pública não pode aguardar, *de forma reativa*, a busca dos serviços, mas sim promover ações de orientação jurídica para a coletividade, por meio de cartilhas, panfletos, eventos, imprensa e toda forma de atingir grandes grupos de carentes de forma proativa – é a única postura esperada para o cumprimento dos objetivos da Defensoria Pública previstos no art. 3º da LC n. 80/1994, especialmente o objetivo contido no respectivo inciso I: *"a primazia da dignidade da pessoa humana e a redução das desigualdades sociais"*.

Além de participar das ações acima descritas, o defensor público tem o dever de esclarecer o usuário sobre todos os direitos envolvidos na situação fática que lhe é colocada, limitando-se a criar condições propícias para que o cidadão possa autonomamente tomar suas decisões e exercer seus poderes. Assim, a orientação não pode ser paternalista ou uma tomada do poder de decisão substituindo a vontade do usuário pela do defensor, que, supostamente, enquanto agente estatal, saberia "o que é melhor para o usuário". Conhecendo seu direito, é o usuário quem deve resolver como dele se valer.

Seguindo adiante, também é missão de todo membro da Defensoria Pública a defesa, em todos os graus, dos necessitados. A expressão "defesa em todos os graus" deve ser tomada como vetor interpretativo para a atuação da Defensoria Pública na sua abrangência e intensidade, mas, em razão da EC n. 80/2014, é preciso atentar para o fato de que o texto constitucional faz expressa referência ao plano *extrajudicial*:

> Art. 134. A Defensoria Pública é instituição permanente, essencial à função jurisdicional do Estado, incumbindo-lhe, como expressão e instrumento do regime democrático, fundamentalmente, a orientação jurídica, a promoção dos direitos humanos e **a defesa, em todos os graus, judicial e *extrajudicial***, dos direitos individuais e coletivos, de forma integral e gratuita, aos necessitados, na forma do inciso LXXIV do art. 5º desta Constituição Federal.

Em edição passada, havíamos então entendido a expressão – "a defesa, em todos os graus" – como referente ao campo *processual*, seja judicial, seja administrativo – assim, como se pode notar, consideramos o "extrajudicial" limitado ao campo administrativo.

Quanto a esse ponto de vista processual, que continua acertado, mas, agora, parece-nos incompleto, mantemos o que dissemos sobre a abrangência: são garantidos a todo cidadão o contraditório e a ampla defesa em processos judiciais e procedimentos administrativos. Se é objetivo do Estado brasileiro extirpar a marginalização, deve ser dada especial proteção aos carentes na defesa de seus direitos, pelo que as garantias de contraditório e ampla defesa devem ser maximizadas pela Defensoria. A atuação, assim, deve ser universal, em todas as instâncias administrativas e judiciais.

---

– o Professor Walter Piva Rodrigues já apontava que: *"Um dos institutos a merecer reformulação é o da assistência judiciária. Seu emprego é reconhecidamente deficiente posto que, também, limitado ao plano das disputas judiciárias"* (RODRIGUES, Walter Piva. *Assistência judiciária, uma garantia insuficiente...*, cit., p. 244).

Ainda na perspectiva processual judicial e administrativa, também mantemos o que havíamos referido sobre o fator intensidade na atuação da Defensoria Pública: a progressiva estruturação da Defensoria Pública se faz necessária para que sejam realmente abertas as portas dos Tribunais aos carentes, e não apenas as modestas – ainda que importantes – janelas de Juizados Especiais e atividades congêneres. A estrutura do Poder Judiciário e seus mecanismos burocráticos sempre foram empecilhos para que o cidadão carente pudesse ser ouvido pelos juízes de Tribunais, impedindo que as contínuas lesões dos direitos dos mais fracos pudessem encontrar eco nesses Tribunais. Se é fato que tais processos não envolvem grandes patrimônios ou não espelham a normalidade moral e cultural dos legisladores (usualmente de classes com poder político a se beneficiarem do poder econômico, e portanto considerando muito mais camadas sociais mais abastadas), os cidadãos por detrás desses processos têm direito à correta pacificação de seus conflitos de acordo com os parâmetros constitucionais, convencionais e legais, ou, basicamente, direito à mesma jurisdição entregue à parcela favorecida da população.

É dever de todo defensor público levar as questões jurídicas mais frequentes da população carente e as mais relevantes queixas de lesão ao Supremo Tribunal Federal ou aos demais Tribunais Superiores, se for o caso, isto é, se a medida for cabível. Se se respeita a importância de se discutir no STF o imposto de importação de cosméticos, é sem dúvida legítimo o pleito para que sejam enfrentadas na mesma Corte questões referentes ao direito de moradia, saúde, educação, segurança e liberdade da população carente.

Em síntese, é dever do Estado que toda Defensoria Pública tenha estrutura para permitir que o defensor cumpra sua missão de defesa em todos os graus, tanto no campo judicial como administrativo. Para tanto, todos os envolvidos devem zelar por tal estrutura, inclusive dentro da própria instituição.

Isso não significa, é óbvio, que em toda defesa dos direitos do usuário deva ser esgotada toda possibilidade recursal, ainda que temerária, visto que irresponsável atuação inviabilizaria a atuação do Poder Judiciário e, em última análise, enfraqueceria a credibilidade da própria Defensoria Pública. No entanto, se percebida viabilidade jurídica na tese defendida mesmo após o esgotamento das instâncias ordinárias, mormente na defesa dos chamados interesses indisponíveis, deve o defensor público atuar, como manda a lei, em todos os graus, com os recursos e ações impugnativas cabíveis – o defensor público não deve obstruir o acesso à justiça fundado em mero juízo de probabilidade, pois arrisca-se a substituir o juiz quiçá de modo mais severo[191].

Quanto ao novo termo *extrajudicial*, colocado no *caput* do art. 134 da Constituição, devemos começar reflexão mais profunda sobre seu âmbito de incidência para além do processo administrativo. Embora, tradicionalmente, em direito a expressão *em todos os graus* seja lida restritivamente aos *graus de jurisdição* e, de forma mais ampliada, às várias e possíveis instâncias administrativas, pensamos que atuação em órgãos legislativos também deva ser considerada.

Ademais, em nosso entendimento devemos incluir nessa terminologia da EC n. 80/2014 o esgotamento da atividade defensorial nos meios consensuais de resolução de conflitos. Assim,

191 Confira nosso item 20.2.11, Parte I.

por exemplo, se estivermos no campo da mediação, a terminologia *em todos os graus* deve ser lida como esgotamento das reuniões de trabalho ou das audiências de mediação, a fim de que atinja seu propósito: isto, obviamente, se tal esgotamento fizer sentido no conflito em que se intervém, porque se o esgotamento for prejudicial à solução do conflito não se deve insistir. Podemos ampliar essa lógica aos demais meios consensuais de resolução de conflitos, quando tais meios forem cabíveis de acordo com o conflito a ser solucionado.

### *4.4.2 Pessoas necessitadas*

Já tratamos desse assunto, embora numa perspectiva mais ampla, no capítulo sobre o histórico da assistência jurídica no Brasil, para o qual remetemos o leitor.

De qualquer forma, o constituinte buscou atrelar umbilicalmente a atuação da Defensoria Pública em prol das pessoas necessitadas – um cordão umbilical que deve ser interpretado na linha da máxima efetivação de seus direitos.

Enquanto o art. 134, *caput*, atrela a atuação da Defensoria Pública às pessoas necessitadas, o inciso LXXIV prevê como destinatários aqueles que comprovarem insuficiência de recursos.

### *4.4.3 Acesso à carreira por concurso público de provas e títulos: sua virtude republicana e limitações na aplicação*

A opção do constituinte para maximizar a igualdade de oportunidade aos indivíduos que buscam ingressar nos quadros da Defensoria Pública é o concurso público de provas e títulos. A possibilidade de participação deve ser a mais ampla possível diante das peculiaridades do cargo, e qualquer exigência impertinente, ou seja, que imponha discriminação injustificável diante do cargo, deverá ser considerada inconstitucional.

Além disso, dada a imensa concorrência encontrada nos certames públicos, a feliz exigência maximiza a necessária premissa de preparo técnico e pessoal suficiente para a prestação do árduo serviço à população.

O concurso público realizado honestamente afasta o nepotismo e proteções pessoais incompatíveis com os ideais republicanos, não obstante a isonomia sempre fique bastante prejudicada em vista das imensas desigualdades sociais em nosso país – um problema comum a todos os concursos públicos, e não só o da Defensoria Pública. Esse problema diz respeito à falta de investimento sério na educação, especialmente ensinos básico e médio, a possibilitar pessoas com menores recursos a participarem do certame público com chance real de aprovação. De qualquer modo, há iniciativas que, embora não substituam nem de longe a solução real – educação pública de qualidade –, podem amenizar um pouco o problema, permitindo o mínimo de diversidades na lista de aprovados: cursos preparatórios organizados sem qualquer finalidade lucrativa, previsão de cotas raciais, cotas para pessoas deficientes etc. Como se pode notar, é vital a livre possibilidade de inscrição no certame para viabilizar a possibilidade de participação popular nos Poderes Públicos, contudo esse aspecto é um fator que deve ser somado a outros para garantir, efetivamente, essa participação popular em que se inclua também as várias minorias.

Seja como for, ainda assim o concurso público continua sendo, como regra geral, o melhor método de seleção de servidores públicos para efetivação do princípio republicano.

Para além da imensa desigualdade social do país que afeta, sim, o conteúdo da lista de aprovados, normalmente o concurso público guarda o inconveniente de privilegiar, exageradamente, a memória do candidato, não havendo teste do candidato com maior acuidade em sua dimensão humana.

A propósito, em 1998, dissertando sobre o fundamento dos direitos humanos, Fábio Konder Comparato afasta uma suposta antítese entre razão e emoção, destacando que "*o logos do homem é sempre uma expressão de racionalidade. Como o é, também, de emotividade e sensibilidade*", esclarecendo mais adiante que:

> (...) a razão humana não se limita, apenas, à racionalidade lógica ou geométrica, por mais extraordinária que ela pareça quando comparamos o homem com os primatas. Foi dito, mais acima, que o ser humano tem a faculdade de escolher livremente os seus próprios fins, ou os objetivos a alcançar pela sua atividade. Ora, isso só se realiza em virtude de outra característica essencial do homem, que é a razão axiológica, ou capacidade de apreciação de valores – éticos, utilitários, estéticos, religiosos – e de livre escolha entre eles[192].

Também fugindo desse paradigma da modernidade que contrapõe *emoção* e *razão*, advertem Eduardo Bittar e Guilherme Assis não podermos deixar de lado que "*a racionalidade que emerge da modernidade não esgota a noção de razão e não realiza plenamente a ideia de razão. A racionalidade que emerge da modernidade é um minus com relação à própria ideia, em potencial, da razão*"[193].

Em vista dessa constatação evidente, embora o ideal contido no concurso público convirja ao princípio republicano e seja realmente justo cobrar vasto programa de estudos congruente às várias atribuições da Defensoria Pública, também sustentamos que, no exato momento da prova, o concurso público deveria se preocupar menos em fazer o candidato resgatar um "caminhão de informações" que supervalorize *quase que exclusivamente a memória*, e testar mais a dimensão global do ser humano com questões que exijam mais raciocínio não nos termos restritos da modernidade.

Acrescente-se que uma sociedade como a nossa, na qual economia, ciência e tecnologia são alteradas em velocidades espantosas e em desarmonia com as velocidades da política e do direito, é preciso testar os candidatos a respeito da capacidade de discutirem ética e juridicamente as novas situações que nascem das alterações instantâneas e rotineiras em nosso mundo[194].

Em síntese, não há dúvida de que a memória é de grande importância para a vida humana, não sendo ao acaso que é tema de interesse central para os psicólogos[195]. Porém, a memória

---

192 COMPARATO, Fábio Konder. Fundamento dos Direitos Humanos. In: MARCÍLIO, Maria Luiza; PUSSOLI, Lafaiete (Coords.). *Cultura dos direitos humanos*. São Paulo: LTr, 1998. p. 65.

193 BITTAR, Carlos Eduardo Bianca; ALMEIDA, Guilherme Assis de. *Curso de filosofia do direito*. 10. ed. São Paulo: Atlas, 2012. p. 719.

194 Sobre os problemas que nascem da defasagem entre as velocidades da economia, ciência e tecnologia em relação à política e ao direito, consultar: INNERARITY, Daniel. Un mundo desincronizado, *Claves de razón práctica*, 186 (octubre, 2008), p. 12-16.

195 GLEITMAN, Henry; REISBERG, Daniel; GROSS, James. *Psicologia*. 7. ed. Trad. Ronaldo Cataldo Costa, revisão técnica Giana Bitencourt Frizzo. Porto Alegre: Artmed, 2009. cap. 07, p. 264: "Sem a memória, não

constitui aspecto muito restrito da dimensão humana para que se conclua se alguém é apto, ou não, a ocupar cargo público não eletivo e que exige a perene (re)construção do (auto)conhecimento num mundo extremamente dinâmico como o nosso. Sem contar as limitações da própria memória humana que, como se sabe, está muito longe de funcionar com a precisão e estabilidade de uma filmadora nas funções de *aquisição*, *armazenamento* e *recuperação*[196].

Nosso ponto, portanto, é o fato de a dimensão humana ser muito mais ampla do que o aspecto restrito da memória, de modo que essa perspectiva deveria influir em medida mais significativa no concurso público de provas e títulos. O impacto, a nosso ver, redundaria em provas menos enciclopédicas (e "decorebas" – rogando perdão pela informalidade do termo), permitindo discussões mais verticais, interdisciplinares, a envolverem populações, grupos e indivíduos invisíveis, que suportam grandes restrições pela ausência de reconhecimento do direito, ausência normalmente precedida pela falta ou fragilidade de reconhecimentos moral, social e político.

Nessa perspectiva, as expressões humanas de emotividade e sensibilidade sobressaem necessariamente, tendo grande valor ensinamento do respeitado jusfilósofo brasileiro do século XIX, o sergipano Tobias Barreto, ao ponderar que: "*Ser justo não é mais do que sentir o direito dos outros e proceder de accordo com tal sentimento. Mas esse sentimento*" – ressalta o autor – "*(...) não existe isolado. Verdadeira ou falsa, clara ou obscura, – ha sempre uma ideia que o acompanha*". Com efeito, Tobias Barreto conclui: "*O direito não é só uma cousa* que se conhece, – *é tambem uma cousa* que se sente"[197].

O debate é indiscutivelmente complexo e não cabe aqui estendê-lo em razão da natureza da presente obra. De qualquer modo, ressalte-se que não estamos propondo, nem de longe,

---

haveria recordação dos acontecimentos passados e, assim, não seria possível refletir sobre nossas experiências ou contar as nossas vidas aos outros. Sem a memória, não teríamos conhecimento, pois, afinal, para sabermos que alto é o oposto de baixo, que as pessoas são mais bondosas com seus amigos do que com seus inimigos, e que Elvis Presley foi um cantor famoso, temos que tirar essas informações de algum lugar – e esse lugar, é claro, é a memória. A memória também é crucial por outras razões. Você se orgulha de ser quem é? Se sim, em parte é porque você lembra de suas conquistas. Você se envergonha de quem é? Se sim, é porque lembra de suas falhas. Da mesma forma, se você se sente feliz ou triste, com a sua vida, provavelmente está sendo influenciado pela sua recordação de coisas positivas que viveu, ou de coisas negativas. Assim, a percepção de si mesmo e da sua vida – e, com ela, seu humor e autoestima – depende da memória".

196 Idem, p. 288. Confira também os interessantíssimos artigos a seguir: ROSA, Alexandre Morais da, Qual a cor do cavalo branco de Napoleão?, *Consultor Jurídico*, 22 de fevereiro de 2014, em: <http://www.conjur.com.br/2014-fev-22/diario-classe-qual-cor-cavalo-branco-napoleao>; JUNIOR, Aury Lopes; ROSA, Alexandre Morais da. Memória não é Polaroid: precisamos falar sobre reconhecimentos criminais, *Consultor Jurídico*, 07 de novembro de 2014, em: <http://www.conjur.com.br/2014-nov-07/limite-penal-memoria-nao-polarid-precisamos-falar-reconhecimentos-criminais>; e o interessante vídeo da maior especialista em falsas memórias: LOFTUS, Elizabeth. *The fiction of memory* (legendado): em: <http://www.ted.com/talks/elizabeth_loftus_the_fiction_of_memory?utm_medium=on.ted.com-static&utm_source=direct-on.ted.com&utm_campaign=&utm_content=awesm-publisher&awesm=on.ted.com_memory>.

197 Confira os três trabalhos consultados: BARRETO, Tobias. Introducção ao estudo do direito. In: *Estudos de direito*. Publicação póstuma dirigida por Silvio Romero. Rio de Janeiro: Laemmert & C. Editores, 1892, p. 29/30, grifado no original.

simplismos que reduzam o direito a sentimento, mas chamamos atenção para a urgência de se iniciar reflexão mais séria e ousada a respeito da seleção de defensores públicos, considerando melhor a dimensão humana para escaparmos da *mesmice enciclopédica*.

### 4.4.4 *Inamovibilidade*

Trata-se de importante garantia estabelecida em prol do serviço público de assistência jurídica integral e gratuita, para que possa exercer seu mister sem influência dos que transitoriamente ocupam o poder político na própria Defensoria Pública e nos demais órgãos estatais. A prerrogativa da inamovibilidade garante ao defensor público não ser afastado de seu círculo de atribuições, direta ou indiretamente.

A inamovibilidade é importante instrumento a serviço da boa prestação de serviços ao usuário. Não deve ser interpretada como direito do ocupante do cargo, mas como prerrogativa da função em prol de seu bom exercício, e direito do necessitado ou usuário do serviço público. A defesa dos necessitados frequentemente atenta contra interesses poderosos, que podem ser identificados desde o clamor de vingança popular contra um acusado de crime grave, passando pela tutela de interesses individuais e coletivos diante de grandes conglomerados empresariais e financeiros (como na tutela do consumidor, por exemplo) e chegando ao conflito direto com governantes, em pleitos por direitos humanos, especialmente sociais. Em todos os casos acima referidos, a inamovibilidade se impõe como freio constitucional a qualquer ensejo de ilegítima pressão aplicada contra o defensor. A ameaça de ser afastado de seu local de atuação ou de suas atribuições será, sempre, inócua, eis que resguardado pela inamovibilidade.

Após a EC n. 80/2014, o art. 93, VIII, da Constituição, formaliza a possibilidade de remoção do defensor público por interesse público, na linha do que acontece em outras carreiras como o Ministério Público ou a Magistratura. Seja como for, mesmo antes da abertura da EC n. 80/2014 acreditávamos que não estava inviabilizado o excepcional afastamento da inamovibilidade, pois seria absurdo concluirmos pela inamovibilidade "absoluta". Um exemplo extremado para refletir essa excepcionalidade: se esvaziada a atribuição, havendo a extinção de determinada área de atuação (uma Defensoria com atribuição exclusiva em contravenções penais em face da revogação de tal legislação), a garantia da inamovibilidade perde sentido, pois não há interesse de usuários a proteger, impondo-se à Defensoria Pública-Geral providências para garantir a eficiência do órgão de execução – eficiência prevista no art. 37, *caput*, da CF/88. Nesse contexto, a EC 80/2014, a nosso ver, impõe à Defensoria Pública a aplicação dos incisos VIII e VIII-A do art. 93 da Constituição Federal[198].

---

198 CF/88, art. 93: "Lei complementar, de iniciativa do Supremo Tribunal Federal, disporá sobre o Estatuto da Magistratura, observados os seguintes princípios: (...) VIII – o ato de remoção, disponibilidade e aposentadoria do magistrado, por interesse público, fundar-se-á em decisão por voto da maioria absoluta do respectivo tribunal ou do Conselho Nacional de Justiça, assegurada ampla defesa; (Redação dada pela Emenda Constitucional n. 45, de 2004); VIII-A – a remoção a pedido ou a permuta de magistrados de comarca de igual entrância atenderá, no que couber, ao disposto nas alíneas a, b, c e e do inciso II; (Incluído pela Emenda Constitucional n. 45, de 2004)".

Conforme dito, o exemplo é adrede extremado, pois sustentamos que a quebra da inamovibilidade só poderá ocorrer *se não houver qualquer outra solução que preserve as atribuições do defensor público*, ou seja, a medida de remoção das atribuições, ainda que parcial, deve ser sempre – sempre mesmo – a *ultima ratio*.

Aprofundaremos nossa análise ao comentarmos o inciso II dos arts. 43, 88 e 127.

### 4.4.5 Vedação do exercício da advocacia fora das atribuições institucionais

A vedação do exercício da atividade de advogado, ainda que aprovado no exame da Ordem dos Advogados do Brasil e mesmo que continue filiado à entidade de classe – embora entendamos, *data venia*, pela vedação constitucional de filiação à Ordem[199] –, é primordial para que toda atenção e energia do defensor público esteja voltada para seu mister.

É controversa a relação entre a natureza da função do defensor público e a atividade da advocacia, mas, sem dúvida, há pontos de contato entre as atividades, como em especial os relacionados à capacidade de postular em juízo. Contudo, tenha-se em mente ser bem diverso o cerne da discussão a respeito desta vedação constitucional, conforme passamos a demonstrar.

A vedação do exercício de atos de advocacia fora das atribuições institucionais reforça o *caráter institucional da Defensoria Pública e seu perfil de carreira de Estado*: o defensor público não pode advogar e não se confunde com o advogado. É agente público que deve direcionar toda sua energia e preparação para o cumprimento de seus deveres legais, que em muito se distanciam da nobre função da advocacia, como regulamentado na Lei Ordinária n. 8.906/1994 (Estatuto do Advogado).

A feliz vedação garante, também, o usuário do serviço, que não será jamais deixado de lado como um cliente de segunda categoria ou subsidiário, mas como principal foco da atuação de toda Defensoria Pública, merecedor único da atenção de todos os seus membros.

Numa palavra, a presente vedação constitucional garante a defesa profissionalmente organizada do necessitado, além de atender não só a dimensão individual do necessitado: indo além, enxergando-o globalmente.

Confira mais comentários quando tratarmos das proibições/restrições impostas ao defensor público.

### 4.4.6 Remuneração

O art. 135 da Constituição Federal assevera que os servidores integrantes das carreiras disciplinadas nas Seções II e III deste Capítulo serão remunerados na forma do art. 39, § 4º, ou seja, na forma de subsídio, em parcela única. O dispositivo ainda não é cumprido em grande

199 Veja motivos em: JUNQUEIRA, Gustavo Octaviano Diniz; REIS, Gustavo Augusto Soares dos; ZVEIBIL, Daniel Guimarães. Constitucionalidade da capacidade postulatória autônoma do defensor público: fundamentos e importância para a defesa dos direitos humanos. In: RÉ, Aluísio Iunes Monti Ruggeri; REIS, Gustavo Augusto Soares dos. *Temas aprofundados da Defensoria Pública*. Salvador: Juspodivm, 2014. v. 2, p. 97-132.

parte dos estados, como São Paulo, dada a recente estruturação das carreiras e, também, à dificuldade de se constituir subsídio que não reflita, na prática, perda remuneratória[200].

Mudando de perspectiva, saliente-se que esse art. 135 fora modificado em razão da EC n. 19/1998, pois originalmente a amplitude de sua redação era a seguinte:

Art. 135. Às carreiras disciplinadas neste título aplicam-se o princípio do art. 37, XII, e o art. 39, § 1º.

Atualmente, a redação do art. 135 da Constituição Federal é a seguinte:

Art. 135. Os servidores integrantes das carreiras disciplinadas nas Seções II e III deste Capítulo serão remunerados na forma do art. 39, § 4º. (Redação dada pela Emenda Constitucional n. 19, de 1998)

Há implicações nessas mudanças.

O Supremo Tribunal Federal decidiu, em sede de controle concentrado, que as carreiras jurídicas alcançadas pelo art. 135 da Constituição Federal são das Defensorias Públicas e Procuradorias do Estado, além da carreira de Delegados de Polícia. Uma consequência prática é que, segundo o Supremo Tribunal Federal, são constitucionais leis que garantam a equiparação entre as carreiras de Delegados de Polícia e de Procuradores do Estado:

> O STF assentou, no julgamento das ADI 171-0/MG, ADI 138-8/RJ e ADI 456-4/600/PB, que as carreiras jurídicas a que se refere o art. 135 da Constituição são as de procurador de Estado e defensor público. Por força do art. 241 da CF, aos delegados de polícia de carreira aplica-se o princípio do art. 39, § 1º, correspondente às carreiras disciplinadas no art. 135, da Lei Magna federal, ou seja, as carreiras de procurador de Estado e de defensor público. Não é, em consequência, inconstitucional a lei estadual que ordena, precisamente, a aplicação do princípio da isonomia (CF, art. 39, § 1º), em favor dos delegados de polícia de carreira, relativamente aos vencimentos dos procuradores do Estado. Diante da norma do art. 241 da CF, que garantiu aos delegados de polícia de carreira a aplicação do princípio de isonomia, correspondente às carreiras disciplinadas no art. 135 da mesma Constituição, não cabe discutir se são iguais as atribuições dos cargos de delegado de polícia e procurador do Estado, ou se se cogita de cargos assemelhados ou não. Ofende, entretanto, o art. 37, XIII, da CF, a lei estadual que assegure equiparação de vencimentos ou de aumentos entre os oficiais da polícia militar e os procuradores do Estado (ADIn 761, rel. Min. Néri da Silveira, j. 30-9-1993, P, *DJ* de 1º-7-1994).

Perceba-se que a referência do julgado é ao *texto original* do art. 39, § 1º, da Constituição Federal de 1988, a saber:

> Art. 39. (...) § 1º A lei assegurará, aos servidores da administração direta, isonomia de vencimentos para cargos de atribuições iguais ou assemelhados do mesmo Poder ou entre servidores dos Poderes Executivo, Legislativo e Judiciário, ressalvadas as vantagens de caráter individual e as relativas à natureza ou ao local de trabalho.

---

200 Cf. comentários sobre irredutibilidade de vencimentos.

Essa disposição fora revogada, e o art. 135, conforme vimos, também não abrange mais as carreiras do Título IV da Constituição Federal (*Da Organização dos Poderes*). A redação posterior do referido art. 135, por sinal, foi utilizada pelo STF para confirmar o Ministério Público fora do alcance daquele antigo dispositivo 39, § 1º, da Constituição Federal. Em nosso modo de ver, é interpretação que abre mão da igual importância que se deve atribuir às carreiras jurídicas, na medida em que a ausência de qualquer delas significa anulação, no mínimo, parcial do Estado de Direito, e se as *funções essenciais à Justiça* desaparecessem, ressalte-se, não seria possível sequer um Judiciário: porque o "imparcial" depende da existência dos "parciais". Segue parte da transcrição do entendimento do STF:

> (...) Para não lhes subtrair o efeito útil, o significado a emprestar aos arts. 135 e 241, CF, há de ser o de que, para os fins do art. 39, § 1º, as carreiras a que se referem se consideram assemelhadas por força da Constituição, independentemente da similitude real ou não das atribuições dos cargos que as compõem ou de suas características fundamentais. Dessa assimilação ficta, imposta pela Constituição, a Constituição mesma, entretanto, impõe que, mediante redução sistemática do alcance aparente do art. 135, se exclua do seu campo normativo a carreira do Ministério Público: além de seu inconfundível perfil constitucional, a iniciativa reservada ao próprio Ministério Público para a propositura da fixação dos vencimentos dos seus membros é incompatível com a pretendida regra de compulsória equiparação deles aos de servidores cuja remuneração é fixada em lei de iniciativa exclusiva do Poder Executivo. Constitucionalidade do art. 273 da Constituição do Estado de Minas Gerais, no que assegura a isonomia de vencimentos entre as carreiras de procurador do Estado e da Fazenda Estadual, de defensor público e de delegado de polícia, reduzida a declaração de inconstitucionalidade à alusão, na mesma regra, à do Ministério Público (ADIn 171, rel. p/ o ac. Min. Sepúlveda Pertence, j. 15-4-1993, P, *DJ* de 3-6-1994). No mesmo sentido: AI 527.811 AgR, rel. Min. Dias Toffoli, j. 13-3-2012, 1ª T., *DJE* de 25-4-2012.

### 4.4.7 Disposições constitucionais atinentes à organização

Além da regulamentação específica no Capítulo das funções essenciais à Justiça, há outros dispositivos constitucionais que tratam da Defensoria Pública, e que merecem introdução a seguir:

#### 4.4.7.1 Organização por lei complementar

Nos termos do § 1º do art. 134 da CF/88, lei complementar organizará a Defensoria Pública.

Há especial exigência de quórum para lei complementar, segundo o art. 69 da CF/88, com o que a Constituição reforça a necessidade de estabilidade da estrutura da carreira, que não pode nem deve ser alterada a todo tempo, bem como os deveres e prerrogativas dos defensores, que devem receber especial proteção contra demandas oportunistas e passageiras. Daí a pertinência da reserva de lei complementar, que exige consenso qualificado.

Possível concluir, assim, que lei ordinária ou ato normativo diverso de lei complementar não podem alterar a estrutura da Defensoria Pública, afrontar sua autonomia ou criar condições ou restrições à atuação dos defensores, sob pena de flagrante inconstitucionalidade formal. O mesmo vale para as *medidas provisórias* (apesar da omissão do art. 62, § 1º, I, *c*, da CF88, fato é que o inciso III deste dispositivo veda a edição de medidas provisórias sobre matérias reservadas a lei complementar[201]) e até para a *Constituição estadual ou lei orgânica distrital* (como aduz Hugo Nigro Mazzilli – em lições hoje aplicáveis à Defensoria Pública –, baseando-se em precedentes do STF como a ADIn 2.436-PE, a previsão na Constituição estadual ou distrital na prática impediria o uso da iniciativa legislativa por parte do Defensor Público-Geral[202]).

Vale apontar que o texto constitucional resultou impreciso quando se trata desse tema, mormente quando recorremos à inevitável comparação com o tratamento constitucional do Poder Judiciário e do Ministério Público.

Com relação ao Poder Judiciário, tratou desse assunto o art. 93, *caput*, que, em suma, prevê que lei complementar disporá sobre o Estatuto da Magistratura. Mais do que isso, determina que esse Estatuto observará os inúmeros princípios discriminados nesse artigo através dos vários incisos, que vão desde normas atinentes ao ingresso na carreira e promoção até sobre como se desenvolverá a atividade judicial. Como se vê, se a definição dos elementos do Estatuto da Magistratura se pautar apenas no que dispõe o art. 93 – e seu *caput*, ao menos literalmente, sugere isso –, temas altamente importantes como o das garantias e o das vedações nele não se inseririam (logo, não se exigiria lei complementar quanto a eles), já que foram tratados no art. 95.

O Ministério Público, por sua vez, também apresenta noções um pouco diferentes. O art. 128, § 5º, inicia mencionando "leis complementares", no plural, enquanto o Poder Judiciário, como vimos, indicou apenas "Estatuto da Magistratura", no singular. No caso do Ministério Público temos uma prova do quão impreciso é o texto constitucional, pois o art. 128, § 5º, diz que essas leis complementares estabelecerão a organização, as atribuições e o estatuto de cada Ministério Público, além de ter de observar as garantias e as vedações indicadas nos incisos I e II. Ou seja: do ponto de vista da literalidade do texto constitucional, enquanto no seio do Poder Judiciário "estatuto" é gênero, que engloba indubitavelmente temas como ingresso na carreira e regras de promoção, sendo questionável – na perspectiva da literalidade – se as vedações e as garantias dele fazem parte, no bojo do Ministério Público a única coincidência reside na exigência de lei complementar, pois aqui ela disporá sobre um leque variado de assuntos (organização, atribuições, estatuto, vedações e garantias). Fica nítido, assim, que a Constituição Federal apenas fincou a bandeira da necessidade de lei complementar, pois de resto há mais dúvidas do que certezas.

No que toca à Defensoria Pública, entra em cena o art. 134, § 1º.

Mais econômico, esse dispositivo se limita a prescrever a necessidade de lei complementar, cuja função será a de organizar a Defensoria Pública da União e do Distrito Federal, estabelecendo normas gerais para a sua organização nos Estados. Mas essa lei complementar não se esgotará no tema "organização", pois organização em carreira, ingresso por meio de concurso público, além de uma garantia e outra vedação foram assuntos arrolados como essenciais. Partindo do texto constitucional e sendo ele nosso destino, a conclusão a que podemos chegar é que o Estatuto da Magistratura, o Estatuto do Ministério Público e o Estatuto da Defensoria Pública

201 Nesse sentido, Diogo Esteves e Franklyn Roger, *Princípios institucionais da Defensoria Pública*, cit., p. 123.

202 *Regime jurídico do Ministério Público*, 7. ed., cit., p. 218.

têm em comum o fato de serem veiculados por lei complementar. Mas o que tais estatutos devem englobar? Diante da notória imprecisão do texto constitucional, devemos adotar a noção *mais abrangente de estatuto*. Logo, cada Estatuto disciplinará, obrigatoriamente, a organização, as atribuições, a carreira, as vedações, as prerrogativas e as garantias, e esses elementos somente lei complementar poderá alterá-los.

#### *4.4.7.1.1 Exemplificando: art. 186 do CPC em cotejo com a LC n. 80/94*

Seguem alguns exemplos para visualizarmos a exposição do item acima com maior clareza. Três hipóteses.

Pensemos no *caput* do art. 186 do CPC[203]: ele é meramente simbólico, tendo apenas a serventia de divulgar a prerrogativa de prazo em dobro de que é titular a Defensoria Pública, pois tal prerrogativa, na verdade, é matéria típica de lei complementar e, a propósito, já fora estabelecida por meio do inciso I dos arts. 44, 89 e 128 da LC n. 80/1994. Ou seja, se o CPC não tivesse mencionado esta prerrogativa tal ausência seria juridicamente irrelevante, pois a prerrogativa está na LC n. 80/1994.

Diversamente, o § 2º do art. 186 não é meramente simbólico. Ele torna explícita e inequívoca regra jurídica que, antes, na praxe forense, era vista como implícita em razão da exigência legal de se tentar a realização de intimação pessoal do autor antes da resolução do processo sem julgamento de mérito, conforme prescreve o atual art. 485, § 1º, do CPC/2015, e também o revogado art. 267, § 1º, do CPC/1973. A regra do referido § 2º, no entanto, apesar de derivar da lógica do também referido § 1º do art. 485 do CPC/2015, deveria tornar-se prerrogativa institucional por meio de alteração da LC n. 80/1994, na medida em que constitui importante fator humanizante do processo ao facilitar a localização de jurisdicionados dependerem de moradias precárias e rotativas.

Por outro lado, o § 4º do art. 186 estabelece que não haverá o prazo em dobro sempre que a lei, de modo expresso, estabelecer prazo próprio para a Defensoria Pública. Tal regra criada por lei ordinária conflita com o inciso I dos arts. 44, 89 e 128 da LC n. 80/1994, porque matéria de prerrogativa é própria e típica de lei complementar, por força do art. 134, § 1º, da CF/88, e a lei complementar não faz a restrição criada pelo § 4º do art. 186 do CPC. Portanto, a regra do § 4º do art. 186 do CPC é inconstitucional por violar o art. 134, § 1º, da CF/88, conflitando com o conteúdo dos referidos dispositivos da LC n. 80/1994.

Sobre o § 3º desse dispositivo, tecemos as considerações pertinentes no item 20.2.1.

#### 4.4.7.2. Art. 24, XIII, da CF

> Art. 24. Compete à União, aos Estados e ao Distrito Federal legislar concorrentemente sobre:
> (...)
> XIII – assistência jurídica e Defensoria Pública;

---

203 Art. 186. A Defensoria Pública gozará de prazo em dobro para todas as suas manifestações processuais.

A competência concorrente permite que a União edite normas de caráter geral e os Estados normas de caráter específico. Trata-se de instrumento com o objetivo de garantir a unidade e equilíbrio da federação brasileira.

A LC n. 80/1994 tem, a princípio, o papel de tecer as normas gerais, e as leis estaduais e distrital de regulamentarem, especificamente, as Defensorias Públicas dos Estados e do Distrito Federal.

Não será sempre tarefa fácil discernir quais são as normas gerais e quais as de interesse específico, no cotejo da LC n. 80/1994 com as legislações estaduais. As controvérsias serão analisadas pontualmente, no decorrer da obra. Vale lembrar, aqui, que "o critério de repartição de competências adotado pela Constituição não permite que se fale em superioridade hierárquica das leis federais sobre as leis estaduais. Há, antes, divisão de competências entre esses entes. Há inconstitucionalidade tanto na invasão da competência da União pelo Estado-membro como na hipótese inversa"[204].

Cumpre ainda observar que no silêncio da lei federal sobre questão geral, caberá ao legislador estadual regulamentar a matéria em toda sua amplitude[205], evitando o vácuo de regulação.

Sobre esta matéria, decidiu o Supremo Tribunal Federal:

> Se é certo, de um lado, que, nas hipóteses referidas no art. 24 da Constituição, a União Federal não dispõe de poderes ilimitados que lhe permitam transpor o âmbito das normas gerais, para, assim, invadir, de modo inconstitucional, a esfera de competência normativa dos Estados-membros, não é menos exato, de outro, que o Estado-membro, em existindo normas gerais veiculadas em leis nacionais (como a Lei Orgânica Nacional da Defensoria Pública, consubstanciada na LC 80/1994), não pode ultrapassar os limites da competência meramente suplementar, pois, se tal ocorrer, o diploma legislativo estadual incidirá, diretamente, no vício da inconstitucionalidade. A edição, por determinado Estado-membro, de lei que contrarie, frontalmente, critérios mínimos legitimamente veiculados, em sede de normas gerais, pela União Federal ofende, de modo direto, o texto da Carta Política. Precedentes (ADIn 2.903, rel. Min. Celso de Mello, j. 1º-12-2005, P, *DJE* de 19-9-2008).

Como dito, a Lei Complementar n. 80/94 teria a função de regulamentar especificamente a Defensoria Pública da União, Distrito Federal e Territórios. O tempo verbal se justifica em razão de provável polêmica imposta pelo cotejo da competência da União e a competência distrital, ou seja: *em que limite poderia a União legislar sobre temas específicos da Defensoria Pública do Distrito Federal?* É conhecido o singular tratamento que o Distrito Federal recebe do ordenamento, mas, se o art. 24 prevê competência concorrente, significa que o Distrito Federal pode legislar sobre matéria de interesse específico, não cabendo à União invadir tal seara na lei complementar, como o fez.

A Emenda Constitucional n. 69, ao alterar a redação dos arts. 21, 22 e 48, traz contorno definitivo à discussão apontada. A mudança tem os seguintes aspectos:

---

204 MENDES, Gilmar Ferreira et al. *Curso de direito constitucional*. São Paulo: Saraiva, 2007. p. 777.

205 Idem, p. 776.

| Antiga redação | Nova redação |
|---|---|
| Art. 21. Compete à União:<br>(...)<br>XIII – organizar e manter o Poder Judiciário, o Ministério Público e a **Defensoria Pública** do Distrito Federal **e dos Territórios**; | Art. 21. Compete à União:<br>(...)<br>XIII – organizar e manter o Poder Judiciário, o Ministério Público do Distrito Federal e dos Territórios e a ***Defensoria Pública dos Territórios***; |
| Art. 22. Compete privativamente à União legislar sobre:<br>(...)<br>XVII – organização judiciária, do Ministério Público e da **Defensoria Pública** do Distrito Federal **e dos Territórios**, bem como organização administrativa destes; | Art. 22. Compete privativamente à União legislar sobre:<br>(...)<br>XVII – organização judiciária, do Ministério Público do Distrito Federal e dos Territórios e da ***Defensoria Pública dos Territórios***, bem como organização administrativa destes; |
| Art. 48. Cabe ao Congresso Nacional, com a sanção do Presidente da República, não exigida esta para o especificado nos arts. 49, 51 e 52, dispor sobre todas as matérias de competência da União, especialmente sobre:<br>(...)<br>IX – organização administrativa, judiciária, do Ministério Público e da **Defensoria Pública da União e dos Territórios** e organização judiciária, do Ministério Público e da **Defensoria Pública** do Distrito Federal; | Art. 48. Cabe ao Congresso Nacional, com a sanção do Presidente da República, não exigida esta para o especificado nos arts. 49, 51 e 52, dispor sobre todas as matérias de competência da União, especialmente sobre:<br>(...)<br>IX – organização administrativa, judiciária, do Ministério Público e da ***Defensoria Pública da União e dos Territórios*** e organização judiciária e do Ministério Público do Distrito Federal; |

Diante do quadro comparativo, fica claro que a EC n. 69:

*a*) afasta a competência da União para organizar e manter a Defensoria Pública do Distrito Federal (art. 21, nova redação);

b) afasta a competência da União para legislar sobre a Defensoria Pública do Distrito Federal (art. 22, nova redação);

c) afasta a competência do Congresso Nacional para dispor de matérias referentes à Defensoria Pública do Distrito Federal (art. 48, nova redação).

É possível sustentar, diante do quadro constitucional criado pela EC n. 69, que fora revogada a regulação específica da Defensoria Pública do Distrito Federal na Lei Complementar n. 80/1994, devendo ser aplicada, assim, a legislação local[206].

Remetemos o leitor aos comentários do art. 2º da LC n. 80/1994.

206 Entende-se aplicável, hoje, a Lei Distrital n. 828/2010. No mesmo sentido: SILVA, Franklin Roger Alves da. LC 80/94 tem anacronismo com a realidade da Defensoria Pública. *Revista Consultor Jurídico*, coluna "Tribuna da Defensoria", 19 de setembro de 2017.

#### 4.4.7.3 Art. 61, § 1º, II, d, da CF

Art. 61. A iniciativa das leis complementares e ordinárias cabe a qualquer membro ou Comissão da Câmara dos Deputados, do Senado Federal ou do Congresso Nacional, ao Presidente da República, ao Supremo Tribunal Federal, aos Tribunais Superiores, ao Procurador-Geral da República e aos cidadãos, na forma e nos casos previstos nesta Constituição.

§ 1º São de iniciativa privativa do Presidente da República as leis que:

(...)

II – disponham sobre:

(...)

d) organização do Ministério Público e da Defensoria Pública da União, bem como normas gerais para a organização do Ministério Público e da Defensoria Pública dos Estados, do Distrito Federal e dos Territórios;

Justifica-se pela necessidade de mínima unidade dentre os entes da federação a iniciativa privativa da Presidência da República para normas gerais sobre a Defensoria Pública dos Estados, do Distrito Federal e dos Territórios. No caso da Defensoria Pública da União, como já dito, a iniciativa abrange também a regulamentação específica.

Com relação ao Ministério Público, o Supremo Tribunal Federal já decidiu que há inconstitucionalidade formal na hipótese de emenda parlamentar em projeto de lei de iniciativa do Ministério Público implicar aumento de despesa:

> A jurisprudência desta Corte firmou-se no sentido de que gera inconstitucionalidade formal a emenda parlamentar a projeto de lei de iniciativa do Ministério Público estadual que importa aumento de despesa (**ADIn 4.075 MC**, rel. Min. Joaquim Barbosa, j. 4-6-2008, no *DJE* de 20-6-2008).

Na verdade, a jurisprudência do Supremo Tribunal Federal fixou esse entendimento não só ao Ministério Público, mas a todas as hipóteses em que exista iniciativa privativa legislativa, como se pode colher de parte da ementa da ADIn 2.696, julgado em 15-12-2016 pelo plenário daquela corte:

> (...) Poder de emenda do Poder legislativo em matéria de iniciativa exclusiva do Tribunal de Justiça. Ausência de inconstitucionalidade material. Taxa judiciária. Vinculação ao valor da causa ou ao valor dos bens sob litígio. 1. Não ofendem a autonomia administrativa e financeira do Poder Judiciário estadual ou sua reserva de iniciativa legislativa emendas parlamentares oferecidas a projetos de lei que versem sobre tabelas de custas e emolumentos. A função do Legislativo nos projetos cuja iniciativa de propositura seja exclusiva de algum órgão ou agente político não se resume a chancelar seu conteúdo original. O debate, as modificações e as rejeições decorrentes do processo legislativo defluem do caráter político da atividade. 2. A jurisprudência da Corte tem entendido, reiteradamente, que a Constituição Federal somente veda ao Poder Legislativo formalizar emendas a projetos de iniciativa exclusiva se delas resultarem aumento de despesa pública ou se forem totalmente impertinentes à matéria versada no projeto, o que não é o caso da presente ação direta. Precedentes: ADI n. 3.288/MG, Rel. Min. Ayres Britto, *DJ* de 24/2/11; ADI n. 2350/GO, Rel. Min. Maurício Corrêa, *DJ* de 30/4/2004 (ADIn 2.696 /PR – Relator(a): Min. Dias Toffoli, j. 15-12-2016, no DJE-048, DIVULG 13-3-2017 PUBLIC 14-3-2017).

Esse entendimento fixado pelo Supremo Tribunal Federal importa bastante para a Defensoria Pública, pois a EC n. 80/2014 prevê que a inteligência do art. 96, II, da Constituição Federal seja integrada ao regime jurídico da Defensoria Pública – ainda que existam dúvidas quanto à extensão dessa aplicabilidade.

### *4.4.8 O § 4º do art. 134 da CF incluído pela EC 80/2014: relevantes mudanças e uma boa dose de insegurança jurídica*

A segunda parte do § 4º do art. 134 requer análise mais detida por ser a maior inovação da EC n. 80/2014.

Essa análise mais detida só é devida porque, sabe-se lá a razão, o constituinte reformador, a fim de estender regra similar prevista para o Ministério Público[207], operou de maneira lacônica. Melhor dizendo: poderia o constituinte reformador ter deixado de lado a expressão "*no que couber*", cuja função primordial é a de estender regras típicas do Judiciário à Defensoria Pública com o profundo efeito colateral das incertezas em torno das fronteiras de seu alcance. "Para que facilitar se se pode complicar?", é o irônico dito popular que, aqui, parece ter inspirado nosso constituinte[208].

De agora em diante, duas regras constitucionais aplicáveis ao Poder Judiciário se aplicam à Defensoria Pública: o art. 93 e o inciso II do art. 96. A isso nos dedicaremos de agora em diante, começando por analisar a aplicação ("no que couber") do art. 93 da Constituição Federal à Defensoria Pública.

O inciso I do art. 93 prevê desde a consolidação do princípio do concurso público como único meio de o bacharel em Direito ingressar na magistratura[209-210]; passando pela obrigatorie-

---

207 Art. 129, § 4º.

208 "(...) Conforme o legislador deseje restringir ou estender o poder de apreciação daqueles que deverão aplicar as leis, (...) redigirá o texto da lei em termos mais ou menos precisos, ou mais ou menos vagos: significando a imprecisão que, nos casos particulares, o próprio legislador não deseja tomar uma posição determinada, quer pelo fato de estarem ausentes todos os elementos de informação, quer por não haver acordo dos membros do legislativo sobre a maneira de regulá-los..." (PERELMAN, Chaïm. *Lógica jurídica*. Trad. Vergínia K. Pupi. São Paulo: Martins Fontes, 2004. p. 202-203).

209 Das Constituições brasileiras, a primeira que consagrou em seu texto o concurso público como meio para a investidura de magistrados foi a de 1934 (art. 104, *a*). A Constituição de 1937 manteve essa regra apenas para as Justiças dos Estados, Distrito Federal e Territórios (art. 103, *a*), mas não para a recém-criada Justiça Militar, cujo art. 112 remeteu toda disciplina à lei (da mesma maneira que o fez a Constituição de 1946, até mais explicitamente: art. 106, parágrafo único).

210 Ao tratar da magistratura, Carlos Maximiliano explicava a existência de três modelos de investidura de juízes (eleição pelo povo, nomeação e escolha pelos próprios membros) (*Comentarios á Constituição brasileira*. 3. ed., Porto Alegre: Livraria Globo, 1929. p. 598-599). Menos econômico, João Mendes de Almeida Junior citava a existência de sete sistemas (eleição popular; livre nomeação pelo Executivo; nomeação pelo Executivo e aprovação pelo Legislativo; nomeação pelo Executivo, mediante concurso; nomeação pelo Executivo, mediante proposta pelo Judiciário; nomeação pelo Judiciário, mediante concurso) (*Direito judiciário brasileiro*. 5. ed. Rio de Janeiro: Freitas Bastos, 1960. p. 71). Por fim, e deixaremos de lado a menção a cada um

dade de participação da Ordem dos Advogados do Brasil ao longo do certame[211]; e ainda – essa uma inovação da EC n. 45/2004 – a exigência da chamada "quarentena de início"[212].

#### 4.4.8.1 A exigência de concurso público (inciso I)

Sem dúvida alguma que se aplica à Defensoria Pública a regra do concurso público, mas isso não decorre da emenda constitucional objeto do presente artigo, e sim do parágrafo 1º do art. 134 da Constituição. Essa regra, que existe no texto constitucional desde a sua redação original, consubstancia umas das diversas virtudes que o modelo público de assistência jurídica possui em comparação com o modelo *judicare*. Além de ser instituto republicano, o concurso público sugere que, não obstante algumas limitações[213], por meio dele, profissionais mais habilitados se incumbirão de prestar o serviço de assistência jurídica, assegurando, portanto, a efetiva paridade de armas em face dos demais atores do sistema de justiça. Em suma: o fato de a assistência jurídica ser destinada a pobres não significa que o serviço a ser prestado deva ser pobre, logo, se ele, por si só, não tem o condão de garantir a qualidade do serviço, sem dúvida alguma é um ponto de partida para que isso ocorra[214].

Urge destacar que não só o princípio do concurso público já ilumina a gradativa consolidação da Defensoria Pública brasileira como o Supremo Tribunal Federal já teve a oportunidade de enaltecê-lo mesmo em casos concretos que, à primeira vista, insinuariam um raciocínio consequencialista[215].

Portanto, a exigência de concurso público se impõe à Defensoria Pública, mas esse mandamento já decorria do art. 134, § 1º, da Constituição, afinado com o princípio republicano (art. 1º da CF/88) e a regra constitucional que determina a prévia aprovação em concurso público para investidura de cargo (art. 37, II, da CF/88).

Analisemos agora cada aspecto acerca da aplicabilidade desse inciso I:

*a) A participação da Ordem dos Advogados do Brasil nos concursos para defensor público*

---

deles, Dalmo de Abreu Dallari, valendo-se de um levantamento de autoria de Cézar Azabache, noticia ser possível encontrar trinta e dois modos de seleção de juízes, sendo um deles a venda de cargos (*O poder dos juízes*. 3. ed. São Paulo: Saraiva, 2010, p. 23-25).

211 A primeira Constituição brasileira a prever a obrigatoriedade da participação (falava "colaboração") da Ordem dos Advogados do Brasil nos concursos públicos para a magistratura foi a de 1946 (art. 124, III), sendo curioso notar que, para o Ministério Público, previu-se também o primado do concurso público, mas sem qualquer exigência de que a Ordem dos Advogados do Brasil participasse do certame, como se depreende do art. 127 (as Constituições de 1967 – art. 138, § 1º – e de 1969 – art. 95, § 1º – mantiveram essa desnecessidade de participação). Outra curiosidade reside na Constituição de 1967: ela prevê a participação da OAB nos concursos para juízes estaduais (art. 136, I), mas não para juízes federais (art. 118).

212 PEREIRA, Viviane Ruffeil Teixeira. In: *Reforma do Judiciário comentada*. Zeno Veloso e Gustavo Vaz Salgado (coords.). São Paulo: Saraiva, 2005. p.49.

213 V. nosso item n. 4.4.3, nesta Parte I.

214 Nesse sentido, Dalmo de Abreu Dallari, *O poder dos juízes*, cit., p. 27.

215 BARROSO, Luís Roberto. *Curso de direito constitucional contemporâneo*. São Paulo: Saraiva, 2009. p. 343.

O outro trecho do inciso I do art. 93 se refere à tradicional participação da Ordem dos Advogados do Brasil (OAB) nos concursos públicos para a magistratura e para o Ministério Público[216]. A dúvida que se coloca é: está *constitucionalizada* a exigência da participação da OAB nos concursos públicos para os cargos de defensor público?

A indagação acima, para não ser respondida à luz da mera interpretação literal, exige algumas ponderações que faremos de agora em diante. Antes, um alerta: além da LC n. 80/1994[217], diversas leis estaduais[218] já previam a participação da OAB. Nesse cenário, concluir que o inciso I do art. 93 se aplica à Defensoria Pública (ou ao menos esse trecho em questão) possui pouco efeito prático, pois, ante a omissão constitucional, a liberdade de conformação do legislador entra em cena (a isso chamaremos "*efeito prático menor*"). Por outro lado, concluir que o dispositivo constitucional não se aplica à Defensoria Pública enseja o que chamaremos "*efeito prático maior*".

Comecemos pelo *efeito prático menor*.

A leitura literal da LC n. 80/1994 (arts. 24, 69 e 112, *caput*) demonstra que o legislador se limitou a garantir a participação da OAB. Ponto.

Em contrapartida, o texto constitucional, ao tratar da magistratura (art. 93, I) e do Ministério Público (art. 129, § 3º), diz mais do que isso. No primeiro caso, a expressão é "participação da Ordem dos Advogados do Brasil *em todas as fases*", e no segundo, "participação da Ordem dos Advogados do Brasil em sua realização".

Pode parecer um mero jogo de palavras, mas quando a inaugural participação da OAB nos concursos públicos para o cargo de juiz se deu por força do art. 124, III, da Constituição de 1946, tal dispositivo, por se limitar a prever "colaboração do Conselho Seccional da Ordem dos Advogados do Brasil", suscitou algumas discussões quanto à abrangência dessa colaboração.

À parte o fato de que a palavra "participação" permite maior certeza quanto à posição de coadjuvante do que o faz a palavra "colaboração", em 1958 Mário Guimarães, apoiando-se em Themístocles Brandão Cavalcanti, lecionava que essa colaboração da OAB dar-se-ia apenas e tão só na comissão examinadora, ou seja, no exame das provas a se aplicarem, e não, por exemplo, no momento inicial de regulamentação do certame (por exemplo, para a definição das fases e das disciplinas a serem exigidas). O raciocínio era simples: num momento em que o Judiciário ganhava a autonomia administrativa para realizar seus próprios concursos, não faria sentido interpretar-se que "*dois órgãos heterogêneos – o Tribunal e a Ordem*" se incumbissem conjuntamente desse mister[219].

---

216 Desde a Constituição de 1934 há exigência para que a investidura nos cargos para membro do Ministério Público se dê por concurso público (art. 95, § 3º). No entanto, a previsão de participação da OAB no certame surge apenas na Constituição de 1988 (art. 129, § 3º). Vale lembrar que a Constituição de 1946 foi a primeira a prever a participação da OAB em concursos para a magistratura, regra esta mantida nas constituições seguintes, sendo convincente raciocinar que, para o Ministério Público, a desnecessidade da participação da OAB nas Constituições de 1946 (art. 127), 1967 (art. 138, § 1º) e 1969 (art. 95, § 1º) foi proposital.

217 Arts. 24, 69 e 112, *caput*.

218 Caso, *v.g.*, da Defensoria Pública do Estado de São Paulo (LC estadual n. 988/2006, art. 90) e do Rio de Janeiro (LC estadual n. 06/1977, art. 46).

219 *O juiz e a função jurisdicional*. Rio de Janeiro: Forense, 1958. p. 87-88.

Superada essa primeira dificuldade do "efeito prático menor", analisemos outra: a participação da OAB nos concursos da Defensoria Pública se dá em todas as fases do certame ou bastaria em uma ou algumas delas?

Do ponto de vista literal, pela linguagem mais econômica da LC n. 80/1994, basta que se garanta alguma participação, mas se agora o art. 93, I, da Constituição Federal se aplica à Defensoria Pública, a participação precisa se dar em todas as fases[220].

Resta analisar o *efeito prático maior*.

A maior relevância prática surgirá na conclusão contrária: que o inciso I do art. 93 (ou ao menos esse trecho em questão) *não* se aplica à Defensoria Pública, de modo que eventual revogação dos dispositivos das leis orgânicas nacional, distrital e estaduais ensejariam a não participação da OAB nos concursos para o cargo de defensor público. Essa interpretação, não é preciso dizer explicitamente, causaria tensão entre Defensoria Pública e a OAB.

Já antecipamos que nossa conclusão será pela aplicação desse trecho do inciso I do art. 93, não para evitar essa tensão com a OAB, mas por convicção diante do que estabelecem os textos normativos.

Sem dúvida alguma a prerrogativa de a OAB participar do concurso para ingresso na carreira de defensor público decorre de igual sistemática adotada no seio da magistratura (desde 1946) e, após, do Ministério Público (desde 1988).

Sobre isso, o historiador Marco Aurélio Vannucchi Leme de Mattos rememora a proximidade da OAB com o Estado desde seu nascedouro, em 1930. No que toca a essa proximidade com o Congresso Nacional, diz que "(...) a presença de vários conselheiros no Congresso Nacional foi importante para assegurar a manutenção do controle da categoria dos advogados da OAB nos termos em que ele estava estabelecido (...)". E mais a frente: "O Conselho Federal [da OAB] mobilizava sua bancada para garantir sua consolidação institucional, assim como para alargar sua jurisdição, como ficou evidente na luta pela aprovação do projeto que lhe dava o direito de participar dos concursos para nomeação de juízes substitutos"[221].

Conquanto a Constituição Federal de 1934 silenciasse a esse respeito, no Estado da Bahia sua Constituição não deixou passar despercebida a influência exercida pelo órgão, a ponto de o *caput* do art. 48 prever que: "A Ordem dos Advogados do Brasil, Secção da Bahia, será sempre ouvida em todos os assumptos pertinentes à divisão e à organização judiciarias do Estado".

---

220 Em 1995 Paulo Bonavides proferiu parecer pleiteado pelo presidente da OAB do Espírito Santo que tratava justamente desse assunto. No caso concreto, o Tribunal de Justiça daquele Estado lançara um edital para o concurso de juiz de Direito garantindo a participação pontual da OAB no certame, e não em todas as fases, o que ensejou a impetração de mandado de segurança. Não pesquisamos o resultado desse processo, mas, para os fins do que ora argumentamos, basta a ciência de que já houve discussão sobre isso. Vale dizer que o parecer de Paulo Bonavides concluía pela obrigatoriedade da participação integral da OAB (em todas as fases), sob pena de nulidade, valendo-se o eminente jurista, sobretudo, das interpretações literal e histórica dos textos constitucionais de 1946 a 1988. A íntegra do parecer encontra-se no livro de autoria do parecerista: *A Constituição aberta*. 2. ed. São Paulo: Malheiros, 1996, p. 313-327.

221 MATTOS, Marco Aurélio Vannucchi Leme de. *Os cruzados da ordem jurídica, a atuação da Ordem dos Advogados do Brasil (OAB), 1945-1964*. Tese apresentada para o título de Doutor em História na FFLCH/USP, ano 2011, p. 199-200.

Numa perspectiva dogmático-jurídica, a indagação sobre as razões de a OAB participar dos concursos para juiz, membro do Ministério Público e defensor público redundariam numa explicação singela: a Constituição (e as leis brasileiras) traz essa exigência.

Mas é fora da perspectiva dogmático-jurídica que se encontra o cerne da indagação. Em outros termos: por qual razão as leis brasileiras preveem isso? Qualquer que seja a resposta, a mensagem que queremos deixar ao leitor é: *ela não reside na natureza das coisas*, pelo contrário; é fruto de um momento histórico de consolidação da Ordem dos Advogados do Brasil.

É claro que a participação da OAB é importante nos concursos para a magistratura. *Supõe-se* que através dela garantir-se-á alguma "oxigenação" durante o certame, ou pelo menos um salutar ponto de vista diferenciado, e convenhamos: se essa hipótese não pode ser comprovada empiricamente, mal nenhum ela causa, e só por isso sua participação há de ser enaltecida.

Não deixa de ser *irônico*, porém, no *contexto atual*, a (interpretação da) constitucionalização da participação da OAB nos concursos para o cargo de defensor público, afinal, para o Conselho Federal da OAB defensor público é advogado, como sustenta na petição inicial da ADIn 4.636.

Veja o leitor: para "oxigenar" os concursos da magistratura e do Ministério Público com a visão de mundo da advocacia, a classe dos advogados tem, nos termos da Constituição Federal, participação assegurada em todas as fases do certame. Além disso, a visão de mundo da advocacia também precisa oxigenar os concursos para o cargo de defensor público, embora o Conselho Federal da OAB afirme categoricamente que defensores públicos são advogados! Eis a incoerência[222].

Deixando essa incoerência de lado, é claro que a decisão acerca da participação da OAB nos concursos para defensor público não pode ser atribuída apenas ao Conselho Federal da OAB, afinal, estamos lidando com decisões tomadas pelo legislador da LC n. 80/1994 e, agora, ao menos por interpretação, pelo constituinte reformador. Mas que o Conselho Federal da OAB poderia ter evitado a incoerência na petição inicial da ADIn n. 4636; isso poderia.

*Em suma*: aplica-se à Defensoria Pública o trecho do art. 93, I, referente à exigência da participação da OAB nos concursos para o cargo de defensor público, sendo essa mais uma prova de que defensores públicos são servidores públicos integrantes da Defensoria Pública e advogados são profissionais liberais inscritos nos quadros da Ordem dos Advogados do Brasil. Ademais, retomando a importantíssima lição de Mário Guimarães, citada acima neste mesmo item, é fundamental ter-se em mente que a OAB não deve participar da regulamentação do certame, pois, assim como a autonomia administrativa do Judiciário repele interpretação contrária, do mesmo modo a Defensoria Pública possui autonomia administrativa constitucional que a obriga, no âmbito de suas atribuições e sem a tutela da OAB, a desincumbir-se da elaboração do edital e de outros deveres administrativos e orçamentários para concretização do certame.

---

222 Incoerência na qual incorre a Advocacia Pública, pois embora o art. 3º, § 1º, do Estatuto da OAB preveja que desempenham advocacia, a Constituição Federal, desde 1998, exige a participação da OAB nos concursos para procurador do Estado (art. 132, *caput*), mas não para os da Advocacia-Geral da União (art. 131, § 1º). Essa é mais uma demonstração de que, antes de qualquer significado ontológico, existe o elemento do casuísmo na legislação brasileira.

*b) A exigência de três anos de atividade jurídica*

De todas as discussões e eventuais polêmicas que a expressão "no que couber" puder suscitar, não há dúvida de que o trecho do art. 93, I, concernente à exigência de três anos de atividade jurídica para o ingresso na carreira será o mais tormentoso.

Atualmente, a LC n. 80/1994 prevê a exigência de dois anos de prática forense por parte do candidato, mas tal regra é prevista apenas para a Defensoria Pública da União e Territórios e para a Defensoria Pública do Distrito Federal[223]. Omitiu-se o legislador, nesse ponto, no capítulo dedicado às Defensorias Públicas estaduais[224].

Diante disso, em se interpretando que esse trecho do art. 93, I, se aplica à Defensoria Pública, já se conclui a existência de no mínimo *dois efeitos consideravelmente práticos*: (i) em vez de dois anos agora seriam três anos de atividade jurídica e (ii), se antes se poderia falar em liberdade de conformação do legislador estadual ante a omissão do art. 112, agora seria vinculante essa exigência em plano constitucional-nacional.

Fossem apenas esses os efeitos práticos e, de certo ponto de vista, a tormenta jurídica seria de menor monta. Mas há outro, esse sim severo, e para o qual elaboramos a seguinte pergunta: o conceito de "atividade jurídica" do art. 93, I, da Constituição Federal guarda *alguma coincidência* com os conceitos de "prática forense" e de "atividade jurídica" inseridos nos arts. 26, *caput* e § 1º, e 71, *caput* e § 1º da LC n. 80/1994?

Salvo melhor juízo, para sustentar uma tese que amenize as consequências práticas da aplicação do art. 93, I, à Defensoria Pública há dois caminhos: (i) sustentar que, ao menos no que toca ao trecho da exigência de três anos de atividade jurídica, o inciso I do art. 93 da Constituição Federal não se aplica à Defensoria; (ii) sustentar que o art. 93, I (o trecho ora analisado), se aplica à Defensoria mas interpretando a expressão "atividade jurídica" na linha dos § 1º dos arts. 26 e 71 da Lei Complementar n. 80/1994 – agora sem dúvida aplicáveis às Defensorias Públicas estaduais.

Antes, porém, de nos dedicarmos às duas interpretações sugeridas, parece-nos essencial analisarmos a evolução da regra da atividade jurídica no seio da magistratura e do Ministério Público.

*b.1) Atividade jurídica: uma expressão vaga. Sua construção no direito brasileiro*

A Constituição Federal prevê tanto para a magistratura[225] quanto para o Ministério Público[226] que, para o ingresso na carreira, o bacharel em Direito possua três anos de atividade jurídica. Em ambos os casos a inovação coube não ao constituinte originário, mas ao reformador, através da EC n. 45/2004.

---

223 LC n. 80/1994, arts. 26, *caput* e § 1º; 71, *caput* e § 1º.

224 LC n. 80/1994, art. 112.

225 CF/88, art. 93, I.

226 CF/88, art. 129, § 3º.

Foi no seio do Poder Judiciário[227], e não do Ministério Público, porém, que de longa data debates fervorosos despontaram, e isso em contextos e épocas diferentes.

Em 1932, J. Soares de Mello expunha todo seu ceticismo quanto ao ingresso na carreira da magistratura via concurso público, pois embora às vezes revelasse talentos e grandes culturas, nem sempre garantia a aferição das qualidades essenciais que um bom juiz requer. E citava que em 1892 o Estado da Bahia (Lei n. 15, de 15 de julho) instituíra o concurso público para os cargos de juiz de Direito, não, porém, sem críticas, como a de Aurelino Leal, que em 1902 asseverava: "o concurso que a principio parecia ter a vantagem minima de afastar os incompetentes os tem attraido em numero notavel"[228].

Num livro clássico da década de 1960, o magistrado Edgard de Moura Bittencourt criticava ferrenhamente a falta de estímulos e condições materiais para que os jovens bacharéis, ávidos que são pelo aprendizado ("que melhores condições humanas se poderiam desejar para o aspirante a magistrado?", indagava retoricamente o autor), ingressassem na magistratura[229]. Para ele, que exaltava o princípio do concurso público sem deixar de apontar suas falhas inerentes, o essencial não era a exigência de requisitos como tempo de prática forense[230], e sim conhecer bem os candidatos após sua aprovação num período que denominava "estágio de preparação", como exemplos estrangeiros demonstravam[231].

Alguns relatos dessa época apontam um desinteresse[232] nos concursos para a magistratura[233], a ponto de Décio Cretton, desembargador do Tribunal de Justiça do Rio de Janeiro e

---

227 O Código de Processo Criminal de 1832 já previa (art. 44) que "os Juizes de Direito serão nomeados pelo Imperador d'entre os Bachareis formados em Direito, maiores de dous annos, bem conceituados, e que tenham, pelo menos, um anno de pratica do foro, podendo ser provada por certidão dos Presidentes das Relações, ou Juizes de Direito, perante quem tenham servido; tendo preferencia os que tiverem servido de Juizes Municipaes, e Promotores". Em 1841, a Lei n. 261 ampliou para quatro anos o período de prática ("servido com dintincção"); além disso, tal prática agora ficava restrita à experiência como Juiz Municipal, de Orphãos ou Promotor Publico (art. 24).

228 *Juizes criminaes – o seu recrutamento*. São Paulo: Editora Limitada, 1932. p. 87-89.

229 *O juiz*: estudos e notas sobre a carreira, função e personalidade do magistrado contemporâneo. São Paulo: Editora Jurídica Universitária, 1966. p. 93.

230 Idem, p. 91.

231 Idem, p. 92.

232 Mário Guimarães cita trecho de um relato de um juiz gaúcho, Waldetário Pinheiro Mota, que demonstra o quão precárias podiam ser as condições de trabalho. Vale reproduzir essa citação, tão cômica quanto dramática: "A estada nas pensões sem confôrto, sem ordem, sem asseio, e de reputação duvidosa aumenta o sofrimento do magistrado que deixa seu lar, aparta-se da família, interrompe os estudos de gabinete e vai trabalhar fora. Certa vez, fui, a serviço, a uma cidade de agradável aspecto e, não encontrando uma pensão, hospedei-me num bar que acolhe os viajantes. Passei o dia ouvindo o tinir dos copos, sentindo odor da aguardente e percebendo o choque das esferas de bilhar e do *snooker*, mas o que mais me irritou foi o ruído choroso da roleta instalada em quarto vizinho à sala de refeições. Não permaneci naquela casa de tavolagem, naquele viveiro de contravenções, enquanto aplicava as leis do país na dita comarca, porque a gentileza do escrivão livrou-me de situação tão vexatória" (apud, Mário Guimarães, *O juiz e a função jurisdicional*, cit., p. 91, nota 9).

233 O próprio Edgard de Moura Bittencourt traz um relato de seu tempo: "Até há pouco tempo, o desinteresse pela Magistratura explicava naturalmente o pessimismo reinante em relação aos futuros quadros de juízes.

examinador nos concursos daquele tribunal dos anos de 1978 e 1979, afirmar que "Hoje [escrevia em 1980] é muito melhor ser promotor, defensor público ou advogado de empresas privadas do que juiz de direito"[234].

Com todas as citações acima o que queremos sugerir ao leitor é que *o grau de exigências para a submissão aos concursos públicos é diretamente proporcional à demanda por eles*[235].

Dentre inúmeros tratadistas que se dispuseram a pensar a magistratura brasileira, citemos dois que enalteciam a prévia experiência prática como condição ao cargo de magistrado.

Mário Guimarães, ao comentar que a prática da advocacia era requisito constante nos concursos estaduais, era enfático: "Não se concebe (...) seja entregue a tarefa de decidir das questões a qualquer bacharel bisonho, saído das academias"[236].

Mais recentemente, José Renato Nalini citava Aniceto Lopes Aliende para sugerir que a participação nos concursos para a magistratura se desse por "pessoas já experimentadas no exercício de algumas carreiras jurídicas"[237].

Após pesquisa encomendada pela Associação dos Magistrados Brasileiros (AMB), no final da década de 1990 um grupo de renomados cientistas sociais constatou, dentre outros dados, que na década de 1980 cerca de 16% dos juízes provinham de experimentada advocacia (cerca de dez anos como causídicos), percentual que caiu para 9% na década seguinte. Assim, os números demonstravam "(...) uma queda no recrutamento de juízes com experiência exclusiva na advocacia"[238].

Os intensos debates envolvendo a busca, talvez utópica, do juiz ideal acabaram encontrando eco na EC n. 45/2004, a chamada "Reforma do Judiciário", que, na verdade, não se limitou a esse Poder.

No ano de 2005, havia doutrinadores que já polemizavam o significado e o alcance da expressão "atividade jurídica": seria ela sinônima de prática forense? Estágio na área do Direito seria espécie de atividade jurídica? E o caso dos servidores públicos do Judiciário? E o dos delegados e dos notários? O art. 93, I, seria norma autoaplicável? Se essa norma é restritiva de direitos, posto que impacta no acesso aos cargos públicos, poder-se-ia fazer interpre-

---

O número de candidatos habilitados em concursos era diminuto em confronto com o das inscrições também escassas (...). Uma vez, o número de candidatos aprovados chegou a ser menor do que o de vagas, demonstrando desprezo quase completo pela carreira...". Prossegue o autor relatando que mais recentemente a situação melhorara, embora não o ideal, devido ao incremento de vantagens pecuniárias oferecidas por lei estadual (Idem, p. 90).

234 *O estatuto da magistratura brasileira*. São Paulo: Saraiva, 1980. p. 66.

235 Ao expor os requisitos mais constantes para os concursos para as magistraturas estaduais, como idade, nacionalidade, diploma de bacharel, tempo de advocacia, prova de sanidade, serviço militar obrigatório etc., Mário Guimarães advertia: "as condições precárias em que se exerce a magistratura no interior do país obrigaram, todavia, a redução" (*O juiz e a função jurisdicional*, cit., p. 89).

236 Idem, p. 90-91.

237 *Recrutamento e preparo de juízes*. São Paulo: RT, 1992. p. 87.

238 VIANNA, Luiz Wernneck et al. *Corpo e alma da magistratura brasileira*. 3. ed. Revan, Rio de Janeiro, 1997. p. 187.

tação ampliativa a fim de estender essa exigência para concursos como Procurador do Estado e Defensor Público?[239].

Independentemente das respostas às indagações acima, fica nítido que desde seu nascedouro a expressão "atividade jurídica" causou inúmeras discussões, sobretudo em razão da vagueza do texto constitucional.

É fora de dúvida que "atividade jurídica" não é sinônima de ser advogado ou mesmo bacharel em Direito.

Por vezes o legislador toma decisões acerca desses assuntos. A título de exemplo, a Lei n. 8.935/1994 (art. 3º) prevê o notário, o tabelião, o oficial de registro e o registrador como profissionais de direito. O fato é que por lei aquelas funções se reputam atividade jurídica. É irrelevante, aqui, a natureza das coisas. A lei determina e ponto!

Mas complica-se o assunto quando não há lei que prescreva isso, cabendo ao intérprete dizer o que é atividade jurídica. Nesse caso, é inevitável a insegurança jurídica.

Em 2006 o STF julgou a ADIn 3.460-DF, proposta pela CONAMP, que questionava uma resolução do ano de 2002 do Conselho Superior do Ministério Público do Distrito Federal (CSMPDF) – a EC n. 45/2004 viria dois anos depois. O art. 7º da Resolução n. 35/2002, em suma, destrinchava o conceito de atividade jurídica (colocando-a como comprovação necessária para o concurso daquele Ministério Público) da seguinte maneira: atividade jurídica seria o que dissesse respeito à atividade de advocacia (consoante Estatuto OAB[240]); a cargo privativo de bacharel; ao magistério superior que exija ser bacharel em direito; ou a pós-graduação em direito. Como se vê, eram atividades essencialmente diferentes (umas práticas demais, outras teóricas demais), e em comum elas tinham o seguinte: todas seriam "atividade jurídica" para os fins daquele concurso público.

O STF entendeu normal aquela exigência da resolução e disse que ela ia ao encontro do espírito do art. 37, II, da CF/88: só é admissível a restrição ao acesso ao concurso público quando a "natureza das atribuições" assim o exigir, algo que o próprio STF sumulara em 2003 (**Súmula 683**): "O limite de idade para a inscrição em concurso público só se legitima em face do art. 7º, XXX, da Constituição, quando possa ser justificado pela natureza das atribuições do cargo a ser preenchido".

Quando do advento da EC n. 45/2004 o requisito da "atividade jurídica" se tornava constitucional, num contexto de surgimento do Conselho Nacional de Justiça (CNJ) e do Conselho Nacional do Ministério Público (CNMP).

Foi no ano de 2006 a primeira delimitação do conceito de atividade jurídica pelo CNJ (Resolução n. 11) e pelo CNMP (Resolução n. 4, alterada pela Resolução n. 4/2008).

O aspecto mais relevante a destacar é que essas resoluções consideravam a frequência a cursos de pós-graduação na área jurídica como atividade jurídica, mas isso não passou despercebido pelo Conselho Federal da OAB, que em 2009 ajuizou a **ADIn 4.219**, alegando que fre-

---

239 PEREIRA, Viviane Ruffeil Teixeira. *Reforma do Judiciário comentada*, cit., p. 52 a 55.

240 Art. 3º da Lei n. 8.906/1994.

quentar curso de pós-graduação em Direito não configura atividade jurídica. A ADIn 4.219, de relatoria da ministra Cármen Lúcia, ainda não foi julgada.

No ano de 2009 o CNJ editou a Resolução n. 75, elegendo os critérios para a definição de atividade jurídica. Eis os critérios: advocacia; cargo ou magistério superior que usem preponderantemente conhecimento jurídico; conciliação e mediação. Foi nesse momento, portanto, que para ser juiz não bastava ter tempo de estágio durante a faculdade[241], conquanto a Constituição Federal silenciasse e ainda silencie a respeito disso. Foi, portanto, uma decisão do CNJ, talvez inspirada pelos debates de décadas atrás acerca dos requisitos essenciais para a admissão de novos magistrados.

Embora nesse aspecto a normativa interna do CSMPDF tenha se antecipado, é fato que no Brasil por vezes o Ministério Público se desenvolveu, senão a sua imagem e semelhança, fortemente inspirado no Judiciário[242]. Não foi diferente com esse assunto.

Em 12 de maio de 2009 o CNJ editou a Resolução 75, e quatorze dias depois, 26 de maio, foi a vez do CNMP editar a Resolução n. 40, que usava os mesmos critérios para a definição de atividade jurídica, inclusive quanto à exclusão do estagiário de Direito. Quanto à pós-graduação, uma curiosidade: para ser reputada atividade jurídica ela tem que ser reconhecida pelo Ministério da Educação e Cultura (MEC) ou promovida pelas escolas dos Ministérios Públicos, Magistratura ou OAB. As *Escolas das Defensorias Públicas* (as existentes) não foram mencionadas, apesar de as resoluções terem sido editadas no ano de 2009, quando já havia – há mais de anos, ressalte-se – até mesmo uma lei orgânica nacional do órgão incumbido de prestar assistência jurídica.

A despeito das resoluções do CNJ e CNMP, em alguma medida *permanece a confusão* sobre o tema "atividade jurídica"[243], sendo ainda assim um convite à judicialização devido à insegurança jurídica que ensejam[244].

Chegou o momento de explorarmos duas possibilidades interpretativas da aplicação (e em qual medida), ou não, dos requisitos para o ingresso na Defensoria Pública. E a expressão "no que couber", que consta agora do § 4º do art. 134 da Constituição Federal, pode ser lida tanto no seu sentido *excludente* quanto no *inclusivo*. Vejamos.

*1) Tese da não aplicação do trecho da atividade jurídica à Defensoria Pública*

O primeiro argumento que se pode utilizar a fim de explicar por qual razão a regra da quarentena de início *se aplica* ao Ministério Público e *não* à Defensoria Pública, inevitavelmente se assenta sobre interpretação literal.

---

241 Nesse sentido, TAVARES, André Ramos. *Manual do Poder Judiciário*. São Paulo, 2012, p. 225.

242 Ora enfrentando resistência do próprio Judiciário, ora contando com o apoio de notáveis juristas. Sobre isso, MACHADO, Bruno Amaral. *Ministério Público*: organização, representações e trajetórias. Curitiba: Juruá, 2007. p. 126.

243 Conquanto discordemos de sua posição, Emerson Garcia, que também defende que a definição do conceito de atividade jurídica deve se dar por meio de lei, chega a sustentar que o legislador pode até mesmo estender o prazo de três anos (*Ministério Público*: organização, atribuições e regime jurídico. 3. ed. Rio de Janeiro: Lumen Juris, 2008, p. 591.

244 É esse o alerta de Alexandre Henry Alves (*Regime jurídico da magistratura*. São Paulo: Saraiva, 2013. p. 141).

Isso porque o fundamento constitucional da quarentena de início do Ministério Público não se encontra na expressão "no que couber", do § 4º do art. 129 da CF/88, e sim no § 3º desse dispositivo. A Defensoria Pública, por sua vez, precisa da possível extensão concedida ao art. 93, I, da CF/88, para chegar ao mesmo resultado.

A tarefa hermenêutica acima é possível de ser feita, pois "no que couber" é uma expressão que está longe de conferir clareza interpretativa, mas deve-se insistir que "cabível" é aquilo que tenha razão de ser, então cabe indagar: exigir a mesma quarentena de início imposta a um magistrado *tem razão de ser* para um defensor público, no sentido de ser isso imprescindível para a instituição?

A indagação acima pode ser respondida afirmativamente por ser a que, aparentemente, mais se coaduna com a isonomia entre as instituições. Só que a isonomia institucional não deve ser invocada a todo e qualquer custo, pois a identidade das instituições também está em jogo.

Existem pistas que apontam para o caminho de se afirmar que o art. 93, I (ao menos esse trecho), não se aplica à Defensoria Pública. Ei-las:

> a) antes da EC n. 80/2014, o legislador nacional possuía liberdade de conformação para definir os requisitos a serem exigidos dos candidatos aos cargos de defensor público. Por duas vezes, em 1994 e em 2009, ou seja, numa distância de quinze anos, a resposta foi: não é necessário que os dois anos de atividade jurídica ou prática forense seja contado a partir do bacharelado.
>
> b) durante a tramitação da Proposta de Emenda Constitucional n. 04/2014 (cuja aprovação culminou na EC n. 80/2014) não consta em qualquer manifestação parlamentar o desejo explícito de atribuir à Defensoria Pública a mesma regra restritiva imposta ao Judiciário[245].
>
> c) eventual argumento no sentido de que o defensor público, função essencial à Justiça, é tão importante quanto o magistrado e por isso ambos devem ter obsessivamente o mesmo tratamento procede enquanto *premissa*, mas não enquanto *conclusão*. É que a Advocacia Pública também é função essencial à Justiça e nem por isso a Constituição Federal lhe impõe a quarentena de início, e, longe disso, limita-se a exigir o primado do concurso público sem demais predicados[246].
>
> d) de uma perspectiva histórica foi na figura do juiz que a doutrina centralizou suas atenções no sentido de criar regras para que pessoas com mais experiência assumissem tais cargos, em alguns momentos por meio de argumentos nada científicos. No Ministério Público, porém, esse debate não existiu, demonstrando que nunca foi um tema de grande relevância. O fato é que regra expressa da EC n. 45/2004 criou a quarentena de início também para os membros do Ministério Público, diminuindo, assim, os limites interpretativos por haver uma *moldura legal* mais evidente (para usarmos uma figura "kelseniana").

Os argumentos acima, *se aceitos*, levam a *duas consequências* de cunho prático:

> (i) por decisão do legislador nacional, mantém-se a exigência de atividade jurídica nos termos da LC n. 80/94, inclusive admitindo-se o estágio em Direito para tais fins, inexistindo a quarentena de início para as Defensorias estaduais, dada a (incompreensível) omissão da lei orgâ-

---

245 A propósito, no voto do senador Romero Jucá, aprovado na Comissão de Constituição e Justiça do Senado, há menção explícita sobre a relevância de aplicar-se o art. 93 à Defensoria Pública e, dentre os incisos mais importantes, curiosamente não constava o inciso.

246 Constituição Federal, arts. 131, § 1º, e 132, *caput*.

nica nacional. O legislador estadual fica encarregado, à luz de sua liberdade de conformação, de decidir se ela será exigida.

(ii) O prazo, para as Defensorias Públicas da União e do Distrito Federal, permanece de dois anos, e o legislador estadual terá liberdade em razão da ausência de norma geral.

*2) Tese da aplicação do trecho da atividade jurídica à Defensoria Pública com a sua releitura infraconstitucional*

Também é possível interpretar-se que o § 4º do art. 134 da CF/88 atrai para a Defensoria Pública a incidência do art. 93, I, da Constituição Federal. Ou melhor: deixando de lado os trechos referentes ao princípio do concurso público e à participação da OAB no certame, de agora em diante o ingresso na carreira de defensor público pressupõe que o candidato tenha três anos de atividade jurídica.

À medida que a Constituição Federal não define o significado de "atividade jurídica", o intérprete é instado a buscá-lo, sob pena de ser impossível operacionalizar sua aplicação nos concursos públicos vindouros. Surgem *três caminhos*:

> (a) deixar sua interpretação/aplicação para o administrador público, logo, cada edital de concurso definirá seu conceito de atividade jurídica; o limite residiria apenas nos princípios da Administração Pública (art. 37 da Constituição Federal).
>
> (b) admitir que 'atividade jurídica' é uma expressão vaga e que tem o condão de restringir direitos (no caso, acesso aos cargos públicos), demandando lei que a defina (norma de eficácia limitada)[247].
>
> (c) não sendo norma de eficácia limitada – logo, não pressupondo lei para fazer surtir efeitos –, a definição poderia ser resolvida por meio dos Conselhos Superiores das Defensorias Públicas, que possuem poder normativo[248].

*Quem decidirá qual interpretação deve prevalecer?*

Já expusemos que no âmbito do Poder Judiciário e do Ministério Público a exigência de atividade jurídica foi decidida pelos órgãos que nasceram na mesma EC n. 45/2004: o Conselho Nacional de Justiça e o Conselho Nacional do Ministério Público.

E essa definição não se deu de uma vez e nem de uma vez por todas, pois, como já relatamos, foi necessária a edição de mais de uma resolução, sendo que até hoje há doutrinadores que discordam de seu conteúdo, além de existir ação direta de inconstitucionalidade questionando um aspecto pontual. A polêmica e a insegurança jurídica, como se vê, perduram.

A Defensoria Pública, porém, não possui Conselho de âmbito nacional que possa assumir essa tarefa, e o Conselho de Defensores Públicos-Gerais (CONDEGE), apesar de ser relevante para estimular algum intercâmbio de experiências entre as Defensorias Públicas brasileiras[249],

---

247 Parece ser essa a posição de Hugo Nigro Mazzilli que, referindo-se exatamente a esse assunto com os olhos voltados à magistratura e ao Ministério Público, adverte: "sem regulamentação [por lei], fica-se ao alvedrio de maiorias circunstanciais do CNJ e do CNMP" (*Regime jurídico do Ministério Público*, cit., p. 397). Nesse mesmo sentido escrevia José Eduardo Martins Cardoso (Direitos e deveres dos magistrados e membros do Ministério Público, In: *Reforma do Judiciário*. Sérgio Rabello Tamm Renault e Pierpaolo Bottini (coords.). São Paulo: Saraiva, 2005. p. 113).

248 Lei Complementar n. 80/1994, arts. 10, I; 58, I; 102, *caput*.

249 ROCHA, Amélia Soares da. *Defensoria Pública*: fundamentos, organização e funcionamento. São Paulo: Atlas, 2013. p. 206.

não serve de fonte formal do direito apta a definir um conceito nacional de atividade jurídica. O princípio da unidade da Defensoria Pública, agora expressamente no § 4º do art. 134, também encontra limites práticos no nosso sistema federativo, sendo a noção de atividade jurídica apenas mais um deles.

*Nossa posição*

Não podemos deixar de nos posicionarmos depois de todos os pontos de vista de que cogitamos possíveis. Insista-se que não existe uma única resposta "verdadeira". Como ensinava Chaïm Perelman,

> Quem é encarregado de tomar uma decisão em direito, seja ele legislador, magistrado ou administrador público, deve arcar com as responsabilidades. Seu comprometimento pessoal é inevitável, por melhores que sejam as razões que possa alegar em favor de sua tese. Pois raras são as situações em que as boas razões, que militam a favor de uma solução, não sejam contrabalançadas por razões mais ou menos boas em favor de uma solução diferente: a apreciação do valor destas razões – que muito raramente pode ser reduzida a um cálculo, um peso ou uma medida – é que pode variar de um indivíduo para outro e sublinha o caráter pessoal da decisão tomada[250].

Parece-nos equívoco enorme nos predispormos a uma interpretação literal no sentido de que só não se aplicará à Defensoria Pública aquilo que disser respeito, na essência, ao Poder Judiciário, já que é tênue a linha que poderá separar o que configura essencial a uma e a outra instituição. Além do mais, a palavra "couber" deriva do adjetivo "cabível", cujo dicionário explica significar "que tem cabimento ou razão de ser"[251]. Não é demais lembrar, para reforçarmos os riscos inerentes às interpretações literais, que a própria letra fria do art. 134, § 1º, da Constituição Federal poderia nos levar a concluir, bem erroneamente, que os defensores públicos exercem advocacia, salvo quando fora de suas atribuições institucionais. O problema da literalidade, em síntese, está em sua perspectiva obtusa, favorecendo unilateralismos.

Historicamente, conforme se viu na quarentena de início, os argumentos voltados à necessidade de se exigir experiência prático-jurídica para concorrer aos cargos de magistrado variavam desde constatações cotidianas da imaturidade de alguns de seus membros, até a crença, nem sempre racional, do papel *peculiar* que ele desempenha na sociedade. Além disso, a variação de contextos influenciava a quantidade de "lenha a se jogar" para reacender o debate: quanto menor era a demanda pelo cargo de juiz menor era o rigor acerca do conceito de juiz ideal.

Se é verdade que no ano de aprovação da EC n. 80/2014 a realidade da Defensoria Pública tem se mostrado melhor, sendo, inclusive, concurso atrativo numa época em que a advocacia sofre com a quantidade de profissionais lançados no mercado, não menos verdade é que *nunca houve* qualquer mobilização da opinião pública, nem mesmo das entidades de classe dos defensores públicos, no sentido de se buscar candidatos com maior experiência jurídica.

Aceitando o leitor os aspectos dos dois parágrafos imediatamente anteriores, sustentar a aplicação do art. 93, I (no trecho ora analisado), à Defensoria Pública é quase confessar que isso

---

250 *Lógica jurídica*, trad.: Vergínia K. Pupi, Martins Fontes, São Paulo, 2004, p. 8-9.

251 FERREIRA, Aurélio Buarque de Holanda. *Míni Aurélio*. 7. ed. Curitiba: Positivo. p. 195 (verbete: "cabível").

não era necessário, mas por azar ou por desatenção esse dispositivo pousou no mundo da Defensoria Pública.

Diante de uma regra constitucional que restringe direitos (acesso aos cargos públicos), impõe-se que nos indaguemos: conceber como atividade jurídica aquelas que a própria LC n. 80/1994 já listou não alcança a finalidade de buscar futuros defensores públicos com um mínimo de noção prática?

Especificamente quanto à situação dos *estagiários de Direito*, sobretudo da Defensoria Pública, não considerar essa experiência como atividade jurídica poderá ter péssimas consequências a longo prazo, pois cada vez mais a Defensoria Pública é procurada pela população carente (e não carente), de modo que se a importância dos estagiários para o atendimento ao público não é determinante, no mínimo é considerável.

Entendemos, portanto, que o trecho do inciso I do art. 93 que trata da quarentena de início não se aplica à Defensoria Pública. A consequência prática é assumirmos que existe a quarentena para as Defensorias Públicas da União e do Distrito Federal, por força da LC n. 80/1994, inexistindo a quarentena de início para as Defensorias estaduais, e o legislador estadual está encarregado, à luz de sua liberdade de conformação, de decidir se ela será exigida.

Leva-se em consideração especialmente que o texto da magistratura fora criado com específica razão histórica, diferentemente do que ocorreu com a Defensoria Pública, e que o texto relativo ao Ministério Público é expresso e inequívoco a partir da EC n. 45/2004, posição jurídica distinta da posição da Defensoria Pública. Por outro lado, essa conformação pode auxiliar na maior oxigenação do Judiciário e do Ministério Público por meio de candidatos que passam pela Defensoria Pública a fim de completarem a quarentena exigida pelas outras duas carreiras.

#### 4.4.8.2 Critérios para promoção *lato sensu* (incisos II e III)

Sobre esse assunto, remetemos o leitor aos comentários relativos à matéria sobre *promoção*, especificamente nos art. 30 a 33, 75 a 78 e 115 a 117 da LC n. 80/1994.

#### 4.4.8.3 Hierarquia funcional: inaplicabilidade à Defensoria Pública (inciso III)

O inciso III do art. 93 parece-nos *não* se aplicar à Defensoria Pública. Ele prevê, em suma, que o acesso aos tribunais de segundo grau deverá observar a antiguidade e o merecimento, alternadamente.

As mesmas razões que exporemos quando apreciarmos a aplicabilidade, ou não, art. 96, II, "a", à Defensoria Pública ressurgirão para afirmar que o inciso III ora em exame também não se aplica.

A Defensoria Pública brasileira é organizada em esferas federativas, e cada qual pode e deve atuar junto aos respectivos tribunais de segundo grau e aos tribunais superiores. Contudo, o ponto central é que não há hierarquia no plano funcional no seio da instituição, e esse ajuste institucional fora realizado com base no § 1º do art. 134 da CF/88, que não exige a organização da Defensoria Pública ao modo do Poder Judiciário.

Essas singelas explicações sustentam a inaplicabilidade ao inciso III à Defensoria Pública.

#### 4.4.8.4 Curso de preparação à carreira (inciso IV)

Se polemizamos a incidência da regra da quarentena de início (inciso I), o mesmo não sucede com a aplicabilidade do inciso IV do art. 93 à Defensoria Pública.

A LC n. 80/1994 prevê regra semelhante desde o ano de 2009[252], que agora ganha sede constitucional.

Algumas ponderações sobre o inciso IV no texto da atual Constituição Federal se fazem necessárias.

Antes da EC n. 45/2004, o inciso IV já previa a organização de cursos oficiais com *tríplice finalidade*: aperfeiçoamento; preparação e promoção na carreira. Após referida reforma mantêm-se os três escopos, mas explicitou-se, quanto à preparação, ser ele etapa obrigatória para fins de vitaliciamento.

O tema central desse inciso IV é a existência e a disciplina de cursos oficiais, e esse alerta é importante porque, lido às pressas, o intérprete poderia ser levado (ou se levar...) a concluir que de agora em diante os defensores públicos não mais possuem a garantia da estabilidade, e sim da vitaliciedade.

O raciocínio é simples para demonstrarmos a afirmação acima: (i) a vitaliciedade foi tratada tanto para a magistratura quanto para o Ministério Públicos em dispositivos próprios[253]. Além disso, (ii) alcança-se a finalidade do inciso IV do art. 93 atrelando-o à garantia da estabilidade.

A criação de escolas ou ao menos cursos próprios como imposição aos magistrados vem de longa data.

Segundo José Frederico Marques, esse assunto foi central no Primeiro Congresso Internacional de Magistrados, realizado em Roma, Itália, em 1958, tendo sido ele o representante brasileiro presente[254]. E a primeira experiência brasileira seria do Rio Grande do Sul: um Ato do Tribunal de Justiça de 26 de agosto de 1960 instituíra um Centro de Estudos e Preparação à Judicatura[255].

Na literatura que explora esse tema encontram-se posições das mais diversas acerca da influência do curso de preparação no concurso público e de seu conteúdo, aspectos que deverão ser enfrentados ao longo do tempo pelas Defensorias Públicas.

Dentre esses assuntos, chamemos a atenção de um: a obrigatoriedade de cursos oficiais jamais seria possível com a faculdade de seus destinatários (juízes, membros do Ministério Público, defensores públicos) de a eles aderir. Assim, do inciso IV se extrai uma mescla de dever imposto aos defensores públicos (algo notório quando se prevê que será etapa obrigatória no

---

252 Arts. 26-A e 112-A. Note-se a omissão da exigência desse curso para a Defensoria Pública do Distrito Federal, omissão esta irrelevante desde o advento da EC n. 69/2012, pois a ela se aplicam as normas gerais veiculadas às Defensorias estaduais.

253 Respectivamente, arts. 95, I, e 128, I, *a*.

254 *A reforma do Poder Judiciário*. São Paulo: Saraiva, 1979. v. 1, p. 403, nota 3.

255 Idem, p. 406.

processo de alcance da estabilidade) com norma do tipo premial[256], caso evidente de sua relação com a promoção na carreira.

#### 4.4.8.5 Isonomia salarial entre defensores públicos (inciso V)

O inciso V do art. 93 não é uma novidade da Constituição Federal de 1988, tendo "antepassados" similares desde a Constituição de 1937 – geralmente envolvendo apenas os Judiciários estaduais[257]. Eram tempos difíceis para os magistrados. Muitos "(...) se endividavam nos armazéns e nas lojas com grave sacrifício da compostura própria"[258].

Da Constituição de 1937 para cá, todas as Constituições brasileiras trataram num mesmo dispositivo que deve haver no mínimo uma aproximação remuneratória entre magistrados e integrantes de outros Poderes, devendo a mesma justiça remuneratória ocorrer entre todos os magistrados do Poder Judiciário, afinal, dizia Contreras de Carvalho, citando Pontes de Miranda: a independência econômica é a maior independência funcional[259].

Como os tempos mudaram, a novidade da Constituição de 1988 foi a de não ter mais sentido a necessidade de determinar que a remuneração dos magistrados brasileiros deve estar percentualmente próxima da de um membro do Poder Executivo – isso já ocorre e continuará a ocorrer. Basta garantir que essa justiça remuneratória exista dentro do Poder Judiciário. É disso que trata o inciso V do art. 93 ao fixar alguns percentuais e a regra do escalonamento.

***A vinculação remuneratória no bojo do Ministério Público: um tema ainda indefinido***

Em relação ao Ministério Público é um pouco diferente, e, aqui, é importante ter em mente dois cenários: uma aplicação *interna* e outra *externa*.

*a) aplicação interna*

Por aplicação "interna" queremos tratar da isonomia remuneratória entre os membros do Ministério Público. Assim, se aplicável à instituição o disposto no art. 93, V, o efeito prático será o escalonamento remuneratório dentro do Ministério Público considerado em âmbito nacional.

A redação atual art. 129, § 4º, da Constituição Federal, oriunda da EC n. 45/2004, difere consideravelmente da redação original. Antes, esse dispositivo determinava a aplicação, no que

---

256 Segundo Tercio Sampaio Ferraz Jr., devido, principalmente, à mais intensa intervenção do Estado no domínio econômico, o século XX viu a noção de sanção se modificar em relação ao século anterior. Antes, prevalecia a ideia restritiva de que a norma jurídica depende essencialmente de seu caráter coativo (um mal a ser aplicado). O novo século, porém, reconheceu que além dessa característica entravam em cena normas de cunho premial, focadas no estímulo, no encorajamento para a sua observância (*Introdução ao estudo do direito*: técnica, decisão, dominação. São Paulo: Atlas, 1989. p. 116).

257 Constituição de 1937: art. 103, *d*. Constituição de 1946: art. 124, VI. Constituição de 1967: art. 136, § 4º. Constituição de 1969: art. 144, § 4º.

258 FARIA, Julio Cezar de. *Juizes de meu tempo*. São Paulo: Livraria Martins, 1942. p. 20.

259 CARVALHO, A. A. Contreras de. *Lei Orgânica da Magistratura Nacional interpretada*. Rio de Janeiro: Freitas Bastos, 1983. p. 107.

coubesse, dos incisos II e VI do art. 93 (respectivamente, regras concernentes à promoção e à aposentadoria). Estavam excluídos, assim, todos os demais incisos.

A Reforma do Judiciário, porém, significou muito para o Ministério Público, que agora, com um art. 129, § 4º *muito mais aberto* possibilita considerar que, por atração da regra do art. 93, V, está constitucionalizada a justiça remuneratória por meio do escalonamento, e é nesse sentido "interno" que parecem opinar alguns doutrinadores[260]: a expressão "no que couber", prevista no art. 129, § 4º, atrai a regra do art. 93, V, da Constituição Federal para o Ministério Público.

*b) aplicação externa*

Por aplicação "externa" queremos referir a possibilidade de vinculação remuneratória do Ministério Público à magistratura[261], da mesma forma que em Constituições anteriores a remuneração dos magistrados foi atrelada à de membros de outros Poderes.

Embora seja, hoje, um assunto menos relevante, esse percurso histórico deve ser relatado a fim de evitar leituras apressadas de que o art. 93, V, se aplica à Defensoria Pública no sentido de estar consagrada a equiparação "salarial" entre defensores e juízes.

Essa discussão orbitou o mundo do Ministério Público anos atrás, posto que a Lei Orgânica Nacional do Ministério Público (LONMP)[262] e algumas leis estaduais previam a equiparação remuneratória com a magistratura.

Enquanto a LONMP foi questionada por meio da ADIn 1.274-6, movida pelo governador do Estado de Pernambuco e julgada no ano de 2002, dentre as leis estaduais, a regra do Estado do Rio Grande do Sul[263] foi questionada pela ADIn 396-8/RS, promovida pela Associação dos Magistrados Brasileiros (AMB) e julgada meses antes da promulgação da EC n. 45/2004.

Os resultados foram idênticos: por unanimidade, o STF entendeu que aquelas regras feriam o art. 37, XIII, da Constituição Federal, que proíbe qualquer tipo de vinculação remuneratória.

### *Aplicabilidade à Defensoria Pública*

Essa regra – da aplicação *interna* – se aplica à Defensoria Pública?

O elemento "ambição" outra vez se impõe: o trabalho desempenhado por um defensor público recém-ingresso na carreira pode até ser menos remunerado em comparação com o de

---

260 JATAHY, Carlos Roberto de Castro. *Curso de princípios institucionais do Ministério Público*. 4. ed. Rio de Janeiro: Lumen Juris, 2009. p. 169. GARCIA, Emerson. *Ministério Público*: organização, atribuições e regime jurídico, cit., p. 556.

261 Segundo Hugo Nigro Mazzilli, a busca da segurança remuneratória era uma aspiração da classe do Ministério Público e durante a constituinte de 1987-88 sabia-se que "(...) o padrão deveria ser a remuneração da Magistratura". No entanto, os deputados constituintes estavam resistentes a políticas de equiparações remuneratórias, pois se depararam com diversos *lobbies* de várias entidades de classe (Magistratura, Ministério Público, Ministério Público junto ao Tribunal de Contas, Defensoria Pública, Advocacia Pública, Delegados de Polícia, Polícia Militar etc). Diante dessa pressão, os constituintes resolveram o problema "(...) de forma simplista" ao prever um art. 39, § 1º, vago o suficiente para nada resolver (*Regime jurídico do Ministério Público*, cit., p. 313-314).

262 Lei n. 8.625/1993, arts. 47 e 48.

263 Lei n. 6.536/1973, art. 62.

outro mais antigo na carreira. A médio prazo, porém, uma grande discrepância remuneratória pode afetar a própria prestação do serviço, sobretudo quando lidamos com um órgão público que, como um corpo humano, depende que seus elementos funcionem harmonicamente.

A regra constitucional do escalonamento vai ao encontro do ideal de proporcionalidade previsto no art. 39, § 1º, I, não violando, assim, o disposto no art. 37, XIII. Daí o art. 93, V, da CF/88, ser aplicável à Defensoria Pública.

#### 4.4.8.6 Aposentadoria (inciso VI)

Antes da EC n. 20/98 juízes e membros do Ministério Público eram peculiarmente tratados em seu regime previdenciário em comparação com os demais servidores públicos – incluindo-se, aqui, os defensores públicos.

A redação original do art. 93, VI, previa, em suma, o direito dos magistrados à aposentadoria integral e as hipóteses em que ela era compulsória (em casos de invalidez ou por idade) e facultativa.

Para o Ministério Público o art. 93, VI, se aplicava (no que coubesse) *expressamente* desde o texto original da Constituição Federal em razão do disposto no art. 129, § 4º, cuja redação foi alterada pela EC n. 45/2004. Hoje, essa aplicação se dá *indiretamente* através da expressão "no que couber", e quanto a isso a doutrina não diverge.

A redação atual do art. 93, VI – fruto da EC n. 19/98 –, é inquestionavelmente aplicável à Defensoria, e por uma razão simples: ele se limita a remeter a aposentadoria dos magistrados ao art. 40, um dispositivo que já fazia parte da órbita do regime previdenciário dos defensores públicos, que são servidores públicos.

#### 4.4.8.7 Residência na comarca (inciso VII)

A aplicabilidade do inciso VII à Defensoria Pública não deve gerar controvérsia, até porque, atualmente, a LC n. 80/94 já prevê esse mesmo dever aos defensores públicos[264].

O único efeito prático imediato que visualizamos é que a Constituição Federal de 1988, no art. 93, VII, explicita que o dever de residir na comarca se impõe aos juízes titulares.

Remetemos o leitor ao item 21.1.1 desse livro para as demais considerações pertinentes acerca desse assunto.

#### 4.4.8.8 Exigência de quórum qualificado para remoção, disponibilidade e aposentadoria (inciso VIII)

Aposentadoria, remoção e disponibilidade aqui tratadas não são as impostas a título de penalidade, mas sim por *interesse público*, e, quando aplicadas, põem em xeque garantias da magistratura como a inamovibilidade e a vitaliciedade, logo, a própria independência dos juízes.

"Interesse público" é expressão vaga, de modo que para diminuir a possibilidade de abusos, figura o inciso VIII como regra que torna mais complexa a sua aplicação casuística, já que pressupõe quórum qualificado.

---

264 Arts. 45, I; 90, I, e 129, I.

O inciso, portanto, aplica-se à Defensoria, já que também o defensor público precisa de garantias similares às que resguardam a independência da magistratura – por sinal, de nada adiantaria um Judiciário independente se os provocadores da jurisdição não o fossem igualmente[265]. Mas sua aplicação se dá "no que couber". Como, ao contrário do que ocorre no seio da magistratura, que possui um Conselho Nacional de Justiça, não existe um Conselho Nacional de Defensoria Pública, a conclusão inevitável é que somente órgãos internos colegiados podem decidir pela imposição das penalidades.

Essa constatação leva a outro tipo de raciocínio: se se admite a aplicação do inciso VIII do art. 93 à Defensoria Pública, toda Defensoria Pública precisa possuir órgãos colegiados com competência para deliberar acerca das penalidades aqui referidas. Esse órgão se chama Conselho Superior, um órgão consagrado na LC n. 80/1994[266] que agora, além de previsão na lei orgânica nacional, é sugerido pela Constituição Federal.

#### 4.4.8.9 Remoção: espírito republicano (inciso VIII-A)

Se a expressão "no que couber", prevista no art. 134, § 4º, da CF/88, levar à atração do inciso VIII-A do art. 93, sem dúvida alguma estaremos diante de uma *mudança considerável* na temática da remoção envolvendo a Defensoria Pública.

O inciso VIII-A, fruto da EC n. 45/2004, prevê, em suma, serem aplicáveis à remoção a pedido ou por permuta os critérios de merecimento e de antiguidade, alternadamente.

Na LC n. 80/1994 adotam-se basicamente critérios atinentes a antiguidade (mais antigo na categoria, na carreira, no serviço público do respectivo ente federativo, no serviço público em geral e mais idoso) com uma regra de desempate que poderia ser classificada como de merecimento (melhor classificação no concurso público de ingresso na Defensoria Pública)[267].

Como se vê, sem explorar quais critérios para a remoção são melhores ou mais justos, interpretar que o inciso VIII-A do art. 93 agora se aplica à Defensoria Pública é o mesmo que sustentar a *revogação* dos dispositivos da lei orgânica nacional.

Na doutrina especializada acerca do direito institucional da magistratura há críticas, embora sem recusar a sua aplicação, à inovação do inciso VIII-A, seja pela dificuldade de parametrização da atuação dos magistrados, o que pode dar margem a subjetivismos, seja por se considerar que, para fins de remoção, o critério da antiguidade é o mais justo[268]. Também há doutrina voltada ao Ministério Público que não questiona a aplicação desse inciso a essa instituição[269].

*Nossa posição*

Pensamos que o inciso VIII-A não se aplica à Defensoria Pública.

---

265 V. nosso item 20 da Parte II.

266 Arts. 9º, 57 e 101.

267 Arts. 37, § 1º; 82, § 1º, e 121, § 1º.

268 Nesse sentido, ALVES, Alexandre Henry. *Regime jurídico da magistratura*, cit., p. 214-215.

269 Nesse sentido, GARCIA, Emerson. *Ministério Público*: organização, atribuições e regime jurídico, cit., p. 597.

A razão é que, até que sobrevenha decisão do STF em sentido contrário, no próprio âmbito do Poder Judiciário permanece a discussão sobre a quais Tribunais o dispositivo se aplica.

Com efeito, no ano de 2010, ao apreciar o Procedimento de Controle Administrativo n. 0004682-76.2010.2.00.000, por maioria, o CNJ entendeu que a decisão a respeito desse assunto cabe a cada tribunal. Embora o voto condutor do relator, Conselheiro Paulo de Tarso Tamburini Souza, não tenha explicitado isso, prevaleceu a ideia de autonomia de cada tribunal.

É verdade que o argumento não é forte, prevalecendo mais a rebeldia dos Tribunais contra o CNJ do que uma razão séria de direito, pois devemos convir que autonomia administrativa não exclui, por óbvio, o princípio da legalidade.

De qualquer modo, fato é que no próprio Poder Judiciário prevalece, por ora, a ideia de autonomia, e por mais que o argumento não seja sério não faz sentido que toda a Defensoria Pública se comprometa com o inciso VIII-A.

De qualquer modo, também devemos refletir com mais vagar sobre o critério de desempate – baseado no merecimento – criado pelo inciso VIII-A em discussão, pois o *economicismo* adotado pelo Poder Judiciário em diversas situações contraria o ideal de acesso à Justiça no sentido de que cada conflito deve ter seu meio apropriado para melhor resolução.

O Judiciário, como sabemos, nem sempre se atém a esse ideal, e em inúmeras situações busca muito mais a extinção de processos. Para tanto, um dos caminhos é abusar, em alguns casos, de transações e conciliações que colocam fim, formalmente, a um processo, mas que não impedem o nascimento de outros tantos em razão do tratamento impróprio (economicista) ao conflito. E vice-versa, na mesma linha economicista há situações em que o Judiciário administra o conflito dentro de uma linha de produção *fordista*, reforçada pelo direito jurisprudencial previsto no CPC (especialmente seu art. 927), com decisões genéricas e mal aplicando jurisprudência (isto é, sem atenção à similitude de fatos), deixando de lado tentativas de conciliação e mediação a casos que seriam compatíveis e apropriados a essas medidas.

Assim, é necessário cautela, pois o sistema infraconstitucional da Defensoria Pública para remoção é bem fundamentado, e se ajusta ao espírito do *caput* do art. 134 da CF/88 (acesso à Justiça). Produtividade, como critério de desempate, é algo muito questionável. Sabemos que é necessário, sim, produção eficiente para que o Judiciário ministre justiça com presteza, mas o critério de desempate proposto empurra a Defensoria Pública para a beira de um precipício, incentivando também, como efeito colateral, uma produtividade que muitas vezes se revela, em perspectiva de resultados de médio e longo prazos, insensata e colidente ao art. 134, *caput*, da CF/88.

#### 4.4.8.10 Publicidade e fundamentação das decisões do Poder Judiciário em sua atividade-fim (inciso IX)

O dispositivo é inaplicável à Defensoria Pública, pois se refere bem especificamente à atividade-fim do Poder Judiciário.

No caso da Defensoria Pública, ainda que os defensores públicos se valham de reuniões abertas para discussão de tema de atuação da Defensoria Pública, ou de audiências públicas, no momento de decidir sobre *se* efetivamente irá atuar, e *como* irá atuar, e *qual* objetivo perseguirá em sua atuação, é algo que diz respeito somente aos respectivos usuários do caso concreto, em atendimento.

Por outro lado, eventual denegação de atendimento deverá ser fundamentada por escrito, e talvez nesse ponto haja compatibilidade com esse dispositivo; contudo, deixemos bem vincado que esse dispositivo IX do art. 93 é totalmente prescindível para a Defensoria Pública: porque a obrigação de fundamentar a decisão que denega atendimento, isto é, que indefere a prestação da atividade-fim defensorial possui natureza *administrativa*, e a obrigação dessa decisão ser fundamentada provém de princípios estabelecidos pelo art. 37 da CF/88.

#### 4.4.8.11 Publicidade e fundamentação das decisões administrativas do Judiciário e o quórum para decisões disciplinares (inciso X)

Conforme dito nos comentários imediatamente antecedentes, a obrigação das decisões administrativas serem públicas e motivadas já decorrem dos princípios estabelecidos pelo art. 37 da CF/88. Por sinal, historicamente, a necessidade de existir regra específica para o Poder Judiciário quanto à necessidade de publicidade e fundamentação de suas decisões administrativas explica-se muito mais pela resistência de alguns Tribunais seguirem esse padrão, no exercício da atividade administrativa, do que por suposta lacuna do sistema normativo.

Assim, as Defensorias Públicas já estão devidamente vinculadas, muito antes da EC n. 80/2014 e da própria EC n. 45/2004, a princípios constitucionais no campo administrativo que as obrigam tornarem públicas e fundamentadas as decisões administrativas.

Por outro lado, entendemos que parte desse dispositivo constitucional, a que exige *maioria absoluta para decisões disciplinares*, deve impactar nas Defensorias Públicas – e conforme veremos, a grande maioria –, pois não há incompatibilidade da regra em apreço com o regime jurídico da Defensoria Pública. Aprofundemos nossa análise.

Nesse tema específico, dos votos necessários para deliberação do Conselho Superior em matéria disciplinar, a Constituição Federal não faz qualquer referência na seção pertinente à Defensoria Pública.

Por outro lado, a LC n. 80/1994 prescreve ao Conselho Superior da Defensoria Pública da União (e Territórios) que suas deliberações sejam tomadas por maioria de votos[270] (simples), ou seja, não faz distinção em relação a matéria disciplinar.

No que concerne à Defensoria Pública do Distrito Federal e dos Estados, a LC n. 80/1994 limita-se à seguinte redação: *"O Conselho Superior é presidido pelo Defensor Público-Geral, que terá voto de qualidade, exceto em matéria disciplinar"*[271]. Portanto, é possível entendermos que existe norma geral a afastar o voto de qualidade em matéria disciplinar, o que vale dizer que no caso de empate deve prevalecer o resultado mais favorável ao processado. Ademais, ante a ausência normativa a respeito dos votos necessários para deliberação em matéria disciplinar, podemos concluir que, até a EC n. 80/2014, *havia liberdade de conformação para os legisladores estadual e distrital.*

---

270 LC n. 80/1994, art. 9º, § 1º: "O Conselho Superior é presidido pelo Defensor Público-Geral, que, além do seu voto de membro, tem o de qualidade, exceto em matéria de remoção e promoção, sendo as deliberações tomadas por maioria de votos".

271 LC n. 80/1994, arts. 57, § 1º e 101, § 1º.

A maioria das Defensorias Públicas deve começar a aplicar a norma constitucional em análise, e nós dividimos essas Defensorias Públicas atingidas pela regra constitucional em dois grupos. No primeiro grupo, exigem apenas maioria simples para deliberação disciplinar: União e Territórios[272], além de Amapá[273], Amazonas[274], Bahia[275], Goiás[276], Minas Gerais[277], Pará[278], Paraná[279], Piauí[280], Rio de Janeiro[281], Rio Grande do Norte[282], Rio Grande do Sul[283], Roraima[284], São Paulo[285], Sergipe[286], Tocatins[287] e o Distrito Federal[288]. No segundo grupo, sequer possuem regra expressa sobre o tema em suas respectivas Leis Orgânicas: Ceará, Espírito Santo, Maranhão, Pernambuco e Santa Catarina.

Paraíba[289], Mato Grosso[290] e Rondônia[291] são exceções, porque suas respectivas leis orgânicas já exigem maioria absoluta para deliberação disciplinar, devendo-se destacar que a legislação do Mato Grosso exige maioria absoluta para instauração do procedimento disciplinar inclusive.

A novidade é positiva, a nosso ver, pois o aumento de exigência de votos para punir o defensor público tende a reduzir, em teoria, a probabilidade de sanções administrativas fundadas muito mais em perseguição política.

#### 4.4.8.12. Democratização interna dos tribunais (inciso XI)

Esse inciso trata basicamente do tema "democratização interna" dos tribunais, mas afirmar que ele não se aplica à Defensoria Pública não significa que esta instituição não precise ser democrática no seu plano interno. Afinal, como diz Dalmo de Abreu Dallari, *"não é democrática*

272 LC n. 80/1994, arts. 57, § 1º e 101, § 1º.

273 LC n. 86/2014, art. 13, § 1º.

274 LC n. 01/1990, art. 15.

275 LC n. 26/2006, art. 43.

276 LC n. 130/2017, art. 25.

277 LC n. 65/2003, art. 27, parágrafo único.

278 LC n. 54/2006, art. 10, § 1º.

279 LC n. 136/2011, art. 23.

280 LC n. 59/2005, art. 16, § 1º.

281 LC n. 06/1977, art. 15.

282 LC n. 251/2003, art. 11, § 1º.

283 LC n. 9.230/1991, art. 15, § 1º.

284 LC n. 575/2012, art. 21, § 1º.

285 LC n. 988/2006, art. 29, § 1º.

286 LC n. 183/2010, art. 16, parágrafo único.

287 LC n. 55/2009, art. 8º.

288 LC n. 828/2010, art. 15.

289 LC n. 104/2012, art. 24, § 1º.

290 LC n. 146/2003, art. 21, II e III.

291 LC n. 117/1994, art. 16, § 2º.

*uma instituição cujos dirigentes, pelo modo que são escolhidos e por seu relacionamento com os níveis inferiores da hierarquia administrativa, comportam-se como aristocratas privilegiados*"[292].

O fato, porém, é que esse inciso é altamente direcionado ao Poder Judiciário, que possui divisões em tribunais, ou seja, órgãos colegiados com funções jurisdicionais. *Não* se aplica, portanto, à Defensoria Pública, de modo que, aqui, a expressão "no que couber" tem o condão de excluir do âmbito da Defensoria Pública algo que é pertinente apenas à realidade do Judiciário.

#### 4.4.8.13 Assistência jurídica ininterrupta (inciso XII)

O art. 93, XII, trata de dois assuntos interligados: a vedação a férias coletivas e a obrigatoriedade de funcionamento em regime de plantão. Tratemos primeiro das férias coletivas.

*Férias coletivas*

"O tribunal está fechado para os pobres", disse certa vez o filósofo Ovídio[293].

A repulsa que a advertência acima pode causar gera o mesmo sentimento ante outra que poderíamos sugerir: "*O tribunal está fechado para férias*". Na prática, uma frase desse jaez atacaria as arcaicas férias coletivas, que somente com a EC n. 45/2004 foi extirpada do direito brasileiro.

O direito dos magistrados a férias coletivas vem de longa data no direito brasileiro.

O Código de Processo Civil de 1939 disciplinou esse assunto nos arts. 39 e 40[294], alterados em 1946 pelo Decreto n. 8.570[295]. E, antes de esclarecer, causavam polêmica: segundo Pontes de Miranda, o código "*(...) adotara o ecletismo mais atrapalhado possível*", já que o STF possuía férias coletivas, as comarcas das capitais, férias individuais, e as do interior, coletivas[296]. Já Mário Guimarães relata que com a disciplina de *1946 "(...) alguns juízes entenderam que poderiam gozar de quatro meses de férias – dois de férias individuais, pelo art. 39, e dois de férias coletivas, pelo art. 40*", quando, na verdade, o escopo da alteração legal foi o de estender às comarcas das capitais o direito a férias coletivas, antes expressamente vedado[297].

---

292 *O poder dos juízes*, cit., p. 150.

293 Apud CAPPELLETTI, Mauro. *Processo, ideologias e sociedade*. Trad. Elício de Cresci Sobrinho. Porto Alegre: Sergio Antonio Fabris Editor, Porto Alegre, 2008. v. I, p. 189.

294 Art. 39. Não haverá, nas comarcas das Capitais, férias coletivas. § 1º As autoridades judiciárias e os serventuários da Justiça terão direito, respectivamente, a sessenta (60) e trinta (30) dias consecutivos de férias por ano, que poderão ser gozados na forma estabelecida nas leis de organização judiciária. (...)

Art. 40. Para as comarcas do interior, os Estados, em suas leis de organização judiciária, decretarão férias coletivas e indicarão os processos que durante as mesmas deverão correr.

295 Art. 39. As autoridades judiciárias e os serventuários da Justiça terão direito, respectivamente, a sessenta (60) e trinta (30) dias consecutivos de férias por ano, que poderão ser gozados na forma estabelecida nas leis de organização judiciária. (...)

Art. 40. Os Estados, em suas leis de organização judiciária, decretarão férias coletivas e indicarão os processos que durante as mesmas deverão correr.

296 *Comentários ao Código de Processo Civil*. Rio de Janeiro: Forense, 1947. p. 226.

297 *O juiz e a função jurisdicional*, cit., p. 163.

O Código de Processo Civil de 1973 revivificou o assunto no art. 133, ao passo que a LC n. 35/1979, Lei Orgânica da Magistratura Nacional (LOMAN), dele tratou diferençando os juízes de primeiro grau dos juízes do tribunal[298].

Ainda que cada vez menos postas em prática, férias coletivas foi assunto pautado pela Reforma do Judiciário, proibindo-as, mas só para juízes e membros dos tribunais de segundo grau, excluindo, assim, os tribunais superiores dessa vedação[299].

Vale ainda observar que "férias coletivas" não é sinônimo de recesso forense, este relativo ao curto período de paralisação próximo das festas natalinas[300].

No que diz respeito à Defensoria Pública, essa vedação no mínimo foi insinuada no ano de 1999: omitindo-se, felizmente, quanto às Defensorias estaduais, a LC n. 98 revogou os arts. 40 e 85 da LC n. 80/1994 – respectivamente, voltados à Defensoria Pública da União e à Defensoria Pública do Distrito Federal – o direito a sessenta dias de férias, que poderiam ser gozadas individual ou *coletivamente*. Um, lesionando o princípio republicano, o outro, a própria democracia.

Com a revogação das férias coletivas aos defensores públicos no ano de 1999 supõe-se ter pretendido o legislador as ter proibido. Se essa interpretação era uma mera possibilidade a partir de então, a clareza adveio no ano de 2004: a EC n. 45 proibia as férias coletivas a juízes e membros do Ministério Público. Não o fez aos defensores públicos somente porque, ainda hoje, o texto constitucional diz pouco sobre a Defensoria Pública. O fato é que seria risível sugerir que tal vedação não existe no texto constitucional, já que, para todos os efeitos, a Defensoria Pública é função *essencial* à justiça.

A EC n. 80/2014, nesse ponto, nada mais faz do que explicitar o que já estava implicitamente constitucionalizado e subentendido pela explícita revogação na lei orgânica nacional.

***Plantões judiciários***

Se o que fundamenta a proibição das férias coletivas é o imperioso funcionamento ininterrupto do Poder Judiciário, a mesma lógica leva à proibição de funcionamento aos finais de semana e feriados.

Exemplo emblemático disso se dá no processo penal: o art. 306, § 1º, do CPP prevê que, em até vinte e quatro horas, o auto da prisão em flagrante deverá ser remetido à Defensoria Pública, caso o preso não constitua advogado.

Se o legislador reputou essencial ter regras como essa é porque elas precisam ter possibilidade de ser postas em prática, e isso só ocorre porque órgãos do sistema de justiça como Judiciário, Ministério Público e Defensoria Pública são obrigados a funcionar em regime de plantão.

---

298 Art. 66 – Os magistrados terão direito a férias anuais, por sessenta dias, coletivas ou individuais. § 1º – Os membros dos Tribunais, salvo os dos Tribunais Regionais do Trabalho, que terão férias individuais, gozarão de férias coletivas, nos períodos de 2 a 31 de janeiro e de 2 a 31 de julho. Os Juízes de primeiro grau gozarão de férias coletivas ou individuais, conforme dispuser a lei.

299 ALVES, Alexandre Henry. *Regime jurídico da magistratura*, cit, p. 414.

300 MASSOUD, Carolina Ormanes. Mudanças no estatuto constitucional da magistratura. In: *Reforma do Judiciário comentada*, cit., p. 80.

É claro que o direito positivo não resolve todos os problemas, voltando à cena o elemento ambição: juízes, membros do Ministério Público e defensores públicos, para serem obrigados a realizar o plantão judiciário, têm direito à remuneração por esse serviço? A menos que haja organização a ponto de o trabalho durante o expediente forense normal possibilitar a ausência ao serviço, compensando-a pelo plantão judiciário, esse elemento ambição não pode ser menosprezado.

Não se deve perder de vista que a forma de remuneração dos defensores públicos – tratemos apenas deles nesse momento – deve ser o subsídio[301], que, por definição, consubstancia parcela única[302]. Como desde o ano de 1998 o direito brasileiro convive com a importante regra (não negamos isso) do teto remuneratório[303], tudo fica mais complexo quando entra em cena sua nebulosa regra de exceção: as parcelas de caráter indenizatório[304].

Seja como for, cremos não haver alternativa: a "máquina" da assistência jurídica não pode parar. Esse é o preço de a Defensoria Pública ser *essencial* à justiça.

#### 4.4.8.14 Proporcionalidade na distribuição da justiça (inciso XIII) – interpretação com o art. 98 do ADCT da EC n. 80/2014

Uma proposta de emenda constitucional, para ter chances mínimas de aprovação, precisa abarcar o consentimento social necessário. Não basta tratar-se de pleito justo e tecnicamente sustentável à luz da Constituição; mister trate ela de um tema que gera ou possa gerar a *simpatia* necessária num *momento* favorável[305].

O inciso XIII é inegavelmente aplicável à Defensoria Pública por ser umbilicalmente ligado ao art. 98 do ADCT, que figura como a *locomotiva* da proposta de emenda constitucional que tornou simpática a sua aprovação. Por isso analisaremos conjuntamente referidos dispositivos constitucionais.

Tratando da inovação inserida pela EC n. 45/2004 ao Poder Judiciário, André Ramos Tavares aduz que se trata de determinação moralizadora, pondo fim "*(...) à criação de vagas por motivos e inclinações exclusivamente políticos*"[306].

No afã de dificultar essa prática afrontosa ao ideal republicano, o inciso XIII, sem estabelecer critérios altamente objetivos, fixa a exigência de que o número de juízes será proporcional à efetiva demanda judicial e à respectiva população (leia-se: a quantidade de pessoas) – expressões essas inseridas no *caput* do art. 98 do ACDT.

É claro que a junção dos dois critérios (efetiva demanda pelo serviço e população) por certo não exclui leituras divergentes em situações concretas, pois tanto é possível haver uma

301 Constituição Federal, art. 135.

302 Constituição Federal, art. 39, § 4º.

303 Constituição Federal, art. 37, XI.

304 Constituição Federal, art. 37, § 11.

305 FARHAT, Saïd. *Lobby, o que é, como se faz*: ética e transparência na representação junto a governos. Rio de Janeiro: Aberje, 2007. p. 115-116.

306 *Manual do Poder Judiciário*, cit., p. 227.

concentração populacional grande com uma demanda judicial pequena quanto uma pequena concentração populacional com uma demanda judicial reprimida (ou litigiosidade contida)[307], logo, com enorme potencial de sua procura.

Os critérios do inciso XIII, portanto, servem para tornar um pouco menos discricionária a decisão do Poder Judiciário sobre onde criar vagas de juízes num país com dimensões continentais. É um balizamento à autonomia que possui.

Se o inciso XIII do art. 93 se aplicar à Defensoria Pública, o art. 98 do ADCT seria inútil, não fosse o fato de trazer duas regras específicas.

Pelo § 1º, os entes federados incumbidos de prestar assistência jurídica (União, Estados e Distrito Federal) possuem o prazo de oito anos para garantir que todas as unidades jurisdicionais contem com defensores públicos. Por "unidades jurisdicionais" devemos entender as comarcas, foros distritais etc.

É claro que sujeitar a Defensoria Pública às unidades jurisdicionais, que são escolhidas pelo Poder Judiciário, poderia soar uma incoerência diante da autonomia daquela em face deste. Desse ponto de vista, o inciso XIII do art. 93 não seria atraído pela expressão "no que couber" do art. 134, § 1º. No entanto, deve-se ter em mente que o art. 98 do ADCT nasce com dia e hora pra acabar, algo próprio das normas de cunho transitório, de tal forma que negar a aplicação do art. 93, XIII, à Defensoria Pública quase oito anos depois da EC n. 80/2014 seria o mesmo que a afirmar que a Defensoria Pública não mais precisará observar qualquer tipo de critério para a expansão da instituição, ainda que os critérios não sejam de todo claros. Afinal, ruim com eles, pior sem eles.

Como dissemos, a locomotiva que resultou na EC n. 80/2014 residia nesse § 1º, mas devemos reconhecer: sendo a Defensoria Pública uma função essencial à justiça, a necessidade de uma emenda constitucional que determine o cumprimento da Constituição é quase tão inacreditável (e cômico) como quando o presidente João Figueiredo decretou que levassem a sério o Programa de Desburocratização[308], ou ainda quando o Ministro Francisco Campos, ao ser criticado por causa de uma nova lei que era idêntica a anterior que ele próprio havia redigido, respondeu: "Não há prejuízo, meu filho. Nós vamos publicar esta agora porque a outra não pegou"[309].

Por fim, o § 2º estabelece que, durante os oito anos em que a expansão da Defensoria Pública se impõe aos entes federados, a lotação dos defensores públicos deverá observar as regiões com maiores índices de exclusão social e adensamento populacional, regra esta direcionada a todas as Defensorias Públicas, pois a elas cabe decidir acerca das lotações[310].

Outra vez não é possível extrair parâmetros absolutamente objetivos dessa imposição constitucional, seja pelos critérios em si, seja por sua adoção ser exigida apenas "prioritariamente", isto é, comportando exceções à regra geral.

---

307 MANCUSO, Rodolfo de Camargo. *Acesso à justiça*: condicionantes legítimas e ilegítimas. São Paulo: RT, 2011. p. 140.

308 ROSENN, Keith S. *O jeito na cultura jurídica brasileira*. Rio de Janeiro: Renovar, 1998. p. 76. O autor se refere ao Decreto n. 84.585/1980.

309 Idem, p. 60.

310 Regra dessa natureza já era prevista na Lei Complementar estadual n. 988/2006, que disciplina a Defensoria Pública do Estado de São Paulo (art. 45, § 1º).

#### 4.4.8.15 Funções institucionais indelegáveis (inciso XIV)

Na medida em que a Constituição e as leis brasileiras preveem cada vez mais requisitos para que os cidadãos assumam cargo público num dos Poderes do Estado (caso dos juízes) ou numa função essencial à Justiça (caso dos defensores públicos), é natural a expressa proibição de que os atos praticados por tais profissionais, no exercício da atividade-fim, sejam indelegáveis para outros servidores públicos.

Trocando em miúdos, o inciso em apreço, ao permitir que servidores pratiquem atos de administração ou de mero expediente sem caráter decisório, acaba por proibir eles pratiquem atos de cunho jurisdicional.

Da mesma forma, e como já previa a LC n. 80/94[311], atos atinentes à prestação de assistência jurídica só podem ser praticados por defensores públicos, sejam aqueles que exigem capacidade postulatória (quando a atuação se dá em juízo), sejam os que dela prescindem (como na promoção de audiências públicas).

*Mutatis mutandis*, aplica-se à Defensoria Pública o inciso XIV.

#### 4.4.8.16 Distribuição imediata de processos (inciso XV)

Esse inciso se aplica à Defensoria Pública não por ser atraído pelo art. 134, § 4º, e sim pela *implícita* previsão constitucional do princípio do *defensor natural*, além de constar da LC n. 80/1994[312], como decorrência do hoje explícito princípio da independência funcional na sua faceta interna.

Com efeito, a regra da distribuição imediata foi instituída pela EC n. 45/2004 ao Poder Judiciário dado ser corriqueiro *"(...) relegar a distribuição a um setor e controle de carga de trabalho cometida a cada julgador"*[313]. Embora de cunho eminentemente organizacional, tem sua razão de ser por ser uma decorrência prática do princípio do juiz natural[314]. Assim, se o primado do juiz natural visa rechaçar designações arbitrárias, a inexistência da regra da distribuição imediata de processos acabava por colocar em xeque esse princípio, ainda que não houvesse explícita consciência e vontade em afastá-lo.

No caso da Defensoria Pública a "distribuição imediata" a que se refere o inciso XV deve ser lida no sentido de que, para evitar arbitrariedades, não se admite que defensores públicos cujas atribuições prevejam certa atuação sejam preteridos em determinados casos concretos devido a retenções no ato de distribuição dos casos.

Assim, o respeito ao defensor natural deve conviver com as complexidades da organização da instituição, que por vezes prevê órgãos internos com atribuições concorrentes. A distribuição sendo imediata, evita modulações neste importante ato de fixação de competência para cada caso concreto.

---

311 Art. 4º, § 10.

312 Art. 4º-A, IV.

313 NALINI, José Renato. A democratização da administração dos tribunais, In: RENAULT, Sérgio Rabello Tamm; BOTTINI, Pierpaolo (coords.). *Reforma do Judiciário*. São Paulo: Saraiva, 2005. p. 169.

314 TAVARES, André Ramos. *Manual do Poder Judiciário*, cit., p. 235.

### *4.4.9 Alcance da aplicação do art. 96, II, à Defensoria Pública*

O art. 96 da Constituição Federal, de agora em diante, também se aplica à Defensoria, mas somente seu inciso II, e mais: no que couber. "No que couber" é expressão que tem o sentido de incluir, ou seja, tudo o que for pertinente à Defensoria Pública, e aquilo que não disser respeito à instituição estará excluído.

O inciso II, que possui quatro alíneas, deve ser lido a partir de *cada* Defensoria Pública: União, Estados e Distrito Federal. Cada qual olhando para o "seu" Poder Legislativo.

De agora em diante, para os temas arrolados no inciso II, ou melhor, aqueles que *cabem*, a Defensoria Pública passa a ter a capacidade jurídica de instar o Poder Legislativo a se manifestar. Sai de cena, assim, a relevância inicial que até então dispunha o Poder Executivo, remanescendo sua importância para fins de sanção e veto no processo legislativo[315], além de outras maneiras de sua poderosa influência no parlamento, como na possibilidade de pedir regime de urgência e de possuir liderança de governo[316].

Pois bem. Quais alíneas do inciso II cabem para sua aplicação à Defensoria Pública?

As alíneas *a* e *c* podem ser tratadas conjuntamente.

Ambas "não cabem" para serem aplicadas à Defensoria Pública, e a razão é simples: a Defensoria Pública brasileira não é organizada em órgãos inferiores e superiores, sendo que essa divisão no seio do Poder Judiciário se explica pelo caráter nacional da distribuição da justiça[317], ainda que a organização administrativa caiba à União, aos Estados e ao Distrito Federal[318].

O Poder Judiciário brasileiro, respeitada alguma autonomia de que desfrutem os Estados-membros e o Distrito Federal, deve, tal qual a União, aplicar a jurisdição orientada pela vontade da nação[319], e, dentro dessa perspectiva, ele é distribuído aos órgãos com funções de convergência (Supremo Tribunal Federal) e de superposição (Superior Tribunal de Justiça e Tribunais Superiores)[320].

Conquanto essa delimitação se encontre na LC n. 80/94[321] e não na Constituição Federal, cada Defensoria Pública atua dentro da esfera judiciária de sua competência. Assim, se é verdade que a Defensoria Pública não é um órgão atrelado ao Poder Judiciário e, por isso, a assistência jurídica que desempenha transcende a esfera do judicial, não menos verdade é que a Defensoria Pública é "pensada" e "desenhada" a partir da divisão do Poder Judiciário.

Apesar do princípio da indivisibilidade, a Defensoria Pública da União não atua na esfera da Defensoria Pública estadual, por exemplo, sendo a recíproca verdadeira, exceto se houver

315 Art. 61, § 1º, II, *d*.

316 FARHAT, Saïd. *Lobby, o que é, como se faz*: ética e transparência na representação junto a governos, cit. p. 103-104.

317 SILVA, José Afonso da. *Curso de direito constitucional positivo*. 27. ed. São Paulo: Malheiros, 2006. p. 557.

318 Sobre a distinção entre distribuição nacional da justiça e organização administrativa do Judiciário, confira NUNES, Castro. *Teoria e prática do Poder Judiciário*. Rio de Janeiro: Forense, 1943. p. 73.

319 ALMEIDA JR., João Mendes de. *Direito judiciário brasileiro*. 5. ed. São Paulo: Freitas Bastos, 1960. p. 42-43.

320 DINAMARCO, Cândido Rangel. *Instituições de direito processual civil*. 6. ed. São Paulo: Malheiros, 2009. v. 1. p. 382.

321 Arts. 20 a 22; 66 a 68 e 111.

convênio a permitir que uma Defensoria Pública atue na competência da União[322] – e isso em razão do princípio *federativo*. Eis um limite ao princípio da indivisibilidade, provando que sua operacionalização se dá, em regra, dentro de cada Defensoria Pública[323].

Em razão de tudo o que foi exposto acima, o art. 96, II, *a*, faz menção a tribunais inferiores e, *a contrario sensu*, a tribunais superiores, e tal dispositivo se aplica apenas e tão só à realidade do Poder Judiciário, sendo um equívoco completo transplantá-lo para a realidade da Defensoria Pública.

A alínea *b* do inciso II do art. 96 prevê competir ao STF, aos Tribunais Superiores e aos Tribunais de Justiça "a criação e a extinção de cargos e a remuneração dos seus serviços auxiliares e dos juízos que lhes forem vinculados, bem como a fixação do subsídio de seus membros e dos juízes, inclusive dos tribunais inferiores, onde houver".

Aqui, diversamente do que expusemos quando da análise da alínea *a* desse dispositivo, devemos desprezar a expressão "tribunais inferiores", aplicável apenas à realidade do Poder Judiciário. Quanto ao resto da alínea *b*, ela se aplica à Defensoria Pública. Aliás, não deve causar espanto a afirmação de ser ela até mais importante do que o novel art. 98 do ADCT, sobre o qual já falamos.

Se fosse possível interpretar que a expressão "no que couber" exclui a alínea *b* em questão, deve-se ter em mente que a *mens legislatoris* desejava justamente o contrário. Prova disso é que no bojo da Comissão de Constituição e Justiça do Senado Federal o relator Romero Jucá asseverou:

> (...) a aplicação à Defensoria Pública do inciso II do art. 96 permitirá que essa instituição tenha a iniciativa de projetos de lei sobre: a alteração do número de seus membros; a criação e a extinção de cargos e a remuneração dos seus serviços auxiliares, bem como a fixação do subsídio de seus membros...[324].

Alguns Estados-membros já conferiam às suas Defensorias Públicas iniciativa legislativa desse jaez, ora via Constituição Estadual (caso do Rio Grande do Sul, embora apenas para fins de criação de cargos[325]), ora via lei orgânica estadual (caso do Paraná[326]).

Antes de qualquer questionamento no STF por eventual ofensa ao princípio da simetria[327], a EC n. 80/2014 explicita mais uma importante manifestação da autonomia da Defensoria Pública no Brasil, ainda que a iniciativa legislativa não tenha o condão, por si só, de garantir a aprovação das leis propostas pela instituição.

---

322 LC n. 80/1994, art. 14.

323 Para mais considerações sobre esse assunto, remetemos o leitor aos comentários ao princípio da indivisibilidade.

324 Parecer n. 312 de 2012, Proposta de Emenda Constitucional n. 04/2013.

325 Constituição Estadual, art. 121, § 1º, III.

326 Lei Complementar estadual n. 136/2011, art. 252.

327 De qualquer forma, Gilmar Ferreira Mendes, Inocêncio Mártires Coelho e Paulo Gustavo Gonet Branco explicam, à luz da jurisprudência do Supremo Tribunal Federal, que o princípio da simetria não deve ser visto como absoluto, e geralmente sua observância obrigatória por parte dos Estados e Distrito Federal ocorre em temas que envolvem separação de poderes (*Curso de direito constitucional*. São Paulo: Saraiva, 2007. p. 768).

Devemos enaltecer a inovação no texto constitucional, porém mais uma vez encarar a Defensoria Pública como função essencial à justiça – logo, autônoma em relação aos Poderes do Estado – seria suficiente para conceber a existência implícita desse viés de autonomia[328].

Na linha desse raciocínio, vale noticiar que, logo após a promulgação da atual Constituição, Fábio Konder Comparato proferiu parecer encomendado pela Associação Paulista do Ministério Público a fim de analisar a prerrogativa de iniciativa da proposta orçamentária (art. 127, § 3º). Além de sustentar essa prerrogativa com a ideia de autonomia funcional que passou a ostentar a instituição na nova Constituição, o eminente jurista chegou a sugerir que esse dispositivo fosse interpretado de modo amplo, em coerência com a sua autonomia. Por isso concluía que, embora a Constituição não previsse explicitamente que essa iniciativa legislativa abrangia a fixação e aumento de vencimentos (ao contrário de previsão expressa em relação ao Judiciário: art. 96, II, *b*), ela também decorria da autonomia funcional da instituição[329].

A existência de regras como a da iniciativa legislativa para o Judiciário e o Ministério Público[330] se justifica apenas por essas instituições terem autonomia, ou melhor: no caso do Judiciário, porque um Poder do Estado não poderia vincular-se, nesse ponto, ao Poder Executivo, e no caso do Ministério Público por ser órgão que por vezes desafia posições dos Poderes da República, especialmente o Executivo. Da mesma forma a iniciativa legislativa se aplica à Defensoria Pública, aplicando-se a ela, portanto, a alínea *b* do inciso II do art. 96[331].

Uma última observação: a combinação do art. 134, § 4º, com o art. 96, II, *b*, confere iniciativa legislativa aos Defensores Públicos-Gerais das respectivas Defensorias Públicas, mas outra combinação deve ser feita, e é com o art. 61, § 1º, II, *d*, que confere ao Presidente da República – e, por simetria, dos Governadores dos Estados e do Distrito Federal – a iniciativa privativa de projetos de lei (complementar) que disponham sobre organização da Defensoria Pública. Além dele, também os arts. 37, X, combinado com o art. 61, § 1º, II, *a*, não podem ser desconsiderados

---

328 Nesse sentido, sustentava a iniciativa legislativa já antes da EC n. 80/2014 Dirley da Cunha Júnior (*Curso de direito constitucional*. Salvador: JusPodivm, 2008. p. 980).

329 Parecer publicado na *Revista Justitia*, n. 60, 1999, p. 1120 a 1128. É importante esclarecer que esse parecer foi proferido logo após a promulgação da Constituição de 1988. Como no ano de 1998 a Emenda Constitucional n. 19 alterou o § 2º do art. 127 e explicitou que a iniciativa legislativa abarca a fixação de vencimentos e seu aumento, a conclusão do parecer (*de lege lata*) perdeu um pouco sua utilidade prática, mas, a nosso ver, mantém-se relevante para a nítida compreensão da autonomia de instituições como Ministério Público e Defensoria Pública.

330 A Constituição de 1969 (ou Emenda Constitucional n. 1, de 1969) já previa a iniciativa legislativa para o Poder Judiciário (art. 115, II). Não havia dispositivo na Constituição pretérita que estendesse essa regra para o Ministério Público, que, diga-se de passagem, era disciplinado sucintamente naquela Constituição em capítulo dedicado ao Poder Executivo.

331 Diogo de Figueiredo Moreira Neto explica que as "funções estatais neutrais" surgem por conta da mutação juspolítica na teoria do interesse público e se caracterizam, basicamente, por zelarem pelo interesse primário, por serem compostos por agentes estatais e por gozarem de competências constitucionais (Funções essenciais à justiça e contra-poderes, *Revista da AGU – Advocacia-Geral da União*, Brasília, ano X, n. 27, p. 7-30, jan./mar. 2011).

(eles tratam da exigência de lei específica que fixe ou altere a remuneração de servidores públicos, respeitada a iniciativa privativa).

Por força de interpretação sistemática de todos os dispositivos supracitados, quando se lê "iniciativa privativa" leia-se "iniciativa concorrente". Logo, de agora em diante tanto os Chefes dos Executivos quanto os Defensores Públicos-Gerais possuem a iniciativa concorrente para deflagrar projetos de lei (complementar) que tratem de organização da Defensoria Pública ou fixação e alteração de remuneração/subsídios[332].

Resta a análise da alínea *d* do inciso II do art. 96, *in verbis*: "a alteração da organização e da divisão judiciárias".

Lido *cum grano sallis*, esse dispositivo pode ser aplicado à Defensoria, e não só pode como já decorria da autonomia administrativa. Nesse passo, a organização da Defensoria Pública é um tema emblemático para a autonomia administrativa, prevista nos §§ 2º e 3º do art. 134. E se "autonomia administrativa" é uma expressão relativamente aberta, de um aspecto a doutrina não diverge: ela deve garantir que a condução da instituição não sofra influências de outros órgãos ou Poderes[333].

Portanto, a definição (e alteração) quanto à organização da Defensoria Pública é decisão que cabe a cada Defensoria Pública, que deve respeitar alguns limites (*v.g.*, impessoalidade[334]) e diretrizes (predominância de regiões com maiores índices de exclusão social e adensamento populacional[335]).

### *4.4.10 Defensorias Públicas Municipais: impossibilidade jurídica e vantagens para o necessitado*

Conforme vimos acima, as normas constitucionais expressamente atribuem a União, Estados e Distrito Federal competência para legislar sobre *assistência jurídica* e *Defensoria Pública* – não mencionando municípios. Com razão, portanto, referindo-se à impossibilidade de municípios prestarem assistência jurídica integral e gratuita, Diogo Esteves e Franklyn Roger bem resumem a questão ao concluírem que *"o silêncio do legislador constituinte é aqui eloquente"*[336].

A opção de não municipalizar o serviço público de assistência jurídica integral e gratuita confere maior possibilidade de uniformização desse serviço público por todo o país (unificando

332 As regras constitucionais que, nesse tema, envolvem o Ministério Público são o art. 61, § 1º, II, *d*, e o art. 128, § 5º. Tratando dessa instituição, interpretam que é caso de iniciativa concorrente: Hugo Nigro Mazzilli (*Regime jurídico do Ministério Público*, cit., p. 173) e Carlos Roberto de Castro Jatahy (*Curso de princípios institucionais do Ministério Público*. 4. ed. Rio de Janeiro: Lumen Juris, 2009. p. 62).

333 Nesse sentido, embora voltado ao Ministério Público, conferir: MAZZILLI, Hugo Nigro. *Regime jurídico do Ministério Público*. 7. ed. São Paulo: Saraiva, 2013. p. 165. GARCIA, Emerson. *Ministério Público*: organização, atribuições e regime jurídico. 3. ed. Rio de Janeiro: Lumen Juris, 2008. p. 94.

334 Constituição Federal, art. 37, *caput*.

335 Constituição Federal, art. 98, § 2º, dos ADCT.

336 ESTEVES, Diogo; SILVA, Franklyn Roger. *Princípios institucionais da Defensoria Pública*. Rio de Janeiro: Forense, 2014. item "2.7", p. 85.

sua qualidade) e, ademais, afasta-se definitivamente do sistema acéfalo-pulverizador que reinava antes de 1988 – no qual o necessitado era de todos, mas ao mesmo tempo de ninguém[337]. Por outro lado, traz benefícios para o necessitado, em primeiro lugar impedindo conflitos de competência entre os serviços públicos municipais – o que é fundamental para quem necessita desse serviço. Por isso se mostra interessante a arquitetura do serviço público de assistência jurídica integral e gratuita acoplar-se ao desenho do sistema judicial (que não admite Poderes Judiciários ou Ministérios Públicos municipais), sem falar que fortalece a posição do necessitado que é representado por um órgão público *estadual*, ou *distrital*, ou da *União*[338].

Há um dado da realidade brasileira importante a ser considerado quanto ao tema em discussão, e corrobora a opinião de que a Defensoria Pública Municipal teria maiores dificuldades para manter respeitada sua autonomia e a independência de seus membros: "*Enquanto 1% dos municípios brasileiros mais ricos concentrava 21% da riqueza do País em 1920*" – segundo o Instituto de Pesquisa Econômica Aplicada (IPEA) – "*em 2007 a concentração dessa riqueza subiu para 47% nos 56 municípios mais ricos. É o que revela o Comunicado do Ipea n. 60 – Desigualdade da Renda no Território Brasileiro (...)*"[339].

Os dados acima não são, por óbvio, argumento decisivo para justificar a não municipalização do serviço público de assistência jurídica, até porque tal argumento também valeria, até certa medida, para as desigualdades entre Estados da Federação. Todavia, não podemos ignorar que a pobreza *multissecular da maioria dos municípios brasileiros* constituiria obstáculo intransponível para o estabelecimento do serviço de assistência jurídica integral e gratuita aos brasileiros em todos os municípios, ou seja, é muito provável que a situação atual do serviço público de assistência jurídica integral e gratuita estivesse pior.

Em todas as Constituições brasileiras que trataram da assistência judiciária os municípios nunca figuraram como ente responsável pela prestação desse serviço. Assim, o fato de existirem em muitos municípios brasileiros estruturas de assistência judiciária não significa que isso esteja correto do ponto de vista constitucional, e quanto mais União, Distrito Federal e Estados cumprirem o dever de estruturar suas Defensorias Públicas, mais essas estruturas municipais sucumbirão diante dos ditames constitucionais.

**ADPF 279**

O STF nunca apreciou a questão (antes ou depois da CF88) se ao município é vedado prestar assistência jurídica. O primeiro caso será decidido na ADPF 279, proposta no ano de 2013

---

337 V. nosso comentário no item 21.2.1.

338 Nessa linha, ao rechaçar a municipalização do serviço público de assistência jurídica integral e gratuita a lei facilita atividades extrajudiciais e judiciais *coletivas* (ações coletivas) de problemas ou questões que transbordem o território municipal (quase tudo, por sinal), incluindo-se entre as atividades extrajudiciais as de natureza política – que não sejam partidárias! – por exemplo, audiência pública discutindo revista vexatória em estabelecimentos juvenis ou penais.

339 Confira o comunicado n. 60 do Instituto de Pesquisas Econômicas Aplicadas (IPEA) em: <http://www.ipea.gov.br/portal/index.php?option=com_content&view=article&id=2688>.

pelo Procurador-Geral da República, tendo como preceito fundamental violado o pacto federativo (arts. 1º, *caput*, e 60, § 4º, I), pois se refere à relação Estado-jurisdicionados.

Importante consignar desde já que eventual procedência dessa ação – o que pensamos ser o resultado correto – não significa que os municípios não possam *colaborar* na prestação do serviço de assistência jurídica, desde que o façam por meio de convênios com a Defensoria Pública, como decidiu o STF na ADIn 4.163.

Além do mais, nada obsta que nessa decisão o STF faça modulação de efeitos para que sua decisão seja cumprida observando-se a segurança jurídica, haja vista a existência de considerável número de municípios que, sobretudo ante a inexistência de Defensoria Pública, incumbiram-se dessa tarefa[340].

### *4.4.11 A questão dos Territórios: existe uma Defensoria Pública territorial?*

---

340 *HABEAS CORPUS*. FURTO QUALIFICADO. DEFENSOR DATIVO. FALTA DE INTIMAÇÃO PESSOAL ACERCA DA DATA DA SESSÃO DE JULGAMENTO DO RECURSO DE APELAÇÃO. FORMALIDADE IMPLEMENTADA NA PESSOA DA ADVOGADA QUE, À ÉPOCA, EXERCIA AS FUNÇÕES DE DEFENSORA PÚBLICA MUNICIPAL. INEXISTÊNCIA DE PREJUÍZOS AO ACUSADO. CONSTRANGIMENTO ILEGAL NÃO CARACTERIZADO.

1. É pacífico neste Superior Tribunal de Justiça o entendimento de que a ausência de intimação pessoal da Defensoria Pública ou do defensor dativo sobre os atos do processo, a teor do disposto no artigo 370 do Código de Processo Penal e do artigo 5º, § 5º, da Lei 1.060/1950, gera, via de regra, a sua nulidade.

2. No caso dos autos, diante da inexistência de Defensoria Pública na localidade, a Prefeitura disponibiliza advogados para atuarem como defensores públicos municipais, motivo pelo qual, em face da inércia do patrono do paciente em apresentar as razões de apelação, e não tendo ele designado outro profissional para fazê-lo, foi designada causídica para atuar em seu favor, que, por ocasião da intimação para a sessão de julgamento do reclamado, havia sido exonerada, o que ensejou a cientificação pessoal da defensora que à época desempenhava a aludida função.

3. Embora não exista formalmente o cargo de defensor público municipal, o certo é que, se a Prefeitura fornece advogados para servirem de advogados dativos, e o Juiz de Direito faz uso do aludido serviço, não há que se falar em necessidade de nomeação expressa de determinado defensor, ante a exoneração do anterior, já que a substituição entre eles se dá de forma automática.

4. Tendo ocorrido a devida notificação pessoal da defensora pública municipal em exercício à época, tanto acerca da sessão de julgamento quanto da publicação do respectivo acórdão, não se vislumbra a ocorrência de prejuízos à defesa do réu, que foi assistido por advogado, o que impede o reconhecimento da eiva suscitada na impetração, nos termos do artigo 563 do Código de Processo Penal. Precedentes.

INTIMAÇÃO PESSOAL DO ACUSADO SOBRE O RESULTADO DO JULGAMENTO DO RECURSO DE APELAÇÃO CRIMINAL. DESNECESSIDADE. EXIGÊNCIA APENAS PARA SENTENÇA DE PRIMEIRO GRAU. REGULAR NOTIFICAÇÃO PESSOAL DA DEFENSORIA PÚBLICA. EIVA INEXISTENTE.

1. Não há no ordenamento jurídico previsão de que a intimação do teor do acórdão prolatado em sede de apelação criminal deva ser feita na pessoa do acusado, bastando para a sua ciência a publicação, na forma da lei. Precedentes.

2. No caso em apreço, a defensora dativa foi devidamente cientificada do acórdão proferido no julgamento do recurso de apelação, não havendo que se falar na obrigatoriedade da notificação pessoal do réu.

3. Ordem denegada (HC 307.450/GO, rel. Min. Jorge Mussi, 5ª Turma, julgado em 28-6-2016, *DJE* 1º-8-2016).

A criação de um Território não acarreta a automática destinação de defensores públicos federais para atuarem naquela unidade.

O art. 33, § 3º, da CF/88 determina que apenas os Territórios Federais com mais de cem mil habitantes é que terão de possuir defensores públicos federais. *A contrario sensu*, menos de cem mil habitantes não levarão a essa exigência. Eis o teor do mencionado dispositivo:

> *Nos Territórios Federais com mais de cem mil habitantes, além do Governador nomeado na forma desta Constituição, haverá órgãos judiciários de primeira e segunda instância, membros do Ministério Público e defensores públicos federais; a lei disporá sobre as eleições para a Câmara Territorial e sua competência deliberativa.*

O verbo "haverá" apresenta duas possibilidades interpretativas: a primeira, determinando a alocação de cargos de defensores públicos federais que deverão atuar no dado Território caso nele existam mais de cem mil habitantes. Não há, aqui, discricionariedade que tenha o condão de fazer ou não essa destinação[341].

O segundo aspecto é que não existe, ao menos no plano abstrato, óbice constitucional que impossibilite a previsão de cargos de defensores públicos federais (e de órgãos judiciários e membros do Ministério Público) no caso da criação de um Território com *menos* de cem mil habitantes. A situação concreta irá possibilitar ou não que isso ocorra. Aqui, sim, haveria que se falar em discricionariedade, pressupondo a devida motivação do ato.

Digno de nota é que embora a redação originária da CF/88 atrelasse os Territórios à Defensoria Pública do Distrito Federal – que mesmo antes da EC n. 69/2012, quando era mantida pela União, possuía organização em carreira, tendo até mesmo órgãos de administração superior –, o art. 33, § 3º, de modo incoerente, determinava que a criação de um Território com mais de cem mil habitantes acarretava a alocação de defensores públicos federais, nomenclatura que na LC n. 80/1994 só passou a designar os então defensores públicos da União após a LC n. 132/2009.

A verdade é que, como na vigência da CF/88 não foi criado nenhum Território (menos ainda com cem mil habitantes), essa dúvida não chegou a abrilhantar os debates jurídicos, que teria de resolver como, na prática, seriam alocados defensores públicos para atuarem junto ao Território, ou melhor: qual Defensoria Pública "forneceria" seus defensores. Afinal, de um lado o Território estava ligado à Defensoria Pública do Distrito Federal; de outro, o art. 33, § 3º, da CF/88 determina que são defensores públicos federais. Felizmente a EC n. 69/2012 já resolveu isso, havendo maior clareza caso um Território seja criado.

### 4.4.12 Direito de opção (art. 22 ADCT)

Se é fato que a Defensoria Pública ganha *status* constitucional na CF/88, outro fato é que a história da instituição começou antes do atual texto constitucional. Afinal, a assistência judiciá-

---

341 É interessante especular que ao ser criado um Território a Defensoria Pública da União terá obrigação de remover, inclusive compulsoriamente, defensores públicos federais para nele atuarem. Como temos convicção de que o relevante primado da inamovibilidade não é absoluto, e historicamente até mesmo no seio do Poder Judiciário a exceção é admitida, a justificativa de "interesse público", nesse caso, poderia ser fundamentada numa regra da CF/88 em sua versão original.

ria é (ou deveria ser) prestada no Brasil desde 1934 (considerando-se aquela Constituição como parâmetro de análise).

No momento em que se discute, na Assembleia Nacional Constituinte, que, caso aprovada, a assistência jurídica agora será prestada por meio de um órgão público (denominado Defensoria Pública), é necessário que também seja discutida como se dará a *transição* – mesmo porque os profissionais prestadores do serviço até então existentes serão cruciais para que não haja uma abrupta interrupção do serviço prestado. Daí a razão de existir uma norma de transição.

Assim, dispôs o art. 22 do Ato das Disposições Constitucionais Transitórias (ADCT):

> É assegurado aos defensores públicos investidos na função até a data da instalação da Assembleia Nacional Constituinte o direito de opção pela carreira, com a observância das garantias e vedações previstas no art. 134, parágrafo único, da Constituição.

Frise-se que o que antes era parágrafo único do art. 134 tornou-se § 1º com a edição da Emenda Constitucional n. 45/2004. Na medida em que a atual Constituição foi promulgada em 5 de outubro de 1988 e que a Assembleia Nacional Constituinte foi instalada em 1º de fevereiro de 1987, o art. 22 do ADCT consubstancia norma com efeito retroativo (e o marco temporal que confere o direito de opção é 1º-2-1987).

No entanto, a jurisprudência do STF, interpretando o mais literalmente possível a palavra "investidos", guiou-se no sentido de que só possuiria esse direito de opção quem, até 1º-2-1987, estava *investido* na *função* de defensor público – leia-se: que prestavam assistência judiciária. Logo, tal direito se aplicaria como uma *exceção ao princípio do concurso público*:

> * RE 161.712: EMENTA: RECURSO EXTRAORDINÁRIO. DEFENSORES PÚBLICOS. INTERPRETAÇÃO DO ARTIGO 22 DO ADCT. Servidor investido na função de defensor público até a data em que foi instalada a Assembleia Nacional constituinte tem direito a opção pela carreira, **independentemente da forma da investidura originária**. Interpretação do artigo 22 do ADCT. Recurso Extraordinário não conhecido.
>
> * RE 176.068 AgR: EMENTA Agravo regimental no recurso extraordinário. Administrativo. Advogados investidos na função de defensores públicos no Estado de Minas Gerais antes do advento da vigente Constituição Federal. Opção pela carreira, **independentemente da forma de ingresso no serviço público**. Inteligência do art. 22 do ADCT. Precedentes. 1. A jurisprudência desta Corte, representada por inúmeros precedentes, reconheceu a advogados que exerciam, antes do advento da Constituição Federal de 1988, a função de defensores públicos o direito de optar pela carreira, **qualquer que fosse a forma de ingresso no serviço público**. 2. Aplicação do disposto no art. 22 do ADCT que independe da análise de fatos e provas dos autos. 3. Verba honorária moderada e adequadamente fixada em 10% sobre o valor da condenação. 4. Agravo regimental não provido.

Num caso específico, o STF reconheceu que, embora à época da data da instalação da Assembleia Nacional Constituinte, um servidor então estava investido na função, posteriormente ele se exonerou. E o direito de opção, para ser exercido, pressupõe a manutenção do vínculo:

> * DESPACHO: – Vistos. Trata-se de recurso extraordinário interposto com fundamento no art. 102, III, 'a', da Constituição Federal, contra decisão da Quarta Câmara Cível do Tribunal de Justiça do Estado do Rio Grande do Sul, que, à unanimidade, deu provimento à apelação da ora recorrente, em acórdão assim ementado (fls. 201), *verbis*: "DEFENSOR PÚBLICO. ALCAN-

CE DA NORMA DO ART. 22 DO ADCT. Somente aos servidores que se encontravam em pleno exercício é estendido o direito de opção pela carreira de Defensor Público. Assim, **exonerada – a pedido ou não – a servidora cerca de 18 meses antes da vigência da CF/88, não pode ela almejar sua nomeação para o aludido cargo. Ação improcedente. Sentença mantida.** Apelo desprovido." 2. Sustenta a recorrente que o acórdão impugnado violou o art. 22 do ADCT, aduzindo, em síntese, que a norma constitucional transitória não exigia a permanência no cargo. 3. A Procuradoria-Geral da República, às fls. 397-400, manifestou-se pelo não conhecimento do recurso, em parecer onde restou assentado: "No mérito, tem-se que o art. 22 do ADCT/88 previu excepcional benefício àqueles exercentes do nobre ofício de Defensores Públicos, ao lhes assegurar o direito de opção pela carreira, desde que investidos na função 'até a data de instalação da Assembleia Nacional Constituinte'. **Mister**, porém, como assentou o Plenário desse Pretório Excelso ao julgar o **RE n. 161.712/RS** relator p/ o acórdão o Exmo. Sr. Min. Francisco Rezek, in *DJ* de 19/12/94, **que o defensor público ostentasse a condição de servidor público, 'independentemente da forma da investidura originária', alcançando assim tanto os efetivos como os servidores nomeados a título precário, em cargo de confiança.** É na segunda hipótese que se encaixa a situação da ora recorrente, que trabalhava junto à Assistência Judiciária da Procuradoria Geral do Estado quando da instalação da Assembleia Nacional Constituinte. Não obstante esse enquadramento, o benefício constitucional não alcança a recorrente, dada a **peculiaridade do caso em exame.** É que, **pouco tempo após a instalação da Assembleia Nacional Constituinte, foi ela exonerada do cargo então ocupado, mais exatamente em 23/03/87**, conforme o aresto recorrido. Assim, **ao tempo da promulgação da atual Carta Magna, não mais exercia a função de Defensora Pública.** Consequência disso é a perda de objeto do benefício, pois **o dispositivo constitucional fala em direito de opção, e não há pelo que optar se ela não mais se encontrava na situação primitiva, a se caracterizar como titular do benefício constitucional.** A Constituição não tratou de nomeação para a carreira de defensor público, hipótese que favoreceria a autora, que se encontrava fora do quadro, mas sim de restrito direito de opção." 4. O apelo extremo não comporta seguimento. A interpretação dada pelo órgão julgador *a quo* não merece qualquer reparo. Pois, de fato, para exercer a opção pela carreira de defensor público, além de encontrar-se o destinatário da regra excepcional do art. 22, do ADCT, investido na função de assistência judiciária, à data da instalação da Assembleia Nacional Constituinte (1º de fevereiro de 1987), seria, também, necessário que estivesse em condições de exercer tal prerrogativa, ou seja, exercendo uma função pública, o que não ocorreu com a recorrente em razão de sua exoneração antes da promulgação da Constituição de 1988. Nesse sentido, quando do julgamento do RE 161712/RS, ao proferir voto, reconheci que o art. 22, do ADCT, efetivamente, beneficiava todos os servidores investidos em função pública, à data da instalação da Constituinte; todavia, ressaltei a necessidade da permanência do servidor no cargo. Está esse entendimento registrado, neste passo, do voto: "De outra parte, destinando-se o dispositivo a resolver as situações existentes nos Estados, quanto à prestação dos serviços de assistência judiciária, pressuposto será a condição de servidor público, pois a norma confere direito a opção: de uma situação funcional detida no serviço público para a situação de Defensor Público, ut art. 134 e parágrafo único da Lei Magna. Importa, assim, se cuide de servidor estadual, municipal ou federal, inclusive autárquico, posto à disposição de serviço de assistência judiciária, à data da instalação da Assembleia Nacional Constituinte, em 1987. À evidência, **o art. 22 do ADCT não ampara servidor que haja sido posto à disposição de serviços de assistência judiciária, nos Estados, após a instalação da Assembleia Nacional Constituinte, a 1º.2.1987.** Entendo, destarte, que o art. 22, do ADCT, efetivamente, beneficia todos aqueles servidores públicos que estivessem no exercício da função de assistência judiciária aos necessitados, à data referida, e nela se hajam mantido. Todos estão, a meu ver, amparados pela norma citada da Constituição de 1988. É uma regra de transição que apanhará número certo de servidores, constituído pelos exercentes da dita função antes da Assembleia Nacional Constituinte e que detivessem a condição de servidores públicos. 5. Do exposto, com base no art. 38, da Lei 8.038, de 28 de maio de 1990, e no art. 21, § 1º, do RISTF, e, tendo em conta o parecer do representante do Ministério Público Federal, nego seguimento ao recurso. Publique-se. Brasília, 18 de setembro de 2000. MINISTRO NÉRI DA SILVEIRA Relator 3 (RE 237.766, rel. Min. Néri da Silveira, julgado em 18-9-2000, publicado em *DJ* 11-10-2000 P – 00029)

**A ADIn 3.720/SP**

Proposta pelo Procurador-Geral da República, a ADIn 3.720 questionava dois dispositivos: o art. 11 dos Atos das Disposições Transitórias da Constituição do Estado de São Paulo e o art. 3º das Disposições Transitórias da LC n. 988/2006.

Antes de prosseguir, é importante observar que até a criação da Defensoria Pública paulista cabia à Procuradoria de Assistência Judiciária, órgão da Procuradoria-Geral do Estado, a prestação de assistência judiciária, isto é, no seio da Procuradoria do Estado havia procuradores do Estado que muitas vezes atuavam em polos opostos: uns, defendendo o Estado, outros, não raro, agindo em face do Estado e em prol das pessoas necessitadas.

Dentre os argumentos do Procurador-Geral da República, havia o que questionava o fato de as normas referidas ampliarem o direito de opção para abarcar os procuradores do Estado que não exerciam a assistência judiciária, e o pedido era para que se conferisse interpretação conforme a Constituição às normas impugnadas, limitando o direito de opção apenas aos procuradores do Estado que, até a data da Assembleia Constituinte estadual (1º de fevereiro de 1987), prestavam assistência judiciária.

O ministro Marco Aurélio, relator, destacou que o caso dessa ação direta não possuía precedentes específicos. Frisou que o precedente mais próximo era o da ADIn 1.591-RS, que tratou da *fusão* das carreiras de Auditor de Finanças Públicas e Fiscal de Tributos Estaduais, culminando na criação da carreira de Agente Fiscal do Tesouro. O STF decidiu que isso era constitucional. Ocorre que a ADIn 4.720 não era idêntica à ADIn 1.591-RS porque enquanto aquela tratava de *cisão* de carreiras, esta tratava de fusão.

Por unanimidade, o STF entendeu que não se aplicava ao caso o art. 22 do ADCT da CF/88, pois o que houve foi cisão nas atribuições prestadas pela Procuradoria do Estado de São Paulo. Além disso, a exigência jurisprudencial de concurso público específico (leia-se voltado à assistência judiciária) também havia sido atendida, tanto que disciplinas mais afetas à Defensoria Pública foram previstas nos editais dos concursos de Procurador do Estado[342].

---

342 O Tribunal julgou improcedente pedido formulado em ação direta ajuizada pelo Procurador-Geral da República para declarar a inconstitucionalidade do art. 11 do Ato das Disposições Transitórias da Constituição do Estado de São Paulo e do *caput*, incisos e § 3º do art. 3º e do § 1º do art. 4º das Disposições Transitórias da Lei Complementar 988/2006, do mesmo Estado-membro, que facultam aos Procuradores estaduais, no prazo de 60 dias da promulgação da Lei Orgânica da Defensoria Pública, optarem pela permanência no quadro da Procuradoria-Geral do referido Estado-membro, ou na carreira de Defensor Público, garantidas as vantagens, os níveis e as proibições. Entendeu-se que **as normas impugnadas seriam harmônicas com a Constituição Federal**, haja vista que os Procuradores do Estado de São Paulo, aos quais viabilizada a opção

De qualquer forma, no Brasil atual o ingresso na carreira de defensor público se dá, apenas e tão só, por meio de aprovação em concurso público, sendo essa exigência expressamente prevista no art. 134, § 1º, da CF/88.

### *4.4.13 Foro por prerrogativa de função*

Em relação aos magistrados e membros do Ministério Público estaduais e federais, os arts. 96, III, e 108, I, *a*, da CF/88 estabelecem o que se convencionou rotular como *foro por prerrogativa de função.*

À parte quaisquer considerações atinentes à razão de ser dessa prerrogativa, fato é que as emendas constitucionais que desde a promulgação da CF88 expandiram a autonomia da Defensoria Pública não modificaram os supracitados dispositivos para que o foro por prerrogativa de função também se aplique aos defensores públicos.

Importante frisar que *a EC n. 80/2014* – que, dentre outras coisas, atrai para as Defensorias Públicas regras atinentes ao Poder Judiciário – *não determinou que o art. 96, III, se aplique à Defensoria Pública.* Mais precisamente, o art. 134, § 4º, determina a aplicação, no que couber, do art. 93, bem como do art. 96, II.

Na prática, em resumo, a situação atual está assim:

> (i) não há previsão expressa do foro por prerrogativa de função aos defensores públicos na CF88;
> (ii) a EC n. 80/2014, de inegável importância para a expansão das autonomias da instituição, propositalmente rechaçou qualquer interpretação sistemática no sentido de atrair a aplicação do art. 96, III, pelo simples fato de o art. 134, § 4º, ter delimitado que apenas o inciso II do art. 96 se aplica aos defensores públicos;
> (iii) do ponto de vista interpretativo, remanesceria a possibilidade de as Constituições estaduais normatizarem nesse sentido, mas, como veremos no tópico a seguir, a jurisprudência do STF nesse assunto não parece ter tomado outra rota.

#### 4.4.13.1 O STF e a questão do foro por prerrogativa de função via Constituição Estadual

A falta de previsão expressa na CF/88 não impediu que algumas Constituições estaduais previssem a extensão do foro por prerrogativa de função aos defensores públicos[343]. Diante dis-

---

pela carreira de Defensor Público, **teriam ingressado** na Administração Pública **mediante concurso** de provas e títulos. Além disso, asseverou-se que a Lei Complementar estadual 478/86 teria previsto as atribuições próprias ao cargo de Procurador do Estado, estabelecendo a divisão da Procuradoria em três áreas de atuação: o Contencioso Geral, a Consultoria Geral e a Assistência Judiciária. Assim, os candidatos ao cargo de Procurador estadual, aos quais facultada a opção, teriam feito concurso para prestar serviços nessas diversas áreas, **entre elas a de prestar assistência judiciária** aos menos favorecidos. Tendo isso em conta, **ressaltou-se que o Supremo, da mesma forma como admitira a junção de carreiras (ADI 1591/RS, DJU de 30.6.2000), haveria de admitir situação inversa, em que observada simplesmente a cisão de carreira que se mostrava única** e que, até o surgimento da Defensoria Pública, viera a ser preservada quanto ao Contencioso Geral e à Consultoria Geral (ADIn 3.720/SP, rel. Min. Marco Aurélio, 31-10-2007).

343 Diogo Esteves e Franklyn Roger fizeram importante pesquisa acerca das Constituições estaduais que disciplinaram o assunto: *Princípios institucionais da Defensoria Pública*, cit., p. 768.

so, algumas ações diretas (envolvendo não apenas a Defensoria Pública como, por exemplo, a Advocacia Pública) foram propostas e, em juízo cautelar, tudo indicava que a jurisprudência do STF guiaria no sentido de reputar constitucional essa inovação promovida pelo constituinte estadual; afinal, ao poder constituinte decorrente impõem-se limitações, e elas seriam de dois tipos: (a) a de não poder contrariar a Constituição Federal e (b) a de concretizá-la, quanto à vigência, ao espírito e aos fins, em seu âmbito territorial[344].

No entanto, em fevereiro de 2002, o STF apreciou, em sede cautelar, a **ADIn 2.553**, relativa à Constituição do Estado do Maranhão, suspendendo os dispositivos que conferiam o foro por prerrogativa aos defensores públicos. Eis a ementa da cautelar:

> EMENTA: Foro especial por prerrogativa de função: outorga pela Constituição do Estado-membro aos "membros (...) das Procuradorias-Gerais do Estado, da Assembleia Legislativa e da Defensoria Pública e os Delegados de Polícia" (EC est. 34/2001, do Maranhão): suspensão cautelar das inovações questionadas, por maioria de votos (ADIn 2.553 MC, rel. Sepúlveda Pertence, Tribunal Pleno, julgado em 20-2-2002, *DJ* 22-10-2004 PP-00005 EMENT VOL-02169-01 PP-00160 RTJ VOL-00193-01 PP-00088).

Dois anos depois, agora na **ADIn 2.587**, que envolvia a Constituição do Estado de Goiás, o STF parecia enxergar como constitucional a questão (exceto no que concerne aos delegados de polícia):

> EMENTA: AÇÃO DIRETA DE INCONSTITUCIONALIDADE. ALÍNEA "E" DO INCISO VIII DO ARTIGO 46 DA CONSTITUIÇÃO DO ESTADO DE GOIÁS, NA REDAÇÃO QUE LHE FOI DADA PELA EMENDA CONSTITUCIONAL N. 29, DE 31 DE OUTUBRO DE 2001. Ação julgada parcialmente procedente para reconhecer a inconstitucionalidade da expressão "e os Delegados de Polícia", contida no dispositivo normativo impugnado (ADIn 2.587, rel. Maurício Corrêa, rel. p/ Acórdão Carlos Britto, Tribunal Pleno, julgado em 1º-12-2004, *DJ* 6-11-2006 PP-00029 EMENT VOL-02254-01 PP-00085 RTJ VOL-00200-02 PP-00671).

Em 2019, tendo como alvo a Constituição do Estado de Roraima, que estendia o foro por prerrogativa a "Secretários de Estado e os agentes públicos a ele equiparados", o STF julgou a **ADIn 4.141**. Pela literalidade da ementa, tal julgado não sinalizava uma inclinação do STF para abranger a vedação aos defensores públicos, que nada têm de equiparáveis a Secretários de Estado. Eis a ementa:

> Ementa: AÇÃO DIRETA DE INCONSTITUCIONALIDADE. EXPRESSÃO "E OS AGENTES PÚBLICOS A ELES EQUIPARADOS" CONSTANTE DO ARTIGO 77, X, 'A' DA CONSTITUIÇÃO ESTADUAL DE RORAIMA. CONTRARIEDADE AO ART. 125, § 1º DA CONSTITUIÇÃO FEDERAL. PROCEDÊNCIA. 1. Norma da Constituição Estadual não pode delegar ao legislador ordinário, mesmo implicitamente, a competência para definir quais agentes públicos seriam equiparados aos Secretários de Estado para fins de concessão de foro especial por prerrogativa de função perante o Tribunal de Justiça Estadual. Precedentes. 2. Procedência da ação direta de inconstitucionalidade, para declarar inconstitucional a expressão "e os Agentes públicos a eles

---

344 MENDES, Gilmar; BRANCO, Paulo Gustavo Gonet. *Curso de direito constitucional*. 14. ed. São Paulo: Saraiva, 2019. p. 1543.

equiparados", inscrita no art. 77, inciso X, a, da Constituição do Estado de Roraima (ADIn 4.141, rel. Edson Fachin, Tribunal Pleno, julgado em 25-10-2019, ACÓRDÃO ELETRÔNICO DJE-243 DIVULG 6-11-2019 PUBLIC 7-11-2019).

Daí, no mesmo ano de 2019, em 15 de maio, apreciando o mérito da ADIn 2.553, o STF decidiu que o constituinte estadual não pode conferir aos defensores públicos o foro por prerrogativa de função:

> Decisão: O Tribunal, por maioria, julgou **procedente** o pedido formulado na ação direta para **declarar a inconstitucionalidade do art. 81, inciso IV, da Constituição do Estado do Maranhão**, nos termos do voto do Ministro Alexandre de Moraes, Redator para o acórdão, vencidos, em parte, os Ministros Gilmar Mendes (Relator) e Celso de Mello. Falou, pelo *amicus curiae* Associação Nacional dos Defensores Públicos – ANADEP, o Dr. Ilton Norberto Robl Filho. Ausentes, justificadamente, o Ministro Dias Toffoli (Presidente), impedido neste julgamento, e o Ministro Roberto Barroso. Presidência do Ministro Luiz Fux (Vice-Presidente). Plenário, 15.05.2019[345].

No ano de 2020, várias ações diretas foram propostas pela PGR tratando de vários Estados da federação[346], como a **ADIn 6.501**. Em decisão de novembro de 2020, o ministro Luís Roberto Barroso deferiu a medida cautelar, apontando, como plausibilidade do direito, o que restou decidido na ADIn 2.553-MA, confirmando a orientação que o constituinte estadual não pode outorgar o foro por prerrogativa de função aos Defensores Públicos e, como *periculum in mora*, "o risco de que processos criminais contra defensores públicos estaduais tramitem perante o Tribunal de Justiça do Estado do Pará. Em hipóteses como essa, posteriormente podem surgir discussões a respeito de eventual nulidade de decisões por ofensa a normas de competência absoluta"[347].

## 4.5 A previsão constitucional da Defensoria Pública: autonomia

### *4.5.1 Autonomias: funcional, administrativa, iniciativa de proposta orçamentária e legislativa*

Desde a promulgação da CF/88 a Defensoria Pública tem sido cada vez mais consolidada do ponto de vista institucional. Atualmente, mais do que ser função essencial à Justiça, a Defensoria Pública dispõe de um leque importantíssimo de autonomias. Tais autonomias, conquanto condição *sine qua non* para a prestação de uma efetiva assistência jurídica, aos poucos foram ganhando o texto constitucional.

Assim, podemos dividir as autonomias em funcional, administrativa, financeira e iniciativa legislativa. Com relação à autonomia financeira, ela não está nominada dessa maneira na CF/88 e pode ser subdividida em iniciativa de proposta orçamentária e duodécimos.

---

345 Disponível em: <http://portal.stf.jus.br/processos/detalhe.asp?incidente=1981021>. Acesso em: 6 ago. 2020.

346 Conferir exemplo disponível em: <https://www.conjur.com.br/2020-nov-22/stf-suspende-foro-defensores-procuradores-cinco-estados>. Acesso em: 22 dez. 2020.

347 STF suspende foro privilegiado de defensores e procuradores de cinco estados. Disponível em: <http://redir.stf.jus.br/paginadorpub/paginador.jsp?docTP=TP&docID=754566877>. Acesso em: 22 dez. 2020.

**Autonomias:**

- **Funcional** (EC n. 45/2004; 69/12 e 74/13)
- **Administrativa** (EC n. 45/2004; 69/12 e 47/13)
- **Financeira** (CF/88 não menciona expressamente):
  - **Iniciativa da proposta orçamentária** (EC n. 45/2004; 69/12 e 74/13)
  - **Duodécimos** (art. 168: EC n. 45/2004)
- **Iniciativa legislativa** (EC n. 80/2014)

Nesta Parte I do livro, traçaremos apenas o aspecto conceitual de cada uma dessas autonomias, deixando para explorar mais detidamente, inclusive apontando a importante jurisprudência do assunto, na Parte II, quando discorrermos sobre os arts. 97 e 98.

### *4.5.2 Autonomia funcional*

Previsto no art. 134, §§ 2º e 3º, da CF/88, fruto das ECs n. 45/2004 (Defensorias estaduais), 69/2012 (Distrito Federal) e 74/2013 (União).

Em nosso vernáculo, dentre outros possíveis sentidos, o termo *autonomia* significa, segundo o Aulete:

> 1. Qualidade, estado ou condição de autônomo; 2. Capacidade, faculdade ou direito (de indivíduo, grupo, instituição, entidade etc.) de se autogovernar, de tomar suas próprias decisões ou de agir livremente, sem interferência externa (mesmo se organicamente incluído num âmbito maior de soberania; 3. Fil. Para Kant, faculdade (e seu exercício) de o ser humano estabelecer os próprios padrões morais de comportamento sem a influência de fatores externos (paixões, coerções etc.); 4. Situação de um país, território, região ou povo que governa a si mesmo, segundo suas próprias leis; AUTOGOVERNO; SOBERANIA: Proposta de Emenda à Constituição garante autonomia *a 55 novos municípios; 5.* Independência na gestão de instituição pública: Texto da reforma universitária prevê autonomia *para universidades federais. (...)*

Portanto, a autonomia funcional – ou a capacidade de autogoverno no exercício de suas funções institucionais – dispensa a Defensoria Pública de se submeter aos demais Poderes no que toca ao cumprimento de suas funções institucionais, como bem observou Julio Grostein[348], ou em outras palavras: *"A autonomia funcional garante à Defensoria Pública plena liberdade de atuação no exercício de suas funções institucionais, submetendo-se unicamente aos limites determinados pela Constituição Federal, pela lei e pela própria consciência de seus membros"*[349].

O que Hugo Nigro Mazzilli afirma a respeito do Ministério Público é aplicável à Defensoria Pública: a autonomia funcional alcança a Defensoria Pública enquanto instituição, enquanto a independência funcional é uma garantia conferida a cada um de seus órgãos, ou a cada um de

348 GROSTEIN, Julio. *Lei orgânica da Defensoria Pública do Estado de São Paulo*: comentários à lei complementar estadual n. 988/06. Salvador: JusPodivm, 2014. item 1.4.2.1, p. 32.

349 ESTEVES, Diogo; SILVA, Franklyn Roger. *Princípios institucionais da Defensoria Pública*. Rio de Janeiro: Forense, 2014. item "2.4.2", p. 39.

seus membros, enquanto agentes políticos[350]. Por isso, pode-se falar também em independência funcional *interna* e *externa*, referindo-se esta à autonomia funcional da instituição.

Por fim, parece-nos essencial refletirmos a respeito da Defensoria Pública no sistema de freios e contrapesos, tema do qual tratamos em tópico próprio (*vide* o capítulo "Natureza jurídica da Defensoria Pública").

### *4.5.3 Autonomia administrativa*

Previsto no art. 134, §§ 2º e 3º, da CF/88, fruto das ECs n. 45/2004 (Defensorias estaduais), 69/2012 (Distrito Federal) e 74/2013 (União).

Uma precondição da autonomia funcional é que a Defensoria Pública goze ainda de autonomia administrativa, ou seja, estar investida de poder para organizar sua própria estrutura, nos limites da respectiva lei orgânica, de forma a melhor alcançar seus objetivos – justamente a fim de dificultar qualquer sabotagem do Executivo, ou de outro Poder ou órgão autônomo, na atividade-fim da Defensoria Pública, por meio do sucateamento da atividade administrativa da instituição.

É evidente que a autonomia administrativa da Defensoria Pública suporta – igualmente – os efeitos próprios do *controle mútuo* imposto pelo sistema de freios e contrapesos, e por isso a necessária advertência de que a liberdade decorrente da autonomia administrativa suporta, por exemplo, os óbvios limites de lei (em seu sentido amplo: Constituição, tratados, legislação etc.), de decisões judiciais, requisições de outros órgãos investidos do poder de requisição etc.

Assim, *dentro dos limites da lei e justificado o ato nos princípios constitucionais e objetivos da Defensoria Pública*, é ampla a liberdade da administração pública defensorial para a escolha de prioridades, criação e atribuição de funções, e criação de estruturas que maximizem a eficiência da instituição. Eis um exemplo: se a LC n. 80/1994 prescreve que a Defensoria Pública do Estado poderá atuar por intermédio de núcleos ou núcleos especializados, dando-se prioridade, de todo modo, às regiões com maiores índices de exclusão social e adensamento populacional, não cabe ao administrador público à frente da Defensoria modificar o critério legal para distribuição das atividades desses núcleos.

Ademais, respeitado o limite orçamentário e, novamente, outros limites normativos incluindo-se princípios constitucionais e objetivos da Defensoria Pública, caberá ao Defensor Público-Geral decidir sobre os investimentos prioritários, capacidade de funcionamento de cada unidade e mesmo sobre a nomeação e posse de novos servidores e regulação de todos os procedimentos internos na carreira.

### *4.5.4 Autonomia financeira: iniciativa de proposta orçamentária e duodécimos*

Previsto no art. 134, §§ 2º e 3º, da CF/88, fruto das ECs n. 45/2004 (Defensorias estaduais), 69/2012 (Distrito Federal) e 74/2013 (União) e art. 168, fruto da EC n. 45/2004.

---

350 MAZZILLI, Hugo Nigro. *Regime jurídico do Ministério Público*. 6. ed. São Paulo: Saraiva, 2007. cap. 5, p. 143.

Comecemos pela iniciativa de proposta orçamentária.

A Defensoria Pública elabora sua própria proposta orçamentária, permitindo, assim, o planejamento das ações vindouras e, também, a justificação direta das despesas ao Poder Legislativo, foro adequado para melhor repercussão da vontade popular. A iniciativa orçamentária é importante conquista, "medida assaz pertinente, com vistas a inculcar, finalmente, nas Defensorias Públicas, a capacidade de estruturar e desenvolver sua atividade-fim sem qualquer interferência estranha (externa)"[351].

Certamente, a prerrogativa de iniciativa de proposta orçamentária é uma consequência prática do reconhecimento de uma autonomia constitucional da Defensoria Pública, que não pode ser tratada como se fosse órgão da Administração Direta, ou mero órgão do Poder Executivo (uma Secretaria estadual, ou mais um Ministério da União).

Por outro lado, devemos voltar àquela concepção de que a autonomia constitucional da Defensoria Pública não faz dela, evidentemente, uma ilha político-jurídica autossuficiente. Cabe à Defensoria Pública convencer o Poder Legislativo quanto à justeza e viabilidade de sua proposta orçamentária e, igualmente, o Poder Executivo, uma vez que prevalece no Brasil o chamado *presidencialismo de coalizão*. A este respeito, escreveu Sérgio Abranches em 1988:

> É preciso compreender melhor a dinâmica do presidencialismo de coalizão no Brasil. A Nova República repete a de 1946 que, por sua vez, provavelmente manteve resquícios da República Velha, sobretudo no que diz respeito à influência dos estados no governo federal, pela via da 'política de governadores'. A lógica de formação das coalizões tem, nitidamente, dois eixos: o partidário e o regional (estadual), hoje como ontem. É isto que explica a recorrência de grandes coalizões, pois o cálculo relativo à base de sustentação política do governo não é apenas partidário parlamentar, mas também regional[352].

E sabemos que a prática política denominada por Abranches *presidencialismo de coalização* também existe nas demais unidades federativas, nas quais governadores constroem suas respectivas coalizões a fim de formarem folgadas maiorias parlamentares.

Com relação aos duodécimos, essa manifestação da autonomia financeira está prevista no art. 168 da CF/88[353], e ela permite a continuidade do serviço prestado.

### 4.5.5 Iniciativa legislativa

As autonomias funcional, administrativa e financeira – sobretudo estas duas últimas – visaram desatrelar a Defensoria Pública do Poder Executivo (a autonomia funcional idem, mas é mais ampla por se aplicar aos demais Poderes e outros órgãos).

---

351 TAVARES, André Ramos. *Curso de direito constitucional*. 10. ed. São Paulo: Saraiva, 2012. p. 1370.

352 ABRANCHES, Sérgio Henrique Hudson de. Presidencialismo de coalização: o dilema institucional brasileiro. *Revista de Ciências Sociais*, Rio de Janeiro, v. 31, n. 01, 1988, p. 22.

353 Art. 168. Os recursos correspondentes às dotações orçamentárias, compreendidos os créditos suplementares e especiais, destinados aos órgãos dos Poderes Legislativo e Judiciário, do Ministério Público e da Defensoria Pública, ser-lhes-ão entregues até o dia 20 de cada mês, em duodécimos, na forma da lei complementar a que se refere o art. 165, § 9º. (Redação dada pela Emenda Constitucional n. 45, de 2004.)

A iniciativa legislativa – a última das autonomias textualmente conquistadas – também visa dificultar o engessamento da expansão da Defensoria Pública por meio do Poder Executivo, já que, para determinados assuntos, a Defensoria Pública não mais depende do chefe deste Poder para que projetos de lei de seu interesse sejam debatidos no Parlamento.

Essa autonomia, fruto da EC n. 80/2014, está prevista no art. 134, § 4º, combinado com o art. 96, II, *b*, todos da CF/88.

Autonomias:

- Funcional: dispensa a Defensoria Pública da submissão aos demais Poderes e órgãos no que toca ao cumprimento (exercício) de suas funções institucionais, sem prejuízo de interferências próprias do sistema de freios e contrapesos.

- Administrativa: liberdade para organizar sua estrutura administrativa, nos limites da lei e entre outras interferências próprias do sistema de freios e contrapesos. Poder de nomeação e posse de membros e integrantes da carreira.

- Financeira: abrange a iniciativa de Proposta Orçamentária e os duodécimos: a Defensoria Pública propõe seu próprio orçamento, minimizando eventuais pressões de outros poderes e governantes, além de ter a garantia de recebimento do orçamento.

- Iniciativa Legislativa: a Defensoria Pública inicia o processo legislativo visando à aprovação de lei de seu interesse.

# Parte II

Comentários à Lei Complementar n. 80/1994

## Título I

### Disposições Gerais

Art. 1º A Defensoria Pública é instituição permanente, essencial à função jurisdicional do Estado, incumbindo-lhe, como expressão e instrumento do regime democrático, fundamentalmente, a orientação jurídica, a promoção dos direitos humanos e a defesa, em todos os graus, judicial e extrajudicial, dos direitos individuais e coletivos, de forma integral e gratuita, aos necessitados, assim considerados na forma do inciso LXXIV do art. 5º da Constituição Federal. (Redação dada pela Lei Complementar n. 132, de 2009.)

## 1 DEFINIÇÃO LEGAL DE DEFENSORIA PÚBLICA – ART. 1º

O art. 1º traz a característica de instituição *permanente* – constitucionalizada no art. 134 desde a EC n. 80/2014, revelando, desde logo, sua perenidade. Em um país com a característica de exclusão social como o Brasil, uma instituição como a Defensoria Pública, que garante o acesso à justiça, ou seja, o "direito a ter direitos", exige a característica da perenidade.

A característica de *função essencial à função jurisdicional do Estado* diz menos do que a Constituição de fato pretendeu, já que prevê a Defensoria Pública como uma função essencial à justiça. Reforça, no entanto, que nada adianta ao Estado prestar o serviço jurisdicional se não providenciar competente assistência jurídica na defesa da grande parcela de sua população, que não conseguiria recursos – nem estaria adaptada – à advocacia (privada).

A definição de *expressão e instrumento do regime democrático* ratifica a necessidade de posicionar grande parte da população, sempre marginalizada, como possível protagonista na construção de uma democracia participativa. Para tal empoderamento, no entanto, a eficácia dos direitos individuais e sociais se faz premissa, e a Defensoria é instrumento, nos termos da lei, para a escalada em busca da cidadania. A imagem de instrumento do regime democrático, nesse sentido, deve orientar toda ação institucional e individual dos órgãos de execução. A elevação do indivíduo a tal protagonismo participativo não se esgota em sua esfera de direitos, mas a transcende, e impõe a existência de uma instituição pública – desatrelada da lógica do lucro – com o objetivo de instrumentalizar tal emancipação.

A *orientação jurídica* será comentada no inciso I do art. 4º, pelo que passamos a tratar da *promoção dos direitos humanos*. Trata-se de objetivo do Estado brasileiro, que deve, assim, ser missão de toda instituição pública, direta ou indiretamente. Dada a previsão legal, deve ser considerada objetivo direto, capaz de vincular a orientação política/discricionária, que trataremos nos comentários à autonomia funcional. Vincula, ainda, a ação do órgão de execução, que deve fomentar, a cada tutela individual ou coletiva, a defesa dos direitos humanos de seus tutelados.

A *defesa extrajudicial* obriga a Defensoria Pública a atuar em outros foros, diversos da tradicional jurisdição. Há, assim, a necessidade de defesa administrativa e também em agências arbitrais. Dada a escassez de recursos que sabidamente permeia as Defensorias, e talvez todo o Estado, tais atividades não foram plenamente implementadas, mas, se atingidos os objetivos primários da carreira, a solução extrajudicial de conflitos se colocará como uma das funções mais peculiares e importantes – se não a mais importante – do Defensor Público.

A assistência jurídica deve ser *gratuita*, de forma que a exigência de qualquer pagamento ou remuneração é expressamente proibida e sujeita os envolvidos à responsabilidade civil e criminal. Seria a antítese da razão de existir da Defensoria Pública que seus membros solicitassem qualquer retribuição, pois a inseriria na lógica de mercado que inviabiliza a consecução de seus objetivos. A assistência jurídica gratuita abrange também os "meios inerentes" ao papel de parte em um conflito, mormente jurisdicional, como a gratuidade de custas e eventuais serviços necessários, como perícias.

A assistência jurídica *integral*, sobre a qual já tratamos anteriormente, diz respeito à abrangência e à completude que o serviço deve desempenhar.

Art. 2º A Defensoria Pública abrange:
I – a Defensoria Pública da União;
II – a Defensoria Pública do Distrito Federal e dos Territórios;
III – as Defensorias Públicas dos Estados.

## 2 ORGANIZAÇÃO NACIONAL – ART. 2º

Conforme já explicado acima, o art. 2º se encarrega da estrutura nacional da Defensoria Pública no regime federalista, excluindo-se, porém, o ente federativo municipal.

Assim, são três as esferas da Defensoria Pública: a Defensoria Pública da União e dos Territórios, a Defensoria Pública do Distrito Federal e as Defensorias Públicas estaduais.

| Organização nacional: |
|---|
| • Defensoria Pública da União e dos Territórios<br>• Defensoria Pública do Distrito Federal<br>• Defensoria Pública dos Estados |

**Inovações da EC n. 69/2012**

Um alerta importante envolve a EC n. 69/2012.

Até o advento da EC n. 69/2012, a atuação junto a eventuais Territórios era conferida pela LC n. 80/1994 à Defensoria Pública do Distrito Federal, até então rotulada como "Defensoria Pública do Distrito Federal e Territórios" – nomenclatura que ainda é encontrada na lei orgânica e demanda atualização legislativa. Assim, onde se lê, na LC n. 80/1994, que cabe à Defensoria Pública do Distrito Federal atuar em instâncias administrativas dos Territórios (v.g., arts. 66, 67 e 68), tais disposições devem ser remetidas à Defensoria Pública da União, que desde a EC n. 69/2012 passa a ser designada "Defensoria Pública da União e Territórios".

Em razão da EC n. 69/2012, algumas observações devem ser feitas, e reputamos mais didático enunciá-las em tópicos:

1º) *Antes* da EC n. 69/2012, o Distrito Federal não tinha competência legislativa e material relativa à Defensoria Pública, nos termos dos arts. 21, VIII, 22, XVII, e 48, IX, da CF/88. De qualquer forma, a CF/88 era incoerente, pois o art. 24, XIII, acabava conferindo a competência legislativa concorrente ao Distrito Federal nessa matéria.

2º) *Desde* a EC n. 69/2012 não resta dúvida: agora a União deve apenas legislar normas gerais, cabendo à Câmara Legislativa do Distrito Federal complementar a organização da instituição. Ademais disso, a organização e a manutenção da Defensoria Pública distrital cabem, agora, ao Distrito Federal, e não mais à União.

3º) O art. 3º da EC n. 69/2012 prevê que "Sem prejuízo dos preceitos estabelecidos na Lei Orgânica do Distrito Federal, aplicam-se à Defensoria Pública do Distrito Federal os mesmos princípios e regras que, nos termos da Constituição Federal, regem as Defensorias Públicas dos Estados". Um exemplo é a Ouvidoria externa, uma exigência da LC n. 80/94 às Defensorias estaduais (art. 989, IV, c/c o art. 105-B), que agora também deve ser adotada pela Defensoria Pública do Distrito Federal[1].

4º) Quanto aos Territórios, *não existe uma Defensoria Pública dos Territórios!* Hoje, pela EC n. 69/2012, cabe à Defensoria Pública da União lotar defensores públicos federais no Território que for criado.

5º) Ainda sobre os Territórios, é importante alertar que a criação de um Território não acarreta automática destinação de defensores públicos federais para atuarem naquela unidade, o que só se exige se houver *mais de cem mil habitantes*, nos termos do art. 33, § 3º, da CF/88.

---

Art. 3º São princípios institucionais da Defensoria Pública a unidade, a indivisibilidade e a independência funcional.
Parágrafo único. (VETADO.)

---

## 3 PRINCÍPIOS INSTITUCIONAIS – ART. 3º

O art. 3º da LC n. 80/1994 prevê como princípios institucionais da Defensoria Pública a unidade, a indivisibilidade e a independência funcional. A partir da EC n. 80/2014, estão previstos de modo *expresso* na Constituição Federal, exatamente como se dá com o Ministério Público[2].

**Coexistência harmônica dos princípios**

A previsão desses princípios institucionais é de suma importância, porque os coloca em pé de igualdade passando a seguinte mensagem: as atividades-meio (administrativa), fim (funcional) e a independência funcional devem se relacionar de modo que não prevaleça qualquer desses princípios um sobre o outro. Devem, sim, coexistir, *cada um em seu espaço*.

A *prevalência da unidade* sobre os demais princípios pode levar a Instituição a suportar um autoritarismo dos órgãos administrativos, apagando a importância da indivisibilidade para continuidade do serviço público de modo isento (as substituições de defensores públicos afas-

1 A Lei Complementar n. 828/2010 do Distrito Federal já previu a Ouvidoria externa (art. 31).

2 Art. 127, § 1º.

tados devem ser previstas antecipadamente e de modo objetivo), bem como asfixiando a independência funcional.

A *prevalência da indivisibilidade* pode colocar em risco a organização administrativa, que é vital para que o atendimento aos destinatários do serviço público seja de igual qualidade, e torpedear a inamovibilidade, por exemplo, atingindo, portanto, não só a qualidade do serviço público de assistência jurídica do ponto de vista administrativo, mas a própria liberdade técnica dos defensores públicos para atingirem os melhores resultados em prol do destinatário desse serviço público.

E a *prevalência da independência funcional*, ainda num exercício de imaginação, torpedearia a organização administrativa, inviabilizando a plenitude do exercício da atividade-fim. E ainda poderia apagar (ou diminuir) uma das maiores virtudes do modelo público de assistência jurídica: a possibilidade de agir estrategicamente na defesa dos necessitados, igualando tal modelo, portanto, às falhas do modelo *judicare*, porque a independência funcional, se levada ao extremo absoluto a ponto de podar até mesmo o diálogo interno entre defensores públicos e com a sociedade civil em geral (organizada, ou não), tornaria cada defensor público um ponto isolado no grande mapa da assistência jurídica integral e gratuita. E a verdade é que muitos dos problemas dos necessitados demandam atividade integrada entre os defensores públicos, num diálogo horizontal para se construir padrões mínimos de qualidade na atividade funcional.

Portanto, reitere-se, quando um dispositivo legal, e a partir da EC n. 80/2014 também constitucional, prevê esses princípios institucionais sem dar preferência a qualquer um deles, a mensagem é clara: *deve haver equilíbrio entre eles*, cada um sendo respeitado em seu campo. Daí a importância de estudá-los o suficiente para compreendermos a função de cada um deles; e é o que tentaremos fazer adiante.

Nessa linha, a doutrina[3] sobre a Defensoria Pública costuma aduzir que a função dos princípios contidos no art. 3º é basicamente a de iluminar a leitura de toda a lei orgânica, numa perspectiva de sistema[4].

| Princípios Institucionais |
| --- |
| • Unidade<br>• Indivisibilidade<br>• Independência Funcional |

3 CORGOSINHO, Gustavo. *Defensoria Pública: princípios institucionais e regime jurídico*. Belo Horizonte: Dictum, 2009. p. 62. SOUZA, Fábio Luís Mariani de. *A Defensoria Pública e o acesso à justiça penal*, cit., p. 154. GALLIEZ, Paulo. *Princípios institucionais da Defensoria Pública*. 4. ed. Rio de Janeiro: Lumen Juris, 2010. p. 37.

4 "(...) O sistema é apenas uma forma técnica de conceber os ordenamentos (...)", implicando "(...) a noção de limite, esta linha diferencial abstrata que nos autoriza a identificar o que está dentro, o que entra, o que sai e o que permanece fora" (FERRAZ JR., Tercio Sampaio. *Introdução ao estudo do direito*: técnica, decisão, dominação. São Paulo: Atlas, 1989. p. 167).

Algumas leis estaduais preveem em adição outros princípios. Assim, no Estado do Rio Grande do Sul, a Lei da Defensoria Pública (LC n. 14.130/2012) menciona o princípio da autonomia (art. 2º), enquanto outras leis estaduais sequer repetem o disposto na LC n. 80/1994, caso da Defensoria Pública do Estado do Ceará (LC n. 6/1997).

## 3.1 Princípio da unidade

Há confusões doutrinárias quanto a este princípio institucional, razão pela qual faremos aqui um estudo de maior minudência.

Hugo Nigro Mazzilli, tratando do Ministério Público, explica que "*unidade* significa que os membros do Ministério Público integram um órgão sob a direção de um só chefe; *indivisibilidade* significa que esses membros podem ser substituídos uns pelos outros, não arbitrariamente, porém, mas segundo forma estabelecida em lei"[5].

Essa lição é válida para a Defensoria Pública porquanto nossa lei orgânica também menciona tais princípios institucionais (e, desde a EC n. 80/2014, também a CF/88), e devemos encontrar explicação razoável para diferenciá-los com rigor: cada princípio institucional possui uma *função*.

Em 1937, Roberto Lyra publicou sua *Theoria e pratica da Promotoria Publica*. No segundo capítulo, ao tratar das garantias constitucionais do Ministério Público, narra decisões dos Tribunais do Rio Grande do Norte e do Maranhão, nas quais se concedeu a ordem de mandado de segurança para anular demissão de promotores por autoridades do Poder Executivo. Em outro assunto de magna importância, também cita decisões judiciais que protegem a inamovibilidade do então promotor público contra atos do Poder Executivo. Naquele tempo, como se pode notar, a grande luta do Ministério Público voltava-se ao reconhecimento de sua autonomia em relação ao Executivo[6]. Lyra ainda explica que:

"O Ministerio Publico é uma instituição na qual se aparelham, etapa a etapa, profissionaes excepcionaes que só a funcção permitte consolidar. No Districto Federal, compõe-se elle, na Justiça local, de 3 gráos de titulares, representando investiduras sucessivas, na seguinte escala ascendente: promotores publicos adjuntos, promotores publicos e curadores. O conjunto desses funccionarios" – conclui – "constitue a instituição una e indivisível do Ministerio Publico"[7].

No momento em que ao Ministério Público foram asseguradas garantias do Judiciário e em que deixou de ser mero órgão do Executivo, ele se constituiu como órgão autônomo (em relação ao Judiciário e aos demais Poderes), surgindo, assim, a necessidade de uma direção administrativa própria. Portanto, fala-se em unidade no sentido de os órgãos do Ministério Público se submeterem a uma só chefia. E, de fato, não houvesse direção administrativa única e não poderia existir nem mesmo um padrão administrativo mínimo de qualidade do serviço público, com uniformidade de procedimentos administrativos de atendimento, sempre visando alcançar as finalidades institucionais.

5 MAZZILLI, Hugo Nigro. *Regime jurídico do Ministério Público*. 6. ed. São Paulo: Saraiva, 2007. cap. 5, p. 116.

6 LYRA, Roberto. *Theoria e pratica da Promotoria Publica*. Rio de Janeiro: Editora Jacinto, 1937. cap. 2.

7 Idem, cap. 2, p. 51.

Desse modo, ao analisarmos a história do Ministério Público, a ideia de unidade é *consequência lógica e até prática da emersão histórica da autonomia constitucional do Ministério Público*, e a unidade é fiadora de que todos os promotores de justiça sigam uma única diretriz no campo administrativo. Assim, noutras palavras, a autonomia constitucional do Ministério Público garante que ele se conduza administrativamente sem interferência do Poder Executivo, e tal cisão com o Executivo gerou a necessidade prática da Instituição se unificar hierarquicamente no plano administrativo para evitar o risco de cada promotor de justiça fazer o que achar melhor em sua mente impedindo que sejam construídas rotinas administrativas em termos institucionais[8].

Sendo também constitucionalmente autônoma por gozar das autonomias constitucionais previstas no art. 134 da CF/88, é natural que a Defensoria Pública também se estruture sobre os princípios institucionais de unidade, indivisibilidade e independência funcional. E *o princípio da unidade assegura que o serviço público de assistência jurídica integral e gratuita não fique desorganizado do ponto de vista administrativo*, havendo rotinas administrativas voltadas para a qualidade do atendimento dos destinatários desse serviço público. Assim, em síntese, *o princípio da unidade diz respeito à atividade administrativa da Defensoria Pública*, impõe a centralização da hierarquia administrativa na Instituição de modo a impedir que cada defensor público aja conforme seu próprio desejo no plano administrativo.

Por outro prisma, essa autonomia constitucional da Defensoria Pública no sistema de freios e contrapesos também justifica o § 6º do art. 4º da LC n. 80/1994, o qual determina que: "A capacidade postulatória do defensor público decorre exclusivamente de sua nomeação e posse no cargo público". Trataremos desse aspecto, mais profundamente, quando discorrermos sobre esse dispositivo.

Indo adiante em nossa análise, ainda que a Defensoria Pública seja dividida nos termos do art. 2º para perfeito ajustamento ao regime brasileiro federalista, a própria LC n. 80/1994 (e, hoje, a CF/88) dispõe que a Defensoria Pública é regida pelo princípio da unidade.

**Unidade e sistema federativo**

É justo, então, indagarmos: como explicar a convivência do princípio institucional da unidade com o regime constitucional federalista?

A *unidade tem de ser lida à luz do princípio federalista*, ou seja, a unidade existe em relação a cada Defensoria Pública, o que, na prática, significa que existe uma única hierarquia administrativa no âmbito de cada Defensoria Pública. Assim, é possível afirmarmos que *a instituição é uma só em cada plano federativo, implicando uma* subordinação exclusiva do Defensor Público estadual ao Defensor Público-Geral do respectivo Estado e assim por diante, não existindo subordinação hierárquica entre as Defensorias Públicas: pois a unidade, dissemos, é lida pelo princípio federalista. Frederico Rodrigues Viana de Lima, por sinal, também notou que "a uni-

---

8 Octacílio Paula Silva anota que, para o MP, a única alteração relevante introduzida na CF/69 através da EC n. 7/77 foi exatamente a regra das normas gerais (nítida manifestação do princípio da unidade, a nosso sentir), e justificava a necessidade disso porque era comum haver divergências e distorções nas práticas do MP por todo o Brasil (*Ministério Público. São Paulo: Sugestões Literárias, 1981. p. 10*).

dade somente existe em cada ramo da Defensoria Pública (...), o que, noutros termos, implica dizer que cada especialização da Defensoria Pública possui sua própria unidade"[9].

Entretanto, se é verdade que existe horizontalidade entre as Defensorias Públicas, compreendemos que a unidade não pode isolar as Defensorias ao ponto de cada uma atuar ao seu próprio modo, sem que haja debate ou cooperação entre Defensorias Públicas. O princípio da unidade institucional, numa palavra, não deve ser fonte de isolamento jamais.

Com efeito, a nosso ver essa preocupação deve impor um viés construtivo no relacionamento das Defensorias por meio de cooperação, e, portanto, devem ser tomadas providências que permitam atuações estratégicas também únicas no plano da atividade administrativa, com a colaboração de todas as Defensorias em respeito e promoção de sua unidade. Hoje, o principal instrumento de diálogo e cooperação estratégica entre Defensorias Públicas para comunhão de interesses institucionais comuns é o CONDEGE (Colégio Nacional de Defensores Públicos Gerais). Em suma, é preciso haver mais diálogo entre Defensorias, e o CONDEGE é um foro importante para a promoção do princípio institucional da unidade no sentido de se viabilizar critérios administrativos *de âmbito nacional*. A necessidade de construção de um modelo de Código de Ética para o Defensor Público, a ser aprovado por cada um dos Conselhos Superiores das Defensorias, é um exemplo eloquente desse compartilhamento de sentidos no âmbito administrativo.

A legislação, porém, é outra sede importantíssima que reflete padrões mínimos no campo da atividade administrativa para que cada Defensoria Pública, no exercício legítimo da unidade institucional, não se isole.

Mudando de foco em nossa análise, antes mesmo de a EC n. 80/2014 prever expressamente, em sede constitucional, o princípio da unidade, alinhávamo-nos a autores, como o Defensor Público federal Felipe Caldas Menezes, que já fundamentavam a unidade na Constituição Federal.

Segundo Caldas Menezes, quando a CF/88 (antes da aludida emenda constitucional) previa no art. 134, *caput*, que a Defensoria Pública é instituição, no singular, acabou por constitucionalizar (implicitamente) o princípio da unidade. E dava um exemplo de sua aplicação, hoje superado diante da EC n. 74/2013, no sentido de que a concessão de autonomias financeira e orçamentária às DPEs (e, com o advento da EC n. 69/2012, à DPDF[10]) em detrimento da DPU era inconstitucional[11].

---

9 LIMA, Frederico Rodrigues Viana de. *Defensoria Pública*. 2. ed. Salvador: JusPodivm, 2011. item 3.2.1.1, p. 97.

10 O art. 2º da EC n. 69/2012 preconiza o seguinte: "Sem prejuízo dos preceitos estabelecidos na Lei Orgânica do Distrito Federal, aplicam-se à Defensoria Pública do Distrito Federal os mesmos princípios e regras que, nos termos da Constituição Federal, regem as Defensorias Públicas dos Estados".

11 MENEZES, Caldas. Defensoria Pública da União: princípios institucionais, garantias e prerrogativas dos membros. In: *Advocacia de Estado e Defensoria Pública: funções públicas essenciais à justiça. Letra da Lei e Instituto Brasileiro de Advocacia Pública-IBAP*. Paraná, Curitiba, 2009, p. 179. Não menos relevante é mencionar que se encontra no STF a Adin 4.282, proposta pela então Associação Nacional dos Defensores Públicos da União (ANDPU), hoje Associação Nacional dos Defensores Federais (ANADEF), cujo pedido é o de conferir interpretação conforme a Constituição ao art. 134, § 2º, da CF/88, estendendo as autonomias outorgadas às Defensorias estaduais à Defensoria Pública da União. A petição inicial foi subscrita pelo renomado constitucionalista Luís Roberto Barroso. Essa ADIn em breve perderá seu objeto, já que a tese da interpretação conforme pleiteada se mostra desnecessária atualmente com a EC n. 74/2013.

Seja como for, atualmente, a EC n. 80/2014 veio em boa hora para colocar uma pá de cal sobre o fundamento constitucional do princípio da unidade.

**Princípio da unidade: tópicos essenciais**

Em resumo, eis o que consideramos minimamente importante para entendermos o princípio institucional da unidade no sistema da Defensoria Pública. A unidade:

1) diz respeito à *atividade administrativa* (meio), diferentemente da indivisibilidade que se refere à *atividade funcional* (fim);

2) constitui exigência lógica e prática decorrente da emersão histórica da autonomia administrativa da Defensoria Pública, a fim de que os órgãos da Defensoria se submetam a uma única autoridade administrativa que não seja estranha à Defensoria;

3) obriga os órgãos administrativos de chefia da Defensoria Pública a organizarem administrativamente a Instituição de modo adequado, isto é, a facilitarem a busca dos objetivos institucionais da Defensoria Pública;

4) obriga os demais órgãos da Defensoria Pública, subordinados hierarquicamente, a seguirem a organização administrativa da Instituição para que busquem, organizadamente, os objetivos institucionais da Defensoria Pública;

5) deve se compatibilizar com o regime constitucional federalista;

6) deve compatibilizar-se, igualmente, com os outros dois princípios que dizem respeito à atividade funcional (fim) da Instituição, como forma de a Defensoria Pública permitir que seus membros atuem com desassombro na defesa dos direitos humanos;

7) facilita a cooperação entre Defensorias Públicas, pois impõe parâmetros mínimos administrativos;

8) tem o CONDEGE como foro destinado à promoção deste princípio institucional, e não impede a criação de outros tantos, e um bom exemplo dessa colaboração mútua entre Defensorias Públicas no campo administrativo é a construção de um modelo nacional de Código de Ética ao Defensor Público.

## 3.2 Princípio da indivisibilidade

A compreensão da indivisibilidade, em sua plenitude, depende da compreensão do princípio institucional da unidade.

O princípio institucional da indivisibilidade, nas lições de Guilherme Peña de Moraes, significa que "*(...) a Defensoria Pública, consistindo em um todo orgânico, não está sujeita a rupturas e fracionamentos*"[12]. A indivisibilidade, assim, liga-se à *necessidade de continuidade da prestação do serviço público* de assistência jurídica integral e gratuita: e, assim, diz respeito à atividade funcional ou atividade-fim da Instituição.

Como consequência, a indivisibilidade garante que um defensor possa ser substituído por outro sem prejuízo de legitimidade. Neste passo, ainda que usuário da Defensoria da comarca X

---

12 MORAES, Guilherme Peña de. *Instituições da Defensoria Pública*. São Paulo: Malheiros, 1999. p. 174.

queira que o defensor de sua confiança atue em processo que tramita perante a comarca Y, não será possível tal atuação, nem teria sentido, pois era a Defensoria Pública, indivisível, que atuava na comarca X, e o serviço continua a ser prestado pela Defensoria Pública na comarca Y. Em outra situação, até bem mais comum, é o princípio institucional da indivisibilidade que permite a atuação de Defensor Público substituto no lugar do que está em férias ou afastado por outro motivo, sem que se possa opor qualquer nulidade (processual ou não) baseada nessa substituição – desde que realizada por critérios objetivos a fim de evitar o arbítrio ou violação ao princípio da impessoalidade no serviço público.

Importa notar que o princípio da indivisibilidade, a propósito, trabalha em conjunto com o § 6º do art. 4º da LC n. 80/1994, que determina o seguinte: "A capacidade postulatória do defensor público decorre exclusivamente de sua nomeação e posse no cargo público".

Dentre outras considerações possíveis e relevantes que faremos ao comentarmos o dispositivo transcrito, o princípio institucional da indivisibilidade funciona como uma *norma de extensão* da capacidade postulatória no processo judicial: voltando ao exemplo da substituição de defensor público em férias, o defensor público substituto não precisa formalizar qualquer alteração processual no que tange à representação da parte, porque ali está a Defensoria Pública atuando. A incidência conjunta do princípio institucional de indivisibilidade e da capacidade postulatória *ex lege* e que independe de consentimento alheio de qualquer órgão, como a OAB por exemplo, corrobora a prerrogativa de representação do assistido ou usuário da Defensoria, como regra geral, independentemente de contrato de mandato[13].

**Aplicação intra e interinstitucional do princípio: regra e exceção**

A indivisibilidade, *ao menos como regra geral*, aplica-se de modo *intrainstitucional* (no âmbito da respectiva Defensoria Pública), e não de forma *interinstitucional* (entre as diversas Defensorias Públicas). Assim, v.g., a Defensoria Pública da União não atua (como se a substituísse) em processos da órbita da Defensoria Pública estadual e vice-versa.

Dissemos acima que, *regra geral*, a indivisibilidade se aplica de maneira intrainstitucional num primeiro momento porque a própria LC n. 80/1994 atribui a cada Defensoria uma atuação conforme a distribuição de competência no plano judicial[14].

Num segundo momento, a jurisprudência acaba por fazer essa afirmação *a contrario sensu*. Isso porque, basicamente, tem-se entendido que uma Defensoria de uma esfera federativa não pode invadir a esfera de outra:

> PENAL E PROCESSUAL. AGRAVO REGIMENTAL. *HABEAS CORPUS* SUBSTITUTIVO DE REVISÃO CRIMINAL. NULIDADE. *MUTATIO LIBELLI*. INEXISTÊNCIA.
>
> 1. A readequação da classificação jurídica imputada ao paciente, procedida pela Corte estadual, não alterou os fatos dos quais ele deveria se defender, motivo pelo qual não se poderia falar em *mutatio libelli*, nem tampouco em nulidade do acórdão objeto de revisão criminal.

13 Confira comentários ao inciso XI dos arts. 44, 89, e 128 da presente LC n. 80/1994.

14 Arts. 14, 66 e 111.

2. Após a interposição do recurso de agravo pela Defensoria Pública da União, a Defensoria Pública do Estado Rio Grande do Sul reconheceu o acerto da decisão monocrática atacada, bem como a inexistência de efeito prático no presente recurso.

3. **No caso dos autos, em que a Defensoria Pública do Estado do Rio Grande do Sul tem representação nesta Capital, falta legitimidade à DPU para atuar no feito,** conforme já decidido por este Tribunal (EDcl no AgRg no HC 236.865/RS, Rel. Ministro Marco Aurélio Bellizze, Quinta Turma, julgado em 26/02/2013, *DJE* 04/03/2013) 4. Agravo regimental prejudicado (AgRg no HC 262.791/RS, rel. Min. Gurgel de Faria, 5ª Turma, julgado em 9-6-2015, *DJE* 19-6-2015).

No entanto, toda regra tem exceção. Para darmos um exemplo, o STF já decidiu que a Defensoria Pública da União não detém a exclusividade de atuação junto aos tribunais superiores e, também por isso, não pode atuar em processos de uma Defensoria Pública estadual ou distrital, e vice-versa[15]:

> EMENTA: DIREITO PENAL. FURTO. CONCURSO DE PESSOAS. CIRCUNSTÂNCIA EXPRESSAMENTE REGULADA COMO QUALIFICADORA. IMPOSSIBILIDADE DE TRATAR-SE A PLURALIDADE DE AGENTES COMO CAUSA DE AUMENTO DE PENA. RESERVA LEGAL. AUSÊNCIA DE OMISSÃO LEGISLATIVA QUE AFASTA A INTERPRETAÇÃO ANALÓGICA. INTIMAÇÃO PESSOAL DO DEFENSOR PÚBLICO. OCORRÊNCIA. AUSÊNCIA DE NULIDADE NO JULGAMENTO DO SUPERIOR TRIBUNAL DE JUSTIÇA. ORDEM DENEGADA. 1. O concurso de pessoas é, no delito de furto, circunstância qualificadora, nos exatos termos do inciso IV do § 4º do art. 155 do Código Penal. Pelo que descabe considerar tal aspecto como causa de aumento de pena. Isso a bem da norma constitucional de que "não há crime sem lei anterior que o defina, nem pena sem prévia cominação legal" (inciso XXXIX do art. 5º da Constituição Federal), consagradora da legalidade especificamente penal. 2. A Defensoria Pública do Estado do Rio Grande do Sul, responsável pela defesa do paciente desde a primeira instância, foi intimada da inclusão do recurso especial na pauta de julgamento do Superior Tribunal de Justiça. Intimação que atendeu a pedido expresso do órgão defensivo estadual. Donde inexistir ofensa à prerrogativa de intimação pessoal do defensor público. Até porque o art. 106 da Lei Complementar 80/94 afasta eventual tentativa de conferir à Defensoria Pública da União a exclusividade de atuação no STJ. 3. Ordem denegada (HC 92.399, rel. Min. Ayres Britto, 1ª Turma, julgado em 29-6-2010, *DJE*-159 DIVULG 26-8-2010 PUBLIC 27-8-2010 EMENT VOL-02412-01 PP-00167).

Como dissemos, se a regra geral é que as Defensorias atuem observando a sua posição federativa, a exceção – que confirma tal regra – é que uma Defensoria (por exemplo, da União) atue no lugar de outra (por exemplo, estadual)[16].

A exceção, bem o sabemos, precisa ser justificada, e a justificativa normalmente encontrada na jurisprudência tem se aplicado no âmbito dos tribunais superiores: a Defensoria Pública da União está legitimada a atuar (por exemplo, ser intimada) no lugar de uma Defensoria estadual caso esta não possua representação em Brasília.

---

15 Confira comentários ao art. 106 da presente LC n. 80/1994.

16 Na 1ª edição desta obra, não fomos tão claros a respeito dessa exceção. Após afirmarmos que a indivisibilidade se aplica de modo intrainstitucional, citamos timidamente que a jurisprudência fazia temperamentos a isso. REIS, Gustavo Augusto Soares dos; ZVEIBIL, Daniel Guimarães; JUNQUEIRA, Gustavo. *Comentários à lei da Defensoria Pública*. São Paulo: Saraiva, 2013. p. 55.

Eis um exemplo:

> AGRAVO REGIMENTAL. PARTE ASSISTIDA PELA DEFENSORIA PÚBLICA. RECURSO INTERPOSTO PELO ÓRGÃO ESTADUAL. PEDIDO DE RATIFICAÇÃO FORMULADO PELO ÓRGÃO FEDERAL. DESNECESSIDADE. IMPOSSIBILIDADE.
> 1. Como decidido pela Corte Especial na questão de ordem no AG 378.377/NANCY, a Defensoria Pública da União deve acompanhar, perante o Superior Tribunal de Justiça, o julgamento dos recursos interpostos por Defensores Públicos Estaduais, bem como deve ser intimada das decisões e acórdãos proferidos.
> 2. Contudo, como decidido na mesma questão de ordem, a atuação da DPU não é exclusiva. Se a Defensoria Pública Estadual mantiver representação em Brasília, poderá ser intimada e atuar sem restrições no Superior Tribunal de Justiça.
> 3. Por isso que, interposto agravo regimental pela Defensoria Pública Estadual, não há necessidade de ratificação pela Defensoria Pública da União. Ambos os órgãos detêm capacidade postulatória para atuar no STJ (AgRg no Recurso Especial 802.745 – RJ, 3ª Turma, rel. Min. Humberto Gomes de Barros).

Há julgados ainda que, fazendo a mesma constatação (inexistência de órgão da Defensoria numa dada localidade), admitem a atuação de uma Defensoria Pública no lugar de outra. Como consequência, não haveria nulidade processual por não haver prejuízo, e os princípios da unidade e indivisibilidade teriam o condão de enfraquecer ainda mais a tese de que houve prejuízo:

> AGRAVO REGIMENTAL NO RECURSO EM *HABEAS CORPUS*. PROCESSUAL PENAL. VIOLAÇÃO DOS PRINCÍPIOS DO DEFENSOR PÚBLICO NATURAL E DA AMPLA DEFESA. CERCEAMENTO DE DEFESA NÃO CONFIGURADO. PLEITO DE NULIDADE DOS ATOS PROCESSUAIS. AUSÊNCIA DE DEMONSTRAÇÃO DE PREJUÍZO. RECURSO NÃO PROVIDO.
> 1. **Não há nenhuma nulidade no fato de ter havido a nomeação de Defensor Público estadual, e não da Defensoria Pública da União, para atos da instrução criminal**, haja vista que, em nenhum momento, a agravante deixou de ser devidamente assistida. Tanto a Defensoria Pública estadual quanto o causídico nomeado lhe defenderam com zelo, praticando todos os atos que lhes competiam, sendo certo que, oferecida denúncia e expedida carta precatória para a sua notificação a fim de oferecer defesa prévia, a própria acusada declarou não possuir advogado e nem haver condições de o constituir.
> 2. Nos termos do art. 2º da Lei Complementar n. 80/1994, a Defensoria Pública abrange a Defensoria Pública da União, a Defensoria Pública do Distrito Federal e dos Territórios e a Defensoria Pública dos Estados, sendo regida pelos princípios da unidade, da indivisibilidade e da independência funcional, que estão expressamente previstos no art. 3º da referida lei complementar.
> 3. A desobediência às formalidades estabelecidas na legislação processual penal só poderá acarretar o reconhecimento da invalidade do ato quando a sua finalidade estiver comprometida, em prejuízo às partes da relação processual, o que não ocorreu na espécie.
> 4. Agravo regimental não provido (AgRg no RHC 28.195/RO, rel. Min. Rogerio Schietti Cruz, 6ª Turma, julgado em 30-6-2016, *DJE* 1º-8-2016).

RECURSO ORDINÁRIO EM *HABEAS CORPUS*. PROCESSUAL PENAL. CRIMES PREVISTOS NO ART. 29, § 1º, INCISO III, § 4º, INCISOS I E VI, E § 5º, TODOS DA LEI N. 9.605/1998, C.C. O ART. 288 DO CÓDIGO PENAL. ALEGAÇÃO DE VIOLAÇÃO AOS PRINCÍPIOS DO DEFENSOR PÚBLICO NATURAL E DA AMPLA DEFESA. **SUPOSTO CONFLITO DE ATRIBUIÇÕES ENTRE A DEFENSORIA PÚBLICA FEDERAL E ESTADUAL**. CERCEAMENTO DE DEFESA NÃO CONFIGURADO. PLEITO DE NULIDADE DOS ATOS PROCESSUAIS. AUSÊNCIA DE DEMONSTRAÇÃO DE PREJUÍZO. RECURSO DESPROVIDO.

1. **Não se verifica nulidade no oferecimento de defesa prévia por parte da Defensoria Pública estadual perante a Justiça Federal**, notadamente porque, como ressaltado pelo Magistrado processante, os próprios Recorrentes buscaram o auxílio de mencionado órgão, e **não havia representação da Defensoria Pública da União no Município dos Réus.**
2. Ademais, nos termos do art. 3º da Lei Complementar n. 80/94 – que organiza a Defensoria Pública da União, dos Estados, do Distrito Federal e Territórios –, são princípios norteadores da atuação da Defensoria Pública a unidade, a indivisibilidade e a independência funcional, de forma que a atuação da Defensoria estadual, no caso, mobilizando-se para promover defesa dos Acusados, em nada feriu os direitos dos Recorrentes, mas conferiu concretude à ampla defesa e ao contraditório, que é um dos propósitos do Órgão de forma geral.
3. A teor do art. 563, do Código de Processo Penal, que positivou o dogma fundamental da disciplina das nulidades – *pas de nullité sans grief* –, tanto o reconhecimento de nulidade absoluta quanto o de nulidade relativa exigem demonstração de concreto prejuízo.
4. Recurso desprovido (RHC 45.727/RR, rel. Min. Laurita Vaz, 5ª Turma, julgado em 10-6-2014, *DJE* 24-6-2014).

Da leitura do inteiro teor do *julgado acima*, vale destacar que o processo criminal tramitou na Justiça Federal e, por não haver órgão da Defensoria Pública da União no município em que residia o réu, a Defensoria Pública estadual existente naquela localidade apresentou a defesa preliminar (certamente, o juízo federal não intimou a Defensoria estadual, de modo que foi o réu quem procurou a instituição). Posteriormente, já em grau de recurso, a Defensoria Pública da União pleiteou a declaração de nulidade alegando que a Defensoria estadual não poderia ter atuado no feito. O STJ, porém, entendeu que, no caso, tal nulidade não ocorrera.

De um lado, temos valores como, por exemplo, o pacto federativo em jogo: seria cômodo para um ente federativo não ser acusado de dar causa a nulidades processuais toda vez que outro ente federativo compensasse as lacunas por ele criadas (imagine o leitor vários julgados dos tribunais superiores anulando processos e apontando que dado ente federativo, ao não criar e fortalecer sua Defensoria Pública, tem contribuído para nulidades processuais!).

De outro lado, valores como o direito de acesso à justiça também devem ser levados em consideração: antes de ser uma briga por terreno entre Defensorias de entes federativos diversos, no julgado acima o contraditório não restou prejudicado (a Defensoria estadual garantiu a defesa inicial do réu, salvaguardando potenciais testemunhas de defesa, por exemplo) e até mesmo o obstáculo geográfico ao acesso à justiça foi enfrentado (caso o réu tivesse a notícia de que a quilômetros de distância havia um órgão da Defensoria Pública da União, talvez o caro e moroso percurso lhe desestimulasse de fazer sua defesa inicial).

A *exceção* à regra da intrainstitucionalidade do princípio ora analisado só pode ser lida *restritivamente*, sob pena de se instalar o caos na organização nacional da Defensoria Pública. E tais situações estritas devem se basear em aspectos organizacionais (ausência de órgão na localidade). Por isso, em tese, uma Defensoria estadual seria legitimada a atuar numa questão previdenciária num local em que não existisse órgão da Defensoria Pública da União. Afinal, essa exceção se inspiraria, por analogia, num dispositivo constitucional (CF/88, art. 109, § 3º)[17].

17 CF, art. 109, § 3º: "Serão processadas e julgadas na justiça estadual, no foro do domicílio dos segurados ou beneficiários, as causas em que forem parte instituição de previdência social e segurado, sempre que a co-

**Convênios entre Defensorias**

Em outra perspectiva, como bem anotou Caio Paiva[18], vale lembrar que o § 1º do art. 14 da LC n. 80/1994 prescreve que a "Defensoria Pública da União deverá firmar convênios com as Defensorias Públicas dos Estados e do Distrito Federal, para que estas, em seu nome, atuem junto aos órgãos de primeiro e segundo graus de jurisdição referidos no *caput*, no desempenho das funções que lhe são cometidas por esta Lei Complementar".

Como se vê, o dispositivo, se lido friamente, sequer autoriza convênios entres as Defensorias para cooperações mútuas. O § 1º é voltado à, digamos, ajuda que as Defensorias estaduais e distrital poderiam dar à Defensoria Pública da União.

De qualquer forma, trata-se, sem dúvida, de uma previsão legal que expressamente consagra a ideia de *indivisibilidade interinstitucional*. Por tal razão, trataremos do art. 14 da LC n. 80/1994 neste momento em que analisamos o princípio da indivisibilidade.

**Ainda sobre convênios entre Defensorias: breve análise do art. 14**

Nos termos do § 1º do art. 14, a Defensoria Pública da União e Territórios "deverá" firmar convênios com as Defensorias Públicas estaduais e distrital "para que estas, em seu nome", atuem. Em suma: por meio do mencionado convênio, o âmbito de atuação da Defensoria Pública da União e Territórios previsto no *caput* do art. 14 se estenderia às Defensorias Públicas do Distrito Federal e dos Estados.

Como os parágrafos do art. 14 não constavam da redação original da LC n. 80/1994, sendo fruto de inclusão através da LC n. 98/1999, o *contexto histórico* precisa ser compreendido, e desde já esclarecemos que eles não têm qualquer relação com o § 3º do art. 109[19] da CF/88, pois são muito mais amplos que ele.

O resgate histórico é importante não para exumarmos a interpretação pelo critério da vontade do legislador (*mens legislatoris*), mas porque nos permite apreender parte do cenário em que determinada regra jurídica foi aprovada, e uma das maneiras para tanto é analisando-se um pouco do processo legislativo[20].

A LC n. 80/1994 (e suas alterações) – como toda lei – é fruto de um contexto histórico, no qual a Defensoria Pública começava a sair do papel e contava com percepções, inclusive dentro da instituição, de que sua expansão passava pela "importação" de ideias advindas de outras instituições – primordialmente o Ministério Público. Não se trata de revolver o passado para fazer cobranças, mas olhá-lo como um aprendizado.

---

marca não seja sede de vara do juízo federal, e, se verificada essa condição, a lei poderá permitir que outras causas sejam também processadas e julgadas pela justiça estadual".

18 PAIVA, Caio. *Prática penal para a Defensoria Pública*. Rio de Janeiro: Forense, 2016. p. 43.

19 CF, art. 109, § 3º "*Serão processadas e julgadas na justiça estadual, no foro do domicílio dos segurados ou beneficiários, as causas em que forem parte instituição de previdência social e segurado, sempre que a comarca não seja sede de vara do juízo federal, e, se verificada essa condição, a lei poderá permitir que outras causas sejam também processadas e julgadas pela justiça estadual*".

20 MONTORO, André Franco. *Introdução à ciência do direito*. 23. ed. São Paulo: Revista dos Tribunais, 1995. p. 373.

Fruto do Projeto de Lei Complementar n. 24/1999, de autoria do presidente da República Fernando Henrique Cardoso, tendo como ministro de Estado da Justiça Renan Calheiros, o Aviso presidencial[21] que encaminhava o projeto de lei à secretaria da Câmara dos Deputados expunha como razões a *precariedade estrutural da Defensoria Pública da União*, nitidamente carente de maior número de cargos de defensores públicos. No entanto, ressaltava como razões que naquele momento mostrava-se "(...) nitidamente inconveniente a criação de cargos em número elevado".

Já que a criação de cargos de defensores públicos federais era "nitidamente impossível"[22], havia, consoante a mensagem presidencial, um *jeito*, e esse jeito seria encontrado na própria CF/88: arts. 23, parágrafo único[23], e 241[24]. Como se vê, a "solução" – e as aspas pretendem não esconder nosso tom irônico – seria as Defensorias Públicas estaduais e distrital atuarem no lugar da Defensoria Pública da União[25]!

Além do contexto histórico, o **§ 1º do art. 14** merece algumas ponderações de cunho *sistemático*:

(i) Em primeiro lugar, o alcance do convênio dos arts. 23, parágrafo único, e 241 da CF/88 para fins de prestação de assistência jurídica é realmente polêmico já sob a ótica jurídico-dogmática.

Isso porque a Defensoria Pública é uma função essencial à Justiça, e esse *status* constitucional não pode ser desconsiderado. Nessa linha, enxergar a possibilidade de aplicação do convênio nos termos pretendidos pela LC n. 98/1999 é ter de aceitar sua eventual aplicação envolvendo o Ministério Público e a Advocacia Pública. Observe-se que assistência jurídica e Defensoria Pública não são temas disciplinados como competência comum no art. 23 da CF/88. Eis outro incrível equívoco constante das razões que culminaram no Projeto de Lei Complementar n. 24/1999, embora ele tenha sido aprovado na Comissão de Constituição e Justiça da Câmara.

---

21 *V.* Aviso Casa Civil, Diário da Câmara dos Deputados de 2 de setembro de 1999, p. 39234.

22 No ano de 2012, sob a presidência de Dilma Rousseff, foi aprovada a Lei n. 12.763, criando setecentos e oitenta e nove cargos de defensores públicos federais.

23 CF, art. 23, parágrafo único: "Lei complementar fixará normas para a cooperação entre a União e os Estados, o Distrito Federal e os Municípios, tendo em vista o equilíbrio do desenvolvimento e do bem-estar em âmbito nacional". Insta registrar que essa redação do parágrafo único do art. 23 foi posteriormente modificada pela EC n. 53/2006.

24 Art. 241: "A União, os Estados, o Distrito Federal e os Municípios disciplinarão por meio de lei os consórcios públicos e os convênios de cooperação entre os entes federados, autorizando a gestão associada de serviços públicos, bem como a transferência total ou parcial de encargos, serviços, pessoal e bens essenciais à continuidade dos serviços transferidos". O art. 241, atualmente com a mesma redação, havia sido alterado no anterior ao da entrada do Projeto de Lei Complementar n. 24/99 por meio da EC n. 19/98. Antes dessa emenda, o art. 241 tratava de assunto bem diverso do tratado dali em diante, ou seja, era ainda um dispositivo novo.

25 Devemos ressaltar que houve vozes contrárias à aprovação do projeto. Por exemplo, o deputado federal Iédio Rosa, que na época compunha a bancada do PMDB do Rio de Janeiro e que integrou o cargo de Defensor Público do Estado do Rio de Janeiro, manifestou-se veementemente na sessão plenária de 25 de agosto de 1999 (*Diário da Câmara dos Deputados*, 25-8-1999, p. 36882). Outro parlamentar, o então deputado federal Wellington Dias, do PT do Piauí, também sustentou na mesma sessão a patente inconstitucionalidade do projeto de lei (*Diário da Câmara dos Deputados*, 25-8-1999, p. 36827).

(ii) Em segundo lugar, o verbo "deverá" não se compagina com a ideia de convênio, pois convênio obrigatório é uma contradição nos termos[26].

(iii) Em terceiro lugar, as supostas boas intenções que culminaram na LC n. 98/1999 só não esclareceram que, no fundo, a realidade – que está mudando, mas permanece atual – da Defensoria Pública nacionalmente considerada colocaria em prática a "teoria do cobertor curto", pois ao incumbir, por exemplo, a determinada Defensoria Pública estadual as atribuições da Defensoria Pública da União, se no âmbito federal o problema estaria resolvido a única explicação é que a solução seria a criação do mesmo problema na seara estadual: prejudica-se a assistência jurídica estadual em prol da assistência jurídica federal!

(iv) Em quarto lugar, e uma decorrência das duas últimas considerações, no limite, a facultatividade do convênio ensejaria sua prática apenas se houvesse sintonia (talvez até no sentido político-partidário) entre os governos federal e estadual ou distrital.

"Mas a Defensoria Pública possui autonomia, ela não depende do chefe do Poder Executivo para firmar convênios!", poderia nos alertar nosso atento leitor. É verdade. No entanto, imagine o leitor a seguinte situação: o Defensor Público-Geral do Estado *X* firma com o Defensor Público-Geral Federal um convênio desse tipo (atuação de defensores estaduais na esfera federal). Daí, imagine que, alguns meses depois, o mesmo Defensor Público-Geral se reúne com o Governador do Estado buscando convencê-lo de que mais cargos devem ser criados ou, se já criados, providos. Numa situação como essa, seria bem possível, provável até, ocorrer um diálogo como esse:

> – *Governador do Estado*: "Houvesse mesmo essa necessidade, Senhor Doutor Defensor-Geral, e Vossa Excelência não teria feito aquele convênio com o Defensor-Geral Federal para que os nossos defensores estaduais atuassem em casos federais!".
> – *Defensor Público-Geral*: "Mas Senhor Governador, os necessitados da esfera federal carecem de uma assistência jurídica. A União está descumprindo a Constituição".

É bem possível que o Governador do Estado sugerisse o encerramento da reunião nesse exato momento. Afinal, ninguém ousaria "colocar na sua conta" o vácuo de assistência jurídica da esfera federal, exceto, como dissemos, se desde o começo ele estivesse ciente e em sintonia – talvez até mesmo com o governo federal – da intenção de se promover tal convênio.

Voltando para a situação hipotética acima, fato é que o Governador do Estado poderia colocar o Defensor Público-Geral numa situação delicada: o chefe do Executivo em momento algum interveio quando o Defensor Público-Geral firmou o convênio, afinal, ele respeitava a autonomia da instituição. Mas ele deixou para *cobrar o preço dessa autonomia* no momento em que inevitavelmente entraria em cena: no mínimo, demovendo-o da ideia de criar cargos ou de prover os já criados; no máximo, dificultando a obtenção de incremento orçamentário (quanto a prover cargos) ou mesmo insinuando o uso de seu poder de veto (quanto à criação de cargos).

Sobre o § 2º do art. 14 há a dizer somente que ele é fruto de uma época em que, nada obstante haver onze anos de vigência da CF/88, alguns Estados-membros ainda hesitavam em criar suas Defensorias Públicas[27].

---

26 DI PIETRO, Maria Sylvia Zanella. *Direito administrativo*. 15. ed. São Paulo: Atlas, 2003. p. 292.

27 Prova disso é o exemplo do Estado de Santa Catarina, que dois anos antes (1997) criara a "Defensoria Dativa", basicamente um modelo *judicare* (Lei Complementar estadual n. 155). Somente no ano de 2012 a Defensoria

O **§ 2º do art. 14** também foi introduzido na LC n. 80/1994 através da LC n. 98/1999. Significa dizer então que sua leitura com os olhos do final da década de 1990 era a seguinte: já que alguns Estados-membros não haviam criado sua Defensoria Pública e já que a Defensoria Pública da União era incrivelmente mal estruturada para atender sua demanda, a alternativa seria esta instituição firmar convênio com outras entidades públicas estaduais até a criação da respectiva Defensoria Pública do Estado.

Curioso notar como à LC n. 98/1999 faltava o mínimo rigor técnico, pois, mais uma vez à luz da interpretação literal, se o § 1º usava o verbo "deverá" fingidamente motivado por garantir a prestação da assistência jurídica na seara federal, por coerência, o § 2º não podia mencionar apenas "é autorizado", pois tal facultatividade culminaria, no fundo, no vácuo de assistência jurídica no âmbito federal, caso a entidade pública estadual convidada a aderir ao convênio se recusasse.

Além do mais, não seria forçoso dizermos que, no fundo, o conformismo do legislador ao aceitar a prestação de assistência jurídica através de convênios com entidades públicas (até a criação da Defensoria estadual respectiva) transformava as pessoas necessitadas da esfera federal em necessitados de segunda classe.

De qualquer forma, não temos notícia de que os parágrafos do art. 14 tenham sido aplicados, num feliz exemplo de que, no Brasil, às vezes as leis se equiparam aos espermatozoides[28].

O **§ 3º do art. 14** também deve ser interpretado sem descurar do contexto histórico da edição da LC n. 98/1999.

Já que a literalidade dos arts. 22 e 23 (antes da LC n. 132/2009) encarregava a Defensoria Pública da União da atuação junto aos Tribunais Superiores e ao Supremo Tribunal Federal – já vimos acima que tais dispositivos hão de ser lidos considerando apenas a Defensoria Pública da União – e já que a LC n. 98/1999 trazia como "solução" para a prestação da assistência jurídica os convênios, logo, tudo se encaixava: reservar-se-iam os poucos cargos de defensores públicos federais para atuarem, preferencialmente, no âmbito dos Tribunais Superiores e do Supremo Tribunal Federal.

Ao contrário da "leitura interna" à Defensoria Pública da União e Territórios que propusemos em relação aos arts. 22 e 23, o § 3º do art. 14 só pode ser lido "externamente", isto, é, pressupondo a relação entre duas Defensorias Públicas.

**Indivisibilidade interinstitucional em situações de emergência**

Expusemos acima duas situações em que a ideia de indivisibilidade intrainstitucional se vê diante de uma prática interinstitucional: inexistência de Defensoria Pública na localidade e convênios para suprir a inexistência de órgão da Defensoria Pública da União (art. 14, § 2º) – o que, convenhamos, remete ao primeiro caso.

Além dessas duas situações, Caio Paiva traz uma terceira hipótese: a interinstitucionalidade do princípio diante de uma *situação de emergência*. E exemplifica:

---

Pública catarinense foi criada, após o Supremo Tribunal Federal ter declarado inconstitucional o modelo escolhido em 1997 e determinado o prazo de doze meses para que a CF/88 fosse cumprida (ADIn 4.270).

28 "A quase totalidade das leis, como sucede aos espermatozoides, não é aproveitável" (ANDRADE, Carlos Drummond de. *O avesso das coisas*, cit., p. 126).

> (...) verificando um caso que reclame uma atuação emergencial, seja por um membro da DPU na Justiça Estadual, diante, p. ex., de não realização de plantão pela DPE em determinada localidade, seja por um membro da DPE na Justiça Federal, diante, p. ex., da inexistência de unidade da DPU em determinada localidade...[29].

Caio Paiva ainda pondera que essa leitura do princípio da indivisibilidade de modo interinstitucional decorre da prevalência do acesso à justiça em detrimento de uma concepção rigorosamente formal da divisão de atribuições entre as Defensorias Públicas.

De fato, tem razão o autor quando tece essas considerações. E exemplo talvez emblemático disso seja o projeto *Defensoria sem Fronteiras*, que consiste na atuação temporária de defensores públicos da União, Distrito Federal e Estados em alguma unidade da Federação, normalmente em assuntos atinentes à execução penal.

O TRF da 4ª Região, a propósito, julgou, em grau de recurso, uma ação civil pública proposta pelo MPF/SC em que se pleiteava, em face da União, obrigação de não fazer, consistente na impossibilidade de a DPU/SC designar defensores federais para a participação na Força Nacional da Defensoria na temática da execução penal do Estado catarinense. Dentre os argumentos utilizados pelo MPF estava a garantia da inamovibilidade vista na perspectiva do assistido, que não poderia valer-se dos serviços de dado defensor federal, haja vista que este, temporariamente, estaria prestando serviços na esfera estadual. Apesar disso, o TRF/4 entendeu que a própria LC n. 80/1994 prevê a realização de convênios e, ademais, aduziu que "Não cabe ao Poder Judiciário intervir na atuação estatal a ponto de impedir futuro e eventual auxílio entre as Defensorias Públicas da União e dos Estados, sob pena de violação ao princípio da Separação dos Poderes"[30].

---

29 Ob. cit., p. 43.

30 APELAÇÃO/REEXAME NECESSÁRIO N. 5001694-41.2013.404.7201/SC
RELATOR: Des. Federal FERNANDO QUADROS DA SILVA
APELANTE: MINISTÉRIO PÚBLICO FEDERAL
APELADO: UNIÃO – ADVOCACIA GERAL DA UNIÃO
EMENTA: ADMINISTRATIVO. CONSTITUCIONAL. AÇÃO CIVIL PÚBLICA. MPF. OBRIGAÇÃO DE NÃO FAZER. DEFENSORIA PÚBLICA. ESTADO DE SANTA CATARINA. FORÇA DE NACIONAL DA DEFENSORIA PÚBLICA DA UNIÃO.

1. O artigo 134 da CF eleva a Defensoria Pública à função essencial à justiça, garantindo-lhe, com exclusividade, o exercício da orientação jurídica e a defesa, em todos os graus, dos necessitados, na forma do artigo 5º, LXXIV, da Carta de Outubro.

2. Desde o ajuizamento da presente ação em 22/02/2013, instalação da Defensoria Pública no Estado em 26/03/2013 e a conclusão dos trabalhos da Força Nacional da Defensoria Pública da União em 23/04/2013, não houve notícia da necessidade de nova intervenção com envio de Defensores Públicos Federais ao Estado. Logo, entende-se que o Estado vem cumprindo com sua obrigação constitucional.

3. Da leitura do art. 14, §§ 1º e 2º, da Lei Complementar n. 80, infere-se que as Defensorias Públicas da União e dos Estados podem atuar em colaboração entre si, com o fim de suprir as deficiências mútuas.

4. Não cabe ao Poder Judiciário intervir na atuação estatal a ponto de impedir futuro e eventual auxílio entre as Defensorias Públicas da União e dos Estados, sob pena de violação ao princípio da Separação dos Poderes.

5. Apelação improvida.

Em outro julgado – embora o cerne da discussão, ao que parece, seja sobre haver ou não limites à impetração do remédio constitucional –, o STJ entendeu que uma Defensoria Pública pode figurar como impetrante "no lugar de outra":

> *HABEAS CORPUS*. POSSE ILEGAL DE ARMA. *MANDAMUS* NÃO CONHECIDO NA ORIGEM POR ILEGITIMADADE ATIVA. IMPETRADO POR DEFENSORIA PÚBLICA DE OUTRO ESTADO. EXIGÊNCIA NÃO CONTIDA NO CÓDIGO DE PROCESSO PENAL. RATIFICAÇÃO PELA DEFENSORIA PÚBLICA DO ESTADO DE GOIÁS. CONSTRANGIMENTO ILEGAL EVIDENCIADO. CONFIRMAÇÃO DA LIMINAR. PROVIMENTO DO *MANDAMUS*.
>
> 1. No caso dos autos, da leitura da decisão e do acórdão impugnados, observa-se que o remédio constitucional impetrado na origem não foi conhecido apenas em razão de a Defensoria Pública impetrante pertencer a outro Estado da Federação.
> 2. **A legitimidade para impetração do *habeas corpus* é ampla**, na forma do art. 654 do Código de Processo Penal, não havendo razão para a limitação imposta pelo Tribunal de origem.
> 3. **Ainda, o fato da Defensoria Pública do Estado de Goiás haver ratificado a petição inicial do mandamus originário, subscrevendo as razões da outra impetrante, é bastante para admitir o regular e normal processamento do feito.**
> 4. Ordem concedida para, confirmando-se a liminar anteriormente deferida, determinar ao Tribunal de Justiça do Estado de Goiás que aprecie o mérito do *writ* lá impetrado como entender de direito, com a recomendação que imprima celeridade no julgamento do *mandamus* (HC 432.315/GO, rel. Min. Jorge Mussi, 5ª Turma, julgado em 2-4-2019, *DJE* 12-4-2019).

**Princípio da indivisibilidade: tópicos essenciais**

Em resumo, eis o que consideramos minimamente importante para entendermos o princípio institucional da indivisibilidade no sistema da Defensoria Pública. A indivisibilidade:

1) diz respeito à *atividade funcional* (fim), enquanto a unidade, como se viu, à *atividade administrativa* (meio);

2) explica-se pela exigência de continuidade do serviço público a ser prestado de assistência jurídica integral e gratuita, que deve valer-se de defensor público;

3) depende de atividade administrativa prévia para organizar critério objetivo de substituição, em atendimento ao princípio constitucional de impessoalidade;

4) obriga os demais órgãos da Defensoria Pública, subordinados hierarquicamente à direção única administrativa, a seguirem o critério objetivo de substituição de defensores públicos afastados;

5) *como regra*, é intrainstitucional, sendo interinstitucional apenas excepcionalmente;

6) deve se compatibilizar com o princípio da unidade, porque a atividade administrativa precedente organiza lista de substituição por critérios objetivos em obediência à impessoalidade;

7) deve se compatibilizar, igualmente, com o princípio da independência funcional, porque o Defensor Público substituto deve persistir na mesma estratégia de atuação do substituído se a mudança de estratégia for prejudicial ao destinatário do serviço público.

## 3.3 Princípio da independência funcional

É o grande alicerce para que seja possível a intransigente defesa dos direitos do destinatário do serviço público de assistência jurídica integral e gratuita. Apenas com a independência funcional é que o defensor público pode se sentir seguro para bem desempenhar suas funções, ainda que em desagrado às autoridades que possam ser atingidas por sua atuação.

A independência em questão diz-se *funcional*, e não administrativa. Se a independência é funcional, logo, no plano administrativo não há que se falar em independência, e é por isso que, por exemplo, para tirar férias ou licença-prêmio o defensor público deve pleiteá-las junto à Administração Superior, pleito este que, por razões de conveniência e oportunidade, pode ser indeferido (não o direito em si, por óbvio, mas o momento de gozo do direito).

**Dimensões externa e interna**

Ao contrário dos outros dois, esse princípio é apresentado pela doutrina como uma *decorrência lógica da garantia da inamovibilidade*[31], a qual está prevista na CF/88 (art. 134, § 1º).

Costuma-se distinguir a independência funcional externa da interna.

A independência funcional externa refere-se à autonomia da instituição em face de outros órgãos e poderes do Estado, ou *autonomia funcional*.

Nesse sentido, a Defensoria Pública não está atrelada a nenhum dos Poderes, não devendo, por conseguinte, estar vinculada a nenhum órgão do Poder Executivo, como decidiu o STF nas Ações Diretas de Inconstitucionalidade 3.569-PE e 3.965-MG[32].

A natureza jurídico-constitucional da Defensoria Pública define-se como *função essencial à justiça*, isto é, seria errôneo, hoje, rotulá-la como órgão do Poder Executivo ou mesmo do Judiciário[33].

Já a independência funcional interna diz respeito ao seio da instituição, ou seja, às relações funcionais entre os defensores públicos e entre estes e os órgãos da Administração Superior (que, em geral, são compostos por defensores públicos).

É claro que a independência funcional interna guarda consigo um quê de independência funcional externa, afinal, ao garantir que o defensor público, na sua atuação funcional, não esteja subordinado ao Defensor Público-Geral, por exemplo, garante-se que eventual desvio do chefe da instituição por influência de outros órgãos, como o chefe do Poder Executivo[34], não afete aquele defensor público. *São, pois, noções interdependentes.*

**Independência funcional absoluta?**

"Princípio institucional maior" – leciona Guilherme Peña de Moraes – "a independência funcional traduz-se na inocorrência de subordinação hierárquica – ou seja, no desempenho de

31 Nesse sentido: MORAES, Sílvio Roberto Mello. *Princípios institucionais da Defensoria Pública.* São Paulo: RT, 1994. p. 80.

32 Sobre esse assunto, confira: JUNQUEIRA, Gustavo Octaviano Diniz; REIS, Gustavo Augusto Soares dos. O novo desenho constitucional da Defensoria Pública: autonomia. *Revista dos Tribunais*, ano 101, v. 920, jun. 2012, p. 449-465.

33 CASTRO, Carlos Roberto Siqueira. A Constituição e a Defensoria Pública, *Revista de Direito da Defensoria Pública-Geral do Estado do Rio de Janeiro*, Rio de Janeiro, n. 7, ano 6, 1992, p. 23.

34 A discussão sobre a conveniência ou não de o chefe do Poder Executivo ter mais ou menos liberdade de escolha da lista tríplice para Defensor Público-Geral se dá em nome do significado e alcance da independência funcional externa.

suas funções, os defensores públicos não estão adstritos, em qualquer hipótese, ao comando de quem quer que seja. Cabe acentuar que esse atributo é qualificado como ilimitado..."[35].

As lições do renomado estudioso, nesse aspecto, atualmente têm sido revistas, pois, se, por um lado, é na independência funcional que reside um pouco da essência da instituição, daí a importância de ser ela resguardada, por outro, ela não deve ser vista como absoluta. No mínimo um limite a ela se impõe: se o que estiver em jogo for o direito de acesso à justiça[36].

Não há que se cogitar eventual confronto entre independência funcional (do defensor público) e direito de acesso à justiça (do necessitado), justamente porque a independência funcional que se garante ao defensor público só se justifica por ser um direito do necessitado.

Com efeito, as prerrogativas são do cargo, e não pessoais do defensor, servindo a um interesse republicano, e não aos caprichos do titular[37]. É passada a hora de enterrar a provecta definição de independência funcional como a absoluta inexistência de amarras ao titular do cargo, que só deveria satisfação "à lei", "a Deus" e "à sua consciência". Tal absurdo de índole platônico-oligárquica perdeu o sentido com o fim das castas sociais. As prerrogativas do cargo – e isso vale para a Defensoria Pública, para a Magistratura e para o Ministério Público – são instrumento para o bom exercício de suas funções republicanas, e não escudo para o abuso, o arbítrio, a ineficiência, ou a satisfação de desejos meramente pessoais do titular do cargo.

Da mesma forma que o magistrado não pode valer-se da independência funcional para julgar contra o sentido do ordenamento que reconhece vigente, por não concordar com ele, e do mesmo jeito que o membro do Ministério Público não pode buscar meios de prova ilegais por não concordar com os limites impostos pelo ordenamento, o defensor público não pode negar a defesa de direitos por não concordar com seu mérito. A independência funcional permite ao defensor público atender o pleito de seu usuário ainda que este seja contrário à orientação da administração superior, de súmulas ou teses aprovadas pelo conselho superior ou por todos os membros da carreira. Não pode, no entanto, invocar a independência funcional para deixar de atender o interesse do usuário, se ao menos minimamente plausível seu interesse na ordem jurídica.

Aprofundaremos a análise da independência funcional quando comentarmos o inciso I dos respectivos arts. 44, 89 e 128, bem como arts. 49, 94 e 133 (que tratam da responsabilidade funcional).

Art. 3º-A. São objetivos da Defensoria Pública: (Incluído pela Lei Complementar n. 132, de 2009.)

35 MORAES, Guilherme Peña de. *Instituições da Defensoria Pública*. São Paulo: Malheiros, 1999. p. 175.

36 Consoante lições de Paulo Galliez, "(...) o Defensor Público, como agente político do Estado, não pode dispor dos interesses de seus assistidos" (*Princípios institucionais da Defensoria Pública*, cit., p. 38).

37 Lastreado em sua independência funcional, o defensor público pode se recusar a defender determinada causa por razões morais ou ideológicas? A resposta necessária é não. A prerrogativa da independência funcional existe no interesse do usuário e jamais poderia ser usada em seu desfavor. A prerrogativa é pública, do cargo, tem índole republicana e não integra o patrimônio pessoal do defensor público.

## 4 OBJETIVOS DA INSTITUIÇÃO – ART. 3º-A

I – a primazia da dignidade da pessoa humana e a redução das desigualdades sociais;

### 4.1 A primazia da dignidade da pessoa humana

Fundamento do Estado brasileiro (art. 1º, III, da CF/88), a proteção à dignidade é missão de todo agente público e, em última instância, de todo homem fiel à Constituição brasileira. A atuação do defensor público deve ter como objetivo, sempre, a consagração da referida dignidade.

A dignidade da pessoa humana é fundamento do Estado brasileiro e assim é objetivo necessário de todos: indivíduos, associações, sociedades, servidores públicos e instituições estatais.

A previsão legal apenas acentua que a Defensoria Pública é um dos instrumentos escolhidos como portador de tal específico objetivo, ou seja, as ações institucionais devem tomar a primazia da dignidade da pessoa humana com especial intensidade.

Importa conceituar dignidade da pessoa humana, visto que configura fundamento do Estado brasileiro, do qual deve decorrer a interpretação de todo sistema normativo. Se houver regra incompatível com a dignidade da pessoa humana, é inconstitucional. Se entre duas orientações a instituição Defensoria Pública tiver que optar, deverá fazê-lo de forma a maximizar a preservação da dignidade da pessoa humana, e o mesmo o defensor público em sua atividade cotidiana. E o que é dignidade da pessoa humana?

Antes de mais, há que ser feita referência à repisada diferença entre dignidade humana e dignidade da pessoa humana. A primeira se refere ao gênero humano, ou seja, ao ser humano como universo, que merece proteção e respeito também universais. A segunda – dignidade da pessoa humana – destaca a singularidade, o indivíduo, e o coloca como centro de referência dos valores que compõem a dignidade, como explica Jorge Miranda: "Da mesma forma que não é o mesmo falar em direitos do homem e direitos humanos, não é exactamente o mesmo falar em dignidade da pessoa humana e dignidade humana. Aquela expressão refere-se ao homem concreto e individual; esta à humanidade, entendida como qualidade comum a todos os homens ou como conjunto que os engloba e ultrapassa. Declarando a comunidade política portuguesa 'baseada na dignidade da pessoa humana', a Constituição afasta e repudia qualquer tipo de interpretação transpersonalista ou simplesmente autoritária que pudesse permitir o sacrifício de direitos ou até da personalidade individual em nome de pretensos interesses coletivos"[38] . E por fim sintetiza: "A dignidade da pessoa humana reporta-se a todas e cada uma das pessoas e é a dignidade da pessoa individual e concreta"[39].

Assim, para além do respeito ao gênero humano, cada indivíduo merece a mesma atenção que seria dispensada à coletividade, ou provavelmente ainda mais, dado que a singularidade o torna mais vulnerável.

38 MIRANDA, Jorge. *Manual de direito constitucional.* v. IV. p. 184.

39 Idem, ibidem.

Na atuação do defensor público, a atenção à dignidade da pessoa humana deve ser redobrada. São inúmeros os casos cíveis em que é atribuída pouca importância à demanda dado seu pequeno valor diante das demais que superlotam os cartórios. São muitos os casos de direito de família que são tratados com desdém, visto que não são reconhecidos nos usuários os valores comuns à família "burguesa", que impregna os operadores do direito. São quase totalidade os casos em que o réu no processo penal é alijado de seus direitos penais e processuais pois os atores do processo se sentem representando a massa revoltada de cidadãos *honestos* que clama pela rápida e intensa imposição de uma pena. Em todos esses casos, a defesa intransigente dos direitos do usuário reafirma que cada indivíduo carrega consigo toda a dignidade do gênero.

## 4.2 A redução das desigualdades sociais

A própria existência de uma Defensoria Pública organizada e bem estruturada é instrumento para redução das desigualdades sociais. É que, se o direito pode ser usado como instrumento de controle social, a diferença nas oportunidades de acesso à Justiça apenas reproduz e multiplica as desigualdades. A possibilidade de emancipar os necessitados e permitir que possam realmente protagonizar a defesa de seus direitos é instrumento vital para reequilibrar as relações, ao menos sob o prisma jurídico.

E é para que possa cumprir seu objetivo que a Defensoria Pública deve ser dotada de estrutura de excelência. O excluído não precisa de qualquer prestação para ser incluído, tampouco basta um serviço mediano para que possa defender seus direitos perante uma parte "incluída". É necessário mais: é preciso que o serviço tenha qualidade suficiente a compensar a exclusão, e isso só será realmente possível na medida em que as Defensorias Públicas sejam dotadas de estrutura e orçamento suficiente para tanto, com profissionais valorizados e que se identifiquem com as finalidades institucionais. Sem isso, o serviço prestado será, como já dito, apenas mais uma formalidade a legitimar a exclusão "via procedimento".

Queda realçada, aqui, a necessidade de uma carreira que consiga atrair pessoas capazes e vocacionadas ao mister: apenas com uma atuação extremamente eficiente a balança pode ser reequilibrada na disputa de interesses com os poderes instituídos, econômicos ou políticos. Se o serviço prestado for mediano, pouco ou nada adiantará diante dos bons profissionais que representam os "poderosos".

Em suma, apenas um serviço de assistência jurídica desigualmente bom será capaz de trazer igualdade nas disputas jurídicas envolvendo interesses de vulneráveis.

II – a afirmação do Estado Democrático de Direito

## 4.3 A afirmação do Estado Democrático de Direito

O Brasil é um Estado Democrático de Direito, conforme o art. 1º, *caput*, da Constituição Federal. Trata-se de uma norma, que, assim, vincula a ação de todos os cidadãos e, sem dúvida, dos agentes do Estado e da Defensoria Pública, motivo pelo qual se faz necessário estudar seu significado. Para tanto, ainda que nos restritos limites do presente trabalho, vale partir da noção de Estado de Direito, discernir qual seria o sentido da qualificação de "democrático" e então compreender o conceito totalmente considerado.

Costuma ser resumido o conceito de Estado de Direito como aquele que cumpre suas próprias leis, ou seja, aquele nos quais há limite para o Poder Estatal. É pouco, pois, como salienta José Afonso da Silva, "(...) se se concebe o Direito apenas como um conjunto de normas estabelecidas pelo Legislativo, o Estado de Direito passa a ser Estado de Legalidade, ou Estado legislativo, o que constitui uma redução deformante. Se o princípio da legalidade é um elemento importante do conceito de Estado de Direito, nele não se realiza completamente"[40]. Na verdade, a ideia de primazia da lei deve ser relacionada apenas com o sentido originário[41] da expressão Estado de Direito, que tem cunho liberal[42] e individualista[43], germinando a acepção moderna do conceito no período da Ilustração, com a luta no sentido de frear os poderes do Estado[44] e fixar direitos individuais[45], legitimando sua atuação.

No Brasil o Estado ainda não aprendeu a respeitar os tais freios, e os inúmeros casos de abuso do poder de polícia, de desrespeito a garantias processuais e demais liberdades "negativas" trazem reiterados testemunhos. A Defensoria Pública é instrumento para efetivação de tais liberdades, com atividades que provoquem e transcendam os caminhos do Judiciário.

No Estado de Direito, o Estado não é mais um fim em si mesmo[46]. Nos dizeres de Tércio Sampaio Ferraz Jr. "(...) assinale-se a postura individualista abstrata, o primado da liberdade no

---

40 SILVA, José Afonso da. *Curso de direito constitucional positivo*, p. 115.

41 Sobre a importância da origem, ou seja, da referência histórica na concepção do sistema guiado por valores, a referência de Canaris: "(...) a unidade valorativa é sempre do tipo material e só pode realizar-se numa ordem jurídica historicamente determinada (...)" (CANARIS, Claus Wilhelm. *Pensamento sistemático e conceito de sistema na Ciência do Direito.* Trad. A. Menezes Cordeiro. Lisboa: Fundação Calouste Gulbenkian, 2008. p. 27).

42 Sobre o cunho liberal da noção de Estado de Direito, SILVA, José Afonso da. *Curso de direito constitucional*, p. 113-114. Também FERREIRA FILHO, Manoel Gonçalves. *Curso de direito constitucional*, p. 3-9.

43 Sobre as relações e identidades entre o individualismo e o Estado de Direito, NOGUEIRA, Jose Carlos de Ataliba. *Estado é um meio e não um fim.* São Paulo: Universidade de São Paulo, 1940. p. 69.

44 Sobre a origem do Estado de Direito e sua orientação de limite ao poder do Estado, Marques da Silva: "A noção de Estado de Direito representou, nas suas primeiras manifestações, a busca de um ideal institucional ou de uma realidade espiritual dirigida a proteger o cidadão com sua liberdade, seus valores, assim como seus direitos inatos adquiridos frente a eventuais abusos por parte dos detentores do poder político" (SILVA, Marco Antonio Marques da. *Acesso à justiça penal e Estado Democrático de Direito.* São Paulo: Juarez de Oliveira, 2001. p. 6. Para uma leitura acerca dos mecanismos de restrição ao poder do Estado que inspiram o movimento da Ilustração, mormente no Direito Penal: SILVA SANCHES. *Aproximación al derecho penal contemporáneo*, p. 191.

45 Na lição de Celso Lafer, "o liberalismo moderno surge como uma contestação ao Estado Absoluto e ao abuso do poder dele decorrente. Daí o esforço do liberalismo de converter o Estado Absoluto num Estado de Direito, cuja atividade seria material e formalmente limitada através de alguns instrumentos jurídicos e políticos. Entre estes instrumentos cabe destacar a garantia dos direitos individuais, cuja tutela limitaria materialmente a atividade do Estado". LAFER. Celso. *Ensaio sobre a liberdade.* São Paulo: Perspectiva, 2007. p. 21.

46 Sobre a ideia de que o ponto em comum das concepções de Estado de Direito é não ser mais "um fim em si mesmo": COPETTI, André. *Direito penal e Estado Democrático de Direito.* Porto Alegre: Livraria do Advogado, 2000. p. 51.

sentido negativo, da segurança formal e da sociedade privada, de um Estado concebido como um servo estritamente controlado da sociedade"[47]. José Afonso da Silva assinala várias críticas ao conceito de Estado de Direito, tachando-o de ambíguo[48], uma vez que poderia ser encaixado em qualquer estrutura de Estado Formal ou Legal. Por outro lado, interessa notar que José Afonso da Silva classifica como características de tal noção – certamente levando em consideração o ideal de Estado de Direito – além do império da lei, também a divisão de poderes e, o que mais nos interessa, o enunciado e garantia dos direitos individuais[49], traçando, destarte, o que poderíamos considerar uma noção mais moderna do conceito. Percebe-se a ênfase na posição do indivíduo, como alicerce inafastável da ideia.

É pouco: o Brasil não é simplesmente um Estado de Direito. É Democrático. Para José Afonso da Silva, significa entender a "incorporação de todo o povo no mecanismo de controle das decisões e da real participação nos rendimentos da produção"[50]. E é Democrático fora da noção simplista da ditadura absoluta da vontade da maioria[51], que tanto mal causou à humanidade[52] desde que consagrada no contrato social de Rousseau, como já advertia Benjamin Constant: "quando se estabelece que a soberania do povo é ilimitada, cria-se e lança-se ao acaso na sociedade humana um grau de poder demasiado grande por si mesmo e que é um mal, quaisquer que sejam as mãos em que for posto"[53]. A referida noção simplista deve, assim, ser superada, em favor de um conceito moderno que conjuga o respeito ao indivíduo[54] ainda que em posição minoritária, como nos define Bobbio, ao conceituar a moderna democracia: "nenhuma decisão tomada por maioria deve limitar os direitos da minoria, de um modo especial, o direito de tornar-se maioria, em paridade de condições"[55].

---

47 FERRAZ JR., Tércio Sampaio. *Constituição de 1988 – Legitimidade, vigência e eficácia – Supremacia*, p. 55.

48 SILVA, José Afonso da. *Curso de direito constitucional positivo*. p. 114. Comenta também a falta de precisão do vocábulo Marco Antônio Marques da Silva em *Juizados Especiais Criminais*, p. 16.

49 SILVA, José Afonso da, *Curso de direito constitucional positivo*, p. 113-114.

50 Idem, p. 118.

51 Criticando a identidade entre democracia e vontade da maioria: "El planteamiento democrático no sólo debe servir a la mayoría, sino también respetar y atender a toda minoría e todo ciudadano, en la medida en que ello sea compatible con la paz social". MIR PUIG, Santiago. *El derecho penal en el Estado Social y Democrático de Derecho*. Barcelona: Ariel, 1994. p. 40. Também "É a soberania popular, expressão sinônima de onipotência do Estado (...) Ela põe em equação legalidade e justiça, o que constitui verdadeiro absurdo" (NOGUEIRA, Ataliba. *O Estado é meio e não fim*, p. 45).

52 Nas palavras de Benjamin Constant, o erro de Rousseau "fez de seu contrato social, tantas vezes invocado em favor da liberdade, o mais terrível auxiliar de todos os gêneros de despotismo" (*Escritos de política*, p. 9).

53 CONSTANT, Benjamin. *Escritos de política*. Trad. Eduardo Brandão. São Paulo: Martins Fontes, 2018. p. 8.

54 Como também já advertia Benjamin Constant: "A soberania só existe de maneira limitada e relativa. No ponto em que começa a independência e a existência individuais detém-se a jurisdição dessa soberania. Se a sociedade passa essa linha, torna-se tão culpada quanto o déspota que só tem por título o gládio exterminador (...) Quando uma autoridade qualquer comete um ato desses, pouco importa de que fonte se diga emanar, pouco importa que ela se chame indivíduo ou nação; fosse ela a nação inteira, menos o cidadão que ela oprime, mesmo assim não seria legítima" (*Escritos de Política*, p. 9).

55 Na definição de *democracia* de Norberto Bobbio, in Bobbio et al., *Dicionário de Política*, p. 327.

Podemos concluir, assim, que a característica principal é a primazia do indivíduo. Aliás, é falacioso imaginar a possibilidade de uma decisão realmente democrática, que exprima o livre anseio de um povo, quando os componentes não têm garantias, ou seja, não têm possibilidade de autodeterminação[56]. As garantias mínimas às minorias, e sua expressão máxima, o indivíduo, são pressupostos necessários da ideia da democracia enquanto poder que emana do povo[57].

A Defensoria Pública, por meio da atuação ordinária na seara criminal, de seus núcleos especializados na proteção de minorias e da educação em direitos, é vocacionada à proteção das minorias e do indivíduo, mesmo quando em confronto com a opinião dominante ou majoritária, fortalecendo o Estado Democrático.

Ainda na busca de elementos que permitam a conformação do que seria a atual concepção do Estado Democrático de Direito, é possível o socorro a Gozzi, no sentido de que, entre as estruturas do Estado de Direito, está a "formal do sistema jurídico", que permite a garantia das liberdades fundamentais com a aplicação da lei geral e abstrata por parte de juízes independentes[58]. Importa notar em tal conceito a influência do conceito material-garantista[59] de democracia, que exige não apenas o cumprimento da lei como produto formal da vontade da maioria, mas o respeito às liberdades fundamentais, que seriam parte essencial do conteúdo substancial da democracia. A relação entre o moderno Estado de Direito e a ideia democrática é flagrante.

É possível dizer, por fim, que o Estado brasileiro é ainda mais: é Democrático de Direito. Não basta fundir as ideias, é preciso contextualizá-las em sua realidade histórica e política, para daí extrair sua importância[60]. Primeiramente, com a feliz assertiva de José Afonso da Silva, forçoso

---

56 Sobre a vinculação entre a democracia e os direitos fundamentais, Bobbio: "(...) é ainda mais verdadeiro que segundo a concepção liberal do Estado não pode existir democracia senão onde forem reconhecidos alguns direitos fundamentais de liberdade que tornem possível uma participação política guiada por uma determinação de vontade autônoma de cada indivíduo" (Bobbio et al., *Dicionário de Política*, p. 324). No mesmo sentido Benjamin Constant: "É fácil para a autoridade oprimir o povo, como sujeito, a fim de forçá-lo a manifestar, como soberano, a vontade que ela lhe prescreve" (*Escritos de política*, p. 13).

57 Sobre a ideia e possibilidade de um *povo ativo*: MULLER, Friederich. Quem é o povo? Trad. Peter Naumann. Rio de Janeiro: Max Limonad, 2000. p. 55 e ss.

58 Gustavo Gozzi estudando o *Estado Contemporâneo*, in Bobbio et al. *Dicionário de política*, p. 405. Sobre a legitimidade da Constituição em um Estado Democrático e sua relação com as liberdades fundamentais, Nicolas Mateucci: "A Constituição baseia sua legitimidade em um duplo fundamento: no próprio conteúdo de suas normas, que se impõem por sua intrínseca racionalidade e justiça, e em sua fonte formal, isto é, pela sua emanação da vontade direta e soberana do povo" Nicolas Mateucci comentando o *Constitucionalismo*, in Bobbio et al., *Dicionário de política*, p. 255.

59 Sobre a concepção garantista que inspira o constitucionalismo: MATTEUCCI, Nicolas. In: BOBBIO et al. *Dicionário de política*, p. 250.

60 "A configuração de um Estado Democrático de Direito não significa apenas unir formalmente os conceitos de Estado Democrático e Estado de Direito. Consiste, na verdade, na criação de um conceito novo, que leva em conta os conceitos dos elementos componentes, mas os supera (...)" (SILVA, José Afonso da. *Curso de direito constitucional positivo*, p. 119).

reconhecer que não se trata de uma promessa no sentido de tentar criar um Estado Democrático de Direito[61], mas sim de compreender sua existência, ou seja, entender de forma real e efetiva no mundo operativo que a norma maior – o dado constitutivo do Estado Brasileiro – é sempre vinculada à ideia "Democrático de Direito", e qualquer ideia, valor ou norma que se oponha a tal realidade não pode ser considerada (válida ou existente), quer pelo doutrinador, quer pelo aplicador do Direito. É papel do jurista perceber a efetividade do valor Estado Democrático, sua importância enquanto fator de legitimação do sistema e transformá-lo em instrumento de ação[62].

III – a prevalência e efetividade dos direitos humanos;

## 4.4 A prevalência e efetividade dos direitos humanos

São direitos humanos todos aqueles inerentes à condição humana, que concretizam a dignidade da pessoa humana e formam o círculo intangível que a preserva.

Parte da doutrina diferencia *direitos humanos* e *direitos fundamentais.*

Direitos humanos seriam aqueles que derivam da própria natureza humana e independem de reconhecimento expresso no ordenamento. São há muito reconhecidos na esfera internacional, com inspiração jusnaturalista. Na lição de Bonavides: "os direitos humanos, tomados pelas bases de sua existencialidade primária, são assim os aferidores da legitimação de todos os poderes sociais, políticos e individuais. Onde quer que eles padeçam de lesão, a Sociedade se acha enferma. Uma crise desses direitos acaba sendo também uma crise de poder e de toda sociedade organizada"[63]. Justifica-se assim a soma da Defensoria Pública às instituições que têm como objetivo a prevalência dos direitos humanos, ainda tão pouco compreendidos em seu caráter universal.

Direitos fundamentais seriam aqueles que baseiam o arcabouço mínimo garantido ao indivíduo sob determinado ordenamento, ou seja, alicerçam um determinado fundamento. Conhecida e controversa a lição sobre as gerações de direitos fundamentais[64], com destaque aos direitos de liberdade e aos direitos sociais, arrolados em grande número na Constituição Federal.

A prevalência dos direitos humanos seria desde logo decorrência de tudo que foi dito acerca de Estado Democrático de Direito, mas a clara expressão da lei apenas acentua que devem ser respeitados os limites do poder do Estado e da maioria, e são desde logo reconhecidos ao defensor poderes suficientes para cumprir seu mister, interpretando-se suas prerrogativas de forma a permitir que, mesmo diante das referidas pressões, possam prevalecer os Direitos Humanos do usuário.

61 "A afirmativa de que a 'República Federativa do Brasil constitui-se em Estado Democrático de Direito' não é uma mera promessa de organizar esse tipo de Estado, mas a proclamação de que a Constituição está fundando um novo tipo de Estado (...)" (SILVA, José Afonso da. *Curso de direito constitucional positivo*, p. 98).

62 Sobre a importância do papel do jurista, que deve oferecer *ferramentas* a outros segmentos sociais: MULLER, Friederich. *Quem é o povo?* p. 100 e ss.

63 BONAVIDES, Paulo. *Curso de direito constitucional.* São Paulo, Malheiros, 2007. p. 574.

64 Idem, p. 562 e ss.

Dentre outros julgados, o STF já teve a oportunidade de estabelecer o liame entre a Defensoria Pública e seu papel em prol dos direitos fundamentais:

> EMENTA: **Defensoria Pública. Implantação. Omissão estatal que compromete e frustra direitos fundamentais de pessoas necessitadas. Situação constitucionalmente intolerável. O reconhecimento, em favor de populações carentes e desassistidas, postas à margem do sistema jurídico, do "direito a ter direitos" como pressuposto de acesso aos demais direitos, liberdades e garantias.** Intervenção jurisdicional concretizadora de programa constitucional destinado a viabilizar o acesso dos necessitados à orientação jurídica integral e à assistência judiciária gratuitas (CF, art. 5º, inciso LXXIV, e art. 134). Legitimidade dessa atuação dos Juízes e Tribunais. O papel do Poder Judiciário na implementação de políticas públicas instituídas pela Constituição e não efetivadas pelo Poder Público. A fórmula da reserva do possível na perspectiva da teoria dos custos dos direitos: impossibilidade de sua invocação para legitimar o injusto inadimplemento de deveres estatais de prestação constitucionalmente impostos ao Estado. A teoria da 'restrição das restrições' (ou da 'limitação das limitações'). Controle jurisdicional de legitimidade sobre a omissão do Estado: atividade de fiscalização judicial que se justifica pela necessidade de observância de certos parâmetros constitucionais (proibição de retrocesso social, proteção ao mínimo existencial, vedação da proteção insuficiente e proibição de excesso). Doutrina. Precedentes. **A função constitucional da Defensoria Pública e a essencialidade dessa instituição da República.** Recurso extraordinário conhecido e provido (AI 598.212/PR, rel. Min. Celso de Mello).

A efetividade dos Direitos Humanos é, há décadas, assunto de destaque nos mais variados estudos, visto que há séculos acumulam-se generosas declarações, e são perenes suas violações.

Prevalência e efetividade são expressões que merecem relevo. De nada adianta a declaração dos direitos sem instrumentos que permitam torná-la efetiva. Como ensina Bobbio: "O problema fundamental em relação aos direitos do homem, hoje, não é tanto o de justificá-los, mas o de protegê-los. Trata-se de um problema não filosófico, mas político (...) O problema filosófico dos direitos do homem não pode ser dissociado do estudo dos problemas históricos, sociais, econômicos, psicológicos inerentes à sua realização: o problema dos fins não pode ser dissociado do problema dos meios"[65].

Daí a estruturação da Defensoria Pública como mais uma tentativa de dar efetividade mínima aos direitos humanos, de todas as chamadas "gerações". Se o direito foi reconhecido e declarado, deve ser cumprido pelo Estado ou por seus obrigados, e a Defensoria deve ser um dos braços principais, senão o principal, para tal revolução de eficácia no país.

IV – a garantia dos princípios constitucionais da ampla defesa e do contraditório.

## 4.5 A garantia dos princípios constitucionais da ampla defesa e do contraditório

### *4.5.1 Contraditório*

65 BOBBIO, Norberto. *A era dos direitos*, cit., p. 24.

O contraditório é costumeiramente definido na doutrina como ciência e participação. O indivíduo tem o direito de estar ciente de todos os atos, para que possa se comportar de forma coerente e conveniente com sua pretensão. Tem força constitucional expressa.

Deve o defensor público, além de exigir a ciência formal e em prazo idôneo ao efetivo exercício do contraditório, explicar ao usuário quais são as opções jurídicas na defesa de seus direitos e quais as possíveis consequências que a sentença trará em sua vida, para que ele possa protagonizar, realmente, a relação jurídico-processual.

Além da ciência, é preciso que tenha condições de participar do processo, produzindo provas, elaborando pedidos, indicando providências. Daí a necessidade de uma real estruturação da Defensoria Pública, que lhe permita tornar efetivo o direito ao contraditório em sua vertente participação. O usuário, carente de recursos por definição, não tem condições de produzir minimamente a prova. Ora, enquanto a parte contrária pode contar com recursos inesgotáveis, como nas relações de consumo ou mesmo na seara penal, em que o Ministério Público conta com estrutura ímpar e ainda com o poder de requisitar investigações para supedanear a versão acusatória com perícias, documentos e testemunhos de policiais, a defesa pública torce para que as testemunhas sejam encontradas em seus barracos e que tenham dinheiro para pegar ônibus e chegar ao fórum, se é que não serão impedidas de entrar em razão da vestimenta. É passado o momento de mudar essa realidade.

É necessário que seja efetivamente reconhecida a prerrogativa do defensor público de requisitar documentos na defesa dos interesses de seu usuário, dado que tais prerrogativas devem ser tão maiores quanto maior a dificuldade de obtenção pelo próprio usuário. Ora, se ele é carente de recursos por definição, é cristalina a necessidade de que tais prerrogativas militem em prol de seu patrono. Da mesma forma a investigação defensiva, que ora "engatinha" nos bancos doutrinários, mas que deve ser conferida com primazia à Defensoria Pública, que deve contar com aparato estatal, na defesa do indivíduo, ao menos igual àquele encontrado para a acusação. Não é interesse do Estado nem da sociedade a condenação de inocentes, e, assim, não se justifica que haja um gigante estruturado para acusar, outro gigante montado por grandes escritórios de advocacia na defesa dos poderosos e uma pequena tenda para abrigar a grande massa de carentes que tenta defender seus direitos e, em especial, sua liberdade.

A grande inspiração do processo moderno é essa, em que as partes estão em igualdade (não tratamento igual, mas que as deixem em pé de igualdade, respeitando as desigualdades) na busca dos respectivos interesses.

O princípio do contraditório acaba redundando na necessidade de fundamentação das decisões jurisdicionais com apreciação das teses das partes, pois se esvaziaria o direito de participação (base do contraditório) se a parte elaborasse grande rol de argumentos que viesse a ser desprezado pelo julgador. Tem o direito a participar do processo e o de ter sua participação respeitada, com o exame de suas teses, em respeito ao contraditório. Vale lembrar que a obrigatoriedade de fundamentação das decisões jurisdicionais é expressa na Constituição Federal (art. 93, IX).

### *4.5.2 Ampla defesa*

A especificação do contraditório permite visualizar de forma mais detalhada suas possibilidades. A Constituição Federal traz expressa a garantia de ampla defesa com os meios e recursos a ela inerentes.

A ampla defesa costuma ser traduzida como a soma da autodefesa e da defesa técnica.

A autodefesa é garantia individual, uma vez que é humana a necessidade de poder, pessoalmente, argumentar acerca da própria inocência ou justificar os próprios atos. Seria degradante impedir a pessoa de se expor perante o representante do Estado de forma direta, o que, aliás, torna bastante controversa a constitucionalidade de atos praticados por videoconferência, em especial o interrogatório no processo penal. Por outro lado, apenas o envolvido sabe exatamente onde estava no momento dos fatos e tem conhecimento das circunstâncias que lhe podem ser favoráveis.

Retorna aqui à pauta a responsabilidade do defensor público de bem informar o usuário acerca das possibilidades jurídicas da questão posta, para que em autodefesa possa realmente protagonizar a defesa de seus direitos.

A autodefesa se manifesta sob três aspectos: o "direito de audiência", o "direito de presença" e o "direito de postulação"[66].

O "direito de audiência" se revela pela possibilidade de o acusado influenciar direta e pessoalmente, mediante o interrogatório, a convicção do juiz. Daí a necessidade de contato direto do réu com o juiz, que deve ser maximizado, sob pena de esvaziamento da garantia.

O "direito de presença" consiste na possibilidade de o acusado acompanhar todos os atos do processo, podendo, a todo momento, posicionar-se perante as alegações e provas produzidas, como, v.g., orientar seu defensor a formular perguntas para as testemunhas. Deve o defensor, aqui, garantir ao seu patrocinado condições de acompanhar o andamento da audiência, para que possa fazer valer o direito de presença: nada adianta fazer o acusado viajar centenas de quilômetros até o local em que será ouvida a testemunha e deixá-lo em cela no fórum, sem contato com a audiência, apenas para assinar o termo ao final do ato. É objetivo institucional zelar para que a garantia seja eficaz, e permita, repita-se, o protagonismo do acusado na defesa de sua liberdade.

O "direito de postulação" emerge da possibilidade de o acusado interpor recurso (legitimação recursal autônoma e concorrente com o defensor – disjuntiva), nos termos do art. 577, *caput*, do CPP, ou formular pedido de revisão criminal pessoalmente (art. 623 do CPP). O defensor deve garantir e orientar sobre o direito de postulação, acrescentando seu conhecimento técnico ao pleito do usuário, sem ferir sua autonomia.

A autodefesa sem defesa técnica é grito desarticulado, emoção sem razão. A defesa técnica sem autodefesa é forma sem conteúdo. Apenas o conjunto pode satisfazer a garantia constitucional, sob pena de nulidade.

A defesa técnica é a garantia de que o ensejo de liberdade do indivíduo será traduzido para a linguagem jurídica da melhor forma, e que a parte terá como aproveitar todas as faculdades permitidas pela lei na defesa de seu interesse. Apenas a defesa técnica tem condição de participar do processo de forma apta a influir no resultado dentro dos limites impostos pelo mundo jurídico.

É responsabilidade do defensor público estar preparado para prestar a melhor defesa técnica possível, com o máximo domínio do arcabouço legal, das discussões doutrinárias e dos caminhos jurisprudenciais. É responsabilidade da instituição fomentar tal constante aperfeiçoamento, e cobrá-lo, para que possa bem se desincumbir de seus objetivos.

---

66 A lição é de FULLER, Paulo Henrique Aranda. *Elementos de direito processual penal*. 11. ed. São Paulo: RT, 2012.

Art. 4º São funções institucionais da Defensoria Pública, dentre outras:

# 5 FUNÇÕES INSTITUCIONAIS – ART. 4º

## 5.1 Funções institucionais: conceito

Não se admite "poder livre" no Estado Democrático de Direito[67], o que explica a redação do art. 3-A traçando os objetivos institucionais atribuídos para a Defensoria Pública. Com efeito, é natural que a partir destes objetivos se pergunte: de que modo a Defensoria Pública deve colocar em prática a perseguição de seus objetivos institucionais? É exatamente nesse ponto que surge a necessidade de a LC n. 80/1994 prescrever, minuciosamente, quais são as atividades que a Defensoria Pública deve desempenhar.

Convém lembrar, para apresentarmos conceito mais completo, que na conceituação de Canotilho competência é "o poder de acção e de actuação atribuído aos vários órgãos e agentes constitucionais com o fim de prosseguirem as tarefas de que são constitucional ou legalmente incumbidos. A competência envolve, por conseguinte, a atribuição de determinadas tarefas bem como os meios de acção ('poderes') necessários para a sua prossecução"[68].

Sendo assim, é possível concluirmos que as ditas funções institucionais da Defensoria Pública nada mais são do que suas competências institucionais; isto é, na esteira do eminente constitucionalista português, podemos dizer que são tarefas públicas das quais deve a Defensoria Pública se desincumbir a fim de que atenda a seus objetivos institucionais.

## 5.2 Rol exemplificativo das funções institucionais: análise constitucional

Esclarecido o sentido da terminologia legal, é justo perquirirmos se o presente dispositivo exaure, ou não, as funções institucionais da Defensoria Pública.

Obviamente, deixemos de lado, por amor à reflexão, que o próprio *caput*, ao ser encerrado com a expressão "dentre outras", já anuncia que o rol é exemplificativo. Nossa pretensão, aqui, é analisar a conformação constitucional das funções institucionais da Defensoria Pública, até mesmo porque referida expressão poderia não existir no texto legal ou, nunca se sabe, ser suprimida no futuro.

Fosse taxativo o rol e sabemos que "a lei estabelece a amplitude dentro da qual se deve movimentar a autoridade pública no desempenho das suas atribuições. Se esta excede esses limites, a sua ação se torna ilegal"[69].

67 CF/88, art. 1º.

68 CANOTILHO, J. J. Gomes. *Direito constitucional e teoria da constituição*. 6. ed. Coimbra: Almedina, 2002. Título 4, capítulo I (Regras e princípios do Direito Constitucional organizatório), p. 539.

69 FAGUNDES, Miguel Seabra. *O controle dos atos administrativos pelo Poder Judiciário*. 7. ed. Atualizada por Gustavo Binenbojm. Rio de Janeiro: Forense, 2005. Item 39, p. 86-87.

Entretanto, precisamos de maior cautela para também não perdermos de vista que, modernamente, a leitura do princípio da legalidade inclui o próprio texto constitucional[70]. E mesmo que assim não fosse, é inolvidável que "o Poder Constituinte, manifestação mais alta da vontade coletiva, cria o Estado (ou reconstrói) por meio da Constituição, lei básica em que lhe determina a estrutura geral, institui autoridade, delimitando a organização dos poderes públicos, e define os direitos fundamentais do indivíduo"[71].

Esse ponto de vista, portanto, força-nos a concluir que devemos interpretar o art. 4º da LC n. 80/1994 como sendo *exemplificativo*, e jamais como número fechado (*numerus clausus*)[72]. É que se a norma jurídica infraconstitucional – que está condicionada pela precisa demarcação do texto constitucional quanto às competências das funções essenciais à Justiça – olvidasse a Constituição, teríamos sérios problemas práticos por conta da cisão entre textos constitucional e infraconstitucional.

Por exemplo, antes da LC n. 132/2009, que alterou a LC n. 80/1994, o rol de funções institucionais somente autorizava a Defensoria Pública a "patrocinar defesa em ação penal"[73]. Não fazia menção a inquérito policial, embora mais adiante o texto original da LC n. 80/1994 atribuísse à Defensoria "assegurar aos seus assistidos, em processo judicial ou administrativo, e aos acusados em geral, o contraditório e a ampla defesa, com recursos e meios a ela inerentes"[74]. Para o fim de acompanhamento de inquérito policial este texto, todavia, poderia ser fonte de dúvidas a ponto de criar obstáculos aos defensores públicos, pois não há acusado no inquérito policial e o próprio STF já definiu que nesse âmbito há direitos fundamentais a serem respeitados, não havendo, porém, exercício de contraditório e de ampla defesa[75].

---

70 BARROSO, Luís Roberto. *Curso de direito constitucional contemporâneo: os conceitos fundamentais e a construção do novo modelo.* São Paulo: Saraiva, 2009. "A constitucionalização do Direito no Brasil", p. 375-376.

71 FAGUNDES, Miguel Seabra. *O controle...*, cit., item 1, p. 1.

72 Concluindo que a lista de funções institucionais da Defensoria não é *numerus clausus* devido à determinação constitucional falar em assistência jurídica *integral*, confira: ALVES, Cleber Francisco. *Justiça para todos: assistência jurídica gratuita nos Estados Unidos, na França e no Brasil.* Rio de Janeiro: Lumen Juris, 2006. Item 5.4.3, p. 318; e apoiado em Silvio Roberto Mello Moraes, Guilherme Peña Moraes também entende que o rol não é taxativo (*Instituições da Defensoria Pública.* São Paulo: Malheiros, 1999. p. 178-179).

73 LC n. 80/1994, art. 4º, IV.

74 LC n. 80/1994, art. 4º, IX.

75 BRASIL. Supremo Tribunal Federal. 1ª Turma. *HC 90232/AM-Amazonas.* Relator Ministro Sepúlveda Pertence. Impetrante Délio Lins e Silva e outro. Julgamento em 18-12-2006. Votação unânime. Publicado no *DJ* em 2-3-2007, p. 720; *RTJ* 202/272; LEXSTF v. 29, n. 340, 2007, p. 469/480; disponível no sítio digital do STF <www.stf.jus.br>: "EMENTA: I. *Habeas corpus*: inviabilidade: incidência da Súmula 691 ("Não compete ao Supremo Tribunal Federal conhecer de 'habeas corpus' impetrado contra decisão do Relator que, em 'habeas corpus' requerido a Tribunal Superior, indefere a liminar"). II. Inquérito policial: inoponibilidade ao advogado do indiciado do direito de vista dos autos do inquérito policial. 1. Inaplicabilidade da garantia constitucional do contraditório e da ampla defesa ao inquérito policial, que não é processo, porque não destinado a decidir litígio algum, ainda que na esfera administrativa; existência, não obstante, de direitos fundamentais do indiciado no curso do inquérito, entre os quais o de fazer-se assistir por advogado, o de não se incriminar e o de manter-se em silêncio. (...)."

Ora, nossa ordem constitucional, seja pela Constituição formal[76], seja pelos Tratados de Direitos Humanos aos quais se vinculou o Brasil[77], claramente recusa a possibilidade de existirem cidadãos de segunda classe para o sistema de Justiça. E é importante termos em mente que, historicamente, a legalidade visa evitar que a concentração exagerada de poder político escravize os governados quando impõe barreiras fundamentais para que o poder administrativo realize suas tarefas respeitando direitos e garantias fundamentais.

Referindo-se ao peculiar direito inglês enquanto etapa indelével no desenvolvimento histórico de garantias e direitos fundamentais, Roscoe Pound esclarece que

> a Magna Carta estabeleceu um sistema de governo constitucional, sendo assim justamente reverenciada como origem do órgão mais seguro de estabilidade social e política no mundo moderno e símbolo da supremacia da lei sobre os órgãos de governo e das garantias do indivíduo com relação à máquina administrativa, que, guiando-o e protegendo-o, não o esmagará, o que constitui o bem de que mais se orgulham os ingleses e seus descendentes por toda parte do mundo[78].

Por esta perspectiva, o entendimento de que o rol do art. 4º é exemplificativo em nada diminui ou menospreza a legalidade, mas, pelo contrário, a valoriza por colocá-la em dimensão mais ampla e racional. Mais *ampla* porque a lei infraconstitucional é interpretada ou vista à luz das balizas constitucionais, tornando-se, efetivamente, um prolongamento do texto constitucional ao garantir a prestação de assistência jurídica integral e gratuita a todos os necessitados – respeitando, porém, as fronteiras atributivas de outras funções essenciais à Justiça. Mais *racional* porque a legalidade, que foi criada para servir e proteger os governados, não pode ser responsável pela privação dos governados carentes à assistência jurídica integral e gratuita – o que negaria a própria Constituição.

De qualquer modo, pelo fato de ser exemplificativa não perde utilidade a listagem de competências no presente art. 4º, pois na medida em que a Defensoria Pública ainda constitui novidade em muitos locais do país é importante que a LC n. 80/1994 ofereça balizas seguras a fim de que se evitem ou se resolvam eventuais conflitos de atribuição entre Defensoria Pública e demais atores do sistema de Justiça. Por exemplo, a atual Lei Orgânica Nacional do Ministério Público[79] não mais atribui ao Ministério Público o papel de curador especial. Não fosse a LC n. 80/1994 atribuir à Defensoria Pública, expressamente, a competência de *"exercer a curadoria especial nos casos previstos em lei"*[80], em muitos espíritos poderia remanescer dúvida razoável a este respeito, pois a função de curadoria necessariamente não corresponderá, na prática, à representação de algum necessitado

---

76 CF/88, art. 3º, IV; art. 5º, *caput*.

77 Declaração Universal dos Direitos Humanos/1948, arts. I, II, X e XI; Pacto Internacional dos Direitos Civis e Políticos/1966, arts. 2º, 3º, e 14; Convenção Americana sobre Direitos Humanos/1969, arts. 1º e 8º.

78 POUND, Roscoe. *Desenvolvimento das garantias constitucionais da liberdade.* Tradução: E. Jacy Monteiro. São Paulo: IBRASA (Instituição Brasileira de Difusão Cultural), 1965. Biblioteca "Clássicos da Democracia", n. 29. p. 20.

79 Lei n. 8.625, de 12 de fevereiro de 1993.

80 LC n. 80/1994, art. 4º, XVI.

(imperioso ressaltar que o CPC, editado após a lei orgânica da Defensoria, prevê que "a curatela especial será exercida pela Defensoria Pública, nos termos da lei" (art. 72, parágrafo único).

Seja como for, trataremos deste tema adiante com maior acuidade[81].

## 5.3 Classificações das funções institucionais: análise crítica

Estudar as instituições jurídicas do ponto de vista de suas atribuições é algo relevante principalmente sob a ótica histórica. Um exemplo é o Ministério Público.

Segundo Marcelo Zenkner, o Ministério Público brasileiro pode ser estudado em três fases distintas: (i) a 1ª fase, aquela em que a atividade ministerial se direcionava precipuamente à seara criminal e, quanto à cível, "(...) buscava-se abocanhar uma quantidade cada vez maior de atribuições como interveniente a fim de que fosse fortalecida a instituição". A 2ª fase, caracterizada pela assunção da defesa dos interesses e direitos coletivos (*lato sensu*), "(...) ficando de lado aquela identificação do Promotor com o 'acusador implacável'" Por fim, (iii) na 3ª fase passa a fazer parte do rol de atribuições (e, por conseguinte, dos discursos e do atuar dos membros daquela instituição) o emprego de formas não judiciais de resolução dos conflitos[82].

No que diz respeito à Defensoria Pública é possível encontrar na doutrina teorizações de relevância histórica e filósofica envolvendo esse assunto.

Na medida em que essas contribuições doutrinárias sugerem nomenclaturas diferentes, utilizaremos, por ora, uma classificação um pouco mais singela e que de modo algum pretende insinuar um tom pejorativo: a Defensoria Pública "velha" e a "nova" – ou mais precisamente, as funções institucionais "velhas" e "novas" da Defensoria Pública.

### *5.3.1 Defensoria Pública "tradicional" e "não tradicional"*

Ao que parece, o primeiro estudo brasileiro sobre a Defensoria Pública acerca desse assunto data de 1992. Nesse ano, Breno Cruz Mascarenhas, em dissertação de mestrado apresentada na Pontifícia Universidade Católica do Rio de Janeiro, analisou a Defensoria Pública carioca e constatou que ela vinha desempenhando funções tradicionais (atuação individual de propor ação e fazer defesa) e não tradicionais (atuação em orientação jurídica e tutela coletiva), sendo que as funções não tradicionais competiam aos recém-criados Núcleos[83].

A relevância prática desse estudo é que, para o autor, enquanto as funções tradicionais estariam ligadas a práticas de Estado liberal, as não tradicionais se antenariam ao Estado Social, pois que transformadoras.

---

81 V. o inciso XVI.

82 Reflexões processuais dos princípios institucionais da unidade e da indivisibilidade – revisitando as atribuições dos órgãos de execução do Ministério Público brasileiro, In: *Temas atuais do Ministério Público*: a atuação do Parquet nos 20 anos da Constituição Federal. 2. ed. Rio de Janeiro: Lumen Juris, 2010. p. 93-94.

83 MASCARENHAS, Breno Cruz. A dinâmica do individualismo na Defensoria Pública do Rio de Janeiro. Dissertação (Mestrado) – PUC/RJ, 1992, sob a orientação de José Ribas Vieira.

### 5.3.2 Funções "típicas" e "atípicas" na perspectiva individualista ou solidarista

José Augusto Garcia de Souza propôs uma nova leitura das atribuições da Defensoria Pública. Para tanto, usou as nomenclaturas "típicas" e "atípicas", que já haviam sido utilizadas em meados da década de 1990 por outro defensor público carioca, Sílvio Roberto Mello Moraes. A diferença entre elas é de perspectiva.

Sílvio Roberto Mello Moraes distinguiu funções "típicas" de "atípicas" *a partir do beneficiário* da atuação da Defensoria Pública. Se necessitados do ponto de vista econômico, as funções seriam "típicas"; se necessitados "jurídicos", ou seja, que se beneficiariam da atuação da instituição independentemente do aspecto econômico, seriam "atípicas"[84].

Essa classificação não deixa de ser relevante, já que um conceito de pessoa necessitada mais ou menos alargado, ao que parece, sempre conviverá com as tais funções "atípicas" da Defensoria Pública nos casos em que ela, por lei, faz as vezes de "soldado de reserva". Essa é a hipótese da curadoria de ausentes e, sobretudo, da defesa no processo penal.

A classificação de José Augusto Garcia de Souza se inspirou na nomenclatura utilizada por Sílvio Roberto Mello Moraes, mas, como já alertamos, a perspectiva é diferente: agora, "típicas" e "atípicas" corresponderiam a uma *análise que partiria das visões individualista e solidarista da instituição* e, nesse viés, suas reflexões mais se aproximam da doutrina de Breno Mascarenhas, já citada no tópico anterior.

"Típicas", que o autor também passa a chamar "tradicionais", seriam as atribuições da Defensoria Pública atreladas ao atuar postulatório, enquanto "atípicas", ou "não tradicionais", teriam um olhar solidarista, englobando uma atuação da Defensoria Pública no âmbito coletivo ou, mesmo que no individual, voltada a grupos vulneráveis – e aqui, a carência econômica seria uma etapa prescindível a aferir[85].

### 5.3.3 Funções "típicas" e "atípicas" na perspectiva dos obstáculos ao acesso à justiça

Partindo da premissa de que todas as funções institucionais do art. 4º da LC n. 80/1994 consubstanciam funções "típicas" da Defensoria Pública, Julio Grostein, defensor público paulista, propõe uma classificação inspirada nos obstáculos ao acesso à justiça.

Os obstáculos ao acesso à justiça seriam divididos em três: econômicos, organizacionais e processuais (enfoque do acesso à justiça). A cada obstáculo corresponderia um leque de atribuições que a Defensoria Pública deve desempenhar a fim de enfrentá-los. Respectivamente, podemos citar, ainda consoante as lições do autor, que o primeiro obstáculo corresponde à essência da Defensoria Pública, que é assistência jurídica em prol, precipuamente, das pessoas necessita-

84 *Princípios institucionais da Defensoria Pública*, cit., p. 24.

85 SOUZA, José Augusto Garcia de. O destino de Gaia e as funções constitucionais da Defensoria Pública: ainda faz sentido – sobretudo após a edição da Lei Complementar 132/09 – a visão individualista a respeito da instituição? In: SOUZA, José Augusto Garcia de (coord.). *Uma nova Defensoria Pública pede passagem*: reflexões sobre a Lei Complementar 132/09. Rio de Janeiro: Lumen Juris, 2011.

das. O segundo, organizacional, envolveria tanto atuações coletivas, judiciais ou não, como individuais, mas voltadas a pessoas em situação de vulnerabilidade. Por fim, aos obstáculos de cunho processual relacionar-se-iam as atribuições não judiciais, sendo as soluções pacíficas dos conflitos as de maior destaque[86].

#### 5.3.3.1 Ainda sobre a classificação em "típicas" e "atípicas"

Em direito, não é a primeira vez que se fala em funções típicas e atípicas. No plano constitucional, é useiro e vezeiro que a doutrina mencione existência de funções típicas e atípicas dentro de um mesmo Poder do Estado como técnica de independência política, o que vale dizer que os Poderes do Estado não exercem com exclusividade a função que nominalmente lhes corresponde, tendo nesta função apenas a competência principal e predominante; e esta técnica político-constitucional visa salvaguardar a independência e harmonia dos Poderes[87]. Em Direito Constitucional, portanto, funções típicas podem ser conceituadas como aquelas *"que guardam uma relação de identidade com o Poder por que são desempenhadas. Atípicas, contrariamente, são aquelas que não guardam nota de identidade e, por isso mesmo, são originariamente desincumbidas pelos outros órgãos de poder"*[88]. Em língua portuguesa, a propósito, quando se fala em *atípico* fala-se em algo que não se enquadra no que é típico, que não é característico, normal ou esperado (comportamento atípico), é anômalo, incomum, singular, inesperado, invulgar, assintomático; e quando se fala em *típico* fala-se o inverso: é característico, particular, dominante, próprio, representativo, comum, corrente, corriqueiro, igual, normal, usual[89].

O que sobressai nesta breve análise de sentidos, é o fato de que a doutrina de Direito Público se refere às funções atípicas como impróprias, as quais não pertencem originariamente a determinado órgão do Estado. E mais do que isto, no pensamento constitucional esta classificação entre funções típicas e atípicas guarda "só" a finalidade importantíssima de marcar um dos mais imprescindíveis pilares das democracias modernas: o de diluição do poder político garantindo o equilíbrio entre Poderes e órgãos autônomos do Estado, a fim de evitar abusos decorrentes da concentração excessiva de poder nas mesmas mãos. E esperávamos chegar a este

---

86 GROSTEIN, Julio. *Lei orgânica da Defensoria Pública do Estado de São Paulo*: comentários à Lei Complementar estadual n. 988/2006. Salvador: JusPodivm, 2014. p. 98-99.

87 Apoiado no Prof. Celso Bastos: BRITTO, Carlos Ayres. Separação dos poderes na Constituição brasileira. In: CLÈVE, Clèmerson Merlin; BARROSO, Luís Roberto. *Doutrinas essenciais de direito constitucional*: organização dos poderes da República. São Paulo: RT, 2011. v. IV, p. 43: "Em verdade, essa possibilidade do exercício das três funções, na esfera de cada Poder Orgânico, opera como fator de independência institucional de todos eles; pois que, se assim não fosse, cada Poder interferiria nos negócios internos dos demais, a pretexto de exercer sua função específica"; cf. também FAGUNDES, Miguel Seabra. *O controle*..., cit., item 02, p. 4.

88 ARAÚJO, Luiz Alberto David; NUNES JUNIOR, Vidal Serrano. *Curso de direito constitucional*. 13. ed. São Paulo: Saraiva, 2009. p. 317.

89 Cf. *Dicionário Houaiss de sinônimos e antônimos da língua portuguesa*. Rio de Janeiro: Objetiva, 2003. Verbetes *Atípico* e *Típico*; também o Dicionário Aulete na internet: <http://aulete.uol.com.br/site.php?mdl=aulete_digital&op=loadVerbete&pesquisa=1&palavra=at%EDpico>. Acesso em: 27 dez. 2011.

ponto para indagarmos: qual é, então, afinal, presentemente, a utilidade em se dividir funções institucionais da Defensoria Pública em típicas e atípicas? Qual a finalidade importantíssima que esta classificação visa atingir no seio da Defensoria Pública?

### *5.3.4 Funções institucionais na perspectiva dos direitos humanos*

A defensora pública cearense Amélia Soares do Rocha descarta qualquer enumeração das funções institucionais da Defensoria Pública em "típicas" ou "atípicas", pois "(...) considerar algo atípico é o mesmo que dizer que é contrário a sua natureza, que não lhe pertence..."[90].

Prefere a autora, partindo das atribuições elencadas na LC n. 80/1994 – isto é, sem tecer juízo de valor ou de cunho histórico –, classificar as funções institucionais conforme a *luta pela efetivação dos direitos humanos*, e nessa linha de raciocínio elas seriam divididas em funções de *promoção* (aqui, basicamente, a Defensoria Pública seria um aliado para a positivação de direitos, por exemplo, auxiliando a pautar temas ao criar um fato político); de *proteção* (concernente à atuação em prol de pessoas em situação de vulnerabilidade); de *defesa* (basicamente, tendente a garantir o devido processo legal); e *instrumentais* (viabilizam o desempenho das funções anteriores como, por exemplo, através da promoção de audiências públicas).

Nesse sentido, sobre a evolução dos direitos e a consequente exigência de mudança no serviço público de assistência jurídica aos pobres, Mauro Cappelletti menciona que a Constituição italiana do pós-guerra (1948)

> não somente prescreve, no art. 24, § 3º, que 'são assegurados aos desprovidos de recursos, mediante institutos adequados, os meios para agir e defender-se perante qualquer jurisdição', senão que esta prescrição, ademais, se conecta a uma concepção social, ou seja, de igualdade efetiva e não meramente formal (art. 3º, § 2º). E de onde justamente se observou que, com a Constituição Republicana, passa-se de uma 'concepção fiscal' do patrocínio gratuito a uma 'concepção social' e a uma disciplina que deve realizar-se 'com os critérios próprios da assistência social'[91].

No Brasil, embora a evolução dos direitos tenha se dado em ritmo diverso, esta evolução a que nos referimos – pelo menos do ponto de vista do mundo das ideias – foi bem retratada por uma das mais distintas personalidades da República Velha, ao ressaltar que na fase crepuscular deste momento político nacional o ideário predominantemente liberal começava a ceder ante os reclamos de uma massa humilhada e ofendida, por conta dos valores sociais em agitação: "A concepção individualista dos direitos humanos tem evolvido rapidamente" – *acentuava, então, Rui Barbosa* – "com os tremendos sucessos deste século, para uma transformação incomensurável nas noções jurídicas do individualismo, restringidas agora por uma extensão, cada vez maior, dos direitos sociais. Já se não vê na sociedade um mero agregado, uma justaposição de unidades individuais, acasteladas cada qual no seu direito intratável, mas uma entidade naturalmente

---

90 ROCHA, Amélia Soares da. *Defensoria Pública*: fundamentos, organização e funcionamento. São Paulo: Atlas, 2013. p. 135.

91 CAPPELLETTI, Mauro. Pobreza e Justiça. In: *Processo e ideologia*. Trad. Prof. Doutor Elício de Cresci Sobrinho. Porto Alegre: Sérgio Antonio Fabris Editor, 2008. v. I, p. 204.

orgânica, em que a esfera do indivíduo tem por limites inevitáveis, de todos os lados, a coletividade. O direito vai cedendo à moral, o indivíduo à associação, o egoísmo à solidariedade humana"[92]. Por conseguinte, a crescente concepção e exigência de igualdade material é que favoreceu constasse na redação da Constituição de 1934, em seu art. 113, inciso 32, que "a União e os Estados concederão aos necessitados assistência judiciária, criando, para esse efeito, órgãos especiais assegurando, a isenção de emolumentos, custas, taxas e selos"[93].

Sendo assim, não podemos admitir que o natural fortalecimento de um serviço público gratuito de assistência jurídica integral – consequência da evolução dos direitos, especialmente da consolidação do ideário de igualdade material – não podemos admitir, dizíamos, seja ele rotulado de *atípico*, porque o que é próprio não pode ser visto como atípico, anômalo, incomum, inesperado, ou algo que não seria característico. Em uma palavra, a ampliação das atribuições da Defensoria é o resultado natural da ampliação dos direitos humanos, especialmente da exigência de igualdade material; daí sua inegável legitimidade[94].

### *5.3.5 A "velha" e a "nova" Defensoria Pública*

Como já alertamos algumas linhas atrás, "velho" e "novo", aqui, não pretendem sugerir qualquer tom pejorativo.

O esforço doutrinário em classificar as funções institucionais da Defensoria Pública sem dúvida contribui para a consolidação do papel que ela deve desempenhar num determinado período histórico. É fato: em termos de Brasil, a Defensoria Pública começou a ser rascunhada a partir de meados do século XX, mas sua maturidade institucional floresce nesse início de século XXI, quando

---

92 Discurso proferido em 20 de março de 1919, disponível digitalmente em: <http://www.casaruibarbosa.gov.br/dados/DOC/artigos/rui_barbosa/p_a5.pdf>. Acesso em: 27 dez. 2011, p. 381 do arquivo. Tratando sucintamente da relação entre a evolução dos direitos e a Defensoria, confira: ZVEIBIL, Daniel Guimarães. Esse amanhecer mais noite que a noite: a Defensoria Pública. *Jornal Carta Forense*, v. 69, 2009, p. 28/29, também disponível em: <http://www.cartaforense.com.br/Materia.aspx?id=3454>. Acesso em: 27 dez. 2011.

93 A este respeito, Peter Messitte esclarece que a recém-criada Ordem dos Advogados do Brasil propagou, na década de 1930, dentre outros ideais, o de assistência judiciária, mas que sustentava não ser de exclusiva responsabilidade de qualquer classe, exigindo atenção e recursos de todo o país. Assim, tendo a assistência judiciária ganhado destaque na onda crescente de valorização dos direitos sociais, o efeito principal foi sentido na Constituição de 1934 "com o reconhecimento do princípio da assistência judiciária em nível constitucional"; porém, tão importante quanto plasmar este princípio no âmbito constitucional, a nosso ver foi reconhecer a importância de haver órgãos especiais de assistência judiciária (MESSITTE, Peter. Assistência Judiciária no Brasil: uma pequena história. *Revista dos Tribunais*, ano 57, v. 392, jun. 1968, p. 403-404).

94 Sobre legitimidade das leis, ensina Goffredo Telles Junior: "A legitimidade *das leis depende de sua* compatibilidade com a normalidade ambiente, *ou seja, de sua* harmonia com as concepções éticas dominantes *numa coletividade. São legítimas as leis que forem* FÓRMULAS DA ORDEM CONSENTIDA, *ou* ALMEJADA *pela média da população; ou, ao menos,* FÓRMULAS DE UMA ORDEM NÃO REPELIDA, NÃO REJEITADA, NÃO REPUDIADA *pela coletividade.* Ilegítimas *são as leis insólitas, as que discrepam do sistema dominante de convicções éticas, as quais não se ajustam com os padrões e modelos assentados. São as leis incompatíveis com a estrutura básica do país*" (TELLES JUNIOR, Goffredo. A Legitimidade... In: *Estudos...*, Estudo V, p. 97-98, destaques no original).

a própria ideia de acesso à justiça – e, por conseguinte, de assistência jurídica – se transformou.

O Brasil de um pouco antes de meados do século XX foi encarregado de consolidar a assistência jurídica – então denominada assistência judiciária – enquanto um serviço a ser prestado pelo Estado. Nessa época, aliás, chegou-se ao ponto de a Constituição de 1937 não fazer qualquer referência à assistência judiciária como direito individual, ao contrário do que fez a Constituição de 1934, e, para "compensar", o Código de Processo Civil de 1939 previu a gratuidade judiciária. Como se vê, as pessoas necessitadas até estavam garantidas pela isenção das custas processuais, mas o serviço a ser prestado não passou percebido por aquela Constituição.

A segunda metade do século, por sua vez, lança as bases da assistência judiciária no Brasil. Vale lembrar que no final da década de 1960 o advogado estadunidense Peter Messite publicava o que talvez seja ainda hoje o principal estudo doutrinário sobre a evolução da assistência jurídica no Brasil.

Não que antes desse estudo não houvesse qualquer discussão sobre o assunto, tanto que o Instituto dos Advogados Brasileiros já se pronunciara sobre o tema por volta de 1870. Mas, com caráter científico, isto é, pesquisando fontes históricas, comparando instituições e demonstrando a relevância do tema, isso, no Brasil, ganha maior corpo com o trabalho de Peter Messite.

O curioso a notar é que um de nossos primeiros estudos sobre assistência jurídica seja de autoria de um estrangeiro, e não de um brasileiro. O próprio Peter Messite, ao que parece, traz uma possível explicação para isso, esclarecendo que seu artigo foi escrito para uma palestra que proferira durante o Seminário Nacional de Direito Comparado, realizado no Rio de Janeiro em 15 de maio de 1968. Segundo ele, "(...) o estudo foi incentivado pelo crescente interesse na assistência judiciária que caracteriza os Estados Unidos nesta década. O assunto é hoje muito debatido naquele país, ao ponto do advogado americano que visita outro país interessar-se automaticamente pelas instituições correspondentes. Assim foi com o Brasil. Logo, porém, verificamos que, embora houvesse alguma literatura de natureza doutrinária no Brasil, há poucos trabalhos sobre a história e a prática da assistência judiciária. Esperamos, portanto, que este artigo seja uma contribuição útil àquele corpo de literatura(...)"[95].

Conquanto insinue a existência de "alguma literatura de natureza doutrinária no Brasil" sobre a temática, o fato é que, ao final de seu estudo, pouquíssimas são as referências bibliográficas de nacionalidade brasileira, e a maioria delas tratava do assunto mais pela perspectiva da gratuidade judiciária.

Por fim, o final do século XX vê, no Brasil, o tema da assistência judiciária ganhar considerável tratamento no texto constitucional, num tempo em que a obra de Mauro Cappelletti já estava suficientemente difundida a ponto de passarmos a falar em assistência "jurídica, integral e gratuita". E o que viria a ser essa novel expressão?

Não aprofundaremos essa discussão, mas os contornos de assistência jurídica começam a ser delineados já no século XXI, especificamente no ano de 2009, quando o art. 4º da LC n. 80/1994 é ampliado para abarcar todas as ideias que o século XX rascunhou em torno do con-

95 MESSITE, Peter. *Assistência judiciária no Brasil*, cit., p. 399.

ceito de acesso à justiça.

A Defensoria Pública não é uma ilha. Ela carrega consigo os vícios e as virtudes de seu tempo.

A era individualista "desenhou" uma Defensoria Pública voltada ao indivíduo, e nesse contexto a ideia de assistência jurídica poderia tranquilamente corresponder a dois ou três incisos do art. 4º: propor ações, fazer defesas, exercer curadoria. Aqui, um defensor público, digamos, visionário, jamais colocaria em prática funções transformadoras, atípicas, contemporâneas, de promoção ou instrumentais.

A Defensoria Pública do século XXI, por sua vez, não pode apagar de sua memória o perfil individualista da instituição do século anterior, mas agora, como instituição de seu tempo, engloba atuações que começaram a ser pensadas há mais de cinquenta anos (como as soluções pacíficas dos conflitos, a atuação judicial coletiva etc.) e outras que, pode-se dizer, apontam a utopia de uma geração que desenha as primeiras linhas dessa "nova" Defensoria Pública (fazendo educação em direitos, promovendo audiências públicas etc.).

Em suma: do ponto de vista de suas atribuições, a Defensoria Pública na prática tem uma atuação preponderantemente voltada à assistência jurídica tradicional, mas, do ponto de vista normativo – o qual guia e deve guiar o fortalecimento e a expansão de sua abrangência –, o atuar tradicional deve ser conciliado com o não tradicional, vanguardista e, pois, transformador da realidade social.

Qualquer classificação a ser criada acerca das funções institucionais nem deverá ser tachada de ultrapassada, pois ela faz as vezes de uma fotografia da instituição de seu tempo, nem deve servir de dogma para a assunção de novas atribuições ou supressão de outras, pois a Defensoria Pública, já dissemos, não é uma ilha. Ela é o reflexo das concepções do Direito de uma época.

O "velho" e o "novo" convivem nessa complexa Defensoria Pública do século XXI, paradoxalmente na harmonia de sua tensão. Afinal, como já disse Carlos Drummond de Andrade, "não se sabe onde começa a velhice nem onde acaba a mocidade"[96].

I – prestar orientação jurídica e exercer a defesa dos necessitados, em todos os graus; (Redação dada pela Lei Complementar n. 132, de 2009.)

## 5.4 Orientação jurídica e defesa dos necessitados

Prestar orientação jurídica em muito transcende a mera postulação em juízo. É necessário que a orientação seja plena, contextualizada e permita ao usuário compreender seus direitos da forma mais ampla possível, para que possa tomar decisões maduras no caso concreto e em situações futuras. Trata-se, mais uma vez, de um movimento de emancipação e empoderamento.

A orientação exige do defensor público especial empenho, pois mistura conhecimento técnico, preparo pessoal e capacidade de interação com o usuário. É responsabilidade do defensor – prestador de serviço público – que a orientação seja construtiva, e, para tanto, deve empre-

96 ANDRADE, Carlos Drummond. *O avesso das coisas [aforismos]*. 5. ed. Rio de Janeiro: Record, 2007. p. 223.

gar todos os meios ao seu alcance.

II – promover, prioritariamente, a solução extrajudicial dos litígios, visando à composição entre as pessoas em conflito de interesses, por meio de mediação, conciliação, arbitragem e demais técnicas de composição e administração de conflitos; (Redação dada pela Lei Complementar n. 132, de 2009.)

## 5.5 Solução extrajudicial dos litígios prioritariamente

Este inciso é fruto especialmente da consciência consolidada de que acessar a Justiça não significa, pura e simplesmente, acessar o Poder Judiciário – mas que tal acesso funciona dentro de uma lógica *multiportas* e a decisão adjudicatória é uma das formas de se realizar justiça.

Manifestação concreta da terceira onda cappelletiana, a qual aceita o fato de que o modelo formal de Justiça possui a limitação de nem sempre ser compatível com o conflito de interesses a ser solucionado: "a terceira onda destaca que os litígios diferem entre si, em complexidade e peculiaridades. Podem requerer a demonstração de um fato por meio de diferentes meios de prova ou uma prova documental *prima facie*. Podem envolver um litigante habitual ou esporádico. Podem dizer respeito a litigantes que estão em contínuo contato e não será o conflito que irá interrompê-lo (daí a ideia de *justiça coexistencial*). Apesar disso, a resposta do Estado-Juiz é tradicionalmente a mesma, o que demonstra, não raras vezes, a sua inadequação"[97].

### Prioridade e adequação

Nesta linha crítica, com muita pertinência Lorencini esclarece que "o adjetivo *alternative* (alternativo) da expressão *ADR* cede lugar hoje para o adjetivo *apropriado*"[98]. E não sem razão o eminente Professor Kazuo Watanabe insiste que "o preceito constitucional que assegura o acesso à Justiça traz implicitamente o princípio da adequação; não se assegura apenas o acesso à Justiça, mas se assegura o acesso para obter uma solução adequada aos conflitos, solução tempestiva, que esteja bem adequada ao tipo de conflito que está sendo levado ao Judiciário"[99].

Em outras palavras, a doutrina cada vez mais está convicta de que o espírito que permeia os métodos alternativos de resolução de conflitos é o de complementar Justiça formal, colocando à disposição dos cidadãos outros meios que, a depender da natureza do conflito de interesses pendentes, mostram-se capazes de solucionar o conflito com maior efetividade. O exemplo mais citado pela doutrina, mencionado há pelo menos trinta anos por Cappelletti e Garth, é a hipótese de o conflito envolver relacionamentos prolongados e que não serão ou não devem ser interrompidos; neste caso, a solução adjudicatória estatal pode causar mais estragos à vida dos

97 LORENCINI, Marco Antonio Garcia Lopes. A contribuição dos meios alternativos para a solução das controvérsias. In: SALLES, Carlos Alberto (coord.). *As grandes transformações do processo civil brasileiro*: homenagem ao Professor Kazuo Watanabe. São Paulo: Quartier Latin, 2009. p. 612.

98 Idem, p. 615.

99 WATANABE, Kazuo. *Modalidades de mediação*. Série Cadernos do CEJ, n. 22. Brasília: Conselho de Justiça Federal, 2001. p. 46.

conflitantes.

Essa premissa é fundamental para interpretarmos o termo "*prioritariamente*" nesse presente inciso II.

Existe, sem dúvida, o dever legal de primazia ou preferência que se deve dar à solução extrajudicial dos litígios pelos mais diversos meios alternativos de solução de conflitos. São muitas as situações nas quais consegue a Defensoria Pública obter solução extrajudicial nessas condições[100].

Todavia, esse dever legal não pode ser interpretado *de maneira absoluta*, porquanto a doutrina mais abalizada, há pelo menos trinta anos, esclarece que *os meios alternativos devem ser lidos como meios apropriados*, o que redunda na inevitável conclusão de que não pode a Defensoria Pública *sempre* tentar resolver extrajudicialmente *todos* os conflitos.

A experiência revela existirem conflitos que, por sua natureza, demandam inexorável intervenção judicial e, nessas hipóteses, tentar resolver extrajudicialmente o conflito sem qualquer perspectiva de resultado favorável ao usuário da Defensoria Pública corresponde a lhe negar ou pelo menos atrasar o acesso à Justiça; o papel da instituição é o de prestar assistência jurídica integral e gratuita com qualidade, e não o de pura e simplesmente resolver a congestão das vias judiciais.

O modelo da Justiça formal, de solução adjudicatória estatal, não pode ser demonizado devido ao grave problema de congestionamento do Poder Judiciário, porquanto as decisões judiciais proferidas formam significativa parcela do direito vivo de um país; direito vivo que oferece norte a toda uma sociedade. Ademais, não podemos esquecer que, historicamente, o direito constitucional nasceu da *praxe judicial*, pois, referindo-se às colônias inglesas da América do Norte, Roscoe Pound afirma categoricamente que "os juristas americanos da era colonial foram criados na ideia de tribunais que recusassem aplicar leis que violassem a lei fundamental ou a lei da terra. (...) Assim, os juristas da América estavam bem preparados para uma constituição escrita e declaração de direitos conforme se adotou na Virgínia pouco antes da Declaração da Independência"[101].

Curiosamente, quando Cappelletti e Garth trataram da conciliação no âmbito da terceira

100 No Estado de São Paulo, por exemplo, a Defensoria Pública chegou a firmar convênio com a Secretaria de Saúde do Estado, permitindo que técnicos da Secretaria atendam o jurisdicionado no prédio da Defensoria Pública, reduzindo drasticamente tanto o número de ações ajuizadas contra o Estado como o tempo para efetiva observância do direito fundamental do cidadão de ter acesso a itens medicamentosos; em algumas comarcas orquestrou-se com Poder Judiciário, Ministério Público e Conselho Tutelar a fim de obter vagas em creches prescindindo de ação judicial, valendo-se dos poderes dos quais está investido o Conselho Tutelar e sempre efetuando gestões junto às respectivas Prefeituras para diminuir resistências administrativas; realiza diversos acordos na área da família (investigação de paternidade, alimentos, guarda etc.), sempre procurando resolver os problemas familiares na essência com o imprescindível apoio multidisciplinar; internações compulsórias transformam-se em internações consentidas, graças à utilização de meios alternativos e com apoio multidisciplinar; mantém canal direto com a Ouvidoria de uma das maiores instituições bancárias do país, para solucionar diversos problemas e dificuldades levados pelos usuários da Defensoria Pública, evitando o quanto possível que haja ações judiciais; dentre outros exemplos.

101 POUND, Roscoe. *Desenvolvimento das garantias...*, cit., p. 59 e ss.

onda renovatória há trinta anos, eles ressaltaram a importância da produção do direito pelo sistema de Justiça formal ao admitirem não saber "quantos casos normais 'devam' ser acordados e quantos acordos 'devam' ser reavaliados. Um problema possível, por exemplo, é que, enquanto as partes podem contentar-se com um determinado acordo, a prática de acordos pode evitar que se obtenha uma norma técnica, destinada a proteger toda uma classe de pessoas"[102].

Os autores, aprimorando a discussão, ainda fazem valiosa referência à nota 245, nos seguintes termos:

> Esse problema foi enfatizado recentemente por Rubinstein: " – À medida que os direitos avançam para alcançar áreas obscuras e técnicas tais como os encargos financeiros no sistema de crédito ao consumidor e os pré-requisitos legais para a obtenção de uma renda aumentam quando o controle de rendas é efetivo, o indivíduo tem um grande interesse em fazer valer a letra da lei. Num ambiente informal tais regras 'técnicas', que são promulgadas com propósito regulamentar mais amplo, provavelmente seriam as primeiras a ser encaradas como irrelevantes para a substância da disputa em tela"[103].

Para enriquecer nossa reflexão mencionemos, por exemplo, a posição crítica de Botelho de Mesquita, Prof. Emérito da FADUSP, sobre os institutos da conciliação e transação. Ele reconhece suas vantagens *"em certos casos"*, isto é, reconhece a utilidade dos institutos na linha do que já expendemos sobre o princípio da *adequação*. Porém, critica parcela da doutrina que supervaloriza a conciliação e a transação a dano do império da lei, apontando como danosa a prática judicial que tem assimilado esta supervalorização como forma de resolver a crise da Justiça. Em sua visão,

> a expectativa da parte que se julga lesada pela outra é a de que, recorrendo ao juiz, o Estado lhe dará razão, confirmando sua confiança no império do direito e reforçando na parte contrária a consciência da responsabilidade pelo cumprimento das próprias obrigações. Essa expectativa se frustra ao ver a parte que o juiz, sem lhe negar razão, insta a que ela abra mão de parte do seu direito em favor daquele que nenhum direito tem. A preferência estatal pela conciliação constitui fator de enfraquecimento do direito, enquanto método para a solução dos conflitos intersubjetivos, porque abala a confiança no império da lei. Torna desconfiados os homens simples e mais confiados os aventureiros. Para cada processo que se põe fim, estimula o nascimento de outros tantos. Abala os alicerces da coesão social[104].

Em suma, para além do sistema adjudicatório judicial existe, sim, uma limitação quanto à eficácia das alternativas do sistema multiportas de solução dos conflitos de interesses – assim como também existe, conforme salientamos acima, uma limitação da eficácia do método adjudicatório estatal.

Sendo este o significado que enxergamos na prioridade legal prevista no inciso II, entende-

102 CAPPELLETTI, Mauro; GARTH, Bryant. *Acesso...*, cit., p. 87, transcrição de parte da nota 177.

103 Idem, nota 245, p. 110.

104 Confira amplamente: MESQUITA, José Ignácio Botelho de. Novas tendências do direito processual: uma contribuição para o seu reexame. In: *Teses, estudos e pareceres de processo civil*. São Paulo: RT, 2005. v. 1. p. 289-290.

mos que sua concretização depende de a Defensoria Pública, no momento do atendimento, identificar a natureza do conflito e seus fatores para apreciar se a tentativa dos meios alternativos é, ou não, adequada. Em caso positivo, é prioritário que a Defensoria Pública apresente a possibilidade da solução do conflito ser extrajudicial por algum meio alternativo de solução de conflitos de interesses, expondo aos usuários suas possíveis vantagens. Devidamente instruídos cabe a eles aceitarem ou recusarem a oferta.

**Necessária aparência de parcialidade do defensor que atuou na fase conciliatória**

Acaso seja aceita a oferta, entendemos ser de vital importância que a Defensoria Pública tenha o zelo ético de jamais permitir que se torne representante de um dos usuários *o defensor público* que participou diretamente da precedente tentativa de solução extrajudicial do conflito. É que ele ouvirá todos os aspectos do conflito em detalhes, o que inclui segredos de todos os usuários e informações valiosas para o deslinde da causa. Com efeito, se este defensor representasse um dos usuários da tentativa de solução extrajudicial teria condições de usar eventuais informações ou segredos valiosos que – destaque-se – só foram confidenciados a ele pela parte contrária porque ela acreditava que não seriam usados contra ela própria pelo Defensor.

Provavelmente haverá quem diga que isso não seria tão importante ou aplicável à hipótese de soluções extrajudiciais alternativas, porque não há impedimento para juízes sentenciarem o processo pelo fato de realizarem audiência de conciliação.

Ora, o paralelo é inviável, porque ninguém se escancara na frente de juiz algum em uma audiência de conciliação, a não ser que o jurisdicionado esteja mal orientado, ou que seja pessoa muito simples incapaz de compreender que a conciliação não exige qualquer argumentação mais sofisticada ou prova; e esta postura prática que se verifica no foro é uma demonstração de que é um problema grande o juiz de determinado caso atuar tanto na conciliação como na sentença. Ademais, o fato de ser esta a prática jurídica nacional consolidada não faz dela uma prática justa e aceitável, porque consolidação não é sinônimo de justo ou aceitável.

Seja como for e voltando ao problema específico do Defensor Público, insistimos que julgamos não ser correto o Defensor Público valer-se de informações que só foram confidenciadas pela parte contrária porque acreditava que não seriam usadas contra ela própria.

**Título executivo extrajudicial**

Por fim, não bastaria incumbir à Defensoria a função institucional do inciso II; conferir-lhe instrumentos de concretização desse papel se mostra imperioso, e por isso esse dispositivo deve ser lido em conjunto com o § 4º – sobre o qual falaremos logo adiante –, que prevê valer como título executivo extrajudicial a atuação da Defensoria Pública na transação, mediação ou conciliação.

III – promover a difusão e a conscientização dos direitos humanos, da cidadania e do ordenamento jurídico; (Redação dada pela Lei Complementar n. 132, de 2009.)

## 5.6 Difusão e conscientização dos direitos humanos, da cidadania e do ordenamento jurídico[105]

Com o objetivo de atingir as finalidades impostas pela lei, a Defensoria Pública deverá difundir e promover a difusão dos direitos humanos, da cidadania e do ordenamento jurídico. Como já referido, o desconhecimento dos direitos é um dos mais importantes obstáculos ao acesso à justiça (obstáculo cultural). Se o sujeito não conhece ou compreende seus direitos, é incapaz de defendê-los.

A difusão poderá ser feita diretamente, por meio de eventos e atividades relacionados ao fim proposto. Poderá também ser indireta, por meio de apoio e fomento a eventos com as finalidades arroladas.

Embora não haja previsão na LC n. 80/1994 nesse sentido, as missões ora comentadas devem ficar a cargo, em especial, das Escolas da Defensoria ou congêneres[106], para que projetos de médio e longo prazo possam ser adotados com a concentração de energia e atenção dos envolvidos, sem os diversos embaraços e dispersões comuns às atividades da Defensoria-Geral.

A difusão dos direitos humanos deve ser completa e atingir toda a gama e gerações de direitos. O fomento à cidadania deve resgatar a noção de que o poder público é republicano, pertence ao cidadão, que pode e deve interferir nos destinos do Estado. Toda informação possível sobre temas jurídicos deve ser disponibilizada da forma mais didática e eficiente possível: apenas com o conhecimento dos direitos é que o cidadão poderá reivindicá-los. A educação em direitos, aqui, ganha contornos proativos, semeando no cidadão o interesse por conhecer e difundir informações sobre as regras jurídicas.

Se é inegável a dificuldade de implementação dessa atribuição, não menos inegável é que sua previsão atrai, já no plano da legislação, a ideia de que o acesso à justiça não se esgota, como jamais se esgotou, na prestação de serviços através de procedimentos legais. Antes de significar o poder transformador do Direito, é um reconhecimento de seus limites, ou de como a efetiva transformação social não pode prescindir, por inócua até, da conscientização e mobilização popular.

No cinema, um interessante exemplo disso se vê no clássico de faroeste *O homem que matou o facínora* (The man who shot liberty valance, EUA, 1962), dirigido por John Ford. Dentre outros aspectos interessantes, James Stewart interpreta um advogado que enfrenta crises existenciais quanto à eficácia do direito diante do uso da força, mas as circunstâncias também o fazem assumir a tarefa de educar a população analfabeta. De início, essa educação visava ensiná-la a ler, mas ela se torna mais abrangente e concreta, já que estimula a conscientização da população local quanto ao funcionamento do Estado, no caso, de noções republicanas[107]. Tudo isso visando à ação.

---

105 Para maiores reflexões sobre esse assunto, conferir: REIS, Gustavo Augusto Soares dos. Educação em direitos e Defensoria Pública: reflexões a partir da Lei Complementar n. 132/09. In: RÉ, Aluísio Iunes Monti Ruggeri (org.). *Temas aprofundados*: Defensoria Pública. Salvador: JusPodivm, 2014. v. 2. p. 717-744. COSTA, Domingos Barroso da; GODOY, Arion Escorsin de. *Educação em direitos e Defensoria Pública*: cidadania, democracia e atuação nos processos de transformação política, social e subjetiva. Curitiba: Juruá, 2014.

106 Não há previsão na Lei Orgânica Nacional sobre a existência de Escolas ou Centros de Estudos.

107 Como ensina James West Davidson acerca do período da Independência norte-americana, "você pode fazer uma rebelião lutando. Mas, para fazer uma revolução, é preciso pensar". E cita uma liderança desse período,

IV – prestar atendimento interdisciplinar, por meio de órgãos ou de servidores de suas Carreiras de apoio para o exercício de suas atribuições; (Redação dada pela Lei Complementar n. 132, de 2009.)

## 5.7 Atendimento interdisciplinar

O objetivo da jurisdição é a pacificação dos conflitos sociais por meio da aplicação coativa do direito. Em diversos casos o conflito tem características que não se adaptam à pontual e forçada solução jurídica. Se o objeto do conflito é a posse de uma geladeira, a declaração de propriedade e condenação à entrega tem grande chance de resolver a pendência. Se o objeto é o feixe de direitos e obrigações entre pais e filhos, é evidente que a solução deve ser mais complexa, e envolve relações que transcendem o código jurídico.

O atendimento interdisciplinar parte da premissa da ineficiência da resposta "puramente" jurídica e, ora com força normativa, impõe a busca de soluções em outros saberes, como a psicologia, a assistência social, a sociologia, a antropologia entre outros.

O atendimento interdisciplinar pode ser feito diretamente por servidores da carreira com as mais diversas especialidades ou, ainda, por agentes terceirizados.

V – exercer, mediante o recebimento dos autos com vista, a ampla defesa e o contraditório em favor de pessoas naturais e jurídicas, em processos administrativos e judiciais, perante todos os órgãos e em todas as instâncias, ordinárias ou extraordinárias, utilizando todas as medidas capazes de propiciar a adequada e efetiva defesa de seus interesses; (Redação dada pela Lei Complementar n. 132, de 2009.)

## 5.8 Exercício, mediante o recebimento dos autos com vista, da ampla defesa e do contraditório em favor de pessoas naturais e jurídicas em processos administrativos e judiciais perante todas as instâncias ordinárias e extraordinárias

Já tecemos considerações gerais sobre o contraditório e a ampla defesa. O dispositivo é claro em estender a atuação da Defensoria Pública também aos procedimentos administrativos, impondo mais uma vez estrutura suficiente (recursos humanos e materiais).

O dispositivo em questão prevê uma prerrogativa que será repetida no capítulo próprio: a prerrogativa de receber "os autos com vista".

**Pessoa jurídica como destinatária da assistência jurídica**

O texto legal, expressamente, coloca entre os destinatários do serviço de assistência jurídi-

---

Benjamin Rush, um dos que começou a pensar o impensável, isto é, se a América (do Norte) poderia não ter um rei: "Eu fui ensinado a considerar [os reis] praticamente tão essenciais à ordem política quanto o Sol é para a ordem do nosso sistema solar" (*Uma breve história dos Estados Unidos*. 3. ed. Trad. Janaína Marcoantonio. Porto Alegre: L&PM, 2017. p. 80-81).

ca integral e gratuita as *pessoas jurídicas*, o que vale dizer que a Defensoria Pública está legalmente autorizada para representar pessoas jurídicas.

É válido ressaltar que o Conselho Federal da Ordem dos Advogados do Brasil (CFOAB) propôs a ADIn 4.636, por meio da qual, no que tange ao tema ora em análise, pleiteia a declaração de inconstitucionalidade da expressão *"e jurídicas"* por reputá-la inconstitucional. O Conselho Federal argumenta em sua petição inicial que:

> A Defensoria Pública é uma instituição com destinação específica, o art. 134 bem delimita seu espectro de atuação. Nas palavras do Prof. José Afonso da Silva, Parecer anexo, '...Vale, se não houvesse necessitados, também não haveria Defensorias Públicas. Portanto, toda atuação ou previsão de atuação dela fora desse parâmetro, não se compadece com sua específica missão constitucional.' O trecho 'e jurídicas', contido no inciso V do art. 4º da Lei Complementar n. 80/1994 (com redação dada pela Lei Complementar n. 132/2009), viola o art. 5º, LXXIV, e o art. 134, porquanto confere outras atribuições às Defensorias Públicas que não sejam a orientação e a defesa dos necessitados.

Assim, o ponto central da argumentação do CFOAB é o fato de que o conceito de "pessoa necessitada" diria respeito somente à pessoa natural; conforme se vê em seu parecer:

> Não é preciso muito esforço para concluir que o conceito de pessoa necessitada só se aplica a pessoa natural, jamais a pessoa jurídica. Isso se confirma com a regra do art. 1º da lei [n. 80/94] que lhes incumbe a promoção dos direitos humanos, que são direitos pertinentes à pessoa natural. Bem o diz o conceito de necessitado estabelecido no parágrafo único do art. 2º da Lei 1.060, de 3.2.1950, ainda em vigor: 'Considera-se necessitado, para os fins legais, todo aquele cuja situação econômica não lhe permita pagar as custas do processo e os honorários de advogado, sem prejuízo do sustento próprio ou da família'. Tudo isso demonstra que cláusula 'exercer, mediante o recebimento dos autos com vista, a ampla defesa e o contraditório em favor da pessoa jurídica' vai além das funções constitucionais das Defensorias Públicas, havendo aí nítida inconstitucionalidade sem possibilidade de saneamento. Para corrigi-la basta a eliminação da expressão 'e jurídicas'[108].

A nosso ver, o parecer da Associação Nacional dos Defensores Públicos (Anadep), na qualidade de *amicus curiae*, responde com precisão e acerto ao libelo constitucional apresentado pelo CFOAB. Vamos resumir seus pontos, transcrevendo parcialmente a manifestação judicial da Anadep[109]:

"Em primeiro lugar, não é verdade que a redação do inciso LXXIV do art. 5º da Constituição Federal exclua pessoas jurídicas de assistência jurídica integral e gratuita, porquanto o texto vale de recurso linguístico de indefinição, na medida em que se omite em especificar os destinatários deste serviço público, apenas atribuindo-lhes a exigência de suportarem 'insuficiência de recursos', como se vê nesta transcrição: '(...) LXXIV – o Estado prestará assistência jurídica integral e gratuita aos que comprovarem insuficiência de recursos'".

---

108 O inteiro teor da petição inicial está disponível no sítio digital do Supremo Tribunal Federal, bastando acessar a ADIn 4.636.

109 O inteiro teor do parecer da ANADEP está disponível no sítio digital do Supremo Tribunal Federal, bastando acessar a ADIn 4.636.

Acrescentamos, a propósito, que a redação original do art. 134 da Constituição Federal não excluía, em momento algum, a destinação do serviço público de assistência jurídica integral e gratuita à pessoa jurídica[110], e a redação atual da EC n. 80/2014 igualmente não o exclui[111].

"Em segundo lugar" – bem argumenta o parecer – "o Conselho Federal da OAB comete o deslize de concluir que a Defensoria Pública não poderia, supostamente, prestar serviço de assistência jurídica integral e gratuita para pessoa jurídica porque direitos humanos supostamente se refeririam somente a pessoas naturais. Ora, a inicial confunde o fundamento dos direitos humanos – que, de fato, assenta-se sobre a dignidade da pessoa humana[112] –, com os destinatários dos direitos humanos – os quais podem ser coletividades de inúmeros matizes. Tanto é verdadeira a pluralidade de destinatários, não só individuais e também coletivos – que o Direito Internacional de Direitos Humanos prevê, a granel, uma série de direitos atribuídos a coletividades, formais ou informais, e cuja finalidade é permitir vazão à necessidade de congregação em inúmeras atividades, sejam estas públicas ou privadas; e no fundo, esta necessidade de congregação, sem prejuízo da individualidade humana, expressa a natureza política do ser humano"[113].

"Em terceiro lugar, quando o Conselho Federal empresta sentido ao termo constitucional 'necessitados' (art. 5º, LXXIV e art. 134, CF/88) a partir do texto contido no parágrafo único do art. 2º da Lei n. 1060, de 03 de fevereiro de 1950, incide no equívoco de interpretar norma constitucional a partir de norma infraconstitucional. O que está, como se sabe, absolutamente errado,

---

110 CF/88, art. 134: "A Defensoria Pública é instituição essencial à função jurisdicional do Estado, incumbindo-lhe a orientação jurídica e a defesa, em todos os graus, dos necessitados, na forma do art. 5º, LXXIV)".

111 CF/88, art. 134: "A Defensoria Pública é instituição permanente, essencial à função jurisdicional do Estado, incumbindo-lhe, como expressão e instrumento do regime democrático, fundamentalmente, a orientação jurídica, a promoção dos direitos humanos e a defesa, em todos os graus, judicial e extrajudicial, dos direitos individuais e coletivos, de forma integral e gratuita, aos necessitados, na forma do inciso LXXIV do art. 5º desta Constituição Federal" (Redação dada pela Emenda Constitucional n. 80, de 2014).

112 "Considerando que o reconhecimento da dignidade humana inerente a todos os membros da família humana e de seus direitos iguais e inalienáveis é o fundamento da liberdade, da justiça e da paz no mundo" (primeiro considerando da Declaração Universal dos Direitos Humanos). Na doutrina, cf. por todos: "O princípio da dignidade humana constitui, por excelência, a lógica e principiologia própria do Direito Internacional dos Direitos Humanos, a fonte e o sentido maior do sistema protetivo internacional e, sobretudo, seu vetor ético fundante" (MEDEIROS, Ana Letícia Barauna Duarte; PIOVESAN, Flávia; VIEIRA, Oscar Vilhena. Introdução. In: PIOVESAN, Flávia (coord.). *Código de Direito Internacional dos Direitos Humanos anotado*. São Paulo: DPJ, 2008. p. 13).

113 Tais direitos vão desde os inúmeros direitos difusos e coletivos reconhecidos contemporaneamente, passando por direitos de reunião pacífica, de constituição de família, de associação, de sindicato; sem contar o direito de constituir pessoas jurídicas de natureza privada e pública para tantos outros fins, o que também inclui o direito a uma estrutura estatal, vertical e/ou horizontal, que reúne pessoas jurídicas e órgãos, todos públicos, distribuídos de modo a garantir o exercício equilibrado do poder político como salvaguarda das liberdades públicas. Todas estas coletividades reconhecidas pela ordem jurídica, ninguém o nega, são titulares de direitos. Segue daí a visão obtusa de se pretender amarrar as atribuições da Defensoria Pública à pessoa natural, como se as pessoas naturais necessitadas não fossem indivíduos pertencentes a coletividades de inumeráveis matizes.

não sendo por acaso que Chief Justice Marshall, no lendário case Marbury vs. Madison, ter destacado com veemência a superioridade da Constituição: 'Ou a Constituição controla qualquer ato legislativo que se oponha a ela, ou o corpo legislativo pode alterá-la por qualquer lei ordinária. Entre estas alternativas, não há meio termo. Ou a Constituição é superior, lei suprema, protegida contra o procedimento ordinário legislativo, ou ela iguala-se a uma lei ordinária, e como qualquer outra desta espécie, é alterável facilmente quando o corpo legislativo bem entender'"[114].

De passagem, vale ressaltar que o parecer da Anadep também ressalta muito apropriadamente que se a expressão "necessitados" realmente limitasse os destinatários do serviço público de assistência jurídica integral e gratuita às pessoas naturais, a Defensoria Pública estaria inabilitada para atuar em curadoria especial (à lide) e até mesmo na defesa penal de acusados sem defesa técnica constituída; para ficarmos em exemplos bem difundidos e que não exigem insuficiência de recursos econômicos.

**Atuação da DPU na Lei de Migração (Lei n. 13.445/2017)**

Uma vez que cabe à Justiça Federal processar e julgar as causas que envolvam a permanência do estrangeiro no Brasil, tais assuntos, quando demandem a prestação da assistência jurídica, exigirão a atuação da Defensoria Pública da União.

A Lei n. 13.445/2017 – conhecida como Lei de Migração – previu expressamente a necessidade de notificação para a atuação da Defensoria Pública da União quando estiver em jogo a repatriação (art. 49, § 2º), a deportação (art. 51, §§ 1º e 2º) ou a expulsão (art. 58, § 1º) do migrante, pois só assim será assegurada a ampla defesa e o contraditório.

VI – representar aos sistemas internacionais de proteção dos direitos humanos, postulando perante seus órgãos; (Redação dada pela Lei Complementar n. 132, de 2009.)

## 5.9 Representação junto às instâncias internacionais

Os sistemas internacionais de proteção dos direitos humanos são garantias especiais de proteção, nos casos em que os sistemas internos se mostram insuficientes. Trata-se de feliz consequência do movimento de internacionalização dos direitos humanos, fomentado pelos horrores da Segunda Guerra[115].

No que concerne à Corte Interamericana de Direitos Humanos, ela só pode ser acionada pela Comissão Interamericana ou por Estados, logo, "(...) os indivíduos *dependem* da Comissão ou de outro Estado (*actio popularis*) para que seus reclamos cheguem à Corte IDH"[116].

Num primeiro momento, assim, a atuação da Defensoria Pública com vistas ao acionamento da Corte se daria apenas através da representação da vítima a fim de que a Comissão admita

114 ESTADOS UNIDOS DA AMÉRICA. United States Supreme Court. Marbury *vs.* Madison, 5 U.S. 137, 1803, tradução livre.

115 Como ensina Flávia Piovesan: *Temas de direitos humanos*. São Paulo: DPJ, 1998. p. 49-51.

116 RAMOS, André de Carvalho. *Curso de direitos humanos*. 5. ed. São Paulo: Saraiva, 2018. p. 424.

e se convença de que a Corte deve ser demandada, nos termos do art. 23 do Regulamento da Comissão Interamericana:

> Art. 23: Qualquer pessoa ou grupo de pessoas, ou entidade não governamental legalmente reconhecida em um ou mais Estados-membros da Organização pode apresentar à Comissão petições em seu próprio nome ou no de terceiras pessoas(...).... O peticionário poderá designar, na própria petição ou em outro instrumento por escrito, um advogado ou outra pessoa para representá-lo perante a Comissão".

No que tange à Defensoria Pública, "O acesso ao Sistema Interamericano de Direitos Humanos, assim, apresenta-se como uma possibilidade a mais a ser utilizada pelos defensores públicos na defesa e/ou na reparação de violações sofridas pelas pessoas por nós atendidas. Não se trata da utilização de uma 'quarta instância recursal', mas, sim, do acionamento de um mecanismo internacional que hoje integra o ordenamento jurídico brasileiro, que deve ser utilizado quando o sistema jurídico interno não fornece respostas adequadas e necessárias para a proteção dos direitos humanos, violando, assim, as obrigações internacionais assumidas pelo Estado brasileiro. Principalmente em casos de graves violações coletivas, quando as consequências são mais profundas e os sistemas policial e judicial brasileiros são mais morosos, o acionamento do Sistema Interamericano pode apresentar-se como a única chance efetiva de cessação da violação – inclusive cautelarmente – e de reparação"[117].

A Defensoria Pública, porém, cada vez mais passa a ter um papel relevante no acionamento da Corte, pois, hoje, isso ocorre não só através da provocação/convencimento da Comissão Interamericana como também durante a tramitação do feito.

Nesse sentido, crucial a criação da figura do *Defensor Interamericano.*

**Defensor Interamericano**

Como já dito, cada Defensoria Pública (União, Estados ou Distrito Federal) pode e deve prestar uma assistência jurídica tão integral a ponto de chegar ao âmbito da Corte Interamericana.

Apesar dessa possibilidade e a fim de potencializar essa atuação, a Corte Interamericana de Direitos Humanos e a Associação Interamericana de Defensorias Públicas firmaram um Acordo de Entendimento no qual foi prevista a criação do *Defensor Interamericano*, normatizada, basicamente, nos arts. 2º, 11 e 37 do Regulamento da Corte Interamericana de Direitos Humanos:

> Art. 2º, 11: Para efeitos deste Regulamento:
> 11. a expressão "Defensor Interamericano" significa a pessoa que a Corte designe para assumir a representação legal de uma suposta vítima que não tenha designado um defensor por si mesma.
> Art. 37: Em casos de supostas vítimas sem representação legal devidamente credenciada, o Tribunal poderá designar um Defensor Interamericano de ofício que as represente durante a tramitação do caso.

---

117 MAFEZZOLI, Antônio. A atuação da Defensoria Pública na promoção e defesa dos direitos humanos e o sistema interamericano de Direitos Humanos. Disponível em: <http://www.defensoria.sp.gov.br/dpesp/Repositorio/31/Documentos/tese>. Acesso em: 10 nov. 2012.

Não se trata de um cargo e, por isso, não existe um concurso público destinado a ocupá-lo.

Resumidamente, acordou-se que vítimas que acessarem a Corte e não tiverem uma defesa técnica contarão com um defensor público, aqui denominado Defensor Interamericano, que será indicado para cada caso pela Associação Interamericana de Defensorias Públicas (AIDEF).

Os Defensores Interamericanos serão selecionados por cada país pelo período de dois anos, podendo ser um defensor público federal, estadual ou distrital.

VII – promover ação civil pública e todas as espécies de ações capazes de propiciar a adequada tutela dos direitos difusos, coletivos ou individuais homogêneos quando o resultado da demanda puder beneficiar grupo de pessoas hipossuficientes; (Redação dada pela Lei Complementar n. 132, de 2009.)

## 5.10 Promoção de ação civil pública ou ação que promova interesse de direitos difusos, coletivos ou individuais homogêneos quando o resultado puder beneficiar grupo de pessoas hipossuficientes

A tutela coletiva resulta do aperfeiçoamento de instrumentos para o reconhecimento e defesa de direitos que, em muitos casos, transcendem a individualidade e permeiam parte ou mesmo toda a coletividade.

Dada a intensidade das consequências jurídicas da tutela coletiva, há, no entanto, receio de alguns setores do poder público sobre a possibilidade de ampliação absoluta da legitimidade ativa, pois a propositura de ações temerárias pode gerar efeitos negativos diretos ou indiretos sobre os pretensos beneficiários. Diante de tal advertência, é limitada a legitimidade por força de lei.

Dentre os legitimados, resta expresso no inciso VII, ora examinado, a Defensoria Pública, na defesa de interesses difusos, coletivos ou individuais homogêneos, desde que haja pertinência temática, ou seja, se a sentença puder beneficiar grupos de pessoas hipossuficientes.

A legitimidade da Defensoria Pública é bem-vinda. Desnecessária prova documental ou estatística sobre a insuficiente atuação dos legitimados tradicionais, presentes na redação original da Lei da Ação Civil Pública (Lei n. 7.437/95), já alterada para consagrar, também, a legitimidade da Defensoria Pública em seu art. 5º, II. As demandas são muitas, dada a extrema carência da população brasileira, justificando-se a ampliação do leque de possíveis autores.

**ADIn 3.943/DF**

Houve, no entanto, infeliz tentativa de cercear tal ampliação de legitimidade com foco na população mais carente: a Associação Nacional dos Membros do Ministério Público-CONAMP ajuizou Ação Direta de Inconstitucionalidade n. 3.943/DF em relação ao inciso II do art. 5º da Lei da Ação Civil Pública – Lei n. 7.347/1985 –, com a redação dada pela Lei n. 11.488/2007, que conferiu legitimação ampla à Defensoria Pública para ajuizar a demanda, alegando violação aos arts. 5º, inciso LXXIV, e 134, *caput*, da Constituição Federal. Argumentava a entidade autora que a norma impugnada, ao atribuir legitimação à Defensoria Pública para a ação civil pública, afetaria a atribuição do Ministério Público, impedindo-lhe de exercer plenamente as atividades que a Constituição lhe confere. Afirmava, ainda, que a Defensoria Pública teria como objetivo institucional atender aos necessitados que comprovassem, individualmente, carência financeira.

A ação mereceu a crítica da doutrina especializada. É evidente que a legitimidade concorrente, já presente na legislação, em nada afetaria a possibilidade de um ou outro legitimado. Como se disse, é concorrente. Mais e ainda, deve ser, em limites responsáveis, fomentada, dada a demanda retida evidente, como vaticina a Prof. Ada Grinover:

> A nova norma legal permite, simplesmente, que a Defensoria Pública venha somar esforços na conquista dos interesses ou direitos difusos, coletivos e individuais homogêneos da sociedade, podendo inclusive agir em litisconsórcio com o Ministério Público. Por outro lado, a ampliação da legitimação à ação civil pública representa poderoso instrumento de acesso à justiça, sendo louvável que a iniciativa das demandas que objetivam tutelar interesses ou direitos difusos, coletivos e individuais homogêneos seja ampliada ao maior número possível de legitimados, a fim de que os chamados direitos fundamentais de terceira geração – os direitos de solidariedade – recebam efetiva e adequada tutela[118].

Felizmente, o STF julgou improcedente a ADIn 3.943/DF[119].

**Limites à atuação**

Tomando-se a expressão "quando o resultado da demanda puder beneficiar grupo de pessoas hipossuficientes" como o limite à atuação da Defensoria Pública na esfera coletiva, a doutrina costuma apontar que apenas *casuisticamente*, e nunca *a priori*, será possível obstar essa atuação[120].

Na linha de afastar a legitimidade de agir da Defensoria Pública apenas à luz do caso concreto, *num primeiro momento* o STJ decidiu o seguinte:

> Ementa: PROCESSUAL CIVIL. AÇÃO CIVIL PÚBLICA. EMBARGOS INFRINGENTES. LEGITIMIDADE DA DEFENSORIA PÚBLICA PARA A PROPOSITURA DE AÇÃO CIVIL PÚBLICA. **LIMITADOR CONSTITUCIONAL. DEFESA DOS NECESSITADOS.** PLANO DE SAÚDE. REAJUSTE. **GRUPO DE CONSUMIDORES QUE NÃO É APTO A CONFERIR LEGITIMIDADE ÀQUELA INSTITUIÇÃO.** São cabíveis embargos infringentes quando o acórdão não unânime houver reformado, em grau de apelação, a sentença de mérito, ou houver julgado procedente a ação rescisória (CPC, art. 530). Excepcionalmente, tem-se admitido o recurso em face de acórdão não unânime proferido no julgamento do agravo de instrumento quando o Tribunal vier a extinguir o feito com resolução do mérito. 2. Na hipótese, no tocante à legitimidade ativa da Defensoria Pública para o ajuizamento de ação civil pública, não bastou

118 Parecer sobre a legitimidade da Defensoria Pública para o ajuizamento de ação civil pública, *Revista da Defensoria Pública do Estado de São Paulo*, ano 4, n. 2, 2011. p. 152-153.

119 Cf. *Informativo* STF n. 784.

120 Argumenta Guilherme José Purvin de Figueiredo: "(...) Certo é que os economicamente 'necessitados' ou (...) 'hipossuficientes' (...) têm igualmente direito ao meio ambiente ecologicamente equilibrado – e não podem depender dos 'hipersuficientes' para eventual propositura de ação civil pública" (Advocacia pública e a defesa do meio ambiente à luz do art. 225 da CF. In: BENJAMIN, Antonio Herman; PURVIN, Guilherme José (coords.). *Direito ambiental e as funções essenciais à justiça*. São Paulo: RT, 2011. p. 40).

um mero exame taxativo da lei, havendo sim um controle judicial sobre a representatividade adequada da legitimação coletiva. Com efeito, para chegar à conclusão da existência ou não de pertinência temática entre o direito material em litígio e as atribuições constitucionais da parte autora acabou-se adentrando no terreno do mérito. 3. A Defensoria Pública, nos termos do art. 134 da CF, "é instituição essencial à função jurisdicional do Estado, incumbindo-lhe a orientação jurídica e a defesa, em todos os graus, dos necessitados, na forma do art. 5º, LXXIV". É, portanto, vocacionada pelo Estado a prestar assistência jurídica integral e gratuita aos que "comprovarem insuficiência de recursos" (CF, art. 5º, LXXIV), dando concretude a esse direito fundamental. 4. **Diante das funções institucionais da Defensoria Pública, há, sob o aspecto subjetivo, limitador constitucional ao exercício de sua finalidade específica – "a defesa dos necessitados"** (CF, art. 134) -, devendo os demais normativos serem interpretados à luz desse parâmetro. 5. A Defensoria Pública tem pertinência subjetiva para ajuizar ações coletivas em defesa de interesses difusos, coletivos ou individuais homogêneos, sendo que no tocante aos difusos, sua **legitimidade será ampla** (basta que possa beneficiar grupo de pessoas necessitadas), haja vista que o direito tutelado é pertencente a pessoas indeterminadas. **No entanto, em se tratando de interesses coletivos em sentido estrito ou individuais homogêneos, diante de grupos determinados de lesados, a legitimação deverá ser restrita às pessoas notadamente necessitadas.** 6. No caso, a Defensoria Pública propôs ação civil pública requerendo a declaração de abusividade dos aumentos de determinado plano de saúde em razão da idade. 7. Ocorre que, ao optar por contratar **plano particular de saúde**, parece **intuitivo** que não se está diante de consumidor que possa ser considerado necessitado a ponto de ser patrocinado, de forma coletiva, pela Defensoria Pública. Ao revés, trata-se de grupo que ao demonstrar capacidade para arcar com assistência de saúde privada evidencia ter condições de suportar as despesas inerentes aos serviços jurídicos de que necessita, sem prejuízo de sua subsistência, não havendo falar em necessitado. 8. Diante do microssistema processual das ações coletivas, em interpretação sistemática de seus dispositivos (art. 5º, § 3º, da Lei n. 7.347/1985 e art. 9º da Lei n. 4.717/1965), deve ser dado aproveitamento ao processo coletivo, com a substituição (sucessão) da parte tida por ilegítima para a condução da demanda. Precedentes. 9. Recurso especial provido. Acórdão Vistos, relatados e discutidos os autos em que são partes as acima indicadas, acordam os Ministros da QUARTA TURMA do Superior Tribunal de Justiça, por unanimidade, dar provimento ao recurso especial, nos termos do voto do Sr. Ministro Relator. Os Srs. Ministros Raul Araújo (Presidente), Maria Isabel Gallotti, Antonio Carlos Ferreira e Marco Buzzi votaram com o Sr. Ministro Relator (REsp 1192577 / RS, rel. Min. Luis Felipe Salomão (1140), 4ª Turma, julgamento em 15-5-2014).

Observe o leitor que, aqui, o relator afastava no caso concreto a legitimidade da Defensoria Pública não com base na demonstração *empírica* de que no eventual grupo de beneficiários da decisão não haveria pessoas necessitadas, e sim por meio de sua *intuição*. Do ponto de vista do ideal de segurança jurídica, basta imaginarmos as inúmeras e infindáveis discussões judiciais que ocorreriam caso tal entendimento, ainda que bem-intencionado, prevalecesse.

O STJ, porém, *nesse mesmo julgado*, por ocasião dos embargos de divergência, mudou seu entendimento, fazendo prevalecer a legitimidade da Defensoria Pública ao mesmo tempo em que distinguia, no plano da tutela coletiva pela instituição, os necessitados econômicos dos *hipervulneráveis*:

**EMBARGOS DE DIVERGÊNCIA** NO RECURSO ESPECIAL NOS EMBARGOS INFRINGENTES. PROCESSUAL CIVIL. LEGITIMIDADE DA DEFENSORIA PÚBLICA PARA A PROPO-

SITURA DE AÇÃO CIVIL PÚBLICA EM FAVOR DE IDOSOS. PLANO DE SAÚDE. REAJUSTE EM RAZÃO DA IDADE TIDO POR ABUSIVO. **TUTELA DE INTERESSES INDIVIDUAIS HOMOGÊNEOS. DEFESA DE NECESSITADOS, NÃO SÓ OS CARENTES DE RECURSOS ECONÔMICOS, MAS TAMBÉM OS HIPOSSUFICIENTES JURÍDICOS.** EMBARGOS DE DIVERGÊNCIA ACOLHIDOS.

1. Controvérsia acerca da legitimidade da Defensoria Pública para propor ação civil pública em defesa de direitos individuais homogêneos de consumidores idosos, que tiveram seu plano de saúde reajustado, com arguida abusividade, em razão da faixa etária.

2. A atuação primordial da Defensoria Pública, sem dúvida, é a assistência jurídica e a defesa dos **necessitados econômicos**, entretanto, também exerce suas atividades em auxílio a **necessitados jurídicos, não necessariamente carentes de recursos econômicos**, como é o caso, por **exemplo**, quando exerce a função do **curador especial**, previsto no art. 9º, inciso II, do Código de Processo Civil, e do defensor dativo no processo penal, conforme consta no art. 265 do Código de Processo Penal.

3. No caso, o direito fundamental tutelado está entre os mais importantes, qual seja, o direito à saúde. Ademais, **o grupo de consumidores potencialmente lesado é formado por idosos, cuja condição de vulnerabilidade já é reconhecida na própria Constituição Federal**, que dispõe no seu art. 230, sob o Capítulo VII do Título VIII ("Da Família, da Criança, do Adolescente, do Jovem e do Idoso"): "A família, a sociedade e o Estado têm o dever de amparar as pessoas idosas, assegurando sua participação na comunidade, defendendo sua dignidade e bem-estar e garantindo-lhes o direito à vida." 4. **"A expressão 'necessitados'** (art. 134, *caput*, da Constituição), que qualifica, orienta e enobrece a atuação da Defensoria Pública, **deve ser entendida, no campo da Ação Civil Pública, em sentido amplo, de modo a incluir, ao lado dos estritamente carentes de recursos financeiros – os miseráveis e pobres –, os hipervulneráveis** (isto é, os socialmente estigmatizados ou excluídos, as crianças, os idosos, as gerações futuras), enfim todos **aqueles que, como indivíduo ou classe, por conta de sua real debilidade perante abusos ou arbítrio dos detentores de poder econômico ou político, 'necessitem' da mão benevolente e solidarista do Estado para sua proteção, mesmo que contra o próprio Estado**. Vê-se, então, que a partir da ideia tradicional da instituição forma-se, no *Welfare State*, um novo e mais abrangente círculo de sujeitos salvaguardados processualmente, isto é, adota-se uma compreensão de *minus habentes* impregnada de significado social, organizacional e de dignificação da pessoa humana" (REsp 1.264.116/RS, Rel. Ministro HERMAN BENJAMIN, SEGUNDA TURMA, julgado em 18/10/2011, *DJE* 13/04/2012).

5. O Supremo Tribunal Federal, a propósito, recentemente, ao julgar a ADI 3943/DF, em acórdão ainda pendente de publicação, concluiu que a Defensoria Pública tem legitimidade para propor ação civil pública, na defesa de interesses difusos, coletivos ou individuais homogêneos, julgando improcedente o pedido de declaração de inconstitucionalidade formulado contra o art. 5º, inciso II, da Lei n. 7.347/1985, alterada pela Lei n. 11.448/2007 ("Art. 5º – Têm legitimidade para propor a ação principal e a ação cautelar: ... II – a Defensoria Pública").

6. Embargos de divergência acolhidos para, reformando o acórdão embargado, restabelecer o julgamento dos embargos infringentes prolatado pelo Terceiro Grupo Cível do Tribunal de Justiça do Estado do Rio Grande do Sul, que reconhecera a legitimidade da Defensoria Pública para ajuizar a ação civil pública em questão (EREsp 1192577/RS, rel. Min. Laurita Vaz, Corte Especial, julgado em 21-10-2015, *DJE* 13-11-2015).

Portanto e à luz dos julgados mais recentes, enquanto ao STF coube a definição pela legitimidade da Defensoria no manejo da ação civil pública (inexistindo, pois, qualquer violação à sua atuação em prol das pessoas necessitadas), ao STJ, ao menos até aqui, coube o papel de reafirmar essa legitimidade ainda que com limitações *casuísticas* (para que não exista, assim, desrespeito à destinação de atuar em prol das pessoas necessitadas). O escopo do legislador e, após, da jurisprudência foi estimular e ampliar o leque de legitimados.

Importante reforçar que a frase "quando o resultado da demanda puder beneficiar grupo de pessoas hipossuficientes", na *prática*, significa que não compete ao defensor público abrir um tópico na petição inicial demonstrando que tal grupo *poderá ser* beneficiado – embora ele possa fazê-lo –, e sim que cabe ao juiz e/ou à parte contrária ou outros atores demonstrar que, naquele caso concreto, a legitimidade não existe. E basta ser *possível* que pessoas necessitadas sejam beneficiadas para que a legitimidade se sustente, como já decidiu o STJ:

> **EMENTA:** PROCESSUAL CIVIL E ADMINISTRATIVO. AÇÃO CIVIL PÚBLICA. PROTEÇÃO DAS PESSOAS COM DEFICIÊNCIA FÍSICA, MENTAL OU SENSORIAL. **SUJEITOS HIPERVULNERÁVEIS**. FORNECIMENTO DE PRÓTESE AUDITIVA. MINISTÉRIO PÚBLICO. LEGITIMIDADE ATIVA *AD CAUSAM*. LEI N. 7.347/85 E LEI N. 7.853/89.
>
> 1. Quanto mais democrática uma sociedade, maior e mais livre deve ser o grau de acesso aos tribunais que se espera seja garantido pela Constituição e pela lei à pessoa, individual ou coletivamente.
> 2. **Na Ação Civil Pública, em caso de dúvida sobre a legitimação para agir de sujeito intermediário – Ministério Público, Defensoria Pública e associações, p. ex. –, sobretudo se estiver em jogo a dignidade da pessoa humana, o juiz deve optar por reconhecê-la e, assim, abrir as portas para a solução judicial de litígios que, a ser diferente, jamais veriam seu dia na Corte**.
> 3. A categoria ético-política, e também jurídica, dos sujeitos vulneráveis inclui um **subgrupo de *sujeitos hipervulneráveis***, entre os quais se destacam, por razões óbvias, as pessoas com deficiência física, sensorial ou mental.
> 4. É dever de todos salvaguardar, da forma mais completa e eficaz possível, os interesses e direitos das pessoas com deficiência, não sendo à toa que o legislador refere-se a uma "obrigação *nacional* a cargo do Poder Público e da sociedade" (Lei n. 7.853/89, art. 1º, § 2º, grifo acrescentado).
> 5. Na exegese da Lei n. 7.853/89, o juiz precisa ficar atento ao comando do legislador quanto à finalidade maior da lei-quadro, ou seja, assegurar "o *pleno* exercício dos direitos individuais e sociais das pessoas portadoras de deficiência, e sua *efetiva* integração social" (art. 1º, *caput*, grifo acrescentado).
> 6. No campo da proteção das pessoas com deficiência, ao Judiciário imputam-se duas ordens de responsabilidade: uma administrativa, outra judicial. A primeira, na estruturação de seus cargos e serviços, consiste na exigência de colaborar, diretamente, com o esforço nacional de inclusão social desses sujeitos. A segunda, na esfera hermenêutica, traduz-se no mandamento de atribuir à norma que requer interpretação ou integração o sentido que melhor e mais largamente ampare os direitos e interesses das pessoas com deficiência.
> 7. A própria Lei n. 7.853/89 se encarrega de dispor que, na sua "aplicação e interpretação", devem ser considerados "os valores básicos da igualdade de tratamento e oportunidade, da justiça social, do respeito e dignidade da pessoa humana, do bem-estar, e outros indicados na Constituição ou justificados pelos princípios gerais de direito" (art. 1º, § 1º).
> 8. Por força da norma de extensão ("outros interesses difusos e coletivos", consoante o art. 129, III, da Constituição de 1988; "qualquer outro interesse difuso ou coletivo", nos termos do art. 110 do Código de Defesa do Consumidor; e "outros interesses difusos, coletivos e individuais indisponíveis e homogêneos", na fórmula do art. 25, IV, alínea "a", da Lei Orgânica Nacional do Ministério Público), cabe ao Judiciário, para fins de legitimação *ad causam* na Ação Civil Pública, incorporar ao rol legal – em *numerus apertus* , importa lembrar – novos direitos e interesses, em processo de atualização permanente da legislação.

9. **A tutela dos interesses e direitos dos hipervulneráveis é de inafastável e evidente conteúdo *social*, mesmo quando a Ação Civil Pública, no seu resultado imediato, aparenta amparar *uma única* pessoa apenas.** É que, nesses casos, a ação é *pública*, não por referência à quantidade dos sujeitos afetados ou beneficiados, em linha direta, pela providência judicial (= critério quantitativo dos beneficiários imediatos), mas em decorrência da própria natureza da *relação jurídica-base de inclusão social imperativa*. Tal perspectiva – que se apóia no pacto jurídico-político da sociedade, apreendido em sua globalidade e nos bens e valores ético-políticos que o abrigam e o legitimam – realça a necessidade e a indeclinabilidade de *proteção jurídica especial* a toda uma categoria de indivíduos (= critério qualitativo dos beneficiários diretos), acomodando um feixe de obrigações vocalizadas como *jus cogens*.

10. Ao se proteger o hipervulnerável, a rigor quem verdadeiramente acaba beneficiada é a própria sociedade, porquanto espera o respeito ao *pacto coletivo de inclusão social imperativa*, que lhe é caro, não por sua faceta patrimonial, mas precisamente por abraçar a dimensão intangível e humanista dos princípios da *dignidade da pessoa humana* e da *solidariedade*. Assegurar a *inclusão judicial* (isto é, reconhecer a legitimação para agir) dessas pessoas hipervulneráveis, inclusive dos sujeitos intermediários a quem incumbe representá-las, corresponde a não deixar nenhuma ao relento da Justiça por falta de porta-voz de seus direitos ofendidos.

11. Maior razão ainda para garantir a legitimação do *Parquet* se o que está sob ameaça é a saúde do indivíduo com deficiência, pois aí se interpenetram a ordem de superação da *solidão judicial do hipervulnerável* com a garantia da ordem pública de bens e valores fundamentais – *in casu* não só a existência digna, mas a própria vida e a integridade físico-psíquica em si mesmas, como fenômeno natural.

12. A possibilidade, retórica ou real, de gestão individualizada desses direitos (até o extremo dramático de o sujeito, *in concreto*, nada reclamar) não os transforma de indisponíveis (porque juridicamente irrenunciáveis *in abstracto*) em disponíveis e de indivisíveis em divisíveis, com nome e sobrenome. Será um equívoco pretender lê-los a partir da cartilha da autonomia privada ou do *ius dispositivum*, pois a ninguém é dado abrir mão da sua dignidade como ser humano, o que equivaleria, por presunção absoluta, a maltratar a dignidade de todos, indistintamente.

13. **O Ministério Público possui legitimidade para defesa dos direitos individuais indisponíveis, *mesmo quando a ação vise à tutela de pessoa individualmente considerada*.** Precedentes do STJ.

14. Deve-se concluir, por conseguinte, pela legitimidade do Ministério Público para ajuizar, na hipótese dos autos, Ação Civil Pública com o intuito de garantir fornecimento de prótese auditiva a portador de deficiência.

15. Recurso Especial não provido (REsp 931.513 – RS (2007/0045162-7), rel. Min. Carlos Fernando Mathias (Juiz Federal Convocado do TRF 1ª Região), rel. p/ acórdão Min. Herman Benjamin).

Um alerta se faz necessário.

Se na *fase do processo de conhecimento* a legitimidade há de ser aceita até demonstração concreta em contrário, o mesmo não ocorre na *fase da execução*, ocasião em que a atuação coletiva vai se individualizando. Nesse caso, a observância de que somente pessoas necessitadas pode se valer da atuação da Defensoria Pública volta à baila:

RECURSO ESPECIAL. PROCESSUAL CIVIL. DEFENSORIA PÚBLICA. LEGITIMIDADE ATIVA. AÇÃO CIVIL PÚBLICA. TUTELA DE INTERESSES INDIVIDUAIS HOMOGÊNEOS. MUTUÁRIOS. SISTEMA FINANCEIRO HABITACIONAL. PERTINÊNCIA SUBJETIVA. **NECESSITADOS. SENTIDO AMPLO. PERSPECTIVA ECONÔMICA E ORGANIZACIONAL.**

1.Cinge-se a controvérsia a saber se a Defensoria Pública da União detém legitimidade para propor ação civil pública em defesa de **direitos individuais homogêneos**, a exemplo dos mutuários do SFH.

(...)

4. Deve ser conferido ao **termo "necessitados"** uma **interpretação ampla** no campo da ação civil pública para fins de atuação inicial da Defensoria Pública, de modo a incluir, para além do necessitado econômico (em sentido estrito), o **necessitado organizacional**, ou seja, o indivíduo ou grupo em situação especial de vulnerabilidade existencial.

5. O **juízo prévio acerca da coletividade** de pessoas necessitadas deve ser feito de **forma abstrata**, em tese, bastando que possa haver, para a extensão subjetiva da legitimidade, o favorecimento de grupo de indivíduos pertencentes à classe dos hipossuficientes, mesmo que, de forma indireta e eventual, venha a alcançar outros economicamente mais favorecidos.

6. **A liquidação e a execução da sentença proferida nas ações civis públicas movidas pela Defensoria Pública somente poderá ser feita aos que comprovarem insuficiência de recursos, pois, nessa fase, a tutela de cada membro da coletividade ocorre de maneira individualizada.**

7. Recurso especial provido (REsp 1449416/SC, rel. Min. Ricardo Villas Bôas Cueva, 3ª Turma, julgado em 15-3-2016, *DJE* 29-3-2016).

### Atuação coletiva fora da ação civil pública

A atuação coletiva da Defensoria Pública não se esgota na propositura de ação civil pública, que, na verdade, a doutrina mais recente reconhece como uma ação coletiva – esse nome *ação civil pública* possui, na verdade, valor mais histórico do que técnico. O próprio dispositivo ora analisado amplia o leque – até para que ele acompanhe eventuais inovações legislativas – fazendo menção a "todas as espécies de ações capazes".

Atualmente, no direito brasileiro, além da ação civil pública há explicitamente na legislação outras esferas de atuação coletiva da Defensoria Pública – ou diversos meios processuais –, como:

a) a curadoria especial ou *custos vulnerabilis* no bojo de ações possessórias (art. 554 do CPC)[121];

b) a afetação do julgamento de recurso a órgão colegiado no Incidente de Assunção de Competência (art. 947 do CPC);

c) a instauração de Incidente de Resolução de Demandas Repetitivas (art. 977, III, do CPC);

d) o incidente de arguição de inconstitucionalidade (arts. 948 e seguintes do CPC);

e) o mandado de segurança coletivo (Lei n. 12.016/2009);

---

121 José Aurélio de Araújo discute qual é a natureza jurídica dessa atuação: se ação coletiva possessória passiva ou litisconsórcio multitudinário. Na prática, essa discussão significa que, no primeiro caso, a Defensoria poderá figurar no polo passivo (no lugar dos legitimados ordinários) e haverá coisa julgada *erga omnes*. Como isso afeta o contraditório participativo, conclui que o art. 554 abarca, na verdade, um litisconsórcio multitudinário, no qual a Defensoria exercerá diversos papéis: defesas individuais para os citados pessoalmente; curadorias especiais, nos casos de citação por edital; mediação; defesa coletiva dos direitos em jogo (*v.g.*: abusos decorrentes de violência policial); defesas individuais colidentes no próprio polo passivo, demandando defensores distintos etc. Vários órgãos da Defensoria Pública aliás, poderão atuar nesse processo (O litígio coletivo da posse dos artigos 554 e 565 do Novo CPC e a atuação da Defensoria Pública. In: SOUSA, José Augusto Garcia de. *Defensoria Pública no novo CPC*. Salvador: JusPodivm, 2015. p. 531-537).

f) o mandado de injunção coletivo (Lei n. 13.300/2016);

g) o *habeas corpus* coletivo (art. 5º, § 2º, da CF/88 c/c microssistema coletivo) etc.

**Notas sobre o processo de preparação de uma atuação coletiva**

A atuação coletiva deve ser precedida de atos preparatórios adequados para que se projetem causas de pedir e pedidos apropriados ao conflito a ser solucionado judicialmente e, para isso, *é recomendável que a preparação seja feita por várias mãos.* Por exemplo, percebe-se que em uma comarca ou no Estado há grave problema no atendimento de saúde para determinados diagnósticos que são comuns na população. Um primeiro passo possível é a Defensoria Pública levantar rapidamente esses dados a partir de seus atendimentos para identificar dados pertinentes, argumentos mais fortes e estratégia de atuação. Nesse exemplo, esse levantamento passará por diversas mãos no campo administrativo (colheita) e funcional (precipuamente na atividade de análise).

Dois aspectos se abrem aqui.

Primeiro, a importância de Defensorias Públicas alimentarem bancos de dados em seus atendimentos, para possibilitar estudos empíricos de boa qualidade. Nesse sentido, o investimento em tecnologia de informação é vital, assim como o cuidado com as metodologias aplicadas. Mostra-se relevante que as Defensorias-Gerais (ou seus respectivos delegatários) reúnam-se de tempos em tempos para compartilharem estratégias de colheita e leitura de dados, para que a Defensoria Pública tenha capacidade de enfrentar questões nacionais ou que extravasem fronteiras do país.

O segundo aspecto diz respeito à necessidade de generalizarmos o processo de formação e concretização das atuações coletivas que, em geral, vigoram nos Núcleos Especializados, isto é: há um relator que formula e realiza as estratégias de atuação para colheita de dados, leitura desses dados, e projeto da própria demanda (causa de pedir e pedido). Todo esse trabalho é sempre implementado sob o escrutínio do *plenário* do Núcleo Especializado, que pode ratificar, retificar ou complementar essa atividade do relator. *Esse modo de atuação torna mais lenta a atuação, mas tem a vantagem de evitar atuações institucionais fragilizadas ou, pior, com vieses que contrariem os direitos humanos ou objetivos institucionais* (sobre essa discussão, confira nossos comentários na parte de correição e responsabilidade disciplinar). Isso também não quer dizer que os Núcleos Especializados não possam ter procedimentos sumários para casos urgentes, ou para casos típicos de tutela de evidência (ou algo mais forte ainda, como direito líquido e certo), ou que já possuam dados levantados suficientes e avalizados por outros órgãos públicos sérios.

A prerrogativa de requisição da Defensoria Pública, combinada com a possibilidade de se propor ação de "produção antecipada da prova" (arts. 381 e seguintes do CPC) ou de mandado de segurança – utilizando-se as vias judiciais para combate a negativas injustificadas de requisição, ou para obter dados de pessoas jurídicas de direito privado – são elementos fundamentais para se inventariar adequadamente os fatos.

Convocar audiência pública constitui, normalmente, importante ferramenta não só para levantamento de novos dados da questão, mas sendo um momento que possibilita problematizações mais profundas, pode-se alterar estratégias além de avaliar a qualidade dos dados já colhidos. Ou pode acontecer, ainda, de a Defensoria Pública compreender que para específico problema a atuação coletiva judicial pode ser prematura, exigindo atuação política (não partidária, obviamente) para compartilhar e consolidar ideias básicas nos diversos segmentos sociais – o que pode ser mais eficaz senão para obter o resultado final e completo desejado, pelo menos arar o terreno para outras atuações concorrentes ou futuras.

**Breve comentário sobre a ética da profissão na atuação coletiva**

Sempre insistimos que a ética de nossa profissão impõe a perseguição do melhor resultado atingível, e é natural que surjam divergências entre os assistidos e a Defensoria Pública quanto à melhor estratégia de atuação, especialmente na relação com movimentos sociais por serem formados, em geral, de indivíduos mais conscientes e empoderados quanto aos direitos fundamentais de que são titulares e dos deveres atribuídos ao Poder Público.

Não é preciso gastar linhas na afirmação de que não podemos dar as costas aos movimentos sociais, pois nossa atuação depende muito das contribuições sociais que nos chegam – nossa existência só é legítima com esse indispensável diálogo, o qual permite que a atuação da Defensoria Pública seja um *construído* de várias mãos, incluindo pessoas que não são membros ou servidores da Instituição. Registre-se que esse modo de enxergar não se trata de pura ideologia dos autores; entendemos que essa relação inquebrantável encontra fundamento no princípio republicano inscrito no art. 1º da CF/88, bem como a regra específica do art. 37, § 3º, da CF/88, e que se refere à participação dos usuários na Administração Pública.

Por outro lado, é preciso (re)construir e sempre revalidar o fato de que a Defensoria Pública, ao receber as pretensões dos assistidos, é obrigada a *lidar com a estrutura majoritariamente conservadora do Poder Judiciário* – além do conservadorismo também impregnado nos Poderes Executivo, Legislativo e outros órgãos autônomos. Por isso, nem sempre os desejos dos assistidos são atingíveis quando analisamos seu impacto em estruturas muito fechadas e conservadoras.

O que fazer nessas situações?

Entendemos que a Defensoria Pública deve tentar obter o melhor resultado atingível nessas estruturas conservadoras, ainda que tenha de abrir mão – mesmo provisoriamente – de parte do resultado desejado. Sabemos que há discordâncias internas, pois alguns membros da Defensoria Pública entendem que é melhor abraçarmos a estratégia e o alvo desejado pelos movimentos sociais, a fim de satisfazer esses movimentos sociais no sentido de que "pelo menos a Defensoria atendeu o que pedimos", ainda que se tenha de antemão consciência da inexorável derrota nas estruturas conservadoras referidas. É verdade que, a depender das peculiaridades do caso concreto, uma derrota pode ser politizada – esse, na verdade, é o pretexto corrente de quem defende a adesão total e automática das pretensões dos movimentos sociais. Contudo, ponderamos que se essa estratégia pode ser aceitável quando individualizável, e o indivíduo conscientemente aceita a derrota em nome de uma causa, por outro lado, pode carecer de legitimidade quando aplicável a direitos coletivos e não individualizáveis.

De qualquer modo, este é um tema muito complexo, e deve ser objeto de permanente reflexão, especialmente no espaço de Encontros Anuais, os quais congregam grande número de defensores públicos, ou eventos específicos voltados para esse difícil tema da ética profissional e a independência funcional.

**O marco teórico-normativo da intervenção *custos vulnerabilis* e sua importância para a atuação coletiva da Defensoria Pública**

No presente tópico, válido ressaltarmos que o dispositivo em discussão usa em sua redação o verbo "promover", ou seja, parece dar maior destaque ao aspecto da *demanda* ou da *iniciativa* da ação civil pública e de outras ações voltadas à tutela de direitos coletivos.

No entanto, atualmente a doutrina tem discutido com maior afinco o problema da legitimidade do próprio *resultado do processo coletivo*, que não pode limitar-se à adequação da representatividade no polo ativo, devendo haver, em complementação, a maior participação possível de outros entes interessados – não diretamente no conflito, mas em termos institucionais – e que não tenham deflagrado a ação, qualificando melhor o debate em face do potencial de grande amplitude do resultado final.

Nessa exata perspectiva, a intervenção *custos vulnerabilis* é de fundamental importância para posicionar a Defensoria Pública nesse movimento de pluralização dos participantes em processos de tutela coletiva, constituindo importante ator na defesa de interesses públicos que tocam direta ou indiretamente os vulneráveis, mesmo não sendo demandante da ação.

Portanto, o termo "promover" deve ser lido de modo mais amplo, não necessariamente como "demandar", mas fomentar resultados que sejam legítimos ao levarem em conta aspectos dos vulneráveis.

Feito o registro, remetemos o leitor ao local apropriado onde discorremos longamente sobre a intervenção *custos vulnerabilis* (art. 4º, XI).

VIII – exercer a defesa dos direitos e interesses individuais, difusos, coletivos e individuais homogêneos e dos direitos do consumidor, na forma do inciso LXXIV do art. 5º da Constituição Federal; (Redação dada pela Lei Complementar n. 132, de 2009.)

## 5.11 Defesa dos direitos e interesses individuais, difusos, coletivos e individuais homogêneos e dos direitos do consumidor

O inciso em questão não traz maiores novidades, já que o inciso anterior, mais amplo, o abrange. Vale apenas como um reforço, só que voltado ao direito do consumidor.

A atuação da Defensoria Pública deve atingir não só os direitos individuais daqueles que procuram o serviço, pois tal acanhada atuação não seria suficiente a cumprir os objetivos impostos pela Constituição e pela Lei Orgânica.

Devem ser abrangidos pela atuação da Defensoria Pública também os interesses difusos, coletivos e individuais homogêneos, e os direitos do consumidor, sempre que entre os beneficiados for possível vislumbrar pessoas carentes de recursos.

Há uma injustificável resistência à atuação da Defensoria Pública na defesa de interesses metaindividuais que não resistirá ao passar do tempo e evolução do sistema processual. A ruína do hodierno sistema de ações individuais já promove a busca de soluções alternativas ao Poder Judiciário, que, abarrotado, não irá jamais dar adequada resposta à inesgotável e gigantesca demanda. As ações coletivas, quer pela sua abrangência, quer pela magnitude do provimento, é que terão lugar no sistema processual, e diminuir o rol de legitimados à sua propositura é mais do que cercear o acesso à Justiça, mas sim inviabilizar todo o sistema.

Destaque-se que a redação do presente inciso se inspira na clássica nomenclatura adotada pelo art. 81 do CDC[122], que categoriza os direitos a serem tutelados: direitos difusos, coletivos e individuais homogêneos. T al categorização persiste no Projeto de Lei (PL) n. 5.139/2009[123], bem como no apelidado "Projeto CNJ", que constitui proposta de regulamentação das ações coletivas e se tornou o Projeto de Lei (PL) n. 4.778/20[124-125].

A tendência atual, portanto, é de manutenção no direito positivo dessa nomenclatura.

Mas e se para nossa surpresa ela fosse superada por nova lei?

Sabe-se de potente crítica doutrinária dirigida à classificação legal estampada no art. 81 do CDC e que tem ganhando bastante espaço, propondo a formulação de uma nova tipologia, "que parte não de categorias de direitos, mas de tipos de litígios"[126]. Assim, basicamente propõe as categorias de *litígios transindividuais de difusão global*, *litígios transindividuais de difusão local*, e *litígios transindividuais de difusão irradiada*, e pretende-se com essa classificação focada no litígio (e não no tipo de direito) superar problemas que surgem na aplicação da legislação vigente, pois ela atribui efeitos jurídicos diversos a depender do tipo de direito incidente no conflito[127].

---

122 "Art. 81. A defesa dos interesses e direitos dos consumidores e das vítimas poderá ser exercida em juízo individualmente, ou a título coletivo.

Parágrafo único. A defesa coletiva será exercida quando se tratar de:

I – interesses ou direitos difusos, assim entendidos, para efeitos deste código, os transindividuais, de natureza indivisível, de que sejam titulares pessoas indeterminadas e ligadas por circunstâncias de fato;

II – interesses ou direitos coletivos, assim entendidos, para efeitos deste código, os transindividuais, de natureza indivisível de que seja titular grupo, categoria ou classe de pessoas ligadas entre si ou com a parte contrária por uma relação jurídica base;

III – interesses ou direitos individuais homogêneos, assim entendidos os decorrentes de origem comum."

123 "Art. 2º A tutela coletiva abrange os interesses ou direitos: I – difusos, assim entendidos os transindividuais, de natureza indivisível, de que sejam titulares pessoas indeterminadas, ligadas por circunstâncias de fato; II – coletivos em sentido estrito, assim entendidos os transindividuais, de natureza indivisível, de que seja titular grupo, categoria ou classe de pessoas ligadas entre si ou com a parte contrária por uma relação jurídica base; e III – individuais homogêneos, assim entendidos aqueles decorrentes de origem comum, de fato ou de direito, que recomendem tutela conjunta a ser aferida por critérios como facilitação do acesso à Justiça, economia processual, preservação da isonomia processual, segurança jurídica ou dificuldade na formação do litisconsórcio."

124 Confira inteiro teor na página do Conselho Nacional de Justiça (https://www.cnj.jus.br/wp-content/uploads/2020/09/Lei-a%C3%A7%C3%B5es-coletivas.pdf), ou consultar na página da Câmara dos Deputados (https://www.camara.leg.br/proposicoesWeb/prop_mostrarintegra?codteor=1933591&filename=PL+4778/2020).

125 V. a excelente análise, muito crítica e de modo pertinente, da autoria de: GIDI, Antonio, O Projeto CNJ de Lei de Ação Civil Pública. Avanços, inutilidades, imprecisões e retrocessos: a decadência das ações coletivas no Brasil (November 3, 2020). Civil Procedure Review (Special Edition) 2021, Available at SSRN: https://papers.ssrn.com/sol3/papers.cfm?abstract_id=3724081.

126 VITORELLI, Edilson. *O devido processo legal coletivo*: dos direitos aos litígios coletivos. São Paulo: RT, 2016. Cap. 6, p. 443.

127 Idem, Cap. 2, p. 71-111.

Acaso essa crítica doutrinária ganhe força a ponto de enterrar de vez a classificação legal estabelecida pelo art. 81 do CDC, não haverá o impacto de revogar o presente inciso da LC n. 80/1994, pois a presente disposição diz respeito à *função institucional* da Defensoria Pública, em lista do art. 4º que, como se sabe, é exemplificativa. Para se chegar a essa conclusão, deve-se ler o presente inciso como prescrição para que a Defensoria Pública atue em conflitos coletivos não importando a extensão que possam assumir, sendo a redação ligada à historicidade específica da tutela coletiva em nosso país. No direito, é comum que uma formulação seja mantida muitas vezes por questões históricas, ganhando novos conteúdos, e talvez um dos exemplos mais significativos seja nosso art. 2º da CF/88: há cada vez maior consenso de que o sistema de freios e contrapesos não se limita, de modo algum, à tripartição de Poderes, mas a redação insiste nessa formatação por tradição.

IX – impetrar *habeas corpus*, mandado de injunção, *habeas data* e mandado de segurança ou qualquer outra ação em defesa das funções institucionais e prerrogativas de seus órgãos de execução; (Redação dada pela Lei Complementar n. 132, de 2009.)

## 5.12 Impetração de *habeas corpus*, mandado de injunção, *habeas data* e mandado de segurança em defesa das funções institucionais e prerrogativas de seus órgãos de execução

Para exata compreensão deste dispositivo adicionado pela LC n. 132/2009, é preciso lembrar que, nas diferentes esferas de nosso regime federativo[128], cada uma das Defensorias Públicas não se caracteriza como pessoa jurídica, e sim como órgão estatal. A propósito, reconhecendo a inegável distinção em estudo que se tornou clássico, Bandeira de Mello pondera: "Ora, que os órgãos não têm personalidade jurídica é evidente, pois, se tivessem, os direitos e obrigações decorrentes de uma ação ou inação seriam deles e não do Estado"[129].

Feita a distinção, a Defensoria Pública da União é órgão público da União; as Defensorias Públicas dos Estados são órgãos públicos dos Estados; a Defensoria Pública do Distrito Federal, depois da EC n. 69/2012, deve ser organizada e mantida pelo Distrito Federal; e a Defensoria Pública dos Territórios é organizada e mantida pela União em consonância com o art. 52 da LC n. 80/1994 que, por sua vez, segue o estabelecido no art. 21, XIII, da Constituição Federal. De passagem, confirmando o que já dissemos acima, é importante ressaltar que ao dizermos ser a Defensoria Pública órgão de alguma pessoa jurídica respectiva à sua esfera federativa não estamos prejudicando em nada suas autonomias constitucionais[130] e os princípios institucionais aos quais se subordina[131], mas tão só delimitando sua competência constitucional do ponto de vista fede-

128 LC n. 80/1994, art. 2º.

129 MELLO, Celso Antonio Bandeira. Apontamentos sobre a teoria dos órgãos públicos. *Revista de Direito Público*, São Paulo, 1970, n. 16, p. 35.

130 Para todas as Defensorias decorrem da distribuição de funções essenciais, autônomas entre si, no Título IV, capítulo IV da CF/88, e especificamente para os Estados da norma expressa no art. 134, § 2º.

131 LC n. 80/1994, art. 3º.

rativo. Todos os órgãos, por mais que sejam destinatários de normas jurídicas que lhes garantem autonomia institucional, necessariamente pertencem a alguma esfera federativa.

De qualquer modo, o cerne da presente análise é o seguinte: a autonomia da Defensoria Pública constitui fase histórica que afasta a instituição da mera condição de órgão totalmente subordinado ao Executivo, tendo rumado para a condição de função essencial à justiça, essa a sua natureza jurídica. Ou, nas reflexões de Carlos Roberto Siqueira Castro, uma *Instituição-Quase Poder*[132].

Nessa complexa e polêmica transição, a falta personalidade jurídica das Defensorias Públicas lhe retira a capacidade de ser parte, que, como se sabe, é atribuída a toda pessoa natural, às pessoas jurídicas, além de outras figuras a que a lei atribui esta capacidade por conveniência, tais como: nascituro, espólio, massa falida etc.[133]. Neste passo, a regra geral só pode ser uma: sempre que qualquer Defensoria Pública for demandada ou esteja demandando em juízo (vale frisar: a instituição Defensoria Pública está demandando ou sendo demandada, e não seu usuário por meio dela), a parte figurante no processo deverá ser pessoa jurídica que, por integrar a organização político-administrativa brasileira[134], constitui a esfera federativa da Defensoria. Exemplificando: se usuário de determinada Defensoria Pública estadual ajuíza ação indenizatória por prejuízos alegadamente causados pela própria Defensoria, o Estado que constitui sua órbita federativa será parte no processo indenizatório.

---

132 "Desejo reconhecer (...) que as instituições que representam ou tutelam, por força de mandato constitucional, interesses e direitos fundamentais da ordem jurídica, sejam eles titulados pelo Estado ou pela sociedade, disponíveis ou não, (...) tendem a constituir-se naquilo que GERARD LEBRUN e BERTRAND DU JOUVENEL, em festejadas obras acerca da institucionalização do poder político, designam de 'INSTITUIÇÕES QUASE-PODER'. É o caso notório das instituições exercentes das funções essenciais à Justiça, de que trata o Título IV, Capítulo IV, da nova Constituição brasileira, destacadamente o Ministério Público, a advocacia d'Estado e a Defensoria Pública. É que essas corporações, muito embora não tenham se aperfeiçoado como um autêntico 'Poder Orgânico da soberania', perseverando enquanto instituições 'Intrapoder', passaram a assumir, por exigência da evolução do constitucionalismo democrático, traços que são peculiares aos Departamentos Funcionais da Soberania, ou seja, aos Três Poderes do Estado. Por isso mesmo, essas instituições passaram a exibir, dentre outras, características vitais à independência orgânica, tais como: a) estruturação básica em matriz constitucional; b) definição de princípios institucionais expressivos da autonomia técnica e da independência orgânico-funcional em face dos Poderes constituídos, em tudo semelhantes àqueles aplicáveis à magistratura; c) regime estatutário próprio para os membros da carreira e diferenciado da generalidade do funcionalismo; d) exercício de funções institucionais e indelegáveis do Estado; e) conjunto de garantias, prerrogativas e impedimentos singularizados; f) exclusividade de suas competências em face de outros agentes do Poder Público; g) iniciativa das leis que toquem ao seu funcionamento; h) legitimação participativa no sistema de controle de constitucionalidade dos atos normativos que afetem sua esfera de atribuições; i) participação cativa na composição dos órgãos superiores do Poder Judiciário" (A Constituição e a Defensoria Pública, *Revista de Direito da Defensoria Pública Geral do Estado do Rio de Janeiro*, Rio de Janeiro, n. 7, ano 6, 1992, p. 23).

133 BARBI, Celso Agrícola. *Comentários ao CPC*. 11. ed. Rio de Janeiro: Forense, 2002. v. I. Comentário ao art. 7º, item 89, p. 83, e comentário ao art. 12, item 124, p. 104.

134 CF/88, art. 18: "A organização político-administrativa da República Federativa do Brasil compreende a União, os Estados, o Distrito Federal e os Municípios, todos autônomos, nos termos desta Constituição".

Sendo assim, emerge exatamente da necessidade da Defensoria se fazer presente em juízo, como regra geral, pela pessoa jurídica que constitui sua órbita federativa, a explicação para o dispositivo em análise: em determinadas matérias o inciso em questão expressamente lhe atribui capacidade de ser parte para defender judicialmente suas funções institucionais e prerrogativas de seus órgãos de execução. Traduzindo em miúdos: se a matéria em juízo disser respeito a **funções institucionais** da Defensoria Pública ou **prerrogativas** do cargo de Defensor Público, então a Defensoria Pública poderá ser parte no processo independendo da pessoa jurídica constituinte de sua esfera federativa; deste modo, na prática, a Defensoria Pública da União seria parte e independeria da União; as Defensorias Públicas dos Estados também seriam partes e independeriam dos Estados respectivos; a Defensoria Pública do Distrito Federal independeria desse ente federativo.

Em termos estritamente processuais não é novidade a legislação reconhecer que a Defensoria Pública, como ente despersonalizado, pode figurar na qualidade de parte em determinadas situações, porquanto o próprio CPC admite uma série de entes despersonalizados como parte[135]. É o que nos explica Celso Agrícola Barbi em pormenores: "Como já se disse, a capacidade de ser parte liga-se à existência de personalidade jurídica. Mas, por questão de conveniência, a lei processual pode atribuir aquela capacidade a figuras que não têm essa personalidade. O Código anterior o fazia e o atual ampliou o campo a outras figuras, de modo que, hoje, têm capacidade de ser parte a sociedade de fato, a massa falida, o espólio, a herança jacente, o condomínio, a massa do devedor civil insolvente (...)"[136].

Politicamente, é inquestionável a importância do reconhecimento da Defensoria como parte nas hipóteses desse inciso. Como bem concluiu Paulo Galliez, esse reconhecimento assegura, em última análise, a autonomia da Defensoria no exercício de sua atividade-fim[137]. É que não poderia haver autonomia constitucional real do órgão da Defensoria Pública se para tais matérias ela dependesse de União, Estados ou Distrito Federal; até porque, frequentemente quem mais viola funções institucionais da Defensoria Pública e prerrogativas do cargo de Defensor Público são as próprias pessoas jurídicas que constituem a organização político-administrativa da República Federativa do Brasil, mormente pela própria pessoa jurídica que constitui sua órbita federativa. E por qual razão? Porque não são raras as oportunidades em que a Defensoria Pública, na defesa de direitos individuais e coletivos da população carente, entra em rota direta de colisão justamente com a pessoa jurídica que constitui sua órbita federativa. E quando ela sai vitoriosa impõe – não raras vezes – maiores despesas orçamentárias de curto prazo.

**Interpretação ampliativa**

As nobilíssimas intenções do inciso IX ofuscam uma clara deficiência da redação, pois, se

135 CPC, art. 12, III, IV, V, VII, IX.

136 BARBI, Celso Agrícola. *Comentários...*, comentário ao art. 12, item 124, p. 104.

137 GALLIEZ, Paulo César Ribeiro. *Princípios institucionais da Defensoria Pública*. 5. ed. Rio de Janeiro: Lumen Juris, 2010. p. 72.

lido apenas literalmente, ele só permite o uso das referidas ações pela instituição quando houver afronta (i) às funções institucionais ou (ii) às prerrogativas dos membros[138].

Não faz nenhum sentido, porém, que sua literalidade restrinja a capacidade de a Defensoria ser parte apenas na defesa *"das funções institucionais e prerrogativas de seus órgãos de execução"*: seja porque existem também

(1) as *garantias* dos órgãos de execução indispensáveis para o bom desempenho das funções institucionais, seja porque

(2) há *prerrogativas* da *Instituição* Defensoria Pública igualmente indispensáveis para o mesmo fim.

Por esses motivos, as funções institucionais da Defensoria e as prerrogativas de seus órgãos de execução seriam inúteis acaso não existissem aludidas garantias dos órgãos de execução[139] e prerrogativas da Instituição[140]. (Sobre este tema, e especialmente sobre a inquebrantável tríade *meio da atividade-fim*[141]– *atividade-fim*[142]– *liberdades públicas*[143], tratamos no capítulo sobre garantias e prerrogativas).

O que importa, a esta altura, é demonstrarmos o seguinte: não faz sentido que a Defensoria Pública possa defender judicialmente a função institucional de ajuizar ação civil pública[144]; que possa defender judicialmente prerrogativas do órgão de execução como o direito de contagem em dobro de seus prazos[145] ou o de receber intimação pessoal[146]; e que supostamente não pudesse defender garantias como inamovibilidade[147], ou independência funcional do órgão de execução[148],

---

138 DIREITO PENAL. HABEAS CORPUS. DESACATO. SESSÃO DO JÚRI. JUIZ QUE NEGA A FORMULAÇÃO DE QUESITO PROPOSTO PELO PACIENTE, **DEFENSOR PÚBLICO. PROTESTOS CONSIGNADOS EM ATA. RETIRADA DO PLENÁRIO. ATO QUE PODE SER TIDO COMO DESELEGANTE, MAS, NÃO, COMO PENALMENTE TÍPICO. ILEGALIDADE. RECONHECIMENTO. ORDEM CONCEDIDA.**

**1. O crime de desacato envolve a ofensa desferida a funcionário público, no exercício da função ou em razão dela. Na espécie, durante sessão de julgamento do Tribunal do Júri, o paciente, Defensor Público, diante da negativa do magistrado em formular quesito defensivo, após consignar em ata seu protesto, retirou-se da assentada. Não houve encaminhamento de palavras ou gestos ofensivos contra o juiz, o promotor ou jurados, a corporificar conduta tipicamente relevante.**

**2. Ordem concedida, confirmada a liminar e acolhido o parecer ministerial, para trancar o processo n. 0052153-04.2012.8.08.0030, em trâmite no Tribunal de Justiça do Estado do Espírito Santo** (HC 290.108/ES, rel. Min. Maria Thereza De Assis Moura, 6ª Turma, julgado em 4-12-2014, *DJE* 17-12-2014)

139 LC n. 80/1994, arts. 43, 88 e 127.

140 CF/88, art. 134, § 2º.

141 Prerrogativas institucionais e prerrogativas e garantias do cargo.

142 Funções institucionais.

143 Objeto a ser tutelado pelas funções institucionais.

144 LC n. 80/1994, art. 4º, VII.

145 LC n. 80/1994: arts. 44, I; 89, I; e 128, I.

146 LC n. 80/1994: arts. 44, I; 89, I; e 128, I.

147 CF/88, art. 134, § 1º.

148 LC n. 80/1994, arts. 43, I; 88, I; 127, I.

além das autonomias administrativa e funcional da Defensoria. Sem entrarmos a fundo na mútua relação que existe entre estes elementos, isso simplesmente não faz sentido.

Em conclusão: o alcance do presente inciso deve necessariamente ser ampliado para se ajustar à autonomia constitucional da Defensoria Pública. Existe, por coerência, um **limite**: direitos do defensor público, como os de cunho remuneratório ou de afastamento, não possibilitam que a instituição aja em sua defesa.

X – promover a mais ampla defesa dos direitos fundamentais dos necessitados, abrangendo seus direitos individuais, coletivos, sociais, econômicos, culturais e ambientais, sendo admissíveis todas as espécies de ações capazes de propiciar sua adequada e efetiva tutela; (Redação dada pela Lei Complementar n. 132, de 2009.)

## 5.13 Promoção de ampla defesa dos direitos fundamentais dos necessitados

Já discutimos a abrangência da ampla defesa, bem como os diversos sentidos da expressão "necessitados".

Vale aqui apontar que a promoção de defesa dos direitos fundamentais não distingue as chamadas dimensões[149] de direitos. Pelo contrário, deve alcançar os direitos individuais, coletivos, sociais, culturais e ambientais.

Há, ainda, expressa disposição legal permitindo o uso de toda espécie de ação capaz de propiciar a adequada e efetiva tutela, o que torna ainda mais sem sentido a lamentável discussão sobre a legitimidade da Defensoria Pública nas tutelas coletivas.

XI – exercer a defesa dos interesses individuais e coletivos da criança e do adolescente, do idoso, da pessoa portadora de necessidades especiais, da mulher vítima de violência doméstica e familiar e de outros grupos sociais vulneráveis que mereçam proteção especial do Estado; (Redação dada pela Lei Complementar n. 132, de 2009.)

## 5.14 Exercício da defesa dos interesses individuais e coletivos da criança e do adolescente, do idoso, da pessoa portadora de necessidades especiais, da mulher vítima de violência doméstica e familiar e de outros grupos sociais vulneráveis

A lei destaca a proteção dos interesses individuais e coletivos de grupos sociais vulneráveis, destacando a criança, o idoso, a pessoa com deficiência e a mulher vítima de violência doméstica e familiar. Neste tópico, trataremos de ao menos três temas que podem encontrar sua base legal no inciso ora analisado:

a) seu significado jurídico prático voltado à Defensoria Pública;

149 O termo "dimensões" foi escolhido em detrimento da expressão "gerações", pois doutrina autorizada indica que os direitos humanos não se sucedem como gerações, mas convivem como dimensões: ideia sintetizada nos termos "complementariedade solidária" ou "indivisibilidade dos direitos humanos".

b) as Regras de Brasília sobre o acesso à justiça pensado nas vulnerabilidades; e, por fim, c) a atuação da Defensoria como guardiã dos vulneráveis (*custos vulnerabilis*).

**A) Significado jurídico prático voltado à Defensoria Pública: especialização e interdisciplinaridade**

Partindo da premissa de que os dispositivos legais têm de ter um mínimo de eficácia jurídica faremos breves considerações não sobre a abrangência do inciso em questão, que certamente haverá de ser a mais ampla na linha da garantia do acesso à justiça. Nossas considerações, assim, girarão em torno de eventual conteúdo mínimo, essencial, que carregue o dispositivo.

Essa perspectiva nos faz argumentar iniciando com uma indagação: antes de a LC n. 132/2009 prever o inciso XI seria sustentável argumentar que a atuação da Defensoria Pública em prol das temáticas nele mencionadas restava impossível (no sentido de não ser atribuição institucional)? Essa indagação retórica também pode ser feita de outra forma: eventual revogação desse inciso impossibilitará a atuação da Defensoria Pública nos temas mencionados?

Como cabe à Defensoria Pública garantir o acesso à justiça na dimensão da assistência jurídica sempre que for demandada, a resposta às indagações acima só pode ser "não", ou seja, com ou sem a expressa previsão do inciso XI caberá à Defensoria atuar em prol do adolescente, idoso etc., inclusive no âmbito coletivo.

Aceitas as considerações acima, cabe indagar: então para que essa previsão legal?

Razões de ordem simbólica podem trazer explicação convincente, mas preferimos contribuir trazendo uma discussão que dê algum *significado jurídico* ao inciso XI, por reputarmos isso mais construtivo.

A primeira consideração a fazer é que, quando especificou os setores de atuação, o que a lei desejou foi um *convite à especialização*, e daí o inciso terminar com a frase "que mereçam proteção especial do Estado".

O que aproxima as temáticas (defesa do adolescente e da criança, da mulher, do idoso e da pessoa com deficiência) é a *situação de vulnerabilidade*, que exige, pois, não só um olhar diferenciado como uma atuação interdisciplinar.

A propósito, e essa é a segunda observação que temos a fazer: se existe na lei alguma menção à ideia de vulnerabilidade, ela está no inciso XI.

Em resumo, "especialização" decorrente do reconhecimento de "vulnerabilidades" é uma ideia que pode ser extraída das expressões "proteção especial" e "vulneráveis". O significado jurídico que pode ser construído a partir desse inciso é que, *sempre que possível e necessário, a atuação nessas searas primará pela especialização e interdisciplinaridade*. Em certo sentido estar-se-á cumprindo referido mandamento legal por meio da criação de Núcleos Especializados, nos termos em que preveem os art.s 16, 62 e 107. De qualquer sorte, se por um lado os Núcleos, pela organização que lhes é peculiar, conseguem atender à aspiração de atendimento interdisciplinar, por outro, os defensores públicos nem sempre terão essas mesmas possibilidades em razão da rotina a que são burocraticamente submetidos.

Nessa linha de raciocínio, então, é importante termos em mente que o inciso XI não autoriza que, no plano *individual* de atuação, a Defensoria Pública deixe de fazer a análise econômica da situação de necessitado pelo só fato de se tratar de alguma das vulnerabilidades em jogo. Conquanto óbvio, urge frisar que estamos falando da perspectiva de atuação individual, e não coletiva.

**B) Regras de Brasília sobre o acesso à justiça pensado nas vulnerabilidades**

Como resultado da articulação entre as cortes superiores de justiça de cada país ibero-americano, em março de 2008 foi realizado XIV Congresso Ibero-americano, cujo escopo foi o de gerar o debate do acesso à justiça em relação às pessoas em situação de vulnerabilidade; especificamente, sobre aprimoramentos do sistema judicial para a proteção dos vulneráveis.

Lá, algumas causas de vulnerabilidade entraram na discussão, como migração, deslocamento interno, comunidades indígenas, questões de gênero, pobreza etc.

Como propostas concretas tendentes a dar efetividade a tal proteção temos a criação e fortalecimento da Defensoria Pública; a instituição de procedimentos mais simples, além da especialização e multidisciplinaridade no trato das questões litigiosas ou pré-litigiosas.

É claro que o documento gerado nesse congresso não possui força vinculante, mas cada vez mais o sistema de justiça tem pautado essas discussões que, cedo ou tarde, acabam criando jurisprudência.

**C) A atuação da Defensoria como guardiã dos vulneráveis (*custos vulnerabilis*): introdução**

Atualmente, com base especialmente (embora não só) no art. 4º, XI, da LC nacional n. 80/1994[150], o tema *custos vulnerabilis, que* tem sido bastante ventilado pela doutrina especializada em Defensoria Pública, vem ganhando adeptos fora desse seguimento, e produzindo seguidas decisões judiciais reconhecendo a figura interventiva *custos vulnerabilis* como função institucional da Defensoria Pública – tanto para processos individuais como coletivos.

Embora o tema seja recente[151], conforme veremos ao longo do estudo existe profusão de material dedicado a ele e que só aumenta em grande velocidade. Contudo, ao mesmo tempo em que a figura interventiva *custos vulnerabilis* vai se consolidando, tanto na doutrina quanto na jurisprudência, surgem importantes dúvidas no que se refere à sua operacionalidade, e que decorrem da carência teórica de que ainda padece, apesar do ingente esforço da doutrina especializada em Defensoria Pública. Nosso propósito é tentarmos oferecer contribuição que reforce a base teórico-normativa da figura interventiva em questão, permitindo reduzir em alguma medida a insegurança jurídica e tornando-a mais operacional.

Nossa empresa pode ser dividida, basicamente, em três partes: na primeira parte, nosso esforço consistirá em apresentar o pensamento do que, para muitos, figura como o tema do

150 Texto normativo: "(...) XI – exercer a defesa dos interesses individuais e coletivos da criança e do adolescente, do idoso, da pessoa portadora de necessidades especiais, da mulher vítima de violência doméstica e familiar e de outros grupos sociais vulneráveis que mereçam proteção especial do Estado; (...) (Redação dada pela Lei Complementar n. 132, de 2009)".

151 Atribui-se a nomenclatura dessa função institucional a Maurilio Casas Maia, em artigo de 2014: MAIA, Maurilio Casas. *Custos vulnerabilis* constitucional: o Estado defensor entre o REsp n. 1.192.577-RS e a PEC n. 04/14. *Revista Jurídica Consulex*. Brasília, ano XVIII, n. 417, jun. 2014, p. 55-57.

momento no âmbito da Defensoria Pública[152]; na segunda parte, teceremos algumas críticas que têm sido levantadas apontando falhas a serem corrigidas na teoria que sustenta a função *custos vulnerabilis*; na última parte, nossa exposição apresentará nosso pensamento geral a respeito do tema, no propósito de aperfeiçoar o instituto em benefício dos destinatários do serviço público de assistência jurídica integral e gratuita.

Comecemos tentando reunir uma visão geral sobre o que seria a função institucional *custos vulnerabilis.*

**Breves notas sobre as ideias e os argumentos que concorrem em favor do *custos vulnerabilis***

Em artigo intitulado *Um breve ensaio sobre os avanços da Defensoria Pública enquanto* custos vulnerabilis *no Brasil,* Maurílio Casas Maia – a quem se deve atribuir a nomenclatura dessa função institucional – e Alfredo Emanuel Farias de Oliveira sustentam que "a atuação defensorial deve ser otimizada também por meio da estimulação do respeito ao direito dos vulneráveis pelo Poder Judiciário e demais funções estatais". E esclarecem: "Exatamente em tal contexto, insere-se a nova atuação de *custos vulnerabilis* do Estado Defensor, ou seja, a atuação da Defensoria Pública enquanto terceiro interveniente no processo, com lastro em seu interesse constitucional e legal"[153].

Em outro estudo no campo da execução penal, intitulado *O garantismo penal, o encarcerado vulnerável e a intervenção da Defensoria Pública na execução penal:* custos vulnerabilis?, Nestor Eduardo Araruna Santiago e, novamente, Maurilio Casas Maia, dentre outras conclusões, apresentaram as seguintes:

> (...) V – a Defensoria Pública – na qualidade de órgão interveniente –, tem missão distinta do Ministério Público, pois enquanto este último tem seu papel constitucional conectado à *objetiva* tutela da ordem jurídica enquanto *custos legis et iuris* (guardião da lei e da ordem jurídica), a Defensoria Pública age em favor do progresso dos necessitados (*lato sensu*), como guardiã dos vulneráveis e dos excluídos (*custos vulnerabilis et plebis*), assim como amiga das comunidades carentes (*amicus communitas*); e V – a partir das premissas até aqui lançadas, conclui-se que a Defensoria Pública pode e deve atuar – para além da forma de *representação postulatória* –, na qualidade *órgão interveniente* na execução penal, a partir de sua legitimidade constitucional de protetora dos necessitados – como são, em sentido amplo, os encarcerados –, agindo enquanto interveniente, condição de guardiã dos vulneráveis e das comunidades carentes (*custos vulnerabilis et amicus communitas*)[154].

152 DIAS, Eduardo Augusto da Silva. Dificuldades e possibilidades de atuação da Defensoria Pública como *custos vulnerabilis* no processo penal. In: OLIVEIRA, Alfredo Emanuel Farias de *et al.* (orgs.). *Teoria geral da Defensoria Pública.* Belo Horizonte: D'Plácido, 2020. cap. 19, p. 629.

153 OLIVEIRA, Alfredo Emanuel Farias de; MAIA, Maurilio Casas. Um breve ensaio sobre os avanços da Defensoria Pública enquanto *custos vulnerabilis* no Brasil. In: OLIVEIRA, Alfredo Emanuel Farias de *et al.* (orgs.). *Teoria geral da Defensoria Pública.* Belo Horizonte: D'Plácido, 2020. cap. 17, p. 583.

154 SANTIAGO, Nestor Eduardo Araruna; MAIA, Maurilio Casas. O garantismos penal, o encarcerado vulnerável e a intervenção da Defensoria Pública na execução penal: *custos vulnerabilis*? *Revista Brasileira de Ciências Criminais,* v. 152, fev. 2019, p. 173/209.

No campo do processo civil, especificamente das possessórias, analisando os arts. 554, § 1º, e 565, § 2º, do CPC, Maurilio Casas Maia faz análise sobre a atuação da Defensoria Pública em intervenção de terceiro nos processos *individual* e *coletivo* a partir do *próprio interesse institucional*[155]. A certa altura, explica baseado em Hugo Nigro Mazzilli:

> (...) c) Terceiro interveniente – segundo lição de Mazzilli, a atuação de interveniente seria 'em razão da natureza da lide e desvinculado do zelo de interesse ligado à qualidade de quaisquer das partes', exemplificando nesse caso com o Ministério Público, na modalidade de atuação *custos legis et iuris*. Por outro lado, em relação à Defensoria Pública, pode-se citar sua *novel* atuação em favor dos direitos humanos (art. 134, CF/88). É preciso esclarecer que as instituições constitucionais do Ministério Público e da Defensoria Pública – enquanto terceiros *intervenientes* –, são 'interessados' no cumprimento de seu 'fim institucional' – afastando-lhes de qualquer imparcialidade –, porquanto se adequariam a um conceito de parte em sentido mais amplo, além do conceito tradicional, por serem interessados em determinada solução da demanda[156].

Importante ressaltarmos que, nesse artigo, Maurilio Casas Maia ainda distingue *custos vulnerabilis* do assistente *ad coadjuvandum*:

> (...) e) Assistente *ad coadjuvandum* – No contexto da intervenção das carreiras componentes das funções essenciais à justiça, trata-se de modalidade *sui generis* de assistência vinculada ao interesse institucional em tutelar determinada categoria. Pode ocorrer em relação à Defensoria Pública, quando esta postula ingresso em juízo a fim de reforçar a tutela de interesses de categorias constitucionalmente protegidas[157].

Maurilio Casas Maia, desta forma, reconhece na atuação defensorial lastreada no § 1º do art. 554 do CPC[158] uma *atuação coletiva*, em *nome próprio*, e voltada para o *interesse institucional da Defensoria Pública*: a tutela do necessitado e suas respectivas necessidades. Em suas palavras: "trata-se de perspectiva de terceiro interveniente *sui generis*, com base constitucional e lastro no seu interesse institucional – atuando com legitimidade coletiva (ou extraordinária)"[159].

Com respeito ao art. 565, § 2º, do CPC[160], Maurilio Casas Maia infere a partir de seu texto

---

155 MAIA, Maurilio Casas. A intervenção de terceiro da Defensoria Pública nas ações possessórias multitudinárias do NCPC: colisão de interesses (art. 4º-A, V, LC n. 80/1994) e posições processuais dinâmicas. In: DIDIER JR., Fredie et al. (org.). Coleção Novo CPC – Doutrina Selecionada – v. 1 – Parte Geral. 2. ed. Salvador: Juspodivm, 2016, p. 1253-1292.

156 Idem, p. 1263/1264.

157 Idem, p. 1264/1265.

158 "Art. 554. A propositura de uma ação possessória em vez de outra não obstará a que o juiz conheça do pedido e outorgue a proteção legal correspondente àquela cujos pressupostos estejam provados. § 1º No caso de ação possessória em que figure no polo passivo grande número de pessoas, serão feitas a citação pessoal dos ocupantes que forem encontrados no local e a citação por edital dos demais, determinando-se, ainda, a intimação do Ministério Público e, se envolver pessoas em situação de hipossuficiência econômica, da Defensoria Pública."

159 Idem, p. 1270.

160 "Art. 565. No litígio coletivo pela posse de imóvel, quando o esbulho ou a turbação afirmado na petição inicial houver ocorrido há mais de ano e dia, o juiz, antes de apreciar o pedido de concessão da medida li-

que se trata da hipótese de *existir advogado constituído*[161] e, portanto, o defensor público não atua como representante postulatório, mas a figura do defensor público percebe-se – nas palavras dele – como "instituição de garantia, como eventual instrumento de reforço do contraditório do necessitado econômico (beneficiário da gratuidade judiciária) e de razoável duração do processo para todos os demais membros das coletividades afetadas no caso narrado"[162].

Anote-se que a ideia de reforçar o contraditório por meio da complementação da atuação de advogado constituído encontra-se, também, no processo penal, no estudo citado acima, *in verbis*:

> A Defensoria Pública é órgão de garantia e, mormente quando se encontra na condição de órgão de execução penal. Assim sendo, para além do agir em representação postulatória do apenado sem patrocínio advocatício, devendo atuar quando em nome da missão constitucional da Defensoria Pública autonomamente ('legitimidade extraordinária') *e até mesmo em caráter complementar ao advogado privado, em harmonia com este, a fim de reequilibrar a balança processual em relação ao órgão público interessado na execução da lei (Ministério Público) e amplificar o contraditório dos necessitados na formação dos precedentes em favor dos mais vulneráveis*[163].

Destaca-se ainda Jorge Bheron Rocha ao tratar do tema *custos vulnerabilis* no processo penal que, em suas palavras, "atende fielmente ao cumprimento da missão constitucional da Defensoria Pública e se harmoniza com as disposições constitucionais fundamentais do Estado Democrático de Direito e com as normas infraconstitucionais vigentes"[164]. Ademais, ressalta que a Defensoria Pública, na condição de *custos vulnerabilis* em processo penal, atua como: "(...) terceiro interessado em nome próprio e não como representante direto de uma das partes da demanda penal, seja como acusação, em relação ao querelante ou ao assistente, seja na defesa, em que o acusado já estará suficientemente representado por advogado particular"[165].

---

minar, deverá designar audiência de mediação, a realizar-se em até 30 (trinta) dias, que observará o disposto nos §§ 2º e 4º.

§ 1º Concedida a liminar, se essa não for executada no prazo de 1 (um) ano, a contar da data de distribuição, caberá ao juiz designar audiência de mediação, nos termos dos §§ 2º a 4º deste artigo.

§ 2º O Ministério Público será intimado para comparecer à audiência, e a Defensoria Pública será intimada sempre que houver parte beneficiária de gratuidade da justiça."

161 "Caso contrário" – argumenta Casas Maia – "seria despiciendo e sem sentido o dispositivo comentado, porquanto a parte assistida por um defensor público na condição de representante postulatório deve ser naturalmente acompanhada pelo seu defensor técnico em audiência, o qual será intimado sempre para a prática ou participação dos atos processuais" (Idem, p. 1.276).

162 Idem, p. 1276.

163 SANTIAGO, Nestor Eduardo Araruna; MAIA, Maurílio Casas. O garantismos penal, o encarcerado vulnerável e a intervenção da Defensoria Pública na execução penal: *custos vulnerabilis*? *Revista Brasileira de Ciências Criminais*, v. 152, fev. 2019, p. 173-209, colocamos em itálico.

164 ROCHA, Jorge Bheron. A Defensoria como *custos vulnerabilis* e a advocacia privada. *Revista Consultor Jurídico*, maio 2017. Disponível em: <https://www.conjur.com.br/2017-mai-23/tribuna-defensoria-defensoria-custos-vulnerabilis-advocacia-privada>.

165 Idem, ibidem.

Jorge Bheron Rocha também faz distinção entre *amicus curiae* e *custos vulnerabilis*, usando como critério a diversidade de efeitos jurídicos produzidos por cada uma dessas intervenções:

> Diferencia-se o atuar como *custos vulnerabilis* daquele efetivado como *amicus curiae*, porque neste a Defensoria Pública atua como amigo da corte, possui restrição recursal aos embargos de declaração e necessita comprovar a repercussão social da controvérsia, enquanto que, naquela, trata-se de atuação em prol do vulnerável, sendo também cabível interpor todo e qualquer recurso (até porque, muitas vezes, a própria instituição poderia ter ajuizado a demanda em nome próprio, como nos casos de ações civis públicas ou *Habeas Corpus*) e, ainda, porque a demanda pode ter cunho exclusivamente individual, relacionado à dignidade humana e aos direitos fundamentais da pessoa[166].

Vale a pena ainda destacar o que Jorge Bheron Rocha entende como pertinente para uma atuação legítima da figura interventiva *custos vulnerabilis*:

> A intervenção defensorial *custos vulnerabilis* tem como escopo aportar, em prol do vulnerável, argumentos, informações e documentos aptos a instruir sobejamente o processo, de forma a possibilitar ao julgador uma cognição ampla e profunda da problemática posta, enfrentando com maior grau de certeza e confiança o mérito do pedido, sem com isso dispensar ou substituir o importante papel desempenhado pelo causídico particular representante judicial do preso, uma vez que o advogado privado *presta serviço público e exerce função social* (artigo 2º, parágrafo 1º, Estatuto da OAB) *indispensável à administração da justiça* (artigo 133, CRFB), cuja atuação livre está protegida (artigo 7º, I, Estatuto da OAB)[167].

Eduardo Augusto da Silva Dias, em texto intitulado *Dificuldade e possibilidades de atuação da Defensoria Pública como* custos vulnerabilis *no processo penal*, após discorrer sobre a necessidade da Defensoria Pública atuar no inquérito policial exercendo defesa – pois só a defesa acredita que elementos informativos do inquérito não constituem prova, enquanto o Judiciário continua usando esses elementos informativos para condenar –, ele resume como vê a intervenção *custos vulnerabilis*: "Pode-se resumir, então, que o *custos vulnerabilis* fundamenta-se na necessidade de efetivação do contraditório e em possibilitar igualdade de armas"[168]. Nessa perspectiva, ele também sustenta que a Defensoria Pública poderá intervir em processo, na qualidade de *custos vulnerabilis*, em casos nos quais a mídia exerce grande peso, como forma de reforçar a defesa ainda que a acusação não use a mídia voluntariamente[169].

Saindo do campo penal, a doutrina também pensa na figura interventiva *custos vulnerabilis* dentro da teoria político-constitucional de separação dos Poderes. Se voltarmos para o texto intitulado *Um breve ensaio sobre os avanços da Defensoria Pública enquanto* custos vulnerabilis *no Brasil*, de Maurilio Casas Maia e Alfredo Emanuel Farias de Oliveira, perceberemos que nele

---

166 Idem, ibidem.

167 Idem, ibidem.

168 DIAS, Eduardo Augusto da Silva. Dificuldade e possibilidades de atuação da Defensoria Pública como *custos vulnerabilis* no processo penal. In: OLIVEIRA, Alfredo Emanuel Farias de *et al.* (orgs.). *Teoria geral da Defensoria Pública.* Belo Horizonte: D'Plácido, 2020. cap. 19, p. 634-636.

169 Idem, p. 639-640.

surge novo aporte teórico que tenta reforçar a ideia de *custos vulnerabilis*, a saber: a Defensoria Pública como *contrapoder*.

Inspirados em famosa passagem de Montesquieu – "a experiência eterna mostra que todo homem que tem poder é tentado a abusar dele; vai até onde encontra limites. (...) Para que não se possa abusar do poder é preciso que, pela disposição das coisas, o poder freie o poder"[170] –, passam a discretear sobre o fato de que "ao longo do tempo surgiram variadas dimensões dos contrapoderes", e que a Defensoria Pública exerce tal função a ponto de ter *natureza* de contrapoder, pois é "essa parte do Estado organizada para auxiliar a efetivação do regime democrático de direito, na medida em que garante pleitos e, de certo modo, a própria existência das minorias diante da maioria e do próprio Estado"[171]. E complementam a explicação com as seguintes palavras:

> Nesse contexto, a Defensoria Pública deve canalizar e ser vetor da movimentação jurídica dos mais vulneráveis, características nada mais representam que o exercício e manifestação do contrapoder, sendo este elemento solidificador da dimensão democrática do Estado Democrático de Direito. Assim, não se pode olvidar que a Defensoria Pública funciona como instituição que garante a existência e exercita a dimensão de contrapoder. Ele pertence ao Poder, mas exerce essa parcela de poder, muitas vezes, contra o próprio poder constituído, em defesa das minorias[172].

No ano de 2020, três dos principais formuladores do *custos vulnerabilis* lançaram livro homônimo que possui como subtítulo a síntese do que seria o combustível dessa teoria: *A Defensoria Pública e o equilíbrio nas relações político-jurídicas dos vulneráveis*. Nesta obra, os autores apresentam a teoria do *custos vulnerabilis* traçando um panorama histórico da assistência jurídica no Brasil – o que fomentaria, pois, o uso da interpretação histórica –, além colher sua aceitação doutrinária. Ademais, sistematizam os campos de incidência prática do *custos vulnerabilis* (representação postulatória, legitimação extraordinária, intervenção de terceiro etc., bem como no processo penal) e, por fim, enumeram decisões judiciais que a acolheram[173].

Por fim, para concluirmos essa exposição geral sobre um tema tão amplo, complexo e ainda padecendo de vaguezas e indefinições, é interessante anotarmos que a doutrina especializada tem arrolado exemplificativamente algumas das atuações da Defensoria Pública no papel de *custos vulnerabilis*. Ademais das que já mencionamos, podemos acrescentar:

---

170 MONTESQUIEU, Charles de Secondat – Barão de. *O espírito das leis*. Tradução: Fernando Henrique Cardoso e Leôncio Martins Rodrigues. São Paulo: Difusão Europeia do Livro, 1962. v. I, Livro XI, Capítulo IV, p. 179 e 180 (Clássicos Garnier da Difusão Europeia do Livro).

171 OLIVEIRA, Alfredo Emanuel Farias de; MAIA, Maurílio Casas. Um breve ensaio sobre os avanços da Defensoria Pública enquanto *custos vulnerabilis* no Brasil. In: OLIVEIRA, Alfredo Emanuel Farias de *et al.* (orgs.). *Teoria geral da Defensoria Pública*. Belo Horizonte: D'Plácido, 2020. cap. 17, p. 584-585.

172 Idem, p. 586.

173 GONÇALVES FILHO, Edilson Santana; ROCHA, Jorge Bheron; maia, Maurilio Casas. *Custos vulnerabilis*: a Defensoria Pública e o equilíbrio nas relações político-jurídicas dos vulneráveis. Belo Horizonte: CEI, 2020.

- em revisão criminal para amplificação do contraditório e formação de precedentes em favor de categorias vulneráveis;
- em *habeas corpus*, fortalecendo a impetração;
- em ação possessória para promoção de direitos fundamentais, admitindo-se a intervenção em demandas que envolvam direitos difusos e coletivos para realizar a finalidade institucional de defesa dos vulneráveis;
- em ação civil pública do Ministério Público envolvendo direitos ambiental, urbanístico e de moradia na mesma ação, tendo sido reconhecido que a Defensoria Pública poderia intervir no processo para realizar a finalidade institucional de defesa dos vulneráveis;
- em recurso especial julgado na forma repetitiva e que admitiu a intervenção da DPU como *custos vulnerabilis* em ação envolvendo direito à saúde, sendo compatível com a finalidade institucional etc.[174].

Deste modo, chegamos a este quadro que sintetiza o pensamento corrente:

| Características gerais da intervenção *custos vulnerabilis* apontadas atualmente pela doutrina especializada mais favorável à tese: |
|---|
| • *em quais processos?* Pode ocorrer em processos coletivos ou individuais;<br>• *em quais áreas jurídicas?* Incide em diversas áreas (cível: saúde, urbanismo, meio ambiente etc.; penal: processos de conhecimento e executivo; além de outras áreas especiais, como a trabalhista etc.);<br>• *qual sua natureza?* Em termos processuais, a Defensoria Pública atuaria enquanto terceiro interveniente no processo, verdadeira intervenção de terceiro atípica, com lastro em seu interesse constitucional e legal, não se caracterizando nem como representante postulatório nem como legitimado extraordinário (ou coletivo);<br>• *quais possíveis finalidades?* Entre as finalidades entrevistas estão reforço do contraditório constitucional para fins de defesa de direitos vulneráveis e/ou construção de precedentes, além da redução da desigualdade entre os litigantes, e atuação de contrapoder para defesa das minorias contra o próprio Estado;<br>• *quais fundamentos constitucionais?* A Defensoria Pública funciona como instituição que garante a existência e exercita a dimensão de *contrapoder* no sistema de freios e contrapesos, isto é, pertence ao Poder, mas exerce essa parcela de poder, muitas vezes, contra o próprio poder constituído, em defesa das minorias; deve-se destacar também a função de *promoção de direitos humanos,* em especial concretização mais consistente do contraditório constitucional e da igualdade material. |

174 OLIVEIRA, Alfredo Emanuel Farias de; MAIA, Maurílio Casas. Um breve ensaio sobre os avanços da Defensoria Pública enquanto *custos vulnerabilis* no Brasil. In: OLIVEIRA, Alfredo Emanuel Farias de *et al.* (orgs.). *Teoria geral da Defensoria Pública*. Belo Horizonte: D'Plácido, 2020, cap. 17, p. 592/596; ROCHA, Jorge Bheron. A Defensoria como *custos vulnerabilis* e a advocacia privada, *Revista Consultor Jurídico*, 23 de maio de 2017, consultado em: <https://www.conjur.com.br/2017-mai-23/tribuna-defensoria-defensoria-custos-vulnerabilis-advocacia-privada>.

**Algumas críticas dirigidas ao pensamento majoritário apontando imprecisões teóricas**

A doutrina do *custos vulnerabilis* vai ganhando adeptos, isso é inegável, havendo uma seleção considerável de autores de diferentes especialidades que já usaram essa expressão[175].

Muitos desses doutrinadores, porém, por se tratar de um tema novo, levantam vozes dissonantes e desejosas de contribuir para o aperfeiçoamento de sua consistência teórica: e neste tópico pretendemos catalogar algumas delas.

**Franklin Roger e Diogo Esteves**

Franklin Roger e Diogo Esteves questionam a atuação de *custos vulnerabilis* em ações *individuais*. Reivindicam, logo de início, a necessidade de serem desenhados aspectos básicos dessa intervenção, sob pena dela revelar sua natureza autoritária; em suas palavras: "De início, é importante traçar os interesses, propósito e extensão da intervenção da Defensoria Pública, de modo que sua atuação não se torne um autoritarismo (*rectius*, paternalismo) estatal, que acabaria subtraindo das partes o poder de buscar a tutela de seus próprios interesses. Embora seja forte a veia publicista do CPC/2015, não se pode negar que os ideais privatistas foram soerguidos, já que as partes gozam de maior liberdade e protagonismo na relação processual"[176].

Em seguida, a partir do receio de que a intervenção *custos vulnerabilis* seja autoritária, excluem a possibilidade da Defensoria Pública atuar com legitimidade extraordinária, frisando que seu ingresso em demanda individual "não teria o condão de tutelar em nome próprio um direito alheio e muito menos caso de representação, já que a parte é devidamente patrocinada por advogado"[177]. Negam também que seja caso de *assistência*, uma intervenção processual *ad coadjuvandum,* "visto que a Defensoria Pública não teria participação na relação jurídica discutida pelas partes e também não agiria com o intento de obter a sentença favorável a uma delas. Seu papel seria apenas assegurar que a parte pudesse litigar em igualdade de condições, diante da ausência de interesse jurídico da instituição"[178].

Feitas tais exclusões, eles sustentam que a hipótese do *custos vulnerabilis* "mais se assemelharia a uma intervenção em prol do vulnerável, uma intervenção de terceiros atípica própria da Defensoria Pública, tal como ocorre no *amicus curiae* e na atuação do Ministério Público nas causas dos incapazes, em que o papel do *Parquet* é o de verificação da adequada tutela de interesses"[179].

E com essas impressões, Franklin Roger e Diogo Esteves criticam a insuficiência teórica do *custos vulnerabilis* com essas palavras:

> (...) vários aspectos precisam ser bem definidos nessa nova função interventiva da Defensoria Pública. Primeiro, compreender que tipos de deficiência processual admitiriam a participação

175 GONÇALVES FILHO, Edilson Santana; ROCHA, Jorge Bheron Rocha; maia, Maurilio Casas. *Custos vulnerabilis*: a Defensoria Pública e o equilíbrio nas relações político-jurídicas dos vulneráveis. Belo Horizonte: CEI, 2020. p. 72-76.

176 ROGER, Franklin; ESTEVES, Diogo. *Princípios institucionais da Defensoria Pública*. 2ª edição. Rio de Janeiro: Forense, 2017, p. 428.

177 Idem, p. 429.

178 Idem, ibidem.

179 Idem, ibidem.

institucional; a extensão da atuação; a necessidade da aquiescência; o choque de vulnerabilidades, por exemplo. A intervenção da Defensoria Pública não pode concretizar autêntica manifestação de autoritarismo ou de paternalismo estatal, tendente a subtrair das partes a capacidade de buscar a tutela jurídica de seus próprios interesses[180].

Em relação à insuficiência teórica, dão especial destaque à hipótese (comum no cotidiano, a propósito) de dois polos antagônicos ocupados por pessoas em flagrante condição de vulnerabilidade, exemplificando pelo consumidor pessoa natural litigando com um pequeno comerciante (também vulnerável) e uma grande fabricante. Perguntam: "(...) até que ponto o pequeno empresário não necessitaria de assistência da Defensoria Pública tal como o consumidor?"[181].

Por fim, Esteves e Roger mencionam a questão dos *limites materiais* e de *recursos humanos* da Defensoria Pública, os quais impedem que a Defensoria Pública exerça plenamente as funções institucionais expressamente previstas na Lei Orgânica respectiva, e se batem na prioridade da realização dessas funções institucionais em detrimento da novidade interventiva[182].

**Júlio Camargo de Azevedo**

Júlio Camargo de Azevedo, em sua *Prática cível para Defensoria Pública*, também levanta questionamentos em relação à intervenção de *custos vulnerabilis*.

Ele também interpretou o instituto como intervenção institucional em nome próprio, com lastro em interesse constitucional e legal[183]. Em acréscimo, explica que é favorável à atuação institucional em discussão seja por razões históricas (dívida histórica do Estado brasileiro com os grupos vulneráveis), seja por razões políticas (os grupos vulneráveis não possuem representatividade adequada, e sustentam interesses não hegemônicos), seja por razões jurídicas (existência de vínculo jurídico-institucional entre Defensoria Pública e a defesa de vulneráveis)[184].

Júlio Camargo de Azevendo, porém, de modo geral apresenta duas grandes críticas: primeiro, diz-se preocupado com um modelo de intervenção adotado por não enxergar alinhamento entre a tutela jurídica das vulnerabilidades proposta e a missão institucional de promoção dos direitos humanos instituída pela EC n. 80/2014. Aponta também que a intervenção *custos vulnerabilis* vem colidindo com os fundamentos jurídico-filosóficos construído em favor dos grupos vulneráveis na seara internacional de direitos humanos[185]. Em seguida, especifica mais os campos de incidência de suas críticas, conforme os itens que a seguir enumeramos[186]:

1) terminologia latina;

---

180 Idem, ibidem.

181 Idem, p. 429-430.

182 Idem, p. 429.

183 AZEVEDO, Júlio Camargo de. Prática Cível para Defensoria Pública. Belo Horizonte: CEI, 2018, quarta parte, cap. 1, p. 231.

184 Idem, p. 232.

185 Idem, ibidem.

186 Idem, p. 232-240.

2) fundamentos (jurídicos e filosóficos) moldados apenas segundo a justiça redistributiva, deixando de lado o ideal de justiça pelo reconhecimento;

3) possibilidade de forma interventiva sem contato prévio ou qualquer autorização da parte, mesmo representada adequadamente por advogado, desde que o juiz autorize;

4) natureza jurídica de intervenção autônoma com lastro no interesse constitucional e legal, não havendo fundamentos distintivos suficientes, contudo, que justifiquem a nova categoria – salvo em situações excepcionais de atuação, que merecem melhor reflexão;

5) ausência de critérios claros e justos para a intervenção em favor de sujeitos vulneráveis.

**Caio Paiva e Tiago Fensterseifer**

Caio Paiva e Tiago Fensterseifer também são críticos com relação à intervenção *custos vulnerabilis*, aderindo às críticas feitas pelos autores citados nos itens imediatamente anteriores, ponderando: "(...) sem prejuízo de uma nova reflexão, aderimos às críticas apontadas à intervenção processual da Defensoria Pública como *custos vulnerabilis*, principalmente no que diz respeito à ausência de um rigor metodológico para definir hipóteses de intervenção e, se existem, quais requisitos devem ser preenchidos"[187].

Acrescentam uma apropriada percepção histórica, ao registrarem que a Defensoria Pública parece passar por um período semelhante ao Ministério Público dos anos 1990, "em que se buscou uma expansão de suas funções institucionais para ampliar as formas de atuação, sem uma reflexão cuidada e compartilhada acerca da estrutura para assumir novos poderes". E indagam de modo pertinente:

> Será que, intervindo ou sendo chamada a intervir em todos os processos em que estejam sendo discutidos direitos de pessoas ou grupos vulneráveis, a Defensoria Pública não deixará cada vez mais desassistida – e, por isso, vulnerável – a população que procura diariamente com seus 'pequenos-grandes' problemas?[188]

**Considerações iniciais sobre as críticas precedentes: aspectos metodológicos a serem observados**

O que mais importa é o cerne das pertinentes críticas referidas acima; e este cerne aponta principalmente para *vaguezas* e *imprecisões* não só de requisitos de cabimento da intervenção batizada de *custos vulnerabilis*, mas também da natureza, amplitude e do conteúdo dessa atuação, sem contar a preocupação com o problema de legitimidade na hipótese de interesses antagônicos vulneráveis no mesmo processo, bem como na possibilidade de se intervir mesmo na total ausência de diálogo ou, pelo menos, havendo pouco diálogo junto aos supostos beneficiários da atuação de *custos vulnerabilis*.

Conquanto devamos reconhecer os grandes esforços da doutrina especializada, as dificuldades existem porque a base teórica dessa figura interventiva exige maior consistência, havendo

187 PAIVA, Caio; FENSTERSEIFER, Tiago. *Comentários à Lei Nacional da Defensoria Pública*. Belo Horizonte: CEI, 2019. p. 241.

188 Idem, p. 241-242.

muitas vezes distanciamento das matrizes teóricas e normativas processuais e constitucionais vigentes. Em resumo, Caio Paiva e Tiago Fensterseifer vão direto ao ponto quando asseveram a ausência de maior rigor metodológico na construção dessa função institucional.

**O estudo da intervenção *custos vulnerabilis* deve ser aprofundado separadamente nos campos do processo civil e do processo penal**

Para tentarmos teorizar com maior rigor metodológico, uma primeira ponderação que fazemos diz respeito à necessidade de aprofundarmos o estudo da função *custos vulnerabilis* separadamente nos campos do processo civil e do processo penal, de forma a ajustarmos com maior aderência às diversas matrizes teórico-normativas processuais.

Notemos que, no campo do processo civil, a novidade emerge em meio a uma de suas matérias mais difíceis, se realmente não for a mais complicada da parte geral do Código de Processo Civil: *intervenção de terceiros*. Em nosso sentir, porém, o ponto mais frágil da construção do conceito de *custos vulnerabilis* reside, até aqui, no diálogo superficial com os demais conceitos típicos da complicada matéria de intervenção de terceiros e, principalmente, a carência de um estudo mais sistemático (incluindo-se a historicidade desse sistema processual). Esse parece ser o maior responsável pela fragilidade metodológica.

No campo processual penal, não obstante a doutrina se apoie em Luigi Ferrajoli – um dos maiores juristas vivos de nosso tempo –, há questões a serem tratadas na perspectiva do direito brasileiro não compatíveis com o direito italiano, e que não estão sendo levadas em consideração. Por outro lado, o marco teórico-normativo do processo penal impõe a vigência dos princípios acusatório e da presunção de inocência, o que torna equivocado o estudo generalizado da figura interventiva em análise, como se pouco importasse se tratar de direito processual civil ou de direito processual penal. Ademais, curiosamente, apesar da valiosa fonte de inspiração, a doutrina especializada que sustenta a figura interventiva *custos vulnerabilis* no processo penal nem sempre é fiel à base teórica do próprio Luigi Ferrajoli.

**O argumento de autoridade da jurisprudência e seus riscos**

Tenta-se, a propósito, compensar a incipiente base teórica de que ainda padece a função *custos vulnerabilis* com os inúmeros *exemplos jurisprudenciais* que a vêm reconhecendo, de modo paulatino, entre as funções institucionais da Defensoria Pública. É claro que o crescente sucesso jurisprudencial não pode ser menosprezado, e deve ser atribuído à luta incessante de defensores públicos – tanto no campo de atuação judicial quanto no campo doutrinário. Entretanto, isso, pura e simplesmente, não põe fim a vaguezas e imprecisões que, atualmente, assombram a função que está sendo empreendida pela doutrina especializada. Em suma: o Direito não é apenas o que os tribunais dizem que ele é.

Essa postura convergente ao realismo jurídico – íntima da política e de difícil combinação com o direito – empobrece o debate jurídico e acadêmico porque se deixam de lado os verdadeiros problemas que rondam a função *custos vulnerabilis*.

***Custos vulnerabilis* e a análise histórica da Defensoria Pública**

Estudar a teoria da função *custos vulnerabilis* é estudar apenas mais um capítulo da transformação contínua da Defensoria Pública brasileira.

O nascimento da expressão *custos vulnerabilis* dá-se em meados de 2014, num momento em que a legitimidade ativa da Defensoria Pública para propositura de ação civil pública estava para ser julgada pelo STF (ADIn 3.943) numa ação proposta por órgão de classe (a Conamp). O escopo de Maurílio Casas Maia – quem cunhou a expressão – era destacar que Defensoria Pública e Ministério Público possuem missões distintas: aquela, a defesa dos vulneráveis, e este, da ordem jurídica. Daí, após as primeiras divulgações científicas (sítio eletrônico da Associação Nacional dos Defensores Públicos), "(...) o tema passou a ser recorrente entre defensores públicos e em primeiro grau de jurisdição"[189].

Como se pode notar, estamos tecendo críticas a uma importante discussão do momento: Defensoria Pública como *custos vulnerabilis*, que parece estar sendo gerida de dentro (doutrina especializada) para fora (doutrina em geral e jurisprudência). Assim, é recomendável, para além de interessante, um olhar panorâmico sobre a existência de uma doutrina especializada e a inevitável semelhança dos percursos feitos pelo Ministério Público e pela Defensoria Pública. Cremos que a finalidade disso seja estimular uma autocrítica por parte da doutrina especializada.

**A construção de uma doutrina especializada**

A Defensoria Pública nada mais é do que a estruturação profissional e especializada da prestação de serviço público de assistência jurídica integral e gratuita. E como seus integrantes, dotados de estabilidade, devem se dedicar exclusivamente à prestação dessa assistência, é inevitável a construção de uma doutrina especializada ou engajada.

A essa doutrina especializada cabe pontuar a posição da instituição no cenário nacional e internacional (o que ela faz e o que não faz), revisitar temas que novas situações práticas exigem (como atribuições, prerrogativas e autonomia, sobretudo diante de uma legislação anterior) e difundir, perante a sociedade e órgãos decisores (Poder Executivo, parlamento), a sua importância (um dos lemas da proposta de emenda constitucional que resultou na EC n. 80/2014, chamada "PEC das Comarcas", era: onde há um juiz e um promotor deve haver um defensor público).

Não só inevitável, é ótimo que de uma instituição emerja doutrina especializada.

Eis um exemplo: no Brasil, o Ministério Público já pertenceu ao Poder Executivo e ao Judiciário, ganhando gradativamente a sua autonomia. E uma das primeiras vozes nesse sentido coube a Alfredo Valladão, integrante do Ministério Público junto ao Tribunal de Contas, nas primeiras décadas do século XX.

Alfredo Valladão defendia a tese do Ministério Público como um quarto Poder – aqui, no sentido essencial de separá-lo dos demais Poderes: "as atribuições do Ministério Público não são nem legislativas, nem administrativas; mas, também, não são, propriamente, judiciárias"[190]. Essa tese

189 GONÇALVES FILHO, Edilson Santana; ROCHA, Jorge Bheron; MAIA, Maurilio Casas. *Custos vulnerabilis*: a Defensoria Pública e o equilíbrio nas relações político-jurídicas dos vulneráveis. Belo Horizonte: CEI, 2020. p. 50-51.

190 VALLADÃO, Alfredo. *O Ministério Público, quarto poder do Estado e outros estudos jurídicos*. Anotações, traços biográficos e bibliografia de Alfredo Valladão por Haroldo Valladão. Rio de Janeiro: Freitas Bastos, 1973. p. 29.

– que certamente não pode ser atribuída apenas a ele – aos poucos foi acolhida por outros doutrinadores, como Araújo Castro e Roberto Lyra, além dos tribunais, até alcançar sua consagração máxima: na Constituição de 1934 o Ministério Público é previsto em capítulo distinto dos Poderes[191].

Após a Constituição de 1988, o Ministério Público brasileiro havia sido impactado por tantas e tão rápidas mudanças que a doutrina especializada alertava sobre a necessidade de sua renovação, abrangendo pontos como a razão de ser da instituição, sua dimensão política e social e uma reflexão constante sobre suas novas atribuições[192].

A Defensoria Pública, por sua vez, guarda semelhanças históricas com a Advocacia (pública e, sobretudo, privada) e com o Ministério Público, fazendo com que a doutrina especializada tenha um papel importante para qualificar o debate no bojo de compreensíveis confusões políticas, acadêmicas e jurisprudenciais.

**A visão histórica da Defensoria Pública por meio de comparação com outros atores**

Além do exemplo mais recente citado pelos formuladores da teoria da intervenção *custos vulnerabilis* (embate acerca da atuação da Defensoria Pública no plano coletivo, numa ação proposta por um órgão de classe ministerial), desde o advento da Constituição de 1988 a Defensoria Pública se viu equiparada e até confundida com a Advocacia privada – o novo gera um certo ceticismo, isso é inevitável.

A título de exemplo, Rogério Lauria Tucci e José Rogério Cruz e Tucci, em livro publicado um ano após a promulgação da atual Constituição Federal, exaltavam a inovação constitucional concernente à previsão da Defensoria Pública, mas afirmavam que a Advocacia Pública, a Advocacia e a Defensoria Pública haveriam de ser enxergadas como uma única função: a Advocacia[193].

A história do Ministério Público brasileiro encontra não apenas um capítulo de sua "libertação" do Poder Executivo e do Poder Judiciário, mas sua aproximação estratégica.

Ao longo do tempo, autonomias primeiramente conquistadas e, depois, constitucionalizadas pelo Poder Judiciário se estenderam ao Ministério Público. Antes, porém, as cúpulas dos Ministérios Públicos do país e a doutrina especializada mais influente puseram em prática a política de "ocupar quaisquer espaços", isto é: onde há Poder Judiciário deve haver a presença do Ministério Público.

No processo civil essa política resultou em excessiva "publicização do processo", já que, na perspectiva do direito comparado, o Ministério Público brasileiro era atraído muito mais do que em outros países. No entanto, as lições de um dos mais influentes doutrinadores desse período devem ser transcritas pois revelam a situação desordenada:

---

191 Idem, p. 37-38.

192 FERRAZ, Antonio Augusto Mello de Camargo; GUIMARÃES JÚNIOR, João Lopes. A necessária elaboração de uma nova doutrina de Ministério Público, compatível com seu atual perfil constitucional. In: FERRAZ, Antonio Augusto Mello de Camargo (org.). *Ministério Público: instituição e processo*. São Paulo: Atlas, 1999. p. 19-20.

193 TUCCI, Rogério Lauria; TUCCI, José Rogério Cruz e. *Constituição de 1988 e processo: regramentos e garantias constitucionais do processo*. São Paulo: Saraiva, 1989. p. 223.

> Em todo esse período, a falta de um tratamento destacado no plano constitucional e a de uma definição legal mais precisa levaram à ausência de um perfil melhor delineado do Ministério Público, com a inexistência de uma política de atuação claramente estabelecida. Inúmeras funções passaram a ser cometidas à instituição de forma quase aleatória, sem maior reflexão sobre o grau de adequação que guardariam com seu papel (a Curadoria de Casamentos talvez seja exemplo maior). Além disso, aos interesses corporativos circunstanciais do Ministério Público mostrava-se conveniente ampliar seus horizontes de atuação, como forma de afirmar-se e fortalecer-se como instituição, ainda que ao preço de certa despersonalização. Tudo isso fez com que o interesse público perseguido pelo Ministério Público nunca fosse compreendido com exatidão[194].

Em relação ao Poder Executivo, o Ministério Público aos poucos conquistou sua libertação e, mais que isso, sua autonomia, não impedindo ulteriormente que eles voltassem a se encontrar. Segundo Ronaldo Porto Macedo Júnior, "a estratégia adotada com grande sucesso durante a primeira e a segunda fase da evolução institucional (1940-1980) consistiu basicamente no fortalecimento do poder político do Ministério Público por meio do *lobby* direto junto ao Poder Executivo ao qual a instituição estava formal e substancialmente atrelada. O Ministério Público era órgão do Poder Executivo (...). O contato direto com o Poder Executivo e a utilização extensiva da estratégia dos afastamentos de vários dos membros da instituição para o exercício de cargos junto aos poderes Executivo e Legislativo constituiu um capítulo de uma estratégia bem-sucedida de fortalecimento institucional"[195].

Inequivocamente, então, consoante observações do cientista político Rogério Bastos Arantes, a história do Ministério Público brasileiro é uma história de sucesso e que, num primeiro momento, "(...) deve ser vista como a história da ampliação das hipóteses de atuação no processo civil (...)"[196]. E o discurso da relevância institucional – perante a sociedade e certamente causando ecos nos tribunais – se deve a que, "(...) desde o final dos anos de 1970 o Ministério Público veio forjando o argumento da indisponibilidade de direitos da sociedade e reforçando sua condição de verdadeiro guardião do interesse público. (...) Ou seja, causa e consequência se reforçam num discurso imbatível: uma sociedade civil incapaz requer um Ministério Público forte e o Ministério Público deve ser forte porque a sociedade civil é incapaz"[197].

### A importância de se levar em conta o fato de a Defensoria Pública prestar *serviço público*[198]

---

194 FERRAZ, Antonio Augusto Mello de Camargo; GUIMARÃES JÚNIOR, João Lopes. A necessária elaboração de uma nova doutrina de Ministério Público, compatível com seu atual perfil constitucional. In: FERRAZ, Antonio Augusto Mello de Camargo (org.). *Ministério Público: instituição e processo*. São Paulo: Atlas, 1999. p. 25.

195 MACEDO JÚNIOR, Ronaldo Porto. Ministério Público brasileiro: um novo ator político. In: VIGLIAR, José Marcelo Menezes; MACEDO JÚNIOR, Ronaldo Porto (orgs.). *Ministério Público II: democracia*. São Paulo: Atlas, 1999. p. 111.

196 ARANTES, Rogério Bastos. *Ministério Público e política no Brasil*. São Paulo: Sumaré, 2002. p. 30.

197 Idem, p. 60 e 75.

198 Sobre serviço público – que, diga-se de passagem, mantém perfeito vínculo com a ideia de um *modelo público de prestação de assistência jurídica integral e gratuita* –, transcrevemos o pensamento de Eros Roberto

Não percamos de vista o tema ora discutido: Defensoria Pública e seu papel como *custos vulnerabilis*.

Não somos contrários à função *custos vulnerabilis*, ressalte-se, mas entendemos que a *falta de contornos mais claros* é fonte de grandes dificuldades que, por sua vez, podem constituir – a depender do caso concreto – séria ameaça principalmente aos destinatários do serviço de atendimento jurídico integral e gratuito, por abrir ensancha ao *arbítrio* na prestação desse serviço público.

Todavia, a ambição de parte da doutrina – do mesmo modo que aconteceu na história do Ministério Público – por uma política de "ocupação de espaços" da Defensoria Pública, combinada com uma função institucional até agora não tão claramente desenhada, de traços ousados e contornos bem incertos, constitui insegurança à própria Defensoria Pública no que diz respeito à sua autonomia constitucional – e portanto, ameaça à efetividade do serviço público que é obrigada constitucionalmente a prestar.

É o ponto do qual partiremos para aprofundarmos nossas críticas e apontarmos um sentido capaz de desenvolver com maior segurança jurídica, s.m.j., a função em discussão – não querendo dizer que seja indene de críticas.

**Os riscos para a Defensoria Pública da frágil teorização da função *custos vulnerabilis***

À primeira vista, trata-se de um liame sedutor: se no passado o Ministério Público alcançou o que alcançou (institucionalmente falando) mediante um discurso (e, predominantemente, por uma prática) de tutor de uma sociedade hipossuficiente, a Defensoria Pública, esse novo ator, agora entra em cena como guardiã dos vulneráveis (*custos vulnerabilis*). Então vale indagar: haveria problemas nessa equiparação, no sentido de algo prejudicial à sociedade como um todo? Quais riscos podem se efetivar diante de um mau uso (sobretudo pelos tribunais) e de uma má aceitação da (nova?) função (sobretudo pela Advocacia Privada e pelo Ministério Público)?

Vemos *três dimensões* de riscos que de modo algum devem diminuir o esforço da teorização pretendida, ou a luta pela consolidação da figura interventiva *custos vulnerabilis*.

A *primeira dimensão* de risco em razão dessa política de ocupação desapegada de conceitos mais precisos diz respeito à possibilidade de sobrevir, em algum momento, má-aceitação do *custos vulnerabilis* pela Advocacia privada.

Como veremos mais adiante, por vezes se sustenta, sobretudo na seara criminal (mas, a prevalecer tal entendimento, por que não seria sustentável no âmbito cível?), o papel complementar da Defensoria Pública até mesmo à advocacia *constituída*, e isso em nome da ampla defesa.

Embora bem-intencionado o argumento, não há dúvida de que a existência de uma Advocacia Privada possui importância indispensável para a democracia, tendo seu próprio espaço

---

Grau: "Serviço público, assim, na noção que dele podemos enunciar, é a atividade explícita ou supostamente definida pela Constituição como indispensável, em determinado momento histórico, à realização e ao desenvolvimento da coesão e da interdependência social (Duguit) – ou, em outros termos, atividade explícita ou supostamente definida pela Constituição como serviço existencial relativamente à sociedade em determinado momento histórico (Cirne Lima)" (GRAU, Eros Roberto. *A ordem econômica na Constituição de 1988 (interpretação e crítica)*. 18. ed. São Paulo: Malheiros, 2017. item n. 49, p. 130).

institucional na Constituição por razões óbvias. Não é absurdo, portanto, que em algum momento a classe dos advogados pretenda retificar e/ou extinguir a função de *custos vulnerabilis*, tentando, a depender dos fatores políticos do momento, ressuscitar ideias como a de emendar a Constituição atual para que o sistema misto de assistência jurídica seja estabelecido. Sim, isso seria uma retaliação corporativista, e não seria a primeira – o que causaria imenso prejuízo aos necessitados.

Os conflitos entre Defensoria Pública e Ordem dos Advogados do Brasil, seja na imprensa ou nos tribunais, são numerosos e dizem respeito ao pertencimento (corporativista) a uma classe – como no caso da capacidade postulatória – ou a uma reserva de mercado: como quanto ao papel da assistência jurídica suplementar.

A *segunda dimensão* refere-se ao Ministério Público.

Em relação ao Ministério Público, o tema do (melhor e mais legítimo) tutor da sociedade é o ponto de atrito – que, por vezes, destaque-se, também figura como ponto de convergência, *vide* as ações coletivas propostas em conjunto. Frise-se que os papéis na seara criminal, por ora, estão consolidados e, no fundo, as instituições se veem como atores destinados a garantir o devido processo legal – cada um com sua visão institucional e de mundo.

No âmbito do processo civil e, sobretudo, o coletivo, porém, a tensão permanece e perdurará, afinal, a legislação aplicável já consolidou a participação obrigatória do órgão ministerial e ruma para uma participação cada vez maior da Defensoria Pública: de um lado, a existência de hipóteses legais específicas e, de outro, o surgimento e a aceitação do papel de *custos vulnerabilis*. E esse novo ator, ainda que não expressamente, acaba, mesmo indiretamente, significando que o Ministério Público, ao defender a sociedade, não representa os vulneráveis adequadamente, como, em algumas situações, age mesmo contra eles. Porém, é bom que se registre, é natural que isso ocorra. Se o próprio Congresso Nacional não consegue completar a tarefa de receber o afluxo de todos os interesses que fervilham numa sociedade fragmentada e profundamente desigual, seria ter um pouco de Napoleão Bonaparte alguém do sistema de Justiça pensar que as funções essenciais à Justiça conseguiriam suportar esse mesmo afluxo. A lei é elaborada a partir dos interesses dos vencedores, dos donos do poder, e o fiscal de sua crua aplicação muitas vezes antagoniza com o interesse daquele que depende de uma visão constitucional de superação da marginalidade (função social da propriedade, erradicação da pobreza...), pois vulnerável. A dialética é frutífera, especialmente como instrumento para superação dos obstáculos impostos pela compreensão de um Direito conservador em uma sociedade de consenso.

Daí decorre – conforme veremos adiante – a enorme importância do crescimento e fortalecimento da participação processual em modelo processual constitucional que tem assimilado, e muito, técnicas coletivizantes e carentes de legitimidade democrática – em outras palavras, carentes de maior participação popular e da Defensoria Pública prestando assessoria técnica.

Dentro desse movimento, a presença da Defensoria Pública, em tese, poderia se tornar, ao menos na prática jurisprudencial, algo permanente (num meio processual capaz de coletivização dos efeitos dificilmente não haverá vulneráveis atingidos). Mas, ao contrário do Ministério Público, porém, a Defensoria Pública carece de maior fortalecimento orçamentário e estrutural, logo, se num modelo que tende à onipresença ela não detém totais condições de ser parte da solução, não pode acabar sendo parte do problema.

Por fim, uma *terceira* dimensão de risco não deve ser desconsiderada: o risco de não envolvimento do sentimento interno.

É bastante subjetivo o que diremos agora, mas a afirmação de que a Defensoria Pública presta assistência jurídica para pessoas necessitadas apenas abre um enorme leque de atribuições (um leque ampliado consideravelmente desde a Constituição de 1988). De assistência judiciária meramente individual para assistência jurídica integral, abarcando atuação coletiva e pré-processual, o rol de atribuições se amplia cada vez mais, na linha do que se deu com o Ministério Público brasileiro – que, num dado momento, procurou desvencilhar-se de muitas delas, que não mais guardavam relação com seu novo perfil institucional[199].

Isso não constitui necessariamente um problema, mas passa a sê-lo quando algumas dessas atribuições – como convocação de audiência públicas ou educação em direitos –, na prática, apenas saiam do papel primordialmente por causa de iniciativas individuais no seio da instituição, e não, portanto, como *política institucional*. Seria a figura interventiva *custos vulnerabilis* apenas mais um exemplo ainda incipiente que talvez ganhe ares de direito positivo mais claro e objetivo num futuro próximo, a despeito da pouca adesão de membros da instituição?

Os riscos que apontamos anteriormente não são evidentes e estão longe de ser inevitáveis, mas o alerta a se fazer é que, por conviver com possíveis revezes até mesmo na sua autonomia institucional, os passos dados pela Defensoria Pública devem ser pensados com muita cautela.

A teoria da intervenção *custos vulnerabilis* deve ser aprimorada para que a Defensoria Pública não seja tida em algum momento como mera ilha de poder, na qual, "(...) por trás do discurso (...) reside uma irrefreável tendência de apropriação subjetiva das competências por parte de cada membro (...)"[200].

E, olhando para o Ministério Público ainda pouco tempo depois da Constituição de 1988, Ronaldo Porto Macedo Júnior refletia sobre a importância de uma autocrítica institucional:

> (...) Tal recomendação me parece urgente em face dos riscos que este poderoso ator político corre por já despertar a atenção daqueles que querem vê-lo capturado (*capture*) ou instrumentalizado. Um dos antídotos contra este risco consistirá no aprendizado das lições do passado no sentido de tornar a política interna um ambiente de reflexão institucional e resistência à tentação da captura e cooptação[201].

**_Custos vulnerabilis_ e exemplo concreto de ameaça da autonomia constitucional da Defensoria Pública na relação com o Judiciário**

Contudo, há outros riscos. E nada como uma boa história para ilustrarmos melhor a insegurança que ronda a Defensoria Pública.

---

199 ARANTES, Rogério Bastos. *Ministério Público e política no Brasil*. São Paulo: Sumaré, 2002. p. 110.

200 MARQUES NETO, Floriano de Azevedo. Entre independência institucional e neopatrimonialismo: a distorção da doutrina do 'Promotor Natural'. *Ministério Público: reflexões sobre princípios e funções institucionais*. São Paulo: Atlas, 2010. p. 136.

201 MACEDO JÚNIOR, Ronaldo Porto. Ministério Público brasileiro: um novo ator político. In: VIGLIAR, José Marcelo Menezes; MACEDO JÚNIOR, Ronaldo Porto (orgs.). *Ministério Público II: democracia*. São Paulo: Atlas, 1999. p. 113.

Essa história, por sorte, terminou com vitória da Defensoria Pública no STJ, por meio do Recurso Ordinário em Mandado de Segurança 54.112/SP (2017/0113256-6). Contudo, poderia ter acabado em uma grande tragédia para a autonomia constitucional da Defensoria Pública.

No dia 25 de maio de 2016, às 13h45, em comarca no Vale do Ribeira, após abertura de audiência criminal constatou-se ausência tanto do acusado quanto de seu advogado constituído, razão pela qual o juízo nomeou como *ad hoc* o defensor público local. O defensor público nomeado declinou da nomeação invocando regramento administrativo da Defensoria Pública de São Paulo – que veda atuação *ad hoc*. Não acolhendo a manifestação do defensor público, a autoridade judiciária tomou as seguintes providências:

1) aplicou ao defensor público multa de 10 salários mínimos – na época, equivalente a R$ 8.800,00 –, apontando como base legal a aplicação conjugada dos arts. 264 e 265 do CPP;

2) determinou comunicação à Corregedoria da Defensoria Pública do Estado de São Paulo para que apurasse o fato;

3) determinou a intimação pessoal do defensor público para que pagasse a multa no prazo de 5 dias, sob pena de cobrança coercitiva.

Em vista do não pagamento da multa pelo defensor público, inércia certificada nos autos, a autoridade judiciária determinou extração de certidão para que se providenciasse inscrição da dívida, o que foi executado pela serventia. Em seguida, sob ameaça de também ser multado, o advogado constituído que faltou à audiência apresentou petição, basicamente esclarecendo que não poderia comparecer à próxima audiência criminal pelas limitações econômicas de seu cliente, mas consignou que tentaria contato com advogado particular da comarca de Registro/SP para o ato, desde que seu cliente pudesse arcar com os respectivos honorários.

O que a autoridade judiciária fez?

Optou por não destituir o advogado para reduzir o risco de nulidade, determinando que a Defensoria Pública atuasse como *ad hoc* no lugar do constituído ausente, sem contato algum com o acusado, como se fosse uma extensão do escritório particular; assim, a título de precaução, a autoridade judiciária:

1) determinou que a Defensoria Pública, por meio de seu convênio de assistência judiciária com a Ordem dos Advogados do Brasil, providenciasse advogado dativo, devendo a instituição avisá-lo com antecedência sob pena de o fato ser levado novamente à Corregedoria-Geral da Defensoria Pública;

2) advertiu, expressamente, que, "preenchidos os requisitos legais (CPP, art. 265, § 2º), será novamente nomeado o mesmo defensor público (com atuação perante esta Vara) e nova recusa de atuação implicará nova aplicação de multa, com proporcional elevação decorrente da recidiva".

O impacto do caso residia no fato de que, após derrota fragorosa no Tribunal de Justiça de São Paulo, a manutenção do acórdão de segundo grau pelo STJ enterraria o serviço público de assistência jurídica integral e gratuita de São Paulo: imaginemos cada juiz de cada comarca do Estado de São Paulo, ou desse imenso país, determinando regras administrativas próprias para a Defensoria Pública visando a obtenção do "seu defensor público a tiracolo". Determinando, ademais, que a Defensoria Pública use dinheiro público para garantir o *ad hoc* do juiz, a fim de que "as pautas não sejam perdidas", não obstante advogados particulares estivessem atuando nos processos segundo suas estratégias e assumindo as respectivas implicações éticas.

Sem dúvida, considerando o discurso corrente da doutrina da função *custos vulnerabilis*, é razoável esperar o argumento de que seria um absurdo destituir o advogado na situação descrita, porque a parte tem o direito de escolher o defensor de confiança e não pode ser prejudicada em razão de o constituído não poder ir às audiências e acompanhar os processos.

Sejamos claros, porém: o réu, inegavelmente, estava indefeso, já que o advogado, conquanto tenha aceitado o caso com todas as implicações éticas que incidem sobre este ato, não tinha condições de acompanhar o processo: seu cliente não consegue financiá-lo, e o advogado não está disposto a "pagar do próprio bolso" em favor do acusado.

A questão a ser discutida, portanto, com franqueza, mas sem intenção de qualquer tipo de ofensa, é a seguinte: na defesa de necessitados incluem-se os advogados necessitados? Incluem-se também os advogados *não* necessitados, mas que não estão dispostos a trabalhar *pro bono*? – recebem honorários, mas desejam socializar com o Estado apenas as despesas.

A propósito, segundo a doutrina especializada que defende a atuação interventiva em análise[202], basta a concordância do advogado constituído para a guardiã de vulneráveis atuar como uma *longa manus* daquele, devendo respeitar a estratégia do constituído (lição inspirada em Luigi Ferrajoli)[203].

Parece-nos que a pergunta a ser feita é a seguinte: os advogados particulares, portanto, podem decidir a respeito da atuação do defensor público e, indiretamente, dispor até mesmo do uso dos recursos públicos em seus processos quando alegarem impossibilidade de viajar para a audiência? Porque, no final das contas, é bem isso o que ocorre: o advogado constituído assume uma causa com todas as implicações éticas que decorrem desse ato, e tratará a Defensoria Pública como extensão de seu escritório.

Insistimos: até que ponto essa relação não é arriscada, se ampliada, para acusações de improbidade administrativa no âmbito institucional? Além dos honorários, o advogado particular

---

202 "(...) as dificuldades dos acusados com deslocamentos e viagens, as quais estão inclusas como fato gerador no conceito de 'vulnerabilidade geográfica', eventualmente, podem ativar a necessidade de atuação da Defensoria Pública como interveniente e complementar à defesa constituída" (GONÇALVES FILHO, Edilson Santana; ROCHA, Jorge Bheron; MAIA, Maurilio Casas. *Custos vulnerabilis*: a Defensoria Pública e o equilíbrio nas relações político-jurídicas dos vulneráveis. Belo Horizonte: CEI, 2020. p. 99).

203 É o que defende Jorge Bheron Rocha: "Outra hipótese é a atuação nos pedidos de relaxamento feitos por advogado particular em comarcas do interior do estado, estando o acusado preso na capital, cercado de dificuldades para mobilizar sua defesa, limitações lógicas de locomoção e de contato com o mundo exterior, inclusive com seu procurador judicial. Em caso assim, o Núcleo da Defensoria Pública que oficia junto à Casa de Privação Provisória de Liberdade Professor Clodoaldo Pinto, em Itaitinga (CE), realizou atendimento ao acusado G.B.S., que contava com causídico particular, cujo processo já se encontrava com instrução encerrada, entretanto aguardando que o juízo intimasse a acusação para a oferta de memoriais escritos. O Núcleo ingressou com petição requerendo a imediata intimação das partes para apresentação dos memoriais a fim de evitar dilatação desnecessária na prisão provisória. Tal intervenção foi acolhida pelo advogado particular constituído que, dialogando processualmente com o que denominou de *diligente provocação*, reiterou o pedido da Defensoria Pública, o que demonstra perfeita compatibilidade e complementariedade entre as atuações, conforme já alertava Ferrajoli" (A Defensoria como *custos vulnerabilis* e a advocacia privada. Disponível em: <https://www.conjur.com.br/2017-mai-23/tribuna-defensoria-defensoria-custos-vulnerabilis-advocacia-privada>. Acesso em 18 abr. 2020).

ganha reconhecimento (que tem valor econômico relevante) com suas vitórias e diligências, com o uso de recursos públicos finitos e escassos, que podem comprometer a qualidade do serviço prestado a quem não tem condições de pagar advogado.

A Defensoria Pública planeja e executa orçamento público, havendo riscos envolvidos nessas questões, não sendo razoável a falta de questionamento da doutrina institucional sobre esses aspectos. A Defensoria Pública, em uma palavra, *também é Estado*, logo, está investida de deveres perante o contribuinte. Como prever o custo com a complementação de serviços de advogados que não querem se locomover ou praticar atos processuais menores? Seria eficiente e proba a conduta de deixar investir recursos na assistência jurídica direta a hipossuficientes em prol da complementação da advocacia particular?

Feita essa provocação, coube ao STJ, ao final, conceder a ordem naquele Recurso Ordinário em Mandado de Segurança 54.112/SP, reconhecendo que *o juiz não poderia se imiscuir na organização interna da Defensoria Pública de ofício*, como se pudesse subordinar os administradores públicos da Defensoria Pública[204].

Essa história revela a importância fundamental de haver conceitos mais precisos em torno da atuação interventiva *custos vulnerabilis* da Defensoria Pública.

A função *custos vulnerabilis*, atualmente, no desenho reivindicado pela doutrina institucional – vaga e perigosamente imprecisa, ainda que inegavelmente bem-intencionada –, constitui grave insegurança para a própria autonomia da Defensoria Pública quando alguns juízes – provavelmente tão bem-intencionados quanto nossa doutrina especializada – decidirem que podem administrar seus processos sem interrupções e livre de nulidades. Eis o raciocínio para tal objetivo: se defensores públicos possuem amplos poderes para atuar no processo, então não há razão para reconhecer nulidade; lembremos que a jurisprudência de nosso país exige *prejuízo* (e grave) para reconhecer nulidade e, dentro dessa míope visão de mundo, ter defensor público disponível para função *ad hoc* perenemente passa a ser de grande serventia.

Sendo assim, da próxima vez, o juiz que praticar o que narramos acima não precisará nomear o defensor público como *ad hoc*, sob pena de multa, deixando ainda o ambiente profissional forense insuportável. *Ad hoc* a fórceps o STJ não permitiu. Mas tudo isso é contornável se o juiz abrir vista para a intervenção *custos vulnerabilis*, e baseado na doutrina especializada da Defensoria Pública, que não poderia se negar a fortalecer o contraditório – afinal, em direito público, é básico que uma *função* (atribuição) corresponda ao *dever de executar uma tarefa pública*. A vara judicial não terá mais problemas com audiências perdidas ou processos nulos, pois a Defensoria Pública

---

204 "PENAL E PROCESSO PENAL. RECURSO EM MANDADO DE SEGURANÇA. COMPETÊNCIA EM RAZÃO DA MATÉRIA. NATUREZA DA RELAÇÃO JURÍDICA LITIGIOSA. SEÇÕES CRIMINAIS. **APLICAÇÃO DE MULTA. ART. 265 DO CÓDIGO DE PROCESSO PENAL. DEFENSOR PÚBLICO. RECUSA PARA ATUAR EM ATO ESPECÍFICO DO PROCESSO. REGRAMENTO ADMINISTRATIVO DA DEFENSORIA PÚBLICA. RECURSO PROVIDO.** (...) 3. O abandono ou recusa do advogado (defensor) em atuar em ato específico do processo penal, não se equipara ao abandono do processo de que trata o art. 265 do Código de Processo Penal. (...) 5. Punição que pretende obrigar o defensor público a atender aos critérios do juiz, contrariando inclusive regramento próprio do órgão. Impossibilidade. 6. Recurso em mandado de segurança provido para afastar a multa aplicada."

– admitamos: não exatamente como um *festejado contrapoder...* – será acoplada ao serviço jurisdicional fordista de condenações em massa; será a *onipresente Saneadora-Geral de nulidades.*

É perigosa, assim, a grande empolgação com a função *custos vulnerabilis* sem preocupações mais sérias a respeito de detalhes de seus contornos, e especialmente sobre uma interpretação mais sistemática com o universo jurídico. Dizemos isso por acreditarmos ser ilusória a crença de que a "doutrina defensorial" supostamente estaria com o controle total da situação na construção dessa nova função, e que todos irão rigorosamente respeitar a autonomia constitucional; ou, por fim, que a jurisprudência (tão elogiosa ultimamente de nossa função de *custos*) não usará – de jeito nenhum – a Defensoria Pública para aumentar a *eficiência* do processo – não necessariamente a efetividade – com auxílio da guardiã de vulneráveis.

Montesquieu certamente estremecerá no esquife.

Não se trata de a doutrina especializada deixar de lado a doutrina da intervenção *custos vulnerabilis*, mas deve haver moderação na empolgação, atentando-se, no limite, para o sério risco caso a jurisprudência se aproprie dessa função para servir-se da Defensoria Pública como *saneadora-geral e onipresente de processo.*

Desse modo, o caso que relatamos anteriormente e essa perspectiva extremamente sombria – de nos transformarmos em auxiliares da Justiça para garantirmos a validade dos processos do Judiciário – dialoga perfeitamente com a história do direito.

Basta, aliás, que estudemos a história dos institutos jurídicos para percebermos como, em alguma medida, sempre se desviaram das finalidades respectivas iniciais. E não sejamos inocentes de acreditarmos que essas alterações sempre foram para *ajustamento dos institutos aos novos reclamos sociais visando maior harmonia e coesão da sociedade*, porque grassa na história do direito classes avantajadas *se apropriando* de institutos jurídicos ou *criando* seus próprios institutos (a tiracolo...) para darem segurança jurídica às suas vantagens sociopolíticas e econômicas. No processo civil, só um exemplo (dentre vários): procedimentos especiais. A história dos procedimentos especiais revela que muitos deles são fruto da apropriação do processo civil por uma determinada classe ou grupo social, desejoso de atalhos (na perspectiva ativa do processo) e de proteções especiais (na visão defensiva do processo).

O caso que narramos ocorreu no campo do processo penal, mas a ameaça também existe na área cível – é algo que deveria preocupar, e bastante, para nos aprofundarmos nos contornos da função *custos vulnerabilis.*

### Algumas reflexões no campo do processo civil problematizando a fragilidade conceitual da figura interventiva *custos vulnerabilis*

No que se refere ao processo civil, sabemos que muitos juízes acreditam, por exemplo, que o ingresso de curador especial não exige exaurimento do ciclo citatório no sentido de *busca voluntária de endereços* dos réus; ou seja, na hipótese de réus ausentes, esses juízes que nutrem tal visão contentam-se com o exaurimento do ciclo citatório, havendo tentativa de citação somente nos endereços apresentados pelos autores das ações – depois, citação por edital. Muitas vezes, porém, encontramos o ausente por meio de buscas voluntárias de endereços!

Por isso, aliás, há uma grande ironia nessa conjuntura toda e que revela bem *o espírito de boa parte da jurisprudência*: a curadoria especial serve para garantir o mínimo de contraditório constitucional, mas tentar garantir o mais legítimo contraditório real procurando ativamente em banco de dados públicos dá muito trabalho para a Justiça. E pior: a Defensoria Pública, sabemos, acaba sendo usada como um dos argumentos para não se reconhecer a nulidade, pois um agente político concursado e com ótimo conhecimento jurídico debruçou-se sobre o processo para verificar todas as possibilidades de defesa: portanto, a conclusão será pela inexistência de prejuízo.

Então a conclusão é inevitável: diante desse espírito generalizado – economicista, esse é o adjetivo –, e dos traços imprecisos da intervenção *custos vulnerabilis*, não há motivos para tanta empolgação na confiança de que essa função não será desvirtuada em algum momento pelo Judiciário.

No fundo, em síntese, também no processo civil a presença da Defensoria Pública como guardiã de vulneráveis pode ser, tranquilamente, argumento para não se acolher nulidade alguma: afinal, conforme já argumentado, onde estaria o prejuízo se a guardiã de vulneráveis esteve presente com todos os seus poderes processuais e pronta para apresentar argumentos segundo sua *expertise*?

Em vista do que compartilhamos de nossas céticas, inquietantes ou apreensivas reflexões, a conclusão parcial é a seguinte: precisamos de teoria mais sólida da intervenção *custos vulnerabilis*, para que a Defensoria Pública, de *guardiã de vulneráveis*, não seja transformada em *guardiã das validades processuais* ou simplesmente *dos processos*; o que, na prática, transforma a Defensoria Pública em uma nova "auxiliar da Justiça", sem qualquer desmerecimento de auxiliares da Justiça do art. 149 do CPC. Entretanto, as funções institucionais da Defensoria Pública são bem diferentes das funções dos auxiliares da Justiça, a ponto de exigirem autonomia constitucional da Defensoria Pública para serem realizadas de modo pleno.

**Atuações que refletem os contornos incertos da função *custos vulnerabilis***

Mesmo sem ser *custos vulnerabilis*, a Defensoria Pública convive com problemas que podem ser potencializados ante uma doutrina ainda de contornos incertos. Eis uma situação.

Os defensores públicos que atuam na área cível sabem bem que muitas vezes é dada vista à Defensoria Pública nos *processos de desapropriação* em terreno no qual há vários ocupantes. Se, por exemplo, a liminar já fora cumprida, esvazia-se boa parte do mérito na prática – pagamento de indenização aos possuidores, segundo jurisprudência do STJ – e o Juízo se limita a citar por edital o proprietário na matrícula do imóvel, embora haja seguras evidências dos ocupantes, mas não se faz ideia de quem sejam e onde estejam graças à liminar. Aqui, a vista defensorial é dada para que o defensor público atue como curador especial do proprietário registral.

Vamos apimentar a discussão, incluindo um advogado constituído na defesa de um dos ocupantes retirados liminarmente, para atendermos a parte da proposta dos defensores da intervenção *custos vulnerabilis*. Indagamos: o que essa intervenção *custos vulnerabilis* acrescentaria nessa situação, se o curador especial dos ocupantes ausentes também tem amplos poderes processuais? Nada impede o defensor público de requerer citação por edital dos ocupantes, com base na jurisprudência do STJ, e já apresentar teses defensivas em favor dos ocupantes ausentes, e de modo mais ativo do que o usual.

Nessas situações, devemos questionar o que é mais lógico: defender a função de *custos vulnerabilis* ou, atuando como curador especial ou representante postulatório (casos para essas funções não faltam), lutar para que a jurisprudência se firme no sentido de que o juízo, antes de conceder a liminar ou durante a execução da liminar em desapropriação, deve providenciar o cadastramento dos ocupantes para a Defensoria Pública ir ao encontro deles a fim de exercer a representação postulatória? E não só isso, o pagamento da justa indenização no caso de desapropriação.

**Notas sobre o § 1º do art. 554 e o § 2º do art. 565, as hipóteses legais que catalisaram a discussão sobre *custos vulnerabilis***

Exploremos um pouco a análise do art. 554, § 1º, do CPC.

Parte da doutrina especializada enxerga nesse dispositivo a previsão de uma "*modalidade obrigatória de intervenção de terceiro sui generis, com lastro na missão constitucional da Defensoria Pública – legitimidade coletiva –, sendo totalmente independente da presença advocatícia em representação postulatória dos interessados envolvidos*"[205].

Sem dúvida, esse dispositivo pode ser visto como intervenção da Defensoria Pública na linha do que a doutrina denomina de "intervenção procedimental"[206], mas não ser considerado a base legal do *custos vulnerabilis*, porque *uma função institucional deve ser extraída, sempre, da Lei Orgânica respectiva* – é o que se deduz do art. 134, § 1º, da CF/88 – ou mesmo do *caput* do art. 134 da CF/88, sem prejuízo da cláusula aberta do art. 5º, § 2º, também da CF/88. A situação do Ministério Público é análoga: por exemplo, a previsão no CPC vigente sobre a atuação do Ministério Público como *fiscal da ordem jurídica* só é válida em razão de autorização expressa da Constituição Federal[207] e da Lei Orgânica Nacional do Ministério Público[208].

De qualquer modo, a princípio, parte da doutrina aponta até mesmo como discutível a utilidade de uma guardiã de vulneráveis nas possessórias do dia a dia em que ocupantes são pressionados a saírem da ocupação. Acreditamos que a Defensoria Pública *sempre* deve participar das demandas possessórias com diversos ocupantes, contudo, há questões a serem respondidas, pois em geral uma parte dos ocupantes terá representação postulatória por meio da Defensoria Pública (normalmente, quando não "varridos" por uma liminar, os que estão na entrada da ocupação são citados e procuram a Defensoria Pública), e os demais – citados por

---

205 MAIA, Maurilio Casas. A intervenção de terceiro da Defensoria Pública nas ações possessórias multitudinárias do NCPC: colisão de interesses (art. 4º-A, V, LC n. 80/1994) e posições processuais dinâmicas. In: DIDIER JR., Fredie; MACÊDO, Lucas Buril de; PEIXOTO, Ravi; FREIRE, Alexandre (org.). *Coleção Novo CPC* – Doutrina Selecionada – Parte geral. 2. ed. Salvador: JusPodivm, 2016. v. 1, p. 1269.

206 Por analogia, já que o autor utiliza a classificação no caso de *amicus curiae*: BUENO, Cassio Scarpinella. Amicus curiae *no processo civil brasileiro: um terceiro enigmático*. 3ª edição. São Paulo: Saraiva, 2012, cap. 07, item n. 1.2, p. 480.

207 CF/88: "Art. 129. São funções institucionais do Ministério Público: (...) IX – exercer outras funções que lhe forem conferidas, desde que compatíveis com sua finalidade, sendo-lhe vedada a representação judicial e a consultoria jurídica de entidades públicas".

208 LC n. 8.625/1993: "Art. 25. Além das funções previstas nas Constituições Federal e Estadual, na Lei Orgânica e em outras leis, incumbe, ainda, ao Ministério Público: (...) V – manifestar-se nos processos em que sua presença seja obrigatória por lei e, ainda, sempre que cabível a intervenção, para assegurar o exercício de suas funções institucionais, não importando a fase ou grau de jurisdição em que se encontrem os processos; (...)".

edital – sempre acabam sendo representados por meio de curadoria especial. A curadoria especial, como sói acontecer, alega nulidade por falta de tentativa de exaurimento do ciclo citatório, denunciando que o auxiliar da justiça (oficial de justiça) não buscou ativamente as pessoas na ocupação, além de apresentar uma série de teses defensivas.

A doutrina da intervenção *custos vulnerabilis*, porém, bate-se na necessidade de presença da Defensoria Pública até nos casos em que houver advogado particular para todos os ocupantes.

Nessa linha, emergem as críticas relacionadas a tópico anterior, e que bem se resumem à indagação de Júlio Camargo de Azevedo: "Como definir um critério justo para delimitar a intervenção em favor de sujeitos vulneráveis?"[209]. Em geral, a doutrina limita-se a apontar decisões judiciais que acolheram (ainda que meramente a nomenclatura) a atuação de *custos vulnerabilis* em possessórias com vários ocupantes.

Precisamos discutir a real utilidade dessa intervenção *custos vulnerabilis* nessas demandas, dialogando com as demais funções institucionais.

Ademais, para respondermos a essa pergunta, temos de considerar que o idealismo, sem dúvida, deve ser nosso combustível, contudo não podemos perder de vista que a Defensoria presta um serviço público: financiado por tributos e sujeito a prestação de contas de dinheiro público a diversos órgãos, incluindo os respectivos Tribunais de Contas.

Não é tão simples, portanto, discutir um critério.

Se entrarmos numa unidade básica de saúde buscando atendimento, por exemplo, a expectativa justa é esperarmos o mesmo atendimento em todo o país, exceto no que diz respeito às particularidades regionais e dos próprios problemas dos pacientes, e isso sob pena de violação da igualdade e da impessoalidade. Quais os critérios para tentarmos intervir nesses processos possessórios? Está entre matérias sensíveis? O advogado particular tem poder para obstar nossa intervenção, caso discorde da linha que a Defensoria pretenda seguir como *custos vulnerabilis*? São questões iguais, ou parecidas, com as críticas apresentadas pela doutrina e que já mencionamos anteriormente, e importantíssimas para serem enfrentadas.

No que tange ao § 2º do art. 565 do CPC, Franklyn Roger Alves Silva e Diogo Esteves afirmam que não representa nova modalidade de intervenção defensorial baseada em fins institucionais, mas reforço do art. 186, § 1º, do CPC[210].

É certo que o texto normativo do dispositivo – no trecho "a Defensoria Pública será intimada sempre que houver parte beneficiária de gratuidade da justiça" – é atécnico, porque a gratuidade da justiça não é o que necessariamente autoriza a atuação defensorial (por constituir isenção concedida *pelo juízo*), e tautológica se entendida como "assistência jurídica".

De qualquer modo, é válido reiterar que, não obstante a importância da previsão legal no CPC para a formação de um devido processo legal específico a demandas fundiárias, a função

---

209 AZEVEDO, Júlio Camargo de. *Prática cível para Defensoria Pública*. Belo Horizonte: CEI, 2018. quarta parte, cap. 1, p. 240.

210 SILVA, Franklyn Roger Alves; ESTEVES, Diogo. A nova disciplina da legitimação extraordinária da Defensoria Pública no NCPC. In: DIDIER JR., Fredie (coord. geral); SOUSA, José Augusto Garcia de (coord.). *Coleção Repercussões do Novo CPC*. Salvador: JusPodivm, 2015. v. 5, p. 337.

de *custos vulnerabilis* deve ser deduzida, última análise, da *legislação complementar* pertinente à Defensoria Pública, nos termos do art. 134, § 1º, da CF/88, ou mesmo do *caput* do art. 134 da CF/88, sem prejuízo da cláusula aberta do art. 5º, § 2º, também da CF/88.

**Cont.: a contribuição de Sabrina Nasser de Carvalho: *custos vulnerabilis* nos conflitos fundiários como elemento de fortalecimento do contraditório dos hipossuficientes e de formação processual plurissubjetiva nos litígios de interesse público**

Sabrina Nasser de Carvalho, analisando os arts. 554, § 1º, e 565, § 1º, ambos do CPC, sublinha que a doutrina é quase uníssona – em relação ao Ministério Público – no sentido de que não há qualquer novidade na regulamentação legal. Segundo ela, "o que se percebe é que a doutrina, majoritariamente, reafirma as funções tradicionais do Ministério Público, classificando-as, neste caso, como *custos legis*"[211].

Com relação à Defensoria Pública, Sabrina Nasser de Carvalho expõe ampla divergência que basicamente pode ser classificada em três correntes:

> (1) a interpretação da doutrina processual (ou seja, não institucional) de que os dispositivos seriam inúteis, pois a Defensoria Pública apenas interviria no caso de hipossuficiência econômica ou jurídica (curadoria especial);
> (2) passando pela posição de que a Defensoria Pública atuaria como "assistente simples" se verificada representação inadequada, para reequilibrar a relação processual;
> (3) e chegando à posição doutrinária que defende a atuação *custos vulnerabilis*, na qual se inclui a atuação ao lado do advogado constituído para amplificação do contraditório[212].

Mais adiante, no bojo da terceira corrente, menciona o pensamento de Camilo Zufelato, reconhecendo a intervenção *ad coadjuvandum* da Defensoria Pública em favor dos hipossuficientes e a denominando de intervenção *custos plebis*. Destaca um ponto extremamente importante do pensamento de Camilo Zufelato para a presente discussão:

> Camilo Zufelato (...) entende que esta modalidade de intervenção estaria no meio caminho entre a ideia de *amicus curiae* e do *custos legis* e deveria ocorrer não apenas nos casos em que a coletividade figura no polo passivo, mas também em todas as ações coletivas que discutam direitos dos hipossuficientes, ainda que a Defensoria Pública não seja autora da ação, pois tal função coaduna-se com a dimensão política do processo coletivo[213].

Em nosso modo de ver, essa percepção, muito bem levantada pela autora, é capaz de adensar o corpo teórico que se tenta construir para atuação da Defensoria Pública como *custos vulnerabilis* (ou *plebis*), pois viabiliza – de modo mais sistemático – essa atuação na lógica dos meios processuais cujos efeitos resultantes sejam amplos, e chama atenção, também, para outro ponto importante: para a *parcialidade* da Defensoria Pública nessa atuação em favor dos vulneráveis,

---

211 CARVALHO, Sabrina Nasser de. *Direito de defesa nos conflitos fundiários*. Rio de Janeiro: Lumen Juris, 2019. item n. 7.2, p. 298-299.

212 CARVALHO, Sabrina Nasser de. *Direito de defesa nos conflitos fundiários*. Rio de Janeiro: Lumen Juris, 2019. item n. 7.2, p. 299-302.

213 Idem, item n. 7.2, p. 302-303.

o que não se confunde, por óbvio, com falta de isenção. Essa parcialidade exige, evidentemente, que a atuação não seja algo como a distante curadoria especial.

A propósito, quanto ao papel do curador especial, a autora faz colocação muito pertinente e que auxilia na sistematização teórica da intervenção *custos vulnerabilis* a ser proposta mais à frente em nosso texto:

> Em suma, não se nega a relevância da figura do curador especial, que, por meio da prerrogativa da contestação por negativa geral e de sua potencialidade para aferir a regularidade processual e, até mesmo, de adentrar em questões relativas ao mérito, quando dos fatos estão expostos na lide, pode contribuir para amenizar o desequilíbrio entre os litigantes. No entanto, sem o contato direto com o verdadeiro titular do contraditório, o espectro cognitivo de sua defesa ainda se manterá bastante limitado e dificilmente se poderá falar que a sua intervenção é hábil a ilidir a vulnerabilidade processual do réu. O que o curador especial faz é impedir que o contraditório se desfaleça, é viabilizar algum grau de contraditório, é atuar para infirmar um desequilíbrio claro e visível entre as partes. Mas a sua atuação não devolve o tom democrático e dialético esperado do processo quando o réu atua pessoalmente na lide. Esse *déficit* ainda permanece[214].

Voltando especificamente à divergência doutrinária em torno dos referidos dispositivos do CPC e no que concerne à Defensoria Pública, é importante destacarmos a conclusão de Sabrina Nasser de Carvalho sobre um ponto comum em meio a essas divergências:

> A despeito da clara divergência exposta entre as concepções de órgãos nos litígios coletivos de posse, estão todos concordes que a intervenção da Defensoria Pública e do Ministério Público se dá em razão de uma formação processual plurissubjetiva, que longe está daquela relação tradicional, individualista e bilateral do autor *versus* réu[215].

Essa conclusão fora extraída no contexto dos *conflitos fundiários*, tema de sua tese de doutoramento, razão pela qual ela complementa no seguinte sentido:

> E desta multiplicidade de indivíduos em uma das partes nos litígios possessórios podem ser extraídas duas conclusões também bastante consonantes no debate doutrinário: há uma conotação de interesse público no litígio, seja em razão de seu objeto mais alargado, seja pela natureza de sua fundamentalidade do direito material discutido e, ainda, uma reconhecida fragilidade da citação ficta, que pode comprometer a garantia mais essencial do processo, o contraditório[216].

As reflexões de Sabrina Nasser de Carvalho, como dito, estão no bojo da tese de doutoramento cuja hipótese enfrentada está encarnada na seguinte questão: "Qual o modelo processual justo (acesso à ordem jurídica justa) para a solução de conflitos fundiários, especificadamente quando a coletividade está no polo passivo?". E fica claro, nas poucas transcrições efetivadas, que a intervenção *custos vulnerabilis* é muito mais bem justificada à luz do modelo processual cole-

---

214 CARVALHO, Sabrina Nasser de. *Direito de defesa nos conflitos fundiários*. Rio de Janeiro: Lumen Juris, 2019. item n. 5.2.4, p. 186-187.

215 Idem, item n. 7.2, p. 306.

216 Idem, ibidem.

tivo, justamente porque seus efeitos amplos demandam uma pluralização/ampliação da participação processual, além de a fundamentabilidade dos direitos em jogo nos conflitos fundiários reforçarem essa necessidade.

No que tange à atuação da Defensoria Pública ao longo do processo que envolve conflitos fundiários, Sabrina Nasser de Carvalho defendeu o dinamismo dessa atuação:

> A princípio, estes dois órgãos [refere-se à DP e ao MP] ingressam nos autos como *custos vulnerabilis* e *custos legis*, respectivamente. No entanto, diante da importância e do bem jurídico que tutelam, este *munus* não pode ser compreendido como estanque e eles podem ganhar, no decorrer do processo, uma nova atribuição. Isso é bastante claro em relação à Defensoria Pública, pois a instituição, ao longo do processo, pode acabar por franquear capacidade postulatória aos ocupantes que procurarem a instituição e para gozar da garantia de existência jurídica, o que faz com que a entidade migre de função ao longo do processo[217].

Sua posição faz sentido, e é coerente com a preocupação de se exigir, por exemplo, ato processual específico para melhor apuração da *função social da propriedade* enquanto requisito de liminar pleiteada no conflito fundiário, de modo a evitar liminares teratológicas – muitas vezes aceitas pelo Judiciário –, as quais, na prática, esvaziam o mérito a dano dos hipossuficientes[218]. E, preocupada com o risco de *paternalismo* a neutralizar emancipação social das comunidades – desconfiança que pesa, como vimos anteriormente, sobre a função de *custos vulnerabilis* –, Sabrina Nasser de Carvalho destaca que essa posição da Defensoria Pública, no contexto de uma defesa coletiva fundiária, deve ser subsidiária:

> Mas a nossa proposta foi um pouco mais além: caso nenhum ocupante apresente defesa no processo e não coloque como representante adequado da própria comunidade ré, a Defensoria Pública ou o Ministério Público passam, então, a ser compreendidos como legitimados coletivos passivos a responder em nome da coletividade. Reiteramos que isso deve ocorrer apenas subsidiariamente, ou seja, após esgotadas as tentativas de se identificar, dentro dos próprios ocupantes, o representante adequado[219].

A autora também dialoga com as funções de assistência e *amicus curiae*, para apontar a insuficiência delas em relação à atuação da Defensoria Pública nos conflitos fundiários.

No instituto da assistência, ela ressalta: "ainda está amparado nas bases da processualística individual e não foi pensado para o modelo processual coletivo, pois não tem como fim subjacente o estabelecimento de um sujeito processual com a função precípua de infirmar o *déficit* democrático advindo das ações coletivas passivas"[220]. No que concerne ao *amicus curiae*, além dos poderes limitados que lhe são atribuídos, a autora pondera que, apesar de qualificar o contraditório, "tem-se que o instrumento não se presta ao resgate do equilíbrio entre as partes,

217 Idem, cap. 8, p. 373.

218 CARVALHO, Sabrina Nasser de. *Direito de defesa nos conflitos fundiários*. Rio de Janeiro: Lumen Juris, 2019. cap. 8, p. 356-362.

219 Idem, cap. 8, p. 374.

220 Idem, item n. 7.1.2, p. 313.

tampouco como substituto de garantias mais essenciais, como contraditório e ampla defesa"[221]. Ou seja, o *amicus curiae* não permitiria Ministério Público e Defensoria Pública atuarem com toda sua capacidade nos litígios fundiários.

Com essa reflexão, Sabrina Nasser de Carvalho afirma "se inclinar" para o posicionamento de que "a natureza de intervenções da Defensoria Pública e do Ministério Público previstas nos art. 554 e 565, do CPC é a mesma. A ideia de ambos os dispositivos foi garantir a presença da Defensoria Pública e do Ministério Público nos litígios fundiários, diante do interesse público subjacente"[222]. Seguindo essa lógica, enquanto o Ministério Público atua como *custos legis*, a Defensoria Pública seria *custos vulnerabilis* "de modo a permitir um equilíbrio maior entre as partes no processo e, ainda, diante da possibilidade atual de formação de precedentes judiciais vinculantes em nosso sistema"[223].

Por essa perspectiva, pondera o cerne dessa figura interventiva e a fonte de seus poderes processuais:

> A proposta de uma nova figura interventiva, inclusive com denominação diferenciada, é a de garantir a intervenção da instituição em prol do vulnerável, sem as amarras da figura da assistência. A doutrina que assim a defende franqueia poderes amplos à Defensoria Pública, inclusive poderes recursais, fazendo paralelo com a figura do *custos legis* (art. 179, CPC)[224].

E complementa:

> Este entendimento parece ir ao encontro da importância que a instituição conquistou ao longo destes anos perante a sociedade e confirma a sua relevante contribuição nos conflitos de larga sensibilidade e de altas e diversas vulnerabilidades, como as características dos conflitos fundiários. No mais, representa um avanço em relação à assistência, já que não se mostra tão estreita como este último e mais convergente com os litígios de massa. Por esta razão, a concluímos que a denominação é pertinente, pois deixa claro o surgimento de uma nova figura pelo CPC/15, com poderes amplos e parcialidade clara em favor da comunidade ré[225].

A ligeira exposição que fizemos da excelente tese de doutoramento de Sabrina Nasser, pinçando apenas o aspecto *custos vulnerabilis*, como pudemos ver, lança luzes para uma teorização de *custos vulnerabilis* no processo civil que se assente em bases mais sólidas e sistemáticas, exatamente no sentido de concretizar contraditório mais efetivo envolvendo os hipossuficientes em meios processuais cujos efeitos sejam amplos.

Para tanto, a questão básica – de quais outras derivam, conforme veremos adiante – é sabermos se a construção teórico-normativa no contexto dos conflitos fundiários pode ser generalizada, em alguma medida, para o processo civil como um todo.

221 Idem, ibidem.

222 Idem, ibidem.

223 Idem, item n. 7.1.2, p. 316.

224 CARVALHO, Sabrina Nasser de. *Direito de defesa nos conflitos fundiários*. Rio de Janeiro: Lumen Juris, 2019. cap. 8, p. 316.

225 Idem, ibidem.

**Cont.: a contribuição de José Augusto de Sousa ao destacar a expertise em vulnerabilidades como fator legitimante para a intervenção *custos vulnerabilis***

Importante não esquecermos a posição de José Augusto de Sousa, dando destaque a ela.

No que concerne ao § 1º do art. 554 do CPC, José Augusto de Sousa pondera: "Como é quase impossível que nesse tipo de possessória não haja pessoas hipossuficientes, é certo que a Defensoria deverá ser sempre intimada"[226]. Já com relação ao § 2º do art. 565 do CPC, após mencionar a confusão feita pelo legislador com os conceitos de *justiça gratuita* e *assistência jurídica*, conclui: "Não obstante, trata-se de impropriedade técnica sem maiores consequências. Como na hipótese do art. 554, § 1º, a Defensoria deverá ser intimada quando houver no litígio pessoas carentes, o que invariavelmente sucederá"[227].

José Augusto de Sousa discorda da interpretação que aponta como inúteis os arts. 554, § 1º, e 565, § 2º, ambos do CPC[228] – no que aderimos –, no entanto pondera sobre problemas de interpretação expansiva desses dispositivos:

> Por outro lado, reconheço que o entendimento expansivo se depara com dificuldades. Uma função mais transcendente da Defensoria Pública terá vez ainda que os réus venham constituir advogado? Acontecerá mesmo que os réus procurem a própria Defensoria para defendê-los? Ocorrerá ainda que haja citação por edital e a consequente intervenção da curadoria especial (função institucional da Defensoria)? Quantas funções diversas poderá assumir a instituição nessas possessórias coletivas? Corre-se o risco de a Defensoria Pública e o Ministério Público exercerem idêntico mister?[229]

Assim, consignando a ressalva de serem questões difíceis e que a pacificação da interpretação demandará muito tempo, assevera:

> (...) parece-me que o CPC/2015 deseja a participação da Defensoria Pública nesse tipo de demanda. Não necessariamente assumindo vários papéis distintos. Mas alguma participação deve haver. (...) Portanto, em que pese a controvérsia que já começa a formar sobre a melhor interpretação dos arts. 554, § 1º, e 565, § 2º, do CPC/2015 – uma controvérsia que realmente não é de fácil deslinde –, ratifico a necessidade de a Defensoria Pública participar *sempre* das demandas possessórias coletivas, até mesmo na hipótese de todos os réus carentes constituírem advogado particular. Tal obrigatoriedade coaduna-se com o tratamento diferenciado dado pelo CPC/2015 a tais demandas e também com a tantas vezes enfatizada trajetória evolutiva da instituição, que a leva a assumir papéis não tradicionais[230].

---

226 SOUSA, José Augusto Garcia de. A Defensoria Pública e o CPC de 2015: novos caminhos – e responsabilidades – para uma instituição enfim essencial. In: DIDIER JR., Fredie (coord. geral); SOUSA, José Augusto Garcia de (coord.). *Coleção Repercussões do Novo CPC*. Salvador: JusPodivm, 2015. v. 5, p. 496.

227 Idem, ibidem.

228 SOUSA, José Augusto Garcia de. A Defensoria Pública e o CPC de 2015: novos caminhos – e responsabilidades – para uma instituição enfim essencial. In: DIDIER JR., Fredie (coord. geral); SOUSA, José Augusto Garcia de (coord.). *Coleção Repercussões do Novo CPC*. Salvador: JusPodivm, 2015. v. 5, p. 496.

229 Idem, p. 496-497.

230 Idem, p. 497-498.

Como podemos notar a partir da leitura de José Augusto de Sousa, o tema é extremamente difícil. Entretanto, a nosso ver, ele nos oferece uma brecha de luz importante contra as incertezas de um tema tão atual.

Ao justificar a necessidade de a Defensoria Pública sempre atuar nos processos possessórios coletivos, ele chama atenção para a gravidade histórica do problema, que se harmoniza com a primeira finalidade da Defensoria Pública, bem como aponta a *expertise* institucional:

> (...) revestem-se de grande densidade social, envolvendo uma das maiores chagas do país, uma chaga histórica. Com frequência, a solução nesses casos não pode ser exclusivamente técnica (...) Toda essa necessidade de um tratamento diferenciado conjuga-se bem com a participação obrigatória da Defensoria Pública, que tem como primeiro objetivo fundamental, nos termos do art. 3º-A, I, da LC 80/94, 'a primazia da dignidade da pessoa humana e a redução das desigualdades sociais'. Além disso, muitas Defensorias já criaram um núcleo especializado para a questão da terra, ganhando ainda mais *expertise* na matéria. É o caso da Defensoria fluminense, que conta com o seu Núcleo de Terras e Habitação (NUTH), composto por vários defensores[231].

Em reforço a seu entendimento, José Augusto de Sousa notou muito bem que *outros órgãos* devem ser chamados para participar dessas demandas sensíveis:

> (...) não só a Defensoria Pública é chamada pelo CPC/2015 a exercer funções especiais nessas demandas. Leia-se a propósito o § 4º do art. 565: 'Os órgãos responsáveis pela política agrária e pela política urbana da União, de Estado ou do Distrito Federal e de Município onde se situe a área objeto do litígio poderão ser intimados para audiência, a fim de se manifestarem sobre seu interesse no processo e sobre a existência possibilidade de solução para o conflito possessório'. Tudo isso em atenção à gravidade social das possessórias coletivas[232].

Lembramos, em abono ao pensamento de José Augusto de Sousa, que o art. 178, III, do CPC vigente impõe que o Ministério Público seja intimado "para, no prazo de 30 (trinta) dias, intervir como fiscal da ordem jurídica nas hipóteses previstas em lei ou na Constituição Federal e nos processos que envolvam: (...) III – litígios coletivos pela posse de terra rural ou urbana".

Assim, o que nos parece digno de nota é principalmente a *expertise* institucional da Defensoria Pública em conflitos fundiários para legitimar essa atuação no campo das possessórias coletivas e, mais amplamente, no da regularização fundiária.

Ampliando essa perspectiva, podemos asseverar que essa *expertise em vulnerabilidade*, esse *profundo conhecimento sobre os problemas dos vulneráveis*, é o que habilita a Defensoria Pública na defesa de vulneráveis não só nessas específicas demandas possessórias coletivas, mas em outras demandas que os atingem em cheio, torpedeando outros direitos fundamentais de que são titulares.

Esse é um ponto a ser desenvolvido para uma possível teoria de *custos vulnerabilis* que seja mais clara em seus contornos, e que cerre fragilidades que podem causar uma perigosa "captura" jurisprudencial dessa função. E é a partir desse ponto que saberemos o quanto poderemos ge-

---

231 Idem, ibidem.

232 SOUSA, José Augusto Garcia de. A Defensoria Pública e o CPC de 2015: novos caminhos – e responsabilidades – para uma instituição enfim essencial. In: DIDIER JR., Fredie (coord. geral); SOUSA, José Augusto Garcia de (coord.). *Coleção Repercussões do Novo CPC*. Salvador: JusPodivm, 2015. v. 5, p. 498.

neralizar dos posicionamentos apresentados por Sabrina Nasser de Carvalho, no contexto dos conflitos fundiários.

**Um dado da vida prática sobre a função de *custos vulnerabilis***

Não obstante sejamos extremamente críticos quanto à postura de se tentar chancelar a correção de uma teoria jurídica pelo mero fato de ser aceita por tribunais, é muito curioso que, segundo dados empíricos oferecidos pela própria doutrina especializada e precursora da intervenção *custos vulnerabilis*, no processo civil as notícias reunidas dão conta de que essa função é exercida *em processos coletivos*. Porém, no campo penal, prevalecem notícias em processos individuais (revisão criminal e *habeas corpus*), não obstante haver alguma atuação coletiva[233].

Esse dado revela, sem dúvida, ser muito mais simples convencermos juízes da função de *custos vulnerabilis* quando se está no campo dos processos coletivos, e esse fator, somado às contribuições anteriormente expostas, inspirou-nos a aprofundar o estudo da função defensorial de *custos vulnerabilis* pelas lentes do *processo coletivo*, visando dar maior sistematicidade ao tema. Conforme veremos, as *matrizes teóricas da gradual coletivização do processo* – de defesa de direitos individuais em direção à tutela de interesses públicos – oferecem base sólida para assentarmos em traços mais nítidos e seguros essa função defensorial.

E será importante uma teoria com traços mais nítidos e mais bem sistematizada para o dia em que os tribunais não disserem exatamente o que almejamos: seja por negarem a função de *custos vulnerabilis* acaso ela comece a incomodar o bom andamento processual (na visão dos juízes), seja em razão de a jurisprudência tentar, inadvertidamente, "colonizar" essa função transformando a Defensoria Pública em sua auxiliar, como verdadeira – e antirrepublicana e sem um pingo de contrapoder – *guardiã do processo*.

Começaremos pela contribuição de Camilo Zufelato, em seu artigo intitulado "*A participação da Defensoria Pública nos processos coletivos de hipossuficientes: da legitimidade ativa à intervenção ad coadjuvandum*", por ter empreendido em seu estudo parte do objetivo que perseguimos aqui[234].

**A contribuição de Camilo Zufelato (I): a necessidade de efetiva participação de certos entes nas demandas coletivas para legitimação política da decisão jurisdicional exige novas formas de intervenção além do litisconsórcio**

Camilo Zufelato inicia seu raciocínio lembrando que o campo da tutela jurisdicional coletiva é "caracterizada pela *alta conflituosidade dos litígios*, da *dimensão axiológica* dos temas postos

233 OLIVEIRA, Alfredo Emanuel Farias de; MAIA, Maurílio Casas. Um breve ensaio sobre os avanços da Defensoria Pública enquanto *custos vulnerabilis* no Brasil. In: OLIVEIRA, Alfredo Emanuel Farias de *et al.* (org.). *Teoria geral da Defensoria Pública*. Belo Horizonte: D'Plácido, 2020. cap. 17, p. 592-596, notas de rodapé n. 47 a 61; v. também: VALENTE, Fernanda. Fiscal dos vulneráveis: tribunais admitem legitimidade da Defensoria como *custos vulnerabilis*. *Revista Consultor Jurídico*, 15 de setembro de 2019. Disponível em: <https://www.conjur.com.br/2019-set-15/tribunais-admitem-atuacao-defensoria-custos-vulnerabilis?imprimir=1>.

234 ZUFELATO, Camilo. A participação da Defensoria Pública nos processos coletivos de hipossuficientes: da legitimidade ativa à intervenção *ad coadjuvandum*. *Revista Digital de Direito Administrativo*, *3*(3), 2016, p. 636-657. Disponível em: <https://doi.org/10.11606/issn.2319-0558.v3i3p636-657>.

em discussão, combinados com a *faceta política* que se reconhece ao direito processual contemporâneo", para em seguida apontar que tais características impõem que "a defesa dos interesses em jogo nos processos coletivos não deve ser realizada somente pelos *atores processuais*, autor e réu: há que se estendê-la para alcançar *atores sociais* que, embora possam não figurar nos polos processuais, são reconhecidamente empenhados na defesa dos interesses em discussão na lide coletiva". E conclui: "É exatamente o caso da Defensoria Pública, órgão estatal comprometido e atuante na tutela dos necessitados, segundo a dicção constitucional"[235].

Como se vê, Camilo Zufelato logo de início ressalta as atribuições da Defensoria Pública ligadas a um saber jurídico específico utilizado na defesa dos vulneráveis, o que a legitima para maior participação no processo coletivo.

A fim de abranger a Defensoria Pública em seu discurso, seu raciocínio parte da ideia de que esse tipo de processo impõe "esquemas de participação dos atores sociais e também estatais por meio do processo, como forma genuína de legitimação do poder estatal", medida que visa qualificar o contraditório, o que, segundo Camilo Zufelato, "é (...) um dos fundamentos básicos do devido processo legal justo e equitativo: objetivar a paridade de armas"[236].

Porém, adiante, ele lamenta que a inserção da Defensoria Pública no microssistema de processo coletivo tenha se dado "de forma incompleta e pouco sistemática", porque, em sua visão, a legitimidade ativa da Defensoria Pública para a tutela coletiva é medida muito importante, "mas insuficiente para modelar todas as nuances que, por incumbência constitucional, deveriam marcar a atuação – frisa-se, atuação, e não somente legitimação ativa – da Defensoria Pública na tutela jurisdicional coletiva"[237].

Então, após realçar que a Defensoria Pública possui "vocação constitucional para o processo coletivo" – justamente devido às suas atribuições e àquele saber específico de que é detentora para a defesa dos vulneráveis –, e considerar também os altos índices de exclusão social no país e a relevância social dos direitos coletivos, Camilo Zufelato chama atenção para o seguinte dado: o problema da *representatividade* no processo coletivo. Aponta que, desde a criação do processo coletivo no Brasil, o legitimado mais destacado fora o Ministério Público, tendo havido também "uma preocupação quanto à condução adequada do processo coletivo, exigindo a intervenção do MP, na qualidade de *custos legis,* nas demandas coletivas em que não tenha sido autor"[238]. Lembra, igualmente, a possibilidade de o juiz "controlar a *representatividade adequada* e capacidade de condução eficiente do autor do processo coletivo, a fim de evitar que o direito em jogo não seja sub-representado"[239].

Com essas principais reflexões, Camilo Zufelato pondera aspectos importantes sobre o tema, *in verbis*:

---

235 Idem, p. 637, destaques do original.

236 ZUFELATO, Camilo. A participação da Defensoria Pública nos processos coletivos de hipossuficientes: da legitimidade ativa à intervenção *ad coadjuvandum*. *Revista Digital de Direito Administrativo*, *3*(3), 2016, p. 639. Disponível em: <https://doi.org/10.11606/issn.2319-0558.v3i3p636-657>.

237 Idem, p. 642.

238 Idem, p. 645.

239 Idem, ibidem – destaques do original.

> i) repensar e propor novos esquemas de legitimidade ativa foi crucial na fase de implantação do processo coletivo;
> ii) não é possível adotar, sem profundas alterações, a noção de parte e terceiro do processo individual para o processo coletivo;
> iii) o exercício do contraditório e da ampla defesa se pauta na ideia de participação indireta dos titulares do direito, por meio dos entes exponenciais *(enti sponenziali)*[240].

Baseando-se nesses aspectos, Camilo Zufelato conclui pela necessidade de se "pensar em outras formas de intervenção da Defensoria Pública, *além da tradicional legitimidade ativa*", pois, não sendo facilmente transportáveis ao processo coletivo os parâmetros clássicos dos conceitos de *legitimidade* e de *parte* próprios do processo individual, não é possível acolher plenamente a noção consagrada de que legitimidade deve pautar-se pela ideia de *parte*. Em razão disso, pondera: "É bem verdade que a Lei n. 7.347/85 permite o litisconsórcio entre os legitimados – art. 5º, par. 2º –, mas é preciso ir além e admitir essa intervenção independentemente da figura de cunho individualístico que é o litisconsórcio"[241].

Assim, Camilo Zufelato fecha a seguinte equação: a necessidade de efetiva participação de certos entes nas demandas coletivas para legitimação política da decisão jurisdicional exige novas formas de intervenção para além do litisconsórcio. "Em suma, a defesa dos interesses transindividuais não se deve limitar à atuação dos legitimados, podendo-se admitir outras formas de intervenção visando à efetiva proteção desses direitos"[242].

**A contribuição de Camilo Zufelato (II): fundamentação teórica para justificar uma Defensoria Pública como legitimado *ad coadjuvandum* – entre o *amicus curiae* e o *custos legis* e o fundamento institucional da atuação defensorial**

Levando-se em conta a conclusão do item precedente, Camilo Zufelato bate-se na necessidade de admissão de *amicus curiae* no processo coletivo, "a fim de se permitir o incremento da argumentação jurídica e dialética processual"[243], e, apoiado em Eduardo Cambi e Kleber Ricardo Damasceno, entende como característica marcante do *amicus curiae* que ele seja além de um "amigo da corte", atuando em prol da coletividade, promovendo a cidadania e a justiça social, desde que possua representatividade adequada e intervenha na solução de questões socialmente relevantes[244].

Em seguida, distingue as figuras do *amicus curiae* e do *custos legis*:

> Tendo em vista as formas de intervenção no processo coletivo, cumpre ressaltar que a figura do *amicus curiae* é distinta da do *custos legis*. Quer nos parecer que o *amicus*, mais do que atuar para controlar a higidez da defesa do interesse coletivo em jogo, age preponderantemente para

240 Idem, p. 646.

241 ZUFELATO, Camilo. A participação da Defensoria Pública nos processos coletivos de hipossuficientes: da legitimidade ativa à intervenção *ad coadjuvandum*. *Revista Digital de Direito Administrativo*, *3*(3), 2016, p. 646. Disponível em: <https://doi.org/10.11606/issn.2319-0558.v3i3p636-657>.

242 Idem, p. 647.

243 Idem, ibidem.

244 Idem, ibidem.

defender os interesses de um dos polos processuais, *ad coadjuvandum* portanto. Nesse aspecto se assemelha, quanto à finalidade, à *assistência litisconsorcial*[245].

Para demonstrar a fragilidade dos conceitos de *parte* e *terceiro* no processo coletivo, aponta a atuação do *amicus curiae* como sendo essencial para realização do conceito *haberliano* de "sociedade aberta dos intérpretes", ampliando-se o debate, "independentemente de possuir, *ope legis*, legitimidade ativa para a propositura de demanda. Isso deixa ainda mais clara a fragilidade da distinção entre parte e terceiro no processo coletivo, na medida em que mesmo aquele que não possui legitimidade ativa poderá atuar e contribuir na resolução conflito coletivo"[246].

Nessa perspectiva, após ressaltar a importância concedida pela Constituição Federal à Defensoria Pública na defesa dos necessitados, conclui ser indispensável:

> (...) potencializar os canais de participação da instituição no processo coletivo, admitindo a sua intervenção *ad coadjuvandum* ao autor ou ao réu quando interesse defendido for preponderantemente relacionado com a tutela de grupos vulneráveis, nos casos em que a instituição não figurar nos polos processuais[247].

E, seguindo essa linha, posiciona a função defensorial *ad coadjuvandum* no esquema processual: "Tal hipótese de intervenção parece-nos a meio caminho entre a ideia de *amicus curiae* próprio do processo coletivo – embora possua legitimidade ativa – e a previsão de atuação do Ministério Público como *custos legis*"[248].

Camilo Zufelato sublinha que a intervenção *ad coadjuvandum* não se limita a ações coletivas passivas, incluindo também as coletivas ativas nas quais a Defensoria Pública não seja autora e o interesse coletivo em jogo atingir, preponderantemente, grupo de hipossuficientes[249]. Assevera que essa intervenção deve ocorrer mesmo que a ação coletiva seja proposta pelo Ministério Público e, na hipótese de a ação ser proposta por associação legitimada, se a questão controvertida for relacionada a vulneráveis, sustenta que "a intervenção da Defensoria Pública é mais relevante e pertinente do que a atuação do Ministério Público na qualidade de *custos legis*, como determina a lei vigente. Seria caso, portanto, de atuação da Defensoria Pública e não do Ministério Público"[250].

Também é importante mencionar a crítica que Camilo Zufelato dirige ao art. 7º do Projeto de Lei n. 5.139/2009 (ainda em tramitação), para melhor compreensão do marco teórico apresentado.

Esse art. 7º prevê o seguinte: "É vedada intervenção de terceiros nas ações coletivas, ressalvada a possibilidade de qualquer legitimado coletivo habilitar-se como assistente litisconsorcial em qualquer dos polos da demanda".

---

245 Idem, ibidem – destaques no original.

246 Idem, p. 648.

247 ZUFELATO, Camilo. A participação da Defensoria Pública nos processos coletivos de hipossuficientes: da legitimidade ativa à intervenção *ad coadjuvandum*. *Revista Digital de Direito Administrativo*, *3*(3), 2016, p. 648. Disponível em: <https://doi.org/10.11606/issn.2319-0558.v3i3p636-657>.

248 Idem, ibidem.

249 Idem, p. 651.

250 Idem, p. 652.

Segundo Camilo Zufelato, essa redação acaba admitindo indiretamente a necessidade da intervenção da Defensoria Pública em processos que envolvam direitos de hipossuficientes, inclusive quando se tratar de ação coletiva passiva. Contudo, dirige pertinente crítica quanto à classificação de intervenção processual no referido Projeto – de "assistente litisconsorcial" –, aclarando melhor o posicionamento da Defensoria Pública no processo coletivo e que ela atua a título institucional:

> Quanto à classificação da forma de intervenção do legitimado ativo em um dos polos processuais, o Projeto o denomina de *assistência litisconsorcial*. Parece-nos que a assistência é modalidade de intervenção forjada sob a égide de um *processo civil de matriz exclusivamente individual*, em que o assistente busca obter, com a intromissão, vantagem para sua esfera jurídica[251]. A intervenção do legitimado coletivo no polo ativo ou passivo tem conotação institucional, no caso da Defensoria Pública e Ministério Público por imposição constitucional inclusive, de modo que consideramos inadequado, segundo o grau de evolução científica do processo coletivo brasileiro, identificá-la com a assistência: seria melhor intervenção *ad coadjuvandum*, que neste caso inclusive muito se assemelha à figura do *amicus curiae*, conforme já referido[252].

Por fim, com esses subsídios, Camilo Zufelato acentua a finalidade da atuação *ad coadjuvandum* como forma de ampliação dos canais de defesa dos hipossuficientes, e que tal intervenção "também deve ser admitida em nome da defesa substancial dos vulneráveis. Essa é a solução que melhor se alinha à ideia de acesso à *ordem jurídica justa* e busca implementar os escopos do Estado Democrático de Direito que a Constituição Federal impõe"[253].

**Contribuições de Cassio Scarpinella Bueno em sua tese de livre-docência (I) – retrato do conjunto de intervenções especiais na legislação brasileira e respectivas atuações fundadas em interesses institucionais de defesa do direito objetivo pertinente**

A essa altura, parece-nos pertinente voltarmos nossas lentes para o que José Augusto de Sousa destacou, assim como o próprio Camilo Zufelato: o dever jurídico de a Defensoria Pública intervir em processos multitudinários e coletivos *mesmo quando não for parte*, e a título institucional – seja por força de suas atribuições constitucionais, seja devido à sua *expertise* (saber jurídico específico produzido em razão da singularidade de sua atuação).

Em estudo que se tornou clássico sobre *amicus curiae*, Cassio Scarpinella Bueno teve a perspicácia de isolar ponto comum entre diversos atores processuais que justifica, em cada caso, a atuação processual desses atores *a título institucional*. Desdobrar esse universo reve-

---

251 Válido lembrarmos dois dispositivos do CPC/2015 bem pertinentes: "Art. 119. Pendendo causa entre 2 (duas) ou mais pessoas, o terceiro juridicamente interessado em que a sentença seja favorável a uma delas poderá intervir no processo para assisti-la. (...) Art. 124. Considera-se litisconsorte da parte principal o assistente sempre que a sentença influir na relação jurídica entre ele e o adversário do assistido".

252 ZUFELATO, Camilo. A participação da Defensoria Pública nos processos coletivos de hipossuficientes: da legitimidade ativa à intervenção *ad coadjuvandum*. *Revista Digital de Direito Administrativo*, *3*(3), 2016, p. 653 – destaques do original. Disponível em: <https://doi.org/10.11606/issn.2319-0558.v3i3p636-657>.

253 Idem, p. 654 – destaques do original.

lado em sua tese de livre-docência possibilitará um enquadramento mais sistemático da função *custos vulnerabilis*.

**a) Exemplo primeiro: pessoa jurídica de direito público nas ações popular e de improbidade administrativa**

Comecemos por duas curiosas intervenções lembradas por Cassio Scarpinella Bueno e previstas, respectivamente, nas ações popular (Lei n. 4.717/1965, art. 6º, § 3º)[254] e de improbidade administrativa (Lei n. 8.429/1992, art. 17, § 3º)[255].

Ele aponta que a doutrina se divide quanto à possibilidade de a pessoa jurídica de direito público "trocar" de polo na tramitação da ação, posicionando-se pela possibilidade de haver essa mudança de polo:

> (...) parece-nos que a 'troca' de um dos polos da relação processual pelo outro ao longo do procedimento – norma de exceção ao princípio da estabilização da demanda (...) – deve ser entendida como forma de a pessoa de direito público tutelar, adequadamente, o interesse público 'primário' que, em última análise, deve mover toda a sua atuação: no plano material e também no plano processual[256].

Mais adiante, ressalta que a expressão "utilidade ao interesse público" – existente nos dois dispositivos mencionados – é um norteador da atuação da pessoa jurídica de direito público em juízo, sendo indicativo, "claro, de que sua atuação pode transcender qualquer interesse subjetivado, próprio, exclusivo e individual de qualquer agente seu. O que a entidade pública persegue em juízo é o proferimento de uma decisão que melhor tutele um interesse ou um direito que vai além de 'seus' próprios"[257].

Cassio Scarpinella Bueno chega a afirmar, com razão, que, no caso da ação popular, se a pessoa jurídica de direito público não se tratasse de *parte*, "certamente, ela seria, de acordo com o nosso critério de classificação, *amicus curiae*"[258].

No que concerne à ação de improbidade, entendendo que se trata de ação que busca aplicação de severas sanções descritas no art. 37, § 4º, da CF/88, conclui que, na hipótese de a pessoa jurídica de direito público não ser parte (e ela pode ser autora da ação),

> (...) sua posição só pode ser de *amicus curiae*, justamente porque não há, diferentemente do que ocorre com a ação popular, nenhum ato *seu* sendo questionado em juízo. A ação de impro-

254 "Art. 6º (...) § 3º A pessoas jurídica de direito público ou de direito privado, cujo ato seja objeto de impugnação, poderá abster-se de contestar o pedido, ou poderá atuar ao lado do autor, desde que isso se afigure útil ao interesse público, a juízo do respectivo representante legal ou dirigente."

255 "Art. 17. A ação principal, que terá o rito ordinário, será proposta pelo Ministério Público ou pela pessoa jurídica interessada, dentro de trinta dias da efetivação da medida cautelar. (...) § 3º No caso de a ação principal ter sido proposta pelo Ministério Público, aplica-se, no que couber, o disposto no § 3º do art. 6º da Lei n. 4.717, de 29 de junho de 1965. *(Parágrafo com redação dada pela Lei n. 9.366, de 16-12-1996)*"

256 BUENO, Cassio Scarpinella. Amicus curiae *no processo civil brasileiro*: um terceiro enigmático. 3. ed. São Paulo: Saraiva, 2012. cap. 4, item n. 5.5, p. 261.

257 Idem, cap. 4, item n. 5.5, p. 262.

258 Idem, cap. 4, item n. 5.5, p. 265.

bidade administrativa, vale à pena o destaque, não se volta contra a pessoa de direito público, mas a seus agentes ou àqueles que, por força do art. 3º da Lei n. 8.429/92, possam praticar os atos repudiados por aquele diploma legislativo[259].

Os exemplos trabalhados por Cassio Scarpinella Bueno traduzem muito bem "a dissociação entre o 'interesse' ou 'direito' questionado em juízo e os seus legítimos portadores, seja no plano do direito material, seja no plano do direito processual". E complementa:

> E mais: dada a mutabilidade da compreensão do que é ou venha a ser o próprio 'interesse' ou o 'direito' questionado em juízo, permitem aqueles dispositivos que seu legítimo portador acompanhe e persiga, mesmo no plano processual, tal modificação. Porque o que os guia é a tutela de um interesse que vai além das expressões subjetivadas nos dois polos ação[260].

**b) Exemplo segundo: intervenção em processo judicial da Comissão de Valores Mobiliários (CVM)**

Cassio Scarpinella Bueno ainda aponta a Comissão de Valores Mobiliários (doravante CVM) como *amicus curiae*, em razão do art. 31 da Lei n. 6.385/1976[261], por se tratar de intervenção com propósito de esclarecer ao juiz os fatos do mercado de capitais – difíceis de serem interpretados por quem não é do ramo –, e acrescenta que a doutrina tem apontado a CVM como "pioneira dos *amici curiae* em nosso direito"[262].

Mais adiante, o precitado autor explica que a intervenção da CVM, para permitir uma prestação jurisdicional tecnicamente informada, deve ser *neutra*; e *neutra no seguinte sentido*:

> A intervenção da CVM – como, de resto, a intervenção de qualquer das figuras aqui descritas como *amicus curiae* – é, no entanto, *interessada*. O que ocorre é que o *interesse* que motiva sua intervenção não diz respeito às suas posições subjetivas e individuais expostas no processo em que contendem autor e réu. Trata-se, bem diferentemente, de um interesse que transcende as esferas jurídicas das partes e que se relaciona muito mais a interesses *institucionais*. No caso da CVM, *interesse institucional* de a legislação relativa ao mercado de capitais

---

259 Idem, cap. 4, item n. 5.5, p. 265-266.

260 BUENO, Cassio Scarpinella. Amicus curiae *no processo civil brasileiro*: um terceiro enigmático. 3. ed. São Paulo: Saraiva, 2012. cap. 4, item n. 5.5, p. 266-267.

261 "Art. 31. Nos processos judiciários que tenham por objetivo matéria incluída na competência da Comissão de Valores Mobiliários, será esta sempre intimada para, querendo, oferecer parecer ou prestar esclarecimentos, no prazo de quinze dias a contar da intimação. (Incluído pela Lei n. 6.616, de 16-12-1978) § 1º A intimação far-se-á, logo após a contestação, por mandado ou por carta com aviso de recebimento, conforme a Comissão tenha, ou não, sede ou representação na comarca em que tenha sido proposta a ação. (Incluído pela Lei n. 6.616, de 16-12-1978) § 2º Se a Comissão oferecer parecer ou prestar esclarecimentos, será intimada de todos os atos processuais subsequentes, pelo jornal oficial que publica expedientes forense ou por carta com aviso de recebimento, nos termos do parágrafo anterior. (Incluído pela Lei n. 6.616, de 16-12-1978) § 3º A comissão é atribuída legitimidade para interpor recursos, quando as partes não o fizeram. (Incluído pela Lei n. 6.616, de 16-12-1978) § 4º O prazo para os efeitos do parágrafo anterior começará a correr, independentemente de nova intimação, no dia imediato aquele em que findar o das partes."

262 BUENO, Cassio Scarpinella. Amicus curiae *no processo civil brasileiro*: um terceiro enigmático. 3. ed. São Paulo: Saraiva, 2012. cap. 4, item n. 6, p. 267-269.

ser escorreitamente aplicada. Por isso é que, no item 2.1 do cap. 7, trataremos dessa 'neutralidade' como 'imparcialidade'[263].

c) **Exemplo terceiro: intervenção em processo judicial do Instituto Nacional de Propriedade Industrial (INPI)**

Cassio Scarpinella Bueno também menciona o Instituto Nacional de Propriedade Industrial (doravante INPI), e narra toda uma grande controvérsia que existe no que concerne à função do INPI nas ações de nulidade de patente, de desenho industrial e de marca, apontando como base das questões controvertidas os art. 56, 57, 118, 173 e 175 da Lei n. 9.279/1996[264]. A grande controvérsia é bem esclarecida neste trecho:

> O fato é que, diante dos mencionados dispositivos da Lei n. 9.279/96, pergunta-se se o INPI, naquelas ações de nulidade, deverá ou não ser citado como litisconsorte passivo *necessário*. Se for litisconsorte, será ele, obrigatoriamente, litisconsorte passivo? Poderá assumir o polo ativo da relação processual a exemplo do que se dá com as pessoas de direito público nos casos de ação popular e ação de improbidade administrativa (...)? Se a hipótese não for de litisconsórcio necessário, assumirá o INPI a posição de assistente simples ou litisconsorcial? Se for assistente, será ele assistente de qual das partes, autor ou réu? Assumirá ele, INPI, alguma outra figura específica, anômala ou diferenciada de intervenção de terceiros?[265]

Excluindo de suas reflexões a óbvia posição de autora do INPI quando propuser ação de nulidade, o questionamento a que Cassio Scarpinella se propõe enfrentar é sobre a posição do INPI *quando for interveniente*. Segundo ele, a jurisprudência e a doutrina refletem dúvidas: há quem entenda ser o INPI litisconsorte passivo necessário, outros, assistente simples do réu, ha-

---

263 Idem, cap. 4, item n. 5.5, p. 270.

264 "Art. 56. A ação de nulidade poderá ser proposta a qualquer tempo da vigência da patente, pelo INPI ou por qualquer pessoa com legítimo interesse. § 1º A nulidade da patente poderá ser arguida, a qualquer tempo, como matéria de defesa. § 2º O juiz poderá, preventiva ou incidentalmente, determinar a suspensão dos efeitos da patente, atendidos os requisitos processuais próprios.
Art. 57. A ação de nulidade de patente será ajuizada no foro da Justiça Federal e o INPI, quando não for autor, intervirá no feito. § 1º O prazo para resposta do réu titular da patente será de 60 (sessenta) dias. § 2º Transitada em julgado a decisão da ação de nulidade, o INPI publicará anotação, para ciência de terceiros.
(...)
Art. 118. Aplicam-se à ação de nulidade de registro de desenho industrial, no que couber, as disposições dos arts. 56 e 57.
(...)
Art. 173. A ação de nulidade poderá ser proposta pelo INPI ou por qualquer pessoa com legítimo interesse. Parágrafo único. O juiz poderá, nos autos da ação de nulidade, determinar liminarmente a suspensão dos efeitos do registro e do uso da marca, atendidos os requisitos processuais próprios.
(...)
Art. 175. A ação de nulidade do registro será ajuizada no foro da justiça federal e o INPI, quando não for autor, intervirá no feito."

265 BUENO, Cassio Scarpinella. Amicus curiae *no processo civil brasileiro*: um terceiro enigmático. 3. ed. São Paulo: Saraiva, 2012. cap. 4, item n. 7, p. 285.

vendo ainda uma corrente minoritária de que seria o INPI assistente litisconsorcial do réu[266]. Tudo dependerá – conclui o autor – da *causa de pedir*.

Assim, ele entende que o INPI, em ações nas quais se requer a declaração de nulidade de registro por algum defeito intrínseco da patente, do desenho industrial ou da marca, não será litisconsorte necessário. Coerentemente, por outro lado, sustenta que, se o pedido de nulidade disser respeito a vícios em processo administrativo do próprio INPI, a autarquia deve ser litisconsorte passiva necessária com o particular. No entanto, se a causa de pedir apontar que o próprio INPI fora vítima de engodo do particular que falsificou os documentos a fundamentarem o registro, o INPI não será litisconsorte nem do autor nem do réu, embora deva constar no processo como parte (não em seu sentido substancial, isto é, não defendendo um direito próprio nem como substituto processual)[267].

Após detalhar esses apontamentos e excluindo posicionamentos da doutrina tradicional quanto à natureza interventiva do INPI[268], Cassio Scarpinella Bueno pergunta se poderia se tratar de *amicus curiae*. Ele responde afirmativamente, pois, quando o INPI não for autor ou réu, só poderá atuar como *amicus curiae*: "E a peremptoriedade de nossa afirmação" – argumenta – "reside na circunstância de que *ou* o INPI é parte (autor ou réu) *ou é amicus curiae*. O que, em nossa opinião" – continua argumentando – "deve ser descartado, para todos os fins, é que o INPI possa pretender atuar na qualidade de *assistente* simples ou litisconsorcial"[269].

Transcrevendo Antonio André Muniz de Souza, parece-nos ser o ponto alto da explanação, Cassio Scarpinella Bueno explica que o INPI fora criado para executar no país as normas que regulam a propriedade industrial, tutelando valores como desenvolvimento, livre-iniciativa, tecnologia, investimento, produção, consumo, emprego, geração de capital, valor agregado e renda. À vista disso,

> (...) o legislador conferiu expressamente ao INPI legitimidade para propor ação de nulidade e/ou intervir naquelas que não ajuizou. Outro não é o motivo para isso, senão o de preservar interesses impessoais. Nesse sentido, sua intervenção é especial, assim como a da União acima referida, como terceiro que tem interesse diverso do autor e do réu, razão pela qual o instituto não assiste a esse ou aquele, porquanto atua de forma independente dos interesses da parte[270].

Nessa linha, acrescenta Antonio André Muniz de Souza que os pedidos de particular e do INPI podem coincidir, mas que isso não significa convergirem na defesa dos mesmos interesses:

> Ou seja, o INPI pode defender a improcedência da ação, tal como faz o réu. Mas mediatamente os interesses na sentença de improcedência são diversos. A autarquia quer preservar o inte-

266 Idem, cap. 4, item n. 7, p. 286-287.

267 BUENO, Cassio Scarpinella. Amicus curiae *no processo civil brasileiro*: um terceiro enigmático. 3. ed. São Paulo: Saraiva, 2012. cap. 4, item n. 7, p. 289.

268 Idem, cap. 4, item n. 7, p. 289-292.

269 Idem, cap. 4, item n. 7, p. 292-293.

270 SOUZA, Antonio André Muniz de. O INPI como interveniente especial nas ações de nulidade: nova interpretação, conforme a Lei Industrial. *Revista de Processo,* São Paulo: Revista dos Tribunais, v. 119, 2005, p. 139-140 apud BUENO, Cassio Scarpinella. Amicus curiae *no processo civil brasileiro*: um terceiro enigmático. 3. ed. São Paulo: Saraiva, 2012. cap. 4, item n. 7, p. 293.

resse público envolvido de manter a patente ou o registro, assegurando a livre concorrência e o desenvolvimento nacional. O réu, por sua vez, objetiva continuar com sua propriedade privada intocada. Diga-se o mesmo quando o INPI entende deva ser declarada nulidade. Embora possa haver identidade quanto ao pedido de procedência, o autor tem interesse econômico e particular mediato na nulidade, ao passo que o Instituto pretende a observância daqueles princípios no caso concreto[271].

Cassio Scarpinella Bueno, portanto, conclui que, *na hipótese de o INPI não ser autor ou réu, sua intervenção deverá significar a preocupação do legislador com a tutela em juízo dos valores corporificados pelo INPI, no plano material, e que não dizem respeito, específica e individualmente, às partes envolvidas em um litígio concreto*. Ressalta, ainda, que as questões relativas à propriedade industrial são específicas, não sendo de trato comum. Por isso, o autor também reconhece o INPI na função de *amicus curiae*, ao prever "oportuna a intervenção de alguém que domine as regras próprias e técnicas daquele específico ramo do direito para viabilizar ao magistrado o proferimento de uma decisão que, objetivamente, melhor atenda (melhor *tutele*) o específico direito material envolvido na questão"[272]. Ou em outras palavras:

> Trata-se, pois, aqui, também, de mais um caso em que o INPI intervirá na qualidade de *amicus curiae* para tutela de interesses e direitos *institucionais*, para a tutela de interesses e direitos que *extrapolam*, que *transcendem*, os interesses e direitos típicos das partes e que estão fora do alcance e da tutela delas. (...) Interesse institucional, repetimos o que já acentuamos anteriormente, são interesses *jurídicos* no sentido de protegidos e tutelados pelo ordenamento jurídico. Só não devem ser confundidos com o 'interesse jurídico' que enseja a intervenção do assistente simples ou litisconsorcial (...)[273].

d) **Exemplo quarto: intervenção em processo judicial do Conselho Administrativo de Defesa Econômica (CADE)**

Com relação ao Conselho Administrativo de Defesa Econômica (doravante CADE), pessoa jurídica (autarquia) destacada de antigas atribuições do Ministério da Justiça (órgão da União Federal), e cuja função primordial é prevenir e reprimir infrações contra a ordem econômica, Cassio Scarpinella Bueno aponta como pertinente ao seu estudo o art. 89 da Lei n. 8.884/1994, substituído pelo art. 118 da Lei n. 12.529/2011[274-275].

Cassio Scarpinella Bueno demonstra facilmente que a palavra "assistente", no referido art. 118, não se refere à assistência simples do CPC especialmente porque o interesse "jurídico" exi-

271 Idem, cap. 4, item n. 7, p. 294.

272 BUENO, Cassio Scarpinella. Amicus curiae *no processo civil brasileiro*: um terceiro enigmático. 3. ed. São Paulo: Saraiva, 2012. cap. 4, item n. 7, p. 296.

273 Idem, ibidem.

274 Idem, cap. 4, item n. 7, p. 310-311.

275 "Art. 118. Nos processos judiciais em que se discuta a aplicação desta Lei, o Cade deverá ser intimado para, querendo, intervir no feito na qualidade de assistente." A redação do revogado art. 89 da Lei n. 8.884/1994 é: "Nos processos judiciais em que se discuta a aplicação desta lei, o CADE deverá ser intimado para, querendo, intervir no feito na qualidade de assistente. (Revogado pela Lei n. 12.529, de 2011)".

gido nesse instituto diz respeito à *defesa reflexa de direito subjetivo próprio*. Assim, o autor corretamente insiste no fato de que o CADE – assim como o CVM e o INPI –, enquanto autarquia:

> (...) não tem nenhum tipo de 'interesse' ou de 'direito' 'seu', 'subjetivizado' e individualizado quando, para retomarmos o nosso exemplo, duas redes de supermercado questionam a incidência desta ou daquela regra do direito da concorrência. O interesse que diz respeito ao CADE é com o todo, é com a aplicação escorreita do direito 'objetivo' da concorrência[276].

Essa é a razão pela qual, de modo coerente, Cassio Scarpinella Bueno enxerga a intervenção do CADE como *amicus curiae*, pois "a intervenção do ente estatal justifica-se em função de sua atividade fiscalizatória, no sentido de verificar, ainda que em juízo e diante de um litígio concreto, de que forma os bens jurídicos que competem a ele, CADE, tutelar estão sendo interpretados e aplicados"[277]. Cassio Scarpinella Bueno dialoga com interessante estudo de Alexandre Alves Lazzarini que, percebendo não se encaixar o CADE nas assistências típicas do CPC, e que provê conhecimento jurídico específico, enquadra-o como *perito judicial*[278]. Cassio Scarpinella Bueno saúda o estudo de Alexandre Alves Lazzarini por sobrepujar os demais trabalhos nacionais, que não se aprofundam a respeito do termo legal *"assistente"*, contudo, rejeita a solução de perito judicial pelas seguintes razões:

> Acreditamos, contudo, que esse regime jurídico é *fechado* demais para a manifestação do CADE. Fechado não no sentido de viabilizar ao juiz determinados ajustes ao longo do *procedimento* que a lei reserva para perícia e que poderia, pensamos, viabilizar uma atuação mais escorreita e proveitosa do CADE em juízo. Ademais, entender que o CADE é um perito judicial é colocar aquela autarquia em posição de *subordinação* perante o juízo e não, como nos parece mais correto, de *coordenação* ou de *cooperação*[279].

**e) Exemplo quinto: intervenção em processo judicial da Ordem dos Advogados do Brasil (OAB)**

Por fim, Cassio Scarpinella Bueno apresenta o clássico exemplo da Ordem dos Advogados do Brasil (doravante OAB), especificamente a previsão do parágrafo único do art. 49 da Lei n. 8.906/1994 (EOAB). Esse dispositivo prevê hipóteses em que autoridades da OAB (Presidentes dos Conselhos e das Subsecções) possuem legitimidade "para intervir, inclusive como assistentes, em inquéritos e processos em que sejam indiciados, acusados ou ofendidos, os inscritos na OAB"[280].

---

276 BUENO, Cassio Scarpinella. Amicus curiae *no processo civil brasileiro*: um terceiro enigmático. 3. ed. São Paulo: Saraiva, 2012. cap. 4, item n. 8, p. 314.

277 BUENO, Cassio Scarpinella. Amicus curiae *no processo civil brasileiro*: um terceiro enigmático. 3. ed. São Paulo: Saraiva, 2012. cap. 4, item n. 8, p. 315.

278 LAZZARINI, Alexandre Alves. A intervenção do CADE no processo judicial. *Revista de Processo*, São Paulo: Revista dos Tribunais, v. 105, 2002, p. 247-248 apud BUENO, Cassio Scarpinella. Amicus curiae *no processo civil brasileiro*: um terceiro enigmático. 3. ed. São Paulo: Saraiva, 2012. cap. 4, item n. 8, p. 315.

279 BUENO, Cassio Scarpinella. Amicus curiae *no processo civil brasileiro*: um terceiro enigmático. 3. ed. São Paulo: Saraiva, 2012. cap. 4, item n. 8, p. 317.

280 Idem, cap. 4, item n. 9, p. 325 e seguintes.

Pela mesma razão que negou a qualidade de assistente ao CADE, Cassio Scarpinella Bueno nega aplicação do marco teórico típico de assistentes no CPC para a OAB[281]. Com efeito, assevera:

> O objetivo da intervenção da OAB para os fins do art. 49, parágrafo único, é inequívoco: a OAB não atua em nome do advogado, mas em prol da defesa, administrativa ou judicial, das prerrogativas profissionais dele, de seu múnus público, alçado, pelo art. 133 da Constituição Federal, a função essencial à Justiça, ao lado da magistratura, do Ministério Público (CF, art. 127) e da Defensoria Pública (CF, art. 134)[282].

A seguir, Cassio Scarpinella Bueno aprofunda esse ponto de vista, chamando atenção para o fato de que a OAB "não atua processualmente em prol do advogado (um específico advogado), mas, bem diferentemente, sua atuação dá-se para defesa das prerrogativas e do múnus do advogado (de qualquer advogado que pudesse estar naquela mesma situação concreta)". E complementa:

> A OAB atuará em nome dessas prerrogativas – suas finalidades institucionais –, e não como pessoa (sujeitos de direitos e deveres na esfera jurídica). E o fará 'em nome próprio', isto é, é ela quem comparece em juízo para atingimento daquelas finalidades, apresentando-se, perante o magistrado, como órgão representativo dos advogados (art. 44, II, da Lei n. 8.906/94)[283].

Ou seja, de modo pertinente, Cassio Scarpinella Bueno não exclui as duas possíveis hipóteses de a OAB atuar em nome próprio em defesa de sua própria esfera jurídica (pretendendo afastar alguma lesão ou ameaça a direito contra a própria OAB), ou que represente coletivamente seus inscritos em ação coletiva. Contudo, corretamente, bate novamente na tecla de que o interesse jurídico exigido para a intervenção do referido parágrafo único do art. 49 – assim como ocorre nas hipóteses de intervenção anteriores: pessoa jurídica nas ações popular e de improbidade, CVM, INPI, e CADE – não se refere a um interesse jurídico "subjetivado", mas sim a um interesse jurídico "institucional"[284]. Mas é importante ressaltar um aspecto final.

Enxergando a função de *amicus curiae* na intervenção da OAB prevista no referido parágrafo único do art. 49 da Lei n. 8.906/1994, Cassio Scarpinella Bueno conclui que a OAB, não sendo mero assistente na visão individualística do CPC, pode tanto pugnar a improcedência da ação contra o advogado (como forma de defesa das prerrogativas e do múnus do advogado), quanto, inclusive, voltar-se contra o inscrito, "até como forma de estremar o bom profissional do mal, prestando, com isso, relevante serviço público. Isso, repita-se, sem prejuízo da *apuração regular do fato* administrativo e da aplicação de sanções cabíveis"[285]. E complementa:

> Não se trata, pois, de intervenção que se justifique por um interesse *corporativo*. Bem contextualizada, a intervenção se justifica em prol de um interesse institucional que, por defi-

281 Idem, cap. 4, item n. 9, p. 325-326.

282 BUENO, Cassio Scarpinella. Amicus curiae *no processo civil brasileiro*: um terceiro enigmático. 3. ed. São Paulo: Saraiva, 2012. cap. 4, item n. 9, p. 326.

283 Idem, ibidem.

284 Idem, cap. 4, item n. 9, p. 327.

285 Idem, cap. 4, item n. 9.3, p. 329-330.

nição, transcende os específicos interesses individuais dos conflitantes postos em julgamento perante o magistrado[286].

**f) Ainda sobre a OAB: intervenção em processo judicial da OAB baseada no inciso I do art. 44 da Lei n. 8.906/1994**

De nossa parte, entendemos ser também de grande interesse a finalidade institucional da OAB prevista no inciso I do art. 44 da Lei n. 8.906/1994: "(...) defender a Constituição, a ordem jurídica do Estado democrático de direito, os direitos humanos, a justiça social, e pugnar pela boa aplicação das leis, pela rápida administração da justiça e pelo aperfeiçoamento da cultura e das instituições jurídicas". Esse dispositivo, em nosso modo de ver, também autoriza que a Ordem dos Advogados do Brasil atue como *amicus curiae* em processos que não envolvam disciplina ou prerrogativas da Advocacia Privada.

Depois de lermos atentamente as lições de Cassio Scarpinella Bueno, com as quais concordamos, parece-nos que a intervenção *amicus curiae* da OAB lastreada no art. 44, I, da Lei n. 8.906/1994 não se dá diretamente pela letra do art. 49, parágrafo único, da mesma Lei, porque este dispositivo se refere a campo bem próprio da Advocacia Privada, entrelaçando funções sindical, disciplinar e de defesa de prerrogativas da OAB.

Porém, atualmente, poder-se-ia aplicar esse dispositivo *por analogia*, no sentido de que a função prevista no art. 44, I, da Lei n. 8.906/1994 também deve legitimar a OAB para intervir como *amicus curiae* em processos coletivos ou processos e incidentes de amplos efeitos (controle concentrado, IRDR, IAC etc.). Então, por exemplo, quando o Conselho Federal da OAB não propuser ação direta de inconstitucionalidade, mas o tema a ser decidido incidir claramente no inciso I do art. 44 da Lei n. 8.906/1994, o legitimado poderá requerer que ele seja ouvido como *amicus curiae*. E assim por diante.

**Contribuições de Cassio Scarpinella Bueno em sua tese de livre-docência (II) – uma visão sistemática da relação entre *custos legis*, *amicus curiae* e o conjunto de intervenções especiais na legislação brasileira sob a ótica do conceito de interesse institucional**

Considerando o que fora dito até aqui, em tópico diverso de sua tese de livre-docência Cassio Scarpinella Bueno reflete sobre as distinções que a doutrina faz sobre *custos legis* e *amicus curiae*, e surpreende ao demonstrar que não é tão simples essa separação quanto a doutrina comumente faz parecer à primeira vista. A título de exemplo, ele discute o argumento da *indisponibilidade* do direito para atuação do Ministério Público como *custos legis*, e pondera:

> A indisponibilidade que reside na atuação do *custos legis*, destarte, é um dado do direito positivo. E, de resto, em todos aqueles casos em que o *amicus* é previsto, de forma mais ou menos clara, pela lei – como no caso da CVM, do CADE, do INPI ou da OAB –, é difícil, com os olhos voltados para o direito positivo, reconhecer que haja alguma margem de *disponibilidade* desses interesses e direitos. Alguém duvidará de que as leis que regem o mercado de capitais, abuso de poder econômico, a propriedade industrial ou as prerrogativas do advogado não sejam, para

286 Idem, cap. 4, item n. 9.3, p. 330.

valermo-nos de expressão de uso consagrado, de 'normas de ordem pública'?[287]

Em acréscimo, Cassio Scarpinella Bueno também repele o argumento, bastante difundido na doutrina, de que a diferença entre *custos legis* e *amicus curiae* residiria no fato de que este se apoiaria em "leis específicas", responsáveis por "questões muito específicas", e por isso envolvem "conhecimentos muito específicos"[288]. Em resposta, Cassio Scarpinella Bueno lembra de várias leis extravagantes que impõem a participação do Ministério Público, na qualidade de fiscal da lei, para atuar em "casos específicos", e exemplifica:

> Assim, por exemplo, para atuar nessa qualidade – e sem prejuízo da atuação de outros sujeitos do processo e auxiliares do juízo – nas concordatas e falências, diretriz que estava presente no Decreto-lei n. 7.661, de 21 de junho de 1945, e que vem repetida na recente Lei n. 11.101, de 09 de fevereiro de 2005, que disciplina a 'recuperação judicial, a extrajudicial e a falência do empresário e da sociedade empresária'[289].

Em abono à posição de Cassio Scarpinella Bueno, hoje, o CPC de 2015 – uma lei geral, e não específica ou extravagante – prevê, em termos genéricos, a função do *amicus curiae* em seu art. 138.

Ponderando essas e outras dificuldades sobre a distinção entre *custos legis* e *amicus curiae*, em tópico seguinte, intitulado *Confronto e discussão*, Cassio Scarpinella Bueno dá um passo importante para talhar o *amicus curiae* – e isso antes de existir previsão expressa no atual CPC –, e pondera que o *amicus curiae*, apesar de não se identificar com o *custos legis*, "apresenta algumas características que são preciosas na elaboração do perfil do *amicus curiae*"[290]. Nesse sentido, assevera que: "À luz dessas considerações, somadas às que já desenvolvemos acima, não há por que negar, desde logo, seja o *amicus curiae* um *custos legis* no sentido sistemático, histórico mesmo, da expressão".

Um parêntese necessário, em meio à exposição do pensamento de Cassio Scarpinella Bueno: a rica perspectiva de que não é simples separar *amicus curiae* de *custos legis*, levando à reflexão de que o *amicus curiae* seria, na verdade, um tipo de *custos legis*, no sentido suprarreferido, é fundamental para explicarmos, de modo sistemático – e histórico também! –, a ideia de uma guardiã de vulneráveis. Trocando em miúdos, o Ministério Público não pode ser nossa única referência; longe disso, devemos prestar atenção *no conjunto* das intervenções processuais e de modo mais sistemático.

Seguindo em frente, Cassio Scarpinella Bueno complementa sua fundada impressão de vínculos sistemático e histórico entre *custos legis* e *amicus curiae*:

> Não que ele [o *amicus curiae*] substitua – a toda evidência – a figura que, institucionalmente, sempre foi exercida, entre nós – e continua sendo, fortalecida pela Constituição de 1988, em

---

287 BUENO, Cassio Scarpinella. Amicus curiae *no processo civil brasileiro*: um terceiro enigmático. 3. ed. São Paulo: Saraiva, 2012. cap. 5, item n. 4, p. 382.

288 Idem, cap. 5, item n. 4, p. 383.

289 BUENO, Cassio Scarpinella. Amicus curiae *no processo civil brasileiro*: um terceiro enigmático. 3. ed. São Paulo: Saraiva, 2012. cap. 5, item n. 4, p. 383.

290 Idem, cap. 5, item n. 5, p. 386.

especial pelo *caput* do art. 127 –, pelo Ministério Público. É possível, cremos, uma *aproximação* das duas figuras no que diz respeito à razão de sua intervenção, à razão de ser sua oitiva no processo. Mais ainda naqueles casos em que a própria lei prevê um órgão governamental como interveniente. Não propomos, evidentemente, que o *amicus curiae* seja um *substituto* à função que, entre nós, sempre foi e continua sendo desenvolvida pelo Ministério Público na qualidade de fiscal da lei[291].

Por isso, baseado nos elementos que colheu em seu estudo – parte deles apresentados anteriormente em nossa exposição –, aponta que a intervenção de determinadas pessoas em processo alheio justifica-se muito mais por razões próximas àquela que, para nosso direito, sempre conduziram à necessidade de intervenção do Ministério Público na qualidade de *custos legis* – e não por interesse próprio, subjetivado, a autorizar as intervenções típicas do modelo individualista de assistentes simples e litisconsorcial[292]. Minudencia sua posição com bastante propriedade:

> Trata-se, não há como duvidar disso, de situação em que um ente, eleito pelo legislador dentre outros, ou autorizado a atuar a cada caso (como se dá em relação ao Ministério Público na qualidade de fiscal da lei para os fins do art. 82, III, do CPC) [atual art. 178, I do CPC/2015], manifesta-se em juízo para *auxiliar* o magistrado a *melhor* decidir, fazendo com que leve em conta na sua decisão elementos de fato e de direito especificamente importantes para o sistema. (...) É assim, pelo menos naqueles casos em que a lei brasileira expressamente prevê a intervenção de determinadas entidades. É o que se dá – ou, quando menos, 'deve se dar' –, vimos no capítulo anterior, com relação à CVM, ao CADE, ao INPI e à própria OAB[293].

Então, num tempo em que não vigorava ainda o atual CPC – que prevê expressamente a figura do *amicus curiae* em seu art. 138 –, o autor pondera que, na hipótese de o legislador não apontar expressamente o interveniente a desempenhar tal função (como fez com o MP no art. 178, I, do CPC, e com CVM, CADE, INPI e OAB, para suas respectivas funções institucionais), caberia ao magistrado admitir alguém, seja convocando ou analisando pedidos de ingresso, devendo ser avaliado grau de *representatividade* do convocado ou requerente[294].

Outros dois aspectos que consideramos muito importantes, retratados no fundamental estudo de Cassio Scarpinella Bueno, diz respeito ao *interesse institucional* que autoriza as intervenções suprarreferidas, bem como uma visão sistemática e histórica – em relação à teoria do processo – para a qual o autor chama atenção.

No que tange ao *interesse institucional*, já o dissemos de passagem, mas fazemos questão de repetir, apoiados em Cassio Scarpinella Bueno: é o interesse *jurídico* que justifica, legitima, o ingresso do interveniente competente (*custos legis*, intervenientes especiais – com funções de *amicus curiae*, segundo o autor –, e o *amicus curiae* não previsto em lei específica). Cassio Scarpinella Bueno explica, mais pormenorizadamente, que é o interesse "*jurídico*, especialmente

291 Idem, cap. 5, item n. 4, p. 383.

292 BUENO, Cassio Scarpinella. Amicus curiae *no processo civil brasileiro*: um terceiro enigmático. 3. ed. São Paulo: Saraiva, 2012. cap. 5, item n. 5, p. 388.

293 Idem, ibidem.

294 Idem, cap. 5, item n. 5, p. 388-389.

qualificado, porque transcende o interesse individual das partes. (...) O *interesse institucional* também é *interesse público*. E o é justamente porque transcende o interesse individual de cada uma das partes litigantes (...)"[295].

E ele vai mais a fundo ao relacionar o interesse público com o interesse *primário* (e não estatal), e esclarece quando se torna institucional:

> (...) o 'jurídico' do interesse deve ser capturado não mais a partir de uma específica relação jurídica deduzida em juízo [como nas intervenções de modelo individualista do processo], mas, diferentemente, a partir de seu estado 'bruto' na sociedade ou, quando menos, em um específico grupo suficientemente organizado ou, ainda, no próprio Estado, nas suas variadas funções e facetas, mas sempre voltado ao atingimento da finalidade pública 'primária'. (...) Tal interesse 'jurídico' é, pelas razões do parágrafo anterior, um interesse 'público'. E, porque ele é filtrado a partir de determinados entes voltados, organicamente, à sua proteção – e muitas vezes expressamente reconhecidos pelo sistema para desempenhar esse papel –, ele é um interesse *institucional*. É essa, fundamentalmente, a distinção. É essa a 'novidade'. É o nome que propomos para designá-la[296].

Esse *interesse jurídico público e institucionalizado*, por sinal, refletiu-se no processo.

O autor lembra do surgimento do art. 82, III, do CPC/1973, quando o processo civil deu um passo decisivo para se libertar do exclusivismo de um modelo tradicional e individualista (que só admitia a apresentação da parte em nome próprio para defesa do próprio direito, ou segundo as exceções de substituição processual), para um modelo coletivizado que também admite a tutela de interesses públicos. Por isso, em termos históricos e de sistemática jurídica, avalia bem o autor a então novidade de 1973:

> O exercício daquela função pelo Ministério Público [referindo-se ao art. 82, III, do CPC/1973], de resto, representou, a seu tempo, uma evolução sem precedentes, porque ela tem condições de evidenciar, inovando, o caráter *público* e indisponível e não *privado* e disponível do processo ou do próprio direito material nele veiculado. (...)[297].

Em síntese, parafraseando Cassio Scarpinella Bueno – e essa síntese bem abre um espaço sistemático para a guardiã de vulneráveis –, *o que realmente muda é o modo de compreensão pelo sistema processual e pelo intérprete sobre o que pode ser interesse "jurídico" em determinado momento histórico*. E o mesmo pode ser dito, segundo o autor, com relação ao interesse público que motiva a intervenção do Ministério Público na qualidade de *custos legis*. Assim, atualmente, generalizou-se o interesse público que antes se limitava a exigir a presença de um fiscal da lei para auxiliar a atuação do juiz, visando aprimoramento da prestação jurisdicional. O que vale dizer:

> O 'modo de ser do processo' não pode passar ao largo da *captação* desse interesse público e das bocas podem fazer suas vozes serem ouvidas –, sob pena de ruptura com seu modelo constitucional[298].

---

295 Idem, cap. 6, item n. 5.8, p. 460-461.

296 BUENO, Cassio Scarpinella. Amicus curiae *no processo civil brasileiro*: um terceiro enigmático. 3. ed. São Paulo: Saraiva, 2012. cap. 6, item n. 5.8, p. 461.

297 Idem, cap. 6, item n. 5.2, p. 433.

298 Idem, cap. 6, item n. 5.8, p. 465-466.

Seja como for, concluindo nossa longa exposição que *tenta sistematizar e reconhecer a historicidade de legitimados a intervirem no processo civil*, a fim de harmonizar, em tópico posterior, a intervenção *custos vulnerabilis* nesse movimento jurídico-processual constitucional, devemos reiterar – nas palavras de Cassio Scarpinella Bueno – que "o 'interesse jurídico', de formação e cunho individualista, publicizou-se". E aponta a consequência do surgimento do *interesse institucional*:

> Para não se confundir com um possível apequenamento do interesse público de que trata o próprio Código de Processo Civil (art. 82, III [na verdade, o atual 178, I]) – apequenamento porque analisado fora de seu contexto adequado, de matiz constitucional – deve receber um novo nome também. Por isso, 'interesse *institucional*', que permeia toda a sociedade e o próprio Estado, nas suas variadas funções[299].

Esse *interesse institucional*, por sua vez, segundo Cassio Scarpinella Bueno, impõe a superação de amarras típicas das tradicionais figuras, como, por exemplo, do "assistente", do "fiscal da lei", do "perito", e, consequentemente, *obriga a abertura para outro sujeito processual* – o *amicus curiae*, no contexto de sua tese de livre-docência – a fim de qualificar melhor o contraditório constitucional e legitimar as decisões jurisdicionais. Ou em suas palavras, "porque o juiz não é mais só a boca da lei. E sua decisão já não afeta, queira ou não queira, somente aqueles poucos dois que se encontram na sua frente"[300].

*Não temos dúvida de que a intervenção* custos vulnerabilis *se encaixa nesse movimento de abertura do processo à captação dos interesses públicos diversos*, e que a superação dos sujeitos tradicionais do processo igualmente deve abrir espaço para a intervenção *custos vulnerabilis*. Há um saber próprio – em eterno aprimoramento – que busca incrementar a tutela dos hipossuficientes e promover Direitos Humanos, e é objetivo do Estado Brasileiro (art. 3º da CF) que esse saber ganhe repercussão no Sistema de Justiça.

Assim, no próximo tópico tentaremos sintetizar parte de nosso pensamento, restando apenas alguns apontamentos para a área penal.

**Síntese de nosso pensamento sobre a função de *custos vulnerabilis* no sistema processual civil**

Diante de tudo que expusemos, podemos organizar nosso posicionamento pela seguinte sequência de reflexões nos próximos parágrafos.

**a) Validade da função institucional *custos vulnerabilis* no sistema jurídico brasileiro**

A função de *custos vulnerabilis* é válida no sistema processual, e encontra fundamento legal principalmente nos art. 3º-A e 4º, XI, da LC n. 80/1994, além do próprio *caput* do art. 134 da CF/88, combinado com outros dispositivos constitucionais, como os art. 3º, I e III, e 5º, LIV, pois as funções institucionais da Defensoria Pública depreendem-se de Leis Orgânicas específicas (art.

299 BUENO, Cassio Scarpinella. Amicus curiae *no processo civil brasileiro*: um terceiro enigmático. 3. ed. São Paulo: Saraiva, 2012. cap. 6, item n. 5.8, p. 467.

300 Idem, ibidem.

134, § 1º, da CF/88), bem como do *caput* do art. 134 da CF/88; e sem prejuízo da aplicação do art. 5º, § 2º, também da CF/88, além do direito constitucional lastreado no direito internacional dos direitos humanos, quando mais favorável, e normas específicas ordinárias que convirjam a essa estrutura básica (Estatuto do Idoso, Estatuto da Criança e do Adolescente etc.).

Historicamente, há vários modos de se classificar as atribuições da Defensoria Pública no seio da doutrina especializada[301], e todas são aceitáveis. Entretanto, delas não se pode pretender inferir tarefas específicas que decorram antes da razão de ser da instituição do que de inovações no direito positivo.

É certo que existem tarefas *inerentemente* insertas ou excluídas no âmbito de atuação da Defensoria Pública. Assim, tudo o que *não* disser respeito a uma atividade jurídica – *v.g.*, lecionar no ensino fundamental ou algo atinente à segurança pública – sem dúvida estará excluído de sua atuação. Por outro lado, qualquer atuação jurídica em prol dos necessitados atrairá a Defensoria Pública não só para o palco como para o papel de ator principal.

Fato é que a catalogação da Defensoria Pública como *custos vulnerabilis* não decorre de algo novo, surgido da natureza das coisas e que se irradia sobre o direito positivo e a jurisprudência, mas sim de exemplificações do papel de uma assistência jurídica em constante mutação – afinal, a sociedade muda, direitos são perdidos e conquistados, ares democráticos vão e vêm. E a Defensoria Pública, incumbida constitucionalmente de um mister próprio, está no meio disso.

**b) Atuação como *custos vulnerabilis* no processo civil**

No processo civil, o campo de atuação como *custos vulnerabilis* é basicamente no processo coletivo (ação civil pública, mandado de segurança coletivo, *habeas corpus* coletivo etc.), pois, como vimos, essa função institucional se ajusta perfeitamente à matriz teórica da tutela coletiva que, em síntese, exige muito maior qualificação do contraditório, dada a complexidade dos conflitos e da possível larga abrangência de efeitos decisórios.

Ademais, muito importante ressaltarmos, a intervenção *custos vulnerabilis* corrige uma lacuna da inserção da Defensoria Pública na tutela coletiva, porque a legislação previu somente, de modo expresso, a legitimidade ativa sem aprofundar a participação da Defensoria Pública quando não for autora do processo coletivo.

Por outro lado, se adotarmos as premissas básicas do processo coletivo – especialmente de exigência de contraditório altamente qualificado devido, principalmente, à complexidade dos conflitos a serem solucionados e dos amplos efeitos que atingem inúmeros terceiros –, devemos admitir que faz todo sentido que a intervenção *custos vulnerabilis* também atue:

• em incidentes capazes de produzir precedentes (incidente de resolução de demandas repetitivas ou IRDR[302], e incidente de assunção de competência ou IAC);

---

301 Tratamos disso no tópico *Classificações das funções institucionais: análise crítica.*

302 Sobre o tema, confira o importante estudo de: MAIA, Maurilio Casas. Legitimidades institucionais no Incidente de Resolução de Demandas Repetitivas (IRDR) no direito do consumidor: Ministério Público e Defensoria Pública: similitudes e distinções, ordem e progresso. *Revista dos Tribunais*, São Paulo, 986, dez. 2017, p. 27-60.

• em recursos especial e extraordinário julgados segundo a técnica de recursos repetitivos;

• em controle de constitucionalidade concentrado, e em qualquer processo originário, ou recurso ou incidente capaz de formar precedente, jurisprudência ou súmula, conforme incisos II, IV e V do art. 927 do CPC.

Quanto a este último ponto, em vista de tudo que discorremos até o presente, entendemos que a intervenção *custos vulnerabilis* não poderá ingressar em *processos individuais*, exceto se ele já deu origem ou estiver na iminência de dar origem a fase ou incidente processual que tenha aptidão jurídica de gerar precedente, jurisprudência ou súmula. Fora desse campo, a ser mais bem trabalhado pela doutrina com exemplos do dia a dia, não faz sentido nenhum a pretensão de tornar a Defensoria Pública onipresente em todos os processos individuais envolvendo direitos dos vulneráveis.

**c) Natureza da atuação como *custos vulnerabilis ou* sua posição processual no conjunto de intervenientes do processo coletivo**

A doutrina especializada está correta em afirmar que a Defensoria Pública atua como *terceiro interveniente atípico* no processo, não se caracterizando nem como representante postulatório nem como legitimado extraordinário (ou coletivo). Porém, esse desenho ainda é insuficiente.

É importante absorvermos o conceito de *interesse institucional* mais bem desenvolvido por Cassio Scarpinella Bueno, e enxergarmos a intervenção da Defensoria Pública de modo mais sistemático no conjunto maior de intervenientes específicos reconhecidos pela normativa brasileira e que *filtraram* determinados interesses jurídicos e públicos.

Vimos anteriormente que a pessoa jurídica de direito público nas ações popular e de improbidade administrativa, a CVM, o INPI, o CADE e a OAB, todos atuam com fundamento em interesses jurídicos e públicos devidamente filtrados por suas atribuições institucionais, ou seja, tornando-se *interesses institucionais*. A Defensoria Pública, nesse conjunto, usando a imagem de José Augusto de Sousa, é possuidora de *expertise* em vulnerabilidades pelo fato de exercer suas atribuições institucionais em defesa de vulneráveis. Por isso, entendemos que, no aspecto do *fundamento de atuação,* a Defensoria Pública está exatamente ao lado dessas instituições, bem como do Ministério Público, no sentido de que todos atuam em função de *interesse institucional* (interesse jurídico e público filtrado pelas atribuições institucionais respectivas).

Por esse último aspecto, a propósito, vale um parêntese que consideramos importante.

Não vemos justa razão para que a doutrina especializada insista na ideia de que a intervenção *custos vulnerabilis* encontra perfeito paralelo (ou quase isso) com o Ministério Público (*custos legis et juris* e *custos vulnerabilis*). Sem dúvida, o que há de comum é a atuação devido a *interesse institucional*, e é compreensível essa busca de equiparação com o órgão ministerial, até devido ao art. 4º, § 7º, da LC n. 80/1994.

Contudo, conforme bem demonstrado por Cassio Scarpinella Bueno, historicamente, diversos órgãos públicos dotados de alguma autonomia (no mínimo, a típica de uma autarquia) atuam com base em *interesse institucional*, e, portanto, parece-nos mais importante enxergamos a Defensoria Pública *dentro desse universo de intervenientes que atuam fundados em respectivos interesses institucionais* – e não olharmos o Ministério Público como o único horizonte a ser buscado, ou o modelo de intervenção defensorial.

Dentro dessa visão mais ampla histórica e sistemática que perseguimos, há uma contribuição importantíssima oferecida por Camilo Zufelato: ele aponta a Defensoria Pública "a meio caminho entre a ideia de *amicus curiae* próprio do processo coletivo – embora possua legitimidade ativa – e a previsão de atuação do Ministério Público como *custos legis*"[303]. Para perfeita compreensão dessa assertiva de Camilo Zufelato, é importante recordarmos sua visão de *amicus curiae* atrelada a uma defesa de interesses de um dos polos processuais, *ad coadjuvandum* (literalmente, "para assistir" ou "para auxiliar"):

> Tendo em vista as formas de intervenção no processo coletivo, cumpre ressaltar que a figura do *amicus curiae* é distinta da do *custos legis*. Quer nos parecer que o *amicus*, mais do que atuar para controlar a higidez da defesa do interesse coletivo em jogo, age preponderantemente para defender os interesses de um dos polos processuais, *ad coadjuvandum* portanto. Nesse aspecto se assemelha, quanto à finalidade, à *assistência litisconsorcial*[304].

Abre-se, aqui, um ponto de divergência com a doutrina especializada em Defensoria Pública que tenta separar as funções *custos vulnerabilis* e legitimação *ad coadjuvandum* (para assistir). Destaca-se Maurilio Casas Maia nesse tema, ao explicar a função de *custos vulnerabilis* à imagem do *custos legis e juris* (vale transcrever novamente):

> Terceiro interveniente – segundo lição de Mazzilli, a atuação de interveniente seria 'em razão da natureza da lide e desvinculado do zelo de interesse ligado à qualidade de quaisquer das partes', exemplificando nesse caso com o Ministério Público, na modalidade de atuação *custos legis et iuris*. Por outro lado, em relação à Defensoria Pública, pode-se citar sua *novel* atuação em favor dos direitos humanos (art. 134, CF/88). É preciso esclarecer que as instituições constitucionais do Ministério Público e da Defensoria Pública – enquanto terceiros *intervenientes* –, são 'interessados' no cumprimento de seu 'fim institucional' – afastando-lhes de qualquer imparcialidade –, porquanto se adequariam a um conceito de parte em sentido mais amplo, além do conceito tradicional, por serem interessados em determinada solução da demanda[305].

Depois, conforme também já expusemos anteriormente, Maurilio Casas Maia ainda distingue *custos vulnerabilis* do legitimado *ad coadjuvandum*:

---

303 ZUFELATO, Camilo. A participação da Defensoria Pública nos processos coletivos de hipossuficientes: da legitimidade ativa à intervenção *ad coadjuvandum*. *Revista Digital de Direito Administrativo*, *3*(3), 2016 p. 648. Disponível em: <https://doi.org/10.11606/issn.2319-0558.v3i3p636-657>.

304 ZUFELATO, Camilo. A participação da Defensoria Pública nos processos coletivos de hipossuficientes: da legitimidade ativa à intervenção *ad coadjuvandum*. *Revista Digital de Direito Administrativo*, *3*(3), 2016, p. 647. Disponível em: <https://doi.org/10.11606/issn.2319-0558.v3i3p636-657>.

305 MAIA, Maurilio Casas. A intervenção de terceiro da Defensoria Pública nas ações possessórias multitudinárias do NCPC: colisão de interesses (art. 4º-A, V, LC n. 80/1994) e posições processuais dinâmicas. In: DIDIER JR., Fredie; MACÊDO, Lucas Buril de; PEIXOTO, Ravi; FREIRE, Alexandre (org.). *Coleção Novo CPC* – Doutrina Selecionada – Parte geral. 2. ed. Salvador: JusPodivm, 2016. v. 1, p. 1263-1264.

> (...) e) Assistente *ad coadjuvandum* – No contexto da intervenção das carreiras componentes das funções essenciais à justiça, trata-se de modalidade *sui generis* de assistência vinculada ao interesse institucional em tutelar determinada categoria. Pode ocorrer em relação à Defensoria Pública, quando esta postula ingresso em juízo a fim de reforçar a tutela de interesses de categorias constitucionalmente protegidas[306].

A questão que se coloca, entretanto, com o devido respeito, é que não parece existir atuação da Defensoria Pública na qualidade de *custos vulnerabilis* em que ela não atuará em favor de categorias de vulneráveis.

Maurilio Casas Maia acerta em cheio ao fundamentar em *interesse institucional* a atuação da Defensoria Pública – fundamento idêntico de atuação, a propósito, dos *amici curiae* geral e previstos em leis específicas, e do *custos legis e juris*. Contudo, a nosso ver, a Defensoria Pública *sempre* atuará de modo imediato (e não mediato) em favor de categorias de vulneráveis, e por isso não conseguimos deixar de admitir que a Defensoria Pública atue como *custos vulnerabilis* também com um quê de legitimação *ad coadjuvandum* ("para assistir").

Em outros termos, seria ilegítima e injustificável que a intervenção da Defensoria Pública tenha como conteúdo ou objetivo a restrição dos direitos dos vulneráveis, a pretexto de preservar a correta aplicação da lei. Mais uma vez, não se estimula a manifestação aventureira ou temerária, mas não se pode admitir intervenção que contrarie a missão constitucional e legal da Defensoria. Nessa linha, fica difícil enxergar a distinção entre *custos vulnerabilis* e legitimado *ad coajuvandum*, razão pela qual (neste ponto específico) nos alinhamos à perspectiva de Camilo Zufelato, pontuando também a exigência constitucional da Defensoria Pública atuar em prol dos vulneráveis no processo.

Parece ser bem próxima de nossa percepção a que fora apresentada por Franklyn Roger e Diogo Esteves, em que a hipótese de *custos vulnerabilis* "mais se assemelharia a uma intervenção em prol do vulnerável, uma intervenção de terceiros atípica própria da Defensoria Pública, tal como ocorre no *amicus curiae* e na atuação do Ministério Público nas causas dos incapazes, em que o papel do *Parquet* é o de verificação da adequada tutela de interesses"[307].

**d) A função de *custos vulnerabilis* pelas lentes da ética da profissão de Defensor Público**

Considerando que existe uma ética profissional própria do defensor público, conforme sustentamos nos comentários dos arts. 46, 91 e 130, II, da LC n. 80/1994, é justo indagarmos: como a função de *custos vulnerabilis*, cuja natureza trabalhamos no item precedente, deve ser lida pela ética da profissão defensorial?

Entendemos que a ética da profissão impõe à função de *custos vulnerabilis* o dever de apresentar argumentos, documentos e perspectivas a facilitarem o melhor resultado possível dos respectivos grupos vulneráveis litigantes em favor dos quais haja atuação, e que serão atingidos diretamente pela decisão sobre a matéria debatida judicialmente.

---

306 Idem, p. 1264-1265.

307 ROGER, Franklin; ESTEVES, Diogo. *Princípios institucionais da Defensoria Pública*. 2. ed. Rio de Janeiro: Forense, 2017. p. 429.

Com toda razão, resumiu muito bem a questão Maurilio Casas Maia: "(...) a Defensoria Pública, guardiã dos vulneráveis e dos direitos humanos, é compromissada com a solução hermenêutica mais favorável a estes"[308].

**e) Finalidades visadas pela função de *custos vulnerabilis***

As finalidades da intervenção *custos vulnerabilis* – conforme apontado pela doutrina especializada – realmente se fundam principalmente na ideia de reforço do contraditório constitucional para se fazerem presentes, nos debates, as dolorosas perspectivas dos *grupos vulneráveis*, garantindo que sejam ouvidos. Reduzir a desigualdade processual entre litigantes, portanto, mostra-se essencial, especialmente porque a Defensoria Pública é litigante organizacional (habitual) em matéria de vulnerabilidades, com todas as vantagens inerentes a essa condição.

Assim, consideramos válidas as ponderações de Júlio Camargo de Azevedo, ao advertir que, no campo do processo civil, é um erro que a doutrina especializada em Defensoria Pública também aponte, como um dos fundamentos da intervenção *custos vulnerabilis* – e na lógica de reforço do contraditório –, a necessidade de contraposição ao Ministério Público. De fato, as duas instituições estão submetidas à interdependência dos direitos humanos e, diferentemente do processo penal – em que as posições colidentes são muito comuns dada a antítese multissecular entre acusação e defesa –, no processo civil esse é um fato *acidental* (no sentido aristotélico) e não explica, por óbvio, o fundamento da intervenção *custos vulnerabilis*[309].

A doutrina assevera, em uma perspectiva mais político-constitucional, que a atuação como guardiã de vulnerabilidades também assimilaria uma finalidade de *contrapoder* para defesa das minorias contra o próprio Estado.

Estamos de acordo.

Na verdade, em uma perspectiva precisa de Ciência Política, todos os Poderes e órgãos autônomos são contrapoderes. O Congresso Nacional é contrapoder pela sua capacidade de contrariar o Executivo ao não autorizar, por exemplo, que o Presidente da República permita que forças estrangeiras transitem pelo território nacional. E assim por diante.

Portanto, *os demais Poderes e órgãos autônomos são nossos contrapoderes.*

De qualquer modo, a ideia específica de que devemos atuar contra outros Poderes e órgãos autônomos por estarmos investidos de atribuição constitucional para a defesa de vulneráveis, sem dúvida, faz da Defensoria Pública contrapoder nesse exato sentido e, também, nossa razão de ser. Em outras palavras, a Defensoria Pública canaliza as demandas de diversas minorias, trabalhando-as para que alcancem com qualidade os órgãos destinatários no amplo sistema de freios e contrapesos. Ou, como bem resumiu Alfredo Emanuel Farias de Oliveira, tratando da

---

308 MAIA, Maurilio Casas. Legitimidades institucionais no Incidente de Resolução de Demandas Repetitivas (IRDR) no direito do consumidor: Ministério Público e Defensoria Pública: similitudes e distinções, ordem e progresso. *Revista dos Tribunais*, São Paulo, 986, dez. 2017, p. 53.

309 AZEVEDO, Júlio Camargo de. *Prática cível para Defensoria Pública*. 2. ed. Belo Horizonte: CEI, 2018. quarta parte, cap. 1, p. 342.

Defensoria Pública como contrapoder: "O poder que se organiza e volta-se contra o próprio poder para garantir direitos"[310].

**f) Conteúdo da atuação como *custos vulnerabilis***

O conteúdo da atuação como *custos vulnerabilis*, conforme assevera corretamente a doutrina especializada que citamos em tópicos anteriores, consubstancia-se na juntada de documentos e na produção de outras provas, apresentação de novos argumentos e perspectivas, tudo com a finalidade de favorecer ou grupos vulneráveis não representados ou substituídos diretamente pela Defensoria Pública – ainda assim, na intervenção *custos vulnerabilis* a Defensoria Pública tem o dever ético de ser parcial em favor dos vulneráveis, o que não se confunde com o dever de ser isenta.

**g) Poderes do *custos vulnerabilis* no processo civil**

O conteúdo básico da atuação como *custos vulnerabilis* nos obriga a outra discussão: quais são seus poderes no processo?

Em razão de tudo que discorremos, entendemos que os poderes da Defensoria Pública, enquanto *custos vulnerabilis*, devem ser *os mesmos poderes atribuídos às partes* em razão das finalidades sobreditas atribuídas a essa função institucional.

É que uma atuação fundada em *interesse institucional* e para *assistir a* grupos vulneráveis nos processos coletivos e outros meios processuais cujos efeitos transcendam uma lógica individual, reforçando o contraditório em favor desses grupos e auxiliando-os na obtenção do melhor resultado possível no litígio, implica claramente na titularidade dos poderes gerais de foro atribuídos às partes, sob pena de a intervenção *custos vulnerabilis* ficar incapacitada de realizar, plenamente, seus fins. Por sinal, as atribuições institucionais da Defensoria Pública, previstas no art. 4º da LC n. 80/1994, por óbvio, *pressupõem poderes correspondentes* – e os poderes que não são óbvios ou fáceis de serem deduzidos estão previstos expressamente em garantias e prerrogativas da instituição e do cargo.

A intervenção *custos vulnerabilis*, embora exerça sua função baseada em interesse institucional exatamente como o *amicus curiae* e também como o *custos legis*, tem o dever de tentar garantir o melhor resultado possível àqueles que *assiste*, reforçando o contraditório exercido em favor dos vulneráveis – ou seja, sua atuação não é tão distanciada das partes, sendo uma defesa *imediata* delas apesar de não configurar representação postulatória; ela pretende também que grupos vulneráveis saiam vitoriosos dentro do que for viável na perspectiva da ordem jurídica em sua integridade.

Assim, entendemos que os poderes de que a Defensoria Pública está investida quando é parte também são válidos ao atuar como interveniente *custos vulnerabilis*.

---

310 OLIVEIRA, Alfredo Emanuel Farias de. O que é Defensoria Pública? Qual é a sua identidade? Concepções tangenciais da hermenêutica fenomenológica. In: MAIA, Maurílio Casas. *Defensoria Pública, democracia e processo*. São Paulo: Tirant lo Blanch, 2020. p. 28.

Em suma, a interveniente possui poderes para produzir provas, argumentar em qualquer fase processual, apresentar requerimentos e pedidos, fazer uso de todos os meios processuais que se mostrarem necessários, incluindo meios recursais, impugnações autônomas e também valer-se de incidentes processuais (ou participar deles, se não provocar a instauração), além de poder utilizar outras atribuições defensoriais (meios consensuais extrajudiciais, convocar audiências públicas etc.) em defesa dos grupos vulneráveis.

Uma última ponderação.

Anteriormente, vimos que Sabrina Nasser de Carvalho aponta como fundamento dos poderes da intervenção *custos vulnerabilis*, por analogia, o art. 179 do CPC, que se refere ao *custos legis et juris*. Faz sentido essa observação no contexto da tese que apresentou, pois nela Sabrina Nasser de Carvalho aponta uma grande proximidade nos litígios fundiários entre as funções *custos legis et juris* e *custos vulnerabilis*. No entanto, não nos parece que essa coincidência de fins seja generalizável, razão pela qual pensamos ser melhor argumentarmos o fundamento dos poderes nos próprios poderes de foro que nos concede a LC n. 80/1994, por meio dos arts. 44, 89 e 128, XI – sem contar que tal interpretação ajusta-se melhor à exigência constitucional contida no § 1º do art. 134 da CF/88.

**h) Proposta de subsidiariedade da atuação *custos vulnerabilis***

Vimos anteriormente que José Augusto de Sousa, ao tratar das ações possessórias dirigidas contra vários ocupantes, entende que:

> (...) o CPC/2015 deseja a participação da Defensoria Pública nesse tipo de demanda. Não necessariamente assumindo vários papéis distintos. Mas alguma participação deve haver. (...) Portanto, em que pese a controvérsia que já começa a formar sobre a melhor interpretação dos arts. 554, § 1º, e 565, § 2º, do CPC/2015 – uma controvérsia que realmente não é de fácil deslinde –, ratifico a necessidade de a Defensoria Pública participar *sempre* das demandas possessórias coletivas, até mesmo na hipótese de todos os réus carentes constituírem advogado particular. Tal obrigatoriedade coaduna-se com o tratamento diferenciado dado pelo CPC/2015 a tais demandas e também com a tantas vezes enfatizada trajetória evolutiva da instituição, que a leva a assumir papéis não tradicionais[311].

A nosso ver, esse posicionamento é bastante lúcido e esclarecedor no que tange à hipótese de exclusão da função de *custos vulnerabilis* em face de outras funções institucionais, e pode ser generalizada por ser sistemática.

Por isso, em regra geral, não vemos sentido na superposição de funções da Defensoria Pública com a função de *custos vulnerabilis*. Se a Defensoria Pública já atua como representante processual, legitimada coletiva ou até mesmo curadora especial, não há razão para superposição de posições se não existirem interesses antagônicos – tema do qual trataremos na sequência.

E por qual motivo entendemos *subsidiária* a função de *custos vulnerabilis*?

---

311 SOUSA, José Augusto Garcia de. A Defensoria Pública e o CPC de 2015: novos caminhos – e responsabilidades – para uma instituição enfim essencial. In: DIDIER JR., Fredie (coord. geral); SOUSA, José Augusto Garcia de (coord.). *Coleção Repercussões do Novo CPC*. Salvador: JusPodivm, 2015. v. 5, p. 497-498.

A razão técnica é que todas as funções institucionais, à exceção da curadoria especial, exigem contato com o assistido (ou usuário) para que haja diálogo a permitir a construção de confiança e, também, de teses e caminhos viáveis para atuação extrajudicial ou judicial. A função de *custos vulnerabilis*, por não exigir exatamente a proximidade de uma representação postulatória ou de uma legitimidade coletiva – tanto que os grupos vulneráveis, nessa hipótese, instauraram o processo coletivo por outro legitimado ou figuram passivamente no processo com outro representante postulatório –, deve ser utilizada de modo complementar às demais funções institucionais que pressupõem maior proximidade com usuários e assistidos.

Isso não quer dizer, obviamente, que o exercício da intervenção *custos vulnerabilis* deva ser distante. De modo algum. Uma vez iniciada sua atuação, é importante que o membro da carreira tente compreender minuciosamente quem deve ser beneficiado por sua atuação.

Dentro desse raciocínio, a curadoria especial é a única exceção quando seu fundamento se encontra na citação por hora certa ou por edital (ausência), o que não impede a atuação do defensor público apresentando todas as teses possíveis e viáveis juridicamente em defesa do grupo vulnerável, além de ser uma função institucional consolidada – que no cotidiano não gera dúvidas ou conflitos interpretativos com as autoridades judiciais.

Por outro lado, se entendermos a curadoria especial como função prevalecente em relação à intervenção *custos vulnerabilis* – devido à prática consolidada dessa função, que nos trará menores problemas de aceitação –, sem dúvida a curadoria especial pode mudar o seu perfil de atuação: ou seja, apesar de representarmos ausentes, se o caso concreto permitir, podemos ir atrás de dados concretos para representar melhor esses ausentes. Um tipo conflitivo que evidentemente é compatível com esse modo de enxergar a curadoria especial, sem dúvida, é o fundiário: é possível visitar-se a ocupação, para colher melhores informações sobre o local, sobre o tempo de ocupação etc.

De qualquer modo, em síntese, posicionar a intervenção *custos vulnerabilis* como função subsidiária é tentar valorizar – desde que seja relido o modo de atuação da curadoria especial – o melhor e mais próximo contato possível com os usuários, além de oferecer a vantagem de um tratamento mais sistemático para manejo no foro.

Anote-se que Júlio Azevedo de Camargo também parece enxergar a intervenção *custos vulnerabilis* como uma *função subsidiária*, conforme se pode deduzir de suas palavras:

> Preferencialmente, deverá a Defensoria Pública atuar enquanto representante processual da parte, conferindo voz e autonomia aos indivíduos vulneráveis. Caso a representação seja inconveniente, como ocorre diante da indeterminabilidade de sujeitos nos direitos difusos, deverá se valer da legitimidade extraordinária, atuando em nome próprio, porém, na defesa do interesse social da coletividade[312].

A partir dessa qualidade *subsidiária* da função de *custos vulnerabilis*, entendemos que é possível deduzir o *dever jurídico da Defensoria Pública de esforçar-se por esgotar tentativas de assumir as posições de representante legal ou de legitimado extraordinário*.

---

312 AZEVEDO, Júlio Camargo de. *Prática cível para Defensoria Pública*. 2. ed. Belo Horizonte: CEI, 2018. quarta parte, cap. 1, p. 345.

No âmbito desse debate – da subsidiariedade da intervenção *custos vulnerabilis* –, são pertinentes as críticas que apontamos anteriormente, de doutrina especializada divergente (Franklyn Roger, Diogo Esteves, e também Júlio Camargo de Azevedo), bem como da tese de Sabrina Nasser de Carvalho, advertindo contra os perigos do excesso de paternalismo – anulando as pessoas vulneráveis –, além do risco de distanciamento do diálogo construtivo com os nossos assistidos (violando a alta qualidade de nosso atendimento exigida por lei, e violando no processo a regra da cooperação).

Reforçando o libelo contra o *paternalismo exagerado*, válido resgatarmos estudo de Walter Piva Rodrigues, publicado em 2000 e intitulado "A assistência jurídica aos necessitados e as ações judiciais coletivas"[313].

Walter Piva Rodrigues reconhece o valor da Defensoria Pública no campo da tutela coletiva em razão de a atuação defensorial levar em conta o ponto de vista dos necessitados enquanto coletividade(s). Todavia, vai além, mostrando-se muito à frente do seu tempo, ao bater-se na necessidade de *emancipação jurídico-social dessas comunidades*: isto é, aponta ser indispensável a atuação processual *direta* das comunidades necessitadas na chamada jurisdição coletiva. Assim, sustenta a necessidade de isenção para pessoas jurídicas sem fins lucrativos, de natureza assistencial ou filantrópica, como passo necessário àquela emancipação.

Camilo Zufelato, no estudo que citamos a granel, também adverte sobre a necessidade de a Defensoria Pública ter cuidado com paternalismo excessivo no uso de legitimidade ativa coletiva ou na intervenção a título de interesse institucional:

> Mas a atuação da Defensoria Pública na tutela coletiva dos hipossuficientes deve ser marcada por ações que suplantem o ajuizamento de ações coletivas ou intervenção *ad coadjuvandum*, muitas vezes indispensáveis, priorizando a atuação extrajudicial, no sentido de educação e conscientização de direitos, especialmente os de natureza coletiva, a fim de contribuir para o empoderamento dos grupos sociais vulneráveis e assim evitar o excessivo paternalismo estatal que marca a defesa dos interesses transindividuais. Em suma, a Defensoria Pública deve se pautar pela transmissão de autonomia e consciência de direitos aos assistidos[314].

A preocupação contra os exageros do paternalismo deve ser um dos objetivos de uma interpretação séria, fundada em textos normativos e em visão sistemática.

#### i) Interesses antagônicos e a proposta *amicus communitas* ou *amicus communitatis*

Maurilio Casas Maia abordou amplamente o tema sobre interesses antagônicos, quando estudou as funções ministeriais e defensoriais no IRDR[315].

---

313 RODRIGUES, Walter Piva. A assistência jurídica aos necessitados e as ações judiciais coletivas. In: FUNDAÇÃO KONRAD ADENAUER. *Cadernos Adenauer 3: Acesso à justiça e cidadania.* São Paulo: Fundação Konrad Adenauer, maio 2000. p. 53-59.

314 ZUFELATO, Camilo. A participação da Defensoria Pública nos processos coletivos de hipossuficientes: da legitimidade ativa à intervenção *ad coadjuvandum. Revista Digital de Direito Administrativo*, *3*(3), 2016, p. 655. Disponível em: <https://doi.org/10.11606/issn.2319-0558.v3i3p636-657>.

315 MAIA, Maurilio Casas. Legitimidades institucionais no Incidente de Resolução de Demandas Repetitivas (IRDR) no direito do consumidor: Ministério Público e Defensoria Pública: similitudes e distinções, ordem e progresso. *Revista dos Tribunais*, São Paulo, 986, dez. 2017, p. 27-60.

Em sua importante contribuição, ele aponta que a Defensoria Pública, segundo o art. 134 da CF/88, deve ser expressão e instrumento do regime democrático, e por isso é regida também pelo princípio do *pluralismo democrático* a fim de garantir igualitariamente o maior acesso à Justiça e participação político-jurídica a todos os interesses necessitados de tutela, sub-representados e vulneráveis[316]. Com base nisso, corretamente propõe a aplicação do art. 4º-A, V, da LC n. 80/1994, de modo a "conferir vazão e voz à multiplicidade de interesses carentes de tutela jurídica. (...) Tal dispositivo, por imperativo isonômico e democrático, deve ter incidência na esfera coletiva e de uniformização jurisprudencial"[317].

Aponta, ademais, a possibilidade de conflito de interesses entre diversos grupos (comunidades) e até mesmo com a manifestação institucional da Defensoria Pública na qualidade de *custos vulnerabilis*. Na situação descrita, sustenta ao lado de Daniel Gerhard (citado em seu estudo) e lastreado no art. 4º-A, V, da LC n. 80/1994, a designação de:

> (...) defensor público para atuação como 'amigo da comunidade' (*amicus communitas* ou *amicus communitatis*) – tratando-se de legitimidade institucional da Defensoria Pública vinculada a interesse de grupos específicos não abrangidos pela atuação institucional e em conflito com a manifestação institucional como parte, proponente do IRDR ou de interveniente *custos vulnerabilis*[318].

Esclarece, ainda, o conceito de *amicus communitatis*, não desejando que paire dúvidas:

> (...) denomina-se a intervenção defensorial de *amicus communitas* ou *amicus communitatis* a atuação da Defensoria Pública vinculada às comunidades de interesses específica quando existente *colisão de vulnerabilidades* entre *segmentos sociais vulneráveis desorganizados*, sendo o instrumento necessário a garantir a expressão e fala institucionalizada da Defensoria Pública em nível paritário com a intervenção em prol da ordem jurídica majoritária (*custos legis*) e quando em conflito com a tentativa harmonizadora das vulnerabilidades envolvidas no processo (ou incidente), realizada através da intervenção *custos vulnerabilis*[319].

Dentro dessa lógica, Maurilio Casas Maia sustenta que a Defensoria Pública deve prover tantos profissionais da Defensoria Pública para a função de amiga da comunidade quantas forem as comunidades vulneráveis com interesses distintos, "garantindo-se a igualitária representatividade institucional dos interesses conflituosos"[320].

Pensamos que essa linha de raciocínio é correta no que tange à *diversificação de profissionais da Defensoria Pública para cada interesse conflitante*, porque não é difícil imaginar, entre os vulneráveis, conflitos entre interesses comunitários específicos incluindo outros interesses defendidos por atuação da própria Defensoria Pública enquanto parte, ou proponente de IRDR, ou de *custos vulnerabilis* etc.

---

316 Idem, p. 46.

317 Idem, p. 46-47.

318 Idem, p. 47-48.

319 MAIA, Maurilio Casas. Legitimidades institucionais no Incidente de Resolução de Demandas Repetitivas (IRDR) no direito do consumidor: Ministério Público e Defensoria Pública: similitudes e distinções, ordem e progresso. *Revista dos Tribunais*, São Paulo, 986, dez. 2017, p. 48.

320 Idem, ibidem.

A doutrina, válido noticiar, sustenta detalhadamente a diferença entre as intervenções *custos vulnerabilis* e *amicus communitatis*. Aquela teria uma função "harmonizadora dos interesses dos vulneráveis e efetivadora dos direitos humanos", e, dessa forma, propõe, inclusive, que sua manifestação ocorra "após as manifestações dos *amigos das comunidades vulneráveis* em divergência. Desse modo" – acrescenta Maurilio Casas Maia:

> após efetivar-se o contraditório comunitário-coletivo por via institucional (*amicus communitatis*), o chefe institucional da Defensoria junto aos Tribunais (os Defensores-Gerais – como ocorre com os chefes do Ministério Público junto aos Tribunais), buscariam ponderar e harmonizar os interesses vulneráveis na sua manifestação, procurando *otimizar* os direitos dos seguimentos vulneráveis envolvidos por meio de intervenção *custos vulnerabilis*[321].

De nossa parte, não obstante o notável esforço empreendido para diferenciar a intervenção *custos vulnerabilis*, de um lado, e a intervenção *amicus communitatis*, de outro, em nosso modo de ver, tais funções possuem a mesma natureza: pois são intervenções de terceiro, atípicas, igualmente fundadas em *interesse institucional*, e que obrigam os órgãos de execução a apresentarem argumentos, documentos e perspectivas a facilitarem o melhor resultado possível em favor das comunidades vulneráveis com interesses antagônicos ou conflitantes, ou pelo menos não perfeitamente convergentes. Em uma palavra, a despeito de os nomes de batismo serem distintos, tencionando firmar um suposto diferencial entre tais intervenções, não vemos razões jurídicas para que possuam regimes distintos.

A par dessa constatação, há sérias fissuras na diferença proposta entre a intervenção *custos vulnerabilis* e a intervenção *amicus communitatis*, tornando juridicamente inviável essa estruturação de funções.

Só faz sentido a intervenção *custos vulnerabilis* em processo coletivo no qual a autora seja a própria Defensoria Pública se houver interesses de grupos vulneráveis *colidentes*.

E como esse fato deve dialogar com a ética da profissão defensorial?

A ética da profissão defensorial impõe, obrigatoriamente, que cada um dos profissionais dê o melhor de si em técnica jurídica para tentar alcançar, respectivamente, o melhor resultado jurídico e/ou humano atingível em favor da respectiva comunidade.

Neste passo, em se tratando de interesses divergentes, posicionar o Chefe da instituição como harmonizador, em juízo, de interesses que não são harmonizáveis – a ponto de exigirem profissionais distintos – reflete indiscutivelmente excelente intenção, mas, no final das contas, essa solução burla totalmente o art. 4º-A, V, da LC n. 80/1994. O preceito é iniludível: "São direitos dos assistidos da Defensoria Pública, além daqueles previstos na legislação estadual ou em atos normativos internos: (...) V – a atuação de Defensores Públicos distintos, quando verificada a existência de interesses antagônicos ou colidentes entre destinatários de suas funções". Ou seja, se trouxermos para a matriz do processo individual esse direito do usuário, ele deverá ser representado por profissional que se empenhe ao máximo para obter o resultado atingível, violando esse direito a intervenção da Chefia da instituição para "harmonizar" interesses conflitantes processualizados, e não vemos razão para que a regra seja distinta em conflitos que envolvam grupos

321 Idem, p. 49.

com interesses divergentes. Em outras palavras, não há abertura ou espaço para que haja um "harmonizador" do que não é harmonizável, a ponto de o conflito exigir profissionais distintos.

Indo mais a fundo, a pergunta que devemos fazer é a seguinte: como ajustar essa atuação invasiva da Defensoria Pública-Geral no exercício direto de atividade-fim, no contexto em que discutimos (harmonização de interesses conflitantes), em violação ao art. 4º-A, V, da LC n. 80/1994, com o princípio institucional da independência funcional?

A solução proposta faz diluir o princípio da independência funcional (que diz respeito à independência técnica da atividade-fim) no princípio da unidade (que diz respeito à hierarquia administrativa única e, portanto, distinta de qualquer outra hierarquia administrativa – de Poder Executivo, de Ordem dos Advogados do Brasil etc.).

Por sinal, ao comentarmos os dispositivos sobre garantias do cargo, discutimos bastante a evidente separação entre órgãos de atividade-fim e de atividade-meio e o quanto depende o usuário dessa fronteira protegida pelas garantias do cargo (especialmente inamovibilidade e independência funcional) para a Defensoria Pública prestar serviço de qualidade, e não ser capturada por interesses de outros Poderes e órgãos autônomos – via influência sobre o Chefe da Defensoria Pública –, ou quando não pelos interesses políticos do próprio Defensor Público-Geral. Por isso, não é ao acaso a vigência do princípio da independência funcional, pois, historicamente, a função defensorial, vinculada antigamente a outros órgãos, possuía graves problemas de intervenções de Chefias – algumas bem intencionadas, outras nem tanto. De qualquer modo, hoje, na atual estrutura constitucional da Defensoria Pública, seja bem intencionada ou não, viola o princípio da independência funcional qualquer autoridade administrativa da instituição tentar imiscuir-se em conflitos tratados na atividade-fim, ainda mais quando em violação direta do direito previsto no art. 4º-A, V, da LC n. 80/1994 – exceto se essa hierarquia administrativa organizar, por exemplo, melhoras no atendimento da atividade-fim, contendo-se na função de administrar (aplicar a lei de ofício, na clássica lição de Seabra Fagundes).

Por isso, em nossa visão, não tem cabimento a Defensoria Pública-Geral assumir essa função específica de *custos vulnerabilis* "pacificadora"; nem ela, nem qualquer outro órgão na hierarquia administrativa.

E, desse modo, independente do nome que se dê, a nosso ver, o roteiro mais lógico no tipo de conflito em análise (divergências entre comunidades ou dentro de uma mesma comunidade) é o seguinte:

1) deve haver um órgão de execução para cada grupo vulnerável titular de interesse que não se combina com os demais interesses vulneráveis em jogo – entendimento que, ao que parece, é tranquilo na doutrina especializada em Defensoria Pública e encontra assento no art. 4º-A, V, da LC n. 80/1994;

2) antes de os órgãos de execução sustentarem as posições divergentes no processo, devem tentar eles próprios harmonizar ao máximo o que for possível, segundo a função institucional que prevê ("quando possível") prioridade no uso de técnicas consensuais – por outro lado, audiências públicas são ferramentas válidas para se tentar alguma harmonização;

3) se impossível a harmonização do item anterior – que seria a melhor solução, sem dúvida –, cada órgão de execução deve oferecer o melhor de si em técnica jurídica para tentar alcançar,

respectivamente, o melhor resultado jurídico e/ou humano para a comunidade que de certo modo tenta favorecer;

4) o Defensor Público-Geral não encontra espaço nesse tipo de conflito de interesses entre usuários/assistidos, pois, segundo a legislação, não está autorizado a interferir no mérito da atividade-fim no contexto em que discutimos.

**A intervenção *custos vulnerabilis* no processo penal e nosso ponto de partida**

No campo penal, em geral a doutrina institucional cita Luigi Ferrajoli como "fonte de inspiração" para dar amparo à ideia de atuação da Defensoria Pública em caráter complementar à Advocacia Privada no campo penal.

Portanto, nada mais pertinente do que rapidamente revisitarmos o pensamento de Luigi Ferrajoli.

**Preocupação de Luigi Ferrajoli com a *paridade de armas* entre as partes no processo penal**

Luigi Ferrajoli, ao tratar especificamente da figura do "defensor público", sustenta por que a defesa deve ter a mesma dignidade que a acusação e idênticos poderes de investigação que os do Ministério Público. Acentua, nesse passo, que tal equiparação entre defesa e acusação só é possível se "junto al defensor de confianza se instituye un defensor público, esto es, un magistrado destinado a desenpeñar el *ministerio público de defensa*, antagonista y paralelo al *ministerio público de la acusación*"[322]. Acrescenta Ferrajoli, no propósito de alcançar resultado de maior igualdade das partes no processo penal, que o defensor público deve atuar também de modo subordinado à estratégia do advogado constituído ("de confianza"):

> (...) Es obvio que un magistrado así [defensor público] no debería sustituir al defensor de confianza, sino que habría de situarse junto a él como órgano complementario, subsidiário y subordinado a la estrategia defensiva de éste[323].

Em complementação, Luigi Ferrajoli pondera que, se a defesa for dotada dos mesmos poderes que a acusação pública sobre a polícia judiciária, e for habilitada para reunir as contraprovas, "garantizaría una efectiva paridad entre la función pública de la prueba y la no menos pública de la refutación"[324].

Como se pode notar, Luigi Ferrajoli está sobretudo preocupado com a *paridade de armas* das partes no processo penal e, coerentemente, não está sequer preocupado com vaidades corporativas – prega inclusive a subordinação do defensor público à atuação do advogado particular de confiança visando o fortalecimento da defesa –, acrescentando a seguinte referência:

---

322 FERRAJOLI, Luigi. *Derecho y razón*: teoria del garantismo penal. Prólogo de Norberto Bobbio. 10. ed. Madrid: Trotta, 2011. item n. 40.3, p. 583.

323 FERRAJOLI, Luigi. *Derecho y razón*: teoria del garantismo penal. Prólogo de Norberto Bobbio. 10. ed. Madrid: Trotta, 2011. item n. 40.3, p. 584.

324 Idem, ibidem.

Es fácil entender que una figura semejante encontrará siempre la oposición corporativa de los colegios de abogados. Pero sin ella resulta comprometida la igualdad de las partes, que es uno de los presupuestos esenciales del juicio contradictorio y del derecho de defensa[325].

O que gostaríamos de ressaltar é que, primordialmente, Luigi Ferrajoli está *preocupado em corrigir a desigualdade entre acusação e defesa.* E para não restar dúvidas quanto a esse aspecto, é indispensável lembrarmos que, páginas adiante, ao tratar especificamente sobre *defesa e contraditório*, ele volta ao tema do problema da desigualdade das partes no processo penal, começando por ressaltar os espaços da defesa nos processos predominantemente inquisitório e acusatório:

> La *defensa* que tendencialmente, no tiene spacio en el proceso inquisitivo, es el más importante instrumento de impulso y de control del método de prueba acusatório, consistente precisamente en el *contradictorio*, entre hipóteses de acusación y de defensa y las pruebas e contrapruebas correspondientes[326].

Nessa linha, Luigi Ferrajoli aponta que a concepção *acusatória* de processo expressa valores democráticos de respeito à pessoa do acusado, a igualdade das partes contendoras e a necessidade prática da refutação da pretensão punitiva, bem como sua sujeição à possibilidade de controle por parte do acusado. Então, minudencia o pressuposto epistemológico da defesa penal, preocupado com as possibilidades da defesa perante a acusação:

> Es obvio que el presupuesto epistemológico de la defensa – como del resto de la prueba – es la taxatividad y materialidad del tipo penal: las hipóteses acusatorias, como se ha demostrado ampliamente en los capítulos precedentes, deben consistir en aserciones empíricas que afirmen la comissión de um hecho exactamente denotado por la ley, puesto que las aserciones de significado indeterminado, y menos aún los juicios de valor ('Ticio ha cometido malos tratos', 'actos obscenos', 'subversivos', o bien 'es peligroso', y similares), no son verificables ni refutables y no permitem refutaciones sino todo lo más invocaciones de clemencia[327].

A defesa não teria como refutar a acusação que não é verificável, o que desequilibra ainda mais a já desigual relação do poder penal estatal com as possibilidades de resistência individual, espelhadas na relação processual penal. Com isso, volta a apontar que a controvérsia penal só pode se desenvolver lealmente e com igualdade de *armas* se houver igualdade das *partes* e, nesse sentido, sublinha duas condições mínimas para tanto:

> (...) en primer lugar, que la defensa esté dotada de la misma capacidad y de los mismos poderes que la acusación; en segundo lugar, que se admita su papel de contradictor en todo momento y grado del procedimiento y en relación con cualquier acto probatório, de los experimentos judiciales y las perícias al interrogatório del imputado, desde los reconocimientos hasta las declaraciones testificales y los careos[328].

---

325 Idem, ibidem.

326 Idem, item n. 41, p. 613.

327 FERRAJOLI, Luigi. *Derecho y razón*: teoria del garantismo penal. Prólogo de Norberto Bobbio. 10. ed. Madrid: Trotta, 2011. item n. 41, p. 613-614.

328 Idem, item n. 41, p. 614.

Ou seja, o acusado deve estar assistido por *defensor que esteja em situação de competir com o Ministério Público*, e a paridade de poderes deve ser alcançada por meio de defensor público (magistratura de defesa, segundo Luigi Ferrajoli), "junto a la defensa profesional del defensor privado, subordinada a sus estratégias defensivas, pero dotada de las mismas funciones y potestades investigadoras que el ministerio público"[329].

**A grande tendência atual no relacionamento entre Ministério Público e os órgãos públicos com função de polícia judiciária – tensão entre sistemas inquisitório e acusatório**

Para que seja bem entendida a abordagem de Luigi Ferrajoli, é preciso compreender que, na Itália, a reforma de 1988 pôs fim ao chamado Código Rocco, de 1930, ajustando melhor o Código de Processo Penal italiano à Constituição italiana do pós-guerra, de 1948, que definiu marcos importantes para um sistema acusatório. Ou seja, conforme esclarece Marcio Geraldo Arantes Filho, antes mesmo da legislação de 1988 "a Constituição italiana de 1948 inovou no ordenamento jurídico, tutelando direitos e garantias processuais. Considere-se que a atual lei processual penal foi publicada cerca de 40 anos após a sua promulgação"[330]. E as normas processuais previstas na Constituição de 1948 e no Código de Processo Penal de 1988:

> (...) conformam, de forma preponderante, um sistema acusatório. Asseguram direitos e garantias processuais, entre os quais se destacam: o devido processo legal, a legalidade, o juiz natural, a igualdade, o contraditório, a defesa, a motivação dos provimentos judiciais, o duplo grau de jurisdição, a razoável duração do processo e a presunção de inocência[331].

Antes, sob o Código Rocco – esclarece Marcio Geraldo Arantes Filho –, prevalecia um sistema inquisitório, sendo atribuídos ao juiz amplos poderes para investigação, admissão, produção e valoração da prova. "Na instrução, investigava-se a verdade sob sigilo, com poderes coercitivos, e as partes não podiam controlar a atividade probatória, porque a pretendida verdade era tida como certa"[332].

Esse, na verdade, era o formato do *juizado de instrução* que se espalhou pela Europa continental, e cuja origem encontra-se no Código napoleônico de 1808, criando *um processo "misto"* de consequências nefastas para o indivíduo perante o poder punitivo na medida em que a fase judicial *limita-se a repetir e ratificar a colheita inquisitorial de elementos informativos*, conforme explica detalhadamente Luigi Ferrajoli (o que vulgarmente acontece entre nós, diga-se de passagem)[333]. Atualmente, países como Alemanha, Portugal e Itália romperam definitivamente com

---

329 Idem, ibidem.

330 ARANTES FILHO, Marcio Geraldo. A disciplina da prova no Código de Processo Penal italiano. In: FERNANDES, Antonio Scarance; ALMEIDA, José Raul Gavião de; MORAES, Maurício Zanoide de. *Provas no processo penal – estudo comparado.* São Paulo: Saraiva, 2011. item n. 2, p. 227.

331 ARANTES FILHO, Marcio Geraldo. A disciplina da prova no Código de Processo Penal italiano. In: FERNANDES, Antonio Scarance; ALMEIDA, José Raul Gavião de; MORAES, Maurício Zanoide de. *Provas no processo penal – estudo comparado.* São Paulo: Saraiva, 2011. introdução, p. 222.

332 Idem, introdução, p. 223.

333 FERRAJOLI, Luigi. *Derecho y razón*: teoria del garantismo penal. Prólogo de Norberto Bobbio. 10. ed. Madrid:

o modelo do juizado de instrução e, no caso específico da Itália, segundo Fauzi Hassan Choukr, a reforma italiana de 1988 "conferiu novo dimensionamento à relação entre as duas instituições [refere-se à Polícia Judiciária e ao Ministério Público], muito mais adequado à fase recém-criada da *indagini preliminari*, onde por excelência aflora esse tema". E, adiante, especifica esse relacionamento institucional:

> (...) o desaparecimento do 'juizado de instrução' fez com que a condução da etapa pré-processual recaísse sobre os ombros do Ministério Público, este coadjuvado pela Polícia Judiciária. Assim, o art. 327 do mencionado diploma legal aponta que *Il Pubblico Ministero dirige le indagini e dispone diretamente dela polizia giudiziaria.* (...)[334]

Fauzi Hassan Choukr, em sua pesquisa, ainda esclarece que, "dentro dos grandes movimentos reformistas atuais no processo penal, a polícia judiciária desponta como fundamental peça na atividade prévia à ação penal, mas vestindo uma roupagem de auxiliar do titular da ação"[335].

Nesse sentido, Fauzi Hassan Choukr aponta, entre outros exemplos, a proposta do *Codigo Procesal Penal Modelo para Iberoamerica,* cujo art. 74 dispõe exatamente sobre a subordinação *funcional* do órgão público que exerce a função de polícia judiciária ao Ministério Público, especificando que os servidores policiais devem executar suas tarefas sob a superintendência direta do Ministério Público e devem executar suas ordens, sem prejuízo da autoridade administrativa a que estejam subordinadas:

> Sección 2ª. La Policía
> (...)
> 74. *Subordinación*. Los funcionarios de la policía administrativa, en tanto cumplan actos de policía judicial, ejecutarán sus tareas bajo la superintendencia directa del ministerio público y deberán ejecutar sus órdenes, sin perjuicio de la autoridad administrativa a la cual estén sometidos[336].

---

Trotta, 2011. item n. 39, p. 566: "La batalla cultural y política contra la irracionalidad y la arbitrariedad de este proceso [referindo-se ao modo inquisitivo] es uno de los motivos que animaron a la Ilustración reformadora. (...) Fue por ello natural que la Revolución francesa adoptase – en la fase imediatamente posterior al 89 – el sistema acusatorio, basado en la acción popular, el juicio contradictorio, la publicidad y oralidad del juicio y la libre convicción del juez. Pero la experiencia acusatoria no duró en el continente europeo más que los años de la Revolución. Ya el código termidoriano de 1795 y después el napoleónico de 1808 dieron vida a aquel 'monstro, nacido de la unión del proceso acusatorio con el inquisitivo', que fue el llamado 'proceso mixto', predominantemente inquisitivo en la primera fase, escrita, secreta, dominada por la acusación pública y exenta de la participación del imputado, privado de la libertad durante la misma; tendencialmente acusatorio en la fase sucessiva del enjuiciamiento, caracterizada por el juicio contradictorio, oral y público con intervención de la acusación y la defensa, pero destinado a convertirse en mera repetición o escenificación de la primera fase".

334 CHOUKR, Fauzi Hassan. *Garantias constitucionais na investigação criminal*. 2. ed. Rio de Janeiro: Lumen Juris, 2001. cap. 4, p. 95-96.

335 CHOUKR, Fauzi Hassan. *Garantias constitucionais na investigação criminal*. 2. ed. Rio de Janeiro: Lumen Juris, 2001. cap. 4, p. 94.

336 Idem, cap. 4, p. 103.

**Nosso pensamento sobre a função de *custos vulnerabilis* no sistema processual penal: qual sua relevância real diante dos desajustes do processo penal brasileiro?**

É importante notarmos que a tese de Luigi Ferrajoli – apontada como fonte de inspiração da doutrina institucional para a intervenção *custos vulnerabilis* – tem de ser lida no pano de fundo de vicissitudes próprias da Europa continental, especialmente no contexto da Itália, e do processo penal.

Conforme vimos, a legislação italiana prevê expressamente a subordinação funcional da Polícia Judiciária à magistratura, e na Itália *a magistratura inclui a carreira do Ministério Público* – segundo o art. 107 da Constituição italiana. Assim, só pelo desenho institucional percebe-se que a defesa está, sem dúvida, em grande desvantagem, uma vez que a "magistratura" do Ministério Público domina totalmente a investigação. A desvantagem é tamanha que a legislação de países seguidores desse modelo tenta amenizar a situação determinando que a investigação preliminar, dirigida pelo Ministério Público (e realizada pela polícia judiciária), deve também buscar elementos que favoreçam a defesa, não obstante, na prática, quem realmente faça as investigações cotidianas seja a polícia judiciária, e, nessa hipótese, a investigação chega pronta ao Ministério Público[337].

A experiência prática vivenciada por meio da atividade defensorial no Tribunal do Júri, por exemplo, revela ser relativamente comum autoridades policiais perseguirem somente elementos incriminadores e favoráveis à acusação, enquanto o titular da ação penal simplesmente segue os passos da investigação preliminar sem se preocupar, muitas vezes, em apurar com maior profundidade eventuais elementos que diminuam ou afastem a responsabilidade do acusado – isso quando, em alguns casos, o titular da ação penal atua de modo totalmente enviesado, deixando mesmo de arrolar testemunha que, em sua visão, poderia trazer elementos favoráveis à defesa.

Não é sem razão que Sérgio Marcos de Moraes Pitombo, em 2002, advertiu que, na hipótese de o acusador público dirigir a investigação e a instrução probatória, "desponta o risco da procura orientada de prova para alicerçar certo propósito antes estabelecido, com abandono, até, do que interessa ao envolvido". E concluiu:

> Não podem inventar atribuição nem competência, contrariando a Lei Magna. A atuação administrativa interna do Ministério Público, federal ou estadual, não há de fazer as vezes de polícia judiciária. Cada qual desempenha sua específica função, no processo penal, em conjugação com o Poder Judiciário[338].

Aury Lopes Junior e Ricardo Gloeckner Jacobsen trataram sobre vantagens e desvantagens do modelo que denominaram "promotor investigador" – modelo que tenta superar as limitações do *juizado de instrução* –, e chegam a afirmar, na abordagem sobre desvantagens desse modelo teórico, que "é uma ilusão acreditar que a *inquisição do acusador* possa também se preocupar com a defesa". E complementam:

---

337 LOPES JR., Aury; GLOECKNER, Ricardo Jacobsen. *Investigação preliminar no processo penal*. 6. ed. São Paulo: Saraiva, 2014. cap. III, p. 166.

338 PITOMBO, Sérgio Marcos de Moraes. Procedimento administrativo criminal realizado pelo Ministério Público [publicado originalmente em 2002]. *Obra em processo penal*. São Paulo: Singular, 2018. p. 918.

Como explica Guarnieri, o promotor se sente inclinado a realizar as provas de cargo, olvidando-se das de descargo; buscará fazer servir o material adquirido para o triunfo da tese acusatória que brilha na sua consciência como uma estrela polar orientadora de atos e inspiradora de conjecturas e deduções[339].

É esse contexto de ideias – emergentes especialmente da realidade europeia, embora tenham se espraiado também em parte da América Latina – o que explica a enorme preocupação de Luigi Ferrajoli posicionar uma "magistratura de defesa", investida dos mesmos poderes investigatórios do Ministério Público, assistindo ao acusado segundo orientações do defensor constituído. Nessa perspectiva, a magistratura de defesa é tutora do *interesse público da contraprova* e, em última análise, tutora da *presunção de inocência* ou *da aplicação de pena adequada quando superada a referida presunção*: por isso, na visão de Ferrajoli, havendo advogado constituído, deverá respeitar suas orientações.

No Brasil, Fauzi Hassan Choukr apresentou desenho de reestruturação do sistema investigativo separando melhor as funções e tentando posicionar a defesa nesse sistema; e nesse desenho ressaltou:

1) o modelo deve respeitar o suspeito, vendo-o como sujeito de investigação e não como objeto;

2) a existência de um juiz *garantidor*, zelando por essa nova visão, fiscalizando a obediência do transcurso das investigações, aos princípios constitucionais que estruturam o processo penal acusatório, e de forma geral o devido processo legal e as medidas cautelares;

3) ao titular da ação penal deve-se conferir amplo poder de investigação, tendo como sua *longa manus* a polícia judiciária, e esta deve ser muito mais técnica para superar a cultura de violência e de arbitrariedade;

4) a defesa deve ter seu lugar nessa roupagem investigativa, passa a ter mecanismos eficientes de proteção à liberdade individual colaborando na diminuição do arbítrio historicamente existente nas atividades policiais, colaborando com uma Justiça Criminal cuja defesa da dignidade humana sobrepuje a repressão.

Esse tema também foi objeto de preocupação de Aury Lopes Junior e Ricardo Jacobsen Gloeckner, que elaboraram amplo e importante estudo sobre o problema da investigação preliminar no processo penal brasileiro, e entre os temas desenvolvidos os autores precitados expõem três modelos básicos de investigação: a investigação preliminar policial, a judicial (juizado de instrução) e a ministerial (promotor investigador), apontando vantagens e desvantagens de cada um desses modelos[340]. Mais adiante, após estudarem vários aspectos da investigação preliminar e realizarem estudos de direito estrangeiro e também de direito comparado, indicam que:

---

339 LOPES JR., Aury; GLOECKNER, Ricardo Jacobsen. *Investigação preliminar no processo penal*. 6. ed. São Paulo: Saraiva, 2014. cap. III, p. 165.

340 LOPES JR., Aury; GLOECKNER, Ricardo Jacobsen. *Investigação preliminar no processo penal*. 6. ed. São Paulo: Saraiva, 2014. cap. III.

> Afastados os sistemas policial e judicial, parece-nos que a melhor alternativa seria dada pela investigação preliminar a cargo do Ministério Público. Mas, como veremos, *não basta afirmar que o MP deve assumir a fase pré-processual. O problema é mais grave. (...).* Em definitivo, *não se resolve o problema somente substituindo o juiz instrutor (ou a polícia) pelo promotor investigador, pois em última análise isso preservaria as deficiências da investigação preliminar* (valoração probatória, contraditório e defesa mitigados, segredo interno, ausência de efetiva sumariedade etc.). Ademais, é fundamental alcançar o equilíbrio de poderes através de uma clara definição da figura do *juiz garante da investigação preliminar.* Destarte, na continuação desenharemos uma sugestão de modelo ideal a partir dos três elementos básicos: sujeito, objeto e atos[341].

Remetemos o leitor para o texto de Aury Lopes Junior e Ricardo Jacobsen Gloeckner a fim de que se aprofundem nas propostas do modelo que apresentam; porém, vale ressaltar, do mesmo modo que Fauzi Hassan Choukr, o conjunto de propostas de Aury Lopes Junior e Ricardo Jacobsen Gloeckner visa redesenhar o próprio sistema processual em sua fase investigatória – cerne da desigualdade processual penal –, alterando a relação entre sujeitos, no propósito de garantirem o melhor espaço possível para o direito de defesa.

Sabemos que, atualmente, em relação à defesa – seja realizada por Defensoria Pública ou Advocacia Privada –, a literalidade do art. 14 do CPP[342] prevalece, em geral, nos Distritos Policiais; isto é, boa parte das autoridades policiais não se sente obrigada a atender aos pedidos de investigação da defesa (encaram como uma discrição) naquelas hipóteses em que a defesa não opte por investigação defensiva, ou pelas próprias mãos. E vale esclarecer que a prerrogativa de requisição, prevista nos arts. 44, 89 e 128, X, da LC n. 80/1994, não teve repercussão na fase de inquérito até por ser incomum a Defensoria Pública atuar nesse campo por questões históricas e devido à escassez de membros da instituição.

A essa altura, o leitor deve estar se perguntando: os autores deste livro esqueceram que estavam tratando da intervenção *custos vulnerabilis*?

Não esquecemos.

Ao revisitarmos a doutrina processual penal, nosso primeiro objetivo é possibilitar uma construtiva confrontação teórica com a doutrina institucional: será que a intervenção *custos vulnerabilis*, tal qual até aqui veiculado, possui realmente a pretendida capacidade de reequilibrar a relação processual penal?

Este nosso "será?" baseia-se no levantamento que fizemos e resumimos acima, para concluirmos que a intervenção *custos vulnerabilis* não dialoga de modo pleno, especialmente na profundidade necessária, com os problemas reais do processo penal e, sobretudo, a encarniçada luta por um sistema mais acusatório. E essa afirmação – frise-se – de maneira alguma menospreza a importância de uma doutrina institucional cada vez mais arraigada na cultura jurídica nacional e menos ainda as recentes vitórias, sobretudo jurisprudenciais, obtidas.

De qualquer forma, vejamos um exemplo bastante significativo da doutrina especializada em Defensoria Pública; argumentam Jorge Bheron Rocha e Alexandre Morais da Rosa:

---

341 Idem, cap. VIII, p. 401-402.

342 "O ofendido, ou seu representante legal, e o indiciado poderão requerer qualquer diligência, *que será realizada, ou não, a juízo da autoridade*".

> No entanto, é muito comum que os julgamentos dos processos penais ocorridos no âmbito dos sodalícios — nomeadamente recursos e *Habeas Corpus* — aconteçam sem a participação efetiva da defesa, tendo em vista as dificuldades que envolvem a presença do defensor privado, que precisa se deslocar até a sede do tribunal (ou por videoconferência) para poder fazer valer seu direito de ser ouvido por último, incrementando os custos da defesa eficaz de direitos de seu representado. Para garantia mínima da equivalência de forças, surge a possibilidade de que, em casos cuja defesa seja patrocinada por defensor dativo ou mesmo por advogado constituído, diante de sua impossibilidade de comparecer ao julgamento perante os tribunais, em razão principalmente da vulnerabilidade econômico-geográfica, a Defensoria Pública possa ser acionada para, com assento nos respectivos colegiados, efetivar a paridade de armas argumentativas[343].

Os exemplos apresentados pela doutrina institucional, em geral, seguem a linha do exemplo que transcrevemos, isto é, são baseados em denominada vulnerabilidade "econômico-geográfica" (que poderia ser reduzida à econômica, neste caso), e não se mergulha em profundidade no importantíssimo debate à luz do sistema acusatório.

Será mesmo que, em termos de *política pública*, a participação da Defensoria Pública será tão decisiva nessas circunstâncias apontadas por Jorge Bheron Rocha e Alexandre Morais da Rosa?

A distorção apontada pelos autores existe, isso é um fato inegável, mas o problema mais terrível do sistema processual começa com as práticas ilegais da polícia, tanto em patrulhamento como em investigação, posteriormente chancelada por boa parte do Ministério Público e do Judiciário, que acabam, mesmo involuntariamente, alimentando esses abusos. Por exemplo, medida cautelar de busca e apreensão em domicílio sem mandado, mas que encontra drogas, ou armas etc., é tida por lícita ou justificada por boa parte dos integrantes do sistema de Justiça Criminal.

Por isso, insistimos: prestamos um serviço público, custeado por tributos, e temos de desenvolver *políticas públicas* e não soluções casuísticas que avalizam, mesmo sem querer ou inconscientemente, a prática autoritária do processo penal brasileiro. O exemplo ofertado anteriormente trata-se exatamente disso: na verdade, legitima-se um sistema processual inquisitorial sem que a participação *custos vulnerabilis* realmente abra uma fenda nesse desenho inconstitucional e inconvencional de processo penal.

Eduardo Augusto da Silva Dias, em texto intitulado "*Dificuldade e possibilidades de atuação da Defensoria Pública como custos vulnerabilis no processo penal*" (já mencionado anteriormente), foi quem mais chegou próximo a entrar nesse debate, porque discorreu sobre a necessidade de a Defensoria Pública atuar no inquérito policial exercendo defesa, insistindo que só a defesa acredita que elementos informativos do inquérito não constituem prova, enquanto o Judiciário continua usando esses elementos informativos para condenar – portanto, propõe a intervenção *custos vulnerabilis* para entrar nesse jogo.

Sem dúvida, estamos de acordo ser essencial a participação da Defensoria Pública nos inquéritos policiais, todavia, em que medida a intervenção *custos vulnerabilis* agrega nessa situação?

343 ROCHA, Jorge Bheron. A Defensoria como *player* garantidor do contraditório e da ampla defesa. *Revista Consultor Jurídico*, 14 de outubro de 2017. Disponível em: <https://www.conjur.com.br/2017-out-14/diario--classe-defensoria-player-garantidor-contraditorio-ampla-defesa>.

A Defensoria Pública vai entrar em todos os inquéritos policiais de investigados, mesmo com seus advogados constituídos, para fazer requisições? Essa intervenção é discricionária, ou se trata de atribuição vinculada?

Por outro lado, a argumentação de Eduardo Augusto da Silva Dias baseia-se no realismo jurídico, porque quer adaptar a função da Defensoria Pública a um inquérito policial profundamente assentado em prática inquisitorial, na qual o suspeito/investigado é objeto e não sujeito de direitos, e cujos elementos informativos que produz servem de fundamento para a condenação do acusado.

Fica a reflexão: não seria melhor pensarmos em nossa atuação no inquérito policial exercendo representação postulatória, como forma de iniciarmos uma atuação defensiva mais contundente no âmbito da investigação criminal, em termos de política pública? Porque, atualmente, somente um percentual muito pequeno de escritórios da Advocacia Privada, especializados nessa atuação, conseguem fazer um trabalho mais significativo em termos de qualidade – o que é muito pouco para um país continental, e que precisa de um inquérito policial mais constitucionalizado e humanizado.

O papel dos defensores públicos, e ainda mais atuando no campo doutrinário, não é avalizar o injusto e inconstitucional sistema processual atual, apontando nele "nosso quadrado corporativo" – sabemos que a intenção não é essa, mas, salvo melhor juízo, parece ser o que ocorre. Porque, se é verdade que no dia a dia teremos de lidar com as distorções do processo penal muito bem apontadas pela doutrina institucional – sem dúvida alguma! –, não podemos defender uma *política pública* (de novo: o exercício jurisdicional e as funções essenciais à Justiça prestam serviço público) que não melhorará em nada as terríveis distorções do processo penal brasileiro, e que, em última análise, irá apenas aboná-lo – reforçá-lo retoricamente para quem mais abusa do sistema inquisitorial brasileiro – com a presença da instituição.

Nessa linha, pensamos que o debate sobre a intervenção *custos vulnerabilis* no processo penal passa, obrigatoriamente, por expandirmos nossa atuação nas atribuições consolidadas e, também, por debatermos as preocupações contemporâneas da doutrina processual penal, sendo uma das principais o *melhor desenho processual penal para efetivação do sistema acusatório*. Do contrário, a teoria da intervenção *custos vulnerabilis* no processo penal, este possuindo falhas de difícil remendo, não servirá para o alcance do que deve ser seu escopo: uma melhor concretização da paridade de armas enquanto política pública, e não uma atuação fragmentada de estender a mão aqui e acolá para poucos usuários.

Por sinal, os estudos constitucionais e processuais citados dão ideia da complexidade do tema, e revelam que a tendência atual da doutrina é inspirar-se em países europeus que abandonaram totalmente o juizado de instrução, entregando a investigação ao Ministério Público que dirigiria os trabalhos policiais, abrindo-se brechas à defesa.

Pensamos que, antes de uma guardiã de vulneráveis no processo penal, devemos discutir com afinco os *espaços da defesa* nessa configuração proposta pela doutrina mais atual (modelo do promotor investigador), e, eventualmente, até nos opormos, ainda que parcialmente, a um domínio tão grande do Ministério Público na investigação, mesmo que isso nos coloque em parte contra a doutrina mais prestigiosa, que também, por vezes, com todo o respeito, impressiona-se demais com a Europa – pois não esqueçamos que alguns abusos e ilegalidades policiais ocorrem justamente por não serem devidamente combatidos pelo próprio Ministério Público brasileiro, de modo sistemático e enquanto política pública, não obstante existirem valorosos promotores de justiça tentando quebrar essa sina.

E, como dito, temos dúvida se uma solução bem europeia, com seus fatores concretos específicos, valha amplamente para o Brasil: a população preferida do sistema de Justiça Criminal[344] compõe-se basicamente de descendentes da África antes escravizados que, a partir principalmente da Lei Áurea, passaram a ser perseguidos por políticas públicas policiais seletivas de controle racial e social, e hoje estamos em pleno processo de prisões massificadas contra a pobreza, com forte tonalidade racial.

Tendo em vista o nível de contaminação de nossa Justiça Criminal com ideais contrários aos direitos e garantias fundamentais do *bloco de constitucionalidade*[345], o caminho brasileiro

---

344 "Prendam os suspeitos de sempre", como ordena o chefe de polícia em cena clássica do filme *Casablanca*, de 1942.

345 Sobre bloco de constitucionalidade, segundo Arturo Hoyos: "La expansión del control de constitucionalidad se ha producido porque son ahora más los elementos que utiliza la Corte Suprema de Justicia para emitir juicio sobre la constitucionalidad de las leyes. Ya no sólo torna la Constitución formal sino otros elementos que aqui estudiamos, como parámetro para el juicio de constitucionalidad. (...) La doctrina del bloque de constitucionalidad representa un caso exitoso de 'transplante jurídico' de una institución entre países cuyos sistemas jurídicos pertenecen a la familia romano-germánica. Aquella se origina en Francia, y luego ha sido recogida en otros países europeus como España, Italia y Austria. De allí há passado a Panamá" (HOYOS, Arturo. El bloque de constitucionalidad. In: MAC-GREGOR, Eduardo Ferrer (coord.). *Derecho procesal constitucional*. 5. ed. México: Porruá, 2006. t. III, p. 2797-2803). Luiz Guilherme Arcaro Conci, após fazer uma ampla exposição sobre a jurisprudência da Corte Interamericana de Direitos Humanos e o controle de convencionalidade, lembra que: "Em Gelman II, a Corte IDH, sobre a relação entre controle de constitucionalidade e de convencionalidade, afirma que: '88. En consecuencia, la pretensión de oponer el deber de los tribunales internos de realizar el control de constitucionalidad al control de convencionalidad que ejerce la Corte, es en realidad un falso dilema, pues una vez que el Estado ha ratificado el tratado internacional y reconocido la competencia de sus órganos de control, precisamente a través de sus mecanismos constitucionales, aquéllos pasan a conformar su ordenamiento jurídico. De tal manera, el control de constitucionalidad implica necesariamente un control de convencionalidad, ejercidos de forma complementaria'". Ainda sobre o relacionamento entre tribunais nacionais e o Sistema Interamericano de Proteção de Direitos Humanos, Luiz Guilherme Arcaro Conci assevera: "Como se disse, diferentemente do que ocorre com a jurisdição constitucional nacional, que tem a Constituição e o critério hierárquico como paradigmas, o controle de convencionalidade se constrói a partir de três pressupostos: (a) efeito útil; (b) *pro homine*; (c) boa-fé ou *pacta sunt servanda*. O inter-relacionamento entre normas nacionais e interamericanas se dá mediante uma análise prevalentemente substancial, é dizer, a norma de direitos humanos mais favorável (mais protética ou menos restritiva) ao indivíduo deve prevalecer, de modo que se dê primazia à dignidade da pessoa humana" (CONCI, Luiz Guilherme Arcaro. O controle de convencionalidade como parte de um constitucionalismo transnacional fundado na pessoa humana. *Revista de Processo*, n. 232/2014, item n. 3, *in fine*, e item n. 3.1). Todo esse quadro cria impactos no direito processual, conforme explica Juan Carlos Hitters: "En tal perspectiva, obsérvese que como consecuencia de dicha evolución, el clásico control de constitucionalidade realizado dentro de los países – por órganos centralizados (concentrado), o fragmentariamente por cualquier de los jueces (difuso) – es a partir de entonces mucho más fascinante y abarcador ya que se lleva a cabo por cuerpos transnacionales ejemplo la Corte de Luxemburgo (en el área de la Comunidade Económica Europea),

também deve perpassar (conforme asseveram Fauzi Hassan Choukr e outros) pela reestruturação da polícia investigativa: investindo maciçamente em provas periciais (fator que reduz drasticamente violência policial), melhorar a remuneração dos órgãos que exercem a função mais poderosa da Justiça Criminal (eles trabalham com uma folha em branco...), formalizar de modo mais amplo a independência funcional (não administrativa) dos Delegados de Polícia, sem prejuízo de terem de seguir requisições da acusação e da defesa, e sob controle de um juiz de garantias. Talvez, no Brasil, *dividir poder na investigação seja algo mais interessante do que simplesmente entregar toda a investigação para o Ministério Público, como na Europa.*

A Defensoria Pública, nesse contexto mais republicano e humano, teria um papel fundamental, exercendo tanto a representação postulatória como em tutela coletiva.

**A proposta de Luigi Ferrajoli e o direito brasileiro**

Por fim, para o presente texto encerrar e não se consolidar em um livro dentro de outro livro, outra reflexão importante é avaliarmos com mais vagar a proposta de Luigi Ferrajoli, antes de assumirmos como válida e aplicável para todo o Brasil, sob pena de a Defensoria Pública correr o risco de ser acusada de tentar apenas ocupar mais um espaço corporativo – e, pior, contrariando suas próprias garantias institucionais e do cargo.

É verdade que Luigi Ferrajoli é um dos maiores juristas do mundo, e sem dúvida usufrui de todo nosso respeito e admiração. Contudo, essa posição não nos demite de refletirmos sobre seu pensamento em cotejo com nossa realidade.

Nesse sentido, no Brasil a Defensoria Pública possui autonomia funcional (e seus membros independência funcional) por razões extremamente importantes e que explicamos nos lugares apropriados da presente obra.

Como conciliarmos essa realidade normativa com a proposta doutrinária de Luigi Ferrajoli?

Outro ponto é o seguinte: do ponto de vista do sistema acusatório, de melhor efetivação dele, por qual razão excluirmos a Advocacia Privada de poderes para exigir da autoridade policial investigações que a defesa preferiu fossem conduzidas em investigação oficial pelos órgãos que exercem a polícia judiciária? Qual a explicação para tolher a Advocacia Privada, que exerceu papel importantíssimo na defesa dos direitos fundamentais nos períodos mais autoritários do Brasil?

Parece-nos que uma solução mais sistêmica e que prefira dividir poder – reconhecendo poderes de investigação a advogados particulares, prescindindo de defensores públicos e divergindo da construção de Luigi Ferrajoli nesse ponto específico – é algo que, à luz da legislação e da finalidade da Advocacia Privada brasileira, se justifica, até porque essa função essencial à Justiça realiza um *múnus público* por meio de profissionais liberais investidos de prerrogativas e garantias legais concedidas em favor da cidadania. Não há razão para vincular possibilidades de produção de prova e uso do aparato público de investigação à atuação da Defensoria Pública. A

---

o por los Tribunales de Estraburgo, y la de Costa Rica en el sector de los derechos humanos, que conformaron lo que se ha llamado, *la justicia transnacional y el proceso supranacional*, con reglas adjetivas propias" (HITTERS, Juan Carlos. Algo más sobre el proceso transnacional. In: MAC-GREGOR, Eduardo Ferrer (coord.). *Derecho procesal constitucional*. 5. ed. México: Porrúa, 2006. t. II, p. 1686-1687).

Advocacia Privada também deve contar com tais poderes. Admitida a escassez de recursos, não se justifica – ou mais, resta inviável – um sistema de redundâncias no qual a Defensoria Pública retificaria falhas e fortaleceria a Advocacia Privada.

Em nossa história, não esqueçamos, a Advocacia Privada foi fundamental na luta pelas liberdades civis e políticas ao longo dos sombrios anos do Estado Novo e da Ditadura Militar.

Por isso, não somos contra o desenvolvimento da intervenção *custos vulnerabilis* no campo penal, mas parece-nos que essa função carece de maior reflexão para, de um lado, não criar um modelo teórico irrealizável, que possa comprometer todo o instituto da intervenção *custos vulnerabilis*, e, de outro, para não abonarmos um sistema cruelmente seletivo, racista (em termos estruturais) e inquisitorial, na medida em que a presença da Defensoria seria um álibi argumentativo contra a inevitável vulnerabilidade do réu na ação penal, lembrando que o conflito é Estado *x* Indivíduo.

**Nota conceitual sobre o *habeas corpus* coletivo**

Em nosso modo de ver, o *habeas corpus*, em sua forma coletiva, não está no campo do processo penal, e sim no campo do *direito processual constitucional*[346].

Portanto, pensamos ser mais adequado aplicarmos ao *habeas corpus* coletivo a teoria da intervenção *custos vulnerabilis* construída no campo do processo civil, ainda que haja necessidade de alguns ajustes teóricos que, a despeito de fugirem do escopo dessa obra, explicam-se pelo seguinte: de um lado, o *habeas corpus* pertence a uma tradição histórico-processual antiquíssima dos *interditos* – bem longe de seu oposto, que reside no modelo que permite o amplo contraditório em igualdade (o ordinário)[347]; de outro lado, um processo coletivo exige amplo contraditório, conforme discutimos anteriormente ao teorizarmos sobre a intervenção *custos vulnerabilis* no campo do processo civil.

A seguir, analisaremos um pouco da atuação *custos vulnerabilis* no *habeas corpus* coletivo, valendo-nos de dois julgados bastante ilustrativos, e, para facilitar a compreensão, aqui sintetizamos:

a) O *Habeas Corpus* 568.693/ES: nesse julgado, no ano de 2020, o STJ, apreciando um *habeas corpus* coletivo, admitiu a Defensoria Pública da União como *custos vulnerabilis*. Esse julgado é interessante porque (i) explicita a adoção da referida teoria; (ii) invoca como um dos fundamentos jurídicos o art. 1.038, I, do CPC; e, (iii) por fim, ao que nos parece, propicia uma análise positiva da teoria da intervenção *custos vulnerabilis* (positiva no sentido de que, conscientemente ou não, põe em prática a sua adoção como *ultima ratio*, e explicaremos essa ideia por meio de julgados que discutiram o tema do litisconsórcio entre Ministérios Públicos).

346 Por todos, afirmando que o *habeas corpus* está no campo do direito processual constitucional: FIX-ZAMUDIO, Héctor. Breves reflexiones sobre el concepto y el contenido del derecho procesal constitucional. *Anuario Iberoamericano de Justicia Constitucional, Madrid:* Centro de Estudios Constitucionales, v. 3, 1999, p. 89-119, especialmente p. 105-106.

347 Para compreender a historicidade dessa grande dicotomia histórico-processual, confira-se: LACERDA, Galeno. Mandados e sentenças liminares. *Revista da Faculdade de Direito UFPR*, v. 14, n. 0, 1971. Disponível inteiramente em meio digital no seguinte endereço: <http://revistas.ufpr.br/direito/article/view/7191/5146>.

b) O Agravo de Instrumento 237.400-0: nesse julgado do STF, datado do ano 2000, faremos um breve ensaio sobre os perigos que uma teoria carecedora de maior sustentação pode ocasionar ante uma jurisprudência por vezes pragmática e imprevisível.

**a) O *Habeas Corpus* 568.693/ES**

No Habeas Corpus 568.693/ES, de relatoria do Min. Sebastião Reis Junior, o STJ apreciou um *habeas corpus* coletivo e, conquanto acidentalmente, iniciou-se uma discussão atinente ao tema *custos vulnerabilis*.

Em suma, no Estado do Espírito Santo há uma normativa interna determinando que, passado o prazo de 72 horas sem que haja o pagamento da fiança, deve-se presumir a hipossuficiência e conferir ao preso a liberdade provisória sem fiança.

Sem dúvida alguma, essa normativa afeta principalmente os presos provisórios defendidos pela Defensoria Pública. Assim, sendo realizada a audiência de custódia com a decisão pela liberdade provisória mediante fiança, os assistidos da Defensoria Pública ficariam presos, necessariamente, ao menos durante 72 horas, exceto se a instituição impetrasse *habeas corpus* e obtivesse a liminar ou se os familiares contatassem a Defensoria Pública (ou fossem contatados por ela) – e pagassem o valor estipulado.

Nesse contexto, então, a Defensoria Pública do Espírito Santo impetrou o remédio heroico em favor de determinados presos *e em favor de todos aqueles a quem foi concedida liberdade provisória condicionada ao pagamento da fiança no Estado do Espírito Santo e ainda se encontram submetidos a privação cautelar de liberdade* – o caráter *coletivo* da ação reside no que está em *itálico*.

Sem dúvida alguma, esse assunto interessa não apenas à Defensoria Pública do Espírito Santo. O interesse é de âmbito nacional.

Certamente pensando na esfera federal, então, a Defensoria Pública da União pleiteou seu ingresso como *custos vulnerabilis*. O ministro relator deferiu esse pedido. Eis alguns trechos mais importantes:

> Apesar de não existir previsão legal para a figura do *custos vulnerabilis*, depreende-se de alguns dispositivos legais a chancela para a sua admissão.
>
> (...)
>
> Já o art. 1.038, I, do Novo Código de Processo Civil, emprestado ao processo penal por meio de aplicação analógica expressamente autorizada pelo artigo 3º do Código de Processo Penal, estabelece que o relator poderá solicitar ou admitir manifestação de pessoas, órgãos ou entidades com interesse na controvérsia, considerando a relevância da matéria e consoante dispuser o regimento interno.
>
> (...)
>
> Por sua vez, ao analisar a figura do *custos vulnerabilis*, que já vinha sendo admitida pela doutrina, decidiu-se, nesta Corte Superior de Justiça que: admite-se a intervenção da Defensoria Pública da União no feito como *custos vulnerabilis* nas hipóteses em que há formação de precedentes em favor dos vulneráveis e dos direitos humanos (Informativo n. 657 de 25 de outubro de 2019).
>
> Sendo assim, depreende-se do exposto acima que é cabível a admissão da Defensoria Pública da União como *custos vulnerabilis* nos casos em que há formação de precedentes em favor dos vulneráveis e dos direitos humanos.

*In casu*, como já ressaltado, trata-se da defesa de presos – que praticaram atos de menor gravidade – que não possuem condições financeiras de saldar o valor estipulado a título de fiança e por isso permanecem presos (ainda que em período reconhecido como de pandemia). Ora, a vulnerabilidade econômica do grupo social que aqui se avulta é patente, mas, além dela, trata-se, também, de pessoas em vulnerabilidade social.

No mais, também não há dúvida de que ao tratar de prisão de pessoas em vulnerabilidade econômica e social em presídios com superlotação e insalubridade em tempos de COVID-19, estamos tratando de direitos humanos, vez que se defende, aqui, a liberdade como direito civil e também a liberdade real advinda dos direitos sociais.

Assim, defiro o pedido da Defensoria Pública da União para atuar no feito como *custos vulnerabilis*.

***Habeas Corpus* 568.693/ES: o manejo da intervenção *custos vulnerabilis* como *ultima ratio***

Um primeiro aspecto que chama atenção é o fato de a Defensoria Pública da União ter optado por requerer o reconhecimento da atuação *custos vulnerabilis*, sem tentar, antes, ingressar no feito como litisconsorte ativo facultativo ulterior. A formação de litisconsórcio exigiria sustentar, no bojo do *habeas corpus* coletivo (partindo da premissa de que é processo constitucional, e posicionado no microssistema de tutela coletiva), a aplicação do art. 5º, §§ 2º e 5º, da Lei n. 7.347/1985, além de se argumentar que o litisconsórcio é a solução mais consentânea com a natureza interdital[348] (logo, bem mais informal) do *habeas corpus*.

É bastante provável que os defensores públicos oficiantes optaram pelo ingresso como *custos vulnerabilis* devido à maior probabilidade de convencimento do STJ, pois não desconhecemos o risco inerente a essa tentativa de formação de litisconsórcio quando observamos o Ministério Público, e esse risco é agravado por dois fatores: o pouco conhecimento que se possui do *habeas corpus* coletivo e a pequena atuação (em termos quantitativos) da Defensoria Pública da União na execução penal (quando comparada com as Defensorias estaduais).

Voltemos nossa análise de risco observando a jurisprudência do Ministério Público no STJ.

No próprio campo de atuação do Ministério Público existem ressalvas jurisprudenciais para formação de litisconsórcio ativo, como a do REsp 1.254.428/MG (2011/0094322-5), julgado em 2 de junho de 2016, da 3ª Turma do STJ, e de relatoria do Ministro João Otávio de Noronha (Informativo 585 do STJ):

> RECURSO ESPECIAL. PROCESSUAL CIVIL. AÇÃO CIVIL PÚBLICA. AGRAVO DE INSTRUMENTO. LEGITIMIDADE DO MINISTÉRIO PÚBLICO PARA A DEFESA DE INTERESSES INDIVIDUAIS HOMOGÊNEOS DE CONSUMIDORES, AINDA QUE DISPONÍVEIS. **LITISCONSÓRCIO FACULTATIVO ENTRE MINISTÉRIO PÚBLICO ESTADUAL E FEDERAL. AMPARO LEGAL: § 5º DO ART. 5º DA LEI N. 7.347/1985, EM VIGOR. IMPOSSIBILIDADE DO LITISCONSÓRCIO NO CASO.** 1. O Ministério Público tem legitimidade ativa para a propositura de ação civil pública destinada à defesa de direitos individuais homogêneos de

348 Sobre a natureza *interdital*, cf.: LACERDA, Galeno. Mandados e sentenças liminares. *Revista da Faculdade de Direito UFPR*, v. 14, n. 0, 1971. Disponível inteiramente em meio digital no seguinte endereço: <http://revistas.ufpr.br/direito/article/view/7191/5146>.

consumidores, ainda que disponíveis, pois se está diante de legitimação voltada à promoção de valores e objetivos definidos pelo próprio Estado. 2. A tutela efetiva de consumidores possui relevância social que emana da própria Constituição Federal (arts. 5º, XXXII, e 170, V). 3. O veto presidencial ao parágrafo único do art. 92 do Código de Defesa do Consumidor não atingiu o § 5º do art. 5º da Lei da Ação Civil Pública, inserido por força do art. 113 do CDC, que não foi vetado. **4. A possibilidade, em tese, de atuação do Ministério Público Estadual e do Federal em litisconsórcio facultativo não dispensa a conjugação de interesses afetos a cada um, a serem tutelados por meio da ação civil pública. A defesa dos interesses dos consumidores é atribuição comum a ambos os órgãos ministeriais, o que torna injustificável o litisconsórcio ante a unicidade do Ministério Público, cuja atuação deve pautar-se pela racionalização dos serviços prestados à comunidade.** 5. Recurso especial conhecido e parcialmente provido.

Outro exemplo de como a formação de litisconsórcio ministerial no âmbito da tutela coletiva passa por severo escrutínio é o acórdão da 1ª Turma do STJ, relativo ao REsp 1.444.484/RN, julgado em 18 de setembro de 2014, e cujo relator é o Ministro Benedito Gonçalves (Informativo 549 do STJ):

> **DIREITO PROCESSUAL CIVIL. LITISCONSÓRCIO ATIVO FACULTATIVO ENTRE MINISTÉRIO PÚBLICO FEDERAL, ESTADUAL E DO TRABALHO.**
> Pode ser admitido litisconsórcio ativo facultativo entre o Ministério Público Federal, o Ministério Público Estadual e o Ministério Público do Trabalho em ação civil pública que vise tutelar pluralidade de direitos que legitimem a referida atuação conjunta em juízo. Nos termos do art. 5º, § 5º, da Lei n. 7.347/1985: "Admitir-se-á o litisconsórcio facultativo entre os Ministérios Públicos da União, do Distrito Federal e dos Estados na defesa dos interesses e direitos de que cuida esta lei". Além disso, à luz do art. 128 da CF, o Ministério Público abrange: o Ministério Público da União, composto pelo Ministério Público Federal, o Ministério Público do Trabalho, o Ministério Público Militar e o Ministério Público do Distrito Federal e Territórios; e os Ministérios Públicos dos Estados. **Assim, o litisconsórcio ativo facultativo entre os ramos do Ministério Público da União e os Ministérios Públicos dos Estados, em tese, é possível, sempre que as circunstâncias do caso recomendem, para a propositura de ações civis públicas que visem à responsabilização por danos morais e patrimoniais causados ao meio ambiente, ao consumidor, a bens e direitos de valor artístico, estético, histórico e paisagístico, à ordem econômica e urbanística, bem como a qualquer outro interesse difuso ou coletivo, inclusive de natureza trabalhista. Essa atuação conjunta deve-se ao cunho social do *Parquet* e à posição que lhe foi erigida pelo constituinte (de instituição essencial à função jurisdicional do Estado), incumbindo-lhe a defesa da ordem jurídica, do regime democrático e dos interesses sociais e individuais indisponíveis. A propósito, há de se registrar que o STJ e o STF já admitiram litisconsórcio facultativo entre o Ministério Público Federal e o Ministério Público Estadual** (REsp 382.659/RS, Primeira Turma, *DJ* 19-12-2003; e STF-ACO 1.020-SP, Tribunal Pleno, *DJE* 20-03-2009). **Por outro lado, há também precedentes contrários ao litisconsórcio ativo facultativo entre os ramos do Ministério Público. Entretanto, observe-se que os precedentes desfavoráveis ao litisconsórcio ativo facultativo entre o Ministério Público Federal e o Estadual versam sobre a ilegitimidade do MPE para a propositura de ação civil pública que objetive a tutela de bem da União, atribuição esta inserida no âmbito do MPF e submetida ao crivo da Justiça Federal,** ensejando, portanto, a impossibilidade de atuação do *Parquet* Estadual seja como parte, seja como litisconsorte. Em nenhum momento foi enfrentada hipótese de conjugação de interesses trabalhistas, estaduais e federais. Anote-se, por oportuno, que, a princípio, também não há qualquer óbice para que o MPT atue em litisconsórcio

ativo facultativo com o MPF e o MPE, desde que a ação civil pública também vise à tutela de interesse difuso ou coletivo de natureza trabalhista.

Dessa forma, no referido *Habeas Corpus* 568.693/ES, a grande incerteza quanto à aceitação do STJ na formação do litisconsórcio (ativo facultativo ulterior) defensorial justificava, em tese, o pedido de atuação como *custos vulnerabilis* – até porque o STJ, de fato, já havia admitido essa figura interventiva em outro caso.

Por outro lado, devemos interpretar esse exemplo concreto de modo adequado; é extremamente importante que a atuação da Defensoria Pública da União no *Habeas Corpus* 568.693/ES não seja *treslida*, incidindo-se em enganoso mantra de requerer-se, automaticamente e sem maiores reflexões, a atuação *custos vulnerabilis* em qualquer situação. Nesse caso, parece-nos que a Defensoria Pública da União foi feliz ao nos oferecer exemplo exatamente contrário e bem apropriado: de ponderação e estratégia processual.

**b) *Habeas Corpus* 568.693/ES: risco de monopólio da Defensoria Pública da União? Uma análise a partir do Agravo de Instrumento 237.400-0 do STF**

É inegável o quão emblemático é o *Habeas Corpus* 568.693/ES: ele solidifica ainda mais o *habeas corpus* coletivo no direito brasileiro. Cabe pontuar ainda que o uso do *habeas corpus* coletivo deve ser incrementado e objetivamente regulamentado pela legislação ou, subsidiariamente, pelos Tribunais. Em um contexto de prisões e persecuções penais em massa, é vital o fortalecimento de um instrumento apto a defender a liberdade dos vulneráveis de forma coletiva. Por fim, ao aceitar o pleito da Defensoria Pública da União para atuar como *custos vulnerabilis*, o STJ – mais uma vez – demonstra seu apreço pela instituição e recheia ainda mais a jurisprudência brasileira que, de há muito, tem tido um papel crucial para a expansão da Defensoria Pública.

No entanto, e sem olvidar as boas intenções, esse importante julgado tem o potencial de levar a um rumo que certamente não seria aplaudido pelas Defensorias Públicas do país. Referimo-nos à admissão da Defensoria Pública da União como *custos vulnerabilis* caso disso resultasse que ela, quando admitida pelo relator, passasse a atuar no lugar da Defensoria Pública originária (a Defensoria estadual, por exemplo, que ingressou com a ação na esfera estadual).

A hipótese não é mera especulação, pois sabemos que algumas Defensorias Públicas estaduais não mantêm escritório operacional em Brasília, e o STJ, tentando dinamizar o andamento de seus processos, poderá incidir na tentação de transformar a intervenção *custos vulnerabilis* da Defensoria Pública da União em "chave-mestra" da representação defensorial – um modelo equivocadíssimo, infelizmente praticado no âmbito do Ministério Público e que viola, dia após dia, o sistema federativo.

No ano 2000, encontramos um julgado que demonstra como questões práticas, como a da representação operacional, podem impactar a Defensoria Pública. Trata-se do Agravo de Instrumento 237.400-0, que tramitou pela 1ª Turma, decidido em 15 de fevereiro de 2000, e cujo relator foi o Ministro Ilmar Galvão. Esse julgado envolveu questão de ordem decidida no STF e cujo respectivo mérito era um conflito negativo de atribuições entre as Defensorias Públicas da União e do Estado do Rio Grande do Sul.

Nesse caso, a Defensoria Pública estadual interpôs agravo de instrumento contra decisão denegatória de recurso extraordinário, tendo sido negado seguimento ao agravo por intempestividade. A Defensoria Pública da União, então, foi intimada por meio do Defensor Público-Geral, nos termos dos arts. 23 e 44, I, da LC n. 80/1994, o qual peticionou alegando que a instituição estava em fase de implantação, *"requerendo, por fim, 'que seja reconhecida a impossibilidade material e conjuntural da mesma atuar perante esta Corte'"*. A Defensoria Pública estadual, por sua vez, respondeu que tampouco poderia acompanhar em Brasília os recursos que seus agentes interpõem nos Tribunais Superiores, *"(...) por evidente, a atuação de defensores públicos do RS esgota-se no âmbito dos órgãos da Justiça estadual"*.

Ao cabo, ante a negativa das duas Defensorias Públicas, o STF viu-se obrigado a decidir sobre um espaço institucional importantíssimo de atuação, e a interpretação que prevaleceu – diga-se de passagem, com uma conotação muito mais pragmática do que, de fato, fundada no direito vigente – atribuiu à Defensoria Pública da União, por unanimidade, o exercício da defesa no STF determinando a renovação da intimação; e na tentativa de justificar em termos jurídicos tal decisão, no início dos anos 2000, a 1ª Turma indicou que a Defensoria Pública do Rio Grande do Sul não tinha atribuição para atuar no STF, não obstante essa interpretação não se conformasse com a redação original do art. 134 da CF/88.

É um erro. As Justiças Estaduais não são hierarquicamente inferiores à Justiça Federal, tampouco há hierarquia entre as Defensorias Estaduais e a Defensoria da União. Na Federação brasileira, a distinção se justifica pela especialização do tema, pelo interesse envolvido, e não pela importância da causa. Há uma evidente quebra do sistema federativo quando se proíbe que um determinado interesse coletivo, que pode ter peculiaridades estaduais, deixe de ter defesa de um ente Estadual em prol de um ente vinculado à União, que em muitos casos pode ter interesse diverso, ou mesmo oposto. Na comparação com o Ministério Público, a atuação direta da Defensoria Pública local é, ainda, peculiar, pois não se trata da defesa de um interesse abstrato, mas sim, na maioria dos casos, de interesses de pessoas concretas, que criam vínculos de confiança com os responsáveis pelo caso. Os Defensores Públicos locais – com sede próxima, em muitos casos – são o porto seguro com o qual o usuário se acostumou a contar depois de um oceano de desprezo e opressão por parte de agentes estatais, mormente no campo penal. O trauma da ruptura de tais vínculos com a perda de atribuição da Defensoria Estadual em prol da Defensoria da União é mais um obstáculo a ser vencido para trazer eficiente acesso à justiça e sensação de acesso à justiça, que pode e deve ser evitado. Mais uma vez, não é necessário ter o desenho do Ministério Público como horizonte a ser seguido. Pelo contrário, talvez seja o caso de o Ministério Público realinhar sua organização para ganhar eficiência e maximizar a autonomia dos entes federativos.

Dentre outras perspectivas possíveis, duas lições mais evidentes emergem desse cenário defensorial embaraçoso, precário e com uma certa dose de insciência institucional:

(i) todas as Defensorias Públicas precisam acreditar, realmente, na importância da representação em Brasília e, consequentemente, concretizar essa crença investindo em escritórios instalados na capital federal, para que os Tribunais Superiores não encaminhem tudo para a Defensoria Pública da União "porque é mais prático";

(ii) esse é um conflito que poderia ser evitado pelas próprias Defensorias Públicas, e uma decisão como essa, hoje, em que o direito jurisprudencial está sendo alavancado pelo CPC/2015, seria desastrosa por criar um monopólio que não se justifica à luz da legislação e que empobreceria a participação defensorial nos Tribunais Superiores. Quanto a esse último aspecto, se há 20 anos essa falta de visão estratégica era perdoável por haver muito a ser construído praticamente do nada – uma precariedade notável –, hoje em dia essa falta de visão é imperdoável, sendo inconcebível que haja Defensorias Públicas que não tenham sequer uma saleta com equipamentos e recursos humanos mínimos.

De qualquer modo, voltando à discussão da intervenção *custos vulnerabilis*, note-se que, na decisão, o ministro relator do *Habeas Corpus* 568.693/ES invocou o art. 1.038, I, do CPC para robustecer ainda mais a base normativa envolvendo a doutrina de *custos vulnerabilis*. Se essa base normativa não poderia resultar num monopólio da Defensoria Pública da União para ela realizar a função *custos vulnerabilis* no bojo do STJ, essa é uma hipótese de difícil previsão – que não é desejada nem mesmo pela Defensoria Pública da União –, mas que não pode ser descartada; afinal, o arcabouço legal que fundamentaria a intervenção *custos vulnerabilis* é bem menor do que a amplitude de atuação que a doutrina pretende lhe conferir. Num terreno aberto como esse, se o STJ pode contribuir com a aceitação da doutrina em questão na comunidade jurídica, não seria impensável ele traçar contornos que a própria doutrina – inclusive a própria Defensoria Pública da União – não planejou inicialmente.

**Encerramento: a intervenção *custos vulnerabilis* e a amarga experiência vivida pelo *Rei Lear* (William Shakespeare)**

Saindo de aspectos teórico-normativos concretos, é fundamental que tentemos desenvolver o indispensável conceito de *custos vulnerabilis* junto à doutrina e aos Tribunais *no espírito de apontarmos graves imperfeições do sistema processual e desarmados de ambições corporativas*, especialmente prestando atenção nas situações em que se poda vulneráveis de uma atuação processual mais qualificada, na hipótese de a Defensoria Pública não atuar, por algum motivo, enquanto órgão de representação postulatória ou como legitimada extraordinária.

Para isso, sem dúvida, questão que antecede a defesa da existência da intervenção *custos vulnerabilis* é o *estudo dos sistemas processuais*, para que possamos justificar tal função, seriamente, conjugando fatores históricos, sociais, e da tão importante – e injustiçada – dogmática jurídica (indispensável para a defesa de direitos humanos, e que deve sempre ser aperfeiçoada).

Dogmática jurídica séria, preocupada com soluções sistêmicas, é o único caminho que poderá construir essa função institucional sem que ela se volte contra os próprios usuários da Defensoria Pública. Advirta-se que, quanto mais política for essa construção, mais fácil será para a jurisprudência se apropriar dela, reduzindo-a a mera auxiliar do Judiciário, uma espécie de "guardiã das validades processuais".

O sonho de qualquer Judiciário.

Por isso, a doutrina especializada deve ter muita cautela ante os largos elogios recebidos da jurisprudência que aplaude a intervenção da Defensoria Pública na qualidade de *custos vulnerabilis*. Devemos ser severos fiscais de nossas vaidades pessoais. Isso para que o futuro da Defensoria Pública – e, em última análise, dos vulneráveis – não se identifique em alguma medida com a tragédia do Rei Lear.

Como sabemos, o Rei Lear pretendia dividir o reino entre suas três filhas para servir-lhes de dote, porém, herdaram o reino apenas duas de suas filhas – exatamente aquelas que se fizeram lábios de mel e lhe dirigiram elogios eloquentes e elevados à altura dos céus, visando unicamente seus respectivos dotes. A terceira filha, realmente amorosa e sincera, fora deserdada porque se limitou a mostrar gratidão dizendo que todo o respeito aos seus deveres se devia ao amor que nutria pelo pai. O incauto Rei Lear, contudo, sentiu ferida sua vaidade pela manifestação simples e sincera de gratidão. Kent interveio para que o Rei Lear não cometesse a insânia de deserdar não só a própria filha, mas justo a filha que realmente lhe amava, e pagou seu preço também.

Conhecemos o final dessa tragédia.

XII – (VETADO);
XIII – (VETADO);
XIV – acompanhar inquérito policial, inclusive com a comunicação imediata da prisão em flagrante pela autoridade policial, quando o preso não constituir advogado;

## 5.15 Atuação da Defensoria Pública no âmbito criminal

Este inciso, apesar de enxuto, suscita considerações que discorreremos em tópicos.

**a) Acompanhamento de inquérito policial**

Este inciso está diretamente atrelado ao art. 306, § 1º, do CPP, que determina o fornecimento de cópia integral do auto de prisão em flagrante à Defensoria Pública se o autuado não informar o nome de seu advogado.

O inquérito policial é, por definição, procedimento investigativo que tem como objetivo coletar provas e indícios suficientes a configurar justa causa para ação penal. O conceito tradicional já não é suficiente[349].

O inquérito policial não deve ser procedimento direcionado a encontrar elementos que justifiquem a ação penal, mas, sim, instrumento para esclarecer fato com suposta relevância penal. A tradicional obsessão por encontrar elementos que justifiquem uma ação penal já provocou um sem-número de acusações "forçadas", visto que, se os elementos de prova não fossem considerados suficientes, a sensação era de derrota, de dever não cumprido, de frustração.

É necessário equilíbrio na condução do inquérito policial e, para tanto, mormente como reação à concepção tradicional criticada, importante a presença da defesa técnica na fase inquisitiva. Advogados sabem da importância do acompanhamento há tempos, e a ausência de defensor público no inquérito policial apenas acentua a desigualdade de possibilidades entre acusados ricos e pobres.

A presença de defensor público durante a fase inquisitiva irá fomentar a transformação do inquérito policial em peça adequada a um Estado Democrático de Direito inspirado em cidadania, que permita o protagonismo também da defesa e evite ações penais temerárias.

349 Como didaticamente expõe Caio Paiva, três foram as objeções à atuação defensiva na fase de investigação: (a) a natureza inquisitiva do inquérito policial; (b) a eficácia da investigação; e (c) a ausência de previsão constitucional de contraditório e ampla defesa aos indiciados (*Prática penal para Defensoria Pública*. Rio de Janeiro: Forense, 2016. p. 144).

Importante notar que a lei fala no réu preso. No entanto, dada a inspiração constitucional da ampla defesa, é claro que também nos casos de réus soltos deve ser estimulada a atuação na fase policial.

Por fim, a rápida atuação da Defensoria Pública ainda na fase inquisitiva permitiria atuação eficiente diante das prisões processuais, que são um dos maiores problemas do sistema penal brasileiro. Mais de 30% das prisões são processuais[350], e a atuação defensiva na fase inquisitiva poderá colaborar na correta percepção da existência de elementos que indiquem a necessidade da tutela cautelar.

**b) A relevância desse inciso em relação à prisão preventiva antes da constituição de advogado**

Na prática, a Defensoria Pública passa a atuar no processo penal no momento em que o acusado é citado e não constitui advogado[351].

Quando se trata de prisão em flagrante, a defesa técnica já passará a atuar no feito, seja pela pronta intervenção do advogado ou, caso ele não seja constituído, pela imediata atuação da Defensoria Pública, nos termos do art. 306, § 1º, supracitado.

Contudo, existe uma situação peculiar (e não claramente disciplinada no CPP) que, na prática, se não tem o condão de tornar pressuposta a atuação da Defensoria, ao menos a possibilita – e é aqui que entra a relevância prática deste inciso XIV. Trata-se do *acusado que não foi preso em flagrante, não está em liberdade provisória e não é encontrado para ser citado.*

Na prática, não é impossível que, após pleito do Ministério Público, o juiz determine a citação por edital[352], mas decrete a prisão preventiva.

Imagine que o acusado (ainda não citado, já que não encontrado) sequer sabe da existência do processo em curso. Ele não estava em liberdade provisória – uma das condições da liberdade provisória pode ser a "proibição de ausentar-se da Comarca quando a permanência seja conveniente ou necessária para a investigação ou instrução", nos termos do art. 319, IV, do CPP – e, por não ter ciência do processo, nenhum advogado foi contratado.

Supondo que a Defensoria Pública, por qualquer razão aleatória – o juiz abrisse vista por outro motivo, um familiar comparecesse à unidade de atendido da Defensoria Pública etc. –, entendesse ser o caso de peticionar enfatizando que não seria o caso de decretação da prisão preventiva, *já que o acusado não estava em liberdade provisória*, a postura do juiz possivelmente poderia ser a de desconsiderar a atuação da Defensoria – afinal, a instituição ainda não está atuando oficialmente no processo.

---

350 Dados de dezembro de 2019, disponíveis em: <http://depen.gov.br/DEPEN/depen/sisdepen/infopen/infopen>.

351 "Art. 396-A. Na resposta, o acusado poderá arguir preliminares e alegar tudo o que interesse à sua defesa, oferecer documentos e justificações, especificar as provas pretendidas e arrolar testemunhas, qualificando-as e requerendo sua intimação, quando necessário. (Incluído pela Lei n. 11.719, de 2008) (...) § 2º Não apresentada a resposta no prazo legal, ou se o acusado, citado, não constituir defensor, o juiz nomeará defensor para oferecê-la, concedendo-lhe vista dos autos por 10 (dez) dias."

352 "Art. 361. Se o réu não for encontrado, será citado por edital, com o prazo de 15 (quinze) dias."

Num caso como esse, entendemos que o inciso XIV fundamenta claramente a atuação da Defensoria Pública: de fato, a instituição ainda não atua no feito – e isso desobriga o juiz de abrir vista para a instituição –, mas se até mesmo a abertura de inquérito policial já tem o condão de possibilitar a atuação da Defensoria Pública, um processo penal (denúncia oferecida) jamais poderia impedi-la.

E existe outra consequência prática: supondo que antes da petição da Defensoria Pública o juiz estava desobrigado de abrir vista para a instituição antes de decidir o pedido veiculado pelo órgão ministerial, após ela, o juiz conhecedor e respeitador das prerrogativas da instituição saberá que de sua decisão deve seguir-se a intimação da Defensoria Pública, nos termos do art. 128, I, da LC n. 80/1994.

Lembre-se de que não se sabe o paradeiro do acusado, que sequer sabe da existência do processo. Assim, se o juiz decretar a prisão preventiva, a Defensoria Pública demorará consideravelmente para tomar conhecimento dessa prisão – quiçá noventa dias depois[353] –, já que a audiência de custódia se aplica às prisões em flagrante[354].

Em resumo: para fins de monitoramento do caso, isso faz muita diferença.

**c) A investigação defensiva**

A investigação defensiva seria, na perspectiva tradicional dos Estados Unidos, investigação conduzida pelo próprio defensor do imputado[355], de forma a permitir um maior equilíbrio dos vetores probatórios durante o processo.

Se acreditamos que a dialética probatória é o melhor caminho para a correta síntese sobre os fatos apurados e valoração da consequência jurídica, não há razão para obstar a investigação defensiva, mesmo que seja notoriamente parcial, orientada para a defesa dos interesses do investigado/sentenciado. Nos limites da boa-fé que alicerça o princípio da liberdade da prova, a investigação defensiva seria vetor de equilíbrio na produção de elementos de convicção para a valoração da viabilidade da ação penal.

O exercício cotidiano de uma investigação defensiva nesses moldes exigiria da Defensoria Pública uma estrutura que os recursos públicos hoje oferecidos não são capazes de suportar. Seriam necessários peritos, assistentes e um número muito maior de Defensores Públicos que pudessem atuar especificamente na fase investigativa, ou, ainda, que pudessem acompanhar os casos desde a investigação até a fase recursal, quando a ação fosse inevitável. Não há no horizonte tal possibilidade.

---

353 "Art. 316. (...) Parágrafo único. Decretada a prisão preventiva, deverá o órgão emissor da decisão revisar a necessidade de sua manutenção a cada 90 (noventa) dias, mediante decisão fundamentada, de ofício, sob pena de tornar a prisão ilegal. (Incluído pela Lei n. 13.964, de 2019)."

354 "Art. 310. Após receber o auto de prisão em flagrante, no prazo máximo de até 24 (vinte e quatro) horas após a realização da prisão, o juiz deverá promover audiência de custódia com a presença do acusado, seu advogado constituído ou membro da Defensoria Pública e o membro do Ministério Público, e, nessa audiência, o juiz deverá, fundamentadamente: (Redação dada pela Lei n. 13.964, de 2019)."

355 Nesse sentido: DEZEM, Guilherme Madeira. *Curso de processo penal*. 5. ed. São Paulo: RT, 2019. p. 170.

Diante da inviabilidade imposta pela escassez de recursos, ficam abertos *dois caminhos*:

(i) Um **primeiro** no qual o exercício da investigação defensiva pela própria Defensoria Pública não seja ordinária, mas sim *extraordinária*, em casos de maior gravidade e complexidade, ficando a cargo do Defensor Público a seleção dos casos em que haja provável êxito na produção de provas obstativas da ação penal logo na fase investigativa.

A *principal crítica* seria:

(a) o *duplo gasto de recursos públicos* com a prática investigativa, uma vez que a CF/88 já atribui à polícia judiciária a atribuição pública para a investigação das infrações penais[356]; e

(b) a *arbitrariedade da seleção*, pois critérios como gravidade e complexidade são pouco atraentes em *standards* de isonomia: o homicídio seria mais grave e complexo do que o tráfico, dada a semelhança das penas[357]? Ou seria a frequência do crime de homicídio um atrativo para a maior atenção, uma vez que os crimes de tráfico são, qualitativamente, os mais frequentes nos fóruns e nas prisões[358]?

(ii) Um **segundo** caminho seria uma maior atividade da Defensoria Pública na investigação policial, requerendo (ou melhor, requisitando, dada a tão propalada paridade de armas) diligências e atividade investigatória orientada pelo investigado/indiciado vulnerável, que por presunção não conta com conhecimento e/ou recursos financeiros para providenciar provas (em especial a prova pericial e documental) de sua inocência. A atuação defensiva, aqui, potencializaria o contraditório na investigação[359], com mais vantagens que desvantagens para a investigação.

Mais uma vez o entrave está na *insuficiência de quadros* na Defensoria Pública para atuar em todos ou mesmo em um grande número de casos, o que permite a crítica já mencionada sobre os critérios de seleção.

### d) Prisão em flagrante e a "vida real" na atuação da Defensoria Pública

Refletir sobre a Defensoria Pública, que é o escopo deste livro, implica pensar sua organização, regime jurídico ou atribuições. Sem dúvida, isso é crucial. Mas a Defensoria Pública defende as pessoas necessitadas, e isso, por si só, nos leva a ter de refletir, ainda que pontualmente, sobre o que significa na vida real.

Uma questão tormentosa para a Defensoria Pública na área criminal diz respeito à *efetiva ampla defesa* no que tange à prisão em flagrante. A situação ocorre mais ou menos assim: a pessoa é presa em flagrante e não constitui advogado (seja porque não pode ou porque não quer). Os autos, nos termos do art. 306 do CPP, são encaminhados à Defensoria Pública a fim de que ela pleiteie os pedidos cabíveis. Resolvido o problema? Depende.

O grande problema é que muitas vezes os juízes (estes muitas vezes baseados em manifestações ministeriais) condicionam a concessão da liberdade provisória à *comprovação de residên-*

---

356 Importante lembrar que, no julgamento do RE 59.327, o STF pacificou que não é atividade exclusiva da polícia judiciária a investigação de infrações penais.

357 O homicídio simples tem penas de 6-20 anos, enquanto o tráfico de drogas, de 5-15 anos.

358 20% dos presos brasileiros são condenados por tráfico de drogas. Dados disponíveis em: <http://depen.gov.br/DEPEN/depen/sisdepen/infopen>.

359 Na linha sustentada por LOPES JÚNIOR, Aury. *Direito processual penal*. São Paulo: Saraiva, 2014. p. 340.

*cia fixa e ocupação lícita.* É mais uma concretização da consagrada percepção de uma *coculpabilidade às avessas*, em que os fatores de vulnerabilidade do investigado ou acusado são usados em seu desfavor: não será concedida a liberdade provisória em razão do desemprego, traduzido como ausência de comprovação de ocupação lícita. Será mantida a prisão por ser pessoa em situação de rua, o que será traduzido como ausência de residência fixa, ou mesmo persistirá encarcerado por não ter patrimônio, na famosa tradução de "ausência de vínculos com o distrito da culpa".

Voltando à ordinária exigência de documentação, e considerando um regime de plantão aos finais de semana, a indagação que fazemos ao nosso leitor é: como o defensor público, que muitas vezes atua com base em auto de prisão em flagrante em que não constam informações sobre familiares do preso, pode apresentar tais documentos se ele, defensor público, foi instado a atuar através da remessa automática dos autos, e não devido a contato da família do preso? Se o nosso leitor entender que a vida é assim mesmo, tudo bem, problema resolvido: quando a família se dirigir até o defensor público, ele poderá juntar os documentos; quando não for (grande maioria dos casos, pois a família não tem consciência sobre o funcionamento do sistema de justiça e nem mesmo sobre como acessar os serviços), fica por isso mesmo[360].

Exortamos a atenção para esse ponto: serviço público essencial que é, *a Defensoria Pública só deve ser tratada de maneira equivalente à advocacia quando isso se der em nome da igualdade processual*[361]. Nesse caso, supondo que os comprovantes de residência fixa e ocupação lícita fossem condicionantes para a concessão de liberdade provisória[362], *eles não deveriam sê-lo quando se trata de atuação da Defensoria Pública*: por seu caráter de serviço público, é praticamente impossível a juntada de tais documentos no momento em que recebe o auto de prisão em fla-

360 Mas vale o alerta de Ernesto Sabato: "(...) Detesto a resignação apregoada pelos conformistas, pois o sacrifício não é o deles, nem o de sua família" (*A resistência*. São Paulo: Companhia das Letras, 2008. p. 76).

361 E essa igualdade processual entre Defensoria Pública e Advocacia não desafia a concessão de prazos diferenciados para a prática de atos processuais. Esse tratamento diferenciado apenas reconhece a natureza pública do serviço prestado pela Defensoria Pública.

362 Alertamos que, a nosso sentir, não há base jurídica que justifique essa postura dos juízes. Com efeito, a primeira consideração é que essa praxe, salvo melhor juízo, não possui previsão legal. Em verdade, há uma única situação em que a lei exige a referida comprovação. Trata-se do inciso II do art. 1º da Lei n. 7.960/1989, que regula a prisão temporária. Ora, como se sabe, tal como o direito penal, o processo penal também se submete ao primado da estrita legalidade, de tal sorte que não se pode estender a aplicação desse requisito às taxativas hipóteses do Código de Processo Penal. Se assim é, a única exigência legal para que se possa condicionar a liberdade provisória à comprovação de residência e ocupação dá-se quanto à prisão temporária, cujo regime jurídico é totalmente diferençado da prisão preventiva. Vale mencionar, ainda, que conceber a práxis da comprovação de residência fixa de forma generalizada é admitir, por consequência lógica, que, quando se tratar de pessoa em situação de rua, a prisão preventiva é obrigatória. No *Habeas Corpus* 118.549, o Ministro José Mussi, do Superior Tribunal de Justiça, referindo-se à exigência de comprovação de residência fixa e ocupação lícita, enfatizou: "O que se vê é que não restou demonstrada concretamente a ocorrência de ao menos uma das hipóteses autorizadoras da prisão preventiva, previstas no art. 312 do CPP, tendo as decisões ordinárias fundado-se, ao que parece, em exigências legalmente indevidas e dificilmente atendidas pela empobrecida população de nosso país, consistentes na necessidade de demonstrar domicílio certo e trabalho lícito, argumentos que, por si sós, se mostram insuficientes para justificar a permanência do sequestro corporal antecipado".

grante, tornando letra morta a própria ideia insculpida no art. 306 do CPP: garantia de uma ampla (e efetiva) defesa.

Já é passado o momento de exigir uma consciência crítica dos operadores do sistema de Justiça que permita a tomada de posição pelo "avesso do avesso" da coculpabilidade, ou da culpabilidade por vulnerabilidade[363].

**e) Audiência de custódia**

Prevista no art. 5º, 7, da CIDH, a audiência de custódia foi efetivada no Brasil após o julgamento da ADIn 347, na qual o STF considerou que a situação carcerária brasileira configura um *estado de coisas inconstitucional*. A regulamentação veio na Resolução n. 213/2015 do CNJ e agora consta do art. 310 do CPP.

É possível encontrar na doutrina uma *dúplice função*:

> (i) a mais imediata e dramática é a *contenção dos desaparecimentos forçados e torturas*[364] após a custódia, com o objetivo de conseguir uma confissão que dê suporte à prisão em flagrante. É triste reconhecer que tal finalidade ainda é absolutamente necessária no Brasil, uma vez que a tortura é sistematicamente usada[365] para conseguir evidências para a prisão em flagrante, como a confissão, a apreensão de provas da materialidade (droga enterrada pelo acusado, cuja localização não seria indicada pela pessoa detida sem a imposição de suplício, por exemplo) ou instrumentos do crime (armas escondidas). Desnecessário pontuar que a admissão da tortura em nossa prática investigativa nos coloca em patamar civilizatório inferior, no qual toda a ação penal deixa de ter qualquer justificativa racional (não faz sentido violar a dignidade da pessoa humana sob o pretexto de tutelar bens jurídicos).
>
> (ii) A outra função atribuída à audiência de custódia é *humanização da tomada de decisão* sobre a necessidade de prisão processual, pois permite ao custodiado o contato direto com o julgador, para que possa dar a sua versão sobre as circunstâncias da prisão e sobre as razões pelas quais poderia aguardar o julgamento em liberdade[366].

A regularidade da audiência de custódia exige defesa técnica. A presença das partes é salutar e necessária para que sejam cumpridas todas as finalidades da audiência. Ainda que seja possível acreditar que a fiscalização por parte do juiz será suficiente para afastar o risco de desaparecimento e tortura – e certamente no Brasil essa proximidade, hoje, não é suficiente –, a presença

363 Sobre o tema, Zaffaroni abandona a ideia de coculpabilidade em favor da culpabilidade por vulnerabilidade, que seria mais apta ao exercício da função contrasseletiva esperada de um Direito Penal Redutor (ZAFFARONI, Eugênio Raul et al. *Direito penal brasileiro*. Rio de Janeiro: Revan, 2017. v. II, t. II, p. 170).

364 Nesse sentido: DEZEM, Guilherme Madeira. *Curso de processo penal*. São Paulo: RT, 2020. p. 883.

365 Sobre o tema, relatório do subcomitê de prevenção à tortura e outros tratamentos cruéis e degradantes da ONU de visita realizada de 19 a 30 de outubro de 2016. Disponível em: <https://nacoesunidas.org/wp-content/uploads/2017/01/Relatorio-SPT-2016-1.pdf>. Acesso em: 21 jun. 2020.

366 Na feliz síntese de Camargo: "são finalidades da audiência de custódia evitar prisões ilegais, abusivas ou desnecessárias, atestar o real paradeiro dos custodiados e assegurar a incolumidade física e psíquica dos detidos ante a ação de agentes de persecução penal" (CAMARGO, Rodrigo Tellini de A. *Audiência de custódia e medidas cautelares pessoais*. São Paulo: Tirant lo Blanch, 2019. p. 38).

das partes reforça a vigilância contra os maus-tratos, e é absolutamente necessária para a instalação de um correto contraditório sobre os requisitos cautelares do aprisionamento.

Se a parte contratou advogado particular (com procuração nos autos), será representada pelo patrono de sua confiança. Nesse caso, o advogado deverá ser notificado para comparecer à audiência. Se, mesmo contratado, o advogado não comparece, acreditamos que não deva atuar a Defensoria Pública, mas sim nomeado um advogado como defensor *ad hoc*, pois não seria razoável o dispêndio de energia e recursos públicos para complementar ou substituir a atividade do advogado desidioso. No entanto, nada obsta que, na ausência do advogado constituído na audiência de custódia, o juiz destitua o advogado, culminando, assim, na atuação da Defensoria Pública já no referido ato.

Se o preso for necessitado/vulnerável, deverá ser atendido pela Defensoria Pública. A comunicação da prisão em flagrante prevista no art. 306 do CPP serve, aqui, como notificação. Apenas excepcionalmente deve ser admitida a nomeação de advogado *ad hoc*, que acaba como prestando um "favor" ao juiz (embora devamos insistir que é *múnus* público do advogado), o que enfraquece tanto a função de fiscalização como o debate apropriado sobre a existência de fundamento cautelar para a prisão.

Nos termos do art. 6º da Resolução n. 213/2015 do CNJ, deve ser assegurado contato reservado do preso com seu Defensor. Advertimos aqui que o contato deve ser realmente reservado, como manda a lei, em local apropriado e com distância razoável dos policiais. De outra forma, o preso fica evidentemente intimidado para eventual relato de abuso sofrido, o que torna a audiência inútil, disfuncional, inválida, enfim. A determinação legal é pela realização de audiência de custódia válida em 24 horas: se a audiência foi inválida, deve ser assegurada a liberdade do preso.

XV – patrocinar ação penal privada e a subsidiária da pública;

## 5.16 Patrocínio da ação penal privada e da subsidiária da pública

Deve o defensor público patrocinar a ação penal privada e a subsidiária da pública ao carente de recursos.

**Ação penal privada e colidência**

Na ação penal privada o cidadão tem a titularidade da ação penal, ou seja, postula pela condenação para que seja reconhecido o poder de punir estatal na situação concreta. É claro que tal direito não poderia ser perdido apenas por ser o ofendido carente de recursos, razão pela qual a lei impõe ao defensor tal dever.

Interessa notar que, na área criminal, tem o defensor público usualmente a atribuição de defesa, e é rara sua atuação como acusador. No entanto, tal mister deve ser exercido sem reservas[367], eis que é direito do usuário. É comum, aqui, discussão sobre colidência de interesses entre

367 Caio Paiva e Tiago Fensterseifer, citando este trecho da 1ª edição de nossos *Comentários*, divergem do entendimento que apresentamos naquela ocasião. Ponderam os autores que "(...) o desempenho da atividade ou

defensores públicos, que impediria a Defensoria de atuar nos dois polos da ação, se o querelado também for carente. A objeção não nos parece procedente.

Em primeiro, a lei não poderia esvaziar a garantia individual à assistência jurídica de uma das partes de acordo com o modelo público gerado na CF/88. Pior ainda se se imagina que o critério é a velocidade, ou seja, aquele que primeiro busca os serviços da Defensoria Pública tem profissional concursado, fiscalizado pelo Estado e regido pelo princípio da eficiência, enquanto o menos célere (talvez o mais necessitado) ficaria a cargo de outro profissional, não necessariamente com as mesmas qualificações. Isso seria usar um instrumento de igualdade para gerar mais desigualdade, o que não se poderia suportar.

Em segundo, a unidade e a indivisibilidade da Defensoria Pública não vinculam necessariamente a atuação de um defensor à do outro, eis que todos gozam de independência funcional que, repise-se, é garantia do cargo estabelecida em favor do usuário. Se é assim, não vislumbramos qualquer problema na atuação de um defensor público por uma das partes e outro pela parte adversa, ressalvada, é claro, a impossibilidade de troca ou substituição nesses casos, para evitar a tergiversação.

A analogia com o escritório particular, aliás, não convence: o escritório advocatício presta serviços em troca de honorários, e o conflito poderia advir pela suspeita de favorecimento a um ou outro em razão dos valores dos pagamentos. Na Defensoria Pública, as razões da vedação não permitem a analogia, por inaplicáveis, eis que o serviço é sempre gratuito, e as prerrogativas, vedações, proibições etc. são suficientes para permitir o desempenho tranquilo do trabalho de cada defensor.

O pequeno número de crimes que impõem o oferecimento de queixa não causa, aqui, a discussão sobre a possibilidade de atendimento de todas as demandas, que historicamente são facilmente absorvidas nas Defensorias.

### Ação penal privada subsidiária

A ação penal privada subsidiária da pública tem por objeto um crime de ação penal pública (incondicionada ou condicionada), em que o Ministério Público tenha permanecido inerte durante o prazo legal para o oferecimento de denúncia (art. 46, *caput*, do CPP).

Se o Ministério Público deixar escoar *in albis* o prazo legal para o oferecimento de denúncia (art. 46, *caput*, do CPP), sem qualquer manifestação, abre-se ao ofendido a possibilidade de

---

função acusatória pela Defensoria Pública está sujeito à verificação de pelo menos três pressupostos", sendo o primeiro deles a necessidade de análise da condição de pessoa necessitada (*Comentários à Lei Nacional da Defensoria Pública* cit., p. 207). De fato, têm razão os autores e reconhecemos que, na 1ª edição, não abordamos expressamente esse assunto e, nesse específico ponto, nosso texto ficou dúbio. De qualquer forma, urge esclarecer que, na 1ª edição, quando afirmamos que "tal mister deve ser exercido sem reservas, eis que é direito do usuário", nossa intenção – reitere-se, dubiamente manifestada – foi a de afirmar que o direito de acesso à justiça relativo à ação penal privada e subsidiária da pública pela Defensoria Pública não pode ser afrontado pela independência funcional do defensor público, isto é, por suas convicções ideológicas acerca do papel do Direito Penal. Evidentemente, porém e diversamente da defesa do acusado no processo penal, a ação só poderá (deverá) ser proposta após análise da condição financeira, isto é, a Defensoria atuará, aqui, apenas e tão somente em prol do necessitado econômico, ou seja, do usuário.

ajuizar queixa subsidiária (a ação penal seria iniciada por meio de queixa do ofendido e, por isso, seria de iniciativa privada).

Ensina a doutrina[368] que a iniciativa privada é subsidiária porque ela supre a inércia do Ministério Público: a possibilidade de o ofendido ajuizar queixa pressupõe a anterior inação do Ministério Público, a quem cabia deflagrar a ação penal por meio do oferecimento de denúncia.

Na ação penal privada subsidiária, temos uma legitimação extraordinária sucessiva, pois somente se admite a iniciativa do ofendido depois de o Ministério Público não ter se manifestado durante o prazo para oferecimento de denúncia (art. 29 do CPP e art. 5º, LIX, da CF).

Contudo, desde que patenteada a inércia do Ministério Público, a legitimidade para a propositura da ação penal passa a ser concorrente entre o ofendido e o Ministério Público, pois, durante os seis meses do prazo decadencial, qualquer deles pode deflagrar a ação penal (o ofendido, mediante o ajuizamento de queixa subsidiária, e o Ministério Público, mediante o oferecimento de denúncia).

Apesar de sua ocorrência fática ser rara, ela é fartamente prevista em nossa legislação (art. 5º, LIX, da CF; art. 100, § 3º, do CP; art. 29 do CPP).

A previsão constitucional como garantia individual trata da raríssima oportunidade que tem o cidadão para interferir/fiscalizar (n)a atividade do Ministério Público. É o Ministério Público titular exclusivo da ação penal pública, e, a princípio, apenas ele pode ser titular da persecução dos crimes submetidos à ação penal pública, que são a maioria absoluta dos previstos na legislação. Se queda inerte, no entanto, abre-se a possibilidade de o ofendido promover a ação penal privada, restando então legitimado para, excepcionalmente, titularizar a persecução penal em crimes que, originalmente, seriam de ação pública. Se é direito individual, é dever do defensor público garantir seu exercício ao necessitado.

XVI – exercer a curadoria especial nos casos previstos em lei; (Incluído pela Lei Complementar n. 132, de 2009)

## 5.17 Exercício de curadoria especial

Inicialmente, cabe ressaltar que a função processual de curadoria especial funda-se no princípio da ampla defesa.

A curadoria especial, assim, deve ser compreendida em *sentido estrito*, abarcando apenas a curadoria de *natureza processual*, a "curadoria à lide", visto que a curadoria de direito material exigiria uma série de encargos que não se compatibilizam com a natureza ou estrutura da Defensoria Pública.

A título de exemplo, na Defensoria Pública do Estado do Rio Grande do Sul a LC n. 14.130/2012 prevê expressamente (art. 4º, XIV) que a atribuição de desempenhar curadoria especial diz respeito somente à *processual* (curadoria processual).

368 FULLER, Paulo Henrique Aranda. *Elementos de direito processual penal*. 12. ed. São Paulo: RT, 2012.

É importante registrar, porém, que, sendo decorrência da ampla defesa, Arruda Alvim ensina que "o curador é obrigado a defender aquele pelo qual atua; é-lhe vedado opinar ou manifestar-se contrariamente a esse, pois que, do contrário, esse estaria literalmente indefeso". Ademais, o grande processualista esclarece que "o objetivo basilar da atuação do curador especial é o de estabelecer (na verdade, restabelecer ou proporcionar) um equilíbrio no processo pela circunstância de uma das partes que litiga ou contra quem se litiga não estar, de fato, normalmente equilibrada, em relação à outra".

Somente na hipótese de não existir unidade da Defensoria Pública no local é que a atribuição em questão recairá sobre advogados dativos[369].

Essa lição nos leva à seguinte indagação: os deveres do curador à lide são incompatíveis com a independência funcional? Para muitos sim, pois a atuação fica vinculada à defesa irrecusável de um interesse predeterminado. Não nos parece, em primeiro lugar, pois a independência funcional do defensor não lhe permite recusar a atuação apenas por discordar ideologicamente dos interesses do usuário da Defensoria, mas sim escolher a melhor forma de defender tais interesses sem ingerências internas ou externas. O tema será analisado com mais detalhes em tópico próprio.

Em relação a pessoas jurídicas, a jurisprudência do STJ tem sido mais restritiva, entendendo, em suma, que a curadoria especial a ser desempenhada pela Defensoria Pública em prol de pessoas jurídicas revéis não prescinde da efetiva demonstração da insuficiência financeira destas. Como já abordamos no item em que analisamos o conceito de necessitados[370], a pessoa jurídica, ao contrário da natural, só pode ser reputada necessitada se houver comprovação documental nesse sentido; tal condição, aqui, não é presumida[371].

---

369 ADMINISTRATIVO. REVELIA. RÉU CITADO POR EDITAL. **NOMEAÇÃO DE ADVOGADO DATIVO COMO CURADOR**. HONORÁRIOS ADVOCATÍCIOS DEVIDOS PELO ESTADO. POSSIBILIDADE. PRECEDENTES. SÚMULA 83/STJ. 1. O entendimento jurisprudencial do Superior Tribunal de Justiça é no sentido de que, a teor da Súmula 196 desta Corte, "ao executado que, citado por edital ou por hora certa, permanecer revel, será nomeado curador especial, com legitimidade para apresentação de embargos". 2. **Tal curadoria será exercida preferencialmente pela Defensoria Pública**, mas, **na ausência ou desaparelhamento desta na localidade, tal mister poderá ser desempenhado por advogado dativo**, cujos honorários, consequentemente, serão pagos pelo ente estatal. Ocorre que não está em questão a suficiência econômica do réu, e sim o trabalho do advogado dativo, o qual não pode ser compelido a trabalhar gratuitamente em face da carência ou ausência de defensor público na localidade (AgRg no REsp 1.453.363/MG, rel. Min. Humberto Martins, 2ª Turma, julgamento em 5-6-2014).

370 Item 2.1.9.

371 PROCESSO CIVIL E TRIBUTÁRIO. AGRAVO REGIMENTAL NO AGRAVO EM RECURSO ESPECIAL. PESSOA JURÍDICA. CITAÇÃO POR EDITAL. REVELIA. DEFENSORIA PÚBLICA. CURADORA ESPECIAL. PRESUNÇÃO ACERCA DA ASSISTÊNCIA JUDICIÁRIA GRATUITA. IMPOSSIBILIDADE. INEXISTÊNCIA DE COMPROVAÇÃO DA HIPOSSUFICIÊNCIA. 1. **Não é possível a concessão de assistência judiciária gratuita a pessoa jurídica citada por edital que, quedando-se inerte, passou a ser defendida por Defensor Público em razão de sua nomeação como curador especial, quando inexistente nos autos a comprovação da hipossuficiência da parte, porquanto na hipótese de citação ficta, não cabe presumir-se a miserabilidade da parte e o curador, ainda que membro da Defensoria, não possui condições de conhecer ou demonstrar a situação econômica da agravante, muito menos requerer, em nome desta, a gratuidade de**

Por fim, tema dos mais debatidos no STJ refere-se à possibilidade (ou dever) de atuação da Defensoria Pública como curadora especial em *ações de restituição do poder familiar*. Na medida em que tais ações são movidas pelo Ministério Público, inegavelmente em prol dos interesses da sociedade, a discussão gira em torno de se essa legitimação extraordinária do *Parquet* abarca os interesses da criança e do adolescente. Se a resposta for positiva, a Defensoria Pública não atuará como curadora especial, posto que a mera atuação ministerial (supõe-se) já contemplaria os direitos da criança e do adolescente; se negativa, a Defensoria Pública figurará como curadora especial, mesmo porque, figurando no polo passivo tanto genitores quanto a criança ou o adolescente, estes devem ser tidos como partes e, pois, como sujeitos de direitos também de cunho processual[372].

A favor da atuação da Defensoria Pública:

> RECURSO ESPECIAL. AGRAVO REGIMENTAL. PROCESSO CIVIL E DIREITOS DA CRIANÇA E DO ADOLESCENTE. AÇÃO DE DESTITUIÇÃO DO PÁTRIO PODER. NOMEAÇÃO DA DEFENSORIA PÚBLICA COMO CURADORA ESPECIAL DO INCAPAZ. POSSIBILIDADE. CONFLITO DE INTERESSES ENTRE A CRIANÇA E SUA GENITORA. ARTIGOS ANALISADOS: 9º, I, CPC e 142, PARÁGRAFO ÚNICO, ECA. 1. Ação de destituição do pátrio poder ajuizada pelo Ministério Público do Estado do Rio de Janeiro, da qual foi extraído o presente recurso especial, concluso ao Gabinete em 06/03/2013. 2. **Discute-se a possibilidade de nomeação da Defensoria Pública como curadora especial de incapaz em ação de acolhimento institucional movida pelo Ministério Público. 3. Verificado o conflito de interesses entre a criança e sua genitora, impõe-se a nomeação da Defensoria Pública como curadora especial**, nos termos do art. 9º, I, CPC e art. 142, parágrafo único, ECA. 4. **A Defensoria Pública, no exercício da curadoria especial, desempenha apenas e tão somente uma função processual de representação do menor em juízo, sem qualquer obstrução às atividades institucionais do Ministério Público**, o qual exerce seu mister de representação não apenas em caráter endoprocessual mas sim no interesse de toda sociedade. 5. A parte agravante não trouxe, nas razões do agravo regimental, argumentos aptos a modificar a decisão agravada, que deve ser mantida por seus próprios e jurídicos fundamentos. 6. Agravo regimental não provido (AgRg no AgRg no AREsp 298.526/RJ, rel. Min. Nancy Andrighi, 3ª Turma, j. 10-6-2014).

---

**justiça**. Precedentes. 2. Agravo regimental a que se nega provimento (AgRg no AREsp 556.355/MG, rel. Min. Sérgio Kukina, 1ª Turma, julgamento em 10-2-2015, *DJE* 20-2-2015).

PROCESSO CIVIL E TRIBUTÁRIO. AGRAVO REGIMENTAL NO AGRAVO EM RECURSO ESPECIAL. **PESSOA JURÍDICA**. CITAÇÃO POR EDITAL. REVELIA. DEFENSORIA PÚBLICA. CURADORA ESPECIAL. PRESUNÇÃO ACERCA DA ASSISTÊNCIA JUDICIÁRIA GRATUITA. IMPOSSIBILIDADE. INEXISTÊNCIA DE COMPROVAÇÃO DA HIPOSSUFICIÊNCIA. 1. Não é possível a concessão de assistência judiciária gratuita a pessoa jurídica citada por edital que, quedando-se inerte, passou a ser defendida por Defensor Público em razão de sua nomeação como curador especial, quando inexistente nos autos a comprovação da hipossuficiência da parte, porquanto **na hipótese de citação ficta, não cabe presumir-se a miserabilidade da parte** e o curador, ainda que membro da Defensoria, não possui condições de conhecer ou demonstrar a situação econômica da agravante, muito menos requerer, em nome desta, a gratuidade de justiça. Precedentes. 2. Agravo regimental a que se nega provimento (AgRg no AREsp 556.355/MG, rel. Min. Sérgio Kukina, 1ª Turma, julgamento em 10-2-2015, *DJE* 20-2-2015).

372 Conferir SILVA, Bruno César da. *Defensoria Pública e a participação processual de crianças e adolescentes*. Rio de Janeiro: Lumen Juris, 2016. especificamente p. 152-166.

Contra a atuação da Defensoria Pública:

> A Turma firmou entendimento de que é **desnecessária a intervenção da Defensoria Pública como curadora especial do menor** na ação de destituição de poder familiar ajuizada pelo Ministério Público. Na espécie, considerou-se inexistir prejuízo aos menores apto a justificar a nomeação de curador especial. Segundo se observou, a proteção dos direitos da criança e do adolescente é uma das funções institucionais do MP, consoante previsto nos arts. 201 a 205 do ECA. Cabe ao referido órgão promover e acompanhar o procedimento de destituição do poder familiar, atuando o representante do *Parquet* como autor, na qualidade de substituto processual, sem prejuízo do seu papel como fiscal da lei. Dessa forma, promovida a ação no exclusivo interesse do menor, é despicienda a participação de outro órgão para defender exatamente o mesmo interesse pelo qual zela o autor da ação. Destacou-se, ademais, que não há sequer respaldo legal para a nomeação de curador especial no rito prescrito pelo ECA para ação de destituição. De outra parte, asseverou-se que, nos termos do disposto no art. 9º do CPC, na mesma linha do parágrafo único do art. 142 do ECA, as hipóteses taxativas de nomeação de curador especial ao incapaz só seriam possíveis se ele não tivesse representante legal ou se colidentes seus interesses com os daquele, o que não se verifica no caso dos autos. Sustentou-se, ainda, que a natureza jurídica do curador especial não é a de substituto processual, mas a de legitimado excepcionalmente para atuar na defesa daqueles a quem é chamado a representar. Observou-se, por fim, que a pretendida intervenção causaria o retardamento do feito, prejudicando os menores, justamente aqueles a quem se pretende proteger. Precedente citado: Ag 1.369.745/RJ, *DJE* 13-12-2011 (REsp 1.176.512/RJ, Rel. Min. Maria Isabel Gallotti, j. 1º-3-2012).
>
> AGRAVO REGIMENTAL NO AGRAVO EM RECURSO ESPECIAL. AÇÃO DE DESTITUIÇÃO DE PODER FAMILIAR PROMOVIDA PELO MINISTÉRIO PÚBLICO. NOMEAÇÃO DE CURADOR ESPECIAL DA DEFENSORIA PÚBLICA. DESNECESSIDADE. 1. **Estando os interesses da criança e do adolescente resguardados pelo órgão ministerial, não se justifica a nomeação de curador especial da Defensoria Pública na ação de destituição do poder familiar** (Precedentes desta Corte). 2. Agravo regimental não provido (AgRg no AREsp 408.797/RJ, rel. Min. Luis Felipe Salomão, 4ª Turma, j. 20-5-2014).
>
> PROCEDIMENTO ADMINISTRATIVO DE ACOLHIMENTO INSTITUCIONAL. INTERESSE DE MENOR. DEFESA. MINISTÉRIO PÚBLICO. DEFENSORIA PÚBLICA. INTERVENÇÃO. CURADORA ESPECIAL. 1. No procedimento de acolhimento institucional quem age em defesa do menor é o Ministério Público – art. 201, incs. II, V, VI e VIII, da Lei n. 8.069/90 (ECA) e, portanto, resguardados os interesses da criança e do adolescente, não se justifica a nomeação de curador especial. 2. Não existe previsão legal para a intervenção **obrigatória** da Defensoria Pública, na condição de curadora especial, nos feitos em que se discutem interesse de menores. Precedentes da 2ª Seção. 3. Agravo regimental a que se nega provimento (AgRg no REsp 1.416.820/RJ, rel. Min. Maria Isabel Gallotti, 4ª Turma, j. 18-12-2014, *DJE* 5-2-2015).

Sobre honorários em favor da Defensoria pela atuação em curadoria especial, confira os comentários ao art. 4º, XXI.

---

XVII – atuar nos estabelecimentos policiais, penitenciários e de internação de adolescentes, visando a assegurar às pessoas, sob quaisquer circunstâncias, o exercício pleno de seus direitos e garantias fundamentais;

---

## 5.18 Atuação em estabelecimentos policiais, penitenciários e de internação de adolescentes

A atuação da Defensoria Pública nos estabelecimentos penitenciários tem, hoje, reforço na própria Lei de Execução Penal, que elevou a instituição a órgão da execução penal.

A Lei de Execução Penal declara ser direito do preso a assistência jurídica gratuita prestada pela Defensoria Pública, dentro e fora de todos os estabelecimentos penais, nos termos do art. 16:

> Art. 16. As Unidades da Federação deverão ter serviços de assistência jurídica, integral e gratuita, pela Defensoria Pública, dentro e fora dos estabelecimentos penais.

O dispositivo legal prevê expressamente que o preso faz jus à assistência jurídica dentro e fora do estabelecimento prisional:

(i) *Dentro do presídio*: o preso tem direito a ter contato direto com o defensor público, que é responsável pela defesa de seus direitos nos âmbitos administrativo e jurisdicional, quer seja a tutela individual ou coletiva.

Infelizmente, a norma ainda não é eficaz em muitos Estados, nos quais o atendimento prestado dentro do presídio é muito precário, dada a insuficiência dos quadros. Tal ilegalidade deve ser combatida. Acreditamos que o maior zelo na assistência jurídica prestada dentro do presídio seria muito importante para diminuir os maus-tratos aos presos, as ilegais condições estruturais dos estabelecimentos penitenciários (ausência de assistência médica, odontológica...), o abuso na imputação de faltas disciplinares e, especialmente, a aceleração na tramitação de pedidos como progressão e livramento condicional, que em muitos casos só se inicia tempos após o cumprimento do requisito temporal.

(ii) *Fora do presídio*: a Defensoria Pública deve ainda estar presente e acessível aos condenados que cumprem pena fora do estabelecimento penitenciário, como os egressos durante o livramento condicional, o condenado em regime aberto ou durante o período de saída temporária. Quanto ao condenado em regime aberto, no caso de monitoramento eletrônico, não pode ser considerada infração disciplinar a busca por parte do condenado por assistência jurídica, ainda que saia do itinerário proposto como condição para o benefício: como já repisado, o direito à assistência jurídica é direito fundamental, e não poderia ser limitado em favor de prosaica providência disciplinadora.

Também a família do preso tem direito à assistência jurídica, quer para conhecer seus próprios direitos (visitas, auxílio-reclusão, se o caso), quer para auxiliar na busca de informações que possam colaborar na defesa do preso e, ainda, tranquilizá-lo com a certeza de que terceiros verificam o andamento de sua situação processual rotineiramente.

O dispositivo em questão deve ser lido em conjunto com o § 11 do art. 4º e, também, com o inciso VI do art. 128, que comentaremos mais a seguir.

Apenas para que "amarremos" a compreensão de tais dispositivos, basta notarmos que, se por um lado o inciso XVII prevê uma atribuição imposta por lei aos defensores públicos, os demais dispositivos instituem deveres impostos à Administração Pública e prerrogativas asseguradas aos defensores públicos.

Cabe às Unidades da Federação fornecer estrutura, pessoal e material, à Defensoria Pública no exercício de suas funções relacionadas à execução penal. Justifica-se a especial preocupação do legislador: se por um lado a autonomia confere à Defensoria Pública grande (ainda que não total, pois vinculada aos preceitos legais) liberdade para aplicar seus recursos, também é verdade que a "máxima da escassez" que vigora nas prestações estatais impede que recursos ideais sejam alocados em todas as áreas. Dada a especial importância da questão carcerária, vinculada historicamente à evolução do respeito aos direitos humanos, além dos reflexos na segurança pública, impende garantir que recursos mínimos permitam a prestação eficiente do serviço. Assim, ainda que inexistentes recursos próprios da Defensoria Pública para atuação na questão carcerária, as Unidades da Federação deverão providenciá-los.

Não se pode interpretar o dispositivo como mero conselho do legislador, tampouco como orientação programática. Já é tempo de a vontade do povo, expressa na lei, ser respeitada pelos gestores de recursos públicos. Não há cláusula "sempre que possível" que permita interpretar o texto como mera faculdade. Pelo contrário, a ordem é clara na expressão "deverão". Assim, negado o recurso, cabível tutela judicial.

Quanto à garantia de locais voltados ao atendimento reservado, a expressa previsão legal é justificável, afinal, não há como a Defensoria Pública providenciar tais locais, eis que não é sua a gestão da unidade prisional, e toda vontade política não seria suficiente a vencer obstáculo eventualmente imposto pelo gestor dos estabelecimentos.

Possível concluir, assim, que, além dos parâmetros mínimos de tamanho das celas e outras determinações da Lei de Execução Penal sobre a estrutura dos estabelecimentos prisionais, impõe-se hoje a destinação de local apropriado ao atendimento pelo defensor público.

O local "apropriado" deve conter as características necessárias à prestação eficiente do serviço: ainda que tomadas as providências de segurança comuns às instituições prisionais, deve ser preservada a possibilidade de contato reservado entre o defensor e o usuário, para que possa ser desenvolvida a plena assistência jurídica. De nada ou pouco adianta o contato entre o defensor público e o preso se o agente carcerário fica próximo, constrangendo o preso que não se sente à vontade para apresentar sua versão defensiva, quer quanto a eventuais incidentes da execução penal, ao processo que resultou sua prisão, quer mesmo e especialmente em relação a eventuais ilegalidades no cotidiano carcerário.

O § 3º do art. 16 da LEP, a propósito, prevê:

> § 3º Fora dos estabelecimentos penais, serão implementados Núcleos Especializados da Defensoria Pública para a prestação de assistência jurídica integral e gratuita aos réus, sentenciados em liberdade, egressos e seus familiares, sem recursos financeiros para constituir advogado.

A LC n. 80/1994 prevê a criação de núcleos (art. 16) como órgãos de atuação da Defensoria Pública, e suas funções serão comentadas em momento oportuno.

Embora bem-intencionada, a previsão da criação específica de núcleos não poderia ser feita por lei ordinária (caso da Lei de Execução Penal), eis que a organização da Defensoria Pública só pode ser feita por lei complementar (art. 134, § 1º, da CF).

Além disso, é possível argumentar que a criação de núcleos específicos escaparia à concepção de norma geral sobre as Defensorias Públicas, escapando, assim, da esfera de competências do legislador federal, sob pena de quebra do pacto federativo, ao tecer em tamanha minúcia sobre a estrutura das Defensorias Públicas dos Estados e do Distrito Federal.

Ainda que inconstitucional sob o âmbito formal, o que desde logo descarta sua força normativa, o texto é interessante, e quer complementar dispositivos da LC n. 80/1994, como o art. 4º e o art. 108:

> Art. 4º (...) I – prestar orientação jurídica e exercer a defesa dos necessitados, em todos os graus; (...) XVII – atuar nos estabelecimentos policiais, penitenciários e de internação de adolescentes, visando a assegurar às pessoas, sob quaisquer circunstâncias, o exercício pleno de seus direitos e garantias fundamentais;
>
> Art. 108. (...) IV – atuar nos estabelecimentos prisionais, policiais, de internação e naqueles reservados a adolescentes, visando ao atendimento jurídico permanente dos presos provisórios, sentenciados, internados e adolescentes, competindo à administração estadual reservar instalações seguras e adequadas aos seus trabalhos, franquear acesso a todas as dependências do estabelecimento independentemente de prévio agendamento, fornecer apoio administrativo, prestar todas as informações solicitadas e assegurar o acesso à documentação dos assistidos, aos quais não poderá, sob fundamento algum, negar o direito de entrevista com os membros da Defensoria Pública do Estado.

Assim, ainda que sem força normativa, o dispositivo pode ser compreendido como uma feliz orientação sobre o atendimento que deve ser prestado pela Defensoria Pública na questão carcerária.

**Defensoria Pública e Conselho da Comunidade**

O fortalecimento dos Conselhos da Comunidade é importante ferramenta de tomada de poder e de responsabilidade por parte da comunidade. A decisão pela punição é exercício de poder, e se todo poder emana do povo, a responsabilidade pelas circunstâncias da punição deve ser exercida de forma cada vez mais ampla pela comunidade. O conflito social inerente à infração penal não desaparece com a sentença judicial ou mesmo com a pena. Pelo contrário, a permanência do sofrimento da pena perpetua o conflito, pelo que é essencial que a comunidade participe da gestão do cumprimento da pena e da dinâmica de (pretendida) integração social do egresso, como estratégia para pacificação.

A consolidação do Conselho da Comunidade serve, ainda, para limitar o populismo penal, na medida em que desperta nos membros da comunidade a responsabilidade pelo correto cumprimento da sanção, com respeito aos Direitos Humanos e à legislação. A pena deixa de ser um problema "deles", dos agentes da burocracia estatal, e passa a ser um problema "nosso", de todos os integrantes da comunidade.

Curiosamente, a formação do Conselho da comunidade parece, na contramão de seus objetivos, privilegiar categorias profissionais. O art. 80 da LEP especifica que o Conselho da Comunidade deve ser formado, no mínimo, por um representante da associação comercial ou industrial, um advogado indicado pela OAB, um Defensor Público indicado pelo Defensor-Geral e um Assistente Social indicado pelo Conselho Nacional de Assistentes Sociais.

Acreditamos que deve ser dada ênfase ao "no mínimo", pois as categorias enumeradas devem servir como auxiliares da comunidade no trato com a execução penal, mas não como substitutos. A comunidade deve ser mais representativa no Conselho (isto é, maioria), servindo como mais um fomento para a "cooperação da comunidade nas atividades de execução da pena e da medida de segurança" (art. 4º da LEP).

É nesse contexto que deve ser compreendida a presença de um Defensor Público no Conselho da Comunidade. Se a Defensoria Pública já é órgão de execução, por que deve ainda compor o Conselho da Comunidade, um outro órgão da execução? Exatamente para levar a expertise jurídica necessária para a maior eficiência do Conselho da Comunidade, fomentar a defesa dos Direitos Humanos (art. 134 da CF) e facilitar a ação e interação entre o Conselho e os demais órgãos da Execução Penal.

XVIII – atuar na preservação e reparação dos direitos de pessoas vítimas de tortura, abusos sexuais, discriminação ou qualquer outra forma de opressão ou violência, propiciando o acompanhamento e o atendimento interdisciplinar das vítimas; (Incluído pela Lei Complementar n. 132, de 2009)

## 5.19 Atuação na preservação e reparação dos direitos das pessoas vítimas de tortura, abusos sexuais, discriminação ou qualquer outra forma de opressão ou violência, propiciando o acompanhamento e o atendimento interdisciplinar das vítimas

Muito se fala da crise do Direito, que não conseguiu cumprir as "promessas" de justiça. É certo que o direito, enquanto instrumento isolado, estanque, é incapaz de compreender os conflitos sociais, dada a necessidade de trato com questões relacionadas à psicologia, sociologia, economia, assistência social, entre tantas outras. O legislador, atento a tal realidade, dota a Defensoria Pública de atendimento multidisciplinar, aprimorando-a, assim, para a prestação de um serviço mais eficiente e completo.

A Defensoria Pública atende os necessitados, e as vítimas de crimes graves, como tortura, abusos sexuais e discriminações, devem merecer especial atenção, tanto que expressamente arroladas pela lei. Nesses casos, devem ser tomadas providências que assegurem à vítima especial atenção à sua condição, como local específico de atendimento, no qual não se encontre com seu algoz, e profissionais com atribuições específicas, para que não seja colocada em risco a suspeita sobre o atendimento, quer ao réu, quer à vítima.

Não há qualquer problema no atendimento simultâneo ao acusado e à vítima, devendo a regra do art. 4º-A, V (atuação de defensores públicos distintos), ser fielmente observada.

### *5.19.1 Defensoria Pública e assistência de acusação*[373]

No século XX e, como não poderia deixar de ser, no século XXI, concepções democráticas do processo penal emergiram com força especialmente nos movimentos de *constitucionalização do processo* e de *internacionalização dos direitos humanos*, ainda que a prática desse ramo do direito fique por vezes quase irreconhecível quando cotejado a esse desenvolvimento teórico-normativo.

Temas como o alcance da presunção de inocência, os critérios aplicáveis à prisão cautelar, as condutas afrontosas ao ideal de imparcialidade e o que pode ou deve ser aceito como prova

373 Agradecemos imensamente a Fauzi Hassan Choukr, que gentilmente conversou conosco sobre o tema, enviando, inclusive, notas sobre seu pensamento, o que se revelou de inestimável auxílio para a empresa de escrever sobre tema tão delicado.

são apenas algumas discussões que ardem na atualidade – uma atualidade que passa a contemplar redes sociais, poderosos cada vez mais se vendo no banco dos réus e uma desigualdade social que cresce a perder de vista, embora escancarada diante de nós.

No Brasil, porém, certamente muito mais do que em outros países, um elemento ainda novo não deveria ser menosprezado.

A inegável expansão da Defensoria Pública nos últimos vinte anos forçou, na teoria e na prática, o surgimento de novas reflexões no campo do Direito Processual Penal. Não se trata de comparar, do ponto de vista da qualidade técnica, defensores públicos e advogados (que atuam no campo penal), mas de reconhecer que a diferente lógica de atuação desses atores exige novos olhares acerca de muitos institutos que lhes são comuns. Impossível negar que as peculiares circunstâncias sociais que tanto repercutem no Direito Penal – como a espécie delitiva e a tão propalada (na doutrina) e esquecida (nos tribunais) coculpabilidade – também provocam novos debates na seara processual penal.

A essa altura na presente obra, elegemos um, a assistência de acusação, vista em si mesma, mas também com foco no papel que a Defensoria Pública deve exercer na defesa dos interesses de hipossuficientes.

**Defensoria como representante do assistente de acusação?**

Quando pensamos nas atribuições da Defensoria Pública, questão bastante interessante diz respeito à existência (ou não) de atribuição para ela atuar como representante do assistente de acusação no processo penal[374].

Frise-se, desde já, que *não existe na LC n. 80/1994 regra expressa sobre a atuação da Defensoria Pública em favor do assistente de acusação*. Por isso, decidimos explorar esse tema nas reflexões acerca do art. 4º, XVIII: aberto o suficiente para, se for o caso, fundamentarmos essa atribuição no plano da lei orgânica.

Se o inciso XVIII prevê a atuação da Defensoria Pública em prol das vítimas e se o art. 268 do CPP prescreve que o ofendido poderá intervir como assistente do Ministério Público na ação penal pública, fica difícil sustentar – à primeira vista – que tal papel não possa ser desempenhado pela instituição quando se tratar de *ofendido/vítima pessoa necessitada*. No limite – poderíamos sustentar –, está em jogo o direito de acesso à justiça.

Mesmo na doutrina especializada em Defensoria Pública essa temática é pouco debatida, mas há quem o faça.

Diogo Esteves e Franklyn Roger, por exemplo, entendem que essa função decorre do art. 5º, LXXIV, e afirmam: "(...) a Defensoria Pública não só pode como deve atuar como representante jurídico do assistente de acusação"[375].

---

374 Na doutrina, encontramos, por exemplo, a obra *A tutela da vítima pela Defensoria Pública na persecução penal*, do defensor público paulista Genival Torres Dantas Junior (Rio de Janeiro: Lumen Juris, 2016). Apesar de explorar diversos assuntos relevantes, como os âmbitos dessa atuação, o autor não coloca em discussão se há limites à obrigatoriedade de atuação da Defensoria, por exemplo.

375 ESTEVES, Diogo; SILVA, Franklyn Roger. *Princípios institucionais da Defensoria Pública*. Rio de Janeiro: Forense, 2014. p. 380.

Caio Paiva e Tiago Fensterseifer são enfáticos: negar às pessoas necessitadas a possibilidade de agir como assistentes de acusação consubstanciaria uma discriminação absolutamente inconstitucional[376]. E alertam:

> (...) ao invés de se discutir a possibilidade de o defensor público atuar como assistente de acusação, o debate deveria priorizar uma preparação sobre o *como* a Defensoria Pública pode desempenhar atividade acusatória sem perder a sua *identidade*, trabalhando, por exemplo, a construção de teses que não reproduzam estereótipos punitivos que a própria Defensoria combate na sua atuação em favor do réu, a estruturação de um discurso contaminado por excessos de linguagem punitivos etc.
>
> Inevitavelmente, o exercício de atividade acusatória *balança* a identidade da Defensoria Pública, que deve, portanto, procurar se *equilibrar* para, quando se olhar no espelho, enxergar a si e não aquilo que diariamente tenta combater[377].

Apontam ainda que, quando atua como representante do assistente de acusação, "(...) o defensor público, embora conserve a sua independência funcional, não poderá pedir a absolvição do acusado, exceto se esta for a vontade da vítima". E essa discordância faria com que ele deixasse de prosseguir no caso, comunicando essa recusa ao Defensor Público-Geral[378].

Por fim, Genival Torres Dantas Júnior, em monografia sobre a atuação da Defensoria Pública em favor das vítimas na persecução penal, aceita o papel de representante do assistente de acusação, apenas alertando quanto ao insuficiente número de defensores públicos no Brasil para atender a toda demanda[379].

Fato é que, se se admitir que cabe à Defensoria Pública atuar como representante do assistente de acusação, isso só poderá ocorrer se a vítima/ofendido for pessoa *necessitada*. Isso porque a lógica que se aplica ao acusado – desnecessidade da análise financeira por tratar-se de defesa técnica obrigatória – não se estende à vítima/ofendido.

De qualquer modo, como veremos logo adiante, o assunto é mais complexo do que pode parecer.

**O assistente de acusação no CPP e o requisito de ser necessitado para atuação da Defensoria Pública**

Consoante lições de Guilherme Madeira Dezem, o ofendido pode assumir diferentes posições no processo penal: querelante (ação penal privada), fonte de provas (art. 201 do CPP) e assistente de acusação[380].

376 PAIVA, Caio; FENSTERSEIFER, Tiago. *Comentários à Lei Nacional da Defensoria Pública*. Belo Horizonte: CEI, 2019. Coleção Leis Especiais Comentadas, p. 210.

377 Idem, ibidem.

378 Idem, ibidem.

379 DANTAS JÚNIOR, Genival Torres. *A tutela da vítima pela Defensoria Pública na persecução penal*. Rio de Janeiro: Lumen Juris, 2016. p. 100-101.

380 DEZEM, Guilherme Madeira. *Curso de processo penal*. 4. ed. São Paulo: RT, 2018. p. 745.

No que tange ao assistente de acusação, tal instituto é disciplinado nos arts. 268 a 273 do CPP.

Sendo ele um assistente do Ministério Público (logo, ação penal pública), prevê o art. 268 quem pode pleitear essa intervenção: não só o *ofendido*, mas seu *representante legal* ou as *pessoas arroladas no art. 31 do CPP* (cônjuge, ascendente, descendente ou irmão) – em caso de morte ou declaração judicial de ausência do ofendido.

Portanto, quando dizemos que a Defensoria Pública atuará como representante do assistente de acusação, ela o fará conforme a *situação econômica do momento da pessoa que pretender assistir ao órgão ministerial no processo* (assim, se, por exemplo, o ofendido falecido não era pessoa necessitada, a Defensoria Pública atuaria em favor de seu ascendente se se tratar de pessoa necessitada).

Os poderes do assistente de acusação estão disciplinados no art. 271, e nele se vê que o assistente de acusação não participará necessariamente da audiência de instrução e julgamento, embora possa fazê-lo. Ademais, o assistente de acusação poderá atuar no processo por meio de peticionamento, e o bom senso sugere não haver sentido que ele simplesmente exista no processo.

**Jurisprudência: hipótese em que a Defensoria Pública quis exercer a assistência de acusação**

A jurisprudência poucas vezes teve a necessidade de enfrentar esse tema diretamente de frente, talvez porque, no Brasil, a despeito da previsão legal do assistente de acusação, *é raro vítimas de delitos se valerem dessa representação*. E quando tal procura se dá, geralmente diz respeito a vítimas que, por sua condição financeira favorável, contratam advogados.

Alguns dos julgados existentes até agora geralmente focaram aspectos laterais (prerrogativas, violação a atribuições pertencentes ao Ministério Público, comprovação da situação financeira), e não a discussão que expomos neste momento: reconhecendo como função institucional a assistência da acusação como decorrência lógica de quem pode ajuizar ou ação penal privada ou ação subsidiária da pública[381]; além disso, não haver exigência de poderes especiais por meio de procuração, cabendo também à Defensoria Pública a realização da análise econômico-financeira[382].

Houve julgados em que o STJ apreciou mais diretamente o assunto, sendo importante ressaltar o *contexto*: a Defensoria Pública pretendia atuar como representante do assistente de

381 (...) É função institucional da Defensoria Pública patrocinar tanto a ação penal privada quanto a subsidiária da pública, não havendo nenhuma incompatibilidade com a função acusatória, mais precisamente a de assistência da acusação. (...) (STJ – HC 24.079/PB, rel. Min. Felix Fischer, julgamento em 19-8-2003).

382 (...) É função institucional da Defensoria Pública patrocinar tanto a ação penal privada quanto a subsidiária da pública, não havendo incompatibilidade com a função acusatória, mais precisamente a de assistência da acusação. (...) 2. Não encontra amparo legal o pedido de trancamento parcial do feito, tendo em vista que o defensor público deve juntar procuração judicial somente nas hipóteses em que a lei exigir poderes especiais (arts. 44, XI, 89, XI, e 128, XI, da Lei Complementar n. 80/1994), o que não se verifica na situação em apreço. (...) **É atribuição da Defensoria Pública examinar o estado de carência de seus assistidos.** (...) 6. *Habeas corpus* não conhecido (STJ – HC 293.979/MG, rel. Min. Gurgel de Faria, 5ª Turma, julgamento em 5-2-2015, *DJE* 12-2-2015).

acusação, advindo resistência de alguma das partes no processo. O STJ concluiu que, se a Defensoria Pública pode até propor ação penal privada e ação subsidiária da pública, não haveria razão para impedi-la de representar o assistente de acusação, e que tal atuação derivaria, na pior das hipóteses, de "poderes implícitos", não obstante o entendimento do tribunal seja de que tal atribuição decorra da Constituição e da respectiva lei orgânica nacional. Ademais, segundo o STJ, nada obstaria que a Defensoria Pública atuasse nos dois polos da ação penal:

> (...) pois tal atuação não configura conflito de interesses, assim como não configura conflito de interesses a atuação do Ministério Público no mesmo feito como parte e *custos legis*, podendo oferecer opiniões divergentes sobre a mesma causa. Se assim não fosse, a alternativa restante implicaria reconhecer que caberia à Defensoria Pública escolher entre vítimas e réus num mesmo processo os que por ela seriam representados, excluindo uns em detrimento de outros. Em tal situação, o resultado seria sempre o de vedação do acesso à Justiça a alguns, resultado que jamais se coadunaria com os princípios basilares de igualdade e isonomia entre cidadãos que norteiam a Constituição[383].

Como se vê através dos julgados acima, parece ser inquestionável – à primeira vista – que não se pode impedir a Defensoria Pública de atuar como representante do assistente de acusação, mesmo porque isso seria o mesmo que dizer que, no Brasil, o capítulo dedicado ao assistente de acusação no Código de Processo Penal é exclusivo das pessoas que possuem condições financeiras para contratar advogado.

E tais julgados, já o dissemos, abordaram a situação em que a Defensoria Pública pleiteava atuar – e não uma hipótese diversa: em que ela pretendesse *não atuar*. Adiante seremos mais claros quanto a essa observação.

**Filme *O reverso da fortuna*: pontapé para reanálise da atuação da Defensoria Pública na assistência de acusação**

Abrimos um parêntese para explorar um pouco do filme *O reverso da fortuna* (*Reversal of Fortune*, EUA, 1990).

O filme é baseado em fatos reais e roteirizado com base num livro homônimo escrito pelo advogado Alan Dershowitz, que atuou num segundo momento em favor do acusado, Claus von Bulow.

Em suma, Claus foi casado com Sunny, mulher extremamente rica. Sunny entra em coma – ficando assim por quase trinta anos – e Claus é o suspeito de ter lhe aplicado medicação (doses de insulina) que poderia causar aquele estado. Os familiares mais próximos de Sunny, então, contratam não só advogados, mas toda uma investigação que colhe subsídios importantes, tornando bastante provável que Claus, de fato, tenha "envenenado" Sunny. Claus é condenado numa primeira instância e decide contratar Alan Dershowitz.

---

383 RMS 45.793/SC, rel. Min. Reynaldo Soares da Fonseca, 5ª Turma, julgamento em 7-6-2018, *DJE* 15-6-2018. Confira-se também: AgRg no AREsp 568.936/PB, rel. Min. Reynaldo Soares da Fonseca, 5ª Turma, julgamento em 24-5-2016, *DJE* 1-6-2016.

O filme acaba trazendo uma discussão interessante sobre o instituto da assistência de acusação (e essa discussão parece ser aplicável à realidade brasileira).

Quando o renomado advogado Alan Dershowitz reúne uma dúzia de competentes advogados incumbidos da defesa de Claus von Bulow, em dado momento uma das advogadas da equipe questiona moralmente se ela – e, argumentando, os demais da equipe – deveria aceitar defender alguém acusado de crime tão abjeto e pelo qual já havia sido condenado. Nesse diálogo, Dershowitz reconhece que, aparentemente, Claus era culpado, e tamanha era sua culpa aos olhos da opinião pública que até o carteiro certamente o olharia de uma forma estranha. Mas indaga: Claus teve mesmo um julgamento *justo?*

Sendo advogado, mas também professor de Direito, ele não se vê obrigado a ter de aceitar um caso para ganhar dinheiro; mas Dershowitz esclarece: sempre se vê compelido a aceitar fazer uma defesa quando fica indignado. E é esse o caso: ele estava indignado porque, sendo a vítima oriunda de família rica, a família teve totais condições para contratar um advogado e uma investigação paralela que fizeram as vezes de um *promotor particular*. E isso não poderia ser aceito; do contrário,

> (...) os ricos não irão mais à polícia. Sabe o que farão? Farão seus advogados acharem provas. E escolherão quais evidências que querem passar à Promotoria. E a próxima vítima não será um von Bulow, mas algum coitado de Detroit que não pode pagar ou achar um bom advogado – argumenta Dershowitz.

É claro que, aqui, não estamos pretendendo fazer comparação do instituto do assistente de acusação previsto na legislação brasileira com a conjuntura narrada pelo filme nos Estados Unidos. Longe disso. Apenas chamamos atenção para o instituto em si mesmo considerado para reforçarmos a ideia de que, olhado a fundo, *o assistente de acusação não parece mesmo estimular a isonomia no processo penal*: quem tem condições para contratar advogado poderá ter a seu lado uma acusação privada (seu advogado) e outra pública (o Ministério Público)[384]. Já do outro lado, haverá um acusado muitas vezes pobre e que conta com uma defesa técnica assoberbada (para não falar que em muitas comarcas a Defensoria Pública sequer está presente).

Ainda que, em termos de Brasil, em seu nascedouro o instituto do assistente de acusação tenha sua relevância histórica, nos dias atuais ele mais se presta a *potencializar a falta de isonomia no processo penal*. Na verdade, o sistema penal é tão seletivo que até quando pensa na vítima ele propicia juridicamente que as *vítimas de bem* possam – porque também podem economicamente falando – contratar uma acusação privada apesar de já contarem com uma acusação pública.

De qualquer forma, o aspecto que nos motivou a mencionar o interessante filme nos levou à seguinte indagação: *se a Defensoria Pública não tem condições estruturais para atuar como representante do assistente de acusação em prol de todas as pessoas necessitadas que a procurem para tal mister, uma postura discricionária da instituição (talvez arbitrária até, dada a inexistência de um critério objetivo que permita a distinção) – atuando em alguns casos, mas não em outros – não ocasiona a mesma injustiça que se pretendia enfrentar?*

---

384 Argumentando que a figura do assistente de acusação não foi recepcionada pela CF/88, *vide* LOPES JR., Aury. *Direito processual penal*. 16. ed. São Paulo: Saraiva, 2019. p. 571.

Se a resposta for "sim", começa a ficar mais difícil sustentar que representar o assistente de acusação consubstancia um dever da instituição, algo inerente do direito de acesso à justiça.

**Defensoria Pública e assistente de acusação. Acreditamos na tutela penal de Direitos Humanos?**

O assistente de acusação se justifica, tradicionalmente, no interesse pela sentença penal condenatória transitada em julgado, que surte efeitos na esfera cível, conforme o art. 63 do CPP, e, nos termos do art. 91, I, do CP, torna certa a obrigação de reparar o dano.

Nos últimos anos, no discurso forense, a atuação do assistente de acusação ganha relevo pelo interesse da vítima na própria condenação penal em si, e em uma pena que considere "justa": comunicaria seu papel de vítima (e não de responsável) pelo dano causado, com reflexos para a compreensão social do conflito e para sua própria aceitação dos fatos.

As referidas justificativas racionais são exuberantes, mas certamente não suficientes: a regra é que o sentimento de vingança aflore e o ofendido busque o lugar do opressor para aplacar a raiva pelo dano sofrido[385]. Por isso, há muito João Mendes de Almeida Junior criticava o assistente de acusação pela sua indisfarçável relação com a vindita e, dentro dessa lógica, reduz o Ministério Público à posição de instrumento dessa vingança particular, inclusive:

> (...) No estado atual da civilização a pena não é uma vindicta, é um meio social de repressão; não é um interesse privado, é um interesse publico. A tendencia é toda para negar ao offendido o pretendido direito de vingança, tendencia manifestada desde o Código do Processo de 1832, quando não mais exigia a citação de quem requereu a prisão 'daquelle a quem pertence a accusação' para dizer si queria seguil-a.
>
> Aquelles que sustentam que o offendido, não tendo dado queixa, póde nos termos do processo intentado por denuncia tomar posição de *parte*, praticar actos de acusação e interpor recurso, invertem as situações: transformam o ministerio publico em *auxiliar* do offendido e convertem o offendido em inspetor ou fiscal do ministerio publico. O ministerio publico deixa assim de ser o orgam da justiça publica, para tornar-se o instrumento da vindicta particular[386].

A participação da Defensoria como representante do assistente de acusação *transcende a polêmica sobre a justificação* do assistente de acusação, e toca em dois pontos importantes:

1) a vítima necessitada deve ter direito às mesmas condições processuais que teria a vítima não necessitada dentro de um processo penal[387];

---

385 Na lição de Nietzsche: "Durante o mais largo período da história humana, não se castigou porque se responsabilizava o delinquente por seu ato, ou seja, não pelo pressuposto de que apenas o culpado devia ser castigado e sim como ainda hoje os pais castigam seus filhos, por raiva devida a um dano sofrido, raiva que se desafoga em quem o causou; mas mantida em certos limites, e modificada pela ideia de que qualquer dano encontra seu equivalente e pode ser realmente compensado, mesmo que seja com a dor de seu causador" (NIETZSCHE, Friedrich Wilheim. *Genealogia da moral*: uma polêmica. Trad. Paulo César de Sousa. São Paulo: Companhia das Letras, 2002).

386 ALMEIDA JUNIOR, João Mendes. *O processo criminal brasileiro*. 3. ed. São Paulo: Typ. Baptista de Souza, 1920. v. 2, p. 204.

387 O art. 134 da CF impõe a defesa, e em todos os graus, dos direitos individuais e coletivos aos necessitados.

2) a atuação da Defensoria Pública como assistente de acusação é justificada pela necessária tutela penal de Direitos Humanos[388].

Analisemos os dois pontos supramencionados:

**Tratamento igualitário entre vítima necessitada e vítima não necessitada**

Sobre as equiparações das condições processuais da *vítima necessitada* e da *vítima não necessitada*, parece ser um imperativo de equidade, a princípio. No entanto, um segundo olhar impõe a reflexão sobre a *duplicidade de instituições públicas com a mesma função*: se o Ministério Público é o órgão público incumbido de promover a ação penal pública e diligenciar por seu êxito, qual a justificativa para um segundo órgão público na atuação? Teria o assistente de acusação a função de complementar a eficiência do Ministério Público, ou seria um veículo para o protagonismo da vítima no processo penal, que quer ter maior oportunidade para ser ouvida (o que se compreende, pois é parte do conflito marginalizada no processo penal[389])? Nos dois casos, acreditamos que a necessidade de participação da Defensoria Pública como representante do assistente de acusação não se justifica.

Pensamos ser necessário maior controle das instituições do sistema de justiça, pois, ainda que já enfraquecida a tripartição de funções de Montesquieu, o sistema de freios e contrapesos é vital para o equilíbrio de Poderes e órgãos autônomos na democracia, e parece muito fácil reconhecer o sistema de freios e controles externos que paira sobre o Legislativo e o Executivo, mas – e não há motivo justo para isso – parece ser muito difícil reconhecê-la na Magistratura, na Defensoria Pública e no Ministério Público.

No Estado Democrático de Direito (art. 1º da CF/88), todos os detentores do poder devem se submeter a instâncias de controle, ainda que totalmente respeitada a autonomia (que não significa soberania ou carta branca para o abuso)[390]. No caso, se a atuação do Ministério Público não satisfaz a vítima, devem ser usados e fomentados os mecanismos de controle, e é claro que nesse caminho a vítima poderá se valer dos préstimos da Defensoria Pública (para acessar ins-

388 Lembrando que o art. 134 da CF atribui à Defensoria a promoção dos direitos humanos.

389 Sobre o tema, a Vitimologia acentua que após uma "fase de ouro", nos tempos antigos, a vítima foi relegada a um patamar ínfimo de mero objeto de investigação e, no máximo, "testemunha qualificada" ao dispor do Estado-acusação, mas sem protagonismo.

390 O Estado de Direito, segundo Celso Bastos, é "aquele que não só cria e aplica o direito, mas se submete ao direito que ele mesmo criou", ou, na síntese de Bandeira de Mello, "é a juridicização de um propósito político, de um projeto político, qual seja o projeto de contenção do exercício do poder" (BASTOS, Celso Ribeiro. Perfil constitucional do mandado de segurança. In: ASSOCIAÇÃO DOS ADVOGADOS DE SÃO PAULO. *Mandado de segurança*. São Paulo: [s.n.], 1977. p. 11-12; BANDEIRA DE MELLO, Celso Antonio et al. *Curso de mandado de segurança*. São Paulo: RT, 1986. p. 7. Cf., também, o importante estudo de Dalmo Dallari, o qual converge aos anteriores no sentido de que o Estado de Direito também leva em consideração os direitos estabelecidos, sob pena de legitimar uma hipócrita "Ditadura constitucional": DALLARI, Dalmo de Abreu. Estado de Direito e Cidadania. In: GRAU, Eros Roberto; GUERRA FILHO, Willis Santiago (org.). *Direito constitucional*: estudos em homenagem a Paulo Bonavides. São Paulo: Malheiros, 2001. p. 194-200.

tâncias de controle correcional e administrativo, para a propositura da ação civil indenizatória, por exemplo).

No entanto, não nos parece razoável o dispêndio de imensos recursos públicos como um sistema de *redundância da acusação*: se uma instituição pública não exerce com suficiente competência o papel acusatório, outra instituição pública estaria de prontidão para garantir a eficiência da acusação estatal. Vale acrescentar, aliás, que, historicamente, não há redundância na defesa pública[391].

**Atuação da Defensoria Pública e tutela penal de Direitos Humanos**

Seria possível argumentar, por fim, que a Defensoria Pública deve ter papel suplementar ao do Ministério Público na acusação penal quando for destacada a tutela penal de direitos humanos.

Mais uma vez, teríamos a dificuldade técnica de destacar *quais violações de direitos humanos justificariam ou não a presença da Defensoria Pública*, sob pena de ser a elasticidade do critério uma condenação à disfuncionalidade, impondo uma inalcançável universalidade. Se o discurso de tutela penal suplementar de direitos humanos não oferece critérios instrumentais (e até aqui não foram indicados pela doutrina), não pode ser implementado. Não podemos perder de vista, a propósito, que a Defensoria Pública concretiza várias políticas públicas por meio de suas atribuições, e não é aceitável a implementação de política pública com *atuações casuísticas*.

Ainda assim, cabe uma reflexão anterior, sobre o incremento de instrumentos de tutela penal dos Direitos Humanos.

Genival T. Dantas Jr., sustentando a legitimidade e adequação da atuação da Defensoria Pública na acusação penal, argumenta que,

> (...) no tocante ao processo penal, além de ele possuir a função garantidora dos direitos do acusado, também tem como objetivo solucionar o conflito gerado pela prática do crime que poderá pacificado pela reparação ou minimização dos danos causados ao ofendido e pela conduta delituosa e/ou pela punição do infrator[392].

---

391 É verdade que, atualmente, parte da doutrina institucional de Defensoria Pública defende a atuação defensorial *custos vulnerabilis* penal visando reforço do contraditório defensivo. Contudo, parte dos argumentos aqui apresentados vale para essa defesa exercida pelo *custos vulnerabilis*. Ora, a Defensoria Pública não consegue cobrir todas as comarcas do país no papel de defesa técnica representante postulatória. Assim, perguntamos: como e por qual motivo atuarmos em concomitância a defesas particulares ineptas, ou deficientes, ou que simplesmente pretendem socializar custos do escritório particular com a Defensoria Pública? Por outro lado, parece-nos absurdo sugerir que o *custos vulnerabilis* penal seria uma forma de compensação da assistência de acusação: a uma, porque a premissa da doutrina institucional é bem outra, no sentido de que o *custos vulnerabilis* visa diminuir a desigualdade própria *da posição do réu em relação ao acusador público*; a duas, porque não faz sentido que o *custos vulnerabilis* legitime ou reforce a permanência da bolorenta assistência de acusação, vinculada historicamente à *desconfiança* com a operação lenta e gradual de processos penais movidos diretamente por ofendidos ou populares para os processos penais movidos por acusação profissional, oficial e cercada de garantias (de titularidade do Ministério Público).

392 DANTAS JUNIOR, Genival Torres. *A tutela da vítima pela Defensoria Pública na persecução penal*. Rio de Janeiro: Lumen Juris, 2016. p. 27.

É evidente a legitimidade e necessidade de valorização e cuidado com a vítima de um crime, com amparo interdisciplinar e concessão de assistência jurídica para que, além da reparação do dano, tenha acesso a uma rede de assistência que lhe permita superar, da melhor forma, o trauma pelo sofrimento imposto pela infração penal. A imposição do suplício a terceiro seria, também, um direito da vítima? Estamos com Zaffaroni pela resposta negativa: o embate penal apenas suspende o conflito[393], impedindo interação e definição, ao contrário dos modelos conciliador e reparador.

Ninguém ganha com o sofrimento do condenado, que é, por definição, perda[394]. Pior: *o Direito Penal é estruturalmente seletivo e discriminatório*. No abismo social brasileiro, incrementar a possibilidade de opressão penal não alargará a margem dos atingidos pela prisão, que serão mais uma vez os excluídos que deveriam encontrar na Defensoria um ponto de apoio contra a marginalização, e não mais um algoz[395]. O saber produzido pela Defensoria Pública deve caminhar para erradicar a marginalidade, e não para acentuá-la[396]. Nesse sentido, muito menos servir de instrumento para a autofagia dos necessitados via direito penal, no lugar de resistirmos à máquina de moer carne de pretos, pardos e pobres.

Por fim, o sedutor argumento da tutela penal dos direitos humanos, que despreza a percepção histórica da seletividade discriminatória, é um dos motores da expansão do Direito Penal, com a *criação de um movimento de Lei e Ordem da esquerda*, na expressão de Silva Sanchez[397]. Não há no Brasil sequer um aceno de que o Direito Penal deixará de comunicar a anormalidade das pessoas, a identificação de inimigos, a solução pela violência e o alijamento dos vulneráveis. A pena, violência estatal que sequestra e suplicia, é a negação dos direitos humanos, e não sua salvação.

A conclusão não impede, é claro, a atuação da Defensoria Pública na *ação penal privada*, dados a previsão legal e o direito do vulnerável à assistência jurídica, mas impõe à Defensoria que, na promoção dos direitos humanos, priorize e maximize *formas não violentas (não penais) de solução de conflitos.*

---

393 ZAFFARONI, Eugênio Raul *et* al. *Direito penal brasileiro*. Rio de Janeiro: Revan, 2003. p. 87.

394 Na lição de Falcon Y Tella, "admitir que existe uma autoridade dentro do sistema jurídico para infligir o mal seria incompatível com a ideia de Direito. Cometeu-se um crime. Por meio dessa ação se produz um mal em tríplice sentido: para a vítima, a dor física, para a sociedade, a violação da norma, e para a alma do ofensor, um mal moral. Entretanto, a situação melhorará pela adição de um quarto mal, dano ou dor do ofensor, que, em princípio, não vai significar nenhum bem nem a ele, nem à sociedade, nem ao ofendido (já que o mal somente se soluciona com um bem em sentido contrário, e não com outro mal)" (FALCON Y TELLA, Maria José; FALCON Y TELLA, Fernando. *Fundamento e finalidade da sanção*. Trad. Cláudia de Miranda Avena. São Paulo: RT, 2008. p. 34).

395 Sobre o paradoxo da defesa do discurso punitivo por aqueles sempre selecionados pelo discurso punitivo, como diagnostica Luderssen: "aproximadamente os mesmos grupos políticos por um lado não se cansam de afirmar a inutilidade e nocividade da coação através da pena (ou do Direito Penal) mas, por outro lado, pretendem utilizar o Direito Penal para seus fins emancipativos" (apud SILVA SANCHEZ, Jesus Maria. *A expansão do direito penal*. Trad. Luiz Otávio de Oliveira. São Paulo: RT, 2011. p. 84).

396 CF/88, art. 3º; LC n. 80/1994, art. 3º.

397 SILVA SANCHEZ, Jesus Maria. *Expansão do direito penal*. São Paulo: RT, 2013. p. 32.

**É papel do modelo público de assistência jurídica integral e gratuita investir no processo penal como instrumento de "mera liberação da coação estatal"?**

A discussão posta deve explorar três aspectos: a finalidade do processo penal no Estado Democrático de Direito, a ética de atuação do assistente de acusação e o terceiro aspecto pensado a partir das contribuições da Psicanálise.

**a) Finalidade do processo penal no Estado Democrático de Direito e a importância do movimento histórico de estruturação de órgão de acusação oficial e cercado de garantias**

Partamos da premissa de que a finalidade do processo penal, pelo menos no Estado Democrático de Direito, é a *tutela da liberdade individual*, motivo pelo qual Sérgio Marcos de Moraes Pitombo ensinava que "ele [o processo penal] é o escudo, o anteparo, a proteção do acusado contra o eventual arbítrio estatal, na imposição da pena e da medida de segurança"[398], complementando em outra oportunidade:

> O processo penal consiste em instrumento de preservação da liberdade jurídica do acusado em geral, não de mera liberação da coação estatal, que se ostenta na pena ou na medida de segurança[399].

Se retomarmos a crítica de João Mendes de Almeida Junior, supratranscrita, é importante refletirmos com mais vagar sobre a importantíssima função do Ministério Público para valorização do direito de defesa e desse processo penal *incompatível* com a "mera liberação da coação estatal". E como reverso dessa medalha, a função da assistência de acusação tolda ou oblitera essa conquista civilizatória por constituir resquício de um passado (recente...) em que prevaleciam, abertamente, impulsos coléricos instrumentalizados por ações populares penais e, também, por grande amplitude de ações movidas por ofendidos investidos de grandes poderes processuais (fora de uma lógica de excepcionalidade para a ação privada).

Nessa linha, enaltecendo-se o direito de defesa no processo penal, é costume dizer que o primeiro direito do acusado é o de *"ser bem acusado"*. Não por acaso, o Ministério Público representa pelo menos dois ganhos extraordinários para o direito de defesa – e temos de reconhecer isso do ponto de vista da lógica processual, independentemente de algumas críticas justas que possam ser dirigidas a aspectos práticos do exercício da função acusatória no processo penal brasileiro.

A *primeira perspectiva* possível de ser sublinhada como ganho para o direito de defesa se relaciona com o *surgimento e consolidação do próprio Ministério Público*, pois tal fato contribuiu para o desmembramento prático das funções de acusar e de julgar, viabilizando, pelo menos em teoria, um sistema *acusatório* mais sólido em substituição ao sistema *inquisitório*[400].

---

398 PITOMBO, Sérgio Marcos de Moraes. Direitos humanos e processo penal. *Visões contemporâneas*. São Paulo: Associação Juízes para a Democracia, 2001. p. 107-113. Também disponível em: <http://www.sergio.pitombo.nom.br/files/word/direitos_hum.doc>. Acesso em: 20 jun. 2008.

399 PITOMBO, Sérgio Marcos de Moraes. A dignidade do processo penal de Canuto Mendes a Lauria Tucci (Prefácio). In: TUCCI, Rogério Lauria. *Teoria do direito processual penal*. São Paulo: RT, 2002. p. 8.

400 Razão pela qual Geraldo Prado aduz que: "A conquista histórica de que resultará este modelo, de definição tão imprecisa, como salienta Mirjan Damaska, comprova que o afastamento do juiz da função acusatória operou

A *segunda perspectiva* de ganho para o direito de defesa, e que pode ser extraída da consolidação ministerial na função acusatória, diz respeito ao *desaparecimento da ação popular no processo penal brasileiro*[401]. Por sinal, Fauzi Hassan Choukr assinala o repúdio do Ministério Público à chamada *ação popular,* ocorrido no VI Congresso Nacional do Ministério Público realizado em São Paulo, no ano de 1985, concluindo-se que:

> (...) viola a garantia constitucional de ampla defesa, por permitir que no processo penal, onde o valor fundamental é a própria liberdade do cidadão, a acusação penal, em vez de ser formulada por um órgão técnico e imparcial do Estado, se preste a perseguições políticas ou pessoais, num inadmissível retrocesso à vingança privada[402].

Esse nítido movimento histórico de estruturação desembocando em órgão de acusação oficial e cercado de garantias é absolutamente antitético ao tratamento de fatos criminosos a serem apurados e processados como *negócio privado entre as partes*, no qual prevaleceria supostamente o interesse privado de vindita do ofendido. Em parêntesis: não estamos nos referindo às hipóteses em que o processo penal, se obrigatório (público incondicionado), poderia vitimizar gravemente pela segunda vez o ofendido; note-se que as hipóteses de ação penal privada não pretendem estimular o sentimento de vingança da vítima, mas toleram esse sentimento no processo para proteger a vítima de uma segunda violência praticada pelo Estado, se a deflagração do processo penal fosse incondicionada.

Reparemos, então, que o *sentimento de desejo de desforra imediatista* – filho da cólera, absolutamente compreensível, humano, experimentado por todos nós enquanto vítimas ou potenciais vítimas – viola o interesse público de uma resposta penal *juridicamente preestabelecida.* Essa resposta penal juridicamente preestabelecida, para ser minimamente concretizada, depende de uma série de operações que, por obstaculizarem a satisfação imediata daquele desejo de desforra, obriga passos mais cautelosos e maior racionalização em prejuízo proposital do imediato. Eis o *devido processo legal*, especificamente o de natureza penal, visando erodir desejos imediatistas para que se tente fazer prevalecer o que fora convencionado juridicamente.

Por essa perspectiva, cabe perguntarmos: existe razão aceitável no modelo público de assistência jurídica integral e gratuita contribuir para que o devido processo penal seja infiltrado por aquele sentimento de desforra imediatista, mesmo nas ações penais públicas?

### b) Algumas das justificativas para a representação da assistência de acusação e a respectiva ética de atuação

---

na lógica pela qual o magistrado passa a cumprir outras importantes funções, nitidamente distintas da acusação, mas que estão longe de significar inércia ou paralisação" (A Defensoria Pública e o direito processual penal brasileiro. In: PRADO, Geraldo. *Em torno da jurisdição.* Rio de Janeiro: Lumen Juris, 2010. p. 161).

401 "Antes do aparecimento do Ministério Público a ação penal era movida pelo ofendido (ação privada) ou por qualquer pessoa do povo (*quivis ex populo – ação popular*). Essa última era pública, mas não oficial. Pública porque o autor agia como cidadão (*ut civis*) e não como particular (*ut singuli*). Inoficial porque o autor não era órgão do Estado" (TORNAGHI, Hélio. *Curso de processo penal.* São Paulo: Saraiva, 1987. v. 1, p. 37).

402 Confira-se mais amplamente em: CHOUKR, Fauzi Hassan. *Código de Processo Penal:* comentários consolidados e crítica jurisprudencial. 7. ed. Belo Horizonte: D'Plácido, 2017. v. I, comentário ao art. 24, p. 207, item "05".

Em resposta, quem exerce a assistência de acusação por vezes se vale de uma performance que romantiza esse humano sentimento de represália imediatista: "eu apenas dou voz à vítima e aos seus familiares"; "quero que os jurados conheçam o sofrimento da vítima e de seus familiares"; "quero que saibam das consequências de não atenderem à vítima"; "será um lenitivo para os parentes" etc. Em geral, trabalha como qualquer assistente de acusação: presta mais atenção à vontade de vítima e familiares do que à própria prova. Se a prova é indiciária, inconclusiva, e a vítima deseja a condenação, ou... "justiça", sabemos o que o assistente de acusação geralmente faz, no que se inclui a pressão exercida sobre o acusador oficial, nem sempre disposto a resistir.

Essa é, destaque-se, a demonstração fundamental de que a função da assistência de acusação é incompatível com o processo penal do Estado Democrático de Direito, o qual impõe marcos constitucionais e convencionais iniludíveis a represarem, ou reprimirem mesmo, desejos imediatistas de vingança. Consequentemente, não faz sentido o modelo público de assistência jurídica integral e gratuita aderir[403] à lógica punitivista de um sistema de Justiça Criminal falido e, especificamente, a um instituto que não converge ao Estado Democrático de Direito.

**c) Breves apontamentos sobre a vida mental no processo penal brasileiro**

Um aspecto que consideramos válido para aflorarem reflexões mais penetrantes sobre o tema diz respeito ao fato de que nós, humanos, não conseguimos nos libertar de inevitável processo psíquico denominado *identificação* – fundamental na história da constituição do sujeito[404]

---

403 Dissemos *aderir* porque, dada a ausência de previsão expressa dessa atribuição na legislação para a Defensoria Pública, remanesce maior margem de interpretação. E espaços como esse exigem não só a luta (jurídico-argumentativa) por seu preenchimento, mas o contrário: a autocontenção, no sentido de disputar sua ausência num ambiente que, por razões que devem ser expostas, não deve fazer parte do *habitat* da instituição.

404 Essa contextualização obriga-nos a falar um pouco do conceito de *identificação*, que, segundo Freud, é a "mais remota expressão de um laço emocional com outra pessoa", e desempenha "um papel na história primitiva do complexo de Édipo" (FREUD, Sigmund. Identificação (1920). *Obras psicológicas completas de Sigmund Freud*. Rio de Janeiro: Imago, 1996. v. XVIII, p. 115). Segundo Elisabeth Roudinesco e Michel Plon, trata-se de "termo empregado pela psicanálise para designar o processo central pelo qual o sujeito se constitui e se transforma assimilando ou se apropriando, em determinados momentos-chave de sua evolução, dos aspectos, atributos ou traços dos seres humanos que o cercam. (...) Freud se refere a essa mesma concepção em 1933, em 'A decomposição da personalidade psíquica', uma das 'Novas conferências introdutórias sobre psicanálise', porém exprimindo reservas muito claras a seu respeito. Deplora o caráter 'complicado' do processo de identificação, 'base' da 'transformação da relação com os pais no supereu'. Ao término de sua exposição sobre o assunto, repete não estar nem um pouco satisfeito (...) com estas elaborações sobre identificação.' Entretanto, diz contentar-se com elas, na medida em que lhe permitiram instituir a instância do supereu, que considera ser um exemplo de identificação bem-sucedida como instância parental" (ROUDINESCO, Elisabeth; PLON, Michel. Verbete "identificação". *Dicionário de Psicanálise*. Trad. Vera Ribeiro e Lucy Guimarães. Rio de Janeiro: Zahar, 1998. p. 363-365). Segundo Jean Laplanche e Jean Pontalis: "O termo identificação deve ser diferenciado de termos próximos como incorporação, introjeção e interiorização. Incorporação e introjeção são protótipos da identificação ou, pelo menos, de algumas modalidades em que o processo mental é vivido e simbolizado como uma operação corporal (ingerir, devorar, guardar dentro de si etc.). Entre identificação e interiorização a distinção é mais complexa porque põe em jogo opções teóricas quanto à natureza *daquilo a que* o

ou, nas palavras de Christian Dunker, "a identificação é um dos conceitos mais importantes e decisivos para quase todos os processos psíquicos (...) e é isso [a identificação] que sutura nossos processos de gênese e sintomas"[405]. Mais adiante, complementa:

> E as identificações são então um dos movimentos básicos da nossa relação com o outro. Elas podem se combinar com as *projeções*, que é jogar para outro aquilo que não admito em mim; ela [identificação] pode se combinar com as *introjeções*, que é adquirir do outro algo que falta em mim; ela pode se combinar com a *idealização*, que é criar um objeto ou uma pessoa que realiza todos os ideais que eu não reconheço em mim; ela pode se combinar também com a *sublimação*, que é a dessexualização de uma determinada meta pulsional [e é] algo muito importante para a criação de objetos artísticos e científicos[406].

Sem dúvida, trata-se de abordagem muito difícil de ser realizada a que está sendo proposta, porque se refere a uma área do conhecimento bastante densa, complexa e, ademais, estranha aos corriqueiros debates e estudos jurídicos. Convenhamos, a própria formação oferecida pela Faculdade de Direito chega bem próximo de ignorar totalmente discussões psíquicas, ingressando nesse tema quase sempre com "intuições" do senso comum. Talvez as grandes exceções sejam o Direito Probatório (especialmente no campo penal), a Criminologia e a Análise Econômica do Direito, matérias nas quais algumas vertentes da psicologia geral acabam, inevitavelmente, infiltrando-se muito significativamente. A despeito dessa fragilidade em nossa formação, precisamos buscar ajuda da psicanálise, dentre outros campos do conhecimento, para aquilatarmos melhor *o que é, de fato, a assistência de acusação na trama do processo penal.*

Sem pretensão de apresentarmos conclusões finais ou categóricas, vamos propor uma *linha de reflexão inicial* sobre o tema, e estamos permeáveis ao debate.

O mecanismo psíquico da identificação é essencial para que um recém-ingresso em alguma das profissões do sistema judicial se constitua *advogado de defesa*, ou que se constitua *acusador*, ou que se constitua *julgador*; e assim por diante, valendo para todas as profissões.

Quem não se identifica com a atividade de seus pares, absorvendo aquilo que admira neles e/ou do ofício que praticam (introjeções), não consegue se constituir adequadamente na profissão escolhida. Processos de identificação são fundamentais, portanto, para que o advogado de defesa ou o acusador, por exemplo, não só dominem as técnicas de defender ou acusar, mas compreendam intelectualmente, e com fundura, a ética profissional, aceitando-a emocionalmente para que o comportamento tenda a se condicionar a ela.

Recordemos, ademais, que pensamento é movimento; vivemos em permanente tensão dentro de nossos psiquismos, e o jogo da identificação é cotidiano também. Segundo Laplanche e Pontialis:

---

sujeito se assimila. (...)" (LAPLANCHE, Jean; PONTALIS, Jean. Verbete "identificação". *Vocabulário de Psicanálise.* Trad. Pedro Tamen. 4. ed. São Paulo: Martins Fontes, 2016. p. 229-230).

405 DUNKER, Christian. A identificação. *Glossário Freud: Falando daquilo.* Disponível no canal Youtube, 00'00" a 02'50", em: <https://www.youtube.com/watch?v=qgZWOT_4Bwg>.

406 DUNKER, Christian. A identificação. *Glossário Freud: Falando daquilo.* Disponível no canal Youtube, 03'25" a 04'37", em: <https://www.youtube.com/watch?v=qgZWOT_4Bwg>.

De um ponto de vista puramente conceitual, podemos dizer que a identificação se faz com *objetos* – pessoa ('assimilação do ego a um ego estranho'), ou característica de uma pessoa, objetos parciais –, enquanto a interiorização é a *relação* intersubjetiva. Resta saber qual desses dois processos é anterior. **Podemos observar que geralmente a identificação de um sujeito A com um sujeito B não é global, mas sim *secundum quid*, o que remete a um determinado aspecto da relação com ele; eu não me identifico com meu patrão, mas com determinada característica dele que está ligada à minha relação sadomasoquista com ele.** (...)[407].

Por isso, mesmo havendo forte identificação do indivíduo com sua profissão e tudo que nela está representado, o que possibilita um vínculo forte à ética da profissão, é possível que outras identificações, mesmo passageiras, abalem as estruturas suportadas pela ética profissional, fazendo com que os comportamentos se excedam em algum sentido. E não necessariamente para comportamentos desonestos, porém, digamos, heterodoxos à luz da ética profissional. Daí a necessidade urgente de Faculdades de Direito não deixarem para segundo plano o problema da ética das profissões jurídicas, e daquilo que é comum entre elas.

No caso da acusação, quando a ética profissional não é o suficiente para contenção do desejo (in)consciente de desforra em razão da grande identificação que surge com uma vítima específica ou seus familiares, combinando-se (a identificação) com uma introjeção, o acusador pende aos sentimentos da vítima e/ou familiares; flexibilizam-se, assim, mais acentuadamente, regras e *standarts* de provas, garantias decorrentes da presunção de não culpabilidade, a garantia de tipicidade penal, e os limitadores jurídicos prévios de sanções penais.

Do mesmo modo, no caso da defesa criminal, quando a ética da profissão não é o suficiente para contenção do desejo (in)consciente da liberdade incondicional do acusado, por exemplo, o defensor (público ou particular) pode deixar de ter distanciamento emocional indispensável, sem se dar muito conta disso, e passa a atuar com base em estratégias equivocadas, ou seja, estratégias que não atendem às exigências da inafastável e serena avaliação do "resultado atingível" – avaliação indispensável, conforme Waldir Troncoso Peres, na ética do profissional de defesa.

Inverta o leitor os termos, isto é, o acusador sente repulsa pela vítima e simpatiza com o réu, e o defensor sente repulsa pelo réu e simpatiza com a vítima: se as respectivas éticas profissionais não forem suficientes para motivá-los a um trabalho sério, contendo os reais desejos pulsantes, então o resultado prático será, no mínimo, um acusador e um defensor trabalhando sem inspiração ou motivação.

Em linhas muito superficiais, essas, provavelmente, são algumas das tensões emocionais inconscientes – em parte conscientes – suportadas por quem acusa ou defende, em nosso ponto de vista.

E o representante do assistente de acusação?

Encontra-se em contexto bem próximo do que mencionamos sobre o *processo mental do acusador*; entretanto, há uma especificidade.

---

407 LAPLANCHE, Jean; PONTALIS, Jean. Verbete "identificação". *Vocabulário de Psicanálise*. Trad. Pedro Tamen. 4. ed. São Paulo: Martins Fontes, 2016. p. 229-230.

Notando que o espaço da acusação já está ocupado pelo acusador oficial, que é cercado de garantias constitucionais e legais para que atue com independência e, destaque-se, com maior isenção, o representante da assistência da acusação deve construir seu espaço; ou encontrá-lo. Senão, para que serve?

Este é o porquê de, regra geral, defensores públicos com atribuições de defesa criminal e advogados particulares conhecidos por atuarem na defesa, ao assumirem a representação da assistência de acusação tornarem-se, *pari passu*, às vezes sem se darem conta, acusadores bem severos. Aqui, a identificação mistura-se com uma idealização equivocada de que acusar seria simplesmente satisfazer a vítima e/ou familiares, introjetando-*se* essa meta para que o comportamento se distinga do membro do Ministério Público em matéria de severidade.

A propósito, Laplanche e Pontialis esclarecem pontos indispensáveis para entendermos como um defensor público criminal com atribuições defensivas, ou um advogado particular conhecido por atuar na defesa criminal, submete-se a essa transformação sem que diques de contenção interiorizados a partir da própria ética da profissão sejam efetivos:

> Por outro lado, e esse é um fato essencial, o conjunto das identificações de um sujeito forma nada menos que um sistema relacional coerente; por exemplo, no seio de uma instância como o superego, encontram-se exigências diversas, conflituais, heteróclitas. Do mesmo modo, o ideal de ego é constituído por identificações com ideias culturais não necessariamente harmonizados entre si[408].

Por isso, um advogado de defesa convicto de sua função defensiva, um defensor público criminal com atuação defensiva igualmente convicta, preocupados em concretizar as garantias fundamentais próprias dos acusados na atuação defensiva, passam a considerar aquelas flexibilizações que apontamos acima, muitas vezes, inconscientemente. Basicamente, flexibilização daquelas mesmas garantias do acusado que deveriam valer para todos, a propósito, independentemente do lado que se ocupa no processo.

E o lamentável nisso tudo é que o ensino jurídico possui um peso fundamental, e ele é muito falho no que concerne ao convencimento firme dos futuros bacharéis de que há finalidades e garantias constitucionais e convencionais iniludíveis, independentemente da profissão jurídica em que se vá atuar.

E o efeito psicológico potencial da presença da assistência da acusação sobre o acusador oficial?

Ao ser confrontada pela postura mais audaciosa da assistência de acusação, longe de ser uma regra geral, alguns membros da acusação oficial podem ceder e pelos mais distintos motivos; a introjeção pode não ser causada pela identificação, mas por medos: de não se aceitar abaixo do representante da assistência de acusação; de perder reconhecimento junto aos pares e ter reputação arranhada perante todos que trabalham no meio jurídico; de responder junto à competente Corregedoria etc.

---

408 LAPLANCHE, Jean; PONTALIS, Jean. Verbete "identificação". *Vocabulário de Psicanálise*. Trad. Pedro Tamen. 4. ed. São Paulo: Martins Fontes, 2016. p. 229-230.

Todas essas conjunturas decorrentes da assistência de acusação, conforme já apontamos, evidentemente contrariam inelutavelmente o devido processo penal. Este, para ser mais efetivo quanto a garantir o resultado jurídico preestabelecido que seja mais sustentável, tenta se livrar ao máximo dos desejos de vingança impondo passos processuais (atos e termos processuais) obrigatórios, os quais forçam uma maior racionalização do conflito.

E é o motivo pelo qual, por sinal, no campo da ação penal pública a sociedade convencionou que o erário deve suportar o custo financeiro da atividade estatal de acusar penalmente – reflitamos sobre isso –, ainda que o ofendido tenha capacidade financeira suficiente, ou os demais legitimados tenham essa capacidade. Essa socialização de custos (pagamento da atividade acusatória por meio de impostos) constitui face importante para permitir atuação de acusação mais isenta, na medida em que o acusador não deve possuir vínculos com ofendido e seus familiares e amigos, e sua remuneração realizada pelo Estado é estável[409].

**Assistência de acusação *vs.* modelo público de assistência jurídica integral e gratuita**

No que concerne à Defensoria Pública, é inevitável levantarmos a seguinte indagação: *a qual finalidade deve servir o modelo público de assistência jurídica integral e gratuita quando confrontada pela assistência da acusação?*

No caso da Defensoria Pública, insistimos que, além de poder tomar medidas para que o órgão público competente para oficialmente acusar seja mais eficiente e proativo, a Defensoria Pública pode ajuizar a ação civil indenizatória; e que muito provavelmente a ação civil acabará antes, e a coisa julgada civil, se favorável ao ofendido, poderá ser oposta até ante decisão absolutória penal mesmo que, em tese, se comunique com o juízo cível, por força dos arts. 65 e 66 do CPP[410].

---

409 Juan Manuel Barquero Estevan deixa muito claro o que nós sabemos: que decisões atinentes a subvenções, ou mesmo assunção total de custos pelo Estado, de fato significam que os custos foram socializados e assumidos pela coletividade (ESTEVAN, Juan Manuel Barquero. *La función del tributo en el Estado social y democrático de Derecho*. Madrid: CEPC, 2002. p. 84).

410 A essa conclusão chegamos porque "o fundamento lógico em que se assenta a autoridade civil da coisa julgada penal está na identidade entre a ação penal e na civil condenatória no que concerne ao ressarcimento do dano, posto que partem do mesmo fato e visam à produção do mesmo efeito jurídico" (BOTELHO DE MESQUITA, José Ignacio. *Coisa julgada*. Rio de Janeiro: Forense, 2004. item n. 3.3, p. 57, capítulo "Da autoridade civil da coisa julgada penal"). Segundo Botelho de Mesquita, a ação indenizatória julgada improcedente e transitada em julgado pode ser oposta à decisão penal condenatória posteriormente transitada em julgado: "Neste caso, a sentença penal condenatória não terá eficácia executiva civil, porque a coisa julgada civil se oporá a que se tenha por implícito na sentença penal, a despeito da letra da lei, o reconhecimento da obrigação de indenizar, de cuja existência dependeria a força executiva que por lei que lhe é atribuída" (BOTELHO DE MESQUITA, José Ignacio. *Coisa julgada*. Rio de Janeiro: Forense, 2004. item n. 3.4, p. 59-60, capítulo "Da autoridade civil da coisa julgada penal"). A nosso ver, o mesmo se pode dizer na hipótese inversa: havendo condenação no processo civil e transitada em julgado, a coisa julgada civil pode ser oposta à decisão contrária penal, posterior e absolutória. Se a decisão penal negar materialmente o fato, necessariamente não haverá fundamento para ação rescisória civil, porque a conclusão diversa da decisão penal pode ser fruto apenas de uma interpretação severa da mesma prova.

**Defensoria Pública e Advocacia Privada somando forças**

Somente a conscientização dos profissionais da Defensoria Pública e da Advocacia Privada, sob inspiração de mandamentos fundamentais do bloco de constitucionalidade, será capaz de enterrar, de uma vez por todas, o instituto da assistência de acusação. Oxalá a assistência de acusação se torne fóssil a servir apenas de resquício a testemunhar uma longa era em que desejos imediatistas grassavam abertamente, no processo penal, de modo praticamente indisfarçável.

**A Defensoria Pública e o dilema da escassez de recursos materiais e humanos: conclusão pela inexistência de atribuição para representar o/a assistente de acusação**

Toda nossa exposição procurou tecer reflexões sobre o papel da assistência de acusação em si considerada, bem como sua relação com discussões cruciais, como a tutela penal dos direitos humanos e a construção de um devido processo. Nossa intenção, logo se vê, foi a de levantar discussões principiológicas sobre o instituto da assistência de acusação para, em seguida, pensarmos sobre sua relação com o papel da Defensoria Pública e, de passagem, da Advocacia Privada.

No que toca à Defensoria Pública, eis então o dilema: de um lado, um número indeterminado de pessoas que procure o serviço da Defensoria Pública causaria um *colapso* no serviço prestado; de outro lado, oportunizar ao ofendido pobre um defensor público para representá-lo na qualidade de assistente de acusação pode até corresponder ao ideal de acesso à justiça – admitamos para fins de raciocínio –, mas está *longe de ser uma prioridade*; afinal, ainda que indiretamente, o ofendido está representado pela atuação do Ministério Público e, paralela ou ulteriormente, pela Defensoria Pública, quando buscar a ação civil *ex delicto*.

Quando a jurisprudência brasileira enfrentou essa temática – como vimos anteriormente –, quase sempre o fez num contexto em que *a Defensoria Pública optou por atuar* (a instituição foi procurada pelo ofendido, que demonstrou insuficiência de recursos e, enfim, organizou-se o aparato para a sua representação). E o tentador argumento de que negar tal papel à Defensoria Pública seja uma violação ao direito de acesso à justiça (assistência jurídica integral) é difícil mesmo de ser rebatido.

No entanto, *o que aconteceria se milhares de pessoas pobres – movidas sabe-se por qual razão – passassem a procurar os serviços de representante de assistente de acusação?* A Defensoria Pública teria de dizer "sim" sempre – sob pena de violação ao direito de acesso à justiça? Teria de destacar defensores públicos distintos dos que atuam na área criminal (por razões óbvias)? Não tendo defensores públicos na localidade, a instituição custearia advogados dativos para tanto (imagine o mercado ainda inexplorado que se poderia formar...)?

Enfim, não admitir a possibilidade dessa atuação causaria – à primeira vista – um esperado espanto pela (suposta) falta de isonomia; no entanto, admiti-la poderá causar um espanto de proporções inesperadas. Então, por que não refletirmos sobre essa atuação de uma vez?

Considerando que a Defensoria Pública está longe de ocupar todas as comarcas do país, basta imaginarmos que todos os pretensos assistentes de acusação carentes de recursos pretendam a atuação da Defensoria Pública e já podemos dimensionar o problema: para cada caso, dois defensores públicos atuando, sendo um na defesa do acusado e o outro, em favor do assistente de acusação.

Nosso entendimento, portanto, é de que a Defensoria Pública tem atribuição para se voltar às vítimas, nos termos do inciso XVIII do art. 4º da LC n. 80/1994, seja na esfera cível, administrativa etc., seja extrajudicialmente – e sempre primando pelo atendimento interdisciplinar. E até mesmo na esfera penal, quando se trata de ação penal privada e subsidiária da pública (inciso XV). *Mas não para atuar como representante do assistente de acusação.*

**Outras reflexões necessárias: dever de busca de critérios republicanos de atuação na hipótese de persistência da assistência de acusação**

Caso, no entanto, prevaleça a ideia de que é papel da Defensoria Pública representar o assistente de acusação – ideia da qual discordamos –, outras reflexões se fazem necessárias.

Isso porque é sedutor sustentar que a Defensoria Pública pode atuar como assistente de acusação; entretanto, afirmar que ela *pode* não é o mesmo que afirmar que ela *deve* atuar. Então, a qual conclusão podemos chegar?

Para quem deseje evitar a tese de que representar o assistente de acusação não é papel que compete à Defensoria Pública, ao menos uma leitura restritiva ou intermediária se impõe. Mas já adiantamos: se no seio da instituição a *tese restritiva* poderá ser aceita sem muita dificuldade (já que enxerga essa atribuição como um ato discricionário e eleito na base da seleção de casos), externamente ela requererá aceitação pelo Poder Judiciário. Na falta de legislação expressa, é crucial a busca de critérios objetivos que deem melhores contornos ao assunto, promovendo a essencial segurança jurídica.

Não se trata, aqui, de algo como legislar em causa própria; a questão é que obrigar a instituição a atuar poderá colocar em xeque a prestação da assistência jurídica em si.

Para afirmar-se que a instituição *pode* (e não *deve*) atuar como representante do assistente de acusação, o mais prudente, razoável e realista é que haja respeito à *autonomia institucional* da Defensoria Pública, bem como à *independência funcional* dos defensores públicos. Em suma: *a análise deve ser casuística*, logo, somente em casos que, por suas peculiaridades, sejam destacados por ela é que a instituição representará o assistente de acusação, na linha de uma atuação estratégica, a qual pressupõe a seleção de casos – e aqui moram os riscos de arbitrariedade.

Por isso, atuação casuística não pode ser sinônimo de atuação arbitrária, mas, sim, guiada pelas peculiaridades do caso e pela necessidade de traçar linhas de atuação estratégica, sempre norteadas pelo cumprimento das missões institucionais. Deve ser permitido ao interessado sustentar sua demanda pela atuação da Defensoria com a garantia de uma decisão fundamentada, com possibilidade de reexame da decisão, sempre respeitada a autonomia da instituição. A repetição do procedimento permitirá a construção de *standards* que consolidarão, gradativamente, os desejados critérios objetivos para a atuação.

**Assistência de acusação no universo penal: um objeto errante e sem vida que não deve ser acoplado ao modelo público de assistência jurídica integral e gratuita**

Pensar sobre o tema proposto obrigou-nos a examinar, mais de perto, o próprio instituto da *assistência de acusação*; instituto singelamente regulamentado entre os arts. 268 e 273 do CPP, e que, em razão da escassez de análises doutrinárias mais verticalizadas, pertence a um certo quadrante de temas jurídicos que jazem obscuros ou ensombreados no universo do direito não obstante praticado com certa regularidade no âmbito da Justiça Criminal.

Conforme desenvolvemos anteriormente, a assistência de acusação, muito longe de trazer vida *constitucional* e *convencional* ao processo penal brasileiro, constitui uma espécie de portal aberto – que amarra o passado obscuro ao presente –, permitindo livre ingresso de impulsos humanos que visam respostas puramente imediatistas, tendendo a dissolver os obstáculos impostos pelo devido processo legal, e efetivando muitas vezes os impactos visados.

E a operação de acoplamento desse portal de pulsões (antitéticas a uma resposta juridicamente preestabelecida) ao serviço público de assistência jurídica integral e gratuita, evidentemente, também possui forte significado: não é por acaso que a tutela de direitos humanos é um argumento-chave para a defesa da assistência de acusação, constituindo mesmo o apelo central para a consolidação da união. Na verdade, estamos diante de um objeto errante, obscuro e sem vida, capaz de destruir marcos convencionais e constitucionais processuais nos casos concretos do cotidiano forense.

**Breves notas sobre a assistência jurídica na Lei Maria da Penha (arts. 27 e 28 da Lei n. 11.340/2006) – não se trata de assistência de acusação**

Boa parte da doutrina aponta que a função de assistência de acusação – ou algo similar – está embutida nos arts. 27 e 28 da Lei Maria da Penha.

Como veremos adiante, entendemos que o defensor público, com tais competências, não deve servir de representante do assistente de acusação, mas deve esclarecer a vítima cuidadosamente de seus direitos e as consequências práticas de suas opções, e a atuação defensorial não está no marco jurídico da assistência de acusação[411].

Mais uma vez, temos que entender a história do problema.

A origem desses arts. 27 e 28 pode ser identificada no Relatório da Comissão Interamericana de Direitos Humanos n. 54/2001, do caso 12.051, ou caso Maria da Penha Maia Fernandes. O relatório é claro ao apontar as violações, dentre outras, de direitos à justiça (art. XVIII da Declaração Interamericana de Direitos Humanos), às garantias judiciais (art. 8º da Convenção, dando-se ênfase à razoabilidade da duração do processo) e à proteção judicial (art. 25 da respectiva Convenção). Conclui, sobre esse tema, no parágrafo 44:

> 44. No caso em apreço, os tribunais brasileiros não chegaram a proferir uma sentença definitiva depois de 17 anos, e esse atraso vem se aproximando da possível impunidade definitiva por prescrição, com a consequente impossibilidade de ressarcimento que, de qualquer maneira,

411 A Lei Maria da Penha (art. 27) prevê um instituto similar ao assistente de acusação. Segundo Ana Rita e Ana Paula Castro, a lei prevê que a Defensoria atua como **terceiro interessado, uma interpretação que decorre da relação entre norma especial (Lei Maria da Penha) e geral (CPP, art. 268). Na prática, a distinção é relevante porque, sendo terceira interessada, a Defensoria, para ingressar nos autos, não pressupõe do aval do Ministério Público ou do juiz (art. 272) (LEWIN, Ana Paula O. C. Meirelles; PRATA, Ana Rita Souza.** Defensoria Pública e Lei Maria da Penal – a atuação da instituição de acordo com o artigo 28 da lei. In: RÉ, Aluísio Iunes Monti (org.). *Temas aprofundados da Defensoria Pública*. Salvador, 2014. v. 2, p. 1032.

> seria tardia. A Comissão considera que as decisões judiciais internas neste caso apresentam uma ineficácia, negligência ou omissão por parte das autoridades judiciais brasileira e uma demora injustificada no julgamento de um acusado, bem como põem em risco definitivo a possibilidade de punir o acusado e indenizar a vítima, pela possível prescrição do delito. Demonstram que o Estado não foi capaz de organizar sua estrutura para garantir esses direitos. Tudo isso é uma violação independente dos artigos 8 e 25 da Convenção Americana sobre Direitos Humanos em relação com o artigo 1(1) da mesma, e dos artigos correspondentes da Declaração.

Por isso, dentre várias recomendações, a Comissão determinou:

> 4. Prosseguir e intensificar o processo de reforma que evite a tolerância estatal e o tratamento discriminatório com respeito à violência doméstica contra mulheres no Brasil. A Comissão recomenda particularmente o seguinte:
>
> a) Medidas de capacitação e sensibilização dos funcionários judiciais e policiais especializados para que compreendam a importância de não tolerar a violência doméstica;
>
> b) Simplificar os procedimentos judiciais penais a fim de que possa ser reduzido o tempo processual, sem afetar os direitos e garantias de devido processo;
>
> c) O estabelecimento de formas alternativas às judiciais, rápidas e efetivas de solução de conflitos intrafamiliares, bem como de sensibilização com respeito à sua gravidade e às consequências penais que gera;
>
> d) Multiplicar o número de delegacias policiais especiais para a defesa dos direitos da mulher e dotá-las dos recursos especiais necessários à efetiva tramitação e investigação de todas as denúncias de violência doméstica, bem como prestar apoio ao Ministério Público na preparação de seus informes judiciais;
>
> e) Incluir em seus planos pedagógicos unidades curriculares destinadas à compreensão da importância do respeito à mulher e a seus direitos reconhecidos na Convenção de Belém do Pará, bem como ao manejo dos conflitos intrafamiliares.

Excetuando a recomendação "e", o que podemos observar é imensa preocupação da Comissão de que o aparato policial-judicial não oprimisse novamente a vítima, numa espécie de *revitimização*. É no exato contexto dessa lógica que faz todo o sentido a instituição dos arts. 27 e 28 da Lei Maria da Penha.

Por outro lado, retomando o problema da assistência de acusação anteriormente tratado, devemos perguntar: como impedir que esses indispensáveis e valiosos dispositivos tropecem na assistência de acusação, significando aquela infiltração de sentimentos de vingança do processo penal em detrimento das operações mentais mais racionalizadas impostas por um devido processo legal?

A resposta está na própria recomendação "b", supratranscrita.

Note-se que, ao seu final, a Comissão é clara: "(...) sem afetar os direitos e garantias de devido processo". Portanto, a própria Lei Maria da Penha não pode ser tomada como "exceção" a justificar que os arts. 27 e 28 albergariam, supostamente, dentre outras funções de assistência, a de assistência de acusação. Por isso, aderimos integralmente à judiciosa interpretação de Juliana Garcia Belloque ao comentar esses dois dispositivos, ressaltando a função de *orientação jurídica*:

> O dispositivo em análise expressamente garantiu o acesso à assistência jurídica gratuita não apenas na fase judicial, ou processual, da persecução penal, determinando a prestação deste serviço público também na fase policial, quando a mulher vítima de violência doméstica e fa-

> miliar noticia a agressão na Delegacia de Polícia, ensejando a instauração de inquérito policial. A orientação jurídica neste momento é de fundamental importância, pois é na fase policial da persecução criminal que devem ser adotadas as medidas protetivas de urgência, ferramentas imprescindíveis na tentativa de se romper com o ciclo de violência, evitando-se o seu agravamento. Conforme se pontuou acima, a atuação de advogado não é indispensável para o encaminhamento dos pedidos de aplicação das medidas protetivas ao Judiciário; contudo, a assistência jurídica voltada especialmente à defesa dos interesses da mulher neste decisivo momento é de grande relevo para que os pedidos estejam adequadamente instruídos e reflitam com segurança as necessidades e a expressão da vontade da ofendida. O dispositivo em comento previu expressamente que o atendimento dado à mulher vítima de violência doméstica e familiar deve ser específico e humanizado. O termo específico quer designar duas características da assistência jurídica: que ela seja prestada i) de modo individualizado, garantindo-se inclusive a intimidade dos envolvidos; e ii) por órgão que tenha a sua atuação, sempre que possível, especialmente voltada para este tipo de caso, o que permite atingir as tão desejadas capacitação e sensibilização para a peculiar situação da mulher vítima de violência.
>
> O termo humanizado como característica fundamental mínima do atendimento jurídico está posto na norma com o fito de jogar maior luz à atenção que deve ser dada para a especial situação de vulnerabilidade em que se encontram as mulheres vítimas desta forma de violência. Se todo o atendimento jurídico institucionalmente prestado à população deve ser humanizado – daí se poder concluir pela inutilidade da expressão, com o que se discorda – aquele referente às mulheres em situação de violência doméstica e familiar deve estar apto a ver com ainda maior sensibilidade, e sem estereótipos discriminatórios, as necessidades da atendida que brotam no momento da violência. Quis o legislador conferir ênfase à necessidade de superação pelo sistema de justiça da secular discriminação sofrida pelas mulheres também neste aparato estatal[412].

Juliana Garcia Belloque ainda expressa outro posicionamento ao qual aderimos; a necessária utilização de *atendimento multidisciplinar* no campo da violência doméstica, *para que a vítima se livre de sentimentos de culpa*, ou de qualquer outro que dificulte a compreensão das ferramentas jurídicas que possui à sua disposição:

> Por outro lado, uma terceira característica do atendimento jurídico gratuito não expresso neste dispositivo da Lei Maria da Penha merece destaque, sem prejuízo de outros traços disciplinados nas leis e atos normativos internos das Defensorias Públicas. Segundo prescreve o artigo 4º, inciso IV, da Lei Orgânica Nacional da Defensoria Pública, a instituição deve estar aparelhada para prestar atendimento interdisciplinar aos usuários de seus serviços. Se esta exigência é importante em todas as áreas de atuação da instituição, ela é ainda mais marcante quando se trata de prestar assistência às mulheres vítimas de violência doméstica e familiar. Como bem aponta a Lei Maria da Penha, quando lida sob uma perspectiva integral, a interdisciplinariedade e a intersetorialidade no enfrentamento deste tipo de violência que afeta especialmente as mulheres são ferramentas indispensáveis para o alcance de resultados significativos. O atendimento jurídico não produz os efeitos almejados sem estar ao lado da assistência social e psicológica, necessárias não só para o enfrentamento global da situação vivenciada – o que é fundamental para o empoderamento pela vítima de todos os mecanismos que ela deve dispor para superar a violência – como também para que a mulher possa bem compreender os

412 BELLOQUE, Juliana Garcia. Da assistência judiciária – art. 27 e 28. In: CAMPOS, Carmen Hein (org.). *Lei Maria da Penha comentada em uma perspectiva jurídico-feminista*. Rio de Janeiro: Lumen Juris, 2011. p. 343.

institutos jurídicos aplicáveis à situação e suas consequências, dispondo, assim, de efetiva liberdade para tomar as decisões que lhe cabem acerca do exercício dos direitos previstos em lei[413].

Nossa perspectiva, portanto, é a de que os arts. 27 e 28 da Lei Maria da Penha não albergam a função de representar o(a) assistente de acusação, mas possui os objetivos anteriormente delineados fundamentais para que a mulher não seja revitimizada, e possa exercer realmente de modo pleno os direitos garantidos pela ordem jurídica.

XIX – atuar nos Juizados Especiais; (Incluído pela Lei Complementar n. 132, de 2009)

## 5.20 Atuação perante os Juizados Especiais

Os Juizados Especiais foram criados também com o objetivo de facilitar o acesso à Justiça, buscando aproximar o sistema de justiça do jurisdicionado, diminuindo a burocracia e fomentando soluções consensuais.

É fato que a desnecessidade de defesa técnica, por um lado, facilita o acesso à justiça, dada a economia de energia e recursos financeiros. De outro, no entanto, pode ampliar a vulnerabilidade do embate com antagonista mais preparado[414]. Daí a necessidade de atuação da Defensoria Pública com o objetivo de impedir que o desequilíbrio econômico entre as partes se reflita no instrumental jurídico, com a orientação, a assistência na fase conciliatória e, se o caso, com a atuação processual propriamente dita.

Sobre a atuação da Defensoria Pública nos Juizados, é importante ter em mente que ela ocorre por meio de representação da parte (autor ou réu), e não como um conciliador. Para isso existem auxiliares do juízo, que são os juízes leigos.

É claro que a afirmação acima não significa que o escopo conciliatório não deva acompanhar o defensor público que atua no Juizado, pois a própria LC n. 80/1994 determina que, prioritariamente, a solução pacífica de conflitos deve guiar as funções da instituição. A questão é que, ao ser procurado pelo réu, por exemplo, *o defensor público agirá em nome dos interesses dele, e não se colocando como um mediador, um terceiro imparcial.*

**Facultatividade de advogado e obrigatoriedade de atuação da Defensoria?**

Na linha de facilitar o acesso ao Judiciário, o art. 9º da Lei n. 9.099/1995 dispõe que, nas causas de até vinte salários mínimos, partes terão apenas a faculdade de serem representadas por advogados, sendo obrigatório quando o valor da causa for superior àquela quantia.

---

413 BELLOQUE, Juliana Garcia. Da assistência judiciária – art. 27 e 28. In: CAMPOS, Carmen Hein (org.). *Lei Maria da Penha comentada em uma perspectiva jurídico-feminista*. Rio de Janeiro: Lumen Juris, 2011. p. 344.

414 Por isso, nos idos da década de 1950 Piero Calamandrei já advertia: "En los ordenamientos modernos, el proceso constituye um complicado mecanismo técnico, que únicamente llega a constituir un instrumento de justicia para quien conoce los secretos de esa técnica, todo lo cual nos lleva a concluir que para asegurar prácticamente en el proceso la libertad y la igualdad de las partes es necesario situar un abogado al lado de cada uma de ellas, en todo momento del proceso..." (*Proceso y democracia*. Trad. Hector Fix Zamudio. Buenos Aires: Ediciones Juridicas Europa-America, 1960. p. 182).

Sem dúvida alguma, a atuação da Defensoria Pública em prol do autor ou réu será obrigatória quando o valor da causa for superior a vinte salários mínimos (ou, se inferior, na fase recursal[415]).

Mas cabe perguntar: persistirá essa obrigatoriedade de atuação mesmo quando o valor da causa for inferior a vinte salários mínimos?

O assunto merece reflexão, mas, num primeiro momento, entendemos que a resposta deve ser negativa; logo, se a constituição de advogado é apenas facultada nessa hipótese, a atuação da Defensoria Pública também o será.

Com efeito, devemos convir que essa flexibilização da exigência de constituição de advogados – algo raro no direito brasileiro – visa, primordialmente, facilitar o acesso ao Judiciário, desburocratizando seus ritos, ônus e exigências.

Num cenário evidente de escassez de recursos e de ainda incipiente expansão das Defensorias pelo país, é razoável enxergar a facultatividade da atuação da Defensoria quando também o for a atuação do advogado. Supõe-se, aqui, seja pela (suposta) menor complexidade da demanda e pela (suposta) paridade de armas – haja vista que a parte contrária também não será obrigada a contratar advogado –, que o jogo processual poderá correr normalmente apenas com a postulação direta das partes.

Obviamente, nada obsta que a Defensoria atue ainda que o valor da causa seja inferior a vinte salários mínimos. Imaginemos, por exemplo, que o autor seja pessoa em situação de rua e, sobretudo em situações como essa, jamais a facultatividade significará uma proibição de atuação institucional.

No entanto, afirmar que a atuação, nesse caso, é facultativa é aceitar justificável a recusa.

Embora voltadas, sobretudo, ao Judiciário em geral e, em particular, aos Juizados Especiais, são aplicáveis ao que ora sustentamos as pertinentes lições de Rodolfo de Camargo Mancuso: "Cuidar-se-ia, no limite, do *fracasso do sucesso*, oximoro aparentemente impactante, que leva a refletir sobre a *natureza e finalidade* da prestação judiciária estatal, a qual *deve ser ofertada, mas não incentivada ou generalizada*, sob o risco de a propalada 'facilitação do acesso' se degradar num descabido e perigoso *convite à litigância* (...)"[416].

XX – participar, quando tiver assento, dos conselhos federais, estaduais e municipais afetos às funções institucionais da Defensoria Pública, respeitadas as atribuições de seus ramos; (Incluído pela Lei Complementar n. 132, de 2009)

## 5.21 Participação em conselhos federais, estaduais e municipais afetos às funções institucionais da Defensoria Pública

Eis uma atribuição que tem sua razão de ser na segunda onda do acesso à justiça.

---

415 Lei n. 9.099/1995, art. 41, § 2º: "No recurso, as partes serão obrigatoriamente representadas por advogado".

416 MANCUSO, Rodolfo de Camargo. *Acesso à justiça*: condicionantes legítimas e ilegítimas. São Paulo: RT, 2012. p. 152.

Os conselhos são importantes ferramentas de participação social na tomada de decisões políticas e, por isso, demandam participação plural. Nas classes menos favorecidas, a participação ganha empecilhos socioculturais, e cumpre à Defensoria, presente nos conselhos, facilitar tal participação e, conhecedora das carências derivadas da hipossuficiência financeira nos mais variados campos, tomar partido na defesa política de tais interesses.

Essa é mais uma das atribuições institucionais do defensor público que deixa claro tratar-se de um ator político, no sentido de influenciar as políticas públicas e o diálogo com a sociedade. Se existe uma atribuição do defensor público que é muito clara quanto ao desejo de que sua função não se limite ao atuar em gabinetes, é essa.

Segundo Maria da Glória Gohn, os conselhos gestores são "(...) canais de participação que articulam representantes da população e membros do poder público estatal em práticas que dizem respeito à gestão de bens públicos. Eles constituem, no início deste novo milênio, a principal novidade em termos de políticas públicas"[417].

Muito há a se estudar acerca dos conselhos gestores, bem como qual a sua relação com o acesso à justiça a ponto de atrelar a atuação da Defensoria Pública nessa seara.

Com efeito, se por um lado é intuitivo que os conselhos almejam ser um lugar de participação da sociedade nas decisões políticas, por outro, muitas dúvidas há quanto ao que deve abranger tal participação.

Assim, Maria da Glória Gohn esclarece que geralmente o debate referente às funções dos conselhos oscila entre tais órgãos possuírem incumbências consultivas ou normativas (com poder de decisão)[418] e quem deve representar a sociedade civil (se pessoas de organizações e movimentos populares ou se de um bairro ou comunidade local)[419]. Por outro lado, esclarece a pesquisadora que o cenário brasileiro do século XX apresenta três tipos de conselhos: aqueles criados pelo poder público; os criados pelos movimentos populares; e os institucionalizados, criados por lei para a gestão dos serviços públicos[420].

Feitos os esclarecimentos conceituais, cabe ponderar que o dispositivo condiciona a participação de defensores públicos em conselhos *afetos às funções institucionais da Defensoria Pública*. Com isso, o dispositivo visa coibir o desvio de finalidade. Pensamos, porém, que, para justificar a atuação de defensor público, o conselho não precisa ser de cunho jurídico, até porque, por definição, os conselhos são órgãos, no mínimo, paritários e envolvem a sociedade civil, que pode ou não deter conhecimentos jurídicos (habilitação técnica). Assim, nada obsta a participação de defensores públicos em conselhos voltados a temáticas como drogadição.

Outra consideração a se fazer é: qual é o papel do defensor público no conselho?

A interpretação mais direta é que o defensor público atua na qualidade de conselheiro, exercendo os atos e deliberações desse ator social[421].

---

417 GOHN, Maria da Glória. *Conselhos gestores e participação sociopolítica*. 3. ed. São Paulo: Cortez, 2007. p. 7.

418 Idem, p. 55.

419 Idem, p. 80.

420 Idem, p. 70.

421 Segundo Maria da Glória Gohn, é comum o Ministério Público zelar pela implementação e funcionamento dos conselhos (*Conselhos gestores e participação sociopolítica*. 3. ed. São Paulo: Cortez, 2007. p. 90).

Além disso, outra pode ser a atuação do defensor público, como a prestação de orientação jurídica à sociedade civil componente do conselho. Isso porque, em se tratando de órgão no mínimo paritário, muita vez a parcela governamental do conselho possui consulta jurídica por meio de procuradores municipais, estaduais ou federais. E a parcela da sociedade civil? Aqui entraria a função de orientação jurídica[422].

Contudo, questão interessante e que merece ser explorada é a seguinte: a lei é clara quando atrela a participação de defensores públicos às finalidades institucionais da Defensoria Pública. Sabendo-se que geralmente os conselhos são paritários, isto é, compostos por membros da sociedade civil e do governo, e sabendo-se que a lei permite a participação de defensores públicos como conselheiros, vale indagar: o defensor público deve participar na qualidade de representante da sociedade civil, do governo ou de qualquer um dos dois?

Não há uma resposta única. Inegavelmente, a Defensoria Pública é um órgão público e, ante a falta de uma categoria própria, à primeira vista ela figuraria como membro governamental. Não se deve perder de vista, porém, que a instituição possui autonomia e sua finalidade constitucional é a defesa das pessoas necessitadas, logo, esse perfil a colocaria como membro da sociedade civil.

À primeira vista, essa segunda interpretação pareceria a mais adequada e correta. Entretanto, pensamos que ambas as respostas são possíveis, já que, sob a ótica do governo, a Defensoria Pública pode ser vista como um membro da sociedade civil (em razão do seu mister constitucional) e, sob a ótica da sociedade civil, como membro do governo (em razão de se tratar de um órgão público).

XXI – executar e receber as verbas sucumbenciais decorrentes de sua atuação, inclusive quando devidas por quaisquer entes públicos, destinando-as a fundos geridos pela Defensoria Pública e destinados, exclusivamente, ao aparelhamento da Defensoria Pública e à capacitação profissional de seus membros e servidores; (Incluído pela Lei Complementar n. 132, de 2009)

## 5.22 Execução e recebimento das verbas sucumbenciais decorrentes de sua atuação

As verbas sucumbenciais não têm uma função sancionatória, mas compensatória.

Como ensina Cândido Rangel Dinamarco, "(...) o que legitima essa obrigação é o fato de o sujeito haver dado causa ao processo (...)". O art. 20 do CPC[423], assim, adotou o princípio da

422 A propósito, Maria da Glória Gohn adverte que, "em relação à paridade, ela não é uma questão apenas numérica, mas de condições de uma certa igualdade no acesso à informação, disponibilidade de tempo etc. A disparidade de condições para a participação em um conselho de membros advindos do governo daqueles advindos da sociedade civil é grande. Os primeiros trabalham em atividades dos conselhos durante seu período de expediente de trabalho normal remunerado, têm acesso aos dados e informações, têm infraestrutura de suporte administrativo, estão habituados com a linguagem tecnocrática etc. Ou seja, eles têm o que os representantes da sociedade civil não têm (...)" (*Conselhos gestores e participação sociopolítica*. 3. ed. São Paulo: Cortez, 2007. p. 92).

423 Esse dispositivo correspondia ao CPC de 1973. No CPC atual, idêntica regra está prevista no art. 82, § 2º: "A sentença condenará o vencido a pagar ao vencedor as despesas que antecipou".

sucumbência, que parte da seguinte premissa: "(...) a vitória processual de quem tem razão deixaria de ser integral quando ele tivesse de suportar gastos para vencer"[424].

O dispositivo em comento não só atribui à Defensoria Pública a função institucional de executar e receber verbas sucumbenciais do vencido – tarefa que competiria à Advocacia Pública, caso não lhe tivesse sido conferida – como explicita que elas também serão devidas (à Defensoria) por qualquer ente público (União, Estados, Distrito Federal ou Municípios).

**Destinação específica**

O pagamento de verbas sucumbenciais tem *destinação específica* na lei, e não pode ser transformado em fonte para remuneração com o rateio do granjeado. Pelo contrário, a lei destina os valores recebidos a fundos geridos pela própria Defensoria Pública (mais um reflexo da autonomia constitucional) e destinados exclusivamente a seu aparelhamento e à capacitação profissional de seus membros e servidores.

Legal e legítima a aplicação da verba no aparelhamento da Defensoria, como a aquisição de mobiliário, aparato para informatização e incremento da qualidade do atendimento. Também permitida por lei – e é a destinação que nos parece mais adequada – a aplicação dos recursos no aperfeiçoamento profissional dos membros e servidores.

O serviço público padece do vício do comodismo e da ineficiência, e um de seus mais evidentes fatores é o pouco investimento no aperfeiçoamento e atualização dos servidores, desde as carreiras menos remuneradas até as mais abastadas. No caso dos cargos alcançados por concursos públicos, que são saudável regra em nosso regime constitucional, é comum a compreensão de que, após a aprovação nos difíceis certames de provas e títulos, o sujeito está apto a exercer a profissão, privilegiado pela estabilidade (e em determinadas carreiras, pela vitaliciedade), sem ter de se submeter a processos de aperfeiçoamento ou atualização. Nada mais falso diante do princípio constitucional da eficiência (art. 37 da CF).

Assim como no setor privado, o servidor público deve ser alvo de toda sorte de investimentos que em muito transcendem a mera valorização remuneratória. Deve ser estimulado a participar de cursos, seminários, com a aquisição de obras que permitam sua atualização e aprimoramento.

**A questão do ente devedor da verba**

A lei especifica "inclusive quando devidas por quaisquer entes públicos".

Do trecho destacado cabe indagar: é devida verba sucumbencial à Defensoria Pública por outros entes públicos? E pela Fazenda do mesmo ente federativo a que pertence a Defensoria? Ou seja, a Fazenda do Estado de São Paulo deve pagar honorários à Defensoria paulista, por exemplo? A questão é extremamente importante, pois, dada a ineficácia do Estado no cumprimento dos deveres sociais, aliada aos abusos cada vez mais percebidos no exercício do poder de

424 DINAMARCO, Cândido Rangel. *Instituições de direito processual civil.* 6. ed. São Paulo: Malheiros. v. II, p. 653 e 666.

polícia, são inúmeras as demandas intentadas contra o Estado e, por consequência, relevante a verba honorária supostamente devida.

Após intensos, mas, ao que parece, insuficientes debates, o STJ sumulou a questão nos seguintes termos:

| Súmula 421: Os honorários advocatícios não são devidos à Defensoria Pública quando ela atua contra a pessoa jurídica de direito público à qual pertença. |
|---|

A justificativa para o conteúdo da súmula é a aparente *confusão* entre os recursos da Defensoria Pública e aqueles da pessoa jurídica de Direito Público à qual ela pertença[425].

Em razão da Súmula 421 do STJ, algumas leis *estaduais* preveem que a execução e o recebimento das verbas sucumbenciais são devidos, inclusive, quando devidos por entes públicos, *salvo* se se tratar do ente à qual pertençam. É o caso da Defensoria Pública do Estado do Paraná[426], para darmos um exemplo.

Com o devido respeito, não é o melhor entendimento.

---

425 Recurso repetitivo. Honorários. Defensoria Pública. A Corte Especial, ao julgar o recurso representativo de controvérsia remetido pela Primeira Seção (art. 543-C do CPC e Resolução n. 8/2008-STJ), entendeu que **a Defensoria** *Pública estadual faz jus a receber honorários de sucumbência decorrentes da condenação do município na ação por ela ajuizada em favor de necessitado, relativa ao fornecimento de medicamento.* Quanto a isso, é certo que a confusão ocorre quando uma mesma pessoa (física ou jurídica, de Direito Público ou Privado) reúne qualidades de credor e devedor, caso em que se extingue a obrigação por incompatibilidade lógica e expressa previsão legal (art. 381 do CC/2002). Foi lastreada nessa premissa que a jurisprudência do STJ assentou o entendimento de que não são devidos honorários sucumbenciais à Defensoria Pública quando atua contra a pessoa jurídica de Direito Público a qual integra e de que, a contrario sensu, há que se reconhecer o direito ao recebimento desses honorários se a atuação dá-se diante de ente federativo diverso (não há confusão), tal como aconteceu no caso em questão ou, por exemplo, quando a Defensoria Pública da União atuar contra estado membro. Precedentes citados: AgRg no REsp 1.054.873/RS, DJE 15-12-2008; REsp 740.568/RS, DJE 10-11-2008; REsp 1.046.495/RJ, DJE 30-6-2008, e AgRg no REsp 1.084.534/MG, *DJE* 12-2-2009 (REsp 1.108.013/RJ, rel. Min. Eliana Calmon, julgamento em 3-6-2009).

PROCESSUAL CIVIL. DEFENSORIA PÚBLICA. DEMANDA CONTRA MUNICÍPIO. FIXAÇÃO DE HONORÁRIOS. POSSIBILIDADE. INEXISTÊNCIA DE CONFUSÃO. 1. É entendimento pacífico no Superior Tribunal de Justiça que, quando a Defensoria Pública de determinado Estado-membro patrocina causa contra este ente federado, torna-se impossível a condenação desta parte em honorários, posto que as Defensorias são órgãos dos Estados-membros, operando-se, portanto, a confusão (art. 1.049 do Código Civil de 1916, revogado pelo art. 381 do Código Civil vigente). Aplicação da Súmula n. 421 desta Corte Superior. 2. **Na hipótese, contudo, trata-se de demanda intentada em face de Município, motivo pelo qual não há se falar em confusão.** 3. Recurso especial provido (REsp 1.231.127/RS, rel. Min. Mauro Campbell Marques, julgamento em 5-4-2011).

426 LC n. 136/2011, art. 4º, XIX: "**executar e receber as verbas sucumbenciais decorrentes de sua atuação, inclusive quando devidas por entes públicos,** excetuando-se relativamente à Administração Direta do Estado do Paraná, destinando-se aos fundos geridos pela Defensoria Pública do Estado do Paraná e destinados, exclusivamente, ao aparelhamento da Defensoria Pública do Estado do Paraná e à capacitação profissional de seus membros e servidores" (g.n.).

A Defensoria Pública tem autonomia fixada na Constituição, ou seja, nos limites da lei, é livre para a gestão de seus recursos e escolha dos caminhos para atingir os objetivos fixados no ordenamento. Para tanto, são necessários recursos, e entre as fontes de receita está exatamente a verba honorária.

Se, por um lado, é verdade que os recursos destinados à Defensoria Pública advêm do ente federativo, também é verdade que, aprovado o orçamento, o Poder Executivo Estadual já não é livre para gerir tais recursos. A autonomia constitucional impede que o Executivo possa realocar recursos já destinados à Defensoria, que tem "caixa" independente.

Como demonstrado, não há confusão. Pelo contrário, é clara a diferença, pelo que a súmula não merece acolhida, prevalecendo a literalidade do art. 4º, XXI, da LC n. 80/1994.

**Repercussão geral**

No ano de 2008 esse assunto chegou ao STF. Nessa época – vale alertar –, o inciso XXI não existia no bojo do art. 4º, dado que somente em 2009, com o advento da LC n. 132, é que ele foi previsto.

Ao apreciar o RE 592.730/RS, de relatoria do ministro Menezes Direito, fixou-se a seguinte tese:

> A questão de a Defensoria Pública, representando o vencedor da demanda judicial, receber honorários advocatícios sucumbenciais nas causas ajuizadas contra o ente federativo ao qual aquela está vinculada **não tem repercussão geral**, pois ausente relevância econômica, política, social ou jurídica que transcenda ao interesse das partes.

Dez anos se passaram desde o RE 592.730/RS.

Nesse interregno, três emendas constitucionais, algumas resoluções da Organização dos Estados Americanos, diagnósticos apontando a precariedade estrutural da instituição, além, é claro, de diversas leis ordinárias que ampliaram o leque de autonomias da Defensoria Pública ao mesmo tempo que suas responsabilidades se expandiram: segurança jurídica quanto à legitimidade para propor ação civil pública, protagonista na execução penal, papéis proativos e dialógicos enquanto *custos vulnerabilis* no processo civil e atuação constante e influenciadora nas audiências de custódia, para darmos alguns exemplos.

Essa *metamorfose ambulante* que é a Defensoria Pública, então, possibilitou a rediscussão da matéria num STF renovado em sua composição e que, em 2017, voltara a reafirmar a interligação entre a autonomia da Defensoria Pública e a questão da verba sucumbencial em face do mesmo ente federativo, num julgado de relatoria do Ministro Gilmar Mendes[427].

---

427 Agravo regimental em ação rescisória. 2. Administrativo. Extensão a servidor civil do índice de 28,86%, concedido aos militares. 3. Juizado Especial Federal. Cabimento de ação rescisória. Preclusão. Competência e disciplina previstas constitucionalmente. Aplicação analógica da Lei n. 9.099/95. Inviabilidade. Rejeição. 4. Matéria com repercussão geral reconhecida e decidida após o julgamento da decisão rescindenda. Súmula 343 STF. Inaplicabilidade. Inovação em sede recursal. Descabimento. 5. Juros moratórios. Matéria não arguida, em sede de recurso extraordinário, no processo de origem rescindido. Limites do Juízo rescisório. 6. **Honorários em favor da Defensoria Pública da União. Mesmo ente público. Condenação. Possibilidade após EC 80/2014. 7. Ausência de argumentos capazes de infirmar a decisão agravada. Agravo a que se nega**

No ano de 2018, ao apreciar o RE 1.140.005/RJ, sob a relatoria do Ministro Luís Roberto Barroso, mais uma vez o STF rediscutirá, sob a ótica constitucional, se a Defensoria Pública pode ou não cobrar honorários de sucumbência do ente federativo ao qual pertença. Eis a ementa:

> DIREITO CONSTITUCIONAL. RECURSO EXTRAORDINÁRIO. PAGAMENTO DE HONORÁRIOS À DEFENSORIA PÚBLICA QUE LITIGA CONTRA O ENTE PÚBLICO AO QUAL SE VINCULA. PRESENÇA DE REPERCUSSÃO GERAL. 1. A decisão recorrida excluiu a condenação da União ao pagamento de honorários advocatícios à Defensoria Pública da União. 2. A possibilidade de se condenar ente federativo a pagar honorários advocatícios à Defensoria Pública que o integra teve a repercussão geral negada no RE 592.730, Rel. Min. Menezes Direito, paradigma do tema n. 134. 3. As Emendas Constitucionais n. 74/2013 e n. 80/2014, que asseguraram autonomia administrativa às Defensorias Públicas, representaram alteração relevante do quadro normativo, o que justifica a rediscussão da questão. 4. Constitui questão constitucional relevante definir se os entes federativos devem pagar honorários advocatícios às Defensorias Públicas que os integram. 5. Repercussão geral reconhecida.
> Decisão: O Tribunal, por unanimidade, reputou constitucional a questão. O Tribunal, por maioria, reconheceu a existência de repercussão geral da questão constitucional suscitada, vencido o Ministro Edson Fachin. Não se manifestou o Ministro Gilmar Mendes.

Inegavelmente, os últimos anos têm demonstrado um esforço do Poder Legislativo no fortalecimento da Defensoria Pública no Brasil. No entanto, crucial e ainda mais influente tem sido o papel até aqui desempenhado pelo STF que, por diversas vezes e em diferentes assuntos, foi instado a decidir sobre os rumos da Defensoria Pública e, obviamente, da assistência jurídica no Brasil.

Esperamos que, mais uma vez, o STF reconheça a questão constitucional inerente a essa discussão: em suma, de nada adianta a Defensoria Pública contar com autonomias que, no fundo, se fragilizam em razão da notória dificuldade orçamentária que assola todas as Defensorias do país, sem exceção. No limite, bem sabemos em qual ponta da sociedade essa fragilidade institucional é mais sentida.... Como já alertou Eduardo Galeano, "que se fodam os de sempre"[428].

**Honorários advocatícios e curadoria especial**

Especial atenção merece a hipótese em que o defensor público atua como curador especial.

A doutrina especializada normalmente afirma que a atuação da Defensoria Pública, neste caso, é *atípica*, e o seria justamente porque a atuação prescinde de aferição da capacidade financeira do curatelado[429].

---

**provimento. 8. Majoração dos honorários advocatícios (art. 85, § 11, do CPC). 9. Agravo interno manifestamente improcedente em votação unânime. Multa do art. 1.021, § 4º, do CPC, no percentual de 5% do valor atualizado da causa** (AR 1.937 AgR, rel. Min. Gilmar Mendes, Tribunal Pleno, julgamento em 30-6-2017, DJE-175, DIVULG 8-8-2017, PUBLIC 9-8-2017).

428 GALEANO, Eduardo. *De pernas pro ar* – a escola do mundo ao avesso. 8. ed. Porto Alegre: L&PM, 1999. p. 222.

429 Nesse sentido: ESTEVES, Diogo; SILVA, Franklyn Roger Alves. *Princípios institucionais da Defensoria Pública*. 2. ed. Rio de Janeiro: Forense, 2017. p. 509; LIMA, Frederico Rodrigues Viana. *Defensoria Pública*. 2. ed. Salvador: JusPodivm, 2011. p. 193.

Dentre as consequências práticas desse raciocínio de que a função de curador não se confunde com a assistência jurídica gratuita[430], o caráter atípico e excepcional da função justificaria a percepção de honorários (com o destino assinalado pelo dispositivo ora em comento). Isso porque os honorários, nesse caso, teriam *caráter de despesa judicial*, cabendo à parte contrária o adiantamento de tais honorários; se vencedora ao final, poderá cobrá-los da ré. Nesse sentido o STJ:

> Processual civil. Recurso especial. Ação de reintegração de posse. Curador especial. Adiantamento de honorários. Possibilidade. – Os honorários do curador especial podem ser adiantados pela parte autora, cabendo a esta, na hipótese de procedência do pedido, cobrá-los da parte ré. Recurso especial provido (REsp 1.150.597/SP, Rel. Min. Nancy Andrighi, *DJ* 20-11-2009).
>
> DIREITO CIVIL. PROCESSUAL CIVIL. RECURSO ESPECIAL. LOCAÇÃO. RÉU REVEL. DEFENSOR PÚBLICO. CURADOR ESPECIAL. NOMEAÇÃO *EX OFFICIO*. HONORÁRIOS ADVOCATÍCIOS. ADIANTAMENTO PELA PARTE AUTORA. POSSIBILIDADE. ART. 19, § 2º, DO CPC. RECURSO ESPECIAL CONHECIDO E PROVIDO. 1. É possível a nomeação de Defensor Público como Curador Especial, sem que tal fato lhe retire o direito ao recebimento de honorários advocatícios – tendo em vista que o múnus público do curador não se confunde com assistência judiciária –, que deverão ser adiantados pela parte autora, que, por sua vez, caso vença a demanda, poderá cobrá-los dos réus. Inteligência do art. 9º, II, c/c 19, § 2º, do CPC. Precedentes. 2. Recurso especial conhecido e provido (REsp 957.422/RS, Rel. Min. Arnaldo Esteves Lima, *DJ* 7-2-2008).

Vale ressaltar que a justiça por detrás da normativa jurídica é o fato de que a atribuição de curadoria especial, ao consumir recursos materiais e humanos da Defensoria Pública em prol de terceiros não necessitados (apenas ausentes), reduz a capacidade de atuação na atividade precípua de assistência jurídica ao necessitado. A verba honorária seria mecanismo de compensação.

Atualmente, porém, a jurisprudência do STJ tem sido alterada, prevalecendo o entendimento de que os honorários advocatícios *não* são devidos à Defensoria Pública – já que a curadoria especial é função institucional que lhe compete, sendo irrelevante, aqui, a discussão teórica se se trata de típica ou atípica. De qualquer forma, os honorários *sucumbenciais* são devidos à Defensoria Pública pela parte contrária, caso a curadoria reste vencedora:

> **Honorários advocatícios. Defensoria Pública.**
>
> A Turma reafirmou que **não são devidos honorários à Defensoria Pública no exercício da curadoria especial**, uma vez que *essa função faz parte de suas atribuições institucionais. In casu*, trata-se de ação de despejo cumulada com cobrança de aluguéis em que a ré foi citada fictamente e, por essa razão, houve a nomeação de defensor público estadual como curador especial. Então, a Defensoria Pública estadual (recorrente) pediu antecipação dos honorários advocatícios, mas o juízo indeferiu. Por sua vez, o TJ negou provimento ao agravo de instrumento in-

430 Vale lembrar que a curadoria especial, fugindo à regra do processo civil, identifica-se com a lógica da defesa criminal técnica, isto é, é obrigatória e irrecusável. Assim, não se faz apuração de necessidade econômica que, embora não sendo critério absoluto, é o que, em regra, justifica a atuação da Defensoria Pública. Sobre o tema, vale a leitura da tese institucional de autoria do defensor público paulista Júlio Cesar Tanone intitulada "A verba honorária devida à Defensoria Pública pela atuação em curadoria especial". Disponível em: <http://www.defensoria.sp.gov.br/dpesp/Repositorio/20/Documentos/TODAS%20AS%20TESES/TESE%207.pdf>. Acesso em: 13 abr. 2013.

terposto pela recorrente. No REsp, **a Defensoria alega, entre outros argumentos, que os honorários do curador especial enquadram-se no conceito de despesas judiciais**; assim, estão sujeitos ao adiantamento e são destinados ao fundo da escola superior da defensoria estadual. Assim, pugna que eles são devidos, pois não pode ser dado à Defensoria tratamento diferenciado daquele conferido ao curador sem vínculo com o Estado. Esclareceu a Min. Relatora que, apesar da impossibilidade de percepção de honorários advocatícios no exercício de função institucional, eles só são devidos à Defensoria Pública como instituição, quando forem decorrentes da regra geral de sucumbência nos termos do art. 4º, XXI, da LC n. 80/1994. Precedente citado: AgRg no REsp 1.176.126/RS, *DJE* 17-5-2010 (REsp 1.203.312/SP, **rel. Min. Nancy Andrighi, julgamento em 14-4-2011**).

CURADORIA ESPECIAL EXERCIDA PELA DEFENSORIA PÚBLICA. DESEMPENHO DE FUNÇÃO INSTITUCIONAL. HONORÁRIOS. **O defensor público não faz jus ao recebimento de honorários pelo exercício da curatela especial**, por estar no exercício das suas funções institucionais, para o que já é remunerado mediante o subsídio em parcela única. *In casu*, trata-se de recurso interposto pela Defensoria Pública estadual contra a decisão que indeferiu o pleito de antecipação da verba honorária a ser paga pela recorrida relativa ao desempenho da função de curadoria especial para réu revel citado por hora certa. Em síntese, a recorrente sustenta violação do art. 19, § 2º, do CPC, além de divergência jurisprudencial ao argumento de que **a verba prevista nesse dispositivo legal ostenta a natureza de despesa judicial**, **e não de verba sucumbencial**, tendo a autora (ora recorrida) interesse no prosseguimento do feito, o qual não é possível sem curador especial. A Corte Especial negou provimento ao recurso por entender que a remuneração dos membros da Defensoria Pública ocorre mediante subsídio em parcela única mensal, com expressa vedação a qualquer outra espécie remuneratória, nos termos dos arts. 135 e 39, § 4º, da CF c/c com o art. 130 da LC n. 80/1994. **Todavia, caberão à Defensoria Pública, se for o caso, os honorários sucumbenciais fixados ao final da demanda** (art. 20 do CPC), ressalvada a hipótese em que ela atue contra pessoa jurídica de direito público à qual pertença (Súm. n. 421/STJ) (REsp 1.201.674/SP, rel. Min. Luis Felipe Salomão, julgamento em 6-6-2012).

Diversamente se dá quando a curadoria especial é desempenhada por advogado *dativo*. Como sabemos, a figura do advogado dativo, que é uma manifestação concreta do modelo *judicare*, somente sobrevive nos locais em que não há Defensoria Pública instalada. O caráter, espera-se, transitório dessa situação impõe medidas excepcionais, entrando em cena a figura do advogado dativo que exerce a curadoria especial. Na medida em que (i) não se pode obrigar o advogado a prestar gratuitamente seus serviços (profissional liberal) e que (ii), portanto e diferentemente da remuneração (fixa) do defensor público, ele faz jus a alguma remuneração, esta poderá ser feita através dos honorários advocatícios que foram antecipados pela parte contrária. Eis um julgado do STJ que ilustra esse raciocínio:

ADMINISTRATIVO. REVELIA. RÉU CITADO POR EDITAL. **NOMEAÇÃO DE ADVOGADO DATIVO COMO CURADOR. HONORÁRIOS ADVOCATÍCIOS DEVIDOS PELO ESTADO. POSSIBILIDADE**. PRECEDENTES. SÚMULA 83/STJ. 1. O entendimento jurisprudencial do Superior Tribunal de Justiça é no sentido de que, a teor da Súmula 196 desta Corte, 'ao executado que, citado por edital ou por hora certa, permanecer revel, será nomeado curador especial, com legitimidade para apresentação de embargos'. 2. **Tal curadoria será exercida preferencialmente pela Defensoria Pública, mas, na ausência ou desaparelhamento desta na localidade, tal mister poderá ser desempenhado por advogado dativo, cujos honorários, consequente-**

**mente, serão pagos pelo ente estatal. Ocorre que não está em questão a suficiência econômica do réu, e sim o trabalho do advogado dativo, o qual não pode ser compelido a trabalhar gratuitamente em face da carência ou ausência de defensor público na localidade** (AgRg no REsp 1.453.363/MG, rel. Min. Humberto Martins, 2ª Turma, julgamento em 5-6-2014).

Vale dizer que não se trata de dois pesos e duas medidas.

Ao entender que, quando desempenha a curadoria especial, o advogado dativo (modelo *judicare*) faz jus aos honorários advocatícios ao passo que a Defensoria Pública (modelo público) não, o STJ apenas está consolidando o entendimento de que se trata de modelos distintos de assistência jurídica e com lógicas de funcionamento peculiares.

XXII – convocar audiências públicas para discutir matérias relacionadas às suas funções institucionais. (Incluído pela Lei Complementar n. 132, de 2009)

## 5.23 Convocação de audiências públicas para discutir matérias relacionadas às suas funções institucionais

O filósofo Renato Janine Ribeiro levanta uma interessante discussão que pode estar diretamente relacionada à razão de ser da atribuição ora analisada. Diz o eminente filósofo:

> Nas raras democracias ou repúblicas da Antiguidade, o estatuto de cidadão estava ligado à disposição de colocar o bem comum à frente do privado. A modernidade, quando revive a democracia, constata que, se for essa a exigência para ter cidadãos, não os terá, porque pouquíssimos – basicamente, só os militantes de partidos – estarão dispostos a tanto. Os direitos humanos apresentam (...) um sério problema para a democracia (...). Os cidadãos terminam por perder a consciência de que o essencial na vida política democrática é a ideia mesma de um (...) poder do povo. (...) Mesmo nas democracias mais consolidadas, a maior parte dos cidadãos entende sua relação com o Estado (...) como estando fundada na sua convicção de terem direito a benefícios por parte do Poder Público, e conferem maior importância às liberdades privadas a seu alcance do que ao seu voto nas eleições ou a outras formas de participação política[431].

Obviamente, atribuições como a convocação de audiências públicas são fruto de uma concepção moderna de assistência jurídica – e ela seria inimaginável no bojo da concepção de assistência judiciária de meados do século XX.

Conforme lições de Alejandro M. Garro, professor da Universidade de Columbia, "(...) o esquema global de assistência legal é basicamente conservadora (sic), uma vez que os serviços são oferecidos para os pobres numa base individual (...). Os serviços legais oferecidos desse modo são, portanto, direcionados para o trabalho nas salas dos tribunais. Essa abordagem, adotada individualmente e orientada para os tribunais, embora capaz de corrigir injustiças de casos in-

431 RIBEIRO, Renato Janine. Os direitos humanos poderão ameaçar a democracia? In: RIFIOTIS, Theophilos; RODRIGUES, Tiago Hyra (org.). *Educação em direitos humanos* – discursos críticos e temas contemporâneos. Florianópolis: Ed. UFSC, 2008. p. 22.

dividuais, não é apropriada para estabelecer uma justiça igual para os pobres". E propõe o estudioso: "(...) requer-se uma imagem do advogado que ultrapasse aquela do advogado de casos individuais diante de um tribunal de justiça. Uma imagem que esteja mais próxima daquela de um jurista com mentalidade política, cujo principal papel seja o de um 'engenheiro social' procurando soluções inovadoras para os pobres"[432].

Nessa linha de pensamento, as audiências públicas são importantes ferramentas de participação social nas decisões políticas. A convocação pela Defensoria Pública fomenta a participação dos hipossuficientes, que, espera-se, encontrarão na Defensoria ambiente adequado, apoio e orientação para o esperado protagonismo político.

Num exemplo de arejamento das instituições do sistema de justiça, as audiências públicas representam um espaço em que as pessoas não procuram a Defensoria Pública para que ela as defenda, e sim para que se defendam *com* a Defensoria Pública[433].

As matérias devem estar relacionadas ao exercício das funções institucionais, mas não se restringem às políticas de atuação institucional. Vão além, permitindo a organização de ideias que possam contaminar – ou melhor, renovar – diretamente as ideias no ambiente político, colaborando, assim, para a emancipação dos necessitados.

Não existe uma metodologia pronta e acabada para a sua organização[434] e, ademais, a lei nacional nada prevê sobre a obrigatoriedade de convocação de audiências públicas antes da eventual propositura de ações judiciais – certamente porque, em alguns casos, a convocação engessaria a busca pela solução do conflito coletivo, não se mostrando adequada, eventualmente, a depender de peculiaridades do conflito. Por outro lado, as audiências públicas podem ser utilizadas para recolher subsídios a guiarem a Defensoria Pública em atuação na arena política, pois, a depender do conflito (ou da crise de direito) a ser solucionado, o caminho judicial pode não ser o mais promissor.

De qualquer forma, se a previsão legal em questão não existe necessariamente para funcionar como obrigatória etapa prévia de eventual judicialização do conflito, ao menos existe para que, quando posta em prática, não se acuse a Defensoria Pública de estar exercendo um papel que não lhe compete.

---

432 GARRO, Alejandro M. Acesso à justiça para os pobres na América Latina. In: PANDOLFI, Dulce Chaves; CARVALHO, José Murilo de; CARNEIRO, Leandro Piquet; GRYNZPAN, Mario (org.). *Democracia, violência e injustiça*. Rio de Janeiro: Editora FGV, 1999. p. 315-316.

433 Mesmo porque, como lucidamente alerta o defensor público gaúcho Arion Escorsin de Godoy, por vezes os defensores públicos "(...) não têm a adequada compreensão da situação fática vivenciada, bem como, ante a formação burocrática do meio jurídico, encontram dificuldades em lidar com o choque entre realidade e direito" (*Conflitos habitacionais urbanos*: atuação e mediação jurídico-política da Defensoria Pública. Curitiba: Juruá, 2015. p. 146).

434 Amélia Soares da Rocha, com a sensibilidade que lhe é peculiar, traça uma metodologia mínima que tem o condão de envolver a população interessada na temática e reunir potenciais apoiadores que darão peso à atuação coletiva, como a imprensa (*Defensoria Pública*: fundamentos, organização e funcionamento. São Paulo: Atlas, 2013. p. 149).

§ 1º (VETADO.)

§ 2º As funções institucionais da Defensoria Pública serão exercidas inclusive contra as Pessoas Jurídicas de Direito Público.

## 5.24 Exercício contra pessoas jurídicas de direito público

Inicialmente, façamos um exercício mental: imaginemos que o dispositivo em questão jamais esteve presente na LC n. 80/1994 ou que ele foi revogado. Diante desse cenário hipotético, cabe a pergunta: a Defensoria Pública não pode atuar contra pessoas jurídicas de Direito Público?

Sabendo que a incumbência constitucional da Defensoria é a prestação da assistência jurídica às pessoas necessitadas e que esse serviço – independentemente da menção expressa – deve ser *integral*, seria inaceitável concluir que ela poderia atuar em face de particulares, mas não contra pessoas jurídicas de direito público apenas por ausência de "autorização" legal nesse sentido.

A opressão tem várias facetas, sendo a econômica a mais visível e comentada. Decorre da opressão econômica, no entanto, a política, levando ao desamparo e a todas as formas de violência e marginalização os economicamente excluídos.

Dentre as históricas dificuldades de acesso à Justiça, sobressai o desinteresse do Estado em permitir a efetivação dos direitos dos marginalizados, pois sabedor de sua condição de réu na maioria dos casos. É o Estado o réu nas demandas pelo cumprimento de direitos como habitação, saúde, alimentação, educação, respeito e cidadania. Possível lembrar ainda a incômoda presença de pobres em trajetos pensados para rodovias e aeroportos e, por fim, na violência policial. Assim, é necessária estrutura que permita, com independência e autonomia, a defesa de interesses contra o Estado. As prerrogativas são estudadas em tópico oportuno, mas a conclusão, que é possibilidade (melhor, dever) de demandar contra o Estado, está expressa no dispositivo ora comentado.

Sobretudo desde o advento das Emendas Constitucionais n. 45/2004, n. 69/2012 e n. 74/2013, esse § 2º perde um pouco da sua relevância jurídica, mas, do ponto de vista histórico, ele sem dúvida é importante.

Com efeito, esse dispositivo tinha sua razão de ser numa época – e estamos falando inclusive de meados da década de 1990 – em que se tinha por *natural* a vinculação da Defensoria Pública (ou órgãos cujos nomes eram diferentes, mas que, na essência, prestavam assistência judiciária) ao Poder Executivo, principalmente, e essa vinculação, na prática, significava a existência de retaliações em caso de atuação em face desse Poder.

Como prova disso, caso o leitor retorne ao art. 3º da LC n. 80/1994, notará que o parágrafo único foi vetado. Não tivesse sido vetado, o dispositivo teria a seguinte redação: "À Defensoria Pública é assegurada autonomia administrativa e funcional".

Na época, o presidente do Brasil era Itamar Franco – que sempre será lembrado como o presidente que sancionou a primeira lei orgânica nacional da Defensoria Pública.

Por meio da Mensagem n. 27/1994, Itamar Franco assim justificou o veto ao art. 3º, parágrafo único:

> A Constituição Federal somente concedeu autonomia a dois órgãos. O art. 99 previu a autonomia administrativa e financeira ao Poder Judiciário e o § 2º do art. 127 estabeleceu autonomia

funcional e administrativa ao Ministério Público. Por outro lado, não se concebe a concessão de autonomia administrativa e funcional a um órgão que deve estar sob o comando do Chefe do Poder Executivo, como é o caso da Defensoria Pública.

Soa até paradoxal o presidente da República vetar a outorga (expressa) de autonomias (*conditio sine qua non*) ao mesmo tempo que aceita a atuação da instituição em face, inclusive, das pessoas jurídicas de Direito Público.

Diante do novo, como se vê, a mentalidade da época era, para dizer o mínimo, confusa, e é justamente essa confusão que explica a obviedade do dispositivo ora analisado.

Hoje, como já dito, eventual revogação do § 2º obviamente não teria o condão de impedir a atuação da Defensoria Pública contra o poder público, pois isso decorre da própria natureza jurídico-constitucional da instituição (função essencial à justiça) e, no limite, da autonomia funcional de que goza expressamente no texto da Constituição Federal.

§ 3º (VETADO.)

§ 4º O instrumento de transação, mediação ou conciliação referendado pelo defensor público valerá como título executivo extrajudicial, inclusive quando celebrado com a pessoa jurídica de direito público. (Incluído pela Lei Complementar n. 132, de 2009)

## 5.25 Instrumento de transação, mediação ou conciliação com valor de título executivo extrajudicial

Entre as atribuições expressas da Defensoria Pública está a solução extraprocessual dos conflitos, através de meios consensuais de resolução de conflitos, tais como mediação, conciliação e demais técnicas de composição e administração de conflitos (cláusula aberta). Essa é a função institucional prevista no inciso II do art. 4º.

**Natureza de prerrogativa**

Necessário, porém, dotar o defensor público de poderes suficientes para permitir a celebração e a eficácia do acordado sem grande burocracia, como seria o caso da chamada de testemunhas ou, pior, da chancela judicial. Nessa linha de raciocínio, *o § 4º prevê não uma função institucional da Defensoria Pública, e sim uma prerrogativa dos defensores públicos.*

Daí a justificativa para que o instrumento de transação, conciliação ou mediação referendado pelo defensor público possa valer desde logo como título executivo extrajudicial, mesmo se celebrado com pessoa jurídica de direito público.

Equipara-se, assim, tal instrumento com os títulos executivos extrajudiciais previstos no Código de Processo Civil (art. 585 do CPC).

O STJ já havia decidido que, a despeito da literalidade do art. 733, *caput*, do CPC/1973, o instrumento de transação referendado pelo defensor público valia como título executivo extrajudicial, apto, inclusive, a ensejar a prisão civil do alimentante:

> **Alimentos. Execução. Acordo extrajudicial.** Trata-se de execução ajuizada para receber as prestações alimentícias vencidas fixadas em **acordo extrajudicial referendado pela Defensoria**

**Pública** em que o juiz extinguiu o processo, reconhecendo a ausência de interesse de agir nos termos do art. 267, VI, do CPC. Fundamentou tal decisão no entendimento de que o título executivo extrajudicial não seria apto a ensejar a execução prevista no art. 733 do CPC, porque, para isso, o acordo deveria ser homologado **judicialmente**. Por sua vez, o tribunal *a quo* **manteve a sentença. Assim, a questão debatida no REsp é saber se o acordo referendado pela Defensoria Pública sem a intervenção do Poder Judiciário permite a ação de execução de alimentos prevista no art. 733 da lei processual civil**, isto é, com a possibilidade de expedir o decreto prisional do obrigado alimentar inadimplente. Após o voto-vista da Min. Nancy Andrighi, ao qual todos os Ministros aderiram, considerou-se que a redação do art. 733 do CPC não faz referência ao título executivo extrajudicial, porque, à época em que o CPC entrou em vigência, a única forma de constituir obrigação de alimentos era por título executivo judicial. Só posteriormente, em busca de meios alternativos para a solução de conflitos, foram introduzidas, no ordenamento jurídico, as alterações que permitiram a fixação de alimentos em acordos extrajudiciais, dispensando a homologação judicial. A legislação conferiu legitimidade aos acordos extrajudiciais, reconhecendo que membros do MP e da Defensoria Pública são idôneos e aptos para fiscalizar a regularidade do instrumento, bem como verificar se as partes estão manifestando sua vontade livre e consciente. Também se observou que **não se poderia dar uma interpretação literal ao art. 733 do CPC** diante da análise dos dispositivos que tratam da possibilidade de prisão civil do alimentante e acordo extrajudicial (art. 5º, LXVII, da CF/1988; arts. 585, II, 733, § 1º e 1124-A do CPC; art. 19 da Lei n. 5.478/1968 e art. 13 do Estatuto do Idoso). Entre outros argumentos, destacou-se que a obrigação constitucional de alimentar e a urgência de quem necessita de alimentos não poderiam mudar com a espécie do título executivo (se judicial ou extrajudicial). Os efeitos serão sempre nefastos à dignidade daquele que necessita de alimentos, seja ele fixado em acordo extrajudicial ou título judicial. Ademais, na hipótese de dívida de natureza alimentar, a própria CF/1988 excepciona a regra de proibição da prisão civil por dívida, entendendo que o bem jurídico tutelado com a coerção pessoal sobrepõe-se ao direito de liberdade do alimentante inadimplente. Diante do exposto, a Turma anulou o processo desde a sentença e determinou que a execução prossiga (REsp 1.117.639/MG, rel. Min. Massami Uyeda, julgamento em 20-5-2010).

O atual CPC prevê regra idêntica no art. 784, IV[435].

Mais recentemente, o STJ confirmou a *possibilidade de execução de alimentos pelo rito de prisão, não obstante o título executivo ser extrajudicial*, conforme transcrição da ementa a seguir. Anote-se que, após o CPC/2015, não há razão para tal entendimento ser modificado em razão do parágrafo único do art. 693, que faz remissão à legislação especial; portanto, persiste a base legal para essa interpretação: o art. 19 da Lei n. 5.478/1968. Segue transcrição:

> RECURSO ESPECIAL. OBRIGAÇÃO ALIMENTAR EM SENTIDO ESTRITO. DEVER DE SUSTENTO DOS PAIS A BEM DOS FILHOS. EXECUÇÃO DE ACORDO EXTRAJUDICIAL FIRMADO PERANTE O MINISTÉRIO PÚBLICO. DESCUMPRIMENTO. COMINAÇÃO DA PENA DE PRISÃO CIVIL. POSSIBILIDADE. 1. Execução de alimentos lastrada em título executivo extrajudicial, consubstanciado em acordo firmado perante órgão do Mi-

435 "Art. 784. São títulos executivos extrajudiciais: (...) IV – o instrumento de transação referendado pelo Ministério Público, pela Defensoria Pública, pela Advocacia Pública, pelos advogados dos transatores ou por conciliador ou mediador credenciado por tribunal."

nistério Público (art. 585, II, do CPC), derivado de obrigação alimentar em sentido estrito – dever de sustento dos pais a bem dos filhos. 2. Documento hábil a permitir a cominação de prisão civil ao devedor inadimplente, mediante interpretação sistêmica dos arts. 19 da Lei n. 5.478/68 e Art. 733 do Estatuto Processual Civil. **A expressão 'acordo' contida no art. 19 da Lei n. 5.478/68 compreende não só os acordos firmados perante a autoridade judicial, alcançando também aqueles estabelecidos nos moldes do art. 585, II, do Estatuto Processual Civil**, conforme dispõe o art. 733 do Código de Processo Civil. Nesse sentido: REsp 1.117.639/MG, Rel. Ministro Massami Uyeda, Terceira Turma, julgado em 20-5-2010, *DJE* 21-2-2011. 3. Recurso especial provido, a fim de afastar a impossibilidade apresentada pelo Tribunal de origem e garantir que a execução alimentar seja processada com cominação de prisão civil, devendo ser observada a previsão constante da Súmula 309 desta Corte de Justiça[436].

§ 5º A assistência jurídica integral e gratuita custeada ou fornecida pelo Estado será exercida pela Defensoria Pública. (Incluído pela Lei Complementar n. 132, de 2009)

## 5.26 Assistência jurídica gratuita e a gratuidade da justiça

### Uma peça de museu

Eis mais um dispositivo legal que, se hoje tem alguma importância, é a de manter viva um pouco da (ainda) recente história da Defensoria Pública no Brasil. Antes de 1998, esse § 5º, caso existisse em alguma lei, seria um divisor de águas na ideia de assistência jurídica no país. Desde a CF/88, porém, ele perde um pouco a sua razão de ser. É uma peça de museu na LC n. 80/1994.

O dispositivo reforça a escolha constitucional pelo modelo da Defensoria Pública, afastando, expressamente, toda assistência jurídica prestada pelo Estado (custeada ou fornecida) que não tenha como meio a Defensoria.

De fato, os demais modelos mostraram por décadas sua ineficiência. De acordo com o ora comentado § 5º, toda prestação de assistência jurídica pelo Estado que não se faça pela Defensoria Pública é ilegal e sujeita os administradores à responsabilidade civil e criminal por eventuais gastos ilegais.

Se por um lado é vedado o dispêndio de energia e recursos públicos com outra atividade de assistência jurídica estatal que não a Defensoria, por outro, a assistência jurídica gratuita não estatal (como a advocacia *pro bono*) é plenamente autorizada.

### Legitimidade concorrente *vs.* monopólio

Existem situações que, a nosso ver, poderão estimular uma leitura que não leve a um suposto monopólio da Defensoria Pública quanto à assistência jurídica. É o caso da promoção de ação de alimentos pelo Ministério Público. Aqui, rigorosamente falando, não se está pregando

436 STJ, rel. Min. Marco Buzzi, Quarta Turma, julgamento em 4-12-2012, *DJe* 1-8-2013. Disponível na página oficial do STJ.

uma assistência jurídica prestada pelo órgão ministerial, e sim uma atuação processual sua em prol de pessoas em situação de vulnerabilidade.

Cristiano Chaves de Farias, após reconhecer a necessidade de fortalecimento das Defensorias Públicas, defende uma *legitimidade concorrente* do Ministério Público (concorrente com a Defensoria e a Advocacia) de propor ação de alimentos, por se tratar de direito indisponível. Ao que parece, essa legitimidade ocorreria quando o alimentando fosse criança ou adolescente, haja vista o disposto no art. 201, III, do ECA[437].

Nessa temática, vale dizer que a jurisprudência oscila: em alguns casos admite-se a legitimidade desde que na defesa de criança ou idoso, pois seriam casos evidentes de vulnerabilidade e, portanto, a legitimidade ministerial seria ampla[438]. Em outros julgados, tal legitimidade só existiria em caso de não haver Defensoria Pública instalada na localidade[439]. De qualquer modo, devemos levar em consideração que o art. 127 da CF/88 prescreve expressamente incumbir ao Ministério Público a defesa de interesses individuais indisponíveis e, portanto, a legitimidade concorrente para ação de alimentos encontraria respaldo nessa disposição.

§ 6º A capacidade postulatória do defensor público decorre exclusivamente de sua nomeação e posse no cargo público. (Incluído pela Lei Complementar n. 132, de 2009)

## 5.27 Nomeação e posse no cargo público como pressuposto da capacidade postulatória: premissa inicial

Quando a LC n. 80/1994 foi alterada pela LC n. 132/2009, autorizando o membro da Defensoria Pública a exercer suas funções independentemente de registro na Ordem dos Advogados do Brasil, preocupamo-nos em estudar a fundo a questão para escrevermos artigo que demonstrasse a base constitucional dessa mudança operada no plano infraconstitucional. Tal empresa exigiu que abordássemos questões de interesse histórico, econômico, ético e político a fim de justificarmos a indispensável e acertada desvinculação jurídica dos defensores públicos em relação aos quadros de inscritos da Ordem dos Advogados do Brasil (doravante OAB), e o cerne de todo esse longo raciocínio – publicado somente em 2014[440] – pode ser condensado deste modo: a capacidade postulatória *própria* do membro da Defensoria Pública é uma *garantia do cargo*

437 FARIAS, Cristiano Chaves de. A legitimidade do Ministério Público para a ação de alimentos: uma conclusão constitucional. In: FARIAS, Cristiano Chaves de; ALVES, Leonardo Barreto Moreira; ROSENVALD, Nelson (orgs.). *Temas atuais do Ministério Público* – a atuação do *Parquet* nos 20 anos da Constituição Federal. 2. ed. Rio de Janeiro: Lumen Juris, 2010. p. 523-539.

438 STJ, REsp 89.661/MG, 4ª Turma.

439 TJPR, AgIn 15573100.

440 JUNQUEIRA, Gustavo Octaviano Diniz; REIS, Gustavo Augusto Soares dos; ZVEIBIL, Daniel Guimarães. Constitucionalidade da capacidade postulatória autônoma do Defensor Público: fundamentos e importância para a defesa de direitos humano. In: RÉ, Aluísio Iunes Monti Ruggero; REIS, Gustavo Augusto Soares (coords.). *Temas aprofundados da Defensoria Pública*. Salvador: JusPodivm, 2014. v. 2, p. 97-132.

voltada para assegurar a *autonomia do serviço público de assistência jurídica gratuita contra interesses conflitantes.*

**Começando pelo final: desvincular-se dos quadros da OAB é dever para o membro da Defensoria Pública, não mera faculdade**

Essa inafastável relação de causa e efeito levou-nos a afirmar, já em 2014, na conclusão de nosso estudo, que a desvinculação dos quadros da OAB jamais poderia ser *faculdade* do membro da Defensoria Pública; reafirmamos, assim, tratar-se de dever constitucional imposto pela autonomia constitucional da própria Instituição:

> (...) não temos dúvida alguma de que a autonomia da capacidade postulatória do defensor público, enquanto desdobramento natural e lógico da autonomia constitucional da Defensoria Pública, afasta definitivamente até mesmo a hipótese de facultatividade da vinculação dos defensores públicos com a insigne Ordem: porque tal facultatividade corresponderia a uma suposta facultatividade da autonomia constitucional do serviço público de assistência jurídica integral e gratuita. E esta autonomia, pelo magno e profundo significado que ostenta, deve ser *obrigatória* e *inegociável*: um princípio *jurídico* estruturante e insuprimível da Defensoria Pública[441].

Para que o espírito do presente livro seja respeitado, ressaltaremos alguns pontos de nosso longo estudo publicado em 2014, para o qual remetemos o leitor que eventualmente queira se aprofundar mais.

**Capacidade postulatória "autônoma" ou "própria"? – uma correção a ser feita**

A capacidade postulatória do defensor público, nos termos da redação legal, decorre exclusivamente de sua nomeação e posse no cargo, quedando desnecessárias a qualidade de advogado e a inscrição nos quadros da Ordem dos Advogados do Brasil. Essa é a razão de falarmos, naquele estudo de 2014, em *capacidade postulatória autônoma*[442].

Atualmente, porém, entendemos ser mais apropriado que se fale em capacidade postulatória *própria*, pois, quando falamos em "autonomia", isso pode passar a impressão de que a capacidade postulatória da Advocacia é a principal, quando, na verdade, cada função essencial à Justiça possui capacidade postulatória própria para suas funções.

De fato, as funções de defensor público abrangem vários atos típicos de advocacia, mas os transcendem, como é possível notar no extenso rol de atribuições funcionais. Cumpre anotar, também, que há atos próprios da advocacia que são defesos ao defensor público, lembrando que é vedado exercício de atos de advocacia fora das atribuições legais.

**Fundamento constitucional da capacidade postulatória própria do defensor público**

Sempre defendemos que a autonomia constitucional da Defensoria Pública é corolário lógico das próprias disposições constitucionais, na medida em que, ao tratarem "*Das Funções*

---

441 Idem, p. 130-131.

442 Idem, p. 97-132.

*Essenciais à Justiça*" no Capítulo IV do seu Título IV, não só deixam claro que a Defensoria Pública não é departamento ou setor de qualquer dos Poderes da República ou de órgãos autônomos, mas também diferenciam claramente Defensoria Pública de Advocacias particular e pública. De qualquer modo, as Emendas Constitucionais n. 45/2004, n. 69/2012 e n. 74/2013 colocaram uma "pá de cal" sobre o assunto, pelo menos no plano textual da Constituição Federal, e a jurisprudência do STF há muito vem reconhecendo essa autonomia constitucional – sem contar que a autonomia é abonada por resolução da Organização dos Estados Americanos (OEA)[443].

Seria impossível a concretização plena dessa autonomia constitucional sem a capacidade postulatória própria do defensor público, pois, conforme defendemos desde 2014, a manutenção da inscrição do defensor público nos quadros da OAB enseja sua vinculação a *duas hierarquias administrativas* – e, sempre que a hierarquia administrativa da OAB prevalecer, a autonomia constitucional da Defensoria Pública deixará produzir eficácia jurídica.

Por isso, não houve exagero ao asseverarmos em 2014 que a capacidade postulatória própria do defensor público é condição imprescindível à *concretização real da autonomia constitucional da Defensoria Pública*, e mais especificamente da *autonomia constitucional do serviço público de assistência jurídica integral e gratuita.*

Igualmente a esta conclusão chegou o constitucionalista André Ramos Tavares, conforme trecho que extraímos de seu engenhoso parecer sobre o tema:

> (...) § 50 É necessário reconhecer que o art. 4º, § 6º, da LC 80/94, na redação atribuída pela LC 132/09, desvincula a Defensoria Pública da Ordem dos Advogados do Brasil. Em síntese, e em termos pedagógicos, promove um movimento abertamente emancipatório em relação à OAB, e à necessidade de inscrição no quadro de profissionais desta última, para fins de concessão de capacidade postulatória aos integrantes da Defensoria Pública, consolidando e efetivando a Constituição do Brasil, no que tange ao conteúdo, alcance e teleologia do art. 134 [da CF88]. (...) § 53 O Ministério Público, assim como ocorre com a Defensoria Pública, detém capacidade postulatória autônoma e imediata, em razão de sua essencialidade para a função jurisdicional do Estado, plasmada no art. 127, da CB[444].

### O § 6º do art. 4º e o art. 26, ambos da LC n. 80/1994: antinomia insuperável?

Alguns setores da OAB, com respeito à Lei Orgânica Nacional da Defensoria Pública, apontam que seu art. 26 não permitiria ao defensor público exercer funções institucionais da Defensoria Pública desligando-se dos quadros da Ordem dos Advogados do Brasil.

---

443 A Organização dos Estados Americanos (OEA) aprovou, no dia 7 de junho de 2011, Resolução AG/RES. 2656 (XLI-0/11), que versa sobre "Garantias para o acesso à Justiça. O papel dos defensores oficiais", oportunidade em que restou consagrado: "(...) Item 4. Recomendar aos Estados-membros que já disponham do serviço de assistência jurídica gratuita que adotem medidas que garantam que os defensores públicos oficiais gozem de *independência e autonomia funcional*. 5. Incentivar os Estados-membros que ainda não disponham da instituição Defensoria Pública que considerem a possibilidade de *criá-la em seus ordenamentos jurídicos*" (g.n.).

444 Confira o parecer na página da Associação Nacional dos Defensores Públicos (Anadep), em: <http://www.anadep.org.br/wtksite/grm/envio/1409/P_DEFENSORIA_Andre_Ramos_Tavares.pdf>.

Esse art. 26, ao lado dos art. 24 e 25, regula o ingresso na carreira da Defensoria Pública da União. E a redação do *caput* do art. 26 da LC n. 80/1994 é inequívoca em revelar que o candidato a ingresso na carreira da Defensoria Pública da União, para fins de inscrição no concurso público, deve possuir registro na Ordem dos Advogados do Brasil[445].

Considerando-se que o registro na OAB é para fins de inscrição em concurso público, só podemos concluir que o *caput* do art. 26 da LC n. 80/1994 convive perfeitamente com o § 6º do art. 4º do mesmo diploma, nos seguintes termos: o candidato a ingressar na Defensoria Pública da União deverá fazer inscrição para o respectivo concurso público apresentando registro na Ordem dos Advogados do Brasil (art. 26 da LC n. 80/1994) como forma de fazer uma *primeira filtragem para o concurso público*, todavia, se aprovado no concurso público o defensor público federal, assim como o defensor público estadual ou distrital, terão capacidade postulatória *independentemente* da inscrição na Ordem dos Advogados do Brasil, por força da nomeação e posse no cargo público (art. 4º, § 6º, da LC n. 80/1994). Nem se diga que o § 2º do art. 26 da LC n. 80/1994[446] supostamente obrigue o Defensor Público a permanecer vinculado à OAB. Ora, o § 2º do art. 26 da LC n. 80/1994 também convive perfeitamente com o § 6º por idêntico argumento.

Vale ressaltar que nossa posição converge com a de Celso Antonio Bandeira de Mello, que, em notável parecer, afirma categoricamente não existir contradição entre a concessão legal de capacidade postulatória autônoma (art. 4º, § 6º, da LC n. 80/1994) e a exigência de inscrição na Ordem dos Advogados do Brasil para fins de inscrição no concurso público, a ser demonstrada até a posse (arts. 26 e 71 da mesma LC n. 80/1994, e, no Estado de São Paulo, art. 97, I, da LC estadual n. 988/2006). Judiciosamente, esclarece que:

> (...) não é critério aceitável de hermenêutica presumir que um artigo desmente o contido em outro no mesmo texto. Assim, a intelecção correta é a de que ambos estão reportados a coisas diversas. Ou seja: um deles, o que demanda inscrição na OAB, está volvido a um requisito de capacidade profissional, aptidão técnica, a ser demonstrada no instante da admissão, **feito o que, está cumprido o necessário**. O segundo deles, confere capacidade postulatória e faz depender tão só, ou seja '**exclusivamente**', como ali está dito, à nomeação e posse no cargo. Donde, para atuar em juízo (ou extrajudicialmente) na defesa dos interesses a seu cargo, o Defensor Público nada mais necessita senão estar investido nas funções que lhe correspondem. Ou seja: não necessita **permanecer** inscrito na OAB.

E neste passo, exemplifica:

> *7. Não são raras no Direito as hipóteses em que é exigido um determinado requisito para a constituição de uma certa situação, mas não o é para a persistência dela. Assim, para que alguém ingresse em certos cargos públicos (como os de policial militar por exemplo) exige-se uma determinada compleição corporal e uma certa aptidão física, mas não é exigido que as mantenha ao longo*

445 *In verbis*: "Art. 26. O candidato, no momento da inscrição, deve possuir registro na Ordem dos Advogados do Brasil, ressalvada a situação dos proibidos de obtê-la, e comprovar, no mínimo, dois anos de prática forense, devendo indicar sua opção por uma das unidades da federação onde houver vaga".

446 Art. 26, § 2º: "Os candidatos proibidos de inscrição na Ordem dos Advogados do Brasil comprovarão o registro até a posse no cargo de Defensor Público".

*do tempo. Para aceder à posição de Professor Titular, demandam-se provas de que possua uma aptidão didática em um certo nível, mas a perda deste nível ao longo do tempo não implica na destituição do cargo. Para que a mulher adote o sobrenome do marido cumpre que se case com ele, mas se vier a se separar nem por isto perderá automaticamente tal sobrenome. No passado exigia-se para a doção de uma criança que o adotante tivesse o 'status' de casado, mas não era requerido que para a mantença da adoção persistisse nessa situação*[447].

### *Lex posterior derogat priori*

Para quem não se convencer sobre a plena harmonia jurídica apontada, na pior hipótese deve levar em conta que o § 6º do art. 4º da LC n. 80/1994 é *posterior* ao *caput* do art. 26 desse mesmo diploma (e diga-se o mesmo quanto ao § 2º desse art. 26), incidindo, desse modo, a regra inevitável da lei posterior revogar a anterior (*lex posterior derogat priori*).

### Capacidade para postular em juízo não é monopólio da Advocacia

Alguns setores da OAB querem fazer crer, ainda, que existiria um suposto monopólio da capacidade postulatória pertencente aos advogados. Isso, porém, não corresponde à verdade, uma vez que Promotores de Justiça inegavelmente possuem capacidade postulatória, Delegados de Polícia também – estes ao requererem mandados de busca e apreensão, ou de prisão cautelar, por exemplo – e o próprio cidadão em diversos campos: *habeas corpus*, reclamações trabalhistas, ações de alimentos etc.

Importa ressaltar que esse entendimento é comungado por André Ramos Tavares, conforme trecho que extraímos do já mencionado parecer sobre o tema: "§ 33 (...) a afirmação de que a LC 80/94, em seu art. 4º, § 6º, viola o art. 133 da CB, não é consistente com a Constituição e com a sua compreensão pela Corte Máxima, pois nesta cláusula constitucional não se pode pretender erigir norma que imponha a capacidade postulatória aos inscritos no quadro de profissionais da OAB"[448].

### Significado histórico da autonomia constitucional

Historicamente, o significado da autonomia constitucional da Defensoria Pública é *enorme*, pois nos modelos que existiram em nosso país antes da constitucionalização da Defensoria Pública – fato que se deu em 1988 – esse serviço público indispensável para uma autêntica cidadania *nunca* esteve atribuído em escala nacional a órgão público ou entidade que se responsabilizasse por prestá-lo como:

(1) *atividade exclusiva e focada no necessitado;*

(2) *em dedicação integral sem dividir atenções;* e

(3) *livre de ingerências provenientes de órgãos subordinantes.*

---

447 Confira inteiro teor do parecer no sítio digital da Associação Paulista de Defensores Públicos (Apadep), em: <http://www.apadep.org.br/artigos/Parecer%20Bandeira%20de%20%20Melo.pdf/view>; nossa transcrição com destaques do original.

448 Confira o parecer na página da Associação Nacional dos Defensores Públicos (Anadep), em: <http://www.anadep.org.br/wtksite/grm/envio/1409/P_DEFENSORIA_Andre_Ramos_Tavares.pdf>.

Para que este ponto de vista seja entendido claramente, é preciso ter em mente que o *necessitado* sempre foi um grande problema no sistema de Justiça, tanto que antes da constitucionalização da Defensoria Pública havia inúmeros órgãos aos quais cabia a tarefa da defesa do necessitado; e detalhe importantíssimo é que essa tarefa concorria com as principais funções desses órgãos, o que, inevitavelmente, colocava em segundo plano a assistência jurídica aos necessitados[449].

Nesse cenário, é justo indagarmos: por qual motivo o serviço público de assistência jurídica integral e gratuita também deve se emancipar da OAB?

**Um pouco de história da Ordem dos Advogados do Brasil e sua relação com a assistência judiciária**

A história da OAB, inclusive de sua criação, confunde-se com a questão da *assistência judiciária*, a qual se tornou um dos argumentos para justificar sua criação. Vamos entender um pouco dessa história e como ela influencia essa discussão.

Ao longo do desenvolvimento do sistema de justiça no Brasil, nem sempre os advogados detiveram o monopólio da atuação *privada* junto ao Poder Judiciário. Além deles, o direito brasileiro já conheceu outros agentes privados que, por possuírem algum saber técnico-jurídico, levaram o acesso à justiça às pessoas comuns (não letradas em Direito).

Como ensina o sociólogo Edmundo Campos Coelho, durante o Império três categorias de profissionais do direito eram reconhecidas: o **bacharel**, isto é, diplomado na faculdade de Direito; o **provisionado**, que não cursara a faculdade, mas era submetido, pelo Judiciário, a exames práticos e teóricos de jurisprudência, e, se aprovado, podia advogar basicamente nos tribunais de primeira instância; o **solicitador**, que não possuía diploma, mas era submetido a um exame de prática processual. Além dessas categorias, havia ainda o **rábula**, que não frequentava qualquer escola de Direito nem se submetia a exames que aferissem seus conhecimentos, mas detinha algum saber jurídico e, por isso, acabava atuando em juízo[450].

Já que recordar é viver, rememoremos brevemente dois rábulas eternizados no direito brasileiro.

Evaristo de Moraes, um dos maiores advogados de nossa história, mestre de Evandro Lins e Silva e aliado de Rui Barbosa na campanha Civilista em plena República Velha, exerceu a maior parte da profissão enquanto rábula[451].

---

449 Cf. amplamente em: ALVES, Cleber Francisco. *Justiça para todos*... cit., capítulo 5. Nesse sentido, igualmente, vale a pena consultar o estudo da Professora Armida Bergamini Miotto (*Revista de Informação Legislativa*, Brasília, abr.-jun. 1973, p. 71-104), que descreve vários sistemas de atendimento ao pobre: *e.g.*, no Distrito Federal era tarefa do cargo inicial do Ministério Público, ou seja, o necessitado somente poderia ter o inexperiente ao seu lado, como se o necessitado servisse somente como objeto de aprendizado ou de simples e triste cobaia; no Rio de Janeiro chegou a ser carreira paralela a dos Promotores, mas subordinada ao Procurador-Geral de Justiça; em São Paulo cabia à Procuradoria de Assistência Judiciária, que se situava fora do Ministério Público, mas dentro da estrutura da Procuradoria-Geral do Estado, o que claramente causa uma colisão de interesses etc., sem esquecermos que, de forma geral, a advocacia particular também exercia caritativamente a defesa do necessitado.

450 COELHO, Edmundo Campos. *As profissões imperiais* – Medicina, Engenharia e Advocacia no Rio de Janeiro (1822-1930). Rio de Janeiro: Record, 1999. p. 167.

451 MENDONÇA, Joseli Maria Nunes. *Evaristo de Moraes*: tribuno da República. Campinas: Ed. Unicamp, 2007.

Luiz Gama, o advogado dos escravos, se tornou rábula[452]. E, como rábula, nos dizeres de Fábio Konder Comparato, "(...) logrou livrar do cativeiro mais de quinhentos negros – fato sem precedentes na história mundial da advocacia"[453].

Qual é a razão de durante alguns períodos não apenas os advogados terem capacidade postulatória? Por que os provisionados, os solicitadores e até mesmo os rábulas tinham algum grau de capacidade postulatória? A resposta é do próprio Edmundo Campos Coelho: pelo simples fato de que era por meio basicamente desses últimos, e não dos advogados, que a massa da população podia reivindicar judicialmente seus direitos. Por esses tempos, os poucos advogados existentes também usavam seu prestígio para se envolver na política, de modo que, "(...) fechados em seus escritórios, afastados do povo, é pouco provável que o homem das ruas tomasse conhecimento da existência desses ilustres cidadãos. Menos provável ainda que os ilustres cidadãos tomassem conhecimento da existência do povo. (...)"[454].

A Sociologia das Profissões costuma estabelecer algumas características para que uma atividade qualquer aspire ao *status* de uma profissão, e seus traços são a *capacidade de autorregulação coletiva* e de *regulação do mercado de prestação de serviços*. Isso é alcançado através da seguinte estratégia:

> (i) mobilizar os praticantes;
> (ii) convencer a sociedade acerca da peculiar importância do serviço prestado e, por fim, "(...) encontrar um 'padrinho' no Congresso que se disponha a apresentar um projeto de regulamentação (...)"[455].

Deixemos de lado os demais aspectos, mas devemos observar com bastante zelo que, de um lado, regulamentar uma profissão – o que é feito sempre com algum aval do Estado – é legislar na direção de proibir outras pessoas de desempenharem uma mesma atividade. Ao longo do tempo, o que distinguiu os práticos do Direito dos advogados é que estes possuíam curso superior.

Para chegar àquela restrição de mercado, *não basta uma legislação restritiva, sendo necessário um mínimo de legitimidade*, e ela reside tanto no convencimento da opinião pública relativo à perícia decorrente de uma formação superior como também no da função social daquela atividade. É justamente aqui, no aspecto da função social da atividade, que **a assistência jurídica entra em cena no âmbito da advocacia.**

---

452 Para Pontes de Miranda, a expressão "rábula" é pejorativa, pois comumente é atribuída a um agir desonesto. O renomado jurista, porém, reconhecia a relevância do rábula com os seguintes dizeres: os rábulas "(...) exerceram função ao mesmo tempo conservadora de boas práticas e inovadora de ideias, livres, como eram, das teias de aranha (ou de arame) do ensino râncido, reacionário, das Faculdades de Direito" (*Comentários ao Código de Processo Civil*. Rio de Janeiro: Forense, 1947. v. I, p. 303).

453 In: FERREIRA, Ligia Fonseca. *Com a palavra, Luiz Gama*: poemas, artigos, cartas, máximas. São Paulo: Imprensa Oficial, 2011. p. 8.

454 Idem, p. 93-94.

455 COELHO, Edmundo Campos. *As profissões imperiais* – Medicina, Engenharia e Advocacia no Rio de Janeiro (1822-1930). Rio de Janeiro: Record, 1999. p. 32.

A importância da criação da Ordem dos Advogados Brasileiros para o desenvolvimento da assistência judiciária no Brasil é inequívoca[456].

No ano de 1940, o jurista Darcy Bessone afirmava que, "desde a criação e a consequente regulamentação da Ordem dos Advogados, uma nova questão passou a preocupar os juristas e inquietar os homens do foro"[457], e isso porque o art. 91 do regulamento da OAB previa o seguinte: "A Assistência Judiciária, no Distrito Federal, nos Estados e no Território do Acre, fica sob a jurisdição exclusiva da Ordem".

Na verdade, esse decreto continha apenas um dispositivo legal que tratava do assunto, o art. 17: "Fica creada a Ordem dos Advogados Brasileiros, órgão de disciplina e selecção da classe dos advogados, que se regerá pelos estatutos que forem votados pelo Instituto da Ordem dos Advogados Brasileiros, com a collaboração dos Institutos dos Estados, e approvados pelo Governo".

A redação do supracitado dispositivo legal ensejou, segundo Darcy Bessone, duas correntes:

> (i) aqueles, fulcrados numa interpretação literal, que concebiam que de fato à OAB se outorgou a competência exclusiva de não apenas designar advogados como a de conceder isenções de custas e demais desembolsos a se fazer durante um processo. Em suma, essa corrente propugnava que à OAB cabia conceder ou não a gratuidade de justiça;
> (ii) a segunda corrente, por reconhecer a OAB como um órgão de classe, malgrado sua definição legal lhe atribuir *status* de serviço público federal, enxergava que à entidade competia apenas "(...) designar o patrono ao assistido".

Conquanto o tema fosse assaz polêmico – o autor cita julgado do Tribunal de Justiça de Minas Gerais em que cada um dos três julgadores fez uma interpretação diversa do artigo de lei –, prevaleceu a primeira corrente, mas pouco depois, em 1939, o Código de Processo Civil "(...) solveu de maneira exata e inteligente a questão", ao distinguir de alguma forma conceitos que ulteriormente se extremariam: a gratuidade de justiça não se confunde com a assistência judiciária. Aquela devia ser apreciada pelo Poder Judiciário. Esta, naquele momento histórico, competia à OAB[458].

Foi apenas em 1930, com a criação da Ordem dos Advogados Brasileiros[459], que se garantiu

---

456 E a breve exploração desse assunto se deve a, no mínimo, três temas concretos e atuais: (i) a necessidade da participação da Ordem dos Advogados do Brasil nos concursos de ingresso para Defensor Público (*caput* dos arts. 24, 69 e 112 da LC n. 80/1994); (ii) a polêmica relativa à necessidade, ou não, de inscrição do defensor público nos quadros da entidade para que possa exercer sua função; e (iii) a subsistência do modelo *judicare* na prática, malgrado a adoção, pela CF/88, do modelo público.

457 BESSONE, Darcy. O benefício da justiça gratuita e a assistência judiciária no Código de Processo Civil. *Revista Forense*, Rio de Janeiro, v. LXXXIII, jul. 1940, p. 64.

458 Idem, ibidem.

459 Os Decretos n. 19.408/1930 e n. 20.784/1931 usam a denominação 'Ordem dos Advogados Brasileiros', mas Levi Carneiro já havia se pronunciado em 15 de novembro de 1931 (três dias antes da promulgação do regulamento) ter acatado a sugestão do Clube dos Advogados do Rio de Janeiro, no sentido de ser mais correta a denominação 'Ordem dos Advogados do Brasil', talvez porque, embora excepcionalmente admitido, fosse vedado o exercício da advocacia aos estrangeiros. Na sessão de 14 de dezembro de 1932, Levi Carneiro usa em seu discurso o nome 'Ordem dos Advogados do Brasil'.

pela primeira vez a assistência judiciária como direito, mas cabia aos advogados *o dever de prestar caritativamente o serviço*, sendo que a recusa gerava penalidades[460].

Registre-se que em 15 de novembro, isto é, três dias antes da aprovação do Decreto n. 19.408/1930 (18 de novembro), Levi Carneiro, como Consultor Geral da República, emitiu parecer sobre esse projeto enviado ao governo provisório pelo Instituto dos Advogados Brasileiros. No parecer, Levi Carneiro expõe o percurso histórico dessa ânsia da classe dos advogados – desde o período imperial, com o então presidente do Instituto, Francisco Gê Acaiaba Montezuma, mas a ideia "(...) não se converteu em realidade durante todo o período monárquico"[461].

O parecer ainda procurava esclarecer que, com a criação da Ordem, visava-se dar à classe dos advogados um prestígio moral, não sendo ela "(...) órgão de interesses privados, de privilégios odiendos", fortalecendo o "(...) espírito de solidariedade dos homens da advocacia, convocando-os ao desempenho de árduos deveres". E logo adiante assevera: "(...) permitirá [a criação da OAB] a organização de um serviço de Assistência Judiciária, completo e eficiente". "(...) Não é, assim, (...) uma regalia, ou um provento material, que os advogados conquistaram. São, antes, novos encargos que sobre eles recaem. Novos ônus. Novos deveres"[462]. E tudo leva a crer que a eficiência referida se explicasse porque, se criada a Ordem, a ela caberia impor "disciplina severa" aos advogados.

Além do parecer de 15 de novembro de 1930, é importante trazer à baila outros elementos.

Já na presidência da Ordem dos Advogados do Brasil, em 14 de dezembro de 1932, Levi Carneiro discursara numa sessão daquele órgão. Após um ano de aprovação do decreto de regulamentação da Ordem n. 20.784/1931, disse ele, em tom de desabafo, que "(...) a Ordem dos Advogados ainda não está instalada", e isso não se explicava por haver alguma medida a ser tomada pelo governo provisório. As resistências para a efetiva criação da Ordem se encontravam no seio da própria classe, afinal, o regulamento continha "(...) normas severíssimas, impõe deveres, cria penas da maior gravidade. Nenhuma classe nenhuma profissão se procurou organizar, entre nós, impondo-se a si mesma um regime mais rigoroso. Não quizemos favores, nem regalias – senão o prestígio decorrente da segurança de uma conduta inspirada nos ditames da moralidade, da competência técnica, do interesse social"[463].

Vê-se, assim, ser razoável lançar a hipótese de que a imposição da prestação da assistência judiciária aos advogados, sem explícita previsão de contrapartida financeira, foi um dos pontos severos a que se referiu Levi Carneiro. Era, assim, *um dos elementos do preço a pagar pela realização do sonho de criação da Ordem dos Advogados do Brasil.*

---

460 Segundo Peter Messite, o art. 91 do Regulamento da OAB explicitamente imputava a prestação da assistência judiciária como um dever do advogado – antes a entidade expedia recomendações (Assistência judiciária no Brasil: uma pequena história. *Revista dos Tribunais*, v. 392, ano 57, jun. 1968, p. 403).

461 CARNEIRO, Levi. *O livro de um advogado*. Rio de Janeiro: Editora A. Coelho Branco Filho, 1943. p. 250. Um bom resumo das tentativas perpetradas pelas classes dos advogados visando à criação da Ordem é encontrado no livro de João Gualberto de Oliveira: *História dos órgãos de classe dos advogados*. São Paulo: Lex, 1968. p. 274-285.

462 Idem, p. 256-257.

463 Idem, p. 270.

Essas considerações históricas, dentre outras interessantíssimas perspectivas, além de revelarem que a assistência jurídica aos pobres deve muito a advogados idealistas, também torna claro que tal serviço *sempre foi um problema terrível para a nação*. Ademais, se é verdade que a criação da Ordem dos Advogados do Brasil teve um significado profundo e impactante nas liberdades democráticas, uma verdadeira emancipação do indivíduo enquanto cidadão por fortalecer a classe que seria a maior responsável pela defesa da cidadania nos anos de chumbo do Estado Novo e do Regime Militar, veremos a seguir que *a sujeição dos profissionais liberais a um regime de mercado também gera grandes e inegáveis limitações altamente prejudiciais a indivíduos que pertencem à população pobre e vulnerável que também precisa de atendimento jurídico*.

Daí a necessidade de, num segundo momento histórico, emergir uma instituição constitucionalizada e permanente congregando todos os profissionais encarregados de atuar apenas em prol dos necessitados no campo jurídico – e não faz sentido que essa instituição, autônoma constitucionalmente para melhor atingir seus objetivos, tenha seus membros subordinados a outra hierarquia administrativa, da OAB.

**Profissionalização do atendimento jurídico ao necessitado pelo modelo público *vs.* modelos caritativo e *judicare***

É interessante notarmos que a pulverização do atendimento ao necessitado – tanto no plano do serviço público quanto no da iniciativa privada – refletia exatamente o que a Ordem dos Advogados dos anos 1930 pregava: "*Segundo a Ordem*" – explica-nos Messitte – "ela [a assistência judiciária] não deveria ser a preocupação, nem ficar sob a responsabilidade de uma só classe: era tão importante que merecia a atenção e recurso de todo o país"[464].

Para alguns advogados, não podemos negar, essa argumentação decorreria do sentimento de solidariedade. Todavia, não podemos ignorar que tal argumentação também era encampada pela OAB, porque recaía especialmente sobre os ombros dos advogados particulares o pesadíssimo encargo de defesa do necessitado e sem contraprestação alguma, devendo reiterar-se que, a partir do Decreto n. 20.784, de 14 de dezembro de 1931, que criou a OAB, o dever deixou de ser meramente moral, assumindo natureza jurídica[465]. Esse contexto, sem exclusão daquele sentimento solidário, explica muito o motivo da OAB da década de 1930 pregar a divisão da responsabilidade de se prestar assistência jurídica aos necessitados – um sistema que, para nós, é prejudicial aos necessitados –, e reforça *o quanto é sentida a ausência de uma função pública constituída, estável e coordenada para o atendimento profissionalizado dos destinatários da assistência jurídica integral e gratuita*.

Confirmando esse aspecto, ao analisar, em 1920, o problema da assistência jurídica do necessitado na Itália, Giuseppe Chiovenda assinalou com todas as letras que a principal razão para o defeituoso funcionamento da assistência jurídica se devia, tal e qual em outras nações que re-

464 MESSITTE, Peter. Assistência Judiciária no Brasil: uma pequena história. *Revista dos Tribunais*, ano 57, v. 392, jun. 1968, p. 403.

465 Cf. ALVES, Cleber Francisco. *Justiça para todos...* cit., item n. 5.2.1, p. 241-244.

gulavam o tema de forma similar à Itália, ao erro econômico de se pensar que "o trabalho gratuito possa ser prestado com eficácia igual à do trabalho retribuído". E o renomado jurista italiano insistiu neste ponto, ponderando que, por mais alta que fossem a consciência e a dignidade da classe advocatícia – "ed è altíssima", sublinhou em seu testemunho –, não havia força moral que pudesse lutar longamente contra a lei superior que quer todo trabalho humano retribuído. E, ao final, ironizou o legislador italiano por viver uma ilusão quando "pensou em resolver um grave problema com uma bela frase, qual seja, declarando a assistência judiciária gratuita 'um encargo honorífico' da nossa classe [dos Advogados]"[466]. Cinco décadas depois, precisamente em 1970, Cappelletti reafirmava o problema levantado por Chiovenda, ponderando que, "numa economia de mercado, o trabalho deve ser adequadamente retribuído, porque de outra maneira tende naturalmente a ser recusado ou, se isto não for possível, a ser de inferior qualidade"[467].

No Brasil, é importante destacarmos o testemunho de Luis Carlos Borba, advogado militante e que dedicou boa parte de sua vida profissional ao aprimoramento da assistência judiciária. Tal testemunho confirma que *o regime de mercado da advocacia livre é insuficiente para o atendimento jurídico dos necessitados e constitui, ademais, até mesmo obstáculo para que o sistema judicare funcione satisfatoriamente dentro de suas estreitas limitações.*

Borba, que durante doze anos foi responsável por administrar a distribuição de causas da assistência judiciária entre advogados paranaenses, queixou-se, no início da década de 1980, sobre as sérias dificuldades pelas quais passava nessa tarefa devido às corriqueiras recusas de advogados:

> Em síntese, a) os colegas donos de rendosas bancas, constituídas em sua maioria de clientes abastados e socialmente destacados, consideravam – e por certo existem ainda os que assim consideram – impossível e até mesmo inconcebível, agrupar ou 'misturar' mesmo que eventual e esporadicamente, o cliente humilde, roto e mal cheiroso, com o poderoso, bem paramentado e perfumado; b) outros, por seu turno, limitavam-se à afirmativa de que o eventual necessitado não era... tão necessitado assim: muito embora, as indicações só merecessem a nossa chancela, após rigoroso levantamento efetuado junto às autoridades e órgãos respectivos, a respeito das condições sociais, empregatícias, financeiras, econômicas e patrimoniais do futuro beneficiário[468].

Tais recusas infundadas, segundo Borba, resultavam no fato desproporcional de que "meia dúzia de abnegados e verdadeiros gladiadores do direito – e isso também em outras comarcas – suportava estoicamente a missão de assistir aos necessitados". E para dar combate a essa indiferença generalizada, Borba sustentava, então, a necessidade de uma *"reconscientização"* dos advogados, além de "criteriosa e fiscalizada distribuição equitativa e proporcional" da tarefa de assistência judiciária, "para que cada um arque um pouco com o todo, que é a coletividade imensa de necessitados". Nessa linha, o abnegado advogado sustentava, em arremate, que somen-

---

466 CHIOVENDA, Giuseppe. Del gratuito patrocínio. *Saggi di Diritto Processuale Civile (1894-1937)*. Milano: Giuffrè, 1993. Volume Terzo, p. 408-409 – tradução livre.

467 CAPPELLETTI, Mauro. Pobreza e Justiça. *Processo e ideologia*. Trad. e notas Prof. Dr. Elício de Cresci Sobrinho. Porto Alegre: Sergio Antonio Fabris Editor, 2008. v. I, p. 204.

468 BORBA, Luis Carlos. *OAB* versus *assistência judiciária*. São Paulo: Livraria Ghignone Editora, 1980. p. 18.

te uma lei federal normatizando severamente o assunto resolveria o impasse[469]; e essa fé na lei decorria, provavelmente, por constatar (era seu ponto de vista) que a fonte geradora do problema da assistência judiciária residia nos pilares materialistas da sociedade, agravados pelas indiferenças e insensibilidades de muitos advogados para com os pobres[470].

Nessa mesma linha, Boaventura de Sousa Santos menciona que, "quando a assistência judiciária é entregue à Ordem dos Advogados, não funciona com eficácia. A razão é simples: a Ordem dos Advogados quer proteger seu mercado, ou seja, reservar para a advocacia bem remunerada o desempenho profissional de qualidade. A lógica do mercado não lhe permite deslocar bons Advogados para fazer assistência judiciária"[471].

**Regime de mercado, ética profissional e assistência jurídica ao necessitado: consequências da *falha de incentivo* no mercado advocatício e a Defensoria Pública como "corretivo" de falha de mercado**

Este pequeno quadro desenhado no item anterior, por mais que queiramos evitar, força-nos a focalizar nossas lentes também pelo filtro da ciência econômica (e não apenas político-jurídica), mesmo que rapidamente.

Fica claro o seguinte: *a falta de Defensoria Pública deixa os necessitados à mercê de falha de mercado conhecida por falta de incentivo* (ou *falha de incentivo)*, e que dimana do princípio da racionalidade hedonista, que é incompatível no caso de suprimento de bens coletivos. Nesse sentido, em economia se costuma explicar que num regime de mercado os agentes econômicos preferem bens individualizáveis aos bens coletivos, porque nos coletivos se acaba investindo e os benefícios, porém, extravasam para outros destinatários; ou, em outras palavras, o agente econômico não pode excluir outros beneficiários do investimento[472]. Portanto, o princípio hedonista, "se aplicado coerentemente pelos agentes econômicos, levá-los-á, invariavelmente, a esconder sua preferência pelos bens coletivos, justamente pelo fato de não poderem ser excluídos de sua utilização, caso tais bens venham a ser produzidos"[473].

---

469 Idem, p. 11-16.

470 Idem, p. 22.

471 SANTOS, Boaventura de Sousa. *Para uma revolução democrática da justiça*. 3. ed. São Paulo: Cortez, 2011. p. 50, nota 2.

472 É o que explica Fábio Nusdeo, doutor em Economia e livre-docente em Direito econômico pela USP, Professor Titular da mesma Universidade na Faculdade de Direito: "Os bens coletivos são aqueles aptos ao atendimento simultâneo das necessidades de um grupo ou coletividade para os quais não vigora o princípio da exclusão no ato de seu uso ou do seu consumo. Contrariamente, no caso dos bens exclusivos, o fato de alguém deles se utilizar exclui, *ipso facto*, dessa mesma utilização outro ou outros consumidores. O exemplo mais absoluto de um bem coletivo, como já apontado, é a defesa nacional. Com efeito, a proteção que ela traz a um cidadão é exatamente igual àquela proporcionada a qualquer outro membro da coletividade. Da mesma maneira, vários motoristas podem se servir simultaneamente de uma estrada, sem que qualquer deles exclua os demais" (NUSDEO, Fábio. Curso de Economia: introdução ao direito econômico. 4. ed. São Paulo: RT, 2005. cap. 7, item n. 7.6, p. 163).

473 Idem, cap. 7, item n. 7.6, p. 163-164.

Dessa forma, uma economia fundada apenas no mercado (isto é, com pouca ou mínima intervenção do Estado) tenderá a discriminar fortemente os bens coletivos e a exagerar na produção de bens exclusivos. "*Terá, assim*" – exemplifica Fábio Nusdeo – "muitos carros, mas poucas linhas de metrô ou um deficiente transporte coletivo; terá muitas fábricas, mas poucos aparelhos antipoluentes – o ar puro é um bem coletivo: maior pureza para uns, não significa menor pureza para outros –; terá médicos particulares mas uma deficiente higiene pública e assim por diante"[474]. Do mesmo modo, concluímos, terá muitos advogados particulares, muitos da mais alta excelência, mas uma deficiente assistência jurídica dirigida aos necessitados.

Essa maneira de enxergar a questão, como veremos, causa a abertura de uma dimensão impactante e praticamente inexplorada no campo da ética profissional.

Em clássico estudo de ética jurídica comparada, acentuam Hazard e Dondi que "a necessidade econômica de ser eficiente de forma competitiva é sobremodo preocupante para os Advogados". E continuam: "Um Advogado que não aceite o desafio de ser eficiente corre o risco de perder a clientela. Um Advogado que aceita esse desafio automaticamente dá a entender que a representação jurídica é um bem de consumo e que a justiça pode ser comprada. A noção de que justiça possa ser mensurada por algum padrão econômico contradiz a ideia de que ela é invendável"[475]. Assim, por mais alta que se seja a consciência e dignidade da classe dos advogados – como bem colocou Chiovenda –, é inegável que a pressão do regime de mercado é inclemente sobre o sistema de Justiça, por incidir com muita intensidade sobre uma classe de profissionais liberais que vivem nesse regime e são responsáveis por grande parcela de provocação do Judiciário.

Claro que, como bem pontuam Hazard e Dondi, é possível o ideal de justiça ser abraçado pelos advogados – com o que estamos plenamente de acordo. Basta notarmos que o preâmbulo do Código de Ética da advocacia, pautando-se nos exemplos de grandes advogados de nossa história e do estrangeiro (Rui Barbosa, Sobral Pinto, Evaristo de Moraes, Clarence Darrow, Lachaud etc.), estimula como conduta necessária do Advogado "exercer a advocacia com o indispensável senso profissional, mas também com desprendimento, jamais permitindo que o anseio de ganho material sobreleve à finalidade social do seu trabalho".

Porém, a despeito de a advocacia exigir o desprendimento como dever profissional, não bastassem dificuldades próprias de um rigoroso regime de mercado a prejudicarem o atendimento ao necessitado, é fato existirem restrições éticas da advocacia que, não obstante visarem preservar o ideal de justiça moderando a difícil e ingrata competição de mercado, *revelam-se incompatíveis com as necessidades do atendimento jurídico de pobres e outros vulneráveis.*

Dentre alguns exemplos, um bastante interessante diz respeito à regulamentação em torno de *publicidade e oferecimento de serviços*, a fim de se evitar angariamento ou captação de causas[476]. No Brasil, Paulo Lôbo relata-nos, a propósito, que

---

474 Idem, loc. cit.

475 HAZARD JR., Geoffrey C.; DONDI, Angelo. *Ética jurídica*: um estudo comparativo. Trad. Luiz Gonzaga de Carvalho Neto; revisão da tradução Lenita Ananias do Nascimento. São Paulo: WMF Martins Fontes, 2011. cap. 8, p. 360.

476 Idem, cap. 8, p. 360-361.

> (...) para o Estatuto [da Advocacia brasileira], nenhuma forma de captação de clientela é admissível; o Advogado deve ser procurado pelo cliente, nunca procurá-lo. A inculcação dá-se sempre de modo prejudicial à dignidade da profissão, seja quando o Advogado se oferece diretamente ao cliente em ambientes sociais, autopromovendo-se, seja quando critica o desempenho de colega que esteja com o patrocínio de alguma causa, seja, ainda, quando se utiliza dos meios de comunicação social para manifestações habituais sobre assuntos jurídicos[477].

Desse modo, se é verdade que as salutares restrições éticas que dizem respeito a este último exemplo – de publicidade e oferecimento de serviços advocatícios – pretendem evitar o aniquilamento do senso de justiça num ambiente de mercado de altíssima competitividade, por outro lado, em relação ao necessitado, *tais restrições formam um dos quadros mais reveladores da insuficiência da advocacia privada para que o acesso à justiça do necessitado se concretize* – insuficiência que se estende, portanto, ao sistema *judicare*. Nesse sentido, tecendo considerações sobre o tema de oferecimento de serviços e outros adjacentes, a certa altura Hazard e Dondi admitem que "a proibição do oferecimento de serviços não é obstáculo para uma clientela mais sofisticada e bem relacionada, pois em geral ela tem capacidade de encontrar um Advogado quando precisa"[478]. Mas é um grande obstáculo, pela razão contrária, aos menos abastados, aos humildes e cujas relações sejam compatíveis à sua condição social mais difícil. Basta notarmos que há muito tempo a doutrina reconhece que constitui obstáculo fundamental ao necessitado reconhecer a existência de um direito juridicamente exigível para acessar a Justiça, especialmente para os mais pobres e outros vulneráveis[479].

Quem trabalha com esta faixa de população sabe que é impossível dar combate efetivo a esse obstáculo por meio de anúncios de serviços profissionais "moderados" e "discretos", com finalidade exclusivamente informativa, nos termos do Código de Ética advocatício. Sendo assim: qual é a lógica de um defensor público ser obrigado a subordinar-se à hierarquia da OAB se, a todo o momento, para bem se desincumbir de suas funções institucionais, é obrigado a ignorar o Código de Ética da advocacia privada especialmente quanto a questões ligadas ao regime de mercado? Isso porque não mencionamos ainda a equivocada proibição (que acontece ao menos em São Paulo) com relação à advocacia *pro bono*, e que tem sido alvo de críticas contundentes – e corretas – por grandes nomes da advocacia atual[480]. Sem falar que há inúmeras questões éticas que são próprias e específicas de quem ocupa cargo público desse jaez, como garantias de independência funcional, inamovibilidade, estabilidade, irredutibilidade de vencimentos (ou de subsídios) etc.

Seguindo essa linha, a educação em direitos dirigida ao necessitado é algo que, pela força irresistível dos fatos, deve ir muito além dos anúncios "moderados" e "discretos" impostos pelo Código de Ética da advocacia: deve se valer de todos os meios de comunicação, quantas vezes

---

477 LÔBO, Paulo. *Estatuto da Advocacia e da OAB*. 5. ed. São Paulo: Saraiva, 2010. comentário ao art. 34, IV, p. 204.

478 HAZARD JR., Geoffrey C.; DONDI, Angelo. *Ética jurídica*... cit., cap. 8, p. 362.

479 CAPPELLETTI, Mauro; GARTH, Bryant. *Acesso*... cit., p. 23.

480 Cf., no sítio digital da *Revista Consultor Jurídico*, a matéria "Advogados se voltam contra Resolução 'pro bono' da OAB-SP": <http://www.conjur.com.br/2013-fev-23/grandes-nomes-advocacia-voltam-resolucao-pro-bono-oab-sp>. Acesso em: 23 fev. 2013.

forem necessárias, como televisão, rádio, *internet*, mídia impressa em periódicos, com todas as ferramentas úteis para a assimilação do destinatário, e indicando todos os endereços, telefones e documentos necessários para a defesa de seus direitos[481].

Esse trabalho hercúleo, que nunca seria atendido de modo minimamente adequado em razão de falha de incentivo no rigoroso e competitivo regime de mercado dos advogados profissionais liberais – ainda que o Código de Ética da advocacia incite o desprendimento no exercício profissional –, demanda a presença do defensor público em lugares nos quais, normalmente, jazem esquecidos seres humanos que simplesmente deixaram de ser vistos como tais: todo tipo de estabelecimento de custódia do Estado, casas-abrigo, comunidades totalmente desestruturadas e exploradas inescrupulosamente pelo poder econômico, setores dos grandes centros urbanos em que se reúnem pessoas pelo consumo de drogas e vivem numa sociedade apartada, e assim por diante. E alguém tem dúvida – perguntamos novamente – de que essa dificílima tarefa seria possível de ser realizada com atividade "moderada" e "discreta"? Passivamente aguardando o destinatário do serviço jurídico?

Em suma, a publicidade moderada e discreta é requisito ético extremamente correto e nobre, todavia – e este é o ponto crucial – construído e aplicável a uma profissão liberal que se insere num severo regime de mercado.

### Ética própria do Defensor Público que justifica sua desvinculação da hierarquia da Ordem dos Advogados do Brasil

A dura realidade dos necessitados justifica a indispensável autonomia constitucional da Defensoria Pública, a fim de que se desincumba de funções que não se ajustam a uma lógica de regime de mercado. Uma autonomia que, pelo contexto esposado até aqui, mostra-se reflexo do inevitável e natural descolamento de suas funções institucionais do espírito da Ordem dos Advogados do Brasil, esta que, segundo Nelson Saldanha, é de conotação *"essencialmente liberal"*[482].

E isso nos leva a concluir que *os defensores públicos devem se pautar por um sentido ético distinto dos advogados*. Um sentido ético que, ressaltamos cuidadosamente, não é melhor ou pior em relação ao dos advogados, bem como dos demais atores do sistema de Justiça; é, *simplesmente, mais apropriado às funções institucionais da Defensoria Pública*. Um sentido ético que diz

---

481 Em complemento às ideias lançadas, o exercício da educação em direitos exige, ademais, que a Defensoria Pública, pelos seus membros, não espere e vá atrás desses muitos esquecidos para esclarecê-los quanto à sua condição de sujeito de direitos e deveres e o que tal condição significa para sua vida cotidiana. Deve, também, estimular sua reflexão para que desenvolva a capacidade crítica de reconhecer as raízes das injustiças que o assolam, e para que saiba se posicionar contra elas respeitando as regras do jogo, cobrando a realização de direitos fundamentais ou cobrando o aprimoramento do direito vigente acaso sua incompletude não atenda aos reclamos justos de necessitados. Para essa postura cidadã, o necessitado deve ser orientando a sempre fazer uso de mecanismos democráticos admitidos pela ordem constitucional brasileira – organizando-se coletivamente inclusive. Sem esse conhecimento básico, para o necessitado é impossível quebrar a barreira de forma verdadeira a proporcionar resultados práticos nas arenas política e jurídica, especialmente se considerarmos que uma das metas mais importantes da educação em direitos é a preparação dos necessitados para terem condições de apresentarem suas demandas com maior força e probabilidade de resultados positivos.

482 SALDANHA, Nelson. *A OAB e sua trajetória*. Recife, 1982. p. 16.

respeito ao exercício das funções institucionais da Defensoria Pública, e que encarne, verdadeiramente, "*o estratégico ponto de convergência entre o constitucionalismo liberal e social*" mencionado pelo Supremo Tribunal Federal em momento de sublime inspiração[483].

Dessa forma, no cosmos do atual sistema de justiça devemos notar que a Defensoria Pública representa a superação de uma organização voltada para o atendimento do necessitado crassamente falha por ser acéfala e responsável pela pulverização desse atendimento tanto na esfera pública como na privada.

**Incompatibilidade com a hierarquia administrativa da Ordem dos Advogados do Brasil: a Defensoria Pública definida pela economia, pela política e pelo direito**

A superação do velho modelo acéfalo e pulverizador de assistência jurídica para um modelo público e profissionalizado reside, especialmente, no movimento crescente do sentimento ético que passou a perceber, cada vez mais, que a tutela dos direitos humanos exige – como adverte Norberto Bobbio – promoção, controle, mas também garantia[484]. Por garantia entende-se a organização de uma autêntica tutela jurisdicional de nível internacional, que substitua a nacional quando esta se mostrar insuficiente[485]. Esses três aspectos condensam, de certo modo, a clássica colocação de Bobbio negando que o problema fundamental dos direitos humanos seja, hoje, sua justificação, e afirmando que é, na verdade, sua proteção: "*Trata-se de um problema não filosófico, mas político*"[486].

Em reforço ao que dissemos até aqui, é crucial notarmos que, enquanto as faixas populacionais mais abastadas cuidam bem da defesa de seus direitos por meio da advocacia particular de alta qualidade, de outro lado, as mais necessitadas padecem de uma epidemia quase que incontrolável de violação de direitos humanos.

Nesse exato sentido, chamam nossa atenção Hazard e Dondi quando tratam da relação *direitos humanos* e *interesses comerciais*, denunciando a discrepância que existe entre a retórica da justiça, como o público em geral a entende, e o modo com que a prática do direito normalmente se efetua. Eles apontam que "grande parte dos serviços dos Advogados hoje em dia e certamente a maioria dos serviços jurídicos prestados pela prática privada do direito dedicam-se às causas das empresas e dos ricos, entre estes os empregadores e os locadores", e concluem: "(...) a não ser entre os críticos sociais, há pouco debate sobre a importância política e constitucional do fato de os Advogados trabalharem principalmente para as empresas e os interesses empresariais"[487].

Portanto, em nosso país, *do ponto de vista econômico, a Defensoria Pública é um corretivo de mercado devido à falha de incentivo. Do ponto de vista do direito e da política do Brasil, consiste em*

---

483 STF, ADIn 4.246/PA, rel. Min. Ayres Britto, Tribunal Pleno, julgamento em 26-5-2011, *DJE* 30-8-2011. Disponível também no sítio digital do STF: <www.stf.jus.br>.

484 BOBBIO, Norberto. Presente e futuro dos direitos do homem. *A era dos direitos*. Apresentação Celso Lafer. Rio de Janeiro: Elsevier, 2004. p. 58-59.

485 Idem, p. 59.

486 Idem, p. 43.

487 HAZARD JR., Geoffrey C.; DONDI, Angelo. *Ética jurídica*... cit., cap. 9, p. 390.

*extraordinário resultado da evolução dos direitos humanos, evolução que exige efetividade do acesso à Justiça* com preocupação especial em relação às faixas populacionais em que a violação de direitos humanos é uma epidemia. E a violação massiva aos direitos humanos exige uma assistência jurídica integral estável, coordenada, profissionalizada e que se dedique com exclusividade (sem dividir atenções com outra atividade) às causas dos necessitados, lutando para solucionar seus problemas individuais, coletivos e difusos principalmente pela observação metódica do entrelaçamento de causas históricas, sociais e jurídicas.

Estas linhas traçadas, a nosso ver, bastam para explicarmos boa parte da constitucionalidade, da legitimidade e da lógica no imprescindível rompimento da hierarquia administrativa da OAB em relação aos defensores públicos: diversas justificativas para a legitimidade da capacidade postulatória própria do defensor público, e que deve ser exercida como consequência da autonomia constitucional da Defensoria Pública, *não podendo o defensor público encarar sua vinculação à OAB como problema privado*. Nesse sentido, reafirmamos o que disséramos em 2014: a facultatividade para o defensor público para desvinculação dos quadros da OAB corresponderia a uma suposta facultatividade da autonomia constitucional do serviço público de assistência jurídica integral e gratuita; e essa autonomia deve ser *obrigatória* e *inegociável*, constituindo princípio *jurídico* estruturante e insuprimível da Defensoria Pública.

E reiteramos o que também concluíramos em 2014[488]:

> E há sempre preços a serem pagos por dever de coerência. Por exemplo, afirmar que defensor público não é advogado é ter de admitir que, hoje, um defensor público não tem a possibilidade de concorrer ao quinto constitucional.
>
> Até que haja justa e necessária reforma constitucional[489], o art. 94 da CF88 torna o quinto constitucional um 'oligopólio' de membros do Ministério Público e de Advogados, e se Defensor Público não pode ser considerado Advogado, logo, hoje não poderia ingressar nos Tribunais por meio do quinto constitucional.
>
> A nosso ver, porém, se fixamos a diferença entre Advogado e Defensor Público – não obstante originarem-se historicamente de tronco comum –, a compreensão de tudo que expusemos no presente escrito torna claro que a autonomia constitucional da Defensoria Pública não pode ser facultativa, uma vez que constitui *dever jurídico de âmbito constitucional*. O preço teria de ser pago. Assim, partindo da premissa de que Defensores Públicos não devem ser considerados Advogados, é importante iniciarmos a reflexão de que a autonomia constitucional da Defensoria Pública não pode ser sujeitada a interesses pessoais de Defensores Públicos que eventualmente se valham de benefícios concedidos pela Ordem (planos de saúde, descontos nas aquisições de obras jurídicas, abertura de crédito facilitada, etc.), nem sujeitada a interesses políticos locais. Em uma palavra, é preciso que as Defensorias Públicas assumam sua autonomia constitucional integralmente.

### Jurisprudência

Atualmente, o STJ formou posição consolidada quanto à plena validade do § 6º do art. 4º da LC n. 80/1994, que deve prevalecer sobre o Estatuto da Advocacia (art. 3º, § 1º, da Lei n.

488 JUNQUEIRA, Gustavo Octaviano Diniz; REIS, Gustavo Augusto Soares dos; ZVEIBIL, Daniel Guimarães. Constitucionalidade da capacidade postulatória autônoma do Defensor Público... cit., p. 129.

489 Nesse exato sentido, tramita na Câmara dos Deputados a Proposta de Emenda Constitucional n. 488/2010, de autoria do deputado Sérgio Barradas Carneiro, do Partido dos Trabalhadores da Bahia.

8.906/1994), reconhecendo especificidades da missão institucional defensorial: *AgInt no REsp 1.719.664/RO*, rel. Min. Assusete Magalhães, 2ª Turma, *DJE* 25-6-2020; *REsp 1.754.572/PR*, rel. Min. Herman Benjamin, 2ª Turma, *DJE* 29-10-2019; *AgInt no REsp 1.652.953/PR*, rel. Min. Francisco Falcão, 2ª Turma, *DJE* 17-12-2018; *AgInt no REsp 1.670.310/SP*, rel. Min. Og Fernandes, 2ª Turma, *DJE* 11-3-2019; *AgInt no REsp 1.654.495/ES*, rel. Min. Napoleão Nunes Maia Filho, 1ª Turma, *DJE* 28-8-2019.

No que concerne ao Supremo Tribunal Federal, o Tribunal Pleno reconheceu *repercussão geral* no RE 1.240.999/SP, em 19 de dezembro de 2019, tornando-se o *tema 1074* ("*Exigência de inscrição de Defensor Público nos Quadros da Ordem dos Advogados do Brasil para o exercício de suas funções públicas*"), e cuja ementa é a seguinte:

> CONSTITUCIONAL. RECURSO EXTRAORDINÁRIO. *DEFENSOR PÚBLICO*. EXERCÍCIO DE SUAS FUNÇÕES. NECESSIDADE DE INSCRIÇÃO NOS QUADROS DA ORDEM DOS ADVOGADOS DO BRASIL. REPERCUSSÃO GERAL RECONHECIDA. 1. Revela especial relevância, na forma do art. 102, § 3º, da Constituição, a questão acerca da necessidade de inscrição do *Defensor Público* nos quadros da Ordem dos Advogados do Brasil, para o exercício de suas funções. 2. Repercussão geral da matéria reconhecida, nos termos do art. 1.035 do CPC.

No voto do Ministro relator do RE 1.240.999/SP (página 09), há menção expressa a duas ADIns que estão tramitando no STF e que possuem relação temática direta, conforme transcrição a seguir:

> Registre-se estarem sob tramitação no SUPREMO TRIBUNAL FEDERAL duas Ações Diretas de Inconstitucionalidade relacionadas ao tema em exame nestes Recursos Extraordinários.
> Na ADI 4.636 (Rel. Min. GILMAR MENDES), o Conselho Federal da Ordem dos Advogados do Brasil impugna o § 6º do art. 4º da Lei Complementar 80/1994, com a redação dada pela Lei Complementar 132/2009, segundo o qual "a capacidade postulatória do Defensor Público decorre exclusivamente de sua nomeação e posse no cargo público".
> Já na ADI 5.334 (Rel. Min. CELSO DE MELLO), a Procuradoria-Geral da República questiona a constitucionalidade do § 1º do art. 3º do Estatuto da Ordem dos Advogados do Brasil (Lei n. 8.906/1994), segundo o qual "exercem atividade de advocacia, sujeitando-se ao regime desta lei, além do regime próprio a que se subordinem, os integrantes da Advocacia-Geral da União, da Procuradoria da Fazenda Nacional, da Defensoria Pública e das Procuradorias e Consultorias Jurídicas dos Estados, do Distrito Federal, dos Municípios e das respectivas entidades de administração indireta e fundacional".
> Postula a PGR seja dada interpretação conforme à Constituição ao dispositivo, para que alcance apenas advogados privados.

Segundo o extrato de andamento da ADIn 4.636[490], disponível na página digital do STF, o último andamento data de 22 de junho de 2020 e diz respeito a pedido de vista do Ministro Dias Toffoli, já havendo maioria formada para:

1) julgar improcedente a ADIn 4.636 (o que implica na declaração de constitucionalidade do § 6º do art. 4º da LC n. 80/1994); e

---

490 Confira-se na página do STF, no seguinte endereço: <http://portal.stf.jus.br/processos/detalhe.asp?incidente=4117856>.

2) conferir interpretação conforme a Constituição ao art. 3º, § 1º, da Lei n. 8.906/1994, declarando-se inconstitucional qualquer interpretação que resulte no condicionamento da capacidade postulatória dos membros da Defensoria Pública à inscrição dos defensores públicos na Ordem dos Advogados do Brasil.

§ 7º Aos membros da Defensoria Pública é garantido sentar-se no mesmo plano do Ministério Público.

## 5.28 Igualdade de disposição física entre o Ministério Público e a Defensoria Pública

O dispositivo busca refletir, física e simbolicamente, a igualdade de tratamento entre o Ministério Público e a Defensoria Pública. Se é objetivo do Estado brasileiro erradicar a pobreza e a marginalização que dela deriva, não há sentido em marginalizar (física e simbolicamente) a defesa dos economicamente necessitados, rebaixando-a diante de seu eventual antagonista.

A disposição física influi, real ou aparentemente, em todas as searas. No âmbito penal, é comum que a proximidade entre o Magistrado e o membro do Ministério Público na sala de audiências provoque confusão na mente do acusado, que imagina ser acusado pelo próprio juiz. Há, ainda, a perda de credibilidade na imparcialidade, uma vez que, como é comum ouvir dos réus, "o juiz é amigo do promotor, que está sempre ao seu lado, falando 'ao pé da orelha'", enquanto o defensor está distante.

Embora não haja estudos empíricos a esse respeito, essa proximidade na geopolítica das salas de julgamento pode eventualmente induzir, de forma inconsciente, testemunhas a prestarem depoimento de modo mais favorável à acusação, no legítimo intento de desejar colaborar com a autoridade judicial que fica ao lado do acusador. A diferença de planos na geopolítica de salas de julgamento, como se vê, fomenta a marginalização que se quer evitar, pelo que elogiável o esforço do legislador com o dispositivo ora comentado.

**Ministério Público no mesmo plano do magistrado**

O art. 41, XI, da Lei n. 8.625/1993[491] e o art. 18, I, *a*, da LC n. 75/1993[492] – respectivamente, Lei Orgânica do Ministério Público da União e Lei Orgânica Nacional do Ministério Público – dispõem que **é conferido ao membro da instituição sentar-se à direita e no mesmo plano**[493] do

491 "Art. 41. Constituem prerrogativas dos membros do Ministério Público, no exercício de sua função, além de outras previstas na Lei Orgânica: (...) XI – tomar assento à direita dos Juízes de primeira instância ou do Presidente do Tribunal, Câmara ou Turma."

492 "Art. 18. São prerrogativas dos membros do Ministério Público da União: I – institucionais: a) sentar-se no mesmo plano e imediatamente à direita dos juízes singulares ou presidentes dos órgãos judiciários perante os quais oficiem."

493 Prerrogativas como essa, convenhamos, só se sustentam mesmo baseadas em posturas dogmáticas que beiram o período anterior ao Iluminismo. Nessa linha parece ser a fundamentação de Emerson Garcia em ótimo

juiz ou do presidente do tribunal – aproximando o processo judicial de um ritual sagrado[494].

Em algumas ocasiões levantou-se discussão sobre a constitucionalidade dessa previsão legal[495]: a Associação Nacional dos Magistrados da Justiça do Trabalho (Anamatra) ajuizou a ADIn 3.962, pleiteando a declaração de inconstitucionalidade dos citados dispositivos. Para a associação, em suma, a prerrogativa afrontaria a igualdade das partes no processo, ao menos quando o MP atua como parte. O STF, no entanto, indeferiu a petição inicial por entender que não houve indicação do dispositivo constitucional violado e porque a discussão era de interesse nacional, logo, a associação de classe não teria legitimidade ativa no caso.

No dia a dia, a não observância dessa simbologia judicial talvez não gere efeitos práticos invisíveis, de difícil detecção, mas prejudicam aqueles que litigam com o Ministério Público. E a discussão ganha maior relevância no seio do Tribunal do Júri, onde juízes leigos julgam sem precisar motivar e podem se ver influenciados pela grande proximidade do acusador junto ao juiz-presidente, inspirando, inconscientemente, a ideia de que o acusador também seria "imparcial", quando, na verdade, o Ministério Público é parte[496].

---

livro sobre o Ministério Público, mas que, nesse específico ponto, peca pelo dogmatismo: "Não obstante o seu caráter essencialmente formal, essa norma bem indica a singularidade das funções institucionais do Ministério Público: não se senta ao centro por não ocupar uma posição de equidistância em relação às partes em lide, já que integra, não raras vezes, o polo ativo da relação processual; senta-se imediatamente à direita dos magistrados por ter uma imparcialidade que tangencia aquela inerente aos últimos, daí a proximidade entre ambos; e não se senta no mesmo plano dos advogados por atuar em prol do interesse social, não tendo a sua atuação comprometida e acorrentada a um interesse específico definido" (*Ministério Público*: organização, atribuições e regime jurídico. 3. ed. Rio de Janeiro: Lumen Juris, 2008. p. 509). Como leciona Tercio Sampaio Ferraz Jr., "(...) um dogma não se questiona não porque ele veicula uma verdade, mas porque ele *impõe uma certeza sobre algo que continua duvidoso*" (*Introdução ao estudo do direito* – técnica, decisão, dominação. São Paulo: Atlas, 1989. p. 44).

494 Tratando da relação entre Judiciário e Direitos Humanos, vale o alerta de Dalmo de Abreu Dallari: "É preciso ter muito claro, entretanto, que para a real proteção judicial dos direitos humanos não é suficiente e, pelo contrário, é perigoso só cumprir formalidades judiciárias, ter uma aparência de proteção judicial, que adormece a vigilância e que não é, porém, mais do que uma ilusão de justiça" (*O poder dos juízes*. 3. ed. São Paulo: Saraiva, 2010. p. 38).

495 No STJ: DIREITO CONSTITUCIONAL. PRERROGATIVA INSTITUCIONAL DO MP DE TOMAR ASSENTO À DIREITA DO MAGISTRADO. É prerrogativa institucional dos membros do Ministério Público sentar-se à direita dos juízes singulares ou presidentes dos órgãos judiciários perante os quais oficiem, independentemente de estarem atuando como parte ou fiscal da lei. Com efeito, o Ministério Público é instituição permanente, essencial à função jurisdicional do Estado, incumbindo-lhe a defesa da ordem jurídica, do regime democrático e dos interesses sociais e individuais indisponíveis, conforme estabelece o art. 127 da CF. Dessa forma, em razão da sua relevância para o Estado Democrático de Direito, essa instituição possui prerrogativas e garantias para que possa exercer livremente suas atribuições. Ademais, não se pode falar em privilégio ou quebra da igualdade entre os litigantes, uma vez que a citada garantia é proveniente de lei (art. 41, XI, da Lei n. 8.625/1993 e art. 18, I, *a*, da LC 75/1993). Precedentes citados: RMS 6.887/RO, Primeira Turma, *DJ* 15-12-1997; AgRg na MC 12.417/SP, Segunda Turma, *DJ* 20-6-2007; e RMS 19.981/RJ, Quinta Turma, *DJ* 3-9-2007 (RMS 23.919/SP, rel. Min. Mauro Campbell Marques, julgamento em 5-9-2013).

496 Como lembra a antropóloga Ana Lúcia Pastore Schritzmeyer, "Vale lembrar que as posições de promotor e juiz nem sempre foram essas (...). Até meados do século passado, promotor e advogado sentavam-se junto

§ 8º Se o defensor público entender inexistir hipótese de atuação institucional, dará imediata ciência ao defensor público-geral, que decidirá a controvérsia, indicando, se for o caso, outro defensor público para atuar.

## 5.29 Recusa ao atendimento

O dispositivo trata da recusa ao atendimento, que impõe controle da Defensoria Pública-Geral.

A recusa deve ser sempre cuidadosa, e só pode ser justificada pela absoluta inexistência de respaldo jurídico.

O hipossuficiente tem direito de acessar a Justiça também em temas controversos, não podendo ser negada a prestação apenas pela dúvida acerca do êxito da pretensão. Pelo contrário, em muitos casos as demandas são inovadoras, dada a natureza dos direitos em jogo, com a peculiaridade do avanço de sua perspectiva social. Sem a ousadia na defesa dos hipossuficientes não seriam consagrados temas como a família socioafetiva, o crescente reconhecimento da função social da propriedade, a concretização dos direitos à educação, saúde, e a consolidação das garantias na seara criminal.

É tênue a linha entre a ousadia, bem-vinda, e a aventura, que deve ser evitada, e justifica a negativa. Na dúvida, deve ser maximizado o direito de assistência jurídica, com a negativa apenas em casos excepcionais.

Sobre o controle, entendemos ser possível a delegação da atribuição pela Defensoria Pública Geral. Assim, outro defensor público poderá ser designado para exercer tal controle de forma centralizada ou descentralizada, a depender das peculiaridades locais. São necessários, no entanto, o controle e a possibilidade de manifestação do pretenso usuário na defesa de seu interesse.

Além dos breves comentários que faremos no art. 4º-A, III, também tratam desse assunto os incisos XII dos arts. 44, 89 e 128, nos quais analisaremos mais pormenorizadamente o assunto.

§ 9º O exercício do cargo de Defensor Público é comprovado mediante apresentação de carteira funcional expedida pela respectiva Defensoria Pública, conforme modelo previsto nesta Lei Complementar, a qual valerá como documento de identidade e terá fé pública em todo o território nacional.

## 5.30 Carteira funcional para fins de comprovação do cargo

A carteira funcional é hoje regulamentada pelo Decreto n. 7.360/2010.

Também tratam desse assunto os incisos IV dos arts. 44, 89 e 128.

§ 10. O exercício do cargo de Defensor Público é indelegável e privativo de membro da Carreira.

---

ao juiz: um de cada lado, ocupando a mesma mesa" (Afetos em jogo nos tribunais do júri. *São Paulo em Perspectiva*, São Paulo: Fundação Seade, v. 21, n. 2, jul.-dez. 2007. p. 73).

### 5.31 Indelegabilidade do cargo

O exercício do cargo não pode ser delegado a terceiros, ou seja, o Defensor Público deve cumprir pessoalmente todas as suas funções.

O exercício ilegal configura crime, a princípio, previsto no art. 328 do CP.

> § 11. Os estabelecimentos a que se refere o inciso XVII do caput reservarão instalações adequadas ao atendimento jurídico dos presos e internos por parte dos Defensores Públicos, bem como a esses fornecerão apoio administrativo, prestarão as informações solicitadas e assegurarão acesso à documentação dos presos e internos, aos quais é assegurado o direito de entrevista com os Defensores Públicos.

### 5.32 Eficácia ao atendimento nos estabelecimentos prisionais

O dispositivo busca garantir eficácia ao atendimento da Defensoria Pública nos estabelecimentos prisionais e equiparados.

Ainda que não seja, hoje, devidamente cumprido, o dispositivo garante ao defensor público instalação adequada ao atendimento jurídico dos presos, bem como apoio administrativo. Estabelece, ainda, prerrogativa de acesso a todos os documentos e informações sobre os internos, bem como entrevista reservada.

Desnecessário apontar que a entrevista reservada é importante instrumento para que se estabeleça o necessário vínculo de confiança entre o preso/interno e o defensor, permitindo o conhecimento de eventuais abusos e ilegalidades que podem permear o ambiente carcerário.

> Art. 4º-A. São direitos dos assistidos da Defensoria Pública, além daqueles previstos na legislação estadual ou em atos normativos internos: (Incluído pela Lei Complementar n. 132, de 2009)
> I – a informação sobre: (Incluído pela Lei Complementar n. 132, de 2009)
> *a)* localização e horário de funcionamento dos órgãos da Defensoria Pública; (Incluído pela Lei Complementar n. 132, de 2009)
> *b)* a tramitação dos processos e os procedimentos para a realização de exames, perícias e outras providências necessárias à defesa de seus interesses; (Incluído pela Lei Complementar n. 132, de 2009)
> II – a qualidade e a eficiência do atendimento; (Incluído pela Lei Complementar n. 132, de 2009)
> III – o direito de ter sua pretensão revista no caso de recusa de atuação pelo Defensor Público; (Incluído pela Lei Complementar n. 132, de 2009)
> IV – o patrocínio de seus direitos e interesses pelo defensor natural; (Incluído pela Lei Complementar n. 132, de 2009)
> V – a atuação de Defensores Públicos distintos, quando verificada a existência de interesses antagônicos ou colidentes entre destinatários de suas funções. (Incluído pela Lei Complementar n. 132, de 2009)

## 6 DIREITOS DOS USUÁRIOS – ART. 4º-A

Mais uma inovação da LC n. 132/2009 foi a introdução do art. 4º-A na LC n. 80/1994, dispondo sobre os direitos dos assistidos da Defensoria Pública.

Cada um dos incisos disciplina um tema: informação (inciso I); qualidade (inciso II); revisão (inciso III); defensor natural (inciso IV); "aparência de parcialidade" (inciso V). Há expressa previsão de que os direitos ali anunciados são apenas um mínimo, e não um rol taxativo.

Não discorreremos sobre cada um deles, já que são autoexplicativos, mas apenas sobre os incisos III, IV e V.

**Inciso III: direito de ter sua pretensão revista em caso de recusa de atuação**

O dispositivo em questão, que deve ser lido também em conjunto com o § 8º do art. 4º, suscita algumas discussões que teceremos quando comentarmos os incisos XII dos arts. 44, 89 e 128, e para lá remetemos o leitor.

De qualquer forma, como já tivemos oportunidade de explicar[497], qualquer pessoa pode procurar os serviços prestados pela Defensoria Pública, mas nem todos podem se valer de seus serviços. Se a pessoa (necessitada) fizer jus à atuação da instituição, tal atuação será vinculada, de modo que a relação estabelecida é de direito público (e não de direito privado, como se dá na relação cliente-advogado).

Se assim é, quando o inciso III faz menção à recusa de atuação, devemos ter em mente que tal recusa só pode (e deve) ocorrer de maneira vinculada, no sentido de que ela não decorre de um mero juízo de conveniência e oportunidade.

As hipóteses de recusa de atuação da Defensoria Pública como ideia mais ampla ou, mais especificamente, deixar de patrocinar ação, quando ela for manifestamente incabível ou inconveniente aos interesses da parte, aparecem cinco vezes na LC n. 80/1994, quais sejam: art. 4º, § 8º; art. 4º-A, III; art. 44, XII; art. 89, XII; art. 128, XII). Assim, ora essa previsão surge dentro de um artigo destinado a elencar o rol de atribuições institucionais, ora enquanto direito dos assistidos da Defensoria Pública, ora fazendo as vezes de prerrogativa do defensor público (que, na verdade, consubstancia o exercício da independência funcional).

Um mandamento claro voltado à instituição para a consecução desse direito do usuário do serviço é que a recusa seja um ato documentado – justamente para que ele, em querendo, possa requerer sua revisão, valendo lembrar que, por se tratar de revisão da recusa, não se imputa ao usuário o ônus de apontar as razões de seu inconformismo; basta que ele manifeste seu desejo de revisão.

**Inciso IV: defensor natural: conceituação e sua aproximação com a ideia de juiz natural**

O inciso IV tem a virtude de consagrar o que a redação da LC n. 80/1994 não fazia até o advento da LC n. 132/2009: a ideia de "defensor natural". Mas que fique claro: até essa inovação legal não apenas já se falava em "defensor natural", decorrência da garantia da inamovibilidade, como essa garantia consubstanciava um direito do assistido. Não interpretar dessa maneira é o mesmo que equiparar a ideia de "defensor natural" a um privilégio do defensor público. A garantia, portanto, é um meio, cujo fim é a defesa dos direitos do assistido.

---

497 Cf., na Parte I, o tópico dedicado ao conceito de pessoa necessitada.

Embora a doutrina especializada unanimemente exorte a importância desse princípio, curiosamente, é raro encontrarmos um conceito seu; talvez porque, não bastasse a dificuldade de verbalizar qual é a sua essência, todos enxerguem que o importante mesmo é mencionar *a que se destina* o princípio do defensor natural, quais funções ele desempenha. Para oferecermos um conceito, podemos buscar ajuda na discussão em torno do princípio do *juiz natural*.

Analisando o direito fundamental ao juiz natural, que, na Itália, está previsto no art. 25 da Constituição, Liebman esclarece que seu fim é evitar que um litígio não seja enviado para órgão jurisdicional adrede criado para julgá-lo, ou de qualquer modo a órgão diverso do que seria competente para seu processamento e julgamento segundo os termos da lei[498]. A Corte Constitucional italiana interpretou a fórmula da respectiva Constituição – *nessuno può essere distolto dal giudice naturale precostituito per legge* – no sentido de que a locução *giudice naturale* corresponde àquela de *giudice precostituito per legge*, isto é, juiz legalmente instituído e determinado em base de critérios gerais fixados previamente e não em vista de um caso particular (sent. 1º aprile 1958, n. 29, e 3-7 luglio 1962, n. 88)[499].

No Brasil, Botelho de Mesquita recorda que:

> Dentre os princípios da mais antiga tradição em nosso direito constitucional está precisamente o princípio do juiz natural. Já o assegurava o art. 179, XI, da Constituição Imperial de 1824, nos termos de sua formulação clássica: 'Ninguém será sentenciado senão pela autoridade competente, por virtude de Lei anterior, e na forma por ella prescrita'[500].

Seguindo essa nossa tradição, portanto, no texto da atual Constituição Federal brasileira há um tripé de prescrições que consideramos fundamental para a eficácia da garantia constitucional do juiz natural, que, em síntese, nada mais é do que o *juiz constituído previamente por lei*: (1) previsões acerca do ingresso na carreira da Magistratura[501], (2) expressa proibição de tribunal de exceção[502], (3) e a existência da indispensável competência legal da autoridade responsável pelo processamento e julgamento de qualquer cidadão[503]. Por esse motivo, à luz do direito brasileiro, Dinamarco ensina que o princípio do juiz natural caracteriza-se, basicamente, por três fatores: *"a) julgamentos por juiz e não por outras pessoas ou funcionários; b) preexistência do órgão judi-*

---

498 LIEBMAN, Enrico Tullio. *Manuale di diritto processuale civile*. Principi. Sesta edizione. Milano: Giuffrè, 2002. item n. 03, "B", p. 7.

499 Idem, p. 7-8.

500 MESQUITA, José Ignácio Botelho de. O princípio do juiz natural. *Teses, estudos e pareceres de processo civil*. São Paulo: RT, 2007. v. 3, p. 149.

501 CF/88, arts. 93, I, II, III, 101, parágrafo único, 104, parágrafo único, 111-A, 119, 123 e 125, § 3º.

502 CF/88, art. 5º, XXXVII. Segundo Nelson Nery Junior, apoiado em Pontes de Miranda e Kern, "tribunal de exceção é aquele designado ou criado por deliberação legislativa, ou não, para julgar determinado caso, tenha ele já ocorrido ou não, irrelevante a já existência do tribunal" (*Princípios do processo civil na Constituição Federal*. 5. ed. São Paulo: RT, 1999. item n. 13, p. 64. (Coleção Estudos de Direito de Processo Enrico Tullio Liebman, vol. 21.)

503 CF/88, art. 5º, LIII.

*ciário, sendo vedados, também para o processo civil, eventuais tribunais de exceção instituídos depois de configurado o litígio; c) juiz competente segundo a Constituição e a lei*"[504].

Com esses subsídios fica claro que o direito fundamental ao juiz natural tem como fim garantir a *imparcialidade* do julgador e, para se tentar alcançá-la, impõe-se que as competências sejam atribuídas segundo critérios abstratos, gerais e objetivos. Não sem razão, apoiado em doutrinas italiana e alemã, Botelho de Mesquita concluiu que "não se admite em hipótese alguma que a competência, qualquer que ela seja, possa ficar à mercê de uma escolha pessoal do juiz. Se alguma lei, ou norma inferior, assim dispusesse, seria ostensivamente inconstitucional"[505].

Anote-se que as competências atribuídas ao defensor público **impõem que ele seja parcial**, isto é, ele não pode se postar no conflito de modo equidistante entre os conflitantes – na perspectiva do que a doutrina costuma referir de *imparcialidade subjetiva*. Contudo, a parcialidade não afasta a necessidade de **isenção**, isto é, o defensor público deve portar-se dentro de parâmetros da ética da profissão e sem permitir que interesses meramente pessoais ditem seu comportamento[506]. Ademais, é necessário que o defensor público possa exercer suas funções com serenidade pessoal, isto é, sem receio de ser retalhado por quem quer que seja – daí a importância da autonomia funcional da instituição e da independência funcional do cargo.

Assim, a legislação é construída de modo a tentar garantir que qualquer interesse pessoal do defensor público não se sobreponha:

1) ao interesse público de se eleger a melhor estratégia de atuação em prol do assistido/usuário em atendimento[507];

2) nem ao de impossibilidade jurídica de se levar adiante o atendimento se no caso houver incidência de uma das hipóteses específicas de expressão da independência funcional, as quais vedam a prestação do serviço público de assistência jurídica integral e gratuita[508].

Do mesmo modo, e isso ficará mais claro quando tratarmos mais adiante da autonomia constitucional da Defensoria Pública e das prerrogativas e garantias do cargo, o receio de ser retalhado não pode prevalecer sobre esses dois interesses públicos pontuados – o defensor público natural deve se sentir protegido pelo arcabouço jurídico.

Portanto, podemos **conceituar defensor natural** como *órgão da Defensoria Pública que, segundo normativa constitucional e legal preestabelecidas e de caráter geral, revele-se competente ao papel de prestar a assistência jurídica num determinado caso concreto.*

---

504 DINAMARCO, Cândido Rangel. *Instituições de direito processual...*, v. I, item n. 81, p. 204 – destaques do original.

505 MESQUITA, José Ignácio Botelho de. O princípio... cit., p. 149.

506 V. nossos comentários sobre a ética da profissão do defensor público, constantes no inciso I dos arts. 46, 91 e 130 da Lei n. 80/1994.

507 V. nossos comentários sobre autonomia funcional e independência funcional.

508 Lei n. 80/1994, arts. 44, 89 e 128, I.

Por qual motivo falamos em "revelar-se competente"? Valhamo-nos novamente de analogia com a estrutura judicial em matéria de *competência*, especificamente da imagem desenhada por Liebman ao explicar o tema da competência no sistema judiciário.

Ele ensina que a distribuição de competência entre os diversos órgãos judiciários é feita pela lei segundo uma ordem *vertical* e outra ordem *horizontal* preestabelecidas, as quais, quando combinadas como duas linhas coordenadas, indicam perfeitamente o juiz competente para cada causa. Na primeira ordem, a vertical, ele coloca os critérios de *matéria* e *valor*; na segunda ordem, a horizontal, o critério *territorial*[509]. De fato, Liebman apresenta imagem sobre o problema da competência no sistema judiciário inspirado na ideia de um plano cartesiano cujos eixos perpendiculares referem-se, respectivamente, à:

1) definição de competência essencialmente em sentido orgânico, isto é, entre órgãos judiciários de espécies diferentes; e

2) à definição de competência essencialmente no sentido geográfico, isto é, entre órgãos judiciários de mesma espécie espalhados pelos territórios judiciários do país.

É possível que sigamos essa lógica dentro da Defensoria Pública, valendo-nos inclusive, se necessário, da ferramenta de *distribuição*, a fim de que localizemos o órgão competente para determinado caso – ou seja, **para que se revele o órgão com atribuição.**

Por outro lado, e isso pode não soar poético – e a nomenclatura definitivamente é poética, não se pode negar –, o princípio do defensor natural também deve dialogar com um viés burocrático dentro da Defensoria Pública.

A sociologia costuma lecionar que a palavra *burocracia* normalmente é carregada de um significado usual pejorativo. Entretanto, burocracia é um sistema de organização de uma entidade que objetiva a racionalização e eficácia de suas tarefas, caracterizada, basicamente, pelos princípios da *generalidade* (regras aplicáveis a todos), da *impessoalidade* (o que importam são os cargos, não as pessoas que os ocupam) e da *eficiência* (otimização da busca por melhores resultados)[510].

É claro que, em última análise, **esse último aspecto da burocracia – a eficiência administrativa –, quando necessário, deve subordinar-se à independência do defensor público em sua atividade-fim**, pois o usuário é titular do direito de ser assistido por profissional que possa agir com desassombro em momentos de maior tensão, justamente por não ter receio de ser retalhado em qualquer aspecto do cargo que ocupe. Privilegiar, sempre, a eficiência administrativa mataria em boa medida a razão de ser da Defensoria Pública.

No filme *Sleepers: a vingança adormecida* (*Sleepers*, EUA, 1996), quatro jovens praticam um ato infracional e são levados a um reformatório por cerca de um ano. Lá, sofrem vários tipos de violência e abusos sexuais de alguns guardas. Alguns anos após serem postos em liberdade e já adultos, dois daqueles jovens, agora imersos no mundo do crime, casualmente encontram um dos guardas, o matam e são levados a julgamento. Então, os outros dois amigos ficam sabendo e se envolvem, bolando um plano para obterem a absolvição dos acusados: basicamente, um

---

509 LIEBMAN, Enrico Tullio. *Manuale*... cit., 2002, item n. 25, p. 54-55.

510 SABADELL, Ana Lucia. *Manual de sociologia jurídica*. 5. ed. São Paulo: RT, 2010. p. 166-167.

deles (Michael, interpretado por Brad Pitt) trabalha como assistente da Promotoria e *pede para atuar naquele caso* (sem que a chefia da acusação soubesse que ele próprio sofrera torturas e abusos pela vítima e que era amigo de longa data dos acusados). O plano, assim e em nome da *justiça* (justiça, aqui, como sinônimo de vingança), envolve construir uma falsa narrativa processual, inclusive inventando uma testemunha que desse álibi aos acusados, por meio de uma atuação de Michael como uma acusação que dissimuladamente "jogaria para a defesa". Como se vê – e deixando de lado especificidades processuais e o fato de estarmos tratando de um exemplo mais adequado à figura do promotor natural –, eis o viés republicano e que gera a necessária parcialidade (em contraposição à necessária imparcialidade, no caso do filme) do defensor natural; num exemplo extremo, bastaria pensarmos na hipótese do defensor público que pede para assumir a defesa (defensor não natural) para sutilmente "jogar para a acusação" – no exemplo extremo do filme –, ou mesmo para assumir a defesa em busca de notoriedade ou para ter oportunidade de sustentar determinada ideologia.

Assim, podemos dizer também que o assistido que procura a Defensoria Pública tem a garantia de que não será preterido no atendimento porque há uma normatização que previamente vincula a atuação desse ou daquele defensor – eles não têm poder de partilhar quem atenderá quem, e justamente isso garante ao assistido não ser preterido (generalidade). Ademais, o assistido não poderá escolher esse ou aquele defensor público (impessoalidade), mesmo porque isso, numa instituição que atua em massa, ocasionaria interrupções desnecessárias (eficiência). Daí a importância da nomenclatura "defensor natural": se o instituto do *defensor natural* se chamasse *defensor burocrático*, poderia significar a prevalência da eficiência administrativa sempre que esse valor entrasse em conflito com a independência do defensor público.

É por isso, a propósito, que, se admitirmos eventuais **designações** de defensor público para determinados casos concretos, elas deverão ser realizadas com cautela. A designação é possível, justamente porque não se está aqui diante do princípio do juiz natural – mais rigoroso, porque pressupõe imparcialidade. É o que explica o Ministério Público realizar suas designações – tecnicamente, não se trata de um órgão imparcial quando atua como parte (exemplo clássico é a acusação no processo penal).

E como seria essa designação "com cautela"?

A designação deve observar todos os aspectos que discutimos, até aqui, sobre "defensor natural", devendo existir potencialização do serviço público de assistência jurídica de um determinado caso concreto (ou de determinado serviço público institucional) sem prejuízo para o serviço público como um todo. Por outro lado, diversamente do que ocorre em outras instituições, **sustentamos que a designação não pode afastar o defensor público que originalmente atua no caso: o designado pode somar, auxiliar, secundar, mas substituir integralmente apenas em hipóteses típicas da indivisibilidade.**

### Defensor natural: caráter dúplice e ambivalente

Qualquer conceito que se formule sobre "defensor natural" deverá abordar, portanto, seu *caráter ambivalente*: **do ponto de vista do defensor público**, ele é um *plus* semântico no conjunto das garantias institucionais e do cargo, especialmente de suas garantias de independência funcional e de inamovibilidade, e, **na ótica do assistido ou usuário** do serviço de assistência jurídica integral, um direito irrenunciável que possui tanto de ser representado por alguém com independência, sem receios de ser retalhado, como de não ser preterido, além de receber um serviço eficiente (embora, excepcionalmente, esta deverá ceder em alguma medida para salvaguarda da independência do defensor público).

A letra fria da lei, como se vê, esconde uma grande estrutura jurídica por detrás do defensor natural, pois não o menciona expressamente como garantia – embora o seja –, além de não esmiuçar que, apesar de ser um direito do assistido, a ele se volta como uma imposição, logo, uma *via de mão dupla*: consubstancia um direito seu na mesma medida em que é uma imposição a qual ele não poderá, *em princípio*, recusar. É por lhe ser também uma imposição ou sujeição que o assistido não poderá eleger o defensor público de sua preferência. Eis o caráter dúplice do princípio em questão.

> Defensor Natural: órgão da Defensoria Pública que, segundo normativas constitucional e legal preestabelecidas e de caráter geral, revele-se competente ao papel de prestar a assistência jurídica num determinado caso concreto.
>
> Caráter ambivalente:
> - Ótica do Defensor Público: exteriorização de garantias institucionais e do cargo, especialmente independência funcional e inamovibilidade.
> - Ótica do usuário/assistido: dúplice: direito e imposição.

**O defensor natural na prática**

O princípio do defensor natural certamente aumenta a sua intensidade quanto mais complexa for a organização interna da Defensoria Pública. Assim se dá quando, por exemplo, dentro dela há diferentes órgãos com atribuições concorrentes e/ou colaborativas. Isso fica mais visível quando dada Defensoria Pública possui núcleos. Eis um exemplo.

Na Defensoria Pública do Estado do Rio Grande do Sul a LC n. 14.130/2012, no art. 5º, § 1º, prevê que "*As causas patrocinadas diretamente por Núcleo Especializado da Defensoria Pública do Estado terão como defensor natural os integrantes do respectivo Núcleo Especializado*".

Frise-se que **a recíproca é verdadeira**: se o defensor natural não for o Núcleo Especializado (por exemplo, por não existir quando da entrada da demanda na instituição), e sim um defensor público não integrante de qualquer Núcleo, este, e não o Núcleo, será o defensor natural, pois o inciso IV do art. 5º prevê como um dos direitos do assistido a atuação do defensor natural. Se o Núcleo Especializado já existir e a matéria a ele disser respeito, o defensor natural será o Núcleo Especializado[511].

511 É possível interpretar mais amplamente o art. 5º, § 2º. Observe-se que o dispositivo menciona que "terão como defensor natural os integrantes do respectivo Núcleo Especializado". Isso significa que dentro de cada Núcleo Especializado existem vários defensores naturais, de tal forma que, nesse caso, o assistido não tem direito – como poderia sugerir a leitura apressada do art. 5º, IV – a um determinado defensor público inte-

A jurisprudência por vezes é instada a colocar em cena o defensor natural até mesmo quando o que está em discussão é o próprio modelo de assistência jurídica.

Num exemplo em que a celeridade processual não pode pôr em xeque valores como o devido processo legal, decidiu-se que a atuação da Defensoria Pública (defensor natural) não pode ser afrontada pelo juiz; ao menos não ordinariamente:

> RECURSO ORDINÁRIO EM *HABEAS CORPUS*. PROCESSUAL PENAL. DEFENSOR PÚBLICO NATURAL. DEFENSORIA PÚBLICA. NOMEAÇÃO DE ADVOGADO *AD HOC*. VIOLAÇÃO DO CONTRADITÓRIO E DA AMPLA DEFESA. NULIDADE PROCESSUAL RECONHECIDA. RECURSO PROVIDO. (...) III – **Os Defensores Públicos não são advogados públicos, possuem regime disciplinar próprio e têm sua capacidade postulatória decorrente diretamente da Constituição Federal.** IV – Na linha da jurisprudência do eg. Supremo Tribunal Federal e desta eg. Corte, "O Supremo Tribunal Federal firmou o entendimento de que é nulo o processo quando há nomeação de defensor dativo em comarcas em que existe Defensoria Pública estruturada, só se admitindo a designação de advogado ad hoc para atuar no feito quando não há órgão de assistência judiciária na comarca, ou se este não está devidamente organizado na localidade, havendo desproporção entre os assistidos e os respectivos defensores. Precedente" (HC n. 337.754/SC, **Quinta Turma**, Rel. Min. **Jorge Mussi,** *DJE* de 26-11-2015). V – No caso dos autos há violação dos princípios da ampla defesa, do contraditório e do **defensor público natural**, tendo em vista a **nomeação de defensor ad hoc para realizar audiência de instrução e julgamento ao invés do Defensor Público Federal que já patrocinava a causa.** VI – As pessoas assistidas pela Defensoria Pública são vulneráveis e deve ser assegurado seu direito de realizar **a audiência prévia, a orientação para o interrogatório e as perguntas que serão feitas para as testemunhas (realizadas pela defesa técnica) com seu Defensor Público natural.** Recurso ordinário em *habeas corpus* provido (RHC 61.848/PA (2015/0175233-4), rel. Min. Felix Fischer).

Vale transcrever um trecho do relatório: "Diante disso, o juiz decidiu deprecar para a comarca de Abaetuba/PA todos os demais atos processuais. Ocorre que em seguida o Defensor retirou-se, pois havia outra audiência para realizar. Todavia, logo após a saída do Defensor Público da sala de audiência, o réu e as testemunhas chegaram.

No entanto, mesmo já com a ausência do Defensor Público e mesmo depois de lavrada a ata de não realização da audiência no qual ficou registrada a ausência do réu e das testemunhas (fl. 28), o juiz decidiu dar início à audiência e, assim, nomeou advogado *ad hoc* para o ato".

Num caso similar, a jurisprudência concluiu que *não* se haveria de sustentar o *caráter absoluto* do defensor natural ou, trocando em miúdos, fez prevalecer a necessidade de "eficiência processual" sobre a ampla defesa do assistido/usuário da Defensoria Pública:

> **Defensoria Pública e defensor público natural**
> A Segunda Turma denegou a ordem em "habeas corpus" no qual **se pretendia a incidência do princípio do defensor natural.** No caso, defensor público fora designado para exercer suas funções em duas comarcas distintas, em dias da semana **predeterminados.** Por sua vez, o juízo no qual processado o paciente determinara a realização de audiência em dia no qual o defensor estaria em comarca diversa, e designara outro advogado para prestar-lhe assis-

grante do Núcleo como sendo ele o defensor natural. Assim, o Núcleo é que é o defensor natural.

tência na oportunidade. Por essa razão, alegava-se, no "habeas", que haveria ofensa à ampla defesa e ao defensor público natural, e que o juízo deveria redesignar a audiência para dia em que o defensor público estivesse disponível. A Turma afirmou que fora assegurado ao paciente o direito de contato prévio e privativo com seu defensor "ad hoc". Este exercera seu mister com eficiência e exatidão, pois participara ativamente dos depoimentos, formulando perguntas tanto para o acusado quanto para as testemunhas do Ministério Público. Além disso, **a Defensoria Pública deveria se acomodar ao Poder Judiciário, e não o contrário**, pois a atuação da Defensoria ainda seria insuficiente em alguns locais (**HC 123.494/ES, rel. Min. Teori Zavascki, 16-2-2016**)[512].

Com todo o respeito, o argumento de que a Defensoria Pública deve se acomodar ao Judiciário é inaceitável, assim como não deve o Judiciário se acomodar à Defensoria. Não há subordinação entre as carreiras. Nenhuma das instituições é "fim em si". Ambas devem se acomodar aos ditames constitucionais e processuais, garantindo o processo com eficiência e pleno respeito às garantias, o que certamente não se satisfaz com a nomeações de profissionais *ad hoc*, como se o estudo antecipado do processo e a possibilidade de cuidadoso e repetido contato com a parte não fossem essenciais para o respeito ao contraditório e à ampla defesa. Se já não admitimos o

---

512 Em outro julgado: PROCESSUAL PENAL. RECURSO ORDINÁRIO EM *HABEAS CORPUS*. AUDIÊNCIA DE INSTRUÇÃO E JULGAMENTO. **DEFENSORIA PÚBLICA INTIMADA. INÉRCIA. NOMEAÇÃO DE ADVOGADO AD HOC**. ART. 265, § 2º, DO CPP. NULIDADE. INOCORRÊNCIA. PREJUÍZO. AUSÊNCIA DE DEMONSTRAÇÃO. ART. 563 DO CPP. SÚMULA 523/STF. RECURSO NÃO PROVIDO. 1. Consoante jurisprudência deste Superior Tribunal e da Suprema Corte, "não se justifica, a nomeação de defensor dativo, quando há instituição criada e habilitada à defesa do hipossuficiente" (RHC 106.394/MG, Rel. Ministra Rosa Weber, Primeira Turma, julgado em 30-10-2012, *DJE* 8-2-2013). Todavia, não se trata de regra absoluta, a qual tenha que ser observada independentemente das particularidades do caso concreto ou da devida comprovação de prejuízo. 2. No caso em exame, a primeira audiência foi designada para março de 2012, sendo remarcada para 5-5-2012. Novamente redesignada para o dia 19-11-2013, foi, posteriormente, redesignada para o dia 20-10-2015. Por fim, referida audiência foi cancelada e nova audiência foi marcada para o dia 18-10-2016. Assim, apesar de existir Defensor Público na Comarca, o Juiz singular nomeou advogado ad hoc "para evitar prejuízo ao réu", tendo em vista que a audiência de instrução em julgamento, objeto do pleito anulatório, já havia sido Redesignada pela quarta vez, sendo que o Defensor Público, ao ser contatado por telefone, requereu vista dos autos – o que acarretaria necessidade de nova remarcação –, deixando de comparecer à audiência. 3. Hipótese em que o processo permaneceu parado por mais de 4 anos e 6 meses, apenas diante da inércia do Defensor Público em comparecer à audiência de instrução e julgamento. 4. Preconiza o **art. 265, § 2º, do CPP** "que, na ausência injustificada no profissional constituído, o juiz não determinará o adiamento de ato algum do processo, devendo nomear defensor substituto, ainda que provisoriamente ou só para o efeito do ato, bastando a nomeação de defensor *ad hoc*" (RHC 71.696/PR, Rel. Ministro Joel Ilan Paciornik, Quinta Turma, julgado em 8-11-2016, *DJE* 16-11-2016). 5. Nos termos da legislação processual, não cabe à parte arguir nulidade a que haja dado causa, ou para que tenha concorrido (*ex vi*, art. 565 do CPP). 6. Segundo a jurisprudência desta Corte Superior, não se declara a nulidade de ato processual sem a demonstração de prejuízo a uma das partes (*pas de nullité sans grief*), de acordo com a regra do art. 563 do CPP: "Nenhum ato será declarado nulo, se da nulidade não resultar prejuízo para a acusação ou para a defesa". 7. A ausência de defesa, ou situação a isto equiparável, com prejuízos demonstrados ao acusado, é apta a macular a prestação jurisdicional, na forma da Súmula n. 523 do STF, segundo a qual: "No processo penal, a falta de defesa constitui nulidade absoluta, mas a sua deficiência só o anulará se houver prova de prejuízo para o réu". 8. Recurso em *habeas corpus* não provido (RHC 82.695/MG, Rel. Min. Ribeiro Dantas, 5ª Turma, julgamento em 13-6-2017, *DJE* 23-6-2017).

*juiz ad hoc*, deve ser fomentado o fim do *defensor ad hoc*, pois em uma democracia a decisão deve estar centrada não na autoridade estatal, mas sim na solução do conflito entre as partes, no diálogo processual entre os titulares dos interesses envolvidos, cujos patronos devem ser amplamente capacitados para tanto (o que inclui tempo e energia para conhecer o caso).

Certamente, outras discussões altamente práticas podem ser formuladas tendo o princípio do defensor natural como o tema principal. E claro: num ambiente democrático – ou de democracia de intensidade mais alta – o princípio do defensor natural é *naturalmente* menos desafiado do que num cenário autoritário – ou de democracia de menor intensidade.

**Inciso V: "Aparência de parcialidade"**

Se o inciso IV pode receber um nome – o inciso que trata do defensor natural –, o mesmo não ocorre com o inciso ora analisado. Na falta de uma denominação mais criativa, optamos por dizer que o inciso V trata do direito do assistido ao defensor público natural *e aparentemente parcial* (a seu favor).

O significado do inciso V é que violaria cabalmente o acesso à justiça se um assistido fosse representado pelo *mesmo* defensor público que representa a pessoa com quem ele diverge na versão processual ou no interesse. Afinal, não basta que o defensor público seja honesto e isento na sua atuação; urge que ele *aparente* tal condição.

Uma atenta leitura também traz um viés positivo: se, por um lado, proíbe-se à Defensoria Pública destinar um mesmo defensor para duas pessoas que digladiam nas versões, por outro, a norma permite a atuação da instituição em caso de colidência. Confuso isso? Nem tanto assim.

O que queremos dizer é que nada impede, como se recomenda, que a Defensoria Pública reserve dois defensores públicos na defesa de duas pessoas que, embora no mesmo polo processual, divergem na versão fática ou nas pretensões. A única atenção que se deve dar é à hipótese de *indivisibilidade* da instituição, já que o acesso à justiça estará desafiado se, nas férias de um defensor, assumir o outro defensor que já atuava no mesmo processo, mas em nome de usuário diverso.

Nada como um exemplo, talvez dois.

Imagine o leitor que, na seara criminal, dado defensor público (natural) atua nas defesas dos réus processados em determinada vara criminal da comarca X. Num caso qualquer – roubo, por exemplo –, o defensor público conversa com os réus (roubo qualificado pelo concurso de agentes) e, em princípio, a versão deles (a que possivelmente será contada em seus interrogatórios) é colidente. Tício e Mévio – sempre eles, campeões de reincidência nos livros doutrinários de direito penal – negam a prática do delito. Ocorre que Tício diz que soube que Mévio e outro qualquer foram os autores do crime, ao passo que Mévio diz que quem o praticou certamente foi Tício, talvez auxiliado por um tal Caio.

Nesse cenário, não tão raro, obviamente nem Tício nem Mévio se contentarão com a atuação do *mesmo defensor público* na defesa de ambos, ainda que este profissional lhes assegure que sua atuação é técnica e que, em nome da técnica, ele saberá separar as defesas no momento certo. Em casos como este, anote-se, os réus estariam representados por um defensor público que não poderia se vincular psicologicamente a duas versões antagônicas – certamente não representará com a mesma qualidade os dois réus, sem contar a falta de credibilidade perante o juízo.

Imaginemos agora outro exemplo.

Numa audiência criminal que trata de violência doméstica há um juiz, um membro do Ministério Público e um defensor público. Ocorre que, por qualquer que seja a razão, naquela audiência o defensor público presente atuará na defesa do agressor, ao passo que a mulher vítima procurou a Defensoria Pública e a ela foi designada uma defensora pública[513]. E lhe foi designada uma defensora pública (ou um defensor público) porque naquela específica audiência o mesmo defensor público não poderia atuar em prol dos interesses do (suposto) agressor e da (suposta) vítima, pois inconciliáveis.

Em suma, embora prescindível – dada a obviedade –, a previsão legal reforça a observância prática de um instituto que, caso não fosse respeitado, ridicularizaria o serviço público de assistência jurídica.

# Título II

## Da Organização da Defensoria Pública da União

# Capítulo I

## Da Estrutura

Art. 5º A Defensoria Pública da União compreende:

I – órgãos de administração superior:

a) a Defensoria Pública-Geral da União;

b) a Subdefensoria Pública-Geral da União;

c) o Conselho Superior da Defensoria Pública da União;

d) a Corregedoria-Geral da Defensoria Pública da União;

II – órgãos de atuação:

a) as Defensorias Públicas da União nos Estados, no Distrito Federal e nos Territórios;

b) os Núcleos da Defensoria Pública da União;

III – órgãos de execução:

a) os Defensores Públicos Federais nos Estados, no Distrito Federal e nos Territórios. (Redação dada pela Lei Complementar n. 132, de 2009.)

(...)

# Título III

## Da Organização da Defensoria Pública do Distrito Federal e Dos Territórios

# Capítulo I

## Da Estrutura

Art. 52. A Defensoria Pública do Distrito Federal e dos Territórios é organizada e mantida pela União.

Art. 53. A Defensoria Pública do Distrito Federal e dos Territórios compreende:

I – órgãos de administração superior:

a) a Defensoria Pública-Geral do Distrito Federal e dos Territórios;

b) a Subdefensoria Pública-Geral do Distrito Federal e dos Territórios;

513 Lei n. 11.340/2006, art. 28: "É garantido a toda mulher em situação de violência doméstica e familiar o acesso aos serviços de Defensoria Pública ou de Assistência Judiciária Gratuita, nos termos da lei, em sede policial e judicial, mediante atendimento específico e humanizado".

c) o Conselho Superior da Defensoria Pública do Distrito Federal e dos Territórios;
d) a Corregedoria-Geral da Defensoria Pública do Distrito Federal e dos Territórios;
II – órgãos de atuação:
a) as Defensorias Públicas do Distrito Federal e dos Territórios;
b) os Núcleos da Defensoria Pública do Distrito Federal e dos Territórios;
III – órgãos de execução: os Defensores Públicos do Distrito Federal e dos Territórios.
(...)

# Título IV

## Das Normas Gerais para a Organização da Defensoria Pública dos Estados

# Capítulo I

## Da Organização

Art. 97. A Defensoria Pública dos Estados organizar-se-á de acordo com as normas gerais estabelecidas nesta Lei Complementar.

Art. 97-A. À Defensoria Pública do Estado é assegurada autonomia funcional, administrativa e iniciativa para elaboração de sua proposta orçamentária, dentro dos limites estabelecidos na lei de diretrizes orçamentárias, cabendo-lhe, especialmente: (Incluído pela Lei Complementar n. 132, de 2009)

I – abrir concurso público e prover os cargos de suas Carreiras e dos serviços auxiliares; (Incluído pela Lei Complementar n. 132, de 2009)

II – organizar os serviços auxiliares; (Incluído pela Lei Complementar n. 132, de 2009)

III – praticar atos próprios de gestão; (Incluído pela Lei Complementar n. 132, de 2009)

IV – compor os seus órgãos de administração superior e de atuação; (Incluído pela Lei Complementar n. 132, de 2009)

V – elaborar suas folhas de pagamento e expedir os competentes demonstrativos; (Incluído pela Lei Complementar n. 132, de 2009)

VI – praticar atos e decidir sobre situação funcional e administrativa do pessoal, ativo e inativo da Carreira, e dos serviços auxiliares, organizados em quadros próprios; (Incluído pela Lei Complementar n. 132, de 2009)

VII – exercer outras competências decorrentes de sua autonomia. (Incluído pela Lei Complementar n. 132, de 2009)

Art. 97-B. A Defensoria Pública do Estado elaborará sua proposta orçamentária atendendo aos seus princípios, às diretrizes e aos limites definidos na lei de diretrizes orçamentárias, encaminhando-a ao Chefe do Poder Executivo para consolidação e encaminhamento ao Poder Legislativo. (Incluído pela Lei Complementar n. 132, de 2009)

§ 1º Se a Defensoria Pública do Estado não encaminhar a respectiva proposta orçamentária dentro do prazo estabelecido na lei de diretrizes orçamentárias, o Poder Executivo considerará, para fins de consolidação da proposta orçamentária anual, os valores aprovados na lei orçamentária vigente, ajustados de acordo com os limites estipulados na forma do *caput*. (Incluído pela Lei Complementar n. 132, de 2009)

§ 2º Se a proposta orçamentária de que trata este artigo for encaminhada em desacordo com os limites estipulados no *caput*, o Poder Executivo procederá aos ajustes necessários para fim de consolidação da proposta orçamentária anual. (Incluído pela Lei Complementar n. 132, de 2009)

§ 3º Durante a execução orçamentária do exercício, não poderá haver a realização de despesas que extrapolem os limites estabelecidos na lei de diretrizes orçamentárias, exceto se previamente autorizadas, mediante a abertura de créditos suplementares ou especiais. (Incluído pela Lei Complementar n. 132, de 2009)

§ 4º Os recursos correspondentes às suas dotações orçamentárias próprias e globais, compreendidos os créditos suplementares e especiais, ser-lhe-ão entregues, até o dia 20 (vinte) de cada mês, na forma do art. 168 da Constituição Federal. (Incluído pela Lei Complementar n. 132, de 2009)

§ 5º As decisões da Defensoria Pública do Estado, fundadas em sua autonomia funcional e administrativa, obedecidas as formalidades legais, têm eficácia plena e executoriedade imediata, ressalvada a competência constitucional do Poder Judiciário e do Tribunal de Contas. (Incluído pela Lei Complementar n. 132, de 2009)

§ 6º A fiscalização contábil, financeira, orçamentária, operacional e patrimonial da Defensoria Pública do Estado, quanto à legalidade, legitimidade, aplicação de dotações e recursos próprios e renúncia de receitas, será exercida pelo Poder Legislativo, mediante controle externo e pelo sistema de controle interno estabelecido em lei. (Incluído pela Lei Complementar n. 132, de 2009)

(...)

**Seção VII**

**Dos Órgãos Auxiliares**

Art. 109. Cabe à lei estadual disciplinar os órgãos e serviços auxiliares de apoio administrativo, organizando-o em quadro próprio, com cargos que atendam às peculiaridades e às necessidades da administração e das atividades funcionais da Instituição.

## 7 ORGANIZAÇÃO INTERNA E AUTONOMIA DAS DEFENSORIAS PÚBLICAS – ARTS. 5º, 52, 53, 97 A 97-B E 109

### 7.1 Organização interna

Está assim estruturada a Defensoria Pública na LC n. 80/1994: ela deve possuir órgãos de *administração superior*, órgãos de atuação e órgãos de execução. Assim, essa estrutura com três eixos diz respeito às três esferas da Defensoria Pública.

Uma observação importante é que apenas as Defensorias Públicas estaduais, ao contrário das demais, em verdade não possuem três eixos, mas quatro: a existência de órgão auxiliar (art. 98, IV), que, no caso, recebe o nome de Ouvidoria-Geral da Defensoria Pública do Estado. Essa inovação adveio da LC n. 132/2009, não existindo na redação originária. No entanto, desde o advento da EC n. 69/2012 – voltamos a insistir nesse aspecto – esse órgão auxiliar também deve fazer parte da organização interna da Defensoria Pública do Distrito Federal.

Se é que é possível, não é fácil extrair a real diferença entre órgãos de atuação e órgãos de execução. Ao que parece, tal distinção basear-se-á apenas no regime jurídico previsto na LC n. 80/1994, que de mais relevante prevê a existência de Núcleos da Defensoria Pública. A esse assunto regressaremos mais à frente.

#### *7.1.1 Órgãos de Administração Superior*

No que toca à Administração Superior, a LC n. 80/1994 determina a obrigatoriedade de quatro órgãos: Defensor Público-Geral, Subdefensor Público-Geral, Conselho Superior e Corregedor-Geral.

#### *7.1.2 Órgãos de atuação*

A LC n. 80/1994 divide em dois os órgãos de atuação: as Defensorias Públicas e os Núcleos (arts. 5º, II, 53, II, e 98, II).

Ligadas ao exercício da atividade-fim (prestação da assistência jurídica), as Defensorias Públicas dizem respeito ao direcionamento territorial de suas funções: a Defensoria Pública da União atua nos Estados, no Distrito Federal e nos Territórios (Justiça Federal), a Defensoria Pública do Distrito Federal atua no Distrito Federal e as Defensorias Públicas estaduais atuam em âmbito estadual (Justiça Estadual).

Os Núcleos, por sua vez, também desempenham a atividade-fim da instituição, mas, além de respeitarem a divisão territorial atinente às Defensorias Públicas, suas funções não estão definidas em lei.

### *7.1.3 Órgãos de execução*

Como órgão de execução a LC n. 80/1994 prevê os defensores públicos (arts. 5º, III, 53, III, e 98, III).

Em verdade, se a exata compreensão da distinção dos órgãos de atuação não é facilitada pela lei nacional, muito menos ocorre com o pleno entendimento dos órgãos de execução. Afinal de contas, a atividade-fim (assistência jurídica) da Defensoria Pública é privativa e indelegável do membro da instituição (art. 4º, § 10), que são os defensores públicos. Ademais disso, observe-se que a LC n. 80/1994 faz referência a "órgãos" de execução (no plural), mas nessa classificação legal os órgãos de execução têm apenas um elemento: os defensores públicos. Como se vê, é notória a confusão da lei nacional nesse aspecto.

### *7.1.4 Órgão auxiliar*

Apenas em relação às Defensorias Públicas estaduais foi prevista a obrigatoriedade de adoção de um quarto órgão, que no art. 98, IV, é rotulado como "órgão auxiliar": a Ouvidoria-Geral da Defensoria Pública.

Merece atenção o fato de a LC n. 988/2006, que organiza a Defensoria Pública do Estado de São Paulo, ter elevado a Ouvidoria-Geral ao patamar de órgão da Administração Superior (art. 11, VII), ao passo que a LC n. 136/2011, que organiza a Defensoria Pública do Estado do Paraná (art. 9º, IV, *b*), e a LC n. 14.130, que organiza a Defensoria Pública do Estado do Rio Grande do Sul (art. 9º, V, *a*), atribuem-lhe *status* de órgão auxiliar. Como exposto, na lei nacional a Ouvidoria-Geral é alçada ao posto de "órgão auxiliar".

Não teceremos maiores reflexões sobre o mérito de, pela LC n. 80/1994, a Ouvidoria-Geral ser prevista como órgão auxiliar (os propósitos deste livro não permitem isso). Basta, por ora, mencionar que esse rótulo legal estabelecido consagra algo no mínimo curioso: a Ouvidoria-Geral é um órgão auxiliar, mas que, apesar de ser auxiliar, tem assento, como membro nato, no Conselho Superior (art. 101)[514]! Diante disso, nada impediria, como se recomendava, que se alçasse a Ouvidoria-Geral a órgão da Administração Superior.

---

514 Outro exemplo dessa incoerência normatizada encontra-se na LC n. 136/2011 no que concerne à Defensoria Pública paranaense. Enquanto o art. 9º, III, *b*, prevê a Ouvidoria-Geral como órgão auxiliar, o art. 43, que arrola os oito órgãos auxiliares, não faz menção à Ouvidoria-Geral. Aliás, a Ouvidoria-Geral não foi disciplinada na Seção VIII ("Dos órgãos auxiliares"), mas na Seção V, isoladamente, logo após o trato dos órgãos

**Estagiários**

Apesar de a LC n. 80/1994 prever apenas um órgão auxiliar (no caso, a Ouvidoria-Geral, e apenas no que tange às Defensorias estaduais), em verdade, pode-se falar em mais um previsto na lei, embora não explicitamente sob esse rótulo. Trata-se dos *estagiários*[515].

O art. 145 prevê o seguinte:

> As Defensorias Públicas da União, do Distrito Federal e dos Territórios e dos Estados adotarão providências no sentido de selecionar, como estagiários, os acadêmicos de Direito que, comprovadamente, estejam matriculados nos quatro últimos semestres de cursos mantidos por estabelecimentos de ensino oficialmente reconhecidos.
>
> § 1º Os estagiários serão designados pelo Defensor Público-Geral, pelo período de um ano, podendo este prazo ser prorrogado por igual período.
>
> § 2º Os estagiários poderão ser dispensados do estágio, antes de decorrido o prazo de sua duração, nas seguintes hipóteses:
>
> a) a pedido;
>
> b) por prática de ato que justifique seu desligamento.
>
> § 3º O tempo de estágio será considerado serviço público relevante e como prática forense.

Como se vê, o verbo "adotarão" não parece fazer crer ser uma faculdade a previsão de estagiários no corpo da instituição; e se assim é, ao que tudo indica, sua classificação legal melhor se daria no que toca aos órgãos auxiliares[516].

Em síntese, o art. 145 traz – além da exigência de que os estagiários componham a instituição – regra ora atinente ao período mínimo em que deve figurar no seu curso superior (exigir matrícula nos quatro últimos semestres significa proibir que ingresse na Defensoria Pública antes desse período), ora concernente ao prazo de duração de seu vínculo com a instituição (um ano corresponde ao período mínimo a que faz jus a estagiar, um direito seu, pois), ora sobre regras de relativização de seu direito ao estágio (seu desligamento forçado pressupõe tenha ele dado causa).

Na 1ª edição, apontamos que, por força do art. 145, § 3º, a LC n. 80/1994 estabelecia a equiparação da atividade de estágio como prática jurídica, uma vez que, para fins de concurso para o cargo de defensor público, consubstancia um requisito a ser comprovado: arts. 26, *caput*, 71, *caput*, requisito este que não encontra previsão para as DPEs na LC n. 80/1994 – a LC n. 988/2006, relativa à DPE do Estado de São Paulo, prevê: art. 91, V.

Ocorre que o referido § 3º foi derrogado pela EC n. 80/2014, que prevê, em suma – e deixando de lado as polêmicas que permeiam esse assunto –, que somente o tempo de atividade

---

da Administração Superior, conquanto o *caput* do art. 34 disponha que se trata de órgão auxiliar!

515 De qualquer forma, vale registrar o alerta de Hugo Nigro Mazzilli tecendo reflexões sobre a Lei Orgânica Nacional do Ministério Público (LONMP), no caso, art. 8º da Lei n. 8.625/1993: "Cometeu a LONMP (...) uma impropriedade técnica, quando aqui relaciona alguns serviços administrativos (...) como se fossem *órgãos* da instituição. Deve-se evitar o erro de considerar os estagiários e os serviços de apoio como *órgãos do Ministério Público*. Pela teoria da organicidade, o órgão *é* o ente; tanto que o órgão *presenta* o ente (torna-o presente diretamente) (...)" (*Regime jurídico do Ministério Público*. 6. ed. São Paulo: Saraiva, 2007. p. 407).

516 Na Defensoria Pública do Estado de São Paulo, a LC n. 988/2006 prevê os estagiários justamente como órgãos auxiliares (art. 56, VII), ao lado de outros lá previstos.

jurídica pós-bacharelado pode servir como observância do requisito de atividade jurídica (art. 134, § 4º, c/c art. 93, I, ambos da CF/88.

## 7.2 Autonomia

Na Parte I deste livro, tratamos da temática da autonomia da Defensoria Pública numa perspectiva constitucional, ocasião em que explicamos um pouco o conceito de cada autonomia. Para uma visão panorâmica, remetemos o leitor para o citado tópico.

Aqui, novamente analisaremos as autonomias da Defensoria Pública, mas desta vez a partir dos arts. 97-A e 97-B e enfatizando a organização da mais relevante jurisprudência existente acerca de cada tema.

Antes, porém, é importante frisar que os arts. 97-A e 97-B estão previstos apenas no capítulo dedicado às Defensorias estaduais, não havendo, assim, previsão nos capítulos atinentes às Defensorias Públicas da União e do Distrito Federal. Esses dispositivos foram inseridos na LC n. 80/1994 por meio da LC n. 132/2009, e, como sabemos, posteriormente, as Emendas Constitucionais n. 69/2012 e n. 74/2013 estenderam (explicitamente) as autonomias conferidas às Defensorias estaduais pela EC n. 45/2004, respectivamente, às Defensorias Públicas do Distrito Federal e da União. A conclusão, assim, é que os arts. 97-A e 97-B também se aplicam a estas Defensorias Públicas[517].

Para fins didáticos, vamos reproduzir o quadro geral das autonomias da Defensoria Pública no texto constitucional que expusemos na Parte I. No entanto, na frente de cada autonomia indicaremos o artigo da LC n. 80/1994 que, primordialmente, corresponde a cada qual, lembrando que apenas a última dessas autonomias – a iniciativa legislativa – não encontra dispositivo na lei orgânica:

**Autonomias:**
**Funcional** (EC n. 45/2004, n. 69/2012 e n. 74/2013); **LC n. 80/1994: art. 97-A e § 6º.**
**Administrativa** (EC n. 45/2004, n. 69/2012 e n. 47/2013); **LC n. 80/1994: art. 97-A e § 5º.**
**Financeira (**CF/88 não menciona expressamente**):**
**Iniciativa da proposta orçamentária** (EC n. 45/2004, n. 69/2012 e n. 74/2013); **LC n. 80/1994: art. 97-B, §§ 1º a 3º.**
**Duodécimos** (art. 168 da EC n. 45/2004); **LC n. 80/1994: art. 97-B, § 4º.**
**Iniciativa legislativa (**EC n. 80/2014**); Não há dispositivo na LC n. 80/1994.**

Os arts. 97-A e 97-B foram inseridos pela LC n. 132/2009 e tratam das autonomias funcional, administrativa e do rito básico da iniciativa da proposta orçamentária.

### *7.2.1 Autonomia funcional*

O *caput* do art. 97-A mescla um pouco de cada autonomia, mas seus incisos tratam principalmente da autonomia administrativa. Em certo sentido, se a Defensoria Pública não possuís-

517 Nesse sentido: PAIVA, Caio; FENSTERSEIFER, Tiago. *Comentários à Lei Nacional da Defensoria Pública...* cit., p. 415.

se autonomia funcional, não teria também autonomia no plano administrativo e vice-versa, mas, de um ponto de vista analítico, a autonomia funcional é vista *circundando* a Defensoria Pública, ao passo que a administrativa é olhada *dentro* dela.

A instituição não estar subordinada, não é demais lembrar, não é o mesmo que não ter de prestar contas, por exemplo. A autonomia só se justifica num ambiente em que a ideia de freios e contrapesos seja respeitada – inclusive no que tange às Funções Essenciais à Justiça.

O cerne da autonomia funcional, assim, é a não subordinação da Defensoria Pública a outros órgãos ou Poderes; isto é, ela deve estar protegida diante de tentativas de ingerência.

É devido à autonomia funcional que a Defensoria Pública não se sujeita, por exemplo, a decretos do Poder Executivo ou a provimentos da presidência do Tribunal de Justiça.

Nesse sentido:

> PROCESSUAL PENAL. *HABEAS CORPUS* SUBSTITUTIVO DE RECURSO ESPECIAL. NÃO CABIMENTO. PRERROGATIVA DA DEFENSORIA PÚBLICA. DIREITO A DEFESA TÉCNICA INTEGRAL E GRATUITA, EM TODOS OS GRAUS DE JURISDIÇÃO. INADMISSIBILIDADE DE RECURSO NA ORIGEM POR ELA INTERPOSTO. **FUNDAMENTO NA AUSÊNCIA DE CAPACIDADE POSTULATÓRIA. NECESSIDADE DE NOMEAÇÃO EXPRESSA.** IRRELEVÂNCIA, NA HIPÓTESE. NULIDADE. OCORRÊNCIA. OFENSA AO DEVIDO PROCESSO LEGAL E À AMPLA DEFESA. *HABEAS CORPUS* NÃO CONHECIDO. ORDEM CONCEDIDA DE OFÍCIO. I – A Primeira Turma do col. Pretório Excelso firmou orientação no sentido de não admitir a impetração de *habeas corpus* substitutivo ante a previsão legal de cabimento de recurso ordinário (*v.g.*: HC n. 109.956/PR, Rel. Min. Marco Aurélio, *DJE* de 11-9-2012; RHC n. 121.399/SP, Rel. Min. Dias Toffoli, *DJE* de 1º-8-2014 e RHC n. 117.268/SP, Rel. Min. Rosa Weber, *DJE* de 13-5-2014). As Turmas que integram a Terceira Seção desta Corte alinharam-se a esta dicção, e, desse modo, também passaram a repudiar a utilização desmedida do *writ* substitutivo em detrimento do recurso adequado (*v.g.*: HC n. 284.176/RJ, Quinta Turma, Rel. Min. Laurita Vaz, *DJE* de 2-9-2014; HC n. 297.931/MG, Quinta Turma, Rel. Min. Marco Aurélio Bellizze, *DJE* de 28-8-2014; HC n. 293.528/SP, Sexta Turma, Rel. Min. Nefi Cordeiro, *DJE* de 4-9-2014 e HC n. 253.802/MG, Sexta Turma, Rel. Min. Maria Thereza de Assis Moura, *DJE* de 4-6-2014). II – Portanto, não se admite mais, perfilhando esse entendimento, a utilização de *habeas corpus* substitutivo quando cabível o recurso próprio, situação que implica o não conhecimento da impetração. Contudo, no caso de se verificar configurada flagrante ilegalidade apta a gerar constrangimento ilegal, recomenda a jurisprudência a concessão da ordem de ofício. III – Conforme dispõe o art. 134 (com a redação dada pela Emenda Constitucional n. 80, de 2014) da Constituição da República, "a Defensoria Pública é instituição permanente, essencial à função jurisdicional do Estado, incumbindo-lhe, como expressão e instrumento do regime democrático, fundamentalmente, a orientação jurídica, a promoção dos direitos humanos e a defesa, em todos os graus, judicial e extrajudicial, dos direitos individuais e coletivos, de forma integral e gratuita, aos necessitados, na forma do inciso LXXIV do art. 5º desta Constituição Federal". **IV – No caso dos autos, o paciente havia ajuizado revisão criminal perante a eg. Corte de origem, requerendo que fosse nomeado Defensor Público para patrocinar os seus interesses. O eg. Tribunal, após intimar a Defensoria Pública por duas vezes, não conheceu do recurso por ela interposto ao fundamento de que não possuiria capacidade postulatória para tanto, porquanto não fora nomeada expressamente. V – Constitui ato atentatório às prerrogativas da Defensoria Pública condicionar sua atuação à provocação "seja pelo magistrado, seja pela parte interessada", o que impede o exercício do seu múnus constitucionalmente atribuído. De igual sorte, tal proceder implica ofensa aos princípios do devido**

**processo legal e da ampla defesa a todos assegurados (art. 5º, incisos LIV e LV, da CRFB).** *Habeas corpus* não conhecido. Ordem concedida de ofício (HC 327.533/RS, rel. Min. Felix Fischer, 5ª Turma, julgamento em 13-10-2015, *DJE* 20-10-2015).

PENAL. PROCESSUAL PENAL. *HABEAS CORPUS* SUBSTITUTIVO. TRANCAMENTO DE INVESTIGAÇÃO PENAL. CRIME DE DESOBEDIÊNCIA. AÇÃO PENAL. RENÚNCIA DE DEFENSOR DATIVO. REQUISIÇÃO JUDICIAL. NOMEAÇÃO DE DEFENSOR PÚBLICO. NÃO CUMPRIMENTO. **ATO DE GESTÃO DO DEFENSOR PÚBLICO GERAL.** AUTONOMIA ADMINISTRATIVA E FINANCEIRA. ATIPICIDADE. OCORRÊNCIA. 1. Ressalvada pessoal compreensão diversa, uniformizou o Superior Tribunal de Justiça ser inadequado o *writ* em substituição a recursos especial e ordinário, ou de revisão criminal, admitindo-se, de ofício, a concessão da ordem ante a constatação de ilegalidade flagrante, abuso de poder ou teratologia. 2. Somente é cabível o trancamento da ação penal por meio do *habeas corpus* quando houver comprovação, de plano, da ausência de justa causa, seja em razão da atipicidade da conduta supostamente praticada pelo acusado, seja da ausência de indícios de autoria e materialidade delitiva, ou ainda da incidência de causa de extinção da punibilidade. 3. **A autonomia administrativa e a independência funcional asseguradas constitucionalmente às defensorias públicas não permitem a ingerência do Poder Judiciário acerca da necessária opção de critérios de atuação pelo Defensor Geral e a independência da atividade da advocacia.** 4. **Não configura o tipo penal de desobediência o não atendimento a requisição judicial de defensor público, pois lícita a designação de advogados pelo critério do possível, por seu gestor. Atipicidade reconhecida.** 5. *Habeas corpus* não conhecido, mas concedida a ordem de ofício para trancar o procedimento investigatório n. 0042254-22.2013.8.24.0023, em trâmite no Juizado Especial Criminal da Capital do Estado de Santa Catarina (HC 310.901/SC, rel. Min. Nefi Cordeiro, 6ª Turma, julgamento em 16-6-2016, *DJE* 28-6-2016).

A EC 45/2004 outorgou expressamente autonomia funcional e administrativa às defensorias públicas estaduais, além da iniciativa para a propositura de seus orçamentos (art. 134, § 2º): **donde, ser inconstitucional a norma local que estabelece a vinculação da Defensoria Pública a Secretaria de Estado.** A norma de autonomia inscrita no art. 134, § 2º, da CF pela EC 45/2004 é de eficácia plena e aplicabilidade imediata, dado ser a Defensoria Pública um instrumento de efetivação dos direitos humanos. [ADI 3.569, rel. Min. Sepúlveda Pertence, j. 2-4-2007, P, *DJ* de 11-5-2007.] = ADI 4.056, rel. Min. Ricardo Lewandowski, j. 7-3-2012, P, *DJE* de 1º-8-2012.

A violação à autonomia funcional da Defensoria Pública poderá se dar de maneira escancarada, posto que explicitamente orquestrada para que ela, gradativamente, retroceda ou, na melhor das hipóteses, fique estagnada.

O caso da Defensoria Pública do Paraná, nesse sentido, merece atenção tanto pelo que o Poder Executivo pretendeu fazer como pela forma que o STF impediu seu ímpeto.

Em síntese, as **ADIns 5.217** e **5.218** foram propostas objetivando discutir a constitucionalidade de leis do Estado do Paraná que, em suma, reduziam a autonomia da Defensoria Pública por meio de ingerência nos cargos da instituição, por induzir ainda maior desvalorização remuneratória e por reduzir (em quase 70%) o orçamento da instituição.

Os dois pedidos de liminar dessas ações foram apreciados durante recesso judiciário, e em ambos a presidência do STF – com respaldo no art. 10 da Lei n. 9.868/1999 – entendeu ser caso de deferir a liminar por reputar haver nítido prejuízo à Defensoria Pública e, por conseguinte, aos interesses dos assistidos e necessitados. Quanto ao *periculum in mora*, aduziu-se que ele

(...) decorre da constatação de que os efeitos do diploma legal em discussão resultam na manifesta insuficiência dos recursos (tanto financeiro quanto funcional e pessoal) necessários à proteção dos direitos dos necessitados, dever confiado à Defensoria Pública pelo nosso ordenamento jurídico[518].

---

518 **ADIn 5.217/PR:**
Trata-se de ação direta de inconstitucionalidade, com pedido de medida cautelar, proposta pela Associação Nacional dos Defensores Públicos – ANADEP "contra a Lei Complementar Estadual n. 180/2014, aprovada pela Assembleia Legislativa do Estado do Paraná e sancionada pelo Exmo. Governador do Estado do Paraná, que altera diversos dispositivos da Lei Complementar Estadual n. 136/2011" (página 1 do documento eletrônico 2). Alega-se, em síntese, que o Paraná foi o penúltimo estado a implantar a Defensoria Pública, criando diversos óbices ao regular exercício das atribuições da instituição, inclusive tentando submetê-la "ao controle restritivo da Secretaria de Estado da Fazenda e da Secretaria de Controle Interno, tudo como se a Defensoria Pública fosse integrante da estrutura orgânica do Poder Executivo ou mais uma secretaria de governo" (página 4 do documento eletrônico 2). A requerente informa que, desde que foi implementada no Estado do Paraná, em 2013, a Defensoria Pública conseguiu expandir sua atuação – que inicialmente ocorria apenas em Curitiba – para 22 Comarcas, que abrangem mais de 40 municípios. Em que pese à expansão da Instituição, aponta que **o Poder Executivo, através de medidas legislativas, iniciou um processo objetivando: "a) a redução da autonomia da Instituição, como forma de controle pelo Poder Executivo; b) a desvalorização financeira dos servidores e defensores públicos, como forma de tornar ambas as carreiras menos atrativas, aumentando o índice de evasão e diminuindo o índice de ingresso e; c) a redução do orçamento programado pela Defensoria Pública para o ano de 2015 em quase 70%, como forma de, imediatamente, impedir a continuidade de expansão da Instituição no Estado do Paraná.** Esta última medida, dadas certas peculiaridades, será discutida em ação própria" (grifos no original – página 5 do documento eletrônico 2). Destaca o seguinte: **"A Lei Complementar Estadual n. 180/2014 pretendeu: a) limitar a autonomia da Defensoria Pública (arts. 1º, 6º, 7º e 8º da LCE 180/2014); b) dispor sobre o modo de nomeação do Defensor Público Geral do Estado (art. 2º da LCE 180/2014); c) alterar e revogar disposições referentes à nomeação, exoneração, posse e promoção de Defensores Públicos e Servidores (arts. 3º, 5º, 6º, 7º, 8º, 9º, 10, 11 e 17, incisos I, II e III da LCE 180/2014); d) alterar e revogar dispositivos sobre o regime remuneratório de Defensores Públicos e Servidores, incluindo verbas principais, verbas acessórias e verbas indenizatórias (arts. 12, 13, 14 e 17, incisos III, IV e V da LCE 180/2014)"** (páginas 5-6 do documento eletrônico 2). Indica, mais, tratar-se de situação semelhante à ocorrida com o advento da EC 19 de 1998, que resultou em debate jurídico acerca da autonomia e independência do **Ministério Público** em relação ao Poder Executivo, trazendo à baila transcrição de trecho do voto proferido pelo Ministro Celso de Mello na **ADI 2.513.** Aponta, nessa linha, que "por autonomia funcional se compreenderia o exercício de suas funções livre de ingerências de qualquer natureza de outro órgão do Estado. Trata-se de predicativo institucional, que justificou batizá-la de autonomia institucional, conferindo a necessária garantia a seus membros" (grifos no original – página 14 do documento eletrônico 2). Indica, ademais, haver violação à prerrogativa constitucional da Defensoria Pública de instaurar processo legislativo privativo – decorrente da EC 80, que estendeu à Instituição a aplicação do art. 96, II, da Constituição, inclusive pela simetria estipulada entre o Poder Judiciário, o Ministério Público e a Defensoria Pública. Nesse sentido, a requerente passa a enumerar os artigos da LCE 180/2014 que violam a Constituição Federal, a saber: 1º; 2º e 17, I; 3º, 6º, 7º e 8º; e 9º, 10, 11, 12, 13, 14, 15 e 17, II, III, IV, V e VI. É o relatório necessário. **Decido.** Com efeito, o art. 10 da Lei n. 9.868/1999 autoriza que, no período de recesso, a medida cautelar requerida em ação direta de inconstitucionalidade seja excepcionalmente concedida por decisão monocrática do Presidente desta Corte, a quem compete decidir sobre questões urgentes no período de recesso ou de férias, conforme o art. 13, VIII, do RISTF. Destaco que, na ADI 5.218, entendi ser caso de atuação da Presidência pelo risco de haver prejuízos institucionais ao

exercício das atribuições da Defensoria Pública na defesa dos interesses dos assistidos e necessitados. O ato normativo ali impugnado possibilitava ao governador do estado a retirada, a qualquer momento, de parte do orçamento da Instituição – que poderia chegar a 70% do valor total –, bem como feria a autonomia constitucionalmente a ela assegurada. Novamente vislumbro a necessidade dessa atuação excepcional, uma vez que **as alterações promovidas pela LCE 180/2014 adentram na competência privativa da Defensoria Pública** (imiscuindo-se na autonomia funcional e administrativa) **e na iniciativa de sua proposta orçamentária**. Passo, portanto, ao exame do pedido de liminar. Conforme assentei na decisão proferida na ADI 5.218/PR: "Com as mudanças estabelecidas pela EC 45/2004, o poder constituinte derivado buscou incrementar a capacidade de autogoverno da Defensoria Pública, assegurando-lhe, ao lado da autonomia funcional e administrativa, a financeira, conforme menção expressa na Constituição Federal à iniciativa para elaboração de sua proposta orçamentária. A importância dessas mudanças trazidas pela EC 45/2004 para a autonomia da Defensoria Pública foi exaltada pela doutrina brasileira. Nesse sentido, a Professora Maria Tereza A. Sadek ressaltou que: 'A Defensoria Pública é (...) instituição do sistema de justiça que tem marcado presença no movimento em direção à democratização do acesso à justiça e efetividade de direitos. Concebida como um órgão público, essencial à função jurisdicional do Estado, cabe-lhe a orientação jurídica e a defesa em todos os graus, dos necessitados. A instituição possui um papel chave na universalização do acesso à justiça, já que presta assistência jurídica àqueles que não têm condições de pagar um advogado. Sua atuação pode reduzir algumas das danosas consequências das desigualdades econômica e social ao propiciar a igualdade no âmbito das cortes de justiça. (...) A aprovação da Emenda Constitucional n. 45/2004 certamente dará impulso às Defensorias Públicas Estaduais, uma vez que assegura à instituição autonomia funcional e administrativa, bem como a iniciativa de sua proposta orçamentária. O fortalecimento da Defensoria Pública tem a potencialidade de produzir reflexos imediatos na realidade, reduzindo o grau de exclusão social.' (Efetividade de direitos e acesso à justiça. In RENAULT, Sérgio e BOTTINI, Pierpaolo. *Reforma do Judiciário*. São Paulo: Saraiva, 2005. p. 283-284). Para a Carta Republicana de 1988, a Defensoria Pública é instituição essencial à função jurisdicional do Estado, incumbindo-lhe, como expressão e instrumento do regime democrático, fundamentalmente, a orientação jurídica, a promoção dos direitos humanos e a defesa, em todos os graus, judicial e extrajudicial, dos direitos individuais e coletivos, de forma integral e gratuita, aos necessitados. (...) Entendo que, de acordo com o regramento constitucional, **qualquer medida normativa que venha a suprimir a autonomia da Defensoria Pública, jungindo-a administrativamente ao Poder Executivo local, implica necessariamente violação à Carta Magna.** A matéria não é nova neste Supremo Tribunal Federal. O tema foi amplamente debatido no julgamento da **ADI 3.569/PE**, Rel. Min. Sepúlveda Pertence, tendo o respectivo acórdão recebido a seguinte ementa: 'Ementa: I. Ação direta de inconstitucionalidade: art. 2º, inciso IV, alínea *c*, da L. est. 12.755, de 22 de março de 2005, do Estado de Pernambuco, que estabelece a vinculação da Defensoria Pública estadual à Secretaria de Justiça e Direitos Humanos: violação do art. 134, § 2º, da Constituição Federal, com a redação da EC 45/04: inconstitucionalidade declarada. 1. A EC 45/04 outorgou expressamente autonomia funcional e administrativa às defensorias públicas estaduais, além da iniciativa para a propositura de seus orçamentos (art. 134, § 2º): donde, ser inconstitucional a norma local que estabelece a vinculação da Defensoria Pública a Secretaria de Estado. 2. A norma de autonomia inscrita no art. 134, § 2º, da Constituição Federal pela EC 45/04 é de eficácia plena e aplicabilidade imediata, dado ser a Defensoria Pública um instrumento de efetivação dos direitos humanos. II. Defensoria Pública: vinculação à Secretaria de Justiça, por força da LC estadual (PE) 20/98: revogação, dada a incompatibilidade com o novo texto constitucional 1. É da jurisprudência do Supremo Tribunal – malgrado o dissenso do Relator – que a antinomia entre norma ordinária anterior e a Constituição superveniente se resolve em mera revogação da primeira, a cuja declaração não se presta a ação direta. 2. O mesmo raciocínio é aplicado quando, por força de emenda à Constituição, a lei ordinária ou complementar anterior se torna incompatível com o texto constitucional modificado: precedentes.' Vale ressaltar que o art. 134, § 2º, da Constituição Federal, pela densidade normativa que ostenta, é autoaplicável e de eficácia imediata. No dizer do Professor José Afonso da Silva: 'As condições gerais para essa aplicabilidade são a existência apenas do aparato jurisdicional, o que significa: aplicam-se só pelo fato de serem normas jurídicas, que pressupõem, no caso, a existência do Estado e de seus órgãos.' (*Aplicabilidade das normas constitucionais*. 7ª ed. São Paulo: Malheiros, 2007, 102). Assim, ainda que não seja pela densidade de seu conteúdo normativo, a autoaplicabilidade do referido dispositivo decorre do simples fato de a Defensoria Pública integrar o aparato organizacional do Estado como instituição autônoma e livre de subordinação ao Executivo e aos demais Poderes. Ressalto, nesse sentido, trechos do voto da Ministra Cármen Lúcia na mencionada ADI 3.569/PE (Rel. Min. Sepúlveda Pertence): '(...) a Constituição dotou [a defensoria pública] de autonomia e esta se refere, inclusive, à ausência de tutela, à impossibilidade de tutela para efeitos de controle de legalidade ou do que for (...)'". Neste contexto, **aufere-se da mens legislatoris o evidente interesse em se assegurar à Defensoria Pública os elementos necessários à sua autogestão, em específico pela garantia constitucional de "autonomia funcional e administrativa e a iniciativa de sua proposta orçamentária" (art. 134, § 2º, da CF)**. A Lei Complementar Estadual 180/2014, proposta por iniciativa do Chefe do Poder Executivo paranaense, a exemplo do seu art. 1º, alterou a redação do *caput* do art. 7º da LCE 136/2011 (que estabelece a Lei Orgânica da Defensoria Pública do Estado do Paraná), **excluindo do texto original a palavra financeira, retirando assim a autonomia financeira da Instituição.** O entendimento assentado nesta Suprema Corte qualificou como **preceito fundamental** a **autonomia administrativa e financeira** da Defensoria Pública, considerando-se inconstitucional qualquer medida que subordine a Instituição ao Poder Executivo, consoante exegese do art. 134, § 2º, da Constituição Federal. Neste sentido: **ADI 3.965/MG**, Relatora Min. Cármen Lúcia; ADI 4.056/MA, de minha relatoria; ADI 3.569/PE, Relator Min. Sepúlveda Pertence; e ADPF 307 MC-Ref, Relator Min. Dias Toffoli. **Não obstante o conteúdo material, que a toda evidência se demonstra inconstitucional por ferir as garantias decorrentes da simetria e da autonomia da Defensoria Pública, mais grave ainda, a justificar o deferimento da liminar para declarar a inconstitucionalidade da Lei Complementar Estadual 180/2014, é o processo legislativo deflagrado por ato do governador do Estado do Paraná, que encaminhou à Assembleia Legislativa o Projeto de Lei Complementar 16/2014. O marco inicial da Defensoria Pública no Paraná foi a Lei Complementar 136/2011 (Lei Orgânica da Defensoria Pública). Não obstante a promulgação e a vigência da referida lei, somente com a decisão proferida pelo Supremo Tribunal Federal no AI 598.212/PR, em outubro de 2013, houve a implantação daquela Instituição no estado. Por certo que, após a implantação, dever-se-ia observar o comando constitucional que estabelece ser iniciativa privativa do Defensor Público Geral do estado projetos de leis relativos a questões específicas, uma vez que tal situação objetiva assegurar as prerrogativas da autonomia e do autogoverno da Instituição. A ofensa à garantia da iniciativa do processo legislativo privativo denota evidente vício, que, por consequência lógica, é causa de inconstitucionalidade formal, a macular o seu resultado, id est, a própria lei. Nessa conjuntura, entendo que há risco de prejuízos irreparáveis para que a Defensoria Pública promova o exercício das suas atribuições na defesa dos interesses dos assistidos e necessitados (cujas garantias constitucionais são implícitas).** Destaco que uma das alterações feitas na Lei Orgânica da Defensoria Pública do Estado do Paraná, retirou do texto legal parcelas pagas aos servidores que possuem caráter evidentemente indenizatórios, a exemplo do vale transporte e que refletem prejuízos à Instituição, que deve obedecer os limites impostos pela Lei de Responsabilidade Fiscal. Entendo, assim, que o **periculum in mora** decorre da constatação de que os efeitos do diploma legal em discussão resulta na manifesta **insuficiência dos recursos** (tanto financeiro quanto funcional e pessoal) necessários à proteção dos direitos dos necessitados, dever confiado à Defensoria Pública pelo nosso ordenamento jurídico. Assim, não obstante o vício formal constatado, *a fortiori*, **aponto que a superveniência da LCE 180/2014 subjugou a Defensoria Pública ao Poder Executivo já no conteúdo do art. 1º da referida norma** – situação que *per si* justifica a urgência no caso concreto, a autorizar a atuação da Presidência desta Suprema Corte, **uma vez que tal situação subordina a atuação da Instituição ao Poder Executivo**, até mesmo na obtenção dos recursos básicos e necessários à sua função administrativa (como a aquisição de materiais de expediente) –, entendendo ser o caso de **deferir o pedido liminar** para suspender os efeitos da Lei Complementar Estadual 180, de 16 de dezembro de 2014, da Assembleia Legislativa do Estado do Paraná, até o julgamento definitivo da presente ação direta de inconstitucionalidade. Isso posto,

**defiro o pedido liminar**, *ad referendum* do Plenário, para suspender imediatamente os efeitos da Lei Complementar Estadual 180, de 16 de dezembro de 2014, da Assembleia Legislativa do Estado do Paraná, até o julgamento definitivo da presente ação direta de inconstitucionalidade. Comunique-se com urgência à Assembleia Legislativa e ao Governador do Estado do Paraná. Publique-se. Brasília, 22 de janeiro de 2015. Ministro Ricardo Lewandowski Presidente (ADI 5.217 MC, rel. Min. Celso de Mello, julgamento em 22-1-2015, *DJE*-023, DIVULG 3-2-2015, PUBLIC 4-2-2015).

**ADIn 5.218/PR:**

Trata-se de ação direta de inconstitucionalidade, com pedido de medida cautelar, proposta pela Associação Nacional dos Defensores Públicos – ANADEP **contra os arts. 16 e 19 da Lei n. 18.409/2014 do Estado do Paraná**, que assim dispõem: "Art. 16. Fica o Poder Executivo autorizado a abrir créditos suplementares no orçamento da Administração Geral do Estado – Recursos sob Supervisão da Secretaria de Estado da Fazenda, até o montante de R$90.000.000,00 (noventa milhões de reais), utilizando para cobertura do crédito orçamentário, recursos da Defensoria Pública"; "Art. 19. Ficam os Poderes Legislativo e Judiciário e o Ministério Público autorizados a procederem ajustes nos seus Orçamentos, nos termos da Lei, dando ciência ao Tribunal de Contas e ao Poder Executivo". Alega-se, em síntese, que os referidos dispositivos contrariam o disposto no art. 134, § 2º, da Constituição Federal. Destaca-se que "a Defensoria Pública do Estado do Paraná contou, em 2014, com orçamento de R$ 91.521.793,00 (noventa e um milhões, quinhentos e vinte e um mil e setecentos e noventa e três reais)" e exerceu sua prerrogativa orçamentária para o exercício financeiro de 2015 mediante a expedição ao Secretário de Estado da Fazenda dos Ofícios 265/2014, de 8 de abril de 2014, e 500/2014, de 27 de agosto de 2014 (página 2 do documento eletrônico 2). Assevera, nessa linha, que "foram apresentados diversos cenários e apontado um valor que variava entre R$ 185.000.000,00 (cento e oitenta e cinco milhões de reais) e R$ 200.000.000,00 (duzentos milhões de reais), conforme a previsão de despesas de pessoal, no momento da fixação dos limites para a Lei de Diretrizes Orçamentárias, enfatizando-se a necessidade, de qualquer modo, de previsão de R$ 50.000.000,00 (cinquenta milhões de reais) para as despesas de custeio e outras despesas correntes, tendo em vista, sobretudo, o imperativo constitucional de expansão da Instituição (regulamentada somente no ano de 2011) e do acesso à justiça, nos termos do art. 98 dos ADCT, inserido pela EC n. 80/2014. Após, novamente sensível aos problemas financeiros enfrentados pelo Paraná, no momento do envio da proposta para a Lei Orçamentária Anual, o valor apontado foi de R$ 165.000.000,00 (cento e sessenta e cinco milhões de reais), reduzindo-se ao máximo as despesas e contando com a possibilidade dos tradicionais ajustes orçamentários" (página 3 do documento eletrônico 2). **A requerente ressalta que o Poder Executivo não apenas encaminhou o Projeto de Lei Orçamentária Anual 415/2014 sem a previsão para a Instituição proceder a ajustes orçamentários, mas também vetou o orçamento da Defensoria na Lei de Diretrizes Orçamentárias, superestimou os gastos remuneratórios e subestimou os gastos de custeio, impedindo, assim, a ascensão da Defensoria Pública paranaense.** Indica, mais, haver **violação da simetria estipulada entre o Poder Judiciário, o Ministério Público e a Defensoria Pública**, uma vez que se modificou a redação do dispositivo que regrava a matéria, idêntica à constante nas Leis Orçamentárias de 2012 a 2014, a saber: "'Ficam os Poderes Legislativo e Judiciário, a Defensoria Pública e o Ministério Público autorizados a procederem ajustes nos seus Orçamentos, nos termos da Lei, dando ciência ao Tribunal de Contas e ao Poder Executivo' (art. 14 da LOA de 2012; art. 16 da LOA de 2013; art. 17 da LOA de 2014)" (página 5 do documento eletrônico 2). Aduz, ainda, que o deputado Pedro Lupion apresentou emenda parlamentar visando sanar o vício de tratamento à Instituição, e acrescenta que a mensagem governamental enviada pelo Governador do Estado à Assembleia Legislativa agravou a situação narrada, uma vez que "pretendia obter autorização legislativa para que o Exmo. Governador do Estado, mediante sua conveniência e oportunidade, pudesse retirar até 70% do orçamento da Defensoria Pública, a fim de suplementar o orçamento de órgãos vinculados ao Poder Executivo" (página 6 do documento eletrônico 2). Como questão lateral, aponta que o art. 134, § 5º, da Constituição do Estado do Paraná "promove assimetria em relação ao texto constitucional, ao garantir ao Governador prerrogativa mais ampla do que aquela prevista no art. 166, § 5º, da Lei Maior ao Presidente da República", pois permite ao Governador enviar mensagem de alteração do Projeto de Lei Orçamentária, "mesmo após a sua aprovação na Comissão e até o início da votação em plenário" (páginas 12-14 do documento eletrônico 2). Relata, ainda, que "(...) a Comissão de Orçamento da Assembleia Legislativa do Estado do Paraná não apenas iniciou a votação, como concluiu a análise de todas as emendas parlamentares apresentadas em 18 de novembro de 2014 (p. 541-542 do PDF), tendo sido imediatamente encaminhado à Diretoria de Assistência ao Plenário para regular tramitação. A Mensagem Governamental n. 86/2014, manifestamente intempestiva, foi subscrita após o encerramento das atividades da Comissão e juntada ao processo na longínqua data de 26 de novembro de 2014, apresentando 'Subemenda aditiva ao Substitutivo Geral ao Projeto de Lei n. 415/2014' (p. 559 do PDF). Com isso, interrompeu-se, de forma absolutamente inconstitucional, a marcha do processo legislativo, retornando-o a estágios iniciais perante a Comissão de Orçamento, na qual, em 'apreciação extraordinária', restou aprovada a mensagem encaminhada pelo Governador do Estado, a despeito do parecer desfavorável emitido pelo Deputado Edson Praczyk (p. 566-571 do PDF), a quem coube a Relatoria. Violou-se, portanto, o formato de harmonia e equilíbrio entre os poderes no processo legislativo, ocorrendo ingerência do Poder Executivo em momento não autorizado pela Constituição da República. Deste modo, é inválido o art. 16 da Lei Estadual n. 18.409/2014 (Lei Orçamentária Anual), por ser produto de mensagem intempestiva do Poder Executivo (art. 134, § 5º, da Constituição Estadual), em afronta ao modelo constitucional de processo legislativo, o qual privilegia a separação e o equilíbrio entre os Poderes" (página 16 do documento eletrônico 2). Nesse sentido, **argumenta que o artigo 16 da Lei em questão retira da Defensoria Pública a autonomia orçamentária, já que autoriza ao Poder Executivo subtrair até 70% (setenta por cento) do orçamento a ela destinado, ferindo, por consequência a liberdade administrativa da Instituição.** Entende, por conseguinte, que "o que se pretende com tal dispositivo é tornar inexigível o DUODÉCIMO ORÇAMENTÁRIO, burlando, a uma só vez, a regra constitucional da AUTONOMIA FINANCEIRA, insculpida no art. 168, o princípio da AUTONOMIA ADMINISTRATIVA, previsto no art. 134, § 2º e a norma segundo a qual a DEFENSORIA PÚBLICA DEVE ALCANÇAR TODAS AS UNIDADES JURISDICIONAIS DO ESTADO NO PRAZO DE 08 (OITO) ANOS (art. 98, 1º, do ADCT)" (grifos no original – página 19 do documento eletrônico 2). A seguir, **a requerente acrescenta que "a drástica redução orçamentária imposta à Defensoria Pública do Estado do Paraná viola também o princípio da vedação ao retrocesso social e a eficácia negativa da norma prevista no art. 98, § 1º, do ADCT"** (página 22 do documento eletrônico 2). Menciona, outrossim, que o referido dispositivo desrespeita o disposto no art. 134, § 2º, da Constituição federal, já que "a Lei Orçamentária Anual aprovada em 2014, inexplicavelmente, concedeu a autorização para ajustes a todas Instituições com autonomia financeira, exceto à Defensoria Pública" (página 26 do documento eletrônico 2). Anota, ainda, que houve desrespeito à "igualdade institucional entre Poder Judiciário, Ministério Público e Defensoria Pública, estabelecida pela Constituição a partir da EC n. 45/2004 e consolidada com a EC n. 80/2014" (página 27 do documento eletrônico 2). Assevera também que cabe ao Supremo Tribunal Federal proceder à "interpretação corretiva da lei perante interpretação modificativa dos sentidos originais postos pelo legislador" (página 30 do documento eletrônico 2). Dessa forma, entende ser necessária a prolação de **decisão de conteúdo aditivo** mediante interpretação conforme na norma questionada, que, a seu ver é "aquela que compreende que a Defensoria Pública está inserida no art. 19 da Lei Orçamentária Anual referente ao ano de 2015, mostra-se a única via capaz de assegurar a higidez do dispositivo, na medida em a Constituição Federal assegura ao Poder Judiciário, ao Ministério Público e à Defensoria Pública, autonomia administrativa e funcional nos mesmos moldes, bem como estabelece a paridade institucional entre referidos órgãos" (página 31 do documento eletrônico 2). Menciona, assim, que **"apenas a interpretação conforme que assegure a inserção da Defensoria Pública do Estado no rol de entes abrangidos pelo art. 19 é capaz de atender o art. 134 da Constituição e restabelecer a paridade Institucional quebrada pelo tratamento indevidamente discriminatório conferido pela Lei Orçamentária Anual do Estado do Paraná à Defensoria Pública do Estado do Paraná em comparação àquele conferido ao Ministério Público e do Poder Judiciário local"** (página 32 do documento eletrônico 2). É o relatório necessário. **Decido.** Com efeito, o art. 10 da Lei n. 9.868/1999 autoriza que, no período de recesso, a medida cautelar requerida em ação direta de inconstitucionalidade seja excepcionalmente concedida por decisão monocrática do Presidente desta Corte, a quem compete decidir sobre questões urgentes no período de recesso ou de férias, conforme o art. 13, VIII, do RISTF. Entendo ser o caso de atuação da Presidência, pelo risco de haver prejuízos institucionais ao exercício das atribuições da Defensoria Pública na defesa dos interesses dos assistidos e necessitados, já que o ato normativo aqui impugnado possibilita que a qualquer momento o Governador do Estado retire do orçamento da Instituição parte da verba a ela destinada e que pode chegar até o montante de 70% do seu total. Passo, portanto, ao exame do pedido de liminar. **A presente ação direta de inconstitucionalidade versa sobre possível ofensa à autonomia funcional, administrativa e financeira da Defensoria Pública na esfera estadual**, definida pelo art. 134, § 2º, da Constituição Federal, com a redação estabelecida pela Emenda Constitucional 45/2004. Com as mudanças estabelecidas pela EC 45/2004, o poder constituinte derivado buscou incrementar a capacidade de autogoverno da Defensoria Pública, assegurando-lhe, ao lado da autonomia funcional e administrativa, a financeira, conforme menção expressa na Constituição Federal à iniciativa para elaboração de sua proposta orçamentária. A importância dessas mudanças trazidas pela EC 45/2004 para a autonomia da Defensoria Pública foi exaltada pela doutrina brasileira. Nesse sentido, a Professora Maria Tereza A. Sadek ressaltou que: "A Defensoria Pública é (...) instituição do sistema de justiça que tem marcado presença no movimento em direção à democratização do acesso à justiça e efetividade de direitos. Concebida como um órgão público, essencial à função jurisdicional do Estado, cabe-lhe a orientação jurídica e a defesa em todos os graus, dos necessitados. A instituição possui um papel chave na universalização do acesso à justiça, já que presta assistência jurídica àqueles que não têm condições de pagar um advogado. Sua atuação pode reduzir algumas das danosas consequências das desigualdades econômica e social ao propiciar a igualdade no âmbito das cortes de justiça. (...) A aprovação da Emenda Constitucional n. 45/2004 certamente dará impulso às Defensorias Públicas Estaduais, uma vez que assegura à instituição autonomia funcional e administrativa, bem como a iniciativa de sua proposta orçamentária. O fortalecimento da Defensoria Pública tem a potencialidade de produzir reflexos imediatos na realidade, reduzindo o grau de exclusão social" (Efetividade de direitos e acesso à justiça. In RENAULT, Sérgio e BOTTINI, Pierpaolo. *Reforma do Judiciário*. São Paulo: Saraiva, 2005. p. 283-284). Para a Carta Republicana de 1988, a Defensoria Pública é instituição essencial à função jurisdicional do Estado, incumbindo-lhe, como expressão e instrumento do regime democrático, fundamentalmente, a orientação jurídica, a promoção dos direitos humanos e a defesa, em todos os graus, judicial e extrajudicial, dos direitos individuais e coletivos, de forma integral e gratuita, aos necessitados. Não por outro motivo, a Assembleia Geral da Organização dos Estados Americanos – **OEA** aprovou a **Resolução 2.656**, de 7 de junho de 2014, que trata das "garantias de acesso à justiça: o papel dos defensores públicos oficiais". Note-se que essa resolução foi o primeiro documento normativo aprovado pela OEA sobre o acesso à justiça como um direito autônomo. O documento reconhece, ainda, que a Defensoria Pública é a instituição eficaz para a garantia desse direito, sobretudo para as pessoas em situação de especial vulnerabilidade. Um dos pontos contidos na resolução é a recomendação aos Estados-membros da OEA que já contam com o serviço de assistência jurídica gratuita para que adotem medidas que garantam independência e autonomia funcional aos Defensores Públicos. Destaco que o Brasil, recentemente, dando cumprimento a essas diretrizes estabelecidas pela OEA, aprovou a Emenda Constitucional 80, de 4-6-2014. Essa emenda ficou conhecida no mundo jurídico como "PEC Defensoria Para Todos", "PEC das Comarcas" ou "PEC das Defensorias Públicas", pois obriga os entes federativos brasileiros, no prazo de 8 anos, a disponibilizar defensores públicos para a população em todas as unidades jurisdicionais, observada a proporcionalidade da efetiva demanda pelo serviço da Defensoria Pública com a respectiva população. Observo, ademais, que a EC 80 determinou, de forma simbólica, que – até que todas as unidades jurisdicionais sejam providas de defensores públicos – a lotação dos defensores públicos existentes deverá ocorrer, prioritariamente, nas regiões com maiores índices de exclusão social e adensamento populacional. Em outras palavras, houve a nítida preocupação do legislador constituinte derivado em relação aos grupos mais vulneráveis. De fato, essa emenda apresenta outros instrumentos que objetivam o fortalecimento da independência e da autonomia funcional da Defensoria Pública, dentre eles a constitucionalização dos princípios institucionais da unidade, da indivisibilidade e da independência funcional, ampliando o conceito e a missão da Instituição. Foi a EC 80 que trouxe a garantia de iniciativa de lei à Defensoria

Pública, além do paralelismo natural entre os Tribunais de Justiça (TJs) e as DPEs, e, no que couber, a aplicação de preceitos do Estatuto da Magistratura de responsabilidade do Supremo Tribunal Federal, como: exigência de três anos de atividade jurídica para os concursos públicos de ingresso à carreira, mudança nos critérios de promoção por merecimento e antiguidade, previsão de cursos de preparação, aperfeiçoamento e promoção dos Defensores Públicos, subsídios remuneratórios, além do incentivo à criação do Conselho Nacional da Defensoria Pública (CNDP). Entendo que, de acordo com o regramento constitucional, **qualquer medida normativa que venha a suprimir a autonomia da Defensoria Pública, jungindo-a administrativamente ao Poder Executivo local, implica necessariamente violação à Carta Magna.** A matéria não é nova neste Supremo Tribunal Federal. O tema foi amplamente debatido no julgamento da ADI 3.569/PE, Rel. Min. Sepúlveda Pertence, tendo o respectivo acórdão recebido a seguinte ementa: "Ementa: I. Ação direta de inconstitucionalidade: art. 2º, inciso IV, alínea *c*, da L. est. 12.755, de 22 de março de 2005, do Estado de Pernambuco, que estabelece a vinculação da Defensoria Pública estadual à Secretaria de Justiça e Direitos Humanos: violação do art. 134, § 2º, da Constituição Federal, com a redação da EC 45/04: inconstitucionalidade declarada. 1. A EC 45/04 outorgou expressamente autonomia funcional e administrativa às defensorias públicas estaduais, além da iniciativa para a propositura de seus orçamentos (art. 134, § 2º): donde, ser inconstitucional a norma local que estabelece a vinculação da Defensoria Pública a Secretaria de Estado. 2. A norma de autonomia inscrita no art. 134, § 2º, da Constituição Federal pela EC 45/04 é de eficácia plena e aplicabilidade imediata, dado ser a Defensoria Pública um instrumento de efetivação dos direitos humanos. II. Defensoria Pública: vinculação à Secretaria de Justiça, por força da LC estadual (PE) 20/98: revogação, dada a incompatibilidade com o novo texto constitucional 1. É da jurisprudência do Supremo Tribunal – malgrado o dissenso do Relator – que a antinomia entre norma ordinária anterior e a Constituição superveniente se resolve em mera revogação da primeira, a cuja declaração não se presta a ação direta. 2. O mesmo raciocínio é aplicado quando, por força de emenda à Constituição, a lei ordinária ou complementar anterior se torna incompatível com o texto constitucional modificado: precedentes". Vale ressaltar que o art. 134, § 2º, da Constituição Federal, pela densidade normativa que ostenta, é autoaplicável e de eficácia imediata. No dizer do Professor José Afonso da Silva: "As condições gerais para essa aplicabilidade são a existência apenas do aparato jurisdicional, o que significa: aplicam-se só pelo fato de serem normas jurídicas, que pressupõem, no caso, a existência do Estado e de seus órgãos" (*Aplicabilidade das normas constitucionais*. 7ª ed. São Paulo: Malheiros, 2007, 102). Assim, ainda que não seja pela densidade de seu conteúdo normativo, a autoaplicabilidade do referido dispositivo decorre do simples fato de a Defensoria Pública integrar o aparato organizacional do Estado como instituição autônoma e livre de subordinação ao Executivo e aos demais Poderes. Ressalto, nesse sentido, trechos do voto da Ministra Cármen Lúcia na mencionada ADI 3.569/PE (Rel. Min. Sepúlveda Pertence): "(...) a Constituição dotou [a defensoria pública] de autonomia e esta se refere, inclusive, à ausência de tutela, à impossibilidade de tutela para efeitos de controle de legalidade ou do que for (...)". Dessa forma, parece-me que o art. 16 da Lei Estadual n. 18.409/2014, ao possibilitar o remanejamento de recursos pertencentes à Defensoria Pública, por parte do Poder Executivo, de forma unilateral, viola a autonomia dessa Instituição estampada no art. 134, § 2º, da CF, *in verbis*: "Art. 134. A Defensoria Pública é instituição essencial à função jurisdicional do Estado, incumbindo-lhe a orientação jurídica e a defesa, em todos os graus, dos necessitados, na forma do art. 5º, LXXIV. (...) § 2º Às Defensorias Públicas Estaduais são asseguradas autonomia funcional e administrativa e a iniciativa de sua proposta orçamentária dentro dos limites estabelecidos na lei de diretrizes orçamentárias e subordinação ao disposto no art. 99, § 2º". Note-se que o referido § 2º tem conteúdo correlato ao do texto constante no § 1º do art. 99 e no § 3º do art. 127 do Texto Constitucional, como se vê: "Art. 99. Ao Poder Judiciário é assegurada autonomia administrativa e financeira. § 1º Os tribunais elaborarão suas propostas orçamentárias dentro dos limites estipulados conjuntamente com os demais Poderes na lei de diretrizes orçamentárias."; "Art. 127. O Ministério Público é instituição permanente, essencial à função jurisdicional do Estado, incumbindo-lhe a defesa da ordem jurídica, do regime democrático e dos interesses sociais e individuais indisponíveis. (...) § 3º O Ministério Público elaborará sua proposta orçamentária dentro dos limites estabelecidos na lei de diretrizes orçamentárias". Assim, **a possibilidade desse remanejamento de quase 90 milhões de reais**

A autonomia funcional, já o dissemos, significa proibição de ingerência indevida na instituição, mas a Defensoria Pública não é uma ilha de poder, logo, também está sujeita ao relacionamento em face de outros órgãos ou Poderes.

No que toca à fiscalização contábil, financeira, orçamentária, operacional e patrimonial, o § 6º do art. 97-B prevê que fatores como legalidade, legitimidade, aplicação de recursos e renúncia de receitas, tudo isso será objeto de fiscalização mediante controle *externo*, por meio do Poder Legislativo (através do Tribunal de Contas), e *interno*, por meio de controladorias, comissões de fiscalização, submissão das contas a colegiados, assessorias e congêneres.

### *7.2.2 Autonomia administrativa*

Dissemos anteriormente que o cerne da autonomia funcional está na relação *externa* da Defensoria Pública (isto é, ela diante de outros órgãos ou Poderes). A autonomia administrativa, por sua vez, é vista por *dentro* da Defensoria Pública, no sentido de se conferir a ela a prática de atos de cunho jurídico – no limite, como já alertamos, a autonomia administrativa tem uma pitada de autonomia funcional.

Os incisos I a VI do art. 97-A trazem hipóteses concretas de autonomia administrativa, ou seja, atos praticados pela própria Defensoria Pública. O inciso VII, por sua vez, deixa claro que a instituição pode praticar outros atos decorrentes de sua autonomia.

Essa e outras manifestações concretas da autonomia administrativa da instituição devem ser lidas em conjunto com o § 5º, de modo que os atos administrativos possuem *eficácia plena* e *executoriedade imediata* – ressalvada a competência constitucional do Poder Judiciário e do Tribunal de Contas. Tratando do Ministério Público, Hugo Nigro Mazzilli ensina que tais atributos decorrem das autonomias conferidas à instituição, daí ostentarem presunção de legitimidade. Em razão disso,

---

**subtrairia por demais a autonomia da Defensoria Pública, que teve a dotação de R$ 140 milhões estabelecida pela LDO. Dessa forma, fica comprovada a urgência no caso concreto, a autorizar a atuação da Presidência desta Suprema Corte, uma vez que o risco de subtração, por parte do Poder Executivo, de 70% do orçamento destinado à Defensoria Pública cria óbices ao efetivo cumprimento do disposto no artigo 98 da ADCT, bem como evidencia desrespeito à garantia constitucional da autonomia dessa Instituição** (inclusive pela alocação de recursos sob a rubrica de "pessoal", quando deveria constar como "despesa de custeio"). Apontou-se, ainda, a necessidade de interpretação conforme ao art. 19 da Lei n. 18.409/2014: "Art. 19. Ficam os Poderes Legislativo e Judiciário e o Ministério Público autorizados a procederem ajustes nos seus Orçamentos, nos termos da Lei, dando ciência ao Tribunal de Contas e ao Poder Executivo". Entendo, contudo, que esse aspecto merece um exame mais aprofundado por parte da Relatora sorteada, tendo em vista que o art. 134, § 2º, da Constituição Federal, em tese, teria conferido o mesmo tratamento dispensado ao Poder Judiciário e ao Ministério Público à Defensoria. Isso posto, **defiro em parte o pedido liminar**, *ad referendum* do Plenário, apenas para **suspender os efeitos do art. 16 da Lei n. 18.409/2014 do Estado do Paraná**, no tocante à possibilidade de **remanejamento unilateral** por ato do Executivo do orçamento aprovado para a Defensoria. Comunique-se com urgência à Assembleia Legislativa e ao Governador do Estado do Paraná. Publique-se. Brasília, 16 de janeiro de 2015. Ministro Ricardo Lewandowski Presidente (ADIn 5.218 MC, rel. Min. Cármen Lúcia, julgamento em 16-1-2015, *DJE*-023, DIVULG 3-2-2015, PUBLIC 4-2-2015).

> (...) em regra os atos da Administração autorizam imediata execução e operatividade. Entretanto, mais do que meramente exequíveis, são esses atos autoexecutórios, ou seja, contêm ínsitos a possibilidade de a própria Administração executá-los, ressalvadas apenas as hipóteses em que a própria lei exija que a execução se faça mediante acesso ao Poder Judiciário (*v.g.*, a execução de dívida fiscal)[519].

Nessa linha, então, é que alguns julgados foram construídos nos últimos anos:

> O **Plenário concluiu o julgamento conjunto de ações diretas de inconstitucionalidade e de arguição de descumprimento de preceito fundamental em que se discutia a autonomia de Defensorias Públicas estaduais** – v. Informativo 802. Na **ADI 5.286/AP**, debatia-se a constitucionalidade de dispositivos da LC 86/2014 do Estado do Amapá, que **atribuem ao chefe do Executivo estadual competências administrativas, como as de prover cargos e de aplicar penalidades no âmbito da Defensoria Pública local.** O Colegiado, por maioria, conheceu parcialmente da ação e julgou o pedido **procedente**, em parte, para **declarar a inconstitucionalidade de expressões que submetem a Defensoria Pública a atos do governador**, por ofensa aos artigos 24, XIII e § 1º; e 134, ambos da CF. Reputou que o conhecimento parcial da ação se impõe pelo fato de a via eleita se prestar, no caso, somente à apreciação da referida lei complementar, mas não à análise de atos normativos secundários, atos de efeitos concretos ou, ainda, atos administrativos. No mérito, assinalou que a garantia constitucional do acesso à justiça exige a disponibilidade de instrumentos processuais idôneos à tutela dos bens jurídicos protegidos pelo direito positivo. Nesse sentido, a Constituição atribui ao Estado o dever de prestar assistência jurídica integral aos necessitados. Assim, a Defensoria Pública, instituição essencial à função jurisdicional do Estado, representa verdadeira essencialidade do Estado de Direito. Quanto às Defensorias Públicas estaduais, a EC 45/2004 conferira-lhes autonomia funcional e administrativa, além de iniciativa própria para a elaboração de suas propostas orçamentárias. Além disso, o art. 24 da CF estabelece competências concorrentes entre União e Estados-Membros para legislar sobre certos temas, determinando a edição de norma de caráter genérico na primeira e de caráter específico na segunda hipótese. Consectariamente, as leis estaduais que, no exercício da competência legislativa concorrente, disponham sobre as Defensorias Públicas estaduais devem atender às disposições já constantes das definições de regras gerais realizadas pela LC 80/1994. Na situação dos autos, atribui-se ao governador a incumbência de nomear membros da carreira para diversos cargos elevados dentro da instituição, o que é incompatível com a referida lei complementar e com o texto constitucional. No que se refere à autonomia financeira, as Defensorias Públicas estaduais têm a prerrogativa de formular sua própria proposta orçamentária. Assim, a elas deve ser assegurada a iniciativa de lei para a fixação do subsídio de seus membros (CF, art. 96, II). Vencido o Ministro Marco Aurélio, que julgava o pedido improcedente.
>
> ADMINISTRATIVO. RECURSO ORDINÁRIO EM MANDADO DE SEGURANÇA. DEFENSORIA PÚBLICA. REQUERIMENTO ADMINISTRATIVO DE CONCESSÃO DE BENEFÍCIO DE PENSÃO. PAI FALECIDO. DEFENSOR PÚBLICO. SUPERVENIÊNCIA DE INTERDIÇÃO DO FILHO. NEGATIVA DE SEGUIMENTO DE RECURSO ADMINISTRATIVO PARA O CONSELHO SUPERIOR DA DEFENSORIA PÚBLICA. AUTONOMIA ADMINISTRATIVA E FUNCIONAL. EXAURIMENTO DE ESFERA ADMINISTRATIVA. RECURSO NÃO PROVIDO. 1. Trata-se de recurso ordinário em mandado de segurança interposto contra acórdão proferido pelo Tribunal de Justiça do Estado do Rio de Janeiro. 2. O recorrente argumenta que, após interdição

519 MAZZILI, Hugo Nigro. *Regime jurídico do Ministério Público*... cit., p. 171-172.

judicial, requereu, junto à Defensoria Pública do Estado do Rio de Janeiro, mediante o Processo Administrativo E-2013/13.800/2012, o recebimento do benefício de pensão de seu falecido pai, ex-defensor público do Estado. Informa que o pedido foi indeferido, pelo Defensor Público Geral do Estado, razão pela qual ofertou recurso administrativo. Insurge-se contra ato do Defensor Público-Geral do Estado do Rio de Janeiro, que indeferiu a remessa de recurso administrativo ao Conselho Superior da Defensoria Pública do Estado do Rio de Janeiro. 3. **Dentro do âmbito de sua autonomia funcional e administrativa, a norma de regência (arts. 97-A, 101 e 102, da Lei Complementar Federal n. 80/1994; art. 16 da Lei Complementar Estadual n. 06/1977) prescreveu não competir ao Conselho Superior da instituição a revisão de processos administrativos, decididos pelo Defensor Público Geral, relativos à concessão de benefícios. Não há como invocar norma geral sobre atos e processos administrativos no âmbito do Estado do Rio de Janeiro para o fim de acrescentar não somente a possibilidade de revisão de ato administrativo da Chefia da instituição, mas também adicionar mais uma atribuição a órgão interno da Defensoria Pública, não prevista na lei especial.** 4. Ademais, observa-se que o Conselho Superior da Defensoria Pública não é órgão hierarquicamente superior ao Defensor Público-Geral do Estado e nem revisor de seus atos administrativos; possuindo atribuição recursal apenas em matéria disciplinar de membros da Defensoria Pública. 5. Recurso a que se nega provimento (RMS 45.952/RJ, rel. Min. Og Fernandes, 2ª Turma, julgamento em 8-9-2015, *DJE* 18-9-2015).

#### 7.2.2.1 A questão da expansão da Defensoria Pública

Um dos atributos da autonomia administrativa é a decisão acerca da distribuição geográfica da instituição. Atualmente, a CF/88 impõe limites a essa autonomia apenas no sentido de que, durante sua expansão, a lotação deve priorizar regiões com maiores índices de exclusão social e adensamento populacional (art. 98, § 2º~~, do~~ ADCT).

Nem sempre, porém, a violação à autonomia administrativa da Defensoria Pública será evidente. Às vezes, poderá ocorrer de maneira mais sutil (no sentido de não declarar expressamente a ingerência), como se fosse *para o seu próprio bem*.

Um exemplo disso ocorre quando instituições, como o Ministério Público, movem ações contra determinada Defensoria Pública a fim de que ela *seja instalada em determinada localidade*, sob pena de multa diária. À primeira vista, uma ação judicial desse jaez tem um tremendo potencial para enaltecer a Defensoria Pública: tamanha a sua importância que – refletiria o autor da ação – na comarca *x* a ausência da instituição é inaceitável.

Ainda que sempre fosse bem-intencionada uma ação judicial desse tipo, a violação à autonomia administrativa seria manifesta (e, também, a autonomia funcional, pois se trata de uma ingerência na instituição). Imagine o leitor a situação inversa: dada a inegável importância do Ministério Público (ausente em determinado local), a Defensoria Pública ajuizasse uma ação para que cargos de membros do Ministério Público fossem implantados, sob pena de multa. Sem dúvida, seria uma violação à autonomia ministerial, ainda que bem-intencionada.

Pois bem.

O STF teve de lidar algumas vezes justamente com essa situação: ações judiciais propostas pelo Ministério Público para a instalação de cargos de defensores públicos em certo local.

Após algumas decisões pontuais em que o STF suspendeu a eficácia de decisões judiciais que respaldavam a ação proposta pelo Ministério Público, em 16 de junho de 2020, na **STA 800**, foi tomada uma *decisão paradigmática*: o presidente do STF, Ministro Dias Toffoli, com base no art. 297

do RISTF, suspendeu a eficácia da respectiva decisão que envolvia a Defensoria Pública da União (para que lotasse defensores federais na subseção judiciária de Cruz Alta, Rio Grande do Sul); mais do que isso, baseando-se no *grave risco de efeito multiplicador, estendeu essa contracautela a outras Defensorias Públicas* (tanto da União como estaduais) que se viam diante de situação idêntica:

> Ante o exposto, defiro o presente pedido de contracautela, para determinar a suspensão nacional dos efeitos de todas as decisões que tenham imposto ordens às Defensorias da União ou dos Estados, para que prestassem serviços em cidades em que ainda não formalmente instaladas, até o trânsito em julgado das respectivas ações em que proferidas tais ordens.

### *7.2.3. Iniciativa de proposta orçamentária*

O art. 97-B disciplina basicamente o procedimento para a elaboração da proposta orçamentária. Em suma, ele existe para direcionar e, também, proteger a instituição no ambiente por vezes conflituoso da elaboração da peça orçamentária.

Na CF/88, a temática da proposta orçamentária é aplicável expressamente ao Poder Judiciário e ao Ministério Público, consoante os arts. 99, §§ 3º, 4º e 5º, e 127, §§ 4º, 5º e 6º:

| | |
|---|---|
| Art. 99. Ao Poder Judiciário é assegurada autonomia administrativa e financeira.<br>(...)<br>§ 3º Se os órgãos referidos no § 2º não encaminharem as respectivas propostas orçamentárias dentro do prazo estabelecido na lei de diretrizes orçamentárias, o Poder Executivo considerará, para fins de consolidação da proposta orçamentária anual, os valores aprovados na lei orçamentária vigente, ajustados de acordo com os limites estipulados na forma do § 1º deste artigo. (Incluído pela Emenda Constitucional n. 45, de 2004)<br>§ 4º Se as propostas orçamentárias de que trata este artigo forem encaminhadas em desacordo com os limites estipulados na forma do § 1º, o Poder Executivo procederá aos ajustes necessários para fins de consolidação da proposta orçamentária anual. (Incluído pela Emenda Constitucional n. 45, de 2004)<br>§ 5º Durante a execução orçamentária do exercício, não poderá haver a realização de despesas ou a assunção de obrigações que extrapolem os limites estabelecidos na lei de diretrizes orçamentárias, exceto se previamente autorizadas, mediante a abertura de créditos suplementares ou especiais. (Incluído pela Emenda Constitucional n. 45, de 2004) | Art. 127. O Ministério Público é instituição permanente, essencial à função jurisdicional do Estado, incumbindo-lhe a defesa da ordem jurídica, do regime democrático e dos interesses sociais e individuais indisponíveis.<br>(...)<br>§ 4º Se o Ministério Público não encaminhar a respectiva proposta orçamentária dentro do prazo estabelecido na lei de diretrizes orçamentárias, o Poder Executivo considerará, para fins de consolidação da proposta orçamentária anual, os valores aprovados na lei orçamentária vigente, ajustados de acordo com os limites estipulados na forma do § 3º. (Incluído pela Emenda Constitucional n. 45, de 2004)<br>§ 5º Se a proposta orçamentária de que trata este artigo for encaminhada em desacordo com os limites estipulados na forma do § 3º, o Poder Executivo procederá aos ajustes necessários para fins de consolidação da proposta orçamentária anual. (Incluído pela Emenda Constitucional n. 45, de 2004)<br>§ 6º Durante a execução orçamentária do exercício, não poderá haver a realização de despesas ou a assunção de obrigações que extrapolem os limites estabelecidos na lei de diretrizes orçamentárias, exceto se previamente autorizadas, mediante a abertura de créditos suplementares ou especiais. (Incluído pela Emenda Constitucional n. 45, de 2004) |

Com relação à Defensoria Pública, os dispositivos supratranscritos lhe são aplicáveis expressamente por força do art. 134, § 2º, fruto da EC n. 45/2004: às Defensorias Públicas é assegurada a iniciativa de proposta orçamentária.

Assim, o que o legislador fez quando da LC n. 132/2009 foi normatizar – na esteira dos arts. 99, §§ 3º a 5º, e 127, §§ 4º a 6º – a postura (seus direitos e ônus) no bojo do processo orçamentário. E funciona assim:

(1) A Defensoria Pública envia a proposta orçamentária ao chefe do Poder Executivo, que,

(2) após consolidar, encaminhará ao Legislativo.

(3) Se a Defensoria Pública *não* encaminhar a proposta orçamentária no prazo previsto na Lei de Diretrizes Orçamentárias, o Executivo considerará os valores da lei orçamentária vigente[520].

(4) Se a Defensoria Pública enviar a proposta orçamentária no prazo, o Executivo poderá fazer apenas *ajustes*.

*Ajustes* **não se confundem com** *cortes*. Isso porque os ajustes são aferições acerca da conformidade da proposta orçamentária com os limites estipulados na Lei de Diretrizes Orçamentárias (controle de legalidade), e, no que toca à autonomia financeira da Defensoria Pública, esse é um dos temas que mais encontramos na jurisprudência.

De maneira didática, o STF, por meio de voto da Ministra Rosa Weber no MS 33.193 (que transcreveremos a seguir), esclareceu como se dá o *ciclo orçamentário* no Brasil:

> 4. Consabido que o **ciclo orçamentário** se desdobra nas etapas de (i) elaboração, (ii) apreciação legislativa, (iii) execução e acompanhamento, e (iv) controle e avaliação. No âmbito da União, os Poderes e os órgãos autônomos devem, na fase de elaboração do projeto de lei orçamentária anual, enviar suas propostas orçamentárias ao Poder Executivo (art. 99, § 2º, I e II, 127, § 3º, e 134, § 2º, da Magna Carta), observados os limites e o prazo estabelecido na lei de diretrizes orçamentárias (arts. 99, **§§ 3º e 4º, 127, § 4º, da Constituição da República).** Recebidas as propostas orçamentárias, incumbe ao Poder Executivo consolidá-las, para envio, pela Presidência da República, do projeto de lei orçamentária anual ao Congresso Nacional (arts. 84, XXIII, e 165, III, da Constituição Federal), até 31 de agosto, isto é, quatro meses antes do encerramento do exercício financeiro (art. 35, § 2º, III, do ADCT). O Poder Executivo, a seu turno, somente está constitucionalmente autorizado a promover **ajustes** nas propostas enviadas pelos demais Poderes e órgãos autônomos da União, para fins de consolidação, quando as despesas projetadas estiverem em desacordo com os limites estipulados na lei de diretrizes orçamentárias (art. 99, § 4º, 127, § 5º, e 134, § 2º, da Constituição da República). **Inexistindo incompatibilidade**

520 O art. 32 da Lei n. 4.320/1964 estabelece que: "Se não receber a proposta orçamentária no prazo fixado nas Constituições ou nas Leis Orgânicas dos Municípios, o Poder Legislativo considerará como proposta a Lei de Orçamento vigente". Por isso, consoante Viviane Ruffeil Teixeira, o atraso no envio da proposta poderia ocasionar que o Poder Executivo não pudesse consolidar a peça orçamentária a ser remetida ao Legislativo. E conclui: "(...) andou bem o constituinte reformador ao impor essa 'penalidade' (...). Com efeito, no caso de haver atraso por parte de um desses entes, somente aquele que se quedou inerte se sujeitará à proposta orçamentária vigente, não comprometendo, desse modo, a consolidação final da proposta por parte do Poder Executivo" (VELOSO, Zeno; SALGADO, Gustavo Vaz (coord.). *Reforma do Judiciário comentada*. São Paulo: Saraiva, 2005. p. 110).

**com a lei de diretrizes orçamentárias, carece de amparo no ordenamento jurídico pátrio a alteração, pelo Poder Executivo, das propostas encaminhadas pelos *demais Poderes e órgãos autônomos*, ainda que sob o pretexto de promover o equilíbrio orçamentário e/ou de assegurar a obtenção de superávit primário.**

Nessa linha, então, o STF já pacificou que o chefe do Executivo não pode reduzir a proposta orçamentária da Defensoria Pública (e dos demais Poderes ou do Ministério Público), seja pela autonomia de que dispõem, seja porque a efetiva análise deve ser feita pelo Legislativo. Se a proposta orçamentária for compatível com a Lei de Diretrizes Orçamentárias, cabe a ele apenas incorporá-la ao projeto, enviando-a ao Legislativo:

> **STF: Defensoria Pública: autonomia financeira e orçamentária**
> O Plenário **referendou** medida acauteladora concedida pelo Ministro Dias Toffoli, relator, em arguição de descumprimento de preceito fundamental, com o fim de **determinar a suspensão do trâmite legislativo do Projeto de Lei Orçamentária Anual (PLOA) de estado-membro**, alusivo a 2014. No caso, o PLOA fora encaminhado à Assembleia Legislativa sem a consolidação de proposta orçamentária da Defensoria Pública estadual, cuja despesa prevista fora reduzida unilateralmente pela chefia do Executivo local. Além disso, a Defensoria Pública fora incluída, no mesmo ato, **dentre as secretarias do Executivo.** O Tribunal afirmou que a Defensoria Pública possuiria autonomia orçamentária, nos termos do art. 134, § 2º, da CF. Asseverou, ainda, que a inclusão do órgão dentre as secretarias do Executivo estadual afrontaria essa autonomia. Destacou que a proposta inicialmente encaminhada pela Defensoria Pública estaria de acordo com a Lei de Diretrizes Orçamentárias estadual. Acresceu que **a medida adequada a ser tomada pelo Executivo, na hipótese, seria pleitear reduções orçamentárias perante o Legislativo, para que a matéria fosse lá debatida.** Assim, o PLOA deveria ser encaminhado à Assembleia Legislativa com a proposta orçamentária da Defensoria Pública, como órgão autônomo e nos valores por ela aprovados. O Ministro Teori Zavascki, ao acompanhar o Colegiado, ressalvou seu entendimento pessoal quanto à legitimação ativa da Associação Nacional dos Defensores Públicos – Anadep, bem assim quanto à eventual inexistência de preceito fundamental violado (ADPF 307 Referendo-MC/DF, rel. Min. Dias Toffoli, 19-12-2013).
> Vistos etc. Trata-se de mandado de segurança, com pedido de liminar, impetrado pela Defensoria Pública da União contra ato praticado pela Presidência da República, consubstanciado na **supressão de valores referentes a despesas com pessoal conforme previstas na proposta orçamentária do órgão, durante a consolidação da Proposta Orçamentária da União para o ano de 2015** (Mensagem Presidencial n. 251/2014). Afirma, a impetrante, ser o primeiro ano em que exerce autonomia funcional e administrativa no sentido de indicar seu orçamento à União e que teriam sido excluídos, no procedimento de consolidação, valores indispensáveis ao aprimoramento das atividades do órgão, conforme previstos no Anexo V da proposta remetida, referentes à contratação de membros e servidores e à adequação remuneratória dos membros aos comandos da EC 80/2014. Assim, do total de mais de 245 milhões de reais planejados, apenas 10 milhões de reais teriam sido incluídos no PLOA/2015. Enfatiza a inserção, pela EC 80/2014, de um **§ 1º no art. 98 do ADCT**, estabelecendo prazo de oito anos à União, aos Estados e ao Distrito Federal para implementação da defensoria pública em todas as unidades jurisdicionais, observado o *caput* do mesmo dispositivo (no sentido de que o número de defensores deve ser proporcional à demanda e à população da unidade). Acresce que a proposta orçamentária teve por objetivo adequar a estrutura da Defensoria Pública da União à disciplina constitucional, e que a restrição financeira imposta pelo Poder Executivo eliminaria essa possibilidade e manteria a DPU – hoje presente em apenas 22% dos órgãos da Justiça Federal

–, no 'mesmo estado emergencial e provisório em que foi instalada por meio da Lei n. 9.020/95' (inicial, fl. 8). Aponta atribuída ao Congresso Nacional a competência para realizar ajustes e reduções na proposta orçamentária. Assim, o ato impugnado estaria em desacordo com o art. 134, §§ 2º e 3º, da Constituição Federal, que assegura à DPU 'exatamente a mesma posição jurídico-constitucional do Ministério Público e do Judiciário em relação ao Poder Executivo Federal: a prerrogativa de elaboração da sua própria proposta orçamentária com sujeição única e exclusivamente à própria Constituição e ao disposto nas leis de responsabilidade fiscal e de diretrizes orçamentárias' (inicial, fl. 9). Nesse sentido, a EC 80/2014 teria avançado mais um passo em longa evolução iniciada com a EC 45/04 para incluir a defensoria pública no rol das instituições essenciais à Justiça. Defende a compatibilidade da proposta oferecida à Lei de Diretrizes Orçamentárias de 2015 (ainda em trâmite no Congresso). Alega que o orçamento enviado possibilitaria, já em 2015, a abertura de 25 novas unidades 'que já contam com orçamento de custeio previsto na norma orçamentária' (inicial, fl. 14). Sustenta insuficiente a inclusão dos valores extirpados em 'anexos', pois tais expedientes acabam tratados pelo Congresso Nacional como se emendas parlamentares fossem, desvirtuando o sentido da prerrogativa constitucional relativa à autonomia financeira. **Os pedidos liminares voltam-se à imposição de inclusão, no Projeto de Lei Orçamentária, de todos os valores constantes da proposta original da Defensoria Pública da União, por meio de envio de novo Projeto de Lei Orçamentária de 2015 ao Congresso Nacional, ou por meio da mensagem a que se refere o § 5º do art. 166 da Constituição Federal, antes da apreciação do projeto em curso pela Comissão Mista de Orçamentos, Planos e Fiscalização.** Subsidiariamente, requer a impetrante a **suspensão da tramitação do PLN n. 13/2014** (PLOA 2015) até a decisão final de mérito. Os pedidos definitivos estão deduzidos no sentido de obter: (i) encaminhamento integral, em anexo próprio, dos valores definidos na proposta orçamentária da Defensoria Pública da União, para apreciação e deliberação do Congresso Nacional; e (ii) ordem de abstenção quanto a futuras alterações unilaterais nas propostas orçamentárias encaminhadas pela Defensoria Pública da União (inicial, fl. 18). A ilustre autoridade indicada como coatora prestou informações, nas quais consigna, em síntese: (i) de acordo com a Secretaria de Orçamento Federal do Ministério do Planejamento, Orçamento e Gestão, o acolhimento integral das propostas apresentadas ofenderia a lei de diretrizes orçamentárias e a lei de responsabilidade fiscal; (ii) na linha de precedentes desta Suprema Corte (**Mandados de Segurança 31.593/DF e 31.627/DF**), haveria a possibilidade de os anexos, com as propostas originais do Poder Judiciário e dos órgãos autônomos da União, serem apreciados como parte integrante do projeto de lei orçamentária encaminhado pelo Poder Executivo; (iii) não seria o caso de determinar o reenvio do projeto de lei orçamentária anual de 2015, uma vez já ultrapassado o prazo previsto no art. 35, § 2º, III, do ADCT, qual seja, 31 de agosto de 2014; (iv) tampouco seria o caso de promover aditamento ao referido projeto de lei orçamentária anual, pois as propostas originais do Poder Judiciário e dos órgãos autônomos já foram enviadas, na forma de anexos; (v) a lei de responsabilidade fiscal e a Constituição da República exigem a observância ao princípio do equilíbrio orçamentário; e (vi) o texto constitucional prevê 'a possibilidade de o Poder Executivo, realizar adequações, respectivamente nas propostas orçamentárias do Poder Judiciário, do Ministério Público e da Defensoria Pública, para fins de observância da LDO'. É o breve relato. Decido. 1. **Considerando a personalidade judiciária de que se reveste a Defensoria Pública da União para a defesa de suas prerrogativas institucionais, entendo que detém legitimatio ad causam ativa para a presente impetração.** 2. Observado o prazo decadencial objeto do art. 23 da Lei n. 12.016/2009, uma vez datada de 28 de agosto de 2014 a mensagem presidencial que consubstancia o ato dito coator, e impetrado o presente *writ* em 08 de setembro de 2014. 3. Ainda que o ato de instauração de processo legislativo ostente natureza eminentemente política (MS 32.582, Rel. Min.

Celso de Mello), esta não tem o condão de afastar, consoante a jurisprudência tradicional desta Suprema Corte, o controle jurisdicional do ato de consolidação e envio, pela Presidência da República, do projeto de lei orçamentária anual ao Poder Legislativo. Pontuo, todavia, que o **controle jurisdicional de ato político há de ser exercido, na minha ótica, com cautela e deferência a eventuais razões de ordem técnica invocadas pela autoridade que o praticou.** 4. Consabido que o **ciclo orçamentário** se desdobra nas etapas de (i) elaboração, (ii) apreciação legislativa, (iii) execução e acompanhamento, e (iv) controle e avaliação. No âmbito da União, os Poderes e os órgãos autônomos devem, na fase de elaboração do projeto de lei orçamentária anual, enviar suas propostas orçamentárias ao Poder Executivo (art. 99, § 2º, I e II, 127, § 3º, e 134, § 2º, da Magna Carta), observados os limites e o prazo estabelecido na lei de diretrizes orçamentárias (arts. 99, §§ 3º e 4º, 127, § 4º, da Constituição da República). Recebidas as propostas orçamentárias, incumbe ao Poder Executivo consolidá-las, para envio, pela Presidência da República, do projeto de lei orçamentária anual ao Congresso Nacional (arts. 84, XXIII, e 165, III, da Constituição Federal), até 31 de agosto, isto é, quatro meses antes do encerramento do exercício financeiro (art. 35, § 2º, III, do ADCT). O Poder Executivo, a seu turno, somente está constitucionalmente autorizado a promover **ajustes** nas propostas enviadas pelos demais Poderes e órgãos autônomos da União, para fins de consolidação, quando as despesas projetadas estiverem em desacordo com os limites estipulados na lei de diretrizes orçamentárias (art. 99, § 4º, 127, § 5º, e 134, § 2º, da Constituição da República). **Inexistindo incompatibilidade com a lei de diretrizes orçamentárias, carece de amparo no ordenamento jurídico pátrio a alteração, pelo Poder Executivo, das propostas encaminhadas pelos *demais Poderes e órgãos autônomos*, ainda que sob o pretexto de promover o equilíbrio orçamentário e/ou de assegurar a obtenção de superávit primário.** Transcrevo, a propósito, ementa de precedente do Plenário desta Suprema Corte, sem grifos no original: 'Ementa: Arguição de descumprimento de preceito fundamental. Medida cautelar. Referendo. Ato do Poder Executivo do Estado da Paraíba. Redução, no Projeto de Lei Orçamentária de 2014 encaminhado pelo Governador do Estado da Paraíba à Assembleia Legislativa, da proposta orçamentária da Defensoria Pública do Estado. Cabimento da ADPF. Mérito. Violação de preceito fundamental contido no art. 134, § 2º, da Constituição Federal. Autonomia administrativa e financeira das Defensorias Públicas estaduais. Medida cautelar confirmada. 1. A Associação Nacional dos Defensores Públicos, segundo a jurisprudência do Supremo Tribunal Federal, não detém legitimidade ativa para mandado de segurança quando a associação e seus substituídos não são os titulares do direito que pretende proteger. Precedente: MS n. 21.291/DF-AgR-QO, Relator o Ministro Celso de Mello, Tribunal Pleno, *DJ* de 20-10-95. Resta à associação a via da arguição de descumprimento de preceito fundamental, único meio capaz de sanar a lesividade alegada. 2. **A autonomia administrativa e financeira da Defensoria Pública qualifica-se como preceito fundamental, ensejando o cabimento de ADPF**, pois constitui **garantia densificadora do dever do Estado de prestar assistência jurídica aos necessitados e do próprio direito que a esses corresponde**. Trata-se de norma estruturante do sistema de direitos e garantias fundamentais, sendo também pertinente à organização do Estado. 3. A arguição dirige-se contra ato do chefe do Poder Executivo estadual praticado no exercício da atribuição conferida constitucionalmente a esse agente político de reunir as propostas orçamentárias dos órgãos dotados de autonomia para consolidação e de encaminhá-las para a análise do Poder Legislativo. Não se cuida de controle preventivo de constitucionalidade de ato do Poder Legislativo, mas, sim, de controle repressivo de constitucionalidade de ato concreto do chefe do Poder Executivo. 4. São inconstitucionais as medidas que resultem em subordinação da Defensoria Pública ao Poder Executivo, por implicarem violação da autonomia funcional e administrativa da instituição. Precedentes: ADI n. 3.965/MG, Tribunal Pleno, Relator a Ministra Cármen Lúcia, *DJ* de 30-3-12; ADI n. 4.056/

MA, Tribunal Pleno, Relator o Ministro Ricardo Lewandowski, *DJ* de 1-8-12; ADI n. 3.569/PE, Tribunal Pleno, Relator o Ministro Sepúlveda Pertence, *DJ* de 11-5-07. Nos termos do art. 134, § 2º, da Constituição Federal, **não é dado ao chefe do Poder Executivo estadual, de forma unilateral, reduzir a proposta orçamentária da Defensoria Pública quando essa é compatível com a Lei de Diretrizes Orçamentárias.** Caberia ao Governador do Estado incorporar ao PLOA a proposta nos exatos termos definidos pela Defensoria, podendo, contudo, pleitear à Assembleia Legislativa a redução pretendida, visto ser o Poder Legislativo a seara adequada para o debate de possíveis alterações no PLOA. A inserção da Defensoria Pública em capítulo destinado à proposta orçamentária do Poder Executivo, juntamente com as Secretarias de Estado, constitui desrespeito à autonomia administrativa da instituição, além de ingerência indevida no estabelecimento de sua programação administrativa e financeira. 5. Medida cautelar referendada." (Destaquei. ADPF 307 MC-Ref, Rel. Min. Dias Toffoli, Tribunal Pleno, *DJE* de 27-3-2014) Ainda sobre a inviabilidade de o Poder Executivo efetuar, de forma unilateral e sem respaldo em lei de diretrizes orçamentárias, supressões nas propostas orçamentárias enviadas por outros Poderes ou órgãos autônomos, rememoro precedentes desta Suprema Corte em que deferida medida liminar: "(...) a rigor, a Presidência da República deve assegurar ao Congresso Nacional o conhecimento amplo e irrestrito das expectativas do Ministério Público Federal. O acesso à proposta original é condição inafastável para que os representantes políticos dos cidadãos brasileiros exerçam esse poder-dever de verificar a conveniência e a oportunidade de autorização dos dispêndios previstos. Assim, ao menos nesta primeira leitura, o exercício da competência para 'adequar' a proposta orçamentária deve ser conciliado tanto com a expectativa do Ministério Público Federal como com a do Congresso Nacional de ampla cognição das necessidades de custeio vislumbradas pelo procurador-geral da República. (...) Ante o exposto, concedo a medida liminar pleiteada, para assegurar que a proposta orçamentária original do Ministério Público Federal seja conhecida e examinada pelo Legislativo. Fica garantida à Presidência da República que o encaminhamento do texto original da proposta orçamentária elaborado pelo procurador-geral da República seja acompanhado por todas, quaisquer e cada uma das observações pertinentes à conveniência, à oportunidade, à legalidade e à constitucionalidade da pretensão, que a Presidência da República entender cabível' (MS 31.618 MC, Rel. Min. Joaquim Barbosa, *DJE* de 19-11-2012). 'Considerando a documentação anexada na presente data pela Presidência da República, oficie-se às Mesas das Casas do Congresso Nacional para que apreciem a proposta de orçamento do Poder Judiciário, anexas à Mensagem n. 387/2012, oficialmente elaborada, como integrante do projeto de lei que 'Estima a receita e fixa a despesa da União para o exercício financeiro de 2013'.' (MS 31.627, Rel. Min. Luiz Fux, *DJE* de 13-11-2012) '2. Há muito tempo, o Supremo fixou competir ao Poder Executivo a consolidação da proposta orçamentária, observando, conforme apresentada, a alusiva ao Judiciário. Cumpre ao Legislativo, em fase subsequente, apreciá-la. **É incompreensível que o Executivo, mesmo diante de pronunciamentos do órgão máximo da Justiça brasileira, insista, a partir de política governamental distorcida, porque conflitante com a Constituição Federal, em certa óptica e invada campo no qual o Judiciário goza de autonomia.** Constata-se, realmente, a quadra vivenciada. Impõe-se a correção de rumos. Impõe-se o respeito às regras estabelecidas por aqueles que personificam o Estado/gênero. 3. Defiro a medida acauteladora para que o Estado de Alagoas, de posse da lei orçamentária, implemente nova consolidação – presentes os orçamentos do Executivo e do Judiciário –, levando em conta a proposta aprovada e encaminhada pelo Tribunal de Justiça'. (MS 28.405, Rel. Min. Marco Aurélio, *DJE* de 25-11-2009) 'O Supremo Tribunal Federal, na sessão administrativa de 2.8.89, interpretando os dispositivos Constitucionais referentes à autonomia financeira do Poder Judiciário, prerrogativa estendida ao MP, entendeu que incumbe aos Tribunais inscritos no § 2º do art. 99, da Constituição, aprovar o respectivo orçamento, que será remetido, pelo Presidente da Corte, ao Chefe do Poder Executivo, a fim de ser incorporado, nos próprios termos que aprovado, ao projeto de lei orçamentária de iniciativa do Presidente da República. No caso, o impetrante dá notícia de que, por ordem do Chefe do Poder Executivo, a proposta orçamentária do MP sofreu **drástica redução**, 'que compromete a realização das atividades essenciais do Ministério Público da União', por isso mesmo 'ofensiva à sua autonomia administrativa, funcional e financeira, enunciada no art. 127, §§ 2º e 3º, da Constituição Federal', além de atentar 'contra a própria sobrevivência da instituição, essencial à Justiça'. Tenho como ocorrentes, portanto, no caso, os requisitos do 'fumus boni juris' e do 'periculum in mora'. Por tal razão, defiro a medida liminar, para que não seja efetuada a redução, pelo Executivo, de forma unilateral, da programação orçamentária do Ministério Público da União. Poderá o chefe do Poder Executivo Federal solicitar ao Congresso a redução pretendida, ficando o Congresso como árbitro da questão. Com esta decisão, o Supremo Tribunal não está contrário ao Plano Econômico formulado pelo Governo. Está, sim, cumprindo a Constituição, devendo o Congresso Nacional dar a última palavra'. (MS 21.855, Rel. Min. Carlos Veloso, *DJ* de 1º-2-1994) 5. Na espécie, os documentos juntados aos autos pela impetrante apontam para a ilegítima supressão, pelo Poder Executivo, de despesas previstas na proposta orçamentária encaminhada pela Defensoria Pública da União. É o que se extrai do seguinte trecho da Exposição de Motivos n. 143/2014, do Ministério do Planejamento, Orçamento e Gestão, encaminhada ao Congresso Nacional juntamente com a Mensagem Presidencial n. 251/2014: '3. Cumpre-me ainda informar a Vossa Excelência que o Tribunal de Contas da União, o Poder Judiciário, a Defensoria Pública da União e o Ministério Público da União encaminharam ao Poder Executivo propostas de elevação de remuneração do seu funcionalismo e de criação/provimentos de cargos e funções, objeto dos Pls n.s 7.560, de 2006, 319, de 2007; 6.613 e 6.697, de 2009; 7.429 e 7.785, de 2010; 2.201, de 2011; 5.426, 5.491, 6.218 e 6.230, de 2013; 7.717, 7.784 e 7.904, de 2014; e da PEC n. 63, de 2013, além de passivos administrativos, com impacto total de cerca de R$ 16,9 bilhões em 2015. 4. Tais propostas, em sua maioria, não puderam ser contempladas no projeto de lei orçamentária ora encaminhado em razão do cenário econômico atual, no qual o Brasil necessita manter um quadro de responsabilidade fiscal que permita continuar gerando resultados primários compatíveis com a redução na dívida pública em relação ao PIB e com a execução de investimentos e políticas sociais, garantindo, assim, o controle da inflação e os estímulos ao investimento e ao emprego. 5. Ademais, é oportuno lembrar que o Poder Executivo, em 2012, estudou cenários prospectivos para os exercícios futuros e, dadas as condicionantes advindas das receitas projetadas e da evolução das despesas primárias obrigatórias da União, evidenciou-se um espaço fiscal que possibilitou a concessão de reajustes para todas as carreiras da União, equivalendo a 15,8% em três anos, sendo 5% ao ano no período de 2013 a 2015, os quais representam em 2015 um impacto de R$ 11,7 bilhões, sendo R$ 10,1 bilhões no âmbito do Poder Executivo e R$ 1,6 bilhão para os demais Poderes, a Defensoria Pública da União e o Ministério Público da União. 6. Todavia, em atendimento ao princípio republicano da separação dos Poderes, e cumprindo dever constitucional, envio, em anexo, as proposições originalmente apresentadas pelo Tribunal de Contas da União, pelo Poder Judiciário, pela Defensoria Pública da União e pelo Ministério Público da União' (Destaque no original). Não obstante ponderáveis os argumentos apresentados pela autoridade coatora, porquanto tecnicamente orientados à elaboração de um projeto de lei orçamentária fiscalmente responsável, respeitada a meta de superávit primário, tenho, em um primeiro olhar, por carente de legitimidade constitucional a modificação empreendida na proposta encaminhada pela Defensoria Pública da União. **Destaco, a propósito do tema, que até a presente data – 30 de outubro de 2014 –, ainda se encontra pendente de análise pelo Legislativo o projeto de lei que dispõe sobre as diretrizes para a elaboração e execução da lei orçamen-**

**tária de 2015.** Nesse contexto, na ausência de lei de diretrizes orçamentárias aprovada e em vigor, reputo despida de respaldo constitucional a atuação do Poder Executivo na adequação da proposta orçamentária enviada para consolidação. Tampouco emerge, da exposição de motivos integrada à mensagem presidencial, concreta e precisa indicação de que a proposta enviada pelo pela impetrante esteja, em si mesma, e não quando considerada no contexto geral das despesas totais projetadas pela União – à luz dos princípios da unidade e da universalidade orçamentária –, em descompasso com a lei de responsabilidade fiscal. Nessa linha, frente ao *fumus boni juris* e ao evidente *periculum in mora*, **impõe-se o deferimento de liminar que assegure ao Poder Legislativo o conhecimento irrestrito da proposta orçamentária apresentada pela impetrante, como integrante do projeto de lei orçamentária anual de 2015.** Não me parece razoável, entretanto, em juízo de delibação, a pretendida determinação de envio de nova proposição legislativa pela autoridade coatora, uma vez (i) já ultrapassado o prazo previsto no art. 35, § 2º, III, do ADCT; (ii) admitida pelo texto constitucional medida menos gravosa, qual seja, a modificação do projeto de lei orçamentária, 'enquanto não iniciada a votação, na Comissão mista, da parte cuja alteração é proposta' (art. 166, § 5º, da Magna Carta); e (iii) já encaminhada a proposta original da ora impetrante ao Congresso Nacional, ainda que de forma inadequada, como mero anexo ao projeto de lei orçamentária anual. Nessa perspectiva, e observados os precedentes desta Suprema Corte anteriormente aludidos, **entendo mais consentâneo o deferimento de tutela de urgência que assegure o conhecimento, pelo Poder Legislativo, para deliberação, da proposta orçamentária original, como integrante, repito – *e não como mero anexo* – do projeto de lei orçamentária anual de 2015.** Tal providência, na minha compreensão, é a que melhor se ajusta o princípio da proporcionalidade – na perspectiva da adequação, necessidade e proporcionalidade em sentido estrito –, enquanto assegura o devido processo legislativo orçamentário, reduz o risco de lacuna orçamentária quanto ao exercício financeiro de 2015 ao contribuir para a solução mais célere da controvérsia, e preserva a autonomia da impetrante. É do Congresso Nacional o papel de árbitro da cizânia, pois, ao examinar, em perspectiva global, as pretensões de despesas dos Poderes e órgãos autônomos da União, exercerá o protagonismo que lhe é inerente na definição das prioridades. De mais a mais, enfatizo que eventual comando para nova consolidação das propostas, por parte da autoridade coatora, não poderia redundar em inversão na equação, desta feita com ofensa à autonomia orçamentária e financeira do Poder Executivo. Tampouco este há de ser compelido a reduzir suas expectativas de despesa para acomodar as pretensões de gastos deduzidas pelos demais Poderes e órgãos autônomos, inclusive a Defensoria Pública da União. O quadro de desencontro das receitas estimadas com as previsões globais de despesas, exacerbado, ou quiçá provocado, pela ausência de tempestiva aprovação da lei de diretrizes para a elaboração e execução da lei orçamentária anual de 2015, desautoriza atuação do Poder Executivo na adequação das propostas dos demais Poderes e órgãos autônomos. O equilíbrio orçamentário e o compromisso com a geração de resultados primários positivos há de ser objeto de debate no âmbito do Poder Legislativo, ao qual incumbirá, *v.g.*, deliberar acerca da anulação das despesas que, em juízo de valoração política, sejam havidas por menos relevantes, em cotejo com as demais, e/ou pela necessidade de reestimativa de receitas, se verificado erro ou omissão de ordem técnica ou legal (art. 12, § 1º, da LC n. 101/2000). Relembro que, concluída a fase de apreciação legislativa e submetido o projeto de lei orçamentária anual à Presidência da República, caso vislumbrada ausência de equilíbrio entre despesas e receitas ou a impossibilidade de geração de resultado primário compatível com a redução da dívida pública em relação ao PIB, ou, ainda, outro óbice de natureza política ou jurídica, há a possibilidade de veto total ou parcial ao projeto de lei orçamentária anual, assegurada, em qualquer caso, submissão ao Congresso Nacional, para manutenção ou rejeição do veto presidencial. 6. Ante o exposto, forte no poder geral de cautela e no princípio constitucional da proporcionalidade, **defiro o pedido de medida liminar, para assegurar que a proposta orçamentária original encaminhada pela impetrante, anexa à Mensagem Presidencial n. 251/2014, seja apreciada pelo Congresso Nacional como parte integrante do projeto de lei orçamentária anual de 2015.** Publique-se. Comunique-se, com urgência, encaminhando ofícios à Presidente da República, ao Presidente do Congresso Nacional, ao Presidente, ao Relator-Geral e ao Relator Setorial da área temática de Poderes do Estado e Representação da Comissão Mista de Planos, Orçamentos Públicos e Fiscalização. Brasília, 30 de outubro de 2014. Ministra Rosa Weber Relatora.

### *7.2.4 Duodécimos*

A regra dos duodécimos encontra guarida constitucional, especificamente no art. 168, aplicável à Defensoria Pública desde a EC n. 45/2004:

| | |
|---|---|
| Art. 168. Os recursos correspondentes às dotações orçamentárias, compreendidos os créditos suplementares e especiais, destinados aos órgãos dos Poderes Legislativo e Judiciário e do Ministério Público, ser-lhes-ão entregues até o dia 20 de cada mês, na forma da lei complementar a que se refere o art. 165, § 9º. (Redação originária) | Art. 168. Os recursos correspondentes às dotações orçamentárias, compreendidos os créditos suplementares e especiais, destinados aos órgãos dos Poderes Legislativo e Judiciário, do Ministério Público **e da Defensoria Pública**, ser-lhes-ão entregues até o dia 20 de cada mês, em duodécimos, na forma da lei complementar a que se refere o art. 165, § 9º. (Redação dada pela Emenda Constitucional n. 45, de 2004) |

Em suma, os recursos devidos à Defensoria Pública lhe devem ser entregues até o dia 20 de cada mês, em duodécimos:

> No que se refere à **ADPF 339/PI**, fora ajuizada em face de suposta omissão do governador do Estado do Piauí, consistente na ausência de repasse de duodécimos orçamentários à Defensoria Pública estadual, na forma da proposta originária. O Colegiado, por maioria, julgou **procedente** o pedido para, diante de lesão aos artigos 134, § 2º; e 168, ambos da CF, determinar ao governador que proceda ao repasse, sob a forma de duodécimos e até o dia 20 de cada mês, da integralidade dos recursos orçamentários destinados à Defensoria Pública estadual pela LOA para o exercício financeiro de 2015, inclusive quanto às parcelas já vencidas, assim também em relação a eventuais créditos adicionais destinados à instituição. Sublinhou serem asseguradas às Defensorias Públicas a autonomia funcional e administrativa, bem como a prerrogativa de formulação de sua proposta orçamentária, por força da Constituição. **O repasse de recursos correspondentes, destinados à Defensoria Pública, ao Judiciário, ao Legislativo e ao Ministério Público, sob a forma de duodécimos, é imposição constitucional. O repasse de duodécimos destinados ao Poder Público, quando retidos pelo governo, constitui prática indevida de flagrante violação aos preceitos fundamentais da Constituição.** Ademais, o princípio da subsidiariedade, ínsito ao cabimento da arguição, é atendido diante da inexistência, para a autora, de outro instrumento igualmente eficaz ao atendimento célere da tutela constitucional pretendida. Vencido o Ministro Marco Aurélio, que julgava o pedido improcedente (ADIn 5.286/AP, rel. Min. Luiz Fux, 18-5-2016; ADIn 5.287/PB, rel. Min. Luiz Fux, 18-5-2016; ADPF 339/PI, rel. Min. Luiz Fux, 18-5-2016).

**Defensoria Pública estadual e data limite para repasse de duodécimos**

O Plenário iniciou julgamento de referendo em medida cautelar em arguição de descumprimento de preceito fundamental na qual se discute eventual afronta às regras dos artigos 134, § 2º, e 168 da CF pela retenção do repasse de duodécimo referente à dotação orçamentária de Defensoria Pública estadual ('Art. 134 ... § 2º...'). Na espécie, **chefe de Poder Executivo estadual omitira-se em realizar o repasse da dotação orçamentária da Defensoria Pública estadual na forma de duodécimos até o dia vinte do mês correspondente.** O Ministro Edson Fachin (relator) referendou a medida cautelar por ele concedida monocraticamente e julgou prejudicado o agravo regimental interposto. Considerou haver, no caso concreto, inadimplemento do dever imposto pela Constituição ao Poder Executivo estadual. Apontou haver **abuso no exercício de competência financeira**, por parte daquele que detém posição de primazia na execução orçamentária. Destacou que **a retenção injusta de duodécimos referentes à dotação orçamentária representaria óbice ao pleno exercício de função inerente à Defensoria Pública estadual.** Dessa forma, estaria em risco o direito de acesso à Justiça e o dever estatal de prestação de assistência jurídica integral e gratuita a todos que dela necessitarem. Em seguida, pediu vista dos autos a Ministra Cármen Lúcia (ADPF 384 Referendo-MC/MG, rel. Min. Edson Fachin, 18-5-2016).

## Seção I

## Do Defensor Público-Geral Federal e do Subdefensor Público-Geral Federal

(Redação dada pela Lei Complementar n. 132, de 2009)

Art. 6º A Defensoria Pública da União tem por chefe o Defensor Público-Geral Federal, nomeado pelo Presidente da República, dentre membros estáveis da Carreira e maiores de 35 (trinta e cinco) anos, escolhidos em lista tríplice formada pelo voto direto, secreto, plurinominal e obrigatório de seus membros, após a aprovação de seu nome pela maioria absoluta dos membros do Senado Federal, para mandato de 2 (dois) anos, permitida uma recondução, precedida de nova aprovação do Senado Federal. (Redação dada pela Lei Complementar n. 132, de 2009)

§ 1º (VETADO)

§ 2º (VETADO)

Art. 7º O Defensor Público-Geral Federal será substituído, em suas faltas, impedimentos, licenças e férias, pelo Subdefensor Público-Geral Federal, nomeado pelo Presidente da República, dentre os integrantes da Categoria Especial da Carreira, escolhidos pelo Conselho Superior, para mandato de 2 (dois) anos. (Redação dada pela Lei Complementar n. 132, de 2009)

Parágrafo único. A União poderá, segundo suas necessidades, ter mais de um Subdefensor Público-Geral Federal. (Redação dada pela Lei Complementar n. 132, de 2009)

Art. 8º São atribuições do Defensor Público-Geral, dentre outras:

I – dirigir a Defensoria Pública da União, superintender e coordenar suas atividades e orientar-lhe a atuação;

II – representar a Defensoria Pública da União judicial e extrajudicialmente;

III – velar pelo cumprimento das finalidades da Instituição;

IV – integrar, como membro nato, e presidir o Conselho Superior da Defensoria Pública da União;

V – submeter ao Conselho Superior proposta de criação ou de alteração do Regimento Interno da Defensoria Pública-Geral da União; (Redação dada pela Lei Complementar n. 132, de 2009)

VI – autorizar os afastamentos dos membros da Defensoria Pública da União;

VII – estabelecer a lotação e a distribuição dos membros e dos servidores da Defensoria Pública da União;

VIII – dirimir conflitos de atribuições entre membros da Defensoria Pública da União, com recurso para seu Conselho Superior;
IX – proferir decisões nas sindicâncias e processos administrativos disciplinares promovidos pela Corregedoria-Geral da Defensoria Pública da União;
X – instaurar processo disciplinar contra membros e servidores da Defensoria Pública da União, por recomendação de seu Conselho Superior;
XI – abrir concursos públicos para ingresso na carreira da Defensoria Pública da União;
XII – determinar correições extraordinárias;
XIII – praticar atos de gestão administrativa, financeira e de pessoal;
XIV – convocar o Conselho Superior da Defensoria Pública da União;
XV – designar membro da Defensoria Pública da União para exercício de suas atribuições em órgão de atuação diverso do de sua lotação ou, em caráter excepcional, perante Juízos, Tribunais ou Ofícios diferentes dos estabelecidos para cada categoria;
XVI – requisitar de qualquer autoridade pública e de seus agentes, certidões, exames, perícias, vistorias, diligências, processos, documentos, informações, esclarecimentos e demais providências necessárias à atuação da Defensoria Pública;
XVII – aplicar a pena da remoção compulsória, aprovada pelo voto de dois terços do Conselho Superior da Defensoria Pública da União, assegurada ampla defesa;
XVIII – delegar atribuições a autoridade que lhe seja subordinada, na forma da lei;
XIX – requisitar força policial para assegurar a incolumidade física dos membros da Defensoria Pública da União, quando estes se encontrarem ameaçados em razão do desempenho de suas atribuições institucionais; (Incluído pela Lei Complementar n. 132, de 2009)
XX – apresentar plano de atuação da Defensoria Pública da União ao Conselho Superior. (Incluído pela Lei Complementar n. 132, de 2009)
Parágrafo único. Ao Subdefensor Público-Geral Federal, além da atribuição prevista no art. 7º desta Lei Complementar, compete: (Redação dada pela Lei Complementar n. 132, de 2009)
I – auxiliar o Defensor Público-Geral nos assuntos de interesse da Instituição;
II – desincumbir-se das tarefas e delegações que lhe forem determinadas pelo Defensor Público-Geral.
(...)

## Seção I

### Do Defensor Público-Geral e do Subdefensor Público-Geral do Distrito Federal e dos Territórios

Art. 54. A Defensoria Pública do Distrito Federal e dos Territórios tem por Chefe o Defensor Público-Geral, nomeado pelo Presidente da República, dentre membros estáveis da Carreira e maiores de 35 (trinta e cinco) anos, escolhidos em lista tríplice formada pelo voto direto, secreto, plurinominal e obrigatório de seus membros, para mandato de 2 (dois) anos, permitida 1 (uma) recondução. (Redação dada pela Lei Complementar n. 132, de 2009)
Parágrafo único. (VETADO)
§ 2º (VETADO) (Incluído pela Lei Complementar n. 132, de 2009)
Art. 55. O Defensor Público-Geral será substituído, em suas faltas, impedimentos, licenças e férias, pelo Subdefensor Público-Geral, nomeado pelo Presidente da República, dentre os integrantes da Categoria Especial da carreira, escolhidos pelo Conselho Superior, para mandato de dois anos.
Art. 56. São atribuições do Defensor Público-Geral:
I – dirigir a Defensoria Pública do Distrito Federal e dos Territórios, superintender e coordenar suas atividades e orientar-lhe a atuação;
II – representar a Defensoria Pública do Distrito Federal e dos Territórios judicial e extrajudicialmente;
III – velar pelo cumprimento das finalidades da Instituição;

IV – integrar, como membro nato, e presidir o Conselho Superior da Defensoria Pública do Distrito Federal e dos Territórios;
V – baixar o Regimento Interno da Defensoria Pública-Geral do Distrito Federal e dos Territórios;
VI – autorizar os afastamentos dos membros da Defensoria Pública do Distrito Federal e dos Territórios;
VII – estabelecer a lotação e a distribuição dos membros e servidores da Defensoria Pública do Distrito Federal e dos Territórios;
VIII – dirimir conflitos de atribuições entre membros da Defensoria Pública do Distrito Federal e dos Territórios, com recurso para seu Conselho Superior;
IX – proferir decisões nas sindicâncias e processos administrativos disciplinares promovidos pela Corregedoria-Geral do Distrito Federal e dos Territórios;
X – instaurar processo disciplinar contra membros e servidores da Defensoria Pública do Distrito Federal e dos Territórios;
XI – abrir concursos públicos para ingresso na carreira da Defensoria Pública do Distrito Federal e dos Territórios;
XII – determinar correições extraordinárias;
XIII – praticar atos de gestão administrativa, financeira e de pessoal;
XIV – convocar o Conselho Superior da Defensoria Pública do Distrito Federal e dos Territórios e dar execução às suas deliberações;
XV – designar membro da Defensoria Pública do Distrito Federal e dos Territórios para exercício de suas atribuições em órgão de atuação diverso do de sua lotação ou, em caráter excepcional, perante Juízos, Tribunais ou Ofícios diferentes dos estabelecidos para cada categoria;
XVI – requisitar de qualquer autoridade pública e de seus agentes, certidões, exames, perícias, vistorias, diligências, processos, documentos, informações, esclarecimentos e demais providências necessárias à atuação da Defensoria Pública;
XVII – aplicar a pena de remoção compulsória, aprovada pelo voto de dois terços do Conselho Superior, aos membros da Defensoria Pública do Distrito Federal e dos Territórios;
XVIII – delegar atribuições a autoridade que lhe seja subordinada, na forma da lei.
Parágrafo único. Ao Subdefensor Público-Geral, além da atribuição prevista no art. 55 desta Lei Complementar, compete:
a) auxiliar o Defensor Público-Geral nos assuntos de interesse da Instituição;
b) desincumbir-se das tarefas e delegações que lhe forem determinadas pelo Defensor Público-Geral.
(...)

## Seção I

### Do Defensor Público-Geral e do Subdefensor Público-Geral do Estado

Art. 99. A Defensoria Pública do Estado tem por chefe o Defensor Público-Geral, nomeado pelo Governador do Estado, dentre membros estáveis da Carreira e maiores de 35 (trinta e cinco) anos, escolhidos em lista tríplice formada pelo voto direto, secreto, plurinominal e obrigatório de seus membros, para mandato de 2 (dois) anos, permitida uma recondução. (Redação dada pela Lei Complementar n. 132, de 2009)
§ 1º O Defensor Público-Geral será substituído em suas faltas, licenças, férias e impedimentos pelo Subdefensor Público-Geral, por ele nomeado dentre integrantes estáveis da Carreira, na forma da legislação estadual. (Redação dada pela Lei Complementar n. 132, de 2009)
§ 2º Os Estados, segundo suas necessidades, poderão ter mais de um Subdefensor Público-Geral.
§ 3º O Conselho Superior editará as normas regulamentando a eleição para a escolha do Defensor Público-Geral. (Incluído pela Lei Complementar n. 132, de 2009)
§ 4º Caso o Chefe do Poder Executivo não efetive a nomeação do Defensor Público-Geral nos 15 (quinze) dias que se seguirem ao recebimento da lista tríplice, será investido automaticamen-

te no cargo o Defensor Público mais votado para exercício do mandato. (Incluído pela Lei Complementar n. 132, de 2009)

Art. 100. Ao Defensor Público-Geral do Estado compete dirigir a Defensoria Pública do Estado, superintender e coordenar suas atividades, orientando sua atuação, e representando-a judicial e extrajudicialmente.

## 8 DEFENSOR PÚBLICO-GERAL E SUBDEFENSOR PÚBLICO-GERAL – ARTS. 6º A 8º, 54 A 56, 99 E 100

O Defensor Público-Geral é o chefe da Defensoria Pública.

Ao contrário do que ocorre com o Ministério Público, cargo para cuja ocupação a CF/88 traça regras (art. 128, §§ 1º e 3º), os requisitos para o cargo de Defensor Público-Geral estão previstos na LC n. 80/1994 (art. 6º, *caput*; art. 54, *caput*; e art. 99, *caput*).

**Requisitos**

A LC n. 80/1994 elenca cinco requisitos para o cargo:

a) É necessário ser membro estável da carreira. Com isso, a lei, lida *a contrario sensu*, obsta que *pessoa de fora da carreira* ocupe a chefia da instituição, como já ocorreu e ainda ocorre[521] com outras instituições no Brasil. Ademais disso, impede-se que o defensor público *em estágio probatório* ocupe tal função.

b) É escolhido a partir de uma *lista tríplice*, ou seja, existem eleições para a escolha do Defensor Público-Geral.

c) Figurando na lista tríplice, é necessário que seja *nomeado pelo chefe do Poder Executivo*. No âmbito da Defensoria Pública da União, essa atribuição compete ao Presidente da República, enquanto na seara das Defensorias Públicas estaduais tal ato cabe ao Governador do Estado. Quanto à Defensoria Pública do Distrito Federal, hoje, por força do art. 2º da EC n. 69/2012, ao governador distrital é que cabe a nomeação.

d) Ter *mais de 35 anos de idade* é outro requisito. Poderia a LC n. 80/1994 ter deixado de lado a palavra "mais" para evitar problemas concretos, embora pontuais. De qualquer forma, ter mais de 35 anos não significa ter 36 anos, mas apenas que no momento em que o candidato tiver de comprovar tal requisito (esse momento é o da posse, e não o da candidatura), ele deve ter completado 35 anos de idade.

e) O quinto requisito *aplica-se apenas à Defensoria Pública da União*. Antes da nomeação pelo Presidente da República o candidato deve contar com a aprovação, por *maioria absoluta*, dos membros do *Senado Federal* (observe-se: Senado Federal, e não Congresso Nacional, de modo que tal apreciação não passa pela Câmara dos Deputados[522]). Como dito, essa etapa de aprovação não existe em relação às Defensorias Públicas estaduais e do Distrito Federal.

---

521 É o caso do Advogado-Geral da União: art. 131, § 1º, da CF/88.

522 No percurso histórico do bicameralismo encontram-se como justificativa da existência de um Senado Federal (Câmara Alta) – a Câmara dos Deputados, por sua vez, também é conhecida como Câmara Baixa – argumentos atrelados tanto à forma federal de Estado (enquanto a Câmara representa os interesses do povo,

**A questão da interação entre normas gerais e suplementares**

Como explicam Gilmar Ferreira Mendes e Paulo Gustavo Gonet Branco, as normas gerais são "(...) não exaustivas, leis-quadro, princípios amplos, que traçam um plano, sem descer a pormenores". Os Estados-membros e o Distrito Federal podem exercer, em relação às normas gerais, competência suplementar (...), o que significa preencher claros, suprir lacunas" – o que não ocorre quando eles transgridem a lei federal já existente, concluem os autores[523].

A legislação estadual ou distrital, assim, *pode prever outros requisitos*, afinal, ao legislador estadual cabe a competência legislativa suplementar; tivessem eles que meramente reproduzir as normas de cunho nacional e não haveria sequer sentido lógico em a CF/88 lhes ter atribuído essa competência suplementar. Logo, os legisladores estaduais e distrital podem, sim, "olhar" para o regramento *geral* contido na LC n. 80/1994 e, *a partir e nos limites dele*, inovar. Os requisitos suplementares podem ser de cunho *positivo* e/ou *negativo*:

Como requisito inovador de cunho *positivo*, é o que se dá, por exemplo, com relação à Defensoria Pública do Estado do Paraná: a LC n. 136/2011 prevê o requisito de *estar desincompatibilizado* de cargos em comissão ou funções de confiança, no prazo mínimo de 30 dias antes da data prevista para a eleição, conforme regramento a ser estabelecido pelo Conselho Superior (art. 28, II).

Como requisito inovador de cunho *negativo*, temos o exemplo do art. 15, III, *a*, da LC estadual n. 104/2012 (Defensoria do Estado da Paraíba) prevendo que não poderão concorrer ao cargo defensores públicos "condenados por crimes dolosos com decisão transitada em julgado".

Obviamente, esse tema não é fechado, pois é permeável a discussões casuísticas. Afinal, se, por um lado, devemos admitir a *relativa* liberdade (suplementar) de conformação dos legisladores estaduais e distrital – de tal forma que eles podem inovar –, de outro, é tênue a linha que separa a fronteira entre as normas gerais e as suplementares. Por isso, certamente não se descarta a possibilidade de que encontremos leis estaduais, por exemplo, que jamais foram questionadas no STF e, na ausência de uma definição sobre o assunto, podem ensejar discussões práticas[524].

---

o Senado representa o dos Estados-membros) como de ordem psicológica (o bicameralismo, antes de representar classes sociais, representa gerações, assim, enquanto a Câmara representa a juventude, que é mais propensa "à exaltação e ao calor das ideias políticas", o Senado representa "padrões estáveis de conduta política", que é mais tendente à transação e à conciliação). Sobre isso, BONAVIDES, Paulo. *Reflexões, política e direito*. 3. ed. São Paulo: Malheiros, 1998. p. 306.

523 MENDES, Gilmar Ferreira; BRANCO, Paulo Gustavo Gonet. *Curso de direito constitucional*. 14. ed. São Paulo: Saraiva, 2019. p. 924.

524 A título de exemplo, na Lei da Defensoria Pública do Estado de São Paulo é previsto que o pretendente ao cargo deve estar na carreira há pelo menos oito anos (art. 13 da LC n. 988/2006). Eis então a indagação: esse requisito extrapola (pois restringe o número de pretendentes ao cargo) ou se harmoniza (por não afrontá-las claramente) com as normas gerais da LC n. 80/1994? Embora, na prática, a leitura que se tem feito na Defensoria paulista seja a de literal observância da LC n. 80/1994, de tal sorte que não se tem exigido estar na carreira há pelo menos oito anos, não seria descartado sustentar que esse requisito positivo se mostra compatível com as normas gerais. Logo, assim como as leis estaduais podem prever requisitos adicionais (não previstos na lei nacional), como estar desincompatibilizado (cujo valor é estimular a higidez da atuação

No entanto, as normas estaduais ou distrital podem ser declaradas inconstitucionais caso violem as normas gerais da LC n. 80/1994.

Em ao menos duas ocasiões o STF discutiu esse assunto tendo a Defensoria Pública no centro da questão. Analisemo-las:

**i) ADIn 2.903/PB: ocasião em que o STF esclareceu que o legislador estadual não pode afrontar as normas gerais**

A ADIn 2.903/PB, na verdade, se analisada mais detidamente, não tratou do tema "competência legislativa suplementar" do legislador estadual. Na verdade, o que ocorreu foi que a LC estadual n. 48/2003 estipulou que o Defensor Público-Geral da Paraíba seria *livremente nomeado* pelo Governador do Estado.

Essa ADIn foi proposta no ano de 2003, logo, antes mesmo do advento da EC n. 45/2004, que conferiu às Defensorias estaduais autonomias como a administrativa. Mas o julgamento se deu no ano de 2008, logo, já com a EC n. 45/2004 em vigor. Como se vê, antes de qualquer discussão sobre a interação entre normas gerais e suplementares, fato é que nessa ADIn a matéria relevante dizia respeito à própria autonomia (funcional e administrativa) da Defensoria paraibana.

É importante registrar que, quando da propositura da ADIn 2.903 (reitere-se: no ano de 2003), a redação do art. 99 da LC n. 80/1994 (posteriormente alterada pela LC n. 132/2009) era a seguinte: "A Defensoria Pública do Estado tem por chefe o Defensor Público-Geral, nomeado pelo Governador do Estado, dentre integrantes da carreira maiores de trinta e cinco anos, na forma disciplinada pela legislação estadual". Desse ponto de vista, o legislador paraibano estava autorizado a estipular a regra então questionada – situação que mudaria no ano seguinte (2004), agora com as inovações das autonomias conferidas às Defensorias estaduais.

Enfim, fato é que o STF, em voto emblemático para as Defensorias Pública dado pelo Ministro Celso de Melo, julgou procedente a ADIn 2.903, declarando a inconstitucionalidade da lei complementar paraibana. Eis a ementa:

> AÇÃO DIRETA DE INCONSTITUCIONALIDADE. LEGITIMIDADE ATIVA DA ASSOCIAÇÃO NACIONAL DOS DEFENSORES PÚBLICOS (ANADEP). PERTINÊNCIA TEMÁTICA. CONFIGURAÇÃO. DEFENSORIA PÚBLICA. RELEVÂNCIA DESSA INSTITUIÇÃO PERMANENTE, ESSENCIAL À FUNÇÃO DO ESTADO. A EFICÁCIA VINCULANTE, NO PROCESSO DE CONTROLE ABSTRATO DE CONSTITUCIONALIDADE, NÃO SE ESTENDE AO PODER LEGISLATIVO. LEGISLAÇÃO PERTINENTE À ORGANIZAÇÃO DA DEFENSORIA PÚBLICA. MATÉRIA SUBMETIDA AO REGIME DE COMPETÊNCIA CONCORRENTE (CF, ART. 24, XIII, C/C O ART. 134, § 1º). FIXAÇÃO, PELA UNIÃO, DE DIRETRIZES GERAIS E, PELOS ESTADOS-MEMBROS, DE NORMAS SUPLEMENTARES. **LEI COMPLEMENTAR ESTADUAL QUE ESTABELECE CRITÉRIOS PARA INVESTIDURA NOS CARGOS DE DEFENSOR PÚBLICO-GERAL, DE SEU SUBSTITUTO E DE CORREGEDOR-GERAL DA DEFENSORIA**

---

administrativa) ou não ter condenação criminal por crime doloso (cujo valor, por exemplo, será o de proteger a imagem da instituição, evitando-se que ela seja atingida por meio de críticas pessoais a seu pretenso chefe), nada impediria a previsão de uma regra cujo valor seria o de reservar a chefia institucional a alguém que possui uma vivência mais duradoura na carreira.

**PÚBLICA DO ESTADO.** OFENSA AO ART. 134, § 1º, DA CONSTITUIÇÃO DA REPÚBLICA, NA REDAÇÃO QUE LHE DEU A EC N. 45/2004. **LEI COMPLEMENTAR ESTADUAL QUE CONTRARIA, FRONTALMENTE, CRITÉRIOS MÍNIMOS LEGITIMAMENTE VEICULADOS, EM SEDE DE NORMAS GERAIS, PELA UNIÃO FEDERAL.** INCONSTITUCIONALIDADE CARACTERIZADA. AÇÃO DIRETA JULGADA PROCEDENTE. ASSOCIAÇÃO NACIONAL DOS DEFENSORES PÚBLICOS (ANADEP). ENTIDADE DE CLASSE DE ÂMBITO NACIONAL. FISCALIZAÇÃO NORMATIVA ABSTRATA. PERTINÊNCIA TEMÁTICA DEMONSTRADA. LEGITIMIDADE ATIVA 'AD CAUSAM' RECONHECIDA. – A Associação Nacional dos Defensores Públicos (ANADEP) dispõe de legitimidade ativa 'ad causam' para fazer instaurar processo de controle normativo abstrato em face de atos estatais, como a legislação pertinente à Defensoria Pública, cujo conteúdo guarde relação de pertinência temática com as finalidades institucionais dessa entidade de classe de âmbito nacional. DEFENSORIA PÚBLICA. RELEVÂNCIA. INSTITUIÇÃO PERMANENTE ESSENCIAL À FUNÇÃO JURISDICIONAL DO ESTADO. O DEFENSOR PÚBLICO COMO AGENTE DE CONCRETIZAÇÃO DO ACESSO DOS NECESSITADOS À ORDEM JURÍDICA. – A Defensoria Pública, enquanto instituição permanente, essencial à função jurisdicional do Estado, qualifica-se como instrumento de concretização dos direitos e das liberdades de que são titulares as pessoas carentes e necessitadas. É por essa razão que a Defensoria Pública não pode (e não deve) ser tratada de modo inconsequente pelo Poder Público, pois a proteção jurisdicional de milhões de pessoas – carentes e desassistidas –, que sofrem inaceitável processo de exclusão jurídica e social, depende da adequada organização e da efetiva institucionalização desse órgão do Estado. – De nada valerão os direitos e de nenhum significado revestir-se-ão as liberdades, se os fundamentos em que eles se apoiam – além de desrespeitados pelo Poder Público ou transgredidos por particulares – também deixarem de contar com o suporte e o apoio de um aparato institucional, como aquele proporcionado pela Defensoria Pública, cuja função precípua, por efeito de sua própria vocação constitucional (CF, art. 134), consiste em dar efetividade e expressão concreta, inclusive mediante acesso do lesado à jurisdição do Estado, a esses mesmos direitos, quando titularizados por pessoas necessitadas, que são as reais destinatárias tanto da norma inscrita no art. 5º, inciso LXXIV, quanto do preceito consubstanciado no art. 134, ambos da Constituição da República. DIREITO A TER DIREITOS: UMA PRERROGATIVA BÁSICA, QUE SE QUALIFICA COMO FATOR DE VIABILIZAÇÃO DOS DEMAIS DIREITOS E LIBERDADES. DIREITO ESSENCIAL QUE ASSISTE A QUALQUER PESSOA, ESPECIALMENTE ÀQUELAS QUE NADA TÊM E DE QUE TUDO NECESSITAM. PRERROGATIVA FUNDAMENTAL QUE PÕE EM EVIDÊNCIA. CUIDANDO-SE DE PESSOAS NECESSITADAS (CF, ART 5º, LXXIV). A SIGNIFICATIVA IMPORTÂNCIA JURÍDICO-INSTITUCIONAL E POLÍTICO-SOCIAL DA DEFENSORIA PÚBLICA. LEGISLAÇÃO QUE DERROGA DIPLOMA LEGAL ANTERIORMENTE SUBMETIDO À FISCALIZAÇÃO NORMATIVA ABSTRATA. INOCORRÊNCIA, EM TAL HIPÓTESE, DE USURPAÇÃO DA COMPETÊNCIA DO SUPREMO TRIBUNAL FEDERAL. A EFICÁCIA VINCULANTE, NO PROCESSO DE CONTROLE ABSTRATO DE CONSTITUCIONALIDADE, NÃO SE ESTENDE AO PODER LEGISLATIVO. – A mera instauração do processo de controle normativo abstrato não se reveste, só por si, de efeitos inibitórios das atividades normativas do Poder Legislativo, que não fica impossibilitado, por isso mesmo, de revogar, enquanto pendente a respectiva ação direta, a própria lei objeto de impugnação perante o Supremo Tribunal, podendo, até mesmo, reeditar o diploma anteriormente pronunciado inconstitucional, eis que não se estende, ao Parlamento, a eficácia vinculante que resulta, naturalmente, da própria declaração de inconstitucionalidade proferida em sede concentrada. **COTEJO ENTRE LEI COMPLEMENTAR ESTADUAL E LEI COMPLEMENTAR NACIONAL. INOCORRÊNCIA DE OFENSA MERAMENTE REFLEXA.** A USURPAÇÃO

DA COMPETÊNCIA LEGISLATIVA, QUANDO PRATICADA POR QUALQUER DAS PESSOAS ESTATAIS, QUALIFICA-SE COMO ATO DE TRANSGRESSÃO CONSTITUCIONAL. – A Constituição da República, nos casos de competência concorrente (CF, art. 24), estabeleceu verdadeira situação de condomínio legislativo entre a União Federal, os Estados-membros e o Distrito Federal (RAUL MACHADO HORTA, 'Estudos de Direito Constitucional', p. 366, item n. 2, 1995, Del Rey), daí resultando clara repartição vertical de competências normativas entre essas pessoas estatais, cabendo, à União, estabelecer normas gerais (CF, art. 24, § 1º), e, aos Estados-membros e ao Distrito Federal, exercer competência suplementar (CF, art. 24, § 2º). Doutrina. Precedentes. – Se é certo, de um lado, que, nas hipóteses referidas no art. 24 da Constituição, a União Federal não dispõe de poderes ilimitados que lhe permitam transpor o âmbito das normas gerais, para, assim, invadir, de modo inconstitucional, a esfera de competência normativa dos Estados-membros, não é menos exato, de outro, que o Estado-membro, em existindo normas gerais veiculadas em leis nacionais (como a Lei Orgânica Nacional da Defensoria Pública, consubstanciada na Lei Complementar n. 80/94), não pode ultrapassar os limites da competência meramente suplementar, pois, se tal ocorrer, o diploma legislativo estadual incidirá, diretamente, no vício da inconstitucionalidade. **A edição, por determinado Estado-membro, de lei que contrarie, frontalmente, critérios mínimos legitimamente veiculados, em sede de normas gerais, pela União Federal ofende, de modo direto, o texto da Carta Política.** Precedentes. ORGANIZAÇÃO DA DEFENSORIA PÚBLICA NOS ESTADOS-MEMBROS. ESTABELECIMENTO, PELA UNIÃO FEDERAL, MEDIANTE LEI COMPLEMENTAR NACIONAL, DE REQUISITOS MÍNIMOS PARA INVESTIDURA NOS CARGOS DE DEFENSOR PÚBLICO-GERAL, DE SEU SUBSTITUTO E DO CORREGEDOR-GERAL DA DEFENSORIA PÚBLICA DOS ESTADOS-MEMBROS. NORMAS GERAIS, QUE, EDITADAS PELA UNIÃO FEDERAL, NO EXERCÍCIO DE COMPETÊNCIA CONCORRENTE, NÃO PODEM SER DESRESPEITADAS PELO ESTADO-MEMBRO. LEI COMPLEMENTAR ESTADUAL QUE FIXA CRITÉRIOS DIVERSOS. INCONSTITUCIONALIDADE. – **Os Estados-membros e o Distrito Federal não podem, mediante legislação autônoma, agindo 'ultra vires', transgredir a legislação fundamental ou de princípios que a União Federal fez editar no desempenho legítimo de sua competência constitucional, e de cujo exercício deriva o poder de fixar, validamente, diretrizes e bases gerais pertinentes a determinada matéria ou a certa Instituição, como a organização e a estruturação, no plano local, da Defensoria Pública.** – É inconstitucional lei complementar estadual, que, ao fixar critérios destinados a definir a escolha do Defensor Público-Geral do Estado e demais agentes integrantes da Administração Superior da Defensoria Pública local, não observa as normas de caráter geral, institutivas da legislação fundamental ou de princípios, prévia e validamente estipuladas em lei complementar nacional que a União Federal fez editar com apoio no legítimo exercício de sua competência concorrente. OUTORGA, AO DEFENSOR PÚBLICO-GERAL DO ESTADO, DE 'NÍVEL EQUIVALENTE AO DE SECRETÁRIO DE ESTADO'. – A mera equiparação de altos servidores públicos estaduais, como o Defensor Público-Geral do Estado, a Secretário de Estado, com equivalência de tratamento, só se compreende pelo fato de tais agentes públicos, destinatários de referida equiparação, não ostentarem, eles próprios, a condição jurídico-administrativa de Secretário de Estado. – Consequente inocorrência do alegado cerceamento do poder de livre escolha, pelo Governador do Estado, dos seus Secretários estaduais, eis que o Defensor Público-Geral local – por constituir cargo privativo de membro da carreira – não é, efetivamente, não obstante essa equivalência funcional, Secretário de Estado. Aplicação, à espécie, de precedentes do Supremo Tribunal Federal. A DECLARAÇÃO DE INCONSTITUCIONALIDADE 'IN ABSTRACTO' E O EFEITO REPRISTINATÓRIO. – A declaração final de inconstitucionalidade, quando proferida em sede de fiscalização normativa abstrata, importa – considerado o efeito repristinatório que lhe é inerente (*RTJ* 187/161-162 – *RTJ* 194/504-505 – ADI 2.215-MC/PE, Rel. Min. Celso de Mello – ADI 3.148/TO, Rel. Min. Celso de Mello) – em restauração das normas estatais precedentemente revogadas pelo diploma normativo objeto do juízo de inconstitucionalidade, eis que o ato inconstitucional, por juridicamente inválido, não se reveste de qualquer carga de eficácia jurídica, mostrando-se incapaz, até mesmo, de revogar a legislação a ele anterior e com ele incompatível. Doutrina. Precedentes (ADIn 2.903, rel. Min. Celso de Mello, Tribunal Pleno, julgado em 1-12-2005, *DJE*-177, DIVULG 18-9-2008, PUBLIC 19-9-2008, *EMENT* VOL-02333-01 PP-00064 *RTJ* VOL-00206-01 PP-00134).

**ii) ADIn 4.284/RR: ocasião em que o STF esclareceu que o legislador estadual pode inovar, exercendo sua (relativa) liberdade de conformação**

A ADIn 4.284/RR é a que tratou mais diretamente do assunto ora explorado.

Basicamente, no ano de 2015 uma emenda constitucional alterou a Constituição do Estado de Roraima, prevendo, naquilo que nos interessa, que o Defensor Público-Geral daquele Estado, antes de ser nomeado, se submeteria à aprovação, por maioria absoluta, da Assembleia Legislativa.

Como se sabe, nessa época (2015), o art. 99 da LC n. 80/1994[525] não previa (como nunca previu) o envolvimento do Poder Legislativo na escolha do Defensor Público-Geral, então caberia a discussão: a Constituição estadual (ou, na ausência de regra expressa, o legislador complementar estadual) pode prever uma singela alteração no rito de escolha do Defensor Público-Geral: em vez de a carreira votar na lista tríplice a ser encaminhada ao Governador do Estado para que ele efetue a nomeação, entre essas duas etapas se poria outra: a participação do Poder Legislativo.

Parece-nos que, se o legislador estadual detém a competência legislativa suplementar, seria por demais forçado sugerir que ele não poderia prever a participação do Poder Legislativo na escolha do Defensor Público-Geral. Obviamente, o argumento de que, como regra, o parlamento brasileiro não tem se mostrado um canal de debates sérios não pode ser presumido. Logo, se o legislador nacional entendeu desnecessário obrigar os parlamentos estaduais e distrital a participar da escolha do Defensor Público-Geral, isso não quer dizer que ele tenha impedido que isso ocorra.

Na ADIn 4.284/RR, o STF entendeu haver inconstitucionalidade formal (vício de iniciativa), mas isso não impediu seu relator, Ministro Ricardo Lewandowski, frisar que não via problema em que a lei estadual previsse a participação do parlamento na escolha do Defensor Público-Geral: "*Em relação ao Defensor Público-Geral, entendo que há a possibilidade de submeter sua aprovação à Assembleia Legislativa, uma vez que o Defensor Público-Geral da União, nomeado pelo Presidente da República, também passa por arguição pública do Senado Federal, de acordo com o § 1º do art. 134 da Constituição Federal e o art. 6º da Lei Complementar 80/1994*". Eis a ementa:

> PROCESSO CONSTITUCIONAL. AÇÃO DIRETA DE INCONSTITUCIONALIDADE. AUSÊNCIA DE FUNDAMENTAÇÃO. DESCABIMENTO DE ADITAMENTO. II – PROCESSO LEGISLATIVO. **VÍCIO DE INICIATIVA. EMENDA À CONSTITUIÇÃO ESTADUAL QUE PREVÊ AFASTAMENTO DE MEMBROS DA ALTA ADMINISTRAÇÃO DO ESTADO. INCONSTITUCIONALIDADE FORMAL.** I – Não conhecimento da ação quanto à pretendida declaração de inconstitucionalidade do art. 111, § § 1º e 2º, da Carta Estadual de Roraima, por não indicação dos fundamentos jurídicos do pedido (Lei n. 9.868/1999, art. 3º, I). II – Não co-

525 *Vide*, porém, em relação à Defensoria Pública da União, o disposto no art. 6º da LC n. 80/1994.

nhecimento do aditamento à inicial quanto à nova redação do inciso XVIII do art. 33 da Constituição Estadual, dada pela EC n. 30/2012, haja vista que o dispositivo original está em debate na ADI 2.167 e não foi impugnado na inicial. III – Procedência do pedido quanto aos incisos XXXI e XXXII do art. 33 da Constituição Estadual, por tratarem de regime jurídico de servidores públicos sem observar a iniciativa privativa do Chefe do Executivo. IV – Ação conhecida em parte, e, na parte conhecida, julgada procedente (ADIn 4.284, rel. Min. Ricardo Lewandowski, Tribunal Pleno, julgado em 9-4-2015, *DJE*-113, DIVULG 12-6-2015, PUBLIC 15-6-2015).

**Características do voto nas eleições para Defensor Público-Geral**

Além dos requisitos anteriormente elencados, a LC n. 80/94 traz ainda outras regras que devem ser observadas no processo de escolha do Defensor Público-Geral. São elas:

a) *voto secreto*: além de o chefe da instituição ter de ser membro da carreira, a formação da lista tríplice se dá pelo voto dos defensores públicos (observe-se que a lei, nesse ponto, usa o termo "membros" e, com isso, não apenas aponta os defensores públicos como detentores do direito ao sufrágio como impede que outros servidores da instituição tenham direito a voto). Esse voto deve ser secreto[526], ou seja, não será público ou a descoberto;

b) *voto direto*: o voto é direto no sentido de que, para a formação da lista tríplice, os defensores públicos votam no nome que preferem para a composição da lista. Segundo Paulo Bonavides, o sufrágio é direto se os eleitores designam seus representantes sem intermediações; no indireto, a escolha do representante é feita por meio desses delegados ou intermediários[527]. Vale esclarecer que essa distinção conceitual da teoria do Estado difere um pouco da ideia pretendida pela LC n. 80/1994, pois aqui o voto é direto no sentido de que, para a formação da lista tríplice, os defensores públicos votam no nome que preferem para a composição da lista, mas, como já anotamos, essa fase é apenas a primeira e que antecede outra (a nomeação pelo chefe do poder Executivo, valendo reiterar que no bojo da Defensoria Pública da União existe uma fase intermediária: a aprovação do nome deve se dar pela maioria absoluta do Senado Federal). Em verdade, se a *mens legislatoris* era a de conferir aos defensores públicos, e não a um órgão da instituição (por exemplo, o Conselho Superior), o sufrágio para a escolha do Defensor Público-Geral, tal escopo já foi alcançado ao se determinar que a lista tríplice será formada mediante o voto dos membros da instituição;

c) *voto obrigatório*: a LC n. 80/1994 não apenas conferiu aos defensores públicos o direito de sufrágio. Mais que isso, trata-se de um *dever*, embora não previsto explicitamente no capítulo dos deveres. É claro que tal dever admite ponderação, de tal forma que, se o defensor público estiver afastado ou em férias, quando muito tratar-se-á de faculdade de votar. Rigorosamente falando, não é o voto que é obrigatório (o defensor público pode votar em branco ou anular), mas seu comparecimento ao local de votação;

---

526 Conforme lições de Paulo Bonavides, o voto secreto "(...) é a máxima garantia de independência moral e material do eleitor, contra o peso das pressões políticas a que ficaria ele sujeito se seu voto fora dado a descoberto". Prossegue o eminente constitucionalista apontando que pensadores como Montesquieu, Stuart Mill, Bismarck e Cícero defendiam o voto público (a descoberto), pois o eleitor, ao declarar sua opinião, exerceria um ato de coragem cívica, fidelidade às convicções e firmeza de caráter (*Ciência política*. 10. ed. São Paulo: Malheiros, 1995. p. 238-239).

527 Idem, p. 242.

d) *voto plurinominal*: significa que, ao votar, o defensor público pode eleger *mais de um nome* para a composição da lista tríplice, no caso, três nomes. Assim, havendo, por exemplo, oito candidatos ao cargo de Defensor Público-Geral, cada defensor público poderá votar em três nomes, e não apenas no de sua preferência. A LC n. 80/1994 poderia ter previsto o voto uninominal (voto em um nome), mas preferiu o plurinominal. Um alerta importante é que se, por um lado, o voto é obrigatório, por outro, não se exige que o defensor público vote plurinominalmente, podendo ele votar em um só nome, se quiser. Assim, a LC n. 80/1994 prevê o voto plurinominal, mas o que é obrigatório não é votar em mais de um nome, e sim o comparecimento para votar secretamente.

Certamente, haverá violação aos dispositivos constitucionais supracitados caso uma lei estadual altere as *características do sufrágio*. Isso porque todas elas (direto, secreto, plurinominal e obrigatório) são importantes e justificam a opção feita pelo legislador nacional.

Com efeito, o caráter "secreto" potencializa a liberdade de decisão; o "obrigatório", a participação na vida política da instituição; o caráter "direto" é relevante por permitir um maior conhecimento acerca das ideias de quem pretende ser votado. Por fim, o caráter "plurinominal" possibilita que o defensor público eleja a lista tríplice que reputa como a mais adequada para ser remetida ao chefe do Poder Executivo[528].

**Escolha do Defensor Público-Geral pelo chefe do Poder Executivo: afronta à autonomia da instituição?**

Algumas discussões relevantes se colocam envolvendo o Defensor Público-Geral.

A primeira diz respeito à potencial ingerência do chefe do Poder Executivo na autonomia da Defensoria Pública no momento da escolha do Defensor Público-Geral. Em outros termos: a outorga legal da escolha do Defensor Público-Geral ao chefe do Poder Executivo põe em xeque a autonomia da Defensoria Pública?

A indagação acima por vezes tem como resposta que essa violação à autonomia existe, sendo comum sustentar que autonomia e escolha pelo chefe do Executivo seriam coisas incompatíveis. Logo, em nome da autonomia institucional, a escolha de seu chefe deveria caber apenas aos seus membros. Para facilitar nossa exposição, chamemos essa corrente de ***sistema da escolha interna***.

Apesar da invocação da autonomia da instituição, é inegável que essa linha de raciocínio mascara o real argumento da *vontade da carreira*.

Com o devido respeito a essa posição, o sistema eleito pela LC n. 80/1994 *concilia a autonomia da instituição com uma espécie de freios e contrapesos*. A isso daremos o nome de **sistema de escolha livremente vinculada.**

Autonomia institucional não é nem deve ser sinônimo de feudo. De outro lado, Defensoria Pública sem real autonomia é sinônimo de uma pseudoassistência jurídica prestada pelo Estado. Para que se compreenda melhor a extensão dessas assertivas, tenha-se em mente que os debates iniciais sobre "separação dos Poderes" (ou de sistema de freios e contrapesos) deixam bastante

528 Como era o caso da Defensoria Pública do Paraná. O art. 13 da LC n. 136/2011, antes de sua alteração pela LC n. 180/2014, previa o voto "unipessoal", isto é, não é "plurinominal".

claro que os Poderes do Estado não são impenetráveis nem desconectados uns dos outros, mas apenas que deve haver diluição do poder político por meio da criação de entes diversos investidos de poder político (para evitar concentração exagerada desse poder em poucas mãos), organização que viabiliza e enseja o que se denomina "controle mútuo".

Nesse sentido, com o intento de provar que o projeto da Constituição norte-americana havia levado em conta a frenagem mútua que deve haver entre os Poderes – frenagem aludida por Montesquieu –, James Madison afirmava que os Poderes do Estado britânico não estavam inteiramente desconectados[529] e, mais do que isso, preocupou-se em demonstrar esse fato fazendo anotações sobre a Constituição britânica, principal subsídio de Montesquieu para exprimir a máxima política dos governos livres[530-531]. Fixado este ponto importantíssimo, após demonstrar a permeabilidade entre os Poderes do Estado britânico, Madison observava a famosa advertência de Montesquieu:

> Com base nestes fatos, pelos quais se guiou Montesquieu, claramente pode ser inferido que, quando ele diz 'Não pode haver liberdade onde os poderes legislativo e executivo são unidos na mesma pessoa, ou no mesmo corpo de indivíduos investidos de encargo público [*body magistrates*], ou 'se o poder de julgar não é separado dos poderes legislativo e executivo', não quis dizer que estes ramos não teriam *representação parcial* de um em outro, ou *controle* mútuo sobre os respectivos atos. O que ele quis dizer, conforme suas próprias palavras, e ainda mais conclusivo pelo exemplo ilustrado diante dos seus olhos [a Inglaterra de seu tempo], não pode ser outra senão esta: **onde 'toda' atribuição de um Poder é exercida pelas mesmas mãos que possuam 'toda' a atribuição de outro Poder, os princípios fundamentais de uma constituição livre são subvertidos**[532].

---

529 MADISON, James. The particular structure of the new government and the distribution of power among its different parts, n. 47. *The Federalist*. In: Great Books of the Western World. Chicago, Londres, Toronto: Encyclopaedia Britannica, Inc., 1952. v. 43, p. 154, tradução livre: "On the slightest view of the British Constitution, we must perceive that the legislative, executive, and judiciary departments are by no means totally separate and distinct from each other" (Com o mais superficial exame da Constituição britânica, percebemos que de nenhuma maneira Legislativo, Executivo e Judiciário estão totalmente separados e distintos).

530 MADISON, James. The particular structure of the new government... cit., n. 47, p. 154, tradução livre: "O magistrado executivo integra a autoridade legislativa. Sozinho tem a prerrogativa de celebrar tratados com outros países, que passam a ter força de atos legislativos sob certas limitações. Compete-lhe apontar todos os membros do judiciário, removê-los mediante audição das duas Casas do Parlamento, e constituir, quando desejar consultá-los, um de seus conselhos constitucionais. Um dos órgãos do Legislativo [Câmara dos Lordes] representa também um grande conselho constitucional para o dirigente executivo, bem como, por outro lado, é o único depositário do Poder Judicial em casos de *impeachment* [acusação parlamentar da Câmara dos Comuns], sendo investido da suprema instância apelatória em todos os demais casos. Estes mesmo juízes da suprema instância apelatória, por sua vez, permanecem ligados ao Legislativo comparecendo e participando de suas deliberações, embora não tenham direito a voto".

531 Nesse mesmo sentido, Eros Grau afirma que "Montesquieu não sustenta a impenetrabilidade, um pelos outros, dos poderes que refere" (Crítica da 'separação dos poderes': as funções estatais, os regulamentos e a legalidade no Direito brasileiro, as 'leis-medida' (Cap. X). *O direito posto e o direito pressuposto*. 5. ed. São Paulo: Malheiros, 2003. p. 229).

532 MADISON, James. The particular structure of the new government... cit., n. 47, p. 154, tradução livre, grifamos em negrito, mas os itálicos estão na fonte consultada.

Assim, se os tradicionais Poderes do Estado (Executivo, Legislativo e Judiciário) não são impenetráveis e desconectados, havendo representação parcial de um em outro e controle mútuo sobre respectivos atos, não é possível admitir que a Defensoria Pública seja um "feudo" isolado – e que seria impossível a interferência do Poder Executivo na escolha do Defensor Público-Geral. A nosso ver, o mal não é a interferência do Executivo em si – ela faz parte do jogo próprio do sistema de freios e contrapesos, de controle mútuo e representações parciais –, mas se a interferência pode ser considerada constitucional, isto é, se agrega legitimidade democrática para a formação da chefia da Defensoria Pública sem tornar esse órgão constitucionalmente autônomo em órgão público subordinado, na prática, ao Executivo.

Assim, para compor toda essa complexidade é que se prevê a vinculação do chefe do Poder Executivo à lista tríplice que lhe é encaminhada. Assim, goste ou não, tenha ou não apreço pelos três nomes que lhe foram enviados, o chefe do Poder Executivo tem o *ônus de* escolher um deles para chefiar a Defensoria Pública.

Por outro lado, para amenizar a natural ocorrência de uma "vontade da carreira", que eventualmente pode carregar consigo interesses meramente corporativistas[533], é conferido ao chefe do Poder Executivo a *escolha de qualquer um daqueles três nomes*, seja o mais ou o menos votado. Nunca é demais lembrar que, apesar dos notórios problemas do sistema eleitoral brasileiro, o chefe do Poder Executivo foi eleito pelo voto popular e, portanto, é o mais legitimado a corrigir esse tipo de distorção que pode surgir da política institucional interna da Defensoria Pública (ou de outros órgãos cujos membros são nomeados por listas tríplices).

Reconhecemos o quão instigante é esse tema. Nosso escopo é apenas o de alertar o leitor – sobretudo o apaixonado, como nós, pela Defensoria Pública – que rechaçar o *sistema de escolha livremente vinculada* do chefe do Poder Executivo baseando-se na autonomia da Defensoria Pública é uma forma simplista (e às vezes maliciosa) de raciocinar. A verdade é que *não existe modelo perfeito*[534].

---

533 Afinal de contas, uma das lições de James Madison foi essa: "Se fosse possível os anjos governarem os homens (...) não seriam necessários nem controles externos nem internos sobre o governo" (MASON, Alpheus T. A herança política dos Estados Unidos: revolução e governo livre – um tributo bicentenário. In: HARMON, M. Judd (org.). *Ensaios sobre a Constituição dos Estados Unidos*. Trad. Elcio Gomes Cerqueira. Rio de Janeiro: Forense, 1978. p. 48.

534 Antonio Augusto Mello de Camargo Ferraz e Paulo Roberto Dias Júnior, integrantes do Ministério Público do Estado de São Paulo, no final da década de 1990 defenderam a tese de que o Procurador-Geral não deveria ser escolhido pelo Chefe do Executivo. O mais interessante é que os autores não defendiam pura e simplesmente a escolha pela classe, pois viam nisso "(...) o risco de viver permanente e invencível crise de legitimidade", eis que, "(...) perdendo todos os fios condutores com a sociedade, o Ministério Público não seria mais visto como instituição, mas como autêntica corporação". Isso não os induzia a defender o modelo estadunidense de eleição direta do Procurador-Geral, pois "(...) compreender o Ministério Público na sua inteireza não é tarefa simples para o cidadão comum, mormente por se tratar (...) de um órgão eminentemente técnico", e daí concluíram propondo que, após escolha de um nome (o mais votado) pela carreira, o Poder Legislativo participasse do processo mediante sabatina do eleito, podendo recusar esse nome por meio de uma maioria qualificada (Aperfeiçoamento do sistema de investidura do Procurador-Geral de Justiça:

Apenas para incrementar os argumentos que lançamos anteriormente, é interessante partirmos das lições de Hugo Nigro Mazzili, tratando desse tema envolvendo o Ministério Público.

Diz o renomado autor: "Não é boa para a independência do Ministério Público que a nomeação do procurador-geral continue a ser feita pelo presidente da República ou pelo governador: embora o Ministério Público tenha nascido no seio do Poder Executivo, hoje é órgão de defesa da sociedade e não do governo". Logo após pondera: "É verdade que num ou noutro lugar, numa ou noutra época, dependendo da maior ou menor qualidade moral de quem fiscaliza e de quem é fiscalizado, até pode funcionar bem o sistema vigente (...). Contudo, as leis não podem ser feitas para situações excepcionalmente boas, mas sim para impedir que o fiscalizador escolha seu fiscal, o que vale dizer, que o possível réu escolha seu possível acusador"[535].

Por mais bem-intencionado que seja, o *sistema da escolha interna* do chefe da instituição conferiria a ela (Ministério Público ou Defensoria Pública) poderes que não se deparam com contrapoderes, algo destoante do sistema de freios e contrapesos.

Em suma, o que distingue um sistema do outro é que no *sistema de escolha interna* o fiscalizador (a Defensoria Pública) detém poderes absolutos diante de seu fiscalizado (chefe do Poder Executivo), ainda que aquele incorra em vícios de ordem moral e este, não. Já no *sistema de escolha livremente vinculada* eventual postura deturpada do fiscalizado (chefe do Executivo), quando este almeja exercer ingerência indevida, se verá diante de ao menos dois mecanismos que funcionam na lógica de freios e contrapesos:

(i) o *primeiro*, que a lista tríplice pode simplesmente contemplar membros da carreira cônscios do papel de sua instituição;

(ii) o *segundo*, que, se a intenção inicial do chefe do Executivo era a de colocar alguém (insistimos: eleito pela carreira para compor a lista tríplice) que fosse complacente com os abusos governamentais, ulteriores ingerências indevidas, mesmo que contem com a adesão do chefe do órgão ministerial ou defensorial, estarão atentando contra a autonomia da instituição, podendo enfrentar outros tipos de controle pelos próprios membros investidos, respectivamente, no âmbito de suas atribuições específicas, de independência funcional (e no limite, o controle do voto popular em posteriores eleições).

A discussão de fundo desse tópico estimula, para não dizer que impõe, outra: pode o legislador estadual criar, valendo-se de sua liberdade de conformação, regime diverso de escolha do Defensor Público-Geral do previsto na LC n. 80/1994?

**Aprofundando a análise dos sistemas de escolha do DPG: lei estadual que rechaça o sistema de escolha livremente vinculada**

A resposta à indagação acima será tranquilamente pela negação se o regime diverso de escolha for mais oneroso do ponto de vista da autonomia institucional, isto é, se ele afetar o viés

---

pressuposto para a afirmação do Ministério Público como defensor do regime democrático. In: VIGLIAR, José Marcelo Meneses; MACEDO JUNIOR, Ronaldo Porto (org.). *Ministério Público II* – democracia. São Paulo: Atlas, 1999. p. 115-129).

535 MAZZILI, Hugo Nigro. *Regime jurídico do Ministério Público*... cit., p. 295-297.

da autonomia institucional. Para darmos um exemplo, imaginemos a hipótese de uma lei estadual qualquer prever que o chefe do Poder Executivo escolherá qualquer membro da carreira, sendo meramente indicativa a lista tríplice. Aqui, o perigo de ingerência abusiva do chefe do Poder Executivo (que foge da lógica do sistema de freios e contrapesos) seria manifesto, assenhoreando-se o Executivo da chefia da Defensoria Pública ao tornar a lista tríplice letra morta.

No entanto, é possível que uma lei estadual faça o contrário: torne inócua ou mesmo prescindível a participação do chefe do Poder Executivo na escolha do Defensor Público-Geral.

Essa hipótese possui um exemplo concreto: em sua redação original, o **art. 13 da Lei que rege a Defensoria Pública do Estado do Paraná** previa, em suma, caber ao chefe do Poder Executivo nomear como Defensor Público-Geral o candidato que obtivesse a maioria dos votos. Como se vê, não havia lista tríplice nesse modelo[536].

Nesse caso – e agora voltando a raciocinarmos hipoteticamente –, partindo-se da premissa de que a nomeação a ser feita pelo Defensor Público-Geral não passa de um ato administrativo vinculado por meio do qual ele analisará apenas se os requisitos formais são preenchidos pelo candidato, fica nítido que a autonomia institucional foi elevada à enésima potência, deixando de lado o aspecto de freios e contrapesos.

É claro que, se o binômio *autonomia institucional x freios e contrapesos* nos colocasse diante de uma *escolha de Sofia*[537], impedindo qualquer conciliação, a autonomia deveria prevalecer, já que Defensoria Pública – função essencial à justiça – sem autonomia é uma declarada hipocrisia democrática.

O fato, porém, é que a lei orgânica nacional não optou por um em detrimento do outro, conciliando-os de modo que a autonomia da Defensoria Pública conviva com um mecanismo que visa domar eventuais distorções surgidas no seio da instituição.

### Aprofundando a análise dos sistemas de escolha do DPG: como lidar com eventual lista dúplice ou uninominal?

Uma coisa é sabermos que o chefe do Poder Executivo tem o dever de fazer suas escolhas *nos limites da lista tríplice* e que a carreira tem o direito de lhe submeter tal escolha *por meio de uma lista tríplice*. Outra coisa é estarmos diante de uma lista *dúplice* (com dois nomes) ou *uninominal* (com um nome).

---

536 Eis a redação original: "Art. 13 O Governador do Estado nomeará, no prazo de 15 (quinze) dias, o Defensor Público-Geral do Estado eleito pelo maior número de votos dentre os membros estáveis da Carreira de Defensor Público do Estado e maiores de 35 (trinta e cinco) anos, mediante voto direto, unipessoal, obrigatório e secreto dos membros ativos da Carreira de Defensor Público do Estado, para mandato de 02 (dois) anos, permitida uma recondução". A LC n. 180/2014 alterou a redação do art. 13, compatibilizando-o com o disposto na lei orgânica nacional.

537 O leitor que eventualmente não conheça essa expressão poderá conhecê-la vendo o filme homônimo: *A escolha de Sofia (Sophie's Choice*, EUA, 1982) é um filme norte-americano de 1982 e que tem como protagonista a atriz Meryl Streep, cujo papel lhe rendeu o Oscar de melhor atriz. (Deixemos claro, desde já, que, aqui, apenas tomamos a expressão (e título do filme) emprestada, já que equiparar a discussão que ora fazemos ao drama do filme seria até de mau gosto, para dizer o mínimo).

Poderíamos especular essa situação hipotética imaginando uma teoria da conspiração: a carreira, agindo orquestradamente, leva ao chefe do Poder Executivo somente uma ou duas opções de nomes, não conferindo nenhum voto a qualquer outro candidato e, ao agir assim, o que ela faz, para nos valermos do jargão do jogo de bilhar, é sinucá-lo. Outra hipótese, desta vez sem teorias da conspiração, imaginando, agora inspirados em livro de José Saramago[538], uma situação que é simples, improvável, embora não impossível: numa dada eleição, somente um ou dois membros desejam concorrer ao cargo de Defensor Público-Geral.

Não se pode obrigar um membro da instituição a assumir sua chefia, e esse problema só não existe porque, na prática, como também ocorre no reino animal, sempre há líderes, ou ao menos desejosos de tal posição.

Contudo, uma teoria da conspiração ou uma generalizada apatia política poderia fazer surgir um problema para o qual a LC n. 80/1994 não traz uma resposta (ao menos diretamente falando). Caso isso ocorra, qual solução se aventaria?

Uma das consequências jurídicas que nos parecem possíveis envolve o prazo de 15 dias previsto no art. 99, § 4º (sobre o fato de essa regra não estar prevista no âmbito das Defensorias Públicas da União e do Distrito Federal, confira item a seguir).

Talvez tudo na vida tenha um preço. E a vida da Defensoria Pública está no estágio da autonomia. Isso significa que o preço da autonomia não pode ser desconsiderado.

É evidente que não se pode obrigar um membro da carreira a assumir o cargo de Defensor Público-Geral. Não que tal falta de obrigatoriedade decorra da natureza das coisas, pois, no limite, ao assumir um cargo público, nada impediria a existência de uma regra explicitando ser esse um dos ônus a suportar.

Ao ostentar autonomia institucional, a Defensoria Pública, ou melhor dizendo, os membros da instituição devem ter consciência de que a função da lista tríplice é vincular a escolha do chefe da Defensoria Pública, balizando a ingerência do chefe do Poder Executivo. No entanto, se não lhe for enviada uma lista tríplice, sob a ótica jurídica, o chefe do Poder Executivo pode, em tese, se recusar a fazer sua escolha. Essa recusa pode se dar através da sua não submissão ao prazo de 15 dias. Enquanto não chegar em suas "mãos" a lista tríplice, não corre o prazo de 15 dias previsto no art. 99, § 4º.

Essa sugestão interpretativa pode não ser a melhor, mas é uma solução prática e extraída da LC n. 80/1994.

**O prazo de 15 dias para escolha do Defensor Público-Geral**

Como demonstração da influência do viés da autonomia institucional sobre o sistema de freios e contrapesos, a LC n. 80/1994 estabelece que, ao receber a lista tríplice, o chefe do Poder Executivo possui o prazo de 15 dias para fazer sua escolha e nomear o candidato de sua prefe-

538 O livro tomado como inspiração é *Ensaio sobre a lucidez* (São Paulo: Companhia das Letras, 2004). Nesse romance, numa certa eleição os cidadãos, todos eles, decidem votar em branco, colocando um improvável, mas não impossível, problema prático para o dia seguinte: como se dará a sucessão do poder? O livro traz interessantes reflexões sobre a democracia (representativa).

rência para o cargo de Defensor Público-Geral. Se esse prazo expirar, o mais votado será investido automaticamente no cargo. Essa regra está prevista no art. 99, § 4º, isto é, apenas no *habitat* legal das Defensorias Públicas estaduais.

Apesar da inexistência da regra acima nos capítulos da LC n. 80/1994 relativos às Defensorias Públicas da União e do Distrito Federal, por analogia, a elas se aplica indubitavelmente. E isso por duas razões.

Em primeiro lugar, o princípio da unidade da Defensoria Pública, hoje explicitado no art. 134, § 4º, da CF/88, não consente com tratamentos institucionais desarrazoadamente distintos. Considerando que o sistema de escolha livremente vinculada tem sua razão de ser na otimização da autonomia da Defensoria Pública sem perder de vista os freios e contrapesos que lhe deem balizas, não se poderia recorrer tranquilamente à mera interpretação literal da LC n. 80/1994.

A segunda razão é que, se a regra do art. 99, § 4º, da LC n. 80/1994 – inserida pela LC n. 132/2009 – tinha alguma explicação que, vá lá, justificasse não estar prevista no bojo das Defensorias Pública da União e do Distrito Federal, a única aceitável seria que apenas as Defensorias Públicas estaduais contavam com autonomia funcional e administrativa, conforme redação do art. 134, § 2º, fruto da EC n. 45/2004. Ocorre que esse raciocínio fica superado desde o advento das Emendas Constitucionais n. 69/2012 e n. 74/2013.

**Recondução, mandato e destituição**

O Defensor Público-Geral poderá ser **reconduzido** ao cargo apenas uma vez. Por óbvio, nada obsta que o mesmo defensor público que já ocupou por duas vezes consecutivas o cargo de Defensor Público-Geral assuma-o novamente *se isso não se der de modo ininterrupto*. Assim, se um defensor público assumiu a chefia da instituição duas vezes consecutivas e, após o segundo mandato, outro defensor público assume, ao término deste mandato ele pode retornar ao cargo. A regra de "uma recondução" visa, assim, propiciar a alternância no cargo.

O **mandato** do Defensor Público-Geral é de *dois anos*. Ter mandato significa conferir ao seu ocupante a autonomia necessária para o desempenho de suas funções, de modo a impedir que sua saída forçada se dê arbitrariamente.

Apesar de o instituto do mandato não ser compatível com a destituição arbitrária, a LC n. 80/1994 se omitiu em prever regras para a **destituição** do Defensor Público-Geral, devendo essa omissão ser suprida pelo legislador estadual.

Na medida em que a lei orgânica nacional nada disciplinou, *a previsão da destituição oscila no âmbito estadual e distrital*, seja na *norma em que é prevista* (Constituição estadual ou lei complementar), no *procedimento a ser adotado* (inclusive se envolverá um Poder) ou no órgão que possui a palavra final. Citemos alguns exemplos, cada qual com suas especificidades:

a) Estado de São Paulo: o Conselho Superior, desde que essa medida seja aprovada por maioria de 2/3 de seus membros, representará ao governador do Estado, que detém a prerrogativa de decidir[539].

539 LC n. 988/2006, art. 31, XV.

b) Estado do Paraná: o Conselho Superior, por maioria simples (já que a lei não traz dispositivo específico em outro sentido), encaminha representação à Assembleia Legislativa que, por maioria absoluta dos parlamentares, decidirá pela destituição[540].

c) Estado de Alagoas: também a Assembleia Legislativa, por maioria absoluta, decidirá pela destituição, mas a representação não lhe chega por meio de deliberação do Conselho Superior, e sim através de representação subscrita por 2/3 dos membros da carreira que estejam em efetivo exercício[541].

d) Estado do Ceará: a Assembleia Legislativa decide por maioria absoluta de votos, sendo que cabe a ela própria iniciar essa discussão ou após ser instada pelo governador do Estado. Essa regra está prevista na Constituição estadual[542].

e) Estado do Amazonas: a Assembleia Legislativa decide por maioria absoluta de votos, cujos votos serão secretos. Apenas o governador do Estado pode dar início à discussão parlamentar[543].

f) Estado do Rio Grande do Sul: a Assembleia Legislativa, por maioria absoluta, decide pela destituição, não havendo detalhamento sobre se esse Poder deve ser provado (*v.g.*, pelo governador do Estado, pelo Conselho Superior etc.). Essa regra está prevista na Constituição estadual[544].

g) Estado de Roraima: talvez seja o detentor do procedimento mais complexo, já que três atores estão envolvidos. O governador do Estado decide após aprovação da maioria absoluta da Assembleia Legislativa nesse sentido, mas o parlamento só deliberará após ser instado a fazê-lo pelo Conselho Superior, desde que o faça pela aprovação de 2/3 de seus membros[545].

h) Estado de Minas Gerais: a decisão compete ao Conselho Superior após ser provocado por um terço de seus integrantes ou por um quinto dos membros da Defensoria Pública que estejam em atividade[546]. O procedimento todo, como se vê, se dá internamente, não havendo participação de nenhum Poder.

i) Distrito Federal: o regramento está previsto na Lei Orgânica do Distrito Federal. Em suma, é previsto que a iniciativa compete apenas e tão só ao Governador, sendo a decisão de competência da Câmara Legislativa[547].

Não nos parece que nos Estados, no Distrito Federal e mesmo na Defensoria Pública da União em que não exista qualquer previsão nesse sentido seja feita analogia com o Corregedor-Geral (analogia esta, como se verá, que propusemos em relação à destituição do Ouvidor-Geral).

A razão é simples: quem nomeia o Defensor Público-Geral é o Governador do Estado, devendo caber a ele, e não ao Conselho Superior, a destituição. Ao *Conselho Superior* pode e deve caber a *prerrogativa de representação*, por maioria qualificada, ao Governador do Estado.

---

540 LC n. 136/2011, art. 27, X.

541 LC n. 29/2011, art. 11.

542 Constituição estadual, art. 147, § 2º.

543 LC n. 1/1990, art. 8º, § 3º.

544 Constituição estadual, art. 120, § 3º.

545 LC n. 164/2010, art. 16.

546 LC n. 65/2003, art. 14.

547 Lei Orgânica do Distrito Federal, art. 114, § 2º.

Muitas leis estaduais – como as Leis Complementares paulista n. 988/2006 (art. 14, parágrafo único) e paranaense n. 136/2011 (art. 17, I a III) – ainda elencam as hipóteses em que a destituição será admissível, quais sejam: (i) abuso de poder; (ii) conduta incompatível; e (iii) grave omissão nos deveres do cargo. Deixando de lado a vagueza e, pois, abrangência desses termos jurídicos indeterminados (o que a doutrina costuma chamar, contraditoriamente, de "conceitos indeterminados"), fato é que qualquer destituição que não guarde o mínimo de pertinência com essas hipóteses está fadada a ser anulada judicialmente.

**Atribuições do DPG**

As atribuições do Defensor Público-Geral estão previstas nos arts. 8º e 56 da LC n. 80/1994, assim, apenas para as Defensorias Públicas da União e do Distrito Federal. No que toca às Defensorias estaduais, o legislador nacional se limitou a prescrever, em regras relativamente abertas, que cabe ao chefe da instituição dirigi-la e representá-la e, quanto às atividades, superintendê-las e coordená-las (art. 100). Assim, conferiu-se ao legislador estadual maior detalhamento acerca de suas atribuições[548].

De qualquer modo, as atribuições previstas para a Defensoria Pública da União não perfazem um rol taxativo, mas exemplificativo, consoante a expressão "dentre outras" prevista no *caput* do art. 8º. E para o Defensor Público-Geral do Distrito Federal? À vista da literalidade do *caput* do art. 56, o rol é taxativo, pois aqui a expressão "dentre outras" não aparece. Coisas do processo legislativo, mas essa crítica fica prejudicada com o advento da EC n. 69/2012.

Tratando das atribuições do Defensor Público-Geral Federal (art. 8º), o legislador previu vinte funções (tomando cada atribuição por inciso, apenas para fins didáticos), ao passo que para o Defensor Público-Geral do Distrito Federal são previstas dezessete atribuições (outra vez seguindo o critério da quantidade de incisos).

Para os três Defensores Públicos-Gerais previstos na LC n. 80/1994, apenas duas atribuições lhes são obrigatoriamente imputadas (relembrando que o leque de atribuições do Defensor Público-Geral federal é mais amplo que o do Defensor Público-Geral do Distrito Federal e que, quanto aos Defensores Públicos-Gerais dos estados, a lei nacional se limita a traçar atribuições mínimas, conceituais), sendo uma **interna** e outra **externa**.

No *plano interno*, compete ao Defensor Público-Geral dirigir a instituição, isto é, chefiá-la, e, por conseguinte, coordenar suas atividades. Isso significa que nem o legislador ordinário federal, nem o distrital e tampouco o estadual podem conferir tal chefia a um órgão interno colegiado, como o Conselho Superior. Ademais disso, esse detalhe de o legislador nacional ter conferido a chefia da instituição a um membro da carreira tem o condão de definir que essa chefia não deve ser exercida, por exemplo, pelo Chefe do Poder Executivo.

548 A LC n. 14.130/2012, que organiza a Defensoria Pública do Estado do Rio Grande do Sul, prevê (art. 11, V) como atribuição do Defensor Público-Geral "zelar pelos direitos dos necessitados". Com o devido respeito, mas essa previsão tem, quando muito, relevância simbólica, pois, juridicamente, ela só faria sentido se houvesse alguma possibilidade de a Defensoria Pública desviar-se disso. A razão de ser da Defensoria Pública só pode ser essa, nenhuma outra.

Já no *plano externo* o legislador nacional explicitou que cabe ao Defensor Público-Geral "representar" a Defensoria Pública, judicial e extrajudicialmente. Sem dúvida alguma, a palavra "extrajudicialmente" faz do Defensor Público-Geral o representante da instituição para atividades de representação institucional, como solenidades, mas o legislador nacional ainda faz referência à representação "judicial", o que parece ter lhe conferido capacidade postulatória nos limites de sua atribuição[549].

No que tange à representação judicial, num caso em que se debatia o controle judicial de políticas públicas no sentido de determinar a alteração de lotação, o STF admitiu o Defensor Público-Geral Federal – o caso envolvia a Defensoria Pública da União – como representante judicial da instituição, entendendo desnecessária, no caso, a representação pelo Advogado-Geral da União:

> DECISÃO (Petição n. 4.953/2018) EXTENSÃO NA SUSPENSÃO DE TUTELA ANTECIPADA. DEFENSORIA PÚBLICA. DESIGNAÇÃO DE DEFENSORES DETERMINADA POR ORDEM JUDICIAL. PEDIDO DE EXTENSÃO DEFERIDO. Relatório 1. **Suspensão de tutela antecipada ajuizada pela Defensoria Pública da União com o objetivo de suspender-se decisão do Relator da Ação Civil Pública** 5000956-462015.4.04.7116 no Tribunal Regional Federal da 4ª Região **pela qual determinou-se à Defensoria que prestasse atendimento à população de Cruz Alta/RS.** O caso 2. Em 5.8.2015, o Ministro Ricardo Lewandowski deferiu a suspensão. Foram fundamentos da decisão: "O deferimento do pedido de suspensão exige a presença de dois requisitos: a matéria em debate ser constitucional acrescido da ocorrência de lesão à ordem, à saúde, à segurança ou à economia públicas. **Na hipótese em apreço, encontra-se devidamente demonstrada a matéria constitucional em debate: ofensa à autonomia da Defensoria Pública da União para decidir onde deve lotar os defensores públicos federais**, nos temos do art. 134 da Constituição Federal. Nesse sentido, **a decisão atacada impôs a lotação de um defensor público federal na Subseção Judiciária de Cruz Alta/RS**, interferindo em atribuição exclusiva da DPU para lotar o reduzido número de defensores públicos federais. Passo então ao exame do segundo requisito: ocorrência de lesão à ordem, à saúde, à segurança ou à economia públicas. Como relatado pela Defensoria Pública da União, já foram contabilizadas 58 (cinquenta e oito) ações com o mesmo objetivo do processo em exame, o que demonstra o chamado efeito multiplicador da causa, podendo repercutir de maneira efetiva na atuação da DPU. Demostrada, assim, a satisfação do segundo requisito para o deferimento da suspensão. Nesse sentido foi a decisão tomada pela então Presidente Ministra Ellen Gracie em situação semelhante à ora analisada, na STA 183/RS, cujo trecho destaco por oportuno: Na hipótese em apreço, a sentença impugnada impõe à Administração a efetivação de lotação de Defensor Público da União em Rio Grande/RS, atribuição que se encontra, em princípio, dentro do seu juízo discricionário de conveniência e oportunidade, interferindo, dessa forma, diretamente na destinação do limitado número de Defensores Públicos de que dispõe a União. 3. Em 8.2.2018, a União requer, nos termos do § 8º do art. 4º da Lei n. 8.437/1992, a extensão da medida liminar deferida na presente suspensão de tutela antecipada. Informa que o Ministério Público Federal ajuizou a Ação Civil Pública n. 0000474-08.2014.4.02.5005 contra a União 'objetivando

549 A Constituição do Estado do Rio de Janeiro confere ao Defensor Público-Geral legitimidade para propor representação de inconstitucionalidade de leis ou atos normativos estaduais ou municipais, em face dessa Constituição (art. 162).

a instalação de unidade da Defensoria Pública da União no Município de Colatina/ES, com a presença de, pelo menos, um Defensor Público e pessoal de apoio, de modo a garantir o direito à prestação de assistência judiciária gratuita à população daquele município" (fl. 2 do doc. 228). Explica que a medida liminar foi inicialmente deferida e que sobreveio "sentença de mérito, em que o [juízo da vara federal de Colatina/ES] julgou parcialmente procedente o pedido, 'para condenar a União a garantir o direito dos hipossuficientes da Subseção de Colatinal/ES aos serviços da Defensoria Pública da União do modo que seja exequível (deslocamento temporário de defensores lotados em outra subseção, celebração de convênio com a Defensoria Pública Estadual ou com outra instituição pública, celebração de convênio com a OAB dentre outras formas), no prazo de 6 (seis) meses, sob pena de multa diária de R$ 10.000,00" (fl. 2 do doc. 228). Noticia ter interposto recurso de apelação, sem efeito suspensivo, que aguarda julgamento. Pondera figurar como 'ente legítimo e interessado para o pedido de extensão da eficácia da decisão', pois 'é parte tanto na Ação Civil Pública que deu ensejo ao presente pleito, em trâmite no TRF da 2ª Região, como no processo que deu origem à presente STA' (fl. 3 do doc. 228). Ressalta que 'não se contrapõe (...) à possibilidade de a DPU, em nome próprio, comparecer em juízo, defendendo sua autonomia administrativa e organizacional', mas alerta que 'a DPU, assim como todos os órgãos do Poderes da República, deve estar representada pela Advocacia-Geral da União' (fl. 3 do doc. 228). Pugna 'em relação aos atos processuais já praticados no feito, pela (i) retificação da autuação processual, para que conste a Advogada-Geral da União como representante judicial da DPU, mormente quando o interesse da União, na espécie, é perfeitamente conciliável e coincidente com os interesses da Defensoria Pública da União; e (ii) ratificação dos atos processuais praticados em nome da Defensoria Pública da União, de modo que os mesmos sejam convalidados por essa Excelsa Corte, em face da ausência de capacidade postulatória dos subscritores do pedido inicial' (fl. 3 do doc. 228). Sustenta que 'a determinação contida no provimento jurisdicional que ora se busca suspender viola diretamente comando constitucional que atribuiu à Defensoria Pública autonomia administrativa e financeira, o que gera risco de lesão à ordem e à economia públicas' (fl. 8 do doc. 228). Argumenta, ainda, que, 'conforme informações prestadas pela DPU (em anexo), afigura-se inviável o cumprimento imediato da determinação judicial', pois 'não existe no Orçamento de 2017 verba para novas contratações de pessoal e, para se implementar uma estrutura mínima de atendimento às pessoas do Município de Colatina/ES, estima-se um custo orçamentário mínimo anual de R$ 2,1 milhões de reais, recurso esse do qual a Defensoria Pública da União não dispõe' (fl. 9 do doc. 228). Salienta que 'por levar em consideração apenas as especificidades de determinada localidade, referida decisão pode gerar ainda um efeito multiplicador, dada a realidade dos municípios brasileiros' (fl. 9 do doc. 228). Ao final, pede: 'a) a retificação da autuação do feito para que conste a Advogada-Geral da União como representante da requerente; b) a ratificação dos atos processuais praticados em nome da Defensoria Pública da União, de modo que os mesmos sejam convalidados por essa Excelsa Corte, em face da ausência de capacidade postulatória dos subscritores do pedido inicial; c) a extensão dos efeitos da decisão proferida nos presentes autos, com base no § 8º do artigo 4º da Lei n. 8.437/92, a fim de sustar a eficácia da sentença exarada pelo Juízo da Vara Federal de Colatina/ES, nos autos da Ação Civil Pública n. 0000474-08.2014.4.02.5005' (fls. 10-11 do doc. 228). Examinados os elementos havidos no processo, DECIDO. 4. **Inicialmente, tenho por desnecessária a substituição do Defensor Público-Geral pela Advogada-Geral da União, em razão da autonomia assegurada à Defensoria Pública pela Constituição da República. Ademais, o art. 8º, inc. II, da Lei Complementar n. 80/1994 dispõe ser atribuição do Defensor Público-Geral representar a Defensoria Pública da União judicial e extrajudicialmente**. 5. A decisão proferida na Ação Civil Pública n. 0000474-08.2014.4.02.5005 é análoga àquelas suspensas em 5.8.2015, pois determina que a União designe defensor público para atuar nas comarcas de Colatina/ES. 6. Pelo exposto, defiro o pedido de extensão formulado para suspender os efeitos da decisão proferida pelo juízo da vara federal de Colatina/ES na Ação Civil Pública n. 0000474-08.2014.4.02.5005, até o trânsito em julgado da decisão de mérito proferida naquela ação. 7. **Indefiro o pedido de substituição do Defensor Público-Geral como representante da Defensoria Pública da União pela Advogada-Geral da União.** Comunique-se. Publique-se. Brasília, 17 de abril de 2018. Ministra Cármen Lúcia Presidente (STA 800 Extn-oitava, rel. Min. Presidente, Decisão Proferida pelo Ministro Ricardo Lewandowski, julgado em 17-4-2018, *DJE*-085, DIVULG 2-5-2018, PUBLIC 3-5-2018).

Quanto às demais atribuições, reputamos mais didático classificá-las por matéria. Insistimos que tais atribuições em geral coincidem para o Defensor Público-Geral federal e para o Defensor Público-Geral do Distrito Federal, mas não são previstas no plano normativo nacional para os Defensores Públicos-Gerais dos Estados, de modo que o *legislador estadual* possui a *liberdade de conformação* para distribuí-las a seus órgãos. Assim:

a) Atribuições atreladas às funções institucionais da Defensoria Pública:

(i) velar pelo cumprimento das finalidades da Instituição[550];

(ii) requisitar de qualquer autoridade pública e de seus agentes certidões, exames, perícias, vistorias, diligências, processos, documentos, informações, esclarecimentos e demais providências necessárias à atuação da Defensoria Pública;

(iii) requisitar força policial para assegurar a incolumidade física dos membros da Instituição, quando estes se encontrarem ameaçados em razão do desempenho de suas atribuições.

Uma observação importante é que a prerrogativa de requisição de força policial foi conferida ao Defensor Público-Geral federal com o advento da LC n. 132/2009 (art. 8º, XIX), não tendo sido estendida ao Defensor Público-Geral do Distrito Federal. De qualquer forma, com a **EC n. 69/2012,** essa matéria pode ser disciplinada pelo legislador distrital. Além do mais, atenção especial deve ser dada ao verbo "requisitar", significando que, aqui, o Defensor Público-Geral não se limita a pedir, solicitar, e sim determinar a vinda de força policial. O abuso dessa prerrogativa pode gerar responsabilidade civil e criminal, dependendo do caso concreto.

b) Atribuições atreladas à organização interna da Instituição:

(i) participação da confecção do Regimento Interno;

Após a LC n. 132/2009, no que toca à Defensoria Pública da União, o Defensor Público-Geral Federal submete o Regimento ao Conselho Superior (tanto para sua criação como para sua alteração) (art. 8º, V), ao passo que no bojo da DPDF sua função é a de baixar tal Regimento (art. 56, V).

---

550 Pode-se inserir dentro dessa atribuição uma regra peculiar contida na Constituição do Estado do Rio Grande do Sul de cunho representativo-institucional: "Art. 120. (...) § 4º O Defensor Público-Geral do Estado comparecerá, anualmente, à Assembleia Legislativa para relatar, em sessão pública, as atividades e necessidades da Defensoria Pública".

(ii) estabelecer a lotação e a distribuição dos membros e servidores;

(iii) designar membros para o exercício de suas atribuições em órgão de atuação diverso do de sua lotação;

(iv) delegar atribuições à "autoridade" (melhor seria a lei ter usado a expressão "membro") que lhe seja subordinada;

Urge enfatizar que tal subordinação prevista na LC n. 80/1994 diz respeito à subordinação no aspecto administrativo, pois no plano funcional não se há de cogitar subordinação.

Além do mais, e deixando de lado qualquer perquirição a partir da palavra "autoridade", o mais relevante também não é saber que tais dispositivos outorgam ao Defensor Público-Geral o poder de delegação – ao delegado não resta alternativa que não a de dar cumprimento à "missão" –, e sim que "autoridade", aqui, é o subordinado ao Defensor Público-Geral. Resta saber, então, quem é subordinado a ele.

À primeira vista, essa discussão não encontra maior relevância, já que, indubitavelmente, os cargos que compõem a Administração Superior por designação do Defensor Público-Geral a este se subordinam. A questão é que, ao menos em relação às Defensorias estaduais, a LC n. 80/1994 traz a Ouvidoria-Geral como órgão auxiliar (art. 98, IV). Não cabe aqui indagarmos quem o órgão auxiliar auxilia, mas o fato é que tal auxílio não significa que esse órgão se subordina ao Defensor Público-Geral. Assim, a leitura da expressão "*autoridade subordinada*" deve ser restritiva, abrangendo apenas os cargos designados da Administração Superior, afastando, assim, aqueles cargos que ostentam mandato (a ideia de mandato não se compagina com a de subordinação ao Defensor Público-Geral), como o de Corregedor-Geral e o de Ouvidor-Geral.

(v) praticar atos de gestão administrativa, financeira e de pessoal.

c) Atribuições atreladas à sua participação no Conselho Superior:

(i) integrar, como membro nato, e presidir o Conselho Superior;

(ii) dirimir conflitos de atribuições entre seus membros, cabendo recurso ao Conselho Superior;

(iii) convocar o Conselho Superior;

(iv) apresentar plano de atuação da Defensoria Pública ao Conselho Superior.

Essa atribuição foi prevista com o advento da LC n. 132/2009 para o Defensor Público-Geral Federal (art. 8º, XX), não encontrando disposição semelhante no âmbito da Defensoria Pública do Distrito Federal, o que pode ser suprido por meio de lei do Distrito Federal. No âmbito estadual, o art. 102, § 2º, incumbe ao Conselho Superior da Defensoria Estadual aprovar o plano anual de atuação (e, aqui, a LC n. 80/1994 não explicita quem apresenta o referido plano ao Conselho Superior, pois as atribuições do Defensor Público-Geral da Defensoria estadual estão sucintamente previstas no art. 100).

d) Atribuições atreladas à fiscalização e à responsabilidade funcional de defensores públicos e de servidores:

(i) proferir decisões em processos administrativos disciplinares e em sindicâncias;

(ii) instaurar processo administrativo disciplinar, por recomendação do Conselho Superior;

(iii) determinar correições extraordinárias;

(iv) aplicar pena de remoção compulsória, aprovada pelo voto de 2/3 do Conselho Superior.

**Subdefensor Público-Geral**

A LC n. 80/1994 prevê regras de substituição do Defensor Público-Geral. Em suma, quando este faltar, estiver impedido, encontrar-se em licença ou em gozo de férias, seu substituto será o Subdefensor Público-Geral, mas esse diploma normativo distingue o regime jurídico do ocupante desse cargo.

Assim, enquanto no plano das Defensorias Públicas estaduais o Subdefensor Público-Geral é nomeado pelo próprio Defensor Público-Geral, ou seja, um defensor público de sua confiança, para a Defensoria Pública da União e para a Defensoria Pública do Distrito Federal a ocupação desse cargo se dá pela escolha do Presidente da República, e não pelo Defensor Público-Geral (arts. 7º e 55) – mas outra vez advertimos que tal regramento não subsiste para a Defensoria Pública distrital desde a EC n. 69/2012.

De qualquer forma, tanto para o Presidente da República quanto para o Defensor Público-Geral do Estado (e do Distrito Federal) a escolha do Subdefensor Público-Geral deve seguir alguns *critérios*. Assim, no âmbito dos **Estados e do Distrito Federal** exige-se que o Subdefensor-Geral seja membro estável da carreira, ao passo que para a **Defensoria Pública da União** aplicam-se duas regras: (i) a escolha (do chefe do Executivo federal) deve recair sobre integrantes da Categoria Especial e (ii) os potenciais escolhidos hão de ser selecionados pelo Conselho Superior, que elaborará lista sêxtupla, ficando o Presidente da República vinculado a um dos seis nomes (art. 10, XIV).

Enquanto cargos como o de Defensor Público-Geral ou de Corregedor-Geral devem ser ocupados por um único defensor público, *o cargo de Subdefensor Público-Geral pode ser ocupado por mais de um*. Isso está previsto apenas para a Defensoria Pública da União (art. 6º, § 2º) e para as Defensorias Públicas estaduais (art. 99, § 2º), omitindo-se a lei quanto à Defensoria Pública do Distrito Federal, em mais um incompreensível tratamento normativo diferenciado (com o perdão da insistência, desde a EC n. 69/2012 essa omissão não mais existe).

Na linha dessa permissão legal, na Defensoria Pública do Estado de São Paulo a LC n. 988/2006 prevê três Subdefensorias Públicas-Gerais (arts. 20, 22 e 24), que deverão auxiliar o Defensor Público-Geral nos interesses da instituição.

À Primeira Subdefensoria-Geral esse auxílio se relaciona à coordenação do planejamento da Defensoria Pública estadual; à Segunda Subdefensoria Pública-Geral, coordenar e orientar a atuação das Defensorias situadas na capital e região metropolitana, ao passo que à Terceira Subdefensoria Pública-Geral isso se direciona às Defensorias do interior do estado.

Uma curiosidade a se considerar é que, se por um lado o § 2º do art. 99 tem o condão de permitir, apenas permitir, a criação de cargos de Subdefensorias Públicas-Gerais, a previsão, pela LC n. 988/2006, de três desses cargos certamente não impede a criação de uma quarta Subdefensoria-Geral (já que sua criação decorre de "necessidades" e, em existindo estas, impõe-se sua criação), mas ao mesmo tempo proíbe que se abra mão desses três.

Quanto às atribuições do Subdefensor Público-Geral Federal, incumbe-lhe auxiliar o defensor público-geral e realizar as tarefas que lhe forem delegadas por ele (art. 8º, parágrafo único; art. 56, parágrafo único).

> DEFENSOR PÚBLICO-GERAL
>
> Requisitos:
> - Mais de 35 anos de idade
> - Ser membro da carreira
> - Possuir estabilidade
>
> Sistema de escolha:
> - Sistema de escolha livremente vinculada (em vez do sistema de escolha interna)
>
> Procedimento:
> - Membros votam em uma lista tríplice
> - A lista tríplice é encaminhada ao chefe do Poder Executivo
>
> * Na DPU a nomeação, pelo Presidente da República, se dá após aprovação pelo Senado Federal (maioria absoluta)
>
> Mandato:
> - 2 anos
> - Permitida uma recondução
>
> Destituição:
> - LC n. 80/1994 não prevê regra
> - Leis estaduais disciplinam o instituto
>
> SUBDEFENSOR PÚBLICO-GERAL
>
> Requisitos:
> - Na DPE e DPDF: basta ser membro estável da carreira
> - Na DPU: integrar a Categoria Especial
>
> Escolha:
> - Na DPE e DPDF: pelo DPG
> - Na DPU: pelo Presidente da República, após lista sêxtupla formulada pelo CSDP
>
> Mandato:
> - Na DPE e DPDF: não tem (cargo de confiança do DPG)
> - Na DPU: 2 anos

## Seção II

### Do Conselho Superior da Defensoria Pública da União

Art. 9º A composição do Conselho Superior da Defensoria Pública da União deve incluir obrigatoriamente o Defensor Público-Geral Federal, o Subdefensor Público-Geral Federal e o

Corregedor-Geral Federal, como membros natos, e, em sua maioria, representantes estáveis da Carreira, 2 (dois) por categoria, eleitos pelo voto direto, plurinominal, obrigatório e secreto de todos integrantes da Carreira. (Redação dada pela Lei Complementar n. 132, de 2009)

§ 1º O Conselho Superior é presidido pelo Defensor Público-Geral, que, além do seu voto de membro, tem o de qualidade, exceto em matéria de remoção e promoção, sendo as deliberações tomadas por maioria de votos.

§ 2º As eleições serão realizadas em conformidade com as instruções baixadas pelo Defensor Público-Geral.

§ 3º Os membros do Conselho Superior são eleitos para mandato de dois anos, mediante voto nominal, direto e secreto.

§ 4º São elegíveis os Defensores Públicos Federais que não estejam afastados da Carreira, para mandato de 2 (dois) anos, permitida 1 (uma) reeleição. (Redação dada pela Lei Complementar n. 132, de 2009)

§ 5º São suplentes dos membros eleitos de que trata o *caput* deste artigo os demais votados, em ordem decrescente.

§ 6º Qualquer membro, exceto os natos, pode desistir de sua participação no Conselho Superior, assumindo, imediatamente, o cargo, o respectivo suplente.

Art. 10. Ao Conselho Superior da Defensoria Pública da União compete:

I – exercer o poder normativo no âmbito da Defensoria Pública da União;

II – opinar, por solicitação do Defensor Público-Geral, sobre matéria pertinente à autonomia funcional e administrativa da Defensoria Pública da União;

III – elaborar lista tríplice destinada à promoção por merecimento;

IV – aprovar a lista de antiguidade dos membros da Defensoria Pública da União e decidir sobre as reclamações a ela concernentes;

V – recomendar ao Defensor Público-Geral a instauração de processo disciplinar contra membros e servidores da Defensoria Pública da União;

VI – conhecer e julgar recurso contra decisão em processo administrativo disciplinar;

VII – decidir sobre pedido de revisão de processo administrativo disciplinar;

VIII – decidir acerca da remoção voluntária dos integrantes da carreira da Defensoria Pública da União;

IX – decidir sobre a avaliação do estágio probatório dos membros da Defensoria Pública da União, submetendo sua decisão à homologação do Defensor Público-Geral;

X – decidir acerca da destituição do Corregedor-Geral, por voto de dois terços de seus membros, assegurada ampla defesa;

XI – deliberar sobre a organização de concurso para ingresso na carreira e designar os representantes da Defensoria Pública da União que integrarão a Comissão de Concurso;

XII – organizar os concursos para provimento dos cargos da Carreira de Defensor Público Federal e editar os respectivos regulamentos; (Redação dada pela Lei Complementar n. 132, de 2009)

XIII – recomendar correições extraordinárias;

XIV – indicar os 6 (seis) nomes dos membros da classe mais elevada da Carreira para que o Presidente da República nomeie, dentre esses, o Subdefensor Público-Geral Federal e o Corregedor-Geral Federal da Defensoria Pública da União; (Redação dada pela Lei Complementar n. 132, de 2009)

XV – editar as normas regulamentando a eleição para Defensor Público-Geral Federal. (Incluído pela Lei Complementar n. 132, de 2009)

Parágrafo único. As decisões do Conselho Superior serão motivadas e publicadas, salvo as hipóteses legais de sigilo.

(...)

## Seção II

### Do Conselho Superior da Defensoria Pública do Distrito Federal e dos Territórios

Art. 57. A composição do Conselho Superior da Defensoria Pública do Distrito Federal e dos Territórios deve incluir obrigatoriamente o Defensor Público-Geral, o Subdefensor Público-Geral e o Corregedor-Geral, como membros natos, e, em sua maioria, representantes estáveis da Carreira, 2 (dois) por categoria, eleitos pelo voto direto, plurinominal, secreto e obrigatório, de todos os integrantes da Carreira. (Redação dada pela Lei Complementar n. 132, de 2009)

§ 1º O Conselho Superior é presidido pelo Defensor Público-Geral, que terá voto de qualidade, exceto em matéria disciplinar. (Redação dada pela Lei Complementar n. 132, de 2009)

§ 2º As eleições serão realizadas em conformidade com as instruções baixadas pelo Conselho Superior. (Redação dada pela Lei Complementar n. 132, de 2009)

§ 3º Os membros do Conselho Superior são eleitos para mandato de 2 (dois) anos, permitida 1 (uma) reeleição. (Redação dada pela Lei Complementar n. 132, de 2009)

§ 4º São elegíveis os Defensores Públicos do Distrito Federal e dos Territórios que não estejam afastados da carreira.

§ 5º São suplentes dos membros eleitos de que trata o *caput* deste artigo os demais votados, em ordem decrescente.

§ 6º Qualquer membro, exceto o nato, pode desistir de sua participação no Conselho Superior, assumindo, imediatamente, o cargo, o respectivo suplente.

§ 7º O presidente da entidade de classe de âmbito distrital de maior representatividade dos membros da Defensoria Pública do Distrito Federal e dos Territórios terá assento e voz nas reuniões do Conselho Superior. (Incluído pela Lei Complementar n. 132, de 2009)

Art. 58. Ao Conselho Superior da Defensoria Pública do Distrito Federal e dos Territórios compete:

I – exercer o poder normativo no âmbito da Defensoria Pública do Distrito Federal e dos Territórios;

II – opinar, por solicitação do Defensor Público-Geral, sobre matéria pertinente à autonomia funcional e administrativa da Defensoria Pública do Distrito Federal e dos Territórios;

III – elaborar lista tríplice destinada à promoção por merecimento;

IV – aprovar a lista de antiguidade dos membros da Defensoria Pública do Distrito Federal e dos Territórios e decidir sobre as reclamações a ela concernentes;

V – recomendar ao Defensor Público-Geral a instauração de processo disciplinar contra membros e servidores da Defensoria Pública do Distrito Federal e dos Territórios;

VI – conhecer e julgar recurso contra decisão em processo administrativo-disciplinar;

VII – decidir sobre pedido de revisão de processo administrativo-disciplinar;

VIII – decidir acerca da remoção dos integrantes da carreira da Defensoria Pública do Distrito Federal e dos Territórios;

IX – decidir sobre a avaliação do estágio probatório dos membros da Defensoria Pública do Distrito Federal e dos Territórios, submetendo sua decisão à homologação do Defensor Público-Geral;

X – decidir, por voto de dois terços de seus membros, acerca da destituição do Corregedor-Geral;

XI – deliberar sobre a organização de concurso para ingresso na carreira e designar os representantes da Defensoria Pública do Distrito Federal e dos Territórios que integrarão a Comissão de Concurso;

XII – organizar os concursos para provimento dos cargos da carreira de Defensor Público do Distrito Federal e dos Territórios e os seus respectivos regulamentos;

XIII – recomendar correições extraordinárias;

XIV – indicar os seis nomes dos membros da classe mais elevada da carreira para que o Presidente da República nomeie, dentre estes, o Subdefensor Público-Geral e o Corregedor-Geral;

XV – editar as normas regulamentando a eleição para Defensor Público-Geral. (Incluído pela Lei Complementar n. 132, de 2009)

Parágrafo único. As decisões do Conselho Superior serão motivadas e publicadas, salvo as hipóteses legais de sigilo.

(...)

Art. 101. A composição do Conselho Superior da Defensoria Pública do Estado deve incluir obrigatoriamente o Defensor Público-Geral, o Subdefensor Público-Geral, o Corregedor-Geral e o Ouvidor-Geral, como membros natos, e, em sua maioria, representantes estáveis da Carreira, eleitos pelo voto direto, plurinominal, obrigatório e secreto de seus membros, em número e forma a serem fixados em lei estadual. (Redação dada pela Lei Complementar n. 132, de 2009)

§ 1º O Conselho Superior é presidido pelo Defensor Público-Geral, que terá voto de qualidade, exceto em matéria disciplinar. (Incluído pela Lei Complementar n. 132, de 2009)

§ 2º As eleições serão realizadas em conformidade com as instruções baixadas pelo Conselho Superior da Defensoria Pública do Estado. (Incluído pela Lei Complementar n. 132, de 2009)

§ 3º Os membros do Conselho Superior são eleitos para mandato de 2 (dois) anos, permitida uma reeleição. (Incluído pela Lei Complementar n. 132, de 2009)

§ 4º São elegíveis os membros estáveis da Defensoria Pública que não estejam afastados da Carreira. (Incluído pela Lei Complementar n. 132, de 2009)

§ 5º O presidente da entidade de classe de maior representatividade dos membros da Defensoria Pública do Estado terá assento e voz nas reuniões do Conselho Superior. (Incluído pela Lei Complementar n. 132, de 2009)

Art. 102. Ao Conselho Superior compete exercer as atividades consultivas, normativas e decisórias a serem previstas na lei estadual.

§ 1º Caberá ao Conselho Superior decidir sobre a fixação ou a alteração de atribuições dos órgãos de atuação da Defensoria Pública e, em grau de recurso, sobre matéria disciplinar e os conflitos de atribuições entre membros da Defensoria Pública, sem prejuízo de outras atribuições. (Incluído pela Lei Complementar n. 132, de 2009)

§ 2º Caberá ao Conselho Superior aprovar o plano de atuação da Defensoria Pública do Estado, cujo projeto será precedido de ampla divulgação. (Incluído pela Lei Complementar n. 132, de 2009)

§ 3º As decisões do Conselho Superior serão motivadas e publicadas, e suas sessões deverão ser públicas, salvo nas hipóteses legais de sigilo, e realizadas, no mínimo, bimestralmente, podendo ser convocada por qualquer conselheiro, caso não realizada dentro desse prazo. (Incluído pela Lei Complementar n. 132, de 2009)

## 9 CONSELHO SUPERIOR – ARTS. 9º E 10, 57 E 58, 101 E 102

Outro órgão obrigatório em todas as esferas federativas da Defensoria Pública, o Conselho Superior é um órgão colegiado da Administração Superior que possui diversas funções, destacando-se a de exercer o poder normativo no âmbito da instituição.

**Composição**

Na composição do órgão figuram membros *natos* e membros *eleitos*.

Membros natos são o Defensor Público-Geral, o Subdefensor Público-Geral e o Corregedor-Geral (arts. 9º, *caput*, e 57, *caput*), valendo frisar que no bojo das Defensorias Públicas estaduais está previsto mais um membro nato: o Ouvidor-Geral (art. 101, *caput*), que não tem direito a voto, mas apenas a voz (art. 105-C, IV).

**Colegiado não paritário**

Uma inovação trazida pela LC n. 132/2009 é a de que deve haver maioria na composição do Conselho Superior, e ela caberá aos membros eleitos, e não aos natos. Como e em que número será essa maioria é assunto que a LC n. 80/1994 deixa para ser regulado pelo legislador estadual e distrital.

Interessante notar que, *antes da LC n. 132/2009*, esse tema – paridade ou maioria – *era disciplinado contrariamente* na LC n. 80/1994. Isso porque os antigos arts. 9º e 57 (respectivamente, Defensorias da União e do Distrito Federal) determinavam que o Conselho Superior era composto por Defensor Público-Geral, Subdefensor Público-Geral e Corregedor-Geral, como membros natos, e por membros eleitos. Tais membros eleitos deveriam ser em "igual número" ao de membros natos (logo, se dada Defensoria possuísse dois ou mais Subdefensores Públicos-Gerais, respectivamente, haveria mais membros eleitos compondo o colegiado).

Curiosamente, a regra da paridade contida nos dispositivos legais supracitados não era reproduzida no capítulo das Defensorias estaduais (art. 101, *caput*). Temendo que essa omissão resultasse na possibilidade de que os membros eleitos fossem *minoria*, Sílvio Roberto Mello Moraes defendia que a paridade era salutar[551].

No Estado do Paraná, a LC n. 136/2011 observa a exigência de maioria de membros eleitos, mas não segue – não se trata mesmo de norma de repetição obrigatória – a distribuição por classe ou categoria, prescrevendo apenas que haverá quatro membros natos (art. 22, I) e cinco eleitos (art. 22, II, *a*).

Já a Defensoria Pública gaúcha prevê não apenas que os conselheiros eleitos serão maioria. Maioria, nesse caso, na verdade, significa o dobro de votos em relação aos dos conselheiros natos (art. 15, *caput*, da LC n. 14.130/2012)[552].

Uma peculiaridade e que exige redobrada atenção diz respeito à Defensoria Pública paulista. A razão é que a LC n. 988/2006 – anterior à inovação da LC n. 132/2009 – prevê cinco membros natos e quatro eleitos (art. 26, § 1º). Ocorre que, como a lei paulista é anterior à nova exigência da lei orgânica, impõe-se sua releitura à luz dessa inovação.

**Conselheiro eleito: requisitos**

Poderá ser conselheiro o defensor público (i) estável e (ii) não afastado que seja escolhido pela carreira, cuja eleição dar-se-á através de voto *direto, plurinominal, obrigatório e secreto.*

---

551 MORAES, Sílvio Roberto Mello. *Princípios institucionais da Defensoria Pública...* cit., p. 166.

552 Eis a redação do art. 15, *caput*, da Lei gaúcha: "O Conselho Superior da Defensoria Pública do Estado será composto pelo Defensor Público-Geral, Subdefensor Público-Geral para Assuntos Institucionais, Corregedor-Geral e o Ouvidor-Geral, como membros natos, e por 6 (seis) representantes estáveis da carreira, eleitos pelo voto direto, plurinominal, obrigatório e secreto de seus membros". Como o Ouvidor-Geral não vota, apenas três membros natos é que votam, ao passo que são seis os membros eleitos.

Já tecemos breves considerações sobre as características atinentes ao voto, mas vale apontar que voto plurinominal na seara do Conselho Superior é um pouco distinto do voto plurinominal para **Defensor Público-Geral.** Com efeito, aqui o voto plurinominal confere ao defensor público o direito de escolher mais de um nome que deseja que integre a lista tríplice (por exemplo, pode ele manifestar que, dentre cinco candidatos, sua preferência dá-se quanto a três daqueles nomes). Já quanto ao Conselho Superior, por inexistir lista tríplice, votar plurinominalmente significa escolher um ou mais nomes *para cada classe de membro eleito no plano estadual e dois nomes por categoria no plano da Defensoria Pública da União e da Defensoria Pública do Distrito Federal.*

Para plena compreensão do assunto, reputamos necessário enfatizar o porquê da distinção de um ou mais nomes a serem votados para membros eleitos do Conselho Superior. Essa distinção se explica porque a LC n. 80/1994 definiu a organização da carreira da Defensoria Pública da União e da Defensoria Pública do Distrito Federal, estipulando que elas se distribuem em três Categorias (2ª Categoria, 1ª Categoria e Categoria Especial). Para as Defensorias estaduais, o legislador deixou esse assunto para análise do legislador estadual (art. 110), daí ter-se estabelecido que o número de membros eleitos será fixado em lei estadual (art. 101, *caput*). Se a LC n. 80/1994, no que tange à DPU e à DPDF, tivesse previsto que a carreira elegeria apenas um nome (e não dois) por categoria, não seria possível dar cumprimento à exigência de maioria de membros eleitos, já que há três categorias, perfazendo três membros eleitos, número igual ao de membros natos. Assim, o legislador estadual, ao promover sua competência legislativa suplementar, deve observar o número de classes que compõem a Carreira e, com isso, atentar para a exigência de que haja maioria de membros eleitos[553].

Nota-se uma **antinomia** no que tange à Defensoria Pública da União (outra vez, coisas do processo legislativo...). Isso porque, enquanto o art. 9º, *caput*, estabelece que o voto para a composição dos membros eleitos será "direto, plurinominal, obrigatório e secreto", o § 3º desse mesmo dispositivo não apenas retira o caráter "obrigatório" desse voto como infirma a exigência acima de que seja plurinominal, referindo-se ao voto como "uninominal".

553 Vale frisar que, a fim de cumprir a regra insculpida na LC n. 80/1994 quanto à necessidade de que na composição do Conselho Superior a maioria seja de membros eleitos (art. 101), o art. 22, II, *a*, da LC n. 136/2011 (Defensoria Pública do Paraná) estabeleceu que é cinco o número de membros eletivos (sendo quatro o número de membros natos – art. 22, I, *a* –, lembrando que o Ouvidor-Geral não vota, nos termos do art. 36, IV). Outro aspecto a considerar é que, na literalidade do art. 22, II, *a*, a LC n. 136/2011 não determina que os cinco membros eleitos sejam distribuídos conforme as três categorias, ao contrário do regime previsto para a Defensoria Pública da União (art. 9º, *caput*), o que não impede, a nosso sentir, que o Conselho Superior delibere nesse sentido (art. 25, § 2º, da LC n. 136/2011). Já na seara da Defensoria Pública paulista, o art. 26 da LC n. 988/2006 é anterior à alteração promovida pela LC n. 132/2009, e, por isso, não observa a determinação de que a maioria seja de membros eleitos, o que ensejou a edição, pelo Conselho Superior, da Deliberação n. 166/2010, cujo art. 1º previu como membros eleitos um representante dos Núcleos Especializados, um representante das regionais, um representante da Capital e um representante para cada classe da carreira. Referida Deliberação foi revogada, encontrando-se em vigência a Deliberação n. 242/2012.

**Mandato, recondução, renúncia e suplente**

O **mandato** dos membros eleitos é de *dois anos*, sendo permitida *uma reeleição* (art. 9º, § 4º; art. 57, § 3º; art. 101, § 3º).

Prevê ainda a LC n. 80/1994 que, dentro do período de mandato, o conselheiro tem o direito de dele **desistir**, assumindo, imediatamente, seu respectivo suplente, que são os demais votados, em ordem decrescente (art. 9º, §§ 5º e 6º; art. 57, §§ 5º e 6º)[554]. *A LC n. 80/1994 não traz regramento similar para as Defensorias Públicas estaduais*, competindo ao legislador estadual disciplinar esse assunto. Por fim, insta asseverar que *o direito de desistência não se aplica aos membros natos*, sendo exclusivo dos membros *eleitos*. O membro nato, ao contrário do eleito, perde sua participação no Conselho Superior apenas com a perda de seu cargo.

A quem compete estabelecer as normas do processo eleitoral para a escolha dos membros eleitos do Conselho Superior?

No regramento da LC n. 80/1994, na seara da DPU cabe ao Defensor Público-Geral baixar tais normas (art. 9º, § 2º), enquanto na DPDF e nas DPEs a fonte formal é o Conselho Superior (arts. 57, § 2º, e 101, § 2º). Temos ciência do quão repetitivos estamos nessa ironia, mas isso é coisa do processo legislativo, pois, à primeira vista, não há justificativa alguma para essa distinção.

**A questão do voto de qualidade**

A presidência do Conselho Superior cabe ao Defensor Público-Geral, que possui o voto de qualidade. Voto de qualidade é o voto de desempate. Duas distinções da LC n. 80/1994 merecem ser ressaltadas:

(i) somente o **Defensor Público-Geral Federal possui dois votos**: o de membro e o de qualidade. Ele vota duas vezes. Não há essa previsão para a Defensoria Pública do Distrito Federal e para as Defensorias estaduais, de modo que para elas o Defensor Público-Geral possui somente o voto de qualidade;

(ii) outra distinção legal dá-se quanto a Defensores Públicos-Gerais não poderem exercer seu voto de qualidade: no âmbito da DPU, tratando-se de temas atinentes a *remoção e promoção*, o voto de qualidade não se aplica (art. 9º, § 1º), ao passo que na DPDF e nas DPEs sua prerrogativa não se aplica em se tratando de *matéria disciplinar* (art. 57, § 1º, e art. 101, § 1º).

**Presidente da entidade de classe de maior representatividade**

Além dos membros natos e eleitos, desde a LC n. 132/2009 há outro integrante do Conselho Superior que não se encaixa diretamente em nenhum desses rótulos. Trata-se do direito de assento e voz (não possui direito a voto) conferido ao *presidente da entidade de classe de âmbito distrital ou estadual de maior representatividade* (arts. 57, § 7º, e 101, § 5º). Essa previsão não existe para a Defensoria Pública da União (coisas do processo legislativo...!).

---

554 A LC n. 80/1994 não traça normas gerais para as DPEs em relação aos suplentes. No Estado de São Paulo, a LC n. 988/2006 segue o disposto na lei nacional para a DPU e para a DPDF (art. 27). Já no Estado do Paraná, a LC n. 136/2011 não é tão clara quanto a esse aspecto (art. 22, II, *a* e *b*), mas parece ter seguido o modelo até aqui indicado.

Apesar de a lei não tratar dele como membro nato e ele logicamente não poder ser visto como membro eleito, nessa dicotomia da composição do presidente da entidade deve ser considerado um membro nato.

A finalidade do legislador foi a de ampliar a democratização interna da carreira. Conquanto o presidente da entidade não tenha direito a voto, ele tem a possibilidade de se manifestar e de registrar suas posições – a dos associados da entidade que preside.

Urge esclarecer que apenas o presidente da entidade de *maior representatividade* terá assento no colegiado, e essa representatividade é aferida através do *número de associados*. Assim, se numa dada Defensoria Pública existir uma associação e um sindicato da classe, será membro nato aquele que presidir a que tenha um maior número de associados.

**Atribuições**

A LC n. 80/1994 elencou as principais atribuições do Conselho Superior, prevendo-as nos arts. 10, 58 e 102.

Comecemos considerando o art. 102 que, vale frisar, aplica-se às Defensorias estaduais, fazendo as vezes de norma geral.

Aqui, limitou-se o legislador nacional a exigir que o Conselho Superior das Defensorias estaduais exerça atividades *consultivas, normativas e decisórias*. Na medida em que outros órgãos da instituição também desempenham atividades dessas três naturezas, o que acabaria por conferir um "cheque em branco" ao legislador estadual, no art. 102 foram previstos três parágrafos, sendo dois deles (§§ 1º e 2º) incumbidos de eleger duas atividades mínimas que devem ser desempenhadas pelos Conselhos Superiores das DPEs: decidir sobre a fixação e alteração de atribuições dos órgãos de atuação e, em grau recursal, sobre matéria disciplinar e conflitos de atribuições (§ 1º). Além disso, outra atividade que necessariamente há de ser desempenhada pelo Conselho Superior é a aprovação do plano anual de atuação (§ 2º).

É importante observar que, nesse "plano anual de atuação" previsto para as Defensorias estaduais, a lei nacional limitou-se a prever a quem cabe aprová-lo. No caso, a aprovação compete ao Conselho Superior. Mas se o que está previsto é a aprovação, é preciso indagar: a quem cabe apresentar o plano anual de atuação?

Já dissemos que, para a Defensoria da União, o art. 8º, XX, atribui ao Defensor Público-Geral Federal apresentar o plano anual de atuação ao Conselho Superior (não há previsão desse jaez para a Defensoria do Distrito Federal), mas a LC n. 80/1994 se omite nesse aspecto quando trata das normas gerais às Defensorias estaduais. Isso deve ser disciplinado pelo legislador estadual.

Na Defensoria Pública do Estado de São Paulo, a LC n. 988/2006 estabeleceu (art. 6º, III), de maneira inovadora, como um dos direitos dos usuários dos serviços "a participação na definição das diretrizes institucionais da Defensoria Pública e no acompanhamento da fiscalização das ações e projetos desenvolvidos pela Instituição, da atividade funcional e da conduta pública dos membros e servidores", sendo que "o direito previsto no inciso III deste artigo será efetivado através da Conferência Estadual e das Pré-Conferências Regionais da Defensoria Pública, do

Plano Anual de Atuação da Defensoria Pública e da Ouvidoria-Geral da Defensoria Pública, na forma desta lei" (§ 3º)[555].

Já na Defensoria Pública paranaense o regime é o mesmo previsto na LC n. 80/1994 para a Defensoria Pública da União (art. 18, XVIII, da LC n. 136/2011), enquanto na Defensoria Pública gaúcha a elaboração cabe ao Subdefensor Público-Geral para Assuntos Institucionais, mas essa elaboração deve ser precedida de ampla divulgação[556] (art. 12, VI, c/c art. 16, III).

Voltemos às atribuições específicas do Conselho Superior previstas na LC n. 80/1994. Trataremos das atribuições classificando-as conforme as diretrizes veiculadas às Defensorias estaduais (art. 102): funções consultivas, normativas e decisórias.

a) *Funções normativas*:

(i) exercer o poder normativo no âmbito da Defensoria Pública;

(ii) deliberar sobre a organização de concurso para ingresso na carreira e designar os representantes da Defensoria Pública que integrarão a Comissão de Concurso;

(iii) editar as normas regulamentando a eleição para Defensor Público-Geral;

(iv) organizar os concursos para provimento dos cargos da Carreira de Defensor Público e editar os respectivos regulamentos.

b) *Funções consultivas*:

(i) opinar, por solicitação do Defensor Público-Geral, sobre matéria pertinente à autonomia funcional e administrativa da Defensoria Pública;

(ii) recomendar correições extraordinárias[557];

(iii) recomendar ao Defensor Público-Geral a instauração de processo disciplinar contra membros e servidores da Defensoria Pública[558].

---

555 Nas palavras de Luciana Zaffalon Leme Cardoso, "da leitura do respectivo dispositivo legal constante da Lei n. 132/2009, que prescreve que *caberá ao Conselho Superior aprovar o plano de atuação da Defensoria Pública do Estado, cujo projeto será precedido de ampla divulgação*, é possível apreender que ficará a critério de cada Defensoria a institucionalização da participação social, o que não guarda semelhança com o modelo paulista, que taxativamente prevê a participação direta (...)" (Participação social na Defensoria Pública: inovações democráticas na esfera de justiça. In: SOUSA, José Augusto Garcia de (org.). *Uma nova Defensoria Pública pede passagem* – reflexões sobre a Lei Complementar 132/09. Rio de Janeiro: Lumen Juris, 2001. p. 182-183).

556 Não há clareza na lei sobre qual a extensão da ampla divulgação, isto é, se pretende atingir apenas internamente a instituição ou se almeja alcançar a participação social. É razoável sustentar que o alcance externo à instituição dessa divulgação ampla ao menos é possível, já que a Lei da Defensoria Pública do Estado do Rio Grande do Sul confere ao Subdefensor Público-Geral para Assuntos Institucionais a atribuição de promover a cooperação entre a Defensoria e a sociedade civil (art. 12, V, da LC n. 14.130/2012).

557 Classificamos a atividade de recomendar correição extraordinária como consultiva, e não decisória, seja porque o legislador distinguiu os verbos "recomendar" e "determinar" (poder que compete ao Defensor Público-Geral, nos termos dos arts. 8º, XII, e 56, XII), seja porque – como prova de que "recomendação" não possui caráter decisório, pois não vincula – o Corregedor-Geral poder realizar a correição extraordinária de ofício (arts. 49, II, e 94, II).

558 "Recomendar", aqui, também não possui viés decisório porque a instauração compete ao Defensor Público-Geral, ao passo que "propor" a instauração é tarefa que cabe ao Corregedor-Geral, que é o órgão de fiscali-

c) *Funções decisórias*:

(i) elaborar lista tríplice destinada à promoção por merecimento[559];

(ii) aprovar a lista de antiguidade dos membros da Defensoria Pública e decidir sobre as reclamações a ela concernentes;

(iii) conhecer e julgar recurso contra decisão em processo administrativo disciplinar;

(iv) decidir sobre pedido de revisão de processo administrativo disciplinar;

(v) decidir acerca da remoção voluntária dos integrantes da carreira da Defensoria Pública;

(vi) decidir sobre a avaliação do estágio probatório dos membros da Defensoria Pública, submetendo sua decisão à homologação do Defensor Público-Geral;

(vii) decidir acerca da destituição do Corregedor-Geral, por voto de dois terços de seus membros, assegurada ampla defesa;

(viii) indicar os seis nomes dos membros da classe mais elevada da Carreira para que o Presidente da República nomeie, dentre estes, o Subdefensor Público-Geral Federal e do Distrito Federal e o Corregedor-Geral Federal da Defensoria Pública da União e o Corregedor-Geral do Distrito Federal.

A tríplice função do Conselho Superior (poder normativo, decisório e consultivo) não retira dele outras atribuições previstas em lei, mas que, numa detida análise, não se enquadram nessa classificação.

A título de exemplo, os arts. 10, V, e 58, V, conferem ao Conselho Superior o poder de *recomendar ao DPG a instauração de processo disciplinar*. Tal atribuição não pode ser inserida no conceito de poder consultivo porque, por definição, ela pressupõe provocação (inicialmente inerte), e, por óbvio, também não pode ser concebida como dentro da definição de poder decisório, pois este cabe ao Defensor P**úblico** Geral (arts. 8º, IX, e 56, IX). Certamente, também não estamos falando de poder normativo, haja vista haver previsão legal (*v.g.*, art. 50, *caput*). Assim, esse é um exemplo de poder de iniciativa, decorrente do dever de fiscalização que é inerente a todo servidor público e ao defensor público em particular (*v.g.*, art. 45, III). Outro exemplo desse poder de iniciativa está nos arts. 9º, XIII, e 58, XIII, que conferem ao Conselho Superior o poder de recomendar correições extraordinárias. É claro que, no limite, estamos diante de um exemplo de poder decisório. Afinal, tais atribuições (recomendar correição extraordinária ou abertura de processo disciplinar) não podem, salvo melhor juízo, ser tomadas individualmente, por conselheiro, e sim pelo Colegiado. Desse ponto de vista, isso significa que, para tal ou qual atribuição, é necessária a manifestação do colegiado, por maioria –, por isso, no limite, poder-se-ia dizer aqui que houve uma *decisão*. Na teoria do Ato Administrativo, esse ato seria classificado como *ato simples colegiado*[560].

---

zação interno. Isso significa que, se o Conselho Superior recomendar a instauração de processo disciplinar ao Defensor Público-Geral, este fica condicionado a "proposta" de instauração pelo Corregedor-Geral? Parece-nos que não, pois o Defensor Público-Geral pode fazê-lo de ofício.

559 Ressalte-se que, aqui, o Conselho Superior não age com mera atividade consultiva, mas decisória. Isso porque a ele cabe delimitar (= decidir) a lista tríplice que será dirigida ao Defensor Público-Geral, cabendo a este a decisão final sobre a escolha do promovido (arts. 31, § 4º, e 76, § 4º).

560 Nos ensinamentos de Oswaldo Aranha Bandeira de Mello, "o ato simples é ao de manifestação de vontade

## O poder normativo

Das atribuições relevantes de que dispõe o Conselho Superior, a mais importante é aquela que suscita maiores discussões práticas: seu *poder normativo*.

Sem dúvida alguma, qualquer discussão sobre o grau de democracia interna não poderia ser feita com sinceridade se não existisse o Conselho Superior; afinal, não houvesse tal órgão colegiado e todas as decisões político-institucionais competiriam ao Defensor Público-Geral. É, por isso, literária a afirmação de que o Conselho Superior "(...) é o ponto orgânico de encontro e superação das diferenças internas com fins da união institucional adequada e necessária"[561].

A mera existência de um órgão interno colegiado que se chamasse *Conselho da Defensoria Pública* já teria o condão de relativizar os poderes do chefe da instituição. Foi além, felizmente, o legislador nacional, conferindo a esse colegiado diversas atribuições que, somadas, justificam a nomenclatura que lhe é mais condizente: Conselho *Superior*[562].

O poder normativo desempenhado pelo Conselho Superior, porém, deve obediência aos princípios constitucionais da Administração Pública[563], dentre eles o da legalidade. Por isso, o poder normativo deve *fiel obediência à lei*[564].

O STF, ainda acenando de passagem (*obter dictum*), já teve a oportunidade de asseverar que o Conselho Superior possui poder normativo capaz, inclusive, de suprir lacunas na lei, sempre ressaltando, porém, que tal poder deve submissão à lei[565].

## Transparência e periodicidade do Conselho Superior

Para finalizar, a LC n. 80/1994 ainda estabeleceu que as decisões do Conselho Superior serão *motivadas* e *públicas*, salvo em situações que exijam *sigilo* (art. 10, parágrafo único, e art. 58,

---

exteriorizada tão somente por um órgão administrativo. Será simples individual o praticado por órgãos individuais, isto é, constituído por uma só pessoa natural, por ter um só titular (...). Será simples colegial ou colegiado o praticado por órgão colegial ou colegiado, isto é, constituído por várias pessoas naturais, por ter vários titulares, que atuam em conjunto e decidem em colégio. A manifestação de vontade, então, é a resultante dessas diversas vontades individuais..." (*Princípios gerais de direito administrativo*. 3. ed. São Paulo: Malheiros, 2007. v. I, p. 540).

561 ROCHA, Amélia Soares da. *Defensoria Pública*... cit., p. 193.

562 A grandeza do Conselho Superior não se mede por detalhes que, por serem inusitados, merecem citação. É o caso curioso da Defensoria Pública do Rio Grande do Norte. O art. 2º da Resolução n. 5/2009 prevê: "O Conselho Superior será sempre adjetivado como 'Egrégio', seus membros terão tratamento de 'Excelência' e a participação de seus membros será considerada função relevante nos termos da lei". Talvez o problema esteja no advérbio 'sempre'. Foi o que aconteceu com o generoso Don Bienvenu (Bispo e Barão): ele se dirigiu à biblioteca pretendendo pegar um livro que estava na prateleira mais alta. Então pediu a Madame Magloire – que costumava chamá-lo de Vossa Alteza. Eis o que aconteceu: "Mme. Magloire, traga-me uma cadeira. Minha Alteza não chega àquela altura" (HUGO, Victor. *Os Miseráveis*. Trad. Frederico Ozanam Pessoa de Barros. São Paulo: Cosac Naify, 2012. p. 43).

563 CF/88, art. 37, *caput*.

564 RÉ, Aluísio Iunes Monti Ruggeri. *Manual do defensor público*: teoria e prática. 4. ed. Salvador: JusPodivm, 2019. p. 116.

565 MS 24.872-DF, rel. Min. Marco Aurélio, julgamento em 30-6-2005.

parágrafo único), valendo notar que, em relação às Defensorias Públicas estaduais, há outra determinação legal trazida pela LC n. 132/2009 (art. 102, § 3º): as sessões do Conselho Superior devem ser realizadas *ao menos uma vez por bimestre*, sendo que, se dentro desse prazo não tiver sido realizada uma sessão ordinária, qualquer conselheiro poderá convocá-la.

No que tange à Defensoria Pública do Estado de São Paulo, a LC n. 988/2006, em mais uma inovação pioneira, prevê o que se tem chamado de *momento aberto*. Mais do que serem públicas, as sessões do Conselho Superior têm de possibilitar seja *franqueada a palavra* a defensor público, estagiário, servidor e a qualquer pessoa externa à carreira (art. 29, § 4º). Assim, a lei da Defensoria paulista priorizou não apenas a *transparência*, mas a *participação social*.

Voltando à publicidade das sessões do Conselho Superior, trata-se de uma consequência lógica e direta do regime republicano, não sendo outro o motivo de a Constituição Federal deixar claro em alguns dispositivos que *a publicidade só deve ser restringida excepcionalmente*[566] e, no caso da Administração Pública, prevê-la expressamente no art. 37 como um dos princípios vetores da Administração Pública.

Nesta linha, notemos bem que a importância da publicidade é de tal envergadura que a lição de nosso mais alto constitucionalista, Rui Barbosa, deixa claro que ela é um valor estruturante de nosso regime constitucional, insuprimível e vital para a renovação do país e, como consequência, das instituições:

> Tudo o que merece durar, na constituição de um povo, recompõe-se, e tonifica-se pela publicidade, que encerra em si o princípio regulador das funções da vida no organismo dos Estados. Por ela se distribui ao corpo social a nutrição reparadora, e se eliminam os resíduos tóxicos, elaborados no processo de renovação vital. Toda restrição à publicidade importa, logo, em embaraço de circulação. Dela depende a higiene dos povos e o saneamento dos governos. É, pois, a garantia conservadora por excelência, contanto que seja plena e ampla. Perigos são os que escondem a meia publicidade, timorata e intermitente, de semirrevelações e semirreservas, de arremetidas e recuadas alternativas, que enfraquece seus instrumentos, desacreditando-os, e expõe a nação a surpresas, dissimulando crises, que um sistema de prudência imprudentíssima engravece ou acelera[567].

Nesta toada, o art. 37, § 1º, visando evitar a desvirtuação e o mau uso da publicidade, determina que: "A publicidade dos atos, programas, obras, serviços e campanhas dos órgãos públicos deverá ter caráter educativo, informativo ou de orientação social, dela não podendo constar nomes, símbolos ou imagens que caracterizem promoção pessoal de autoridades ou servidores públicos".

---

566 Parece-nos que a decisão acerca da excepcionalidade (sigilo) deve ser tomada no caso concreto. No entanto – e reconhecemos a polêmica em torno do assunto –, por vezes podemos nos deparar com regras internas ou mesmo leis estaduais que estabelecem, *in abstracto*, uma hipótese em que o sigilo deve ser observado. A título de exemplo, o art. 15, § 5º, da LC estadual n. 65/2003, que organiza a Defensoria Pública de Minas Gerais, ao disciplinar o procedimento aplicável à destituição do Defensor Público-Geral, dispõe: "A presença à sessão de julgamento será limitada aos membros do Conselho Superior, ao Defensor Público-Geral e a seu procurador".

567 BARBOSA, Rui. O nosso rumo. *Obras Completas de Rui Barbosa*. 1889. v. XVI, t. I, p. 4. Disponível no sítio digital da Casa de Rui Barbosa, em: <http://docvirt.com/docreader.net/DocReader.aspx?bib=ObrasCompletasRuiBarbosa&PagFis=1245&Pesq=>.

Em razão de tais considerações, é extremamente importante que se viabilize sempre o acompanhamento das sessões do Conselho Superior – sessões, reuniões etc., independentemente do nome que se dê ao encontro do colegiado do Conselho – por videoconferência inclusive, no propósito de facilitar a participação para quem está longe do local da reunião, além de disponibilizar os vídeos das sessões a fim de que os horários não cerceiem a publicidade benfazeja. Quando um defensor público decide se candidatar ao Conselho Superior, deve ter consciência de que, assim como qualquer função pública de relevo, faz parte da função assumir o risco de eventualmente ser mal interpretado em suas falas e seus escritos, não podendo isso virar pretexto para defender a redução da publicidade por meio de restrições à difusão de sessões por videoconferência ou ao oferecimento de suas respectivas gravações. A publicidade do Conselho Superior, órgão plural por excelência e do qual emana a seiva que alimenta os debates institucionais, deve ser máxima em consonância com sua máxima importância.

CONSELHO SUPERIOR
Composição:
- Membros natos:
- Defensor Público-Geral
- Subdefensor Público-Geral
- Corregedor-Geral
- Ouvidor-Geral*
- Presidente entidade de classe*
* Não tem direito a voto

- Membros eleitos:
- Requisitos: estável + não afastado + escolhido pela carreira

- Sufrágio:
- Apenas os membros votam
- Voto: direto, plurinominal, obrigatório e secreto

Mandato:
- 2 anos
- Permitida uma recondução
- Destituição: cabe ao chefe do Poder Executivo (não existe regra expressa)

## Seção III

### Da Corregedoria-Geral da Defensoria Pública da União

Art. 11. A Corregedoria-Geral da Defensoria Pública da União é órgão de fiscalização da atividade funcional e da conduta dos membros e dos servidores da Defensoria Pública da União.

Art. 12. A Corregedoria-Geral da Defensoria Pública da União é exercida pelo Corregedor-Geral, indicado dentre os integrantes da classe mais elevada da carreira pelo Conselho Superior e nomeado pelo Presidente da República para mandato de dois anos.

Parágrafo único. O Corregedor-Geral poderá ser destituído, antes do término do mandato, por proposta do Defensor Público-Geral, pelo voto de dois terços dos membros do Conselho Superior, assegurada ampla defesa.

Art. 13. À Corregedoria-Geral da Defensoria Pública da União compete:

I – realizar correições e inspeções funcionais;

II – sugerir ao Defensor Público-Geral o afastamento de Defensor Público que esteja sendo submetido a correição, sindicância ou processo administrativo disciplinar, quando cabível;

III – propor, fundamentadamente, ao Conselho Superior, a suspensão do estágio probatório de membros da Defensoria Pública da União;

IV – receber e processar as representações contra os membros da Defensoria Pública da União, encaminhando-as, com parecer, ao Conselho Superior;

V – apresentar ao Defensor Público-Geral, em janeiro de cada ano, relatório das atividades desenvolvidas no ano anterior;

VI – propor a instauração de processo disciplinar contra membros da Defensoria Pública da União e seus servidores;

VII – acompanhar o estágio probatório dos membros da Defensoria Pública da União;

VIII – propor a exoneração de membros da Defensoria Pública da União que não cumprirem as condições do estágio probatório.

(...)

## Seção III

### Da Corregedoria-Geral da Defensoria Pública do Distrito Federal e dos Territórios

Art. 59. A Corregedoria-Geral da Defensoria Pública do Distrito Federal e dos Territórios é órgão de fiscalização da atividade funcional e da conduta dos membros e dos servidores da Defensoria Pública do Distrito Federal e dos Territórios.

Art. 60. A Corregedoria-Geral da Defensoria Pública do Distrito Federal e dos Territórios é exercida pelo Corregedor-Geral, indicado dentre os integrantes da classe mais elevada da carreira pelo Conselho Superior e nomeado pelo Presidente da República, para mandato de dois anos.

Parágrafo único. O Corregedor-Geral poderá ser destituído por proposta do Defensor Público-Geral, pelo voto de dois terços dos membros do Conselho Superior, antes do término do mandato.

Art. 61. À Corregedoria-Geral da Defensoria Pública do Distrito Federal e dos Territórios compete:

I – realizar correições e inspeções funcionais;

II – sugerir ao Defensor Público-Geral o afastamento de Defensor Público que esteja sendo submetido a correição, sindicância ou processo administrativo disciplinar, quando cabível;

III – propor, fundamentadamente, ao Conselho Superior a suspensão do estágio probatório de membros da Defensoria Pública do Distrito Federal e dos Territórios;

IV – receber e processar as representações contra os membros da Defensoria Pública do Distrito Federal e dos Territórios, encaminhado-as, com parecer, ao Conselho Superior;

V – apresentar ao Defensor Público-Geral, em janeiro de cada ano, relatório das atividades desenvolvidas no ano anterior;

VI – propor a instauração de processo disciplinar contra membros da Defensoria Pública do Distrito Federal e dos Territórios e seus servidores;

VII – acompanhar o estágio probatório dos membros da Defensoria Pública do Distrito Federal e dos Territórios;

VIII – propor a exoneração de membros da Defensoria Pública do Distrito Federal e dos Territórios que não cumprirem as condições do estágio probatório.

(...)

## Seção III

### Da Corregedoria-Geral da Defensoria Pública do Estado

Art. 103. A Corregedoria-Geral é órgão de fiscalização da atividade funcional e da conduta dos membros e dos servidores da Instituição.

Art. 104. A Corregedoria-Geral é exercida pelo Corregedor-Geral indicado dentre os integrantes da classe mais elevada da Carreira, em lista tríplice formada pelo Conselho Superior, e nomeado pelo Defensor Público-Geral para mandato de 2 (dois) anos, permitida 1 (uma) recondução. (Redação dada pela Lei Complementar n. 132, de 2009)

§ 1º O Corregedor-Geral poderá ser destituído por proposta do Defensor Público-Geral, pelo voto de dois terços do Conselho Superior, antes do término do mandato. (Renumerado pela Lei Complementar n. 132, de 2009)

§ 2º A lei estadual poderá criar um ou mais cargos de Subcorregedor, fixando as atribuições e especificando a forma de designação. (Incluído pela Lei Complementar n. 132, de 2009)

Art. 105. À Corregedoria-Geral da Defensoria Pública do Estado compete:

I – realizar correições e inspeções funcionais;

II – sugerir ao Defensor Público-Geral o afastamento de Defensor Público que esteja sendo submetido a correição, sindicância ou processo administrativo disciplinar, quando cabível;

III – propor, fundamentadamente, ao Conselho Superior a suspensão do estágio probatório de membro da Defensoria Pública do Estado;

IV – apresentar ao Defensor Público-Geral, em janeiro de cada ano, relatório das atividades desenvolvidas no ano anterior;

V – receber e processar as representações contra os membros da Defensoria Pública do Estado, encaminhado-as, com parecer, ao Conselho Superior;

VI – propor a instauração de processo disciplinar contra membros da Defensoria Pública do Estado e seus servidores;

VII – acompanhar o estágio probatório dos membros da Defensoria Pública do Estado;

VIII – propor a exoneração de membros da Defensoria Pública do Estado que não cumprirem as condições do estágio probatório;

IX – baixar normas, no limite de suas atribuições, visando à regularidade e ao aperfeiçoamento das atividades da Defensoria Pública, resguardada a independência funcional de seus membros; (Incluído pela Lei Complementar n. 132, de 2009)

X – manter atualizados os assentamentos funcionais e os dados estatísticos de atuação dos membros da Defensoria Pública, para efeito de aferição de merecimento; (Incluído pela Lei Complementar n. 132, de 2009)

XI – expedir recomendações aos membros da Defensoria Pública sobre matéria afeta à competência da Corregedoria-Geral da Defensoria Pública; (Incluído pela Lei Complementar n. 132, de 2009)

XII – desempenhar outras atribuições previstas em lei ou no regulamento interno da Defensoria Pública. (Incluído pela Lei Complementar n. 132, de 2009)

## 10. CORREGEDORIA-GERAL – ARTS. 11 A 13, 59 A 61, E 103 A 105

Na medida em que a LC n. 80/1994 prevê deveres funcionais dos defensores públicos, servidores públicos e estagiários e direitos dos usuários do serviço da instituição, faz-se necessária a existência de um órgão destinado a fiscalizar e responsabilizar eventuais desvios que possam ocorrer. Esse órgão, obrigatório por lei, é a Corregedoria-Geral da Defensoria Pública.

O primeiro aspecto a considerar sobre a Corregedoria-Geral é que a exigência de sua previsão na LC n. 80/1994 vincula todas as Defensorias Públicas. Não é, pois, uma faculdade do legislador estadual ou distrital criá-la.

Outro aspecto não menos relevante é saber que a exigência de que tal órgão seja criado no âmbito da instituição significa – inclusive como uma decorrência da autonomia constitucional – que é vedado que defensores públicos, estagiários e servidores se submetam a controle correcional de órgão externo à Defensoria Pública (por exemplo, a órgão correcional do Poder Executivo).

A Corregedoria-Geral, assim, é órgão da Administração Superior destinado a fiscalizar a *atividade funcional* e a *conduta* dos membros (defensores públicos) e servidores da Defensoria Pública (arts. 11, 59 e 103). "Servidores", aqui, é expressão que deve abranger os estagiários, já que eles estão previstos no art. 145.

**Requisitos**

As funções da Corregedoria-Geral são exercidas por um *integrante da carreira*, isto é, por defensores públicos. Isso quer dizer que, quando se trata de servidor ou estagiário a ser submetido à fiscalização, o órgão correcional que a realiza é ocupado por um defensor público; quando o sujeito da fiscalização é um defensor público, outro defensor público promove a fiscalização.

Mas não é todo defensor público da carreira que pode almejar o cargo de Corregedor-Geral. A LC n. 80/1994 determina que ele deve ocupar a *classe mais elevada* da carreira (arts. 12, 60 e 104). No caso das Defensorias Públicas da União e do Distrito Federal, a classe mais elevada é a Categoria Especial, ao passo que a LC n. 80/1994 não delimita as classes no que toca às Defensorias estaduais. No caso destas, qualquer que seja o número de classes previsto pelo legislador estadual, o fato é que Corregedor-Geral deverá ser apenas o da classe mais elevada.

**Procedimento de escolha**

O procedimento de escolha é tratado de modo diverso na LC n. 80/1994.

Na Defensoria da União, compete ao Conselho Superior indicar (dentre integrantes da classe mais elevada da carreira) uma lista sêxtupla (seis nomes) para que a nomeação seja feita pelo Presidente da República (art. 12 c/c art. 10, XIV). Nada obstante o disposto no art. 60, outra vez é importante anotar que essa regra não mais vigora em relação à Defensoria Pública do Distrito Federal desde a EC n. 69/2012. Assim, o Conselho Superior delibera e, por maioria simples, indica um nome (o escolhido pelo colegiado) ao Presidente da República, mas a nomeação (= decisão) cabe a este.

No que toca às Defensorias estaduais (regra aplicável atualmente ao Distrito Federal), a LC n. 80/1994 (após alteração pela LC n. 132/2009) também atribui ao Conselho Superior a deliberação sobre os nomes (dentre integrantes da classe mais elevada), sendo que aqui esse órgão não escolhe um nome, mas três, formando uma **lista tríplice.** E *essa lista tríplice não será encaminhada ao chefe do Poder Executivo, e sim ao Defensor Público-Geral*, cabendo a ele a nomeação (art. 104)[568].

Em todas as Defensorias, porém, um aspecto é comum: ao contrário dos cargos de Defensor Público-Geral e Conselheiro do Conselho Superior, para o cargo de Corregedor não existe eleição pelos membros da Carreira. Com efeito, não teria muito sentido a realização de eleições em que os fiscalizados escolhem seu fiscal.

Em mais um exemplo de tratamentos discrepantes, a LC n. 80/1994 admite que as Defensorias estaduais, desde que por meio de *lei estadual*, criem cargos de Subcorregedor (art. 104, § 2º), ao contrário do que se dá com a Defensoria da União, que não encontra regra similar na referida lei orgânica (quanto à Defensoria do Distrito Federal, a EC n. 69/2012 fez aplicável a ela esse dispositivo legal).

**Mandato, recondução e destituição**

Se o procedimento para a nomeação do Corregedor-Geral é distinto para as Defensorias na LC n. 80/1994, no que toca ao prazo do **mandato** a coincidência é absoluta: o mandato é de *dois anos*. Mas como nem tudo é perfeito, a admissibilidade ou não de recondução volta a ensejar tratamentos diversos: enquanto o art. 103 é explícito ao estabelecer que se admitirá uma, e apenas uma, recondução – proibindo-se, assim, duas ou mais reconduções subsequentes –, no regramento da Defensoria Pública da União (e do Distrito Federal, mas a EC n. 69/2012 impôs lhe seja aplicado o regime jurídico estadual) nada está previsto. Cremos que, a fim de propiciar um mínimo de coerência à LC n. 80/1994, essa omissão permita o uso da analogia como forma de integração do ordenamento jurídico *de modo a aplicar a limitação de uma recondução à Defensoria Pública da União.*

Os parágrafos únicos dos arts. 12 e 60 repetem algo já previsto nos arts. 10, X, e 58, X. Em suma, admite-se a **destituição** do Corregedor, que é uma relativização da garantia de seu mandato, desde que tal decisão seja tomada por um órgão colegiado (o Conselho Superior) e mais que isso: que essa decisão se dê por *dois terços* de seus membros. Havendo maioria simples pela destituição, preserva-se o mandato do Corregedor-Geral. No que toca às Defensorias estaduais, essa regra está prevista no § 1º do art. 104, e aqui, sim, essa previsão foi útil, já que a LC n. 80/1994 praticamente não elenca as atribuições dos Conselhos Superiores das Defensorias estaduais (isso cabe à lei estadual) e, quando o faz, nada prevê acerca da destituição.

568 Na Defensoria Pública do Estado de São Paulo os arts. 31, V, e 33 da LC n. 988/2006 preveem competir ao Conselho Superior elaborar lista sêxtupla (seis nomes) e, após, encaminhá-la ao Governador do Estado, a quem cabe a nomeação. Parece-nos que, por ser anterior à alteração promovida pela LC n. 132/2009 na LC n. 80/1994, a legislação estadual, antes mesmo de sua eventual modificação legislativa, possibilita e exige sua leitura conforme a normatização federal. Já no caso da Defensoria Pública paranaense, a LC n. 136/2011 prevê a formação de lista tríplice pelo Conselho Superior (art. 30).

### Atribuições

Por fim, a LC n. 80/1994 disciplina as atribuições do Corregedor-Geral nos arts. 13, 61 e 105, valendo notar que *as Corregedorias das Defensorias estaduais possuem mais atribuições explicitamente previstas do que as das demais Defensorias*: são doze, enquanto para a Defensoria da União (e Defensoria do Distrito Federal, mas reiteramos o alerta quanto à EC n. 69/2012) estão previstas oito atribuições. E há mais um detalhe: além de um leque maior de atribuições, o rol previsto no art. 105 não é taxativo, haja vista que lei e regulamento interno podem conferir à Corregedoria da respectiva Defensoria estadual outras mais (inciso XII). Coisas do processo legislativo.

Aspecto importante a destacar quanto às atribuições está no seguinte detalhe: os verbos atinentes às atribuições são: "realizar", "sugerir", "propor", "receber", "apresentar", "acompanhar", "manter", "baixar", "expedir" e "desempenhar". Qual é a relevância de se atentar para tais verbos?

A relevância é que por eles se conclui que a Corregedoria é um órgão instrumental, não possuindo atribuições de cunho decisório. À Corregedoria cabe fiscalizar e promover a responsabilização do defensor, servidor ou estagiário, sempre possibilitando a ampla defesa do sindicado ou processado, mas não lhe cabe decidir pela aplicação de sanção administrativa.

Retomando as atribuições do Corregedor-Geral, compete-lhe realizar, *in loco*, inspeções e correições (ordinárias e extraordinárias); sugerir ao Defensor Público-Geral o afastamento provisório do defensor público, estagiário ou servidor, enquanto corre a sindicância ou processo administrativo; acompanhar o estágio probatório de defensores e servidores e propor ao Conselho Superior sua suspensão, se o caso, e, ao final, propor exoneração, caso não tenha o servidor ou defensor cumprido as condições desse período; receber e processar as representações (que podem ser feitas por qualquer pessoa) contra defensores, servidores e estagiários, encaminhando-as ao Conselho Superior, com parecer; apresentar relatório de suas atividades (sua prestação de contas) ao Defensor Público-Geral, o que deve fazer em janeiro de cada ano; propor a instauração de processo administrativo disciplinar. Essas são as atribuições do Corregedor-Geral que se aplicam a todas as Defensorias.

Além das já mencionadas atribuições, nas Defensorias estaduais o Corregedor-Geral ainda deve baixar normas visando à regularidade e ao aperfeiçoamento das atividades da Defensoria Pública (valendo atentar que, além de guardarem pertinência com suas atribuições correcionais e, pois, não assumirem as vezes de função normativa primária interna, o que cabe ao Conselho Superior, tais normas encontram limites na independência funcional); manter atualizados os assentamentos funcionais e dados estatísticos da atuação dos membros e servidores, para fins de aferição de merecimento e expedir recomendações aos membros e servidores.

A LC n. 14.130/2012, referente à Defensoria Pública do Estado do Rio Grande do Sul, previu algo que não existe na LC n. 80/1994 nem nas leis paulista, paranaense e catarinense. Trata-se do parágrafo único do art. 25, que preconiza: "O Corregedor-Geral da Defensoria Pública não terá direito a voto, nas sessões do Conselho Superior nos procedimentos disciplinares". Talvez isso se explique porque cabe a ele conduzir o processo administrativo disciplinar, na linha, digamos, de um sistema acusatório.

| CORREGEDOR-GERAL |
|---|
| Requisitos:<br>- Membro da carreira<br>- Pertença à classe mais elevada<br><br>Procedimento:<br>- Na DPU: Conselho Superior encaminha lista sêxtupla ao Presidente da República<br>- Na DPE e DPDF: Conselho Superior encaminha lista tríplice ao Defensor Público-Geral<br><br>Mandato:<br>- 2 anos<br>- Permitida uma recondução<br>- Destituição: decisão de 2/3 dos membros do Conselho Superior (representação cabe ao Defensor Público-Geral) |

## Seção III-A

### (Incluída pela Lei Complementar n. 132, de 2009)

### Da Ouvidoria-Geral da Defensoria Pública do Estado

Art. 105-A. A Ouvidoria-Geral é órgão auxiliar da Defensoria Pública do Estado, de promoção da qualidade dos serviços prestados pela Instituição. (Incluído pela Lei Complementar n. 132, de 2009)

Parágrafo único. A Ouvidoria-Geral contará com servidores da Defensoria Pública do Estado e com a estrutura definida pelo Conselho Superior após proposta do Ouvidor-Geral. (Incluído pela Lei Complementar n. 132, de 2009)

Art. 105-B. O Ouvidor-Geral será escolhido pelo Conselho Superior, dentre cidadãos de reputação ilibada, não integrante da Carreira, indicados em lista tríplice formada pela sociedade civil, para mandato de 2 (dois) anos, permitida 1 (uma) recondução. (Incluído pela Lei Complementar n. 132, de 2009)

§ 1º O Conselho Superior editará normas regulamentando a forma de elaboração da lista tríplice. (Incluído pela Lei Complementar n. 132, de 2009)

§ 2º O Ouvidor-Geral será nomeado pelo Defensor Público-Geral do Estado. (Incluído pela Lei Complementar n. 132, de 2009)

§ 3º O cargo de Ouvidor-Geral será exercido em regime de dedicação exclusiva. (Incluído pela Lei Complementar n. 132, de 2009)

Art. 105-C. À Ouvidoria-Geral compete: (Incluído pela Lei Complementar n. 132, de 2009)

I – receber e encaminhar ao Corregedor-Geral representação contra membros e servidores da Defensoria Pública do Estado, assegurada a defesa preliminar; (Incluído pela Lei Complementar n. 132, de 2009)

II – propor aos órgãos de administração superior da Defensoria Pública do Estado medidas e ações que visem à consecução dos princípios institucionais e ao aperfeiçoamento dos serviços prestados; (Incluído pela Lei Complementar n. 132, de 2009)

III – elaborar e divulgar relatório semestral de suas atividades, que conterá também as medidas propostas aos órgãos competentes e a descrição dos resultados obtidos; (Incluído pela Lei Complementar n. 132, de 2009)

IV – participar, com direito a voz, do Conselho Superior da Defensoria Pública do Estado; (Incluído pela Lei Complementar n. 132, de 2009)
V – promover atividades de intercâmbio com a sociedade civil; (Incluído pela Lei Complementar n. 132, de 2009)
VI – estabelecer meios de comunicação direta entre a Defensoria Pública e a sociedade, para receber sugestões e reclamações, adotando as providências pertinentes e informando o resultado aos interessados; (Incluído pela Lei Complementar n. 132, de 2009)
VII – contribuir para a disseminação das formas de participação popular no acompanhamento e na fiscalização da prestação dos serviços realizados pela Defensoria Pública; (Incluído pela Lei Complementar n. 132, de 2009)
VIII – manter contato permanente com os vários órgãos da Defensoria Pública do Estado, estimulando-os a atuar em permanente sintonia com os direitos dos usuários; (Incluído pela Lei Complementar n. 132, de 2009)
IX – coordenar a realização de pesquisas periódicas e produzir estatísticas referentes ao índice de satisfação dos usuários, divulgando os resultados. (Incluído pela Lei Complementar n. 132, de 2009)
Parágrafo único. As representações podem ser apresentadas por qualquer pessoa, inclusive pelos próprios membros e servidores da Defensoria Pública do Estado, entidade ou órgão público. (Incluído pela Lei Complementar n. 132, de 2009)

## 11 OUVIDORIA-GERAL – ARTS. 105-A A 105-C

### Traços gerais e fundamento constitucional

Órgão auxiliar da Defensoria Pública, a Ouvidoria-Geral é uma das novidades trazidas pela LC n. 132/2009. Porém, em relação a ela, o vanguardismo coube à Defensoria Pública do Estado de São Paulo: a LC n. 988/2006 previu sua criação (basicamente, art. 11, VII, e art. 36).

A Defensoria Pública do Estado de São Paulo criou, de maneira pioneira, não apenas uma Ouvidoria, mas uma Ouvidoria *externa* (logo adiante esclareceremos o que significa esse caráter "externo").

É curioso notar que a inovação acerca de um órgão tão peculiar tenha se dado no plano estadual para posteriormente ganhar o cenário nacional. No caso do Estado de São Paulo, parece relevante apontar que essa inovação se deu por razões conjunturais: basicamente, o maior Estado da federação apenas criou sua Defensoria Pública no ano de 2006[569], e tal atraso deu azo a uma mobilização social focada nessa necessidade. Tal mobilização ficou conhecida como *Movimento pela Criação da Defensoria Pública de São Paulo*[570]. O DNA da Defensoria Pública paulista, assim, é encontrado nesse fato e ela só poderia mesmo apresentar essas feições quando de seu nascedouro.

569 Antes disso a assistência judiciária no Estado de São Paulo era prestada por um órgão pertencente à Procuradoria-Geral do Estado: a Procuradoria de Assistência Judiciária.

570 Além de fontes orais, há alguns escritos que, felizmente, contribuem para a documentação dessa etapa anterior à Defensoria Pública paulista. Dentre eles, vale a consulta do livro organizado por Eneida Gonçalves de Macedo Haddad: *A Defensoria Pública do Estado de São Paulo* – por um acesso democrático à Justiça. São Paulo: Letras Jurídicas, 2011.

A nosso ver, a Ouvidoria-Geral encontra fundamento constitucional no princípio republicano previsto no art. 1º da CF/88, desdobrado especificamente no dispositivo constitucional do art. 37, § 3º:

> A lei disciplinará as formas de participação do usuário na administração pública direta e indireta, regulando especialmente: (Redação dada pela Emenda Constitucional n. 19, de 1998)
> I – as reclamações relativas à prestação dos serviços públicos em geral, asseguradas a manutenção de serviços de atendimento ao usuário e a avaliação periódica, externa e interna, da qualidade dos serviços; (Incluído pela Emenda Constitucional n. 19, de 1998)
> II – o acesso dos usuários a registros administrativos e a informações sobre atos de governo, observado o disposto no art. 5º, X e XXXIII; (Incluído pela Emenda Constitucional n. 19, de 1998)
> III – a disciplina da representação contra o exercício negligente ou abusivo de cargo, emprego ou função na administração pública. (Incluído pela Emenda Constitucional n. 19, de 1998)

Atualmente, não existe previsão de Ouvidoria (externa ou interna) para a Defensoria Pública da União e para a Defensoria Pública do Distrito Federal[571] na LC n. 80/1994[572], mas apenas para as Defensorias estaduais (art. 105-A). Para aquela, parece-nos ser uma faculdade sua criação – já que o legislador estadual possui competência legislativa suplementar e, se o fizer, o fundamento constitucional respaldará sua liberdade de conformação; para estas, há explícita obrigatoriedade não só quanto à sua criação, mas a algumas características e atribuições que deve ostentar esse órgão.

### Caráter "externo" da Ouvidoria-Geral: aspectos gerais

Dissemos que a Ouvidoria prevista na LC n. 80/1994 é "externa" porque o art. 105-B estabelece que "o Ouvidor-Geral será escolhido pelo Conselho Superior, *dentre cidadãos de reputação ilibada, não integrante da Carreira*, indicados em lista tríplice formada pela sociedade civil...". Isso significa que o defensor público, desde que preencha os requisitos legais e, quando o caso, editados pelo Conselho Superior, pode desde atuar durante toda sua vida profissional em sua atividade-fim ordinária (como órgão de execução) até ocupar temporariamente cargos junto à Administração Superior (sendo Corregedor, Conselheiro, Defensor Público-Geral etc.). *Não poderá, porém, ser Ouvidor-Geral*[573].

571 Mas, como já dissemos em outros momentos deste livro, o art. 2º da EC n. 69/2012 impõe uma releitura da LC n. 80/1994, de tal sorte que certas exigências legais impostas apenas às DPEs (como a criação de Ouvidoria externa) aplicam-se à Defensoria Pública do Distrito Federal.

572 Nada obstante essa ausência de previsão na Lei Orgânica Nacional, desde o ano 2010 a lei que organiza o serviço de assistência jurídica do Distrito Federal (Centro de Assistência Judiciária) prevê a Ouvidoria externa, nos termos do art. 33 da LC n. 828/2010.

573 Na Defensoria Pública de Minas Gerais, a LC n. 65/2003 explicita que "membros da Defensoria Pública e os integrantes do quadro administrativo, ativos ou inativos", não podem concorrer ao cargo (art. 40-E). Além do mais, dispõe o § 3º: "É vedada a nomeação, para o cargo de Ouvidor-Geral, de cônjuge, companheiro ou parente em linha reta, colateral ou por afinidade, até o terceiro grau, inclusive, dos membros e servidores, ativos ou inativos, da Defensoria Pública".

Observe-se que, para afirmar esse caráter externo, o qual tem o condão de impedir o defensor público de ser Ouvidor-Geral, bastaria o art. 105-B ter feito menção ao requisito "ser cidadão". É claro que defensor público é cidadão[574], mas, na linguagem da LC n. 80/1994, defensor público ora é assim explicitamente designado, ora é tratado como "membro". O mesmo se diga em relação aos servidores e estagiários da Defensoria Pública, que desse modo (servidores e estagiários) são tratados na lei e, por isso, a eles também se aplica a vedação de assumir a Ouvidoria-Geral. De qualquer forma, e visando espancar quaisquer especulações, o art. 105-B foi propositadamente minucioso: através da junção de requisitos positivos e negativos, exigiu que poderá ser Ouvidor-Geral quem (i) for cidadão de reputação ilibada e (ii) não for integrante da carreira.

**Defensor público aposentado pode ser Ouvidor-Geral?**

Existe uma discussão sobre se o defensor público *aposentado* pode ou não concorrer ao cargo de Ouvidor-Geral.

O *argumento favorável* se baseia na literalidade do art. 105-B, *caput*, da LC n. 80/1994: ao se aposentar, o defensor público deixa de ser integrante da carreira, logo, não haveria óbice legal para que ele concorresse a tal posto.

O *argumento contrário*, por sua vez, se vale de aspectos teleológicos: conquanto não mais integrante da carreira, a finalidade do legislador (*mens legislatoris*) foi propiciar a participação social no seio da Defensoria Pública.

Comungamos, sem dúvida alguma, dessa segunda visão. Parece-nos que possibilitar que defensores públicos aposentados concorram à Ouvidoria-Geral desnaturaria o escopo do legislador, além do que, como regra geral, não haveria uma concorrência *aparentemente* leal entre ele e os outros dois candidatos da sociedade civil. Afinal, a lista tríplice é debatida pelo Conselho Superior, composto, portanto, pelos ex-companheiros de profissão de um dos candidatos.

Obviamente, se o espírito de corpo (na sua acepção pejorativa) não pode ser presumido – pelo contrário: o candidato defensor aposentado poderia ter desafetos no seio do Conselho Superior, o que tornaria sua escolha até mais difícil do que a de seus concorrentes –, não podemos perder de vista que, perante a sociedade civil, toda vez que o defensor público aposentado fosse escolhido, notaríamos ruídos de que, no fundo, se tratava de uma carta marcada. E a Ouvidoria--Geral, que depende integralmente da *sensação de legitimidade e abertura* da Defensoria Pública, gradativamente poderia se perder no horizonte da desilusão.

**Procedimento geral eletivo; liberdade de conformação; a questão específica do Condepe em São Paulo**

A LC n. 80/1994 também disciplinou minimamente o procedimento de escolha do Ouvidor-Geral, dispondo que deverá ser elaborada *listra tríplice* (três nomes) pela sociedade

574 Tomamos aqui o conceito de cidadão como quem está no gozo dos direitos políticos, nos termos do art. 1º, § 3º, da Lei n. 4.717/1965: Lei da Ação Popular.

civil que a encaminhará ao Conselho Superior, órgão incumbido de eleger o nome dentre os três indicados.

A LC n. 988/2006, atinente à Defensoria Pública do Estado de São Paulo, dispõe que essa lista tríplice deverá ser elaborada pelo *Conselho Estadual de Defesa dos Direitos da Pessoa Humana* (doravante Condepe) e encaminhada ao Governador do Estado, a quem cabe a nomeação (= escolha). Por se tratar de *legislação anterior* à atual LC n. 80/1994, duas considerações hão de ser feitas: (i) a primeira, que a lei paulista deve ser relida no sentido de que, agora, a escolha não cabe mais ao Governador do Estado, mas ao Conselho Superior, sendo que depois haverá nomeação pelo Defensor Público-Geral (art. 105-B, § 2º)[575]; (ii) a segunda, escrevemos na 1ª edição, que "o CONDEPE permanece sendo o órgão da sociedade civil incumbido de encaminhar a lista tríplice, pois, aqui, a lei estadual tem caráter suplementar (ela não desafia exigência da lei federal, observando-a, e regula quem será o órgão da sociedade civil voltado a essa função)".

Atualmente, refletindo com mais vagar sobre o papel do Condepe no Estado de São Paulo após a reforma da LC n. 132/2009, entendemos que a ausência de reforma da Lei Orgânica paulista atribui ao Conselho Superior competência para ajustar o processo eletivo do Ouvidor-Geral segundo a diretriz geral da Lei Orgânica nacional – o administrador, como sabemos, deve executar a lei; e, nesse caso, notamos que há espaço no âmbito estadual paulista para ampliação da ideia de *sociedade civil*, justamente porque a Lei Orgânica nacional não define sociedade civil. Portanto, parece-nos possível que o Condepe continue a desempenhar um papel, vinculante ou não, de relevância no processo eletivo do Ouvidor-Geral, sem prejuízo de o Conselho Superior abrir caminhos que enriqueçam a formação de uma lista tríplice.

Sendo assim, entendemos a questão da seguinte forma: por um lado, é importante manter a relevância do Condepe nesse processo eletivo porque a LC estadual paulista n. 988/2006 não contraria a nacional se lida como *piso mínimo* do conceito de sociedade civil; por outro lado, é salutar que se entenda, sim, pela inexistência de um monopólio do Condepe, no sentido de servir de *exclusivo caminho* para o processo eletivo do Ouvidor-Geral (conforme previsto pela Lei Complementar estadual paulista n. 988/2006, art. 37); a experiência revelou que a Defensoria Pública paulista fica sempre dependendo exclusivamente das opções do Condepe, quando fora deste também há cidadãos de reputação ilibada e não forem integrantes da carreira capazes de exercer a função de Ouvidor-Geral.

Evidentemente, a perda desse monopólio do Condepe em São Paulo também exige bastante detalhamento sobre os requisitos de aptidão para o certame a garantirem, com muita seriedade, a probidade do candidato (reputação ilibada séria) e seu real envolvimento com a defesa de direitos humanos, dando provas de que compreende e pratica a *complementariedade solidária*

575 A propósito, no ano de 2016, na ADIn 5.286/AP, o STF declarou inconstitucional a Lei da Defensoria Pública do Amapá (LC n. 86/2014) no ponto (art. 49) em que previa a escolha do Ouvidor-Geral pelo Governador do Estado.

*dos direitos humanos*, além de demonstrar conhecimento de princípios institucionais e atribuições da Defensoria Pública e especificamente da Ouvidoria-Geral.

De qualquer maneira, entendemos que, na hipótese de perda de monopólio do Condepe, é viável reconhecer, por exemplo, como presunção *juris tantum* (relativa), o preenchimento dos requisitos para ser Ouvidor-Geral em vista da fonte de indicação ser o Condepe – porque as previsões da Constituição estadual paulista e da Lei estadual paulista n. 7.576/1991 vinculam o Condepe à finalidade clara de defesa dos direitos humanos[576], e a referida Lei estadual exige requisitos sérios para representantes da sociedade civil pertencerem ao Condepe[577], servindo de filtro prévio ao processo seletivo defensorial para fins de Ouvidor-Geral. Sendo a presunção *juris tantum*, pode ser derrubada por fatos concretos que a contrariem.

Entendemos que eventuais Estados que estejam em situação análoga podem seguir por esse caminho interpretativo.

No que toca ao Ouvidor-Geral do Estado do Paraná, a LC n. 136/2011 confere ao *Conselho Permanente de Direitos Humanos* (Coped) a elaboração da lista tríplice, sendo que não são todos os membros desse órgão que terão direito a voto, mas apenas metade deles: aqueles escolhidos pelas organizações não governamentais ligadas à defesa dos direitos humanos (art. 35, § 1º).

A lei que organiza a Defensoria Pública do Mato Grosso (LC n. 146/2003) prevê uma regra interessante acerca da *vacância*: "Na hipótese de vacância do cargo de Ouvidor-Geral, o Defensor Público-Geral nomeará integrante da lista tríplice elaborada pela sociedade civil, para assumir o cargo" (art. 26-F, § 2º).

Quanto à lista tríplice, cabe ao Conselho Superior editar normas acerca de sua formação, ou seja, no que toca ao procedimento (por exemplo, se se exigirá um prazo para que a "sociedade civil" tome ciência de que está tramitando o processo de elaboração dessa lista). Isso está previsto no § 2º do art. 105-B.

**É possível arguição pública de candidatos ao cargo de Ouvidor-Geral?**

Embora haja resistência de parcela da sociedade civil organizada quanto à possibilidade de se proceder à arguição pública de candidatos à Ouvidoria-Geral que constam na lista tríplice, entendemos que isso faz parte do processo democrático. O entendimento de que a Defensoria Pública deve aceitar o nome desejado pela sociedade civil sem qualquer questionamento ou

576 Constituição estadual paulista: "Art. 110. O Conselho Estadual de Defesa dos Direitos da Pessoa Humana será criado por lei com a finalidade de investigar as violações de direitos humanos no território do Estado, de encaminhar as denúncias a quem de direito e de propor soluções gerais a esses problemas"; Lei estadual paulista n. 7.576/1991: "Art. 1º Fica criado, nos termos do artigo 110 da Constituição do Estado, o Conselho Estadual de Defesa dos Direitos da Pessoa Humana, com a finalidade de investigar as violações de direitos humanos no território do Estado, encaminhar às autoridades competentes as denúncias e representações que lhe sejam dirigidas, estudar e propor soluções de ordem geral para os problemas referentes à defesa dos direitos fundamentais da pessoa humana".

577 Lei estadual paulista n. 7.576/1991: "Art. 5º O Conselho será composto pelos seguintes membros efetivos, nomeados pelo Governador do Estado: (...) III – seis representantes da sociedade civil, indicados por entidades de defesa dos direitos humanos com personalidade jurídica, sede e atuação no Estado de São Paulo há mais de 5 (cinco) anos".

debate interno talvez seja o primeiro passo para que a relação com a Ouvidoria-Geral seja conflitiva; o diálogo é fundamental desde o início.

Parece-nos razoável que o candidato não seja somente sintonizado com a defesa de direitos humanos, mas que compreenda a Defensoria Pública, suas funções institucionais, os princípios que a regem, as garantias e prerrogativas institucionais e do cargo, bem como as atribuições específicas da Ouvidoria-Geral e os princípios constitucionais da Administração Pública a serem aplicados na gestão dessa Ouvidoria-Geral. Tal compreensão é vital para que o Ouvidor-Geral cumpra à risca suas tarefas públicas, dentro de padrões constitucionais e legais – nos campos administrativo, orçamentário etc. –, e que, na atividade-fim, sirva verdadeiramente de *ponte*, com mão dupla, entre defensores públicos e sociedade civil no exercício das atribuições da Ouvidoria-Geral, a fim de que seja *construtiva* a relação sociedade civil e defensores públicos – mantendo a Defensoria Pública sintonizada com os problemas de seus usuários, e a sociedade civil ciente também quanto aos limites materiais, humanos e jurídicos da instituição.

A transparência sobre se o candidato pretende realizar visitas junto às unidades da Defensoria Pública para conhecer melhor a realidade da instituição, como agirá nas discordâncias (normais e salutares!) entre sociedade civil e defensores públicos, como ele enxerga as garantias e prerrogativas institucionais e do cargo nos conflitos cotidianos, como se portará em conflitos jurídicos relevantes nos quais a Defensoria Pública atue em dois polos etc., faz parte da construção do consenso em torno de um nome capacitado. E isso não quer dizer que os candidatos dispensados não possam, em outra oportunidade, assumir o cargo.

Por outro lado, a arguição pública permite que a própria sociedade e os defensores públicos acompanhem a escolha, havendo a necessária publicidade e transparência do ato, exatamente como ocorre com outros cargos que passam por arguições públicas.

**Procedimento**

A LC n. 80/1994 também disciplinou minimamente o procedimento de escolha do Ouvidor-Geral, dispondo que deverá ser elaborada *listra tríplice* (três nomes) pela sociedade civil que a encaminhará ao Conselho Superior, órgão incumbido de eleger o nome dentre os três indicados.

A LC n. 988/2006, atinente à Defensoria Pública do Estado de São Paulo, dispõe que essa lista tríplice deverá ser elaborada pelo *Conselho Estadual de Defesa dos Direitos da Pessoa Humana* (Condepe) e encaminhada ao Governador do Estado, a quem cabe a nomeação (= escolha). Por se tratar de *legislação anterior* à atual LC n. 80/1994, duas considerações hão de ser feitas: (i) a primeira, que a lei paulista deve ser relida no sentido de que, agora, a escolha não cabe mais ao Governador do Estado, mas ao Conselho Superior, sendo que depois haverá nomeação pelo Defensor Público-Geral (art. 105-B, § 2º)[578]; (ii) a segunda, que o Condepe permanece sendo o órgão da sociedade civil incumbido de encaminhar a lista tríplice, pois, aqui, a lei estadual tem

---

578 A propósito, no ano de 2016, na ADIn 5.286/AP, o STF declarou inconstitucional a Lei da Defensoria Pública do Amapá (LC n. 86/2014) no ponto (art. 49) em que previa a escolha do Ouvidor-Geral pelo Governador do Estado.

caráter suplementar (ela não desafia exigência da lei federal, observando-a, e regula quem será o órgão da sociedade civil voltado a essa função).

Ainda na linha da liberdade de conformação do legislador estadual, a LC n. 988/2006 prevê ainda a existência de um *Conselho Consultivo* da Ouvidoria-Geral (art. 38, I), composto por onze membros sob a presidência do Ouvidor-Geral e cuja finalidade pode ser resumida em fornecer críticas e sugestões para o aprimoramento dos serviços da Defensoria Pública (art. 39). Nas lições de Luciana Zaffalon Leme Cardoso, que ocupou a Ouvidoria-Geral da Defensoria Pública paulista de 2010 a 2012, o Conselho Consultivo possibilita, de maneira autônoma, um diálogo qualificado com o poder público, "(...) construindo argumentos e consolidando na sociedade politicamente organizada esse conhecimento"[579].

No que toca ao Ouvidor-Geral do Estado do Paraná, a LC n. 136/2011 confere ao *Conselho Permanente de Direitos Humanos* (Coped) a elaboração da lista tríplice, sendo que não são todos os membros desse órgão que terão direito a voto, mas apenas metade deles: aqueles escolhidos pelas organizações não governamentais ligadas à defesa dos direitos humanos (art. 35, § 1º).

A lei que organiza a Defensoria Pública do Mato Grosso (LC n. 146/2003) prevê uma regra interessante acerca da *vacância*: "Na hipótese de vacância do cargo de Ouvidor-Geral, o Defensor Público-Geral nomeará integrante da lista tríplice elaborada pela sociedade civil, para assumir o cargo" (art. 26-F, § 2º).

Quanto à lista tríplice, cabe ao Conselho Superior editar normas acerca de sua formação, ou seja, no que toca ao procedimento (por exemplo, se se exigirá um prazo para que a "sociedade civil" tome ciência de que está tramitando o processo de elaboração dessa lista). Isso está previsto no § 2º do art. 105-B.

**Mandato, recondução e destituição**

A fim de conferir autonomia ao Ouvidor-Geral, a LC n. 80/1994 lhe confere **mandato**, que é de *dois anos*, e também na linha de assegurar essa autonomia, veicula regra que impede a perpetuação na ocupação desse cargo, possibilitando apenas *uma* **recondução** – com o que impede mais de uma recondução de maneira consecutiva (art. 105-B, *caput*).

Talvez por falha legislativa, a LC n. 80/1994 *não prevê regras para que o Ouvidor-Geral acerca da* ***destituição***, assim como erroneamente não as prevê em relação ao Defensor Público-Geral (apenas há previsão em relação ao Corregedor-Geral).

Na medida em que *regras sobre a destituição* consubstanciam, em verdade, mais uma das garantias do cargo, uma vez que elas conferem a *segurança jurídica* de que somente nas hipóteses e procedimentos previamente estipulados a destituição será possível, nada impede que as leis estaduais e distrital prevejam regras dessa natureza. Afinal de contas, a competência suplementar diz respeito tanto a complementar, esmiuçar, o que foi previsto na LC n. 80/1994 como preencher

---

579 CARDOSO, Luciana Zaffalon Leme. *Uma fenda na justiça – a Defensoria Pública e a construção de inovações democráticas*. São Paulo: Hucitec, 2010. p. 180.

as omissões detectadas. E as regras de destituição não ficaram de fora por consciência, sendo o maior exemplo de que a falta de previsão na lei orgânica nacional foi fruto de omissão, já que não se admite o cargo isento de responsabilidade, assim como não se concebe inexistir segurança jurídica para o desenvolvimento do mandato de Ouvidor-Geral.

Fixada a premissa acima, agiu bem o estado do Rio Grande do Sul, pois a LC n. 14.130/2012 prevê regra atinente à destituição[580].

Contudo, ainda cabe enfrentar o problema dos Estados, do Distrito Federal e mesmo da União em que não existe previsão de destituição para o cargo de Ouvidor-Geral. Aqui, o emprego da analogia é imperioso, e a analogia a ser feita deve voltar os olhos à disciplina da destituição prevista para o Corregedor-Geral.

Ao contrário do que sustentamos em relação ao Defensor Público-Geral, aqui, sim, a analogia a ser feita com o Corregedor-Geral se impõe, haja vista que a nomeação do Ouvidor-Geral cabe ao Defensor Público-Geral, e não ao Governador do Estado. Ao Conselho Superior pode e deve caber a prerrogativa de representação, por maioria qualificada, ao Defensor Público-Geral, cabendo a este a decisão.

**Polêmica em torno da posição "externa" da Ouvidoria-Geral: os argumentos em debate**

Por fim, encontra-se tramitando no Supremo Tribunal Federal a ADIn 4.608, proposta pelo Partido Social Liberal – PSL, que pretende a declaração de inconstitucionalidade dos seguintes dispositivos da LC n. 80/1994, trazidos pela LC n. 132/2009:

> (i) inconstitucionalidade da expressão do art. 105-B, *caput*, que, ao prever que o cargo de Ouvidor-Geral se destina apenas a não integrante da carreira, teria violado o art. 37, II e V, da CF/88, haja vista que tais dispositivos ora exigem a observância do princípio do concurso público, ora os fins que justificam a adoção de cargos em comissão e funções de confiança (esses cargos seriam técnicos, com o que o autor da ação insinua que o cargo de ouvidor-geral é político), assim como afrontaria o art. 5º, LIV, da CF/88, que consagra o princípio da razoabilidade, e a lei nacional excluiu de modo inexplicável os defensores públicos (ativos e inativos) de poderem ocupar esse cargo;
> (ii) inconstitucionalidade do § 3º do art. 105-B, que, ao prever que 'o cargo de ouvidor-geral será exercido em regime de dedicação exclusiva', teria violado o art. 24, XIII e § 1º, da CF/88 (que determina que o legislador complementar nacional apenas pode veicular normas gerais aos Estados);
> (iii) inconstitucionalidade do art. 105-C, que dispõe sobre a competência do ouvidor-geral, haja vista que essa delimitação da competência também ofenderia a ideia de normas gerais.

A doutrina especializada em Defensoria Pública também controverte a respeito do tema.

Paulo Galliez, por exemplo, mostra-se cético quanto à necessidade de que a lista tríplice para a Ouvidoria seja preenchida por pessoa não integrante da carreira: "*(...) há polêmica quanto à possibilidade da formação da lista tríplice por pessoas não integrantes da Carreira, fato inédito*

---

580 "Art. 41. (...) § 2º A destituição do Ouvidor-Geral dependerá de decisão do Conselho Superior da Defensoria Pública, mediante votação de 2/3 (dois terços) de seus membros, em decisão motivada, em caso de abuso de poder ou ato de improbidade, assegurando-se o contraditório e a ampla defesa."

*(salvo engano) nas carreiras jurídicas. Louve-se o propósito de transparência e participação democrática da sociedade civil na Instituição, mas qual a necessidade de haver essa participação, já que a Defensoria Pública não mantém qualquer liame ideológico com o poder econômico?"*[581]. Aliás, e à medida que a Ouvidoria *externa* só está prevista para as Defensorias estaduais, o autor vê nisso um vício de forma: o caráter 'externo' da Ouvidoria não se compagina com a função da LC, que é traçar normas gerais aos Estados[582].

Pedindo *venia*, discordamos da posição que contesta a constitucionalidade do modelo da Ouvidoria-Geral externa.

Devemos ter em mente o princípio republicano do art. 1º da CF/88, que se desdobra, entre outros dispositivos, no supratranscrito art. 37, § 3º, I, II e III, quando o assunto é Administração Pública, para notarmos que a ação visa restringir uma participação popular legítima e efetiva no seio da Administração da Defensoria Pública. Portanto, dizer que é inconstitucional a não ocupação do cargo de Ouvidor-Geral por defensor público é querer transformar a participação popular efetiva em letra morta, neutralizando o art. 37, § 3º e incisos – e os defensores já participam da política institucional amplamente como eleitores e eleitos em cargos fundamentais como a Defensoria Pública-Geral e conselheiros eleitos. A legitimidade democrática das carreiras jurídicas é rarefeita, pois, apesar do poder de tomar decisões com autonomia (e muitas com repercussão política), o Defensor Público (assim como não são o magistrado e o membro do Ministério Público) não é eleito, razão pela qual a criação de mecanismos de controle e a aproximação com a sociedade são bem-vindas, maximizando os princípios e valores democráticos da Constituição. Quanto à violação do pacto federativo, com todo o respeito, nada mais errado. Isso porque o art. 105-C é uma garantia de que os Estados não criem Ouvidorias--Gerais "para inglês ver", isto é, com atribuições que impeçam a verdadeira participação popular no seio da Administração Pública. E o ajuizamento dessa ação direta de inconstitucionalidade é uma prova cabal do que estamos afirmando, isto é, há Estados que não estão comprometidos com a participação popular mais ampla possível no seio da Defensoria Pública pelos mais diversos temores, e é justamente a LC n. 80/1994 que tem garantido o modelo de Ouvidoria-Geral externa nesses locais.

Por fim, na linha do que sustentam Diogo Esteves e Franklyn Roger, não há que se falar em inconstitucionalidade formal, haja vista que a Ouvidoria prevista na LC n. 80/1994 é estruturada em normas gerais e, por isso mesmo, pode ser imposta aos Estados-membros[583].

**Atribuições da Ouvidoria-Geral**

A Ouvidoria da Defensoria Pública não se destina apenas a receber reclamações dos usuários dos serviços prestados pela instituição. O art. 105-C prevê nove atribuições que transcendem uma postura passiva.

581 GALLIEZ, Paulo. *Princípios institucionais da Defensoria Pública*. 4. ed. Rio de Janeiro: Lumen Juris, 2010. p. 88.

582 Idem, p. 90.

583 Idem, p. 912.

Pelo inciso I, observa-se que a Ouvidoria está incumbida de receber e encaminhar ao Corregedor-Geral representação contra membros e servidores da instituição, assegurada a defesa preliminar, o que quer dizer que, antes mesmo do referido encaminhamento ao órgão correcional, o Ouvidor-Geral pode e deve propiciar a possibilidade de oitiva do representado. Insta registrar, nos termos do parágrafo único do mesmo dispositivo legal, que qualquer pessoa pode representar a Ouvidoria, inclusive membros e servidores, isto é, a Ouvidoria serve não apenas ao usuário do serviço, mas também a membros e servidores.

Não cabe à Ouvidoria apenas receber reclamações dos usuários dos serviços. Além disso, numa postura proativa, ela deve contribuir para solucionar o problema detectado, sugerindo à Administração Superior medidas e ações que visem à consecução dos princípios institucionais e ao aperfeiçoamento dos serviços prestados (inciso II). Isso mostra que ela não deve se limitar a apontar o problema, mas também sua solução, por meio de diálogo tanto com a Administração Superior quanto com o próprio usuário do serviço. Como sempre diz o ex-jogador de futebol Dadá Maravilha, "para toda problemática existe uma solucionática", então por vezes é através de um problema apontado pelo usuário do serviço que se conscientiza a Administração Superior, instando-a a resolvê-lo. Outras vezes, a Ouvidoria apontará ao usuário do serviço as razões que levam ao problema por ele apontado, que podem se fundar em obstáculos externos à instituição ou em razões internas justificáveis.

Se a Ouvidoria é um órgão que através de cobranças contribui para direcionar a instituição pelo caminho republicano da prestação de contas, também ela deve fazer sua prestação de contas, o que se dá por meio da elaboração e divulgação de relatório semestral de suas atividades (inciso III).

O inciso IV, em complementação ao art. 101, *caput* (que elenca o Ouvidor-Geral como membro nato do Conselho Superior), confere ao Ouvidor-Geral o direito a voz no Conselho Superior. Conferir direito a voz, aqui, significa, *a contrario sensu*, excluir dele o direito ao voto. Não tem, pois, o Ouvidor-Geral direito a voto nas sessões do Conselho Superior.

Outro aspecto de grande monta das funções da Ouvidoria é sua incumbência de promover atividades de intercâmbio da Defensoria Pública com a sociedade civil[584]. Na Defensoria Pública do Estado de São Paulo, como já referido, metas como essa possuem na LC n. 988/2006 alguns exemplos concretos, como a Conferência Estadual (art. 6º, III).

Tanto com vistas a propiciar o intercâmbio Defensoria Pública-sociedade civil como visando a estimular que o próprio usuário reclamante participe, de maneira consciente, das soluções para problemas detectados, é que outra atribuição da Ouvidoria compreende a de estabelecer meios de comunicação direta entre a Defensoria e a sociedade, para receber sugestões e reclamações, e informando a ambos o resultado alcançado (inciso VI).

O inciso VII, por sua vez, reforça a ideia de que a Ouvidoria deve "contribuir para a disseminação das formas de participação popular no acompanhamento e na fiscalização da prestação dos serviços realizados pela Defensoria Pública".

---

584 Na Defensoria Pública do Estado do Rio Grande do Sul isso também compete ao subdefensor público-geral para assuntos institucionais (LC n. 14.136/2012, art. 12, V).

Também agirá a Ouvidoria como um dos órgãos incumbidos de estimular o contato permanente entre os vários órgãos da instituição, fomentando que essa visão global da Defensoria Pública abarque os direitos dos usuários previstos no art. 4º-A (inciso VIII).

Outro aspecto relevante é o de coordenar a realização de pesquisas periódicas e produzir estatísticas atinentes ao índice de satisfação dos usuários, divulgando os resultados (inciso IX). O pesquisador Fábio de Sá e Silva anota que "(...) as reflexões sobre a organização e o funcionamento da Justiça estatal [refere-se aos órgãos do sistema de justiça] não podem ficar adstritas aos tradicionais elementos da eficácia, eficiência e efetividade, mas devem também incorporar a necessária preocupação com a construção da legitimidade de suas instituições e práticas. Nesse contexto, a coleta e análise de dados de opinião pública sobre esse setor fornecem elementos cruciais para a sua reforma e modernização e, num sentido mais geral, a melhoria das políticas públicas e o planejamento do desenvolvimento brasileiro"[585].

Visando otimizar a boa prestação do desempenho de suas funções, outra regra estabelecida pela LC n. 80/1994 preconiza que "o cargo de Ouvidor-Geral será exercido em **regime de dedicação exclusiva**" (art. 105-B, § 3º). Impede-se, assim, o acúmulo de funções, mas obviamente a exclusividade exigida pelo dispositivo legal não impede a acumulação nas hipóteses do art. 37, XVI, da CF/88.

**Conselho Consultivo**

Ainda na linha da liberdade de conformação do legislador estadual, a LC n. 988/2006 prevê ainda a existência de um *Conselho Consultivo* da Ouvidoria-Geral (art. 38, I[586]), composto por onze membros sob a presidência do Ouvidor-Geral e cuja finalidade pode ser resumida em fornecer críticas e sugestões para o aprimoramento dos serviços da Defensoria Pública (art. 39). Nas lições de Luciana Zaffalon Leme Cardoso, que ocupou a Ouvidoria-Geral da Defensoria Pública paulista de 2010 a 2012, o Conselho Consultivo possibilita, de maneira autônoma, um diálogo qualificado com o poder público, "(...) construindo argumentos e consolidando na sociedade politicamente organizada esse conhecimento"[587].

---

585 SILVA, Fábio de Sá e. Opinião pública, pesquisa aplicada e reforma da Justiça: contribuições e desafios, políticos e analíticos. In: SCHIAVINATTO, Fábio (org.). *Sistema de indicadores de percepção social*. Brasília: Ipea, 2011. p. 18.

586 "Art. 39. O Conselho Consultivo da Ouvidoria-Geral, composto por 11 (onze) membros e presidido pelo Ouvidor-Geral, terá como finalidades precípuas acompanhar os trabalhos do órgão e formular críticas e sugestões para o aprimoramento de seus serviços, constituindo canal permanente de comunicação com a sociedade civil. § 1º Os membros do Conselho Consultivo serão designados pelo Defensor Público-Geral do Estado, com base em indicação feita pelo Ouvidor-Geral, para mandato de 2 (dois) anos, permitida uma recondução. § 2º A indicação de que trata o § 1º deste artigo recairá sobre pessoas e representantes de entidades notoriamente compromissadas com os princípios e atribuições da Defensoria Pública do Estado. § 3º As funções de membro do Conselho Consultivo não serão remuneradas e seu exercício será considerado serviço público de natureza relevante. § 4º As normas de funcionamento do Conselho Consultivo serão estabelecidas em regimento interno elaborado pelo Conselho Superior, nos termos do artigo 31, inciso III, desta lei complementar."

587 CARDOSO, Luciana Zaffalon Leme. *Uma fenda na justiça – a Defensoria Pública e a construção de inovações democráticas*. São Paulo: Hucitec, 2010. p. 180.

| OUVIDOR-GERAL |
| --- |
| Requisitos:<br>- Cidadão de reputação ilibada<br>- Não integrante da carreira<br><br>Procedimento:<br>- Sociedade civil elabora lista tríplice<br>- Conselho Superior escolhe um dos três nomes<br><br>Mandato:<br>- 2 anos<br>- Permitida uma recondução<br>- Destituição: decisão de 2/3 dos membros do Conselho Superior (analogia com o regramento do Corregedor-Geral) |

## Seção IV

### Da Defensoria Pública da União nos Estados, no Distrito Federal e nos Territórios

Art. 14. A Defensoria Pública da União atuará nos Estados, no Distrito Federal e nos Territórios, junto às Justiças Federal, do Trabalho, Eleitoral, Militar, Tribunais Superiores e instâncias administrativas da União.

§ 1º A Defensoria Pública da União deverá firmar convênios com as Defensorias Públicas dos Estados e do Distrito Federal, para que estas, em seu nome, atuem junto aos órgãos de primeiro e segundo graus de jurisdição referidos no *caput*, no desempenho das funções que lhe são cometidas por esta Lei Complementar. (Incluído pela Lei Complementar n. 98, de 1999)

§ 2º Não havendo na unidade federada Defensoria Pública constituída nos moldes desta Lei Complementar, é autorizado o convênio com a entidade pública que desempenhar essa função, até que seja criado o órgão próprio. (Incluído pela Lei Complementar n. 98, de 1999)

§ 3º A prestação de assistência judiciária pelos órgãos próprios da Defensoria Pública da União dar-se-á, preferencialmente, perante o Supremo Tribunal Federal e os Tribunais superiores. (Incluído pela Lei Complementar n. 98, de 1999)

Art. 15. Os órgãos de atuação da Defensoria Pública da União em cada Estado, no Distrito Federal e nos Territórios serão dirigidos por Defensor Público-Chefe, designado pelo Defensor Público-Geral, dentre os integrantes da carreira.

Parágrafo único. Ao Defensor Público-Chefe, sem prejuízo de suas funções institucionais, compete, especialmente:

I – coordenar as atividades desenvolvidas pelos Defensores Públicos Federais que atuem em sua área de competência; (Redação dada pela Lei Complementar n. 132, de 2009)

II – sugerir ao Defensor Público-Geral providências para o aperfeiçoamento das atividades institucionais em sua área de competência;

III – deferir ao membro da Defensoria Pública da União sob sua coordenação direitos e vantagens legalmente autorizados, por expressa delegação de competência do Defensor Público-Geral;

IV – solicitar providências correlacionais ao Defensor Público-Geral, em sua área de competência;

V – remeter, semestralmente, ao Corregedor-Geral, relatório das atividades na sua área de competência.

Art. 15-A. A organização da Defensoria Pública da União deve primar pela descentralização, e sua atuação deve incluir atendimento interdisciplinar, bem como a tutela dos interesses individuais, difusos, coletivos e individuais homogêneos. (Incluído pela Lei Complementar n. 132, de 2009)

## Seção V

### Dos Núcleos da Defensoria Pública da União nos Estados, no Distrito Federal e nos Territórios

Art. 16. A Defensoria Pública da União nos Estados, no Distrito Federal e nos Territórios poderá atuar por meio de Núcleos.

Art. 17. Os Núcleos são dirigidos por Defensor Público-Chefe, nos termos do art. 15 desta Lei Complementar.

(...)

## Seção IV

### Dos Núcleos da Defensoria Pública do Distrito Federal e dos Territórios

Art. 62. A Defensoria Pública do Distrito Federal e dos Territórios exercerá suas funções institucionais através de Núcleos.

Art. 63. Os Núcleos da Defensoria Pública do Distrito Federal e dos Territórios são dirigidos por Defensor Público-Chefe, designado pelo Defensor Público-Geral, dentre integrantes da carreira, competindo-lhe, no exercício de suas funções institucionais:

I – prestar, no Distrito Federal e nos Territórios, assistência jurídica, judicial e extrajudicial, integral e gratuita, aos necessitados;

II – integrar e orientar as atividades desenvolvidas pelos Defensores Públicos que atuem em sua área de competência;

III – remeter, semestralmente, ao Corregedor-Geral, relatório de suas atividades;

IV – exercer as funções que lhe forem delegadas pelo Defensor Público-Geral.

(...)

## Seção IV

### Da Defensoria Pública do Estado

Art. 106. A Defensoria Pública do Estado prestará assistência jurídica aos necessitados, em todos os graus de jurisdição e instâncias administrativas do Estado.

Parágrafo único. À Defensoria Pública do Estado caberá interpor recursos aos Tribunais Superiores, quando cabíveis.

Art. 106-A. A organização da Defensoria Pública do Estado deve primar pela descentralização, e sua atuação deve incluir atendimento interdisciplinar, bem como a tutela dos interesses individuais, difusos, coletivos e individuais homogêneos. (Incluído pela Lei Complementar n. 132, de 2009)

## Seção V

### Dos Núcleos da Defensoria Pública do Estado

Art. 107. A Defensoria Pública do Estado poderá atuar por intermédio de núcleos ou núcleos especializados, dando-se prioridade, de todo modo, às regiões com maiores índices de exclusão social e adensamento populacional. (Redação dada pela Lei Complementar n. 132, de 2009)

## 12 DOS ÓRGÃOS DE ATUAÇÃO: DAS DEFENSORIAS PÚBLICAS E DOS NÚCLEOS – ARTS. 14 A 17, 62 E 63, E 106 A 107

### *12.1 Das Defensorias Públicas*

Ainda dizendo respeito à organização das Defensorias Públicas, a LC n. 80/1994 prevê dois órgãos de atuação, que podem ser mais bem compreendidos se encarados sob os aspectos da competência (termo geralmente utilizado no jargão da organização do Poder Judiciário) e da natureza das atribuições. Ainda assim não chegamos à clareza plena na compreensão da suposta diferença ontológica entre esses dois órgãos de atuação.

| Órgãos de atuação: |
|---|
| • Defensorias Públicas<br>• Núcleos Especializados |

Comecemos pelo primeiro órgão de atuação: as Defensorias Públicas.

Aqui, a LC n. 80/1994 distribui a atuação das Defensorias Públicas inspirada pela organização judiciária.

O art. 14 prevê a atuação da Defensoria Pública da União junto à Justiça Federal, à Justiça do Trabalho, à Justiça Eleitoral, à Justiça Militar, aos Tribunais Superiores e às instâncias administrativas da União.

Os arts. 22 e 23 da LC n. 80/1994 merecem atenção especial.

Lidos na sua literalidade, levam a crer que cabe apenas à Defensoria Pública da União atuar junto aos Tribunais Superiores, Superior Tribunal de Justiça e Supremo Tribunal Federal. Na verdade, esses artigos devem ser lidos *internamente*, ou seja, nos limites da Defensoria Pública da União, e significam que dentro dela existe divisão de atribuições conforme a categoria em que se encontre o defensor público federal.

Em nome do acesso integral à justiça, *não se há de falar em atuação especializada ou exclusiva da Defensoria Pública União junto aos tribunais superiores.* Melhor dizendo: embora paire sobre a Defensoria Pública o princípio da unidade, tal princípio deve respeitar o princípio federativo e, assim, existe uma divisão orgânica entre as Defensorias Públicas que não se dá em relação aos tribunais superiores, cabendo o acesso a eles a cada uma das Defensorias Públicas pelos meios processuais cabíveis: até porque os tribunais superiores não são federais e muito menos estaduais: são *nacionais* (confira nossos comentários sobre *indivisibilidade* no art. 3º). Na prática, isso significa que o defensor público que tomou o primeiro contato com o litígio deverá atuar no caso até os tribunais superiores. Vale anotar, por sinal, que o art. 106 em comento, em seu parágrafo único, expressamente impõe como parâmetro mínimo de atuação da Defensoria Pública estadual a interposição de recursos aos tribunais superiores, quando cabíveis. E, a nosso ver, a lei orgânica estadual não pode dar tratamento divorciado ou contraditório da lei orgânica nacional; nesse sentido:

> Se é certo, de um lado, que, nas hipóteses referidas no art. 24 da Constituição, a União Federal não dispõe de poderes ilimitados que lhe permitam transpor o âmbito das normas gerais, para,

assim, invadir, de modo inconstitucional, a esfera de competência normativa dos Estados-membros, não é menos exato, de outro, que o Estado-membro, em existindo normas gerais veiculadas em leis nacionais (como a Lei Orgânica Nacional da Defensoria Pública, consubstanciada na LC 80/1994), não pode ultrapassar os limites da competência meramente suplementar, pois, se tal ocorrer, o diploma legislativo estadual incidirá, diretamente, no vício da inconstitucionalidade. A edição, por determinado Estado-membro, de lei que contrarie, frontalmente, critérios mínimos legitimamente veiculados, em sede de normas gerais, pela União Federal ofende, de modo direto, o texto da Carta Política. Precedentes (ADI 2.903, rel. Min. Celso de Mello, Plenário, julgamento em 1º-12-2005, *DJE* 19-9-2008).

A Defensoria Pública do Distrito Federal, por sua vez, atuará junto ao Poder Judiciário do Distrito Federal, aos Tribunais Superiores, inclusive, e às instâncias administrativas distritais (arts. 66, 67 e 68) – Tribunais Superiores também, pois vale relembrar mais uma vez que o art. 2º da EC n. 69/2012 estende à Defensoria Pública do Distrito Federal os mesmos princípios e regras que regem as Defensorias Públicas dos Estados.

Por fim, às Defensorias Públicas estaduais cabe atuar junto ao Poder Judiciário estadual, aos Tribunais Superiores e às instâncias administrativas estaduais (art. 106). Frise-se que, conforme o parágrafo único do art. 106, lido na sua literalidade, incumbiria às DPEs apenas "interpor recursos" junto aos Tribunais Superiores, mas *esse dispositivo deve ser lido ampliativamente*, abarcando a propositura de ações originárias nos Tribunais Superiores pelas DPEs sob pena de quebra da cláusula federativa.

## 12.2 Núcleos

Outro órgão de atuação previsto na LC n. 80/1994 são os Núcleos.

É imperioso registrar que *não há um conceito unívoco de Núcleos* na lei orgânica nacional[588], e muito menos quando cotejamos esse conceito com o regime jurídico conferido aos Núcleos em leis estaduais (para fins de explicação, analisaremos adiante a disciplina contida em algumas leis estaduais).

Na normatização da LC n. 80/1994, os Núcleos não apresentam qualquer característica peculiar no que tange à Defensoria Pública da União, limitando-se o art. 16 a dispor que a Defensoria Pública da União poderá atuar por meio de Núcleos, e que eles serão dirigidos por defensor público-chefe (art. 15). Como se vê, a leitura isolada do art. 16 – e, tratando dos Núcleos, esse dispositivo de fato vive em solidão na LC n. 80/1994 – não permite compreender o que realmente fazem tais Núcleos. *Eles simplesmente existem na lei orgânica.*

No bojo da Defensoria Pública do Distrito Federal, o art. 62 não é mais feliz do que o art. 16, também cingindo a facultar a atuação da instituição por meio de Núcleos. Mas o art. 63 traz não apenas regra atinente a quem cabe a coordenação dos Núcleos (compete ao defensor públi-

588 E menos ainda quando cotejamos outras leis. Por exemplo, o art. 15, § 3º da Lei de Execução Penal prevê: "Fora dos estabelecimentos penais, serão implementados Núcleos Especializados da Defensoria Pública para a prestação de assistência jurídica integral e gratuita aos réus, sentenciados em liberdade, egressos e seus familiares, sem recursos financeiros para constituir advogado".

co-chefe, designado pelo Defensor Público-Geral) como as funções que os Núcleos devem desempenhar, e essas funções são: prestar assistência jurídica; integrar e orientar as atividades desenvolvidas pelos defensores públicos; remeter, semestralmente, relatórios de suas atividades; e, por fim, exercer as funções que lhes forem delegadas pelo Defensor Público-Geral. É pelos incisos do art. 63 – principalmente pelo inciso II – que os Núcleos ganham características próprias no seio da Defensoria Pública.

Como prova de que "núcleos", na LC n. 80/1994, é expressão equívoca, para as Defensorias Públicas estaduais o art. 107 traz *duas especificidades*:

(i) também sem definir com precisão, não faz apenas referência a "núcleos" como também a "núcleos especializados" – o que, numa linha lógica de interpretação, leva-nos a concluir que os núcleos não especializados são "gerais";

(ii) outro aspecto é que se no âmbito da Defensoria Pública da União os "núcleos" não ganham qualquer direcionamento funcional e se na seara da Defensoria do Distrito Federal sua "distinção" se dá no que tange ao rol de suas atribuições, no que toca às Defensorias estaduais os "núcleos" e os "núcleos especializados" têm como característica, em caráter de prioridade, o *elemento geográfico*: devem voltar-se (o que não significa instalar-se) às regiões com maiores índices de exclusão social e adensamento populacional (art. 107).

**"Núcleos" em algumas legislações estaduais**

Diante da vagueza da lei nacional, não surpreende que as leis estaduais que preveem os núcleos apresentem discrepâncias, por exemplo, quanto às atribuições, seus ocupantes ou nomenclaturas.

Apenas a título exemplificativo, citemos o que dispõem as leis das Defensorias Públicas dos Estados de São Paulo, Paraná, Rio Grande do Sul, Rio Grande do Norte, Santa Catarina e Goiás.

**São Paulo**

A LC n. 988/2006 (**São Paulo**) confere aos Núcleos Especializados caráter permanente; devem desempenhar o suporte e o auxílio aos defensores públicos (art. 52, *caput*) e ser organizados por tema ou natureza da atuação. O parágrafo único do art. 52 elenca quais seriam esses temas, embora em rol exemplificativo.

Conquanto se preveja que os Núcleos Especializados prestarão suporte e auxílio aos defensores públicos, a LC n. 988/2006 arrolou as atribuições desse órgão de atuação (art. 53):

> I – compilar e remeter informações técnico-jurídicas, sem caráter vinculativo, aos Defensores Públicos;
> II – propor medidas judiciais e extrajudiciais, para a tutela de interesses individuais, coletivos e difusos, e acompanhá-las, agindo isolada ou conjuntamente com os Defensores Públicos, sem prejuízo da atuação do Defensor Natural;
> III – realizar e estimular o intercâmbio permanente entre os Defensores Públicos, objetivando o aprimoramento das atribuições institucionais e a uniformidade dos entendimentos ou teses jurídicas;
> IV – realizar e estimular o intercâmbio com entidades públicas e privadas, bem como representar a instituição perante conselhos e demais órgãos colegiados, por qualquer de seus membros, mediante designação do Defensor Público-Geral do Estado;

V – atuar e representar junto ao Sistema Interamericano dos Direitos Humanos, propondo as medidas judiciais cabíveis;

VI – prestar assessoria aos órgãos de atuação e de execução da Defensoria Pública do Estado;

VII – coordenar o acionamento de Cortes Internacionais.

Das atribuições acima é possível dar destaque aos seguintes aspectos:

(i) o caráter não *vinculante* do auxílio prestado pelos Núcleos aos defensores públicos, em nome da *independência funcional* destes;

(ii) a consagração explícita da ideia de *defensor natural*, mas observe-se que o inc. II, ao outorgar aos Núcleos a propositura de medidas judiciais e extrajudiciais, amplia a definição de órgão de suporte e auxílio, prevista no art. 52, *caput*;

(iii) atuação e coordenação das atividades da Defensoria Pública junto ao *Sistema Interamericano de Direitos Humanos.*

Nos termos do art. 54 da LC n. 988/2006, devem compor os Núcleos Especializados defensores públicos que tenham ao menos *cinco anos de efetivo exercício* no cargo de defensor público, sendo que seus integrantes serão *designados pelo Defensor Público-Geral* pelo *período*[589] de *dois anos*, admitida *uma recondução*. Essa designação pelo Defensor Público-Geral, porém, não é arbitrária[590], pois, além dos requisitos formais previstos no art. 54, exige-se a realização de uma seleção (art. 55).

**Paraná**

No que tange à Defensoria Pública do Estado do **Paraná**, a LC n. 136/2011 traz os seguintes regramentos atinentes aos Núcleos Especializados:

(i) são *criados por ato do Defensor Público-Geral após propositura do Conselho Superior* (embora o "superior" desse órgão tenha sido omitido, talvez por mero problema de redação legislativa) (art. 37);

(ii) o Defensor Público-Chefe é *designado* pelo Defensor Público-Geral (art. 38), sendo que os demais integrantes preferencialmente devem ser aqueles que possuam "conhecimentos específicos" na área atrelada ao respectivo Núcleo (art. 39, § 1º);

(iii) as *atribuições* do Defensor Público-Chefe estão previstas no art. 40, destacando-se que o inc. IV prevê a de exercer as funções que lhe forem delegadas pelo Defensor Público-Geral;

---

589 Observe-se que a LC n. 988/2006 usou o termo "período", e não "mandato", valendo consignar que a LC n. 80/1994, por sua vez, nada tratou em relação a esse assunto.

590 De qualquer forma, o art. 89, II, prevê como função de confiança do Defensor Público-Geral a função de coordenador dos Núcleos Especializados. Note-se que nesse dispositivo faz-se referência à função de coordenador, sendo que em outros dispositivos, como no art. 55, o termo usado é "integrantes" (no plural, inclusive). Desse ponto de vista literal, é possível sustentar que, em relação aos Núcleos, a LC n. 988/2006 distingue "integrantes" de "coordenador". A utilidade prática dessa distinção seria a possibilidade de argumentar que o coordenador do núcleo, por ser função de confiança do Defensor Público-Geral, prescinde de se submeter à seleção, ao contrário dos integrantes, também designados pelo Defensor Público-Geral, mas após essa seleção.

(iv) não existe uma *limitação de número* nem áreas temáticas dos Núcleos, que, já dito, podem ser criadas nos termos do art. 37, mas a LC n. 136/2011 já criou alguns Núcleos, prevendo-os no § 2º do art. 40.

**Rio Grande do Sul**

Os Núcleos Especializados da Defensoria Pública do **Rio Grande do Sul** trazem as seguintes características principais:

(i) podem ser *criados* e *extintos* por resolução do *Conselho Superior*, ou seja, apenas a esse órgão colegiado se outorga esse poder decisório (art. 32, *caput, da* LC n. 14.130/2012). Mas o *Defensor Público-Geral não fica de fora, pois o parágrafo único desse dispositivo lhe dá o poder de designar* os dirigentes do órgão, ainda que haja alguma vinculação (ele deve observar os vagos conceitos "reconhecida atuação na área e, preferencialmente, com titulação acadêmica específica");

(ii) já as *atribuições são retratadas no art. 33 e são as mais diversas, devendo-se destacar a elaboração de uma política institucional (inciso IV, a).*

**Rio Grande do Norte**

Quanto à Defensoria Pública do **Rio Grande do Norte**, a LC n. 251/2003 trata dos Núcleos Especializados no mesmo capítulo em que regula os Núcleos Regionais (art. 16 e parágrafos). No entanto, se o aspecto geográfico confere alguma clareza quanto ao que são os Núcleos Regionais, o mesmo não se dá quanto aos Núcleos Especializados – exceto quanto à sua especialização, o que não diz tudo. De qualquer forma, limita-se a lei a dispor que tais núcleos:

(i) serão coordenados por um defensor público *escolhido pelo Conselho Superior e designado pelo Defensor Público-Geral*;

(ii) cabendo ainda àquele colegiado a *definição acerca das especialidades*, áreas de atuação e competências (§ 2º).

**Santa Catarina**

Quanto à mais jovem das Defensorias Públicas brasileiras, **Santa Catarina**, a LC n. 575/2012 arrola os Núcleos Regionais (art. 20) e apenas possibilita a criação de *Núcleos Especializados em razão da matéria* (art. 21).

**Goiás**

A lei da Defensoria de **Goiás** (LC n. 130/2017) é das mais detalhadas. Ela reserva quatro seções diferentes a órgãos denominados Núcleos da Defensoria Pública, Núcleos Especializados, Núcleos de Defensorias Especializadas e Núcleos Regionais. Esses três núcleos:

(i) são *permanentes* (art. 37, *caput*);

(ii) a chefia de cada um desses órgãos varia entre um defensor público *designado* pelo Defensor Público-Geral como função de confiança até aquele que possui *mandato* de dois anos;

(iii) quanto aos papéis desempenhados por cada um deles, ora ela diz respeito ao *suporte* aos defensores públicos, ora ao *intercâmbio* entre estes, ora à *atuação especializada* em determinadas áreas.

**O problema do tratamento insuficiente dos "núcleos" na LC n. 80/1994**

É compreensível que, em 1994, quando entrou em vigor a LC n. 80, houvesse certa timidez do legislador ao disciplinar a ideia de Núcleos. De fato, a Defensoria Pública, se vista de uma maneira nacional, ainda engatinhava, sobretudo no que concerne a atuações de caráter coletivo. É claro que os Núcleos não se prestam apenas a isso, mas, na prática, boa parte da assistência jurídica coletiva prestada pela instituição passa, direta ou indiretamente, pelos Núcleos.

Em 2009, quando a LC n. 132 alterou vários dispositivos da lei orgânica, a ideia de Núcleos havia superado a ação de engatinhar, mas continuou apenas se habituando a dar alguns passos. O quadro a seguir ilustra melhor isso:

| | |
|---|---|
| Art. 107. A Defensoria Pública do Estado poderá atuar através de núcleos. (Redação original) | Art. 107. A Defensoria Pública do Estado poderá atuar por intermédio de núcleos ou núcleos especializados, dando-se prioridade, de todo modo, às regiões com maiores índices de exclusão social e adensamento populacional. (Redação dada pela Lei Complementar n. 132, de 2009) |

Justamente devido ao tímido disciplinamento do assunto no plano nacional, na prática, as leis estaduais não convergem a respeito do papel dos Núcleos.

De 1994 para cá, a Defensoria Pública brasileira conquistou e manteve (de maneira explícita) sua legitimidade para propor ação civil pública, recebeu incumbências expressas – além de um capítulo próprio – no Código de Processo Civil vigente, e conquistou importantes precedentes junto aos tribunais.

Tudo isso mostra que, no futuro, novas alterações da lei orgânica nacional não poderão deixar de construir uma normativa mais robusta acerca dos papéis dos Núcleos – sobretudo no que toca a seu atuar *especializado*.

Os núcleos – ou qualquer que seja a nomenclatura que se lhes dê – têm um papel de *liderança técnica* no seio da Defensoria Pública. E suas origens, como veremos no tópico sobre o histórico, demonstram um pouco disso.

**A questão da independência funcional**

Se analisarmos o caso das Defensorias Públicas da União (arts. 15, 15-A e 17) e do Distrito Federal (art. 63), o princípio do paralelismo das formas sugeriria que, se o Defensor Público-Geral tem o *poder de designar*, ele também tem o poder de demitir *ad nutum*. No que tange às Defensorias estaduais, a falta de normatização pela LC n. 80/1994 faz surgir alguma variação à composição desses Núcleos. Todas essas situações podem ocasionar eventuais afrontas à garantia da independência funcional no plano *interno* quando se trata de Núcleos.

O cerne da questão, portanto, é se, internamente, **poder-se-ia falar em independência funcional dos Núcleos em relação à Defensoria Pública-Geral ou ao Conselho Superior**. Responder que "*não*" é o mesmo que assumir que os defensores, de *per se*, têm independência funcional interna, mas, quando integram os Núcleos, não! Responder que "*sim*" significa não apenas argumentar que, qualquer que seja a normatização, **não** se pode desconsiderar a necessidade de independência funcional (a qual deve ser garantida por mandato, inamovibilidade e forma de ingresso na função etc.).

Parece-nos difícil sustentar a interpretação de que, quando se trata de Núcleos, não existe independência funcional. Qualquer que seja a forma de escolha (eleição, designação, escolha após análise de plano de atuação etc.) e independentemente da existência de mandato, a independência funcional deve ser preservada.

Obviamente, a existência de mandato certamente facilita a preservação da independência funcional, mas, no limite, a independência funcional – agora prevista já na CF/88 para a Defensoria Pública – figura tanto como garantia como princípio da instituição.

Portanto, enquanto não houver normatização mais robusta na LC n. 80/1994 – algo que deve ser priorizado na próxima mudança dessa lei –, a leitura e o agir no seio da instituição devem ser assim:

> a) se na lei estadual **for previsto** que o coordenador do Núcleo possui *mandato* mas não houver previsão quanto à *destituição* – e os dois institutos são igualmente importantes –, a destituição deverá ser tida como excepcionalmente possível, e a solução poderá ser encontrada internamente através de um ato complexo (usando, como analogia, a previsão expressa de destituição do Corregedor-Geral ou fazendo a analogia com o Defensor-Geral ou conselheiros eleitos do Conselho Superior – sugerimos ao leitor a consulta aos respectivos tópicos).
>
> b) se a lei estadual (ou no caso das Defensorias Públicas da União e do Distrito Federal) **não houver previsão** de *mandato*, a manutenção do defensor público que coordene algum Núcleo não poderá ficar refém da ideia simplista de que quem designa tem o poder de retirar *ad nutum*. Isso, como dissemos, seria inequívoca afronta a toda construção de autonomia da Defensoria Pública desde a promulgação da CF/88. Nesse sentido então, eventual destituição poderá e deverá inspirar-se nas ideias acima (item *a*).

### Aspectos históricos dos Núcleos da Defensoria Pública

Dissemos anteriormente que, no âmbito da LC n. 80/1994, as expressões "Núcleos" ou "Núcleos especializados" *não possuem univocidade conceitual.*

Assim como uma das virtudes do art. 4º da lei é a de, em nome do princípio da unidade, estabelecer a concepção nacional de assistência jurídica para a Defensoria Pública – com o que não temos disparidade regional na prática da assistência jurídica no país –, o mesmo deveria ocorrer no que tange aos Núcleos.

Seria um tremendo equívoco enxergarmos os Núcleos (ou Núcleos especializados) como *os* órgãos incumbidos de atuar no plano coletivo. Da mesma forma, seria errôneo supor que *leading cases* devem ser preparados apenas e tão só por esses órgãos. Todo e qualquer defensor público, ao tomar posse e ser nomeado, foi encarregado de atuar nessas situações que, por natureza, fogem do rotineiro.

No entanto, não é preciso muita pesquisa empírica para constatarmos que é no ambiente dos Núcleos (especializados ou não, o nome é o que menos importa) que tanto a atuação coletiva quanto a atuação estratégica em *leading cases* encontram neles as melhores condições técnicas e operacionais para atuação. Certamente, num futuro quiçá não muito distante, a LC n. 80/1994 será aprimorada e os Núcleos não ficarão a cargo da discrepância inerente à liberdade de conformação dos legisladores estaduais e distrital.

A importância dos Núcleos para a Defensoria Pública é histórica e merece ser lembrada. E, aqui, nada como juntarmos a prática com a teoria.

Brenno Cruz Mascarenhas Filho, ex-defensor público do Estado do Rio de Janeiro, em dissertação de mestrado defendida na PUC-RJ no ano de 1992, de forma pioneira atrelou a discussão acesso à justiça e da Defensoria Pública à teorização sobre Estado liberal e social. Nesse estudo, afirmou que, no ano de 1987, a Defensoria Pública carioca criou um Núcleo de Consumidor e de Terras e Habitação, o que, para o autor, consubstanciaria o ingresso daquela instituição na fase que ele denominou "*Defensoria Pública não tradicional*". Concluiu que a criação dos referidos núcleos conferiu um perfil diferenciado (e antenado com as exigências do Estado Social) à atuação da Defensoria Pública, mas advertiu: "*Contudo, estaríamos nos equivocando, se concluíssemos que o conjunto das atividades da Defensoria deixou de ser predominantemente marcado pelo individualismo*"[591].

Considerando a experiência carioca como pioneira na edificação, ainda que mínima, dos 'Núcleos' dentro da organização interna da Defensoria Pública, uma breve remissão a essa evolução histórica não parece ser perda de tempo.

Foi a LC n. 06/1977 que organizou a Defensoria carioca – antes mesmo da CF/88 –, que, de maneira genérica e sucinta, previu a instalação de 'Núcleos'. Trata-se do ainda vigente art. 177, que prevê que "*Os núcleos da Defensoria Pública existentes na Capital terão o seu funcionamento regulamentado através de Resolução do Defensor Público-Geral do Estado*".

O Núcleo de Terras da Defensoria carioca existia desde 1984 por força de uma Resolução Conjunta da Secretaria da Justiça, da Procuradoria-Geral do Estado e da Procuradoria-Geral de Justiça (Resolução n. 6/1984) e, após, devido a um convênio entre o Estado do Rio de Janeiro e o Município do Rio de Janeiro firmado em 1987. Mas foi em 1989, portanto já na vigência da CF/88, que a regulamentação prevista no art. 177 da LCE n. 06/1977 foi ganhando novos contornos.

Essa regulamentação adveio apenas em 1989, por meio da Resolução n. 40, de 29 de agosto, de autoria do Defensor Público-Geral. Talvez mais importante do que os dois artigos dessa Resolução era um dos "*considerando*", que esclarecia o porquê da existência dos núcleos: facilitar o acesso das partes à Justiça com atendimento mais próximo possível de suas residências. À primeira vista, disso viria à mente a ideia de algo como uma "Defensoria itinerante", ou seja, aquela que iria ao encontro das pessoas residentes nos cafundós ou naqueles lugares em que "Judas perdeu as botas"; mas o art. 1º se limitava a prever que aos Núcleos competia o primeiro atendimento, nada além disso.

No mesmo dia (29 de agosto), o Defensor Público-Geral instituiu o Núcleo de Terras e Habitação (Resolução n. 41). Se a Resolução n. 40 foi tímida quanto à definição dos 'Núcleos', na de n. 41 ficou claro que sua existência decorria da sociedade de massa e da necessidade de atuar na esfera coletiva. Além disso, outro "*considerando*" frisava que, para dar efetividade à atuação na órbita coletiva, impunham-se tanto a especialização técnica como a atuação posterior

---

591 MASCARENHAS, Brenno Cruz. *A dinâmica do individualismo na Defensoria Pública do Rio de Janeiro*. Dissertação (Mestrado) – Pontifícia Universidade Católica, Rio de Janeiro, 1992. p. 115.

a uma "discussão com as associações comunitárias" (como se vê, saber técnico e participação popular como ideais de possível e necessária conciliação).

Quatro anos depois, a Resolução n. 135/1993 do Defensor Público-Geral tratou das atribuições dos 'Núcleos' – no plural –, mas tais atribuições em nada faziam lembrar a ideia de atuação na seara coletiva.

Se tomarmos os exemplos paulista, carioca, gaúcho e certamente de outras Defensorias no Brasil, no que tange aos 'núcleos', talvez a prática explique melhor a sua importância do que um passeio pelas diversas disciplinas legais e infralegais.

E desse ponto de vista é possível sustentar que os Núcleos especializados, não apenas por sua especialização, mas por sua dinâmica de trabalho, possuem condições estruturais para selecionar casos (valendo lembrar que a possibilidade de selecionar casos é diretamente proporcional à possibilidade de excluir outros), possibilitando, assim, o desenvolvimento de uma atuação estratégica, que engloba a atuação judicial individual e coletiva, e além dela, como o *lobby*[592].

## Seção VI

### Dos Defensores Públicos Federais (Redação dada pela Lei Complementar n. 132, de 2009)

Art. 18. Aos Defensores Públicos Federais incumbe o desempenho das funções de orientação, postulação e defesa dos direitos e interesses dos necessitados, cabendo-lhes, especialmente: (Redação dada pela Lei Complementar n. 132, de 2009)

I – atender às partes e aos interessados;

II – postular a concessão de gratuidade de justiça para os necessitados;

III – tentar a conciliação das partes, antes de promover a ação cabível;

IV – acompanhar e comparecer aos atos processuais e impulsionar os processos;

V – interpor recurso para qualquer grau de jurisdição e promover revisão criminal, quando cabível;

VI – sustentar, oralmente ou por memorial, os recursos interpostos e as razões apresentadas por intermédio da Defensoria Pública da União;

VII – defender os acusados em processo disciplinar;

VIII – participar, com direito de voz e voto, do Conselho Penitenciário; (Incluído pela Lei Complementar n. 132, de 2009)

IX – certificar a autenticidade de cópias de documentos necessários à instrução de processo administrativo ou judicial, à vista da apresentação dos originais; (Incluído pela Lei Complementar n. 132, de 2009)

592 Mauro Cappelletti e Bryant Garth, ao enumerarem algumas das vantagens do modelo público, citam a experiência da advocacia legislativa pelos "escritórios de vizinhança" nos Estados Unidos, onde "(...) os advogados tentavam ampliar os direitos dos pobres, enquanto classe, através de casos-teste, do exercício de atividades de lobby, e de outras atividades tendentes a obter reformas da legislação, em benefício dos pobres, dentro de um enfoque de classe" (*Acesso à justiça*. Trad. Ellen Gracie Northfleet. Porto Alegre: Sergio Fabris, 1988. p. 40). No Brasil, já em 1968, o advogado estadunidense Peter Messite, ao mesmo tempo que exaltava as virtudes, também tecia críticas às experiências brasileiras em matéria de assistência judiciária, que para ele ostentavam um caráter de "serviço limitado", e manifestava que "(...) o serviço [de assistência jurídica] deve aproveitar sua experiência com os problemas dos pobres para sugerir soluções legislativas" (Assistência judiciária – sua gênese, sua história e a função protetiva do Estado. *Revista dos Tribunais*, v. 392, ano 57, jun. 1968. p. 409).

X – atuar nos estabelecimentos penais sob a administração da União, visando ao atendimento jurídico permanente dos presos e sentenciados, competindo à administração do sistema penitenciário federal reservar instalações seguras e adequadas aos seus trabalhos, franquear acesso a todas as dependências do estabelecimento independentemente de prévio agendamento, fornecer apoio administrativo, prestar todas as informações solicitadas, assegurar o acesso à documentação dos presos e internos, aos quais não poderá, sob fundamento algum, negar o direito de entrevista com os membros da Defensoria Pública da União. (Incluído pela Lei Complementar n. 132, de 2009)

(...)

# Seção IV

## Dos Defensores Públicos do Distrito Federal e dos Territórios

Art. 64. Aos Defensores Públicos do Distrito Federal e dos Territórios incumbe o desempenho das funções de orientação, postulação e defesa dos direitos e interesses dos necessitados, em todos os graus de jurisdição e instâncias administrativas, cabendo-lhes especialmente:

I – atender às partes e aos interessados;

II – postular a concessão de gratuidade de justiça para os necessitados;

III – tentar a conciliação das partes, antes de promover a ação cabível;

IV – acompanhar e comparecer aos atos processuais e impulsionar os processos;

V – interpor recurso para qualquer grau de jurisdição e promover revisão criminal, quando cabível;

VI – sustentar, oralmente ou por memorial, os recursos interpostos e as razões apresentadas por intermédio da Defensoria Pública do Distrito Federal e dos Territórios;

VII – defender os acusados em processo disciplinar;

VIII – participar, com direito a voz e voto, do Conselho Penitenciário; (Incluído pela Lei Complementar n. 132, de 2009)

IX – certificar a autenticidade de cópias de documentos necessários à instrução de processo administrativo ou judicial, à vista da apresentação dos originais; (Incluído pela Lei Complementar n. 132, de 2009)

X – atuar nos estabelecimentos penais sob a administração do Distrito Federal, visando ao atendimento jurídico permanente dos presos e sentenciados, competindo à administração do sistema penitenciário distrital reservar instalações seguras e adequadas aos seus trabalhos, franquear acesso a todas as dependências do estabelecimento, independentemente de prévio agendamento, fornecer apoio administrativo, prestar todas as informações solicitadas e assegurar o acesso à documentação dos presos e internos, aos quais não poderá, sob fundamento algum, negar o direito de entrevista com os membros da Defensoria Pública do Distrito Federal. (Incluído pela Lei Complementar n. 132, de 2009)

(...)

# Seção VI

## Dos Defensores Públicos dos Estados

Art. 108. Aos membros da Defensoria Pública do Estado incumbe, sem prejuízo de outras atribuições estabelecidas pelas Constituições Federal e Estadual, pela Lei Orgânica e por demais diplomas legais, a orientação jurídica e a defesa dos seus assistidos, no âmbito judicial, extrajudicial e administrativo. (Redação dada pela Lei Complementar n. 132, de 2009)

Parágrafo único. São, ainda, atribuições dos Defensores Públicos Estaduais: (Incluído pela Lei Complementar n. 132, de 2009)

I – atender às partes e aos interessados; (Incluído pela Lei Complementar n. 132, de 2009)

II – participar, com direito a voz e voto, dos Conselhos Penitenciários; (Incluído pela Lei Complementar n. 132, de 2009)
III – certificar a autenticidade de cópias de documentos necessários à instrução de processo administrativo ou judicial, à vista da apresentação dos originais; (Incluído pela Lei Complementar n. 132, de 2009)
IV – atuar nos estabelecimentos prisionais, policiais, de internação e naqueles reservados a adolescentes, visando ao atendimento jurídico permanente dos presos provisórios, sentenciados, internados e adolescentes, competindo à administração estadual reservar instalações seguras e adequadas aos seus trabalhos, franquear acesso a todas as dependências do estabelecimento independentemente de prévio agendamento, fornecer apoio administrativo, prestar todas as informações solicitadas e assegurar o acesso à documentação dos assistidos, aos quais não poderá, sob fundamento algum, negar o direito de entrevista com os membros da Defensoria Pública do Estado. (Incluído pela Lei Complementar n. 132, de 2009)

## 13 DOS DEFENSORES PÚBLICOS – ARTS. 18, 64 E 108

**Imprecisões da LC n. 80/1994**

Definitivamente, em alguns momentos faltou melhor técnica legislativa à LC n. 80/1994. Daremos cinco motivos para sustentar essa afirmação.

Em primeiro lugar, à exceção dos incisos referentes à certificação de autenticidade de cópias de documentos, os incisos dos arts. 18, 64 e 108 tratam, no fundo, de atribuições dos defensores públicos, o que poderia ter sido disciplinado ao longo do art. 4º.

Em segundo lugar, o legislador poderia ter economizado palavras e deixado de explicitar outra vez que cabe aos defensores públicos a orientação jurídica e a defesa dos seus assistidos (e o resto o leitor já sabe de cor). É verdade que, quando isso é previsto no art. 1º e, dentre outros, no art. 4º, I, o legislador prevê competir à Defensoria Pública como instituição, ao passo que nos artigos ora comentados a previsão é expressa: cabe aos defensores públicos. Só que ainda assim essa repetição é irrelevante, já que as atribuições que competem à instituição, que é algo abstrato, só podem ser concretizadas por entes concretos: os defensores públicos.

Em terceiro lugar, o mais razoável, já que o princípio da unidade assim o recomendaria, é que houvesse plena repetição dessas atribuições para cada uma das Defensorias Públicas. Mas não. Sem qualquer fundamento, e para dar apenas um exemplo, a incumbência de tentativa de conciliação das partes antes da propositura de ação judicial é prevista apenas em relação aos defensores públicos federais e distritais, mas não aos estaduais. O fato é que isso está previsto para todas as Defensorias Públicas no art. 4º, II.

Em quarto lugar, não só houve repetição de atribuições como houve inovações. Uma delas diz respeito à participação, com direito a voz e voto, nos Conselhos Penitenciários. Dessa forma, tais dispositivos da LC n. 80/1994 devem ser atrelados aos arts. 69 e 70 da Lei de Execução Penal.

Em quinto e último lugar, não só de atribuições tratou o legislador nos dispositivos ora comentados, já que a incumbência de certificação da autenticidade de cópias de documentos não é atribuição, e sim prerrogativa. Em vista da estrutura da obra, que segue a ordem dos dispositivos, comentaremos aqui essa prerrogativa.

**Certificação de autenticidade: natureza de prerrogativa**

Como dissemos, conquanto a LC n. 80/1994 preveja como "atribuição" da Defensoria Pública o ato de "*certificar a autenticidade de cópias de documentos necessários à instrução de processo administrativo ou judicial, à vista da apresentação dos originais*", é evidente que se trata de prerrogativa do cargo. Ora, prerrogativas são ferramentas especiais previstas em lei e que permitem a realização das atribuições do cargo de modo eficiente – confira em detalhes nossos comentários precedendo os art. 43, 88 e 127 desta Lei Orgânica. A certificação de autenticidade das cópias é meio para as funções institucionais, caso contrário, a LC n. 132/2009 teria inaugurado a função cartorária da Defensoria Pública, que, enfatize-se, não está autorizada a certificar cópias fora do exercício de suas atribuições institucionais.

Portanto, em nome da boa técnica, a LC n. 132/2009 deveria ter incluído o poder de certificação de cópias no rol de prerrogativas dos arts. 44, 89 e 128 – e jamais tê-lo nominado de "atribuição".

A certificação da cópia certamente gera uma presunção *juris tantum* de autenticidade, caso contrário essa prerrogativa não teria utilidade alguma. Desse modo, pode cair diante de *impugnação* que demonstre conclusivamente que a cópia não confere com o original. A boa cautela impõe ao defensor público que sempre confira com máxima atenção o original e a cópia antes de certificar a autenticidade, mesmo que o servidor ou estagiário tenha copiado: afinal, uma mera troca de cópias é o que basta para que a certificação caia por terra.

**Relevância prática da prerrogativa**

Nas leis processuais vigentes existem dispositivos que fazem menção expressa à possibilidade de o advogado autenticar cópias, porém a prerrogativa advocatícia parece ser mais restrita que a dos defensores públicos, porque *se limita à autenticação de peças processuais*[593] – fora deste espectro o advogado deverá valer-se do cartório competente.

A utilidade dessa prerrogativa é ampla.

É verdade que, no âmbito judicial, normalmente a autenticação feita pelo Judiciário é gratuita por conta do benefício da gratuidade de justiça[594], porém só o fato de a Defensoria Pública não ter de enfrentar a fila do serviço reprográfico do Poder Judiciário facilita bastante seu trabalho e, ademais, se possuir um espelho das principais peças do processo em seus procedimentos administrativos, nem precisará recorrer a um pedido de vista.

No plano judicial, essa prerrogativa poderá ser usada para instruir pedidos de *habeas corpus*, mandado de segurança, agravo, de liquidação, embargos à execução, impugnação na fase de cumprimento de sentença, execução provisória, restauração de autos, bem como todas as vezes que julgar necessário produzir prova documental – nesse caso, poderá fazer uso da prerrogativa de autenticação mesmo que o documento não pertença a processo judicial algum, isto é, mesmo

593 CPC, art. 365, IV; art. 475-O, § 3º; art. 763, parágrafo único.

594 CPC, art. 98, § 1º, I e IX.

que não seja peça processual. O defensor público poderá entregar ao assistido uma cópia devidamente autenticada de mandado de prisão[595], ou de alvará de soltura[596], por exemplo.

Em suma, qualquer cópia de documento usada no exercício de funções institucionais poderá ser autenticada e *deverá ser tida como autêntica* por qualquer destinatário deste documento.

### Desburocratização e a Lei n. 13.726/2018

Em certa medida, a prerrogativa ora analisada nada mais é do que uma flexibilização nas práticas burocráticas no país.

Conquanto a prerrogativa continue tendo importância prática, recentemente a Lei n. 13.726/2018 expandiu a determinação de que os órgãos da Administração Pública adotem posturas desburocratizantes como a da certificação da autenticidade à vista dos documentos originais.

O art. 1º dispõe: "Esta Lei racionaliza atos e procedimentos administrativos dos Poderes da União, dos Estados, do Distrito Federal e dos Municípios mediante a supressão ou a simplificação de formalidades ou exigências desnecessárias ou superpostas, **cujo custo econômico ou social**, tanto para o erário como para o cidadão, **seja superior ao eventual risco de fraude**, e institui o Selo de Desburocratização e Simplificação".

Destacamos em negrito apenas os trechos do dispositivo legal que, a depender da interpretação *ampla* que se lhes der, empacarão sobremaneira o alcance dos escopos da lei – o que não seria novidade, como veremos logo mais.

Dentre as dispensas legalmente estabelecidas, prevê o inciso II do art. 2º, por exemplo, ser afastada a exigência de "autenticação de cópia de documento, cabendo ao agente administrativo, mediante a comparação entre o original e a cópia, atestar a autenticidade".

A própria lei, como se vê, reconhece o excesso em determinadas práticas burocráticas e, a fim de amenizá-las, até mesmo institui o Selo de Desburocratização.

Não é a primeira vez que se instala no país um enfrentamento à burocratização excessiva.

No final da década de 1980, tivemos a criação de um *Ministério Extraordinário da Desburocratização*, à época chefiado por Hélio Beltrão.

Eis, entretanto, a curiosidade anotada por Keith S. Rosenn: "*Infelizmente*, a burocracia tem lidado com o Programa Nacional de Desburocratização de um modo tipicamente brasileiro, ignorando muitas das suas medidas desburocratizadoras. Respondendo às várias reclamações de desrespeito às reformas, o Ministro Beltrão baixou um decreto determinando que a burocracia levasse a sério o Programa de Desburocratização"[597].

Antecipando-se a todo esse arcabouço normativo desburocratizante, o art. 164, II, da LC n. 988/2006, que organiza a Defensoria Pública de **São Paulo**, dispõe ser dever dos membros da instituição "racionalizar, simplificar e desburocratizar os procedimentos, evitando solicitar aos usuários documentos ou diligências prescindíveis à prestação do serviço".

---

595 Por exemplo, em execução de alimentos para que a representante legal do exequente possa comprovar o mandado de prisão se a própria polícia falha na consulta de seu banco de dados.

596 Para que o acusado ou sentenciado, por exemplo, não tenha problema com qualquer policial se estiver na rua e for abordado.

597 ROSENN, Keith S. *O jeito na cultura jurídica brasileira*. Rio de Janeiro: Renovar, 1998. p. 76.

**Recusa diante do uso da prerrogativa: consequências**

Apesar de o desconhecimento da lei não justificar o seu descumprimento, pode acontecer de o órgão público destinatário do documento cuja autenticidade foi certificada pelo defensor público simplesmente recusar a chancela de tal autenticação.

Se a recusa for proveniente de autoridade pública, poderá ser combatida por meio de *mandado de segurança*, até porque a recusa só poderia ser levada a efeito se a própria autoridade derrubasse a presunção *juris tantum* em consulta ao original, jamais porque a autoridade pura e simplesmente negue o efeito jurídico de autenticação.

A recusa indevida também poderá gerar a *responsabilização* da autoridade que, em tese, incide na prática de *abuso de autoridade* por desrespeitar prerrogativa legal e eventual *improbidade administrativa* – tudo a ser apurado segundo o devido processo legal. Caso a recusa seja de *particular*, em tese, poderá *responder civilmente* por eventuais prejuízos causados pela sua conduta ao possuidor do documento autenticado de modo legítimo.

Porém, sem dúvida, a grande novidade é o uso dessa prerrogativa no âmbito de processos administrativos ou mesmo em atividades extraprocessuais. Normalmente, autoridades administrativas são rigorosas quanto à exigência de autenticação, provavelmente devido ao receio de serem futuramente responsabilizadas. Desse modo, qualquer pedido administrativo da Defensoria Pública em nome do necessitado – entrega de medicamento, abertura de vaga em UTI, vaga em creche, escola, entrega de certidão atualizada de casamento, nascimento, providência para periciar estabelecimento de custódia, ou para periciar preso visando indulto humanitário, ou para apurar e reconhecer isenção de tributo etc. –, qualquer desses pedidos pode ser instruído com documentos autenticados pelo defensor público. O que torna mais robusta a *causa de pedir* de ação proposta em razão da negativa de atendimento do pedido administrativo, caso o corpo do pedido faça menção às cópias autenticadas.

## Capítulo II

### Da Carreira

Art. 19. A Defensoria Pública da União é integrada pela Carreira de Defensor Público Federal, composta de 3 (três) categorias de cargos efetivos: (Redação dada pela Lei Complementar n. 132, de 2009)

I – Defensor Público Federal de 2ª Categoria (inicial); (Redação dada pela Lei Complementar n. 132, de 2009)

II – Defensor Público Federal de 1ª Categoria (intermediária); (Redação dada pela Lei Complementar n. 132, de 2009)

III – Defensor Público Federal de Categoria Especial (final). (Redação dada pela Lei Complementar n. 132, de 2009)

Art. 20. Os Defensores Públicos Federais de 2ª Categoria atuarão junto aos Juízos Federais, aos Juízos do Trabalho, às Juntas e aos Juízes Eleitorais, aos Juízes Militares, às Auditorias Militares, ao Tribunal Marítimo e às instâncias administrativas. (Redação dada pela Lei Complementar n. 132, de 2009)

Art. 21. Os Defensores Públicos Federais de 1ª Categoria atuarão nos Tribunais Regionais Federais, nas Turmas dos Juizados Especiais Federais, nos Tribunais Regionais do Trabalho e nos Tribunais Regionais Eleitorais. (Redação dada pela Lei Complementar n. 132, de 2009)

Art. 22. Os Defensores Públicos Federais de Categoria Especial atuarão no Superior Tribunal de Justiça, no Tribunal Superior do Trabalho, no Tribunal Superior Eleitoral, no Superior Tribunal Militar e na Turma Nacional de Uniformização dos Juizados Especiais Federais. (Redação dada pela Lei Complementar n. 132, de 2009)
Parágrafo único. (VETADO)
Art. 23. O Defensor Público-Geral atuará junto ao Supremo Tribunal Federal.
(...)

## Capítulo II
### Da Carreira

Art. 65. A Defensoria Pública do Distrito Federal e dos Territórios é integrada pela carreira de Defensor Público do Distrito Federal e dos Territórios, composta de três categorias de cargos efetivos:
I – Defensor Público do Distrito Federal e dos Territórios de 2ª Categoria (inicial);
II – Defensor Público do Distrito Federal e dos Territórios de 1ª Categoria (intermediária);
III – Defensor Público do Distrito Federal e dos Territórios de Categoria Especial (final).
Art. 66. Os Defensores Públicos do Distrito Federal de 2ª Categoria atuarão nos Núcleos das Cidades Satélites, junto aos Juízes de Direito e às instâncias administrativas do Distrito Federal e dos Territórios, ou em função de auxílio ou substituição nos Núcleos do Plano Piloto.
Art. 67. Os Defensores Públicos do Distrito Federal e dos Territórios de 1ª Categoria atuarão nos Núcleos do Plano Piloto, junto aos Juízes de Direito e às instâncias administrativas do Distrito Federal e dos Territórios, ou em função de auxílio ou substituição junto ao Tribunal de Justiça do Distrito Federal e Territórios.
Art. 68. Os Defensores Públicos do Distrito Federal e dos Territórios de Categoria Especial atuarão junto ao Tribunal de Justiça do Distrito Federal e Territórios, e aos Tribunais Superiores, quando couber (art. 22, parágrafo único).
(...)

## Capítulo II
### Da Carreira

Art. 110. A Defensoria Pública do Estado é integrada pela carreira de Defensor Público do Estado, composta das categorias de cargos efetivos necessárias ao cumprimento das suas funções institucionais, na forma a ser estabelecida na legislação estadual.
Art. 111. O Defensor Público do Estado atuará, na forma do que dispuser a legislação estadual, junto a todos os Juízos de 1º grau de jurisdição, núcleos, órgãos judiciários de 2º grau de jurisdição, instâncias administrativas e Tribunais Superiores (art. 22, parágrafo único).

# 14 DA CARREIRA – ARTS. 19 A 23, 65 A 68, 110 E 111

Segundo as lições de Ivan Barbosa Rigolin, cargo é o conjunto de atribuições e responsabilidades – uma noção, diz ele, mais moderna do que a definição clássica, qual seja, cargo como "um lugar na Administração"[598].

598 RIGOLIN, Ivan Barbosa. *Comentários ao regime único dos servidores públicos civis*. 6. ed. São Paulo: Saraiva, 2010. p. 24.

Os cargos públicos são divididos pela doutrina em "*isolados*" e de "*carreira*". De "*carreira*" são os encartados em uma série de classes escalonadas em função do grau de responsabilidade e nível de complexidade das atribuições. "*Isolados*" são os previstos sem inserção em classes[599].

Na história da assistência judiciária brasileira, sabe-se que um dos pioneiros em adotar modelo alternativo ao *judicare* foi o Estado do Rio de Janeiro, mas esse pioneirismo não abarcava a organização em carreira.

Paulo Galliez – baseando-se em escritos de outro defensor público carioca, Ideel Coelho da Silva – rememora que a Defensoria Pública daquele Estado originou-se da criação de cargos isolados de defensor público lá pelos idos da década de 1950[600], perdurando até meados de 1970[601].

**Regime da lei orgânica**

A LC n. 80/1994 definiu a organização da carreira da Defensoria Pública da União e da Defensoria Pública do Distrito Federal, estipulando que elas se distribuem em *três Categorias*: 2ª Categoria, 1ª Categoria e Categoria Especial (arts. 19 e 65), sendo a 2ª Categoria a categoria inicial (quando do ingresso na carreira) e a Categoria Especial, a final. Para as Defensorias estaduais, porém, não houve detalhamento acerca da divisão em classes, apreciação essa conferida à liberdade de conformação do legislador estadual, mas é importante observar que, nos termos do art. 134, § 1º, da CF/88, *o legislador estadual não tem a possibilidade de eleger a organização da carreira em cargo isolado*[602].

Existem ao menos **três efeitos básicos** nessa divisão por categoria:

> (i) no que toca à composição do Conselho Superior, a LC n. 80/1994 determina que serão dois membros eleitos por categoria (arts. 9º, *caput*, e 57, *caput*). Proíbe-se, assim, que se elejam, por exemplo, três da 1ª Categoria e outros três da Categoria Especial, sem que haja nenhum da 2ª Categoria;
>
> (ii) no que tange à Defensoria Pública da União, pela literalidade da LC n. 80/1994, apenas os defensores públicos de 2ª Categoria atuam no âmbito administrativo (art. 20). Não há regra similar no âmbito da Defensoria do Distrito Federal;
>
> (iii) conforme a categoria em que se encontre o defensor público (da Defensoria da União ou do Distrito Federal), *sua atuação judicial corresponderá às instâncias do Poder Judiciário*. Em suma: não há a possibilidade de que um mesmo defensor público atue, por exemplo, desde a propositura da ação na primeira instância até em grau recursal no plano do STF[603].

---

599 MELLO, Celso Antônio Bandeira de. *Curso de direito administrativo*. 20. ed. São Paulo: Malheiros, 2006. p. 280.

600 O que se deu pela Lei n. 2.188, de 21 de julho de 1954. O art. 1º dispunha: "Ficam criados, no Quadro da Justiça, 6 (seis) cargos isolados de Defensor Público, padrão 'P', cujos ocupantes deverão ser bacharéis em direito". Importante mencionar ainda que o art. 2º facultava a tais defensores públicos o exercício da advocacia cível e criminal.

601 GALLIEZ, Paulo. *Princípios institucionais da Defensoria Pública*. 4. ed. Rio de Janeiro: Lumen Juris, 2010. p. 27.

602 Nesse exato sentido: LIMA, Frederico Rodrigues Viana de. *Defensoria Pública*. 2. ed. Salvador: JusPodivm, 2011. p. 274-275.

603 Salvo, é claro, se a demora do processo for tão intensa a ponto de o respectivo defensor público progredir junto com a "marcha" processual. Nessa hipótese inacreditável, embora não impossível (!), somente não co-

**Um pouco mais sobre a remoção por promoção**

Quanto ao último aspecto mencionado – correspondência entre categoria e atuação judicial –, vale enfatizar que a LC n. 80/1994 disciplina dessa forma apenas no que tange às Defensorias da União e do Distrito Federal, e a isso se dá o nome **remoção por promoção**: a promoção que altera as atribuições do defensor.

Quanto às Defensorias estaduais, a LC n. 80/1994 conferiu ao legislador estadual a apreciação específica do assunto.

Nesse sentido, enquanto nas Defensorias Públicas do Estado do **Ceará**[604], do Estado do **Rio de Janeiro**[605] e do Estado do **Pará**[606] observa-se a remoção por promoção (em suma, quem é promovido passa a atuar junto à 2ª instância), em outras, como a de **São Paulo** e a do **Paraná**[607], a promoção não acarreta a alteração das atribuições (quem é promovido continua atuando nas mesmas atribuições).

A ***Recusa à Promoção*** (ou "despromoção") ganha maior relevância em regimes de remoção por promoção. Eis dois exemplos: a LC n. 988/2006, que trata da Defensoria Pública **paulista,** previu (art. 87) a criação de seis classes (níveis substituto de I a V), mas a LC n. 1.098/2009 suprimiu o nível substituto. Hoje, portanto, a carreira perfaz os níveis I a V, sendo o nível V o mais elevado. Já no seio da Defensoria Pública do Estado do **Paraná,** a LC n. 136/2011 adotou distribuição similar à adotada pela Defensoria Pública da União, dividindo a carreira em três categorias (Primeira, Segunda e Terceira), consoante o art. 70, sendo que o ingresso se dá na 3ª Categoria (art. 75).

Vale a pena tecer mais considerações acerca desse último aspecto.

Basicamente, no que tange ao âmbito de atuação, as Defensorias Públicas (da União e Territórios, Estados e Distrito Federal) seguem a divisão de competências do Poder Judiciário, salvo quanto aos tribunais superiores.

---

gitaríamos a possibilidade de que a aposentadoria do defensor público ocorresse na mesma época do trânsito em julgado haja vista que, nos tempos atuais, a aposentaria cada vez mais se torna um ideal inalcançável...

604 Art. 10 da Lei Complementar Estadual n. 6/1997.

605 Arts. 30 a 34 da Lei Complementar Estadual n. 6/1977.

606 Art. 25 da Lei Complementar Estadual n. 54/2006.

607 Vale a advertência de que a situação da Defensoria Pública paranaense pode ensejar dúvidas. Isso porque, enquanto nas Defensorias Públicas estaduais do Rio de Janeiro, Pará e Ceará as leis que organizam a instituição preveem explicitamente a distribuição das funções judiciais conforme a classe ou a categoria, no caso das Defensorias Públicas paulista e paranaense, suas leis nada fazem a esse respeito, e a consequência disso é que não há remoção por promoção. O problema quanto à LC n. 136/2011 (Paraná) encontra-se no art. 72, que prevê que "*o defensor público do Estado poderá ser promovido às categorias superiores da carreira e optar por permanecer no grau de jurisdição em que estiver lotado*". *Assim, à luz desse dispositivo, constata-se que a permanência na jurisdição, se assim o quiser o defensor público a ser promovido, é um direito seu. A contrario sensu*, infere-se que, em não exercendo tal direito, o defensor público promovido assumirá suas funções no grau de jurisdição superior. A dúvida que se nos coloca é: em qual dispositivo a LC n. 136/2011 distribuiu as funções judiciais dos defensores públicos conforme a categoria em que se encontre? Em termos exemplificativos: onde há previsão, *v.g.*, de que o defensor público de Primeira Categoria atua junto ao Tribunal de Justiça, ao passo que o defensor público de Terceira Categoria atua em 1ª instância? A resposta é que não há tal distribuição, tornando sem sentido o disposto no art. 72.

Na normatização da LC n. 80/1994, a Defensoria Pública da União e Territórios atua junto aos Tribunais Regionais Federais e juízes federais, Justiça Militar da União, Justiça Eleitoral, bem como Tribunais e Juízes do Trabalho, além dos Territórios; as Defensorias Públicas estaduais atuam junto aos Tribunais e Juízes dos Estados, além da Justiça Militar estadual[608], e a Defensoria Pública do Distrito Federal, junto aos Tribunais e Juízes do Distrito Federal, além da Justiça Militar do Distrito Federal. Cada Defensoria Pública também tem atribuição para atuar nas instâncias administrativas do seu respectivo ente, na linha de que o acesso à justiça não se restringe ao acesso ao Judiciário.

## Seção I

### Do Ingresso na Carreira

Art. 24. O ingresso na Carreira da Defensoria Pública da União far-se-á mediante aprovação prévia em concurso público, de âmbito nacional, de provas e títulos, com a participação da Ordem dos Advogados do Brasil, no cargo inicial de Defensor Público Federal de 2ª Categoria. (Redação dada pela Lei Complementar n. 132, de 2009)

§ 1º Do regulamento do concurso constarão os programas das disciplinas sobre as quais versarão as provas, bem como outras disposições pertinentes à sua organização e realização.

§ 2º O edital de abertura de inscrições no concurso indicará, obrigatoriamente, o número de cargos vagos na categoria inicial da carreira.

Art. 25. O concurso de ingresso realizar-se-á, obrigatoriamente, quando o número de vagas exceder a um quinto dos cargos iniciais da carreira e, facultativamente, quando o exigir o interesse da administração.

Art. 26. O candidato, no momento da inscrição, deve possuir registro na Ordem dos Advogados do Brasil, ressalvada a situação dos proibidos de obtê-la, e comprovar, no mínimo, dois anos de prática forense, devendo indicar sua opção por uma das unidades da federação onde houver vaga.

§ 1º Considera-se como atividade jurídica o exercício da advocacia, o cumprimento de estágio de Direito reconhecido por lei e o desempenho de cargo, emprego ou função, de nível superior, de atividades eminentemente jurídicas. (Redação dada pela Lei Complementar n. 132, de 2009)

§ 2º Os candidatos proibidos de inscrição na Ordem dos Advogados do Brasil comprovarão o registro até a posse no cargo de Defensor Público.

Art. 26-A. Aos aprovados no concurso deverá ser ministrado curso oficial de preparação à Carreira, objetivando o treinamento específico para o desempenho das funções técnico-jurídicas e noções de outras disciplinas necessárias à consecução dos princípios institucionais da Defensoria Pública. (Incluído pela Lei Complementar n. 132, de 2009)

Art. 27. O concurso será realizado perante bancas examinadoras constituídas pelo Conselho Superior.

(...)

## Seção I

### Do Ingresso na Carreira

Art. 69. O ingresso na Carreira da Defensoria Pública do Distrito Federal e dos Territórios far-se-á mediante aprovação prévia em concurso público, de provas e títulos, com a participação

608 Ao contrário do que se dá com o Ministério Público da União (art. 128, I, *c*), a Defensoria Pública em nenhuma das esferas federativas possui instituição própria especializada na atuação castrense, daí a previsão de que a cada Defensoria Pública cabe atuar junto à Justiça Militar.

da Ordem dos Advogados do Brasil, no cargo inicial de Defensor Público do Distrito Federal e dos Territórios de 2ª Categoria.

§ 1º Do regulamento do concurso constarão os programas das disciplinas sobre as quais versarão as provas, bem como outras disposições pertinentes à sua organização e realização.

§ 2º O edital de abertura de inscrições no concurso indicará, obrigatoriamente, o número de cargos vagos na categoria inicial da carreira.

Art. 70. O concurso de ingresso realizar-se-á, obrigatoriamente, quando o número de vagas exceder a um quinto dos cargos iniciais da carreira e, facultativamente, quando o exigir o interesse da administração.

Art. 71. O candidato, no momento da inscrição, deve possuir registro na Ordem dos Advogados do Brasil, ressalvada a situação dos proibidos de obtê-la, e comprovar, no mínimo, dois anos de prática forense.

§ 1º Considera-se como prática forense o exercício profissional de consultoria, assessoria, o cumprimento de estágio nas Defensorias Públicas e o desempenho de cargo, emprego ou função de nível superior, de atividades eminentemente jurídicas.

§ 2º Os candidatos proibidos de inscrição na Ordem dos Advogados do Brasil comprovarão o registro até a posse no cargo de Defensor Público.

Art. 72. O concurso será realizado perante bancas examinadoras constituídas pelo Conselho Superior.

(...)

## Seção I

### Do Ingresso na Carreira

Art. 112. O ingresso nos cargos iniciais da carreira far-se-á mediante aprovação prévia em concurso público de provas e títulos, com a participação da Ordem dos Advogados do Brasil.

§ 1º Do regulamento do concurso constarão os programas das disciplinas sobre as quais versarão as provas, bem como outras disposições pertinentes à sua organização e realização.

§ 2º O edital de abertura de inscrições no concurso indicará, obrigatoriamente, o número de cargos vagos na categoria inicial da carreira.

Art. 112-A. Aos aprovados no concurso deverá ser ministrado curso oficial de preparação à Carreira, objetivando o treinamento específico para o desempenho das funções técnico-jurídicas e noções de outras disciplinas necessárias à consecução dos princípios institucionais da Defensoria Pública. (Incluído pela Lei Complementar n. 132, de 2009.)

# 15 DO INGRESSO NA CARREIRA – ARTS. 24 A 27, 69 A 72, 112 E 112-A

## 15.1 Do ingresso (e do reingresso) na carreira

**O ingresso na carreira e o art. 22 do ADCT**

Em lições que certamente se aplicam à Defensoria Pública, Carlos Maximiliano, comentando a nossa primeira Constituição republicana especificamente quando discorria sobre a magistratura, explicava a existência de três modelos de investidura de juízes: eleição pelo povo, nomeação e escolha pelos próprios membros[609].

609 MAXIMILIANO, Carlos. *Comentários à Constituição brasileira*. 3. ed. Porto Alegre: Livraria do Globo, 1929. p. 598.

No Brasil, o acesso aos cargos públicos se dá por meio de *concurso público*[610], aplicando-se o mesmo à Defensoria Pública. A *exceção* ao acesso ao cargo por meio de concurso público está na hipótese do **art. 22 do ADCT** – sobre ele tecemos comentários na Parte I deste livro.

Mesmo depois da promulgação da CF/88, algumas leis estaduais procuraram relativizar o princípio do concurso público – não raramente valendo-se do argumento, de cunho consequencialista, de que, enquanto não houver efetivo preenchimento de cargos de defensores públicos por meio de concurso, a assistência jurídica não poderia ser interrompida. E a solução então seria a contratação de advogados a título precário.

Felizmente, o STF[611], nas vezes que foi instado a decidir essa questão, não sucumbiu ao argumento consequencialista – que, no fundo, culminaria na eternização da situação não desejada pelo constituinte.

Foi, respectivamente, o que se deu nos casos do Pará e do Rio Grande do Norte – ambos envolvendo legislação aprovada após a CF/88:

> Por entender caracterizada ofensa ao princípio do concurso público (CF, artigos 37, II e 134), o Plenário julgou procedente ação direta ajuizada pelo Governador do Estado do Pará para declarar a inconstitucionalidade do art. 84 da Lei Complementar paraense 54/2006, que autoriza a contratação precária de advogados para exercer a função de defensores públicos 'até a realização de concurso público'. Considerou-se que a forma de recrutamento prevista na norma impugnada não se coadunaria com a Constituição, quer em sua parte permanente, quer na transitória. Destacou-se o art. 22 do ADCT, que assegurou aos defensores — em pleno exercício, à época da instalação dos trabalhos da assembleia constituinte, e que optassem pela carrei-

---

610 Fulcrando-se nas lições de Carlos Maximiliano quando este comentava em livro a Constituição Brasileira de 1946, Anacleto de Oliveira Faria, em obra clássica do direito, rememora algo que, para não ser esquecido, preciso ser relembrado: "Essa regra [da acessibilidade de todos os cidadãos aos cargos públicos], proclamada de maneira ininterrupta desde 1824, não foi posta em prática, pelo menos com o rigor necessário (...). Em verdade, as nomeações e admissões de servidores públicos, na maior parte dos casos, têm resultado não de concursos regulares e imparciais, porém, de critérios outros, quais os do parentesco, da amizade e, principalmente, da clientela eleitoral. Em verdade, o fenômeno que se convencionou denominar 'empreguismo' vem se tornando num dos grandes males que prejudicam o desenvolvimento da nação brasileira, gravando em demasia os orçamentos, confundindo serviço público com assistência social...". Cita o autor que, segundo o I Censo do Funcionalismo Público Civil e Militar do Estado de São Paulo, divulgado no ano de 1967, constatou-se que apenas 28% dos servidores ingressaram nos cargos ou funções mediante concurso. E daí o doutrinador sentencia: "Destarte, a regra constitucional em análise resultou nula para quase 72% dos servidores estaduais" (*Do princípio da igualdade jurídica*... cit., p. 158).

611 O STJ também enfrentou essa questão:
"ADMINISTRATIVO. CONCURSO PÚBLICO. DEFENSOR PÚBLICO. **Defensoria Pública do Estado do Amapá que desenvolve suas atribuições mediante terceirização**, sem que os cargos de defensor público tenham até hoje, decorridos vinte anos desde sua criação, sido providos. Omissão manifesta da autoridade impetrada, que constitui ilegalidade flagrante porque a contratação, sem processo seletivo, de advogados para exercerem as funções do cargo de defensor público implica a terceirização de serviços que, por lei, constituem funções próprias do cargo de defensor público. Recurso ordinário provido" (RMS 44.065/AP, rel. Min. Ari Pargendler, 1ª Turma, julgamento em 6-5-2014).

ra — a possibilidade de permanecerem como servidores, tão efetivos quanto estáveis (ADCT: 'Art. 22. É assegurado aos defensores públicos investidos na função até a data de instalação da Assembleia Nacional Constituinte o direito de opção pela carreira, com a observância das garantias e vedações previstas no art. 134, parágrafo único, da Constituição'). No mérito, aplicou-se entendimento fixado em precedentes desta Corte no sentido de se assentar a inconstitucionalidade de lei estadual que autorize o Poder Executivo a celebrar contratos administrativos de desempenho de função de defensor público. Concluiu-se por convalidar as atuações dos defensores temporários, sem, no entanto, modular os efeitos da decisão, por não haver comprometimento da prestação da atividade-fim, haja vista existirem 291 defensores públicos distribuídos em 350 comarcas (ADIn 4.246/PA, rel. Min. Ayres Britto, 26-5-2011).

CONSTITUCIONAL. AÇÃO DIRETA DE INCONSTITUCIONALIDADE. LEI N. 8.742, DE 30 DE NOVEMBRO DE 2005, DO ESTADO DO RIO GRANDE NORTE, QUE 'DISPÕE SOBRE A **CONTRATAÇÃO TEMPORÁRIA DE ADVOGADOS PARA O EXERCÍCIO DA FUNÇÃO DE DEFENSOR PÚBLICO**, NO ÂMBITO DA DEFENSORIA PÚBLICA DO ESTADO'. 1. A Defensoria Pública se revela como instrumento de democratização do acesso às instâncias judiciárias, de modo a efetivar o valor constitucional da universalização da justiça (inciso XXXV do art. 5º da CF/88). 2. Por desempenhar, com exclusividade, um mister estatal genuíno e essencial à jurisdição, **a Defensoria Pública não convive com a possibilidade de que seus agentes sejam recrutados em caráter precário.** Urge estruturá-la em cargos de provimento efetivo e, mais que isso, cargos de carreira. 3. A estruturação da Defensoria Pública em cargos de carreira, providos mediante concurso público de provas e títulos, opera como garantia da independência técnica da instituição, a se refletir na boa qualidade da assistência a que fazem jus os estratos mais economicamente débeis da coletividade. 4. Ação direta julgada procedente (ADIn 3.700, rel. Min. Carlos Britto, Tribunal Pleno, julgamento em 15-10-2008, *DJE*-043 DIVULG 5-3-2009, PUBLIC 6-3-2009, *EMENT* VOL-02351-01 PP-00107, *RTJ* VOL-00208-03 PP-00955).

O caso do Espírito Santo é peculiar e, em certo sentido, mostra um pouco do jeitinho brasileiro na prática.

Em suma, no ano de 1994 – o ano da primeira Lei Orgânica Nacional da Defensoria Pública – foi editada a LC estadual n. 55, cujo art. 64 assim dispunha:

> Art. 64. Os Defensores Públicos admitidos **após** a instalação da Assembleia Nacional Constituinte e até a publicação da presente Lei, permanecerão em quadro especial, percebendo os mesmos salários, vencimentos e vantagens do Defensor Público do quadro permanente, **até aprovação em concurso público**, no qual serão inscritos de ofício.
> Parágrafo único. Os Defensores Públicos, cuja situação dispõe este artigo, serão inscritos de ofício, no primeiro concurso público a ser realizado para ingresso na Carreira de Defensor Público instituída por esta Lei (destacamos).

Como se vê, a lei aprovada até reconhecia a importância de se observar o princípio do concurso público, mas quis possibilitar que advogados contratados a título precário – e não negamos que certamente havia pessoas dedicadas na prestação do serviço – não só pudessem como fossem compelidas a prestar o concurso público. E até sua aprovação sua manutenção no quadro especial estaria assegurada. O STF, então, na ADIn 1.199, assim decidiu:

> AÇÃO DIRETA DE INCONSTITUCIONALIDADE. LEI COMPLEMENTAR 55/1994 DO ESTADO DO ESPÍRITO SANTO. DEFENSORES PÚBLICOS. ADMISSÃO SEM CONCURSO PÚBLICO. REGRA DE TRANSIÇÃO. **Ampliação indevida da exceção prevista no art. 22 do ADCT da Constituição federal.** Precedentes. Ação direta julgada procedente (ADIn 1.199, rel.

Min. Joaquim Barbosa, Tribunal Pleno, julgamento em 5-4-2006, *DJ* 16-6-2006, PP-00004, *EMENT* VOL-02237-01 PP-00045, *RTJ* VOL-00201-02 PP-00489, *LEXSTF* v. 28, n. 331, 2006, p. 47-56).

**O ingresso na carreira desde a EC n. 80/2014**

Desde o advento da EC n. 80/2014, tem se entendido pela inequívoca aplicação à Defensoria Pública do disposto no art. 93, I, da CF/88. Assim, o ingresso na carreira pelo bacharel em Direito dá-se mediante concurso público após, no mínimo, o exercício de três anos de atividade jurídica.

Sobre maiores ponderações acerca dessa inovação e da previsão constitucional da participação da OAB no certame, remetemos o leitor aos nossos comentários às inovações da EC n. 80/2014.

**O reingresso**

Até aqui tratamos do ingresso na carreira. Falta explorar um pouco a respeito do reingresso, algo não previsto na LC n. 80/1994, mas que, respeitados os limites constitucionais, pode ser criado pela legislação estadual. Em verdade, mesmo a ausência de disciplina legal poderá exigir a aplicação prática do reingresso, sendo conveniente a existência de regras que diminuam a insegurança jurídica.

Analisemos, apenas para melhor esclarecimento do assunto, o que se dá no bojo da Defensoria Pública do Estado de São Paulo.

A lei paulista prevê três hipóteses de reingresso (art. 122 da LC n. 988/2006) na carreira: reintegração, reversão ou aproveitamento. Cada uma possui uma causa, sem a qual o reingresso não será possível.

Por decisão judicial ou revisão de processo administrativo disciplinar, o defensor público que perdera o cargo poderá nele reingressar valendo-se do instituto da reintegração, além de fazer jus à contagem do tempo de serviço e ao ressarcimento dos vencimentos e vantagens que deixou de auferir em razão da penalidade (art. 123 da LC n. 988/2006).

Já o reingresso por reversão ocorre quando o defensor público foi aposentado por invalidez e os motivos que levaram à aposentadoria desaparecem, o que deve ser atestado por médico oficial (art. 124). Mas não basta esse laudo médico, sendo imperioso parecer favorável do Conselho Superior. Nesse ponto, a lei paulista poderia ter explicitado, por exemplo, que o reingresso por reversão só não se dará se o órgão colegiado rechaçar por maioria qualificada. Como não detalhou regras acerca disso, o Conselho Superior, por maioria simples, deliberará se o defensor público poderá ou não regressar ao cargo.

Por fim, a Lei da Defensoria Pública paulista ainda prevê o aproveitamento, que tem como causa a situação do defensor público que se encontra na inatividade em razão da disponibilidade[612] (seja devido à extinção do cargo ou à declaração de sua desnecessidade). Pois bem, o apro-

612 A disponibilidade tem previsão expressa no art. 41, § 3º, da CF/88: "Extinto o cargo ou declarada a sua desnecessidade, o servidor estável ficará em disponibilidade, com remuneração proporcional ao tempo de serviço, até seu adequado aproveitamento em outro cargo".

veitamento significa a cessação da disponibilidade, ocasionando o retorno do defensor público ao cargo.

Ainda sobre o aproveitamento, a LC n. 988/2006 prevê regras que mais bem detalham o instituto. Delas, vale destacar a exigência de que ele se dê na mesma classe a que pertencer o defensor público e, preferencialmente, no mesmo órgão de atuação. Não sendo possível o mesmo órgão, deverá ser em um similar (art. 126, § 1º). Por fim, o aproveitamento terá preferência sobre as demais formas de provimento (art. 126, § 2º), querendo isso dizer, por exemplo, que antes de se dar a promoção para um cargo, antes de ocorrer a remoção para um cargo, ou antes que haja a nomeação para um cargo, dar-se-á prioridade ao aproveitamento.

**A organização em carreira**

Em nome da independência funcional, não há hierarquia, sob a ótica funcional, entre defensores públicos, mas a nomeação ao cargo se dá sempre na categoria ou classe menos elevada da carreira. No caso da DPU e da DPDF, na segunda categoria, e no caso das DPEs, conforme discipline a lei estadual. Em São Paulo, por exemplo, a LC n. 988/2006 determina que se dê no Nível V (art. 87, V), enquanto no Paraná se dá na terceira categoria (art. 75, LC n. 136/2011).

A Defensoria Pública possui autonomia administrativa para decidir quando abrir concurso público, não ficando na dependência decisória do Poder Executivo. Não é demais recordar que essa autonomia é recente no direito brasileiro e se deu de maneira gradativa: as Defensorias estaduais obtiveram-na com a EC n. 45/2004; a do Distrito Federal, com a EC n. 69/2012; e para a Defensoria Pública da União, é fruto da EC n. 74/2013.

Essa autonomia administrativa está sujeita a limites, e um deles está previsto nos arts. 25 e 70. Em suma, quando o número de cargos vagos exceder um quinto dos cargos iniciais – observe-se: dos cargos iniciais –, não há faculdade: a Defensoria Pública deverá abrir concurso público. Inexplicavelmente, essa regra não se encontra prevista para as DPEs, e isso não tem outra explicação que não o simples esquecimento durante o processo legislativo.

Suprindo essa omissão da LC n. 80/1994, as leis paulista e paranaense, por exemplo, não cometeram o mesmo erro e traçaram regra similar: art. 90, § 1º, da LC n. 988/2006 e art. 77, § 1º, da LC n. 136/2011. A lei catarinense, por sua vez, não previu nada nesse sentido e, nesse caso, pensamos, até por inspiração do princípio da unidade, que a regra prevista na LC n. 80/1994 deve suprir essa indevida omissão. A alternativa a isso é admitir o vácuo normativo.

**Momento de aferição dos requisitos de ingresso**

Quanto à exigência de inscrição nos quadros da OAB, contida nos arts. 26 e 71, remetemos o leitor aos comentários ao § 6º do art. 4º.

Por fim, quanto aos requisitos para o ingresso na carreira, é pacífica a jurisprudência que a atividade jurídica deve ser apreciada *no momento da posse*, e não no da inscrição[613]. De qualquer modo, no âmbito da magistratura – cujo tema tem alçada no art. 93, I, da CF/88 –, André Ramos

613 O Superior Tribunal de Justiça, inclusive, editou a Súmula 266: "O diploma ou habilitação legal para o exercício do cargo deve ser exigido na posse e não na inscrição para o concurso público".

Tavares discorda do Conselho Nacional de Justiça que editou no ano de 2009 a Resolução n. 75, determinando que a comprovação deve se dar no ato de inscrição e não no da posse. Inspirado em lições de Roberto Rosas, o constitucionalista pondera que o art. 37, I, da CF/88 exige o preenchimento de requisitos legais para o exercício do cargo, e não para concorrer a um cargo[614].

**Curso de preparação durante o estágio probatório**

O *curso oficial de preparação à carreira* está previsto na lei, o que tem um efeito jurídico: essa previsão significa que sua realização é imposta, ou seja, ele deve ocorrer, não sendo isso uma decisão discricionária[615]. Na Defensoria Pública paulista, aliás, a participação no curso consubstancia um elemento objetivo para a análise do estágio probatório (art. 101, parágrafo único, 1).

Por fim, duas observações quanto ao curso de preparação são importantes.

A primeira, que a LC n. 80/1994 não definiu o formato, a periodicidade e o conteúdo do curso, mas quanto a esse conteúdo ao menos traçou algumas diretrizes: além de técnico-jurídico, ele deve conter noções de outras disciplinas necessárias à consecução dos princípios institucionais da Defensoria Pública, na qual ganha importância, assim, mais uma vez, o tema da interdisciplinaridade. Com isso, quando a Defensoria Pública precisar contratar profissionais de outras áreas que não a do direito para a realização do curso de preparação à carreira, qualquer análise do Tribunal de Contas acerca da pertinência dessa contratação deverá considerar essa exigência legal.

O segundo aspecto é que não se deve confundir o curso de preparação à carreira com "cursos de aperfeiçoamento promovidos pela instituição", como preveem os arts. 33, *caput*, 78, *caput* e 117, *caput*. Isso porque aquele curso ocorre imediatamente após o ingresso na carreira, e a não adesão do recém-aprovado poderá ensejar falta funcional, caso não haja justificativa. Já o curso de aperfeiçoamento promovido pela instituição destina-se a subsidiar a análise da promoção por merecimento, não sendo obrigatório, pois se o fosse, perderia sentido sua influência na promoção.

## Seção II

### Da Nomeação, da Lotação e da Distribuição

Art. 28. O candidato aprovado ao concurso público para ingresso na carreira da Defensoria Pública será nomeado pelo Presidente da República para cargo inicial da carreira, respeitada a ordem de classificação e o número de vagas existentes.

Art. 29. Os Defensores Públicos Federais serão lotados e distribuídos pelo Defensor Público-Geral Federal, assegurado aos nomeados para os cargos iniciais o direito de escolha do órgão de atuação, desde que vago e obedecida a ordem de classificação no concurso. (Redação dada pela Lei Complementar n. 132, de 2009.)

(...)

614 *Manual do Poder Judiciário*. São Paulo: Saraiva, 2012. p. 225.

615 Fruto da Emenda Constitucional de Reforma do Judiciário (EC n. 45/2004), há previsão expressa de que haja curso de preparação à carreira, inclusive como etapa obrigatória para fins de vitaliciamento, em relação à magistratura (art. 93, IV) e implícita em relação ao Ministério Público (art. 129, § 4º).

## Seção II

### Da Nomeação, da Lotação e da Distribuição

Art. 73. O candidato aprovado no concurso público para ingresso na carreira da Defensoria Pública será nomeado pelo Presidente da República para cargo inicial da carreira, respeitada a ordem de classificação e o número de vagas existentes.

Art. 74. Os Defensores Públicos do Distrito Federal e dos Territórios serão lotados e distribuídos pelo Defensor Público-Geral, assegurado aos nomeados para os cargos iniciais o direito de escolha do órgão de atuação, desde que vago e obedecida a ordem de classificação no concurso.

(...)

## Seção II

### Da Nomeação e da Escolha das Vagas

Art. 113. O candidato aprovado no concurso público para ingresso na carreira da Defensoria Pública do Estado será nomeado pelo Governador do Estado para cargo inicial da carreira, respeitada a ordem de classificação e o número de vagas existentes.

Art. 114. O candidato aprovado poderá renunciar à nomeação correspondente à sua classificação, antecipadamente ou até o termo final do prazo de posse, caso em que, optando o renunciante, será deslocado para o último lugar da lista de classificados.

## 16 DA NOMEAÇÃO, DA LOTAÇÃO E DA DISTRIBUIÇÃO – ARTS. 28 E 29, 73 E 74 E 113 E 114

A nomeação "(...) é tida como o ato de provimento inicial, ou inaugural, ou originário, ou primário, do cargo público, uma vez que não se concebe ato anterior à nomeação como apto a prover o cargo"[616]. Por definição doutrinária, a nomeação "(...) pode ser procedida (...) para cargo de provimento efetivo ou para cargo de confiança (ou em comissão)"[617], de tal forma que, à luz desse conceito, nota-se que, em se tratando de cargo de defensor público, a nomeação pode se dirigir apenas a cargo de provimento efetivo, já que o ingresso na carreira dá-se, apenas e tão só, por meio de concurso público. Seja pelo art. 134, § 1º, da CF/88 ou pelo disposto da LC n. 80/1994, o fato é que *não há, hoje, no Brasil, a possibilidade de defensor público em cargo de confiança ou em comissão*[618].

A nomeação, consoante dispõe a LC n. 80/1994, é ato do Chefe do Poder Executivo: no caso da Defensoria Pública da União, compete ao presidente da República, e no caso das Defensorias Públicas Estaduais, aos governadores dos estados.

616 RIGOLIN, Ivan Barbosa. *Comentários ao regime único dos servidores públicos civis...*, cit., p. 39.

617 Idem, p. 42.

618 Justamente por isso o art. 68, § 1º, da Lei da Defensoria Pública paranaense (LC n. 136/2011) acaba por normatizar algo até prescindível. Esse dispositivo prevê que "A Carreira de Defensor Público do Estado será composta das categorias de cargos efetivos necessárias ao cumprimento das suas funções institucionais (...)". Atente-se o leitor, porém, que o legislador não teria mesmo a possibilidade de regrar que a Carreira será composta de cargos efetivos e em comissão, por exemplo, pois, ao exigir o concurso público como pressuposto para o cargo de defensor público, só restava a possibilidade de se fazer referência a cargo efetivo.

E quanto à Defensoria Pública do Distrito Federal?

Segundo prevê o art. 73 da LC n. 80/1994, a nomeação dos defensores públicos distritais compete ao presidente da República. No entanto, com o advento da EC n. 69/2012 a nomeação passou a caber ao governador do Distrito Federal, haja vista a regra insculpida no art. 2º da referida emenda constitucional[619].

A LC n. 80/1994 assegura ao defensor público o *direito de escolha* do órgão de atuação, desde que esteja vago e conforme a *ordem de classificação*.

Sobre esse respeito à ordem de classificação, atualmente essa regra pode parecer meio óbvia, mas existe um significado histórico que envolve a magistratura.

Octacílio Paula Silva adverte que primeiro veio a conquista do concurso público, mas subsistiu a influência do Executivo no momento da nomeação dos juízes. Segundo o autor, a aprovação não garantia ao candidato a nomeação, pois a escolha cabia ao chefe do Executivo, fazendo com que os candidatos se valessem de suas habilidades políticas (e não republicanas) para serem nomeados, e "(...) às vezes, os primeiros colocados eram os últimos a serem nomeados".

Desse cenário – prossegue o autor – surgiu outro, para época um progresso: a lista tríplice. Isso se deu, para o Judiciário, sob a égide da Constituição de 1937 (art. 103, *a*[620]), mantendo-se na de 1967 (art. 136, I), e era uma evolução pois limitava a escolha do chefe do Executivo[621]. Foi a CF/88 que acabou com isso, estabelecendo a obediência à ordem de classificação.

# Seção III

## Da Promoção

Art. 30. A promoção consiste no acesso imediato dos membros efetivos da Defensoria Pública da União de uma categoria para outra da carreira.

Art. 31. As promoções obedecerão aos critérios de antiguidade e merecimento alternadamente.

§ 1º A antiguidade será apurada na categoria e determinada pelo tempo de efetivo exercício na mesma.

§ 2º A promoção por merecimento dependerá de lista tríplice para cada vaga, organizada pelo Conselho Superior, em sessão secreta, com ocupantes da lista de antiguidade, em seu primeiro terço.

§ 3º Os membros da Defensoria Pública somente poderão ser promovidos após dois anos de efetivo exercício na categoria, dispensado o interstício se não houver quem preencha tal requisito ou se quem o preencher recusar a promoção.

619 "Art. 2º Sem prejuízo dos preceitos estabelecidos na Lei Orgânica do Distrito Federal, aplicam-se à Defensoria Pública do Distrito Federal os mesmos princípios e regras que, nos termos da Constituição Federal, regem as Defensorias Públicas dos Estados."

620 Art. 103 – Compete aos Estados legislar sobre a sua divisão e organização judiciária e prover os respectivos cargos, observados os preceitos dos arts. 91 e 92 e mais os seguintes princípios: a) a investidura nos primeiros graus far-se-á mediante concurso organizado pelo Tribunal de Apelação, que remeterá ao Governador do Estado a lista dos três candidatos que houverem obtido a melhor classificação, se os classificados atingirem ou excederem aquele número.

621 *Ética do magistrado à luz do direito comparado*. São Paulo: RT, 1994. p. 191.

§ 4º As promoções serão efetivadas por ato do Defensor Público-Geral Federal. (Redação dada pela Lei Complementar n. 132, de 2009.)

Art. 32. É facultada a recusa de promoção, sem prejuízo do critério para o preenchimento da vaga recusada.

Art. 33. O Conselho Superior fixará os critérios de ordem objetiva para a aferição de merecimento dos membros da instituição, considerando-se, entre outros, a eficiência e a presteza demonstradas no desempenho da função e a aprovação em cursos de aperfeiçoamento, de natureza jurídica, promovidos pela instituição, ou por estabelecimentos de ensino superior oficialmente reconhecidos.

§ 1º Os cursos de aperfeiçoamento de que trata este artigo compreenderão necessariamente, as seguintes atividades:

a) apresentação de trabalho escrito sobre assunto de relevância jurídica;

b) defesa oral do trabalho que tenha sido aceito por banca examinadora.

§ 2º Não poderá concorrer à promoção por merecimento quem tenha sofrido penalidade de advertência ou suspensão, no período de um ano imediatamente anterior à ocorrência da vaga, em caso de advertência, ou de dois anos, em caso de suspensão.

§ 3º É obrigatória a promoção do Defensor Público que figurar por três vezes consecutivas ou cinco alternadas em lista de merecimento, ressalvada a hipótese do § 2º.

(...)

## Seção III

### Da Promoção

Art. 75. A promoção consiste no acesso imediato dos membros efetivos da Defensoria Pública do Distrito Federal e dos Territórios de uma categoria para outra da carreira.

Art. 76. As promoções obedecerão aos critérios de antiguidade e merecimento alternadamente.

§ 1º A antiguidade será apurada na categoria e determinada pelo tempo de efetivo exercício na mesma.

§ 2º A promoção por merecimento dependerá de lista tríplice para cada vaga, organizada pelo Conselho Superior, em sessão secreta, com ocupantes da lista de antiguidade, em seu primeiro terço.

§ 3º Os membros da Defensoria Pública do Distrito Federal e dos Territórios somente poderão ser promovidos depois de dois anos de efetivo exercício na categoria, dispensado o interstício se não houver quem preencha tal requisito ou se quem o preencher recusar a promoção.

§ 4º As promoções serão efetivadas por ato do Defensor Público-Geral.

Art. 77. É facultada a recusa à promoção, sem prejuízo do critério para o preenchimento da vaga recusada.

Art. 78. O Conselho Superior fixará os critérios de ordem objetiva para a aferição de merecimento dos membros da Instituição, considerando-se, entre outros, a eficiência e a presteza demonstradas no desempenho da função e aprovação em cursos de aperfeiçoamento, de natureza jurídica, promovidos pela Instituição, ou por estabelecimentos de ensino superior, oficialmente reconhecidos.

§ 1º Os cursos de aperfeiçoamento de que trata este artigo compreenderão, necessariamente, as seguintes atividades:

a) apresentação de trabalho escrito sobre assunto de relevância jurídica;

b) defesa oral do trabalho que tenha sido aceito por banca examinadora.

§ 2º Não poderá concorrer à promoção por merecimento quem tenha sofrido penalidade de advertência ou suspensão, no período de um ano imediatamente anterior à ocorrência da vaga, no caso de advertência, ou de dois anos, em caso de suspensão.

§ 3º É obrigatória a promoção do Defensor Público que figurar por três vezes consecutivas ou cinco alternadas em lista de merecimento, ressalvada a hipótese do § 2º.

(...)

## Seção III

### Da Promoção

Art. 115. A promoção consiste no acesso imediato dos membros efetivos da Defensoria Pública do Estado de uma categoria para outra da carreira.

Art. 116. As promoções serão efetivadas por ato do Defensor Público-Geral do Estado, obedecidos, alternadamente, os critérios de antiguidade e merecimento.

§ 1º É facultada a recusa à promoção, sem prejuízo do critério do preenchimento da vaga recusada.

§ 2º A antiguidade será apurada na categoria e determinada pelo tempo de efetivo exercício na mesma.

§ 3º A promoção por merecimento dependerá de lista tríplice para cada vaga, elaborada pelo Conselho Superior, em sessão secreta, com ocupantes do primeiro terço da lista de antiguidade.

§ 4º Os membros da Defensoria Pública do Estado somente poderão ser promovidos após dois anos de efetivo exercício na categoria, dispensado o interstício se não houver quem preencha tal requisito, ou se quem o preencher recusar a promoção.

§ 5º É obrigatória a promoção do Defensor Público que figurar por três vezes consecutivas ou cinco alternadas em lista de merecimento, ressalvada a hipótese do art. 117, § 2º.

Art. 117. O Conselho Superior fixará os critérios de ordem objetiva para a aferição de merecimento dos membros da Instituição, considerando-se, entre outros, a eficiência e a presteza demonstradas no desempenho da função e a aprovação em cursos de aperfeiçoamento, de natureza jurídica, promovidos pela Instituição, ou por estabelecimentos de ensino superior, oficialmente reconhecidos.

§ 1º Os cursos de aperfeiçoamento de que trata este artigo compreenderão, necessariamente, as seguintes atividades:

a) apresentação de trabalho escrito sobre assunto de relevância jurídica;

b) defesa oral do trabalho que tenha sido aceito por banca examinadora.

§ 2º A lei estadual estabelecerá os prazos durante os quais estará impedido de concorrer à promoção por merecimento o membro da instituição que tiver sofrido imposição de penalidade em processo administrativo disciplinar.

## 17 DA PROMOÇÃO – ARTS. 30 A 33, 75 A 78 E 115 A 117

**As inovações da EC n. 80/2014**

Até mesmo por exigência constitucional, a LC n. 80/1994 prevê que a promoção pautar-se-á por dois critérios que se alternarão: antiguidade e merecimento.

Sobre essa exigência constitucional, atualmente, quaisquer comentários a esse assunto devem levar em conta as inovações da EC n. 80/2014, especificamente no que toca à ***aplicação dos incisos II e III do art. 93 da CF/88 à Defensoria Pública*** (art. 134, § 4º). Por isso, antes de discorrermos sobre as regras anteriormente previstas na LC n. 80/1994 urge comentarmos os referidos dispositivos constitucionais.

| Art. 134. A Defensoria Pública é instituição permanente, essencial à função jurisdicional do Estado, incumbindo-lhe, como | Art. 93. Lei complementar, de iniciativa do Supremo Tribunal Federal, disporá sobre o Estatuto da Magistratura, observados os seguintes princípios:<br>(...) |
|---|---|

| | |
|---|---|
| expressão e instrumento do regime democrático, fundamentalmente, a orientação jurídica, a promoção dos direitos humanos e a defesa, em todos os graus, judicial e extrajudicial, dos direitos individuais e coletivos, de forma integral e gratuita, aos necessitados, na forma do inciso LXXIV do art. 5º desta Constituição Federal. (Redação dada pela Emenda Constitucional n. 80, de 2014)<br>(...)<br>§ 4º São princípios institucionais da Defensoria Pública a unidade, a indivisibilidade e a independência funcional, aplicando-se também, no que couber, o disposto no art. 93 e no inciso II do art. 96 desta Constituição Federal. (Incluído pela Emenda Constitucional n. 80, de 2014) | II – promoção de entrância para entrância, alternadamente, por antiguidade e merecimento, atendidas as seguintes normas:<br>a) é obrigatória a promoção do juiz que figure por três vezes consecutivas ou cinco alternadas em lista de merecimento;<br>b) a promoção por merecimento pressupõe dois anos de exercício na respectiva entrância e integrar o juiz a primeira quinta parte da lista de antiguidade desta, salvo se não houver com tais requisitos quem aceite o lugar vago;<br>c) aferição do merecimento conforme o desempenho e pelos critérios objetivos de produtividade e presteza no exercício da jurisdição e pela frequência e aproveitamento em cursos oficiais ou reconhecidos de aperfeiçoamento; (Redação dada pela Emenda Constitucional n. 45, de 2004)<br>d) na apuração de antiguidade, o tribunal somente poderá recusar o juiz mais antigo pelo voto fundamentado de dois terços de seus membros, conforme procedimento próprio, e assegurada ampla defesa, repetindo-se a votação até fixar-se a indicação; (Redação dada pela Emenda Constitucional n. 45, de 2004)<br>e) não será promovido o juiz que, injustificadamente, retiver autos em seu poder além do prazo legal, não podendo devolvê-los ao cartório sem o devido despacho ou decisão; (Incluída pela Emenda Constitucional n. 45, de 2004) |

**Critérios para promoção *lato sensu* (incisos II e III)**

A análise sobre a aplicação dos incisos II e III do art. 93 da Constituição Federal à Defensoria Pública pode ser conjunta.

Em razão da expressão "no que couber", prevista no art. 134, § 4º, seria verdadeiro equívoco rechaçar-se, de plano, a aplicação do inciso II do art. 93 apenas por ele carregar uma linguagem tradicionalmente usada na organização judiciária nacional, qual seja, a palavra 'entrância'. Da mesma forma, extirpar qualquer incidência do inciso III sobre a Defensoria Pública pelo fato de não haver hierarquia dentro de cada instituição seria o mesmo que desconsiderar a realidade.

Ambos, incisos II e III do art. 93, se aplicam *a seu modo* à Defensoria Pública pelo simples fato de o art. 134, § 1º da Constituição Federal prescrever algo a eles relacionado: imposição de *organização em carreira* – afastando, assim, a possibilidade de uma Defensoria Pública ser estruturada em cargos isolados[622].

A doutrina conceitua como cargos públicos de *carreira* aqueles encartados em uma série de classes escalonadas em função do grau de responsabilidade e nível de complexidade das atribuições,

622 Segundo Humberto Peña de Moraes e José Fontenelle Teixeira, "(...) o Estado do Rio de Janeiro instituiu a Assistência Judiciária através da Lei n. 2.188, de 21 de julho de 1954, criando seis cargos isolados, de provimento efetivo, denominando os seus agentes de Defensores Públicos". Assistência judiciária: sua gênese, sua história e a função protetiva do Estado. 2. ed. Rio de Janeiro: Liber Juris, 1984. p. 117.

ao passo que nos *isolados* não existe essa inserção em classes[623], impossibilitando, portanto, a progressão funcional. Mais detalhadamente, Oswaldo Aranha Bandeira de Mello explica, quanto aos cargos de carreira, que a sistemática pode se dar por meio da divisão em classes (a movimentação enseja apenas diferenciação remuneratória) e em graus (onde o essencial é a assunção de funções de hierarquia superior, embora também possa haver incremento remuneratório)[624].

Se, numa fase inicial, a precária remuneração levou o Judiciário a ter alguma dificuldade em atrair candidatos aos cargos de juiz – lógica que se aplica ao funcionalismo público em geral –, o ingresso na carreira, independentemente da remuneração, exigia que outro elemento fosse trabalhado: a ambição. É como diz o jargão popular, sem dúvida com um quê de espírito capitalista: é a cenoura que faz o cavalo andar (no mundo dos desenhos animados, inúmeras vezes o Pica-pau adotava esse artifício com o seu leal cavalo Pé-de-Pano).

Como "a ambição torna os homens audazes; a audácia sem ambição é privilégio de poucos"[625], alguns métodos de *estimulá-la domando-a* foram criados, e é aqui que entra o tema da movimentação na carreira (promoção *lato sensu*).

Essa movimentação pode ser *vertical* ou *horizontal*[626]. Na vertical, o servidor público assume tarefas de maior responsabilidade, e a isso a legislação relativa à magistratura brasileira costuma denominar 'acesso'. Na horizontal, há apenas uma movimentação abstrata para fins remuneratórios, que no plano da organização judicial chama-se 'promoção' (*stricto sensu*)[627].

É relevante ter clareza quanto a esses conceitos porque antigas são as leis referentes à organização da magistratura brasileira que denominam 'instância' a movimentação para grau superior (é o previsto no inciso III do art. 93), e 'entrância' a movimentação horizontal em geral[628] para fins meramente remuneratórios (é o previsto no inciso II do art. 93)[629].

A regra-mãe, digamos assim, que permite a aplicação tanto do inciso II quanto do III do art. 93 à Defensoria Pública está no art. 134, § 1º, que obriga a organização em carreira. Como se dará tal organização é tema tratado na LC n. 80/1994 e nas leis estaduais. Não havendo 'o' melhor modelo, ambos são válidos.

A LC n. 80/1994 estabeleceu a movimentação vertical para a Defensoria Pública da União (arts. 19 a 22) e para a Defensoria Pública do Distrito Federal[630] (arts. 65 a 68). Para as Defenso-

---

623 RIGOLIN, Ivan Barbosa. *Comentários ao regime único dos servidores públicos civis*..., cit., p. 24.

624 *Princípios gerais de direito administrativo*. Rio de Janeiro: Forense, 1969. v. II, p. 87.

625 ANDRADE, Carlos Drummond de. *O avesso das coisas* [aforismos]. 5. ed. Rio de Janeiro: Record, 2007. p. 10.

626 MENEGALE, J. Guimarães. *O estatuto dos funcionários públicos*. Rio de Janeiro: Forense, 1962. v. I, p. 191.

627 ALVES, Alexandre Henry. *Regime jurídico da magistratura*, cit.., p. 220.

628 'Em geral' porque também pode referir-se à mudança do status de juiz substituto para titular: ALVES, Alexandre Henry. *Regime jurídico da magistratura*, cit.., p. 220.

629 Como expunha J. Soares de Mello, "As comarcas são divididas por entrancias pelo movimento do fôro, pela massa do serviço. Exige-se o estagio em cada uma das entrancias para que o juiz se habitue ao trabalho judiciario". *Juizes criminaes*..., cit., p. 109.

630 Entendemos, porém, que desde a EC n. 69/2012 aplica-se à Defensoria Pública do Distrito Federal o capítulo das normas gerais impostas às Defensorias estaduais, cabendo a definição desse assunto a lei do próprio Distrito Federal.

rias estaduais o sistema a ser eleito ficou em aberto, atribuindo ao legislador estadual sua escolha (art. 111).

Diante disso, se para a magistratura a Constituição Federal consagra as duas modalidades de movimentação na carreira (vertical e horizontal), e se ambas possuem virtudes e defeitos, tanto o inciso II como o III do art. 93 se aplicam à Defensoria Pública, tema este a ser tratado na lei orgânica nacional, a qual pode delegar (como o fez) ao legislador estadual essa opção.

Qualquer que seja a modalidade de movimentação na carreira, dois critérios tradicionalmente são utilizados no seio da magistratura: antiguidade e merecimento[631].

O critério da antiguidade é mais objetivo e o que melhor garante a independência judicial, sendo menos apto a gerar injustiças. Apesar disso, é o mais propício à acomodação[632]. Já o critério do merecimento, que otimiza maior capacitação e produtividade, é mais subjetivo, podendo causar injustiças[633].

Esse verdadeiro *dilema* sobre o melhor critério se tem resolvido no direito brasileiro através da *alternância* de sua adoção, e é esse o primeiro mandamento que agora, já por previsão constitucional, se aplica à Defensoria Pública por força dos incisos II e III do art. 93.

Vale insistir que, *a sua maneira*, o inciso III do art. 93 se aplica à Defensoria, na medida em que, por expressa previsão na Lei Complementar n. 80/1994, *adotou-se a mobilidade vertical para as Defensorias Pública da União e do Distrito Federal, omitindo-se quanto às Defensorias estaduais.* Mas em alguns Estados ela foi adotada, como no do Rio de Janeiro, onde há divisão de atuação dos defensores públicos (alguns atuam apenas junto à primeira instância do Judiciário, outros, junto à segunda instância)[634].

**Os escopos das alíneas do inciso II do art. 93 e sua aplicação à Defensoria Pública**

As alíneas do inciso II do art. 93 também se aplicam à Defensoria Pública, e cada uma delas foi construída ao longo da história a partir de duas constatações: (i) necessidade de se propiciar um mínimo de racionalidade para a aferição do merecimento e (ii) que tanto antiguidade como merecimento podem ser injustos em casos concretos, sendo necessário coibi-los.

*A alínea 'a'*

Já transportando sua incidência para o mundo da Defensoria Pública, essa alínea almeja dar alguma racionalidade à promoção por merecimento a exigência de que o defensor público seja obrigatoriamente promovido se figurar na lista de merecedores da promoção três vezes

---

631 Critérios esses adotados para a Defensoria Pública pela Lei Complementar n. 80/1994: arts. 31, *caput*; 76, *caput*; 116, *caput*.

632 Como diz Mário Guimarães acerca da antiguidade, por meio dela a vez do juiz chegará pelo simples decurso do tempo, sem necessidade de quaisquer favores a serem solicitados. Certa vez, relatava o magistrado, um juiz lhe dissera: "a minha promoção eu só a devo a Deus, que me conservou a vida, e a mim mesmo, que ingressei na classe". *O juiz e a função jurisdicional...*, cit., p. 118.

633 "O mais grave não é o risco de erro humano de avaliação. É que o 'merecimento' sempre serviu como estrada larga para os mais hábeis e protegidos, embora menos capazes e vocacionados." SILVA, Octacílio Paula. *Ética do magistrado à luz do direito comparado*. São Paulo: RT, 1994. p. 215.

634 Lei Complementar estadual n. 6/1977, art. 30.

consecutivas ou cinco alternadas (Alinea *a*). Se a análise é relativamente subjetiva, impõe-se um limite objetivo para que, na pior das hipóteses, o defensor público tenha certeza de quando cessará a sua preterição.

*A alínea 'b'*

Na mesma senda, a alínea *b* determina que a métrica do que é 'merecimento' se valha de critérios atrelados a sua efetiva contribuição no trabalho (o que se pode medir através de estatística, por exemplo) e a sua formação e capacitação técnicas (o que se dá pela sua participação em cursos aceitos para tal fim). Enquanto horizonte, essa regra tem lá sua importância, mas não basta para conferir total clareza quanto a quem é mais merecedor do que outros.

*As alíneas 'b', 'd' e 'e'*

Voltadas à constatação de que antiguidade e merecimento podem ser injustos para quem deles se beneficiaria são as alíneas *b*, *d* e *e*.

Alínea *b*: pondo limites à ânsia daqueles que, por sua ambiciosa meta de se promover, abusam da obtenção dos números e certificados que, em tese, lhe tornariam merecedores da promoção, essa alínea traz um marco temporal mínimo para poder promover-se (dois anos na categoria ou classe) e algum respeito às virtudes da antiguidade: ele deve figurar na quinta parte dessa lista[635].

Em sua redação original, ainda não modificada, a LC n. 80/1994 prevê que na promoção por merecimento deverão ser considerados aqueles que se encontrem no ***primeiro terço*** da lista de antiguidade. A razão desse recorte é didaticamente explicada por Silvio Roberto Mello Moraes: o legislador "(...) procurou limitar a área de escolha do Conselho Superior, impedindo desta forma que Defensores Públicos mais novos na Instituição, sejam privilegiados com a promoção por merecimento, passando à frente de outros mais antigos na carreira"[636].

Atualmente, porém, a doutrina[637] não tem hesitado em apontar que **desde a EC 80/2014** as regras de promoção aplicáveis à Defensoria Pública são as previstas para o Poder Judiciário, haja vista que o art. 134, § 4º atrai a incidência do art. 93, II, b da CF/88. Neste caso, em vez de se considerar o primeiro terço da lista de quantidade, deve-se levar em conta a primeira quinta parte dessa lista.

Não há, como se vê, alternativa: ou se aplica à Defensoria Pública o art. 93, II, *b*, resultando na *releitura* dos referidos dispositivos da lei orgânica nacional, ou não se o aplica. Parece-nos, todavia, que deixar de aplicá-lo é abrir mão da garantia de uma regra dessa importância com *status* constitucional.

A alínea *d* põe-se como um limitador ao defensor público imbatível do ponto de vista de sua posição da lista de antiguidade mas que faria jus a uma lista de "desmerecimento", caso houvesse. Assim, o Conselho Superior, único órgão colegiado da Defensoria Pública, pode rechaçar a promoção por antiguidade mediante o voto de dois terços nesse sentido.

---

635 Nesse sentido: MAZZILLI, Hugo Nigro. *Regime jurídico do Ministério Público*..., cit., p. 466.

636 *Princípios institucionais da Defensoria Pública*..., cit., p. 77.

637 Nesse sentido, ESTEVES, Diogo; ROGER, Franklyn. *Princípios institucionais da Defensoria Pública*..., cit., p. 945; LIMA, Frederico Rodrigues Viana. *Defensoria Pública*..., cit., p. 298; PAIVA, Caio; FENSTERSEIFER, Tiago. *Comentários à Lei Nacional da Defensoria Pública*..., cit., p. 322.

Vale dizer que antes da EC n. 45/2004 essa votação pelo órgão colegiado não estava explicitamente sujeita a eventual impugnação, mas agora é garantida a ampla defesa. Com isso, impede-se, já por previsão constitucional, que tal votação se dê secretamente – uma solução *bem-intencionada*, embora passível de severas críticas, na Constituição de 1934[638].

Por fim, a alínea *e*, que se aplica tanto à antiguidade quanto ao merecimento, proíbe a promoção caso o defensor público retiver os autos do processo além do prazo legal.

A aplicação da alínea *e* à Defensoria Pública, se a ela aplicada, deve se dar com maior comedimento, já que voltada essencialmente ao magistrado que, quando em poder dos autos, não se submete a prazos peremptórios. O defensor público, por sua vez, deve observar os prazos que lhe são impostos.

**Antiguidade**

A antiguidade deve ser apurada *na categoria*, mas advertimos que essa linguagem está mais voltada à DPU e à DPDF, pois muitas Defensorias estaduais usam o termo "classes". Assim, enquanto, por exemplo, na DPU existem três categorias – e a antiguidade será apreciada dentro de cada qual –, na Defensoria Pública do Estado de São Paulo, por exemplo, existem classes (precisamente, cinco)[639].

Exige a LC n. 80/1994 que a promoção se dê apenas *após dois anos de efetivo exercício na categoria/classe*, exceto se não houver quem preencha esse interstício, ou em caso de recusa à promoção (arts. 31, § 3º; 76, § 3º; e 116, § 4º).

**Merecimento**

A promoção por merecimento terá suas regras estipuladas pelo Conselho Superior, que deverá pautar-se em critérios objetivos, e mais que objetivos, eles devem ao menos estar atrelados à eficiência e à presteza no desempenho da função, além da aprovação em *cursos de aperfeiçoamento* promovidos pela instituição. Esses cursos precisam ter natureza *jurídica*, mas nada obsta, como hoje em dia se recomenda, que tenham uma abordagem *interdisciplinar*, afinal isso faz parte das atribuições da Defensoria Pública (art. 4º, IV). Além do mais, esses cursos, para poder ser aceitos, devem compreender a apresentação de trabalho escrito e defesa oral, se bem que a LC n. 80/1994 não deixa claro se esses dois requisitos (trabalho escrito e defesa oral) são cumulativos ou alternativos. Na dúvida, a palavra "compreenderão" permite interpretar que são cumulativos (arts. 33, § 1º, 78, § 1º e 117, § 1º).

Uma regra importante nesse assunto diz respeito ao ***impedimento à promoção*** por merecimento. O problema – na verdade, o curioso – é que a LC n. 80/1994 prevê regra desse jaez

---

638 Segundo Alcides de Mendonça Lima, a regra da votação secreta foi inserida na Constituição de 1934 (art. 104, § 2º) devido à consciência de que, embora importante, a promoção por antiguidade também deveria ser coibida quando evidente o abuso. Daí, "(...) para impedir que, na realidade, seja escolhido juiz que não ofereça requisitos morais, culturais e profissionais, ainda que sem prova concreta, que poderia originar a perda do cargo (...), tornou-se cânone tradicional a faculdade outorgada ao tribunal para recusar o candidato (...). Os verdadeiros motivos não são revelados na sessão, nem consta da ata...". *O Poder Judiciário e a nova Constituição*. Rio de Janeiro: Aide, 1989. p. 30.

639 Art. 87 da LC n. 988/2006.

apenas em relação à DPU (art. 33, § 2º) e à DPDF (art. 78, § 2º), mas se omite quanto às DPEs. De qualquer forma, essa omissão acaba significando que o legislador estadual poderá normatizar nesse sentido, se bem que uma curiosidade se coloca em relação à DPDF: essa regra persiste? Parece-nos que não, já que desde a EC n. 69/2012 o regramento constitucional que se aplica às DPEs (no caso, submissão a normas gerais) aplica-se à DPDF.

Consiste essa regra de impedimento à promoção por merecimento (observe que a LC n. 80/1994 não a relaciona à antiguidade) no seguinte: não poderá concorrer aquele que, dentro do prazo de um ano, foi apenado com advertência ou suspensão, ou dois anos, no caso de suspensão. Omitiu-se a lei em prever o prazo de impedimento à promoção em caso de penalidade de remoção compulsória. Como não faz sentido deixar essa penalidade de fora, deve-se aplicar o prazo menor, ou seja, de um ano, já que mais favorável ao defensor público que, no caso, faz as vezes de sindicado.

Uma *curiosidade* existe na LC n. 11.795/2002, que dispõe sobre o Estatuto dos Defensores Públicos do Estado do Rio Grande do Sul. O art. 21 prevê os critérios a serem observados para a promoção por merecimento, sendo que no inciso V é previsto, dentre outros, "a atenção às instruções da Defensoria Pública-Geral". A curiosidade é que, de um lado, conceber tais instruções como vinculantes é, segundo entendimento dominante, uma afronta à independência funcional. De outro lado, mesmo encarando-as como mero estímulo (e não vinculação), ainda assim o escopo da independência funcional pode restar desafiado.

Além do mais, vale ainda apontar que se, como regra geral, as sessões do Conselho Superior devem ser *públicas* – curiosamente, essa previsão legal se encontra apenas no capítulo das Defensorias estaduais (art. 102) –, quando se trata de deliberação acerca do merecimento a LC n.80/1994 determina que ela seja *secreta* – algo duramente criticado pela doutrina, e com razão, havendo quem sustente, com não menos razão, que ela viola o princípio da publicidade, sendo, pois, inconstitucional[640].

É prevista ainda a regra da ***obrigatoriedade da promoção por merecimento***, que ocorre quando o defensor público figurar na lista por merecimento por três vezes consecutivas ou cinco alternadas – não sendo obrigatória somente se esse defensor público estiver impedido de se promover.

No fundo, a obrigatoriedade da promoção acaba por reconhecer um quê de subjetividade existente na decisão acerca da promoção por merecimento e então atenua esse aspecto subjetivo.

**Recusa à promoção**

Mais a frente, quando tratarmos da inamovibilidade, explicaremos a relação entre ela e a recusa à promoção (que, pensamos, figura como justificativa principal, ao lado de outra menor: o interesse para concorrer em eleições do Conselho Superior). Assim, remetemos o leitor ao respectivo tópico no capítulo sobre inamovibilidade.

**A questão do desempate nas promoções por merecimento e antiguidade**

Não se olvide a possibilidade de que haja empate no concurso para promoção, seja por antiguidade ou merecimento. Caso isso ocorra e supondo que lei estadual não discipline esse assunto, como resolver a situação?

---

640 PAIVA, Caio; FENSTERSEIFER, Tiago. *Comentários à Lei Nacional da Defensoria Pública...*, cit., p. 322.

Nesse caso, dada a lacuna existente na LC n.80/1994, o STF já entendeu ser possível o uso da *analogia* aplicando-se as regras de desempate previstas para a remoção (arts. 37, § 1º; 82, § 1º; e 121, parágrafo único):

> AUTORIDADE COATORA – MANDADO DE SEGURANÇA – ATO COMPLEXO – APERFEIÇOAMENTO. Tratando-se, na impetração, de ato complexo, já aperfeiçoado, tem-se, como autoridade coatora, aquela que atuou na última etapa, formalizando-o. DECADÊNCIA – MANDADO DE SEGURANÇA – ATO COMPLEXO – TERMO INICIAL. Uma vez dirigido o mandado de segurança contra ato complexo, o termo inicial do prazo de decadência coincide com o conhecimento da última atividade que o compôs, sendo irrelevante a causa de pedir veiculada, a articulação de defeito em etapa anterior. PROMOÇÃO – ANTIGUIDADE – DEFENSORIA PÚBLICA DA UNIÃO – EMPATE – LISTA DE ANTIGUIDADE – CONFECÇÃO. Uma vez acionada, pelo Conselho Superior da Defensoria Pública da União, a competência normativa prevista no artigo 10, inciso I, da Lei Complementar n. 80/94, e publicada a lista confeccionada, ilegal é a mudança de critério, refazendo-se a ordem de colocação. **PROMOÇÃO E REMOÇÃO – DESEMPATE – REGÊNCIA. Surge harmônica com o sistema da Lei Complementar n. 80/94 a tomada de empréstimo, pelo Conselho Superior da Defensoria Pública da União, para efeito de desempate, visando à promoção por antiguidade, do disposto no artigo 37 da citada lei, a versar sobre critérios relativos à remoção.** (MS 24872, Relator(a): Min. MARCO AURÉLIO, Tribunal Pleno, julgado em 30-6-2005, *DJ* 30-09-2005 PP-00004 EMENT VOL-02207-01 PP-00168)

## Capítulo III

### Da Inamovibilidade e da Remoção

Art. 34. Os membros da Defensoria Pública da União são inamovíveis, salvo se apenados com remoção compulsória, na forma desta Lei Complementar.

Art. 35. A remoção será feita a pedido ou por permuta, sempre entre membros da mesma categoria da carreira.

Art. 36. A remoção compulsória somente será aplicada com prévio parecer do Conselho Superior, assegurada ampla defesa em processo administrativo disciplinar.

Art. 37. A remoção a pedido far-se-á mediante requerimento ao Defensor Público-Geral, nos quinze dias seguintes à publicação, no Diário Oficial, do aviso de existência de vaga.

§ 1º Findo o prazo fixado no *caput* deste artigo e, havendo mais de um candidato à remoção, será removido o mais antigo na categoria e, ocorrendo empate, sucessivamente, o mais antigo na carreira, no serviço público da União, no serviço público em geral, o mais idoso e o mais bem classificado no concurso para ingresso na Defensoria Pública.

§ 2º A remoção precederá o preenchimento da vaga por promoção.

Art. 38. Quando por permuta, a remoção será concedida mediante requerimento do interessado, atendida a conveniência do serviço e observada a ordem de antiguidade na Carreira. (Redação dada pela Lei Complementar n. 132, de 2009.)

(...)

## Capítulo III

### Da Inamovibilidade e da Remoção

Art. 79. Os membros da Defensoria Pública do Distrito Federal e dos Territórios são inamovíveis, salvo se apenados com remoção compulsória, na forma desta Lei Complementar.

Art. 80. A remoção será feita a pedido ou por permuta, sempre entre membros da mesma categoria da carreira.

Art. 81. A remoção compulsória somente será aplicada com prévio parecer do Conselho Superior, assegurada ampla defesa em processo administrativo disciplinar.

Art. 82. A remoção a pedido far-se-á mediante requerimento ao Defensor Público-Geral, nos quinze dias seguintes à publicação, no Diário Oficial, do aviso de existência da vaga.

§ 1º Findo o prazo fixado no *caput* deste artigo e havendo mais de um candidato à remoção, será removido o mais antigo na categoria e, ocorrendo empate, sucessivamente, o mais antigo na carreira, no serviço público da União, no serviço público em geral, o mais idoso e o mais bem classificado no concurso para ingresso na Defensoria Pública.

§ 2º A remoção precederá o preenchimento de vaga por promoção.

Art. 83. Quando por permuta, a remoção será concedida mediante requerimento dos interessados, atendida a conveniência do serviço.

(...)

## Capítulo III

### Da Inamovibilidade e da Remoção

Art. 118. Os membros da Defensoria Pública do Estado são inamovíveis, salvo se apenados com remoção compulsória, na forma da lei estadual.

Art. 119. A remoção será feita a pedido ou por permuta, sempre entre membros da mesma categoria da carreira.

Art. 120. A remoção compulsória somente será aplicada com prévio parecer do Conselho Superior, assegurada ampla defesa em processo administrativo disciplinar.

Art. 121. A remoção a pedido far-se-á mediante requerimento ao Defensor Público-Geral, nos quinze dias seguintes à publicação, no Diário Oficial, do aviso de existência de vaga.

Parágrafo único. Findo o prazo fixado neste artigo e havendo mais de um candidato à remoção, será removido o mais antigo na categoria e, ocorrendo empate, sucessivamente, o mais antigo na carreira, no serviço público do Estado, no serviço público em geral, o mais idoso e o mais bem classificado no concurso para ingresso na Defensoria Pública.

Art. 122. A remoção precederá o preenchimento da vaga por merecimento.

Art. 123. Quando por permuta, a remoção será concedida mediante requerimento dos interessados, respeitada a antiguidade dos demais, na forma da lei estadual. (Redação dada pela Lei Complementar n. 132, de 2009.)

Parágrafo único. O Defensor Público-Geral dará ampla divulgação aos pedidos de permuta. (Incluído pela Lei Complementar n. 132, de 2009.)

---

Inamovibilidade: garantia absoluta ou relativa?

Remoção:

a) Compulsória: por sanção ou por interesse público

b) Voluntária: por permuta ou a pedido

## 18 DA INAMOVIBILIDADE E DA REMOÇÃO – ARTS. 34 A 38, 79 A 83 E 118 A 123

**Remoção compulsória: introdução**

Esses dispositivos regulam a incidência da garantia constitucional da inamovibilidade e suscitam principalmente o tema da *amplitude da inamovibilidade* do membro da Defensoria

Pública; e, sobretudo em comparação com os membros do Ministério Público e da Magistratura, suscita uma série de questões correlatas.

Uma dessas questões correlatadas refere-se a perquirir se é, ou não, constitucional a *remoção compulsória* para o Defensor Público. Os arts. 36, 81 e 120 apenas preveem que ela – a remoção compulsória – envolverá, necessária e previamente, parecer do Conselho Superior, devendo assegurar ampla defesa em processo administrativo disciplinar. Aqui, a lei dá a entender que a remoção compulsória pressupõe infração administrativa (logo, caráter sancionatório), mas não podemos olvidar outra espécie de remoção compulsória: *remoção compulsória por interesse público*, sem dúvida mais polêmica e, justamente por isso, exige uma reflexão ainda mais aprofundada.

Trataremos da remoção compulsória nos comentários ao inciso II dos arts. 43, 88 e 127 da LC n. 80/1994.

**Remoção voluntária: modalidades, disciplina pelo ente federativo e regime jurídico**

As remoções *voluntárias são de duas espécies: a pedido* ou por permuta. Deste modo, naquela o defensor público ocupante de uma determinada Defensoria Pública se candidata a ocupar outra Defensoria Pública que está vaga, enquanto nesta (na permuta), os defensores públicos pedem para trocar de Defensorias Públicas. Assim, na remoção a pedido o defensor público ocupante da 2ª Defensoria Pública da cidade "α" candidata-se, por exemplo, à 10ª Defensoria Pública da cidade "β", que se encontra vaga. E na permuta, os ocupantes destas duas Defensorias Públicas pretendem trocar de posições.

Além da aplicabilidade do art. 93 da CF/88 desde a EC n. 80/2014 – **tratamos desse assunto nos comentários aos arts. 30 a 33, 75 a 78 e 115 a 117** –, a LC n. 80/1994 deixa *certa margem de disciplinamento para o legislador estadual e distrital.*

A LC n. 988/2006, que organiza a Defensoria Pública do Estado de São Paulo, é um exemplo disso. E ela prevê ainda dois outros tipos de remoção voluntária: a *qualificada* e a por *união de cônjuges ou companheiros*[641].

A remoção qualificada não existe na LC n. 80/1994 e pela simples razão de ela não ter previsto a existência dos Núcleos Especializados. Na verdade, o legislador nacional até o previu, mas não de maneira clara e impositiva, o que era fundamental, dada a importância que têm esses órgãos internos. Enfim, na lei paulista, a remoção qualificada se refere justamente a eles[642]-[643].

Normalmente, o STF tem chancelado que o legislador estadual ou distrital regulamente pormenorizadamente o assunto:

---

641 Artigo 108 – São espécies de remoção voluntária:

I – remoção a pedido;

II – remoção por permuta;

III – remoção qualificada;

IV – remoção por união de cônjuges ou companheiros.

642 Artigo 111 – A remoção qualificada destina-se à escolha dos Defensores Públicos que integrarão os Núcleos Especializados.

643 Tratamos desse assunto, tecendo críticas pontuais, nos comentários aos arts. 14 a 17, 62 e 63 e 106 a 107, e para lá remetemos o leitor.

ADMINISTRATIVO. DEFENSOR PÚBLICO. REMOÇÃO. INEXISTÊNCIA DE DIREITO ADQUIRIDO A REGIME JURÍDICO.
1. O Supremo Tribunal Federal pacificou a sua jurisprudência no sentido da ausência de direito adquirido a regime jurídico (cf. RE 563965/RN, Rel. Min. CÁRMEN LÚCIA, Tribunal Pleno, *DJE* 20/03/2009 – regime de repercussão geral).
2. O direito à remoção de membro da Defensoria Pública, exercido na vigência da Lei Complementar estadual n. 111 de outubro de 2005, com redação dada pela Lei Complementar estadual n. 170 de janeiro de 2013, não prescinde do preenchimento dos requisitos legais dispostos na legislação destacada, dentre eles, que não tenha havido remoção voluntária no período de dois anos anteriores à abertura do concurso (art. 81, IV).
3. Agravo regimental não provido.
(AgRg no RMS 46.136/MS, Rel. Ministro MAURO CAMPBELL MARQUES, SEGUNDA TURMA, julgado em 18-2-2016, *DJE* 25-2-2016).

O disciplinamento da legislação estadual ou distrital, porém, às vezes pode se deparar com limitações. Por exemplo, algumas leis estaduais preveem a *remoção (a pedido) por união de cônjuge*. Aqui, duas breves considerações:

(i) Ainda que a legislação utilize apenas a palavra "**cônjuge**", ela abarca união estável, hétero e homoafetiva.
(ii) Já houve julgados reconhecendo *limites implícitos* à remoção por união de cônjuge/companheiro, como nesse do STJ:
DIREITO ADMINISTRATIVO. REMOÇÃO PARA ACOMPANHAR CÔNJUGE APROVADO EM CONCURSO DE REMOÇÃO. O servidor público federal não tem direito de ser removido a pedido, independentemente do interesse da Administração, para acompanhar seu cônjuge, também servidor público, que fora removido em razão de aprovação em concurso de remoção. Isso porque o art. 36, parágrafo único, III, a, da Lei n. 8.112/1990, que prevê a possibilidade de remoção para acompanhar cônjuge ou companheiro, não ampara a referida pretensão, tendo em vista que, na hipótese, a remoção do cônjuge não se deu ex officio, mas voluntariamente. AgRg no REsp 1.290.031-PE, Rel. Min. Arnaldo Esteves Lima, julgado em 20-8-2013.

É válido ressaltar ainda que a LC n. 132/2009 – que alterou a LC n.80/1994 em diversos pontos – inovou e, a nosso ver, para melhor. Isso porque, ela *incluiu o critério de antiguidade no processo de permuta*, impedindo, assim, que os mais antigos sejam preteridos por remoções fingidas como, por exemplo, na hipótese de o defensor realizar permuta para favorecer algum colega de seu círculo pessoal de relacionamento antes de deixar a carreira.

Antes da inovação, essa manobra era possível, embora totalmente antirrepublicana; depois da inovação, o defensor público mais antigo está autorizado legalmente a *interferir* no processo de permuta para prevalecer sobre o mais novo. Vale alertar que a LC n. 132/2009 deixou de inserir o benfazejo critério de antiguidade no âmbito do Distrito Federal, como se vê na redação inalterada do art. 83. Todavia, considerando a EC n. 69/2012, especificamente o seu art. 2º, o critério de antiguidade passa também a valer para o processo de permuta realizado no Distrito Federal[644].

644 "Sem prejuízo dos preceitos estabelecidos na Lei Orgânica do Distrito Federal, aplicam-se à Defensoria Pública do Distrito Federal os mesmos princípios e regras que, nos termos da Constituição Federal, regem as Defensorias Públicas dos Estados."

No caso da remoção a pedido, há previsão de *critérios para desempate* a fim de evitar soluções casuísticas pelas autoridades competentes (v. § 1º do art. 37 e do art. 82, e parágrafo único do art. 121). É uma consequência do princípio da impessoalidade (art. 37, CF/88).

Além de a remoção voluntária ser permitida, por vezes ela ainda impõe que a Administração garanta que ela ocorra na prática, justamente por enxergar que a remoção (voluntária ou compulsória) figuram como abrandamentos da garantia da inamovibilidade:

> TRIBUTÁRIO E PROCESSUAL CIVIL. DECRETO. ATO NORMATIVO QUE NÃO SE INSERE NO CONCEITO DE LEI FEDERAL. INEXISTÊNCIA. AUSÊNCIA DEOMISSÃO. ART. 535, II, DO CPC. 1. Com relação à violação ao citado dispositivo – Decreto 4.004/01, o STJ possui entendimento de que o Decreto regulamentar não se enquadra no conceito de lei federal, o que inviabiliza sua discussão na via excepcional.2. A solução integral da controvérsia, com fundamento suficiente, não caracteriza ofensa ao art. 535 do CPC. 3. **O STJ pacificou o entendimento de que é devida a ajuda de custo para os Magistrados que são removidos a pedido. 4. Os membros da Defensoria Pública Federal também fazem jus ao recebimento da ajuda de custo em casos de remoção, pois somente podem obter o deslocamento se for a pedido, por promoção ou em decorrência de pena disciplinar, haja vista possuírem a garantia constitucional da inamovibilidade.** 5. Agravo Regimental não provido. (AgRg no REsp 1424704/ PE Relator(a) Ministro HERMAN BENJAMIN – SEGUNDA TURMA Data do Julgamento 22-5-2014)

## Capítulo IV

Dos Direitos, das Garantias e das Prerrogativas dos Membros da Defensoria Pública da União

(...)

## Capítulo IV

Dos Direitos, das Garantias e das Prerrogativas dos Membros da Defensoria Pública do Distrito Federal e dos Territórios

(...)

## Capítulo IV

Dos Direitos, das Garantias e das Prerrogativas dos Membros da Defensoria Pública dos Estados

# 19 DOS DIREITOS DOS MEMBROS (REMUNERAÇÃO, FÉRIAS E AFASTAMENTO) – ARTS. 39 A 42-A, 84 A 87-A E 124 A 126-A

## Seção I

Da Remuneração

Art. 39. À lei cabe fixar a remuneração dos cargos da carreira da Defensoria Pública da União, observado o disposto no art. 135 da Constituição Federal.

§ 1º (VETADO.)

§ 2º Os membros da Defensoria Pública da União têm os direitos assegurados pela Lei n. 8.112, de 11 de dezembro de 1990, e nesta Lei Complementar. (Redação dada pela Lei Complementar n. 98, de 1999.)

I – revogado; (Redação dada pela Lei Complementar n. 98, de 1999.)

II – (VETADO);

III – revogado; (Redação dada pela Lei Complementar n. 98, de 1999.)

IV – revogado; (Redação dada pela Lei Complementar n. 98, de 1999.)

V – revogado; (Redação dada pela Lei Complementar n. 98, de 1999.)

VI – revogado; (Redação dada pela Lei Complementar n. 98, de 1999.)

VII – (VETADO);

VIII – revogado. (Redação dada pela Lei Complementar n. 98, de 1999.)

§ 1º (VETADO.)

§ 2º Os membros da Defensoria Pública do Distrito Federal e dos Territórios têm os direitos assegurados pela Lei n. 8.112, de 1990, e nesta Lei Complementar. (Redação dada pela Lei Complementar n. 98, de 1999.)

I – revogado; (Redação dada pela Lei Complementar n. 98, de 1999.)

II – (VETADO);

III – revogado; (Redação dada pela Lei Complementar n. 98, de 1999.)

IV – revogado; (Redação dada pela Lei Complementar n. 98, de 1999.)

V – revogado; (Redação dada pela Lei Complementar n. 98, de 1999.)

VI – revogado; (Redação dada pela Lei Complementar n. 98, de 1999.)

VII – (VETADO);

VIII – revogado. (Redação dada pela Lei Complementar n. 98, de 1999.)

(...)

## Seção I

### Da Remuneração

Art. 84. À lei cabe fixar a remuneração dos cargos da carreira da Defensoria Pública do Distrito Federal e dos Territórios, observado o disposto no artigo 135 da Constituição Federal.

§ 1º (VETADO.)

§ 2º Os membros da Defensoria Pública do Distrito Federal e dos Territórios têm os direitos assegurados pela Lei n. 8.112, de 1990, e nesta Lei Complementar. (Redação dada pela Lei Complementar n. 98, de 1999.)

I – revogado; (Redação dada pela Lei Complementar n. 98, de 1999.)

II – (VETADO);

III – revogado; (Redação dada pela Lei Complementar n. 98, de 1999.)

IV – revogado; (Redação dada pela Lei Complementar n. 98, de 1999.)

V – revogado; (Redação dada pela Lei Complementar n. 98, de 1999.)

VI – revogado; (Redação dada pela Lei Complementar n. 98, de 1999.)

VII – (VETADO);

VIII – revogado. (Redação dada pela Lei Complementar n. 98, de 1999.)

(...)

## Seção I

### Da Remuneração

Art. 124. À lei estadual cabe fixar a remuneração dos cargos da carreira do respectivo Estado, observado o disposto no art. 135 da Constituição Federal.

§ 1º (VETADO).

§ 2º Os membros das Defensorias Públicas dos Estados têm os direitos assegurados pela legislação da respectiva unidade da Federação e nesta Lei Complementar. (Redação dada pela Lei Complementar n. 98, de 1999.)

I – revogado; (Redação dada pela Lei Complementar n. 98, de 1999.)

II – (VETADO);

III – revogado; (Redação dada pela Lei Complementar n. 98, de 1999.)

IV – revogado; (Redação dada pela Lei Complementar n. 98, de 1999.)

V – revogado; (Redação dada pela Lei Complementar n. 98, de 1999.)

VI – revogado; (Redação dada pela Lei Complementar n. 98, de 1999.)

VII – (VETADO);

VIII – revogado. (Redação dada pela Lei Complementar n. 98, de 1999.)

## 19.1 Da remuneração

Importante que o tema "remuneração" seja lido em compasso com nossos comentários à garantia da irredutibilidade de remuneração[645] e, como já tratamos na primeira parte deste livro, levando-se em conta que desde a EC n. 80/2014 o art. 96, II, *b* se aplica à Defensoria Pública; e, no que nos interessa neste tópico, agora cabe aos Defensores Públicos-Gerais a *iniciativa* de projetos de lei (complementar) que tratem de remuneração ou fixação de subsídio de membros ou servidores da instituição.

Constitucionalmente, o defensor público faz jus a *subsídio* em razão da EC n. 19/1998, cujo teor prescreve que "os servidores integrantes das carreiras disciplinadas nas Seções II e III deste Capítulo [o que inclui a Defensoria Pública] serão remunerados na forma do art. 39, § 4º"[646]. Este § 4º do art. 39, por sua vez, com redação dada pela mesma emenda prescreve o quanto segue: "O membro de Poder, o detentor de mandato eletivo, os Ministros de Estado e os Secretários Estaduais e Municipais serão remunerados exclusivamente por subsídio fixado em parcela única, vedado o acréscimo de qualquer gratificação, adicional, abono, prêmio, verba de representação ou outra espécie remuneratória, obedecido, em qualquer caso, o disposto no art. 37, X e XI"[647].

Portanto, quando os arts. 39, 84 e 124 da Lei Orgânica fazem menção ao art. 135 da Constituição Federal, indiscutivelmente impõem ao legislador infraconstitucional que regule remuneração por meio de subsídio.

Este regime de subsídio – a ser pago em parcela única, sendo vedados os acréscimos previstos no § 4º do art. 39 da CF/88 – é o que explica ter a LC n. 98/1999 revogado uma série de vantagens, a saber: ajuda de custo para despesas de transportes e mudança; salário-família; diárias; representação; gratificação pela prestação de serviço especial; gratificação pelo efetivo exercício local de difícil acesso, assim definido pela lei de organização judiciária. No entanto, no § 2º dos arts. 39 e 84 desta Lei Orgânica, há previsão de que os respectivos membros da Defensoria Públi-

645 Confira inciso III dos arts. 43, 88 e 127.

646 CF/88, art. 135, com redação dada pela Emenda Constitucional n. 19/1998.

647 CF/88, art. 39, § 4º, com redação dada pela Emenda Constitucional n. 19/1998.

ca têm direitos assegurados pela Lei n. 8.112, de 11 de dezembro de 1990. É preciso, no entanto, cautela, já que certamente tais direitos não podem colidir com a vedação de acréscimos prevista no § 4º do art. 39 da Constituição Federal. E o mesmo se diga a respeito das Defensorias Públicas estaduais, cujas respectivas leis estaduais não podem ignorar o aludido § 4º.

Existem, no entanto, Defensorias que se submetem ainda a regime de *vencimentos*. Por que motivo isso acontece? Do ponto de vista jurídico, é possível acontecer porque a Constituição Federal prescreve que "a remuneração dos servidores públicos e o subsídio de que trata o § 4º do art. 39 somente poderão ser fixados ou alterados por lei específica, observada a iniciativa privativa em cada caso, assegurada revisão geral anual, sempre na mesma data e sem distinção de índices"[648]. Assim, na ausência de lei específica, persiste o regime de vencimentos e, neste caso, entendemos que não deve incidir a vedação de acréscimos do § 4º do art. 39 da Constituição Federal, até porque a vedação contida nesse dispositivo se refere à hipótese de remuneração feita por subsídio.

Vale registrar, a propósito, ter o STF sumulado que "a fixação de vencimentos dos servidores públicos não pode ser objeto de convenção coletiva" (Súmula 679), bem como não caber "ao Poder Judiciário, que não tem função legislativa, aumentar vencimentos de servidores públicos sob fundamento de isonomia" (Súmula 339).

Como se sabe, existe uma discrepância muito significativa, em regra, quanto à remuneração entre Defensoria Pública, de um lado, e Ministério Público e Judiciário, de outro. A nosso ver, é algo que deveria ser inconcebível, porque não existe ator mais ou menos importante no sistema de Justiça, ainda que em vista de ideias preconcebidas a sociedade qualifique esta ou aquela carreira superior, ou, ainda, por soberba, esta ou aquela carreira se julgue superior. Nem mesmo a Magistratura, a nosso ver, pode chegar a essa conclusão.

Embora reconheçamos que as funções essenciais à Justiça orbitam, na maior parte do tempo, em torno do Judiciário, não podemos olvidar que acesso à Justiça não é sinônimo de acesso ao Judiciário e, principalmente, que o juiz só consegue perseguir, e muito palidamente, o ideal de imparcialidade graças aos parciais: eliminemos as funções essenciais, ou tratemo-las de modo inferiorizado e, automaticamente, inferioriza-se igualmente o Judiciário. Neste sentido, entendemos que é de rigor a observância do espírito contido no § 1º do art. 39 da Constituição Federal[649] para o sistema de Justiça.

### O STF e a ADI 171/MG

Na ADI 171/MG, o STF assentou que o *tratamento igualitário* a funções públicas assemelhadas *depende de lei* – como exige, realmente, o dispositivo acima transcrito. Assim, como se decidiu que a equiparação remuneratória não pode ser direta, dependendo de lei, é imprescindível que o Legislativo compreenda a magna responsabilidade de manter um tratamento igua-

---

648 CF/88, art. 37, X.

649 A fixação dos padrões de vencimento e dos demais componentes do sistema remuneratório observará: I – a natureza, o grau de responsabilidade e a complexidade dos cargos componentes de cada carreira; II – os requisitos para a investidura; III – as peculiaridades dos cargos.

litário entre funções de igual importância, e hoje existe uma diferença notória entre Defensoria Pública, de um lado, e Judiciário e Ministério Público de outro lado – o que não convém ao nosso sistema republicano.

Na prática, lamentavelmente, vemos que os Legislativos não encaram com seriedade este dispositivo constitucional quando apreciam os projetos de lei em tramitação, o que explica aludida discrepância remuneratória

É bem verdade que a redação original do art. 135 da Constituição Federal – "às carreiras disciplinadas neste título aplicam-se o princípio do art. 37, XII, e o art. 39, § 1º" –, que reconhecia este tratamento remuneratório igualitário a que nos referimos, acabou sendo alterada pela Emenda Constitucional n. 19/1998, passando a viger com redação que exclui dessa sistemática Judiciário e Ministério Público[650].

Antes mesmo dessa alteração constitucional que visou a apartar o tratamento de Judiciário e Ministério Público do restante do sistema de Justiça, ao apreciar a isonomia de carreiras jurídicas a maioria do plenário do STF, em sede de controle concentrado de constitucionalidade, já tinha decidido que "o significado a emprestar aos arts. 135 e 241, CF/88 [referindo-se à redação original do art. 241], há de ser o de que, para fins do art. 39, par. 1º, as carreiras a que se referem se consideram assemelhadas por real força da Constituição, independentemente da similitude real ou não das atribuições dos cargos que as compõem ou de suas características fundamentais". E essa mesma maioria – antes mesmo da reforma constitucional de 1998 – apartou o Ministério Público dessa lógica de "assemelhação ficta" imposta pela Constituição, porquanto "a Constituição mesma, entretanto, impõe que, mediante redução sistemática do alcance aparente do art. 135, se exclua do seu campo normativo a carreira do Ministério Público: além de seu inconfundível perfil constitucional, a iniciativa reservada ao próprio Ministério Público para propositura de fixação dos vencimentos dos seus membros é incompatível com a pretendida regra compulsória de equiparação deles aos de servidores cuja remuneração é fixada em lei de iniciativa exclusiva do Poder Executivo"[651].

Pedindo a devida vênia, porém, esta posição se trata de grave erro judiciário que tolda a verdade do direito, e mais uma vez persiste em nosso país um entendimento jurídico que só se justifica, de fato, exclusivamente à luz do direito positivo: jamais à luz do princípio fundamental de que sistemicamente as carreiras jurídicas são todas imprescindíveis para se alcançar a melhor justiça dos casos apresentados, em concreto ou em abstrato, ao Judiciário. Ora, as demais funções essenciais também possuem sede constitucional, e, se não obtiveram o sucesso do Ministério Público na constituinte, não quer dizer – como já expusemos acima – que sejam atores menos importantes no sistema de Justiça.

No caso da Defensoria Pública, a decisão da maioria acabou por reconhecer uma *capitis diminutio* ao necessitado no sistema de Justiça. Também não convence, com todo o respeito, o

---

650 "Os servidores integrantes das carreiras disciplinadas nas Seções II e III deste Capítulo serão remunerados na forma do art. 39, § 4º."

651 STF, Tribunal Pleno, ADIn 171/MG, rel. Min. Ilmar Galvão, rel. do acórdão Sepúlveda Pertence, julgamento em 15 de abril de 1993, publicado no *DJE* de 3-6- 1994, disponível no *site* do STF: <www.stf.jus.br>.

argumento de que a iniciativa reservada ao próprio Ministério Público para propositura de fixação dos vencimentos de seus membros apartaria o Parquet da isonomia de carreiras do sistema de Justiça: porque uma coisa é ter poder de iniciativa, e outra coisa é ter o poder de aprovar ou não um projeto de lei. Desse modo, a responsabilidade do Legislativo e do Executivo, na produção legislativa, em manter a igualdade remuneratória entre atores do sistema de Justiça continua mais viva do que nunca.

Nossa esperança é que a minoria de ontem possa emergir, quiçá, como a maioria de hoje. A propósito, a minoria dissidente de 1993 fixou *parâmetros* que devem ser rememorados, a fim de que possamos oxigenar nosso pensamento e tentar dar combate à mesmice de hoje em dia que, lamentavelmente, julga normal o tratamento discrepante entre carreiras jurídicas do sistema de Justiça.

Francisco Rezek, por exemplo, assinalou que:

> Gravitam todos esses profissionais [do art. 135 da CF] em torno da administração da Justiça. Pondero que devemos ir além. (...) No caso dessas carreiras, acresce que elas [além da formação jurídica idêntica] são todas concursivas. O grau de dificuldade dos concursos de admissão a tais carreiras não tem sido discrepante: ele varia mais de Estado para Estado do que de carreira para carreira. E as escalas que se reclamam dentro de cada uma dessas opções profissionais são em número semelhante. A composição global dessas carreiras guarda perfil harmônico[652].

Marco Aurélio, por sua vez, ressaltou a isonomia necessária, respeitada a exigência de lei:

> Presidente, se é certo que a Constituição Federal de 1988 repetiu o preceito da Carta pretérita, preceito quase que tradicional de nossa ordem jurídica, proibindo a vinculação e a equiparação de vencimentos, não menos correto é que homenageou, sobremaneira, o princípio isonômico e, para assim concluirmos, basta levar em conta que chegou até a colocar em patamar idêntico civis e militares, fazendo-o quanto ao reajustamento das remunerações. O que constatamos, no art. 39, no que disciplina o denominado Regime Único? Constatamos preocupação marcante com a isonomia, com a uniformidade de tratamento. Isto decorre do teor da cabeça do próprio artigo. No parágrafo, foi-se além e, em norma que reconheço condicionada, no tocante à eficácia, a uma disciplina posterior, a uma disciplina do legislador ordinário, previu-se que haveria de ser observada a "isonomia de vencimentos para cargos de atribuições iguais ou assemelhados. (...) deu-se às carreiras jurídicas um tratamento todo próprio". Assentou-se que, em relação a elas, há de se reconhecer a semelhança consignada no § 1º do art. 39 da Carta de 1988[653].

Carlos Velloso, por sua vez, entendeu pela equiparação remuneratória – ainda dependente de lei:

> No caso, cumpre indagar se o legislador mineiro, ao estabelecer o princípio da paridade entre carreiras do Ministério Público (CF, arts. 127-130), da Advocacia de Estado (CF, arts. 131-132), da Defensoria Pública (CF, art. 134) e dos delegados de polícia (CF, art. 241), teria procedido com legitimidade constitucional. Penso que sim. O eminente Advogado Xavier de Albuquerque expôs, com propriedade, os dados ou critérios que assemelham os referidos cargos: essa assemelhação decorre ou da essencialidade à função jurisdicional do Estado (CF, arts. 127 a 134),

652 Idem.

653 Idem.

ou da formação jurídica igual para todos os cargos (Ministério Público, Advocacia de Estado, Defensoria Pública e Polícia de Carreira), ou pelo concurso público que exige conhecimentos jurídicos semelhantes, ou pela comunhão de funções. O Sr. Ministro Rezek, aliás, expôs, no seu voto, com profundidade, essa questão, esgotando-a[654].

Celso de Mello igualmente aderiu ao pronunciamento do ilustre advogado, transcrevendo boa parte de seu parecer, chegando mesmo ao ponto de entender que a regra isonômica subordina o legislador, porquanto sua sede constitucional, neste caso, projeta efeitos que não abririam margem de discrição na produção legislativa:

> (...) sustento, Sr. Presidente, que as normas inscritas nos arts. 135 e 241 da Constituição Federal efetivamente consagraram, de modo concreto, a isonomia de tratamento remuneratório entre os membros integrantes das categorias funcionais a que tais preceitos se referem. (...) Parece-me, desse modo, que os preceitos constitucionais em questão não encerram mera sugestão de isonomia dirigida ao legislador ordinário. Pelo contrário, a matriz constitucional em que se assenta a assemelhação entre integrantes das carreiras jurídicas (art. 135) e Delegados de Polícia de carreira (art. 241) defere-lhes o ineliminável direito à isonomia de vencimentos. Sob tal perspectiva, a atuação do legislador ordinário – que necessariamente deve conformar-se aos comandos impostos pelo texto da Carta Federal – torna-se plenamente vinculada, posto que a Constituição não enseja ao elaborador e ao aplicador da norma a possibilidade de quaisquer "perquirições interpretativas" em torno da matéria[655].

*A modificação do art. 135 da Constituição Federal*, a nosso ver, é inconstitucional porque é uma tentativa corporativa de fortalecer somente duas carreiras em detrimento das demais – uma vez que é politicamente mais simples aprovar aumentos desconsiderando o resto do sistema de Justiça. Porém, não sendo possível conseguir que determinado pássaro respire debaixo d'água por simplesmente chamá-lo mil vezes de peixe, também não é possível desaparecermos, como num toque de mágica, com uma verdade constitucional fundamental pela simples alteração da redação original do art. 135 da Constituição; ainda que tal revogação se desse por mil vezes. Porque a pura e simples alteração do texto constitucional não é apta a destruir o fato de que *todos os atores do sistema de Justiça são assemelhados* – nos termos do vigente § 1º, art. 39 da Constituição Federal –, de que dependem reciprocamente um do outro para que, em favor da cidadania, se tente atingir a melhor justiça do caso concreto, ou da tese em abstrato (no caso de controle concentrado), e que, portanto, *a desigualdade remuneratória crescente corrói o sistema de Justiça enfraquecendo-o como um todo*, tendo a severa implicação no sistema de freios e contrapesos inclusive, porque não é só o Judiciário que está no sistema de freios e contrapesos: mas as funções essenciais que provocam a jurisdição. No caso da Defensoria Pública, quantas intervenções do Judiciário nos outros Poderes e órgãos autônomos são realizados devido à sua atividade de provocação da jurisdição?

Com razão, portanto, doutrina que sempre sustentou a equiparação retributiva entre as carreiras do sistema de Justiça com os argumentos aqui apresentados[656].

---

654 Idem.

655 Idem.

656 Cf. amplamente em: MORAES, Guilherme Peña de. *Instituições da Defensoria Pública*. São Paulo: Malheiros, 1999. cap. XIV. p. 261-4.

### Escalonamento vertical

Visando a amenizar discrepâncias desarrazoadas, bem observa Frederico Rodrigues Viana Lima que, com o advento da EC n.80/2014, o art. 93, V[657] se aplica à Defensoria Pública[658]. Trata-se do chamado *escalonamento vertical*, regra esta que afasta discriminações remuneratórias tanto *entre* as instituições do sistema de justiça como *dentro* de cada qual.

### Teto remuneratório

Outro tema atinente à remuneração e que é tratado no plano constitucional concerne ao teto remuneratório, previsto no art. 37, XI.

A doutrina consagra as terminologias "teto" e "subteto" para fazer referência ao disposto no inciso XI do art. 37, sendo a primeira parte relacionada ao "teto", e a segunda (a partir da expressão 'aplicando-se'), ao "subteto".

Pode-se dizer que a figura do teto (e subteto) remuneratório não é nova no direito brasileiro; talvez tenha apenas ressurgido recentemente. Themístocles Brandão Cavalcanti[659] anotava que a disparidade entre estipêndios seria "um sacrifício para os cofres públicos" e "clamorosa injustiça social", e por isso relata que alguns países (Itália, Estados Unidos, Portugal) estabeleceram normas traçando limites. O Brasil fez isso em 29 de novembro de 1937 por meio do Decreto-Lei n. 24, cujo art. 9º estabeleceu a limitação de cinco contos de réis (o Decreto-Lei n. 1549, de 24 de agosto de 1939 também tratou disso). Outro autor, Eduardo Pinto Pessoa Sobrinho[660], noticia que em 11 de junho de 1962 a Lei n. 4.609 proibiu que qualquer servidor público recebesse mensalmente quantia superior a dezessete vezes o maior salário mínimo em vigor.

Desde a CF/88, a doutrina especializada anota que o estudo do teto remuneratório envolve três momentos: (i) redação original da CF/88; (ii) EC n. 19/1998; (iii) EC n. 41/2003[661].

No tocante à EC n. 19/1998, a regra em vigor basicamente estabelece como teto dos defensores públicos federais o subsídio dos ministros do STF, ao passo que o teto (ou "subteto") dos defensores estaduais e distritais, o dos desembargadores dos Tribunais de Justiça – que corresponderá a não mais do que 90,25% do subsídio dos ministros do STF. Assim, o cálculo é simples: em relação à Defensoria Pública, a remuneração dos defensores estaduais e distritais jamais poderá ser igualada à dos defensores públicos federais.

657 V – o subsídio dos Ministros dos Tribunais Superiores corresponderá a noventa e cinco por cento do subsídio mensal fixado para os Ministros do Supremo Tribunal Federal e os subsídios dos demais magistrados serão fixados em lei e escalonados, em nível federal e estadual, conforme as respectivas categorias da estrutura judiciária nacional, não podendo a diferença entre uma e outra ser superior a dez por cento ou inferior a cinco por cento, nem exceder a noventa e cinco por cento do subsídio mensal dos Ministros dos Tribunais Superiores, obedecido, em qualquer caso, o disposto nos arts. 37, XI, e 39, § 4º;

658 *Defensoria Pública...*, cit., p. 412.

659 *O funcionário público e seu estatuto*. São Paulo: Freitas Bastos, 1940. p. 281.

660 *Manual dos servidores do Estado*. Rio de Janeiro: A. Coelho Branco Filho Editor, 1963. v. 1, p. 14.

661 MARTINS JUNIOR, Wallace Paiva. *Remuneração de agentes públicos*. São Paulo: Saraiva, 2009. p. 169.

O tema em questão, logo se vê, é espinhoso, e essa distinção remuneratória estabelecida pelo constituinte seria, para alguns, inconstitucional. Segundo Diogo Esteves e Franklin Roger, há nítida afronta à isonomia institucional[662].

E, de fato, há essa quebra. No entanto, como já dito, o tema é por demais espinhoso e certamente poderá ser influenciado por um processo que tramita no STF: a ADIn 3854-1/DF.

A **ADIn n. 3854-1/DF**, ajuizada pela Associação dos Magistrados Brasileiros, questionava não só as resoluções n. 13 e 14 do CNJ como o art. 1º da EC n. 41/2003. Esse dispositivo é o que confere a redação atual ao inciso XI do art. 37 da CF/88.

A tese principal da ação direta se insurgia contra o instituto do "subteto".

Na visão da Associação dos Magistrados Brasileiros, ao distinguir os "tetos" entre os Judiciários federal e estaduais, o constituinte reformador violou a ideia de *unidade* que inspira o Poder Judiciário, para além da ofensa à isonomia entre magistrados. Em suma, o pedido **é** de declaração de inconstitucionalidade do art. 1º da EC n. 41/2003 ou de interpretação conforme a Constituição, resultando na leitura de que ao âmbito estadual aplica-se como teto o subsídio dos ministros do STF. E foi isso que o relator, min. Cezar Peluso, com referendo do plenário, fez em 28 de fevereiro de 2007: concedeu a liminar, determinando interpretação conforme a Constituição para o fim de sujeitar os magistrados estaduais ao teto federal (dos ministros do STF), liminar que permanece em vigor.

Quando for julgado o mérito e caso se mantenha o raciocínio que levou à concessão da liminar, sem dúvida se colocará com grande força a argumentação de que também no seio da Defensoria Pública não se pode aceitar a discriminação entre defensores federais, estaduais e distritais, posição à qual aderem Diogo Esteves e Franklin Roger, citando, inclusive, decisão administrativa já tomada nesse sentido[663-664].

**Vedação à equiparação ou à vinculação de remuneração**

A Defensoria Pública também já figurou em processos junto ao STF quando se discutiu a possibilidade ou não de vinculação e equiparação de remuneração. Trata-se da regra do art. 37, XIII da CF/88[665]. Frise-se que *as duas situações são rechaçadas*: tanto a *vinculação* como a *equiparação*. Enquanto "vinculação é a subordinação de um cargo a outro ou a qualquer fator que funcione como índice de reajuste automático(...)", na vinculação ocorre uma relação de comparação horizontal[666].

Assim, nem a remuneração dos defensores públicos poder pegar "carona" na de outras carreiras, nem a de outras carreiras pode pegar carona na dos defensores públicos. A título de exemplo:

662 *Princípios institucionais da Defensoria Pública...*, cit., p. 956.

663 Idem, p. 956.

664 O STF apreciará essa discussão no ARE 1.1211.898-SP.

665 XIII – é vedada a vinculação ou equiparação de quaisquer espécies remuneratórias para o efeito de remuneração de pessoal do serviço público; (Redação dada pela Emenda Constitucional n. 19, de 1998).

666 MARTINS JUNIOR, Wallace Paiva. *Remuneração dos agentes públicos...*, cit., p. 133-4.

EMENTA: AÇÃO DIRETA DE INCONSTITUCIONALIDADE. ARTIGO 6º DA LEI n. 934, DE 19 DE JANEIRO DE 1990, DO ESTADO DO ACRE. EQUIPARAÇÃO DE VENCIMENTOS DOS PROCURADORES E DEFENSORES DO ESTADO AOS DOS PROMOTORES DO MINISTÉRIO PÚBLICO. ALEGAÇÃO DE OFENSA AOS ARTIGOS 37, XIII, E 39, § 1º, DA CF-1988. 1. Prejudicado o pedido na parte referente à violação ao artigo 39, § 1º, da Constituição Federal, modificado substancialmente pela EC 19/98 no curso da ação. Precedentes. 2. Equiparação de vencimentos do pessoal do serviço público. Vedação prescrita no inciso XIII do artigo 37 da Carta Federal. Dispositivo constitucional modificado, permanecendo intacto o princípio que veda a mencionada equiparação. Ação julgada procedente para declarar a inconstitucionaldiade do artigo 6º da Lei n. 934, de 19 de janeiro de 1990, do Estado do Acre. (ADI 301, Relator(a): Min. MAURÍCIO CORRÊA, Tribunal Pleno, julgado em 22-5-2002, *DJ* 30-08-2002 PP-00088 EMENT VOL-02080-01 PP-00011)

EMENTA: CONSTITUCIONAL. SERVIDOR PÚBLICO: CONSTITUIÇÃO DO ESTADO DO MARANHÃO, § 2º DO ART. 21. LEI n. 4.983/89, DO MESMO ESTADO, ARTIGOS 1º E 2º. ISONOMIA DE VENCIMENTOS. I. – Vinculação de vencimentos entre as carreiras do Ministério Público e dos Procuradores do Estado, entre as carreiras do Ministério Público e dos defensores públicos e entre as carreiras do Ministério Público e dos Delegados de Polícia: inconstitucionalidade. Precedentes: EADIn's 171-MG e 465-PB. II. – ADIn julgada procedente, em parte. (ADI 304, Relator(a): Min. MARCO AURÉLIO, Relator(a) p/ Acórdão: Min. CARLOS VELLOSO, Tribunal Pleno, julgado em 25/10/1995, *DJ* 17-08-2001 PP-00048 EMENT VOL-02039-01 PP-00001)

Vinculação de vencimentos: piso remuneratório da carreira da Defensoria Pública fixado em múltiplo do menor vencimento da tabela do Poder Executivo: vinculação inconstitucional (CF, art. 37, XV): ação direta julgada procedente. (ADI 1070, Relator(a): Min. SEPÚLVEDA PERTENCE, Tribunal Pleno, julgado em 29/03/2001, *DJ* 25-05-2001 PP-00009 EMENT VOL-02032-01 PP-00168)

## Seção II

### Das Férias e do Afastamento

Art. 40. Revogado.

Art. 41. As férias dos membros da Defensoria Pública da União serão concedidas pelas chefias a que estiverem subordinados.

Art. 42. O afastamento para estudo ou missão no interesse da Defensoria Pública da União será autorizado pelo Defensor Público-Geral.

§ 1º O afastamento de que trata este artigo somente será concedido pelo Defensor Público-Geral, após o estágio probatório e pelo prazo máximo de dois anos.

§ 2º Quando o interesse público o exigir, o afastamento poderá ser interrompido a juízo do Defensor Público-Geral.

Art. 42-A. É assegurado o direito de afastamento para exercício de mandato em entidade de classe de âmbito nacional, de maior representatividade, sem prejuízo dos vencimentos, vantagens ou qualquer direito inerente ao cargo. (Incluído pela Lei Complementar n. 132, de 2009.)

§ 1º O afastamento será concedido ao presidente da entidade de classe e terá duração igual à do mandato, devendo ser prorrogado no caso de reeleição. (Incluído pela Lei Complementar n. 132, de 2009.)

§ 2º O afastamento para exercício de mandato será contado como tempo de serviço para todos os efeitos legais. (Incluído pela Lei Complementar n. 132, de 2009.)

(...)

## Seção II

### Das Férias e do Afastamento

Art. 85. Revogado.

Art. 86. As férias dos membros da Defensoria Pública do Distrito Federal e dos Territórios serão concedidas pelas chefias a que estiverem subordinados.

Art. 87. O afastamento para estudo ou missão no interesse da Defensoria Pública do Distrito Federal e dos Territórios será autorizado pelo Defensor Público-Geral.

§ 1º O afastamento de que trata este artigo somente será concedido pelo Defensor Público-Geral, após o estágio probatório e pelo prazo máximo de dois anos.

§ 2º Quando o interesse público o exigir, o afastamento poderá ser interrompido a juízo do Defensor Público-Geral.

Art. 87-A. É assegurado o direito de afastamento para exercício de mandato em entidade de classe de âmbito nacional e distrital, de maior representatividade, sem prejuízo dos vencimentos, vantagens ou qualquer direito inerente ao cargo. (Incluído pela Lei Complementar n. 132, de 2009.)

§ 1º O afastamento será concedido ao presidente da entidade de classe e terá duração igual à do mandato, devendo ser prorrogado no caso de reeleição. (Incluído pela Lei Complementar n. 132, de 2009.)

§ 2º O afastamento para exercício de mandato será contado como tempo de serviço para todos os efeitos legais. (Incluído pela Lei Complementar n. 132, de 2009.)

(...)

## Seção II

### Das Férias e do Afastamento

Art. 125. As férias dos membros da Defensoria Pública do Estado serão concedidas de acordo com a lei estadual.

Art. 126. O afastamento para estudo ou missão, no interesse da Defensoria Pública do Estado, será autorizado pelo Defensor Público-Geral.

§ 1º O afastamento de que trata este artigo somente será concedido pelo Defensor Público-Geral, após estágio probatório e pelo prazo máximo de dois anos.

§ 2º Quando o interesse público o exigir, o afastamento poderá ser interrompido a juízo do Defensor Público-Geral.

Art. 126-A. É assegurado o direito de afastamento para exercício de mandato em entidade de classe de âmbito estadual ou nacional, de maior representatividade, sem prejuízo dos vencimentos, vantagens ou qualquer direito inerente ao cargo. (Incluído pela Lei Complementar n. 132, de 2009.)

§ 1º O afastamento será concedido ao presidente da entidade de classe e terá duração igual à do mandato, devendo ser prorrogado no caso de reeleição. (Incluído pela Lei Complementar n. 132, de 2009.)

§ 2º O afastamento para exercício de mandato será contado como tempo de serviço para todos os efeitos legais. (Incluído pela Lei Complementar n. 132, de 2009.)

§ 3º Lei estadual poderá estender o afastamento a outros membros da diretoria eleita da entidade. (Incluído pela Lei Complementar n. 132, de 2009.)

## 19.2 Das férias e do afastamento

**Férias**

Celso Antonio Bandeira de Mello explica que "os direitos e vantagens que implicam ausência ao serviço são os seguintes: a) férias; b) licenças; c) afastamentos". E conceitua férias como "direito a um descanso anual, por 30 dias consecutivos, e a que se faz jus a partir da completude do primeiro ano de exercício, sendo remuneradas com 1/3 além da retribuição normal do servidor"[667]. Ou de modo mais simples: "Férias são períodos de descanso que o Estado assegura todos os anos a seus servidores"[668].

Se as férias terão trinta dias consecutivos ou não, isso dependerá do que dispuser a legislação estadual ou distrital. Por exemplo, São Paulo e Rio Grande do Sul permitem que as férias de trinta dias consecutivos sejam gozadas em dois períodos[669].

A LC n. 132/2009 *revogou as férias de sessenta dias* dos membros da Defensoria Pública da União e Distrito Federal, restando intacta a regra original atinente aos Estados, atribuindo a estes entes federativos a regulamentação da concessão das férias.

Importa notar que Lei Orgânica *não define a quantidade de férias*. No âmbito dos Estados, sem dúvida, a disposição do art. 125 é clara ao determinar que estes entes federativos resolvam a situação. Em São Paulo, Rio Grande do Sul e Paraná, por exemplo, o período é de trinta dias[670]. No Rio de Janeiro, o período é de sessenta dias[671].

No caso da Defensoria Pública da União, o silêncio é total: nem sequer se faz remissão à Lei n. 8.112/1990, que abrange os servidores públicos federais. Mesmo assim, segundo Frederico Rodrigues Viana de Lima, no âmbito da Defensoria Pública da União tem-se aplicado subsidiariamente a Lei n. 8.112/1990 em matéria de férias, e isto porque o art. 136 da Lei Orgânica dispõe que "os Defensores Públicos Federais, bem como os do Distrito Federal, estão sujeitos ao regime jurídico desta Lei Complementar e gozam de independência no exercício de suas funções, aplicando-se-lhes, subsidiariamente, o instituído pela Lei n. 8.112, de 11 de dezembro de 1990". É uma forma de sanar o atual silêncio da Lei Orgânica quanto às férias dos Defensores Públicos federais, que têm o direito de as usufruírem como trabalhadores livres[672].

---

667 MELLO, Celso Antonio Bandeira de. *Curso de direito administrativo*. 18. ed. São Paulo: Malheiros, 2005. cap. V. p. 289-90.

668 MORAES, Sílvio Roberto Mello. *Princípios institucionais da defensoria pública*. São Paulo: RT, 1995. p. 90.

669 Em São Paulo, dois períodos iguais segundo LC paulista n. 988/2006: "Art. 135. Os membros da Defensoria Pública do Estado terão direito a férias anuais de 30 (trinta) dias, após completarem 1 (um) ano de efetivo exercício na carreira, sendo-lhes facultado o respectivo gozo em 2 (dois) períodos iguais". No Rio Grande do Sul, o período não pode ser inferior a dez dias segundo a LC gaúcha n. 11.795/2002: "Art. 74. Os membros da Defensoria Pública do Estado gozarão férias individuais por 30 (trinta) dias em cada ano, após completarem 1 (um) ano de efetivo exercício na carreira, sendo facultado o gozo de férias em 2 (dois) períodos, não inferiores a 10 (dez) dias consecutivos".

670 LC paulista n. 988/2006, art. 135; LC gaúcha n. 11.795/2002, art. 74; LC paranaense n. 136/2011, art. 158.

671 LC carioca n. 6/1977, art. 107.

672 LIMA, Frederico R. Viana de. *Defensoria pública*. 2. ed. Salvador: JusPodivm, 2011. p. 409-10.

**Terço constitucional**

Não temos dúvida de que férias exigem incidência do *terço constitucional*, exatamente nos termos da combinação do § 3º do art. 39[673] com o art. 7º, inciso XVII[674], e, mesmo na falta de texto legal expresso, é razoável que seja pago com antecedência às férias justamente para que atinja a finalidade de prover ao defensor em descanso maior subsídio financeiro.

Em geral, a legislação atribui a concessão do pedido de férias às "chefias", isto é, aos órgãos administrativos superiores hierárquicos. Daí não se presuma que a concessão de férias siga um amplo critério de "conveniência e oportunidade", porque o descanso das férias é direito constitucional de qualquer trabalhador e que só pode ser restringido por ato administrativo válido.

Neste passo, o que na verdade se admite é que a Administração possa interferir no período de férias para evitar, por exemplo, que vários defensores de um único setor gozem férias no mesmo período, ocasionando um colapso na continuidade da prestação do serviço. É nesse tipo de situação que existe legitimidade da interferência administrativa, porque, caso contrário, o órgão de administração competente para conceder o descanso das férias não tem opção senão concordar com o período proposto pelo defensor: é direito do defensor que deve ser cumprido pela Administração[675].

**Afastamentos**

Como vimos na conceituação de Bandeira de Mello, incluem-se no direito de ausência ao serviço os afastamentos. O eminente Professor da PUC/SP ainda esclarece que "entre licenças e afastamentos não há diferença, senão a de nomes"[676]. E é importante atentarmos a esta lição porque a legislação, fora da Lei Orgânica, prevê uma série de afastamentos e licenças. Afinal, sabemos que o rol de afastamentos da Lei Orgânica nacional não é taxativo; mas se trata de cláusula aberta.

A Lei Orgânica nacional, porém, prevê afastamentos para que o defensor público exerça outras funções no interesse da Defensoria Pública: **afastamentos para estudo, missão ou mandato de entidade de classe** – e ainda para **mandato eletivo em atividade político-partidária.**

---

673 "Aplica-se aos servidores ocupantes de cargo público o disposto no art. 7º, IV, VII, VIII, IX, XII, XIII, XV, XVI, XVII, XVIII, XIX, XX, XXII e XXX, podendo a lei estabelecer requisitos diferenciados de admissão quando a natureza do cargo o exigir" (*Redação da Emenda Constitucional n. 19/1998*).

674 "(...) gozo de férias anuais remuneradas com, pelo menos, um terço a mais do que o salário normal".

675 Para enriquecermos a questão, foquemos novamente no exemplo que demos: não é tão incomum que defensores de um mesmo setor tenham interesse quase sempre no mesmo período de tempo para férias – ou porque possuem filhos e querem o período de férias escolares, ou porque pretendem viajar para o exterior na mesma época do ano etc. É outro caso em que se legitima a interferência administrativa para que se regule este conflito de interesses de forma igualitária, com justiça, sem permitir que a autofagia surja entre defensores públicos causando mal-estar no ambiente de trabalho e sem permitir que prevaleça a vontade de colegas mais audaciosos sobre os defensores mais tímidos. Em suma, na concessão de férias o papel da administração é garantir o funcionamento regular da Defensoria Pública; mas se não houver empecilho para o funcionamento regular da Defensoria Pública, as férias devem ser concedidas de rigor não podendo a administração interferir no período proposto.

676 MELLO, Celso Antonio Bandeira de. *Curso de direito administrativo...*, *cit.*, p. 289-90.

No caso do ***afastamento para estudo ou missão***, a competência para a concessão é da Defensoria Pública-Geral desde que o defensor não esteja em estágio probatório e pelo prazo máximo de dois anos. Não se pode esquecer que o afastamento poderá ser interrompido a juízo da Defensoria Pública-Geral no atendimento do interesse público.

Quanto ao ***afastamento para exercício de mandato em entidade de classe***, esta deve ser de âmbito estadual ou nacional, de maior representatividade, e não haverá prejuízo dos vencimentos, vantagens ou qualquer direito inerente ao cargo. Aqui o afastamento será concedido ao Presidente da entidade de classe e terá duração igual à do mandato – isto é, não está limitado a dois anos –, devendo ser prorrogado no caso de reeleição. No caso das Defensorias Públicas estaduais, a Lei Orgânica autoriza que lei estadual estenda o afastamento a outros membros da diretoria eleita da entidade.

E o afastamento para exercício de ***mandato eletivo em atividade político-partidária***? Conforme nossos comentários ao item 21.2.5, Parte II.

Acompanhamos Frederico Rodrigues Viana de Lima ao sustentar que, além desses afastamentos, a Lei Orgânica nacional também admite *implicitamente* a possibilidade de afastamento para o exercício de mandato eletivo, porquanto é a própria Lei Orgânica que permite a atividade político-partidária[677].

Com efeito, o autor corretamente finaliza assinalando que aos defensores públicos federais é admissível a conclusão de que se aplica, subsidiariamente, o art. 94 da Lei n. 8.112/1990 conforme admite o art. 136 da Lei Orgânica nacional[678]. Nos Estados em que a Lei Orgânica estadual for igualmente omissa, deve-se aplicar a mesma lógica jurídica para solucionar a questão: pois quem dá o fim não pode negar o meio. É importante, assim, que analisemos a legislação de cada Estado para fundamentar esse afastamento por mandato eletivo. Por exemplo, em São Paulo, a Lei Orgânica da Defensoria Pública autoriza afastamento para "concorrer a mandato eletivo, nos termos da legislação eleitoral" e "sem prejuízo dos vencimentos"[679]. Sendo o defensor público paulista eleito, cessará a aplicação da Lei Orgânica estadual, cuja previsão de afastamento se limita ao concurso eletivo, passando a incidir durante o mandato eletivo o art. 72 da Lei estadual n. 10.268, de 28 de outubro de 1968: o Estatuto dos Servidores Públicos Civis do Estado de São Paulo[680].

## Seção III

### Das Garantias e das Prerrogativas

(...)


## Seção III

### Das Garantias e das Prerrogativas


(...)

677 LC n. 80/1994, arts. 46, 91, 130, V.

678 LIMA, Frederico R. Viana de. *Defensoria pública*..., cit. p. 412-13.

679 LC paulista n. 988/2006, inciso VIII e § 4º, ambos do art. 150.

680 Eis a redação do art. 72 mencionado: "O funcionário, quando no desempenho do mandato eletivo federal ou estadual, ficará afastado de seu cargo, com prejuízo do vencimento ou remuneração".

# Seção III

## Das Garantias e das Prerrogativas

(...)

## 20 DAS GARANTIAS E PRERROGATIVAS DOS MEMBROS – ARTS. 43 E 44, 88, 89, 127 E 128

### Garantias e prerrogativas: distinção conceitual

A doutrina reconhece claramente haver distinção entre *predicados do cargo* e *predicados da instituição*, e aqui trataremos dos primeiros: garantias e prerrogativas do cargo.

Parte da doutrina faz questão de explicitar a distinção entre garantias e prerrogativas, como é o caso de Guilherme Peña de Moraes, ao explicar as garantias como "providências necessárias para assegurar que os Defensores Públicos sejam libertos, de direito e de fato, de indesejáveis pressões e influências exteriores (...) de molde que a atuação dos mesmos expresse, unicamente, o exercício pleno e independente das suas atribuições"; e as prerrogativas como "faculdades especiais conferidas aos Defensores Públicos na condição de agentes políticos do Estado, inerentes ao cargo ou à função que exercem na carreira a que pertencem, almejando a consecução das finalidades institucionais colimadas"[681]. Em resumo, o eminente autor aponta que as garantias são o penhor de independência profissional do Defensor Público, enquanto as prerrogativas são ferramentas destinadas à realização adequada das atribuições do cargo.

| Garantias e prerrogativas |
|---|
| • Garantias: proteção contra influências<br>• Prerrogativas: ferramentas especiais para o cumprimento das funções |

Podemos aprofundar a conceituação inicial de Guilherme Peña de Moraes mencionando, de passagem, a excelente e acertada percepção de Frederico Rodrigues Viana de Lima ao explicar que "as garantias divergem das prerrogativas por serem ligadas à pessoa, e não ao cargo. Ambas, contudo, atendem ao mesmo propósito: propiciar o cumprimento idôneo e escorreito das funções institucionais"[682]. Em outras palavras: garantias atuam no plano subjetivo, e prerrogativas, no objetivo.

Assim, podemos dar mais um passo apontando que as garantias servem para permitir que o defensor público exerça, sem receios, conjugadamente, a liberdade de expressão do pensamento e a liberdade de exercício do trabalho. Esta última liberdade implica, como um dos seus possíveis sentidos, a abstenção do Poder Público para que o ocupante do cargo não seja cons-

681 MORAES, Guilherme Peña de. *Instituições da Defensoria Pública*. São Paulo: Malheiros, 1999. cap. XIV, p. 276-277.

682 LIMA, Frederico R. Viana de. *Defensoria Pública...*, cit., p. 283. No mesmo sentido: SOUZA, Fábio Luís Mariani de. *A Defensoria Pública e o acesso à Justiça Penal*. Porto Alegre: Nuria Fabris, 2011. Parte I, item 4.2, p. 162.

trangido a mudar de profissão, o que inclui poder exercer suas funções livre de interferências arbitrárias e danosas[683].

A independência funcional no desempenho das atribuições, a inamovibilidade, a irredutibilidade de vencimentos, a estabilidade e a hierarquia administrativa exclusiva da Instituição são garantias do cargo, mas cujo destinatário imediato (como bem anotou Frederico Viana) é o ocupante deste cargo, com o propósito de criar ambiente favorável para agir com desassombro no exercício das funções institucionais, não se dobrando a pressões ou influências contrárias que se mostrem prejudiciais a esse exercício – sejam pressões ou influências internas ou externas.

Tamanha é a importância do estudo das *garantias* que, segundo Araújo Castro, tratando do Poder Judiciário, a Constituição de 1891, com exceção da vitaliciedade, não as previu, mas a jurisprudência do Supremo Tribunal Federal acabou por revelá-las a partir do texto constitucional, inclusive determinando sua observância por parte dos Estados[684].

Lapidar ainda a lição de João Barbalho, comentando a importância da vitaliciedade garantida aos juízes na nossa primeira constituição republicana:

> Pretende-se com esta garantia [vitaliciedade] premunil-os contra a pressão official e partidaria. E' preciso que o juiz nada tenha que temer ou que esperar do governo e das potestades do dia. N'esta situação, devidamente abroquelado, elle cumprirá desassombrado seo dever e resistirá ás influencias perturbadoras da justiça. Entretanto, que, demissivel seria elle muita vez dominado pela tentação de sacrificar o dever á conservação do cargo[685].

As *prerrogativas*, por outro lado, também se fundam na liberdade de exercício do trabalho, mas, notemos bem, em sentido mais sutil: o poder público deve implementar e fornecer ferramentas que permitam a realização das tarefas da profissão de modo adequado; estamos a falar aqui precipuamente da liberdade de exercício do trabalho como liberdade de efetivamente agir e buscar os resultados que se podem esperar do exercício das funções institucionais. Esse agir efetivamente mirando os fins da profissão, no caso do defensor público, tanto pode dizer respeito:

(1) à formação da convicção, isto é, à coleta de informações (requisições de informações, debates com a sociedade civil em audiência pública etc.), como ainda

(2) a colocar em execução suas convicções de forma adequada, tanto na arena política como na judicial.

A violação às *garantias* atinge a alma da Defensoria Pública, pois não há como existir autonomia constitucional do organismo (a Instituição) se suas células (os membros da carreira) estiverem infectadas por subserviência e temor no exercício das atribuições institucionais. Deste modo, podemos dizer que a violação de uma garantia atinge de forma ampla o direito do necessitado de acesso à Justiça e, assim, suprime-lhe a possibilidade de uma ordem jurídica legítima que também considere seus problemas individuais e os típicos de sua faixa social – pois são as garantias que permitem a atuação do defensor público com destemor.

---

683 Consultem-se tais liberdades, a propósito, em: Silva, José Afonso da. *Curso de Direito Constitucional positivo*. São Paulo: Malheiros, 2006. Segunda Parte, Título I, Cap. IV, p. 241 e 257.

684 *A Constituição de 1937*. 2. ed. São Paulo: Livraria Freitas Bastos, 1941. p. 258.

685 *Constituição federal brasileira – commentarios*. 2. ed. Rio de Janeiro: F. Briguiet e Cia. Editores, 1924. p. 308.

No caso das *prerrogativas* do cargo, porém, entendemos correta a observação de Glauce Mendes Franco, citada por Sílvio Roberto Mello Moraes[686], que nos leva a concluir que sua violação se concentra mais nos direitos que dizem respeito à função institucional atingida. Eis um exemplo prático: o defensor público é impedido de se comunicar com assistido, pessoal e reservadamente, sob o argumento de que a visita não foi agendada e que o preso está incomunicável. Nesse contexto, a violação da liberdade de exercer a profissão corresponde à violação do acesso à Justiça também, mas tais violações em série repercutem no direito fundamental do preso a ser orientado por profissional de defesa – este último direito diz respeito à natureza da função que o defensor exerce.

Nem por isso concluamos que garantias são mais importantes que prerrogativas. Afinal, de que adiantaria restar intacta uma ampla liberdade de expressar o pensamento no exercício da profissão se o defensor público não dispuser de ferramentas que lhe possibilitem colher informações e também colocar em execução suas convicções de forma adequada e na defesa dos destinatários do serviço público de assistência jurídica integral e gratuita? Ademais, a supressão geral de determinada prerrogativa pode muito bem prejudicar do mesmo modo amplo o acesso à Justiça.

A *distinção conceitual* proposta aqui é importante, primeiro, para fins de aprimoramento da Defensoria Pública: sem autoconhecimento é impossível o aperfeiçoamento institucional, seja no plano celular ou universal. Segundo, na vida prática, o defensor público deve estar atento aos direitos violados no caso concreto, a fim de poder argumentar com lógica e clareza e viabilizar os recursos de estrito direito inclusive, se não couberem medidas mais efetivas como *habeas corpus* ou mandado de segurança, por exemplo.

**Prerrogativas /garantias funcionais, funções institucionais e liberdades públicas**

Apesar de atuarem em planos distintos, as garantias e as prerrogativas são meios indispensáveis às funções institucionais.

Referindo-se aos advogados – mas sua definição é aplicável, de fato, a muitas outras instituições –, o Ministro Celso de Mello destaca que as prerrogativas (em sentido genérico, o que em nosso caso inclui as garantias do cargo) "traduzem, na concreção de seu alcance, meios essenciais destinados a ensejar proteção e o amparo dos direitos e garantias que o sistema do direito constitucional reconhece às pessoas e à coletividade em geral"[687]. Esta ideia de "meio" redunda na tríade prerrogativas/ *garantias funcionais – funções institucionais – liberdades públicas*: as garantias e prerrogativas do cargo de defensor público constituem meios essenciais para o exercício adequado das funções institucionais estabelecidas pela legislação, e estas guardam como fim a tutela de liberdades públicas.

Essa tríade consequencial reforça, em primeiro lugar, que *garantias e prerrogativas trabalham em conjunto*: aquelas no plano subjetivo e estas no plano objetivo. E são prolongamentos de

686 Esclarece Glauce Mendes Franco que: "as prerrogativas dos Defensores Públicos devem ser determinadas pela natureza da função que exercem, sempre enfocando-se a necessidade de proporcionar ao necessitado os mesmos meios e possibilidades que possam os poderosos obter à custa dos seus recursos financeiros" (apud Sílvio Roberto Mello Moraes. *Princípios institucionais da Defensoria Pública*. São Paulo: RT, 1995. p. 96-97).

687 Celso de Mello. Um Prefácio desnecessário... In: TORON, Alberto Zacharias *et al. Prerrogativas profissionais do advogado*. 3. ed. São Paulo: Atlas, 2010. p. X.

direitos fundamentais que, concretizados no âmbito celular da Instituição (cargo), alavancam a efetividade da autonomia constitucional da Defensoria Pública e, mais além, fortalecem o sistema de Justiça como estrutura atuante no sistema de freios e contrapesos do Estado e realizadora de direitos e garantias fundamentais do cidadão.

Não percamos de vista que toda estrutura envolvendo a Defensoria Pública – do aspecto celular ao universal – justifica-se racionalmente no mais básico dos direitos humanos: o acesso à Justiça[688]. Por sinal, essa perspectiva nos aponta que de nada adiantaria um Judiciário independente se os provocadores da jurisdição não o fossem igualmente, o que denota que os órgãos do sistema de Justiça são mais dependentes uns dos outros do que a maioria das pessoas normalmente imagina.

Nesse passo, a tríade aludida revela um alcance altamente *republicano*, pois deixa muito claro que garantias e prerrogativas do cargo pertencem, em última análise, aos destinatários do serviço público de assistência jurídica integral e gratuita: a sua razão de existir. É exatamente a lição de Geraldo Ataliba quando se refere aos predicados da magistratura – lição que também se aplica à Defensoria e merece inteira transcrição:

> Os chamados predicamentos da magistratura não se configuram, assim, como simples direitos dos magistrados, mas como prerrogativas dos jurisdicionados, que têm direito a ter seus juízes protegidos objetivamente contra as ações e omissões dos demais poderes. Nisso é semelhante à imunidade dos parlamentares, que devem exercer sua atividade político-representativa com desembaraço e independência, cercados de condições objetivas de liberdade para exercício de seu múnus[689].

**Garantias e prerrogativas na prática**

Parece-nos melhor a visualização da relevância das garantias e prerrogativas a partir de situações concretas; por isso, elegemos algumas situações que exigiram como nunca a intangibilidade do profissional do Direito.

**O caso Ivan, o Terrível**

Brindou-nos Evaristo de Moraes Filho com uma série de relatos históricos visando demonstrar a importância da defesa criminal para uma sociedade democrática e, na prática, acabou também por revelar a importância da intangibilidade do advogado para essa mesma sociedade – lição que é plenamente aplicável ao defensor público.

Um desses relatos abordou a história de um não judeu que enfrentou a pesadíssima acusação de ser o impiedoso carrasco Ivan, o Terrível, e ter cometido atrocidades contra judeus no sinistro campo de extermínio de Treblinka, na Polônia, ao longo da Segunda Guerra Mundial. Segundo Evaristo Filho, essa é uma história que "nos fala de erro judiciário, da tenacidade de um

---

688 CAPPELLETTI, Mauro; GARTH, Bryant. *Acesso à Justiça*. Trad. Ellen Gracie Northfleet. Porto Alegre: Sergio Antonio Fabris Editor, 2002. p. 12.

689 Ataliba, Geraldo. *República e Constituição*. 2. ed. São Paulo: Malheiros, 2001. Cap. IV, item 10, p. 114.

Advogado de defesa e da notável independência de um Supremo Tribunal, que soube resistir às quase insuportáveis pressões da opinião pública"[690].

Em síntese, trinta anos depois da Segunda Guerra Mundial, nos Estados Unidos, o ucraniano Ivan Demjanjuk foi reconhecido por vários sobreviventes como sendo Ivan, o Terrível, e por conta deste fato foi extraditado para Israel e acusado na Corte Distrital de Jerusalém. Evaristo relata que Yoram Sheftel, advogado conhecido por sua posição nacionalista e por sua antipatia pelos não judeus, acabou assumindo a defesa do acusado. Quando aceitou o caso nem mesmo sua mãe o compreendeu, e foi tachado de *capo*, termo que designa judeus colaboradores dos nazistas. Após a condenação de seu cliente, Sheftel apelou e tomou várias medidas visando a adiar o julgamento, a fim de que o tempo possibilitasse angariar novas provas que inocentassem seu cliente. "À medida que o tempo transcorria" – ressalta Evaristo – "aumentava o ódio contra o réu e, naturalmente, contra seu Advogado"[691]. E foi justamente nesse processo de recrudescimento da fúria popular que Sheftel acabou sendo atacado por um sobrevivente do Holocausto que lhe lançou ácido no rosto, causando perda parcial da visão.

Por ironia, esse atentado salvou a vida do réu. Isso porque o julgamento do apelo foi suspenso até que o advogado se restabelecesse e

> neste meio tempo, com a Glasnost, na extinta União Soviética, foi liberado o conteúdo de alguns arquivos da KGB, onde estavam declarações de membros da guarda de Treblinka identificando um tal Ivan Marchenco, e não Demjanjuk, como sendo o Terrível, que operava nas câmaras de gás. Em face desta nova prova, e inobstante as pressões externas no sentido de executar-se a pena de morte, a Suprema Corte de Israel obstou o que seria um erro judiciário, e acolheu os argumentos do Advogado Sheftel, libertando Demjanjuk, que retornou para os Estados Unidos[692].

O que seria desse réu se o advogado não pudesse agir com independência segundo suas convicções e, sem garantias legais, pudesse ser dobrado pela fúria da opinião pública? O que seria desse réu se a Suprema Corte, indo pelo caminho mais fácil, destituísse o advogado e nomeasse alguém de sua confiança para acelerar o processo e satisfazer a cegueira popular? Foi justamente a impossibilidade de se interferir no trabalho de Sheftel – incluindo a impossibilidade de remoção compulsória do processo pelo simples fato de sua atuação desagradar – o que impediu um grande erro judiciário.

**O caso Separados, mais iguais (*Separate, but equal*)**

Um dos casos mais rumorosos da história dos Estados Unidos, Brown vs. Board of Education 347 U.S. 483 (1954) – cuja conclusão sepultou a doutrina discriminatória conhecida como *separate, but equal* (separados, mas iguais) – comprova como é imprescindível a intangibilidade profissional do defensor público (o mesmo vale para os demais atores dos sistema de justiça).

Em síntese, esse caso nasceu numa pequena escola rural frequentada exclusivamente por crianças negras, da qual surgiu pedido de uma família que não aceitava o tratamento discrimi-

690 MORAES FILHO, Antonio Evaristo de. Advogado criminal, esse desconhecido. *Revista do Advogado*, n. 72, p. 17, out. 2003.

691 Idem, ibidem, p. 18.

692 Idem, ibidem.

natório dado a essas crianças. Os advogados da NAACP (National Association of the Advancement for Colored People) levaram adiante o pedido pela via judicial.

O caso foi parar na Suprema Corte dos Estados Unidos, onde ocorreu o duelo entre Thurgood Marshall, um jovem e brilhante advogado que no futuro se tornaria *Chief Justice* da Suprema Corte dos Estados Unidos, e John W. Davis, tido como o maior advogado de seu tempo – muito admirado por Thurgood Marshall, inclusive.

A Suprema Corte, ao final, por unanimidade, derrubou a doutrina *separate, but equal* e determinou que crianças negras e brancas estudassem juntas em estabelecimentos de ensino, não mais aceitando a doutrina tradicional – confirmada em sete precedentes durante 90 anos! – e que pregava a constitucionalidade de essas crianças ficarem separadas exclusivamente em razão da cor da pele, desde que tratadas igualmente na escola. Quem assistiu à realização prática da decisão da Suprema Corte norte-americana por gravação da época, sabe muito bem que não foi fácil: é impressionante a cena de tropas federais, a contragosto das autoridades locais, formarem cordões de isolamento para que crianças e adolescentes negros ingressassem nas escolas onde havia brancos.

Por aí se vê que esse caso se transformou em grande teste para a autonomia de todos os profissionais de direito envolvidos, universo em que se incluem os advogados que representaram as crianças negras da escola rural: eles chegaram a receber ameaças de morte de conservadores brancos que não aceitavam a destruição da malfadada doutrina "*separate, but equal*". Não foi por acaso que a maioria da Suprema Corte, de início, relutou grandemente em acolher a tese da NAACP por temer que os Estados envolvidos desobedecessem à ordem judicial e, pior do que isto: além do prejuízo de ver a autoridade da Corte arranhada, aos olhos de alguns *Justices* era altíssimo o risco de essa desobediência degenerar em severa violência fratricida[693].

**Um caso sobre a coragem**

Indo para o outro lado do Atlântico e recuando mais de duzentos anos, a experiência da Revolução Francesa traz-nos, igualmente, subsídios para nosso estudo.

Maurice Garçon explica ser "corrente falar-se da coragem que deve assistir ao Advogado para defender certas causas; mas é preciso entendermo-nos quanto ao significado da palavra coragem. A coragem, na acepção vulgar, é a manifestação de uma força de ânimo que faz recalcar o sofrimento e afrontar o perigo. É um sentimento físico e moral". E continua sua memorável lição, buscando o exemplo da Revolução citada:

> A coragem física é mais difícil porque pode implicar o risco da própria vida. Tiveram de mostrá-la os Advogados durante a Revolução. Malesherbes quando se prontificou a defender

693 A propósito, há película extraordinária contando detalhadamente como os fatos se deram, figurando Sidney Poitier como Thurgood Marshall e Burt Lancaster, como John W. Davis. Vale a pena ser conferida para não mais haver dúvida de que a intangibilidade profissional dos advogados, a qual constitui conquista dos povos livres, foi decisiva para que os profissionais da NAACP corajosamente permanecessem no caso, enfrentando vicissitudes de toda ordem: Separados, mas iguais (Separate but equal, direção George Stevens Jr., EUA, 1991). No Brasil, o filme foi relançado pela Versátil Home Video na versão DVD.

> Luís XVI assumiu conscientemente o risco da honra que o havia de levar ao cadafalso. Deu mostras de uma admirável força de ânimo, não hesitando em sacrificar a própria vida no exercício da sua profissão[694].

Importa ressaltar nesta linha que "a Revolução" – conta-nos Henri Robert – "suprimiu a Ordem dos Advogados. Fouquier-Tinville cortava as sustentações orais antes de mandar cortar as cabeças". E neste contexto histórico terrível, o grande Nicolas Berryer "exclamava, no início de uma defesa: 'Trago para a Convenção a verdade e minha cabeça. Ela poderá dispor de uma após ouvir a outra'"[695].

Que exemplo ímpar para demonstrarmos o quanto a intangibilidade do profissional de Direito é uma grandiosa construção histórica levantada a preço de muito sangue e sofrimento! A intangibilidade do profissional de Direito – do advogado, do defensor público, do juiz, do promotor, do delegado – assegurada por lei, em síntese visa a um profissional que atue com independência prescindindo do raríssimo ato de desprendimento de um Sheftel, de um Thurgood Marshall, de um Malesherbes, de um Berryer, de um Chauveau-Lagarde, de um Rui Barbosa, de um Sobral Pinto, de um Luís Gama, de um Clarence Darrow etc., todos advogados que em algum momento arriscaram a própria vida em luta contra o arbítrio.

Este – e outros casos não mencionados aqui – provam a imprescindibilidade de garantias e prerrogativas do cargo de defensor público, a fim de que possua intangibilidade no exercício de suas funções de modo análogo ao profissional liberal: o advogado.

Seja como for, é tão fundamental essa liberdade análoga à do advogado que não se trata de mera coincidência a pertinente lembrança de Maurice Garçon, no sentido de que só o homem livre poderia ser advogado em Roma. Ademais, esses casos dão razão a Geoffrey C. Hazard Jr. e Angelo Dondi ao asseverarem que "um bom índice do autoritarismo ou da democracia do regime é o grau de autonomia dos profissionais do direito"[696].

De nossa parte, acrescentamos que essas histórias exigem, portanto, muita honestidade e retidão no uso de garantias e prerrogativas; é uma forma de reverenciar respeitosamente o sangue derramado e o sofrimento de grandes figuras que nos precederam em nome dos direitos humanos.

**O caráter absoluto (ou não)**

Mudando de foco, a esta altura é importante indagarmos: *garantias e prerrogativas são absolutas?*

Comentaremos no art. 127, II, desta lei a posição doutrinária que sustenta a qualidade absoluta da inamovibilidade. De qualquer modo, é lugar comum na doutrina constitucional que não existem direitos absolutos (por exemplo, o direito à vida não o é) e, ademais, nem mesmo o pro-

694 GARÇON, Maurice. *O advogado e a moral*. Trad. Antonio de Souza Madeira Pinto. Coimbra: Armênio Amado, 1963. Cap. VI, p. 76.

695 ROBERT, Henri. *O advogado*. São Paulo: Martins Fontes, 1997. Cap. 4 (Advogados de outrora e Advogados de Hoje), p. 30.

696 HAZARD JUNIOR, Geoffrey C.; DONDI, Angelo. *Ética jurídica*: um estudo comparativo. Trad. Luiz Gonzaga de Carvalho Neto. São Paulo: WMF Martins Fontes, 2011. Item 9, p. 393.

fissional liberal possui intangibilidade absoluta: devemos lembrar que, no processo penal, o defensor particular pode ser desconstituído pelo juiz se deixar o acusado indefeso. Somando-se a essas ponderações, a tríade a que aludimos revela claramente que *garantias e prerrogativas não devem ser fins em si mesmos*. O próprio STF, conquanto tenhamos pequena reserva à decisão proferida no **MS 27.958/DF** (que analisaremos abaixo no comentário do art. 127, II), reconheceu que a garantia não pode ser absoluta a ponto de inviabilizar funções administrativas e funcionais da Instituição.

De qualquer modo, se devemos concluir que garantias e prerrogativas não são absolutas, também é preciso ficar claro que *qualquer restrição nunca deve ser profunda e ampla*, e somente deve ocorrer com justificativa *séria e racional*, como, aliás, o Supremo também ressaltou. Em uma palavra, restrições deste jaez não podem prejudicar o exercício pleno e independente das funções institucionais – a longo prazo, inclusive.

Infelizmente, todavia, justificativas sérias nesta seara nem sempre ocorrem – como a propósito pode ser visto no caso concreto do aludido MS 27.958/DF, no qual o juiz se submeteu ao arbítrio da cúpula do Judiciário estadual a que estava vinculado.

O mais comum é que administradores públicos repercutam sua incompetência administrativa em garantias e prerrogativas, pretextando escassez de recursos humanos para flexibilizarem profundamente algumas garantias. Nem sempre há preocupação com planejamentos profissionais e sérios que incluam prazos de média e longa grandezas; planejamentos que, se bem aplicados, prescindiriam de exigências absurdas como, por exemplo, pressionar defensores a abandonarem a atribuição "α" para assumirem a "β" – e ainda por cima fazendo parecer que "tudo está acontecendo democraticamente". Contrariando o bom senso, muitas vezes o plano institucional deve ser realizado – na mente de alguns administradores públicos – de imediato, sem grandes reflexões a respeito de garantias e prerrogativas como diques de contenção a bem do serviço público.

Para encerrarmos este comentário, podemos registrar o que consideramos o seu cerne: os meios indispensáveis aos fins institucionais são elementos que trabalham em conjunto para que o destinatário do serviço público de assistência jurídica integral e gratuita usufrua o direito de acessar a Justiça por intermédio de profissional independente e que tenha meios para a defesa efetiva de direitos e garantias fundamentais destes destinatários.

Aprofundaremos nossa análise ao tratarmos das garantias e prerrogativas em espécie, colocando à prova o corpo conceitual que expusemos. Vamos às garantias.

Art. 43. São garantias dos membros da Defensoria Pública da União:

(...)

Art. 88. São garantias dos membros da Defensoria Pública do Distrito Federal e dos Territórios:

(...)

Art. 127. São garantias dos membros da Defensoria Pública do Estado, sem prejuízo de outras que a lei estadual estabelecer:

(...)

## 20.1 Das garantias dos membros

(arts. 43, 88 e 127) I – a independência funcional no desempenho de suas atribuições;

### *20.1.1 Independência funcional no desempenho de suas atribuições*

A primeira observação que se deve fazer sobre a independência funcional no desempenho das atribuições é o fato de que a LC n. 80/1994 a menciona não só como garantia do cargo, mas também como princípio institucional. A propósito, Paulo Galliez leciona que "é razoável admitir-se tais garantias [inamovibilidade, irredutibilidade de vencimentos e estabilidade] como desdobramentos do princípio institucional da independência funcional, já que o legislador considera-o simultaneamente princípio e garantia"[697]. Diríamos mais: a menção à independência funcional no art. 3º desta Lei Orgânica como princípio da Instituição, a exemplo do art. 127, § 1º, da Constituição Federal no caso do Ministério Público, quer dizer que unidade e indivisibilidade institucionais devem conviver harmoniosamente com aquele princípio por serem de igual importância.

A independência funcional permite ao defensor público agir consoante seu entendimento jurídico e sua consciência[698] – obviamente, quando falamos em *consciência* devemos ter em mente que o subjetivo não pode contrariar a ordem jurídica em sua integridade, exceto para fazer progredir os direitos humanos –, o que vale dizer que a independência funcional "assegura a plena liberdade de ação do Defensor Público perante todos os órgãos da administração pública, especialmente o Judiciário. O princípio em destaque [e garantia] elimina qualquer possibilidade de hierarquia em relação aos demais agentes políticos do Estado, incluindo Magistrados, Promotores de Justiça, Parlamentares, Secretários de Estado e Delegados de Polícia"[699]. E também, obviamente, outros defensores públicos: o que nos leva a concluir que o defensor público, independentemente da natureza da atividade que exerça na Instituição ou em nome dela, não deve interferir, de qualquer modo, na atuação funcional de outro defensor público – exceto em respeito ao princípio da indivisibilidade da Instituição para continuidade do serviço público.

**Limites (republicanos) à independência funcional**

Conquanto estejamos de pleno acordo com o ponto de vista até aqui esposado, é necessário que se dê igualmente o preciso valor à integralidade da fórmula legal, a qual dispõe, *in fine*, que a independência funcional se dará "no desempenho de suas atribuições". Segundo Frederico Rodrigues Viana de Lima, "a finalidade desta advertência final é a de deixar claro que a independência funcional somente é válida para a atividade-fim do Defensor Público, isto é, para o desempenho da prestação de assistência jurídica integral e gratuita"[700].

---

697 GALLIEZ, Paulo. *Princípios institucionais da Defensoria Pública*. 5. ed. Rio de Janeiro: Lumen Juris, 2010. p. 54.

698 *E.g.*: MORAES, Sílvio Roberto Mello. *Princípios institucionais da Defensoria Pública*. São Paulo: RT, 1995. p. 94; LIMA, Frederico Viana. *Defensoria Pública*. 2. ed. Salvador: JusPodivm, 2011. p. 385; GARCIA, Emerson. *Ministério Público*: organização, atribuições e regime jurídico. 3. ed. Rio de Janeiro: Lumen Juris, 2008. Item 1.30, p. 63.

699 GALLIEZ, Paulo. *Princípios institucionais da Defensoria Pública*. 5. ed. Rio de Janeiro: Lumen Juris, 2010. p. 53.

700 LIMA, Frederico R. Viana de. *Defensoria Pública*. 2. ed. Salvador: JusPodivm, 2011. p. 283. No mesmo sentido: SOUZA, Fábio Luís Mariani de. *A Defensoria Pública e o acesso à Justiça Penal*. Porto Alegre: Nuria Fabris, 2011. Parte I, item 4.2, p. 162.

A nosso ver, o sentido dessa advertência final é mais profundo e encontra conexão direta com os objetivos insculpidos no art. 3º desta Lei Orgânica.

Quando se diz que a garantia de independência funcional permite ao defensor público agir consoante seu entendimento jurídico e sua consciência – o que em princípio está correto –, não se quer dizer, por óbvio, que ele pode fazer o que bem quiser, satisfazendo desejos inconscientes e conscientes que violem a ordem jurídica em sua integridade, ou em outras palavras, sem preocupação alguma com os direitos e garantias fundamentais que devam incidir em favor do assistido; seria adotar um sentido antirrepublicano[701].

Quando o sistema jurídico concede ao cargo de defensor público a garantia de independência funcional no desempenho de suas funções, significa que este sistema permite ao ocupante do cargo atuar livremente, sem subordinação técnica, garantindo o interesse ou direito do assistido da forma que julgar mais efetiva. O que deixamos em itálico, a nosso ver, é o que realmente se pode extrair da advertência final deste inciso.

Dessa forma, a independência funcional *não é carta branca* para o defensor público fazer o que bem entende em desconexão com os interesses e direitos dos destinatários da assistência jurídica, mas inclui o dever de estudar o caso concreto visando a solucioná-lo da forma que julgar mais efetiva em benefício dos interesses e direitos de seu assistido. Assim, se sua atribuição é a defesa de acusados em processo judicial penal, um de seus deveres é fazer valer a jurisprudência dos Tribunais Superiores que seja mais favorável ao seu representado.

Na linha do constitucionalismo moderno, que nos serve como premissa de raciocínio, é preciso reconhecer que a investidura de poder sempre visa a alguma específica "tarefa pública" ou, em termos gerais, a uma determinada "finalidade" – é a lição de doutrina muito respeitada[702]. Não existindo, portanto, "poder livre" no Estado Constitucional, a independência funcional de qualquer agente político está jungida aos objetivos da República e de suas respectivas Instituições.

---

701 ATALIBA, Geraldo. *República e Constituição*. 2. ed. São Paulo: Malheiros, 2001. Cap. IV, item 10, p. 114.

702 Segundo Canotilho, atribuição é "o poder de ação e de atuação atribuído aos vários órgãos e agentes constitucionais com o fim de prosseguirem as tarefas de que são constitucional ou legalmente incumbidos. A competência [atribuição] envolve, por conseguinte, a atribuição de determinadas tarefas bem como os meios de ação ('poderes') necessários para a sua prossecução" (CANOTILHO, J. J. Gomes. *Direito Constitucional e Teoria da Constituição*. 6. ed. Coimbra: Almedina, 2002. Título 4, Cap. I – Regras e princípios do Direito Constitucional organizatório, p. 539). Raciocínio análogo a este levou Bandeira de Mello a inverter a conhecida terminologia "poderes-deveres" para "deveres-poderes": "(...) a atividade administrativa é desempenho de 'função'. Tem-se função apenas quando alguém está assujeitado ao dever de buscar, no interesse de outrem, o atendimento de certa finalidade. Para desincumbir-se de tal dever, o sujeito de função necessita manejar poderes, sem os quais não teria como atender à finalidade que deve perseguir para a satisfação do interesse alheio. (...) Segue-se que tais poderes são instrumentais: servientes do dever de bem cumprir a finalidade a que estão indissoluvelmente atrelados. Logo, aquele que desempenha função tem, na realidade, deveres-poderes. Não 'poderes', simplesmente. Nem mesmo satisfaz configurá-los como 'poderes-deveres', nomenclatura divulgada a partir de Santi Romano" (MELLO, Celso Antonio Bandeira de. *Curso de Direito Administrativo*. 18. ed. São Paulo: Malheiros, 2005. Cap. II (Princípios de Direito administrativo brasileiro), p. 88-89).

Nesta linha, aliás, bem pondera Frederico Rodrigues Viana de Lima que "a independência funcional, todavia, não implica dizer que as decisões por ele adotadas sejam soberanas, sem que se submetam a nenhuma espécie de controle"[703].

Por essa razão, o inciso XII dos arts. 44, 89 e 128, dispõe: "São prerrogativas dos membros da Defensoria Pública (...): (...) deixar de patrocinar ação, quando ela for manifestamente incabível ou inconveniente aos interesses da parte sob seu patrocínio, comunicando o fato ao Defensor Público-Geral, com as razões de seu proceder". Cabe-nos apontar que *esse texto pode ser dividido em duas partes*: na primeira parte, estão previstas as hipóteses de recusa do patrocínio da ação; e na segunda parte, a redação legal expressa o dever atribuído ao defensor público de comunicar o fato da recusa ao defensor público-geral, com as razões de seu proceder.

Com efeito, essa dissecação revela a segunda parte do inciso XII não trata, na verdade, de prerrogativa, sendo um dever funcional do cargo, porque ela corresponde ao direito do assistido "de ter sua pretensão revista no caso de recusa de atuação pelo Defensor Público", nos termos do art. 4º-A, III. Eis aqui um mecanismo de *controle interno* do exercício da independência funcional a impedir ou minimizar abusos na utilização da mais valiosa das garantias. Em decorrência de sua natureza, não sendo prerrogativa, mas, sim, dever funcional de encaminhamento do caso à Defensoria Pública-Geral, não vemos razão para que a lógica de meio essencial seja aplicada: é dever funcional a ser cumprido irrestritamente como forma de zelar pelo direito fundamental de acesso à Justiça.

Já a primeira parte do aludido inciso XII nada mais é do que uma *expressão concreta da garantia* ora analisada (frise, assim, que sua natureza é de garantia, e não de prerrogativa, como posto pelo legislador)[704].

**Independência funcional e indivisibilidade**

Outra questão de repercussão prática diz respeito à garantia da independência funcional na hipótese de acumulação de funções, isto é, na hipótese de defensor público que acumula funções de outro defensor público afastado legalmente. Como fica a independência funcional do cargo do substituto? Persiste? Ou não?

Abordamos esta questão no comentário ao inciso II dos arts. 46, 91 e 130: persiste a independência funcional do substituto, desde que o entendimento técnico posterior não prejudique os interesses e direitos do assistido da Defensoria Pública.

Podemos acrescentar que tal solução é a que melhor se ajusta à ideia de que os predicamentos do cargo servem à cidadania, sendo, portanto, bastante razoável que o defensor substituto se vincule ao entendimento do substituído (mesmo que o substituto intimamente discorde) se a alteração de curso da prestação de serviço de assistência jurídica, no momento da substituição, prejudicar o destinatário deste serviço. Assim, a lógica impõe a diretiva que fortalece a garantia

---

703 LIMA, Frederico R. Viana de. *Defensoria Pública*..., cit., p. 385.

704 Idem, p. 283. No mesmo sentido: SOUZA, Fábio Luís Mariani de. *A Defensoria Pública e o acesso à Justiça Penal*. Porto Alegre: Nuria Fabris, 2011. Parte I, item 4.2, p. 162.

de independência funcional do defensor público natural, porquanto é a que atende à imposição constitucional de qualidade no serviço público prestado ao assistido.

Ademais, a solução alvitrada não só é útil à salvaguarda dos interesses e direitos dos assistidos da Defensoria Pública, mas, se uniformizada, servirá igualmente para proteção do defensor público. Claro que, eventualmente, pode acontecer de o substituto perceber um erro na estratégia do substituído; ou que tal estratégia tenha perdido o valor pela mudança de fatores do caso concreto; nesses exemplos é corretíssimo que o substituto exerça a liberdade técnica de seu cargo para tomar todas as precauções que busquem o melhor resultado ao seu assistido.

**Independência funcional e curadoria especial**

Tema deveras importante e que ajuda a esclarecer a extensão da garantia da independência funcional diz respeito à sua compatibilidade com a curadoria especial, esta atualmente prevista no art. 72 do CPC.

Emerson Garcia, em estudo sobre o Ministério Público, esclarece que a curadoria especial:

> não é mais exercida pelo Ministério Público, até porque absolutamente incompatível com a independência funcional que a Constituição lhe assegurou, o que inviabiliza que obrigatoriamente assuma a defesa de determinada posição jurídica, ainda que contrária à sua consciência. Com isto, o réu ausente, a depender do convencimento do órgão do Ministério Público, poderia ficar à mercê de sua sorte, sem toda e qualquer defesa. Atualmente, a atuação como curador especial é considerada função institucional da Defensoria Pública (art. 4º, da Lei Complementar n. 80/1994)[705].

Em parecer datado de 1981, Humberto Peña de Moraes concluiu que "não pode o curador especial, diante da restrição imposta pelo comando retroelevado [referindo-se ao art. 36 da Lei de Divórcio[706]], que reduz as hipóteses de repulsa à falta de decurso do prazo de três anos de separação judicial e de descumprimento das obrigações assumidas pelo requerente na separação (...), contestar, ainda que por negação geral, o incontestável, o óbvio, conduzido ao processo através de documentos de indiscutível valor"[707].

Com todo o respeito, ousamos discordar dessa suposta incompatibilidade entre independência funcional no desempenho das atribuições e a função institucional de curadoria especial justamente por entendermos superado o conceito tradicional de independência funcional. Atualmente, é inevitável, já sob a ótica legal, a ressalva: "no desempenho de suas funções".

---

705 GARCIA, Emerson. *Ministério Público*: organização, atribuições e regime jurídico. 3. ed. Rio de Janeiro: Lumen Juris, 2008. Item 25.20, p. 266.

706 Lei n. 6.515/77: "Art. 36. Do pedido referido no artigo anterior, será citado o outro cônjuge, em cuja resposta não caberá reconvenção. Parágrafo único. A contestação só pode fundar-se em: I – falta do decurso de 1 (um) ano da separação judicial; II – descumprimento das obrigações assumidas pelo requerente na separação".

707 Humberto Peña de Moraes, parecer apresentado em 7-12-1981 à Chefia da Assistência Judiciária do Estado do Rio de Janeiro nos autos do processo E-15/4.551/81, com a seguinte ementa: "Parecer – curador especial – alegação de falta de elementos para contestação – restrição legal – inexistência de nulidade – prerrogativa – avocação implícita e delegação específica – Defensor Público: natureza da relação jurídica", apud MORAES, Sílvio Roberto Mello. *Princípios institucionais da Defensoria Pública*. São Paulo: RT, 1995. p. 191.

Já explicamos nos comentários ao art. 4º, XVI que o *fundamento constitucional da curadoria especial* é a *ampla defesa* e que, como exceção à regra no processo civil, trata-se de defesa irrecusável ou obrigatória para o *reequilíbrio da relação processual*. Ora, justamente porque a defesa é obrigatória para que se reequilibre a relação processual, na hipótese de o curador especial não vislumbrar qualquer tese defensiva sustentável poderá – como se sabe – exercer o direito concedido pela legislação processual civil de impugnar genericamente os fatos alegados[708]. Sem dúvida, eis aqui a confirmação da independência funcional do cargo.

Seja como for, para entendermos melhor a compatibilidade entre independência funcional e a função institucional de curadoria especial, interessa indagarmos: qual é a consequência prática processual quando há curador especial no processo? "É lógico que" – responde Arruda Alvim – "havendo curador especial nomeado, ou que o deva ser, esta circunstância inibe o julgamento antecipado da lide, com base no art. 330, inc. II, c/c art. 319, inc. II [atuais art. 341 e 355 do CPC/2015], dado que, caso contrário, a nada ficaria reduzida a função desse curador"[709]. E nos processos em que a produção probatória exija somente a espécie documental, por exemplo, prescindindo de audiência de instrução[710], o juiz terá que enfrentar a prova documental apresentada pelo autor pormenorizadamente, sem justificar laconicamente sua decisão na presunção de veracidade dos fatos não impugnados especificadamente[711] – pois tal presunção também reduz a nada a função do curador.

Diante desse quadro, alguém poderia indagar: em lugar de haver curador especial, por qual motivo a lei processual simplesmente não concede o efeito jurídico de os fatos tornarem-se controvertidos nas hipóteses de curadoria especial? Quer dizer, tal efeito jurídico vedaria ao Juiz motivar sua sentença com base na presunção de veracidade de fatos não impugnados especificadamente e sem necessidade de um curador especial?

A indagação acima é muito importante até para justificarmos a seriedade desta função institucional e, em nosso modo de ver, este hipotético efeito *ex lege* sem intermediação de um profissional habilitado explica-se porque a simples presença deste profissional é garantia de que houve análise de matérias de defesa, sejam processuais ou de fundo, tendo-se despendido todo o esforço possível para uma efetiva ampla defesa. Em resumo, mesmo que ao final do estudo dos autos o curador especial apresente uma impugnação genérica, sua presença é garantia de que fez o que pôde para uma defesa efetiva.

---

708 O curador especial não possui o dever de impugnação especificada dos fatos nos termos do parágrafo único do art. 302 do CPC: "Cabe também ao réu manifestar-se precisamente sobre os fatos narrados na petição inicial. Presumem-se verdadeiros os fatos não impugnados, salvo: I – se não for admissível, a seu respeito, a confissão; II – se a petição inicial não estiver acompanhada do instrumento público que a lei considerar da substância do ato; III – se estiverem em contradição com a defesa, considerada em seu conjunto. Parágrafo único. Esta regra, quanto ao ônus da impugnação especificada dos fatos, não se aplica ao advogado dativo, ao curador especial e ao órgão do Ministério Público".

709 ALVIM, Arruda. *Manual de Direito Processual Civil.* 7. ed. São Paulo: RT. 2001, v. 2, Item 12, p. 38.

710 CPC, art. 330, I.

711 CPC, art. 319: "Se o réu não contestar a ação, reputar-se-ão verdadeiros os fatos afirmados pelo autor".

Como podemos notar nesta análise sistemática, a atribuição institucional de curadoria especial respeita, sim, a independência funcional, pois a impugnação genérica dos fatos – sem o dever de impugnação especificada – confirma a independência do curador especial: seja ele defensor público ou advogado. Conclusão diversa tornaria a função de curadoria especial incompatível a todos os atores das funções essenciais à Justiça, pois os membros da Defensoria Pública, da Advocacia privada e do Ministério Público, todos, sem exceção, possuem independência no exercício das funções.

**Interação entre independência funcional e atuação estratégica**

Mudando a linha expositiva, é importante que o leitor reflita sobre um tema que já desponta com toda força no âmbito da Defensoria Pública: existe compatibilidade entre (1) a garantia da independência funcional no desempenho das atribuições e (2) uma atuação estratégica da Instituição em temas que sejam muito caros aos destinatários do serviço público de assistência jurídica integral e gratuita? Apresentamos esta pergunta tendo como pano de fundo São Paulo, Paraná, e Goiás, por exemplo, cujas Leis Orgânicas preveem a possibilidade de os próprios defensores públicos definirem, em sede de Encontro Anual, teses institucionais a serem observadas por todos os membros da carreira, constituindo parâmetros mínimos de qualidade para atuação[712].

Para avaliarmos essa compatibilidade com exatidão, é preciso que saibamos, primeiro, ainda que rapidamente, a história dessa questão originada em São Paulo quando da feitura da LC n. 988/2006.

A ideia das teses institucionais nasceu para viabilizar uma atuação organizada da Defensoria Pública em sua atividade-fim, permitindo uma estratégica atuação institucional focada e harmonizada. Na prática, elas permitiriam a uniformização de entendimentos em prol de uma atuação dirigida, focada e harmonizada, revelando-se aí a grande vantagem do modelo público sobre os modelos caritativo e *judicare*.

A ferramenta das teses, desse modo, permitiria uma atuação mais concentrada e focada em temas considerados atuais, delicados e muito caros à cidadania e, portanto, com maior chance de efetividade em relação aos problemas mais sérios que assolam os assistidos da Defensoria Pública. Em resumo, trata-se de um mecanismo idealizado para que a Defensoria Pública não incida no mesmo obstáculo, apontado por Cappelletti e Garth, que existe no sistema *judicare*:

---

712 LC estadual paulista n. 988/2006, art. 59, XV: "A Escola é órgão auxiliar da Defensoria Pública do Estado, competindo-lhe: (...) XV – organizar encontro anual dos Defensores Públicos para a definição de teses institucionais, que deverão ser observadas por todos os membros da carreira, constituindo parâmetros mínimos de qualidade para atuação;(...)". LC estadual paranaense n. 136/2011, art. 45, XV: "A Escola da Defensoria Pública do Estado do Paraná é órgão auxiliar da Defensoria Pública do Estado do Paraná, competindo-lhe: (...) organizar encontro anual dos Defensores Públicos do Estado para a definição de teses institucionais, que deverão ser observadas por todos os membros da Carreira, constituindo parâmetros mínimos de qualidade para atuação; (...)"; LC estadual goiana n. 130/2017, art. 55: "A Escola Superior da Defensoria Pública do Estado é órgão auxiliar da Defensoria Pública do Estado, competindo-lhe: (...) XIII – organizar encontro anual dos Defensores Públicos do Estado para a definição de teses institucionais, que constituirão parâmetros para a atuação dos membros da Defensoria Pública do Estado; (...)".

sua inerente incapacidade de compensar a desvantagem do necessitado frente a litigantes organizacionais, além de tratá-lo individualmente e, portanto, igualmente negligenciando sua situação de pertencer a uma ou mais classes de excluídos com problemas definidos e próprios[713].

Desse modo, pelo ponto de vista apresentado, as teses institucionais são capazes de evitar problemas deveras importantes, delicados e hodiernos, e.g.: atuações isoladas com *eficácia mínima*; ou atuações *contraditórias* em circunstâncias idênticas (posição processual e matéria), a desmoralizarem a instituição; ou *retrocedentes*, voltando a etapas já amadurecidas e superadas pela carreira; ou *desorientadas*, sem que haja para defensores públicos de áreas diversas ou aos ingressantes qualquer parâmetro institucional abstrato a guiá-los. A uniformização, desse modo, se realizada de forma democrática, prudente e com perene aperfeiçoamento (possibilidade de edição e revogação de teses) é dotada de potencial para concentrar e orientar as melhores forças e virtudes dos órgãos de execução à concretização dos objetivos e políticas institucionais democraticamente discutidas e eleitas em Encontros Anuais.

O problema fundamental da sublime aspiração de coordenar a atuação funcional da Defensoria, como é intuitivo, é legitimar a tese institucional sem que se esbarre no autoritarismo institucional – tão presente, a propósito, em diversas instituições públicas. Como produzir democraticamente as teses sem despencarmos no precipício da ditadura institucional? Pensando por este ângulo, o foro competente para definição das teses institucionais não poderia ser, jamais, de qualquer órgão da defensoria pública exercendo atividade de natureza administrativa, pois a conduta funcional do Defensor Público deve ser livre de qualquer peia administrativa devido à garantia de independência funcional[714].

É justamente por esse ângulo que sobressai o acerto da solução legal, ao prever Encontro Anual de defensores públicos do Estado apto a produzir teses institucionais pelo Plenário. É que, na prática, sua fisiologia se dá por meio de defensores públicos em atividade funcional, afastando, por este modo, o grave embaraço que seria qualquer órgão da Defensoria Pública do Estado definir tese institucional no exercício de atividade administrativa. De nosso ponto de vista, não existe maior liberdade institucional do que os próprios defensores públicos, pela democracia direta e no exercício da atividade funcional, autodeterminarem-se no que tange à eleição de temas que enxerguem como atuais e caríssimos às funções institucionais e a exigirem uma atuação presente, planejada e articulada (institucionalmente) para maior concentração de forças e virtudes aplicadas nos focos tidos como sensíveis aos assistidos da Defensoria.

E ademais, do ponto de vista da proteção da atividade funcional contra investidas arbitrárias da atividade administrativa, não é pouca coisa a possibilidade de edição de teses institucionais pela democracia direta: a legislação dos estados de São Paulo e Paraná, ao expressamente permitir que os defensores públicos fixem tese institucional sem intermediários, por maioria qualificada, exclui até mesmo o Conselho Superior, como colegiado, da investidura de poder para

---

713 CAPPELLETTI, Mauro; GARTH, Bryant. *Acesso à Justiça*. Trad.: Ellen Gracie Northfleet. Porto Alegre: Sergio Antonio Fabris, 1988. p. 38-39.

714 Excetuando a hipótese de apuração de falta funcional pelo abuso no uso da garantia, coisa que aqui não vem ao caso.

editá-la ou revogá-la. Tal democracia direta no Encontro Anual, fundada nas Leis Complementares estaduais de São Paulo e do Paraná, além de permitir uma atuação estratégica por meio da democracia direta, faz do Encontro Anual um dique de proteção da atividade funcional mais eficaz contra eventuais desmandos administrativos, os quais tendem a ocorrer com o crescimento amplo e inevitável da carreira ao longo dos anos.

O tema, no entanto, gerou enorme controvérsia, hoje bem mais pacificada. Intensos debates emergiram em São Paulo sobre as dificuldades práticas de implementação de um Encontro Anual legítimo, somadas à desconfiança de defensores públicos que enxergam na prática das teses institucionais uma violação direta da garantia de independência funcional. Em vista da natureza desta obra, não podemos despender muitas linhas nessa controvérsia: porém, conforme prometido, é justo abordarmos a questão da compatibilidade entre a garantia da independência funcional e atuação estratégica da Instituição nos moldes que expomos.

Do nosso ponto de vista, é enganosa a imagem de que o efeito vinculante na norma jurídica produzida pelo texto de tese institucional seja antitético à independência funcional. Fosse assim, teríamos de admitir que qualquer norma jurídica, de todo nosso ordenamento jurídico, por ter indiscutível efeito vinculante, seria igualmente antitética à independência funcional. Mas ninguém ousaria chegar – e não chega de fato – a essa absurda conclusão, até porque é de conhecimento geral que texto normativo não é sinônimo de norma jurídica, mas que a norma jurídica é o exato produto da interpretação dos textos normativos e dos fatos sob análise[715]. Por tal razão é que na aplicação da lei o efeito vinculante da norma jurídica em nada prejudica a independência funcional do defensor público, ficando preservada sua liberdade técnica para escolher a melhor solução jurídica ao caso concreto.

Da mesmíssima forma, embora o texto da tese institucional costume ser mais simples e direto a fim de não permitir maiores dilações interpretativas, não exclui de modo algum a liberdade técnica própria da independência funcional, havendo autorização óbvia para o defensor público deixar de aplicar o texto da tese institucional caso note que a tese possa trazer, na prática, risco ao interesse do usuário da Defensoria Pública, seja do ponto de vista individual, seja do coletivo. A propósito, clássico da primeira metade do século XX é o que basta para esclarecer que, na interpretação do direito, é preferível "o sentido conducente ao resultado mais razoável, que melhor corresponda às necessidades da prática, e seja mais humano, benigno, suave"[716]. E se tal lição vale para a aplicação de lei, é evidente que também vale para a aplicação de tese institucional, pois não há qualquer razão para que esta supostamente vinculasse mais do que a própria lei posta pela Casa Legislativa com a sanção do Executivo.

Em sendo assim, nossa visão é a de que a independência funcional do defensor público dá total amparo para que ele, analisando o caso concreto, afaste a incidência do texto da tese institucional do mesmo modo que pode fazer com qualquer texto jurídico de nosso ordenamento.

---

715 *V.* amplamente: GRAU, Eros Roberto. *Ensaio e discurso sobre a interpretação/aplicação do Direito*. São Paulo: Malheiros, 2002.

716 MAXIMILIANO, Carlos. *Hermenêutica e aplicação do Direito*. 3. ed. São Paulo; Rio de Janeiro: Freitas Bastos, 1941. Item 178 (Apreciação do resultado), p. 205, grifado no original.

Portanto, não só é possível a existência de tese institucional sem que, individualmente, fira-se a independência funcional concedida ao cargo de defensor público, como a ideia de tese institucional confirma a garantia constitucional (implícita) de independência funcional.

Em poucas linhas, é o nosso ponto de vista. Porém, o que nos parece crucial é o leitor refletir sobre estes apontamentos: porque o tema em si deve ser "a bola da vez" no âmbito da Defensoria Pública, ainda mais com a vulgarização cada vez maior da ideia de litígio estratégico reforçada pelos novos instrumentos do CPC/2015 (IRDR, IAC etc.), a qual não se pode excluir da assistência jurídica integral e gratuita se não quisermos que a Defensoria rompa em profundidade com as limitações do sistema *judicare*.

Há, no entanto, cautelas diversas que devem ser tomadas na produção de teses institucionais a fim de afastarmos a hipótese de se tornar uma prática inútil pela banalização, normalmente estimulada pela ignorância quanto ao real fim a que se visa com a ferramenta das teses institucionais. Assim, mesmo que um defensor público apresente uma tese sustentável do ponto de vista jurídico, pode não atender a um juízo de importância da sua tese para a atividade institucional presente por não responder satisfatoriamente a esta pergunta: a proposta de tese institucional aborda problema que seja atual, caríssimo às funções institucionais, e a exigir uma atuação hodierna, planejada e articulada (institucionalmente) para maior concentração de forças e virtudes aplicadas no foco sensível aos assistidos da Defensoria? Notemos que a pergunta não se limita a apurar se o assunto da tese é, ou não, de grande importância – existem incontáveis assuntos com esta qualidade. Mas a apuração vai além: indaga-se se sua importância chega ao ponto de exigir uma atuação estratégica presente e ampla da Instituição – mas, note-se bem, se a resposta for negativa, não quer dizer que a Instituição não atuará nela nem a julgue importante.

Desse modo, a produção das teses institucionais deve prever alguns mecanismos que induzam a uma produção muito cautelosa das teses, exigindo profunda reflexão para que não se transforme em galhofa ou faz de conta, ou mesmo em desperdício de esforços. Por exemplo, é salutar uma série de filtros – como a limitação do número de propostas de teses a serem levadas ao Plenário, analisadas por pré-encontros temáticos – a fim de que somente as mais importantes sobrevivam. É preciso, ademais, maturidade para se compreender que o Plenário terá de fazer escolhas democraticamente, e ter um pouco de Napoleão para acreditar ser possível abraçar o mundo: é melhor ter poucas teses que gerem efeitos concretos, e cujos efeitos demandem novas teses, do que uma ampla gama enfeitando o Diário Oficial para satisfação de setores da Defensoria Pública e da sociedade civil. Acima de tudo, porém, nessa produção cuidadosa de teses, é preciso que os defensores públicos entendam que definir teses institucionais não impõe de modo imprescindível sua aprovação: discutir teses e não se chegar a aprovação alguma faz parte do devido processo de produção de teses institucionais, porque ideias discutidas hoje podem florescer nos próximos Encontros como teses de importância indiscutível para uma atuação estratégica. Uma proposta de atuação estratégica descartada hoje pode se tornar absolutamente fundamental amanhã pela alteração dos fatores concretos da vida.

De qualquer modo, a maior virtude dos Encontros e deste ideal de produção de teses institucionais é proporcionar um amplo espaço democrático para os defensores públicos, permitindo que nos aperfeiçoemos pelo legítimo debate, que, a propósito, é permeável à participação popular inclusive pela propositura de teses – exatamente o que se poderia esperar num sistema republicano.

(arts. 43, 88 e 127) II – a inamovibilidade;

### 20.1.2 Inamovibilidade

**Inamovibilidade na Constituição Federal**

Sílvio Roberto Mello Moraes corretamente adverte que a garantia da inamovibilidade "foi outorgada aos Defensores Públicos pela própria Constituição Federal (art. 134, § único) e é de suma importância para a independência funcional dos mesmos, uma vez que os coloca a salvo de eventuais ingerências políticas das quais poderiam ser vítimas ao se digladiar com poderosos em defesa dos interesses daqueles menos favorecidos"[717].

Por outro lado, tenha-se em mente que ao instituir uma garantia de inamovibilidade no plano constitucional, o constituinte originário opôs esse marco jurídico – no âmbito de algumas instituições, dentre elas a Defensoria Pública – **visando a restringir ou reduzir a força dos princípios administrativos de eficiência e eficácia**; e o objetivo, evidentemente, é garantir um alto grau de independência do agente público em sua atuação.

É dentro dessa lógica que pretendemos nos aprofundar neste tema.

**A inamovibilidade e as demais Funções Essenciais à Justiça**

Como temos feito algumas vezes ao logo deste livro, parece-nos importante comparar a Defensoria Pública com outras instituições.

Com relação às Funções Essenciais à Justiça na CF/88, evidentemente não há que se falar em inamovibilidade quando se trata do Advogado, já que se trata de uma profissão liberal.

No caso do **Ministério Público**, a inamovibilidade está prevista no art. 128, § 5º, I, *b*, garantindo-se a seus membros nos seguintes termos: salvo por motivo de interesse público, mediante decisão do órgão colegiado competente do Ministério Público, pelo voto da maioria absoluta de seus membros, assegurada ampla defesa.

Já quanto à **Advocacia Pública**, não há qualquer previsão desse jaez no texto constitucional. Quando se tentou instituí-la no plano de Constituição estadual, o STF assim decidiu:

> EMENTA: AÇÃO DIRETA DE INCONSTITUCIONALIDADE. NORMAS DA CONSTITUIÇÃO DO ESTADO DO MATO GROSSO. RESTRIÇÃO DO PODER DO CHEFE DO EXECUTIVO. PRERROGATIVAS AOS PROCURADORES DO ESTADO. CONSTITUIÇÃO FEDERAL. NORMAS DE REPRODUÇÃO OBRIGATÓRIA. AÇÃO DIRETA JULGADA PARCIALMENTE PROCEDENTE. A Constituição do Estado do Mato Grosso, ao condicionar a destituição do Procurador-Geral do Estado à autorização da Assembleia Legislativa, ofende o disposto no art. 84, XXV e art. 131, § 1º da CF/88. Compete ao Chefe do Executivo dispor sobre as matérias exclusivas de sua iniciativa, não podendo tal prerrogativa ser estendida ao Procurador-Geral

717 MORAES, Sílvio Roberto Mello. *Princípios institucionais da Defensoria Pública*. São Paulo: RT, 1995. p. 80.

do Estado. **A Constituição Estadual não pode impedir que o Chefe do Poder Executivo interfira na atuação dos Procurados do Estado**, seus **subordinados hierárquicos. É inconstitucional norma que atribui à Procuradoria-Geral do Estado autonomia funcional e administrativa**, dado o **princípio da hierarquia** que informa a atuação dos servidores da Administração Pública. O cargo de Procurador Geral do Estado é de livre nomeação e exoneração pelo Governador do Estado, que pode escolher o Procurador Geral entre membros da carreira ou não. Precedentes. **A garantia da inamovibilidade é conferida pela Constituição Federal apenas aos Magistrados, aos membros do Ministério Público e aos membros da Defensoria Pública, não podendo ser estendida aos Procuradores do Estado.** Em síntese, a autonomia conferida aos Estados pelo art. 25, *caput* da Constituição Federal não tem o condão de afastar as normas constitucionais de observância obrigatória. Precedentes. Ação direta julgada parcialmente procedente. (a): Min. JOAQUIM BARBOSA Julgamento: 7-4-2010 Órgão Julgador: Tribunal Pleno

Saindo um pouco no campo das Funções Essenciais à Justiça e adentrando o da Segurança Pública, devemos lembrar que o art. 144, § 7º, da CF/88 dispõe que a "lei disciplinará a organização e o funcionamento dos órgãos responsáveis pela segurança pública, de maneira a garantir a eficiência de suas atividades". Nessa linha, a Lei n. 12.830/2013 estendeu a inamovibilidade aos *delegados de polícia* (art. 2º, § 5º): "*A remoção do delegado de polícia dar-se-á somente por ato fundamentado*".

Logo se vê que agora a inamovibilidade será admitida apenas como exceção.

**Um capítulo da história brasileira da inamovibilidade no Poder Judiciário**

A título histórico e com o propósito de compreendermos a profundidade da correta advertência de Sílvio Moraes acima citada, é preciso registrar que houve episódios de luta no Brasil para que a atividade jurisdicional não fosse solapada através de remoções abusivas contra juízes.

Como se sabe, a vitalidade do fenômeno conhecido como "coronelismo" é inversamente proporcional ao desenvolvimento das atividades urbanas[718], e o Brasil da República Velha ainda era essencialmente agrário. Por conta da ampliação do direito de sufrágio, os grandes proprietários de terra possuíam enorme poder nas mãos, uma vez que os políticos, dada a prática do *voto de cabresto*, dependiam desse valioso rebanho eleitoral para seus mandatos[719-720]. Essas forças locais tentavam interferir inclusive no seio do Poder Judiciário, pressionando a remoção de qualquer magistrado que pretendesse exercer a jurisdição com imparcialidade[721]. Nesse sentido, os "Tribunais de Remoção" eram instrumentos ideais desta política em razão de sua organização,

718 LEAL, Victor Nunes. *Coronelismo, enxada e voto*: o município e o regime representativo no Brasil. 4. ed. São Paulo: Alfa-Omega, 1978. p. 251 (Biblioteca Alfa-Omega de Ciências Sociais, Série 1ª, vol. 2).

719 Idem, ibidem, p. 253.

720 No filme de faroeste *Um certo capitão Lockhart* (*The Man from Laramie, EUA, 1955*), quando Lockhart (James Stewart) é preso, o poderoso fazendeiro local pretende cooptá-lo, já que se trata de ex-oficial do Exército. O fazendeiro, então, vai até a prisão e lhe diz: "Você precisa de um advogado e de um juiz simpático. Tenho ambos".

721 CARONE, Edgar. *A República Velha*: instituições e classes sociais. 2. ed. São Paulo: Difusão Européia do Livro, p. 253.

tanto que, por maioria de votos, no *Habeas Corpus* n. 15.866, o STF reconheceu a inconstitucionalidade dessa espécie de "Tribunal", por atentar sobretudo contra a garantia da inamovibilidade nos termos desta alta decisão judicial[722-723].

Assim, a inamovibilidade é de suma importância para o Estado democrático de direito e, especialmente, para as liberdades públicas.

**Finalidade da inamovibilidade**

Conforme advertência de Frederico Rodrigues Viana de Lima, há quem confunda a garantia da inamovibilidade como garantia de que o defensor público não deva ser removido do local em que exerce suas funções; em uma palavra, por vezes ela é entendida como uma garantia meramente geográfica, de modo – como exemplifica o ilustre autor – que não poderia haver o deslocamento compulsório da comarca "a" para a comarca "b"[724].

O problema dessa interpretação é que a garantia permitiria abusos *na própria localidade*.

Imaginemos um defensor atuando na defesa da população em situação de rua, incomodando por acusar as autoridades constituídas de indiferença, causando constrangimento ao Secretário estadual que comanda a polícia por acusá-la de atuações abusivas, repercutindo tudo isso em mal-estar no relacionamento do governo estadual com a cúpula da Defensoria Pública, por exemplo. Se, por qualquer motivo, a cúpula da Defensoria Pública entendesse que o melhor seria afastar esse defensor para cessar o mal-estar, seria muito fácil retirá-lo do caso modificando sua atribuição na mesma localidade: ou seja, sem violar a garantia de inamovibilidade (se ela fosse somente geográfica)[725].

O acesso à Justiça deve ser promovido por meio de profissional independente, livre de interferências que tentem neutralizar seu destemor para que bem atue na defesa de direitos e garantias de seu assistido. Assim, só se pode alcançar esse resultado pela garantia da inamovibilidade, garantia-chave para a independência funcional no desempenho das atribuições, de tal forma que podemos concluir: a inamovibilidade não pode se limitar ao âmbito geográfico; ela é uma garantia de que o agente político não será retirado de suas atribuições, de seus casos, sejam judiciais ou extrajudiciais.

A inamovibilidade, assim, possui como finalidade básica *preservar as funções atribuídas ao cargo*.

---

722 Cf., em detalhes, o debate dos Ministros do Supremo Tribunal Federal: BRASIL. Recurso de *Habeas Corpus* n. 15.866-MG. Recorrente: Juiz Aristides Sica. Recorrido: Tribunal da Relação. Relator: Pedro dos Santos. *Revista do Supremo Tribunal Federal*, vol. XCII, agosto de 1925, p. 115-147.

723 Informações e citações transcritas de: ZVEIBIL, Daniel Guimarães. *Contribuição para uma análise processual dos conflitos brasileiros de atribuição*. Dissertação (Mestrado) – Faculdade de Direito da USP. Orientador: Prof. José Ignacio Botelho de Mesquita. São Paulo, [s.n.], 2006, § 1º, item 2, disponível em: http://www.teses.usp.br/teses/disponiveis/2/2137/tde-20052014-152804/pt-br.php.

724 Lima, Frederico R. Viana de. *Defensoria Pública*. 2. ed. Salvador: JusPodivm, 2011, p. 387.

725 Idem, ibidem, p. 388.

Nesse mesmo sentido, tem razão Frederico Rodrigues Viana de Lima: "Inamovível, numa palavra, é quem não pode ser afastado de suas funções"[726].

Na linha de nossa conclusão, entendemos que a lição de Sílvio Roberto Mello Moraes e Humberto Peña de Moraes torna-se mais precisa se substituirmos a ideia de impossibilidade de transferência de órgão para a impossibilidade de restrição de atribuições, pois, do contrário, não violaria a inamovibilidade um defensor ser afastado de algum caso permanecendo, porém, em seu órgão. Por exemplo, o defensor público da 1ª Defensoria Pública de alguma comarca é afastado de suas funções junto à população em situação de rua por ser fonte de constrangimentos e incômodos, mas continuará nesta mesma 1ª Defensoria Pública[727].

É compreensível que os autores tenham se atido à questão da transferência de órgão, já que, na vida real, dificilmente alguém irá retirar um defensor público de um caso específico, haja vista que essa atitude levantaria muita suspeita contra a Administração Superior. Para minimizar qualquer suspeita, portanto, o normal é que a operação de retirada diga respeito ao órgão, até mesmo por meio de designação extraordinária, e com o pretexto administrativo de faltar defensor público no destino da remoção. Assim, totalmente aplicável à Defensoria Pública, o julgado abaixo envolvendo o Ministério Público:

> **Ministério Público: designação bienal para exercício de funções e inamovibilidade – 1**
> O Plenário iniciou julgamento de ação direta ajuizada em face das expressões "para vigorar por um biênio", constante do art. 216; "antes do término do prazo", constante do art. 217; e "antes do término do prazo", constante do art. 218, todos da LC 75/1993, que dispõe sobre o Estatuto do Ministério Público da União – MPU. Os dispositivos tratam de **designações bienais de membros da carreira para o exercício de funções institucionais.** O Ministro Gilmar Mendes (relator), acompanhado pelos Ministros Roberto Barroso, Teori Zavascki, Rosa Weber e Luiz Fux, julgou o pedido parcialmente procedente, para declarar a inconstitucionalidade parcial dos dispositivos impugnados, sem redução de texto, de modo a **afastar interpretação que implicasse remoção de membro da carreira de seu ofício de lotação.** Registrou que a **inamovibilidade** dos membros ministeriais é assegurada pelo art. 128, § 5º, I, b, da CF. A relevância das atividades exercidas pelo Ministério Público indicaria a necessidade de preservar os membros da carreira de temores de perseguições que inibissem o livre exercício de suas atribuições. Nesse sentido, a inamovibilidade teria por fim proteger a autonomia conferida à instituição.
> **Ministério Público: designação bienal para exercício de funções e inamovibilidade – 2**
> O relator assinalou que o modelo organizacional concebido pela aludida lei complementar estaria assentado, expressivamente, em designações dos integrantes da carreira para o exercício de atribuições não apenas no âmbito da instituição, como também para atuação perante órgãos específicos do Poder Judiciário. Assim, em certas circunstâncias, a observância da inamovibi-

726 Idem, ibidem, p. 387.

727 Segue a lição dos eminentes autores: "A garantia em foco [da inamovibilidade] é tão ampla, 'não permitindo sequer a remoção do defensor público do órgão do qual é titular para outro órgão de atuação da Defensoria Pública, ainda que situado no mesmo fórum ou comarca. Veda-se, assim, não só a remoção de uma comarca para outra, como também de um órgão para outro, ainda que na mesma comarca" (MORAES, Sílvio Roberto Mello; MORAES, Humberto Peña de. A Defensoria Pública como órgão do Estado na Constituição de 1988. Tributo à Democracia. *Livro de Estudos Jurídicos*, n. 01, IEJ, 1991, p. 199 apud MORAES, Sílvio Roberto Mello. *Princípios Institucionais da Defensoria Pública*. São Paulo: RT, 1995. p. 80.

lidade não se evidenciaria de forma clara. Nesse contexto, seria preciso identificar em que unidades da estrutura organizacional do MPU haveria de ser efetivamente assegurada a garantia em apreço, ou seja, **se a inamovibilidade estaria atrelada à ideia de vinculação territorial.** Constatou que a lei complementar em análise estabelece que, no âmbito do MPU, as unidades de lotação corresponderiam a "ofícios". Desse modo, os membros da carreira, depois de lotados em determinado ofício, gozariam da inamovibilidade. Por outro lado, no que concerne às designações bienais, objetos da ação direta, deixariam margem à lotação de integrantes da carreira, independentemente de sua vontade e em caráter definitivo, em ofício diverso daquele em que atuassem. Interpretação nesse sentido conduziria ao grave risco de movimentações casuísticas, em afronta à inamovibilidade. Nesse sentido, as designações, na forma em que definidas nos dispositivos impugnados, teriam por claro objetivo, além das designações de natureza eventual, a remoção do integrante da carreira, independentemente de vontade. Rememorou que a Corte, em caso análogo, declarara, por ofensa à inamovibilidade, a inconstitucionalidade de norma estadual que, na mesma linha dos dispositivos ora adversados, previa mandato fixo de magistrados, pelo prazo de dois anos, para o exercício da jurisdição em vara especializada em organizações criminosas (ADI 4.414/AL, *DJE* de 14-6-2013). Em seguida, pediu vista o Ministro Dias Toffoli. ADI 5052/DF, rel. Min. Gilmar Mendes, 30.10.2014. (ADI-5052)

### Interpretação sobre a inamovibilidade no âmbito do Ministério Público

O Ministério Público resolveu-se, quanto à interpretação de inamovibilidade, exatamente no sentido como sendo o promotor irremovível das funções atribuídas ao cargo, a não ser que incida na exceção constitucional.

Na doutrina, Hugo Nigro Mazzilli anota "a finalidade [da inamovibilidade] é sempre a preservação das funções do cargo, e não apenas de manter o promotor na comarca, mas suprimir-lhe as funções"[728]. Por sua vez, Emerson Garcia adere a este entendimento, advertindo que "a inamovibilidade, no entanto, não deve ser compreendida sob uma perspectiva de ordem meramente 'física', como simples vinculação do agente a determinado órgão. É necessário que sejam preservadas as características intrínsecas do órgão ocupado, vale dizer, o plexo de atribuições a serem desempenhadas pelo titular do órgão não pode ser suprimido pelo período de titularidade, isto sob pena de esvaziamento da garantia de inamovibilidade"[729].

Por sinal, a 1ª Turma do Supremo Tribunal Federal, por meio do RE n. 150.477-DF[730], aderiu integralmente ao ensinamento de Hugo Nigro Mazzilli – citando-o expressamente até –, no sentido de que a finalidade [da inamovibilidade] é sempre a preservação das funções do cargo.

### A inamovibilidade é absoluta ou relativa na Defensoria Pública?

Discussão viva e já travada no seio da Defensoria Pública diz respeito à inamovibilidade ser, ou não, absoluta.

728 Cf. MAZZILLI, Hugo Nigro. *Regime Jurídico do Ministério Público*. 6. ed. São Paulo: Saraiva, 2007. Cap. 5, item 16, *a*, p. 206.

729 GARCIA, Emerson. *Ministério Público*: organização, atribuições e regime jurídico. 3. ed. Rio de Janeiro: Lumen Juris, 2008. Item 38.5, p. 448.

730 Que foi julgado pela 1ª Turma do STF em 13 de maio de 1997, por votação unânime, cuja relatoria foi do Ministro Ilmar Galvão. Confira inteiro teor no sítio digital do STF: www.stf.jus.br; mas não deve ser procurado pelo número do recurso e sim pelas palavras-chave *inamovibilidade* e *Ministério Público* (sem aspas).

Com toda sua autoridade, Sílvio Roberto Mello Moraes afirmava que é "do entendimento de que a LC excepcionou o que a Constituição Federal havia estabelecido como absoluta e que só ela, portanto, poderia vir a restringir. Destarte, ao que nos parece, neste particular, a LC feriu a Lei Maior, sendo inconstitucional a previsão de remoção compulsória". E assim entendia porque, em sua visão,

> o constituinte, ao tratar da inamovibilidade do defensor público, não consignou a ressalva constante dos arts. 95, II, e 128, § 1º, b, ambos da Constituição da República e dirigidos, respectivamente, aos Magistrados e membros do Ministério Público. Isto nos conduz à conclusão de que a garantia da inamovibilidade prevista para os membros da Defensoria Pública é absoluta, ao contrário do que sucede com os Magistrados e Promotores, para os quais é relativa. Realmente, quisesse o constituinte objetivo diverso, teria simplesmente repetido a exceção constante dos dispositivos anteriormente citados. Se assim não procedeu é porque teve como escopo não admitir qualquer ressalva à garantia em foco. Assim sendo, somos do entendimento de que a LC excepcionou o que a Constituição Federal havia estabelecido como absoluta e que só ela, portanto, poderia vir a restringir[731].

**Idem: nosso posicionamento**

Com todo respeito aos adeptos dessa corrente, pedimos licença para deles discordar.

Nossa discordância começa do simples fato de que a inamovibilidade já não é absoluta no momento em que a própria doutrina aceita a remoção a pedido ou por permuta.

Porém, de qualquer modo, qual é o argumento de que os estudiosos se valem para afirmar a qualidade absoluta da inamovibilidade? O simplório e raso argumento, em resumo, de que não há exceções na CF/88 para o defensor público quanto à inamovibilidade, e que se esta não fosse a vontade do constituinte seriam estendidas à Defensoria Pública as exceções de Ministério Público e Magistratura.

Em primeiro lugar, não tenhamos a pretensão de achar que o constituinte "quis" que assim fosse quando, na verdade, sabemos que membros do Judiciário e do Ministério Público tiveram muito sucesso na Constituinte para firmar amplas balizas institucionais, enquanto a Defensoria Pública obteve sua regulamentação exageradamente reduzida. A falta de exceção para afastamento da inamovibilidade, a nosso ver, decorre certamente dessa conjuntura histórica, e não porque "o constituinte quis que fôssemos mais inamovíveis que Juízes", por exemplo. Tanto é verdade que, como pudemos ver acima[732], a EC n. 80/2014 expressamente estende à Defensoria Pública a possibilidade de remoção por *interesse público*.

De qualquer modo, ainda que a doutrina mais experiente insista que esta tenha sido a vontade do constituinte, sabemos que a exigência de se interpretar sistematicamente o direito, na hermenêutica atual, prevalece sobre a vontade de legisladores e de constituintes.

Nesse sentido, é preciso enxergar a Defensoria Pública dentro de um sistema; o sistema de Justiça. Ninguém duvida que o Estado democrático de direito exige alto grau de independência

---

731 MORAES, Sílvio Roberto Mello. *Princípios Institucionais da Defensoria Pública*. São Paulo: RT, 1995. p. 80-82. No mesmo sentido, GALLIEZ, Paulo. *Princípios Institucionais da Defensoria Pública*. 5. ed. Rio de Janeiro: Lumen Juris, 2010. p. 40-42; dentre outros.

732 Parte I, item n. 4.9.1.

dos profissionais do direito, sendo este universo constituído por todas as funções essenciais à Justiça, porque de nada adiantaria para o cidadão a independência da atividade jurisdicional se houvesse dependência dos provocadores da jurisdição; nessa situação a independência da atividade jurisdicional seria "para inglês ver".

Neste pano de fundo, temos de convir: não faz sentido algum que a jurisdição tenha uma inamovibilidade mais restrita do que a do defensor público, considerando que ela seguramente é a atividade mais independente do Estado democrático de direito – porquanto no Estado de direito à característica de submissão à lei se reúne a de submissão à jurisdição[733]. Aliás, Geraldo Ataliba, citando Hans Kelsen, observa que:

> O preceito da inamovibilidade dos juízes tende a evitar a possibilidade de que a atividade judicial seja influenciada indiretamente por outros órgãos. Esta independência, garantida pela inamovibilidade, é especialmente judicial e distingue os órgãos judiciais das autoridades administrativas, inclusive em seu grau mais alto, os ministros (...)[734].

Não bastasse essa incongruência sistêmica – corrigida, conforme apontamos acima, pela EC n. 80/2014 –, que seguramente afasta a interpretação literal da doutrina majoritária, há outra que decorre da suposta qualidade absoluta da inamovibilidade: a quebra de proporcionalidade das sanções administrativas.

A LC n. 80/1994 estabelece – no § 1º dos arts. 50 e 95 – a seguinte gradação de sanções disciplinares: (1) advertência; (2) suspensão por até noventa dias; (3) remoção compulsória; (4) demissão; e (5) cassação da aposentadoria. Segundo a lei, a remoção compulsória será aplicada sempre que a falta praticada, pela sua gravidade e repercussão, tornar incompatível a permanência do faltoso no órgão de atuação de sua lotação.

Aos adeptos da qualidade absoluta da inamovibilidade poderíamos indagar o que fazer se, na falta da sanção de "remoção compulsória", pela gravidade e repercussão da falta praticada pelo defensor público for inviável a sanção de suspensão e, por outro lado, tornar-se incompatível sua permanência no órgão em que está lotado. Como resolver esta questão? A sanção de suspensão, incompatível com a realidade dos fatos, pode colocar em risco o prestígio da Defensoria Pública e, de outro lado, a sanção de demissão certamente porá um fim na carreira de quem poderia tentar um recomeço exercendo outras atribuições.

No fundo, o entendimento de inamovibilidade absoluta prejudica até mesmo a autoridade moral do defensor público: aos olhos de terceiros o defensor público da atividade-fim se bate para ter tratamento equiparado ao do Ministério Público: todavia, desde que lhe seja mais conveniente não ter este tratamento equiparado. Com razão, deste modo, os judiciosos apontamentos de Frederico Rodrigues Viana de Lima e de Gustavo Corgosinho, que concluem pela relatividade da inamovibilidade, permitindo, assim, a remoção compulsória[735].

---

733 ATALIBA, Geraldo. *República e Constituição*. 2. ed. São Paulo: Malheiros, 2001. Cap. V, item 1, p. 120.

734 Idem, ibidem, cap. IV, item 10, p. 114.

735 LIMA, Frederico R. Viana de. *Defensoria Pública*. 2. ed. Salvador: JusPodivm, 2011. p. 391-393; CORGOSINHO, Gustavo. *Defensoria Pública*: princípios institucionais e regime jurídico. Belo Horizonte: Dictum, 2009. item 3.7.2, p. 147-150.

Conquanto a LC n. 80/1994 não excepcione expressamente a inamovibilidade por motivo de interesse público, a nosso ver essa exceção é aplicável à Defensoria Pública antes mesmo da EC n. 80/2014, pelos motivos acima listados, uma vez que não faz sentido tal exceção existir para a Magistratura e o Ministério Público e não para a Defensoria Pública. A referida EC n. 80/2014, contudo, a nosso ver coloca uma pá de cal sobre o assunto.

**Recusa à promoção e inamovibilidade**

A LC n. 80/1994 prevê a possibilidade de recusa à promoção (arts. 32, 77, 116, § 1º).

À primeira vista, a recusa a promover-se seria tida como uma atitude insana e na contramão da ideia de carreira. A existência de uma carreira, já o dissemos acima, encontra sua razão de ser justamente em evitar-se a estagnação, logo, decisões pessoais desse jaez prejudicariam a instituição em si.

A recusa à promoção, porém, tem sua razão de ser, e uma de suas explicações[736], isto é, uma de suas finalidades, encontra-se principalmente na preservação da inamovibilidade.

Se isso não é nítido no plano das Defensorias Públicas estaduais[737], é-o quanto à da União e do Distrito Federal: a promoção afeta a inamovibilidade[738] pois acarreta na mudança da lotação do defensor público.

**Inamovibilidade, o argumento do "interesse público" e o dever da administração planejada**

A Administração da Defensoria Pública não pode alegar "interesse público" para atender a demandas que, de fato, exigem planejamento de médio a longo prazo para serem atendidas. Me-

---

736 Além da preservação da inamovibilidade, pensamos que, em tese, ela justifica outro escopo: o interesse do defensor público para concorrer em eleições para Conselho Superior na classe atual. Eis um exemplo: a defensora pública *Fulana está na classe X (de uma carreira que possui, em ordem crescente, as classes X, Y, Z e W). As circunstâncias colocam Fulana como uma candidata favorita nas iminentes eleições do Conselho Superior; dentre os defensores públicos da classe X, Fulana é tida como liderança inconteste, uma celebridade até. Ocorre que, na classe seguinte (Y), Cicrana é uma liderança ainda maior; nesta classe, Cicrana eclipsa Fulana, tornando-a uma ilustre desconhecida. Esse contexto, portanto, estimularia Fulana a não se promover, podendo concorrer, com certo favoritismo, nas eleições, sem ter Cicrana como sua concorrente. É certo que a promoção, seja por antiguidade ou merecimento, consubstancia um concurso e, como tal, o defensor público só terá seu nome nele envolvido caso se inscreva. Tal inscrição, à primeira vista, tornaria antitética ulterior recusa, mas pensamos haver um modo de harmonizá-las: admitir que a recusa possa ocorrer após a inscrição e antes do término do concurso de promoção; se após o término do concurso, tal recusa afrontaria a segurança jurídica: ato jurídico perfeito, conforme art. 5, XXXVI da CF88. Raciocínio diverso desse tornaria a recusa à promoção verdadeira letra morta.*

737 Com relação às Defensorias estaduais, a LC n. 80/1994 se omite sobre se haverá hierarquia de atuação conforme a classe. Se houver, o mesmo raciocínio aplicável às Defensorias da União e do Distrito Federal se aplica às Defensorias estaduais; se não houver, porém, pode ser interesse do defensor público não se promover, seja para preservar a inamovibilidade, seja para ulteriormente concorrer a eleições do Conselho Superior na sua atual classe.

738 Nesse sentido histórico – e lembrando que a promoção só pode afetar a inamovibilidade se ela mudar as atribuições –, Themístocles Brandão Cavalcanti cita Pontes de Miranda para lembrar que "mesmo a promoção tem sido muitas vezes pretexto para transferir um juiz". *O funcionário público e o seu estatuto*. Freitas São Paulo: Freitas Bastos, 1940. p. 248.

didas de curto prazo, por outro lado, devem ser solucionadas também por planejamento prévio estabelecido a evitar quebras nas atribuições de defensores públicos (por meio de cumulações de funções, defensores públicos com função de substituição etc.). Em uma palavra, a improficiência administrativa não pode legitimar o argumento do "interesse público" – caso contrário, a exceção pode facilmente tornar-se regra, anulando a garantia constitucional da inamovibilidade.

Na hipótese de o Estado negar-se a ampliar os cargos da Defensoria Pública, ou de os administradores da Defensoria Pública não fazerem planejamentos adequados para a boa utilização dos recursos humanos, o que inclui prazos dilatados para o futuro, não faz sentido algum que abruptamente se pretenda remover defensores públicos para atender a demandas de última hora – normalmente temperadas por fortes apelos emocionais e novelescos – e que não foram atendidas, a bem da verdade, em grande parte por inabilidade das sucessivas administrações.

Por isso, conquanto o termo "interesse público" seja aberto, entendemos que um parâmetro importante para balizarmos seu conteúdo seria utilizarmos, como pedra de toque, o espírito da requisição administrativa, prevista na Constituição em seus arts. 5º, XXV, 91, § 1º, III, 136, II e 139, VII[739]. E o espírito é exatamente este: a medida excepcionalíssima é somente aplicável a uma situação excepcionalíssima, sendo justa a expectativa de que a proficiência administrativa dê conta de uma ampliação da Defensoria Pública responsável, prescindindo ao máximo de remoções fundadas em "interesse público".

**Idem: a garantia da inamovibilidade como obstáculo à eficiência e à efetividade administrativas; quebra da inamovibilidade como *ultima ratio* e condicionada à cláusula do devido processo legal**

Se admitimos como verdade que a inamovibilidade não é absoluta, por outro lado, também é equivocado o clichê de que a prerrogativa constitucional de inamovibilidade não seria nada ante o sofrimento e a dor dos destinatários de todas as prioridades jurídicas.

Essa argumentação puramente emotiva recusa – não se sabe bem a razão – que a inamovibilidade constitucional – seja do juiz, do promotor de justiça ou do defensor público – é a consequência prática de conquista histórica do sistema judicial no sistema de freios e contrapesos. Nesse sentido, nossos comentários contidos na abertura desta seção III, referindo casos históricos importantíssimos, demonstram perfeitamente que este clichê pode até satisfazer desejos imediatos (por vezes politiqueiros, com o perdão da palavra), mas a curto prazo se mostraria desastroso não só para o próprio destinatário do serviço público de assistência jurídica integral e gratuita, como também para o Estado democrático de direito.

No cotidiano, é plenamente possível que destinatários do serviço público prestado pela Defensoria Pública (normalmente por meio da sociedade civil organizada) apresentem manifestações a fim de que a Defensoria Pública siga pelo caminho de quebra da inamovibilidade visando a assumir atribuições que constituam anseios desses requerentes. Contudo, esse tipo de comportamento é fruto de desconhecimento, porque a banalização da quebra da inamovibilidade

---

739 Sobre o conceito de requisição administrativa, confira nossos comentários ao inciso X dos arts. 44, 89 e 128.

fragiliza a independência do defensor público em sua atuação, prejudicando, em última análise, o titular dessa garantia: o destinatário do serviço público de assistência jurídica integral e gratuita. Todo o cuidado é pouco quando se trata de impedir que ideias autoritárias – muitas vezes cheias de boas intenções – esparjam-se pela instituição carcomendo os fundamentos institucionais que se voltam para o atendimento dos necessitados, razão da existência da Defensoria Pública.

Nesse sentido, é preciso compreender verdadeiramente que *eficiência* e, também, *efetividade administrativas* são princípios de toda a Administração Pública, incluindo a administração de todos os Poderes e órgãos constitucionalmente autônomos, conforme art. 37, *caput*, da CF/88. Entretanto, a cláusula da *inamovibilidade constitucional* (§ 1º do art. 134, da CF/88) incide sobre algumas específicas atividades administrativas e, de modo proposital, restringe em boa medida a incidência de eficiência e efetividade administrativas, justamente por mirar se atingir outro fim: de alto grau de independência do agente público em sua atuação, pois nessa hipótese entende-se que a função pública exercida em questão exige esse alto grau de independência. Por isso, nada há de errado em a inamovibilidade constituir, como regra bastante ampla e geral, esse "obstáculo" às eficiência e efetividade administrativas no campo de manejo de agentes políticos no campo das atribuições.

Em síntese, a lógica da inamovibilidade é mesmo prejudicar a eficiência e a efetividade administrativas *em alguma medida* no campo das atribuições, para que se garanta melhor o alto grau de independência do agente público, que não precisará temer retaliações por conta de sua atuação; assim, o argumento puro e simples de "prejuízo à eficiência e efetividade administrativas" é absolutamente insuficiente para quebra da inamovibilidade, e se for utilizado é por ignorância ou má-fé.

Vale indagar: quando se pode romper a inamovibilidade?

Em nosso entendimento, a medida de remoção parcial ou total de atribuições *sempre* – sempre mesmo – deve ser *ultima ratio*.

Ilustramos esse contexto linhas acima, por meio de exemplo que demonstra o total esvaziamento atributivo em razão de extinção de determinada área de atuação (uma Defensoria com atribuição exclusiva em contravenções penais em face da revogação de tal legislação); ou por algum motivo haja redução da competência judicial (portanto, de trabalho para o órgão da defensoria) que seja significativa. Outro exemplo seria a extinção de determinada vara judicial, a que se vincule uma determinada Defensoria Pública, a fim de que as competências judiciais sejam remanejadas para outros órgãos judiciais.

Nesses exemplos, pra lá de excepcionais, a garantia da inamovibilidade perde total sentido pois os órgãos de execução defensoriais não possuem mais interesses de usuários a protegerem, impondo-se à Defensoria Pública-Geral providências para garantir, aí sim, a eficiência e a efetividade desses órgãos de execução, incidindo a EC 80/2014 pela aplicação dos incisos VIII e VIII-A do art. 93 da Constituição Federal[740].

---

740 CF/88, art. 93: "*Lei complementar, de iniciativa do Supremo Tribunal Federal, disporá sobre o Estatuto da Magistratura, observados os seguintes princípios: (...) VIII o ato de remoção, disponibilidade e aposentadoria do magistrado, por interesse público, fundar-se-á em decisão por voto da maioria absoluta do respectivo tribunal ou*

Portanto, afora situações muito excepcionais, deve prevalecer a garantia constitucional da inamovibilidade servindo de obstáculo à eficiência e à efetividade administrativas no campo das funções institucionais.

Na vida real, é comum acontecer de a Administração Superior da Defensoria Pública apontar órgãos de execução trabalhando, em tese, aquém da capacidade ideal por haver trabalho insuficiente. Nesse contexto, se o fato for devidamente apurado e confirmado por meio de pesquisa *empírica* séria e do devido processo legal, a solução razoável é *adicionar novas atribuições aos órgãos de execução apontados como subutilizados*, ou *aguardar a remoção de algum defensor público sem reposição da vaga no setor*. Constitui grave erro jurídico romper a inamovibilidade sem que se tentem outros caminhos subsidiários, sendo totalmente legítima decisão judicial que desconstitua decisão administrativa olvidando o rompimento da inamovibilidade como medida de *ultima ratio*. Muitas vezes, a solução de *ultima ratio* aplicada de plano pode refletir até mesmo perseguição política, quando não for notável ignorância.

Por óbvio, a quebra parcial ou total da inamovibilidade deve sempre, *e sem exceções*, ser devidamente justificada por *escrito* após o curso de *devido processo legal*, ouvindo-se adequadamente todos os atingidos e apontando fatos concretos que demonstrem a total e absoluta impossibilidade de se evitar a quebra da inamovibilidade, aplicando-se o art. 489, § 1º, do CPC ao longo desse processo administrativo – conforme art. 15, do CPC –, tudo isso sob pena de nulidade, pois não se pode neutralizar a eficácia de uma garantia constitucional sem justificativa séria, completa e concreta, construída a partir de real contraditório.

É absolutamente normal e esperado que defensores públicos, ao tomarem posse em atribuições da Administração Superior da Defensoria Pública, se transformam em grandes perseguidores de eficiência e efetividade administrativas. Contudo, lamentavelmente, sempre há aqueles que passam a criticar os limites impostos pela própria inamovibilidade, como se fosse "vilã" e não pertencesse ao universo do *regime jurídico defensorial*.

Não se pode dar voto de confiança a quem sustenta um discurso frágil como esse, sobrepondo eficiência e efetividades administrativa à inamovibilidade; ora, se o constituinte desejasse as mais amplas eficiência e efetividade administrativas no seio da Defensoria Pública, no que concerne à distribuição das funções institucionais, não oporia a inamovibilidade como garantia constitucional fiadora do mais alto grau de independência institucional e de seus respectivos membros.

Em conclusão, é verdade que a inamovibilidade pode gerar alguns engessamentos administrativos e funcionais nos remanejamentos das atribuições, mas esse é o preço a pagar pela necessária independência do defensor público na intransigente defesa dos direitos do usuário. Sem esse alto grau de independência, o defensor público ficará restrito à pequenez, será apenas mais um coadjuvante no recorrente espetáculo de formalidades que repete procedimentos sem tornar efetivos os direitos dos carentes.

---

*do Conselho Nacional de Justiça, assegurada ampla defesa; (Redação dada pela Emenda Constitucional n. 45, de 2004); VIII-A a remoção a pedido ou a permuta de magistrados de comarca de igual entrância atenderá, no que couber, ao disposto nas alíneas a , b , c e e do inciso II; (Incluído pela Emenda Constitucional n. 45, de 2004)".*

**Necessidade de segurança jurídica para defensores públicos "substitutos" e o mandado de segurança n. 27.958/DF**

Válido comentarmos o acórdão proferido pelo plenário do STF no **mandado de segurança n. 27.958/DF**, e cujo teor define que há inamovibilidade para juízes substitutos inclusive[741].

No inteiro teor dessa decisão, a posição do STF é mais flexível do que na ementa, uma vez que fixou, basicamente, que o juiz substituto possui inamovibilidade dentro da circunscrição judiciária (segundo a divisão administrativa de cada Judiciário), porque a remoção injustificada sem qualquer limitação esvaziaria por completo a inamovibilidade. Desse modo, o STF reconheceu a inamovibilidade para *todos os juízes substitutos* sob o argumento de que a garantia da inamovibilidade existe como decorrência da posse no cargo para qualquer juiz, não estando condicionada do mesmo modo que, por exemplo, a garantia de vitaliciedade. Todavia, o STF reduziu o alcance da inamoviblidade do juiz substituto *para que fosse compatível com sua função de substituição*, permitindo que fosse removido *motivadamente por critérios objetivos e em determinado território* – a circunscrição judiciária em que atuar[742].

Essa decisão é uma referência importantíssima para as Defensorias Públicas adotarem modelo parecido ou, se já adotam, encoraja a permanecerem no curso.

Podemos assinalar com mais clareza que o ideal de qualquer Administração Superior da Defensoria Pública é implantar sistemas de substituição que evitem, ao máximo, o uso de defensores com funções itinerantes para substituição de outros defensores públicos, e as substituições impostas aos defensores públicos substitutos devem ser realizadas por meio de:

1) *critérios objetivos*;
2) e de *decisões adequadamente motivadas.*

Entre aqueles critérios objetivos é necessário considerar no mínimo três aspectos, que foram delineados pela referida decisão do STF:

741 "A inamovibilidade é, nos termos do art. 95, II, da CF, garantia de toda a magistratura, alcançando não apenas o juiz titular como também o substituto. O magistrado só poderá ser removido por designação, para responder por determinada vara ou comarca ou para prestar auxílio, com o seu consentimento, ou, ainda, se o interesse público o exigir, nos termos do inciso VIII do art. 93 do Texto Constitucional" (STF. Tribunal Pleno. MS 27.958, Rel. Min. Ricardo Lewandowski, julgamento em 17-5- 2012, *DJE* de 29-8-2012, disponível também no sítio digital do STF: <www.stf.jus.br>).

742 Há um trecho do debate na Corte que bem condensa a posição que prevaleceu: "*O SENHOR MINISTRO MARCO AURÉLIO – Mas ocupou cargo de substituto. Qual é a razão de ser de ter-se a figura do juiz substituto, senão a substituição onde necessário, segundo os serviços? O SENHOR MINISTRO JOAQUIM BARBOSA – Isso pode se transformar em punição. O SENHOR MINISTRO CELSO DE MELLO – Essa é a vocação natural do juiz substituto. Ele tem essa função de substituir ou de auxiliar. É importante acentuar, no entanto, que ele ocupa um cargo estruturado em uma área territorialmente delimitada. O SENHOR MINISTRO CELSO DE MELLO –* ***Negar*** *ao juiz substituto* ***a garantia*** *da inamovibilidade* ***significa*** *afetar outros princípios constitucionais muito valiosos, como o postulado do juiz natural... O SENHOR MINISTRO MARCO AURÉLIO – Mas então seria substituto, específico, ou seja, apenas em um certo juízo. O SENHOR MINISTRO CELSO DE MELLO – Não, ele vai atuar no âmbito da circunscrição judiciária*" (STF. Tribunal Pleno. MS 27.958, cit.).

1) *territórios administrativos* previamente estabelecidos pelo Conselho Superior, a fim de que cada defensor público substituto tenha o mínimo de segurança jurídica quanto aos limites territoriais de sua atuação;

2) *antiguidade* para o momento da escolha das funções vagas a serem substituídas, além de servir também de critério mais objetivo e justo para eventual rompimento daquele território administrativo criado pelo Conselho Superior, transferindo o defensor público mais novo a outro território administrativo que demande, no momento, a continuidade do serviço público com a adição de mais um substituto;

3) *estabilidade* mínima do defensor público substituto enquanto perdurar o afastamento do defensor substituído, exceto se for o mais novo e tiver de atender designação que rompa com o território administrativo, ou incida em algum outro critério objetivo de mudança de atribuição.

Esses conjunto mínimo de critérios objetivos garante que o defensor público, mesmo na função de substituto, usufrua de um *grau mínimo de inamovibilidade* – ou que pelo menos não se transforme em joguete onde a regra geral é não ter regras... –, permitindo sua atuação de modo mais independente; afinal, fora desse desenho mínimo ele poderia ser encaminhado para qualquer lugar do Estado... (ou da União...!) e sem critérios objetivos, sem decisão motivadamente adequada, abrindo ensancha para favoritismos e perseguições políticas. Não é preciso aprofundarmos que esses favoritismos e perseguições prejudicam o destinatário final do serviço público de assistência jurídica integral e gratuita.

Por outro lado, parece-nos lícito que sejam construídos critérios um pouco diversos desses *se as especificidades locais exigirem*, desde que persistam objetivos e sejam adequadamente fundamentados; logo, serão inválidos se sustentados por fundamentação *pro forma* que tenta dissimular a realização de desejos que se afastem de critérios jurídicos aplicáveis.

É verdade que existem carreiras que permitem designações livres a preço de diárias, mas o interesse econômico dos membros não pode se sobrepor ao serviço público de qualidade e que realize, no máximo possível de ser atingido, as garantias institucionais e do cargo.

Para a realização republicana do desafio de aplicar um regime jurídico mais objetivo e seguro para defensores públicos substitutos, é importante que suas regras sejam *transparentes* e *claras*, evitando-se redações que se limitem a empregar termos jurídicos indeterminados ou genéricos. Caso contrário, as regras faladas e disseminadas pela Administração Superior, na prática, não existirão por escrito, ficando os defensores públicos substitutos sempre à mercê das interpretações de ocasião criadas pelos grupos políticos sucessivos que assumem a administração superior, sem que haja debates abertos, transparentes e documentados sobre a manutenção ou eventuais mudanças dessas regras por meio de atos administrativos devidamente motivados.

**_Causa de pedir_ na defesa judicial de regras e princípios da Administração Pública a oferecerem melhor objetividade e segurança jurídica aos defensores públicos "substitutos"**

Abertura dos debates, transparência e documentação desses debates bem como da decisão que se seguir, além de observarem o princípio republicano permitem eventual impugnação judicial por parte do defensor público que se sentir prejudicado, ou da associação de classe, ou de outro legitimado.

Importante ressaltar que, nessa hipótese, a *causa de pedir* não será violação pura e simples da inamovibilidade, pois somente titulares podem alegar a quebra indevida da inamovibilidade que deve ser precedida do devido processo legal e haver o preenchimento do "interesse público", nos termos discutidos acima.

Na perspectiva do defensor público substituto, a verdadeira causa de pedir encontra-se em princípios e regras que regem a Administração Pública e os quais são antitéticos a um defensor público substituto *joguete*, que pode ser designado livremente, isto é, sem critérios objetivos e sem decisão adequadamente motivada. O modelo para esse pensamento, sem dúvida, é o mandado de segurança n. 27.958/DF.

(arts. 43, 88 e 127) III – a irredutibilidade de vencimentos;

### *20.1.3 Irredutibilidade de vencimentos: breves apontamentos históricos*

Do ponto de vista histórico, a irredutibilidade de vencimentos remonta à magistratura brasileira já na nossa primeira Constituição republicana, diferentemente da Constituição Imperial de 1824, que omitiu-se quanto a sua previsão[743].

Ao comentar a Constituição brasileira de 1891, especificamente o art. 56, § 1º[744], João Barbalho apontava a importância dessa garantia:

> A Constituição obstou a que os juízes podessem sofrer reducções em seus vencimentos, acaso inspiradas por odios partidarios, por desforço, por vingança, ou por outros motivos. Acima de quaesquer considerações neste particular ele collocou a irreductibilidade desses vencimentos, sem a qual, no dizer de Story, teria sido inutil e quasi ridicula a disposição que consagra a vitaliciedade". (...) A Constituição determina que os vencimentos dos magistrados NÃO PODERÃO SER DIMINUÍDOS. Esta determinação é absoluta, não tem limitações e alcança mesmo os aposentados, como decidiu o Acc. Do Sup. Trib. Fede., na apelação n. 769 d e15 de Outubro de 1902. E uma só que tivesse a inutilisaria de todo. Foi julgado necessario garantir ao juiz a fixidez e integridade do vencimento que se lhe estipulou, por bem de sua independencia...[745].

Nessa época de incipiente mentalidade republicana, a ideia que se tinha de irredutibilidade de vencimentos era tão absoluta – como literalmente afirmara João Barbalho – que, agora nas lições de João Mendes:

> Está subentendido que a irreductibilidade dos vencimentos dos juizes obsta á creação de quaesquer impostos sobre esses vencimentos. Ao contrario, muito facil fôra violar o proceito constitucional, reduzindo successivamente, ou de uma só vez, a proporções insignificantes, a retribuição que a lei declara inatingivel[746].

---

743 Art. 153. Os Juizes de Direito serão perpetuos, o que todavia se não entende, que não possam ser mudados de uns para outros Logares pelo tempo, e maneira, que a Lei determinar.

744 Os juízes federaes são vitalícios, perdendo o cargo unicamente por sentença judicial. § 1º Os seus vencimento serão determinados por lei do congresso, que não os poderá diminuir.

745 *Constituição federal brasileira*: commentarios, 2. ed., Rio de Janeiro: F. Briguiet e Cia. Editores, 1924, p. 309.

746 *Do Poder Judiciario*, São Paulo: Livraria Francisco Alves, 1915, p. 31.

De fato, em 1897 a lei orçamentária aprovada para o ano seguinte previa o imposto progressivo sobre os vencimentos de todos os funcionários da União. Diante disso, na sessão de 18 de dezembro do Supremo Tribunal Federal fez-se constar em ata o receio dos membros daquele tribunal (receio este que não se preocupava em ser exposto como eventual antecipação de voto):

> Se o imposto recaísse reflexamente nos vencimentos e como simples efeito da sua repercussão, como no caso de um imposto sobre a renda, proposto, mas não adotado pelo Congresso, ainda poderia ser duvidosa a sua inconstitucionalidade, pela razão de que devendo todos as contribuições para as urgências do Estado na medida de suas posses, não poderiam os juízes, como classe privilegiada, ser exonerados de pagá-lo, suposto que nos Estados Unidos assim foi resolvido em relação ao *income tax* criado pelas necessidades da guerra da secessão.
>
> Mas não se trata aqui de impôsto de renda ou de outro que recaia indiretamente nos vencimentos; trata-se precisamente de impôsto que recai diretamente e exclusivamente neles; de impôsto que é cobrado à bôca do cofre, que é deduzido dos vencimentos e no momento mesmo em que o juiz os percebe[747].

É inegável a relação entre a irredutibilidade de vencimentos e a independência judicial, e todo esse raciocínio se aplica aos defensores públicos e os aproxima o máximo possível da independência dos advogados, profissionais liberais que são.

De qualquer modo, a salvaguarda da irredutibilidade de vencimentos deve orbitar o ideal republicano[748], e não de maneira absoluta como a história pretensamente republicana brasileira demonstra.

**Irredutibilidade de vencimentos: conceito e entendimento jurisprudencial**

É importante que o estudo dessa garantia seja feito em conjunto com os comentários atinentes à remuneração.

Em primeiro lugar, a Lei Orgânica está defasada ao falar em "vencimentos", pois constitucionalmente o defensor público faz jus a subsídio – confira comentários aos arts. 39, 84 e 124 da Lei Orgânica. Portanto, a garantia transmuda-se em irredutibilidade de subsídios.

Vimos, também, nos comentários aos dispositivos 39, 84 e 124 que existem, ainda, Defensorias que se submetem ao regime de vencimentos. Nesta hipótese, incide a irredutibilidade de vencimentos.

---

747 RODRIGUES, Lêda Boechat. *História do Supremo Tribunal Federal*. Rio de Janeiro: Civilização Brasileira, 1965. Tomo I, p. 138.

748 Ementa: Direito Constitucional. Lei Estadual n. 5.810/1994 do Estado do Pará autorizando a redução de vencimentos de servidores públicos processados criminalmente. Afronta aos princípios da presunção de inocência, ampla defesa e irredutibilidade de vencimentos. Inconstitucionalidade reconhecida. 1. A jurisprudência dessa Corte é pacífica no sentido de que **não é recepcionada pela Constituição Federal norma legal que consigna a redução de vencimentos de servidores públicos que respondam a processo criminal. 2. Ofensa aos arts. 5º, LIV, LV e LVII, e 37, XV, da Constituição Federal, os quais abarcam os Princípios da Presunção da Inocência, da Ampla Defesa e da Irredutibilidade de Vencimentos.** Precedentes: RE 482.006, Rel. Min. Ricardo Lewandowski; ARE-AgR 776.213, Rel. Min. Gilmar Mendes; ARE 1.084.386/SP, Rel. Min. Luiz Fux; ARE 1.063.064/SP, Rel. Min. Marco Aurélio; ARE 1.017.991/SP, Rel. Min. Ricardo Lewandowski; ARE 1.089.248/SP, de minha relatoria. 3. Ação Direta de Inconstitucionalidade procedente. (ADI 4736, Relator(a): ROBERTO BARROSO, Tribunal Pleno, julgado em 05-11-2019, processo eletrônico DJE-257 divulg 25-11-2019 public 26-11-2019).

Essa garantia de irredutibilidade é reprodução da garantia constitucional cuja redação atual, decorrente da Emenda Constitucional n. 19/98, é a seguinte: "o subsídio e os vencimentos dos ocupantes de cargos e empregos públicos são irredutíveis, ressalvado o disposto nos incisos XI e XIV deste artigo e nos arts. 39, § 4º, 150, II, 153, III, e 153, § 2º, I"[749].

E qual é o cerne dessa garantia?

Em controle concentrado, o STF fixou a finalidade dessa garantia constitucional, *in verbis* (ementa):

> A garantia constitucional da irredutibilidade do estipêndio funcional traduz conquista jurídico-social outorgada, pela Constituição da República, a todos os servidores públicos (CF, art. 37, XV), em ordem a dispensar-lhes especial proteção de caráter financeiro contra eventuais ações arbitrárias do Estado. Essa qualificada tutela de ordem jurídica impede que o poder público adote medidas que importem, especialmente quando implementadas no plano infraconstitucional, em diminuição do valor nominal concernente ao estipêndio devido aos agentes públicos. A cláusula constitucional da irredutibilidade de vencimentos e proventos – que proíbe a diminuição daquilo que já se tem em função do que prevê o ordenamento positivo (RTJ 104/808) – incide sobre o que o servidor público, a título de estipêndio funcional, já vinha legitimamente percebendo (RTJ 112/768) no momento em que sobrevém, por determinação emanada de órgão estatal competente, nova disciplina legislativa pertinente aos valores pecuniários correspondentes à retribuição legalmente devida[750].

Importa ressaltar, a propósito, que o Ministro Celso de Mello esclarece no voto proferido nesta ação direta que há diversos pronunciamentos do STF, no mesmo sentido, dimanados de precedente antigo da lavra do ilustre Ministro Evandro Lins e Silva, em época que tal garantia de irredutibilidade era exclusiva dos magistrados – conforme transcrevemos: "O que a irredutibilidade veda é a diminuição, por lei posterior, dos vencimentos que o juiz, em exercício antes de sua vigência, estivesse recebendo"[751]. Parece-nos, desse modo, encontrar-se aí o âmago dessa garantia.

A propósito, o Supremo confirmou a exigência do devido processo legal para eventual redução de proventos como consequência de anulação de atos administrativos[752].

(arts. 43, 88 e 127) IV – a estabilidade.

749 CF/88, art. 37, XV.

750 ADIn 2.075-MC, Rel. Min. Celso de Mello, julgamento em 7-2-2001, Plenário, *DJ* de 27-6-2003. No mesmo sentido: RE 426.491-AgR, Rel. Min. Ricardo Lewandowski, julgamento em 8-2-2011, Primeira Turma, *DJ* de 10-3-2011. Disponível no sítio digital do STF: <www.stf.jus.br>.

751 *RTJ* 45/353-355, Rel. Min. Evandro Lins e Silva, citado no voto do Ministro Celso de Mello na mencionada ADIn 2.075-MC.

752 "Devido processo legal. Proventos. Diminuição. Direito de defesa. A alteração de proventos de servidor público somente pode ocorrer oportunizando-se o direito de defesa, ou seja, instaurando-se processo administrativo" (AI 541.949-AgR, Rel. Min. Marco Aurélio, julgamento em 13-4-2011, Primeira Turma, *DJE* de 18-5-2011.) *Vide*: RE 501.869-AgR, Rel. Min. Eros Grau, julgamento em 23-9-2008, Segunda Turma, *DJE* de 31-10-2008. Disponível no sítio digital do STF: <www.stf.jus.br>.

### 20.1.4 Estabilidade

O regime da estabilidade está desenhado na Constituição Federal à altura em que tece mandamentos a respeito dos servidores públicos.

Segundo a CF/88, "são estáveis após três anos de efetivo exercício os servidores nomeados para cargo de provimento efetivo em virtude de concurso público"[753]. A CF/88 ainda prevê que na hipótese de o servidor público se tornar estável, só perderá o cargo: em virtude de sentença judicial transitada em julgado; mediante processo administrativo em que lhe seja assegurada ampla defesa; e mediante procedimento de avaliação periódica de desempenho, na forma de lei complementar, assegurada ampla defesa[754].

A LC n. 80/1994, portanto, reproduz a estabilidade constitucional como garantia do cargo.

O regime da estabilidade prevê que ela não diz respeito ao cargo em si, mas ao vínculo jurídico com o Estado: tanto que a Constituição prescreve que se "extinto o cargo ou declarada a sua desnecessidade, o servidor estável ficará em disponibilidade, com remuneração proporcional ao tempo de serviço, até seu adequado aproveitamento em outro cargo"[755].

**Estabilidade e inamovibilidade**

*Não se deve confundir estabilidade com inamovibilidade*: a estabilidade atua no plano da manutenção do vínculo jurídico entre o servidor e o Estado, enquanto a inamovibilidade estabiliza a vinculação das funções institucionais atribuídas a determinado órgão.

Ainda quanto ao regime jurídico da garantia de estabilidade, a Constituição prevê que se for "invalidada por sentença judicial a demissão do servidor estável, será ele reintegrado, e o eventual ocupante da vaga, se estável, reconduzido ao cargo de origem, sem direito a indenização, aproveitado em outro cargo ou posto em disponibilidade com remuneração proporcional ao tempo de serviço"[756]. Mas como essa regra funcionaria para o agente político? Como seria a incidência da inamovibilidade em relação ao eventual ocupante da vaga do reintegrado?

A lei não responde claramente às indagações acima. No entanto, de nosso ponto de vista, nessa hipótese o reintegrado deve ter precedência sobre o ocupante posterior. E por qual motivo? Porque esse, a nosso ver, é o modo pelo qual melhor se preserva o espírito da inamovibilidade e, como consequência, da independência funcional, caso contrário uma demissão indevida pode se tornar uma boa (ou melhor) opção de afastamento do defensor público para o poder arbitrário – uma vez que o reintegrado não poderia se reintegrar também às suas antigas atribuições e casos judiciais e extrajudiciais.

**Diferença entre estabilidade e vitaliciedade**

Não se deve confundir a estabilidade dos membros da Defensoria Pública com a vitaliciedade de membros do Judiciário e Ministério Público, porque esta garantia só admite a perda do cargo em virtude de *sentença judicial transitada em julgado*[757].

---

753 CF/88, *caput* do art. 41, com redação dada pela Emenda Constitucional n. 19/98.

754 CF/88, art. 41, § 1º, I, II, III, com redação dada pela Emenda Constitucional n. 19/98.

755 CF/88, art. 41, § 3º.

756 CF/88, art. 41, § 2º.

757 CF/88, arts. 95, I, e 128, § 5º, I, *a*.

Questão interessante é saber qual o efeito da EC n. 19/1998, que aumentou para três anos o prazo para que o servidor adquira a estabilidade, sobre o período do estágio probatório: este período também se estendeu, ou não? Atualmente, "a jurisprudência desta Corte Superior [STJ], bem como a do Supremo Tribunal Federal, entende que, embora tratem-se de institutos diversos, porém correlatos, o estágio probatório e a estabilidade devem observar o mesmo prazo de cumprimento, qual seja, três anos, estabelecido com a alteração do art. 41 da CR/88, dada pela EC n. 19/98. A matéria já foi objeto de debate pela Terceira Seção do Superior Tribunal de Justiça"[758].

Art. 44. São prerrogativas dos membros da Defensoria Pública da União:

(...)

Art. 89. São prerrogativas dos membros da Defensoria Pública do Distrito Federal e dos Territórios:

(...)

Art. 128. São prerrogativas dos membros da Defensoria Pública do Estado, dentre outras que a lei local estabelecer:

(...)

## 20.2 Das prerrogativas dos membros

No caso das Defensorias Públicas estaduais, o dispositivo do *caput* reconhece como válidas outras prerrogativas que a *lei local* (leia-se estadual, distrital ou federal) estabelecer. Desse modo, a presente legislação oferece um conjunto básico de prerrogativas que são comuns a todas as Defensorias, podendo a legislação local ampliar esse rol sem a contrariar, devido ao fato de a competência estadual (e distrital) ser suplementar. Incide, aqui, o regime de competência legislativa concorrente, especialmente o § 2º, art. 24, da Constituição Federal, a respeito do qual já decidiu o STF em sede de controle concentrado:

> O art. 24 da CF compreende competência estadual concorrente não cumulativa ou suplementar (art. 24, § 2º) e competência estadual concorrente cumulativa (art. 24, § 3º). Na primeira hipótese, existente a lei federal de normas gerais (art. 24, § 1º), poderão os Estados e o Distrito Federal, no uso da competência suplementar, preencher os vazios da lei federal de normas gerais, a fim de afeiçoá-la às peculiaridades locais (art. 24, § 2º); na segunda hipótese, poderão os Estados e o Distrito Federal, inexistente a lei federal de normas gerais, exercer a competência legislativa plena 'para atender a suas peculiaridades' (art. 24, § 3º). Sobrevindo a lei federal de normas gerais, suspende esta a eficácia da lei estadual, no que lhe for contrário (art. 24, § 4º)[759].

758 STJ. 2ª Turma. Relator Ministro Mauro Campbell Marques. Recurso especial 1222324/SC (2010/0215132-3). Julgamento em 26-4-2011. *DJE* 5-5-2011, disponível no sítio digital do STJ: <www.stj.jus.br>. Confira também: "(...) a EC 19/1998, que alterou o art. 41 da CF, elevou para três anos o prazo para a aquisição da estabilidade no serviço público e, por interpretação lógica, o prazo do estágio probatório" (STA (suspensão de tutela antecipada) 263-AgR, Rel. Min. Presidente Gilmar Mendes, julgamento em 4-2-2010, Plenário, *DJE* de 26-2-2010), disponível no sítio digital do STF: <www.stf.jus.br>.

759 STF. Pleno. ADIn 3.098, Rel. Min. Carlos Velloso, julgamento em 24-11-2005, *DJ* de 10-3-2006. Disponível no sítio digital do STF: <www.stf.jus.br>.

(arts. 44, 89 e 128) I – receber, inclusive quando necessário, mediante entrega dos autos com vista, intimação pessoal em qualquer processo e grau de jurisdição ou instância administrativa, contando-se-lhes em dobro todos os prazos; (Redação dada pela Lei Complementar n. 132, de 2009.)

### *20.2.1 Recebimento de intimação pessoal em processo judicial ou administrativo com prazo em dobro*

Nesse inciso estão contidas as prerrogativas de *intimação pessoal* bem como de *contagem em dobro* de todos os prazos processuais. Tratemos, inicialmente, da intimação pessoal mediante entrega dos autos com vista.

**Intimação pessoal**

Para a prática de atos processuais, o defensor público deve ser intimado *pessoalmente.*

Quanto ao campo de incidência da prerrogativa de intimação pessoal, a legislação é clara ao estabelecer que tal direito existe "em qualquer processo e grau de jurisdição ou instância administrativa". Pela letra da lei, portanto, a intimação pessoal deve ocorrer em qualquer processo judicial – civil, penal etc. – e administrativo.

Com efeito, exige-se o exercício da *ampla defesa* mediante o recebimento dos autos com vista em salvaguarda do exercício do *contraditório* que, como expressão da bilateralidade do processo, incide em favor de *todas as partes ao longo do processo.* E isto porque, segundo monografia específica sobre o tema, em nome do contraditório "os atos do processo devem ser realizados de tal forma que a outra parte possa sempre deles participar", explica Rogério Ives Braghittoni apoiado em Vicente Greco Filho, "ou – quando menos – impugná-los em manifestação contrária"[760]. Importa notar, aliás, que na precisa lição de Canuto Mendes contraditório é, "em resumo, ciência bilateral dos atos e termos processuais e possibilidade de contrariá-los"[761].

**Nulidade absoluta**

A jurisprudência do STJ entende que, no processo penal, a inobservância da prerrogativa de intimação pessoal gera *nulidade absoluta.* Além disso, já fixou que "a exigência de intimação pes-

760 BRAGHITTONI, Rogério Ives. *O princípio do contraditório no processo; doutrina e prática.* Rio de Janeiro: Forense Universitária, 2002. p. 19.

761 ALMEIDA, Joaquim Canuto Mendes de. *Princípios Fundamentais de Processo Penal.* São Paulo: Revista dos Tribunais, 1973. Item 81, p. 82, grifado no original. Sua lição tem sido a principal fonte da doutrina. "Em síntese, o contraditório é constituído por dois elementos: a) informação; b) reação" (CINTRA, Antonio Carlos de Araújo; GRINOVER, Ada Pellegrini; DINAMARCO, Cândido Rangel. *Teoria Geral do Processo.* 20. ed. São Paulo: Malheiros, 2004. Item 20, p. 57). "Por contraditório", ensina Nery, "deve entender-se, de um lado, a necessidade de dar-se conhecimento da existência da ação e de todos os atos do processo às partes, e, de outro, a possibilidade de as partes reagirem aos atos que lhe sejam desfavoráveis" (NERY JUNIOR, Nelson. *Princípios do processo civil na Constituição Federal.* 5. ed., 2ª tir. São Paulo: Revista dos Tribunais, 1999 (Coleção estudos de Direito de Processo, Enrico Tullio Liebman, v. 21). Cap. III, seção IV, p. 129 e 130.

soal do defensor público, notadamente em tema de persecução penal, atende a imposição que deriva do próprio texto da Constituição Federal, no ponto em que estabelece, em favor de qualquer acusado, o direito à plenitude de defesa em procedimento estatal que respeite as prerrogativas decorrentes da cláusula constitucional do devido processo legal". No caso, anulou-se o julgamento cuja intimação prévia e pessoal do defensor público não respeitou o prazo mínimo de antecedência de 48 (quarenta e oito) horas imposto pelo CPC aplicado subsidiariamente ao CPP[762].

No processo civil a jurisprudência também é firme no sentido de que "O Ministério Público e a Defensoria Pública possuem a prerrogativa de intimação pessoal das decisões em qualquer processo ou grau de jurisdição (...)"[763], e seu desrespeito gera a nulidade absoluta:

> *AGRAVO INTERNO NO RECURSO ESPECIAL. DIREITO SANCIONATÓRIO E PROCESSUAL CIVIL. IMPROBIDADE ADMINISTRATIVA. INTIMAÇÃO PESSOAL DA DEFENSORIA PÚBLICA, COM VISTA PESSOAL DOS AUTOS. ART. 44, I DA LC 80/1994.* ***PRERROGATIVA NÃO OBSERVADA NA HIPÓTESE DOS AUTOS.***
> *IMPRESCINDIBILIDADE.* ***RECONHECIMENTO DA NULIDADE*** *QUE SE IMPÕE. AGRAVO INTERNO DO MINISTÉRIO PÚBLICO FEDERAL AO QUAL SE NEGA PROVIMENTO.*
> *1. Trata-se de Ação Civil Pública de Improbidade Administrativa ajuizada pelo MINISTÉRIO PÚBLICO FEDERAL contra os investigados, postulando a condenação dos demandados às sanções do art. 12, I da Lei n. 8.429/1992, pela suposta prática de atos enquadrados no art.9o., XI da referida lei.*
> *2. Imputa-se aos investigados a prática de fraude contra o sistema da Previdência Social, visando a concessão de benefícios previdenciários tidos por indevidos.*
> *3. Condenados em primeiro grau, apontaram os imputados, em sede de Apelação, dentre outros argumentos, a nulidade na intimação do Defensor Público responsável pela a elaboração das peças de defesa, em razão de não ter o Juízo procedido à remessa dos autos com a respectiva intimação pessoal.*
> *4. O art. 44 da LC 80/1994 especifica as prerrogativas da Defensoria Pública da União, estabelecendo o inciso I, com redação dada pela LC 132/2009, ser prerrogativa dos membros da DPU receber, inclusive quando necessário, mediante entrega dos autos com vista, intimação pessoal em qualquer processo e grau de jurisdição ou instância administrativa, contando-se-lhes em dobro todos os prazos.*
> *5. De acordo com o dispositivo, a* ***entrega dos autos em vista*** *constitui prerrogativa tão indispensável quanto a intimação pessoal do Defensor, de modo que* ***o comando legal somente é devidamente cumprido com a observância conjunta e concomitante das duas determinações.*** *Precedente: REsp. 1.190.865/MG, Rel. Min. MASSAMI UYEDA, DJE 1º.3.2012. 6. Frise-se que, no caso,* ***o prejuízo é evidente. Sem a perfectibilização da intimação pessoal da DPU, com a remessa dos autos com vista, nem mesmo se inicia o prazo recursal, não havendo dúvida de que há efetivo prejuízo à defesa dos assistidos.***

---

762 "Além disso, o art. 552, § 1º, do Código de Processo Civil – aplicável ao processo penal, nos termos do art. 3º do Código de Processo Penal –, estabelece que 'entre a data da publicação da pauta e a sessão de julgamento mediará, pelo menos, o espaço de 48 (quarenta e oito) horas'. Precedentes. Na espécie, verificando-se que da pauta em que foi incluído o Processo n. 2008.3002208-0, no qual figurava como recorrente o ora paciente, fora intimada a Defensoria Pública no dia 10 de maio de 2010 (fl. 172), sendo que o julgamento respectivo realizou-se em 11 de maio de 2010 (fl. 160), outra solução não há para o caso do que anular o acórdão impugnado" (STJ. 5ª Turma. HC 176.359-PA, Rel. Min. Marco Aurélio Bellizze, julgamento em 7-8-2012, *DJE* de 28-8-2012. Disponível no sítio digital do STJ: www.stj.jus.br).

763 STJ. 3ª Turma. Recurso especial 1278239/RJ, Rel. Min. Nancy Andrighi, julgamento em 23-10-2012, *DJE* de 29-10-2012. Disponível no sítio digital do STJ: www.stj.jus.br.

*7. Há de se apontar, inclusive, que, no plano do Direito Sancionador, o respeito aos direitos humanos se expressa sobretudo na forma de limites à atuação da autoridade punitiva, impedindo-a de agir contra o indiciado de modo ilegal, surpreendente, excessivo ou injusto. Quando se trata de qualquer seara punitiva, a ampla defesa não pode ser presumida. Não é viável, como pretende o Parquet, invocar a instrumentalidade das formas para convalidar um vício observado na essência da defesa do investigado, qual seja, na prerrogativa do Defensor Público que o patrocina de ter a entrega dos autos em vista, viabilizando o estudo e a análise indispensáveis à elaboração da defesa técnica a que faz jus o imputado. O fato em si atrai o reconhecimento da nulidade, in iprofacto. 8. Agravo Interno do MINISTÉRIO PÚBLICO FEDERAL ao qual se nega provimento.* (AgInt no REsp 1425353/PB, Rel. Ministro NAPOLEÃO NUNES MAIA FILHO, PRIMEIRA TURMA, julgado em 12-3-2019, *DJE* 20-3-2019)

Cuidado importantíssimo, como bem adverte Frederico Rodrigues Viana de Lima, diz respeito à *preclusão* quando se toma conhecimento de nulidade por falta de intimação pessoal e o intimado se queda inerte para reverter a nulidade em outra oportunidade:

> Os Tribunais Superiores, com raríssimas exceções, são uniformes em certificar a nulidade do julgado proferido em sessão para a qual não se tenha verificado a prévia intimação pessoal da Defensoria Pública; no entanto, também rezam, por igual, que há a convalidação desta mesma nulidade quando não alegada em momento oportuno, conforme se dessume da leitura do Informativo 534 do STF[764].

**Recebimento dos autos com vista**

Os autos devem ser entregues à Defensoria Pública com *vista*, permitindo, assim, o exame mais detido e organizado da causa.

A prerrogativa se justifica, em primeiro lugar, por ser tratamento desigual ao patrono dos desigualmente carentes, maximizando a isonomia.

---

764 No mesmo sentido: LIMA, Frederico R. Viana de. *Defensoria Pública*. 2. ed. Salvador: JusPodivm, 2011. p. 368. No Informativo STF 534 consta o quanto segue: "Tendo em conta as particularidades do caso, a Turma indeferiu *habeas corpus* em que se alegava nulidade processual consistente na ausência de intimação pessoal do defensor público para a audiência de julgamento do recurso de apelação do paciente. De início, salientou-se que seria incontroverso nos autos que o patrono do réu não fora intimado pessoalmente da data do aludido julgamento e que, interposta a apelação pela defesa, houvera publicação da pauta da sessão de julgamento na imprensa oficial. Em seguida, enfatizou-se que a nulidade por falta de intimação do patrono para o julgamento da apelação é de natureza relativa, devendo ser sanada no momento em que o defensor do réu dela tem conhecimento, sob pena de preclusão. Esclareceu-se, ainda, que os dois momentos essenciais à defesa, sem os quais haveria, sim, nulidade absoluta, foram cumpridos em favor do paciente, quais sejam, a intimação para a oferta das razões de apelação e a intimação do resultado do julgamento. Aduziu-se, também, que o ato de intimação para a data do julgamento, que permitiria à defesa não mais do que uma sustentação oral, nos termos do regimento interno do tribunal estadual, se ausente ou deficiente, caracterizaria apenas nulidade relativa. Contudo, na presente situação, inexistiria dado a evidenciar que a defensoria não tivesse sido cientificada do resultado do julgamento do recurso. Assim, se essa instituição e o paciente, apesar de intimados do resultado da apelação, quedaram-se inertes por mais de 8 anos quanto a contestação de eventuais vícios procedimentais, não haveria como deixar de assentar a preclusão. Ademais, reiterou-se que o *writ* não pode ser empregado como sucedâneo de revisão criminal. HC 94277/SP, rel. Min. Ricardo Lewandowski, 3-2-2009. (HC-94277)".

Em segundo, pela característica do titular do interesse que, carente, tem maior dificuldade de orientar e auxiliar o patrono, o que demanda o exame mais cuidadoso de autos para permitir a defesa dos direitos daquele que, em grande parte das vezes, sequer o compreende.

Em terceiro lugar, importa ressaltar que a Defensoria Pública, ao contrário da advocacia privada, não pode limitar os destinatários de seus serviços sob o argumento de já existir "excesso de expediente" – no campo penal, por exemplo, todos os réus que não constituírem advogados precisam da Defensoria Pública. Daí a necessidade de autos com vista, pois a prerrogativa contribui para a melhor qualidade do serviço público de assistência jurídica integral e gratuita.

**Recebimento dos autos com vista e audiência**

A questão central desse assunto é a seguinte: quando o inciso I estabelece como prerrogativa a intimação pessoal mediante o *recebimento dos autos com vista*, esse mandamento abarca situações como a intimação (pessoal) feita em audiência?

Devemos reconhecer, portanto, que a LC n. 80/1994 *não é literal* no assunto, então cabe à doutrina e à jurisprudência buscarem a melhor solução, valendo ressaltar que tudo o que dissermos neste tópico se aplica ao Ministério Público (Lei n. 8.625/1993):

> PROCESSUAL CIVIL. RECURSO ESPECIAL. AÇÃO DE IMPROBIDADE ADMINISTRATIVA. AUDIÊNCIA DE INSTRUÇÃO. **NÃO COMPARECIMENTO DO ÓRGÃO MINISTERIAL POR AUSÊNCIA DE INTIMAÇÃO PESSOAL. ENCERRAMENTO PREMATURO E INDEVIDO DA INSTRUÇÃO PROCESSUAL. NULIDADE CARACTERIZADA.** HISTÓRICO DA DEMANDA 1. Trata-se, na origem, de Ação de Improbidade Administrativa ajuizada pelo Ministério Público do Estado do Amapá contra professor de história, diretora de escola e particular. 2. A citada demanda aponta que o aludido professor estadual, de 2011 a 2014, apropriou-se de R$ 138.946,63 (cento e trinta e oito mil, novecentos e quarenta e seis reais e sessenta e três centavos), com a conivência da diretora da escola e o auxílio da particular. Consta que o servidor, ocupante do cargo de professor de história, percebia a remuneração mensal, sem ministrar as aulas, que eram lecionadas pela particular contratada para tanto. 3. Após a descoberta do fato criminoso, os réus falsificaram ideologicamente as folhas de ponto referentes ao mencionado período, além de extraviarem diários de classe e documentos relacionados ao referido professor. 4. Em primeiro grau, **o juiz: a) dispensou a produção das provas requeridas pelo Parquet, nos temos do art. 362, § 1º, do CPC/2015, sob o argumento de que ausente o membro do Ministério Público, a despeito de ter sido intimado pessoalmente em audiência anterior**; b) julgou improcedente o pedido com base na insuficiência probatória. 5. A Apelação do órgão ministerial não foi provida. VIOLAÇÃO DOS ARTS. 3º, 5º, 180, *caput*, 183, § 1º, 362, § 2º, E 371 DO CPC/2015 E 41, IV, DA Lei n. 8.625/1993. 6. **A presença do membro do Ministério Público em audiência, sessão de julgamento ou sua posição como parte na relação processual não afasta a necessidade de sua intimação pessoal**, ante o disposto nos arts. 180, *caput*, 183, § 1º, e 41, IV, da Lei n. 8.625/1993. Nesse sentido: AgRg nos EDcl no AREsp 265.096/RN, Rel. Ministro Castro Meira, Segunda Turma, *DJE* 19/8/2013; REsp 1.319.275/PB, Rel. Ministro Og Fernandes, Segunda Turma, *DJE* 18/11/2015; REsp 1.637.990/SP, Rel. Ministro Herman Benjamin, Segunda Turma, *DJE* 18/4/2017.
>
> 7. **A intimação de "todos os presentes" em audiência não supre A necessidade de intimação pessoal do membro do órgão ministerial, até porque não equivale à tal prerrogativa legalmente prevista.** 8. Por essa razão é que o Superior Tribunal de Justiça em, recurso repetitivo (REsp 1.349.935/SE, *DJE* 14/9/2017), decidiu que o prazo para o Ministério Público impugnar decisão judicial só passa a contar da data em que o processo é recebido no órgão, sedimentando a tese de que "O termo inicial da contagem do prazo para impugnar decisão judicial é, para

o Ministério Público, a data da entrega dos autos na repartição administrativa do órgão, sendo irrelevante que a intimação pessoal tenha se dado em audiência, em cartório ou por mandado". 9. **Desrespeitada a prerrogativa de intimação pessoal do Parquet, há nulidade absoluta**, porquanto manifesto e inequívoco o prejuízo dela advindo, visto que, diante da (justificada) ausência do Ministério Público do Estado do Amapá, as provas por ele requeridas, entre as quais, as onze testemunhas por ele arroladas – indispensáveis para a demonstração dos fatos narrados na petição inicial – foram dispensadas e a instrução processual foi prematuramente encerrada, inviabilizando a comprovação das gravíssimas condutas imputadas aos réus. CONCLUSÃO 10. Recurso Especial provido para anular todos os atos posteriores à primeira audiência instrutória, a fim de que seja determinada a intimação, a tempo e modo oportunos, da sua redesignação (prosseguimento) para oitiva das testemunhas arroladas pelo Ministério Público do Estado do Amapá e produção de demais provas pertinentes. (REsp 1824082/AP, Rel. Ministro HERMAN BENJAMIN, SEGUNDA TURMA, julgado em 20-8-2019, *DJE* 11-10-2019)

Exploremos, então, a linha interpretativa que rechaça a necessidade de intimação após a audiência:

**a) Argumentação no sentido de que basta a intimação (pessoal) em audiência**

É inegável que o defensor público que está presente em audiência terá observada *parte* da prerrogativa em questão.

'Parte' porque, quando o juiz, ao término da audiência, faz constar em ata "saem os presentes intimados", de fato, a intimação foi *pessoal*, já que feita na pessoa do Defensor Público. Ainda que, na prática, finda a instrução e a manifestação das partes, o defensor público tenha se retirado da sala, sendo a decisão proferida na sua ausência, ulteriormente – e ainda que tal prática seja gradativamente relativizada devido ao uso de registro de imagens – ele assinará a ata. Desse ponto vista, houve intimação *pessoal*.

Seguindo essa linha de entendimento, o Tribunal de Justiça do Estado de São Paulo afastou a tese de nulidade fazendo reviver o brocardo latino "o direito não socorre aos que dormem" (*Dormientibus non sucurrit jus*)[765].

Já no âmbito do STJ, o ministro Ribeiro Dantas – posição minoritária naquela Corte – encontrou outra linha de argumentação para afastar a tese da nulidade influenciada pela a *natureza do processo digital*. Eis um trecho de seu voto:

> O alegado cerceamento por ausência de intimação e vista dos autos não procede, a considerar a **natureza digital do processo** e a **possibilidade de amplo acesso das partes** ao seu conteúdo, de modo que a interposição da apelação e a elaboração das suas razões **esteve ao alcance do Defensor Público** de forma ininterrupta, esvaziando-se, assim, o aventado constrangimento ilegal[766].

765 Revisão Criminal 2195089-63.2019.8.26.0000, 6º Grupo de Direito Criminal, Des. Salles Abreu (relator), j. 13 de novembro de 2019.

766 PROCESSO PENAL. *HABEAS CORPUS*. ALEGADO CERCEAMENTO DE DEFESA. AUSÊNCIA DE INTIMAÇÃO PESSOAL DA DEFENSORIA PÚBLICA. OCORRÊNCIA. INTIMAÇÃO DA AUDIÊNCIA. VISTA DOS AUTOS. PROCESSO DIGITAL. AMPLO ACESSO. NULIDADE NÃO VERIFICADA. ORDEM DENEGADA. (HC 523.200/SP, Rel. Ministro RIBEIRO DANTAS, QUINTA TURMA, julgado em 27-8-2019, *DJE* 2-9-2019).

É claro que os dois julgados acima expõem uma *visão restritiva* da prerrogativa em questão: a Defensoria Pública deve ser intimada pessoalmente e isso deve se dar através da remessa dos autos com vista, *mas não quando se trate de audiência*, pois, aqui, a natureza digital do processo – que inegavelmente otimiza o acesso aos autos – tornaria a remessa (virtual) dos autos uma formalidade desnecessária e inimiga da celeridade. No entanto, ainda que se trate de processo *físico*, não importa: o direito não socorre aos que dormem. E esse é o problema da invocação das máximas no direito:

> Numerosas máximas são, portanto, incompletas, geralmente imprecisas, até mesmo inexatas, por vezes até diretamente contrárias à lei. O professor Carbonnier chama-as de 'doutrina anônima imemorial'. Como tais elas são alheias ao direito positivo[767].

Nenhum dos entendimentos acima se pauta na literalidade da lei. Ambos a interpretam, e é por isso que até que haja regra expressa na legislação ou seja editada, por exemplo, uma súmula vinculante, a insegurança jurídica reinará nesse assunto, tornando necessário compreendermos claramente o que está em jogo na discussão.

**b) Argumentação no sentido de que não basta a intimação (pessoal) em audiência**

Jamais afirmaríamos que os julgados acima – e eventuais teses similares – chegam a tais conclusões movidos pelo espírito da indiferença. Sem dúvida, a ulterior remessa dos autos à Defensoria Pública pode ser encarada como um atraso processual. E é interesse da sociedade que os processos sejam céleres – na medida em que tal celeridade não viole a essência do processo.

Mas, pensamos, existem duas maneiras para sustentar a tese que afirma a necessidade da intimação pessoal ulterior à audiência: uma, vista pelo *lado jurídico*, outra, pelo lado da *sensibilidade e da alteridade*:

**b.1) O lado jurídico da questão**

Refletindo sobre a imbricação entre contraditório e prazos processuais, Ada Pellegrini Grinover lecionava:

> Para assegurar a efetividade do contraditório, notou-se, a lei processual deve colocar o interessado em condições de conhecer o *dies a quo* e de utilizar, em sua inteireza, o tempo que lhe foi concedido, além de garantir-lhe a congruência concreta dos prazos a que se subordina a realização dos atos judiciais". E conclui: "(...) nasce daí a inelutável consequência de que, com relação aos prazos, a interpretação a ser dada à norma deve ser sempre consentânea com a garantia de sua inteireza, de modo que, em concreto, o prazo estabelecido em lei – conquanto em tese adequado – leve à efetiva possibilidade de tutela[768].

Do ponto de vista jurídico, compreende-se que quando o defensor público é intimado (pessoalmente, tanto que ele esteve lá) na audiência, isso não perfaz a concreção da prerrogativa haja vista que a lei determina que a intimação pessoal ocorra mediante o *recebimento dos autos com vista*.

---

767 PERELMAN, Chaïm. *Lógica jurídica*. Trad.: Vergínia K. Puppi. São Paulo: Martins Fontes, 2004. p. 119.

768 *Novas tendências do direito processual penal*: de acordo com a Constituição de 1988. São Paulo: Forense, 1990. p. 37-8.

Esse detalhe do recebimento dos autos com vista faz cair por terra o argumento de que "o direito não socorre aos que dormem", afinal, *a função da remessa dos autos é justamente a de fazer o sonolento defensor público despertar de seu (talvez merecido) sono.*

Quanto ao caráter *digital* do processo, nota-se que a Lei n. 11.419/2006 (Lei do processo eletrônico) nada prevê nesse sentido[769] e, ainda que previsse, a prerrogativa da Defensoria Pública está disciplinada em lei complementar, logo, não lhe alcançaria.

De qualquer modo, o argumento de que é inerente do processo digital possibilitar amplo acesso aos autos, inclusive concomitantemente, não afasta a *essência* do instituto: a ulterior remessa (virtual) dos autos serve de *lembrete* nesse mundo cada vez mais instantâneo.

Na lógica dos processos físicos, a função 'lembrete' também vigorava, mas, por se tratar de processo físico, não bastava o defensor público lembrar-se de praticar o ato processual; ele precisava *estar na posse dos autos* para se manifestar (por isso, se ele encontrasse o juiz na porta do fórum e lhe dissesse 'só pra lembrá-lo: vou recorrer de vossa sentença da audiência de hoje"), sua ulterior inação se resolveria facilmente com o uso do brocardo jurídico "o que não está nos autos não está no mundo" (*Quod non est in actis non est in mundo*) – permitamo-nos o uso estratégico das máximas.

Felizmente, o STJ vem ratificando[770] essa previsão legal que vez ou outra deixa de ser observada na prática: "a despeito da presença do defensor público, na audiência de instrução e

---

769 Art. 5º As intimações serão feitas por meio eletrônico em portal próprio aos que se cadastrarem na forma do art. 2º desta Lei, dispensando-se a publicação no órgão oficial, inclusive eletrônico. § 1º Considerar-se-á realizada a intimação no dia em que o intimando efetivar a consulta eletrônica ao teor da intimação, certificando-se nos autos a sua realização. § 5º Nos casos urgentes em que a intimação feita na forma deste artigo possa causar prejuízo a quaisquer das partes ou nos casos em que for evidenciada qualquer tentativa de burla ao sistema, o ato processual deverá ser realizado por outro meio que atinja a sua finalidade, conforme determinado pelo juiz. § 6º As intimações feitas na forma deste artigo, inclusive da Fazenda Pública, serão consideradas pessoais para todos os efeitos legais. Art. 6º Observadas as formas e as cautelas do art. 5º desta Lei, as citações, inclusive da Fazenda Pública, excetuadas as dos Direitos Processuais Criminal e Infracional, poderão ser feitas por meio eletrônico, desde que a íntegra dos autos seja acessível ao citando.
Art. 9º No processo eletrônico, todas as citações, intimações e notificações, inclusive da Fazenda Pública, serão feitas por meio eletrônico, na forma desta Lei. § 1º As citações, intimações, notificações e remessas que viabilizem o acesso à íntegra do processo correspondente serão consideradas vista pessoal do interessado para todos os efeitos legais.

770 *HABEAS CORPUS SUBSTITUTIVO DE RECURSO PRÓPRIO. INVIABILIDADE.* ***ESTATUTO DA CRIANÇA E DO ADOLESCENTE.*** *ATO INFRACIONAL EQUIPARADO AO DELITO DE ROUBO MAJORADO. INTIMAÇÃO DA DEFENSORIA PÚBLICA QUANDO DA PROLAÇÃO DA SENTENÇA, NA AUDIÊNCIA DE INSTRUÇÃO E JULGAMENTO. APELAÇÃO CONSIDERADA INTEMPESTIVA PELO TRIBUNAL A QUO. PRERROGATIVA DE INTIMAÇÃO PESSOAL DO DEFENSOR, COM VISTA DOS AUTOS. PREVISÃO NO ART. 5º DA LEI N. 1.060/50. PRECEDENTES. CONSTRANGIMENTO ILEGAL EVIDENCIADO. HABEAS CORPUS NÃO CONHECIDO. ORDEM CONCEDIDA DE OFÍCIO.*
*– O Supremo Tribunal Federal, por sua Primeira Turma, e a Terceira Seção deste Superior Tribunal de Justiça, diante da utilização crescente e sucessiva do habeas corpus, passaram a restringir a sua admissibilidade quando o ato ilegal for passível de impugnação pela via recursal própria, sem olvidar a possibilidade de concessão da ordem, de ofício, nos casos de flagrante ilegalidade.*
*– Nos termos do entendimento firmado por esta Corte, tendo em vista o disposto no art. 5º da Lei n. 1.060/50,* ***a Defensoria Pública tem a prerrogativa de ser intimada pessoalmente, com vista dos autos, ainda que presente à audiência na qual foi proferida sentença.***

julgamento, a intimação pessoal da Defensoria Pública somente se concretiza com a respectiva entrega dos autos com vista, em homenagem ao princípio constitucional da ampla defesa"[771].

---

*Precedentes.*

*– Na hipótese, está configurado o constrangimento ilegal, porquanto o Tribunal a quo julgou intempestivo o recurso de apelação interposto pela defesa, ao fundamento de que o termo inicial do prazo recursal se deu com a intimação da Defensoria Pública na audiência de instrução e julgamento, desconsiderando o momento posterior, em que os autos foram efetivamente remetidos ao Órgão de Defesa, para vista pessoal do Defensor Público.*

*– Habeas corpus não conhecido. Ordem concedida de ofício para que seja cassado o acórdão proferido nos autos da Apelação Apelação n. 0002057-15.2013.8.26.0073, afastando a intempestividade por tal fundamento, a fim de que o Tribunal de origem proceda ao exame do mérito do recurso, como entender de direito. (HC 287.902/SP, Rel. Ministro REYNALDO SOARES DA FONSECA, QUINTA TURMA, julgado em 09/05/2017, DJE 15/05/2017)*

ADMINISTRATIVO E PROCESSUAL CIVIL. AGRAVO INTERNO NO RECURSO ESPECIAL. DEFENSORIA PÚBLICA. PRERROGATIVA DE INTIMAÇÃO PESSOAL. AUDIÊNCIA DE INSTRUÇÃO E JULGAMENTO. CIÊNCIA DO DEFENSOR PÚBLICO. INÍCIO DO FLUXO DO PRAZO RECURSAL. NÃO OCORRÊNCIA. JURISPRUDÊNCIA DOMINANTE DO STJ. AGRAVO INTERNO IMPROVIDO.

I. Agravo interno aviado contra decisão que julgara Recurso Especial interposto contra acórdão publicado na vigência do CPC/2015.

II. Na origem, trata-se de Agravo de Instrumento, interposto pela parte ora agravada, representada pela Defensoria Pública, em face de decisão que deixara de receber o seu recurso de apelação, sob o fundamento de intempestividade. O Tribunal local negou provimento ao recurso.

III. Consoante a jurisprudência do STJ, "O Ministério Público, a Advocacia-Geral da União e a Defensoria Pública possuem a prerrogativa de intimação pessoal das decisões judiciais.

Entretanto, o prazo de recurso deve ser contado a partir da data da entrega dos autos na sua repartição administrativa, e não da aposição no processo do ciente do seu membro (*vide*, entre outros, REsp 1.349.934/SE, Rel. Min. Rogerio Schietti Cruz, Terceira Seção, *DJE* 14/9/2017)" (STJ, REsp 1.696.764/SP, Rel. Min. Herman Benjamin, Segunda Turma, *DJE* de 19/12/2017).

IV. Especificamente sobre o caso dos autos, orienta-se a jurisprudência no sentido de que, "a despeito da presença do Defensor Público, na audiência de instrução e julgamento, a intimação pessoal da Defensoria Pública somente se concretiza com a respectiva entrega dos autos com vista, em homenagem ao princípio constitucional da ampla defesa", de modo que, somente a partir de tal momento considera-se iniciado o prazo para interposição do recurso cabível (STJ, REsp 1.190.865/MG, Rel. Min. Massami Uyeda, Terceira Turma, *DJE* de 01/03/2012).

V. A Terceira Seção do STJ, interpretando os arts. 4º, V e 44, I, da Lei Complementar n. 80/94, inclusive à luz do princípio da especialidade, em face do disposto no art. 242, § 1º, do CPC/73 (art. 1.003, § 1º, do CPC/2015), concluiu que "a distinção entre intimação do ato e início da contagem do prazo processual permite que se entenda indispensável – para o exercício do contraditório e a efetiva realização da missão constitucional da Defensoria Pública – que a fluência do prazo para a prática de determinado prazo peremptório somente ocorra a partir do ingresso dos autos na Secretaria do órgão destinatário da intimação. Precedentes" (STJ, HC 296.0759/RS, Rel. Min. Rogerio Schietti Cruz, Terceira Seção, *DJE* de 21/09/2017).

VI. Assim, estando o acórdão recorrido em dissonância com a jurisprudência sedimentada nesta Corte, merece ser mantida a decisão ora agravada, que deu provimento ao Recurso Especial, em face do disposto no enunciado da Súmula 568 do STJ.

VII. Agravo interno improvido. (AgInt no REsp 1719656/RO, Rel. Min. Assusete Magalhães, Segunda Turma, julgado em 29/04/2020, *DJE* 05/05/2020)

771 STJ. 3ª Turma. Recurso especial 1190865/MG, Rel. Min. Massami Uyeda, julgamento em 14-2-2012, *DJE* de 1º-3-2012 ou Revista de Processo 208/461. Disponível no sítio digital do STJ: www.stj.jus.br.

Coube ao ministro Rogério Schietti melhor aprofundamento da prerrogativa sob a ótica processual, em julgado emblemático acerca do assunto:

> *HABEAS CORPUS. RELEVÂNCIA DA QUESTÃO JURÍDICA POSTA. AFETAÇÃO DO WRIT À TERCEIRA SESSÃO. PROCESSO PENAL. INTIMAÇÃO DA DEFENSORIA PÚBLICA EM AUDIÊNCIA. CONTAGEM DOS PRAZOS. INÍCIO. NECESSIDADE DE REMESSA DOS AUTOS À INSTITUIÇÃO.* ***INTIMAÇÃO E CONTAGEM DE PRAZO PARA RECURSO. DISTINÇÕES.*** *PRERROGATIVA PROCESSUAL. NATUREZA DAS FUNÇÕES DA DEFENSORIA PÚBLICA. REGRA DE TRATAMENTO DISTINTA. RAZOABILIDADE. INTERPRETAÇÃO DOS ARTS. 4º, V e 44, I, DA LC N. 80/1994.*
>
> *1. A intimação dos atos processuais tem por objetivo dar conhecimento ao interessado sobre o ato praticado, permitindo-lhe, eventualmente, a ele reagir, em autêntica expressão procedimental do princípio do contraditório, o qual se efetiva no plano concreto com a participação das partes no desenvolvimento do processo e na formação das decisões judiciais, conferindo tanto ao órgão de acusação quanto ao de defesa o direito de influir, quer com a atividade probatória, quer com a apresentação de petições e arrazoados, escritos e orais, na formação do convencimento do órgão jurisdicional competente.*
>
> *2. Na estrutura dialética do processo penal brasileiro, a Defensoria Pública desempenha suas funções orientada por princípios constitucionais expressos, entre os quais se destacam o da unidade e o da indivisibilidade, que permitem a atuação, em nome da mesma instituição, de diversos de seus membros, sem que isso importe em fragmentação do órgão, porquanto é a instituição, presentada por seus membros, que pratica o ato. 3. Cuida-se de "instituição permanente, essencial à função jurisdicional do Estado, incumbindo-lhe, como expressão e instrumento do regime democrático, fundamentalmente, a orientação jurídica, a promoção dos direitos humanos e a defesa, em todos os graus, judicial e extrajudicial, dos direitos individuais e coletivos, de forma integral e gratuita, aos necessitados, na forma do inciso LXXIV do art. 5º desta Constituição Federal" (art. 134 da CR). 4. Para o escorreito desempenho de suas atribuições constitucionais e legais, estabelecem os arts. 4º, V, e 44, I, da Lei Complementar n. 80/1994 a intimação pessoal com a remessa dos autos à Defensoria Pública. Por sua vez, a intimação pessoal dos membros da Defensoria Pública é também objeto de expressa previsão no novo CPC, no art. 186, § 1º, semelhantemente ao disposto no art. 370 do Código de Processo Penal.*
>
> *5. Tal prerrogativa se mostra consentânea não só com o complexo e relevante papel desempenhado pela instituição, mas também com a necessidade de otimizar a eficiência dos serviços oficiais, dependentes do acompanhamento e da fiscalização de vultosa quantidade de processos. Daí a justificativa para que a intimação pessoal seja aperfeiçoada com a vista dos autos (conforme disposto expressamente nos arts. 4º, V, e 44, I, da Lei Complementar n. 80/1994).*
>
> *6. É natural que, nos casos em que há ato processual decisório proferido em audiência, as partes presentes (defesa e acusação) dela tomem conhecimento. Entretanto, essa ciência do ato não permite ao membro integrante da Defensoria Pública o exercício pleno do contraditório, seja porque o referido membro não poderá levar consigo os autos, seja porque não necessariamente será o mesmo membro que esteve presente ao ato a ter atribuição para eventualmente impugná-lo. 7.* ***A distinção entre intimação do ato e início da contagem do prazo processual permite que se entenda indispensável – para o exercício do contraditório e a efetiva realização da missão constitucional da Defensoria Pública – que a fluência do prazo para a prática de determinado prazo peremptório somente ocorra a partir do ingresso dos autos na Secretaria do órgão destinatário da intimação****. Precedentes.*
>
> *8. Assim, a não coincidência entre a intimação do ato decisório (em audiência ou por certidão cartorial) e o início do prazo para sua eventual impugnação é a única que não sacrifica, por meio*

*reflexo, os direitos daqueles que, no âmbito da jurisdição criminal, dependem da escorreita e eficiente atuação da Defensoria Pública.*

*9. Habeas corpus concedido para reconhecer a tempestividade da apelação interposta pela Defensoria Pública e determinar ao Tribunal de origem que julgue o recurso defensivo.*

(HC 296.759/RS, Rel. Ministro ROGERIO SCHIETTI CRUZ, TERCEIRA SEÇÃO, julgado em 23/08/2017, *DJE* 21/09/2017) (grifamos)

Importante dizer que, na mesma data do julgado acima, o STJ apreciou o assunto envolvendo o Ministério Público. As razões de decidir do julgado se aplicam à Defensoria – citada expressamente –, embora, infelizmente, a Tese fixada não tenha feito menção literal à instituição:

> RECURSO ESPECIAL. RECURSO SUBMETIDO AO RITO DOS REPETITIVOS (ART. 1.036 DO CPC C/C O ART. 256, I, DO RISTJ). PROCESSO PENAL E PROCESSO CIVIL. INTIMAÇÃO DO MINISTÉRIO PÚBLICO. CONTAGEM DOS PRAZOS. INÍCIO. NECESSIDADE DE REMESSA DOS AUTOS À INSTITUIÇÃO. INTIMAÇÃO E CONTAGEM DE PRAZO PARA RECURSO. DISTINÇÕES. PRERROGATIVA PROCESSUAL. NATUREZA DAS FUNÇÕES DO MINISTÉRIO PÚBLICO. PECULIARIDADES DO PROCESSO PENAL. REGRA DE TRATAMENTO DISTINTA. RAZOABILIDADE. INTERPRETAÇÃO DOS ARTS. 18, II, "h", DA LC N. 75/1993 e 41, IV, DA LEI N. 8.625/1993.
>
> 1. A intimação dos atos processuais tem por objetivo dar conhecimento ao interessado sobre o ato praticado, permitindo-lhe, eventualmente, a ele reagir, em autêntica expressão procedimental do princípio do contraditório, o qual se efetiva no plano concreto com a participação das partes no desenvolvimento do processo e na formação das decisões judiciais, de sorte a conferir tanto ao órgão de acusação quanto ao de defesa o direito de influir, quer com a atividade probatória, quer com a apresentação de petições e arrazoados, escritos e orais, na formação do convencimento do órgão jurisdicional competente.
>
> 2. Na estrutura dialética do processo penal brasileiro, o Ministério Público desempenha suas funções orientado por princípios constitucionais expressos, entre os quais se destacam o da unidade e o da indivisibilidade, que engendram a atuação, em nome da mesma instituição, de diversos de seus membros, sem que isso importe em fragmentação do órgão, porquanto é a instituição, presentada por seus membros, que pratica o ato. 3. Incumbe ao Ministério Público a preservação da ordem jurídica, do regime democrático e dos interesses sociais e individuais indisponíveis (art. 127 da CF), o que autoriza a otimização da eficiência dos serviços oficiais, dependentes do acompanhamento e da fiscalização de vultosa quantidade de processos. Daí a necessidade e a justificativa para que a intimação pessoal seja aperfeiçoada com a vista dos autos (conforme disposto expressamente no art. 41, IV, da Lei n. 8.625/1993 e no art. 18, II, "h", da LC n. 75/1993). Raciocínio válido também para a Defensoria Pública (arts. 4º, V, e 44, I, da LC n. 80/1994), dada sua equivalente essencialidade à função jurisdicional do Estado (art. 134 da CF) e as peculiaridades de sua atuação.
>
> 4. Para o escorreito desempenho de suas atribuições constitucionais e legais, a intimação pessoal dos membros do Ministério Público é também objeto de expressa previsão no novo CPC, no art. 180 (repetindo o que já dizia o CPC de 1973, em seu art. 236, § 2º), semelhantemente ao disposto no art. 370, § 4º, do Código de Processo Penal.
>
> 5. A distinção entre intimação do ato e início da contagem do prazo processual permite que se entenda indispensável – para o exercício do contraditório e a efetiva realização da missão constitucional do Ministério Público – que a fluência do prazo para a prática de determinado prazo peremptório somente ocorra a partir do ingresso dos autos na secretaria do órgão des-

tinatário da intimação. Precedentes. 6. Assim, a não coincidência entre a intimação do ato decisório (em audiência ou por certidão cartorial) e o início do prazo para sua eventual impugnação é a única que não sacrifica, por meio reflexo, os direitos daqueles que, no âmbito da jurisdição criminal, dependem da escorreita e eficiente atuação do Ministério Público (a vítima e a sociedade em geral). Em verdade, o controle feito pelo representante do Ministério Público sobre a decisão judicial não é apenas voltado à identificação de um possível prejuízo à acusação, mas também se dirige a certificar se a ordem jurídica e os interesses sociais e individuais indisponíveis – dos quais é constitucionalmente incumbido de defender (art. 127, caput, da CF) – foram observados, i.e., se o ato para o qual foi cientificado não ostenta ilegalidade a sanar, ainda que, eventualmente, o reconhecimento do vício processual interesse, mais proximamente, à defesa.

7. É natural que, nos casos em que haja ato processual decisório proferido em audiência, as partes presentes (defesa e acusação) dele tomem conhecimento. Entretanto, essa ciência do ato não permite ao membro do Ministério Público (e também ao integrante da Defensoria Pública) o exercício pleno do contraditório, seja porque o órgão Ministerial não poderá levar consigo os autos, seja porque não necessariamente será o mesmo membro que esteve presente ao ato a ter atribuição para eventualmente impugná-lo.

8. Recurso especial provido para reconhecer a tempestividade da apelação interposta pelo Ministério Público Federal e determinar ao Tribunal Regional Federal da 5ª Região que julgue o recurso ministerial.

TESE: O termo inicial da contagem do prazo para impugnar decisão judicial é, para o Ministério Público, a data da entrega dos autos na repartição administrativa do órgão, sendo irrelevante que a intimação pessoal tenha se dado em audiência, em cartório ou por mandado.

(REsp 1349935/SE, Rel. Ministro ROGERIO SCHIETTI CRUZ, TERCEIRA SEÇÃO, julgado em 23-8-2017, *DJe* 14-9-2017)

**b.2) O lado da sensibilidade e alteridade da questão**

Dissemos acima que, nessa matéria, não há previsão legal expressa. E ainda que os argumentos jurídicos de que a intimação em audiência não basta sejam majoritários na jurisprudência do STJ, a visão contrária trabalha com seus argumentos, com a sua interpretação jurídica.

Num cenário em que não existe o dono da verdade, cremos ser relevante explorar outro aspecto em defesa da observância integral da prerrogativa: o lado da *sensibilidade* da questão, que expõe a sua razão de ser já que movida pela *alteridade*.

Poder-se-ia cogitar que a defesa da prerrogativa, inclusive quando da intimação em audiência, é fruto de artimanha do defensor público para obtenção de mais prazo (entre a audiência e ulterior intimação), que terá maior tempo para elaborar a defesa.

A verdade nua e crua é que, por atuar em massa, o defensor público, regra geral, enxerga "seu" processo como "mais um processo". Não num sentido de descaso – seria até contraditório afirmarmos isso num tópico em que refletimos a partir da *sensibilidade/alteridade* da questão –, mas num sentido de que pensar burocraticamente serve até mesmo como um modo de autoproteção.

É que se o defensor público deixar de interpor recurso após a audiência simplesmente por não ter se lembrado disso, o problema criado ou não será processualmente resolvido (limitando-se, quando muito, a ensejar eventual responsabilização funcional), ou suscitará um campo aberto para pedidos de nulidade, revisão criminal etc.; afinal, não se admite que o acusado seja prejudicado pela desídia do Estado-Defensoria:

Ementa: *HABEAS CORPUS*. RECURSO. TEMPESTIVIDADE. DEFESA PATROCINADA PELA DEFENSORIA PÚBLICA. ERRO DO ESTADO. PREJUÍZO PARA A DEFESA TÉCNICA. IMPOSSIBILIDADE. HABEAS CORPUS CONCEDIDO. I – O defensor público age na qualidade de agente estatal na defesa dos interesses do assistido, nos termos da lei. II – **Em se tratando do direito de liberdade, eventual falha na defesa técnica do assistido é, em última instância, um erro do Estado que não pode repercutir em prejuízo do assistido.** III – Peculiaridades do caso concreto. IV – Ordem concedida. (HC 112573, Relator(a): Ricardo Lewandowski, Segunda Turma, julgado em 27-11-2012, processo eletrônico *DJE*-243 divulg 11-12-2012 public 12-12-2012)

Tudo isso é atenuado quando se dá vista à Defensoria Pública *após a audiência*. Claro que mesmo assim a inação poderá ocorrer e o defensor público perder o prazo recursal, mas, neste caso, a infração funcional terá sido mais evidente.

O lado da sensibilidade/ alteridade da questão a que temos nos referido pode ser mais bem exposto através de duas *situações hipotéticas*.

1) *Situação 1* (o problema da memória humana): Imagine algo que faz parte da rotina dos defensores públicos brasileiros: o(a) defensor(a) ruma para dada audiência e dela participa. Finda a audiência, o juiz decide algo em desfavor do assistido da Defensoria Pública e faz constar em ata – assinada pelo(a) defensor(a) público(a) – "saem os presentes intimados". O assistido fica inconformado, mas o(a) defensor(a) lhe diz que irá recorrer. Ao sair da audiência o(a) defensor(a) público(a) é interrompido por assistidos da audiência seguinte – ou por familiares do assistido que, na audiência anterior, era réu preso – e, logo em seguida, é chamado para participar de outra audiência, em substituição de defensor público em férias (indivisibilidade). Após participar das audiências daquele dia o(a) defensor(a) retorna para sua sala e um estagiário da Defensoria Pública pede para que ele analise duas ou três petições simples mas que, por óbvio, precisam passar pelo crivo do órgão da Defensoria Pública. Ele assim o faz. Chega o final do dia e, em meio a outras atividades que lhe cabiam desempenhar, o(a) defensor(a) público(a) esquece de interpor o recurso que havia prometido ao assistido daquela primeira audiência. Pergunta inevitável: o assistido corre o risco de precluir seu direito ao recurso?

2) *Situação 2* (o problema do imponderável): Imagine agora que o(a) defensor público(a) acima possui uma memória quase sobre-humana ou, sendo uma pessoa normal, ele simplesmente é organizado. Já no final do dia, ele(a) "sai intimado da audiência", ocorrida numa sexta-feira, que resultou na condenação do réu a uma pena de dez anos (réu preso e sem família conhecida, algo corriqueiro entre os assistidos da Defensoria Pública). Embora seu prazo recursal, contado em dobro, o deixe tranquilo, por cautela ele anota em sua agenda que, na próxima segunda-feira, deve interpor o recurso. No dia seguinte, sábado, ele sofre um acidente de carro e, infelizmente, morre. Pergunta inevitável: o assistido corre o risco de que seu recurso tenha morrido junto no fatal acidente?

As situações expostas, como já dito, não destoam do que acontece (ou pode acontecer) diariamente na atuação da Defensoria Pública, e é dessa maneira que a formalidade atinente à integralidade da prerrogativa deve ser interpretada. No fundo, o assistido da Defensoria Pública *não pode ficar refém da memória ou do imponderável* envolvendo seu(sua) defensor(a) público(a).

Aqui, pelas situações expostas, fica claro que defensor público e advogado não podem receber o mesmo tratamento processual justamente por atuarem em *lógicas diferentes*[772]: aquele, numa atuação em massa; este, numa atuação individual cliente-advogado.

772 Ementa: AÇÃO DIRETA DE INCONSTITUCIONALIDADE. PROCESSUAL PENAL E CONSTITUCIO-

Essa, pois, é a essência de a intimação pessoal se completar apenas e tão só com a *remessa dos autos com vista, inclusive após a audiência.*

**Início da contagem**

Logicamente, a entrega dos autos com vista para fins de intimação pessoal deve repercutir na contagem dos prazos: o defensor público deve atentar à contagem do prazo pela data da carga dos autos (que corresponde à data da "vista"). No entanto, ainda assim deve ser esclarecido se a intimação se dá com a efetiva vista dos autos pelo órgão de execução ou se basta a entrega dos autos na repartição em que atua referido órgão.

Como relata Emerson Garcia em relação ao Ministério Público, inicialmente os tribunais consideravam que o prazo contava *a partir do momento em que o órgão apõe sua ciência nos autos*. Todavia, essa orientação acabou sendo modificada para que a contagem fosse feita a partir da vista (carga dos autos):

> O Supremo Tribunal Federal, no entanto, terminou por conferir contornos objetivos à questão. A Corte afastou o exame da razoabilidade à luz de cada caso concreto e, em sua composição plenária, com apenas dois votos vencidos (Ministros Celso de Mello e Joaquim Barbosa), decidiu que a prerrogativa da intimação pessoal seria atendida com o mero ingresso dos autos no setor administrativo da Instituição, isto sob pena de macular o princípio da igualdade, com a criação de privilégios descabidos, e submeter a fluência dos prazos processuais ao total alvedrio dos membros do Ministério Público, daí advindo o risco de abusos de toda ordem[773].

Justifica-se bastar a entrada nos autos na repartição para que se evitem abusos como, por exemplo, o defensor público dar a ciência em data bastante superior à da entrada dos autos. É claro – ainda tratando da realidade dos processos físicos – que se o processo "se perder" na tramitação interna, poderá haver prejuízo ao assistido, e as consequências poderão ser apuradas na seara administrativa.

---

NAL. Lei n. 9.271/96. ALTERAÇÃO DO § 1º DO ART. 370 DO CPP. **INTIMAÇÃO DO ADVOGADO CONSTITUÍDO POR MEIO DE PUBLICAÇÃO OFICIAL. TRATAMENTO DIFERENCIADO EM RELAÇÃO AO MP E AOS ADVOGADOS NOMEADOS, INTIMADOS PESSOALMENTE. ATENDIMENTO ÀS PECULIARIDADES.** NÃO VIOLAÇÃO À ISONOMIA, À AMPLA DEFESA OU AO DEVIDO PROCESSO LEGAL. CONSTITUCIONALIDADE DA NORMA. 1. É constitucional o tratamento diferenciado dado às intimações do defensor constituído, do advogado do querelante e do assistente, realizadas por meio de publicação oficial, em contraposição às do Ministério Público e do defensor nomeado, feitas pessoalmente (CPP, art. 370, § § 1º e 4º). 2. "Não há na intimação por órgão oficial de publicidade dos atos judiciais qualquer ofensa aos princípios do devido processo legal e da ampla defesa, uma vez que não caracteriza ela obstáculo ao desenvolvimento das atividades dos advogados no cumprimento de suas funções." (ADI 2144-MC, Rel. Min. Min. Ilmar Galvão, Tribunal Pleno, *DJ* de 14-11-2003) 3. Ação direta de inconstitucionalidade julgada improcedente. (ADI 2144, Relator(a): TEORI ZAVASCKI, Tribunal Pleno, julgado em 2-6-2016, acórdão eletrônico *DJE*-122 divulg 13-06-2016 public 14-06-2016)

773 GARCIA, Emerson. *Ministério Público*: organização, atribuições e regime jurídico. 3. ed. Rio de Janeiro: Lumen Juris, 2008. Item 41.4, p. 485-486, referindo-se ao *Habeas Corpus* 83.255, relatado no Informativo STF n. 328.

**Precatória cível e início da contagem**

Vislumbramos pelo menos uma situação em que a lógica impõe a sobrevivência da contagem do prazo pela regra do CPC: é no caso de carta precatória cível para a prática de atos processuais como, por exemplo, de defesa.

Como se dá o cumprimento de precatórias? Normalmente o assistido é citado ou intimado pela carta, e leva à Defensoria Pública o mandado com as cópias que o instruem. É o caso em que os autos principais não chegarão nunca ao defensor público, daí a razão pela qual nos parece razoável que a contagem do prazo seja feita pelo art. 213, VI: "a data de juntada do comunicado de que trata o art. 232 ou, não havendo esse, a data de juntada da carta aos autos de origem devidamente cumprida, quando a citação ou a intimação se realizar em cumprimento de carta; (...)". É uma solução jurídica que não coloca ao inteiro alvedrio da Defensoria Pública a contagem do prazo – exatamente o que o Supremo não quer –, como também não torna o início da contagem impossível: daí sua razoabilidade. Nessa situação é muito importante que o defensor público constate o cumprimento do art. 260 do CPC, pois a incompletude documental da carta precatória prejudica o contraditório e a ampla defesa.

**Intimação pessoal do curador especial**

Ainda no plano cível, alguns juízes já determinaram a intimação pessoal do curador especial para contagem do prazo de cumprimento de sentença, sob pena da multa do revogado art. 475-J do CPC (atual art. 523, e parágrafos, do CPC). Uma condução, *data venia*, bastante equivocada da fase de cumprimento de sentença. O STJ andou bem ao se firmar no sentido de que o defensor público, nessa situação, não atua como o representante postulatório do réu, o que também deve valer para o atual CPC em vigor, que exige a intimação para fluência do prazo de pagamento:

> O Defensor Público, ao representar a parte citada fictamente, não atua como advogado do réu – papel esse que exerce na prestação da assistência jurídica integral e gratuita aos economicamente necessitados, nos termos do art. 134, § 1º, da CF – mas apenas exerce o dever funcional de garantir o desenvolvimento de um processo équo, apesar da revelia do réu e de sua citação ficta. Portanto, não pode ser atribuído ao defensor público – que atua como curador especial – o encargo de comunicar a condenação ao réu, pois não é advogado da parte[774].

**Prazo em dobro**

A prerrogativa da contagem em dobro dos prazos existe para a Defensoria Pública já desde o ano de 1989, quando a Lei n. 7.871 a incorporou no § 5º do art. 5º da Lei n. 1.060/1950.

Intuitivamente, constatamos que tal prerrogativa se atrela à atuação em massa da Defensoria Pública, de tal forma que "(...) não poderia o legislador submetê-los [os defensores públicos] ao cumprimento dos mesmos prazos de que dispõem os advogados particulares para se manifestarem em juízo"[775]. A razão é simples: a Defensoria Pública não pode escolher seus assistidos,

774 STJ. 3ª Turma. Recurso especial 1189608/SP, Rel. Min. Nancy Andrighi, julgamento em 18-10-2011, *DJE* de 21-3-2012 ou *Revista de Processo* 208/451. Disponível no sítio digital do STJ: <www.stj.jus.br>.

775 CAMPO, Hélio Márcio. *Assistência jurídica gratuita, assistência judiciária e gratuidade judiciária*. São Paulo: Juarez de Oliveira, 2002. p. 100.

pois todos que forem considerados necessitados devem ser atendidos ainda que a capacidade de atendimento do órgão esteja aquém do quantitativo de usuários.

**Limitações extralegais ao prazo em dobro**

Embora no plano legislativo (Lei n. 1.060/1950 e LC n. 80/1994) o regramento seja literal e não preveja exceções, no plano doutrinário e jurisprudencial já houve tentativas de se mitigar o alcance da contagem em dobro dos prazos.

*a) Juizados Especiais*

Um dos casos mais citados envolve os Juizados Especiais Federais.

Isso porque, num dos fóruns de discussão organizados pela Associação dos Juízes Federais foi aprovado o Enunciado n. 53, aduzindo não se aplicar a contagem em dobro dos prazos no bojo dos juizados especiais. O argumento básico era de que tal prerrogativa não se compatibilizaria com o ideal de celeridade que norteia aquele procedimento.

Trata-se, como se vê, de mero entendimento doutrinário, sem arrimo na legislação. De qualquer forma, um dos fundamentos básicos da prerrogativa em questão é tanto a atuação em massa da Defensoria Pública como a sua impossibilidade – diversamente de como pode agir o advogado – de recusa de atendimento.

Por se tratar de norma restritiva de direito o art. 9º da Lei n. 10.259/2001 deve ser interpretado restritivamente e, portanto, deve ser aplicável restritivamente a *pessoas jurídicas*, o que não é o caso da Defensoria Pública – cuja estrutura de órgão constitucionalmente autônomo nada tem a ver com a qualidade de "pessoa jurídica". Ademais, as prerrogativas devem ser regulamentadas por Lei Complementar, tal como exige o art. 134, § 1º da CF/88.

*b) Processo penal*

O outro caso em que se tentou, sem sucesso, a mitigação da prerrogativa se deu no plano judicial, chegando até o STF.

Em síntese, na seara do processo penal, como é cediço, o Ministério Público não detém a prerrogativa do prazo em dobro[776], o que levou a se cogitar que os Defensores Públicos – que representam a grande parcela dos acusados no processo penal – teriam tratamento privilegiado, violando-se, assim, a isonomia processual e a paridade de armas. Trata-se do HC n. 70.514/RS, no qual o STF apreciou a preliminar referente à constitucionalidade do § 5º do art. 5º da Lei n.1060/1950.

---

776 AGRAVO REGIMENTAL NO *HABEAS CORPUS*. RECURSO INTERPOSTO PELO PARQUET. INTEMPESTIVIDADE. AGRAVO REGIMENTAL NÃO CONHECIDO.

1. O agravo regimental é intempestivo, porque foi interposto fora do quinquídio legal. Incidência dos arts. 545 do Código de Processo Civil e 258 do Regimento Interno do Superior Tribunal de Justiça.

**2. No âmbito penal, o Parquet não possui a prerrogativa do prazo em dobro para recorrer, assegurada somente à Defensoria Pública.**

3. Agravo regimental não conhecido (AgRg no HC 293.150/SP, Rel. Min. Lázaro Guimarães (Desembargador convocado do TRF 5ª Região), Quinta Turma, Julgado em 15/03/2016, *DJE* 21/03/2016).

O STF, por maioria, entendeu que o art. 5º, § 5º da lei ***ainda é constitucional***, baseando-se, para tanto, na precariedade estrutural das Defensorias Públicas.

Esse julgado emblemático merece algumas considerações:

(i) esse precedente antecedeu o julgado sobre o art. 68 CPP, sendo apontando como precursor da tese da inconstitucionalidade progressiva. O curioso é que ambos os julgados – famosos pela tese da inconstitucionalidade progressiva – envolvem a Defensoria Pública enquanto instituição desejada pela CF/88;

(ii) No julgado, o que se questionava era o prazo dobrado no processo *penal*, pois aqui o MP não possui prazo em dobro. No processo civil, por outro lado, o art. 188 (CPC/73) previa prazo em dobro e em quádruplo para a Fazenda Pública e também para o MP. Assim, consoante elucidou o min. Marco Aurélio, no processo civil não haveria dificuldade em se aceitar a prerrogativa de prazo.

(iii) O ministro Moreira Alves chegou a insinuar que a atuação do MP no processo penal é mais onerosa do que a da Defensoria, pois esta não atua quando há advogado constituído (ao contrário do MP, que, por ser titular da ação, sempre atua). O ministro chegou ainda a dizer que a defesa possui a "vantagem" da presunção de inocência, ao contrário do MP, sendo esse mais um ônus. Ademais, esclareceu que o fundamento para o prazo em dobro não está na ampla defesa, pois se assim fosse, ter-se-ia de admitir prazo em dobro em prol do dativo, o que não ocorre.

(iv) a tese da inconstitucionalidade progressiva prevaleceu, mas houve discussão sobre qual seria o *critério objetivo* para, *no futuro*, aferir-se a adequada estruturação que, assim, tornaria inconstitucional tanto o art.5º, § 5º da Lei n. 1060/50 como, por arrastamento, o disposto na LC n.80/1994 – que, aliás, é mencionada nesse ponto pelo ministro Sydnei Sanches.

Como se vê, considerando o teor desse precedente, fato é que no futuro está em aberto a discussão sobre a constitucionalidade do prazo em dobro.

*c) Estatuto da Criança e do Adolescente*

A terceira relevante discussão envolve o Estatuto da Criança e do Adolescente.

O art. 198, II, em suma, prevê que nos procedimentos afetos à Justiça da Infância e da Juventude todos os recursos (salvo embargos de declaração), tanto para o MP como para a defesa (na qual se incluiria a Defensoria), serão sempre de dez dias. Em se admitindo a contagem em dobro, para a Defensoria seria dez mais dez.

O STJ, felizmente, tem decidido que, no que tange ao prazo em dobro, prevalece a LC80/1994, e não o ECA:

> *HABEAS CORPUS* N. 294.457 – SP (2014/0111041-4)
> RELATOR : MINISTRO ROGERIO SCHIETTI CRUZ
> IMPETRANTE : DEFENSORIA PÚBLICA DO ESTADO DE SÃO PAULO
> (...)
> No que tange à prerrogativa do prazo em dobro para a Defensoria Pública, já decidiu o Superior Tribunal de Justiça que "a alteração inserida pela Lei n. 12.594/2012 no art. 198, inciso II, do Estatuto da Criança e do Adolescente, não tem o condão de mitigar o prazo em dobro conferido à Defensoria Pública pela Lei Complementar n. 80/1994 e pela Lei n. 1.060/1950, pois não trata de matéria que guarde relação temática com as prerrogativas trazidas nos mencionados

diplomas legais." (HC 265.780/RS, Rel. Ministro MARCO AURÉLIO BELLIZZE, 5T, *DJE* 21.5.2013). – Destaquei. À vista do exposto, defiro a liminar, tão somente para que seja observada a prerrogativa do prazo em dobro da Defensoria Pública.

**Alcance *procedimental* do prazo em dobro**

Quanto à contagem de prazo em dobro, devemos ressaltar que tal prerrogativa é processual e não abrange prazos de direito material como, por exemplo, de prescrição e decadência. A propósito, o prazo da ação rescisória, por exemplo, é decadencial – não se inclui na prerrogativa. Do mesmo modo, o prazo para impetração do mandado de segurança é decadencial – igualmente não se inclui na prerrogativa. E assim por diante. Daí a importância de se atentar para essa distinção.

Alerta Frederico Rodrigues Viana de Lima que ao prazo de 5 dias atinente à Lei n. 9.800/1999 (fac-símile) não se aplica o prazo em dobro, segundo firme jurisprudência[777]. Deste modo, se o defensor público valer-se de "fax" para apresentar suas petições terá prazo em dobro com relação ao prazo do ato original, mas não em relação ao prazo para confirmar os documentos originais passados via "fax". Em suma, "interposto o recurso via fac-símile, compete à parte recorrente promover a protocolização da peça original dentro do prazo contínuo de cinco dias, a teor do disposto no art. 2º da Lei n. 9.800/99, inadmitida a contagem em dobro prevista no art. 188 do CPC"[778].

A redação do inciso – é preciso atentar para tal fato – passou a incluir expressamente contagem de prazos em dobro em processos administrativos. O entendimento passado excluía tais processos – porquanto o inciso só se referia a processos judiciais. Assim, hoje entendemos que o defensor público possui a prerrogativa igualmente no âmbito administrativo, o que terá implicações em todas as Defensorias – no plano da União, principalmente no exercício de funções em processos do INSS[779] e acreditamos também em processos disciplinares. No plano dos estados beneficiará a atuação da Defensoria Pública, por exemplo, em registros públicos, em processos administrativos disciplinares etc.

**Alcance *subjetivo* do prazo em dobro e o novo § 3º do art. 186 do CPC**

A Lei n. 1.060/1950 estabelecia que a intimação pessoal e o prazo em dobro se aplicariam aos defensores públicos "ou quem exerça cargo equivalente" (art. 5º, § 5º). Obviamente, essa ressalva suscitava e, em menor medida, ainda suscita discussões doutrinárias e jurisprudenciais acerca de seu alcance.

É importante dizer que *a expressão acima não encontra previsão na LC n. 80/1994*. No entanto, o CPC atual prevê que o disposto no *caput* do art. 186 – que trata do prazo em dobro – se aplica

(i) aos escritórios de prática jurídica das faculdades de Direito; e

(ii) às entidades prestadoras de assistência jurídica que sejam conveniadas com a Defensoria Pública (§ 3º).

---

777 No mesmo sentido: LIMA, Frederico R. Viana de. *Defensoria Pública*. 2. ed. Salvador: JusPodivm, 2011. p. 340-41.

778 STJ. 3ª Turma. Agravo Regimental no Agravo em Recurso Especial 18110/RS, Rel. Min. Massami Uyeda, julgamento em 15-12-2011, *DJE* de 1º-2-2012. Disponível no sítio digital do STJ: <www.stj.jus.br>.

779 LIMA, Frederico R. Viana de. *Defensoria Pública*..., cit., p. 329.

A primeira observação a ser feita é que, com base no arcabouço normativo acima citado, os advogados dativos – isto é, advogados prestadores de assistência judiciária suplementar – não têm direito a prazo em dobro ou intimação pessoal. A razão dessa exclusão é a seguinte: os advogados dativos, conquanto prestem assistência judiciária (suplementar), não atuam numa lógica de massa, diversamente do que se dá com a Defensoria Pública (modelo mais abarcativo de todos) e os núcleos de práticas jurídica e entidades conveniadas com a Defensoria Pública.

Justamente por isso, o STJ já entendeu que até mesmo a intimação pessoal – que não está expressamente prevista no *caput* do art. 186 do CPC –, por analogia, se aplica aos núcleos de prática jurídica:

> PROCESSUAL PENAL. AGRAVO REGIMENTAL NO AGRAVO DE INSTRUMENTO. FURTO QUALIFICADO. INTERPOSIÇÃO DE RECURSO POR NÚCLEO DE PRÁTICA JURÍDICA. CONTAGEM DE PRAZO. TERMO INICIAL. DATA DA VISTA PESSOAL NO RESPECTIVO ÓRGÃO. CERTIDÃO. JUNTADA POSTERIOR. IMPOSSIBILIDADE.
> PRECLUSÃO CONSUMATIVA. AGRAVO NÃO PROVIDO.
> 1. **Aos *Núcleos de Prática Jurídica* deve ser aplicado, por analogia, o mesmo tratamento conferido ao Ministério Público e à Defensoria Pública, em que se considera como termo inicial do prazo recursal a entrega dos autos na repartição administrativa do órgão, independentemente da aposição de ciente.**
> 2. Opera a preclusão consumativa quando juntado documento imprescindível à comprovação da tempestividade em momento posterior à interposição do agravo de instrumento.
> 3. Agravo regimental não provido. (AgRg no Ag 1210070/DF, Rel. Ministro ROGERIO SCHIETTI CRUZ, SEXTA TURMA, julgado em 15-12-2015, *DJE* 02-2-2016)

Além do mais, também já se entendeu que o advogado constituído durante a atuação da Defensoria Pública não pode se valer das prerrogativas que são inerentes ao órgão público:

> PROCESSO PENAL. AGRAVO REGIMENTAL NO AGRAVO EM RECURSO ESPECIAL. RECURSO ESPECIAL INTEMPESTIVO. **PLEITO DE UTILIZAÇÃO DO RESTANTE DO PRAZO RECURSAL DA DEFENSORIA PÚBLICA POR ADVOGADO CONSTITUÍDO. IMPOSSIBILIDADE.**
> 1. A defesa técnica da agravante à época, a Defensoria Pública, optou por impetrar ordem de habeas corpus em vez de interpor recurso especial.
> 2. Diante desse quadro, **não há como se admitir que a defesa constituída após o término do prazo recursal original venha a fruir prerrogativas processuais inerentes à Defensoria Pública e, assim, manipular os marcos temporais de prazos para interposição de recursos.**
> 3. Agravo regimental desprovido.
> (AgInt no AREsp 1397218/DF, Rel. Ministro ANTONIO SALDANHA PALHEIRO, SEXTA TURMA, julgado em 21-3-2019, *DJE* 02-4-2019)

Tenha-se em mente, com respeito ao § 3º do art. 186 do CPC, que este dispositivo é razão para *superação* da jurisprudência do STJ, que restringia a contagem do prazo em dobro somente defensores públicos (v. *habeas corpus* 27.786/SP, julgado pela Corte Especial, em 23-10-2003, *DJ* 19-12-2003, p. 300, disponível na página digital do STJ).

**A disponibilidade das prerrogativas**

Na linha de nossos comentários que iniciaram a seção de garantias e prerrogativas, devemos indagar: as prerrogativas em questão são absolutas, ou podem ser restringidas pelo próprio defensor? Parece-nos que *deve ser excepcional e pontual o ato de o defensor público abrir mão de prerrogativa do cargo* e somente se a sua aplicação trouxer prejuízo inevitável e irreparável para o assistido.

Há casos, por exemplo, em que excepcional e pontualmente o defensor público abre mão da intimação pessoal para acelerar manifestação urgente que possa trazer benefício de alto valor ao seu representado: como no bojo de ação de obrigação de fazer para internação médica, ou em processo penal para obter alvará de soltura.

São situações, como dissemos, diferenciadas, porque a Instituição e o defensor público que abre mão de forma abrangente de determinada prerrogativa incidem no mesmo erro de administradores da Defensoria Pública e de movimentos sociais que se equivocam ao pensarem que darão maior envergadura ao exercício dos fins institucionais afrouxando garantias e prerrogativas. Ademais, as prerrogativas não pertencem ao defensor público, mas são concedidas ao cargo e pertencem, em última análise, ao cidadão destinatário do serviço público prestado.

**A aplicação interna das prerrogativas**

Questão interessante é sabermos se a prerrogativa em questão valeria para o defensor público dentro da própria instituição.

É um ponto de vista pouco debatido na doutrina, mas a nosso ver é totalmente legal e legítimo que se reconheça a prerrogativa internamente se o defensor estiver no exercício da atividade-fim (ou funcional). É o caso de defensor público que inicie processo administrativo no Conselho Superior, ou em qualquer outro órgão administrativo, buscando a fixação de norma interna a beneficiar os assistidos, como, por exemplo, regulamentação de atendimento preferencial aos mais vulneráveis, ou tratamento nominal de pessoas com identidade de gênero distinta da biológica[780] etc. Outro exemplo muito interessante: defensor público cuja função institucional seja defesa de garantias e prerrogativas – e.g., figurando em Comissão de Prerrogativas instituída por ato normativo do Conselho Superior –, se participar de algum processo interno para

780 A propósito, o Decreto estadual paulista n. 55.588, de 17 de março de 2010, assegura tal direito no âmbito da Administração direta e indireta: "Art. 1º Fica assegurado às pessoas transexuais e travestis, nos termos deste decreto, o direito à escolha de tratamento nominal nos atos e procedimentos promovidos no âmbito da Administração direta e indireta do Estado de São Paulo. Art. 2º A pessoa interessada indicará, no momento do preenchimento do cadastro ou ao se apresentar para o atendimento, o prenome que corresponda à forma pela qual se reconheça, é identificada, reconhecida e denominada por sua comunidade e em sua inserção social. § 1º Os servidores públicos deverão tratar a pessoa pelo prenome indicado, que constará dos atos escritos. § 2º O prenome anotado no registro civil deve ser utilizado para os atos que ensejarão a emissão de documentos oficiais, acompanhado do prenome escolhido. § 3º Os documentos obrigatórios de identificação e de registro civil serão emitidos nos termos da legislação própria. Art. 3º Os órgãos da Administração direta e as entidades da Administração indireta capacitarão seus servidores para o cumprimento deste decreto. Art. 4º O descumprimento do disposto nos artigos 1º e 2º deste decreto ensejará processo administrativo para apurar violação à Lei n. 10.948, de 5 de novembro de 2001, sem prejuízo de infração funcional a ser apurada nos termos da Lei n. 10.261, de 28 de outubro de 1968 – Estatuto dos Funcionários Públicos Civis do Estado. Art. 5º Caberá à Secretaria da Justiça e da Defesa da Cidadania, por meio da Coordenação de Políticas para a Diversidade Sexual do Estado de São Paulo, promover ampla divulgação deste decreto para esclarecimento sobre os direitos e deveres nele assegurados".

prevenir ou dar combate a violação de garantias ou prerrogativas, necessariamente deve ser intimado pessoalmente com vista mediante entrega dos autos e ter direito a prazo dobrado por estar no exercício de funções institucionais, a saber: especificamente as funções referentes ao inciso IX, art. 4º, da Lei Complementar, ainda que não atinja o ápice de seu exercício propondo medidas judiciais de: "impetrar habeas corpus, mandado de injunção, habeas data e mandado de segurança ou qualquer outra ação em defesa das funções institucionais e prerrogativas de seus órgãos de execução".

(arts. 44, 89 e 128) II – não ser preso, senão por ordem judicial escrita, salvo em flagrante, caso em que a autoridade fará imediata comunicação ao Defensor Público-Geral;

### 20.2.2 *Justificativa da regra: potencialização da independência funcional*

O texto deste inciso está em plena consonância com a determinação constitucional de que "ninguém será preso senão em flagrante delito ou por ordem escrita e fundamentada de autoridade judiciária competente, salvo nos casos de transgressão militar ou crime propriamente militar, definidos em lei"[781]. O que a lei atribui como "prerrogativa" do cargo reside, portanto, no dever da autoridade de *comunicar imediatamente a prisão ao Defensor Público-Geral.*

Este inciso deve ser analisado sistematicamente com o inciso III e o parágrafo único, ambos deste artigo: o defensor só pode ser preso por ordem judicial ou em flagrante delito, caso em que será comunicada a Defensoria Pública-Geral. Se preso, deverá ser recolhido em prisão especial ou sala especial – quando em custódia cautelar – ou em dependência separada quando condenado definitivo (com trânsito em julgado). Instaurada a investigação, a autoridade deverá comunicar a Defensoria Pública-Geral, que designará membro para o acompanhamento da apuração – nesse último caso parece-nos se tratar de ato vinculado, a lei não dá abertura para discrição.

Uma prisão ilegal, com propósito escamoteado de atrapalhar o defensor no exercício de suas funções, pode acontecer exatamente quando estiver de folga cuidando de afazeres particulares.

Para além de situações em que o defensor público eventualmente atue em processos de cunho político, a atuação cotidiana ficaria prejudica ante o temor de um dia o defensor público ficar preso no mesmo local em que estão pessoas que se sentem prejudicadas por sua atuação. Imagine que, atuando na área de família, o defensor público pleiteou a prisão civil do devedor de alimentos e ambos são colocados na mesma cela. Ou imagine que um acusado foi condenado por não ter tido uma defesa eficaz (é irrelevante ter tido ou não, a questão é o que ele pensa a respeito de seu processo e seu defensor). Situações como essa justificam o inciso II.

Existe, pois, um interesse público no inciso II, tornando necessária a comunicação a fim de que a Instituição fiscalize qualquer prisão que possa ser injustificada e ser utilizada como pretexto para obstruir o exercício de suas funções institucionais além de intimidar ou desmoralizar os membros da Instituição. Em uma palavra, esta disposição serve para tornar efetiva a *inviolabilidade profissional do defensor público, potencializando sua independência funcional.*

781 CF/88, art. 5º, LXI.

Não foi diversa, aliás, a conclusão do STF quando analisou esta mesma disposição concedida igualmente aos advogados pelo Estatuto da Advocacia[782], no julgamento da **ADIn n. 1.127**. Na ementa dessa ação consta o quanto segue: "(...) A presença de representante da OAB em caso de prisão em flagrante de Advogado constitui garantia da inviolabilidade da atuação profissional". Havendo a previsão legal idêntica no caso de defensores públicos e dos demais integrantes do sistema de Justiça, e havendo igualmente motivo razoável para tal previsão, julgamos que a razão jurídica aplicada nesta ação direta aos advogados se estende aos defensores públicos e demais integrantes do sistema de Justiça.

**Prerrogativa ou garantia?**

É de se indagar se realmente essa nominada "prerrogativa" não encartaria, de fato, o rol de garantias do cargo.

Vimos acima (abertura da presente seção) que tanto prerrogativas quanto garantias, cada uma ao modo de sua natureza, atendem ao objetivo de propiciar o cumprimento idôneo e escorreito das funções institucionais.

A comunicação ao Defensor Público-Geral expressa uma *garantia* para que o defensor público não seja constrangido a exercer suas funções manietado por interferências arbitrárias e danosas – nitidamente sua finalidade não conflui à natureza de prerrogativa (ao contrário de uma intimação pessoal com vista, uma contagem de prazo em dobro, uma requisição, uma certificação de autenticidade de documentos para fins institucionais etc.). Desse modo, *em nossa visão o que a LC n.80/1994 chama nesse inciso de prerrogativa, de fato, integra o estatuto de garantias do cargo de defensor público, servindo, em última análise, ao princípio institucional de independência funcional*: sua função precípua é auxiliar na manutenção de ambiente favorável para que o ocupante do cargo aja com desassombro no exercício das funções institucionais.

Essa garantia – nominada legalmente de prerrogativa –, ademais, revela que embora o defensor público também tenha direito constitucional de proteção da sua vida privada, a projeção das funções do cargo que ocupa é de tal importância que muitas vezes eclipsa esse direito pela força dos fatos.

**"Comunicação imediata"**

Sílvio Roberto Mello Moraes criticava o fato de esse inciso não colocar um *prazo certo*, fazendo menção somente à expressão "imediata" – importando registrar que, de fato, a Constituição também usa tal expressão[783].

Concordamos com o ilustre autor que a comunicação deve ser feita no exato momento em que a autoridade tiver conhecimento da prisão de membro da Defensoria Pública, salvo se hou-

782 Lei n. 8.906/1994, art. 7º, IV: "São direitos do Advogado: ter a presença de representante da OAB, quando preso em flagrante, por motivo ligado ao exercício da advocacia, para lavratura do auto respectivo, sob pena de nulidade e, nos demais casos, a comunicação expressa à seccional da OAB".

783 CF/88, art. 5º, LXII.

ver impedimento material impossível de ser superado[784]. É o que costuma ocorrer na aplicação do Código de Processo Penal – que segue os termos constitucionais –, e cuja disposição determina que a prisão de qualquer pessoa e o local onde se encontre serão comunicados imediatamente ao juiz competente, ao Ministério Público e à família do preso ou à pessoa por ele indicada[785]: muitas vezes a parentela do preso aparece no Distrito Policial ou no plantão judiciário porque avisada da prisão pela autoridade policial. Parece-nos razoável, porém, que esse "imediato" nunca ultrapasse as vinte e quatro horas, considerando que é o próprio CPP que prescreve esse prazo para ser encaminhado ao juiz competente o auto de prisão em flagrante e, caso o autuado não informe o nome de seu advogado, cópia integral para a Defensoria Pública[786].

A expressão 'comunicação imediata' é vaga não apenas no que toca ao significado temporal da palavra 'imediata', mas também no que atina à forma, é dizer, ao significado de 'comunicação'.

Certamente, deve haver um mínimo de formalidade nessa comunicação entre a autoridade policial e o Defensor Público-Geral. Não se pode interpretar que 'comunicação', aqui, exija as *formalidades de um ofício*, já que qualquer excesso seria visto como maliciosa protelação; por outro lado, exige-se um mínimo de caráter *documental*, tanto para resguardo da própria autoridade policial como para futura aferição da observância da garantia: "a forma, no Estado de direito, é inimiga jurada do arbítrio e irmã gémea da liberdade", nas lições de José Joaquim Gomes Canotilho[787].

**Tratamentos distintos em relação a magistrados e membros do Ministério Público I: regramento previsto**

Existe certa disparidade da legislação, e o tratamento dado aos defensores públicos é distinto – e mais restrito – do dado a magistrados e membros do Ministério Público. São duas as diferenciações:

a) Comunicação imediata *X* Apresentação imediata:

Em relação aos membros do Ministério Público, a Lei n. 8.625/93 (art. 40, III[788]) prevê a necessidade de *apresentação imediata* ao Procurador-Geral de Justiça. E o mesmo se aplica aos juízes, consoante a LC n. 35/1979 (art. 33, parágrafo único[789]), mas com um detalhe adicional: a

784 MORAES, Sílvio Roberto Mello. *Princípios institucionais da Defensoria Pública*. São Paulo: RT, 1995. p. 100.

785 CPP, art. 306 com redação dada pela Lei n. 12.403/2011.

786 CPP, art. 306, § 1º, com redação dada pela Lei n. 12.403/2011.

787 *Estado de direito*. Lisboa-Portugal: Gradiva, 1999, p. 70.

788 Art. 40. Constituem prerrogativas dos membros do Ministério Público, além de outras previstas na Lei Orgânica: III – ser preso somente por ordem judicial escrita, salvo em flagrante de crime inafiançável, caso em que a autoridade fará, no prazo máximo de vinte e quatro horas, a comunicação e a apresentação do membro do Ministério Público ao Procurador-Geral de Justiça.

789 Art. 33 – São prerrogativas do magistrado: II – não ser preso senão por ordem escrita do Tribunal ou do Órgão Especial competente para o julgamento, salvo em flagrante de crime inafiançável, caso em que a autoridade fará imediata comunicação e apresentação do magistrado ao Presidente do Tribunal a que esteja vinculado (VETADO).

prisão em flagrante só pode ser admitida em crime inafiançável ou por ordem escrita do *Presidente do Tribunal* ou do *Órgão Especial*.

b) Somente crimes inafiançáveis *X* não somente crimes inafiançáveis:

Por seu texto expresso, a LC n. 80/1994 admite a prisão em flagrante de defensor público apenas quanto aos *crimes inafiançáveis*, diversamente do que se dá em relação a magistrados[790], membros do Ministério Público[791] e – acrescentamos – advogados[792], que abarca também a prisão por crimes *afiançáveis*. Curioso notar, desde logo, que as prerrogativas do Ministério Público, titular da ação penal pública, diante do poder penal, são maiores que as do defensor público, cuja atribuição precípua é cobrar providências e oferecer resistência ao poder estatal na promoção de direitos humanos, o que não parece ter sentido.

**Tratamentos distintos em relação a magistrados e membros do Ministério Público II: a necessária interpretação ampliativa**

Pensamos ser possível e inevitável conferir interpretações mais amplas (ou interpretação extensiva)[793] do que prevê o texto legal.

É fato que se a CF/88 previsse textualmente que as Funções Essenciais à Justiça devem ser tratadas igualmente, na medida de suas peculiaridades, não haveria maior necessidade de esforço hermenêutico. Mas será mesmo que uma disposição constitucional expressa seria determinante?[794]

---

790 LC n. 35/1979, art. 33, II: "São prerrogativas do magistrado: (...) não ser preso senão por ordem escrita do Tribunal ou do órgão especial competente para o julgamento, salvo em flagrante de crime inafiançável, caso em que a autoridade fará imediata comunicação e apresentação do magistrado ao Presidente do Tribunal a que esteja vinculado".

791 LC n. 75/1993, art. 18, II, *d*: "São prerrogativas dos membros do MPU: (...) ser preso ou detido somente por ordem escrita do tribunal competente ou em razão de flagrante de crime inafiançável, caso em que a autoridade fará imediata comunicação àquele tribunal e ao Procurador-Geral da República, sob pena de responsabilidade"; Lei n. 8.625/93, art. 40, III: "Constituem prerrogativas dos membros do Ministério Público, além de outras previstas na Lei Orgânica: (...) III – ser preso somente por ordem judicial escrita, salvo em flagrante de crime inafiançável, caso em que a autoridade fará, no prazo máximo de vinte e quatro horas, a comunicação e a apresentação do membro do Ministério Público ao Procurador-Geral de Justiça (...)".

792 Lei n. 8.906/1994 (Estatuto da Advocacia), art. 7º, § 3º: "São direitos do advogado: (...) O advogado somente poderá ser preso em flagrante, por motivo de exercício da profissão, em caso de crime inafiançável, observado o disposto no inciso IV deste artigo".

793 MONTORO, André Franco. *Introdução à ciência do direito*. 23. ed. São Paulo: RT, 1995. p. 374.

794 A título de exemplo, logo após a promulgação da CF/88, Fábio Konder Comparato forneceu parecer – encomendado pela Associação Paulista do Ministério Público – para analisar a prerrogativa de iniciativa da proposta orçamentária (art. 127, § 2º). Além de sustentar essa prerrogativa com a ideia de autonomia funcional que passou a ostentar o órgão ministerial pós-CF/88, Comparato sustentou que tal dispositivo seja interpretado de modo amplo, em coerência com a sua autonomia. Por isso, concluía que embora a CF/88 não previsse explicitamente que essa iniciativa legislativa abrangia a fixação e aumento de vencimentos (ao contrário de previsão expressa em relação ao Judiciário: art. 96, II, 'b'), elas decorriam da autonomia funcional da instituição. É importante esclarecer que esse parecer foi proferido logo após a promulgação da CF/88,

De qualquer forma, estamos refletindo sobre dispositivos infraconstitucionais e, desse ponto de vista, a LC n. 80/1994 estabelece que os defensores públicos deverão ter o mesmo tratamento reservado aos magistrados e às demais funções essenciais à justiça (incisos XIII dos arts. 44, 89, 128).

A garantia em questão – abarcando a apresentação imediata e a abrangência de crimes afiançáveis – possui conexão direta com a independência que deve existir comumente aos entes do sistema de Justiça para bem realizarem seus respectivos misteres, ademais do tratamento igualitário entre carreiras naquilo que for compatível e necessário para o bom desempenho de suas funções. Não se trata, pois, de privilégios pessoais, mas de prerrogativas, que permitem que o defensor público, na tutela funcional das pessoas necessitadas, sirva de escudo contra o abuso, sem ser vítima imediata do mesmo abuso.

Imagine a situação banal na qual o defensor público flagra prisão abusiva de um cidadão sob o famoso álibi do (falso) desacato: a prerrogativa serve para que a advertência do defensor público sobre a ilegalidade não permita que a mesma autoridade o prenda sob o mesmo (falso) álibi do desacato.

É inevitável, portanto, interpretar a extensão da garantia aplicável ao Ministério Público à Defensoria Pública simplesmente porque *o leque de atribuições é gradualmente idêntico*: ambas instituições postulam nas mesmas áreas (civil, penal etc.); ambas atuam no plano coletivo. E ambas até mesmo propõem ação penal (no caso da Defensoria Pública, não só ação penal privada como a subsidiária da que cabe ao Ministério Público) – para não falar que a função da defesa penal, por si só, pode ser tão potencialmente motivo para retaliações quanto a ação penal pública incondicionada. Assim, se, *mutatis mutandis*, as atribuições se equivalem, nada justifica a *independência funcional* discrepar naquilo que a orbita.

Na medida em que a consequência da prisão (sobretudo em flagrante) será (deve ser) a imediata apresentação ao chefe da instituição e, mais, que ela não pode ocorrer tratando-se de crime afiançável, tais detalhes inibem, dificultam violações reflexas aos direitos das pessoas necessitadas através da prisão do defensor público atuante no caso.

Infelizmente, porém, somos obrigados a reconhecer que, na vida real, o fato de não existir texto legal expresso poderá ocasionar constrangimentos desnecessários. Se, na prática, é de se supor que quem deu a voz de prisão não conhece a legislação expressa, o que dizer da interpretação ampliativa que estamos propondo? Tais constrangimentos, no entanto, devem ser corrigidos pela jurisprudência enquanto não advier texto legal expresso.

**Consequências para o descumprimento da garantia**

A falta da comunicação, em nosso entendimento, gera constrangimento ilegal passível de correção por *habeas corpus*, pois mesmo que a LC n. 80/1994 não preveja expressamente a sanção, não podemos admitir sua inexistência sob pena da disposição se tornar mera sugestão ou acon-

---

pois, no ano de 1998, a EC n. 19 alterou o parágrafo 2º do art. 127 e explicitou que a iniciativa legislativa abarca a fixação de vencimentos e seu aumento. Assim, a conclusão do parecer (*de lege lata) perdeu um pouco de seu impacto, mas não deixa de ser útil para o Ministério Público e, por conseguinte, para a Defensoria Pública.* O parecer foi publicado na *Revista Justitia*, n. 60, 1999, p. 1.120 a 1.128.

selhamento – o que contraria lógica de uma ordem jurídica. A prisão que desatende à necessidade de comunicação, assim, é nula, e deve ser imediatamente relaxada[795].

Essa foi também, a propósito, a conclusão do STF quando analisou essa mesma disposição concedida igualmente aos advogados pelo Estatuto da Advocacia[796], no julgamento da ADIn n. 1.127, *in verbis: "(...) A cominação* de nulidade da prisão, caso não se faça a comunicação, configura sanção para tornar efetiva a norma".

(arts. 44, 89 e 128) III – ser recolhido à prisão especial ou à sala especial de Estado-Maior, com direito a privacidade e, após sentença condenatória transitada em julgado, ser recolhido em dependência separada, no estabelecimento em que tiver de ser cumprida a pena;

### *20.2.3 Prerrogativa ou garantia?*

Como vimos quanto ao inciso II, também a "prerrogativa" do inciso III consubstancia, em verdade, uma garantia. Remetemos o leitor para aquele tópico, já que os fundamentos são iguais.

**Um exemplo vindo do cinema**

Na prática, essa garantia visa *diminuir a possibilidade* de que o defensor público seja colocado na mesma prisão em que se encontra alguém que *ao menos pense* ter sido prejudicado por ele.

O cinema nos dá um bom exemplo do cerne dessa discussão.

No filme ***Cabo do Medo*** (*Cape Fear*, EUA, 1991[797]), Sam Bowden (interpretado por Nick Nolte) é um advogado que catorze anos antes havia defendido Max Cade (interpretado por

---

795 Nesse sentido, julgado do TJRS: Paciente, Defensor Público, acusado da prática, em tese, do delito do art. 306 do CTB. O impetrante alega a existência de manifesta mácula do processo, referindo que há nulidade absoluta na prisão em flagrante efetuada. Indica que, por ocasião da prisão, não houve comunicação imediata do Defensor Público-Geral, nos termos do art. 128 da LC 80/1994 e do art. 54, § § 1º e 2º, da LCE 11.795/02. Afirma ser essa uma prerrogativa inerente ao cargo. Defende a constitucionalidade da instituição da prerrogativa, amparando entendimento na jurisprudência do STF, e a existência nulidade insanável. Sustenta, nesse sentido, ser o flagrante ilegal, tendo em conta que impassível de ser suprida a nulidade com a ciência posterior do chefe da instituição da qual o paciente faz parte, que ocorreu cerca de 30 dias após a prisão em flagrante. 2. Verificada a inocorrência de comunicação imediata ao Defensor Público-Geral, resta clara a violação do disposto na Lei Orgânica Nacional da Defensoria Pública, devendo ser declarada a nulidade apontada, liberando-se a fiança prestada. ORDEM CONCEDIDA. (Habeas Corpus N. 70054451414, Primeira Câmara Criminal, Tribunal de Justiça do RS, Relator: Julio Cesar Finger, Julgado em 29-5-2013) Data de Julgamento: 29-5-2013

796 Lei n. 8.906/1994, art. 7º, IV: "São direitos do Advogado: ter a presença de representante da OAB, quando preso em flagrante, por motivo ligado ao exercício da advocacia, para lavratura do auto respectivo, sob pena de nulidade e, nos demais casos, a comunicação expressa à seccional da OAB".

797 Esse filme data de 1991, mas a versão original é de 1962 (tendo Gregory Peck e Robert Mitchum como protagonistas, respectivamente, como Bowden e Cade) e tem um enredo um pouco diferente: Bowden é advogado mas Cade nutre seu sentimento de vingança por ele ter sido "testemunha ocular" do crime que ensejou sua condenação.

Robert De Niro) num processo em que este foi acusado de estupro. Na época, Bowden atuou como defensor público[798] de Cade, e obteve o acordo de catorze anos de prisão (não fosse o acordo e Cade poderia ser condenado à prisão perpétua).

Ocorre que, durante sua prisão, Cade passou não só a se alfabetizar como a estudar Direito e, especificamente, seu caso, e então descobriu que Bowden, convicto de sua culpa e do quão abjeto era o crime – numa evidente violação da ética profissional –, ocultou uma prova que poderia resultar até mesmo na absolvição (e, nesse sentido, o acordo feito agora se mostrava injusto).

Assim, agora posto em liberdade, a vida de Cade passa ter uma finalidade: fazer uma guerra de nervos contra Bowden, tornando sua vida insuportável. (Num dos diálogos, Cade diz a Bowden que não nutre raiva do promotor do caso porque ele apenas fez o seu papel, mas Bowden era seu advogado, e ocultar uma prova que interessava à defesa era algo inaceitável – e convenhamos, Cade tinha razão no que disse.)

É claro que o exemplo do filme é extremo em vários aspectos para a discussão da garantia em tela. Mas, na essência, não é necessário que o defensor público oculte provas de interesse do acusado; basta que o acusado, convicto de sua inocência, atribua ao defensor público a responsabilidade pela injusta condenação e que o defensor público seja preso (numa situação como essa, Cade não precisaria aguardar ser posto em liberdade para vingar-se; bastaria estar no mesmo presídio de Bowden).

**Alcance da garantia**

O tema do recolhimento à prisão especial ou à sala especial de Estado-Maior não é tão simples, pois sempre há questionamentos em relação ao princípio republicano.

Todavia, ainda que seja assim é preciso ter em mente que é dever do Estado garantir a integridade física e moral de seus custodiados[799], e quem conhece um pouco de sistema prisional sabe que certas profissões – incluindo as de agentes do sistema de justiça – dificilmente teriam sua segurança garantida em meio a presos comuns. Por isso, o inciso em questão consubstancia uma expansão do que dispõe o art. 84, § 2º da Lei de Execução Penal[800].

A redação do inciso fala em "privacidade", assim como a Lei Complementar atinente ao Ministério Público da União[801]. Em ambos os dispositivos, privacidade só é referida na hipótese da prisão cautelar, o que nos dá um indicativo importante na interpretação da fórmula legal.

Após o trânsito em julgado, conquanto o defensor público deva ser recolhido em "dependência separada", no estabelecimento em que tiver de ser cumprida a pena, deve ele se submeter aos deveres de qualquer preso – o afastamento de qualquer outro dever só pode ocorrer por justo motivo, de acordo com o princípio republicano que rechaça privilégios.

---

798 O filme não deixa claro se Bowden era um advogado que foi designado pelo Estado (modelo *judicare) ou se era um defensor público, mas o importante é que Bowden atuou na defesa por obrigação legal, e não na lógica de um mandato entre cliente e advogado – caso em que teria ampla liberdade para não exercer a defesa.*

799 CF/88, art. 5º, XLIX.

800 Art. 84. O preso provisório ficará separado do condenado por sentença transitada em julgado. § 2º O preso que, ao tempo do fato, era funcionário da Administração da Justiça Criminal ficará em dependência separada.

801 LC n. 75/1993, art. 18, II, *e*.

Importa ressaltar que "sala de Estado-Maior", segundo o STF, possui qualidade de sala e não de cela, de modo que não deve possuir grades[802]. Caso não haja Sala de Estado-Maior, o STF mais uma vez, confirmou que o custodiado deve ser recolhido em prisão domiciliar: e embora o julgado tenha sido utilizado para um advogado, não vemos razão para que não valha a mesma razão jurídica para o defensor público. É interessante ressaltar, ademais, que o STF afastou a alteração do CPP em seu art. 295 por considerar que o Estatuto da Advocacia é lei especial, não sendo derrogada pela geral: no caso da Defensoria Pública, uma lei ordinária não poderia revogar um direito do defensor público previsto em lei complementar e protegida pela cláusula constitucional que exige lei complementar para temas atinentes à organização da Defensoria Pública, nos termos do § 1º do art. 134 da Constituição[803].

---

802 "(...) Por Estado-Maior se entende o grupo de oficiais que assessoram o Comandante de uma organização militar (Exército, Marinha, Aeronáutica, Corpo de Bombeiros e Polícia Militar); assim sendo, 'sala de Estado-Maior' é o compartimento de qualquer unidade militar que, ainda que potencialmente, possa por eles ser utilizado para exercer suas funções. 2. A distinção que se deve fazer é que, enquanto uma 'cela' tem como finalidade típica o aprisionamento de alguém – e, por isso, de regra, contém grades –, uma 'sala' apenas ocasionalmente é destinada para esse fim. 3. De outro lado, deve o local oferecer 'instalações e comodidades condignas', ou seja, condições adequadas de higiene e segurança" (STF. Pleno. Reclamação constitucional n. 4.535-ES, Rel. Min. Sepúlveda Pertence, julgamento em 7-5-2007, *DJE* de 15-6-2007. Disponível no *site* do STF: <http://www.stf.jus.br>). Também: "EMENTA: *HABEAS CORPUS*. PRISÃO CAUTELAR. PROFISSIONAL DA ADVOCACIA. INCISO V DO ART. 7º DA Lei n. 8.906/94. SALA DE ESTADO-MAIOR. PRISÃO ESPECIAL. DIFERENÇAS. ILEGALIDADE DA CUSTÓDIA DO PACIENTE EM CELA ESPECIAL. Aos profissionais da advocacia é assegurada a prerrogativa de confinamento em Sala de Estado-Maior, até o trânsito em julgado de eventual sentença condenatória. Prerrogativa, essa, que não se reduz à prisão especial de que trata o art. 295 do Código de Processo Penal. A prerrogativa de prisão em Sala de Estado-Maior tem o escopo de mais garantidamente preservar a incolumidade física daqueles que, diuturnamente, se expõem à ira e retaliações de pessoas eventualmente contrariadas com um labor advocatício em defesa de contrapartes processuais e da própria Ordem Jurídica. A advocacia exibe uma dimensão coorporativa, é certo, mas sem prejuízo do seu compromisso institucional, que já é um compromisso com os valores que permeiam todo o Ordenamento Jurídico brasileiro. A Sala de Estado-Maior se define por sua qualidade mesma de sala e não de cela ou cadeia. Sala, essa, instalada no Comando das Forças Armadas ou de outras instituições militares (Polícia Militar, Corpo de Bombeiros) e que em si mesma constitui tipo heterodoxo de prisão, porque destituída de portas ou janelas com essa específica finalidade de encarceramento. Ordem parcialmente concedida para determinar que o Juízo processante providencie a transferência do paciente para sala de uma das unidades militares do Estado de São Paulo, a ser designada pelo Secretário de Segurança Pública" (STF. 1ª Turma. HC n. 91.089-SP, Rel. Min. Carlos Ayres Britto, julgamento em 4-9-2007, *DJE* de 10-10-2007. Disponível no *site* do STF: <http://www.stf.jus.br>).

803 Confira a ementa da r. decisão do STF: "ADVOGADO – CONDENAÇÃO PENAL MERAMENTE RECORRÍVEL – PRISÃO CAUTELAR – RECOLHIMENTO A 'SALA DE ESTADO-MAIOR' ATÉ O TRÂNSITO EM JULGADO DA SENTENÇA CONDENATÓRIA – PRERROGATIVA PROFISSIONAL ASSEGURADA PELA LEI N. 8.906/94 (ESTATUTO DA ADVOCACIA, ART. 7º, V) – INEXISTÊNCIA, NO LOCAL DO RECOLHIMENTO PRISIONAL, DE DEPENDÊNCIA QUE SE QUALIFIQUE COMO 'SALA DE ESTADO-MAIOR' – HIPÓTESE EM QUE SE ASSEGURA, AO ADVOGADO, O RECOLHIMENTO 'EM PRISÃO DOMICILIAR' (ESTATUTO DA ADVOCACIA, ART. 7º, V, '*IN FINE*') – SUPERVENIÊNCIA DA LEI N. 10.258/2001 – INAPLICABILIDADE DESSE DIPLOMA LEGISLATIVO AOS ADVOGADOS – EXISTÊNCIA, NO CASO,

**Aplicabilidade dessa garantia ao defensor público aposentado?**

As prerrogativas dos defensores públicos certamente não se aplicam aos defensores públicos *aposentados*. Mas aqui não estamos tratando de uma prerrogativa, e sim de uma *garantia*, e se, por definição, as prerrogativas são ferramentas especiais de trabalho, elas cessam com o ato de aposentação; já as garantias, não necessariamente (seu caráter protetivo predomina).

É evidente que garantias como a estabilidade e a inamovibilidade deixam de se aplicar aos defensores públicos quando de sua aposentação. Elas perdem o sentido. Mas garantias como a do inciso III mantêm a sua razão de ser.

Quando tratávamos da justificativa da garantia do inciso II, expúnhamos que ela, no fundo, visa a *potencializar a independência funcional do defensor público*. No entanto, quando o defensor público se aposenta, a garantia de comunicação imediata perde um pouco da sua relevância; afinal, ainda que sua prisão decorra de um "acerto de contas" em razão de sua atuação pretérita, a comunicação do Defensor Público-Geral não o impedirá de fazer sua defesa em prol de sua liberdade durante o processo.

O mesmo raciocínio não se aplica à garantia do inciso III.

Quando dissemos que este inciso também visa potencializar a independência funcional do defensor público, é claro que a garantia não figura como *conditio sine qua non*; ela, reitere-se, apenas a potencializa. O destemor do defensor público não depende, necessariamente, dessa

---

DE ANTINOMIA SOLÚVEL – SUPERAÇÃO DA SITUAÇÃO DE CONFLITO MEDIANTE UTILIZAÇÃO DO CRITÉRIO DA ESPECIALIDADE – PREVALÊNCIA DO ESTATUTO DA ADVOCACIA – CONFIRMAÇÃO DA MEDIDA LIMINAR ANTERIORMENTE DEFERIDA – PEDIDO DE '*HABEAS CORPUS*' DEFERIDO. – O Estatuto da Advocacia (Lei n. 8.906/94), em norma não derrogada pela Lei n. 10.258/2001 (que alterou o art. 295 do CPP), garante, ao Advogado, enquanto não transitar em julgado a sentença penal que o condenou, o direito de 'não ser recolhido preso (...), senão em sala de Estado-Maior (...) e, na sua falta, em prisão domiciliar' (art. 7º, inciso V). – Trata-se de prerrogativa de índole profissional – qualificável como direito público subjetivo do Advogado regularmente inscrito na OAB – que não pode ser desrespeitada pelo Poder Público e por seus agentes, muito embora cesse com o trânsito em julgado da condenação penal. Doutrina. Jurisprudência. Essa prerrogativa profissional, contudo, não poderá ser invocada pelo Advogado, se cancelada a sua inscrição (Lei n. 8.906/94, art. 11) ou, então, se suspenso, preventivamente, o exercício de sua atividade profissional, por órgão disciplinar competente (Lei n. 8.906/94, art. 70, § 3º). – A inexistência, na comarca ou nas Seções e Subseções Judiciárias, de estabelecimento adequado ao recolhimento prisional do Advogado confere-lhe, antes de consumado o trânsito em julgado da sentença penal condenatória, o direito de beneficiar-se do regime de prisão domiciliar (RTJ 169/271-274 – RTJ 184/640), não lhe sendo aplicável, considerado o princípio da especialidade, a Lei n. 10.258/2001. – Existe, entre o art. 7º, inciso V, do Estatuto da Advocacia (norma anterior especial) e a Lei n. 10.258/2001 (norma posterior geral), que alterou o art. 295 do CPP, situação reveladora de típica antinomia de segundo grau, eminentemente solúvel, porque superável pela aplicação do critério da especialidade (*lex posterior generalis non derogat priori speciali*), cuja incidência, no caso, tem a virtude de preservar a essencial coerência, integridade e unidade sistêmica do ordenamento positivo (RTJ 172/226-227), permitindo, assim, que coexistam, de modo harmonioso, normas em relação de (aparente) conflito. Doutrina. Consequente subsistência, na espécie, não obstante o advento da Lei n. 10.258/2001, da norma inscrita no inciso V do art. 7º do Estatuto da Advocacia, ressalvada, unicamente, por inconstitucional (ADI 1.127/DF), a expressão 'assim reconhecidas pela OAB' constante de referido preceito normativo" (STF. 2ª Turma. HC n. 109.213-SP, Rel. Min. Celso de Mello, julgamento em 28-8-2012, *DJE* de 14-9-2012. Disponível no *site* do STF: <http://www.stf.jus.br>).

garantia. No entanto, não se pode exigir a mesma coragem de todas as pessoas. Isso é subjetivo.

Nos comentários ao inciso II explicamos, através de exemplos concretos, situações que explicitam a necessidade daquela garantia: o encontro, na prisão, entre o defensor público e a pessoa presa que pensa estar lá por culpa de um processo injusto (no qual atuou seu novo companheiro de cela) seria motivo suficiente para que, vez ou outra, o sono do defensor público em atividade fosse perturbado – e sua independência funcional. Ocorre que o mesmo raciocínio vale para o defensor público *aposentado*: "quando eu me aposentar daqui a alguns dias poderei encontrar essa pessoa na prisão...", pensaria o defensor público na iminência de se aposentar.

Salvo melhor juízo, alguns precedentes do STF envolvendo o Ministério Público trataram de temas como prerrogativas (como o foro por prerrogativa de função)[804] ou até mesmo garantias[805], *mas não, especificamente, a garantia da prisão em dependência separada.*

---

804 EMENTA: AÇÃO DIRETA DE INCONSTITUCIONALIDADE. MEDIDA CAUTELAR. LEI COMPLEMENTAR DO ESTADO DE MINAS GERAIS. ORGANIZAÇÃO DO PARQUET ESTADUAL – REQUISIÇÃO DE SERVIDORES PÚBLICOS PELO PROCURADOR-GERAL. MATÉRIA DA COMPETÊNCIA DO GOVERNADOR. PRERROGATIVAS DE FORO. EXTENSÃO AOS MEMBROS INATIVOS DO MINISTÉRIO PÚBLICO. INADMISSIBILIDADE. FILIAÇÃO PARTIDÁRIA, DISPUTA E EXERCÍCIO DE CARGO ELETIVO. NECESSIDADE DE LICENÇA PRÉVIA. AFASTAMENTO PARA O DESEMPENHO DE FUNÇÕES NO EXECUTIVO FEDERAL E ESTADUAL. IMPOSSIBILIDADE. 1. A competência outorgada ao Procurador-Geral de Justiça para requisitar servidores públicos, por prazo não superior a 90 (noventa) dias, estando subjacente o caráter cogente da cessão, envolve imposição indevida de condições de governabilidade ao Chefe do Poder Executivo local, a quem cabe a direção superior da administração estadual. Violação aos artigos 84, II e VI; e 61, § 1º, II, c, da Constituição Federal. 2. As prerrogativas de foro dos membros do Ministério Público, em atividade, retratam garantias dirigidas à instituição como forma de viabilizar, em plenitude, a independência funcional do Parquet (CF, artigo 127, § 1º). Não se destinam a quem exerceu o cargo ou deixou de ocupá-lo. Inaceitável a extensão da excepcionalidade aos inativos. 3. A filiação político-partidária, a disputa e o exercício de cargo eletivo pelo membro do Ministério Público somente se legitimam acaso precedida de afastamento de suas funções institucionais, mediante licença. Precedentes. Interpretação conforme a Constituição dos dispositivos da norma legal que regula a matéria. 4. Incabível a imposição de restrições à concessão do afastamento do membro do Parquet para o exercício de atividade política, como não estar respondendo a processo disciplinar, cumprindo o estágio probatório ou, ainda, não reunir as condições necessárias à aposentadoria. 5. O afastamento de membro do Parquet para exercer outra função pública viabiliza-se apenas nas hipóteses de ocupação de cargos na administração superior do próprio Ministério Público. Inadmissibilidade da licença para o exercício dos cargos de Ministro, Secretário de Estado ou seu substituto imediato. Medida cautelar deferida em parte. (ADI 2534 MC, Relator(a): MAURÍCIO CORRÊA, Tribunal Pleno, julgado em 15-8-2002, *DJ* 13-06-2003 PP-00011 EMENT VOL-02114-02 PP-00309)

805 EMENTA: AÇÃO DIRETA DE INCONSTITUCIONALIDADE, TENDO POR OBJETO O § 1º DO ART. 94 DA CONSTITUIÇÃO DO ESTADO DE SÃO PAULO; OS ARTS. 104, I; 141; 153; 154; 175; 222; E 224, XVIII, DA LEI COMPLEMENTAR N. 734/93; O ATO NORMATIVO N. 98/96, DO CONSELHO DE PROCURADORES DE JUSTIÇA, TODOS DO REFERIDO ESTADO; E, AINDA, O INC. V E O PARÁGRAFO ÚNICO DO ART. 170 E O PARÁGRAFO ÚNICO DO ART. 224 DA LEI COMPLEMENTAR MENCIONADA. ALEGADA OFENSA A DISPOSITIVOS DA CONSTITUIÇÃO FEDERAL. Ação não conhecida relativamente aos primeiros dispositivos enumerados, da Constituição Estadual e da Lei Complementar n. 734/93, por ausência de interesse processual, tendo em vista tratar-se de simples reproduções de normas contidas na Lei Federal n. 8.625/93 (Lei Orgânica Nacional do Ministério Público), de observância imperiosa pelos Estados-membros.

Nossa conclusão, portanto, é que a garantia do inciso III se aplica ao defensor público *aposentado*[806].

(arts. 44, 89 e 128) IV – usar vestes talares e as insígnias privativas da Defensoria Pública;

### 20.2.4 Uso de vestes talares e as insígnias privativas da Defensoria Pública

Segundo Lenio Luiz Streck, "o termo simbólico, em sentido bem abrangente, pode ser utilizado para indicar todos os mecanismos de intermediação entre sujeito e realidade. Por isso, Cassirer define o homem como animal symbolicum"[807].

Se o ser humano é um animal racional e se comunica por símbolos, o que inclui a linguagem, podemos dizer que o presente inciso regula mecanismos de intermediação entre o defensor público e a realidade que o cerca, o que vale dizer: nesse inciso está praticamente a prerrogativa de garantias e prerrogativas, ou a porta de entrada de garantias e prerrogativas do cargo, visto ser por meio das vestes talares e das insígnias que o defensor público é rapidamente identificado como membro da Defensoria Pública. Em resumo, os símbolos previstos no inciso IV permitem a rápida identificação do defensor público, conectando, portanto, todas as pertinentes garantias e prerrogativas ao cidadão ocupante do cargo.

Conquanto se referindo aos advogados, Henri Robert pondera com certa irreverência:

> Talvez a toga atual também faça rir nossos sobrinhos-bisnetos. E no entanto... E no entanto não tem sua razão de ser, essa indumentária pela qual um Advogado se distingue imediatamente na multidão que lota uma sala de audiência? Não tem sua grandeza, esse uniforme que remonta tão longe no passado de nossa Ordem que se confunde com ele, essa toga que todos os Advogados portam e que é a mesma para o veterano, o mais ilustre e o último dos estagiários? Ela é verdadeiramente o símbolo de nossa igualdade no tribunal, uma igualdade que não sofre ex-

---

Ação igualmente não conhecida no que concerne ao Ato normativo do Conselho de Procuradores, por tratar-se de diploma de natureza regulamentar. Interpretação conforme à Constituição dada ao art. 170 , V, da Lei Complementar n. 734/93, para esclarecer que a filiação partidária de representante do Ministério Público paulista somente pode ocorrer na hipótese de afastamento das funções institucionais, mediante licença e nos termos da lei. Interpretação da mesma natureza dada ao art. 170, parágrafo único, da lei em apreço, para determinar que a expressão "o exercício de cargo ou função de confiança na Administração Superior", seja entendida como referindo a Administração do próprio Ministério Público. Plausibilidade da alegação de inconstitucionalidade da expressão "e XVIII deste artigo, bem como a prevista no art. 221 desta lei complementar, se o fato ocorreu quando no exercício da função", contida no parágrafo único do art. 224 da LC n. 734/93, circunstância que, aliada à presença do requisito da conveniência da medida, autoriza a suspensão da eficácia do dispositivo, na parte destacada. Medida cautelar parcialmente deferida, na forma explicitada. (ADI 2084 MC, Relator(a): ILMAR GALVÃO, Tribunal Pleno, julgado em 16-2-2000, *DJ* 28-04-2000 PP-00072 EMENT VOL-01988-02 PP-00201 REPUBLICAÇÃO: *DJ* 23-06-2000 PP-00033 RTJ VOL-00173-03 PP-00778)

806 Embora de maneira sucinta, Hugo Nigro Mazzilli chega a essas conclusões ao refletir sobre o Ministério Público: *Regime jurídico do Ministério Público*..., cit., p. 489.

807 STRECK, Lenio Luiz. *Tribunal do júri*: símbolos e rituais. 3. ed. Porto Alegre: Livraria do Advogado, 1998. item 7.1. p. 87.

ceção afora a do talento! (...) A democracia, em nome do nivelamento universal, melindrar-se--ia com nossas tradições seculares e nosso espírito de grupo? Que erro seria! Não há em verdade ofício mais democrático que o nosso[808].

Não obstante a autonomia constitucional da Defensoria Pública e que impõe a desvinculação dos defensores públicos da Ordem dos Advogados do Brasil, ainda assim é um ponto de vista válido para os defensores públicos porque possuem a missão de representar aqueles que, em não raras vezes, são recusados pela iniciativa privada: ou porque não podem pagar pelos serviços do profissional liberal, ou porque o crime de que são acusados – por exemplo – inspira a recusa geral da classe liberal, salvo naqueles espíritos muito elevados que se inspiram em grandes nomes como o de Sobral Pinto.

Quanto ao que seja "vestes talares e insígnias", Guilherme Peña de Moraes bem esclarece que aquelas são "becas ou togas trajadas, à maneira de capa, quando no exercício de suas funções, especialmente em sessões dos Tribunais de Justiça e do Júri"[809]. Insígnias, segundo Sílvio Roberto Mello Moraes, "são os símbolos distintivos da Instituição, usados geralmente nos Gabinetes dos defensores públicos, na carteira funcional e no emblema da lapela"[810].

É preciso ponderar, por outro lado, que o cargo de defensor público é ocupado após severa seleção pública, e que, ademais, o defensor está sujeito a regras éticas muito claras, exigentes e produzidas com o objetivo de se atingir um bom desempenho das atribuições institucionais. Portanto, essa simbologia acaba por representar também qualidades que são imprescindíveis ao cargo de defensor público, o que explica certas faltas disciplinares serem sancionadas com a própria exoneração, impedindo o cidadão de usar vestes talares da Defensoria Pública a partir do ato de exoneração.

É interessante ouvirmos Henri Robert contando a história da supressão dos advogados no período revolucionário francês em nome da liberdade, esclarecendo que tal operação, que aboliu a Ordem francesa, proibiu que os antigos advogados fizessem uso de vestes próprias da profissão advocatícia. A longa passagem merece transcrição integral:

> Em 2 de setembro de 1790 um decreto sobre a indumentária dos juízes assim se expressava incidentalmente a respeito dos advogados: "Por não deverem formar nem ordem nem corporação, os homens de lei anteriormente chamados Advogados não usarão em suas funções qualquer indumentária particular". Era a supressão da toga – essa toga que hoje alguns gostariam de ver desaparecer novamente. Alguns meses depois, um decreto de 15-16 de dezembro de 1790 permitia aos litigantes defender-se pessoalmente ou empregar o ministério de um defensor oficioso. Nenhuma condição de capacidade, de moralidade, de probidade nem de conhecimento era exigida para se dizer defensor oficioso. Bastava providenciar um certificado de civismo afirmando que se era "bom patriota". Sabia-se o que isso significava naquela época! Ali estava a tão sonhada liberdade. "A lei sagrada da natureza e da justiça", como dizia eloquentemente Robespierre. Conhecemos bem demais o resultado. Foi a invasão dos tribunais por uma turba dos mais

808 ROBERT, Henri. *O advogado*. São Paulo: Martins Fontes, 1997. cap. 11 (Os advogados políticos), p. 96.

809 MORAES, Guilherme Peña de. *Instituições da Defensoria Pública*. São Paulo: Malheiros, 1999. cap. XIV. p. 286.

810 MORAES, Sílvio Roberto Mello. *Princípios institucionais da Defensoria Pública*. São Paulo: RT, 1995. p. 101.

> degenerados agentes de negócios, ex-condenados, ex-notários corruptos, agenciadores, refugo dos oficiais de justiça e dos procuradores: a rapacidade, a ignorância, a grosseria, as manobras desleais, a fraude ali passaram a reinar soberanas, a ponto de Delacroix-Frainville poder escrever, falando dessa época: "Deus esqueceu no Egito a chaga mais terrível, mais vergonhosa, a dos homens de lei: sem dúvida sua cólera reservou-a para a França". Thibaudeau, membro do Conselho de Estado, deixou-nos um quadro impressionante ao descrever esses defensores oficiosos abatendo-se sobre o Palácio [de Justiça] como "um enxame de pessoas desconhecidas que disputavam entre si os clientes com uma cupidez repugnante, exploravam os processos como um ramo do comércio e frequentemente faliam". E finalmente, Merlin, em um relatório ao Diretório, concluía em 1795, após cinco anos de experiência: "A justiça ficou praticamente sem apoio, e os jurisdicionados sem justiça". Eis o triste mas normal balanço dessa experiência[811].

Essa passagem histórica, embora diga respeito diretamente aos advogados, sem dúvida é aplicável aos defensores públicos que igualmente possuem seus símbolos profissionais e devem se pautar por uma ética que visa ampliar o acesso à Justiça ao necessitado de modo honesto e efetivo.

Não é por outra razão, a propósito, que essa simbologia deve ser usada de modo honesto, não se admitindo condutas que façam uso dela de modo antirrepublicano. E conquanto condutas antirrepublicanas sejam cada vez menos toleradas, infelizmente ainda existem agentes políticos que se valem dos símbolos do cargo para obterem vantagens pessoais. Por isso, como diz o ativista indígena americano Leonard Peltier: "Cada um é o voto de minerva na batalha amarga pela eleição travada agora entre nossa melhor e pior possibilidade"[812]. Ou, como acentua ironicamente Veríssimo, também podemos fingir que somos bons o bastante para acreditarmos que nossas maldades são boas:

> Não sei onde li, sobre um personagem, que ele não era um homem imoral, apenas fazia coisas imorais. A noção de que alguém possa ser tão honrado que atos desonrosos não afetam sua reputação não requer cinismo ou muita racionalização. Basta você aceitar que nós não somos o que nós fazemos ou parecemos, que dentro de cada ator social existe um ser separado, privado, secreto – aquilo que as prostitutas protegem quando fazem tudo menos beijar na boca – e que este caroço é o que nos define[813].

Finalmente, é importante consignar a lembrança de Felipe Caldas Menezes: "Se uma pessoa que não seja Defensor Público da União [na verdade, que não seja Defensor Público] usar publicamente vestes talares (palavra originada de tale, talonis – expressões que significam calcanhar – sinônima de toga, beca – vestimenta usada durante os trabalhos forenses) e as insígnias (símbolos, emblemas ou sinais) privativas da Defensoria Pública da União, pode restar configurada a contravenção penal de uso ilegítimo de uniforme ou distintivo, prevista no art. 46 da Lei de Contravenções Penais (Decreto-Lei n. 3.688/41)"[814].

---

811 ROBERT, Henri. *O advogado*. São Paulo: Martins Fontes, 1997. cap. 11 (Os advogados políticos). p. 97-8.

812 Citado em: FLINTOF, John-Paul. *Como mudar o mundo*. Trad. Débora Landsberg. Rio de Janeiro: Objetiva, 2012. p. 16 (coleção "The School of life").

813 VERÍSSIMO, Luís Fernando. O poder do nada. In: ROITMAN, Ari (org.). *O desafio ético*. Rio de Janeiro: Garamond, 2009. p. 13.

814 MENEZES, Felipe Caldas. *Defensoria Pública da União*: princípios institucionais, garantias e prerrogativas

(arts. 44, 89 e 128) V – (VETADO);
(arts. 44 e 89) VII – comunicar-se, pessoal e reservadamente, com seus assistidos, ainda quando esses se acharem presos ou detidos, mesmo incomunicáveis, tendo livre ingresso em estabelecimentos policiais, prisionais e de internação coletiva, independentemente de prévio agendamento; (Redação dada pela Lei Complementar n. 132, de 2009.)
(...)
(art. 128) VI – comunicar-se, pessoal e reservadamente, com seus assistidos, ainda quando estes se acharem presos ou detidos, mesmo incomunicáveis, tendo livre ingresso em estabelecimentos policiais, prisionais e de internação coletiva, independentemente de prévio agendamento; (Redação dada pela Lei Complementar n. 132, de 2009.)

### 20.2.5 Comunicação, pessoal e reservadamente, com seus assistidos, ainda quando estes se acharem presos ou detidos, mesmo incomunicáveis

A comunicação pessoal e reservada – tratemos primeiro dessa prerrogativa –, sem dúvida é consequência direta do princípio do devido processo legal, mais especificamente da ampla defesa[815].

O grande Roscoe Pound, um dos maiores juristas do mundo de língua inglesa, oferece-nos o seguinte conceito de devido processo legal: "Não se pode privar ninguém da propriedade ou 'retirar-lhe o meio de subsistência' senão mediante processo legal de que tenha pleno conhecimento e no qual seja ouvido de maneira completa e equitativa"[816]. Ora, alguém só pode ter pleno conhecimento e ser ouvido de maneira completa e equitativa – atenção nos adjetivos – se puder ter uma conversa pessoal e reservada com seu defensor público, caso não constitua advogado.

Fato é que esta prerrogativa não serve somente ao princípio da ampla defesa, mas também ao direito fundamental previsto no texto constitucional e em Tratados de Direitos Humanos de *conservação da integridade física e moral* do preso, do custodiado, do internado, ou de qualquer um retido fisicamente independentemente do nome que se dê.

Uma boa inspeção depende de comunicação com presos e de preferência escolhidos aleatoriamente – a não ser que as circunstâncias exijam uma comunicação por apontamento –, pois tais comunicações dão subsídios para que os defensores públicos, na inspeção, localizem as irregularidades mais entranhadas e ocultas existentes no sistema de custódia do Estado.

#### Vedação à incomunicabilidade imposta por terceiros

O momento da comunicação pessoal e reservada é a chance do revelar o que entende importante e o defensor indagar a ele sobre matérias que considere vitais para lhe prestar assistên-

dos membros e um breve retrato da Instituição. p. 16. Disponível em: http://www.dpu.gov.br/pdf/artigos/artigo_principios_institucionais_Felipe.pdf. Acesso em: 7 jan. 2013.

815 CF/88, art. 5º, LIV e LV.

816 POUND, Roscoe. *Desenvolvimento das garantias constitucionais da liberdade*. Trad. E. Jacy Monteiro. São Paulo: IBRASA (Instituição Brasileira de Difusão Cultural), 1965 (Biblioteca "Clássicos da Democracia", n. 29), capítulo II (Era dos Tudors e dos Stuarts). p. 39.

cia jurídica integral e gratuita. É desse contato que nasce a estratégia de atuação do defensor público, o que denota tal comunicação pessoal e reservada ser peça-chave no sistema constitucional vigente que impede qualquer um de sofrer condenação sem que conheça inteiramente do processo e possa se manifestar da forma como melhor entender.

A força do princípio da ampla defesa repercute tão profundamente em nosso sistema jurídico que, hoje, aquela *incomunicabilidade do art. 21 do CPP não mais subsiste*[817]. Conforme esclarece Scarance Fernandes, nosso sistema constitucional não admite a incomunicabilidade:

> Atualmente, não se permite mais a incomunicabilidade do preso em face do texto constitucional, que a ele garante a assistência da família e do advogado (art. 5º, LXIII). Além do mais, a Constituição, na própria vigência do estado de defesa, veda a incomunicabilidade do preso (art. 136, § 3º, IV) e, assim, com maior razão, não poderá ser admitida a incomunicabilidade em estado de normalidade. Ainda, Convenção de Costa Rica, incorporada ao direito brasileiro, assegura ao acusado o direito de "comunicar-se, livremente e em particular, com seu defensor (art. 8º, n. 2, *d*)[818].

Esse é o arcabouço jurídico que dá lastro à prerrogativa de se comunicar reservada e pessoalmente com os assistidos presos ou detidos, e a redação legal adverte que tal prerrogativa persiste "mesmo incomunicáveis", isto é, mesmo que a autoridade custodiante pretexte que estão sob cláusula de incomunicabilidade – o que confirma não existir no sistema brasileiro a incomunicabilidade imposta por terceiros.

**Admissão da incomunicabilidade por vontade do preso**

A *incomunicabilidade pode existir por vontade própria do acusado*, por exemplo, e é válida desde que o silêncio provenha de livre vontade emanada sem vício de consentimento. Do mesmo jeito que pode silenciar perante o juiz, pode silenciar perante o defensor: mesmo sendo uma hipótese dificílima de ocorrer, juridicamente é válida e o defensor exercerá a indeclinável defesa técnica com o que puder extrair da comunhão de provas nos autos.

**Admissão da incomunicabilidade por motivo médico**

A incomunicabilidade, embora não possa ser imposta por terceiros, pode advir também de *motivo médico*: e nesse caso a comunicação pessoal e reservada será viável na prática se o direito admitir que alguém represente o impossibilitado de comunicação; quando não puder, como no caso da autodefesa – que é renunciável mas não transmissível – a comunicação pessoal e reservada pode até ser tentada, mas são fatores imponderáveis que consentirão ou não a comunicação.

**Livre ingresso**

Quanto à prerrogativa de livre acesso em estabelecimentos de custódia, normalmente sua leitura traz à mente, de plano, a função institucional prevista no inciso XVII do art. 4º, a saber: "(...) atuar nos estabelecimentos policiais, penitenciários e de internação de adolescentes, visan-

817 Art. 21. A incomunicabilidade do indiciado dependerá sempre de despacho nos autos e somente será permitida quando o interesse da sociedade ou a conveniência da investigação o exigir.

818 FERNANDES, Antonio Scarance. *Processo penal constitucional*. 4. ed. São Paulo: RT, 2005. item 27.1. p. 297.

do a assegurar às pessoas, sob quaisquer circunstâncias, o exercício pleno de seus direitos e garantias fundamentais".

Essa imbricação, sem dúvida, é indissolúvel: porque é impossível assegurar, em quaisquer circunstâncias – como diz a lei – o exercício pleno de direitos e garantias dos cativos nesses estabelecimentos sem a prerrogativa integral em questão: só é possível identificar as violações de direitos humanos em tais estabelecimentos por meio do comparecimento pessoal do defensor público, que, utilizando técnicas voltadas propriamente a uma inspeção (exame cuidadoso do local e diálogo com as pessoas), consegue registrar os acontecimentos por anotações e fotos, dando subsídios a instruírem medidas judiciais e extrajudiciais.

O comparecimento pessoal do defensor público pode se dar ou por visita ou exercendo atribuições permanentes dentro do estabelecimento.

A partir daqui o leitor já percebeu que a prerrogativa de livre acesso em estabelecimentos de custódia, de fato, é *meio essencial* de praticamente todas as outras funções institucionais da Defensoria Pública que, notemos bem, podem ser focadas na efetivação do exercício pleno de direitos e garantias fundamentais dos retidos em estabelecimentos de custódia, como, por exemplo: educação em direitos no sistema de custódia do Estado, representação junto aos sistemas internacionais de proteção dos direitos humanos; exercício da ampla defesa e do contraditório. Enfim, todas essas atribuições podem ter seu exercício dirigido aos estabelecimentos de custódia do Estado, tornando imprescindível, portanto, a prerrogativa de livre acesso a eles.

**Livre ingresso: poderes implícitos e caráter não absoluto**

A expressão "livre acesso" não apenas permite como exige a leitura de que dela decorrem *poderes implícitos*, sendo um exemplo o uso de *máquina fotográfica* (ou qualquer instrumental de mesma utilidade).

Para que possa exercer integralmente seu mister, a atuação do defensor público deve estar integrada por circunstâncias e acessórios que tornem possível o bom cumprimento de suas funções. A prerrogativa de livre acesso às dependências do estabelecimento conjugada com a conversa reservada com presos possibilita relatar e retratar as condições carcerárias.

Retratar, aqui, tem sentido literal. Há recomendação do Conselho Nacional de Política Criminal e Penitenciária para permitir o ingresso dos órgãos de execução (e entre eles consta a Defensoria Pública) em estabelecimentos penais com máquinas fotográficas, permitindo, assim, a fiel demonstração das condições do cárcere, quando pertinente. Em São Paulo, diante de negativa da Administração Penitenciária, o Núcleo Especializado em Situação Carcerária da Defensoria Pública ingressou com ação judicial e conseguiu até mesmo decisão liminar favorável, dada a evidência da prerrogativa[819].

O livre acesso não torna o defensor público imune a *procedimento não invasivo* de revista pessoal, desde que seja *rápido* e não restrinja de forma alguma a diligência (passagem por detector de metais, por exemplo). Pelo contrário, a submissão aos procedimentos de segurança *pode servir*

---

819 TJSP, Processo n. 0062172-27.2013.8.26.0000, 7ª Câmara de Direito Criminal, rel. Desembargador Francisco Menin.

*como defesa* contra eventuais sabotagens praticadas por autoridades temerosas do resultado das diligências (imputar ao defensor público culpa por objeto encontrado com os presos, dias depois).

Vale renovar, no entanto, que o procedimento não pode de forma alguma obstar o livre acesso, e, na dúvida sobre a razoabilidade da demora ou do caráter invasivo e constrangedor da diligência, deve ser admitida a entrada sem a realização do procedimento de segurança *apontado como invasivo ou demorado*, sem prejuízo de eventual apuração posterior de responsabilidade dos envolvidos[820].

**O alcance subjetivo dos beneficiários (caráter coletivo da atribuição)**

É um erro interpretar essa prerrogativa de comunicação pessoal e reservada de forma literal apegando-se à expressão "com seus assistidos"[821], pois certamente não constitui falta ética profissional conversar durante a atividade de inspeção com preso ou internado, por exemplo, possuidor de advogado constituído.

A prerrogativa deve ser interpretada à luz das funções institucionais e, nessa linha, os problemas extraprocessuais existentes num estabelecimento são incindíveis e gerais: são violações de direitos humanos que atingem a todos os custodiados indistintamente que sejam obrigados a permanecer no ambiente das violações, não tendo relação com o mandato do advogado – conquanto o dever da Defensoria não exclua o dever do advogado de lutar pela conservação da integridade física e moral de seu cliente.

O Pacto de São José da Costa Rica estabelece, por sinal, em seu art. 5º, "2", que: "Ninguém deve ser submetido a torturas, nem a penas ou tratos cruéis, desumanos ou degradantes. Toda pessoa privada de liberdade deve ser tratada com o respeito devido à dignidade inerente ao ser humano"; e é especialmente atribuição da Defensoria Pública, sem exclusão de outros atores do sistema de Justiça, dar vida a essa disposição. Veio em boa hora, nessa linha, a reforma da LEP que desdobrou pelos incisos IV[822], V[823] e VI[824] do art. 81-B o que já era decorrência rigorosa e lógica da função institucional do inciso XVII do art. 4º da LC n. 80/1994.

**Desnecessidade de prévio agendamento**

O texto ressalta que as duas prerrogativas devem ser exercidas "independentemente de prévio agendamento".

---

820 Em situações como essa, é recomendável o registro no "livro de entrada" ou "livro de ocorrências".

821 No mesmo sentido: LIMA, Frederico R. Viana de. *Defensoria Pública*. 2. ed. Salvador: JusPodivm, 2011. p. 377.

822 "Art. 81-B. Incumbe, ainda, à Defensoria Pública: (*Incluído pela Lei n. 12.313, de 2010.*) (...)IV – representar ao Juiz da execução ou à autoridade administrativa para instauração de sindicância ou procedimento administrativo em caso de violação das normas referentes à execução penal; (*Incluído pela Lei n. 12.313, de 2010.*)"

823 "Art. 81-B. Incumbe, ainda, à Defensoria Pública: (*Incluído pela Lei n. 12.313, de 2010.*) (...) V – visitar os estabelecimentos penais, tomando providências para o adequado funcionamento, e requerer, quando for o caso, a apuração de responsabilidade; (*Incluído pela Lei n. 12.313, de 2010.*)"

824 "Art. 81-B. Incumbe, ainda, à Defensoria Pública: (*Incluído pela Lei n. 12.313, de 2010.*) (...) VI – requerer à autoridade competente a interdição, no todo ou em parte, de estabelecimento penal. (*Incluído pela Lei n. 12.313, de 2010.*)"

Trata-se de um detalhe vital: de um lado, a prerrogativa de comunicação pessoal e reservada poderia ser preterida com a desculpa de necessidade de agendamento, e outros tantos pretextos facilmente construídos a partir dessa brecha; de outro lado, o prescindir de agendamento é imperioso para a inspeção, porquanto a autoridade custodiante tem de abrir as portas a hora que for para que irregularidades graves e inesperadas não sejam maquiadas. Na verdade, nenhuma inspeção que objetive flagrar violações graves e inesperadas de direitos humanos pode se valer de aviso prévio.

Frise-se que este inciso não exige que a atuação da Defensoria Pública ocorra sem que haja prévio agendamento; ele apenas o torna prescindível, de modo que a visita contínua *com aviso prévio* – seja para fins processuais ou de inspeção – também inibe abuso de autoridades por estarem cônscias do permanente contato da Defensoria com o custodiado.

**A ênfase dada à prerrogativa na LC n.80/1994**

Tudo o que dissemos nos comentários aos arts. 44 e 89, VII, e art. 128, VI, se aplica ao que está previsto no inciso X dos arts. 18 e 64, e no inciso IV do art. 108, todos da LC n. 80/1994.

A diferença é que esses dispositivos preveem mais detalhadamente os deveres do Estado-custodiante para a boa atuação do defensor público no estabelecimento de custódia.

(Arts. 44 e 89) VI – ter vista pessoal dos processos fora dos cartórios e secretarias, ressalvadas as vedações legais;

(...)

(Art. 128) VII – ter vista pessoal dos processos fora dos cartórios e secretarias, ressalvadas as vedações legais;

### *20.2.6 Vista pessoal dos processos fora dos cartórios e secretarias*

O que é uma "vista"?

Segundo Celso Agrícola Barbi, é uma das muitas "expressões consagradas na prática forense: a ida dos autos ao Juiz denomina-se conclusão; a ida dos autos aos procuradores, Ministério Público e Fazenda Pública, chama-se vista; a ida ao contador, ou partidor, que são servidores de ofício diferentes do escrivão, chama-se remessa". Porém, adverte o eminente processualista: "Nisso, todavia, não há rigor terminológico, mas simples praxe; de modo que não há erro em se falar em remessa dos autos ao Ministério Público, em vez de vista, quando eles forem ao Promotor, ou à Procuradoria, ainda que com vista"[825]. Ou seja, apesar de certa imprecisão das palavras, na praxe forense o âmago dessa prerrogativa é o defensor público ter autorização legal para retirar os autos fora de Cartórios ou Secretarias, não podendo o guardião dos autos (o escrivão) ou seu superior hierárquico (juiz) criar empecilho para a ida dos autos ao defensor público.

825 BARBI, Celso Agrícola. *Comentários ao CPC*. 14. ed. Rio de Janeiro: Forense, vol. I. Arts. 1º a 153. Comentário ao art. 141, p. 453.

**Causas que justificam a negativa da vista**

O próprio inciso, contudo, faz ressalva quanto às vedações legais. Por exemplo, *segredo de justiça* pode ser fundamento para que o guardião dos autos negue vista ao defensor público se a Defensoria não estiver nos autos. Todavia, aqui há um cuidado importantíssimo que se deve ter quanto ao princípio institucional da indivisibilidade, que foi tratado nos comentários ao art. 3º desta Lei Orgânica. Se o processo está submetido à cláusula de segredo de justiça e há Defensoria Pública nele, não se pode impedir a vista dos autos a outro defensor público que esteja substituindo o defensor afastado (férias, licença etc.). Na prática, cartórios e secretarias habituados a trabalhar com a Defensoria Pública compreendem perfeitamente essa questão, não havendo maiores problemas.

Outro exemplo que normalmente se oferece para exemplificar a vedação legal é a ocorrência de prazo comum. Todavia, estamos com Felipe Caldas Menezes quando pondera que

> não está configurada a existência de prazo comum para a prática do ato processual se a intimação dos outros advogados dá-se por publicação da decisão na imprensa oficial e apenas posteriormente a Defensoria Pública é intimada; ou se os outros representantes das partes têm prazo simples e esse já se esgotou, não havendo, pois, qualquer óbice à concessão da vista dos autos fora de secretaria[826].

No comentário ao inciso I vimos que, após a entrada em vigor da LC n. 132/2009, a intimação pessoal passou a ser *mediante vista dos autos*, e que, portanto, a prerrogativa de vista pessoal dos autos fora de Cartórios e Secretarias passou a praticamente funcionar casada com a prerrogativa de intimação pessoal. Diríamos mais: na vida real, essas duas prerrogativas funcionam frequentemente casadas também com a prerrogativa de "manifestação por meio de cotas", prevista no inciso IX dos arts. 44, 89 e 128 desta Lei Orgânica e comentada mais adiante. Tanto que a intimação mediante vista dos autos vem com uma "abertura de vista" própria para que o defensor público, a seguir, registre sua cota.

Contudo, não nos enganemos: a importância da prerrogativa de o defensor público ter vista dos autos longe de seu guardião é enorme, mesmo quando utilizada isoladamente.

Em verdade, não importa se a função institucional que está sendo exercida pelo defensor público é judicial ou extrajudicial nem processual (judicial e administrativo) ou extraprocessual: todas as funções institucionais dependem dessa prerrogativa, embora exercida isoladamente. Ora, mesmo quando se atua extrajudicialmente e, mais além, extraprocessualmente, muitas vezes o defensor público terá de ter vista pessoal de algum processo, judicial ou administrativo, para conhecer de fatos pertinentes ao problema concreto que enfrenta na atividade-fim. Ou seja, ainda que isolada, essa prerrogativa é vital para as funções institucionais da Defensoria Pública e, em última análise, para as liberdades públicas. Não é por acaso, aliás, que a prerrogativa de vista é colocada expressamente nas funções institucionais contidas no inciso V do art. 4º desta Lei Orgânica[827].

---

826 MENEZES, Felipe Caldas. *Defensoria Pública da União*: princípios institucionais, garantias e prerrogativas dos membros e um breve retrato da instituição, p. 17. Disponível em: <http://www.dpu.gov.br/pdf/artigos/artigo_principios_institucionais_Felipe.pdf>. Acesso em: 7 jan. 2013.

827 Art. 4º São funções institucionais da Defensoria Pública, dentre outras: (...) V – exercer, mediante o recebimento dos autos com vista, a ampla defesa e o contraditório em favor de pessoas naturais e jurídicas, em

E o STJ, felizmente, já proferiu julgados reforçando a observância da prerrogativa:

DIREITO PROCESSUAL CIVIL. NECESSIDADE DE CONCESSÃO DO DIREITO DE VISTA À DEFENSORIA PÚBLICA, EM DEMANDA SUBMETIDA AO PROCEDIMENTO SUMÁRIO, ANTES DA DATA DESIGNADA PARA A AUDIÊNCIA DE CONCILIAÇÃO. No procedimento sumário, não pode ser reconhecida a revelia pelo não comparecimento à audiência de conciliação na hipótese em que tenha sido indeferido pedido de vista da Defensoria Pública formulado, dias antes da data prevista para a referida audiência, no intuito de garantir a defesa do réu que somente tenha passado a ser assistido após a citação. O procedimento sumário prevê a necessidade da presença do réu na audiência de conciliação para que, restando infrutífera a tentativa de autocomposição, prossiga-se com a apresentação de contestação, sob pena de decretação da revelia. Dessa forma, na situação em análise, a não concessão de vista dos autos à Defensoria Pública, responsável pela defesa da parte ré, acaba privando esta de seu direito à ampla defesa, ao contraditório e de acesso à Justiça, gerando, assim, evidentes prejuízos, os quais não podem ser desconsiderados. REsp 1.096.396-DF, Rel. Min. Luis Felipe Salomão, julgado em 7-5-2013.

---

(arts. 44, 89 e 128) VIII – examinar, em qualquer repartição pública, autos de flagrantes, inquéritos e processos, assegurada a obtenção de cópias e podendo tomar apontamentos; (Redação dada pela Lei Complementar n. 132, de 2009.)

---

### 20.2.7 *Exame, em qualquer repartição pública, dos autos de flagrantes, de inquéritos e processos, assegurada a obtenção de cópias e podendo tomar apontamentos*

A LC n. 132/09 acrescentou que o defensor público, além de ter a prerrogativa de examinar autos de flagrantes, inquéritos e processos em qualquer repartição pública, possui também a prerrogativa de obter cópias e tomar apontamentos. Assim, o guardião dos autos ou qualquer outro que em nome dele fale não poderá impedir anotações e obtenção de cópias.

Com referência aos acréscimos apontados, bem pontuou Frederico Rodrigues Viana de Lima que "visam mais a esclarecer do que a instituir uma prerrogativa. É que a vedação de obtenção de cópias ou à tomada de apontamentos poderia ser facilmente enquadrada como um obstáculo à proteção dos direitos dos assistidos, em afronta à ampla defesa e ao contraditório"[828]. É isso mesmo: imagine-se o defensor público procurando diversas informações em volumosos autos. Fazê-lo depender exclusivamente da memória é um atentado contra o destinatário do serviço público de assistência jurídica gratuita.

Eventualmente, no cotidiano pode acontecer de alguma autoridade obstaculizar o exercício dessa prerrogativa de exame de autos em razão de restrição disposta na nossa Constituição prevista no trecho transcrito *in fine*: "(...) todos têm direito a receber dos órgãos públicos informações de seu interesse particular, ou de interesse coletivo ou geral, que serão prestadas no prazo da lei, sob pena de responsabilidade, ressalvadas aquelas cujo sigilo seja imprescindível à segu-

---

processos administrativos e judiciais, perante todos os órgãos e em todas as instâncias, ordinárias ou extraordinárias, utilizando todas as medidas capazes de propiciar a adequada e efetiva defesa de seus interesses; (*Redação dada pela Lei Complementar n. 132, de 2009.*)

828 No mesmo sentido: LIMA, Frederico R. Viana de. *Defensoria Pública*. 2. ed. Salvador: JusPodivm, 2011, p. 378.

rança da sociedade e do Estado (...)"[829]. O dispositivo constitucional em questão, de fato, confirma que a regra constitucional é a publicidade, e o sigilo, exceção – o que está de acordo com o regime democrático. Vale mencionar ainda que tal disposição constitucional foi regulamentada inicialmente pela Lei n. 11.111/2005, atualmente revogada pela denominada "Lei de acesso à informação", que é a Lei n. 12.527, de 18 de novembro de 2011, e cuja regulamentação em âmbito federal se deu pelo Decreto n. 7.724, de 16 de maio de 2012.

Pois bem, nesse arcabouço infraconstitucional destaca-se um dispositivo vital para a Defensoria Pública e, em geral, para o sistema de Justiça: "Não poderá ser negado acesso à informação necessária à tutela judicial ou administrativa de direitos fundamentais. (...) As informações ou documentos que versem sobre condutas que impliquem violação dos direitos humanos praticada por agentes públicos ou a mando de autoridades públicas não poderão ser objeto de restrição de acesso"[830]. De qualquer modo, como a vida real é muito mais complicada, é necessário não perder de vista que a lei também prescreve ser "direito do requerente obter o inteiro teor de decisão de negativa de acesso, por certidão ou cópia"[831] – decorrência evidente do princípio republicano.

A prerrogativa em discussão também se conecta diretamente com um velho conhecido dos criminalistas: o problema de acessar autos de inquérito policial com investigações em andamento. Ao apreciar a prerrogativa dos advogados, o STF entende que entre os direitos

> dos quais é titular o indiciado – interessado primário no procedimento administrativo do inquérito policial –, é corolário e instrumento a prerrogativa do advogado de acesso aos autos respectivos, explicitamente outorgada pelo Estatuto da Advocacia (L. 8.906/94, art. 7º, XIV), da qual – ao contrário do que previu em hipóteses assemelhadas – não se excluíram os inquéritos que correm em sigilo: a irrestrita amplitude do preceito legal resolve em favor da prerrogativa do defensor o eventual conflito dela com os interesses do sigilo das investigações, de modo a fazer impertinente o apelo ao princípio da proporcionalidade. (...) A oponibilidade ao defensor constituído esvaziaria uma garantia constitucional do indiciado (CF, art. 5º, LXIII).

O STF fixou nesse precedente, ademais, que o direito do indiciado (investigado, ou mero convocado, seja lá o nome que na prática se dê), por seu advogado, "tem por objeto as informações já introduzidas nos autos do inquérito, não as relativas à decretação e às vicissitudes da execução de diligências em curso (cf. L. 9.296, atinente às interceptações telefônicas, de possível extensão a outras diligências); dispõe, em consequência, a autoridade policial de meios legítimos para obviar inconvenientes que o conhecimento pelo indiciado e seu defensor dos autos do inquérito policial possa acarretar à eficácia do procedimento investigatório. (...)". Adiante, o STF concedeu, de ofício, a ordem de *habeas corpus* "para que aos advogados constituídos pelo paciente se faculte a consulta aos autos do inquérito policial e a obtenção de cópias pertinentes, com as ressalvas mencionadas"[832].

829 CF/88, art. 5º, XXXIII.

830 Lei n. 12.527/2011, art. 21 e o seu parágrafo único.

831 Lei n. 12.527/2011, art. 14.

832 STF. 1ª Turma. HC n. 90.232-AM, Rel. Min. Sepúlveda Pertence, julgamento em 18-12-2006, *DJE* de 2-3-2007. *LEXSTF*, v. 29, n. 340, p. 469-80. Disponível no sítio digital do STF: <www.stf.jus.br>.

Evidentemente, a prerrogativa dos defensores públicos deve ser aplicada de forma idêntica à dos advogados, pois do contrário o cidadão averiguado, ou que já esteja indiciado, seria desigualmente tratado a depender de sua defesa ser particular ou pública. O defensor público, portanto, possui amplo acesso às informações contidas e documentadas nos autos de inquérito policial em andamento, exceto quanto às informações que não tenham sido introduzidas nos autos por ainda estarem em curso investigações atinentes a elas.

Por sinal, a redação da Súmula Vinculante 14 do STF faz referência ao gênero "defensor" justamente para abranger o segmento dos advogados e defensores públicos, conforme se extrai dos debates travados em votação que deu origem à referida súmula[833], cujo enunciado segue transcrito: "É direito do defensor, no interesse do representado, ter acesso amplo aos elementos de prova que, já documentados em procedimento investigatório realizado por órgão com competência de polícia judiciária, digam respeito ao exercício do direito de defesa".

Conquanto polêmico o reconhecimento de poderes investigatórios atribuídos ao Ministério Público, especialmente por promover grande desigualdade entre acusação e defesa – sem adentrarmos em minúcias por incompatível ao objeto de estudo nesta obra –, quando o STF os reconhece também confirma que a prerrogativa de acesso às informações já introduzidas nos autos do inquérito persiste, impondo deveres ao Ministério Público para permitir a concretização do direito do investigado, inclusive[834]. Desse modo, caso o defensor público depare com investigação ministerial conduzida contra seu assistido, a prerrogativa em discussão não pode ser recusada pelo Ministério Público, que possui o dever de permitir amplo acesso às informações contidas e documentadas nos autos de inquérito policial, exatamente como determina a Suprema Corte brasileira.

(arts. 44, 89 e 128) IX – manifestar-se em autos administrativos ou judiciais por meio de cota;

### *20.2.8 Manifestação em autos administrativos ou judiciais por meio de cota*

A respeito dessa prerrogativa, Felipe Caldas Menezes esclarece que a "palavra cota significa anotação que se faz nos autos com o objetivo de informar ou requerer algo. Essa prerrogativa é importante na medida em que, devido ao grande volume de trabalho, os re-

---

833 A formação da Súmula Vinculante 14 do STF está inteiramente disponível no sítio digital do STF. Procurar a súmula na pesquisa de jurisprudência, ou ir direto ao endereço: <http://redir.stf.jus.br/paginadorpub/paginador.jsp?docTP=AC&docID=583755>.

834 STF. 2ª Turma. HCs n. 94.173-BA, 87.610-SC e 90.099-RS, Rel. Min. Celso de Mello, julgamento em 27-10-2009, *DJE* de 26-11-2009 (HC-BA) e 4-12-2009 (HCs SC e RS). Todos disponíveis no sítio digital do STF: <www.stf.jus.br>: "O procedimento investigatório instaurado pelo Ministério Público deverá conter todas as peças, termos de declarações ou depoimentos, laudos periciais e demais subsídios probatórios coligidos no curso da investigação, não podendo, o *Parquet*, sonegar, selecionar ou deixar de juntar, aos autos, quaisquer desses elementos de informação, cujo conteúdo, por referir-se ao objeto da apuração penal, deve ser tornado acessível tanto à pessoa sob investigação quanto ao seu Advogado. O regime de sigilo, sempre excepcional, eventualmente prevalecente no contexto de investigação penal promovida pelo Ministério Público, não se revelará oponível ao investigado e ao Advogado por este constituído, que terão direito de acesso – considerado o princípio da comunhão das provas – a todos os elementos de informação que já tenham sido formalmente incorporados aos autos do respectivo procedimento investigatório".

querimentos mais simples podem ser feitos nos próprios autos do processo, independentemente de petição"[835].

Acrescentamos a essas judiciosas colocações que a presente prerrogativa, ao contrário do que a praxe forense faz parecer, não se confunde com a prerrogativa de "ter vista pessoal dos processos fora dos cartórios e secretarias, ressalvadas as vedações legais".

Conforme explicamos nos comentários ao inciso VII (prerrogativa de vista), normalmente a manifestação em autos por meio de cota é exercida de forma casada com a intimação pessoal mediante vista dos autos. Isto é fato. Todavia, nada impede que um defensor público compareça em Cartório ou Secretaria e, sem intimação pessoal e sem vista dos autos – no sentido de desapossar o guardião dos autos por meio de carga –, escreva sua cota abaixo da tradicional certidão intitulada "vista". É uma prerrogativa, portanto, que subsiste isolada e que realmente facilita a atuação profissional em requerimentos mais simples e, em algumas situações, urgentes. Tecnicamente, portanto, seria mais correto existir uma certidão de abertura de cota por ser possível cota sem vista: porém, conforme nossa citação de Celso Agrícola Barbi nos comentários do inciso VII (art. 128) ou VI (art. 44 ou 89), não há mesmo rigor terminológico na praxe forense.

Se a cota, em si, permite o exercício funcional mais ágil pelo defensor público, potencializando tal agilidade quando a prerrogativa de manifestação por cota é utilizada de forma casada com intimação pessoal mediante vista, não é menos verdade que a vida dos Cartórios e Secretarias também é facilitada, já que não há necessidade de juntada de petições – lembremos que alguns Cartórios e Secretarias chegam a demorar meses para executar essa simples tarefa –, vez que a cota já retorna devidamente encartada nos autos. Ademais, intimação pessoal mediante vista prescinde de mandados de intimação e petições com pedidos de vista a serem juntados em autos a serem conclusos (termo que significa ida dos autos ao Juiz). Assim, é possível afirmar que, embora tais prerrogativas estejam vinculadas ao cargo de defensor público e sirvam à cidadania, esse conjunto de predicamentos permite maior eficácia do sistema de Justiça como um todo.

Embora tenhamos tratado principalmente dessa prerrogativa em juízo, não se deve esquecer que *ela se estende ao âmbito administrativo.*

Finalmente, devemos observar que "as cotas marginais e interlineares são proibidas (art. 202 do CPC), bem como o art. 192 (uso do vernáculo), do CPC, devem ser respeitadas"[836]. Essas regras processuais gizam o raio de exercício da presente prerrogativa visando a manutenção da ordem geral dos autos, a qual deve existir como garantia de uma prestação jurisdicional de qualidade minimamente aceitável.

---

835 MENEZES, Felipe Caldas. *Defensoria Pública da União*: princípios institucionais, garantias e prerrogativas dos membros e um breve retrato da Instituição, p. 17. Disponível em: <http://www.dpu.gov.br/pdf/artigos/artigo_principios_institucionais_Felipe.pdf>. Acesso em: 7 jan. 2013.

836 MENEZES, Felipe Caldas. *Defensoria Pública da União*: princípios institucionais, garantias e prerrogativas dos membros e um breve retrato da Instituição, p. 17. Disponível em: <http://www.dpu.gov.br/pdf/artigos/artigo_principios_institucionais_Felipe.pdf>. Acesso em: 7 jan. 2013.

(arts. 44, 89 e 128) X – requisitar de autoridade pública ou de seus agentes exames, certidões, perícias, vistorias, diligências, processos, documentos, informações, esclarecimentos e providências necessárias ao exercício de suas atribuições;

### 20.2.9 *Requisição de autoridade pública ou de seus agentes exames, certidões, perícias, vistorias, diligências, processos, documentos, informações, esclarecimentos e providências necessárias ao exercício de suas atribuições*

Entendamos, inicialmente, o desenho básico da requisição clássica que é comentada a granel pela doutrina de Direito Público. Nas lições de Geraldo Ataliba:

> A palavra requisição, no direito brasileiro, é muito forte. É termo técnico-jurídico do direito constitucional positivo, embora implícito, tradicionalmente aplicado ao uso compulsório da propriedade privada (móveis e imóveis) pela Administração em casos de guerra ou "perigo público" (calamidades, convulsões, etc.). O instituto está abrigado pelos preceitos dos arts. 5º, XXV; 91, parágrafo 1º, III; 136, 139, VII (único caso em que é explicitamente empregada a palavra). (...) dado o cunho de urgência dos pressupostos que a justificam, em regra resultam de decisões autoexecutáveis, de autoridades administrativas, ficando o inafastável controle de legalidade, pelo Judiciário (...). O instituto da requisição administrativa é bem conhecido e estudado pela doutrina brasileira e fartamente tratado pela jurisprudência. É ensinamento autorizado: "Requisição é o ato administrativo de tomada compulsiva, para utilização no interesse coletivo, de bem de particular, com devolução posterior, compondo os prejuízos prefixados ou efetivos, sofridos em consequência dessa perda transitória de seu uso próprio" (Oswaldo Aranha Bandeira de Mello, Princípios gerais de direito administrativo, vol. I, p. 560)[837].

Mais concisamente, Celso Antônio Bandeira de Mello conceitua requisição como "ato pelo qual o Estado, em proveito de um interesse público, constitui alguém, de modo unilateral e autoexecutório, na obrigação de prestar-lhe um serviço ou ceder-lhe transitoriamente o uso de uma coisa in natura, obrigando-se a indenizar os prejuízos que tal medida efetivamente acarretar ao obrigado"[838]. E Maria Sylvia Zanella Di Pietro adverte que

> em suas origens no direito brasileiro, só se admitiam as requisições em tempo de guerra ou de comoção intestina (art. 80 da Constituição de 1891 e art. 591 do Código Civil de 1916). As Constituições de 1934, 1946 e a de 1967 previam a competência da União para legislar sobre requisições civis e militares em tempo de guerra. (...) Mais recentemente, passaram-se a admitir, visando à intervenção no domínio econômico, as requisições em tempo de paz, autorizadas pela Lei Delegada n. 4, de 26-9-1962, regulamentada pelo Decreto n. 51.644/A, de 26-11-1962, referente às requisições de bens e serviços, e pelo Decreto-lei n. 2, de 14-11-1966, regulamentado pelo Decreto n. 57.844, de 18-2-1966, referente às requisições de bens ou serviços essenciais ao abastecimento da população. Ambas são de competência da SUNAB[839].

---

837 ATALIBA, Geraldo. Requisição do Ministério Público a Juiz: relações entre órgãos constitucionais autônomos, *Revista Trimestral de Direito Público*, n. 2, abril-junho, 1993, item 7, p. 124.

838 MELLO, Celso Antônio Bandeira de. *Curso de direito administrativo*. 18. ed. São Paulo: Malheiros, 2005. Capítulo XVI, p. 831-2.

839 DI PIETRO, Maria Sylvia Zanella. *Direito administrativo*. 17. ed. São Paulo: Atlas, 2004. Item 6.7, p. 130-31.

Esse quadro geral nos revela a natureza de ato administrativo da requisição, o que a torna possuidora dos consequentes atributos e, concomitantemente, exige seu exercício em observância aos princípios de Direito Público. Revela, ademais, que os poderes de requisição administrativa atribuídos à Defensoria Pública (e ao Ministério Público) são desdobramentos da crescente expansão desse poder em tempos de paz, como efeito de um Estado que, atento à indivisibilidade dos direitos humanos, também interfere na liberdade para atingir os objetivos da República.

Entretanto, especificamente no bojo da Defensoria Pública, que contornos a requisição administrativa ganha para servir às suas funções institucionais?

**Requisição como ato administrativo**

Inicialmente, cabe frisar que a doutrina dedicada ao estudo da Defensoria Pública realça a *natureza de ato administrativo da requisição* – seguindo os passos da doutrina clássica que trata do instituto original –, extraindo, daí, os atributos próprios desse tipo de ato e outras consequências.

Focando esse ângulo, Sílvio Roberto Mello Moraes esclarece que "a requisição envolve uma ordem, que deve ser cumprida pelo seu destinatário, salvo se for flagrantemente ilegal. O desatendimento de requisição formulada por membro da Defensoria Pública da União [na verdade de todas as Defensorias], no exercício de suas atribuições, sujeita o seu destinatário às sanções penais e administrativas cabíveis"[840]. Guilherme Peña de Moraes a distingue de "requerimento" nos seguintes termos: "Requisição é exigência legal, enquanto que requerimento é solicitação de algo permitido por lei". Discorrendo, a partir dessa conceituação, sobre os efeitos da requisição, conclui: "Por conseguinte, não poderão as autoridades públicas ou seus agentes deixar de atender às requisições dos Defensores Públicos, desde que lhe sejam fornecidos os dados suficientes para persecução, sob pena de desobediência, sem prejuízo de eventuais sanções disciplinares (...)"[841]. Em suma, como bem sintetiza Felipe Caldas Menezes, a requisição "constitui ordem, ato administrativo dotado de imperatividade e autoexecutoriedade, cujo destinatário somente pode escusar-se de cumprir quando for flagrantemente ilegal"[842].

**Descumprimento da requisição**

Em se tratando de particular – na hipótese de se tratar de atividade delegada – o descumprimento da requisição implica a possibilidade de sanção penal.

Entendemos que o crime configurado não será o de desobediência, mas o de prevaricação.

Com efeito, o tipo penal de *desobediência*, que é regido – como todos os tipos penais – pela legalidade estrita, só pode ser praticado por particular contra a administração em geral[843]; jamais pelo servidor público no exercício de suas atribuições.

840 MORAES, Sílvio Roberto Mello. *Princípios institucionais da Defensoria Pública*. São Paulo: RT, 1995, p. 102.

841 MORAES, Guilherme Peña de. *Instituições da Defensoria Pública*. São Paulo: Malheiros, 1999. Cap. XIV, p. 288.

842 MENEZES, Felipe Caldas. *Defensoria Pública da União*: princípios institucionais, garantias e prerrogativas dos membros e um breve retrato da instituição, p. 18. Disponível em: <http://www.dpu.gov.br/pdf/artigos/artigo_principios_institucionais_Felipe.pdf>. Acesso em: 7 jan. 2013.

843 Confira: CP, Título XI, Cap. II, art. 330.

Desse modo, no Código Penal o tipo em tese mais adequado é o da *prevaricação*[844], até por se tratar de crime praticado por servidor público contra a administração em geral.

Devemos ainda abrir nossos olhos para as sanções contidas na denominada "Lei de Acesso à Informação", Lei n. 12.527, de 18 de novembro de 2011, além da própria Lei de Improbidade Administrativa – as quais podem se mostrar eventualmente mais efetivas, ou pelo menos se constituírem boas alternativas à via penal.

**A finalidade da requisição**

Qual é a finalidade dessa prerrogativa de requisição para a Defensoria Pública? Eis uma boa reflexão que decorre da rotina de atuação:

> (...) quando falta à pessoa necessitada atendimento médico de toda natureza; quando lhe falta a digna morada – algumas tão vulneráveis e perigosas quanto antigas cavernas de nossos ancestrais; quando lhe falta o socorro em tragédias familiares, com lágrimas de agressões, abandonos, perdas de entes queridos e necessários, seja por morte natural ou social; quando lhe bate o desespero pela ausência de vagas em creches, escolas, ou pela falta de alimentação minimamente decente; quando lhe falta o respeito à preferência legal concedida a pessoas deficientes, idosos, mulheres gestantes, ou com crianças de colo; etc., eis que a Defensoria Pública surge como sua última esperança. E na grata luta – porém muitas vezes impopular – de garantir todo este universo de mínimo existencial ao necessitado, está o Defensor Público que, dentre outras prerrogativas legais, está autorizado a "requisitar de autoridade pública ou de seus agentes exames, certidões, perícias, vistorias, diligências, processos, documentos, informações, esclarecimentos e providências necessárias ao exercício de suas atribuições"[845].

Como se vê, a finalidade da requisição é trazer subsídios ao defensor público para que possa bem se desincumbir de suas funções institucionais – seja ela qual for.

Consulte o leitor, com calma, as amplas funções institucionais da Defensoria Pública e, depois, imagine o exercício dessas funções sem o lastro do poder de requisitar certidões, perícias, informações, esclarecimentos, providências outras etc.

Não sem razão, Corgosinho salienta que o poder de requisição é uma das prerrogativas mais importantes dos membros da Defensoria Pública no exercício de suas atribuições[846]. Basta notar que se torna impossível a defesa de direitos e garantias fundamentais do cativo se o defensor público depender de favor da autoridade custodiante e de seus superiores hierárquicos; impos-

---

844 CP, Título X, Cap. II, art. 319: "Retardar ou deixar de praticar, indevidamente, ato de ofício, ou praticá-lo contra disposição expressa de lei, para satisfazer interesse ou sentimento pessoal: Pena – detenção, de três meses a um ano, e multa".

845 ZVEIBIL, Daniel Guimarães; ALBUQUERQUE, Daniela Skromov de; PEREIRA, Felipe Pires; Novaes, MARCELO CARNEIRO; BUOSI, Tiago Augusto Bressan. " – Como assim? Defensores Públicos com 'superpoderes'?", *APADEP em notícias*, n. 15, ano III, maio-junho de 2010, p. 5. Disponível em: <http://content.yudu.com/Library/A1ofz3/RevistaApadepemNotci/resources/index.htm?referrerUrl=http%3A%2F%2Fwww.yudu.com%2Fpublish%2Ffinish_now%2F170611>. Acesso em: 10 jan. 2013.

846 CORGOSINHO, Gustavo. *Defensoria Pública*: princípios institucionais e regime jurídico. Belo Horizonte: Dictum, 2009. Item 3.9.4, p. 160.

sível a defesa do meio ambiente, se depender de favor dos órgãos a quem compete esta matéria e dos órgãos que poderiam realizar perícias e outros estudos; impossível abraçar atividades judiciais e extrajudiciais sem certidões e outros documentos indispensáveis para prevenir conflitos ou resolvê-los de modo legítimo etc. Por isso é forçoso concluir

> que não se trata de conceder ao cargo de Defensor Público "superpoderes" ou "prerrogativas luxuosas e desnecessárias", mas de conceder poderes suficientes à realização de sua pedregosa tarefa constitucional no contexto do século XXI, o que inclui, quando necessário, enfrentar o colosso legislativo e o mastodonte da burocracia administrativa pelo Poder Judiciário ou, às vezes, até diretamente; e detalhe: em defesa de grupos populacionais cujos antepassados, muitos deles, sequer acessaram a Justiça alguma vez na vida ou, quando acessaram, fizeram-no como réus em processos criminais[847].

**Objeto da requisição e rol exemplificativo**

Quanto ao objeto da requisição, parece-nos que o texto legal não é taxativo, pois é concluído com a fórmula legal "e providências necessárias ao exercício de suas atribuições"[848].

Sendo assim, se o defensor público não conseguir "encaixar" a requisição em nenhuma das providências especificadas poderá usar a prerrogativa pela *fórmula final aberta.*

Um exemplo real de que tivemos conhecimento aconteceu em sede de plantão judiciário: surgiu uma mulher vítima de violência doméstica, tendo sido o marido preso em poder de uma faca após invadir a casa da ex-esposa, agredindo-a e ao filho de 2 (dois) anos, ameaçando-os de morte e dizendo que colocaria fogo na casa. A autoridade policial plantonista apenas registrou o boletim de ocorrência e não tomou nenhuma das medidas previstas no art. 12 da Lei Maria da Penha[849]. O órgão do Ministério Público plantonista não estava convencido da necessidade de prisão preventiva desse ex-marido, que se requereu com base nos arts. 20 da Lei Maria da Penha[850],

847 ZVEIBIL, Daniel Guimarães; ALBUQUERQUE, Daniela Skromov de; PEREIRA, Felipe Pires; Novaes, MARCELO CARNEIRO; BUOSI, Tiago Augusto Bressan. " – Como assim? Defensores Públicos com 'superpoderes'?", *APADEP em notícias*, n. 15, ano III, maio-junho de 2010, p. 5. Disponível em: <http://content.yudu.com/Library/A1ofz3/RevistaApadepemNotci/resources/index.htm?referrerUrl=http%3A%2F%2Fwww.yudu.com%2Fpublish%2Ffinish_now%2F170611>. Acesso em: 10 jan. 2013.

848 No mesmo sentido: LIMA, Frederico R. Viana de. *Defensoria Pública*. 2. ed. Salvador: JusPodivm, 2011, p. 348-49.

849 Lei n. 11.340/2006, art. 12: "Em todos os casos de violência doméstica e familiar contra a mulher, feito o registro da ocorrência, deverá a autoridade policial adotar, de imediato, os seguintes procedimentos, sem prejuízo daqueles previstos no Código de Processo Penal: I – ouvir a ofendida, lavrar o boletim de ocorrência e tomar a representação a termo, se apresentada; II – colher todas as provas que servirem para o esclarecimento do fato e de suas circunstâncias; III – remeter, no prazo de 48 (quarenta e oito) horas, expediente apartado ao juiz com o pedido da ofendida, para a concessão de medidas protetivas de urgência; IV – determinar que se proceda ao exame de corpo de delito da ofendida e requisitar outros exames periciais necessários; V – ouvir o agressor e as testemunhas; VI – ordenar a identificação do agressor e fazer juntar aos autos sua folha de antecedentes criminais, indicando a existência de mandado de prisão ou registro de outras ocorrências policiais contra ele; VII – remeter, no prazo legal, os autos do inquérito policial ao juiz e ao Ministério Público".

850 Lei n. 11.340/2006, art. 20: "Em qualquer fase do inquérito policial ou da instrução criminal, caberá a prisão preventiva do agressor, decretada pelo juiz, de ofício, a requerimento do Ministério Público ou mediante representação da autoridade policial".

282, I[851], e 313, III, do CPP[852]. Aproximando-se o plantão de seu final, tendo em vista que o órgão do Poder Judiciário não decretaria a prisão e nem cobraria da autoridade policial explicações quanto ao não cumprimento do aludido art. 12 da Lei Maria da Penha – e o Ministério Público também indicava que não o faria –, o órgão da Defensoria Pública elaborou um ofício requisitando cópias das peças previstas neste art. 12 (que se encaixa na providência de requisição de documentos) e, na hipótese de não haver tais documentos, que a autoridade policial observasse o art. 12 e remetesse cópias também para a Defensoria Pública – na prática, incidiria na cláusula aberta de requisição. Chegando ao final do plantão, no entanto, o ofício da Defensoria tornou-se dispensável porque o Judiciário decidiu determinar a prisão preventiva e cobrar da autoridade policial o cumprimento do art. 12 da Lei Maria da Penha.

Implicitamente já o dissemos, mas *a requisição deve ser feita somente com vistas ao exercício de funções institucionais da Defensoria Pública*, pois é uma decorrência lógica do princípio republicano, e o desvio de poder ou de finalidade é passível de controle judicial além de responsabilização do defensor.

**Destinatários da requisição**

Quanto aos destinatários, parece-nos fora de dúvida que autoridade pública e seus agentes, todos do Poder Executivo, devem cumprir as requisições.

Frederico Rodrigues Viana de Lima, transcrevendo Hely Lopes Meirelles, explica que "por autoridade entende-se a pessoa física investida de poder de decisão dentro da esfera de competência que lhe é atribuída pela norma legal", e que o agente "não pratica atos decisórios, mas simples atos executórios, e, por isso, não responde a mandado de segurança, pois é apenas executor de ordem superior"[853]. Em nossa visão, a Lei Orgânica nacional fala também em "agentes" da autoridade a fim de que não se coloque o empecilho de argumentar a necessidade de "autorização superior para atendimento da requisição" ou de "consulta prévia à autoridade pública". Nesse sentido, a lei foi feliz. O Poder Executivo deve atender às requisições porque, conforme explica Geraldo Ataliba, ele

> é mero executor das leis. É administrador. (...) Administrar é cuidar de coisa alheia e obedecer à vontade do povo, conjunto de cidadãos (Ruy Cirne Lima). (...) É poder controlado e fiscalizado politicamente pelo Legislativo e controlado juridicamente pelo Judiciário. Não repugna, assim, que deva atender a tais requisições, mesmo porque é o detentor do tesouro, o zelador dos bens públicos, sociais e coletivos e tem a responsabilidade de produzir a utilidade pública em todos os setores (Ruy Cirne Lima) não reservados à iniciativa privada[854].

---

851 CPP, art. 282, I: "As medidas cautelares previstas neste Título deverão ser aplicadas observando-se a: I – necessidade para aplicação da lei penal, para a investigação ou a instrução criminal e, nos casos expressamente previstos, para evitar a prática de infrações penais".

852 CPP, art. 313, III: "Nos termos do art. 312 deste Código, será admitida a decretação da prisão preventiva: (...) se o crime envolver violência doméstica e familiar contra a mulher, criança, adolescente, idoso, enfermo ou pessoa com deficiência, para garantir a execução das medidas protetivas de urgência".

853 LIMA, Frederico R. Viana de. *Defensoria Pública*. 2. ed. Salvador: JusPodivm, 2011, p. 347.

854 ATALIBA, Geraldo. Requisição do Ministério Público a Juiz: relações entre órgãos constitucionais autônomos, *Revista Trimestral de Direito Público*, n. 2, abril-junho, 1993. Item 14, p. 129.

Sem falar que *o defensor público não está adstrito à esfera federativa* para o exercício da prerrogativa de requisição, pois o texto legal desse inciso X não faz tal distinção e, ademais, em nosso entendimento, essa limitação seria desarrazoado porque, a despeito da autonomia constitucional entre as esferas federativas, indubitavelmente trabalham conectadas na atividade administrativa havendo até mesmo repasse de verbas orçamentárias por força do ordenamento vigente. Em uma palavra: a quebra do poder de requisição por esferas federativas diminuiria muito o raio de ação da Defensoria Pública, não fazendo frente especialmente às responsabilidades jurídicas solidárias entre as esferas de União, Estados, Distrito Federal e Municípios.

Frederico Rodrigues Viana de Lima, a propósito, também ressalta quanto aos demais Poderes: "Consigne-se ainda que o conceito de autoridade pública e de agente não é restrito ao Poder Executivo, pois também se encontram abrangidas autoridades agentes dos Poderes Legislativo ou Judiciário"[855]. Algumas ponderações devemos fazer.

Quando o objeto de requisição diz respeito a informações, *nenhum dos Poderes pode se recusar prestá-las como consequência natural do dever de transparência* previsto na Constituição e regulamentado pela Lei de Acesso à Informação, n. 12.527/2012[856]. E, a nosso ver, se o dever de prestação de informações inclui a atividade-fim de poderes e órgãos distintos do Poder Executivo – a não ser que a legislação restrinja a informação –, com muito mais razão tal dever abrange a atividade administrativa.

Todavia, quando saímos da requisição de informações e abordamos os outros objetos da requisição, a situação não é tão simples.

A nosso ver, um sério delimitador quanto à obrigatoriedade das requisições diz respeito às próprias funções institucionais da Defensoria. Um exemplo extremado para iniciar a discussão: o próprio STF não pode produzir uma lei no lugar do Legislativo omisso; e a Defensoria Pública, como função essencial à Justiça, a fortiori não pode mais que o mandado de injunção. Indo para outro exemplo, assim como o Ministério Público não poderia requisitar ao defensor público que seguisse a linha de defesa $\alpha$ em determinado processo, porque esbarraria na autonomia constitucional da Defensoria Pública e na independência funcional do cargo de defensor público, também não poderia o defensor público dirigir requisição a promotor de justiça para providência em sua respectiva atividade-fim, como, por exemplo, "ajuíze ação civil pública neste caso", ou "determine instauração de inquérito policial naquele outro caso" etc. Pelas mesmas razões, caberá ao promotor de justiça apurar se entende cabíveis, ou não, as providências.

Geraldo Ataliba, a propósito, escreveu estudo muito interessante sobre os limites do poder de requisição do Ministério Público – bastante útil para nossa reflexão.

O estudo aborda um caso concreto em que o promotor de justiça endereçou cota ao juiz, porém dirigiu indiretamente uma requisição ao escrivão do cartório judicial, que é subordinado obviamente ao juiz. Na conclusão de seu parecer, Geraldo Ataliba condenou essa prática, argumentando que

---

855 LIMA, Frederico R. Viana de. *Defensoria Pública*..., cit., p. 347.

856 Cf. arts. 1º, 3º, 4º e 6º.

a harmonia do sistema jurídico (harmonia essa estabelecida a partir de princípios e regras constitucionais que dão eminência, por suas funções, aos Poderes Judiciário e Legislativo) não permite considerar isoladamente a previsão de requisição (art. 129, VI, CF), mas postula compatibilização com os mesmos. Disso resulta que o Judiciário, no exercício da jurisdição, só recebe petições; jamais ordens coativas concretas. Mesmo porque, no instante em que isso pudesse ocorrer, sua autoridade e soberania estariam irremediavelmente comprometidas.

O que seria particularmente grave, na medida em que o eminente publicista esclarece que o Estado de direito caracteriza-se pela submissão do próprio Estado à jurisdição, como parte, em igualdade de condições com outras partes, seguindo daí que "nesse sistema a independência do Judiciário foi posta como maior"[857].

Assim, o sistema de freios e contrapesos também é um importante delimitador da atividade requisitória.

Por falar em sistema de freios e contrapesos, se a requisição ora analisada é uma prerrogativa da Defensoria Pública, a análise acerca de sua pertinência compete a esta instituição e não a terceiros. Num caso envolvendo o Ministério Público – indubitavelmente aplicável à Defensoria – o STJ decidiu que a análise prévia relativa à importância ou não da informação requisitada cabe apenas ao MP, não podendo o Judiciário interferir nessa análise: **RMS 33392-PE**, 1ª Turma, min. Benedito Gonçalves.

Por fim, há outro julgado relevante que traça limites à requisição, no sentido de ela não ter o condão de servir para o deslocamento de réus presos:

> RHC 47889 / RJ Relator(a) Ministro JORGE MUSSI (1138)
> QUINTA TURMA Data do Julgamento 10/06/2014
> Ementa
> RECURSO ORDINÁRIO EM *HABEAS CORPUS*. ROUBO CIRCUNSTANCIADO (ARTIGO 157, § 2º, INCISOS I E II, DO CÓDIGO PENAL). RÉU PRESO. PEDIDO DE REQUISIÇÃO PARA ENTREVISTA PESSOAL COM DEFENSOR PÚBLICO. AUSÊNCIA DE PREVISÃO LEGAL. INCUMBÊNCIA DA DEFENSORIA PÚBLICA. INTELIGÊNCIA DA LEI COMPLEMENTAR 80/1994. CONSTRANGIMENTO ILEGAL NÃO CARACTERIZADO. DESPROVIMENTO DO RECURSO.
> 1. **Não há, no Código de Processo Penal qualquer exigência no sentido de que o réu preso seja requisitado para entrevista pessoal com o defensor público**, sendo que o artigo 185 do referido diploma legal apenas garante ao acusado preso o direito à prévia entrevista pessoal com o seu defensor antes da realização do interrogatório ou de outros atos processuais que dependam da sua participação. 2. Os artigos 4º, inciso XVII e § 11, e 108, inciso IV, da Lei Complementar 80/1990, prevêem como função institucional da Defensoria Pública a atuação nos estabelecimentos policiais, penitenciários e de internação de adolescentes, garantindo aos indivíduos ali recolhidos o pleno exercício de seus direitos e garantias fundamentais. 3. **Não se revela possível a transferência de um ônus da Defensoria Pública ao Poder Judiciário, razão pela qual inexiste nulidade em razão da ausência de requisição, pelo magistrado, de acusado preso para que possa se entrevistar previamente com seu patrono, a fim de que este colha elementos para subsidiar o oferecimento de resposta à acusação.** Precedentes. 4. Recurso improvido.

857 ATALIBA, Geraldo. Requisição do Ministério Público a Juiz: relações entre órgãos constitucionais autônomos, *Revista Trimestral de Direito Público*, n. 2, abril-junho, 1993, p. 123, 126 e 129.

**Requisição em face de particulares**

Geraldo Ataliba pondera que a requisição administrativa é instituto que se aplica "a agentes públicos, atingindo outros agentes, ou órgãos públicos, ou pessoas privadas"[858].

No caso da Defensoria Pública, entretanto, sua Lei Orgânica nacional *não autorizou expressamente requisições dirigidas a particulares*. No entanto, não quer dizer que a Defensoria Pública não possa dirigir requisição a particulares "que exerçam atividades delegadas do Poder Público, de que são exemplo os Diretores de Faculdades privadas e os concessionários de serviço público" – conforme análise perspicaz de Frederico Rodrigues Viana de Lima[859]. Nessa linha, Corgosinho adverte que "o exercício do poder de requisição do Defensor Público, nos termos da lei, está limitado aos agentes públicos, autoridades policiais, e órgãos públicos, cabendo, quanto às demais hipóteses não previstas em lei, a ação cautelar de produção antecipada de prova e/ou exibição de documento, na forma do Código de Processo Civil"[860].

(arts. 44, 89 e 128) XI – representar a parte, em feito administrativo ou judicial, independentemente de mandato, ressalvados os casos para os quais a lei exija poderes especiais;

### *20.2.10 Representação da parte, em feito administrativo ou judicial, independentemente de mandato, ressalvados os casos para os quais a lei exija poderes especiais*

Quanto à presente prerrogativa, Humberto Peña de Moraes e José Fontenelle T. da Silva apontam que se trata de consequência da institucionalização da assistência jurídica como órgão do Poder Público, nos seguintes termos:

> De fato, o vínculo mantido entre o membro do órgão público encarregado de dinamizar a assistência judiciária e o juridicamente necessitado deflui da dicção da lei, e a investidura do agente no cargo e não da outorga de mandato. É um liame de natureza público-estatutária, exsurgente da legislação que estabelece a estrutura de órgão, comete atribuições específicas e disciplina as atividades dos seus componentes e não de natureza privatístico-contratural[861].

Sílvio Roberto Mello Moraes, corretamente, acrescenta que "hoje pode-se asseverar que tal vínculo deriva do próprio texto constitucional"[862].

Peña e Fontenelle, em nosso modo de ver, seguiram uma linha bastante consistente quanto à justificativa da presente prerrogativa. Basta lembrarmos que o responsável constitucional

858 ATALIBA, Geraldo. Requisição do Ministério Público a Juiz: relações entre órgãos constitucionais autônomos, *Revista Trimestral de Direito Público*, n. 2, abril-junho, 1993, item 7, p. 124.

859 No mesmo sentido: LIMA, Frederico R. Viana de. *Defensoria Pública*. 2. ed. Salvador: Juspodivm, 2011. p. 345-46.

860 CORGOSINHO, Gustavo. *Defensoria Pública*: princípios institucionais e regime jurídico. Belo Horizonte: Dictum, 2009. Item 3.9.4, p. 161.

861 MORAES, Humberto Peña de; SILVA, José Fontenelle T. da. *Assistência judiciária*: sua gênese, sua história, e a função protetiva do Estado. 2. ed. Rio Janeiro: Liber Juris, 1984. Item 4.15, p. 153.

862 MORAES, Sílvio Roberto Mello. *Princípios institucionais da Defensoria Pública*. São Paulo: RT, 1995, p. 106.

pelo acesso à Justiça aos necessitados é o órgão público da Defensoria Pública, e o vínculo do necessitado em relação ao serviço público de assistência jurídica integral e gratuita se dá com a Defensoria, portanto.

É esse vínculo que explica a exclusão do contrato de mandato, porque a Defensoria Pública não pode escolher seus casos ao modo do profissional liberal, que, segundo Henri Robert, "conserva toda sua liberdade para aceitar ou recusar uma causa. Ele depende apenas de sua consciência e de seu sentimento de justiça"[863]. Em uma palavra, a Defensoria Pública cumpre um dever estatal; um dever-poder como ensina Bandeira de Mello[864]. E ao assistido sempre deve ser oportunizada a contratação de advogado de sua confiança previamente à atuação da Defensoria Pública, sob pena de nulidade:

> HC 291118 / RR
> Relator(a) Ministro JORGE MUSSI – QUINTA TURMA – Data do Julgamento 05/08/2014
> Ementa
> *HABEAS CORPUS*. IMPETRAÇÃO ORIGINÁRIA. SUBSTITUIÇÃO AO RECURSO ORDINÁRIO. IMPOSSIBILIDADE. RESPEITO AO SISTEMA RECURSAL PREVISTO NA CARTA MAGNA. NÃO CONHECIMENTO. ESTUPRO (ARTIGO 213, COMBINADO COM O ARTIGO 224, ALÍNEA "A", DO CÓDIGO PENAL). INÉRCIA DO ADVOGADO CONSTITUÍDO EM OFERECER ALEGAÇÕES FINAIS. **ENCAMINHAMENTO DOS AUTOS À DEFENSORIA PÚBLICA SEM A ANTERIOR INTIMAÇÃO DO ACUSADO PARA NOMEAR OUTRO CAUSÍDICO DE SUA CONFIANÇA. OFENSA AO PRINCÍPIO DA AMPLA DEFESA. EXPEDIÇÃO DE ALVARÁ DE SOLTURA**. CONCESSÃO DA ORDEM DE OFÍCIO.
> Em respeito às garantias constitucionais ao contraditório e à ampla defesa, esta Corte Superior de Justiça tem decidido que, verificada a inércia do profissional constituído, configura cerceamento de defesa a nomeação direta de defensor dativo sem que antes seja dada oportunidade ao acusado constituir novo advogado de sua confiança. 2. No caso dos autos, depreende-se que, embora devidamente intimado, o advogado constituído pelo paciente quedou-se inerte, deixando fluir *in albis* o prazo para o oferecimento das alegações finais, tendo o magistrado singular encaminhado os autos diretamente à Defensoria Pública sem oportunizar ao acusado o direito de nomear outro patrono, o que caracteriza cerceamento de defesa. 3. Tendo em vista que o paciente permaneceu em liberdade durante o trâmite da instrução processual, é imperiosa a determinação de expedição de alvará de soltura em seu favor, diante da notícia de que a sua prisão decorre do trânsito em julgado da condenação ora anulada.

Consoante a justificativa nuclear para a lei autorizar que o defensor público represente a parte sem a conclusão de um contrato de mandato, fica claro que *tal autorização não é uma*

---

863 ROBERT, Henri. *O advogado*. São Paulo: Martins Fontes, 1997. Cap. 11 (Os advogados políticos), p. 99.

864 "(...) a atividade administrativa é desempenho de 'função'. Tem-se função apenas quando alguém está assujeitado ao dever de buscar, no interesse de outrem, o atendimento de certa finalidade. Para desincumbir-se de tal dever, o sujeito de função necessita manejar poderes, sem os quais não teria como atender à finalidade que deve perseguir para a satisfação do interesse alheio. (...) Segue-se que tais poderes são instrumentais: servientes do dever de bem cumprir a finalidade a que estão indissoluvelmente atrelados. Logo, aquele que desempenha função tem, na realidade, deveres-poderes. Não 'poderes', simplesmente. Nem mesmo satisfaz configurá-los como 'poderes-deveres', nomenclatura divulgada a partir de Santi Romano" (MELLO, Celso Antônio Bandeira de. *Curso de direito administrativo*. 18. ed. São Paulo: Malheiros, 2005. Cap. II (Princípios de Direito administrativo brasileiro), p. 88-9).

*prerrogativa, mas um dever da Defensoria Pública* – que, insista-se, não pode se negar a ser representante do necessitado no processo, porque não é um órgão titular do direito de aceitar, ou não, um contrato de mandato ao modo do profissional liberal.

Cumpre alertar que o exercício desse dever-poder, por óbvio, exclui da prestação de assistência jurídica medidas e ações manifestamente incabíveis ou inconvenientes aos interesses dos assistidos, o que vale dizer: esse dever-poder de prestar assistência jurídica integral e gratuita não neutraliza o legítimo exercício da independência funcional dos órgãos de execução da Defensoria Pública. Ademais, esse dever-poder também permite filtragem do atendimento pela apuração de hipossuficiência; mais do que isto: impõe tal filtragem, pois as atribuições são dirigidas aos necessitados.

Por fim, e mais um argumento a justificar a exclusão do contrato de mandato, eventualmente a atuação da Defensoria ocorrerá independentemente da anuência declarada do assistido:

> RHC 48591 / RJ
> Relator(a) Ministro JORGE MUSSI- QUINTA TURMA
> Data do Julgamento
> 09/09/2014
> Ementa
> RECURSO ORDINÁRIO EM *HABEAS CORPUS*. PORTE ILEGAL DE ARMA DE FOGO DE USO PERMITIDO E RESTRITO (ARTIGOS 14 E 16 DA Lei n. 10.826/2003). **ADVOGADO DO RÉU QUE SE AUSENTOU INJUSTIFICADAMENTE DO LOCAL DA AUDIÊNCIA ANTES DO SEU INÍCIO. RÉU QUE SE RETIROU DO LOCAL APÓS SER INFORMADO QUE SERIA PATROCINADO POR DEFENSOR PÚBLICO NO ATO**. DECRETAÇÃO DA **REVELIA**. INTELIGÊNCIA DO **ARTIGO 367** DO CÓDIGO DE PROCESSO PENAL. NULIDADES NÃO CARACTERIZADAS. DESPROVIMENTO DO RECLAMO.
> 1. Não obstante o acusado tenha o direito de constituir defensor de sua confiança, na hipótese a Defensoria Pública foi nomeada apenas para atuar em audiência de instrução e julgamento na qual o advogado contratado pelo paciente, devidamente intimado, deixou o local antes do início do ato de forma injustificada.
> 2. Da mesma forma, não se constata qualquer ilegalidade na decretação da revelia do acusado que, devidamente citado e intimado da audiência, dela se retira sem qualquer justificativa plausível, uma vez que tal procedimento encontra amparo no artigo 367 da Lei Penal Adjetiva.
> 3. O artigo 565 do Código de Processo Penal preceitua que "nenhuma das partes poderá argüir nulidade a que haja dado causa, ou para que
> tenha concorrido, ou referente a formalidade cuja observância só à parte contrária interesse".
> 4. Recurso improvido.

A esta altura é justa a seguinte indagação: mas por que motivo, afinal, esse dever-poder da Defensoria Pública, quando focado em âmbito celular – isto é, no campo do defensor público – torna-se uma prerrogativa do cargo? A legislação classificou corretamente a exclusão do mandato como prerrogativa do cargo, quando tem o defensor público como alvo?

Entendemos que sim, pois seria humanamente impossível que defensores públicos, membros de uma Instituição que seguramente atua em cifra de milhões de processos, consigam administrar as vicissitudes normais da vida profissional – férias a exigirem atuação de defensores de outras atribuições, licenças imprevistas, exonerações inesperadas etc. – para que os mandatos fossem atualizados diuturnamente em milhões de processos. Seria algo inimaginável e que atrapalharia demais o bom andamento do exercício das funções institucionais. Por isso, no âmbito celular o que é dever da Defensoria Pública se torna prerrogativa do cargo de defensor público, e permite a concretização da indivisibilidade da instituição de modo tranquilo e em benefício da melhor qualidade do exercício das funções institucionais.

**Poderes especiais**

Mudando o ângulo de nossa análise, Sílvio Roberto Mello Moraes faz uma crítica interessante a respeito da exigência de mandato nos casos em que a lei exige poderes especiais: "Na realidade" – verbera o respeitado mestre – "censuramos o legislador por exigir a outorga de mandato nos casos em que a lei exige poderes especiais. Somos do entendimento que, nestes casos, bastaria a anuência expressa do assistido com os termos da petição que, obrigatoriamente, seria assinada por este e pelo Defensor Público, sem necessidade da formalidade da outorga de procuração, atol de natureza essencialmente 'privatística-contratural'"[865]. É uma crítica que procede quando o Judiciário, dificultando a atividade do defensor público, exige o documento de procuração (o instrumento do mandato) outorgando um ou mais poderes especiais exigidos pela lei[866] – quando sabemos que o mandato pode ser conferido na própria petição que o representado assina.

Frederico Rodrigues Viana de Lima, ampliando a censura de Sílvio Moraes, aponta grave contradição na exigência de outorga de poderes especiais, *in verbis*: "Se é desnecessária a figura do mandato para o exercício dos poderes ordinários, seria demasia exigi-lo apenas porque são necessários poderes especiais. Ou seja, enquanto poderes desempenhados forem comuns, o assistido não precisa firmar contrato com o Estado, todavia, quando forem imprescindíveis poderes especiais, passa-se a reclamar o mandato"[867].

Essa contradição, com todo o respeito, só é aparente. A nosso ver tem sua razão de ser a exigência de outorga de poderes especiais – mesmo que concedidos por simples petição assinada pelo destinatário do serviço público da assistência jurídica.

Conforme explicamos, *a exclusão do contrato de mandato se dá porque a Defensoria Pública não pode escolher seus casos ao modo do profissional liberal*, isto é, a Defensoria Pública cumpre um dever-poder estatal quando presta o serviço público de assistência jurídica integral e gratuita, não havendo que se falar em liberdade de contratação com o destinatário desse serviço público – com as justas ressalvas (já mencionadas) da necessária filtragem por critérios de hipos-

---

865 MORAES, Sílvio Roberto Mello. *Princípios institucionais da Defensoria Pública*. São Paulo: RT, 1995. p. 103.

866 CPC, art. 38: "A procuração geral para o foro, conferida por instrumento público, ou particular assinado pela parte, habilita o advogado a praticar todos os atos do processo, salvo para receber citação inicial, confessar, reconhecer a procedência do pedido, transigir, desistir, renunciar ao direito sobre que se funda a ação, receber, dar quitação e firmar compromisso"; CPP, art. 39: "O direito de representação poderá ser exercido, pessoalmente ou por procurador com poderes especiais, mediante declaração, escrita ou oral, feita ao juiz, ao órgão do Ministério Público, ou à autoridade policial"; CPP, art. 44: "A queixa poderá ser dada por procurador com poderes especiais, devendo constar do instrumento do mandato o nome do querelante e a menção do fato criminoso, salvo quando tais esclarecimentos dependerem de diligências que devem ser previamente requeridas no juízo criminal".

867 LIMA, Frederico R. Viana de. *Defensoria pública*. 2. ed. Salvador: JusPodivm, 2011. p. 354.

suficiência e preservação do exercício da garantia de independência funcional. Isto, porém, é uma coisa. Outra coisa bem diferente é a Defensoria Pública sentir-se no direito de receber citação, confessar, reconhecer a procedência do pedido, transigir, desistir, renunciar ao direito sobre que se funda a ação, receber, dar quitação e firmar compromisso, firmar representação criminal, ou ajuizar queixa-crime; tudo isso sem receber autorização especial, mesmo que por meio de uma simples declaração no procedimento administrativo interno da Defensoria e revelado para o juiz no momento oportuno, ou a qualquer outra autoridade. Porque não existe motivo algum para que o Estado absorva o exercício desses direitos, tratando o necessitado como objeto – e não sujeito de direitos – pelo simples fato da prestação de serviço de assistência jurídica.

Ademais, conforme lição correta de Herotides Lima, transcrita por Peña e Fontenelle, "o Estado garante a idoneidade e capacidade do mandatário [sic] e por ele responde civilmente"[868], sendo mais um motivo razoável para que o Estado evite responder no plano cível por equívocos realizados pela falta de exigência de poderes especiais para atos tipicamente de disposição. Felipe Caldas Menezes, por sinal, bem pondera: "Como tais atos envolvem a disposição de direitos materiais ou a possibilidade de responsabilização criminal dos assistidos (art. 339, CP), o ideal é que o defensor público pratique o ato juntamente com os mesmos, exigindo que tenham conhecimento do inteiro teor da petição e que também a subscrevam"[869].

Em resumo: não há contradição alguma se, por um lado, a lei dispõe sobre a exclusão de contrato de mandato como forma de expressar a impossibilidade de a Defensoria exercer liberdade de contratação com seu destinatário de serviço público e, de outro lado, a lei construir um dique de proteção em favor do assistido, demarcando situações a exigirem o comando expresso do necessitado como sujeito de direitos e, ademais, como forma de evitar a responsabilização do Estado por eventuais equívocos no exercício de atos de disposição sem poderes especiais para tanto – valendo registrar que não se presume a má-fé do defensor público, mas simplesmente se parte da premissa básica de que o defensor é humano e, portanto, sujeito a falhas.

Notemos, por fim, com relação à primeira justificativa de exigência de outorga de poderes especiais – que os direitos humanos são indivisíveis, e a Defensoria Pública, portanto, não pode querer chegar ao extremo de atropelar a esfera jurídica dos necessitados, individual ou coletivamente, na esfera de direitos civis, sob o argumento de conferir maior eficácia a seu trabalho – os necessitados, em síntese, são sujeitos de direito e merecem a exigência de poderes especiais para disporem de seus direitos.

(arts. 44, 89 e 128) XII – deixar de patrocinar ação, quando ela for manifestamente incabível ou inconveniente aos interesses da parte sob seu patrocínio, comunicando o fato ao Defensor Público-Geral, com as razões de seu proceder;

868 MORAES, Humberto Peña de; SILVA, José Fontenelle T. da. *Assistência judiciária*: sua gênese, sua história, e a função protetiva do Estado. 2. ed. Rio de Janeiro: Liber Juris, 1984. item 4.15. p. 153-4.

869 MENEZES, Felipe Caldas. *Defensoria Pública da União*: princípios institucionais, garantias e prerrogativas dos membros e um breve retrato da Instituição. p. 18. Disponível em: <http://www.dpu.gov.br/pdf/artigos/artigo_principios_institucionais_Felipe.pdf>. Acesso em: 7 jan. 2013.

### 20.2.11 *Deixar de patrocinar ação, quando ela for manifestamente incabível ou inconveniente aos interesses da parte*

Importante frisarmos que o dispositivo em questão suscita algumas discussões que tecemos quando comentamos o art. 4º-A, III, e para lá remetemos o leitor.

**Garantia ou prerrogativa?**

De acordo com o que comentado nos arts. 43, 88 e 127, I, o presente inciso – posto no rol das prerrogativas – alberga uma **expressão prática da garantia de independência funcional** seguido, porém, da previsão de **dever funcional** (de comunicação da Defensoria Pública-Geral) a contrabalançar a possibilidade de o defensor público não patrocinar ação, quando ela for manifestamente incabível ou inconveniente aos interesses da parte sob seu patrocínio. Portanto, embora nominalmente o inciso esteja no rol de prerrogativas, de fato ele diz respeito à garantia mais importante do cargo e ao correlato dever funcional usado como contrapeso.

Sílvio Roberto Mello Moraes bem esclarece que os defensores "não são obrigados a propor todas as ações que a parte lhes procura entender ter direito. Absolutamente. Podem e devem deixar de fazê-lo sempre que concluírem ser tal propositura manifestamente incabível ou inconveniente aos interesses daquela"[870].

**A questão da probabilidade de êxito**

No Brasil não se condiciona a concessão de assistência jurídica – no caso, na perspectiva de propositura de ação judicial – à *potencial possibilidade de êxito da ação.*

Mauro Cappelletti cita que em alguns países já houve (e ainda há) esse tipo de exigência que, em verdade, por vezes esconde a *intenção de dificultar o direito de acesso à justiça* (tornando-o menos oneroso para o Estado). Cita um exemplo: "Na Alemanha, por exemplo, com a chegada do nazismo ao poder, uma 'Novella' de 1933 tornou mais severo o requisito do 'fumus boni iuris' ('fumaça do bom direito') requerido para a admissão ao benefício do patrocínio gratuito. Enquanto, efetivamente, antes era suficiente que a posição jurídica da parte solicitante não fosse '*aussichtslos*' (sem esperança), a partir da reforma de 1933 requeria-se 'uma suficiente perspectiva de sucesso'[871].

No Brasil, Cléber Francisco Alves diz houve essa tentativa no Anteprojeto do CPC de 1939[872].

Entendemos que não é "manifestamente incabível" medida judicial que simplesmente possui *pouca probabilidade de sucesso*, e por isso concordamos com a correta observação de Frederico Rodrigues Viana de Lima, no sentido de que "juízo de mera probabilidade não deve obstruir o acesso do hipossuficiente ao Poder Judiciário, sob pena de o defensor público se substituir ao juiz"[873].

870 MORAES, Sílvio Roberto Mello. *Princípios institucionais da Defensoria Pública.* São Paulo: RT, 1995. p. 103.

871 Pobreza e justiça. In: *Processo, ideologias e sociedade...*, cit., p. 196, nota 23.

872 FRANCISCO, Cleber. *Justiça para todos*: assistência jurídica gratuita nos Estados Unidos, na França e no Brasil. Rio de Janeiro: Lumen Juris, 2006, p. 272.

873 LIMA, Frederico R. Viana de. *Defensoria Pública.* 2. ed. Salvador: JusPodivm, 2011. p. 360-1, em itálico no original.

Em interessante passagem doutrinária que esclarece a origem desse controle tão restrito do atendimento inicial da assistência jurídica, vedando-se o mero juízo de probabilidade de sucesso da ação, Mauro Cappelletti analisa um projeto de lei italiano da década de 1960 que pretendia concretizar a assistência jurídica gratuita na Itália, mantendo requisito legal do real decreto de 30 de dezembro de 1923, a saber: além de exigir o estado de pobreza do requerente, também cobrava a existência de "probabilidade do resultado favorável da controvérsia ou negócio" – ou de "fumus boni iuris". O projeto ainda permitia, ao modo do decreto real de 1923, que a parte contrária impugnasse o mérito da causa perante o órgão estatal de assistência jurídica gratuita.

O renomado jurista italiano não poupou severas críticas ao projeto, acusando seu sistema de submeter o necessitado a um julgamento por órgão que não é o juiz natural da causa e que não possui, ademais, as garantias típicas da atividade jurisdicional, o que impeliu Cappelletti a sugerir a supressão desse requisito de admissibilidade ou a transferi-lo ao Poder Judiciário: especialmente porque "a parte desprovida de recursos, efetivamente, [neste sistema] deve 'mostrar as próprias cartas' (razões, fatos, provas) perante o adversário, antes do processo e antes de o adversário fazer o mesmo"[874]. Com efeito, o insigne jurista italiano propunha nessa oportunidade de que o juízo de admissão do atendimento jurídico gratuito "deveria basear-se – obviamente, ademais de ser sobre o exame do estado de falta de recursos – sobre a tão só não manifesta falta de fundamentos das razões da parte que pede"[875].

Essa crítica explica o espírito da exigência legal da Defensoria Pública brasileira, demonstrando que a justiça reside na vedação de o juízo de mera probabilidade do sucesso da causa obstruir o acesso do necessitado à Justiça.

**O significado de "manifestamente incabível"**

Feitos os apontamentos necessários acerca da questão da probabilidade de êxito, urge esclarecer o significado de "manifestamente incabível".

A nosso ver, "manifestamente incabível" é a impossibilidade jurídica da medida, como, por exemplo, ação rescisória civil desejada pelo necessitado simplesmente porque ele não se conforma com a decisão transitada em julgado, mas cuja pretensão não se enquadra em nenhuma das hipóteses admitidas pelo CPC por mais boa vontade que se tenha[876].

Outro exemplo que, mesmo extremado, é útil para compreendermos o teor da fórmula legal "manifestamente incabível": imaginemos que um grupo de cidadãos procura a Defensoria Pública demandando a atuação do órgão para que possam livremente se associar em caráter paramilitar. Nesse exemplo, em vista da vedação constitucional expressa[877] e que se justifica em favor da estabilidade democrática do país, a Defensoria Pública não pode tomar medidas no

874 CAPPELLETTI, Mauro. Pobreza e justiça. In: *Processo e ideologia*. Trad. Prof. Doutor Elício de Cresci Sobrinho. Porto Alegre: Sérgio Antonio Fabris Editor, 2008, v. I. p. 215-6; o destaque na transcrição consta no original.

875 Idem, ibidem. p. 216-7.

876 CPC, art. 485 e incisos.

877 CF/88, art. 5º, XVII: "é plena a liberdade de associação para fins lícitos, vedada a de caráter paramilitar".

sentido de efetivar tal associação paramilitar, porque, de nosso ponto de vista, no exercício da assistência jurídica integral e gratuita a Defensoria Pública deve se pautar pela ampliação e democratização do acesso da população carente às instâncias decisórias da República Federativa do Brasil, judiciais ou políticas, como forma de contribuir à evolução pacífica da ordem jurídica da República e à consolidação da democracia de nosso país. Em uma palavra, a Defensoria Pública não pode violar os objetivos da República.

Nesse exemplo, porém, é válido indagarmos: a Defensoria poderia prestar o serviço público de assistência jurídica integral e gratuita por meio de outra função institucional, que não promovesse a efetivação de tal associação paramilitar? Sim, porque a educação em direitos seria o modo correto de atendimento por permitir o esclarecimento dos cidadãos sobre como devem lutar dentro de uma sociedade democrática, acessando as instâncias decisórias judiciais ou políticas, para que seus direitos sejam efetivados – se já previstos abstratamente pela ordem jurídica – ou reconhecidos pela ordem jurídica que sempre deve estar aberta para abrigar cidadãos excluídos de sua justa proteção.

Este último aspecto, a propósito, revela como é extremamente sensível a denegação de atendimento pelo argumento de a medida almejada ser "manifestamente incabível": o simples fato de a ordem jurídica não prever tal ou qual direito, necessariamente não deve tornar a causa "manifestamente incabível". Pode ser que estejamos diante de um fenômeno sociopolítico a exigir transformação de nosso direito vigente a fim de que contemple grupos excluídos da proteção legal que, não encontrando eco junto ao Poder Legislativo, buscam no sistema de Justiça apresentar a demanda reprimida. O que nos revela mais uma vez que a atividade do defensor público se funda, em última análise, no direito, devendo, porém, ter olhos de atento e cuidadoso (re)construtor da ordem normativa, a fim de que ela sempre considere, com justiça, os problemas reais que afligem a população carente.

**O significado de "inconveniente aos interesses da parte"**

E o que se deve entender por medida "inconveniente aos interesses da parte sob seu patrocínio"? Comecemos pela inconveniência: de que se trata?

Embora a lição de Seabra Fagundes refira-se especialmente ao Direito Administrativo, cremos que ela seja elucidativa ao direito em geral para entendermos conveniência, num primeiro momento, como utilidade[878]. Porém, aqui, a inconveniência (ou a inutilidade) certamente possui um

878 FAGUNDES, Miguel Seabra. *O controle dos atos administrativos pelo poder judiciário*. Atualizador: Gustavo Binenbojm. 7. ed. Rio de Janeiro: Forense, 2005, item 41. p. 91-2, com destaques da transcrição no original: "Para a prática de alguns atos, a competência da Administração é estritamente determinada na lei, quanto aos motivos e modo de agir. A lei lhe determina que, existentes determinadas circunstâncias, proceda dentro de certo prazo e certo modo. A competência diz-se então vinculada. A Administração Pública não é livre para resolver sobre a conveniência do ato, nem sobre o seu conteúdo. Só lhe cabe constatar a ocorrência dos motivos, e, com base neles, praticar o ato. (...) Noutros casos, a lei deixa a autoridade administrativa livre na apreciação do motivo ou do objeto do ato, ou de ambos ao mesmo tempo. No que respeita ao motivo, essa discrição se refere à ocasião de praticá-lo (oportunidade) e à sua utilidade (conveniência). No que respeita

sentido precisamente distinto da qualidade de "manifestamente incabível", caso contrário fica sem lógica alguma a inclusão da fórmula legal que se refere à inconveniência da medida.

Andou bem Frederico Rodrigues Viana de Lima ao anotar que *a inconveniência pode existir mesmo que haja viabilidade jurídica da demanda*, sugerindo exemplos que abordam insuficiência de provas a exigir diligências no sentido de reforço do acervo probatório[879]. Outro exemplo interessante oferecido pelo respeitado autor é que o ajuizamento pode ser inconveniente pela possibilidade de obtenção da solução pela via extrajudicial[880]: um exemplo simples que oferecemos é o caso da mulher que se apresenta no atendimento inicial da Defensoria desejando divórcio e, ao ser indagada sobre a possibilidade de acordo, responde positivamente dizendo que o cônjuge está de acordo. A Defensoria poderia propor o divórcio litigioso? Sendo prioridade a solução consensual por conciliação, segundo o art. 4º, II, desta Lei Orgânica, não. E também não faria o menor sentido a medida litigiosa também por dificultar a solução de outras questões fundamentais que se debatem num divórcio: como guarda de crianças (ou adolescentes), alimentos e visitação.

Entendemos, porém, que ainda vai além o sentido do termo "inconveniência" e que não cabe, aqui, uma terminologia precisamente rigorosa do Direito Administrativo, pois a lógica impõe que uma medida pode ser útil ao necessitado – isto é, pode ser viável juridicamente e apta à transformação de fato ou de direito almejada –, porém pode ser inoportuna pela ocasião inapropriada. Exemplo: o necessitado deseja ação de usucapião para dar seguimento à aquisição de propriedade, realizando o sonho de permitir uma pequena herança aos filhos; todavia, suas dívidas pessoais tornariam a nova propriedade alvo certo de expropriação forçada. Nesse caso, portanto, ajuizar ação de usucapião causará até mesmo a perda de moradia do necessitado e de seus filhos. Por isso, mesmo que a lei não tenha mencionado expressamente a denegação de atendimento por ser a medida almejada inoportuna, é evidente que a ocasião inapropriada deve bloquear a atuação da Defensoria – ou deveremos admitir, absurdamente, que a Defensoria pode impunemente prejudicar o necessitado.

### Comunicação ao Defensor Público-Geral

Seja por reputar como "manifestamente incabível" ou "inconveniente aos interesses da parte", fato é que o defensor público é humano, portanto, falível. Sem maldade alguma pode tomar, por exemplo, como "manifestamente incabível" uma demanda estrangulada e justíssima, e que em nome do aperfeiçoamento da ordem normativa deve ser levada adiante. Daí a excelente cautela da lei em prever o *dever funcional de comunicar a denegação do atendimento à Defensoria Pública-Geral*, acompanhada das razões que levaram o defensor público a enxergar na medida almejada (judicial ou não) a qualidade de ser manifestamente incabível ou inconveniente aos interesses da parte sob seu patrocínio. O dever em questão é uma segurança para que não se viole o acesso à Justiça.

---

ao conteúdo, a discrição está em poder praticar o ato com o objetivo variável, ao seu entender. Nestes casos, a competência é livre ou discricionária".

879 LIMA, Frederico R. Viana de. *Defensoria Pública*. 2. ed. Salvador: JusPodivm, 2011. p. 361.

880 Idem, ibidem.

O que deve ocorrer caso a Defensoria Pública-Geral, exercendo a competência de revisão[881], reforme a denegação de atendimento?

A Lei Orgânica dá a solução expressa para essa questão, a saber: "Se o Defensor Público entender inexistir hipótese de atuação institucional, dará imediata ciência ao Defensor Público-Geral, que decidirá a controvérsia, indicando, se for o caso, outro Defensor Público para atuar"[882].

Vale ressaltar, a propósito, que foi absolutamente importante acrescentar expressamente a delegação aqui em discussão na Lei Orgânica, pelo § 8º do art. 4º, porque as atribuições do Defensor Público-Geral de delegação aos subordinados[883] não seria aplicável, uma vez que os defensores públicos não são subordinados ao Defensor Público-Geral no exercício da atividade-fim.

Discordamos de Frederico Rodrigues Viana de Lima ao sugerir que a Defensoria Pública-Geral poderia consultar o mesmo defensor público – que denegou o atendimento – a seguir em frente se "voluntariamente quiser"[884]. É algo que a lei não prevê expressamente e que somente abriria brecha ao autoritarismo institucional, que normalmente se dá de modo discreto chegando ao ponto, às vezes, de haver direito a falsos "tapinhas nas costas". Na prática, muitos defensores cederiam às consultas "amigáveis" para evitarem atrito com o órgão superior.

Além do mais, isso coloca em xeque a confiabilidade da instituição: o que pensará o assistido se notar que o condutor de sua causa é justamente aquele defensor que denegou o atendimento por não a julgar boa? Se a causa não obtiver o resultado almejado, não ficará ele encorajado a afirmar a falta de dedicação do defensor público que desde o início a recusou? Garantia é coisa séria, especialmente a mais importante delas: a independência funcional. A Defensoria Pública-Geral, desse modo, tem de respeitar o princípio da legalidade aplicando a lei e indicando outro defensor para atuar, observando, ademais, os princípios da impessoalidade e da distribuição igualitária de trabalho entre colegas de mesma atribuição.

Outra questão importante é a seguinte: pode o defensor público recusar a indicação? A resposta é: depende.

Se se tratar do primeiro atendimento, isto é, justamente o que denegou o atendimento, será o caso de impetrar mandado de segurança com base no art. 4º, IX, da Lei Orgânica ou buscar auxílio junto à associação de classe na tentativa de obter uma solução política – ou judicial por meio dela –, porque o defensor público não pode ser compelido a mudar de opinião e obedecer ao órgão superior na atividade-fim sem que se viole indiscutivelmente a garantia da independência funcional no desempenho das atribuições.

Mas e se o indicado for outro defensor público nos literais termos da lei? Pode recusar a indicação? Depende também.

---

881 "Art. 4º-A. São direitos dos assistidos da Defensoria Pública, além daqueles previstos na legislação estadual ou em atos normativos internos: (*Incluído pela Lei Complementar n. 132, de 2009.*) (...) III – o direito de ter sua pretensão revista no caso de recusa de atuação pelo Defensor Público; (*Incluído pela Lei Complementar n. 132, de 2009.*)"

882 LC n. 80/1994, art. 4º, § 8º.

883 LC n. 80/1994, arts. 8º e 56, XVIII: "(...) delegar atribuições a autoridade que lhe seja subordinada, na forma da lei".

884 LIMA, Frederico R. Viana de. *Defensoria Pública*. 2. ed. Salvador: JusPodivm, 2011. p. 364.

Nesse caso, obviamente o defensor público indicado não poderá alegar "violação de independência funcional no desempenho das atribuições", porque atuará como *longa manus* da vontade da Defensoria Pública-Geral. Ou seja, no juízo revisional a independência funcional em exercício pertence à Defensoria Pública-Geral, e o defensor público indicado efetivará a medida almejada pelo destinatário do serviço público em nome da Defensoria Pública-Geral. Tanto que se houver uma representação disciplinar de qualquer autoridade cujo esteio seja o descabimento manifesto da medida, é o órgão que delegou a tarefa pública que deverá responder – jamais o órgão que simplesmente cumpre a delegação.

Porém, é preciso também atentarmos para a necessidade indiscutível e a Defensoria Pública-Geral indicar e apresentar os argumentos e a linha de atuação a ser seguida pelo seu delegado, porque autoridade necessariamente atrai responsabilidade: é absurdo que uma Defensoria Pública-Geral faça tal indicação, no exercício da competência de revisão, sem tecer balizas para a delegação. Nessa hipótese, o delegado pode cobrar informações precisas sobre tal balizamento para fielmente cumprir a delegação, até porque toda delegação possui um inegável balizamento; é da natureza do ato.

De outro lado, é preciso também ponderarmos que a indicação fundada no § 8º do art. 4º de nossa Lei Orgânica serve para que o mecanismo revisional não obstrua a concretização ágil da medida desejada pelo destinatário do serviço público.

Não fosse possível essa indicação e se tornaria inviável para a Defensoria Pública-Geral a obrigação de levar adiante todas as medidas jurídicas que fossem fruto da reforma de denegações, ensejando prejuízos evidentes ao necessitado. A propósito, doutrina administrativa abalizada esclarece que "a delegação, em regra, fundamenta-se na necessidade de conferir mais agilidade e rapidez na tomada de decisões e no intuito de liberar a autoridade ou órgão superior de tarefas rotineiras"[885]. Por isso, definitivamente o outro defensor público indicado – nos termos rigorosos do § 8º do art. 4º da Lei Orgânica, o que inclui o balizamento a que já referimos – não poderá recusar a delegação.

Por sinal, registre-se que no Ministério Público pacificou-se o entendimento de que o designado não deve recusar a designação, pretendendo rever a decisão do órgão que o designou – a Procuradoria-Geral de Justiça ou da República. Nesse sentido, Mazzilli expõe que

> não há violação alguma à liberdade de convicção dos membros do MP, quando ocorram designações legitimamente formuladas pelo PGJ ou pelo PGR. Nestas, podendo o procurador-geral agir por atribuições próprias, ao efetuar uma designação está apenas delegando uma atribuição a outro órgão da mesma instituição. Ora, delegar "é conferir a outrem atribuições que originariamente competiam ao delegante" [citação de Hely Lopes Meirelles]. Assim, órgão designado não age em nome próprio, mas age como delegado, em nome do procurador-geral, em cumprimento de determinação legal. (...) Diversa é a situação do primeiro promotor de Justiça – aquele que originariamente requerera o arquivamento do inquérito policial ou promovera o arquivamento do inquérito civil. Ele oficiava por atribuições próprias. (...) Nenhuma subserviência,

885 MEDAUAR, Odete. *Direito administrativo moderno*. 8. ed. São Paulo: RT, 2004. Item 3.10.1 (Delegação de competência), p. 63.

nenhum rebaixamento funcional há em cumprir a lei ou em o promotor cumprir a designação do procurador-geral. O juiz também cumpre o acórdão que reforma sua sentença (...)[886].

Entretanto, tal indicação prevista no § 8º do art. 4º da Lei Orgânica deve seguir *critérios objetivos* em observância principalmente à impessoalidade e à distribuição igualitária do serviço, conforme dito. Por esse ponto de vista o indicado pode, sim, recusar a indicação: desde que o faça fundamentadamente demonstrando a violação a esses princípios republicanos, ou na pior das hipóteses, pode questionar a decisão se não for devidamente motivada.

O texto prescreve que "Se o Defensor Público entender inexistir hipótese de atuação institucional, dará imediata ciência ao Defensor Público-Geral, que decidirá a controvérsia, indicando, se for o caso, outro Defensor Público para atuar".

A propósito, indagamos: como deve ser entendida a terminologia "se for o caso" existente na delegação funcional do vigente § 8º do art. 4º?

Em nosso modo de ver, a terminologia "se for o caso" deve ser entendida neste contexto: se a decisão reformar a denegação no juízo de revisão, deverá indicar outro defensor público para atuar; se não reformar, não há o que indicar. Porque no caso de existir a reforma necessariamente deverá haver indicação de outro defensor, senão viola-se a independência funcional do defensor público do primeiro atendimento. E não poderá a Defensoria Pública-Geral exercer sozinha o atendimento na atividade-fim, porquanto é direito do assistido "o patrocínio de seus direitos e interesses pelo defensor natural"[887] – ressalvada uma eventual parceria da Defensoria Pública-Geral na atividade-fim, sempre respeitando as garantias do defensor natural e em situações que seu peso institucional exigir; confira comentários ao inciso III, arts. 45, 90 e 129.

**O alcance da recusa**

Questão da maior relevância é sabermos se o termo "ação", neste dispositivo XII, deve ser entendido estritamente – isto é, como "direito de ação" – ou se é lícito interpretarmos o termo de forma mais abrangente. Ora, restringir a garantia da independência funcional à atividade judicial é incompatível com o vasto campo de funções institucionais da Defensoria Pública. Por acaso a garantia da independência funcional serve apenas para o desempenho de atividades judiciais? Evidente que não. Por tal motivo, em nossa opinião, devemos encarar o termo "ação" de forma mais abrangente, a saber: "ato ou o resultado de agir, de realizar uma atividade, uma operação, etc."[888], sempre tendo em mente as funções institucionais. Daí a feliz redação dada pela LC n. 132/2009 ao § 8º do art. 4º, ao mencionar "atuação institucional": termo muito adequado por se referir a todas as funções institucionais.

Para não nos alongarmos demais, entendemos que a primeira parte do presente inciso XII, que expressa uma das facetas práticas da independência funcional no desempenho das atribuições,

---

886 MAZZILLI, Hugo Nigro. *Regime jurídico do MP*. 6. ed. São Paulo: Saraiva, 2007. Cap. 5, p. 129.

887 LC n. 80/1994, art. 4º-A, IV.

888 Dicionário Aulete, no endereço eletrônico: <http://aulete.uol.com.br/ação>, consultado em 27 de janeiro de 2013.

é plenamente compatível com o art. 4º, V, deste diploma[889]. E isso porque "exercer (...) a ampla defesa e o contraditório (...) utilizando todas as medidas capazes de propiciar a adequada e efetiva defesa de seus interesses" está muito longe de significar o exercício automático e robótico, sem qualquer reflexão, das atribuições institucionais, o que vale dizer: está muito longe de significar o exercício irrefletido, mecanizado e acéfalo, tomando-se todas as medidas previstas em lei (ações, recursos, medidas outras) para justificar perante a sociedade um esgotamento das vias judiciais.

Não é papel da Defensoria Pública – nem das demais funções essenciais à justiça – entulhar o Judiciário com causas "manifestamente incabíveis" ou "inconvenientes ao interesse e direito do assistido"; isto não é acesso à Justiça. Sua tarefa é lutar para a efetivação de direitos previstos formalmente na ordem jurídica, a fim de que se torne mais justa, contemplando sujeitos excluídos da proteção legal. Em suma, não se atingem esses objetivos básicos, os quais albergam os objetivos discriminados no art. 3º da LC n. 80/1994, com uma atuação mecânica que vise puramente exaurir apreciações em instâncias judiciais e políticas.

(arts. 44, 89 e 128) XIII – ter o mesmo tratamento reservado aos Magistrados e demais titulares dos cargos das funções essenciais à justiça;

### *20.2.12 Ter o mesmo tratamento reservado aos Magistrados e demais titulares dos cargos das funções essenciais à justiça*

A Lei Orgânica deixa claro que se garante ao defensor público "ter o mesmo tratamento" que o conferido aos magistrados e demais funções essenciais à Justiça. É daquelas prerrogativas cuja previsão legal seria de todo prescindível caso o ideal de um Estado democrático de direito fosse posto em prática. Algo como a necessidade de o princípio da motivação das decisões judiciais[890] precisar estar previsto expressamente no texto constitucional de uma República! Seja como for, o fato é que o tratamento conferido aos juízes e às funções essenciais à Justiça é estendido ao defensor público.

Mesmo sendo resquício de um tempo em que as pessoas eram julgadas por seus títulos nobiliárquicos, os quais impunham tratamentos compatíveis, é importante registrar que o tratamento protocolar de "Excelência" ou "Doutor" na praxe forense possui grande importância para a manutenção da urbanidade nos trabalhos forenses. Não que as formas de tratamento, por si sós, tenham o poder de evitar atos desrespeitosos entre profissionais do sistema de Justiça, mas a formalidade – desde que não utilizada para oprimir pessoas – pode contribuir para um ambiente aberto ao debate franco, porém respeitoso.

889 "Art. 4º São funções institucionais da Defensoria Pública, dentre outras: (...) V – exercer, mediante o recebimento dos autos com vista, a ampla defesa e o contraditório em favor de pessoas naturais e jurídicas, em processos administrativos e judiciais, perante todos os órgãos e em todas as instâncias, ordinárias ou extraordinárias, utilizando todas as medidas capazes de propiciar a adequada e efetiva defesa de seus interesses; (Redação dada pela Lei Complementar n. 132, de 2009.)"

890 CF/88, art. 93, IX.

É justa a indagação, portanto: e como isso se dá? Melhor ainda: como todos os atores do sistema de Justiça buscam a melhor justiça do caso concreto se Magistratura, Ministério Público, Defensoria Pública, Advocacias privada e pública possuem atribuições diversas? E por que motivo a isonomia no tratamento protocolar, se essas carreiras são independentes e com atribuições distintas?

É interessante notar – como bem ressalta Carnelutti – o fato de o juiz ser humano e ter, entretanto, o dever de ser mais que humano na atividade julgadora (isto é, imparcial). Como é possível conseguir essa imparcialidade se não existe ser humano imparcial? É por meio da parcialidade das partes (no processo penal, a parcialidade da defesa e da acusação) que o Juiz consegue se aproximar um pouco do ideal de imparcialidade; muito pouco, porque outra vez Carnelutti, mestre inolvidável, resume bem a situação: "A justiça humana não pode ser mais do que uma justiça parcial (...). Tudo que se pode fazer é tentar diminuir esta parcialidade"[891].

Nesse passo, a simples constatação de que o juiz só consegue perseguir, e muito palidamente, o ideal de imparcialidade graças aos parciais, força-nos a concluir que o Judiciário possui condições de ser um pouco menos parcial do que o simples mortal graças aos embates de ideias entre os órgãos essenciais à Justiça. Embates que muitas vezes são duríssimos, cada um sustentando sua posição, mas mesmo nessa situação as partes, às vezes inconscientemente (por estarem tomadas pela paixão), agem no sentido de oferecer subsídios para que a melhor justiça do caso concreto possa eventualmente ser produzida.

Sendo assim, sistemicamente falando não existe ator mais ou menos importante no sistema de Justiça, ainda que a sociedade qualifique esta ou aquela carreira como superior, ou ainda que esta ou aquela carreira se julgue superior, porque todos são imprescindíveis para que os melhores resultados possam ser atingidos. É esta verdade fundamental que justifica o tratamento protocolar isonômico entre os atores do sistema de Justiça, existindo nessa igualdade de tratamento justamente essa mensagem subliminar de que sistemicamente todos são imprescindíveis na busca da melhor justiça do caso concreto.

Outra observação importante é que esse tratamento protocolar jamais deve justificar a reivindicação de privilégios ou favores legais – vivemos em uma República, não havendo razão para que "Excelências" ou "Doutores" entrem de graça em estádios de futebol, ou tenham sessenta dias de férias – como se o restante do país trabalhasse menos – etc.

Finalmente, é importante notar que a redação legal menciona "mesmo tratamento", sem deixar expresso que se trata de tratamento verbal. Por isso, é justo concluirmos que o tratamento igualitário entre carreiras deve ocorrer naquilo que for compatível e, ademais, mostrar-se essencial ao bom desempenho das atribuições do respectivo ator do sistema de Justiça. Um exemplo, a nosso ver, que se encaixa perfeitamente nessa ideia diz respeito à equiparação do defensor público aos demais atores do sistema de Justiça no que diz respeito à prisão em flagrante se dar somente em razão de crimes inafiançáveis: não há razão alguma para que esse trata-

891 CARNELUTTI, Francesco. *As misérias do processo penal*. Trad. Ricardo Rodrigues Gama. Campinas: Russel, 2007. Capítulos IV e V, especialmente p. 39, 42/43.

mento seja distinto em relação ao defensor público – confira nossos comentários ao inciso II dos arts. 44, 89 e 128.

(arts. 44, 89 e 128) XIV – ser ouvido como testemunha, em qualquer processo ou procedimento, em dia, hora e local previamente ajustados com a autoridade competente;

### *20.2.13 Ser ouvido como testemunha, em qualquer processo ou procedimento, em dia, hora e local previamente ajustados com a autoridade competente*

Segundo Sílvio Roberto Mello Moraes,

> como testemunha, o defensor público da União [todo defensor, na verdade] somente será ouvido, tanto em processo judicial como administrativo, em dia, hora e local previamente ajustados com a autoridade competente. Não está, pois, sujeito a intimação ou convocação. A regra em foco tem aplicação, inclusive, quando se tratar de procedimento em curso junto aos órgãos da administração superior da Defensoria Pública da União, já que inexiste qualquer ressalva à prerrogativa"[892].

Vale a pena minudenciarmos esses apontamentos.

A prerrogativa, pela letra da lei, é aplicável a *processos tanto de natureza judicial como administrativa* – e como bem notou, de modo perspicaz, Sílvio Moraes, aplica-se aos processos administrativos da Defensoria Pública inclusive.

"Ajuste", segundo o Aulete, é: "1. Ação ou resultado de ajustar(-se); AJUSTAMENTO; AJUSTAGEM; 2. Adaptação harmoniosa de um elemento a um conjunto, um contexto, ou de um conjunto como um todo; 3. Instituição de um acordo ou pacto"[893]. A ideia contida no texto legal, portanto, é exatamente o que Sílvio Moraes refere: não há sujeição a intimação ou convocação, devendo o defensor público apontar a data possível de comparecimento.

Felipe Caldas Menezes esclarece o fundamento da prerrogativa: "Tal prerrogativa é comum aos demais agentes políticos (art. 411 do CPC; art. 221 do CPP; art. 33, inciso I, da Lei Complementar n. 35/1979; art. 40, inciso I, da Lei n. 8.625/1993 e art. 18, inciso II, alínea *g*, da Lei Complementar n. 75/1993) e prescinde de maiores explicações"[894]. Pelo fato de esse tratamento ser comum aos agentes políticos, nossa intuição nos conduz à conclusão de que esse tratamento diferenciado é reflexo do alto grau de independência do agente político no sistema de freios e contrapesos. Antonio Carlos de Araújo Cintra, a propósito, comentando o art. 411 do CPC/1973[895] – atual 454 do

892 MORAES, Sílvio Roberto Mello. *Princípios Institucionais da Defensoria Pública*. São Paulo: RT, 1995. p. 103.

893 Confira no Dicionário Aulete digital o significado de "ajuste", em: <http://aulete.uol.com.br/site.php?mdl=aulete_digital&op=loadVerbete&pesquisa=1&palavra=ajuste>.

894 MENEZES, Felipe Caldas. *Defensoria Pública da União*: Princípios Institucionais, Garantias e Prerrogativas dos membros e um breve retrato da Instituição, p. 19. Disponível em: <http://www.dpu.gov.br/pdf/artigos/artigo_principios_institucionais_Felipe.pdf>. Acesso em 7 jan. 2013.

895 "Art. 411. São inquiridos em sua residência, ou onde exercem a sua função: I – o Presidente e o Vice-Presidente da República; II – o presidente do Senado e o da Câmara dos Deputados; III – os ministros de Estado;

CPC de 2015 – ensina que "em atenção às suas atribuições constitucionais, a lei lhes concede as prerrogativas de serem inquiridas nas respectivas residências ou locais em que exercem atividades públicas de sua competência, bem como de designar dia, hora e local a fim de serem inquiridas, tudo com o objetivo de poupar-lhes de perturbações ou embaraços no seu desempenho"[896]. A explicação, a nosso ver, é aplicável também aos defensores públicos na medida em que o defensor público possui a prerrogativa de indicar até mesmo o local de seu depoimento – ou seja, necessariamente não será no Fórum, o local onde juízes exercem predominantemente suas funções.

Todavia, como tudo em direito, não se pode abusar da prerrogativa; especialmente desta, quando se tem em mente que no Estado de direito, em última análise, todos estão subordinados à lei e, mais ainda, à jurisdição. A prerrogativa não exclui, em uma palavra, o dever de testemunhar.

A propósito, Frederico Rodrigues Viana de Lima, de modo pertinente, chama a atenção para o fato de que "o Supremo Tribunal Federal, em questão de ordem ventilada na ação penal 421, declarou a perda da prerrogativa de parlamentar que, no prazo de trinta dias, não indicasse dia, hora e lugar para ser ouvido, ou que, então, não comparecesse no dia, hora e local por ela indicados. A notícia foi veiculada no Informativo 564"[897]. Estamos de acordo com a opinião de

---

IV – os ministros do Supremo Tribunal Federal, do Superior Tribunal de Justiça, do Superior Tribunal Militar, do Tribunal Superior Eleitoral, do Tribunal Superior do Trabalho e do Tribunal de Contas da União; V – o procurador-geral da República; VI – os senadores e deputados federais; VII – os governadores dos Estados, dos Territórios e do Distrito Federal; VIII – os deputados estaduais; IX – os desembargadores dos Tribunais de Justiça, os juízes dos Tribunais de Alçada, os juízes dos Tribunais Regionais do Trabalho e dos Tribunais Regionais Eleitorais e os conselheiros dos Tribunais de Contas dos Estados e do Distrito Federal; X – o embaixador de país que, por lei ou tratado, concede idêntica prerrogativa ao agente diplomático do Brasil. Parágrafo único. O juiz solicitará à autoridade que designe dia, hora e local a fim de ser inquirida, remetendo-lhe cópia da petição inicial ou da defesa oferecida pela parte, que arrolou como testemunha".

896 CINTRA, Antonio Carlos de Araújo. *Comentários ao CPC*. 2. ed. Rio de Janeiro: Forense. V. IV, comentário ao art. 411, p. 185.

897 LIMA, Frederico R. Viana de. *Defensoria Pública*. 2. ed. Salvador: Juspodivm, 2011. p. 358. Eis o teor do Informativo referido: "*Art. 221 do CPP: Não Comparecimento e Perda da Prerrogativa*: O Tribunal resolveu questão de ordem suscitada em ação penal no sentido de declarar a perda da prerrogativa prevista no *caput* do art. 221 do CPP ("O Presidente e o Vice-Presidente da República, os senadores e deputados federais, os ministros de Estado, os governadores de Estados e Territórios, os secretários de Estado, os prefeitos do Distrito Federal e dos Municípios, os deputados às Assembleias Legislativas Estaduais, os membros do Poder Judiciário, os ministros e juízes dos Tribunais de Contas da União, dos Estados, do Distrito Federal, bem como os do Tribunal Marítimo serão inquiridos em local, dia e hora previamente ajustados entre eles e o juiz.") em relação a Deputado Federal arrolado como testemunha que, sem justa causa, não atendera, ao chamado da justiça, no prazo de trinta dias. Na espécie, o juízo federal encarregado da diligência informara que o parlamentar em questão, embora tivesse indicado cinco diferentes datas e horários em que desejava ser inquirido, não comparecera a nenhuma das audiências designadas nessas datas por ele indicadas. Asseverou-se que a regra prescrita no art. 221 do CPP tenta conciliar o dever que todos têm de testemunhar com as relevantes funções públicas exercidas pelas autoridades ali mencionadas, por meio de agendamento prévio de dia, hora e local para a realização de audiência em que essas autoridades serão ouvidas. Afirmou-se que o objetivo desse dispositivo legal não seria abrir espaço para que essas autoridades pudessem, simplesmente, recusar-se a testemunhar, seja não indicando a data, a hora e o local em que quisessem ser ouvidas, seja não comparecendo aos locais, nas datas e nos horá-

ilustrado autor de que tais fundamentos são extensíveis ao defensor público, que deve utilizar a prerrogativa, portanto, com a mais cristalina boa-fé.

(arts. 44, 89 e 128) XV – (VETADO);
(arts. 44, 89 e 128) XVI – (VETADO).
(art. 44) Parágrafo único. Quando, no curso de investigação policial, houver indício de prática de infração penal por membro da Defensoria Pública da União, a autoridade policial, civil ou militar, comunicará, imediatamente, o fato ao defensor público-geral, que designará membro da Defensoria Pública para acompanhar a apuração.
(art. 89) Parágrafo único. Quando, no curso de investigação policial, houver indício de prática de infração penal por membro da Defensoria Pública do Distrito Federal e dos Territórios, a autoridade policial, civil ou militar, comunicará imediatamente o fato ao defensor público-geral, que designará membro da Defensoria Pública para acompanhar a apuração.
(art. 128) Parágrafo único. Quando, no curso de investigação policial, houver indício de prática de infração penal por membro da Defensoria Pública do Estado, a autoridade policial, civil ou militar, comunicará imediatamente o fato ao defensor público-geral, que designará membro da Defensoria Pública para acompanhar a apuração.

### *20.2.14 Indício de prática de infração penal por defensor público*

Conforme já advertimos, a leitura deste parágrafo deve ser feita sistematicamente com os incisos II e III dos arts. 44, 89 e 128. O que ali dissemos vale para o presente parágrafo, sendo, portanto, importante a consulta àqueles comentários.

Do mesmo modo que a comunicação da Defensoria Pública-Geral no flagrante constitui uma garantia da intangibilidade profissional, o acompanhamento institucional da investigação também é garantia da mesma natureza e visa a prevenir hostilidades indevidas contra o defensor público em razão do exercício de suas funções.

Do ponto de vista do defensor designado, entretanto, a concretização dessa garantia que protege o defensor alvo de investigação policial corresponde ao exercício de um dever; diríamos mais: ao exercício de uma função institucional, porquanto o acompanhamento de aludida investigação não deixa de ser o exercício do inciso IX, art. 4º, da Lei Complementar, ainda que não se atinja o ápice de seu exercício propondo medidas judiciais.

Se claramente é exercício de função institucional pelo prisma do designado, então ele faz jus às prerrogativas do cargo como intimação pessoal mediante vista dos autos, direito de comu-

rios por elas indicados. Em razão disso, concluiu-se que, sob pena de admitir-se que a autoridade, na prática, pudesse, indefinidamente, frustrar a sua oitiva, dever-se-ia reconhecer a perda da sua especial prerrogativa, decorrido tempo razoável sem que ela indicasse dia, hora e local para sua inquirição ou comparecesse no local, na data e na hora por ela mesma indicados. Registrou-se, por fim, que essa solução não seria nova no cenário jurídico brasileiro, tendo em conta o disposto no § 7º do art. 32 da EC 1/69, incluído pela EC 11/78, que estabelecia a perda das prerrogativas processuais de parlamentares federais, arrolados como testemunhas, que não atendessem, sem justa causa, no prazo de trinta dias, ao convite judicial. O Min. Celso de Mello observou que essa prerrogativa processual muitas vezes é utilizada para procrastinar intencionalmente o regular andamento e o normal desfecho de causa penal em andamento na Corte, e que a proposta formulada pelo relator seria plenamente compatível com a exigência de celeridade e seriedade por parte de quem é convocado como testemunha para depor em procedimentos judiciais. AP 421 QO/SP, rel. Min. Joaquim Barbosa, 22.10.2009 (AP-421)".

nicação com o defensor público alvo de investigação policial – mesmo que sob a inacreditável hipótese de ser considerado "incomunicável" –, direito de ter vista dos autos de inquérito policial nos termos da jurisprudência do Supremo Tribunal Federal etc. Não sem razão, Sílvio Roberto Mello Moraes afirma que "o defensor público designado deverá ser notificado pessoalmente de todos os atos praticados no curso da investigação. A não comunicação ao Defensor Público-Geral caracterizará, em tese, o crime de abuso de autoridade previsto no art. 4º da Lei n. 4.898/65, por parte da autoridade policial"[898].

**A designação de defensor público pelo Defensor Público-Geral**

Seguindo nossa linha de pensamento, é importante consignarmos que o membro da Defensoria designado para acompanhar a investigação possui a missão de fiscalizá-la apurando se não se trata de medida cujo propósito seja, na verdade, obstruir ou desacreditar o exercício das funções do defensor objeto de investigação – e evidentemente, tomando as medidas cabíveis conforme previsto no art. 4º, IX, desta Lei Orgânica.

Por isso, nada impede que o defensor investigado constitua advogado, porque a missão do defensor designado não é mesmo defender o investigado de modo amplo como o faria a um assistido – sob pena de incidir, até mesmo, na proibição de exercício das funções fora das atribuições institucionais (no caso a função do inciso IX, art. 4º) –, mas atuar como garante de que a apuração em andamento não passe de expediente policial cujo propósito seja atingir o defensor e a Defensoria Pública visando a obstruir ou enfraquecer funções institucionais. A qualquer sinal de ilegitimidade ou ilegalidade da investigação, o defensor designado, em defesa de prerrogativas, garantias e funções institucionais, está autorizado a tomar as medidas cabíveis. Evidentemente, é preciso ressaltar, o ideal é que o advogado constituído e o defensor designado mantenham contato a fim de que arestas estratégicas sejam aparadas, porque embora tecnicamente atuem em campos diversos, tais campos na maioria das vezes irão interagir.

A designação deste parágrafo único, a nosso ver, é ato vinculado: não se trata de discrição do Defensor Público-Geral na medida em que a lei não faz qualquer ressalva quanto à conveniência ou oportunidade da medida. É exatamente o que dispõe o Direito Administrativo e que Seabra Fagundes tão bem esclarece, apontando que a competência discricionária só existe se a lei a instituir:

> A Administração Pública não é livre para resolver sobre a conveniência do ato, nem sobre o seu conteúdo. Só lhe cabe constatar a ocorrência dos motivos, e, com base neles, praticar o ato. (...) Noutros casos, a lei deixa a autoridade administrativa livre na apreciação do motivo ou do objeto do ato, ou de ambos ao mesmo tempo. No que respeita ao motivo, essa discrição se refere à ocasião de praticá-lo (oportunidade) e à sua utilidade (conveniência). No que respeita ao conteúdo, a discrição está em poder praticar o ato com o objetivo variável, ao seu entender. Nestes casos, a competência é livre ou discricionária[899].

Obviamente, o defensor público designado está jungido a todos os deveres e proibições do cargo nessa designação, o que inclui também respeitar as regras de suspeição e impedimento. Assim

---

898 MORAES, Sílvio Roberto Mello. *Princípios Institucionais da Defensoria Pública*. São Paulo: RT, 1995. p. 103.

899 FAGUNDES, Miguel Seabra. *O controle dos atos administrativos pelo Poder Judiciário*. Atualizador: Gustavo Binenbojm. 7. ed. Rio de Janeiro: Forense, 2005. Item 41, p. 91 e 92.

como o defensor público alvo da investigação policial também pode recusar o designado por motivos excludentes como esses. Ademais, mesmo que se crie uma regra institucional visando a aplicar o princípio do defensor natural para essa atribuição de acompanhamento de investigação policial, a relação de confiança deve existir. E não precisamos imaginar nada de mais para chegarmos a essa conclusão: basta notarmos que dificilmente o defensor investigado confiaria num defensor público cuja experiência profissional seja haurida quase que inteiramente no setor cível.

**Natureza jurídica do acompanhamento e alcance**

Pela mesma razão que esclarecemos no comentário ao inciso II, entendemos que o presente direito instituído pelo parágrafo único possui, na realidade, natureza de garantia do ponto de vista do defensor que está sendo investigado – e não de prerrogativa. Porque o acompanhamento institucional da investigação expressa, em última análise, uma garantia para que o defensor público investigado não seja constrangido a exercer suas funções manietado por interferências arbitrárias e danosas – nitidamente sua finalidade não conflui à natureza de prerrogativa, portanto.

Finalmente, é de conhecimento comum que muitas vezes um cidadão ingressa no inquérito como testemunha e se transforma em alvo da investigação policial. A nosso ver não vincula a administração superior da Defensoria Pública o nome que a autoridade policial der à condição do defensor público no inquérito policial ou em diligência investigativa: averiguado, testemunha, depoente etc.

Desse modo, o parágrafo único deve ser interpretado conforme o espírito da Súmula Vinculante 14 do STF, cuja redação a que os Ministros chegaram usa o termo "representado" justamente em conta de essa realidade de existir, muitas vezes, um campo cinzento a respeito da posição do depoente no inquérito policial: "É direito do defensor, no interesse do representado [grifamos], ter acesso amplo aos elementos de prova que, já documentados em procedimento investigatório realizado por órgão com competência de polícia judiciária, digam respeito ao exercício do direito de defesa". Afinal de contas, não faria o menor sentido que uma lei infraconstitucional, a Lei Complementar n. 80/1994, pudesse restringir um direito fundamental sumulado em favor de todo e qualquer cidadão.

## Capítulo V

**Dos Deveres, das Proibições, dos Impedimentos e da Responsabilidade Funcional**

(...)

## 21 DOS DEVERES, DAS PROIBIÇÕES, DOS IMPEDIMENTOS E DA RESPONSABILIDADE FUNCIONAL DOS MEMBROS – ARTS. 45 A 47, 49 A 51, 90 A 92, 94 A 96, 129 A 131 E 133 A 135

Considerando que a transgressão de deveres e proibições dá margem à responsabilização funcional do servidor público[900], em tese faz sentido que sejam reunidos debaixo de um único

900 "A transgressão deles [de deveres e proibições] dá margem à responsabilidade administrativa" (MELLO, Celso Antonio Bandeira de. *Curso de Direito Administrativo*. 18. ed. São Paulo: Malheiros, 2005. Cap. V, item XV, p. 297).

capítulo. É preciso, todavia, que o intérprete se acautele contra o fato de que *a lei está recheada de deveres e proibições fora do presente capítulo*; deveres e proibições que dão margem igualmente à responsabilização funcional.

O art. 4º-A, por exemplo, aponta uma série de direitos concedidos aos assistidos da Defensoria Pública e, pela consequência lógica, cada um desses direitos corresponde a deveres dirigidos tanto aos defensores públicos que exercem atividade-meio (administrativa) da Instituição, quanto aos que exercem atividade-fim (funcional). Apenas para aprofundarmos a análise, debrucemo-nos sobre o inciso I do aludido art. 4º-A: aos defensores da atividade-meio recai o dever de garantir recursos materiais e humanos a fim de que os defensores da atividade-fim possam se desincumbir de prestar todas as informações pertinentes.

A doutrina costuma afirmar que os deveres referem-se a condutas ativas, enquanto as proibições, a condutas omissivas[901]. Conquanto importante essa classificação, não se pode perder de vista que, de um prisma estritamente jurídico, o que a lei nomina deveres, proibições e impedimentos são todos essencialmente deveres jurídicos (i.e., obrigações prescritas por meio de norma jurídica). Desse modo, tais obrigações jurídicas fazem jus à estrita observância pelo ocupante do cargo de defensor público, independentemente de a obrigação ter sido redigida de forma afirmativa (deveres) exigindo, portanto, conduta ativa, e as demais, de forma negativa (proibições e impedimentos) exigindo conduta omissiva.

Não se deve esquecer, ainda, que tais obrigações jurídicas (deveres, proibições e impedimentos) são específicas ao cargo de defensor público, mas não excluem as diversas outras obrigações, específicas do cargo ou comuns aos servidores, previstas em outros diplomas: e.g., vedação do exercício da advocacia fora das atribuições institucionais (art. 134, § 1º, CF/88); deveres de honestidade, imparcialidade, legalidade e lealdade às instituições (art. 11, *caput*, Lei de Improbidade Administrativa – n. 8.429/1992); dentre outras.

## Seção I

### Dos Deveres

Art. 45. São deveres dos membros da Defensoria Pública da União:

(...)

Art. 90. São deveres dos membros da Defensoria Pública do Distrito Federal e dos Territórios:

(...)

Art. 129. São deveres dos membros da Defensoria Pública dos Estados:

901 MORAES, Guilherme Peña de. *Instituições da Defensoria Pública*. São Paulo: Malheiros, 1999. Cap. XV, p. 292; LIMA, Frederico R. Viana de. *Defensoria Pública*. 2. ed. Salvador: JusPodivm, 2011. Item 11.2, p. 416; discorrendo sobre normas afirmativas e negativas, Bobbio afirma que a prescrição negativa (também chamada de imperativo negativo) corresponde à proibição (BOBBIO, Norberto. *Teoria da Norma Jurídica*. Bauru: Edipro, 2001. p. 184-6).

## 21.1 Dos deveres

(arts. 45 e 90) I – residir na localidade onde exercem suas funções;
(art. 129) I – residir na localidade onde exercem suas funções, na forma do que dispuser a lei estadual;

### *21.1.1 Residir na localidade onde exercem suas funções*

A doutrina menciona que a finalidade básica deste dispositivo é garantir a pronta intervenção do defensor público em *situações de emergência*, o que não seria possível se o profissional estivesse em localidade diversa de onde exerce funções[902]. Cremos, porém, que há outras.

Parece-nos importante mencionar que o dispositivo ora comentado possibilita que o agente conheça a realidade local, o *espírito da comunidade*[903], para que o exercício das funções institucionais não se perca em abstrações e personalismos despregados da realidade.

Por fim, uma terceira e talvez mais importante finalidade seja a do *atendimento ao público*[904]. Tradicionalmente, essa tarefa deve ser desempenhada *in locu*, em contato com a pessoa que procura o serviço.

Parece-nos, assim, que, ao lado de outros dispositivos legais – como, por exemplo, o da previsão de Ouvidoria independente –, existe uma séria preocupação legal voltada para uma atuação funcional da Defensoria que seja próxima das necessidades reais da população carente. É o que se espera, na verdade, de qualquer instituição pública inserida num sistema republicano.

**Significado de 'localidade'**

O primeiro cuidado que se deve ter neste dispositivo é não confundir "localidade" com "comarca" (a divisão administrativa do Poder Judiciário). Assim, a legislação do Rio Grande do Sul – por exemplo – andou mal ao atribuir ao termo *localidade* o significado de *comarca*, podendo tal falha ser corrigida por interpretação conforme a Constituição[905].

---

902 MORAES, Sílvio Roberto Mello. Princípios Institucionais da Defensoria Pública. São Paulo: RT, 1995. p. 106.

903 Normalmente é mais visível e comum o espírito da comunidade estar presente em regiões rurais, sobretudo em culturas caracterizadas por "(...) relações sociais próximas, primárias de parentescos e vizinhança, que têm coesão de sentimentos e interesses gerais". De qualquer modo, é possível falar-se em comunitarismo em setores de convivência urbana, embora situado em localidades com recortes específicos "(...) sobretudo em bairros pobres, favelas, cortiços, ou em antigos conjuntos residenciais de trabalhadores, a vivência comum, o relacionamento entre famílias que se ajudem mutuamente, o compartilhamento das dificuldades comuns advindas de sua situação de classe, das carências urbanistas, do descaso dos poderes políticos, terminam desenvolvendo nesses setores uma (nova) identidade comum como produzindo um espírito de comunidade" (GOMES, Mércio Pereira. Antropologia – ciência do homem, filosofia da cultura. 2. ed. São Paulo: Contexto, 2011. p. 160).

904 Talvez sem observar a nomenclatura mais técnica, esse dever é explicitado no art. 108, parágrafo único, I.

905 LC estadual n. 11.795/2002: "Art. 95. São deveres dos membros da Defensoria Pública do Estado, além de outros previstos na legislação de regência da Defensoria Pública e neste Estatuto: I – residir na localidade onde exercem suas funções, ou excepcionalmente, em outra Comarca, por autorização do defensor público-geral do estado, ouvindo o Conselho Superior da Defensoria Pública; (...)".

Do nosso ponto de vista, em primeiro lugar tal confusão feriria a autonomia constitucional da Defensoria Pública: conquanto em regra seja salutar que a Defensoria Pública considere a divisão administrativa do Judiciário, não pode estar subordinada a ela na medida em que a Defensoria deve ser livre para dispor de sua divisão administrativa do modo que melhor atenda aos interesses das populações mais necessitadas – seu público-alvo. Nesse sentido, por exemplo, dispõe a Lei Orgânica da Defensoria Pública de São Paulo que suas Defensorias Públicas[906] "serão criadas e organizadas pelo Conselho Superior, assegurada prioridade para as regiões com maiores índices de exclusão social e adensamento populacional"[907]. Conquanto a Lei Orgânica nacional não contenha dispositivo idêntico – a não ser quando se refere a Núcleos da Defensoria Pública do Estado, no art. 107 – seu artigo primeiro e mesmo os dispositivos constitucionais que se referem à Defensoria não deixam de ser um indicativo no mesmo sentido.

**Destinatário do dever**

Atualmente, entendemos aplicável o art. 93, VII, da CF/88, em razão da EC n. 80/2014, mais especificamente do § 4º do art. 134 da CF/88. Na verdade, essa disposição constitucional converge ao que doutrinariamente já se sustentava no âmbito da Defensoria Pública, pois seria exigência descabida impor *residência* a defensor público com atribuição de substituir, sendo razoável obrigar-lhe apenas moradia no local enquanto nele exercer atribuições. Aprofundamentos o ponto.

A doutrina profusamente costuma ressalvar que somente é razoável exigir tal dever do *titular* das funções, e jamais daquele temporariamente designado. A nosso ver, além de muito razoável, tal leitura encontra sustentação no texto legal, que fala em "residir" na localidade onde exercem suas funções.

A doutrina civil faz distinção entre morada, residência e domicílio, e a residência – ainda que sem ânimo definitivo – que implica a ideia de permanência[908]. Ora, um defensor que está designado para determinadas atribuições, uma de duas: ou não possui localidade fixa para exercer atribuições (o que ocorre com "substitutos" ou equivalentes que ostentem outra nomenclatura), ou exerce funções em outra localidade de modo permanente. E nessas duas situações não há como concluir que deva existir residência se as funções não são permanentes. Portanto, o texto normativo deste inciso somente daria guarida às duas hipóteses mencionadas com interpretação ampliativa, o que é vedado quando tratamos de norma restritiva de direito.

Na edição anterior, já sustentávamos que os textos estaduais com mesma redação do texto da Lei Orgânica nacional devem ser lidos por essa linha interpretativa e, hoje, com mais razão devido

---

906 Referimo-nos aos órgãos de execução.

907 LC estadual n. 988/2006, art. 45, § 1º.

908 Por todos: TEPEDINO, Gustavo; BARBOZA, Heloísa Helena; MORAES, Maria Celina Bodin de. Código Civil Interpretado conforme a Constituição da República. Rio de Janeiro, Renovar, 2007. Vol. I (Parte Geral, arts. 1º a 420), comentário ao art. 70, p. 160: "Alude-se, com relação às pessoas naturais, às noções de domicílio, residência e morada. Para entender a diferença entre estes termos 'pode-se imaginá-los numa escala crescente: a morada não implica ideia de permanência, a residência implica e o domicílio pressupõe permanência com ânimo definitivo (Bruno Lewick, O Domicílio, p. 125)".

ao art. 93, VII c/c o art. 134, § 4º da CF/88. São Paulo, a propósito, antes mesmo da EC n. 80/2014 alinha-se a essa interpretação de modo mais expresso ao prever como dever do membro da Defensoria Pública "residir, se titular [grifamos], no Município onde exerce suas funções, salvo autorização expressa do defensor público-geral do estado, em caso de justificada e relevante razão"[909].

**Trabalho à distância**

Se, de um lado, o dever legal de residir na localidade onde as funções são exercidas é justificado pelos ideais de atuação em situação de emergência, imersão do defensor público na realidade local e atendimento ao público – como dissemos acima –, de outro lado, é fato: o mundo está mudando e o "mundo do Direito", no qual se insere a assistência jurídica, está mudando tanto quanto, ainda que não a passos largos.

Os processos digitais apenas observam a extinção dos processos físicos, e quando isso finalmente acontecer novas rotinas serão construídas. É claro que a presença humana ainda se fará necessária, como em audiências, apesar de as videoconferências vez ou outra serem postas em prática – como é o caso de interrogatório de réus presos, um tema assaz polêmico. E não podemos saber ainda se num futuro próximo a *presença* do defensor público (assim como do juiz, membro do Ministério Público etc.) se fará por meio de um holograma.

De qualquer forma, restaria ainda, ao menos para a Defensoria Pública, outra questão prática: o atendimento ao público.

Bem, quanto maior a inclusão digital, a tendência é que menor será a importância de as pessoas se deslocarem até o espaço físico de atendimento, já que muita coisa pode ser feita através da internet e do telefone[910].

E já houve iniciativas nesse sentido.

No ano de 2014, a Defensoria Pública da União, por meio de seu Conselho Superior, editou a Resolução n. 101, disciplinando o trabalho à distância. Como se lê nos Considerando, havia a preocupação de regulamentar esse assunto porque, de um lado, existe o atendimento ao público, a garantia da inamovibilidade e a proteção da unidade familiar; de outro, o princípio da eficiência, que inequivocamente deve ser analisado à luz do avanço tecnológico, "notadamente com a implantação do sistema de processo eletrônico, possibilita o trabalho remoto ou à distância".

O art. 1º da resolução restringiu o alcance do trabalho à distância a duas situações excepcionais: para acompanhamento de cônjuge ou companheiro, também servidor público civil ou militar, removido no interesse da Administração Pública; ou por motivo de saúde do servidor, cônjuge, companheiro ou dependente, aferido por perícia médica oficial. Anos depois, a Resolução n. 142/2018 as ampliou, possibilitando o trabalho à distância (no interesse da Administração) para possibilitar a realização de curso de mestrado, doutorado ou pós-doutorado.

Há diversas ponderações importantes na regulamentação do trabalho à distância feita pela Defensoria Pública da União, mas este não é o momento de analisá-las.

---

909 LC estadual n. 988/2006, art. 164, XII.

910 Nesse sentido: ETIENNE, Adolfo Filgueiras. *Defensoria Pública*: excelência no atendimento e nas postulações judiciais. CEI: Belo Horizonte, 2018, especificamente págs. 62 a 71, em que fala dos atendimentos por telefone, email e WhatsApp.

De qualquer forma, no ano de 2019 o Tribunal de Contas da União rechaçou a prática do trabalho à distância[911], tomando como objeto de discussão justamente a Resolução n. 101/2014 – embora as razões de decidir se apliquem expressamente às demais funções essenciais à justiça, já que todas regulamentadas por lei complementar. Eis alguns pontos do voto do Conselheiro Bruno Dantas:

> Com efeito, os agentes cujas carreiras são regidas por Lei Complementar, a exemplo dos membros da DPU, são efetivos representantes do Estado na sociedade. Não se confundem, portanto, com os demais servidores regidos pelo regime estatutário, cujas funções destinam-se, precipuamente, a movimentar a máquina burocrática e oferecer os meios necessários à efetiva ação estatal, a cargo dos agentes políticos e membros institucionais que representam os poderes constituídos, a exemplo dos Defensores Púbicos.
>
> (...) No caso de agentes políticos e membros representantes de poder, não há semelhante fixação de jornadas. Com efeito, ao compulsarmos a Lei Complementar 80/1994, que organiza a Defensoria Pública da União, do Distrito Federal e dos Territórios, não há imposição de jornada ou carga horária a ser cumprida por seus membros. Tenho para mim que essa circunstância não decorreu de mero descuido ou lapso do legislador, mas de um efetivo reconhecimento de que, enquanto membros que representam instituição de envergadura constitucional, efetivamente incumbidos do exercício de relevante função estatal, tais agentes personificam o Estado diuturnamente. Aliás, também não se identifica fixação de jornada nos normativos que regem outras carreiras de membros de poder, a exemplo da Lei Complementar 35/1979 (Lei Orgânica da Magistratura Nacional), da Lei Complementar 75/1993 (Dispõe sobre a organização, as atribuições e o estatuto do Ministério Público da União) e da Lei n. 8.625/1993 (Lei Orgânica Nacional do Ministério Público), o que corrobora essa percepção.
>
> (...) Ademais, impõe-se reconhecer que, porquanto representantes das instituições que compõem, referidos agentes já usufruem de jornadas diferenciadas, não se exigindo sua presença nos órgãos tal qual se impõe aos servidores estatutários. Conforme já ressaltado, a presença se faz necessária para o cumprimento de funções específicas, como o atendimento ao público e as audiências, de forma que, na prática, referidos agentes já possuem a prerrogativa de exercerem outras atividades a seu cargo fora das dependências do órgão. Nessas circunstâncias, tenho para mim que a formalização do teletrabalho se presta apenas para dar guarida a situações absolutamente abusivas, como de membros da DPU que residem no exterior. Aliás, há notícia de membros de outras carreiras, a exemplo do MPU, que também se encontram em situação semelhante, o que igualmente exige verificação por parte do TCU.
>
> 16. No caso, o que se alega é que os membros da DPU em teletrabalho possuem aumento da carga processual em contrapartida à não prestação de serviços presenciais, como o atendimento ao público e a participação em audiências. Ora, essas duas atividades compõem a razão constitucional de ser da DPU. Admitir que os efetivos representantes desse órgão possam atuar sem que cumpram tais atividades seria desvirtuar a essencialidade da instituição, em patente desrespeito à vontade do constituinte e às disposições legais que regem tão nobre instituição, o que não pode ser admitido.
>
> (...) Nesse cenário, a presente representação merece ser considerada procedente, com determinação à DPU para que adote as medidas tendentes ao desfazimento da Resolução CSDPU 101/2014, que dispõe sobre a implantação do trabalho a distância para membros da DPU.

911 Processo n. TC 012.967/2019-0.

Daí, no final de 2019 alastrando-se mundialmente no início de 2020, veio a pandemia da Covid-19 e por alguns meses os serviços jurídicos passaram a ser desempenhados de modo totalmente remoto – ainda que restritos a casos urgentes. E a prática talvez faça até que os mais céticos mudem sua percepção acerca do trabalho à distância[912].

Com tudo isso que especulamos acima, o que pretendemos dizer é que cada uma dessas inovações ou mudanças vai tornando cada vez menos obrigatório (ou melhor, cada vez mais sem sentido) o dever de residir na localidade em que se exercem as funções – exceto no que tange à imersão do profissional nos problemas da comunidade, mas essa finalidade que apontamos está apenas subentendida no dever de residência, nada além disso[913].

(arts. 45 e 90) II – desempenhar, com zelo e presteza, os serviços a seu cargo;
(art. 129) II – desempenhar com zelo e presteza, dentro dos prazos, os serviços a seu cargo e os que, na forma da lei, lhes sejam atribuídos pelo defensor público-geral;

### *21.1.2 Desempenhar, com zelo e presteza, os serviços a seu cargo*

"Zelo", segundo o Aulete, significa "atenção especial que se dedica a alguém ou algo; cuidado; dedicação; desvelo"[914]. O dever de zelo, assim, conquanto de larga conceituação, é uma advertência para que o defensor público não desleixe negando atenção aos serviços decorrentes de sua atribuição e, como consequente, causando prejuízos aos necessitados.

Sílvio Roberto Mello Moraes, apoiado em José Cretella Junior, chega mesmo a sustentar que o dever de zelo pode ser entendido "como o escrúpulo no cumprimento dos deveres, (...) procurando dar-lhes a mesma dose de vigilância que daria aos próprios negócios, zelando pelos interesses do Estado do mesmo modo que o clássico *bonus paterfamilias* da doutrina privatista zelaria por seus interesses particulares"[915]. Assim, embora "zelo" seja um termo indeterminado, é possível extrair daí algo de concreto: o defensor público deve cuidar dos serviços decorrentes de suas atribuições como se administrasse seus próprios negócios, conceito que se utilizado como meta ideal é capaz de evitar muitos desacertos e possibilitar maior probabilidade de obter os resultados esperados pelos destinatários do serviço público.

912 https://www.nexojornal.com.br/expresso/2020/03/11/O-home-office-como-sa%C3%ADda-contra--contamina%C3%A7%C3%B5es-do-coronav%C3%ADrus. Acesso em: 8 abr. 2020.

913 Importante o panorama previsto pelo defensor público rondoniense José Alberto Oliveira de Paula Machado: "Com as novas tecnologias surgindo a todo momento, é impossível não reconhecer o impacto da tecnologia no desenvolvimento da sociedade e no crescimento organizacional das instituições. Mas se hoje o uso dela já é praticamente indispensável, no futuro a tecnologia será o maior condicionante do exercício da cidadania, da administração pública e da atividade empresarial". *Defensoria Pública e o futuro*. Florianópolis: Tirant lo Blanc, 2019, p. 87.

914 Confira no Dicionário Aulete digital o significado de "zelo", em: <http://aulete.uol.com.br/site.php?mdl=aulete_digital&op=loadVerbete&pesquisa=1&palavra=zelo>.

915 MORAES, Sílvio Roberto Mello. *Princípios Institucionais da Defensoria Pública*. São Paulo: RT, 1995. p. 106.

"Presteza", segundo o Aulete, é a "qualidade de quem é pressuroso, solícito, de quem atende ou ajuda com rapidez e boa vontade"; ainda: "agilidade, rapidez, ligeireza, celeridade". Guilherme Peña de Moraes esclarece que o defensor público "deve pautar sua atuação funcional pela prontidão e pela agilidade, procurando formular as soluções mais céleres e eficazes às questões que lhe são trazidas a conhecimento"[916].

Em outras palavras, a presteza redunda basicamente em dois fatores: necessária desburocratização do serviço público aos olhos do usuário – por exemplo, o defensor deve evitar exigências apresentadas de forma picada, ou sem razoabilidade (pouca utilidade ou inútil para o enfrentamento do problema) – e esforço do defensor público para imaginar um modo de tentar obter a solução da questão apresentada e da forma mais rápida possível. A imaginação é fundamental para que se atenda ao dever de presteza, aliás.

No limite e a depender do caso concreto, (falta de) 'zelo' e (falta de) 'presteza' serão critérios usados para justificar eventuais punições disciplinares.

(arts. 45, 10 e 129) III – representar ao defensor público-geral sobre as irregularidades de que tiver ciência, em razão do cargo;

### *21.1.3 Representar ao Defensor Público-Geral sobre as irregularidades de que tiver ciência em razão do cargo*

A nosso ver, este dispositivo é aplicável quando o defensor público que tomou ciência das irregularidades não tiver competência para saná-las, pois que se tiver deve tomar todas as medidas cabíveis e, se for o caso, aguardar o resultado para dar continuidade no processo sanatório. Sílvio Roberto Mello Moraes entende que, nessa hipótese, as medidas adotadas devem ser comunicadas ao Defensor Público-Geral[917]. Concordamos em parte.

Não devem ser comunicadas sempre, mas quando houver alguma competência direta da Defensoria Pública-Geral neste processo sanatório, ou quando puder de algum modo repercutir no exercício das atribuições da Defensoria Pública-Geral, pois é preciso ter em mente que a Defensoria Pública não se resume à Defensoria Pública-Geral, existindo diversos órgãos justamente para que as tarefas sejam repartidas em razão de especialidade, importância e outros critérios que venham à tona e encontrem fundamento nas leis constitucionais e infraconstitucionais. Comunicar todas as irregularidades ou as medidas adotadas para saná-las, sem qualquer exceção, é contraproducente por inviabilizar o trabalho da Defensoria Pública-Geral conquanto, em caso de dúvida, a boa cautela recomende a feitura de representação.

A lei não especifica o sentido de "irregularidades": que irregularidades? Deste modo, em princípio, qualquer irregularidade – qualquer situação fato que esteja em desconformidade com a normativa vigente – poderia ser comunicada à Defensoria Pública-Geral. Porém, novamente

916 MORAES, Guilherme Peña de. *Instituições da Defensoria Pública*. São Paulo; Malheiros, 1999. Cap. XV, p. 294.

917 MORAES, Sílvio Roberto Mello. *Princípios Institucionais da Defensoria Pública*. São Paulo: RT, 1995. p. 106.

temos de ter o bom-senso de lembrar que a Defensoria Pública não se resume ao Defensor Público-Geral. No caso de dúvidas ou falhas, por exemplo, em contratos de limpeza ou segurança, se puderem ser solucionados diretamente por órgãos administrativos inferiores investidos de competência para tanto, não faz o menor sentido levar tal comunicação formal ao Defensor Público-Geral se tais dúvidas ou falhas não repercutirem diretamente em suas atribuições.

Esse raciocínio deve ser posto em prática de forma mais severa no âmbito da atividade funcional, considerando as garantias de inamovibilidade e independência funcional, conquanto existam violações de lei tão graves que possam colocar em risco o funcionamento da Defensoria Pública ou violar gravemente direitos de muitos necessitados, exigindo que a Defensoria Pública-Geral, respeitando as prerrogativas do defensor natural da atividade-fim, atue em parceria para colocar seu peso institucional na questão – hipótese que na vida real acontece e encontra fundamento expresso na lei para tanto[918].

O que se recomenda ao intérprete, se é que é possível condensar a este ponto nosso entendimento, é não levar esse dever – que visa tornar a Defensoria Pública-Geral consciente de irregularidades internas ou externas que assolam a Instituição – ao ponto de inviabilizar os serviços a serem desincumbidos pelo órgão que está no ápice da Instituição. Não é o excesso de informação que tornará melhor a atuação da Defensoria Pública-Geral; é a sua qualidade.

Há de se atentar para uma restrição muito importante que a lei impôs para o dever em discussão: torna-se dever a representação somente se a ciência sobre irregularidades ocorreu "em razão do cargo". Se não foi "em razão do cargo", então surge o direito de comunicar o Defensor Público-Geral, e não o *dever*.

Em uma primeira aproximação, podemos dizer que tal restrição está de acordo com a lógica republicana de se exigir prestação de contas daquele que está investido e no exercício de poderes para determinadas atribuições legais: se o defensor toma ciência de irregularidades, seja ao acaso ou não, mas porque está no exercício de atribuições, surge o dever de comunicação ao Defensor Público-Geral como forma de se prestar contas dos poderes dos quais está investido – com as ressalvas que já desenvolvemos acima.

Por outro prisma, essa restrição também tem importância no aspecto disciplinar, porque o dever não existe se a ciência de irregularidades não ocorrer em razão do cargo de defensor público. É uma interpretação, verdade, que pode ser polêmica a depender do fato concreto; mas é uma importante barreira para proteção da vida privada do defensor público.

---

918 Basta notarmos, por exemplo, que a lei orgânica nacional, em seus arts. 8º, III, e 56, III, atribui ao defensor público-geral "velar pelo cumprimento das finalidades institucionais". Em São Paulo, por exemplo, a Lei Orgânica Estadual n. 988/2006 estabelece em seu art. 19, inciso III, que cabe ao defensor público-geral "zelar pelo cumprimento dos princípios institucionais da Defensoria Pública do Estado", e no inciso IV "zelar pelo respeito aos direitos dos necessitados"; havendo iguais previsões na lei orgânica da Defensoria Pública do Rio Grande do Sul, Lei Complementar n. 14.130/2012, no art. 11, incisos IV e V. A lei orgânica da Defensoria Pública de Santa Catarina, Lei Complementar estadual n. 575/2012, prevê em seu art. 10, III, que compete ao defensor público-geral "velar pelo cumprimento das finalidades da Instituição"; igual previsão contida na Lei Complementar do Paraná, n. 136/2011, no art. 18, III.

(art. 45) IV – prestar informações aos órgãos de administração superior da Defensoria Pública da União, quando solicitadas;
(art. 90) IV – prestar informações aos órgãos de administração superior da Defensoria Pública do Distrito Federal e dos Territórios, quando solicitadas;
(art. 129) IV – prestar informações aos órgãos de administração superior da Defensoria Pública do Estado, quando solicitadas;

### 21.1.4 Prestar informações aos órgãos de Administração Superior da Defensoria Pública

Outra consequência do princípio republicano.

A doutrina afirma que se trata de consequência da hierarquia administrativa, o que está correto[919]. As garantias do cargo de defensor público – inamovibilidade, independência funcional, irredutibilidade de vencimentos e estabilidade – servem para aproximar o servidor público, agente político, da liberdade do profissional liberal – porque somente uma liberdade análoga à deste profissional proporciona condições de trabalho para que o defensor público, considerando a ordem jurídica (tanto para se apoiar nela como para questioná-la, se for o caso), persiga o que julgar a melhor solução para o caso. Nada mais do que isso. O defensor público não pode usar essas garantias para se entrincheirar, como se não devesse informações aos órgãos superiores.

Em uma palavra, a vinculação hierárquico-administrativa convive com tais garantias, até porque é a atividade-meio (administrativa) que permite o desenvolvimento da atividade-fim (funcional), devendo haver harmonia entre tais atividades, por serem complementares.

É importante ressaltar, ainda, para evitarmos qualquer mal-entendido, que esse dever não se limita ao defensor público no exercício da atividade administrativa, mas também vale para a atividade funcional. É verdade que na vida real o contato com os órgãos superiores é muito maior quando o defensor está gerindo unidade da Defensoria ou exercendo outra atividade de natureza administrativa; porém, o dever de prestar informações atinge também o defensor exercendo atividade funcional. Não fosse assim, como a Corregedoria-Geral poderia exercer correições?

Mais além, não se trata somente de uma questão disciplinar, pois envolve até mesmo o planejamento da Instituição: como podem os órgãos superiores planejar expansões ou modificações na atuação da Defensoria Pública, sempre respeitadas garantias do cargo e a legislação, se não dispuserem de dados? Portanto, novamente voltamos à tecla acima, de que não podemos enxergar nas garantias um fosso dos antigos castelos medievais, isolando o defensor público como se o cargo devesse ser ocupado e as atribuições exercidas do jeito que ele pessoalmente bem quer. As garantias são fundamentais e devem ser respeitadas por órgãos superiores, inclusive, mas devem ser interpretadas à luz do princípio republicano.

Deve-se atentar para a restrição contida no texto em apreço: *o dever existe perante órgãos da Administração Superior*, o que não impede a delegação dessa atribuição a algum órgão inferior.

919 MORAES, Guilherme Peña de. *Instituições da Defensoria Pública*. São Paulo: Malheiros, 1999. cap. XV. p. 295; LIMA, Frederico R. Viana de. *Defensoria Pública*. 2. ed. Salvador: JusPodivm, 2011. p. 418-9; MORAES, Sílvio Roberto Mello. *Princípios institucionais da Defensoria Pública*. São Paulo: RT, 1995. p. 106.

Tampouco afasta o dever de prestar informações para órgãos da atividade-fim (funcional) quando tais órgãos estiverem cobrindo ausência de defensor, dando vida ao princípio da indivisibilidade institucional.

Essa discussão, que possui alguns pormenores, aprofundaremos em outra oportunidade, mas enveredando por outro caminho também vale lembrarmos que nela é extremamente importante o art. 4º-A, inciso V, do presente diploma[920], uma vez que ceder informações ao defensor público que representa os interesses antagônicos ou colidentes, a nosso ver, é eticamente reprovável – tornaria, inclusive, sem função o dispositivo transcrito.

(arts. 45, 90 e 129) V – atender ao expediente forense e participar dos atos judiciais, quando for obrigatória a sua presença;

### 21.1.5 *Atender ao expediente forense e participar dos atos judiciais, quando for obrigatória a sua presença*

Tal dever tem sua razão de ser, pois observa uma das finalidades da Instituição: atuar na defesa de carentes no plano judicial. Desse modo, é razoável que o defensor público deva cumprir o expediente forense e marcar presença nos atos judiciais, pois de modo contrário poderá causar sérios prejuízos aos destinatários do serviço público de assistência jurídica integral e gratuita.

Por outro lado, também é necessário frisar que o defensor público, como se sabe, não é subordinado ao juiz, ao membro do Ministério Público ou ao advogado, seja público ou particular. Cada um possui seu espectro de atuação, e naquilo que possui atribuição dá a última palavra.

Nessa linha, o defensor público não é um mero auxiliar do Juízo, espécie de marionete que deva estar à disposição do Juízo em quaisquer circunstâncias. A autonomia constitucional da Defensoria Pública e as garantias do cargo afastam tal condição e, em *situações especiais*, também dão suporte *para que o defensor até mesmo se ausente de ato judicial* a fim de proteger o destinatário de seu serviço público.

Apenas para ilustrar, exemplo comumente citado vem do Tribunal do Júri com medida deveras extrema mas que pode servir de último recurso em situações também extremas nas quais o próprio Judiciário fere de morte direitos inalienáveis do acusado, como, por exemplo, recusar a autoridade judicial de registrar em ata fatos ocorridos em Plenário, o que impede a defesa de lançar mão de recursos e de outros meios impugnativos. Como dissemos, são medidas extremas que só devem ser tomadas em *circunstâncias que realmente impeçam o exercício da* ampla defesa, porque, na vida real, uma decisão equivocada poderá prejudicar os destinatários do serviço público de assistência jurídica integral e gratuita.

Persistindo em nossa observação pelo ângulo da autonomia constitucional da Defensoria Pública, é interessante anotarmos que o procedimento de intimação *ad cautelam* do defensor público, como corretamente pondera Fábio Luís Mariani de Souza,

920 "Art. 4º-A. São direitos dos assistidos da Defensoria Pública, além daqueles previstos na legislação estadual ou em atos normativos internos: (*Incluído pela Lei Complementar n. 132, de 2009.*) (...) V – a atuação de Defensores Públicos distintos, quando verificada a existência de interesses antagônicos ou colidentes entre destinatários de suas funções. (*Incluído pela Lei Complementar n. 132, de 2009.*)"

> para participar de ato processual a ser realizado em processos nos quais a Instituição não esteja atuando (...) ainda é muito utilizado no dia a dia forense, apenas com o intuito de que o ato judicial não se frustre pelo não comparecimento do Defensor constituído, especialmente nas cartas precatórias e nos processos criminais. Assim, esta prática inadequada pretende transformar o Defensor Público num mero auxiliar do juízo, olvidando-se as garantias do agente institucional e desrespeitando-se, por consequência, as atribuições constitucionais da Defensoria Pública. Sob este prisma, o dever de comparecer somente aos atos judiciais obrigatórios, transmuta-se também numa garantia aos Defensores Públicos: garantia de não comparecimento aos atos judiciais que não sejam de intervenção obrigatória[921].

Porque só há presença obrigatória em processos nos quais a Defensoria Pública esteja atuando.

Mas, sem dúvida, é preciso certa cautela.

Se no processo penal, por exemplo, o Juízo desconstituir o mandato de advogado *no momento da audiência*, a fim de permitir atuação da Defensoria Pública, a nosso ver o defensor público não está automaticamente obrigado a participar do ato judicial. Todavia aqui não incidiria mais aquela garantia – de não comparecimento aos atos judiciais que não sejam de intervenção obrigatória –, porque a desconstituição do profissional liberal com abertura de vista ao defensor público inevitavelmente o forçaria a assumir o processo como defensor do acusado por conta de suas atribuições.

Nessa hipótese, o que afasta o referido automatismo é a incidência conjunta de outras regras: incidência de preceito do Pacto de São José da Costa Rica (Convenção Americana de Direitos Humanos) que assegura a garantia mínima de "concessão ao acusado do tempo e dos meios adequados para a preparação de sua defesa"[922], e incidência de prerrogativa do cargo de intimação pessoal e prévia e garantia da independência funcional do cargo, a qual deve propiciar atuação da defesa técnica com conhecimento de causa, conscientemente. A recusa nesses termos é mais do que razoável, e seria absurdo esperar que o defensor público, intimado "cautelarmente", se instruísse a respeito do caso: porque o cargo de defensor público impõe atuação em favor de necessitados e, portanto, enquanto houver advogado constituído nos autos haverá quebra de preceito ético do cargo se o defensor público estudar estes autos, conversar com testemunhas do caso ou com o próprio réu (no caso de processo penal) enquanto houver o defensor constituído.

Analisemos brevemente hipótese diversa: o magistrado aplica o § 2º do art. 265 do CPP[923], solicitando a participação do defensor público apenas para efeito do ato. Poderia o defensor público atuar como defensor ad hoc? Como fica o dever funcional previsto no inciso em discussão?

---

921 SOUZA, Fábio Luís Mariani de. *A Defensoria Pública e o acesso à justiça penal*. Porto Alegre: Nuria Fabris, 2011. Parte I, item 4.3, p. 179, grifado no original.

922 Convenção Americana de Direitos Humanos, art. 8º, 2, *c*.

923 "Art. 265. O defensor não poderá abandonar o processo senão por motivo imperioso, comunicado previamente o juiz, sob pena de multa de 10 (dez) a 100 (cem) salários mínimos, sem prejuízo das demais sanções cabíveis. (*Redação dada pela Lei n. 11.719, de 2008.*) (...) § 2º Incumbe ao defensor provar o impedimento até a abertura da audiência. Não o fazendo, o juiz não determinará o adiamento de ato algum do processo, devendo nomear defensor substituto, ainda que provisoriamente ou só para o efeito do ato. (*Incluído pela Lei n. 11.719, de 2008.*)"

A LC n. 80/1994 prevê, em seu art. 4º, V, como já sabemos, atribuição para "exercer (...) a ampla defesa e o contraditório em favor de pessoas naturais e jurídicas, em processos administrativos e judiciais, perante todos os órgãos e em todas as instâncias, ordinárias ou extraordinárias, utilizando todas as medidas capazes de propiciar a adequada e efetiva defesa de seus interesses". E a exigência de defesa *efetiva* constitui tamanha verdade fundamental do direito, que a Corte Interamericana de Direitos Humanos, em consulta proposta pelo Estado do México, confirmou este mandamento jurídico por unanimidade[924]. A pergunta que se deve fazer, portanto, é a seguinte: é possível realizar uma defesa realmente efetiva, utilizando-se de todas as medidas capazes de propiciar a adequada e efetiva defesa dos interesses do acusado num único ato processual? Raramente isso é possível, conquanto não possamos nos estender demais em razão da natureza deste trabalho.

Em síntese, o simples fato de o defensor nunca ter manuseado os autos na vida dele, mas pela primeira vez em audiência, já é altamente prejudicial ao acusado até porque muitas vezes não se pode adivinhar a estratégia do defensor constituído; sem falar que cartas precatórias são comumente mal instruídas. Por isso, pelo menos numa primeira análise entendemos que, não sendo o defensor público mero auxiliar do Juízo, então não está obrigado a aceitar do Juízo a participação de ato como ad hoc, porque não é papel da Defensoria Pública legitimar um processo criminal com defesa *deficiente*.

(arts. 45, 90 e 121) VI – declarar-se suspeito ou impedido, nos termos da lei;

### *21.1.6 Declarar-se suspeito ou impedido, nos termos da lei*

É interessante, neste dispositivo, utilizarmos como pedra de toque a situação do juiz, conquanto não seja idêntica à do defensor público.

A doutrina processual costuma justificar as hipóteses de impedimento e suspeição do juiz como uma peça importante na busca da garantia de imparcialidade em favor do jurisdicionado, acrescentando que na hipótese de impedimento ou suspeição a exclusão do juiz de determinada causa se dá por motivo de ordem subjetiva. Se a exclusão é do Juízo, porém, o assunto pertence

924 "(...) 116. El Pacto Internacional de Derechos Civiles y Políticos consagra el derecho al debido proceso legal (artículo 14) derivado de 'la dignidad inherente a la persona humana'. Esa norma señala diversas garantías aplicables a 'toda persona acusada de un delito', y en tal sentido coincide con los principales instrumentos internacionales sobre derechos humanos. 117. En opinión de esta Corte, para que exista 'debido proceso legal' es preciso que un justiciable pueda hacer valer sus derechos y defender sus intereses *en forma efectiva* [grifamos] y en condiciones de igualdad procesal con otros justiciables. Al efecto, es útil recordar que el proceso es un medio para asegurar, en la mayor medida posible, la solución justa de una controversia (...)" (Cf. ementa: Flávia Piovesan (Coordenadora geral). *Código de direito internacional dos direitos humanos anotado*. São Paulo, DPJ, 2008. p. 1203-4. Inteiro teor no *site* da Corte: COSTA RICA. Corte Interamericana de Direitos Humanos. *Opinión Consultiva OC-16/99*, de 1º de outubro de 1999, solicitada pelos Estados Unidos Mexicanos, no endereço digital: <http://www.corteidh.or.cr/docs/opiniones/seriea_16_esp.doc>, consultado em setembro de 2010.)

à área da competência. A doutrina ainda chama atenção para o fato de que o impedimento é mais relevante do que a suspeição, a ponto de o impedimento sobreviver ao trânsito em julgado no processo civil, por exemplo, e servindo de causa de pedir para ação rescisória, enquanto a suspeição não[925]. E no caso do defensor público? Como interpretar este dispositivo?

O defensor público, diferentemente do juiz, não possui o dever de ser imparcial quando estiver atuando no processo jurisdicional ou administrativo ao representar algum destinatário do serviço público de assistência jurídica. E nada há de errado ou desleal nisso, pois no processo penal – por exemplo – é por meio da parcialidade da defesa e também da acusação, em regra desincumbida pelo Ministério Público, que o juiz consegue se aproximar um pouco do ideal de imparcialidade; muito pouco, porque Carnelutti, mestre inolvidável, resume bem a situação: "A justiça humana não pode ser mais do que uma justiça parcial (...). Tudo que se pode fazer é tentar diminuir esta parcialidade"[926].

Todavia, o fato de órgão público ser em regra parcial na atividade jurisdicional não exclui o princípio republicano de impessoalidade previsto no art. 37 do texto constitucional, que é decorrência direta da igualdade constitucional e cujo cerne básico "traduz a ideia de que a Administração tem que tratar a todos os administrados sem discriminações, benéficas ou detrimentosas. Nem favoritismos nem perseguições são toleráveis. Simpatias e animosidades pessoais, políticas ou ideológicas não podem interferir na atuação administrativa e muito menos nos interesses sectário, de facções ou grupos de qualquer espécie"[927]. Nessa linha, como bem aponta Maria Sylvia Zanella Di Pietro, as normas sobre impedimento e suspeição são aplicações dos princípios de impessoalidade e – acrescenta a ilustre Professora – de moralidade[928].

Desse modo, se adotarmos a perspectiva do cidadão, os impedimentos e suspeições devem ser considerados complementares às garantias do cargo de defensor público. Porque, se é verdade que tais garantias pretendem criar uma liberdade análoga à do profissional liberal, a fim de que o defensor público possa atuar sem receio de sofrer qualquer retaliação no exercício de suas funções, de outro lado, se o defensor público estiver preso a laços de impedimentos ou suspeições, de pouco ou nada servirão tais garantias para o cidadão, que poderá ser prejudicado pela falta de impessoalidade na prestação do serviço público. Uma rápida passagem de Sílvio Roberto Mello Moraes, por sinal, revela esta relação complementar: "Assim, deve o Defensor Público se declarar impedido para atuar em processo ou procedimento em que seja parte ou interessado, pois é evidente que não terá a necessária independência funcional para atuar na defesa de direito de terceiro acarretando seu próprio prejuízo. Da mesma forma não poderá fazê-lo quando" – acrescenta o ilustre defensor público carioca – "embora não seja pessoalmente interessado, haja

---

925 Por todos: BARBI, Celso Agrícola. *Comentários ao CPC*. 14. ed. Rio de Janeiro: Forense, v. I. Arts. 1º a 153, comentário ao art. 134. p. 420-1.

926 CARNELUTTI, Francesco. *As misérias do processo penal*. Trad. Ricardo Rodrigues Gama. Campinas: Russel, 2007, capítulos IV e V, especialmente p. 39, 42-3.

927 MELLO, Celso Antônio Bandeira de. *Curso de direito administrativo*. 18. ed. São Paulo: Malheiros, 2005, cap. II. p. 104.

928 DI PIETRO, Maria Sylvia Zanella. *Direito administrativo*. 17. ed. São Paulo: Atlas, 2004, item 3.3.3. p. 71-2.

interesse na causa por parte de cônjuge ou companheiro, parente consanguíneo ou afim em linha reta ou colateral, até o terceiro grau"[929]. Todavia, por outro prisma, esses elementos complementares às garantias do cargo também não deixam de proteger o defensor público como veremos adiante no comentário deste mesmo inciso.

Para resumir a questão: o dever contido no presente inciso legal – de se declarar suspeito ou impedido – decorre do princípio da impessoalidade, e do ponto de vista do cidadão é uma peça importante de segurança para que a assistência jurídica integral e gratuita seja prestada de modo impessoal ou isenta. Este é o cerne.

**Impedimento e suspeição: distinção prática**

Mudando a perspectiva de nossa análise, a doutrina processual – quando se refere aos impedimentos e suspeições do juiz – costuma anotar a maior gravidade do impedimento em relação à suspeição, o que em geral está correto. Mas, afinal, qual é a diferença fundamental de efeitos jurídicos entre as hipóteses de impedimento e suspeição quando nossa perspectiva é o defensor público? É necessário que enfrentemos a questão, conquanto sucintamente pelo espírito deste trabalho.

Aspecto que não podemos ignorar nestes questionamentos diz respeito ao campo das *nulidades*. É nulo o serviço prestado pelo defensor público no caso de impedimento ou suspeição?

Em nosso modo de ver, em havendo prejuízo ao destinatário deste serviço e também a possibilidade jurídica e fática de o serviço prestado ser refeito, não vemos razão para que tal nulidade não seja sancionada. A experiência indica que serviços extrajudiciais provavelmente encontrarão campo mais fértil para tal ocorrência, mas serviços prestados no campo judicial também podem eventualmente albergar a hipótese de refeitura do serviço de assistência jurídica integral e gratuita. Todavia, há o outro lado da moeda: nem sempre a refeitura do serviço será possível, como, por exemplo, existindo decadência a obstaculizar a adoção de ação rescisória em processo civil. Desse modo, a sanção de nulidade aí não tem serventia, conquanto o reconhecimento do impedimento seguido de prejuízo constitua causa de pedir para responsabilidade civil do Estado. O que não podemos admitir, entretanto, é que a nulidade seja automática; de há muito o prejuízo passou a ser exigência das legislações modernas, a fim de se evitar abusos[930].

Outra perspectiva muito importante que decorre dos aludidos questionamentos encontra-se no *campo disciplinar*, no qual o impedimento silenciado pelo defensor público corresponde a quebra de dever funcional mais grave do que a suspeição silenciada.

Lamentavelmente, a LC n. 80/1994 não é de clareza exemplar quanto a esse nosso entendimento: ao prever expressamente os casos de impedimento nos arts. 47, 92, e 131, passa de modo

929 MORAES, Sílvio Roberto Mello. *Princípios institucionais da defensoria pública*. São Paulo: RT, 1995. p. 111.

930 "Compreendendo a extensão destes malefícios [de frequentes decretações de nulidade considerando exclusivamente a quebra de formas legais], surgiu já em 1667, com a ordenação de Tolosa, um primeiro protesto contra a decretação de nulidades *a outrance* [ao exagero], expresso na máxima: *pas de nullité sans grief*, não há nulidade quando não há prejuízo" (ROSA, Inocêncio Borges da. *Nulidades do processo*. Porto Alegre: Globo, 1935. p. 128-9).

singelo a mensagem de que a violação do impedimento possui maior gravidade, especialmente por não mencionar qualquer exemplo de suspeição. Porém, ao tratar dos efeitos da violação de deveres e proibições nos § § 2º e 3º do art. 50, conquanto a legislação reserve a pena de advertência para violações de deveres e proibições funcionais cujo fato seja de pouca gravidade, e a suspensão para os de maior gravidade – o que é de lógica rigorosa –, a legislação não é expressa em dizer quem é quem entre impedimentos e suspeições. É algo criticável, sem dúvida, na medida em que o regime disciplinar jurídico deveria ser levado mais a sério em nosso país, com tipificações bem desenhadas para maior segurança jurídica.

Seja como for, tal imperfeição em nosso modo de ver não afasta a maior gravidade das hipóteses de impedimento, razão pela qual foram expressamente previstas na Lei Orgânica nacional. E também devemos considerar que o ordenamento jurídico vigente é muito claro em tratar com maior gravidade as hipóteses de impedimento: é o que podemos apurar em rápida consulta à Constituição, que faz referência a impedimentos de cargos, mas não se refere a suspeições. A lei de processo administrativo federal, de n. 9.784/1998, inaplicável ao regime disciplinar do defensor por não ser lei complementar[931], também segue esta linha ao prever no parágrafo único de seu art. 19 que: "A omissão do dever de comunicar o impedimento constitui falta grave, para efeitos disciplinares".

Enfim, tal distinção de gravidade no campo disciplinar não poderia – em verdade – ser diferente, porquanto a simples leitura das hipóteses de impedimento nos revela que, em seu âmago, o defensor público sempre está em posição de pessoalidade indiscutível por estar comprovadamente vinculado à matéria em discussão; e as hipóteses de suspeição, como, aliás, revela a nomenclatura, restringem-se a levantar suspeita, desconfiança ou dúvida, mas não é possível se ter a certeza da violação de impessoalidade e seria injusta sua presunção absoluta. A propósito, vale registrar que Celso Agrícola Barbi, analisando os impedimentos do cargo de juiz, chega mesmo a concluir que "os casos de impedimento constantes do art. 134 contêm verdadeira presunção juris et de jure de parcialidade"[932]. Conclusão que a nosso ver pode ser estendida aos defensores públicos na distinção de gravidade disciplinar que estamos traçando, sendo mais apropriado, porém, falarmos em pessoalidade no lugar de parcialidade.

**Hipóteses de suspeição**

Analisando, ainda, o presente inciso é necessário indagarmos: quais são as hipóteses de suspeição do defensor público?

No caso de suspeição, a doutrina entende que a falta de hipóteses previstas na Lei Orgânica nacional atrai aplicação subsidiária tanto do CPC como do CPP[933]. Em nosso sentir, tal balizamento pode ser interessante especialmente porque o CPC, em seu art. 135, V, e também no parágrafo único

931 CF/88, art. 134, § 1º.

932 BARBI, Celso Agrícola. *Comentários...*, cit., comentário ao art. 134. p. 421.

933 MORAES, Guilherme Peña de. *Instituições da Defensoria Pública*. São Paulo: Malheiros, 1999, cap. XV, p. 296; LIMA, Frederico R. Viana de. *Defensoria Pública*. 2. ed. Salvador: JusPodivm, 2011. p. 420-1; MORAES, Sílvio Roberto Mello. *Princípios institucionais da Defensoria Pública*. São Paulo: RT, 1995. p. 107.

desse mesmo dispositivo, possui abertura textual a permitir que o defensor declare circunstâncias que, aos olhos do público, podem levantar suspeitas ou desconfianças – mesmo que tais suspeitas e desconfianças não se afinem com os reais propósitos e sentimentos do defensor. É possível evitar, assim, danos à imagem e nome de um bom profissional substituindo-o por outro defensor público.

Por outro lado, essa abertura textual também amplia a participação do destinatário do serviço público que poderá também exercer o direito de alegar qualquer fato que, do seu ponto de vista, possa colocar em xeque a isenção do defensor público. Esses dois lados da moeda, se conduzidos de forma honesta e responsável, têm o condão de certificar a lisura da Instituição.

O único problema é que, sendo o CPC e o CPP leis de natureza ordinária, tornam-se, portanto, inaplicáveis ao defensor público quando o assunto é organização da Defensoria Pública, e isso porque já sabemos existir garantia institucional que exige lei complementar para este tema[934]. E é fundamental que não admitamos aplicação subsidiária de legislação ordinária em matéria de organização de Defensoria, para que essa prática não se volte contra a própria Defensoria Pública; a não ser que tal legislação ordinária seja realmente necessária para desenvolver ou desdobrar determinada matéria (não é o caso da suspeição, salvo melhor juízo), e desde que não contrarie a legislação complementar. Seja como for, com relação à matéria contida no inciso em discussão não haverá mudança prática no cotidiano (daí a desnecessidade aludida), pois a mencionada abertura textual contida no CPC equivale a uma lei que silencia quanto às hipóteses de suspeição, oferecendo maior liberdade ao intérprete.

Por outro prisma, não pode o leitor descuidar de *conexões existentes com a legislação estadual* quando o assunto é Defensoria dos Estados, como, por exemplo, é o caso da legislação do Paraná, que expressamente prevê os casos de suspeição e legitima o uso das leis processuais referidas uma vez que o quórum específico da lei complementar abonou a utilização dessas leis ordinárias na organização da Defensoria do Paraná[935].

(arts. 45, 90 e 121) VII – interpor os recursos cabíveis para qualquer instância ou Tribunal e promover revisão criminal, sempre que encontrar fundamentos na lei, jurisprudência ou prova dos autos, remetendo cópia à Corregedoria-Geral.

### *21.1.7 Interpor os recursos cabíveis para qualquer instância ou Tribunal e promover revisão criminal*

Inicialmente, devemos ponderar que a redação deste inciso poderia ser melhor se não limitasse a referência a recursos e revisão criminal. É evidente que não há razão alguma para que somente recursos e revisão criminal sejam produzidos apoiados em lei, jurisprudência ou prova dos autos, e que não sejam manuseados com essa mesma cautela a rescisória civil, o mandado

934 CF/88, art. 134, § 1º.

935 LC n. 136/2011 (PR): "Art. 184. O membro da Defensoria Pública do Estado do Paraná dar-se-á por suspeito quando: I – houver opinado contrariamente à pretensão da mesma parte; II – houver motivo de ordem íntima que o iniba de funcionar; III – ocorrer qualquer dos casos previstos na legislação processual".

de segurança, o *habeas corpus*, bem como funções extrajudiciais e todas as outras judiciais da Defensoria Pública; aliás, esse entendimento vai ao encontro da prerrogativa do cargo contida nos arts. 44 e 128, XII, desta Lei Orgânica nacional, que, por sua vez, é uma expressão prática da garantia da independência funcional do cargo no exercício das atribuições.

De qualquer modo, o que significa a fórmula "encontrar fundamentos em lei, jurisprudência ou prova dos autos"?

Frederico Rodrigues Viana de Lima esclarece que "estes expedientes processuais [recursos e revisão criminal] devem encontrar fundamentos na lei, na jurisprudência e/ou na prova dos autos. De nada valerá o recurso que, embora cabível, não se sustenta na jurisprudência; ou, muito menos, o recurso que, embora escorado em julgados favoráveis, não encontra correspondência com os fatos apresentados nos autos". Adiciona ainda o ilustre defensor público que "o recurso meramente protelatório pode resultar na imputação ao assistido da pecha de litigante de má-fé (art. 17, VII, CPC), acarretando-lhe a condenação ao pagamento de multa e de indenização à parte contrária (art. 18, CPC)"[936].

A explicação de Frederico Rodrigues Viana de Lima é muito correta em nosso ponto de vista, porquanto deixa claro que o presente dever funcional especifica um aspecto importante do zelo necessário do defensor público no exercício de suas funções.

Porém, a nosso ver, tal explicação deve ser aprofundada, pois o intérprete menos experiente pode se iludir e, em vez de enxergar nesse dever uma especificação do inafastável zelo funcional, pode ser seduzido a ficar inerte quando não encontrar soluções jurídicas ou humanas em textos normativos e jurisprudência, além de ser estimulado a dar pouca importância para o fato de que a ausência de provas torna aplicável teses jurídicas legítimas em diversas situações.

A primeira cautela necessária que devemos, então, adotar quanto a esse dever funcional é tomarmos o termo "lei" como equivalente ao gênero "norma jurídica", porque não faz sentido algum que a única fonte de direito válida para o cumprimento desse dever funcional seja a lei – basta termos em mente o amplo espectro de funções institucionais da Defensoria.

Afora esse detalhe que faz toda a diferença, é cediço que toda norma jurídica é o produto da interpretação de fatos e textos normativos[937], e essa constatação é imprescindível para afastarmos a hipótese equivocada de que o dever funcional deva se fundamentar "sempre" – advérbio usado no inciso – em texto normativo.

*Texto normativo não é sinônimo de norma jurídica* ou de uma de suas espécies: a lei. Não queremos de forma alguma diminuir a importância do texto normativo enquanto elemento fiador contra o arbítrio, todavia a consciência de que texto normativo não é sinônimo de norma jurídica é luz para o intérprete que se depara com situações da vida real em relação às quais não existe, por exemplo, texto normativo aplicável (lacuna de direito). Ou, se existir o texto normativo, pode o intérprete reconhecê-lo ilegítimo na medida em que o conjunto de possibilidades

936 LIMA, Frederico R. Viana de. *Defensoria pública*. 2. ed. Salvador: JusPodivm, 2011. p. 423.

937 Por todos: GRAU, Eros Roberto. *Ensaio e discurso sobre a interpretação/aplicação do direito*. São Paulo: Malheiros, 2002, especialmente cap. I a X da primeira parte.

que ele oferece na seara da interpretação colide com a normalidade vigente, sendo inepto para produzir uma norma jurídica – no sentido profundo desse termo destacado, consoante lição de Goffredo[938]. Desse modo, sendo ilegítima a lei a que faz referência o dever funcional em discussão (ou a norma jurídica), então deverá ser combatida.

Portanto, lei, neste inciso, quer dizer norma jurídica – o que coloca o defensor público na posição de um dos (re)construtores da ordem normativa tanto ética quanto jurídica em uma sociedade plural. Mas, neste trabalho de (re)construção o defensor público é a voz da população carente, tanto no prisma de indivíduos quanto de coletividade(s).

Com relação à fórmula "fundamentos na jurisprudência", indagamos: quantas vezes o defensor público não é obrigado a questionar toda uma jurisprudência pacífica que reflete normativa inválida (ilegal ou inconstitucional) e mesmo ilegítima (contrária ao sentimento ético vigente)?

E quando a redação de nosso dever funcional menciona a necessidade de haver "fundamentos na prova dos autos"? Como devemos enxergar esse aspecto? Devemos aqui ter em mente que o fato de um meio processual proposto em juízo não se apoiar na prova dos autos justifica mais do que nunca, no polo processual contrário, o exercício dos princípios do contraditório e da ampla defesa. "Fundamentos na prova dos autos" deve ser lido, portanto, tanto para existência como ausência de provas.

Essa análise sucinta basta para notarmos que o presente dever funcional significa principalmente uma lembrança ao defensor público de que sua atividade se funda, em última análise, no direito, devendo, porém, ter olhos de atento e cuidadoso (re)construtor, a fim de que a ordem normativa sempre considere, com justiça, os problemas reais que afligem a população carente.

Nesse sentido, vale o registro de que Carlos Roberto de Siqueira Castro aponta como a maior função da Defensoria Pública: "(...) não apenas controlar e concretizar o Estado de Direito pela via da representação judicial e extrajudicial dos interesses qualificados pela pobreza, mas colocar o legalismo a serviço da democracia, da superação do 'apartheid' social, da humanização da paisagem nas cidades e nos campos, enfim, da difusão igualitária de cidadania"[939]. O que até mesmo habilita a Defensoria, em diversas situações, a desempenhar funções de natureza eminentemente política e visando aprimorar o direito como produto do exercício da política.

O espírito dessa lembrança, no entanto, é notado *ictu oculi* quando lemos o art. 1º da Lei Orgânica nacional; sem falar que o dever de zelo – já discutido – impõe que o defensor público se esforce para conhecer a ordem jurídica e suas diversas fontes para escolher, no caso concreto,

938 TELLES JR., Goffredo. *Estudos*. São Paulo: Juarez de Oliveira, 2005. Estudo V (A legitimidade das leis), p. 100: "A lei, bem o sabemos, é um *imperativo*, um *mandamento*. Mas não é um imperativo *qualquer*. É um imperativo *normativo*, e isto quer dizer que a norma verdadeiramente *jurídica* é sempre um mandamento *harmonizado* com a normalidade, *com a ordenação ética de uma coletividade humana*. Por ser *norma*, a lei há de ser congruente com a *normalidade*. Já temos dito e repetido que o *anormal* não pode ser *normal*, não pode ser norma. Toda norma jurídica se inclui dentro de uma estrutura ética, dentro de um sistema de convicções sobre o normal e o anormal, ou seja, dentro de uma *ordenação normativa*, que é, como se sabe, um conjunto articulado de disposições, para a orientação do comportamento humano".

939 CASTRO, Carlos Roberto de Siqueira. A Constituição e a Defensoria Pública. *Revista de Direito da Defensoria Pública*, Rio de Janeiro, ano 4, n. 5, fev. 1991, p. 24.

a melhor linha de representação de seu assistido. O que nos leva a concluir que *a redação do presente dever funcional mais confunde do que explica.*

De qualquer modo, o que o intérprete nunca poderá fazer a partir desse texto – devemos sublinhar – é posicionar o defensor público como o escravo acrítico de textos normativos, jurisprudência e das provas, pois o direito é vida e está sempre em movimento como resposta às mudanças no sentimento ético vigente de uma sociedade pluralista.

A doutrina também costuma fazer referência à não obrigatoriedade do defensor público na interposição de recursos e de outros meios de impugnação, o que, talvez, seja o maior mérito do enunciado que estamos comentando. Todavia, na linha do que dissemos, esse tema específico e outros correlatos são mais compatíveis aos comentários que abordaram a garantia de independência funcional no exercício das atribuições – para os quais remetemos o leitor[940].

**Seção II**

**Das Proibições**

Art. 46. Além das proibições decorrentes do exercício de cargo público, aos membros da Defensoria Pública da União é vedado:

(...)

**Seção II**

**Das Proibições**

Art. 91. Além das proibições decorrentes do exercício de cargo público, aos membros da Defensoria Pública do Distrito Federal e dos Territórios é vedado:

(...)

**Seção II**

**Das Proibições**

Art. 130. Além das proibições decorrentes do exercício de cargo público, aos membros da Defensoria Pública dos Estados é vedado:

## 21.2 Das proibições

Remetemos o leitor para nossos comentários no capítulo V (Dos Deveres, das Proibições, dos Impedimentos e da Responsabilidade Funcional), antes de iniciar a seção I.

(arts. 46, 91 e 130) I – exercer a advocacia fora das atribuições institucionais;

### 21.2.1 Exercer a advocacia fora das atribuições institucionais

Historicamente, o necessitado sempre foi um grande problema no sistema de justiça, tanto

940 Cf. comentários contidos nos arts. 43, 88 e 127, I, e 44, 89 e 128, XII.

que *antes da constitucionalização da Defensoria Pública havia inúmeros órgãos aos quais cabia a tarefa da defesa do necessitado*; e detalhe importantíssimo é que essa tarefa concorria com as principais funções desses órgãos[941].

Não é difícil imaginar que a *pulverização* desse serviço (público) entre diversos órgãos – com o agravante da assistência ao necessitado ser tratada como secundária em relação às demais funções atribuídas a esses órgãos – impedia uma defesa profissionalmente organizada do necessitado; uma defesa que levasse em conta até mesmo o necessitado como membro de categorias, típicas dos necessitados, com diversos problemas bem definidos e muito próprios de cada uma delas.

Vale ressaltar, nesta linha, que esse mesmo obstáculo existe no sistema *judicare* (o sistema de advogados particulares pagos pelo Estado), porque tal representação não é capaz de compensar a desvantagem do necessitado frente a litigantes organizacionais, além de tratá-lo exclusivamente do ponto de vista individual. Portanto, negligenciando igualmente sua situação de pertencer a classes de necessitados com problemas definidos e próprios[942].

Sendo assim, inicialmente podemos concluir que tal proibição representa enorme evolução em relação ao que existia, pois na prática ela é premissa básica para uma assistência jurídica que enxergue o necessitado globalmente. Ademais, ela leva naturalmente o defensor público a focar atenção exclusiva nos problemas dos necessitados, e não permite que seja ela dividida com representações de outros interesses[943] que poderiam até mesmo colocar em risco os direitos e as garantias fundamentais dos necessitados – seja por interesses colidentes, seja pela simples atenção dividida.

Ademais, ao levar o defensor público à aludida focalização exclusiva nos problemas do necessitado, inevitavelmente abre-se um horizonte inteiro ao defensor para notar que existem ferramentas diversas para uma luta global que não se limite a enxergar o necessitado *individualmente*, mas que o enxergue, além da perspectiva individual, também das perspectivas *coletiva*, comunitária, social e política. A atuação em tutela coletiva, o atendimento interdisciplinar, a educação em direitos para formação de cidadãos conscientes do que devem fazer na seara político-jurídica e a participação de defensores em conselhos federais, estaduais e municipais para

941 Neste sentido, vale a pena consultar o estudo da Professora Armida Bergamini Miotto (A Defensoria Pública no Brasil. *Revista de Informação Legislativa*, Brasília, abril a junho, 1973, p. 71-104), que descreve vários sistemas de atendimento ao pobre: *e.g.*, no Distrito Federal era tarefa do cargo inicial do Ministério Público, ou seja, o necessitado somente poderia ter o inexperiente ao seu lado, como se o necessitado servisse somente como objeto de aprendizado ou de simples e triste cobaia; no Rio de Janeiro chegou a ser carreira paralela à dos Promotores, mas subordinada ao Procurador-Geral de Justiça; em São Paulo cabia à Procuradoria de Assistência Judiciária, que se situava fora do Ministério Público mas dentro da estrutura da Procuradoria-Geral do Estado, o que claramente causa uma colisão de interesses etc., sem esquecermos que, de forma geral, a advocacia particular também exercia caritativamente a defesa do necessitado.

942 CAPPELLETTI, Mauro; GARTH, Bryant. *Acesso à Justiça*. Trad. Ellen Gracie Northfleet. Porto Alegre: Fabris, 1988. p. 38-9.

943 Conquanto prescindível mas esmiuçando essa proibição, a lei da Defensoria Pública do Tocantins vai além, proibindo o defensor público de "funcionar, na qualidade de defensor constituído, como assistente de acusação do Ministério Público, no juízo criminal" (art. 55, VII, LC 55/09).

contribuírem na direção de políticas públicas; todas essas outras ferramentas surgem nas mãos daquele que se especializou em focar no drama dos necessitados por aquela série de prismas que acima mencionamos.

Em uma palavra, sem a proibição do exercício profissional fora das atribuições institucionais não haveria progresso no sentido de se criar uma defesa global e profissionalmente organizada do necessitado.

**Proibição de exercício da advocacia como decorrência da autonomia institucional**

Nessa linha, não podemos esquecer que a proibição em discussão é também uma consequência prática – e inelutável, note-se bem – do fato de a CF/88 criar órgão constitucionalmente autônomo para se desincumbir da tarefa pública de defesa da população necessitada. Simplesmente porque *não haveria como existir autonomia constitucional da Defensoria Pública se os membros pudessem abrir mão dessa autonomia vinculando-se a outras atividades* – com finalidades outras que as funções institucionais da Defensoria – e até mesmo vinculando-se a órgãos de classe como a Ordem dos Advogados do Brasil, por exemplo; instituição nobilíssima, mas cujo papel não se confunde com o da Defensoria Pública. E é neste ponto que a proibição ao defensor público para exercer advocacia fora das atribuições institucionais desemboca na exigência de capacidade postulatória autônoma – tema para cuja análise remetemos o leitor ao comentário do art. 4º, § 6º, da presente Lei Orgânica.

É importante que o leitor saiba de algumas polêmicas citadas por doutrina mais experiente, e que existiram no período nascente da Defensoria Pública.

Sílvio Roberto Mello Moraes, por exemplo, de modo detalhado nos informa que a vedação em análise, também prevista constitucionalmente[944], chegou a ser vista por parcela dos defensores públicos como relativa (ou não absoluta). O argumento era o seguinte: segundo tal parcela, o art. 22 das Disposições Transitórias da Constituição[945] asseguraria supostamente o direito à advocacia porque autorizaria o defensor investido na função até a data de instalação da Assembleia Nacional Constituinte a continuar advogando, mas desde que não optasse pela carreira de defensor público instituída pela Constituição Federal abrindo mão das garantias de inamovibilidade e isonomia de vencimentos[946].

Outra polêmica é noticiada por Guilherme Peña de Moraes, a qual, em apertada síntese, albergava as seguintes orientações opostas: a primeira, sustentava que a proibição de exercício da advocacia fora das atribuições institucionais careceria de complementação infraconstitucional para ter eficácia plena, o que se daria somente com a instituição de lei complementar tratando do tema; a segunda, ao contrário, sustentava essencialmente que o respeito a tal proibição não

944 CF/88, art. 134, § 1º.

945 *In verbis*: "Art. 22. É assegurado aos defensores públicos investidos na função até a data de instalação da Assembleia Nacional Constituinte o direito de opção pela carreira, com a observância das garantias e vedações previstas no art. 134, parágrafo único, da Constituição".

946 MORAES, Sílvio Roberto Mello. *Princípios institucionais da Defensoria Pública*. São Paulo, RT, 1995. p. 108-9.

dependia de desenvolvimento infraconstitucional de lei complementar, até porque a proibição constitucional, em sua clareza e singeleza, não poderia ser afrontada pela lei complementar.

Alinhamo-nos ao eminente defensor público Sílvio Roberto Mello Moraes quando, abordando a primeira polêmica mencionada, afirma que o aludido art. 22 das Disposições Transitórias da Constituição autorizava, na verdade, que defensores investidos na função poderiam optar pela novel carreira ou continuar a integrar os quadros do órgão ao qual se encontravam vinculados (Secretarias de Justiça, Procuradorias do Estado etc.). E ainda, acertadamente, esse autor destaca que nos locais onde existisse Defensoria Pública devidamente institucionalizada, com carreira própria, a exemplo do Rio de Janeiro e Mato Grosso do Sul, o direito de opção seria inaplicável porque seria inadmissível a coexistência de duas carreiras de defensores públicos numa mesma Instituição – ressaltando que a opção, segundo o referido art. 22, deveria ser pela carreira e não por regime jurídico. E acrescentamos às lúcidas ponderações de Sílvio Roberto que, a par da possibilidade de essa advocacia concomitante obstaculizar o ideal de defesa global e profissionalmente organizada do necessitado, é inconstitucional o defensor abrir mão da inamovibilidade com o propósito de advogar. Ora, tal garantia do cargo – como as demais – é direito do cidadão, a lhe assegurar um serviço público além de impessoal também invulnerável a interferências que visem intimidar o defensor público no desempenho de suas atribuições, não sendo posses ou propriedades do defensor descartáveis pela sua caprichosa vontade de obter outra fonte de renda.

Quanto à segunda polêmica, por tudo que expendemos neste inciso só podemos dar razão à segunda corrente, até porque, a par do que já falamos, a famosa classificação tricotômica atinente à eficácia das normas constitucionais – eficácias plena, contida e limitada – tem sido duramente criticada, e a doutrina contemporânea firmou posição no sentido de que todos os direitos dependem de atuações estatais para se realizarem. Desse modo, não se justifica a identificação de normas de eficácia limitada: porque todas o são[947].

De qualquer modo, em mais de uma oportunidade o Supremo Tribunal Federal bem decidiu em sede de controle concentrado que "o § 1º do art. 134 da Constituição do Brasil repudia o desempenho, pelos membros da Defensoria Pública, de atividades próprias da advocacia privada"[948]:

---

947 Nesse sentido: BARROSO, Luís Roberto. *Curso de direito constitucional contemporâneo*: os conceitos fundamentais e a criação de um novo modelo. São Paulo: Saraiva, 2009. p. 212-7.

948 "EMENTA: AÇÃO DIRETA DE INCONSTITUCIONALIDADE. ART. 137 DA LEI COMPLEMENTAR N. 65, DE 16 DE JANEIRO DE 2003, DO ESTADO DE MINAS GERAIS. DEFENSOR PÚBLICO. EXERCÍCIO DA ADVOCACIA À MARGEM DAS ATRIBUIÇÕES INSTITUCIONAIS. INCONSTITUCIONALIDADE. VIOLAÇÃO DO ART. 134 DA CONSTITUIÇÃO DO BRASIL. 1. O § 1º do artigo 134 da Constituição do Brasil repudia o desempenho, pelos membros da Defensoria Pública, de atividades próprias da advocacia privada. Improcede o argumento de que o exercício da advocacia pelos Defensores Públicos somente seria vedado após a fixação dos subsídios aplicáveis às carreiras típicas de Estado. 2. Os § § 1º e 2º do artigo 134 da Constituição do Brasil veiculam regras atinentes à estruturação das defensorias públicas, que o legislador ordinário não pode ignorar. 3. Pedido julgado procedente para declarar a inconstitucionalidade do artigo 137 da Lei Complementar n. 65, do Estado de Minas Gerais" (STF – Pleno – ADIn 3043-4 MG – Rel. Min. Eros Grau – decisão de 26 de abril de 2006 – *DJ* de 27 de outubro de 2006, p. 30 – *LEXSTF* v. 29, n. 337, p. 86-93 – disponível no *site* do STF).

ADI 3043 / MG – MINAS GERAIS AÇÃO DIRETA DE INCONSTITUCIONALIDADE Relator(a): Min. EROS GRAU Julgamento: 26/04/2006 Órgão Julgador: Tribunal Pleno
Publicação
Parte(s)
REQTE.(S) : PROCURADOR-GERAL DA REPÚBLICA
REQDO.(A/S) : GOVERNADOR DO ESTADO DE MINAS GERAIS
REQDO.(A/S) : ASSEMBLÉIA LEGISLATIVA DO ESTADO DE MINAS GERAIS
INTDO.(A/S) : DEFENSORIA PÚBLICA DO ESTADO DE MINAS GERAIS
ADV.(A/S) : DPG – MG MARLENE OLIVERIA NERY
EMENTA: AÇÃO DIRETA DE INCONSTITUCIONALIDADE. **ART. 137 DA LEI COMPLEMENTAR N. 65, DE 16 DE JANEIRO DE 2003, DO ESTADO DE MINAS GERAIS.** DEFENSOR PÚBLICO. **EXERCÍCIO DA ADVOCACIA** À MARGEM DAS ATRIBUIÇÕES INSTITUCIONAIS. INCONSTITUCIONALIDADE. VIOLAÇÃO DO ART. 134 DA CONSTITUIÇÃO DO BRASIL. 1. O § 1º do artigo 134 da Constituição do Brasil repudia o desempenho, pelos membros da Defensoria Pública, de atividades próprias da advocacia privada. **Improcede o argumento de que o exercício da advocacia pelos Defensores Públicos somente seria vedado após a fixação dos subsídios aplicáveis às carreiras típicas de Estado.** 2. Os § § 1º e 2º do artigo 134 da Constituição do Brasil veiculam regras atinentes à estruturação das defensorias públicas, que o legislador ordinário não pode ignorar. 3. Pedido julgado procedente para declarar a inconstitucionalidade do **artigo 137 da Lei Complementar n. 65**, do Estado de Minas Gerais.

(arts. 46, 91 e 130) II – requerer, advogar, ou praticar em Juízo ou fora dele, atos que de qualquer forma colidam com as funções inerentes ao seu cargo, ou com os preceitos éticos de sua profissão;

### *21.2.2 Requerer, advogar ou praticar, em juízo ou fora dele, atos que de qualquer forma colidam com as funções inerentes ao seu cargo, ou com os preceitos éticos de sua profissão*

A primeira parte deste inciso – "requerer, advogar, ou praticar em Juízo ou fora dele, atos que de qualquer forma colidam com as funções inerentes ao seu cargo" – é expressão prática, podemos assim dizer, da proibição de exercer advocacia fora das atribuições institucionais. Porque se a Constituição e a Lei Orgânica sequer admitem tal exercício pelos motivos que já expendemos no inciso I (acima), é evidente que muito menos admitiria que o defensor público pudesse atuar de modo a colidir com as funções inerentes ao seu cargo. Por sinal, Frederico Rodrigues Viana de Lima foi feliz ao destacar que "a expressão 'de qualquer forma' confere uma noção perfeita da extensão desta proibição, que é a maior possível"[949].

A segunda parte deste inciso – ao mencionar "preceitos éticos de sua profissão" – é da mais absoluta importância, embora seja normalmente citada *en passant* pela doutrina; por isso nos dedicaremos um pouco mais a ela.

#### Preceitos éticos da profissão

A nosso ver a Lei Orgânica da Defensoria Pública reconhece expressamente que existem pre-

949 LIMA, Frederico R. Viana de. *Defensoria pública*. 2. ed. Salvador: JusPodivm, 2011. p. 426.

ceitos éticos próprios ao defensor público. E que eles existem, do nosso ponto de vista, é induvidoso; porém, o reconhecimento expresso da lei dá mais segurança jurídica para que Conselhos Superiores se sintam no dever de produzir um Código de Ética do Defensor Público para sua carreira.

Sobre *diferenças entre a ética profissional do advogado e a ética profissional do Defensor Público*, para não nos alongarmos, entendemos que a simples distinção de finalidades constitucionais entre as funções essenciais à Justiça já demanda uma ética própria para cada uma delas; uma ética que não é pior ou melhor, porém mais apropriada aos fins constitucionais de cada uma delas. Assim, correto existirem Códigos de Ética da Magistratura, do Ministério Público e regras específicas à Advocacia Pública.

No caso do defensor público, o sentido ético que diz respeito ao exercício das funções institucionais da Defensoria Pública deve encarnar "o estratégico ponto de convergência entre o constitucionalismo liberal e social" mencionado pelo Supremo Tribunal Federal em momento de sublime inspiração[950]. Em uma palavra, deve encarnar a indivisibilidade dos direitos humanos em defesa dos necessitados.

Neste passo, não são poucas as incompatibilidades no Código de Ética do Advogado em relação a uma atribuição constitucional que exige, no lugar de anúncios de serviços com "moderação" e "discrição", uma postura totalmente ativa na divulgação de serviços ao necessitado e se valendo dos diversos meios de comunicação e de formas de apresentação porque a ignorância do necessitado, na maioria das vezes, não lhe permite acessar o sistema de Justiça ou valer-se de outros meios democráticos para efetivar direitos. É um tema importantíssimo, mas cujo aprofundamento adiamos para não descaracterizarmos a natureza desta obra.

De qualquer modo, vale a pena discorrermos sucintamente sobre a feitura de um Código de Ética do Defensor Público considerando que o tema é fundamental. Para tanto, devemos ter máxima atenção na finalidade constitucional da Defensoria Pública, a fim de que tal normativa ética não traia a alma da Defensoria Pública. Entendemos que um Código de Ética do Defensor Público deve atingir, basicamente, *três objetivos*.

O *primeiro* é manter sempre acesa a chama dos ideais que permearam a criação da Defensoria Pública, inscrevendo especialmente na abertura da codificação preceitos de ordem ética os quais atendam a este fim e que, em última análise, se bem pensados, naturalmente assumem a função de dar fundamentação racional para as condutas concretas (os preceitos morais) que devem ser expostas posteriormente[951].

---

950 STF, Tribunal Pleno, ADIn 4.246-Pará, Rel. Min. Ayres Britto, julgamento em 26-5-2011, *DJE* em 30-8-2011, disponível também no *site* do STF: <http://www.stf.jus.br>.

951 Sobre a distinção entre preceitos éticos e morais, transcrevemos o quanto segue: "A Ética é um tipo de saber normativo" – explicam os Professores Adela Cortina Orts e Emilio Martínez Navarro – "isto é, um saber que pretende orientar as ações dos seres humanos. A moral também é um saber que oferece orientações para a ação, mas enquanto ela propõe ações concretas em casos concretos, a Ética – como Filosofia moral – remonta à reflexão sobre diferentes morais e as diferentes maneiras de justificar racionalmente a vida moral, de modo que sua maneira de orientar a ação é indireta: no máximo, pode indicar qual concepção moral é mais razoável para que, a partir dela, possamos orientar nossos comportamentos" (ORTS, Adela Cortina;

O *segundo* é oferecer um guia de normas de conduta concretas para situações concretas (os preceitos morais), a fim de que no cotidiano possa o defensor orientar-se com maior facilidade. Para tanto, algumas normas inscritas serão desdobramentos da legislação, enquanto outras devem mesmo repetir a lei para que o Código condense o que há de mais vital vinculando expressamente a atividade do defensor público – o que facilita consultas. Só para termos ideia da magna importância de um Código de Ética do defensor público, levantemos algumas poucas questões exemplificativas:

(i) no caso de defensor público substituir outro que estiver, por exemplo, gozando férias, como fica a garantia da independência funcional do substituto? Sendo a garantia do cargo (e não da pessoa que ocupa o cargo), a nosso ver persiste a independência funcional do substituto desde que o entendimento técnico posterior não prejudique o usuário da Defensoria Pública.

(ii) em debates públicos ou entrevistas e até mesmo em atendimentos a familiares, o defensor deve resguardar dados e contatos pessoais do assistido que atende, abstendo-se de divulgá-los ao público em geral e à imprensa quando não houver prévia autorização nesse sentido? Ou não? Em respeito à intimidade constitucional, a nosso ver deve existir prévia autorização ainda que se esteja em meio a um litígio estratégico que exija divulgação na forma de educação em direitos – o que não impede o comentário em abstrato do caso pelo defensor público. Ainda nessa linha, imaginemos o caso de um réu preso ser defendido pela Defensoria Pública. Ele é atendido pelo defensor público e diz que, de fato, praticou o crime de que está sendo acusado. Posteriormente, o defensor público é procurado por familiares do réu (sua mãe, por exemplo), que crê na inocência dele, inclusive porque ele lhe disse que é inocente. Obviamente, o fato de o réu ter "aberto o jogo" ao defensor público não autoriza que este transmita essa informação aos familiares.

(iii) Quando incidir o art. 4º-A, V[952], da Lei Orgânica nacional, como fica a questão do sigilo de dados institucional? O defensor público terá acesso ao banco de dados institucional de forma irrestrita, acessando até mesmo todos os dados do outro usuário de interesses antagônicos ou colidentes? O tema é de difícil resolução, mas do nosso ponto de vista este acesso deve ser restringido, até para que o usuário, seja ele quem for, possa confiar plenamente na Instituição; e vale lembrar ser hipótese de impedimento de atuação do defensor público quando "houver dado à parte contrária parecer verbal ou escrito sobre o objeto da demanda"[953], o que reforça o indicativo de que não seria correto o defensor acessar dados e informações da parte contrária.

Certas ou erradas nossas opiniões, notemos quantas questões importantíssimas! Estas e outras indagações devem ser concretamente respondidas pelo Código de Ética do defensor público.

---

NAVARRO, Emilio Martínez. *Ética*. Trad. Silvana Cobucci Leite. 3. ed. São Paulo: Edições Loyola, 2010, p. 09). Em outra passagem, na página 15, asseveram os autores: "As doutrinas morais permanecem no plano das morais concretas (linguagem-objeto), ao passo que as teorias éticas pretendem remontar a reflexão até o plano filosófico (metalinguagem que considera as morais concretas uma linguagem-objeto)".

952 Art. 4º-A. São direitos dos assistidos da Defensoria Pública, além daqueles previstos na legislação estadual ou em atos normativos internos: (*Incluído pela Lei Complementar n. 132, de 2009.*) (...) V – a atuação de Defensores Públicos distintos, quando verificada a existência de interesses antagônicos ou colidentes entre destinatários de suas funções. (*Incluído pela Lei Complementar n. 132, de 2009.*)"

953 LC n. 80/1994, arts. 47, 92, 131, inciso VI.

O *terceiro* objetivo básico a ser atingido pelo Código de Ética, em nosso modo de ver, é dar segurança jurídica ao defensor público livrando-o de textos normativos cuja abertura dos termos se torne fonte de ampla incerteza. No caso de São Paulo, por exemplo, o último projeto de Código de Ética desenhado propôs amarrar a terminologia totalmente aberta do inciso XI do art. 164 da Lei Orgânica estadual paulista[954] aos limites impostos pelo conteúdo do Código de Ética.

Afora tais objetivos básicos, não há dúvida de que o desenho do Código de Ética do defensor público, se zeloso quanto aos fins e peculiaridades institucionais, faz sobrevir naturalmente o efeito de realçar a identidade própria do defensor público no sistema de Justiça. Podemos resumir a questão do seguinte modo: considerando que a finalidade constitucional da Defensoria Pública não se confunde com as finalidades atribuídas aos demais atores do sistema de Justiça, então o defensor público deve se pautar por um sentido ético distinto; um sentido que não é melhor ou pior em relação aos demais atores do sistema de Justiça, porém simplesmente mais apropriado às funções institucionais da Defensoria Pública – confira, a propósito, nossos comentários no § 6º, art. 4º, da presente LC n. 80/1994.

Acima de tudo, a liberdade que um Código de Ética pode nos oferecer reside exatamente no indicar sentidos claros em situações concretas, pois a falta de sentidos – ou mesmo a indefinição deles – é uma forma de opressão. Além do mais, devemos nos atentar para o fato de que muitos Códigos de Ética apontam fundamentos e origens dos sentidos concretos dimanados do código moral que encarnam, e isso permite que os destinatários do Código possam compreender, racionalmente, os porquês da ordem normativa a que se submetem no âmbito de suas funções. É nesse ponto que a liberdade avulta ao respeitar a racionalidade de seus destinatários, não admitindo que sejam tratados como joguetes de um código moral imposto dogmaticamente[955].

Salvo melhor juízo, se esses pontos forem minimamente considerados, o dever funcional em discussão – não colidir com os preceitos éticos da profissão – florescerá como nunca e será naturalmente observado pelo defensor público.

---

(arts. 46, 91 e 130) III – receber, a qualquer título e sob qualquer pretexto, honorários, percentagens ou custas processuais, em razão de suas atribuições;

---

954 LC estadual n. 988/2006, art. 164, XI: "São deveres dos membros da Defensoria Pública do Estado, além de outros previstos em lei: (...) XI – manter conduta compatível com o exercício das funções; (...)".

955 Quando falamos em "imposição dogmática" consideramos que o dogmatismo "consiste em imunizar determinadas afirmações ou prescrições, fazendo com que seu valor de verdade ou validade dependa ou da autoridade, ou da pretensa evidência (arbitrária), ou de sua conexão com os sentimentos, ou ainda de seu caráter metafórico, então é possível dogmatizar essas afirmações ou prescrições recorrendo a esses artifícios, com os quais se pretende evitar todo esforço de argumentação e toda possível crítica. Mas o contrário do dogma é o argumento, apesar das opiniões dos críticos da racionalidade ocidental, à qual acusam de totalitarismo. Não há totalitarismo em exigir argumentação séria e crítica razoável. É totalitário, no entanto, o dogmatismo da mera autoridade, o das pretensas evidências (não as evidências racionalmente necessárias), o das emoções e o das metáforas" (Ibidem, p. 24).

### 21.2.3 Receber, a qualquer título e sob qualquer pretexto, honorários, percentagens ou custas processuais, em razão de suas atribuições

Inicialmente, é extremamente importante que a presente proibição seja devidamente compreendida ao ser cotejada com o art. 4º, XXI, desta mesma LC n. 80/1994. Assim, jamais devemos nos esquecer de que a Defensoria Pública possui dever jurídico de executar verbas sucumbenciais decorrentes de sua atuação, e esse dinheiro tem destinação legal precisamente definida.

Ademais, desde que o dinheiro seja utilizado pela Defensoria Pública do Estado para essa destinação legalmente especificada, é possível até mesmo o recebimento de doações e outros atos que contribuam para fundos geridos pela Defensoria. Em São Paulo, por exemplo, a Lei Estadual n. 12.793, de 4 de janeiro de 2008, em seu art. 3º, prevê como fontes do Fundo Especial de Despesa da Escola da Defensoria Pública do Estado (Fundepe), dentre outras: "(...) percentual dos honorários advocatícios [sucumbenciais] percebidos por Defensores Públicos no exercício de atividade judicial, em montante a ser definido pelo Conselho; (...) auxílios, subvenções, doações e contribuições de pessoas físicas ou jurídicas de direito privado, de órgãos ou entidades federais, de outros Estados ou Municípios, bem como de entidades internacionais; (...)".

Situação bem diversa é o defensor público receber – como diz a redação legal – "a qualquer título e sob qualquer pretexto, honorários, percentagens ou custas processuais, em razão de suas atribuições".

Assim, desfeita qualquer possível confusão com a função institucional do art. 4º, XXI, e que se sustenta na autonomia financeira da Defensoria Pública, é importante ter em mente que a proibição em discussão é absolutamente compatível com a remuneração dos defensores públicos que, de lege lata, deve ser feita por meio de subsídio, isto é, pagamento feito em parcela única e que veda o acréscimo de qualquer gratificação, adicional, abono, prêmio etc.; exatamente nos termos do art. 135 conjugado com o art. 39, § 4º da Constituição[956].

De qualquer modo, sabemos que na vida real há diversas Defensorias cujos membros são remunerados por vencimentos – e não na forma constitucional de subsídios. Essa forma de remuneração diversa de subsídio, prejudicial ao defensor público, embora do ponto de vista lógico seja compatível com gratificações e acréscimos pecuniários em geral desde que fundados em lei (porque não limitada à sobredita parcela única), de modo algum exclui o defensor público da presente proibição.

E por que motivo?

Porque a finalidade da proibição em discussão é garantir num primeiro plano a independência e isenção do serviço público de assistência jurídica integral e gratuita, o que é impossível de se atingir se o houvesse ampla autorização para recebimento dos benefícios afirmados neste inciso, incentivando a venalidade com nomes pomposos. Por sinal, é justamente para evitar essa

956 No mesmo sentido: Frederico R. Viana de Lima. *Defensoria Pública*. 2. ed. Salvador, JusPodivm: 2011. p. 395-396; CORGOSINHO, Gustavo. *Defensoria Pública*: princípios institucionais e regime jurídico. Belo Horizonte: Dictum, 2009. item 3.7.3. p. 150-2.

hipótese que o texto legal é cuidadoso ao vedar o recebimento "a qualquer título e sob qualquer pretexto". Quer-se impedir que o "nome" que se dê ao bem recebido disfarce ou encubra presentes, doações, benefícios ou cortesias de pessoas físicas, empresas, grupos econômicos ou autoridades públicas – da própria Defensoria Pública inclusive – que certamente comprometeriam a independência profissional e isenção do defensor público.

Sem falar que tal tipo de benefício, se recebido, "fere de morte o postulado fundamental da Instituição, que é atuar gratuitamente em favor dos mais humildes", representando deste modo "(...) a própria negação da atividade que se desempenha. É o locupletamento ilícito na sua mais perfeita definição" – conforme bem aponta Frederico Rodrigues Viana de Lima.

Ressalvamos, no entanto, que o recebimento de bens sem valor comercial não deve incidir na proibição por não representar perigo à independência e isenção do serviço público de assistência jurídica e tampouco negar sua natureza gratuita. De igual modo entendemos na hipótese de o bem recebido possuir valor módico, e ser entregue por entidades de qualquer natureza e até mesmo para fins de propaganda e divulgação habitual, pois não vemos aí emergir o aludido perigo. Nessa linha, evidentemente também se excetuam dessa proibição bens módicos recebidos por ocasião de eventos especiais ou datas comemorativas, incluindo aqueles sujeitos às normas de reciprocidade.

(arts. 46, 91 e 130) IV – exercer o comércio ou participar de sociedade comercial, exceto como cotista ou acionista;

### *21.2.4 Exercer o comércio ou participar de sociedade comercial, exceto como cotista ou acionista*

Em primeiro lugar, a redação está desatualizada em relação à legislação de Direito Privado vigente, porque hoje se adota a teoria da empresa no Livro II do Código Civil que se vale dos termos "empresário" e "sociedade empresária"[957].

Guilherme Peña de Moraes, a nosso ver corretamente, alerta que "o escopo prático do preceito é evitar que haja contraposição dos interesses comerciais do componente da Instituição com as funções que lhe sejam próprias"[958].

Ademais, seria um desastre para o prestígio do cargo e de suas funções a hipótese de o defensor público estar autorizado a dedicar-se concomitantemente a funções institucionais e a atividades empresariais, não só por ser terrível a imagem de "defensor por meio período", mas também porque é impossível que não haja preponderância de um sobre o outro em determinado momento; exatamente como nos ensinou um sábio da Antiguidade ao afirmar que "nenhum servo pode servir a dois senhores; pois odiará um e amará outro, ou se dedicará a um e desprezará outro"[959]. O que não exclui o risco de falência, ademais, igualmente maculando gravemente a imagem e o prestígio da Defensoria Pública.

As exceções previstas nesta proibição – ser cotista ou acionista – explicam-se, segundo Guilherme Peña de Moraes que se apoia em Celso Ribeiro Bastos, "porque essa é uma condição

957 LIMA, Frederico R. Viana de. *Defensoria Pública*. 2. ed. Salvador: JusPodivm, 2011. p. 427.

958 MORAES, Guilherme Peña de. *Instituições da Defensoria Pública*. São Paulo: Malheiros, 1999, Cap. XVI. p. 304.

959 Evangelho de Lucas, 16:13.

eventual a que qualquer um está sujeito, por exemplo, sendo herdeiro de ações de uma companhia"[960]. Do que se pode deduzir, que tal condição não pode ser tolerada se o defensor se encontrar na condição de administrador.

(arts. 46, 91 e 130) V – exercer atividade político-partidária, enquanto atuar junto à Justiça Eleitoral.

### 21.2.5 *Exercer atividade político-partidária, enquanto atuar junto à Justiça Eleitoral*

**Significado jurídico, destinatários e alcance do dispositivo sob a perspectiva do que seja "atividade político-partidária"**

Embora estejamos tratando das proibições, este dispositivo até prevê uma proibição, mas, segundo o texto normativo, ela seria exceção. A regra geral, assim, pelo texto, é que *os defensores públicos podem exercer atividade político-partidária*. A *vedação*, reitere-se, constitui exceção. Logo, nos períodos em que o defensor público *não* se dedicar à Justiça Eleitoral, o impedimento cairá por terra.

Essa exceção é autoexplicativa, pois é natural que no mínimo se desconfie da impessoalidade do defensor público atuante da Justiça Eleitoral quando exercendo, concomitantemente, atividade político-partidária.

Importante frisar que na magistratura e no Ministério Público a vedação ao exercício de atividade político-partidária é **absoluta** (respectivamente, art. 95, parágrafo único, III, e art. 128, § 5º, II, *e*, ambos da CF/88)[961], sendo que esse regramento encontra *status* constitucional – ao contrário da Defensoria Pública, cuja omissão desse diploma normativo aparentemente *sugere*[962] que o legislador, *in casu*, possui liberdade de conformação.

Quanto aos *destinatários* da exceção, ela se volta apenas à *Defensoria Pública da União*, já que a LC n.80/1994 prevê expressamente que ela atuará junto à Justiça Eleitoral (art. 14, *caput*). Segue-se, com isso, certa simetria com o Poder Judiciário. Como esclarece André Ramos Tavares, a Justiça Eleitoral não possui corpo próprio de juízes. E conclui:

> Contudo, sua linhagem é federal e os servidores que atuam na Justiça eleitoral, ainda que não sejam servidores próprios, mas sim cedidos, estarão atuando em Justiça que é Federal. A estrutura é suportada, economicamente, pela União, incluindo o pagamento de gratificação pecuniária aos magistrados e promotores[963].

960 MORAES, Guilherme Peña de. *Instituições da Defensoria Pública*. São Paulo: Malheiros, 1999. Cap. XVI, p. 304.

961 Ao contrário do que se dava na magistratura, a vedação absoluta no que toca ao Ministério Público só se deu em 2004 com a emenda constitucional n. 45. Até esta emenda constitucional a vedação era conjugada com uma regra de exceção, uma vez que na redação de então havia a frase "salvo exceções previstas em lei". Hoje, porém, a vedação é absoluta, nada obstante tenha suscitado discussões acerca de direito adquirido daqueles que ingressaram na carreira antes da EC n.45/04. Sobre essas discussões, v. Carlos Roberto de Castro Jatahy (*Curso*..., cit., p. 189-96).

962 Destacamos porque, como será visto adiante, talvez a omissão constitucional em relação à Defensoria Pública se explique pelo enxuto regramento do art. 134, e não necessariamente pelo desejo de deixar esse assunto totalmente a cargo do legislador complementar.

963 *Manual do Poder Judiciário brasileiro*. São Paulo: Saraiva 2012. p. 151.

Tema que merece análise mais cautelosa diz respeito ao *significado* de atividade político-partidária. E uma vez que não existe um conceito jurídico preciso, é recomendável vasculharmos um pouco da discussão doutrinária havida no seio doutrinário.

Tratando do Ministério Público, Emerson Garcia adota uma visão formal e, pois, mais restritiva:

> (...) Por atividade político-partidária entende-se aquela que desborde da cidadania, denotando um vínculo, de natureza formal ou não, com determinado partido político (v.g.: participação na fundação do partido, deliberação nas assembleias, filiação partidária)[964].

Em obra publicada em 1958, o ex-ministro do STF, Mario Guimarães, adotava um conceito um tanto amplo quando refletia sobre a magistratura. Ele deixava claro que o juiz pode ter opinião política, mas condenava "(...) a palavra ou a ação a favor de candidatos ou partidos". E ia além:

> Incidirá, porém, na proibição da lei, o juiz, ainda que não arregimentado em partidos, desde que se manifeste, publicamente, as suas simpatias políticas, pois que, pelo prestígio decorrente de suas funções de magistrado, a revelação de seus pendores poderá ser bastante, por si só, para aliciar prosélitos entre os seus jurisdicionados. E isso caracterizará atividades políticas.

A proibição legal, que é de ordem pública, há de ser interpretada com eficiência, a fim de que reprima todo ato que possa, ao de leve, quebrar a linha de neutralidade obrigatória[965].

Sílvio Roberto Mello Moraes, já pensando o assunto com os olhos voltados à Defensoria Pública, adotava um conceito mais amplo de atividade político-partidária, conquanto tal conceito sempre se atrelasse aos partidos políticos:

> (...) é vedado ao membro da Defensoria Pública da União filiar-se a partido político, pertencer a órgãos de direção partidária, concorrer a postos eletivos, participar de campanhas, seja através de anúncios ou propagandas em jornais, rádios ou televisões, desfiles, passeatas, comícios ou reuniões, promovidos por partidos políticos etc.[966]

Os conceitos de atividade político-partidária acima expostos denotam, pois, uma diferenciação quanto à sua amplitude: do critério meramente formal (filiação partidária) a qualquer *palavra* ou *ação* voltada a partidos políticos (quando Mario Guimarães alertava que a interpretação dessa proibição deveria ser *eficiente*, leia-se: o que ele pretendia dizer é que a proibição deveria ser interpretada rigorosamente, de modo que, na dúvida, a punição se impunha em prol da preservação da neutralidade do Poder Judiciário).

À primeira vista, parece-nos que tanto no âmbito da magistratura como no do Ministério Público e da Defensoria Pública, a palavra "partidária" demarcaria o sentido proibitivo da palavra "político" (político-partidária). Ademais, e adotando-se a interpretação literal, a mera *palavra* (leia-se manifestação do pensamento) não teria o condão de violar a proibição em questão, já que os dispositivos constitucionais (magistratura e Ministério Público) e legal (Defensoria Pú-

964 *Ministério Público...*, cit., p. 544.

965 *O juiz e a função jurisdicional*. Rio de Janeiro: Forense, 1958, p. 206.

966 *Princípios institucionais da Defensoria Pública...*, cit., p. 110.

blica) usam a palavra *atividade* (encaremo-la com o sentido de conduta, um ato comissivo). Nessa linha, a posição ampla de Mario Guimarães não prevaleceria integralmente.

Longe de pretendermos uma resposta fechada, parece-nos que nem a leitura excessivamente ampla de Mario Guimarães nem as leituras menos amplas de Emerson Garcia e Silvio Roberto Mello Moraes encerram o assunto.

Com efeito e à primeira vista, apenas a *filiação partidária* estaria proibida, mas se pensarmos num viés *teleológico*, talvez – e com os riscos que lhe são inerentes – tanto a *palavra* como a *atividade* podem fazer com que o agente público incorra na violação da proibição.

No mundo de hoje, não só partidos políticos interferem nas principais tomadas de decisão, e as redes sociais, para o bem e para o mal, figuram como um ator que não pode ser menosprezado:

> A verdade sobre as mídias sociais, a meu ver – diz Yasha Mounk – não é que necessariamente sejam boas ou más para a democracia liberal. Tampouco promovem ou minam a tolerância. Pelo contrário: diria que elas diminuem o abismo tecnológico entre os *insiders* e os *outsiders* políticos[967].

Se a finalidade da proibição é, no final das contas, a autonomia institucional posta em prática, o uso das redes sociais *em prol de candidatos ou partidos políticos* (frise-se o destaque) não teria o mesmo significado de uma filiação partidária, mas ainda assim poderia pôr em xeque a autonomia institucional (o mesmo defensor público que se manifesta em prol do candidato X ou do partido político Y é o que subscreve uma ação civil pública, um ofício cobrando informações etc).

De qualquer forma, sem dúvida alguma o agente público pode ter de manifestar sua opinião política, sobretudo em relação à Defensoria Pública: quando ideias estão sendo discutidas e a defesa das pessoas necessitadas está em jogo, a palavra, o uso das redes sociais e a imprensa até mesmo fazem parte de uma atuação estratégica, e se ela involuntariamente coincidir com a bandeira do candidato X ou o partido político Y, é algo que faz parte do jogo.

Assim, quando o assunto é a *palavra* (manifestação do pensamento) *atrelada a uma questão eleitoral*, a violação à proibição tem de ser inequívoca para gerar responsabilização funcional, isto é, conforme dissemos acima, é necessário ficar claro que a manifestação do defensor público possui objetivo de influenciar resultados eleitorais, apurando-se, por exemplo: o motivo da manifestação, se ela se ajusta às funções institucionais, se está inserida também em pauta ou atividade concreta organizada institucionalmente etc. A filiação partidária, em tese, configura a conduta mais grave, porém aqui a prova da violação da proibição em análise é indiscutível estando encarnada na documentação da filiação.

No contexto normativo atual da Defensoria Pública, estabelecer um conceito de atividade político-partidária é menos relevante do que no cenário em que estão Ministério Público e Magistratura (frise-se: no caso da Defensoria Pública, o exercício de atividade político-partidária é *permitido*, e a exceção se dá quando da atuação junto à Justiça Eleitoral, o que cabe apenas à Defensoria Pública da União, como já vimos).

Na medida, porém, em que a *proibição* se torne regra absoluta (ou ao menos geral) é que o conceito mais ou menos largo de atividade político-partidária se mostrará mais impactante para

---

967 *O povo contra a democracia*: por que nossa liberdade corre perigo e como salvá-la, trad.: Cássio de Arantes Leite e Débora Landsberg. São Paulo: Companhia das Letras, 2019, p. 179.

a instituição: um conceito mais restritivo (como o formal), reduz o leque de violação da norma proibitiva, ao passo que um conceito mais aberto o amplia até a tênue linha que separa a conduta antijurídica da perseguição (política).

**Interação entre norma federal restritiva e norma estadual proibitiva**

Diogo Esteves e Franklyn Roger analisam uma questão interessante: na medida em que, na prática, a proibição de exercer atividade político-partidária só se aplica quando o membro da Defensoria Pública (leia-se da Defensoria Pública da União) atuar junto à Justiça Eleitoral, como fica tal proibição se a legislação *estadual* ou *distrital* tiver cunho *proibitivo*?

Segundo os respeitados autores, em matéria de assistência jurídica e organização da Defensoria Pública, a Constituição adotou a competência concorrente não cumulativa ou vertical. Daí:

> Por essa razão, entendemos que a ampliação do caráter proibitório da vedação ao exercício de atividade político-partidária, realizada pela legislação estadual, não apresenta nenhuma invalidade ou ineficácia. Isso porque o dispositivo estadual não viola ou desvirtua os parâmetros gerais estabelecidos pela ordem normativa central, realizando apenas a ampliação da esfera subjetiva de incidência da vedação[968].

A nota de rodapé deve ser citada:

> Em verdade, o Defensor Público, em nenhuma hipótese poderia se dedicar a atividade político-partidária, visto que sua atuação diária, poderia arregimentar votos entre seus assistidos. Entretanto, a limitação deste direito dependeria de norma correlata, tal como há na Magistratura e no Ministério Público[969].

Concordamos totalmente com os insignes autores no que toca à nota de rodapé, mas discordamos da conclusão deles; ou melhor dizendo, discordamos do raciocínio jurídico.

Dizer, como fazem Diogo Esteves e Franklyn Roger, que a norma estadual "apenas amplia a esfera subjetiva de incidência da vedação" não nos parece correto, de um *ponto de vista eminentemente jurídico-dogmático*. Na prática, temos uma norma geral que *permite* o exercício da atividade político-partidária (a exceção, frise-se, é o vetor proibitivo: 'enquanto atuar junto à Justiça eleitoral'). Se a norma estadual ou distrital *proíbe* totalmente o exercício da atividade político-partidária, ela não está pormenorizando ou suplementando a norma geral federal; ela está a desconsiderando, desdizendo-a.

Basta imaginarmos uma situação inversa: suponhamos que a LC n.80/1994, para cada Defensoria Pública, tivesse um dispositivo com a seguinte redação: "é vedado o exercício de atividade político-partidária". Se eventual norma estadual ou distrital fosse aprovada com uma regra como "é facultado o exercício de atividade político-partidária" ou mesmo "é vedado o exercício de atividade político-partidária, enquanto atuar junto à Justiça Eleitoral", da mesma forma, a violação à literalidade da norma geral seria manifesta.

---

968 ESTEVES, Diogo; SILVA, Franklyn Roger Alves. *Princípios institucionais da Defensoria Pública*. 2. ed. Rio de Janeiro: Forense, 2017. p. 811.

969 Idem, p. 811, nota 26.

Nesse sentido, lembremos da discussão travada na ADI n. 2.903-PB – cujo tema é diverso, mas o raciocínio jurídico é aplicável –, em que a unanimidade do pleno entendeu que a norma estadual paraibana não poderia instituir requisitos diversos da LC n. 80/1994 para o Defensor Público-Geral do Estado, permitindo a livre escolha pelo respectivo Governador sob o argumento do Defensor Público-Geral, supostamente, tratar-se de Secretário de Estado:

> Se é certo, de um lado, que, nas hipóteses referidas no art. 24 da Constituição, a União Federal não dispõe de poderes ilimitados que lhe permitam transpor o âmbito das normas gerais, para, assim, invadir, de modo inconstitucional, a esfera de competência normativa dos Estados-membros, não é menos exato, de outro, que o Estado-membro, em existindo normas gerais veiculadas em leis nacionais (como a Lei Orgânica Nacional da Defensoria Pública, consubstanciada na LC 80/1994), não pode ultrapassar os limites da competência meramente suplementar, pois, se tal ocorrer, o diploma legislativo estadual incidirá, diretamente, no vício da inconstitucionalidade. A edição, por determinado Estado-membro, de lei que contrarie, frontalmente, critérios mínimos legitimamente veiculados, em sede de normas gerais, pela União Federal ofende, de modo direto, o texto da Carta Política. Precedentes. (...) Os Estados-membros e o Distrito Federal não podem, mediante legislação autônoma, agindo "ultra vires", transgredir a legislação fundamental ou de princípios que a União Federal fez editar no desempenho legítimo de sua competência constitucional, e de cujo exercício deriva o poder de fixar, validamente, diretrizes e bases gerais pertinentes a determinada matéria ou a certa Instituição, como a organização e a estruturação, no plano local, da Defensoria Pública. – É inconstitucional lei complementar estadual, que, ao fixar critérios destinados a definir a escolha do Defensor Público-Geral do Estado e demais agentes integrantes da Administração Superior da Defensoria Pública local, não observa as normas de caráter geral, institutivas da legislação fundamental ou de princípios, prévia e validamente estipuladas em lei complementar nacional que a União Federal fez editar com apoio no legítimo exercício de sua competência concorrente. OUTORGA, AO DEFENSOR PÚBLICO-GERAL DO ESTADO, DE "NÍVEL EQUIVALENTE AO DE SECRETÁRIO DE ESTADO". – A mera equiparação de altos servidores públicos estaduais, como o Defensor Público-Geral do Estado, a Secretário de Estado, com equivalência de tratamento, só se compreende pelo fato de tais agentes públicos, destinatários de referida equiparação, não ostentarem, eles próprios, a condição jurídico-administrativa de Secretário de Estado. – Consequente inocorrência do alegado cerceamento do poder de livre escolha, pelo Governador do Estado, dos seus Secretários estaduais, eis que o Defensor Público-Geral local – por constituir cargo privativo de membro da carreira – não é, efetivamente, não obstante essa equivalência funcional, Secretário de Estado. Aplicação, à espécie, de precedentes do Supremo Tribunal Federal.

Em suma, por mais que, do ponto de vista da coerência em relação à Defensoria Pública, esse seja o caminho a ser seguido, não nos parece que a justificativa jurídica seja esta, e que por essa perspectiva é mais sustentável a inconstitucionalidade da norma estadual posterior por não se ajustar à lógica de suplementação.

**Reflexões acerca do dispositivo legal da LC n. 80/1994 na doutrina (e no cinema)**

É comum analisarmos alguns dos temas mais importantes, como a autonomia da instituição, pelo viés do que ela *agora tem* (*v.g.*, iniciativa de proposta orçamentária), pelo que ela *deveria ter* (*v.g.*, um Conselho Nacional da Defensoria Pública talvez) e pelo que ela *não pode ter* (*v.g.*, vinculação ao Poder Executivo). Mais difícil ou mais incomuns, sobretudo no ambiente da própria classe, são as reflexões sobre o que a instituição *tem mas não deveria ter*.

Instituição voltada à defesa do interesse do indivíduo, o que por vezes se dá em face do poder público, a Defensoria Pública (assim como o Ministério Público) está sujeita a ser constantemente criticada por fazer uso político (no sentido eleitoral) com sua atuação, sendo exemplo maior a propositura de ações civis públicas, e mesmo ações individuais massificadas contra entes federativos e outras pessoas jurídicas de direito público. Por isso, não basta que os membros da instituição não ajam dessa maneira, exigindo-se deles também a *aparência* de assim não proceder.

Deixando de lado o foco apenas na previsão legal infraconstitucional, sem dúvida alguma, o tema do exercício de atividade político-partidária é dos mais espinhosos e, talvez por isso, pouco analisado.

Quando a doutrina especializada explora esse assunto *para além da mera letra da lei*, encontramos opiniões diametralmente opostas.

Amélia Soares da Rocha reverbera:

> Ainda que ausente da norma legal, entendo que, por coerência com a consolidação institucional, os membros da Defensoria Pública devem abster-se de atividade político-partidária. Antropologicamente, um dos fundamentos de existência da Defensoria é o resgate da crença da coisa pública, pelo serviço prestado de maneira impessoal; admitir que o membro da Defensoria Pública seja candidato a cargo eletivo e, naturalmente, a sua atividade defensorial seja utilizada como motivação, pode macular tal fundamento. Outro argumento a referendar esse posicionamento: se o parâmetro constitucional é o Ministério Público e a Magistratura deve ser para tudo, prerrogativas e proibições[970].

Outro autor, Fábio Luís Mariani de Souza, ressalta a importância da proibição de exercício de atividade político-partidária quando o defensor público estiver atuando junto à Justiça Eleitoral. E conclui:

> Fora desta incompatibilidade, é realmente importante para a afirmação e visibilidade da Instituição que seus membros desenvolvam atividades políticas, especialmente perante os parlamentos[971].

A questão do exercício de atividade político-partidária certamente não passa apenas pelo modo como os defensores públicos que *se veem e agem* quando se lançam na seara política, mas como as pessoas necessitadas, a imprensa, os agentes político-partidários e a opinião pública em geral enxergam e julgam a inevitável confusão causada pelo *defensor-político* ou *político-defensor*.

Nada como recorrer às artes, especificamente ao Cinema, para buscarmos o significado que o exercício de atividade político-partidária pode ter para a Defensoria Pública e para as pessoas necessitadas.

No filme O sol brilha na imensidão (*The sun shines bright*, 1953), dirigido por John Ford, o juiz Priest está às vésperas da eleição que pode reelegê-lo por mais quatro anos.

A história se passa numa pequena cidade dos Estados Unidos da América no final do século XIX. Priest é um cidadão pacato, apreciador contumaz de uísque e que possui um empregado

970 *Defensoria Pública*: fundamentos, organização e funcionamento..., cit., p. 224.

971 *A Defensoria Pública e o acesso à justiça penal*. Porto Alegre: Núria Fabris, 2011. p. 184.

negro – certamente ex-escravo. Ele faz política até quando diz que não a está fazendo. No seu ofício de juiz, porém, não se deixa enganar: manter a lei e a ordem é, acima de tudo, fazer respeitar as leis *impessoal e racionalmente*.

Todos na cidade gostam do juiz Priest e sua reeleição se vê pouco ameaçada.

Mas daí dois problemas se colocam diante dele: proteger os direitos atrelados à honra e à maternidade envolvendo uma ex-prostituta (o lado dramático do filme gira em torno desse assunto) e evitar o linchamento de um jovem negro acusado de ter praticado um roubo. Nesses dois casos, Priest compreende e é aconselhado pragmaticamente por seus amigos a ceder à opinião pública, já que as eleições ocorreriam três dias depois.

Priest sabe que ficar ao lado da ex-prostituta e do jovem negro é ficar contra a maioria de seus possíveis eleitores, mas sua crença no papel das leis e na importância da democracia formam sua firmeza de caráter. E Priest não titubeia.

O que aconteceu depois com Priest? Ele foi reeleito juiz ou perdeu na eleição? Deixaremos que nosso leitor interessado assista ao filme e se delicie com os temas da sociedade expostos sutil e cotidianamente pelo prestigioso diretor John Ford[972].

Como se vê, a situação do juiz Priest é diferente da do defensor público que se põe a exercer atividade político-partidária (Priest é um juiz que ocupa o cargo por meio de eleição, ao passo que defensores públicos são concursados), mas ambos, decididos a se reeleger (caso de Priest) ou a se candidatar (caso do defensor público), podem se ver na mesma situação. E a questão não é se o defensor público agiria ou não como Priest, que não cedeu à tentação de seu eleitorado, mas que *qualquer conduta sua* poderia ensejar insinuações vindas de diversas direções. E na política por vezes as insinuações bastam para que ocorram retaliações e retrocessos.

Imaginemos uma pequena cidade com poucos defensores públicos, e o defensor público responsável pela atuação perante a Fazenda Pública é filiado ao partido do prefeito, já tendo concorrido a cargo eletivo pela mesma agremiação. O usuário confiaria na orientação jurídica prestada, informando a inviabilidade do pleito? O usuário se sentiria à vontade para narrar a ilegalidade que o vitimou para defensor público cuja imagem estampa a propaganda partidária do possível demandado? A resposta negativa, assim, impõe ao defensor público que sua credibilidade tem parâmetros semelhantes à imparcialidade objetiva exigida do magistrado, ou, em outras palavras, o defensor público não deve ostentar traços que possam despertar desconfiança sobre os móveis de sua atuação no usuário ou mesmo nos demais operadores do sistema de Justiça.

Por outro lado, participar da política partidária sorrateira e disfarçadamente – sem filiação formal, porém atuando em prol de certos atores político-partidários – não criará menos espinhos e desconfiança contra a Defensoria Pública, reposicionando-a no tabuleiro da atividade política aos olhos dos próprios atores político-partidários: do setor da política *institucional* para o setor da política que é *partidária*. O preço a ser pago, sem dúvida, será do destinatário do serviço público prestado pela Defensoria Pública.

---

972 Em 2020, a Versátil (www.dvdversatil.com.br) lançou um box com seis filmes de John Ford, incluindo *O sol brilha na imensidão: O Cinema de John Ford*.

***O futuro inevitável do exercício de atividade político-partidária pelos defensores públicos***

Como já dissemos, este tema é dos mais espinhosos no âmbito da carreira.

Nesse cenário e havendo diversas bases não menos importantes para as pautas da Defensoria Pública brasileira, não é de surpreender que a normativa institucional não tenha sido ainda alterada no sentido de tornar *absoluta* a proibição.

Houve ao menos duas boas oportunidades para tanto: no ano de 2009 a LC n. 132 fez inúmeras mudanças na LC n. 80/1994 (previsão de Ouvidoria externa, incremento das funções institucionais, explicitação da capacidade postulatória decorrente da nomeação e posse etc.). Posteriormente, em 2014, a EC n. 80, dentre outras coisas, constitucionalizou os princípios institucionais e conferiu iniciativa legislativa para determinados assuntos à instituição.

Assim, houve oportunidades para que a proibição *absoluta* fosse incorporada, de modo expresso e formal, à realidade da Defensoria Pública, mas talvez essa mudança não tenha ocorrido tanto porque, como já dito, temas não menos importantes foram tratados e – talvez o mais importante – porque não se tem notícia de algum fato que tenha feito todos pensarem sobre o quão perigosa para a instituição pode ser o exercício de atividade político-partidária por defensores públicos (mas nada impede que aconteça).

Como todos os riscos inerentes às previsões, parece-nos inevitável que, mais cedo ou mais tarde, a proibição absoluta será incorporada, de modo expresso e formal, no direito positivo.

O principal elemento que nos permite fazer a afirmação acima são os precedentes do STF envolvendo o Ministério Público nas Adins n.1371/DF e 1377/DF. Daí ser essencial os estudarmos já com os olhos voltados à Defensoria Pública.

As Adins n.1371/DF e 1377/DF foram julgadas conjuntamente em junho de 1998. Ambas propostas pelo Procurador-Geral da República, elas pretendiam a declaração de inconstitucionalidade de dispositivos da LC n. 75/1993 e Lei n. 8.625/1993. Nos dois casos, o parâmetro constitucional residia no art. 128, § 5º, II, 'e'.

**É importante frisarmos que tais ações foram julgadas em junho de 1998 porque seis anos depois a EC n. 45/04 modificou a redação do art. 128, § 5º, II, 'e', tornando absoluta a proibição.**

Para facilitar a visualização panorâmica desse tema, colocaremos a seguir as tabelas contendo as redações dos textos constitucionais, os dispositivos legais questionados, as normas constitucionais transitórias aplicáveis ao Ministério Público e à Defensoria Pública e, por fim, as ementas das Adins:

| Redação original (antes da EC n. 45/2004) | Redação atual (após a EC n. 45/2004) |
|---|---|
| Art. 128, § 5º Leis complementares da União e dos Estados, cuja iniciativa é facultada aos respectivos Procuradores-Gerais, estabelecerão a organização, as atribuições e o estatuto de cada Ministério Público, observadas, relativamente a seus membros:<br>II – as seguintes vedações:<br>e) exercer atividade político-partidária, salvo exceções previstas na lei. | Art. 128, § 5º Leis complementares da União e dos Estados, cuja iniciativa é facultada aos respectivos Procuradores-Gerais, estabelecerão a organização, as atribuições e o estatuto de cada Ministério Público, observadas, relativamente a seus membros:<br>II – as seguintes vedações:<br>e) exercer atividade político-partidária; (Redação dada pela Emenda Constitucional n. 45, de 2004) |

| | |
|---|---|
| LC n. 75/2003<br>Art. 80. A filiação a partido político impede o exercício de funções eleitorais por membro do Ministério Público até dois anos do seu cancelamento.<br>Art. 237. É vedado ao membro do Ministério Público da União:<br>V – exercer atividade político-partidária, ressalvada a filiação e o direito de afastar-se para exercer cargo eletivo ou a ele concorrer. | Lei n. 8.625/93<br>Art. 44. Aos membros do Ministério Público se aplicam as seguintes vedações:<br>V – exercer atividade político-partidária, ressalvada a filiação e as exceções previstas em lei. |
| Norma constitucional transitória aplicável ao Ministério Público:<br>Art. 29. Enquanto não aprovadas as leis complementares relativas ao Ministério Público e à Advocacia-Geral da União, o Ministério Público Federal, a Procuradoria-Geral da Fazenda Nacional, as Consultorias Jurídicas dos Ministérios, as Procuradorias e Departamentos Jurídicos de autarquias federais com representação própria e os membros das Procuradorias das Universidades fundacionais públicas continuarão a exercer suas atividades na área das respectivas atribuições.<br>§ 3º Poderá optar pelo regime anterior, no que respeita às garantias e vantagens, o membro do Ministério Público admitido antes da promulgação da Constituição, observando-se, quanto às vedações, a situação jurídica na data desta. | Norma constitucional transitória aplicável à Defensoria Pública:<br>Art. 22. É assegurado aos defensores públicos investidos na função até a data de instalação da Assembleia Nacional Constituinte o direito de opção pela carreira, com a observância das garantias e vedações previstas no art. 134, parágrafo único, da Constituição. |
| EMENTA: – Ação direta de inconstitucionalidade. 2. Artigo 80 e a expressão "ressalvada a filiação", constante do inciso V, do art. 237, da Lei Complementar n. 75, de 25 de maio de 1993. 3. **Dispositivos que permitem a filiação de membros do Ministério Público a partido político**. 4. Alegação de incompatibilidade das normas aludidas, quanto à filiação partidária, com o art. 128, § 5º, inciso II, letra e, da Constituição. 5. **Ação julgada procedente, em parte, para, sem redução de texto**, dar a) ao art. 237, inciso V, da Lei Complementar federal n. 75/93, de 20/5/93, **interpretação conforme** a Constituição, no sentido de que a **filiação partidária** de membro do Ministério Público da União **somente pode efetivar-se nas hipóteses de afastamento de suas funções institucionais, mediante licença,** | EMENTA: – Ação direta de inconstitucionalidade. 2. A **expressão "ressalvada a filiação"**, constante do inciso V do art. 44 da Lei n. 8.625, de 12.2.93. 3. Dispositivo que **permite a filiação de membros do Ministério Público a partido político**. 4. Alegação de incompatibilidade com o art. 128, § 5º, inciso II, da Constituição. 5. Ação julgada **procedente**, em parte, para, **sem redução de texto**, dar ao inciso V do art. 44 da Lei n. 8.625, de 12.2.93, **interpretação conforme a Constituição**, para fixar como única exegese constitucionalmente possível aquela que **apenas admite a filiação partidária de representante do Ministério Público dos Estados-membros, se realizadas nas hipóteses de afastamento, do integrante do Parquet, de suas funções** |

| | |
|---|---|
| nos termos da lei, e b) ao art. 80 da Lei Complementar federal n. 75/93, interpretação conforme à Constituição, para **fixar como única exegese** constitucionalmente possível aquela que **apenas admite a filiação partidária, se o membro do Ministério Público estiver afastado de suas funções institucionais, devendo cancelar sua filiação partidária, antes de reassumir essas funções**, não podendo, ainda, desempenhar funções pertinentes ao Ministério Público Eleitoral senão dois anos após o cancelamento da filiação político-partidária (ADI 1371, Relator(a): Min. NÉRI DA SILVEIRA, Tribunal Pleno, julgado em 03/06/1998, *DJ* 03-10-2003 PP-00010 EMENT VOL-02126-01 PP-00026) | **institucionais, mediante licença**, nos termos da lei (ADI 1377, Relator(a): Min. OCTAVIO GALLOTTI, Relator(a) p/ Acórdão: Min. NELSON JOBIM, Tribunal Pleno, julgado em 03/06/1998, *DJ* 16-12-2005 PP-00057 EMENT VOL-02218-02 PP-00122) |

Como se vê, a redação original da CF/88 já previa em relação aos magistrados a vedação *absoluta* ao exercício de atividade político-partidária (art. 95, parágrafo único, III). Em relação ao Ministério Público a vedação: (i) era relativa ("salvo exceções previstas na lei") até o advento da EC n. 45/2004 e (ii) não se aplicava ao membro ministerial que tivesse ingressado na carreira antes da promulgação da Constituição e que tivesse optado pelo regime anterior. Por fim, (iii) a vedação se tornou absoluta a partir da EC n. 45/2004.

Antes de prosseguirmos, é digno de nota que tanto Ministério Público como Defensoria Pública contaram com regras transitórias no texto constitucional (ADCT, arts. 22 e 29, § 3º). Ambas disciplinaram o *direito de opção*, e nada obstante a semelhança de tratamento acerca dos efeitos dessa escolha, as *vedações* **não coincidiram: para o Ministério Público, elas deveriam observar a situação jurídica na data da promulgação; para a Defensoria, isso sequer foi ventilado (é por isso que nunca se cogitou a possibilidade que o defensor público anterior à data da instalação da assembleia nacional constituinte pudesse invocar seu direito de advogar concomitantemente com a prestação de assistência jurídica, alegando que tal vedação não lhe alcançaria).**

De qualquer forma, antes da EC n. 45/2004 as Adins 1371 e 1377 bateram às portas do STF, que as julgou em 1998.

Numa época então em que ao membro do Ministério Público era proibido exercer atividade político-partidária, sendo-lhe permitida "a filiação e o direito de afastar-se para exercer cargo eletivo ou a ele concorrer", era justamente essa ressalva o que se discutia nas ações diretas de inconstitucionalidade.

O cerne da discussão era a abrangência daquela ressalva: o membro do Ministério Público poderia apenas filiar-se a partido político (condição de elegibilidade, nos termos do art. 14, § 3º, V, da CF/88) ou também candidatar-se? Para filiar-se ele deveria se afastar, mediante licença, do cargo?

Na medida em que a *ressalva à proibição* estava lá no texto constitucional antes da EC n. 45/2004, é certo que o STF, como legislador negativo, não poderia deixá-la de lado. De qualquer modo, e à exceção do voto do ministro Octávio Galotti (que julgou improcedentes as Adins por reputar que não se poderia condicionar a atividade político-partidária ao afastamento do cargo, mediante licença[973]), os demais ministros deixaram transparecer até certa incredulidade quanto a uma ressalva de cunho permissivo que, em certa medida, contradizia o papel conferido pela Constituição ao Ministério Público[974]. E a polêmica desse assunto pode ser sintetizada em trechos dos votos do ministro Sepúlveda Pertence, respectivamente, nas Adins 1377 e 1371:

> É certo, não penso apenas – como se enfatizou aqui em alguns votos – em que a ação comissiva do membro do Ministério Público possa sofrer o impacto de um conflitos de fidelidades com a sua filiação partidária; penso, também – e, talvez, nesse caso, a história do Ministério Público tenha exemplos mais dramáticos –, na inação do membro do Ministério Público por contingências da fidelidade partidária.
> Se se refletir, desde logo, sobre a natureza da ação civil pública e sua amplitude e eficácia em relação aos atos de governo, bem se poderá compreender quão séria se entremostraria, quanto à credibilidade do membro do Ministério Público, vinculado a certo partido político. (...) Como ficariam a credibilidade e a isenção de sua atuação, se ela se refletir no âmbito da Administração Pública, na hipótese de estar filiado a partido político que mantém postura oposicionista ao Governo, cujo ato há censurar ou impugnar? Decerto, não é tal conciliável com a concepção de equidistância e independência do Ministério Público.

Como fica claro, numa das ocasiões em que jugou questões atinentes ao exercício de atividade político-partidária por membros do Ministério Público, o STF, atuando como legislador negativo, recorreu à técnica da interpretação conforme para salvaguardar o texto constitucional, *ao mesmo tempo em que deixava claro que a identidade institucional do órgão ministerial (e de seus membros) se entremostra incompatível com a atuação político-partidária.*

A diferença do caso do Ministério Público pré-EC n. 45/2004 com a Defensoria Pública é que, para aquele, o texto constitucional disciplinava o assunto (ainda que delegando a ressalva ao legislador complementar); no caso da Defensoria Pública, porém, nada foi previsto expressamente no texto constitucional.

Enquanto o passar dos anos fez com que obviedades constitucionais fossem incluídas na vida da Defensoria Pública (basicamente, referimo-nos às autonomias), a omissão do constituinte quanto ao tema da atividade político-partidária não foi compensada pela atenção do legislador complementar. Por isso, embora a Defensoria Pública seja tão essencial à Justiça quanto o é o Ministério Público, naquela, seus membros, ainda que bem-intencionados, podem arriscar-se a colocar essa essencialidade em situações de descrédito.

---

973 Eis um trecho de seu voto: "Impor, como condição, para a atividade partidária, o afastamento do exercício das funções do cargo de Procurador, com a indefectível privação de seus vencimentos, seria, aí sim, segundo penso, aniquilar a viabilidade do exercício do direito que a Constituição, bem ou mal, facultou à disciplina da lei regulamentar".

974 Nelson Jobim, por exemplo, assim manifestou: "(...) creio que a filiação a partido político conduz, necessariamente, a uma contradição de condutas entre o agente do Ministério Público, no que diz respeito à sua autonomia e a obrigações a decisões partidárias". Na mesma linha, Maurício Corrêa: "(...) a sua [referia-se ao membro ministerial] filiação a um partido político seria incompatível com essa definição que hoje tem o **Parquet no nosso texto constitucional". E, por fim, Marco Aurélio: "Não posso imaginar a manutenção da independência que deve ter o membro do Ministério Público com filiação partidária".**

Assim, se hoje a essencialidade da Defensoria Pública parece estar consolidada (que o diga seu impacto por toda a legislação, posicionando a instituição no tabuleiro processual civil, penal, coletivo etc), *o exercício de atividade político-partidária por seus membros está com seus dias contados.* Seja (i) via emenda constitucional que preveja a proibição absoluta de modo expresso, seja (ii) via reforma da LC n.80/1994 que torne expressa a proibição absoluta, seja (iii) via eventual ação direta de inconstitucionalidade a ser proposta visando a extirpar da LC n.80/1994 tal permissão. Neste último caso, as razões de decidir podem ser facilmente buscadas tanto nas ações diretas envolvendo o Ministério Público como naquelas em que a Defensoria Pública foi protegida e exaltada pelo guardião da Constituição. Quanto a este item 'iii', vale a pena desenvolvermos no tópico a seguir uma direção hermenêutica.

**Um possível caminho jurídico de se admitir a proibição absoluta de atuação político--partidária mesmo sem texto normativo expresso**

Além das Adins 1371 e 1377, parece-nos que o art. 5º, § 2º da CF/88 possui papel fundamental a fim de que seja reconhecida, no âmbito da Defensoria Pública, a proibição absoluta de atividade político-partidária, e dialoga muito bem com a legislação defensorial que sobreveio após 1994.

Antes, para melhor entendermos essa aplicação do art. 5º, § 2º da CF/88, pensemos que as *proibições* dirigidas aos membros da Defensoria Pública correspondem, do ponto de vista dos usuários, a *direitos*. Assim, pelos olhos dos usuários as proibições devem ser lidas do seguinte modo:

1) direito a que o defensor público atue com exclusividade nas atribuições institucionais;

2) direito a que o defensor público atue em conformidade com funções inerentes ao cargo, ou com preceitos éticos de sua profissão;

3) direito de ser atendido com qualidade de modo totalmente gratuito;

4) direito a que o defensor público não divida sua atuação institucional com a busca pelo lucro empresarial;

5) direito a ter um defensor público atuante que não tenha sua credibilidade arranhada ou arruinada por atuação político-partidária.

Deste modo, ainda que atualmente a legislação não seja expressa na proibição absoluta de atuação político-partidária de defensores públicos, é possível deduzi-la a partir do reconhecimento de um direito que qualquer necessitado deve ser titular ao acessar o serviço público de atendimento jurídico integral e gratuito. Nesse sentido, recordemos a estruturação da Defensoria Pública análoga à do Ministério Público, posicionando essas instituições fora da *política partidária* e dentro do campo da *política institucional* (ao lado de Tribunal de Contas, Judiciário etc.). Assim, nossa leitura é a de que as EC n. 45/2004, 74/2013 e 80/2014 colocam uma pá de cal na possibilidade de atuação político-partidária.

No âmbito infraconstitucional, a reforma da LC n. 80/1994 operada pela LC n. 132/2009 também "colocou o pingo nos is", sendo absolutamente consistente na incompatibilidade com qualquer atuação político-partidária, pois a Defensoria Pública:

1) passa a ser instituição "permanente", além de "essencial à função jurisdicional do Estado";

2) tem como um de seus princípios institucionais a independência funcional (art. 3º) – não se retirou todas as consequências dessa garantia teleologicamente voltada para o exercício das funções institucionais;

3) possui objetivos institucionais absolutamente apartidários (art. 3º-A);

4) é titular de funções institucionais apartidárias (art. 4º) – algo que já acontecia antes, mas que é reforçada pela ampliação de funções apartidárias;

5) atua contra pessoas jurídicas de direito público inclusive, sem qualquer conotação partidária (art. 4º, § 2º);

6) o defensor público deve sentar-se no mesmo plano do Ministério Público (art. 4º, § 7º);

7) o usuário é titular, dentre outros direitos a um defensor público *natural* (art. 4º-A, IV), conceito que combina principalmente garantias de inamovibilidade e independência funcional, dentre outras;

8) o Defensor Público-Geral não é Secretário de Estado ou subordinado ao Chefe do Poder Executivo (art. 6º, art. 54, art. 99 e ADI 2.903-PB) etc.

Diante dessa configuração normativa, repassada brevemente, entendemos que a permissão de atuação político-partidária foi sendo erodida pelas transformações legislativas, até que passou a ser indiscutivelmente incompatível com a normativa constitucional e infraconstitucional posterior a 1994, sendo absolutamente proibida essa atuação ainda que não exista proibição absoluta textual e expressa dessa atuação. Devemos admitir, portanto, que o texto do inciso V, previsto nos art. 46, 91 e 130 da LC n. 80/1991 fora tacitamente revogado pela legislação posterior.

## Seção III

## Dos Impedimentos

Art. 47. Ao membro da Defensoria Pública da União é defeso exercer suas funções em processo ou procedimento:

(...)

## Seção III

### Dos Impedimentos

Art. 92. Ao membro da Defensoria Pública do Distrito Federal e dos Territórios é defeso exercer suas funções em processo ou procedimento:

(...)

## Seção III

### Dos Impedimentos

Art. 131. É defeso ao membro da Defensoria Pública do Estado exercer suas funções em processo ou procedimento:

### 21.3 Dos impedimentos

A respeito dos impedimentos, abordamos nos arts. 45, 90 e 129, VI, da presente lei orgânica os seguintes temas: fundamento constitucional dos impedimentos; finalidade deles pelo prisma da Defensoria Pública; seu caráter complementar em relação às garantias do cargo de defensor público e a consequência desse modo de ver para o cidadão e o defensor público; os efeitos jurídicos que decorrem da hipótese de impedimento silenciado, disciplinar inclusive; e da presunção juris et jure que governa as hipóteses de impedimento.

Aqui podemos acrescentar, com tranquilidade embora em menor grau, que as hipóteses de impedimento valem para todas as funções institucionais da Defensoria Pública, sem exceção. Assim, *andou mal o texto ao não incluir funções não processuais ou procedimentais*, como quando um defensor público realiza educação em direitos, convoca audiência pública, ou participa de assento em Conselho para influenciar políticas públicas. Esse raciocínio decorre do ideal de impessoalidade.

Os impedimentos a nosso ver incidem também sobre a *atividade administrativa*, isto é, o defensor exercendo atividade administrativa não está livre de observar os impedimentos sob pena de nulidade dos atos. É que também há exigência constitucional para que a atividade administrativa da Instituição seja exercida com impessoalidade, afinal, não poderia ser aceita como válida decisão proferida por superior hierárquico que incide numa das hipóteses legais de impedimento. E aqui urge citar a Súmula Vinculante 13 do STF:

> A nomeação de cônjuge, companheiro, ou parente, em linha reta, colateral ou por afinidade, até o 3º grau, inclusive, da autoridade nomeante ou de servidor da mesma pessoa jurídica, investido em cargo de direção, chefia ou assessoramento, para o exercício de cargo em comissão ou de confiança, ou, ainda, de função gratificada na administração pública direta e indireta, em qualquer dos Poderes da União, dos Estados, do Distrito Federal e dos Municípios, compreendido o ajuste mediante designações recíprocas, viola a CF.

**Rol taxativo ou exemplificativo?**

Prevalece na doutrina que o rol desse artigo não é taxativo, e sim *exemplificativo* devido à literalidade do *inciso VII*[975]. Em vista dessa abertura legal, também prevalecem e devem ser aplicadas ao defensor público as hipóteses de impedimento previstas no CPC e no CPP[976].

Sobre a inaplicabilidade de legislação ordinária para essa situação, fazemos remissão ao comentário feito no art. 129, VI, da presente lei orgânica. De qualquer modo, na linha do que lá foi exposto, entendemos que o correto seria procurarmos na lei orgânica nacional ou nas leis orgânicas estaduais (leis complementares) outras hipóteses alçadas como impedimento.

Esse último detalhe merece maior atenção: o rol é realmente exemplificativo, mas, diferentemente da suspeição, a LC n.80/1994 consente com a abertura para outras hipóteses de impe-

975 MORAES, Guilherme Peña de. *Instituições da Defensoria Pública*. São Paulo: Malheiros, 1999. Cap. XV, p. 296; LIMA, Frederico R. Viana de. *Defensoria Pública*. 2. ed. Salvador: JusPodivm, 2011. p. 432; MORAES, Sílvio Roberto Mello. *Princípios institucionais da Defensoria Pública*. São Paulo: RT, 1995. p. 107; SOUZA, Fábio Luís Mariani de. *A Defensoria Pública e o acesso à Justiça Penal*. Porto Alegre: Nuria Fabris, 2011. Parte I, item 4.3, p. 180.

976 MORAES, Guilherme Peña de. *Instituições da Defensoria Pública*. São Paulo: Malheiros, 1999. Cap. XV, p. 296; MORAES, Sílvio Roberto Mello. *Princípios institucionais da Defensoria Pública*. São Paulo: RT, 1995. p. 107; SOUZA, Fábio Luís Mariani de. *A Defensoria Pública e o Acesso à Justiça Penal*. Porto Alegre: Nuria Fabris, 2011. Parte I, item 4.3, p. 180.

dimento desde que previstas em *lei*. E a razão é simples: *a falta funcional para o silêncio de impedimento é muito mais grave do que a falta envolvendo suspeição*. Desse modo, se na vida real ocorrer situação em que o defensor público puder ser tentado a exercer suas funções voltado para interesses pessoais ou de terceiros que lhe são caros, em detrimento daquele ao qual deve prestar assistência jurídica integral e gratuita, se a hipótese da vida não se encaixar nas hipóteses legais de impedimento, deverá ser tida como suspeição[977].

**O art. 148, III, do Código de Processo Civil**[978]

Relevante para a discussão acerca da suspeição e impedimento do defensor público o disposto no art. 148, III, do CPC[979].

Ele prevê que os motivos de impedimento e suspeição que envolvem os magistrados (arts. 144 e 145) se aplicam aos sujeitos imparciais do processo[980]. Observe-se que o inciso I menciona expressamente o membro do Ministério Público, ao passo que o inciso II faz referência aos auxiliares da justiça. O inciso III, porém, *nem inclui nem exclui os defensores públicos*, e incluí-los ou excluí-los é algo que, **à primeira vista**, pressupõe a resposta à seguinte indagação: o defensor público é um sujeito imparcial do processo? Sendo ou não, será possível cogitar, *pontualmente*, hipóteses de impedimento ou suspeição de defensor público?

Rigorosamente falando, não é a definição *doutrinária* sobre se defensores públicos são ou não sujeitos imparciais do processo que terá o condão de ensejar ou não o impedimento ou a

---

977 Por falar na possibilidade de o legislador estadual instituir (ou explicitar) outras hipóteses de impedimento e de suspeição, dois exemplos se dão com as Defensorias Pública paulista e paranaense. No caso da Defensoria Pública do Estado de São Paulo, a LC n. 988/2006 dispõe, sucintamente, em seu art. 164, X, o dever do defensor público de declarar-se impedido e suspeito. Já no caso do Paraná, a LC n. 136/2011 disciplina mais enfaticamente o tema da suspeição, prevendo o art. 184, II, que o defensor público dar-se-á por suspeito quando "houver motivo de ordem íntima que o iniba de funcionar". Mais ainda, vale citar que o art. 185 complementa o art. 184, II, na medida em que prevê o procedimento: o defensor público deverá motivar sua suspeição em documento direcionado ao Defensor Público-Geral, em expediente reservado.

978 Para mais detalhes acerca do tema: REIS, Gustavo Augusto Soares dos. O Novo Código de Processo Civil e a Defensoria Pública do século XXI: o regime jurídico de um noto ator processual. In: SOUSA, José Augusto Garcia de (coord.). Defensoria Pública: repercussões do novo CPC. Salvador: Juspodivm, 2015. p. 413-416.

979 Art. 148. Aplicam-se os motivos de impedimento e de suspeição:
I – ao membro do Ministério Público;
II – aos auxiliares da justiça;
III – aos demais sujeitos imparciais do processo.
§ 1º A parte interessada deverá arguir o impedimento ou a suspeição, em petição fundamentada e devidamente instruída, na primeira oportunidade em que lhe couber falar nos autos.
§ 2º O juiz mandará processar o incidente em separado e sem suspensão do processo, ouvindo o arguido no prazo de 15 (quinze) dias e facultando a produção de prova, quando necessária.
§ 3º Nos tribunais, a arguição a que se refere o § 1º será disciplinada pelo regimento interno.
§ 4º O disposto nos § § 1º e 2º não se aplica à arguição de impedimento ou de suspeição de testemunha.

980 O Código de Processo Civil de 1973 não dispunha dessa previsão, como se depreende do rol do art.138.

suspeição (por isso um pouco acima destacamos a ressalva 'à primeira vista'). Nada obsta, portanto, que o defensor público seja reputado sujeito parcial, ao menos quando atua processualmente, e ainda assim possa surgir uma *situação* de impedimento ou de suspeição. Daí o motivo de termos dito que a definição doutrinária é o que menos importa nessa análise.

Quando o novo CPC trouxe a regra do inciso III do art. 148, certamente o fez com os olhos voltados principalmente aos novos atores do processo civil brasileiro: os conciliadores e os mediadores[981]. Como reforço desse argumento, basta dizer que um dos princípios que norteiam sua atividade é o da imparcialidade[982] e que o procedimento dedicado a disciplinar situações de impedimento (aqui, num sentido amplo) já foi regulamentado[983].

Poderia o novo CPC, assim, ter evitado o suspense e mencionado 'conciliadores' e 'mediadores' no inciso III do art. 148. Não o fez, e isso parece ter sido proposital.

Valhamo-nos da *máxima de César*: se no caso de juízes, membros do Ministério Público, conciliadores e mediadores não lhes basta ser imparcial, devendo parecer imparciais, no caso dos defensores públicos não lhes basta *ser* parciais; devem *parecer* parciais. É para situações desse jaez que o art. 148, III do novo CPC assume a sua importância.

A parte que tem condições de contratar um advogado possui total liberdade de escolha quanto ao profissional de sua preferência, ao passo que a este, profissional liberal que é, é dado o direito de recusar o patrocínio. O vínculo entre cliente e advogado, afinal, é de direito civil (mandato), mas não é assim a relação assistido e Defensoria Pública (note-se: assistido e Defensoria Pública, em vez de assistido e defensor público).

O vínculo entre assistido e Defensoria Pública é de direito administrativo, ou público-estatutário[984], significando, dentre outras coisas, que não é conferido àquele a possibilidade de escolha do defensor público que lhe representará[985]. Em suma, podemos dizer que a previsão do *defensor natural*[986] é, para o assistido da Defensoria Pública, uma *via de mão dupla*: consubstancia um direito seu na mesma medida em que é uma imposição a qual ele não poderá, *em princípio*, recusar.

'Em princípio' porque as hipóteses de impedimento e de suspeição existem justamente para relativizar o *viés impositivo* do 'defensor natural'.

Das hipóteses de impedimento, já o vimos, já tratou a Lei Complementar n. 80/1994[987], e elas basicamente coincidem com as previstas no art. 144 do novo CPC. Já as hipóteses de suspei-

981 Tratados nos artigos 165 a 175.

982 Art. 166.

983 Art. 170.

984 MORAES, Humberto Peña de; SILVA, José Fontenelle T. Da. Assistência judiciária: sua gênese, sua história e a função protetiva do Estado. 2. ed. Rio de Janeiro: Liber Juris, 1984. p. 153; ROCHA, Amélia Soares da. Defensoria Pública – fundamentos, organização e funcionamento. São Paulo: Atlas, 2013. p. 20.

985 ALVES, Cléber Francisco. Justiça para todos! – assistência jurídica gratuita nos Estados Unidos, na França e no Brasil. Rio de Janeiro: Lumen Juris, 2006. p. 292.

986 Art. 4º-A, IV, Lei Complementar n. 80/1994.

987 Arts. 47, 92 e 131.

ção não foram previstas na lei orgânica nacional, embora os arts. 45, VI, 90, VI e 129, VI prevejam genericamente o dever do defensor público de se declarar suspeito.

Algumas leis estaduais não deixaram passar despercebido e disciplinaram tanto as situações de impedimento com as de suspeição de defensor público. Foquemos no tópico da suspeição.

**É claro que o assistido que entender que está sendo representado por um defensor público em situação de impedimento ou de suspeição pode se valer da organização interna da respectiva Defensoria Pública e, lá, fazer valer sua pretensão de substituição daquele defensor público (por exemplo, utilizando-se da representação junto à Corregedoria-Geral). E desse ponto de vista, é inócua a previsão do art. 148, III do novo CPC.**

A questão, porém, é que também no bojo do processo civil a parte (assistido da Defensoria Pública) poderá arguir o impedimento e a suspeição do defensor público, como bem pontuam os defensores públicos cariocas Diogo Esteves e Franklyn Roger Alves Silva[988].

Recapitulando e finalizando esse tópico: o art. 148, III do novo CPC em tese se aplica aos defensores públicos, sendo irrelevante, pelas razões expostas, defini-los como sujeitos imparciais ou parciais do processo.

---

(arts. 47, 92 e 131) I – em que seja parte ou, de qualquer forma, interessado;
(arts. 47, 92 e 131) II – em que haja atuado como representante da parte, perito, Juiz, membro do Ministério Público, Autoridade Policial, Escrivão de Polícia, Auxiliar de Justiça ou prestado depoimento como testemunha;
(arts. 47, 92 e 131) III – em que for interessado cônjuge ou companheiro, parente consanguíneo ou afim em linha reta ou colateral, até o terceiro grau;
(arts. 47, 92 e 131) IV – no qual haja postulado como advogado de qualquer das pessoas mencionadas no inciso anterior;
(arts. 47, 92 e 131) V – em que qualquer das pessoas mencionadas no inciso III funcione ou haja funcionado como Magistrado, membro do Ministério Público, Autoridade Policial, Escrivão de Polícia ou Auxiliar de Justiça;
VI – em que houver dado à parte contrária parecer verbal ou escrito sobre o objeto da demanda;
VII – em outras hipóteses previstas em lei.
(...)
Art. 48. Os membros da Defensoria Pública da União não podem participar de comissão, banca de concurso, ou qualquer decisão, quando o julgamento ou votação disser respeito a seu cônjuge ou companheiro, ou parente consanguíneo ou afim em linha reta ou colateral, até o terceiro grau.
(...)
Art. 93. Os membros da Defensoria Pública do Distrito Federal e dos Territórios não podem participar de comissão, banca de concurso, ou de qualquer decisão, quando o julgamento ou votação disser respeito a seu cônjuge ou companheiro, ou parente consanguíneo ou afim em linha reta ou colateral, até o terceiro grau.

988 "Se o Defensor Público não alegar seu impedimento ou suspeição, não vemos óbice a que a própria parte suscite o expediente à Corregedoria da Defensoria Pública ou ofereça exceção de impedimento/suspeição nos autos do processo, adotando-se a sistemática do Código de Processo Civil" (a referência é ao Código de Processo Civil de 1973). *Princípios institucionais da Defensoria Pública*..., cit., p. 718.

(...)
Art. 132. Os membros da Defensoria Pública do Estado não podem participar de comissão, banca de concurso, ou de qualquer decisão, quando o julgamento ou votação disser respeito a seu cônjuge ou companheiro, ou parente consanguíneo ou afim em linha reta ou colateral, até o terceiro grau.
Da Responsabilidade Funcional
(...)

**Seção IV**
**Da Responsabilidade Funcional**
(...)
**Seção IV**
**Da Responsabilidade Funcional**

## 21.4 Da responsabilidade funcional

A responsabilidade funcional diz respeito à responsabilidade administrativo-disciplinar do defensor público e não exclui outras, como a civil e penal. A LC n. 80/1994 divide o tema em três: (1) correições; (2) infrações disciplinares; e (3) revisão do processo disciplinar.

Art. 49. A atividade funcional dos membros da Defensoria Pública da União está sujeita a:
I – correição ordinária, realizada anualmente pelo Corregedor-Geral e por seus auxiliares, para verificar a regularidade e eficiência dos serviços;
II – correição extraordinária, realizada pelo Corregedor-Geral e por seus auxiliares, de ofício ou por determinação do Defensor Público-Geral;
§ 1º Cabe ao Corregedor-Geral, concluída a correição, apresentar ao Defensor Público-Geral relatório dos fatos apurados e das providências a serem adotadas.
§ 2º Qualquer pessoa pode representar ao Corregedor-Geral sobre os abusos, erros ou omissões dos membros da Defensoria Pública da União.
(...)
Art. 94. A atividade funcional dos membros da Defensoria Pública do Distrito Federal e dos Territórios está sujeita a:
I – correição ordinária, realizada anualmente pelo Corregedor-Geral e por seus auxiliares, para verificar a regularidade e eficiência dos serviços;
II – correição extraordinária, realizada pelo Corregedor-Geral e por seus auxiliares, de ofício ou por determinação do Defensor Público-Geral.
§ 1º Cabe ao Corregedor-Geral, concluída a correição, apresentar ao Defensor Público-Geral relatório dos fatos apurados e das providências a serem adotadas.
§ 2º Qualquer pessoa pode representar ao Corregedor-Geral sobre os abusos, erros ou omissões dos membros da Defensoria Pública do Distrito Federal e dos Territórios.
(...)
Art. 133. A atividade funcional dos membros da Defensoria Pública dos Estados está sujeita a:
I – correição ordinária, realizada anualmente pelo Corregedor-Geral e por seus auxiliares, para verificar a regularidade e eficiência dos serviços;

II – correição extraordinária, realizada pelo Corregedor-Geral e por seus auxiliares, para verificar a regularidade e eficiência dos serviços.

§ 1º Cabe ao Corregedor-Geral, concluída a correição, apresentar ao Defensor Público-Geral relatório dos fatos apurados e das providências a serem adotadas.

§ 2º Qualquer pessoa pode representar ao Corregedor-Geral sobre os abusos, erros ou omissões dos membros da Defensoria Pública dos Estados.

### *21.4.1 Correições*

A correição ordinária possui o fim de verificar a regularidade e eficiência dos serviços e, para tanto, o trabalho do defensor público deve ser vistoriado para se chegar à conclusão necessária. Frederico Rodrigues Viana de Lima bem esclarece que "não há previsão legal de um procedimento que deva ser seguido durante as correições". Assim, estamos de acordo que a Corregedoria-Geral poderá livremente apurar o serviço em vistoria ao local de trabalho, procedendo, se entender o caso, à oitiva de assistidos, servidores e outros defensores públicos[989]. Tudo deve ser cotejado e analisado para se chegar a uma imagem global do trabalho do defensor público.

A Lei Orgânica ainda prevê que, concluída a correição, cabe ao Corregedor-Geral apresentar ao Defensor Público-Geral relatório dos fatos apurados e das providências a serem adotadas – é um artigo que deve ser lido em conexão com os arts. 13, 61 e 105.

Finalmente, existe expressa previsão quanto à legitimidade para se movimentar a Corregedoria-Geral sobre os abusos, erros ou omissões dos membros da Defensoria Pública: qualquer pessoa. Legitimidade ampla e compatível ao princípio republicano.

#### 21.4.1.1 Correições e independência funcional: pode a atividade de correição analisar o conteúdo intelectual do trabalho realizado pelo membro da carreira?

Frederico Rodrigues Viana de Lima sustenta que a correição "não pode jamais se debruçar sobre o conteúdo intelectual do trabalho realizado pelos defensores públicos, como as petições, as argumentações jurídicas, as táticas defensivas utilizadas no processo etc. Estas atividades estão protegidas pela independência funcional, de tal modo que não podem ser censuradas nem mesmo pelo Corregedor-Geral"[990].

Discordamos, porque sua tese necessariamente leva à conclusão de que o órgão de Defensoria Pública é um órgão totalmente livre de controle; chega a ser mais livre de controle que o próprio Poder Legislativo, que é obrigado a suportar o controle de constitucionalidade pelas vias difusa e concentrada.

Importante que visualizemos as consequências práticas da tese proposta por Frederico Rodrigues Viana de Lima:

---

989 LIMA, Frederico R. Viana de. *Defensoria Pública.* 2. ed. Salvador: JusPodivm, 2011. p. 434.

990 Idem, ibidem.

1) se um defensor público que cotidianamente e por convicção deixa de impetrar *habeas corpus* ou interpor recurso para fazer valer a aplicação da súmula 617 do STJ, o resultado é este: os usuários restam prejudicados porque terão o direito de livramento condicional suspenso ou revogado mesmo tendo direito à extinção da pena nos termos do art. 90 do CP, e o defensor público estará protegido pela independência funcional;
2) o defensor público entende pela prevalência do princípio contratual *pacta sunt servanda*, e deixa de pedir a nulidade de cláusula contratual de plano de saúde que exclui *home care* mesmo sendo tida por abusiva segundo jurisprudência pacífica do STJ, e o resultado é este: os usuários da Defensoria Pública ficarão sem o serviço de *home care* em razão do entendimento pessoal do defensor público, o qual será considerado imune a qualquer responsabilização em razão da independência funcional;
3) atendendo usuário que pretende acionar o Judiciário no foro de seu domicílio para cobrança de seguro DPVAT, o defensor público faz valer seu entendimento pessoal em detrimento da jurisprudência pacífica do STJ, orientando o usuário a se dirigir à comarca do local do acidente, e o resultado é este: o usuário não terá ação proposta sendo obrigado a se deslocar a outra comarca diversa do foro de seu domicílio, e o defensor público está protegido pela sua independência funcional;
4) companheiro sobrevivente de relação homoafetiva comparece à Defensoria Pública para ter reconhecida a meação de bens adquiridos a título oneroso ao longo do relacionamento, e o defensor público concede-se o direito de divergir do entendimento jurisprudencial negando atendimento, o resultado é este: tais usuários deixam de requerer judicialmente suas meações, e o defensor público está protegido pela independência funcional;
5) gestante com feto cuja vida extrauterina é inviável deseja antecipar o parto, mas o defensor público faz prevalecer seu entendimento pessoal, negando ampla jurisprudência que admite tal pedido, e o resultado é este: provavelmente a gestante terá um parto forçado, e o defensor público está protegido pela sua independência funcional.

Diante desse quadro, a pergunta que devemos fazer, portanto, é a seguinte: será realmente que a independência funcional deve ser considerada permissão para o defensor público deixar de aplicar a ordem jurídica em sua integridade, satisfazendo seus desejos e visões de mundo pessoais em prejuízo dos usuários?

Cremos que esta pergunta, após os exemplos que enumeramos, não é nem um pouco abstrata – guarda um sentido bem especificado.

Há situações, porém, em que nem a legislação nem a jurisprudência regram determinado assunto com clareza. Não se trata de aceitarmos como absoluto o brocardo latino *In claris cessat interpretatio*[991], mas de sabermos que, muitas vezes, tanto a lei como a jurisprudência – por razões transparentes ou não – disciplinam de modo ambíguo determinado assunto[992]. Em casos como esse, *a postura correcional deve ser de ainda maior autocontenção*, haja vista que se a invocação de dada tese seria conveniente do ponto de vista de dado assistido, numa análise mais ampla de uma atuação em massa sua invocação generalizada poderia banalizar a atuação defensorial.

A Defensoria Pública tem objetivos constitucionais e legais, e a independência funcional não é fim em si, mas meio para que tais objetivos possam ser alcançados. Se o meio escolhido pelo Defen-

991 MONTORO, André Franco. Introdução à ciência do direito. 23. ed. São Paulo: RT, 1995. p. 371.

992 Sobre o assunto, PERELMAN, Chaïm. Lógica jurídica: a Nova Retórica, trad.: Vergínia K. Pupi. São Paulo: Martins Fontes, 2004, p. 49.

sor não se mostra apto a defender o interesse, ou, pior, se constrói novos obstáculos ao interesse, não se justifica a proteção à independência funcional, e é legítimo o controle correcional. É evidente, por outro lado, que não se pode exigir do Defensor Público a propositura de ações temerárias ou aventuras jurídicas sob o argumento da defesa obsessiva de um interesse, sem chance razoável de êxito.

De qualquer forma, existem objetivos constitucionais e legais atribuídos à Defensoria Pública e, portanto, abrangentes aos membros da carreira, não sendo sustentável que o defensor público satisfaça seu desejo pessoal em violação à ordem jurídica em sua integridade e prejudicando o usuário. Resposta diversa foge de uma visão republicana, e abraça o *patrimonialismo egocêntrico*: meus desejos pessoais, meu cargo, minha independência funcional, minha interpretação satisfazendo meus desejos pessoais ainda que violando a ordem jurídica em sua integridade e prejudicando o usuário.

#### 21.4.1.2 Idem. Um caso que reacende a discussão: ação civil pública movida pela DPU contra a Magazine Luiza[993]

Reacendeu essa discussão a ação civil pública ajuizada pela Defensoria Pública da União contra Magazine Luiza, motivada pela seleção de *trainees* baseada na cor da pele, e o presidente da sociedade empresarial, Frederico Trajano, alegou para tal medida os seguintes dados: "Claramente, se temos 53% da equipe negra e parda e só 16% de negros e pardos em cargos de liderança, há um problema para resolver com uma ação concreta"[994].

Não opinaremos diretamente sobre este caso no aspecto disciplinar, aspecto que deve ser apreciado pelos órgãos competentes (se entenderem que é o caso). Usaremos desse caso singular, de repercussão nacional, para compreendermos melhor o funcionamento da garantia da independência funcional.

Em síntese, a Defensoria Pública da União entendeu que a política da sociedade empresarial violaria o art. 7º, XXX da CF/88, porque ela vedaria critério de admissão por motivo de cor se de discriminação do trabalhador por motivo de cor. A petição inicial cita o art. 38, III (terceiro), do Estatuto da Igualdade Racial por estabelecer que:

> Art. 38. A implementação de políticas voltadas para a inclusão da população negra no mercado de trabalho será de responsabilidade do poder público, observando-se: (...) III – os compromissos assumidos pelo Brasil ao ratificar a Convenção no 111, de 1958, da Organização Internacional do Trabalho (OIT), que trata da discriminação no emprego e na profissão;

Com isso, a petição inicial defende a aplicação da Convenção OIT n. 111 de 1958 e, embora seja imprecisa, a citação parece apontar o art. 1º, *caput* e seu item n. 3, para reforçar que tal tratado internacional de direitos humanos confirmaria a lógica – sustentada pela petição inicial – do art. 7º, XXX, da CF/88.

---

993 O inteiro teor da petição inicial está disponível em: https://www.conjur.com.br/dl/acao-dpu-magalu.pdf. Acesso em: dez. 2020.

994 Cf. no periódico *O Estado de São Paulo*, 'Magazine Luiza ter só 16% de líderes negros é inaceitável', diz presidente da varejista, 20 de setembro de 2020, disponível em: https://economia.estadao.com.br/noticias/geral,magazine-luiza-ter-so-16-de-lideres-negros-e-inaceitavel-diz-presidente-da-varejista,70003444851.

Cingindo-nos aos argumentos jurídicos, a par da interpretação em torno do art. 7º, XXX da CF/88 e da Convenção OIT n. 111 estar dissociada de importantes aspectos históricos relacionados à população negra como força de trabalho, é indispensável também vincarmos que a petição inicial desviou-se do principal dispositivo do Estatuto de Igualdade Racial para a controvérsia que levantou, qual seja, o art. 39:

> Art. 39. O poder público promoverá ações que assegurem a igualdade de oportunidades no mercado de trabalho para a população negra, inclusive mediante a implementação de medidas visando à promoção da igualdade nas contratações do setor público e o incentivo à adoção de medidas similares nas empresas e organizações privadas.
>
> § 1º A igualdade de oportunidades será lograda mediante a adoção de políticas e programas de formação profissional, de emprego e de geração de renda voltados para a população negra.
>
> § 2º As ações visando a promover a igualdade de oportunidades na esfera da administração pública far-se-ão por meio de normas estabelecidas ou a serem estabelecidas em legislação específica e em seus regulamentos.
>
> § 3º O poder público estimulará, por meio de incentivos, a adoção de iguais medidas pelo setor privado.
>
> § 4º As ações de que trata o *caput* deste artigo assegurarão o princípio da proporcionalidade de gênero entre os beneficiários.
>
> (...)
>
> § 7º O poder público promoverá ações com o objetivo de elevar a escolaridade e a qualificação profissional nos setores da economia que contem com alto índice de ocupação por trabalhadores negros de baixa escolarização.

Ademais, outra omissão da petição inicial diz respeito ao art. 38, seu inciso II (segundo), que traz para a controvérsia a necessidade de se debater a incidência da Convenção Internacional sobre a Eliminação de Todas as Formas de Discriminação Racial, de 1965:

> Art. 38. A implementação de políticas voltadas para a inclusão da população negra no mercado de trabalho será de responsabilidade do poder público, observando-se: (...) II – os compromissos assumidos pelo Brasil ao ratificar a Convenção Internacional sobre a Eliminação de Todas as Formas de Discriminação Racial, de 1965; (...)

Nessa Convenção Global, também ignorada pela petição inicial da DPU, o comportamento da ré não seria tratado com o rigor pretendido pela petição inicial (que chega a falar em crime, ainda que retoricamente, devido aos art. 1º e 4º da Lei n. 7.716/1989), pois o art. 1º, item n. 04, da Convenção Global prescreve que ação afirmativa não pode ser considerada discriminação racial:

> Artigo I
>
> 1. Nesta Convenção, a expressão "discriminação racial" significará qualquer distinção, exclusão restrição ou preferência baseadas em raça, cor, descendência ou origem nacional ou étnica que tem por objetivo ou efeito anular ou restringir o reconhecimento, gozo ou exercício num mesmo plano,( em igualdade de condição), de direitos humanos e liberdades fundamentais no domínio político econômico, social, cultural ou em qualquer outro domínio de vida pública.
>
> (...)
>
> 4. Não serão consideradas discriminação racial as medidas especiais tomadas com o único objetivo de assegurar progresso adequado de certos grupos raciais ou étnicos ou de indivíduos que necessitem da proteção que possa ser necessária para proporcionar a tais grupos ou indivíduos igual gozo ou exercício de direitos humanos e liberdades fundamentais, contando que,

tais medidas não conduzam, em consequência, à manutenção de direitos separados para diferentes grupos raciais e não prossigam após terem sidos alcançados os seus objetivos.

Feita essa breve descrição dos dispositivos jurídicos citados pela petição inicial, é importante registrarmos ter ganhado alguma repercussão na mídia[995] que a carreira de defensores públicos dividiu-se em duas posições básicas: a *primeira*, exigindo a responsabilização do subscritor sob o argumento de que sustenta tese que contraria os objetivos institucionais e o direito vigente em matéria de combate ao racismo; a *segunda*, formada em boa parte por defensores públicos que também discordam da tese da petição inicial, todavia, defendem a imunidade disciplinar do subscritor por ter exercido sua função protegido pela independência funcional – nesta posição há um temor contra o autoritarismo institucional.

De qualquer modo, este caso possui uma peculiaridade muito importante, e já descrevemos acima: *a petição inicial deixa de enfrentar dispositivos jurídicos que guardam relação direta com a controvérsia levantada e, destaque-se, tais dispositivos omitidos impediriam a conclusão da petição inicial.*

Então, a pergunta que devemos renovar é essa: vale ignorar partes do ordenamento jurídico em sua integridade para alcançarmos as conclusões que pessoalmente desejamos? A independência funcional possui esse conteúdo jurídico, isto é, permite essa conduta do subjetivo extrapolar ou ignorar o *princípio da realidade* (Freud) que está encarnada em interdições jurídicas?

Para nós, a resposta é não.

Somos proibidos de tratar o ordenamento jurídico seletivamente, no sentido de somente usar os dispositivos jurídicos que desejamos. Se há dispositivos jurídicos que atrapalham a vida de nossos usuários, teremos de defender de algum modo a não incidência: ou por inconstitucionalidade material, ou formal, ou por revogação, ou por não se tratar da hipótese do texto jurídico etc. Mas não vale simplesmente ignorar, "fingindo que não existe", para concluirmos o que nosso ego quer. Isso não vale, e não é para isso que serve a independência funcional.

#### 21.4.1.3 Atividade de correição e independência funcional: limites para analisar o conteúdo intelectual do trabalho realizado pelo membro da carreira

Diante do que expusemos acima, entendemos que sob o manto da independência funcional não se podem cometer absurdos e deixar interesses e direitos dos assistidos perecerem, e simplesmente porque o entendimento pessoal do membro da carreira conflita com a ordem jurídica vigente.

O que é *vedado à Corregedoria-Geral*, crucial que se destaque, é *imiscuir-se na atividade funcional para impor suas preferências diante de algumas possibilidades de solução para o caso concreto* – por exemplo, se o defensor Corregedor-Geral é especialista na área criminal, não pode querer se intrometer nas teses defensivas apresentadas ou nas estratégias de defesa. Assim, é ilegal que a Corregedoria-Geral emita "teses jurídicas" a serem aplicadas no cotidiano da atividade-fim, havendo aí causa de pedir para anular essas teses e inclusive responsabilizar o Corre-

---

995 https://www.poder360.com.br/justica/grupo-da-dpu-repudia-acao-contra-trainee-so-para-negros-da-magazine-luiza/, acesso em 22/12/2020, 14h50.

gedor-Geral. Teses institucionais são permitidas naquelas Defensorias Públicas que, como é o caso de São Paulo, Paraná, e Goiás, por exemplo, preveem os Encontros Anuais para que os próprios defensores públicos, exercendo democracia direta, aprovem teses institucionais a serem seguidas como estratégia de atuação. Não se trata de imposição de Corregedoria-Geral, ou de outro órgão superior da hierarquia administrativa.

Entretanto, se a Corregedoria-Geral notar, por exemplo, que o defensor público está deixando réus indefesos porque não recorre de decisões que violam jurisprudência pacífica do Tribunal local, ou dos Tribunais Superiores, faz parte, sim, do serviço da Corregedoria-Geral, perguntar "por que motivo essa postura?", e apurar se há justa causa, ou não, para ela. Afinal, conforme já discutimos nos comentários à independência funcional, tal garantia está vinculada às atribuições funcionais da instituição como decorrência lógica do princípio republicano. Não faz sentido tornarmos a independência funcional numa cláusula patrimonialista para satisfazermos nossos desejos pessoais que não se acomodem à ordem jurídica em sua integridade.

#### 21.4.1.4 Atividade de correição e conduta do defensor público na vida pessoal

Não só a atividade funcional (encaremos tal expressão como a atuação oficial do membro) como a conduta dos defensores públicos pode (deve) ser objeto de apreciação pela Corregedoria-Geral (arts. 11, 59 e 103).

Os tempos atuais – em que as redes sociais, apesar das possibilidades democráticas que propiciam, têm a condão até mesmo de ser determinantes em resultados eleitorais[996] – apenas potencializaram o sinal de alerta. Em geral, a conduta privada do defensor público sequer deve ser alvo de atenções por parte da Corregedoria. No entanto, o caso concreto pode atrair sua atenção mesmo que ela não tenha sido veiculada em redes sociais.

Um exemplo pode ilustrar a situação.

Dentre as inúmeras e consagradas personagens que Chico Anysio representou, Justo Veríssimo merece nossa atenção. Sem pretendermos analisar detalhadamente, Justo Veríssimo era um típico político que discursava de uma maneira, mas agia de outra – se bem que, talvez certo de sua impunidade, por vezes falava em alto e bom som o politicamente incorreto. Além de corrupto, era comum ele reverberar sua conhecida frase "quero que pobre se exploda".

Sabemos que a relação entre o assistido com a Defensoria Pública é de direito público, logo, ele não pode escolher quem será seu defensor público (sujeitando-se, como expusemos na análise do art. 4º-A, IV, à atuação do defensor natural). No entanto, nada obsta que, num caso concreto, ocorra quebra de confiança a ensejar a substituição do defensor natural por outro membro.

Se é assim, imaginemos um defensor público, por meio de suas redes sociais, agindo como um Justo Veríssimo ou veiculando suas opiniões pessoais de cunho homofóbico, misógino, racista etc. Ainda que, na prática, ele consiga separar sua opinião pessoal de sua atuação, o assistido da Defensoria Pública não pode ser obrigado a confiar a sorte em alguém que, no âmbito da Defensoria Pública, representa um dos muitos obstáculos que encontra em sua vida.

---

996 MOUNK, Yascha. *O povo contra a democracia*: por que nossa liberdade corre perigo e como salvá-la. Trad.: Cássio de Arantes Leite. São Paulo: Companhia das Letras, 2019. p. 175 e segs..

De qualquer forma, que fique claro: se a intervenção correcional é excepcional, restrita ou *ultima ratio* quando se trata da atividade funcional, isso se potencializa quando se trata da conduta, seja por se tratar, aqui, da esfera privada do defensor público, seja, por conseguinte, porque tal esfera privada não deve ser pretexto para perseguições. À sociedade não interessa um defensor público absolutamente intocável, mas interessa menos ainda que ele seja um autômato.

No âmbito do Ministério Público, o STF já apreciou um caso em que essa discussão se pôs em alguma medida:

> Ementa: AGRAVO INTERNO EM MANDADO DE SEGURANÇA. DIREITO CONSTITUCIONAL E ADMINISTRATIVO. CONSELHO NACIONAL DO MINISTÉRIO PÚBLICO – CNMP. PROCESSO ADMINISTRATIVO DISCIPLINAR. PROCURADOR DE JUSTIÇA ESTADUAL. **ENTREVISTA EM RÁDIO LOCAL. LIBERDADE DE EXPRESSÃO. ABUSO DO EXERCÍCIO DE DIREITO. EXCESSO DE LINGUAGEM. VIOLAÇÃO DE DEVERES FUNCIONAIS DE MEMBRO DO MINISTÉRIO PÚBLICO.** ATRIBUIÇÕES CONSTITUCIONALMENTE ATRIBUÍDAS AO CNMP. ART. 130-A, § 2º, III, DA CONSTITUIÇÃO DA REPÚBLICA. DEFERÊNCIA. CAPACIDADE INSTITUCIONAL. HABILITAÇÃO TÉCNICA. APLICAÇÃO DA PENALIDADE DE ADVERTÊNCIA. AUSÊNCIA DE DIREITO LÍQUIDO E CERTO. NECESSIDADE DE DILAÇÃO PROBATÓRIA. AGRAVO INTERNO DESPROVIDO. 1. A democracia funda-se na presunção em favor da liberdade do cidadão, o que pode ser sintetizado pela expressão germânica *Freiheitsvermutung* (presunção de liberdade), teoria corroborada pela doutrina norte-americana do primado da liberdade (*preferred freedom doctrine*), razão pela qual ao Estado contemporâneo se impõe o estímulo ao livre intercâmbio de opiniões em um mercado de idéias (*free marktplace of ideas*) indispensável para a formação da opinião pública. 2. A liberdade de expressão, a despeito de possuir uma *preferred position* nas democracias constitucionais contemporâneas, pode sofrer limitações, desde que razoáveis, proporcionais e visem a prestigiar outros direitos e garantias de mesmo status jusfundamental (e.g., a honra, a imagem, a vida privada e a intimidade). 3. **A conduta imputada ao impetrante no Processo Administrativo Disciplinar diz respeito à utilização de expressões inadequadas e desrespeitosas ao se referir à sociedade, à determinada autoridade judiciária federal, ao Supremo Tribunal Federal e ao Ministério Público em entrevista concedida na qualidade de Procurador da República.** 4. *In casu*, restou apurado que, ao conceder entrevista à determinada rádio, o impetrante: (i) imputou ao Juiz Federal Sérgio Moro as características de "analfabeto" e "midiático, que gosta muito de mídia, de aparecer", (ii) declarou que o Supremo Tribunal Federal e os demais Tribunais ignorariam as supostas nulidades praticadas no bojo da Operação Lava Jato porque "não têm coragem para anulá-las", (iii) alegou que as medidas supostamente ilegais decretadas pela Justiça Federal partiram de iniciativa do Ministério Público Federal, "pedidas pela minha instituição", e (iv) ao ser questionado acerca da opinião pública acerca do suposto envolvimento do ex-Presidente da República Luiz Inácio Lula da Silva em práticas criminosas, declarou que "noventa por cento da sociedade e merda para mim é a mesma coisa"; ato contínuo, ao ser indagado por determinado ouvinte se ele estaria incluído neste grupo, o impetrante retificou a sua manifestação declarando que "cem por cento é merda", e respondeu que estariam ambos incluídos. 5. **A liberdade de expressão não pode ser invocado para excluir a possibilidade de responsabilização disciplinar dos membros do Ministério Público que se portem de forma a violar os direitos fundamentais de qualquer pessoa ou revelem, através de manifestações, absoluta inadequação aos vetores axiológicos e aos parâmetros éticos e jurídicos que regem a atuação dos membros do Parquet.** 6. O art. 130-A, § 2º, III, da Constituição da República outorga ao Conselho Nacional do Ministério Público a competência originária para o recebi-

mento de reclamações disciplinares contra membros do Ministério Público. 7. O Conselho Nacional do Ministério Público, após o devido processo legal, entendeu que "a conduta do processado importou em violação dos deveres legais de manter, pública e particularmente, conduta ilibada e compatível com o exercício do cargo (artigo 145, inciso I, da LCE n. 11/96), de zelar pela dignidade da justiça e pelo prestígio de suas funções (artigo 145, inciso II, da LCE n. 11/96), bem como de tratar com urbanidade os Magistrados, os Advogados, as partes, as testemunhas, os funcionários e os auxiliares da Justiça ( artigo 145, inciso IV, da LCE n. 11/96)". 8. O ato impugnado encontra-se devidamente justificado e está dentro do espectro de competências do órgão de controle, o que revela ser a *causa petendi* do *mandamus* incompatível com rito especial da ação, mormente por não estar demonstrado, por meio de prova inequívoca, ilegalidade ou abuso de poder praticado pela autoridade impetrada a evidenciar violação a direito líquido e certo. 9. O Supremo Tribunal Federal não é instância recursal das decisões administrativas tomadas pelo CNMP no regular exercício das atribuições constitucionalmente estabelecidas, de sorte que, ressalvadas as hipóteses de flagrante ilegalidade ou teratologia, impõe-se ao Poder Judiciário autocontenção (*judicial self-restraint*) e deferência às valorações realizadas pelos órgãos especializados, dada sua maior capacidade institucional para o tratamento da matéria. 10. A medida liminar em processos objetivos opera-se com efeitos *ex nunc*, a teor do que dispõe expressamente o art. 11, § 1º, da Lei n. 9.868/1999, o que refuta a aplicabilidade da decisão cautelar monocrática exarada na ADI 5.125, uma vez que ela foi publicada em 10.02.2017, ao passo que o acórdão impugnado data de 21.06.2016. 11. Agravo interno DESPROVIDO. (MS 34493 AgR, Relator(a): LUIZ FUX, Primeira Turma, julgado em 06/05/2019, PROCESSO ELETRÔNICO *DJE*-102 DIVULG 15-05-2019 PUBLIC 16-05-2019)

# Parte III

## Breves comentários à gratuidade da justiça na Lei n. 1.060/1950 e no CPC/2015

# Lei n. 1.060, de 5 de fevereiro de 1950

**Estabelece normas para a concessão de assistência judiciária aos necessitados.**

**O PRESIDENTE DA REPÚBLICA:**

Faço saber que o Congresso Nacional decreta e eu sanciono a seguinte Lei:

---

Art. 1º Os poderes públicos federal e estadual concederão assistência judiciária aos necessitados nos têrmos da presente Lei.

Art. 1º. Os poderes públicos federal e estadual, independente da colaboração que possam receber dos municípios e da Ordem dos Advogados do Brasil, – OAB, concederão assistência judiciária aos necessitados nos termos da presente Lei. (Redação dada pela Lei n. 7.510, de 1986)

Art. 2º. Gozarão dos benefícios desta Lei os nacionais ou estrangeiros residentes no país, que necessitarem recorrer à Justiça penal, civil, militar ou do trabalho. (Revogado pela Lei n. 13.105, de 2015) (Vigência)

Parágrafo único. – Considera-se necessitado, para os fins legais, todo aquele cuja situação econômica não lhe permita pagar as custas do processo e os honorários de advogado, sem prejuízo do sustento próprio ou da família. (Revogado pela Lei n. 13.105, de 2015) (Vigência)

Art. 3º. A assistência judiciária compreende as seguintes isenções: (Revogado pela Lei n. 13.105, de 2015) (Vigência)

I – das taxas judiciárias e dos selos; (Revogado pela Lei n. 13.105, de 2015) (Vigência)

II – dos emolumentos e custas devidos aos Juízes, órgãos do Ministério Público e serventuários da justiça; (Revogado pela Lei n. 13.105, de 2015) (Vigência)

III – das despesas com as publicações indispensáveis no jornal encarregado da divulgação dos atos oficiais; (Revogado pela Lei n. 13.105, de 2015) (Vigência)

IV – das indenizações devidas às testemunhas que, quando empregados, receberão do empregador salário integral, como se em serviço estivessem, ressalvado o direito regressivo contra o poder público federal, no Distrito Federal e nos Territórios; ou contra o poder público estadual, nos Estados; (Revogado pela Lei n. 13.105, de 2015) (Vigência)

V – dos honorários de advogado e peritos. (Revogado pela Lei n. 13.105, de 2015) (Vigência)

VI – das despesas com a realização do exame de código genético – DNA que for requisitado pela autoridade judiciária nas ações de investigação de paternidade ou maternidade. (Incluído pela Lei n. 10.317, de 2001) (Revogado pela Lei n. 13.105, de 2015) (Vigência)

VII – dos depósitos previstos em lei para interposição de recurso, ajuizamento de ação e demais atos processuais inerentes ao exercício da ampla defesa e do contraditório. (Incluído pela Lei Complementar n. 132, de 2009). (Revogado pela Lei n. 13.105, de 2015) (Vigência)

Parágrafo único. A publicação de edital em jornal encarregado da divulgação de atos oficiais, na forma do inciso III, dispensa a publicação em outro jornal. (Incluído pela Lei n. 7.288, de 1984) (Revogado pela Lei n. 13.105, de 2015) (Vigência)

Art. 4º A parte, que pretender gozar os benefícios da assistência judiciária, requererá ao Juiz competente lhes conceda, mencionando, na petição, o rendimento ou vencimento que percebe e os encargos próprios e os da família.

Art. 4º. A parte gozará dos benefícios da assistência judiciária, mediante simples afirmação, na própria petição inicial, de que não está em condições de pagar as custas do processo e os honorários de advogado, sem prejuízo próprio ou de sua família. (Redação dada pela Lei n. 7.510, de 1986) (Revogado pela Lei n. 13.105, de 2015) (Vigência)

§ 1º – A petição será instruída por um atestado de que conste ser o requerente necessitado, não podendo pagar as despesas do processo. Êste documento será expedido, isento de selos e emolumentos, pela autoridade policial ou pelo prefeito municipal.

§ 1º A petição será instruída por um atestado de que conste ser o requerente necessitado, não podendo pagar as despesas do processo. Este documento será expedido, isento de selos e emolumentos, pela autoridade policial ou pelo Prefeito Municipal, sendo dispensado à vista de contrato de trabalho comprobatório de que o mesmo percebe salários igual ou inferior ao dobro do mínimo legal regional. (Redação dada pela Lei n. 6.707, de 1979)

§ 1º. Presume-se pobre, até prova em contrário, quem afirmar essa condição nos termos desta lei, sob pena de pagamento até o décuplo das custas judiciais. (Redação dada pela Lei n. 7.510, de 1986) (Revogado pela Lei n. 13.105, de 2015) (Vigência)

§ 2º – Nas capitais dos Estados e no Distrito Federal, o atestado da competência do Prefeito poderá ser expedido por autoridade expressamente designada pelo mesmo.

§ 2º. A impugnação do direito à assistência judiciária não suspende o curso do processo e será feita em autos apartados. (Redação dada pela Lei n. 7.510, de 1986) (Revogado pela Lei n. 13.105, de 2015) (Vigência)

§ 3º A apresentação da carteira de trabalho e previdência social, devidamente legalizada, onde o juiz verificará a necessidade da parte, substituirá os atestados exigidos nos §§ 1º e 2º deste artigo. (Incluído pela Lei n. 6.654, de 1979) (Revogado pela Lei n. 13.105, de 2015) (Vigência)

Art. 5º. O juiz, se não tiver fundadas razões para indeferir o pedido, deverá julgá-lo de plano, motivando ou não o deferimento dentro do prazo de setenta e duas horas.

§ 1º. Deferido o pedido, o juiz determinará que o serviço de assistência judiciária, organizado e mantido pelo Estado, onde houver, indique, no prazo de dois dias úteis o advogado que patrocinará a causa do necessitado.

§ 2º. Se no Estado não houver serviço de assistência judiciária, por ele mantido, caberá a indicação à Ordem dos Advogados, por suas Seções Estaduais, ou Subseções Municipais.

§ 3º. Nos municípios em que não existirem subseções da Ordem dos Advogados do Brasil. o próprio juiz fará a nomeação do advogado que patrocinará a causa do necessitado.

§ 4º. Será preferido para a defesa da causa o advogado que o interessado indicar e que declare aceitar o encargo.

§ 5º Nos Estados onde a Assistência Judiciária seja organizada e por eles mantida, o Defensor Público, ou quem exerça cargo equivalente, será intimado pessoalmente de todos os atos do processo, em ambas as Instâncias, contando-se-lhes em dobro todos os prazos. (Incluído pela Lei n. 7.871, de 1989)

Art. 6º. O pedido, quando formulado no curso da ação, não a suspenderá, podendo o juiz, em face das provas, conceder ou denegar de plano o benefício de assistência. A petição, neste caso, será autuada em separado, apensando-se os respectivos autos aos da causa principal, depois de resolvido o incidente. (Revogado pela Lei n. 13.105, de 2015) (Vigência)

Art. 7º. A parte contrária poderá, em qualquer fase da lide, requerer a revogação dos benefícios de assistência, desde que prove a inexistência ou o desaparecimento dos requisitos essenciais à sua concessão. (Revogado pela Lei n. 13.105, de 2015) (Vigência)

Parágrafo único. Tal requerimento não suspenderá o curso da ação e se processará pela forma estabelecida no final do artigo 6º desta Lei. (Revogado pela Lei n. 13.105, de 2015) (Vigência)

Art. 8º. Ocorrendo as circunstâncias mencionadas no artigo anterior, poderá o juiz, ex-offício, decretar a revogação dos benefícios, ouvida a parte interessada dentro de quarenta e oito horas improrrogáveis.

Art. 9º. Os benefícios da assistência judiciária compreendem todos os atos do processo até decisão final do litígio, em todas as instâncias.

Art. 10. São individuais e concedidos em cada caso ocorrente os benefícios de assistência judiciária, que se não transmitem ao cessionário de direito e se extinguem pela morte do beneficiário, podendo, entretanto, ser concedidos aos herdeiros que continuarem a demanda e que necessitarem de tais favores, na forma estabelecida nesta Lei.

Art. 11. Os honorários de advogados e peritos, as custas do processo, as taxas e selos judiciários serão pagos pelo vencido, quando o beneficiário de assistência for vencedor na causa. (Revogado pela Lei n. 13.105, de 2015) (Vigência)

§ 1º. Os honorários do advogado serão arbitrados pelo juiz até o máximo de 15% (quinze por cento) sobre o líquido apurado na execução da sentença. (Revogado pela Lei n. 13.105, de 2015) (Vigência)

§ 2º. A parte vencida poderá acionar a vencedora para reaver as despesas do processo, inclusive honorários do advogado, desde que prove ter a última perdido a condição legal de necessitada. (Revogado pela Lei n. 13.105, de 2015) (Vigência)

Art. 12. A parte beneficiada pela isenção do pagamento das custas ficará obrigada a pagá-las, desde que possa fazê-lo, sem prejuízo do sustento próprio ou da família, se dentro de cinco anos, a contar da sentença final, o assistido não puder satisfazer tal pagamento, a obrigação ficará prescrita. (Revogado pela Lei n. 13.105, de 2015) (Vigência)

Art. 13. Se o assistido puder atender, em parte, as despesas do processo, o Juiz mandará pagar as custas que serão rateadas entre os que tiverem direito ao seu recebimento.

Art. 14. Os advogados indicados pela assistência ou nomeados pelo Juiz serão obrigados, salvo justo motivo, a critério do Juiz, a patrocinar as causas dos necessitados, sob pena de multa de Cr$ 200,00 (duzentos cruzeiros) a Cr$ 1.000,00 (mil cruzeiros).

Parágrafo único – As multas previstas nêste artigo reverterão em proveito do advogado que assumir o patrocínio da causa.

Art. 14. Os profissionais liberais designados para o desempenho do encargo de defensor ou de perito, conforme o caso, salvo justo motivo previsto em lei ou, na sua omissão, a critério da autoridade judiciária competente, são obrigados ao respectivo cumprimento, sob pena de multa de Cr$ 1.000,00 (mil cruzeiros) a Cr$ 10.000,00 (dez mil cruzeiros), sujeita ao reajustamento estabelecido na Lei n. 6.205, de 29 de abril de 1975, sem prejuízo de sanção disciplinar cabível. (Redação dada pela Lei n. 6.465, de 1977)

§ 1º Na falta de indicação pela assistência ou pela própria parte, o juiz solicitará a do órgão de classe respectivo. (Incluído pela Lei n. 6.465, de 1977)

§ 2º A multa prevista neste artigo reverterá em benefício do profissional que assumir o encargo na causa. (Renumerado do Parágrafo Único, com nova redação, pela Lei n. 6.465, de 1977)

Art. 15. São motivos para a recusa do mandato pelo advogado designado ou nomeado:

§ 1º – estar impedido de exercer a advocacia.

§ 2º – ser procurador constituído pela parte contrária ou ter com ela relações profissionais de interesse atual;

§ 3º – ter necessidade de se ausentar da sede do juízo para atender a outro mandato anteriormente outorgado ou para defender interesses próprios inadiáveis;

§ 4º – já haver manifestado por escrito sua opinião contrária ao direito que o necessitado pretende pleitear;

§ 5º – haver dada à parte contrária parecer escrito sobre a contenda.

Parágrafo único. A recusa será solicitada ao juiz, que, de plano a concederá, temporária ou definitivamente, ou a denegará.

Art. 16. Se o advogado, ao comparecer em juízo, não exibir o instrumento do mandato outorgado pelo assistido, o juiz determinará que se exarem na ata da audiência os termos da referida outorga.

Parágrafo único. O instrumento de mandato não será exigido, quando a parte for representada em juízo por advogado integrante de entidade de direito público incumbido na forma da lei, de prestação de assistência judiciária gratuita, ressalvados: (Incluído pela Lei n. 6.248, de 1975)

a) os atos previstos no art. 38 do Código de Processo Civil; (Incluída pela Lei n. 6.248, de 1975)

b) o requerimento de abertura de inquérito por crime de ação privada, a proposição de ação penal privada ou o oferecimento de representação por crime de ação pública condicionada. (Incluída pela Lei n. 6.248, de 1975)

Art. 17. Caberá recurso de agravo de instrumento das decisões proferidas em conseqüência de aplicação desta Lei, salvo quando a decisão fôr denegatória da assistência, caso em que o agravo será de petição.

Art. 17. Caberá apelação das decisões proferidas em consequência da aplicação desta lei; a apelação será recebida somente no efeito devolutivo quando a sentença conceder o pedido. (Redação dada pela Lei n. 6.014, de 1973) (Revogado pela Lei n. 13.105, de 2015) (Vigência)

Art. 18. Os acadêmicos de direito, a partir da 4ª série, poderão ser indicados pela assistência judiciária, ou nomeados pelo juiz para auxiliar o patrocínio das causas dos necessitados, ficando sujeitos às mesmas obrigações impostas por esta Lei aos advogados.

Art. 19. Esta Lei entrará em vigor trinta dias depois da sua publicação no Diário oficial da União, revogadas as disposições em contrário.

Rio de Janeiro, 5 de fevereiro de 1950; 129º da Independência e 62º da República.

EURICO G. DUTRA

Adroaldo Mesquita da Costa

# LEI N. 13.105, DE 16 DE MARÇO DE 2015

## Código de Processo Civil

(...)

Art. 82. Salvo as disposições concernentes à gratuidade da justiça, incumbe às partes prover as despesas dos atos que realizarem ou requererem no processo, antecipando-lhes o pagamento, desde o início até a sentença final ou, na execução, até a plena satisfação do direito reconhecido no título.

(...)

Art. 95. Cada parte adiantará a remuneração do assistente técnico que houver indicado, sendo a do perito adiantada pela parte que houver requerido a perícia ou rateada quando a perícia for determinada de ofício ou requerida por ambas as partes.

§ 1º O juiz poderá determinar que a parte responsável pelo pagamento dos honorários do perito deposite em juízo o valor correspondente.

§ 2º A quantia recolhida em depósito bancário à ordem do juízo será corrigida monetariamente e paga de acordo com o art. 465, § 4º.

§ 3º Quando o pagamento da perícia for de responsabilidade de beneficiário de gratuidade da justiça, ela poderá ser:

I – custeada com recursos alocados no orçamento do ente público e realizada por servidor do Poder Judiciário ou por órgão público conveniado;

II – paga com recursos alocados no orçamento da União, do Estado ou do Distrito Federal, no caso de ser realizada por particular, hipótese em que o valor será fixado conforme tabela do tribunal respectivo ou, em caso de sua omissão, do Conselho Nacional de Justiça.

§ 4º Na hipótese do § 3º, o juiz, após o trânsito em julgado da decisão final, oficiará a Fazenda Pública para que promova, contra quem tiver sido condenado ao pagamento das despesas processuais, a execução dos valores gastos com a perícia particular ou com a utilização de servidor público ou da estrutura de órgão público, observando-se, caso o responsável pelo pagamento das despesas seja beneficiário de gratuidade da justiça, o disposto no art. 98, § 2º.

(...)

## Da Gratuidade da Justiça

Art. 98. A pessoa natural ou jurídica, brasileira ou estrangeira, com insuficiência de recursos para pagar as custas, as despesas processuais e os honorários advocatícios tem direito à gratuidade da justiça, na forma da lei.

§ 1º A gratuidade da justiça compreende:

I – as taxas ou as custas judiciais;

II – os selos postais;

III – as despesas com publicação na imprensa oficial, dispensando-se a publicação em outros meios;

IV – a indenização devida à testemunha que, quando empregada, receberá do empregador salário integral, como se em serviço estivesse;

V – as despesas com a realização de exame de código genético – DNA e de outros exames considerados essenciais;

VI – os honorários do advogado e do perito e a remuneração do intérprete ou do tradutor nomeado para apresentação de versão em português de documento redigido em língua estrangeira;

VII – o custo com a elaboração de memória de cálculo, quando exigida para instauração da execução;

VIII – os depósitos previstos em lei para interposição de recurso, para propositura de ação e para a prática de outros atos processuais inerentes ao exercício da ampla defesa e do contraditório;

IX – os emolumentos devidos a notários ou registradores em decorrência da prática de registro, averbação ou qualquer outro ato notarial necessário à efetivação de decisão judicial ou à continuidade de processo judicial no qual o benefício tenha sido concedido.

§ 2º A concessão de gratuidade não afasta a responsabilidade do beneficiário pelas despesas processuais e pelos honorários advocatícios decorrentes de sua sucumbência.

§ 3º Vencido o beneficiário, as obrigações decorrentes de sua sucumbência ficarão sob condição suspensiva de exigibilidade e somente poderão ser executadas se, nos 5 (cinco) anos subsequentes ao trânsito em julgado da decisão que as certificou, o credor demonstrar que deixou de existir a situação de insuficiência de recursos que justificou a concessão de gratuidade, extinguindo-se, passado esse prazo, tais obrigações do beneficiário.

§ 4º A concessão de gratuidade não afasta o dever de o beneficiário pagar, ao final, as multas processuais que lhe sejam impostas.

§ 5º A gratuidade poderá ser concedida em relação a algum ou a todos os atos processuais, ou consistir na redução percentual de despesas processuais que o beneficiário tiver de adiantar no curso do procedimento.

§ 6º Conforme o caso, o juiz poderá conceder direito ao parcelamento de despesas processuais que o beneficiário tiver de adiantar no curso do procedimento.

§ 7º Aplica-se o disposto no art. 95, §§ 3º a 5º, ao custeio dos emolumentos previstos no § 1º, inciso IX, do presente artigo, observada a tabela e as condições da lei estadual ou distrital respectiva.

§ 8º Na hipótese do § 1º, inciso IX, havendo dúvida fundada quanto ao preenchimento atual dos pressupostos para a concessão de gratuidade, o notário ou registrador, após praticar o ato, pode requerer, ao juízo competente para decidir questões notariais ou registrais, a revogação total ou parcial do benefício ou a sua substituição pelo parcelamento de que trata o § 6º deste artigo, caso em que o beneficiário será citado para, em 15 (quinze) dias, manifestar-se sobre esse requerimento.

Art. 99. O pedido de gratuidade da justiça pode ser formulado na petição inicial, na contestação, na petição para ingresso de terceiro no processo ou em recurso.

§ 1º Se superveniente à primeira manifestação da parte na instância, o pedido poderá ser formulado por petição simples, nos autos do próprio processo, e não suspenderá seu curso.

§ 2º O juiz somente poderá indeferir o pedido se houver nos autos elementos que evidenciem a falta dos pressupostos legais para a concessão de gratuidade, devendo, antes de indeferir o pedido, determinar à parte a comprovação do preenchimento dos referidos pressupostos.
§ 3º Presume-se verdadeira a alegação de insuficiência deduzida exclusivamente por pessoa natural.
§ 4º A assistência do requerente por advogado particular não impede a concessão de gratuidade da justiça.
§ 5º Na hipótese do § 4º, o recurso que verse exclusivamente sobre valor de honorários de sucumbência fixados em favor do advogado de beneficiário estará sujeito a preparo, salvo se o próprio advogado demonstrar que tem direito à gratuidade.
§ 6º O direito à gratuidade da justiça é pessoal, não se estendendo a litisconsorte ou a sucessor do beneficiário, salvo requerimento e deferimento expressos.
§ 7º Requerida a concessão de gratuidade da justiça em recurso, o recorrente estará dispensado de comprovar o recolhimento do preparo, incumbindo ao relator, neste caso, apreciar o requerimento e, se indeferi-lo, fixar prazo para realização do recolhimento.
Art. 100. Deferido o pedido, a parte contrária poderá oferecer impugnação na contestação, na réplica, nas contrarrazões de recurso ou, nos casos de pedido superveniente ou formulado por terceiro, por meio de petição simples, a ser apresentada no prazo de 15 (quinze) dias, nos autos do próprio processo, sem suspensão de seu curso.
Parágrafo único. Revogado o benefício, a parte arcará com as despesas processuais que tiver deixado de adiantar e pagará, em caso de má-fé, até o décuplo de seu valor a título de multa, que será revertida em benefício da Fazenda Pública estadual ou federal e poderá ser inscrita em dívida ativa.
Art. 101. Contra a decisão que indeferir a gratuidade ou a que acolher pedido de sua revogação caberá agravo de instrumento, exceto quando a questão for resolvida na sentença, contra a qual caberá apelação.
§ 1º O recorrente estará dispensado do recolhimento de custas até decisão do relator sobre a questão, preliminarmente ao julgamento do recurso.
§ 2º Confirmada a denegação ou a revogação da gratuidade, o relator ou o órgão colegiado determinará ao recorrente o recolhimento das custas processuais, no prazo de 5 (cinco) dias, sob pena de não conhecimento do recurso.
Art. 102. Sobrevindo o trânsito em julgado de decisão que revoga a gratuidade, a parte deverá efetuar o recolhimento de todas as despesas de cujo adiantamento foi dispensada, inclusive as relativas ao recurso interposto, se houver, no prazo fixado pelo juiz, sem prejuízo de aplicação das sanções previstas em lei.
Parágrafo único. Não efetuado o recolhimento, o processo será extinto sem resolução de mérito, tratando-se do autor, e, nos demais casos, não poderá ser deferida a realização de nenhum ato ou diligência requerida pela parte enquanto não efetuado o depósito.
(...)

Antes da vigência do CPC/2015, propusemos que a Lei n. 1.060/1950 fosse objeto de algumas considerações devido a sua importância para o acesso à Justiça. Hoje, porém, é necessário focalizarmos lentes sobre a nova codificação processual civil, que praticamente sozinha passou a regular a questão da *gratuidade judiciária* – agora intitulada no CPC/2015 de *gratuidade da justiça*.[1]

1 CPC/2015, Livro III, Capítulo II, Seção IV.

Partindo dessa constatação, justificamos a modificação da nomenclatura da Parte III desta obra, porque faremos breves comentários à *gratuidade da justiça* no CPC/2015 e na Lei n. 1.060/1950.

## 1. A QUESTÃO DA REVOGAÇÃO PARCIAL DA LEI N. 1.060/1950

Inicialmente, é importante a seguinte indagação: a Lei n. 1.060/1950 está totalmente revogada? O art. 1.072, III do CPC/2015 expressamente revogou os arts. 2º; 3º; 4º; 6º; 7º; 11; 12 e 17. Faz-se mister, portanto, analisar se houve revogação tácita dos demais.

A nosso ver, os dispositivos: 1º *caput*; §§ 2º, 3º e 5º do art. 5º; art. 8º; art. 9º; e art. 13 podem ser tidos como vigentes, ainda que em alguns casos parcialmente, de acordo com análise mais apurada que procederemos ao longo de nosso estudo. Também nos parece vigente o art. 16, seu *caput*, e oferecemos a razão neste momento: ele é aplicável em locais onde não há Defensoria Pública, ficando o Judiciário dependente de advogados que trabalhem *pro bono* ou sejam nomeados como dativos – é razoável que o necessitado tenha facilitada sua representação nos autos.

Quanto ao restante dos dispositivos da Lei n. 1.060/1950, os que não estão entre os dispositivos expressamente revogados, a nosso ver deixaram de vigorar tacitamente.

No âmbito deste último conjunto – dos tacitamente revogados –, o art. 10 da Lei n. 1.060/1950 deixou de vigorar por conta do art. 99, § 6º, do CPC, pois este abrangeu o assunto de modo mais simples. O art. 14 da Lei n. 1.060/1950 não faz sentido no sistema constitucional atual, especialmente porque cabe à Defensoria Pública, exercendo sua autonomia constitucional, administrar convênio praticado com a Ordem dos Advogados do Brasil e outras instituições que se revelem aptas a este mister (ADIn 4.163), sem contar que o regime jurídico da Advocacia impõe a autodisciplina da classe[2]. O art. 15 da Lei n. 1.060/1950 está regulado em parte pelo Estatuto da Advocacia (Lei n. 8.906/1994), além de dialogar com a competência constitucional da Defensoria Pública para administrar convênios visando à prestação de assistência jurídica. O parágrafo único do art. 16 da Lei n. 1.060/1950 não está em vigor, pois o art. 134, § 1º, da CF/88 dispõe que "Lei Complementar organizará a Defensoria Pública da União e do Distrito Federal e dos Territórios e prescreverá normas gerais para sua organização nos Estados" e, portanto, as Leis Complementares nacional e estaduais são competentes para dispor da matéria deste dispositivo da Lei n. 1.060/1950. Finalmente, o dispositivo 18 da Lei n. 1.060/1950 não está em vigor por ser incompatível com o Estatuto da Advocacia, bem como com o regime jurídico constitucional e infraconstitucional das Defensorias Públicas (art. 134 da CF/88 e as Leis Complementares que organizam as Defensorias Públicas, respectivamente, na União e nos Estados).

No CPC/2015, a gratuidade da justiça está regulada no Livro III, Capítulo II, Seção IV (esta intitulada *da gratuidade da justiça*), composta pelos arts. 98 a 102, além de dispositivos esparsos na codificação, a saber: art. 82; §§ 3º e 4º do art. 95; § 2º do art. 169; art. 337, XIII; § 1º do art. 478; § 2º do art. 565; § 1º do art. 968; art. 1015, V; § 5º, do art. 1021; e, por fim, § 3º do art. 1026.

---

2 Por isso, trata-se de grande erro o Judiciário entender como constitucionais os art. 264 e 265 do CPP, embora não seja assunto pertinente a esse espaço.

## 2. QUESTÕES DE DIREITO INTERTEMPORAL

Identificado o objeto de nossa análise no direito positivo, é importante indagarmos sobre o **direito intertemporal**: a partir de quando incidem as novas regras de gratuidade da justiça? Para respondermos a essa indagação é necessário saber a **natureza da norma jurídica**, porque em regra são distintos os regimes das normas de direito material e das de direito processual[3].

Segundo Chiovenda, "*conhece-se por lei processual a lei reguladora dos modos e condições de atuação da lei no processo, assim como da relação jurídica*"[4]. Ou seja, se o objeto do texto jurídico se referir ao exercício da função estatal jurisdicional, estamos diante de uma lei processual. E como esse exercício se dá com abertura à participação de um sujeito que veio pedir a tutela jurisdicional (autor, demandante) em face de outro (réu, demandado), todos operando segundo o devido processo legal,

> segue-se que o objeto processual abrange as situações de todos esses três sujeitos e de suas condutas coordenadas ao objetivo final da pacificação. Nisso as normas processuais diferem das de direito material – esclarece Dinamarco – as quais regem diretamente a atribuição de bens e determinação de condutas das pessoas em suas relações na vida comum[5].

A questão da gratuidade da justiça não trata da atuação dos sujeitos processuais, mas de obrigação (de pagar) de um dos sujeitos para poder participar da dinâmica processual.

Sendo assim, é justo que num primeiro momento atribuamos à gratuidade da justiça a natureza *tributária*, ainda que seu regime contenha normas processuais (processamento para requerimento, impugnação, recurso etc.). Porém, não podemos deixar de notar aspecto importantíssimo ressaltado por Yarshell: a Constituição Federal reconhece competência (concorrente) da União para legislar sobre direito tributário, e no art. 24, IV, estabelece a competência concorrente dos Estados e Distrito Federal para tratar de custas dos serviços forenses. Assim, "*taxa judiciária é tributo; mas, ao mesmo tempo, o ônus de seu pagamento ou antecipação é regra constante da lei processual e é requisito para que o juiz dê andamento ao processo e para que o tribunal conheça dos recursos que lhe competem*"[6].

Em vista disso, a gratuidade da justiça pode ser considerada também de natureza processual: se por um lado ela qualifica as isenções de taxas judiciárias e outras exigências pecuniárias no processo a partir de elementos do direito material (ser pessoa natural ou jurídica, brasileiro ou

---

3 YARSHELL, Flávio Luiz. *Curso de Direito Processual Civil*. São Paulo: Marcial Pons, 2014., v. I, item 17, p. 44: "Normas processuais, salvo disposição expressa em contrário, aplicam-se imediatamente a processos pendentes; o que usualmente não é a regra aplicável no direito material, que preserva a incidência do direito vigente ao tempo da prática do negócio jurídico, ainda que seus efeitos se produzam ao longo do tempo (certo que com a ressalva do disposto no art. 2.035 do CC)."

4 CHIOVENDA, Giuseppe. *Instituições de Direito Processual Civil*. Tradução da 2ª edição italiana por J. Guimarães Menegale acompanhada de notas de Enrico Tullio Liebman. São Paulo: Saraiva, 1965. v. I, § 4, item 23, p. 72.

5 DINAMARCO, Cândido Rangel. *Instituições de Direito Processual Civil*. 7. ed. São Paulo: Malheiros, 2013. v. I, item 18, p. 68.

6 YARSHELL, Flávio Luiz. *Curso de Direito Processual Civil*... cit., item 17, p. 44.

estrangeiro etc.), regulando o modo de as isenções serem reconhecidas ou impugnadas, por outro lado a gratuidade da justiça igualmente regula modos e condições de atuação da lei processual.

Quanto a este último aspecto, é possível alguns exemplos: o vencido beneficiado pela gratuidade da justiça é devedor de obrigações sucumbenciais que restam suspensas; o requerente que teve a gratuidade da justiça indeferida que seja autor, se não recolher o devido pelo processo, suportará até mesmo a possível extinção do processo sem julgamento de mérito, ou, sendo réu, isso paralisará diligências de sua defesa, podendo até ocorrer preclusão[7] etc.

De qualquer modo, a nosso ver a gratuidade da justiça no mínimo está contida no que a doutrina clássica chama de *direito processual material*, em que se incluem os institutos *bifrontes*, ou seja, segundo Dinamarco aqueles institutos que:

> (...) só no processo aparecem de modo explícito em casos concretos, mas são integrados por um intenso coeficiente de elementos definidos pelo direito material e – o que é mais importante – de algum modo dizem respeito à própria vida dos sujeitos e suas relações entre si e com os bens da vida. Constituem pontes de passagem entre o direito e o processo, ou seja, entre o plano substancial e o processual do ordenamento jurídico (Calamandrei)[8].

Diante desse forte entrelaçamento entre normas de direito tributário (as isenções especificadamente) e de normas de direito processual, e sendo o instituto vital para o acesso à Justiça de muitos, nosso entendimento é que a incidência das normas sobre gratuidade da justiça se dá segundo o regime das normas processuais, isto é, **aplicam-se imediatamente aos processos pendentes**. Ademais, considere-se que a regulamentação da gratuidade da justiça impacta diretamente no modo do exercício jurisdicional, podendo condicionar até mesmo a manutenção da pendência do processo – o que nos parece suficiente para que a incidência das normas sobre gratuidade da justiça se deem segundo o regime das normas processuais.

No CPC/2015 as regras que regulam essa matéria (direito intertemporal) estão nos arts. 1.046 e 1.047, devendo-se ter em mente, porém, importantes discussões que não cabem extensamente ou de maneira exaustiva neste livro, mas que devemos mencionar *en passant*.

Essa incidência imediata imposta pelo direito intertemporal processual deve considerar: a ideia de ***isolamento dos atos processuais*** (com a ressalva da posição jurídica imediatamente subsequente guardar nexo causal com o ato precedente); o cuidado com ***atos processuais complexos***, como audiências e julgamentos colegiados; a eventualidade de a nova lei ser incompatível com atos praticados (***direito processual adquirido***); a ideia de possível ***modulação de efeitos da lei nova***, que pode advir de lei (como já ocorreu com locações, Lei n. 8.245/1991) ou da jurisprudência (lembremos da EC 45/2004, ampliando a competência da Justiça do Trabalho, e os Tribunais firmaram entendimento de que a nova regra de competência não incidiria para processos sentenciados); e, finalmente, a característica de ***normas processuais sancionadoras***, que atraem aplicação do princípio da retroatividade da lei penal mais benéfica[9].

---

7 CPC/2015, art. 102, par. único c/c 485, III ou IV.

8 DINAMARCO, Cândido Rangel. *Instituições de Direito Processual Civil...*, cit., v. I. item 06 (o direito processual material); transcrição na p. 46.

9 Confira mais profundamente nossa principal fonte: YARSHELL, Flávio Luiz. *Curso de Direito Processual Civil...*, cit., itens 26 a 30, p. 59-63.

Para fechamos este tópico, alguns exemplos.

A nosso ver, isenções que eventualmente estejam sendo judicializadas por falta de previsão legal expressa na Lei n. 1.060/1950 devem observar o CPC/2015. Com isso, a pessoa que litiga, e agora em cenário de maior segurança jurídica, fará jus ao benefício da gratuidade da justiça (o juiz pode reconhecer o benefício com a vigência da nova lei, ou se estiver com recurso pendente poderá ser julgado de imediato em favor do requerente da nova isenção instituída, por exemplo).

Dúvida poderá surgir quanto ao § 8º do art. 98, já que o CPC/2015 atribui ao notário ou registrador legitimidade para impugnar o benefício da justiça gratuita **após a prática do ato no respectivo Cartório extrajudicial.** Nesse caso, os atos praticados até o início da vigência do CPC estão protegidos pela irretroatividade da lei. Assim, os destinatários desses atos notariais praticados antes da vigência do CPC/2015 são titulares de direito adquirido, não havendo que se falar em sujeição a processo de controle do benefício da gratuidade da justiça.

No que diz respeito ao recurso tirado contra decisão de indeferimento ou decisão de revogação da gratuidade da justiça, conquanto a incidência da regra do art. 101 do CPC/2015 deva ser imediata nos processos pendentes, será necessário cuidado para não se cometerem injustiças. Não se deve perder de vista alguma flexibilidade da **teoria do isolamento dos atos**, pois se a autoridade judiciária de primeiro grau, por exemplo, proceder conforme a Lei n. 1.060/1950, autuando separadamente o pedido de revogação (impugnação da isenção), induzirá a parte a interpor apelação nos termos do revogado art. 17. Teoricamente, incidindo a lei processual nova, o recurso deveria ser agravo[10] se a decisão da matéria não estiver no bojo de sentença. Nessa hipótese, porém, não se poderia alegar erro grosseiro da parte que apelasse devido à autuação em apartado, pedindo *venia* aos discordantes. Entendemos que o raciocínio jurídico é plenamente sustentável, pelo menos nessa fase de transição, resolvendo-se a questão com base no princípio da fungibilidade recursal.

Anote-se, rapidamente, sobre este princípio, que estivera previsto expressamente no CPC/1939, e não obstante sua ausência no texto do CPC de 1973 fora acolhido pela jurisprudência. Com respeito ao CPC vigente, acompanhamos o pensamento de Marcelo José Magalhães Bonicio:

> O novo CPC também fica em silêncio quanto ao princípio da fungibilidade, mas, considerando que não há motivos que levem à proibição de sua aplicação, tudo indica que ele continuará a ser utilizado da mesma forma com que vinha sendo antes[11].

## 3. O ESPÍRITO QUE DEVE GOVERNAR A INTERPRETAÇÃO DA LEI N. 1.060/1950 E DO CPC/2015

De início, necessário frisar que não trataremos de todas as minudências da novel legislação, até porque muito dela é repetição do quanto revogado. Contudo, superada a discussão intertemporal, trataremos de alguns aspectos mais relevantes para a prática forense, além de algumas novidades do CPC/2015.

---

10 CPC/2015, art. 1.015, V.

11 BONICIO, Marcelo José Magalhães. *Princípios do Processo no novo Código de Processo Civil.* São Paulo: Saraiva, 2016. item 4.11.4, p. 227.

Tenha-se em mente – como bem adverte Cleber Francisco Alves – que algumas inovações do CPC/2015 foram introduzidas no propósito de cumprir o comando constitucional que determina a assistência jurídica como *integral*[12]. Deste modo, tentaremos seguir esse espírito na interpretação dos dispositivos legais localizados na Lei n. 1.060/1950 e no CPC/2015.

Editada em meados do século XX e, como expusemos acima, com alguns de seus dispositivos ainda vigentes, a Lei n. 1.060/1950 teve o condão de derrogar os arts. 68 a 79 do CPC de 1939. De lá para cá, muita coisa mudou no que tange à assistência jurídica gratuita no Brasil. Dentre tantos exemplos, basta citar que aos olhos atuais a previsão do art. 18 – que a nosso ver já estava revogado antes do CPC/2015 – não passa de uma peça de museu.

Sobre a Lei n. 1.060/1950, lucidamente anota Cléber Francisco Alves que:

> (...) embora o texto original dessa Lei não tenha trazido grandes novidades na época, teve o mérito pelo menos de colocar a matéria novamente na pauta do Congresso Nacional, ratificando o entendimento de que a assistência judiciária devia ser reconhecida como direito do cidadão[13].

Hoje, também não podemos negar que a presença da regulamentação da gratuidade da justiça no CPC/2015 reitera essa importância política de levar tal discussão novamente à pauta do Congresso Nacional. Tecnicamente, parece-nos apropriado que tal matéria seja regulada de forma concentrada e sistemática, a fim de facilitar sua consulta e interpretação, razão pela qual abonamos a regulamentação geral no CPC/2015 e, neste sentido, pensamos que os dispositivos não revogados da Lei n. 1.060/1950 deveriam ter sido trasladados ao CPC/2015[14].

De qualquer modo, também não nos parece constituir pecado mortal se a matéria fosse regulada inteiramente em lei especial, porque, no final das contas, a gratuidade da justiça não se aplica somente ao processo civil e à Justiça Comum. Seja como for, retornamos ao modelo do CPC/1939, que registrava no corpo de sua codificação o tema sob a nomenclatura de *"benefício da justiça gratuita"*[15].

## 4. OS ARTS. 1º E 2º DA LEI N. 1.060/1950

Superadas explicações gerais quanto ao impacto do CPC/2015 na matéria de gratuidade da justiça, comentaremos o direito positivo em maior detalhe. Seguiremos a ordem do CPC/2015, exceto quanto aos art. 1º e 2º da Lei n. 1.060/1950.

---

12 Assistência jurídica integral da Defensoria Pública no novo CPC. In: DIDIER JR., Fredie (coord.). *Defensoria Pública*. Salvador: Juspodivm, 2015. p. 100 (coleção Repercussões do novo CPC).

13 ALVES, Cléber Francisco. *Justiça para todos*: assistência jurídica nos Estados Unidos, na França e no Brasil. Rio de Janeiro: Lumen Juris, 2006. p. 246.

14 Estamos de acordo com Luiz Dellore ao abonar o tratamento da justiça gratuita no próprio Código: Luiz Dellore, Justiça gratuita no CPC/2015: o lado A, em *JOTA*. Disponível em: https://www.jota.info/?pagename=paywall&redirect_to=//www.jota.info/opiniao-e-analise/colunas/novo-cpc/justica-gratuita-novo-cpc-lado-09032015.

15 CPC/1939, art. 68 e seguintes.

**O art. 1º da Lei n. 1.060/1950, como dito, está vigente** desde que interpretado em consonância com a ordem jurídica constitucional de 1988. Deve-se ter atenção ao fato de que o conteúdo desse dispositivo diz respeito à assistência judiciária (ou seja, atuação processual), e não à gratuidade da justiça.

Assim, quando menciona a possibilidade de colaboração dos municípios, é evidente que o texto deve ser interpretado no sentido de colaboração material na atividade-meio (administrativa), como, por exemplo: cessão de terreno ou imóvel para a prestação de serviço, ou material de escritório em geral. Porque nosso sistema jurídico não acolhe a Defensoria Pública *municipal*[16].

Com respeito à Ordem dos Advogados do Brasil, já dissemos que o sistema de assistência jurídica decorrente da Constituição Federal não veda que a OAB preste assistência jurídica por convênio concluído junto ao Estado (no caso, a Defensoria Pública), desde que nos termos da ação direta de inconstitucionalidade (ADI) 4.163[17], na qual o STF entendeu que a Defensoria Pública (no caso concreto referia-se a São Paulo) não está obrigada a celebrar convênio com a seccional paulista da Ordem dos Advogados do Brasil (no caso, a OAB-SP) visando à prestação de assistência judiciária – em outras palavras, a OAB pode se conveniar com a Defensoria, mas esta pode concluir convênios com outras instituições. Por outro lado, é importante ressaltar que nosso sistema jurídico muito menos proíbe a atividade *pro bono* do advogado – atividade que só engrandece o papel cívico da advocacia.

Nesses termos, não há como negar vigência ao art. 1º se lido pelas lentes da Constituição de 1988, devendo ser considerado que a linguagem do dispositivo reflete o tempo em que o texto foi aprovado.

O art. 2º da Lei n. 1.060/1950 está expressamente revogado pelo CPC/2015, como ressaltamos acima, sendo que na primeira edição deste livro afirmamos que seu texto deixava claro ser aplicáveis os benefícios da Lei n. 1.060/1950 a todas as esferas judiciárias: civil, penal, trabalhista ou militar. Assim, seu enunciado contém uma questão importantíssima sobre a extensão dos benefícios da Lei n. 1.060/1950 com relação aos ramos do Poder Judiciário. Se está revogada essa disposição, como resolvermos a questão?

No âmbito infraconstitucional é preciso nos atentarmos ao fato de que o CPC/2015 dispõe em seu art. 15 que *"na ausência de normas que regulem processos eleitorais, trabalhistas ou administrativos, as disposições deste Código lhes serão aplicadas supletiva e subsidiariamente"*. Por essa redação o CPC/2015 mencionou expressamente *processos administrativos e eleitorais* – coisa que a Lei n. 1.060/1950 não fazia –, porém silenciou quanto às esferas penal e militar.

Cuidando dessas duas esferas silenciadas pelo CPC/2015, importante lembrarmos que o CPP, em seu art. 3º, admite analogia ao prescrever que *"a lei processual penal admitirá interpretação extensiva e aplicação analógica, bem como o suplemento dos princípios gerais de direito"*. Isso, por si só, implica, já no âmbito infraconstitucional, abertura da matéria de gratuidade da justiça

---

16 Confira nossos comentários no item 4.4.10 da Parte I, bem como no art. 2º da LC n. 80/1994, a respeito da discussão acerca das "Defensorias Públicas Municipais".

17 V. também a Parte I, item 4.3.4.

na seara penal. No caso da Justiça Militar, o raciocínio é idêntico em razão do art. 3º do CPPM, a saber: *"Os casos omissos neste Código serão supridos: a) pela legislação de processo penal comum, quando aplicável ao caso concreto e sem prejuízo da índole do processo penal militar; (...) e) pela analogia".*

Para além dessas normas infraconstitucionais, é óbvio que a positivação da exigência de acesso à Justiça em tratados internacionais de direitos humanos e na CF/88 garante que tal serviço público, bem como as isenções decorrentes da gratuidade da justiça, estendam-se por todo o Poder Judiciário e para além dele (atividades extrajudiciais, como as notariais e registrais). Isso é inegável e força a indispensável generalidade da incidência do serviço de assistência jurídica integral, bem como as isenções decorrentes da gratuidade da justiça.

## 5. O ART. 98 DO CPC /2015 E O ART. 2º DA LEI N. 1.060/1950

Por sinal, o primeiro dispositivo do CPC/2015 na seção específica de gratuidade da justiça é o *caput* do art. 98, o qual dispõe que *"a pessoa natural ou jurídica, brasileira ou estrangeira, com insuficiência de recursos para pagar as custas, as despesas processuais e os honorários advocatícios tem direito à gratuidade da justiça, na forma da lei"*.

Esse dispositivo faz as vezes do revogado art. 2º da Lei n. 1.060/1950, tendo como vantagem o fato de explicitar a gratuidade da justiça como sendo possível às pessoas jurídicas. Conforme bem ponderado por um dos autores em outro estudo, *"do ponto de vista jurídico, trata-se de uma inovação sem maiores repercussões, já que de há muito as pessoas jurídicas se valem tanto da gratuidade de justiça como da assistência jurídica. Mas do ponto de vista* político *essa inovação se mostrará interessante"*[18]. Isso porque a ação direta de inconstitucionalidade n. 4.636/DF, proposta pelo Conselho Federal da OAB, impugna justamente a expressão *"e jurídicas"* contida no inciso V do art. 4º da Lei Complementar n. 80/1994 com redação dada pela Lei Complementar n. 132/2009. Politicamente, portanto, fica claro que os órgãos de Estado que produziram o CPC/2015 (Legislativo e Executivo) insistem na possibilidade de pessoas jurídicas receberem isenções por eventual condição de necessitada.

Outro aspecto importante sobre o tema é trazido por Fredie Didier Jr. e Rafael Oliveira, ao frisarem que não apenas autor e réu podem ser valer da gratuidade judiciária, mas "(...) qualquer outro sujeito que venha a intervir no feito, sob uma das modalidades de intervenção de terceiro"[19].

## 6. CONDIÇÃO DE PESSOA NECESSITADA

O art. 98 também faz o papel do revogado parágrafo único do art. 2º, porém sua redação é menos específica: enquanto o texto revogado expressamente afirma que custas e honorários

18 REIS, Gustavo Augusto Soares dos. O CPC/2015 e a Defensoria Pública do século XXI: o regime jurídico de um novo ator processual. In: SOUSA, José Augusto Garcia de (coord.). *Defensoria Pública.* Salvador: Juspodivm, 2015. p. 417 (coleção Repercussões do CPC/2015).

19 DIDIER JR., Fredie; OLIVEIRA, Rafael. *Benefício da justiça gratuita.* Salvador: JusPodivm, 2008. p. 28.

devem prejudicar o sustento próprio ou da família para que a pessoa seja considerada necessitada, o texto do CPC/2015 é um pouco mais genérico na linha do próprio texto constitucional.

Na primeira edição deste livro, quando da vigência exclusiva da Lei n. 1.060/1950, ponderamos que o parágrafo único do art. 2º era relevante porque definia como pessoa necessitada aquela "cuja situação econômica não lhe permita pagar as custas do processo e os honorários de advogado, sem prejuízo do sustento próprio ou da família".

De qualquer forma, provavelmente continuará prevalecendo a cultura jurídica de colocar como fator importante de análise a capacidade da pessoa ou da respectiva família sustentar-se caso pague pelo preço do processo. Sem prejuízo, a nova abertura legal permite maiores perquirições sobre a ideia de *necessitado*, e nesse aspecto deve-se lembrar que não se limita ao viés econômico, não obstante o assunto ainda tenha pontos polêmicos relevantes[20].

## 7. ROL DE ISENÇÕES

O § 1º do art. 98 corresponde ao expressamente revogado art. 3º da Lei n. 1.060/1950. É salutar resgatarmos, oportunamente, nossos comentários relativos ao art. 3º por permanecerem válidos, apenas com alguns ajustes trazidos pelo CPC/2015.

Embora a doutrina em geral já considerasse o rol do art. 3º meramente exemplificativo[21], seu detalhamento é extremamente importante por deixar claro quais isenções a gratuidade judiciária induvidosamente abarca; e o mesmo se diga quanto ao dispositivo do CPC/2015.

## 8. A EXCLUSÃO DAS MULTAS PROCESSUAIS

Ainda que se entendesse o revogado art. 3º como exemplificativo, a doutrina já excluía do rol de isenções as *multas processuais*, pois, na lição de José Carlos Barbosa Moreira: "a pobreza não justifica (...) a concessão de um *bill* de indenidade quanto a comportamentos antijurídicos"[22]. O STJ já seguia essa linha interpretativa, isto é, do benefício de gratuidade da justiça não afastar a exigência de pagamentos de sanções processuais[23], o que agora está expressamente acolhido pelo art. 98, § 4º.

A terminologia *"ao final"* (no § 4º do art. 98 do CPC/15) *deve ser interpretada como processo transitado em julgado*, importando destacar que os §§ 5º do art. 1.021 e 3º do art. 1.026 do CPC/2015 confirmam esta regra geral. Assim, se o beneficiário de gratuidade de justiça for multado, seja pelas razões contidas no § 4º do art. 1.021 ou pelas do § 3º do art. 1.026, a multa não será requisito de admissibilidade dos próximos recursos – diferentemente do que ocorrerá com os não beneficiários de gratuidade da justiça.

---

20 Exploramos o assunto no item 2.1, Parte I.

21 DIDIER JR., Fredie; OLIVEIRA, Rafael. *Benefício da justiça gratuita*..., cit., p. 14.

22 O direito à assistência jurídica: evolução no ordenamento brasileiro de nosso tempo, *Revista de Processo*, n. 67, jul.-set./1992, ano 17, p. 126.

23 Como se pode ver no informativo STJ n. 356 de 2008 (RMS 15.600-SP), reiterando outros julgados.

## 9. O INCISO VIII DO § 1º DO ART. 98

Válido ressaltar que o inciso VIII do § 1º do art. 98 se conjuga perfeitamente com essa sistemática apresentada: a isenção de depósitos previstos em lei para interposição de recurso ou propositura de ação, bem como a prática de outros atos processuais inerentes ao contraditório e ampla defesa, não abrange as multas processuais, que devem ser necessariamente pagas ao final.

É importante que se tenha em mente, com relação a este inciso VIII, que ele é aspecto fundamental do dever de assistência jurídica *integral*. Como já dissemos muitas vezes, essa *integralidade* abrange tanto a atuação endoprocessual como outras atuações extraprocessuais. Todavia, na atuação endoprocessual, como bem adverte Cleber Francisco Alves, pertence à integralidade o esgotamento das vias recursais legítimas e eventuais ações e procedimentos incidentais cabíveis:

> (...) nesse sentido, o dispositivo do art. 98, § 1º, inciso VIII do novo CPC (sem correspondente no texto ora em vigor da Lei n. 1.060/50) estabelece que a gratuidade da justiça abrange a isenção de pagamento dos depósitos previstos em lei para interposição de recursos, para propositura de ação e para a prática de outros atos processuais inerentes ao exercício da ampla defesa e do contraditório[24].

## 10. A PERÍCIA (EM GERAL) NO ROL DE ISENÇÕES E OS §§ 3º, 4º E 5º DO ART. 95 DO CPC/2015

O disposto no inciso VI, do § 1º do art. 98, vale rememorar, tem previsão similar desde o CPC/1939[25].

Posteriormente à mencionada previsão do CPC/1939, o inciso V do art. 3º da Lei n. 1.060/1950 deu continuidade àquela proteção, dispondo que o beneficiário não custearia os honorários periciais. Esse dispositivo restringia os efeitos jurídicos do art. 19, *caput*, e do art. 33 do CPC/1973 (quando o CPC de 1973 passou a vigorar), isto é, o beneficiário da gratuidade da justiça não precisaria pagar a remuneração do perito. Quem faz as vezes desses dispositivos do CPC/1973 no atual CPC são os art. 82 (*caput*) e §§ 3º e 4º do art. 95.

Esse § 3º do art. 95 esclarece como será feito o adiantamento do pagamento da perícia se o responsável for beneficiário da gratuidade da justiça, podendo-se inferir da ordem dos incisos que se dê preferência à perícia realizada por **servidor do Poder Judiciário ou por órgão público conveniado** (quando possível), e o custeio, nesse caso, caberá ao ente público respectivo. Porém, se o perito a auxiliar o juízo for **particular**, quem deverá adiantar o pagamento da perícia será o respectivo ente federativo – ou União, ou Estado, ou Distrito Federal – e o valor será fixado conforme tabela do tribunal respectivo ou, na omissão, pelo Conselho Nacional de Justiça – atualmente o Conselho dispõe da matéria pela Resolução CNJ n. 232, de 13 de julho de 2016.

Ressalte-se que a limitação do valor a ser pago a título de honorários periciais – na hipótese de o beneficiário da gratuidade da justiça ser o responsável pelo pagamento – corresponde a *política*

---

24 Assistência jurídica integral da Defensoria Pública no novo CPC. In: DIDIER JR., Fredie (coordenação). *Defensoria Pública...*, cit., p. 103.

25 Art. 68, V.

*pública legal de racionalização de uso do erário*, revelando que Poderes Legislativo e Executivo convergiram, no momento da produção do texto legal, para o entendimento de que não se justifica o dispêndio de altas somas para desincumbência dessas perícias custeadas com dinheiro público.

Anote-se que alguns juízes, na vida real, especialmente aqueles vindos do quinto constitucional da Advocacia, afeitos à lógica da profissão liberal, discordando dessa política pública imposta pela lei arbitram valores de honorários muito superiores ao do tabelamento oficial. Argumentam, em geral, que o profissional liberal deve receber aquilo que condiz, de fato, com o trabalho a ser prestado. Essa constatação é de máxima importância, pois enseja reflexão necessária a respeito da suposta competência judicial para fixação de tais honorários periciais quando se considera o regime legal do Código vigente.

Ressalte-se que, como vimos, o CPC de 2015 expressamente atribui essa competência legal – de fixação de honorários periciais no caso de gratuidade da justiça – aos Tribunais **no exercício de função administrativa**, destaque-se e, supletivamente, ao Conselho Nacional de Justiça. Assim, se houver tabela vigente do tribunal ou incidir a Resolução CNJ n. 232/2016 é impossível reconhecer competência legal para que juízes ou tribunais, no exercício da jurisdição, fixem honorários periciais fora da tabela oficial vigente. Sem dúvida, não estamos a recusar o clássico e legítimo controle jurisdicional dos atos administrativos – desenvolvido, no Brasil, a partir do uso do *habeas corpus* controlando prisões administrativas no regime constitucional do Império (Constituição de 1824) –, mas apenas estamos afirmando que a lei atribui essa tarefa pública – de fixação da tabela de honorários periciais – primariamente à atividade administrativa dos tribunais e, supletivamente, ao Conselho Nacional de Justiça.

Nessas circunstâncias, portanto, somente é possível justificar a atuação jurisdicional no ato de fixação de honorários periciais na hipótese do art. 95, § 3º, II do CPC **na ausência total do tabelamento**, pois o serviço público de prestação jurisdicional não poderia ficar paralisado pela letargia administrativa de tribunais e do Conselho Nacional de Justiça. Fora da hipótese de omissão total – hipótese atualmente impossível, devido à Resolução CNJ n. 232/2016 –, o que teríamos seria autêntico *conflito de atribuição* entre órgãos autônomos[26], uns exercendo atividade administrativa (tribunais e Conselho Nacional de Justiça) e outros a atividade jurisdicional (juízes e tribunais no exercício da jurisdição)[27], devendo ser solucionado (de modo incidental,

---

26 Conflito de atribuição pode ser conceituado como "controvérsia envolvendo centros autônomos de poder a respeito da existência de determinado poder, e que ela seja relevante ao sistema de freios e contrapesos", valendo salientar que este conceito é o oposto do clássico conflito administrativo, no qual inexiste autonomia entre os conflitantes e a solução é posta, portanto, pelo superior hierárquico (ZVEIBIL, Daniel Guimarães. *Contribuição para uma análise processual dos conflitos brasileiros de atribuição*. Dissertação (Mestrado em Direito Processual) – Faculdade de Direito, Universidade de São Paulo. Orientador: Prof. José Ignacio Botelho de Mesquita. São Paulo, [s.n.], 2006, § 4º, item "37", p. 212. Disponível em: http://www.teses.usp.br/teses/disponiveis/2/2137/tde-20052014-152804/pt-br.php).

27 Pode parecer estranho, à primeira vista, um conflito de atribuições (não de competência, que é puramente jurisdicional) entre tribunal ou Conselho Nacional de Justiça exercendo, de um lado, atividade administrativa e, de outro, juízes ou tribunais atuando no campo jurisdicional. Mas é preciso compreender que os Estados modernos cada vez mais possuem centros autônomos de poder que fogem da clássica tríade (Executivo, Legislativo

ou como questão principal[28]) a favor dos órgãos competentes para a atividade administrativa de fixação das tabelas oficiais, sob pena de violação do art. 95, § 3º, II do CPC.

Quanto à fonte do pagamento, importa ressaltar, com base no § 5º do art. 95, a vedação expressa de utilização de fundo de custeio da Defensoria Pública, o que certamente constitui reconhecimento legal da sua costumeira fragilidade orçamentária em relação aos demais atores do Sistema de Justiça. Anote-se, a propósito, que o termo "fundo de custeio"[29] – a nosso ver – deve ser interpretado de modo *teleológico*, isto é, deve referir-se ao próprio orçamento da Defensoria Pública, pois é justamente o reconhecimento dessa fragilidade orçamentária que justificou essa nova prescrição legal. Portanto, a interpretação literal do dispositivo praticamente o torna inútil. Em síntese: a letra mata, mas o espírito vivifica.

O § 4º desse dispositivo prescreve que após o trânsito em julgado o juiz oficiará à Fazenda Pública para que ela se encarregue da execução em face do condenado a pagar os valores gastos com a perícia particular, ou com a utilização de servidor público ou da estrutura de órgão público. Válido reiterar que se o condenado for o beneficiário da gratuidade da justiça as obrigações decorrentes de sua sucumbência ficarão sob condição suspensiva de exigibilidade, nos termos do § 3º do art. 98 do CPC/2015 – o qual comentamos rapidamente acima, na sequência da exposição.

## 11. ABRANGÊNCIA DE TRADUTOR E INTÉRPRETE NO CPC/2015

O CPC/1973 já previa o intérprete como sujeito auxiliar do juiz (art. 151), da mesma forma como é previsto no Código de Processo Penal (art. 193).

Faltava, porém, regra expressa que propiciasse maior segurança jurídica. Por tal motivo, no CPC/2015 a isenção do inciso VI torna-se mais ampla: ela inclui *intérprete* e *tradutor*.

---

e Judiciário). O próprio Montesquieu jamais sustentou que a separação do exercício do político deva ocorrer naquele clássico esquema tripartite (três "Poderes", cabendo a cada qual uma função precípua), mas apenas admoestou que o excesso de poder nas mesmas mãos ameaça a liberdade. Assim, a própria doutrina constitucional vem reconhecendo as limitações da conceituação substancial de "Poder", admitindo que o modelo que considera *a forma estruturada dos "Poderes", desvinculando-se daquele ideal substancial, explica de modo mais lógico e coerente a realidade jurídico-política dos Estados modernos construídos sobre a lógica da separação dos Poderes* (cf. maior explanação em: ZVEIBIL, Daniel Guimarães. *Contribuição para uma análise processual dos conflitos brasileiros de atribuição*. Dissertação (Mestrado em Direito Processual) – Faculdade de Direito, Universidade de São Paulo. Orientador: Prof. José Ignacio Botelho de Mesquita. São Paulo, [s.n.], 2006, § 4º, itens "29" ao "31", p. 167/187. Disponível em: http://www.teses.usp.br/teses/disponiveis/2/2137/tde-20052014-152804/pt-br.php).

28 Como se sabe, todos os dias o Poder Judiciário soluciona conflitos de atribuição de modo incidental, como, por exemplo, na hipótese de controle de legalidade de ato administrativo em mandado de segurança ou em procedimento comum. Contudo, embora em desuso após a Ditadura Militar de 1964, nosso direito admite o processo de atribuição, que pode ser conceituado como "instrumento processual cujo fim é o de conservar o sistema brasileiro de freios e contrapesos, ao solucionar conflitos de atribuição como questão principal" (cf. ZVEIBIL, Daniel Guimarães. *Contribuição para uma análise processual dos conflitos brasileiros de atribuição*. Dissertação (Mestrado em Direito Processual) – Faculdade de Direito, Universidade de São Paulo. Orientador: Prof. José Ignacio Botelho de Mesquita. São Paulo, [s.n.], 2006, § 4º, item "37", p. 214, e passim, disponível no sítio digital da USP, em: <http://www.teses.usp.br/teses/disponiveis/2/2137/tde-20052014-152804/pt-br.php>).

29 Trata-se do que a legislação orçamentária nomeia de "fundo especial", cuja previsão legal geral está nos arts. 71 a 74 da Lei n. 4.320/1964.

Mesmo que não seja constante, é relativamente comum que estrangeiros, quando partes em processo, necessitem do serviço de intérprete gratuito. No que toca ao processo penal, essa garantia do acusado é manifestação de sua ampla defesa prevista na Convenção Interamericana de Direitos Humanos (art. 8º, n. 2, *a*), especificamente no tema *garantias judiciais*. Se esta garantia processual for desrespeitada, impõe sobre o acusado um *silêncio forçado* – hipótese ilegal, inconvencional e inconstitucional.

Em relação aos surdos, deve ser assegurada a Língua Brasileira de Sinais – Libras, nos termos do que dispõe a Lei federal n. 10.436/2002, o que está reforçado pelo Estatuto da Pessoa com Deficiência (Lei n. 13.146/2015), art. 3º, IV, *d*, e inciso V, art. 79 a 83.

## 12. O EXAME DE DNA

O exame de DNA compõe o dever estatal de prestação da assistência jurídica *integral*, conforme temos insistido.

Antes prevista no inciso VI do revogado art. 3º da Lei n. 1.060/1950, o CPC/2015 manteve essa isenção, agora inserta no inciso V, do § 1º do art. 98.

A previsão legal é importante por tornar mais claro o que, num passado não muito distante, exigia dos atores do sistema de justiça um raciocínio mais sofisticado.

O então inciso VI do art. 3º da Lei n. 1.060/1950 foi introduzido no ano de 2001 pela Lei n. 10.317, e em 2002 o STF extraiu da cláusula da assistência jurídica o dever estatal de custear a realização de exame de DNA (RE n. 224775 e RE n. 207732). Conquanto os *leading cases* do STF sejam de 2002 e a alteração legislativa seja de 2001, deve-se destacar que os mencionados recursos extraordinários deram entrada na Corte Suprema no ano de 1998, ou seja, numa época em que não havia essa certeza legislativa hoje presente. Se não tivesse ocorrido tal mudança legislativa, todavia, isso não eximiria o Estado de arcar com os encargos periciais, já que o fundamento era de cunho constitucional[30].

Algum tempo depois (ano de 2007), o STF voltaria a se manifestar sobre esse assunto, dessa vez em sede de controle concentrado, através da ADIn 3.394, onde o governador do Estado do Amazonas questionava a constitucionalidade de lei daquele ente da federação (Lei n. 50/2004) que imputava ao Estado o custeio de exame de DNA para pessoas carentes. Um dos argumentos dessa ação era de inconstitucionalidade formal: a lei fora aprovada pelo Parlamento sem que se observasse a iniciativa privativa do Governador do Estado em projetos que criem órgãos da Administração Pública (art. 61, § 1º, II, *e*, da CF/88), já que um dispositivo da lei determinava que algum órgão público se credenciasse para efetivar a realização do exame pericial.

No STF a tese da inconstitucionalidade formal não prosperou, entendendo a Corte que não havia que se falar em criação de órgão, até porque essa obrigatoriedade imposta ao Estado decorria da CF/88, já que o Estado deve prestar assistência jurídica. Vale destacar que os ministros Eros Grau, relator, e Cezar Peluso demonstraram em seus votos que o assunto demandava não

30 Além dessa fundamentação constitucional, Rogério Nunes de Oliveira aponta que mesmo a Lei n. 1.060/1950 trazia a base legal, e ela estava no inciso V do art. 3º, que prevê dentro do rol das isenções os honorários de advogados e peritos. (*Assistência jurídica gratuita*. Rio de Janeiro: Lumen Juris, 2006. p. 146).

apenas técnica jurídica, mas sensibilidade. O primeiro disse que se a ação direta fosse improcedente só os ricos poderiam provar a paternidade, ao passo que o segundo trouxe à baila sua experiência profissional: "fui juiz de família por 8 anos e impus ao Estado, várias vezes, sem lei nenhuma, que realizasse o exame" (de DNA).

## 13. "OUTROS EXAMES ESSENCIAIS"

Ao contrário do inciso VI do art. 3º da Lei n. 1.060/1950, a redação do inciso V do § 1º do art. 98 do CPC/2015 deixou uma **cláusula aberta**, *in fine*: *"outros exames considerados essenciais"*. Assim, a gratuidade da justiça abrange outros exames forenses que, mesmo não sendo usuais no cotidiano, mostrem-se necessários para conhecimento da causa a viabilizar o julgamento maduro. Mais do que isso: qualquer outro exame que seja desenvolvido no futuro, com nova tecnologia, e que possa servir de prova, pode ser utilizado por beneficiários da gratuidade da justiça.

## 14. MEMÓRIA DE CÁLCULO

O CPC/2015 prevê, expressamente, isenção do *"custo com a elaboração de memória de cálculo, quando exigida para instauração da execução"* (inciso VII, § 1º do art. 98).

Em outro estudo, explica um dos autores que:

> A relevância da previsão desse inciso VII no novo CPC está na segurança jurídica: ainda que a jurisprudência não hesitasse em afirmar que, com ou sem previsão legal, a gratuidade judiciária engloba a memória de cálculo [cita do STJ recurso especial 1.200.099-SP], agora o legislador impossibilitou qualquer especulação em sentido contrário[31].

## 15. DEPÓSITO PRÉVIO PARA RECORRER E INGRESSAR COM AÇÃO: RETOMANDO A ANÁLISE DO INCISO VIII, DO § 1º, DO ART. 98 DO CPC /2015. INCIDÊNCIA NOS PROCESSOS DE EXECUÇÃO FISCAL E DA AÇÃO RESCISÓRIA

Já comentamos acima o inciso VIII do § 1º do art. 98 do CPC/2015, mas aqui cabe complementação: a aplicação desse dispositivo em execução fiscal e na ação rescisória. Comecemos pela execução fiscal.

i) Execução fiscal

A jurisprudência do STJ, infelizmente – numa posição "fazendária" injustificável em termos jurídicos – , afirma que essa isenção do inciso VIII (antes encarnada no inciso VII do revogado art. 3º da Lei n. 1.060/1950) cede lugar em face do § 1º do art. 16 da Lei de Execução Fiscal (n. 6.830/1980)[32], sob o argumento do princípio da especialidade das leis[33].

---

31 REIS, Gustavo Augusto Soares dos. O CPC/2015 e a Defensoria Pública do século XXI: o regime jurídico de um novo ator processual..., cit., p. 418.

32 *"Art. 16 – O executado oferecerá embargos, no prazo de 30 (trinta) dias, contados: (...)* § 1º – Não são admissíveis embargos do executado antes de garantida a execução."

33 Informativo STJ 538, de 30 de abril de 2014, ("http://www.stj.jus.br/webstj/processo/justica/jurisprudencia.asp?tipo=num_pro&valor=REsp1437078"\t "new" REsp 1.437.078-RS): DIREITO PROCESSUAL CIVIL E

A redação do CPC/2015 é idêntica à do dispositivo da Lei n. 1.060/1950, perdendo-se a oportunidade de corrigir expressamente essa jurisprudência que, a nosso ver, é profundamente equivocada quebrando a lógica do sistema processual no campo da execução. O pior é que esse silêncio do CPC/2015 poderá eventualmente servir como mais um argumento em favor dessa jurisprudência atrasadíssima – como se no processo legislativo fosse possível analisar todas as minúcias existentes no sistema processual.

Seja como for, nada justifica a posição do STJ, porque para prevalecer o princípio da especialidade deveria o § 1º do art. 16 da Lei de Execução Fiscal prever exceção expressa à regra de isenção da gratuidade da justiça, o que não ocorre no caso: a Lei de Execução Fiscal **não enuncia expressamente que a regra do § 1º do art. 16 se aplica também ao beneficiário de gratuidade da justiça.** E mesmo que houvesse tal exceção seria no mínimo de duvidosa constitucionalidade e convencionalidade, pois a jurisprudência do STJ fere o direito de acesso à Justiça, concedendo privilégio inexplicável à Fazenda Pública – ferindo, assim, também o princípio constitucional republicano.

Outra inconsistência grave na jurisprudência do STJ diz respeito ao entendimento de que a gratuidade de justiça deferida em ação de embargos do devedor não se estenderia à execução fiscal, o que leva o referido tribunal a não proteger o jurisdicionado que interpõe agravo de instrumento originado em execução fiscal de suposta "falta de preparo"[34]. Alega-se, pasmemos, a autonomia processual dos embargos em relação à execução fiscal para se negar o direito constitucional de acesso à Justiça.

Este constitui exemplo perfeito de mau uso da técnica processual, pois o fato de o processo dos embargos ser autônomo não oferece qualquer sustentação teórica para o entendimento do STJ.

Essa autonomia, sem dúvida, existe e guarda importantes consequências práticas, contudo, o instituto da gratuidade da justiça deve ser encarado de modo *funcional*, isto é, se fora concedida gratuidade em determinado processo, reconhecendo (portanto) a hipossuficiência do jurisdicionado, não há fundamento jurídico para atos processuais que inaugurem outros graus de jurisdição nesse processo (recurso) ou relações processuais incidentais (como a situação dos embargos atuando incidentalmente sobre a execução) exigirem novos pedidos de gratuidade.

---

TRIBUTÁRIO. GARANTIA DO JUÍZO PARA EMBARGOS À EXECUÇÃO FISCAL. **Não devem ser conhecidos os embargos à execução fiscal opostos sem a garantia do juízo, mesmo que o embargante seja beneficiário da assistência judiciária gratuita [grifamos]**. De um lado, a garantia do pleito executivo é condição de procedibilidade dos embargos de devedor nos exatos termos do art. 16, § 1º, da Lei n. 6.830/1980. De outro lado, o art. 3º da Lei n. 1.060/1950 é cláusula genérica, abstrata e visa à isenção de despesas de natureza processual, como custas e honorários advocatícios, não havendo previsão legal de isenção de garantia do juízo para embargar. **Assim, em conformidade com o princípio da especialidade das leis, o disposto no art. 16, § 1º, da Lei n. 6.830/1980 deve prevalecer sobre o art. 3º, VII, da Lei n. 1.060/1950 [grifamos]**, o qual determina que os beneficiários da justiça gratuita ficam isentos dos depósitos previstos em lei para interposição de recurso, ajuizamento de ação e demais atos processuais inerentes ao exercício da ampla defesa e do contraditório. Precedentes citados: AgRg no REsp 1.257.434-RS, Segunda Turma, DJE 30-8-2011; e REsp 1.225.743-RS, Segunda Turma, DJE 16-3-2011. REsp 1.437.078-RS, Rel. Min. Humberto Martins, julgado em 25-3-2014.

34 AgRg nos EDcl no REsp 1.492.478-RS, Segunda Turma, *DJE* 10-9-2015; AgRg no AREsp 353.744-DF, Primeira Turma, *DJE* 23-10-2014.

A propósito, mesmo que deixássemos de lado as cláusulas constitucional e convencional de acesso à Justiça, a nossa velha Lei n. 1.060/1950 já prevê solução para esse problema no art. 9º, *in verbis*:

> Art. 9º. Os benefícios da assistência judiciária compreendem todos os atos do processo até decisão final do litígio, em todas as instâncias.

É verdade que o artigo não é expresso em relação aos incidentes processuais, entretanto, a cláusula constitucional de "integralidade" da assistência jurídica gratuita obriga o STJ a abandonar essa tese *absurda*, com todo o respeito. Ora, segundo a jurisprudência do STJ – que implicitamente nega a cláusula de "integralidade" –, se o jurisdicionado obtém reconhecimento de hipossuficiência em determinado processo de execução fiscal e, em seguida, instaura processo incidental de embargos (logo, funcionalmente conectado àquela execução) para exercer a ampla defesa constitucional, nega-se o efeito jurídico do art. 9º, de presunção *juris tantum* de hipossuficiência processual obtida na execução fiscal. Como se pode notar, a jurisprudência do STJ é o que Rui Barbosa denominaria de "fazendária" (Oração aos Moços), e sem que haja qualquer fundamento jurídico para este privilégio.

Finalizemos com o seguinte lembrete: a Corte Especial do STJ já pacificou, em 2015, no agravo regimental nos embargos de divergência em agravo em recurso especial 86.915/SP, ser desnecessária renovação o pedido de gratuidade da justiça em recurso ou para qualquer outro ato processual, justamente em razão do art. 9º da Lei n. 1.060/1950. Não há razão para que a execução fiscal fique fora desse entendimento, até porque o CPC/2015 impõe, ao sistema processual civil, a regra da *primazia do julgamento de mérito* em seu art. 4º, não sendo razoável denegar justiça ao embargante em nítido favorecimento à Fazenda Pública sem qualquer justo motivo.

ii) Ação rescisória

Quando comentamos o problema da isenção na ação rescisória antes do CPC/2015, apontamos que a jurisprudência discutia se o depósito prévio para essa ação (art. 488, II, do CPC/1973) isentaria aquele que faz jus à gratuidade judiciária – hoje intitulada gratuidade da *justiça*. Isso porque o próprio dispositivo do CPC/1973 lhe conferia natureza de multa processual.

Por diversas vezes, porém, o STJ manifestou-se no sentido de que a gratuidade da justiça exime o beneficiário de fazer tal depósito:

> (...) Beneficiários da justiça gratuita estão isentos do depósito prévio estipulado no art. 488, inc. II, do CPC, para o ajuizamento da ação rescisória. Precedentes(...) (REsp n. 592818/SP, Recurso Especial 2003/0176421-3, Rel. Ministra Nancy Andrighi, Terceira Turma, j. 29-11-2005, *DJ* 19-12-2005, p. 396).
>
> (...) É pacífico o entendimento desta Corte de que a parte beneficiária da justiça gratuita não está obrigada a fazer o depósito de que trata o art. 488, inc. II, do CPC(...) (AR n. 3429/SP, Ação Rescisória 2005/0176875-5, Rel. Ministro Félix Fisher, Terceira Seção, j. 28-6-2006, *DJ* 28-8-2006, p. 211).
>
> (...) O autor da ação rescisória que for beneficiário da justiça gratuita não está compelido a fazer o depósito prévio previsto no art. 488, inc. II, do Código de Processo Civil(...) (AR n. 2968/SC, Ação Rescisória 2003/188814-1, Rel. Ministra Laurita Vaz, Terceira Seção, j. 12-12-2007, *DJ* 1º-2-2008, p. 1).

> (...)1. Os beneficiários da justiça gratuita estão dispensados do depósito prévio de que trata o art. 488, II, do Código de Processo(...) (AR 4513/SP, Ação Rescisória 2010/0116653-0, Rel. Ministro Marco Aurélio Bellizze, Terceira Seção, j. 11/12/2013, *DJ* 19/12/2013).

Hoje, o CPC/2015 é *expresso* (art. 968, § 1º) quanto à aplicação de isenção ao beneficiário de justiça gratuita em relação ao depósito exigido para ajuizamento da ação rescisória, colocando, pois, uma pá de cal sobre essa discussão. A propósito, comentando o parágrafo único do art. 488 do CPC/1973, Barbosa Moreira já apontava extensa doutrina e jurisprudência favorável à isenção do depósito para beneficiários de justiça gratuita, e ele também aderia a esse entendimento argumentando:

> Entender diversamente seria tolher aos necessitados o exercício da ação rescisória, com manifesta violação do art. 5º, XXXV, da Constituição da República. A garantia nesta consagrada reduzir-se-ia a mero *flatus vocis* se se reputasse autorizado o legislador ordinário a estabelecer restrições que importem praticamente negá-la a uma classe de pessoas – por motivo odioso, a carência de recursos financeiros. Urge sepultar concepções puramente *formalísticas* das normas constitucionais que tutelam direitos; a única interpretação correta é a que lhes assegure, tanto quanto possível, a efetividade *in concreto*. relevância da previsão desse inciso VII no novo CPC está na segurança jurídica: ainda que a jurisprudência não hesitasse em afirmar que, com ou sem previsão legal, a gratuidade judiciária engloba a memória de cálculo [cita do STJ recurso especial 1.200.099-SP], agora o legislador impossibilitou qualquer especulação em sentido contrário[35].

Em teoria, se houver aplicação de multa processual com base na regra do inciso II do art. 968, deve incidir a sistemática legal que acima explicamos com relação às multas processuais. Por sinal, a Segunda Seção do STJ entendeu neste sentido:

> (...) 3. O depósito previsto no inciso II do art. 488 do CPC de 1973 – vigente à época da propositura da ação – e mantido no novel Código de Processo Civil no art. 968, II –, por se reverter em multa a favor do réu nas hipóteses em que a ação rescisória é julgada inadmissível ou improcedente por unanimidade de votos, ostenta nítido caráter sancionatório e tem por escopo desestimular o ajuizamento temerário de ações rescisórias, constituindo instrumento repressivo ao abuso no exercício do direito de ação. Assim, a concessão da gratuidade de justiça não exonera o autor do pagamento dessa quantia ao réu, consoante expressa previsão no parágrafo 4º do art. 98 do CPC de 2015... (AR 4522/RS, Ação Rescisória 2010/0134438-9, Rel. Ministro Luis Felipe Salomão, Segunda Seção, j. 24/05/2017, *DJ* 2-8-2017).

Contudo, na específica hipótese em análise entendemos que deve existir um tratamento diferenciado, ou que deve haver *distinção* na aplicação do direito, não incidindo a previsão do § 4º do art. 98 do CPC/2015 sem uma análise mais pormenorizada quanto ao modo de litigar do autor-sucumbente.

O entendimento de que multas processuais estariam excluídas da isenção de gratuidade da justiça, como se sabe, explica-se pela clássica lição de Barbosa Moreira: "a pobreza não justifica

---

35 MOREIRA, José Carlos Barbosa. *Comentários ao CPC*. 16. ed. Rio de Janeiro: Forense, 2011. v. V, item "105", p. 181-182.

(...) a concessão de um *bill* de indenidade quanto a comportamentos antijurídicos"[36]. O que está correto. Por outro lado, o depósito prévio da ação rescisória:

> (...) inspira-se obviamente no propósito de desestimular a desmedida multiplicação de rescisórias, que poderia resultar na sensível ampliação do rol de fundamentos, em confronto com o sistema anterior [de 1939]. Ao contrário do que se dá em custas e honorários advocatícios, a multa não tem caráter indenizatório, não visa compensar a parte vencedora de possíveis prejuízos, mas a reprimir uma forma de abuso no exercício do direito de ação; (...). [37]

Como se pode notar, a função primordial do depósito prévio é fortalecer a segurança jurídica garantida pela coisa julgada, desestimulando a multiplicação de rescisórias. Esse desestímulo psicológico só poderia ter efeito prático se houvesse risco real de perda do depósito em caso de sucumbência, daí nossa legislação prever, desde 1973, a perda do depósito se a ação rescisória fosse, por unanimidade, tida por "inadmissível" ou "improcedente"[38].

Admitir que o beneficiário de gratuidade da justiça torne-se devedor do depósito convertido em "multa", isto com base no art. 98, § 4º, reforça a crítica de Barbosa Moreira, transcrita acima, sobre o depósito "tolher aos necessitados o exercício da ação rescisória, com manifesta violação do art. 5º, XXXV, da Constituição da República"[39].

Ora, há grande consenso de que o depósito prévio para exercício da ação rescisória deve ser afastado em caso de gratuidade da justiça sob pena de inconstitucionalidade, especificamente por discriminação da pobreza no acesso à Justiça, tanto que a isenção do depósito se tornou lei. Sendo assim, não há razão para que a conversão do depósito em multa transforme necessariamente devedor o beneficiário de gratuidade de justiça, pois, a nosso ver, este beneficiário só estaria sujeito ao afastamento da isenção de multas que advenham de litigância de má-fé.

É verdade que o parágrafo único do art. 98 do CPC/2015 não faz expressa ressalva quando à exigência da multa advir de litigância de má-fé, limitando-se a prescrever que "a concessão de gratuidade não afasta o dever de o beneficiário pagar, ao final, as multas processuais que lhe sejam impostas" – talvez porque "multas" exijam algum grau de má-fé, e por isso seria redundância... Daí o motivo de não terem sido felizes os arts. 488, II do CPC/1973 e 968, II do CPC/2015 ao se valerem do termo "multa", para se referirem ao pagamento a ser feito pelo sucumbente por unanimidade.

Seja como for, tenha-se em mente que o mero reconhecimento de inadmissibilidade ou de improcedência na ação rescisória, mesmo por unanimidade, não constitui prova conclusiva de que a ação teria sido proposta supostamente de modo irresponsável, sendo "infundada" em seu nascedouro, isto é, no sentido de representar "aventura jurídica" – como se costuma dizer no jargão forense informal. Por outro lado, considere-se que o acesso à Justiça, previsto expressamente no art. 5º, XXXV, da CF/88, deve ser interpretado na máxima amplitude possível por ser

---

36 O direito à assistência jurídica: evolução no ordenamento brasileiro de nosso tempo, *Revista de Processo*, n. 67, jul.-set./1992, ano 17, p. 126.

37 MOREIRA, José Carlos Barbosa. *Comentários ao CPC...*, cit., p. 181.

38 CPC/1973, art. 488, II; CPC/2015, art. 968, II.

39 MOREIRA, José Carlos Barbosa. *Comentários ao CPC...*, cit., p. 181-182.

garantia constitucional. Neste passo, faz sentido reconhecer a aplicação de "multa" do art. 968, II, do CPC, para beneficiários de gratuidade da justiça somente se o colegiado, por unanimidade, **entender que houve proposta de ação rescisória com má-fé processual**. Não faz sentido restringir o acesso à Justiça do pobre, tolher seu direito de ação rescisória, em razão da possibilidade de pagar "multa", bastando a unanimidade concordar na inadmissibilidade ou improcedência, sem qualquer análise da má-fé processual.

E isso nos leva a outra reflexão, mencionada em passagem acima, e que não cabe estender neste espaço: não obstante a doutrina reconheça amplamente a natureza punitiva (ou sancionatória) da "multa" advinda da conversão do depósito prévio exigido como requisito de admissibilidade da ação rescisória, e isso sob o argumento de que ela "não é indenizatória", parece-nos que essa multa é mais um "pedágio" – atabalhoado, é verdade, pois poderia vir na forma de taxa judiciária específica –, se decorrente tão somente da unanimidade do colegiado, sem qualquer outra nota a respeito de má-fé processual. É isso que explicaria melhor o fato de necessitados não deverem suportar essa "multa", pois a inadmissibilidade e a improcedência, mesmo que unânimes, são juízos que fazem parte do serviço público de prestação jurisdicional e dos quais não se deve presumir má-fé processual sem que haja qualquer outra análise digna nesse sentido.

## 16. ISENÇÃO DE EMOLUMENTOS (ART. 98, § 1º, IX, CPC): A NOVA HIPÓTESE EXPRESSA DA LEI E ALGUMAS CONSEQUÊNCIAS

Iniciemos a análise de outra novidade na lista de isenções que não existia na Lei n. 1.060/1950. Trata-se do inciso IX, do § 1º, do art. 98 do CPC/2015[40].

Esse dispositivo é mais uma expressão concreta da assistência jurídica *integral*. Nesse exato sentido, Barbosa Moreira já ensinava em 1990:

> A Constituição abandona aquela orientação restritiva de cuidar do assunto unicamente com referência à defesa em juízo; abandona a concepção de uma assistência puramente judiciária, e passa a falar em 'assistência jurídica integral'. Obviamente alarga de maneira notável o âmbito de assistência, que passa a compreender, além da representação em juízo, além da defesa judicial, o aconselhamento, a consultoria, a informação jurídica **e também a assistência aos carentes em matéria de atos jurídicos extrajudiciais, como por exemplo os atos notariais e outros que conhecemos.** [grifamos][41]

A conquista dessa isenção não foi fácil como se pode notar da leitura exemplificativa do RMS n. 24557/MT, apreciado pelo STJ[42]. Nele fica clara a luta renhida da Associação dos Notários e Registradores do Estado do Mato Grosso (Anoreg-MT), no propósito de obrigar beneficiários da gratuidade da justiça a recolherem por atos notariais e registrais determinados por

40 Em relação a esse assunto, remetemos o leitor para o tópico em que analisamos a questão do momento de aplicação o CPC/2015 (tópico 'Direito Intertemporal').

41 MOREIRA, José Carlos Barbosa. O direito à assistência jurídica. *Revista de Direito da Defensoria Pública do Estado do Rio de Janeiro*, Rio de Janeiro, n. 5, 1991, ano 4, p. 130.

42 *Vide* Informativo STJ 517, de 2 de maio de 2013.

decisão judicial. Felizmente, porém, esse julgado mostra que a jurisprudência do STJ já havia se consolidado em prol dos beneficiários, razão pela qual a positivação da isenção, teoricamente, inibirá novas disputas processuais acerca do tema.

Mais do que prever tal isenção, o CPC/2015 estabeleceu como se dará o **controle de sua aplicação**, e ele está previsto no § 8º do art. 98.

Em suma, a suspeita, pelo notário ou registrador, de que o beneficiário não se encontra na condição de necessitado poderá eventualmente acarretar na perda do benefício da gratuidade da justiça em âmbito extrajudicial, respeitado o devido processo legal.

Esse dispositivo, porém, carrega alguns detalhes que devem ser mencionados.

Em primeiro lugar, o notário ou registrador só poderá agir baseando-se em *fundada suspeita*; ela, pois, deve ser concreta e demonstrável, não sendo suficiente a simples especulação. Se assim não for, a mera certificação do delegatário do serviço público – que, em tese, possui presunção de validade *juris tantum* – poderia fundamentar a revogação da gratuidade da justiça sem qualquer prova de que a hipossuficiência tenha cessado.

O dispositivo ainda deixa claro que o procedimento a ser instaurado pelo notário ou registrador envolverá a **comunicação ao juízo competente**, de modo que essa discussão não ficará confinada na seara extrajudicial. Ademais, a expressão "após praticar o ato" significa seguramente que o **controle é posterior**, não podendo, portanto, ser prévio à prática do ato em si. A razão de tal controle se dar posteriormente é para evitar que o jurisdicionado fique privado da efetivação da decisão judicial que lhe favoreceu com trânsito em julgado, violando o acesso à Justiça.

Por fim, da mesma forma como ocorre no plano judicial, no âmbito extraprocessual a *revogação* dos benefícios poderá ser tanto total como parcial, sendo aplicáveis ainda o *parcelamento* e a *cassação* (art. 100, parágrafo único). Contudo, em qualquer situação a *citação* do beneficiário deverá ser observada, possuindo quinze dias para se manifestar.

Dellore et al. sustentam se tratar de "infeliz inovação e que o cotidiano dirá se será utilizada ou não"; e chegam a essa conclusão porque veem nessa inovação burocratização que fere o espírito de simplificação do CPC, e traz ainda mais questões para decisão do Poder Judiciário[43]. Thaís Boia Marçal, por sua vez, é mais contundente, sustentando a inconstitucionalidade desse procedimento de dúvida por violação aos princípios de acesso à justiça, eficiência, duração razoável do processo e proibição do retrocesso social[44].

Não concordamos com essas teses jurídicas.

Devemos convir que o legislador tinha *duas opções*: findado o processo judicial estaria impossibilitado o controle da concessão de isenção, o que não satisfaz o princípio republicano e tudo que dele se infere; de outro lado, satisfazendo o princípio republicano, ainda seria possível o controle mesmo com o processo judicial transitado em julgado.

---

43 ROQUE, André Vasconcelos; GAJARDONI, Fernando da Fonseca; DELLORE, Luiz; OLIVEIRA; Zulmar Duarte de. *Teoria Geral do Processo*: comentários ao CPC de 2015 (Parte Geral). São Paulo: Forense, 2015. comentário ao art. 98, item "7", p. 334.

44 MARÇAL, Thaís Boia. A inconstitucionalidade do procedimento de dúvida à gratuidade da justiça pelo notário ou registrador previsto no art. 98, § 8º do NCPC. In: SOUSA, José Augusto Garcia de (coord). *Defensoria Pública*. Salvador: Juspodivm, 2015. p. 731 e seguintes (coleção Repercussões do CPC/2015).

Por isso, embora realmente o CPC/2015 burocratize ao criar o controle da gratuidade da justiça na hipótese da isenção do inciso IX, do § 1º, do art. 98, isso não nos parece desarrazoado ou sem um justo motivo; afinal, quem paga o notário ou registrador no caso do serviço ser prestado a beneficiário de gratuidade da justiça é o **orçamento público**, quer dizer, **a sociedade**.

É verdade que notário e registrador somente terão incentivo para efetuar esse controle se tiverem dificuldades para receber os valores a serem pagos pelo orçamento público, com bem ponderam Dellore *et. al.*[45]. Contudo, o CPC/2015 atribuiu **dever jurídico** ao notário e registrador com o intuito de ampliar seus deveres enquanto delegatários de serviço público notarial e de registro[46].

## 17. CONCESSÃO DE ISENÇÃO DE EMOLUMENTOS APÓS O TRÂNSITO EM JULGADO (ART. 98, § 1º, IX, CPC/2015): A HIPÓTESE LEGAL QUE CONSIDERAMOS IMPLÍCITA E DECORRENTE DO ACESSO À JUSTIÇA

É preciso, porém, termos em mente que a criação do procedimento de controle atribuído ao notário e ao registrador possui o outro lado da moeda: é possível que o jurisdicionado precise da isenção *após o trânsito em julgado* – antes não requerida ao Poder Judiciário, quando da pendência do processo judicial, em vista de sua situação econômica ser outra.

Embora a lei processual seja omissa quanto a essa específica hipótese, parece-nos bastante lógico que **após o trânsito em julgado** o pedido de concessão da isenção prevista no inciso IX, do § 1º, do art. 98 do CPC/2015 possa ser dirigido, igualmente, ao juiz competente para decidir questões notariais e de registros. A propósito, a prática forense admite plenamente o que no campo do Direito dos Registros Públicos se chama de **dúvida inversa**, isto é, a dúvida que não é suscitada pelo oficial ao juiz (como de costume), e sim suscitada pelo destinatário (ou usuário) do serviço público notarial e de registro.

Interpretação no sentido de ser impossível a concessão da gratuidade da justiça após o trânsito em julgado impede a implementação da decisão judicial e cria fator discriminatório de incidência da gratuidade da justiça que reside unicamente na existência de trânsito em julgado sem concessão da gratuidade da justiça na pendência do processo. Como se pode notar, essa interpretação é insustentável porque, adotando a clássica lição de Bandeira de Mello, não há racionalidade alguma ou fundamento lógico entre o critério de discriminação e o tratamento jurídico diverso[47], sem contar que a falta de gratuidade de justiça concedida antes do trânsito em julgado normalmente se explicará pela desnecessidade do benefício, quando não ignorância mesmo do potencial beneficiário e de seu representante legal.

---

45 ROQUE, André Vasconcelos; GAJARDONI, Fernando da Fonseca; DELLORE, Luiz; OLIVEIRA; Zulmar Duarte de. *Teoria Geral do Processo...*, cit., comentário ao art. 98, item "7", p. 334.

46 CF/88, art. 236.

47 MELLO, Celso Antonio Bandeira de. *Conteúdo jurídico do princípio da igualdade*. 3. ed. São Paulo: Malheiros, 1997. p. 17, passim.

## 18. DÚVIDAS DE INTERPRETAÇÃO QUE PODEM ADVIR DA FISCALIZAÇÃO DA GRATUIDADE DA JUSTIÇA PELO REGISTRADOR OU NOTÁRIO (§ 8º DO ART. 98, CPC/2015)

Logo acima justificamos nossa divergência doutrinária em favor da possibilidade de fiscalização da gratuidade da justiça exercido pelo registrador ou notário, mas reconhecemos que o CPC/2015 foi lacônico abrindo dúvidas sérias em torno da aplicação do instituto.

Quanto ao funcionamento básico dessa hipótese de fiscalização, conforme dissemos acima, o dispositivo esclarece o mínimo necessário: o notário ou registrador deve efetivar o ato solicitado (garantindo o acesso à Justiça) e, só depois, poderá requerer ao juízo competente para decidir questões notariais e registrais a revogação total ou parcial da gratuidade, ou substituição pelo parcelamento do § 6º do art. 98 do CPC/2015, havendo em seguida citação do beneficiário para responder em 15 (quinze) dias.

Superada essa operacionalização básica do instituto, a primeira questão que está sendo colocada em debates doutrinários a respeito da gratuidade da justiça é a seguinte: na hipótese de fiscalização do aludido § 8º do art. 98 do CPC/2015, se o processo judicial estiver pendente não abriria *conflito de competência* entre o juiz competente para matérias notarial e de registro público e o juiz competente para decidir o processo em que concedeu a justiça gratuita? Não violaria o princípio constitucional do juiz natural?

Perceba o leitor que essa dúvida se refere àquela hipótese da parte final do inciso IX, do § 1º, do art. 98, na qual há isenção dos "(...) emolumentos devidos a notários ou registradores em decorrência da prática de registro, averbação ou qualquer outro ato notarial necessário (...) à continuidade de processo judicial no qual o benefício tenha sido concedido [**grifado**]". Ou seja: o processo judicial no qual foi concedida gratuidade da justiça está ainda pendente, daí o porquê da dúvida de possível conflito de competência ou violação do juiz natural.

Outra questão, paralela a esta primeira e que se apresenta sob outro enfoque, discute o seguinte: se o processo principal transitou em julgado, e o notário ou registrador provoca o juiz competente para matérias notarial e de registro público instaurando processo para os fins do § 8º em análise, não poderia haver desrespeito ao próprio trânsito em julgado da decisão que concedeu a gratuidade da justiça? Neste momento, a dúvida se refere à hipótese inicial do inciso IX, do § 1º, do art. 98, na qual há isenção dos "(...) emolumentos devidos a notários ou registradores em decorrência da prática de registro, averbação ou qualquer outro ato notarial **necessário à efetivação de decisão judicial (...)** [grifado]".

São dúvidas que aos poucos têm sido levantadas em conversas entre estudiosos do processo, embora a doutrina escrita ainda não as tenha examinado com maior acuidade e rigor, e ainda nada se encontre na jurisprudência nacional. E são dúvidas que, se não forem resolvidas de modo minimamente satisfatório, têm o potencial de demolir a fiscalização judicial do uso do dinheiro público proposta pelo § 8º do art. 98 do CPC vigente. A nosso ver, essa perspectiva desoladora violaria o princípio republicano previsto expressamente no art. 1º de nossa Constituição Federal, desdobrado especificamente no art. 70, também da Constituição Federal, quando trata dos inúmeros deveres de fiscalização envolvendo dinheiro e patrimônio públicos.

Por outro lado, registre-se que **tais dúvidas poderiam ser evitadas se o CPC/2015 não tivesse criado essa competência apartada**, que beira o exótico, é verdade, pois é essa separação de competências a fonte dos problemas a que aludimos.

A verdade é que a justa preocupação com a uniformidade do serviço público jurisdicional, tão fortemente no presente Código, talvez tenha sido a motivação para essa competência separada e, neste caso, entretanto, causou as graves dúvidas acima levantadas. Se a competência legal para análise das isenções do referido inciso IX, após o trânsito em julgado, fosse do mesmo juízo que concedeu a gratuidade da justiça, tais dúvidas não existiriam e o tribunal faria a tarefa de uniformização jurisprudencial pelo controle recursal e/ou por incidentes uniformizantes, podendo ser reaberta a matéria "gratuidade da justiça" ao combinar-se o § 8º do art. 98 com o art. 505, II, ambos do CPC/2015:

> **Art. 505. Nenhum juiz decidirá novamente as questões já decididas relativas à mesma lide, salvo:**
> I – se, tratando-se de relação jurídica de trato continuado, sobreveio modificação no estado de fato ou de direito, caso em que poderá a parte pedir a revisão do que foi estatuído na sentença;
> **II – nos demais casos prescritos em lei.**

Assim, embora condenemos a confusa redação do CPC/2015 que divide as competências sem razão suficiente para tanto, salvo melhor juízo parece-nos possível oferecer interpretação minimamente sustentável para aquelas duas questões levantadas relativas ao texto do § 8º, do art. 98, do CPC/2015, se considerarmos a possibilidade de aprofundarmos nossa análise nesta distinção.

Comecemos com o problema que se tem levantado relativo ao trânsito em julgado da decisão concessiva da gratuidade da justiça; problema resumido na seguinte questão:

> Se o processo relativo ao mérito transitou em julgado, e o notário ou registrador provoca o juiz competente para matérias notarial e de registro público instaurando processo para os fins do § 8º em análise, não poderia haver desrespeito ao próprio trânsito em julgado da decisão que concedeu a gratuidade da justiça?

No que concerne a essa indagação, é preciso lembrar que a decisão posterior do juiz competente para matérias notarial e de registro público não fará contrariedade à coisa julgada material, já que ela torna regra imutável e indiscutível *a conclusão da sentença*, mas apenas a formal, porque a matéria – ou questão, se houver impugnação ao longo o processo – da gratuidade da justiça é extinta com o processo e pode ser rediscutida no momento da efetivação da decisão judicial, e o art. 505, II do CPC/2015 oferece base legal para tanto.

Com relação ao problema do juiz natural, sua resolução demanda raciocínio mais extenso.

Para enfrentarmos esse problema que, em tese, coloca em xeque o respeito ao juiz natural, propomos que as isenções I a VIII previstas no § 1º, do art. 98 decorram diretamente da decisão judicial que concede a gratuidade da justiça, exatamente nos termos do *caput* do art. 99 e seu § 1º do CPC/2015. Ao contrário, o inciso IX do § 1º do art. 98 constitui exceção que é explicada em duas hipóteses: **como primeira hipótese**, as isenções previstas nesse inciso IX decorrem diretamente da lei, ou seja, são isenções *ex lege* quando a gratuidade da justiça é deferida pelo juiz competente para a causa ou, **em hipótese diversa – a segunda hipótese prevista pela lei** –, é deferida diretamente pelo juízo competente para matéria notarial e de registro.

Aprofundemos essas duas hipóteses.

Na primeira hipótese, as isenções notariais e de registro decorrem diretamente da lei quando o juiz do processo que julgará a controvérsia (mérito) concede a gratuidade da justiça ao requerente. Essa decisão judicial faz incidir, por força de lei (*ex lege*), a gratuidade automática dos atos notariais e de registro. **O que significa dizer que tais isenções notariais e de registro são *ex lege*?** É fundamental que se entenda esse ponto. Significa que tais isenções são efeitos *secundários* decorrentes da decisão (do juiz do processo que decidirá o mérito) enquanto *fato jurídico processual*. Assim, são efeitos que não são produto direto do ato de vontade do juiz, mas que decorrem por imperativo direto da lei – ou seja, **quer a autoridade judiciária queira ou não** – pois a lei trata a decisão como fato jurídico processual. O exemplo clássico – mas não o único – é o da hipoteca judiciária (art. 495, CPC) e, dentre outros importantes estudiosos, Liebman reconheceu os efeitos secundários da sentença:

> Produz a sentença, às vezes, ao lado de seus efeitos principais, efeitos secundários, que se distinguem dos primeiros, não por seu caráter exclusivamente privatístico, nem por sua importância menor, porque, não raro, são praticamente os mais relevantes, mas por sua falta absoluta de autonomia; são simplesmente acessórios e consequentes aos efeitos principais e ocorrem automaticamente por força de lei, quando se produzem os principais. Não tem por isso os efeitos secundários condições de admissibilidade, que o juiz deva reconhecer e declarar existentes, independentemente das condições dos efeitos principais[48].

Entendemos que não há impedimento jurídico para que decisão judicial interlocutória tenha efeitos secundários.

---

48 LIEBMAN, Enrico Tullio. *Eficácia e autoridade da sentença*. Tradução Alfredo Buzaid e Benvindo Aires; e dos textos posteriores por Ada Pellegrini Grinover. 3. ed., Rio de Janeiro: Forense, 1984, p. 75. Liebman prossegue, asseverando que "quando o exame da causa autoriza a proteção da sentença, com determinados efeitos (principais), dever-se-ão, só por isso, produzir, e logo se produzirão, também os secundários, os quais, portanto, não deverão ser pedidos pelas partes na demanda judicial, nem estar contidos e indicados na decisão (e por isso é exato dizer que não fazem parte do objeto da sentença); e assim como não poderiam ser produzidos separadamente dos principais, não podem, tampouco, ser denegados quando pronunciam aqueles", in ob. citada, p. 75. Em síntese, segundo Liebman: 1) os efeitos secundários (ou externos) não possuem condições de admissibilidade como os efeitos principais; 2) e por isso a produção de tais efeitos não devem passar pela inteligência do juiz quando prolatar a sentença, quer dizer, tais efeitos estão fora do alcance do poder decisório do juiz. Se ousar decidi-los, sua decisão é nula por não possuir poder para tanto.
Confira-se, amplamente, nossas explicações apontando outras fontes (Carnelutti, Calamandrei e Ovídio Baptista), em artigo do grupo de estudos do Prof. José Ignacio Botelho de Mesquita: MESQUITA, José Ignacio Botelho de; LOMBARDI, Mariana; AMADEO, Rodolfo da Costa Manso Real; DELLORE, Luiz; ZVEIBIL, Daniel Guimarães. Antecipação da tutela versus improcedência da ação. In: CARVALHO, Milton Paulo de (org.). *Direito Processual Civil*. São Paulo: Quartier Latin, 2007. p. 585-599.

Existem exemplos em nosso sistema processual, sendo o caso do art. 218, § 3º, do CPC: pois havendo decisão judicial determinando algo para andamento processual (por exemplo, complementação de recolhimento de custas após decisão sobre a correção do valor da causa), sem que haja prazo específico na lei ou na própria decisão judicial, essa decisão interlocutória funciona como fato jurídico processual a fazer incidir, independentemente da vontade da autoridade judiciária, o prazo do referido dispositivo. Também exemplifica a hipótese em debate a decisão judicial de recebimento da apelação civil, que se trata de decisão interlocutória, e tal decisão produz, enquanto fato jurídico processual (e como regra geral), o efeito suspensivo por força direta do *caput* do art. 1.012 do CPC, o que vale dizer: quer o juiz queira ou não, ainda que seja costume forense consolidado a autoridade judiciária positivar o efeito em que a apelação foi recebida quando a lei determina obrigatoriamente o efeito suspensivo para a imensa maioria dos casos. Outro exemplo diz respeito ao dever da parte de responder pelo prejuízo que a efetivação da tutela de urgência causar à parte adversa, quando o juiz decidir pela cessação da eficácia da tutela antecedente porque o autor não deduziu o pedido principal no prazo legal, ou porque não for efetivada dentro de 30 (trinta) dias (art. 302 c/c art. 309, I e II do CPC): nessas circunstâncias, perceba-se que o dever de reparar qualquer prejuízo (*an debeatur*) nasce da decisão interlocutória (caso o juiz já não profira sentença na situação) que funciona como fato jurídico processual, ou seja, o dever de reparação (*an debeatur*) surge independentemente da vontade do juiz ou mesmo de futura liquidação que frustre a reparação (neste caso, o *an debeatur* justifica a liquidação, ainda que esta não traga resultados práticos).

Assim, é dentro dessa lógica que se explica a aplicação das isenções do referido inciso IX: a decisão interlocutória que concede a gratuidade da justiça no processo competente par ao mérito constitui *fato jurídico processual* a disparar o gatilho do efeito secundário de conceder, obrigatoriamente, a gratuidade da justiça relativa aos atos extrajudiciais notariais e de registro. Vale anotar que **o texto do CPC vigente dá suporte para tal interpretação**, ao dispor que a gratuidade da justiça compreende:

> (...) IX – os emolumentos devidos a notários ou registradores em decorrência da prática de registro, averbação ou qualquer outro ato notarial necessário à efetivação de decisão judicial ou à continuidade de processo judicial **no qual o benefício tenha sido concedido** [grifado].

O texto destacado alberga a hipótese da decisão que reconhece a gratuidade da justiça pelo juiz do processo original ***constituir fato jurídico processual***, disparando os efeitos secundários de isenções notariais e de registro. Nesse sentido, perceba o leitor que o trecho do texto legal que grifamos **só *existe nas isenções do inciso IX***, enquanto as demais isenções (I a VIII) submetem-se à lógica do regime da gratuidade da justiça concedida pelo juiz, ou em outras palavras: decorrem diretamente do ato de vontade da decisão judicial que concede a gratuidade da justiça, exatamente nos termos do *caput* do art. 99 e seu § 1º do CPC/2015.

Por isso, entendemos que a tese dos *efeitos secundários* encontra base em um detalhe importantíssimo contido no texto da lei processual, especificamente no art. 98, § 1º, IX *in fine*.

Em sendo assim, é possível construirmos o seguinte quadro:

1) **ANTES do trânsito em julgado do processo que decidirá o mérito:**

a .

**Juiz do processo que decidirá o mérito:** está em seu espectro de competência, dentre outras possibilidades, conceder total ou parcialmente, enquanto ato de vontade, as isenções dos incisos I a VIII do art. 98, § 1º, do CPC, servindo tal decisão como fato jurídico processual a justificar a concessão da isenção do inciso IX como efeito secundário da decisão. Compete-lhe, igualmente, cassar ou revogar as referidas isenções dos incisos I a VIII, total ou parcialmente, persistindo o efeito secundário do inciso IX nessa última hipótese (parcial).

b .

**Juiz competente para questões notariais e registrais:** está em seu espectro de competência conceder diretamente, enquanto ato de vontade, a isenção do inciso IX do art. 98, § 1º, do CPC, mesmo que não haja concessão de gratuidade da justiça pelo juiz do processo responsável pelo julgamento de mérito, o que pode acontecer, por exemplo, se a parte necessitar somente dessa isenção a ser concedida na modalidade do § 5º do art. 98 (por ato processual). Considerando que o CPC prevê essa modalidade de gratuidade da justiça por ato processual, por outro lado também está no espectro de competência desse juiz a revogação da isenção do inciso IX concedida como efeito secundário da decisão do juiz do processo que decidirá o mérito.

2) **DEPOIS do trânsito em julgado do processo principal,**

a .

**Juiz do processo que decidirá o mérito:** não mais lhe compete avaliar gratuidade da justiça – seja para conceder, seja para cassar ou revogar – em processo cujo fato do trânsito em julgado ocorreu, pois essa matéria (ou questão, se houver controvérsia) estará preclusa para este juiz, assim como todas as demais ventiladas e decididas ao longo do processo.

b .

**Juiz competente para questões notariais e registrais:** compete-lhe revogar a isenção do inciso IX vigente por força de efeito secundário da decisão do juiz do processo principal, conforme expressa previsão do § 8º, art. 98, do CPC, bem como conceder diretamente, enquanto ato de vontade, a isenção do inciso IX do art. 98, § 1º, do CPC, se o favorecido pela decisão judicial carecer de gratuidade da justiça após o trânsito em julgado, para efetivá-la.

Como se pode notar, esse quadro afasta o problema de possível conflito de competência entre o juiz do processo que decidirá o mérito e o juiz competente para questões notariais e registrais.

## 19. ART. 9º DA LEI N. 1.060/1950: EXPRESSÃO DA INTEGRALIDADE DA ASSISTÊNCIA JURÍDICA

Concluindo o comentário ao § 1º do art. 98 do CPC, o art. 9º da Lei n. 1.060/1950 complementa essa lógica de integralidade, e concordamos com Cleber Francisco Alves quando aduz que esse dispositivo continua vigente[49].

Ele não só continua em vigor como é importantíssimo por significar, na mudança ou de fase processual ou de grau de jurisdição, ***a permanência da presunção de necessidade uma vez deferida a gratuidade da justiça.***

49 Assistência jurídica integral da Defensoria Pública no novo CPC. In: DIDIER JR., Fredie (Coordenação). *Defensoria Pública*. Salvador: Juspodivm, 2015. p. 100 (coleção Repercussões do novo CPC).

E qual seria o efeito prático dessa concepção?

Graças a este dispositivo da Lei n. 1.060/1950, a gratuidade da justiça concedida constitui presunção *juris tantum* em todas as fases processuais e graus de jurisdição, enquanto não for impugnada e desfeita por prova em sentido contrário. É a posição da jurisprudência do STJ, por sinal, firmada pela sua Corte Especial em 2015[50], não havendo qualquer dispositivo no CPC/2015 que autorize a superação desse entendimento.

## 20. ART. 98, §§ 2º E 3º: CONDIÇÃO SUSPENSIVA DE EXIGIBILIDADE DAS OBRIGAÇÕES DECORRENTES DA SUCUMBÊNCIA DO BENEFICIÁRIO DA GRATUIDADE DA JUSTIÇA

Tais dispositivos exercem a função do revogado art. 12 da Lei n. 1.060/1950, não abrangendo a hipótese de multa processual[51].

Assim, no que tange às isenções do § 1º, do art. 98 do CPC/2015, concede-se ao beneficiário da gratuidade da justiça a titularidade do direito à condição suspensiva de exigibilidade para as obrigações decorrentes da sucumbência. E se nos cinco anos subsequentes ao trânsito em julgado o credor provar que a insuficiência de recursos desapareceu, aquele direito à suspensão de exigibilidade é extinto respondendo o devedor pelas obrigações decorrentes da sucumbência.

Quanto à multa processual, a sistemática do CPC/2015 prevê que o pagamento pelo beneficiário de gratuidade da justiça deve ocorrer ao final do processo (isto é, após o trânsito em julgado), não havendo que se falar ou cogitar desse direito à suspensão de exigibilidade do pagamento da multa[52].

Não se deve perder de vista, assim, que os §§ 2º e 3º do art. 98 tratam do problema da *sucumbência*. Não a sucumbência da parte contrária à que foi beneficiada com a gratuidade judiciária, pois aqui não há nenhuma dúvida: se vencedor no processo, o beneficiário da gratuidade fará jus à verba sucumbencial a ser paga pelo vencido. A discussão, assim, gira em torno da situação oposta: se o vencido for o beneficiário da gratuidade judiciária.

O CPC/1939, no seu art. 78[53], já admitia que 'em qualquer tempo' o beneficiado com a gratuidade judiciária poderia ser obrigado a pagar pelas isenções a que fez jus, caso perdesse a condição de necessitado. Em 1950, porém, **a Lei n. 1.060 abandonou a perpetuidade prevista no CPC/39**, estabelecendo que o beneficiário ficaria obrigado a pagar desde a "sentença final" (leia-se trânsito em julgado) pelo período de cinco anos, caso sua condição de necessitado se alterasse (art. 12).

---

50 Como se pode ver na manifestação da Corte Especial no informativo STJ n. 557 de 2015 (AgRg nos EAREsp 86.915-SP).

51 No mesmo sentido: DELLORE, Luiz. Justiça gratuita no CPC/2015: o lado A, em *JOTA*. Disponível em: http://jota.info/justica-gratuita-novo-cpc-lado.

52 Cf. acima, nesta mesma Parte III.

53 "Art. 78. A parte isenta do pagamento das custas ficará obrigada a pagá-las, em qualquer tempo, desde que possa fazê-lo sem prejuízo do sustento próprio ou da família."

De qualquer modo, é necessário relembrarmos a discussão que permeou o agora revogado art. 12 da Lei n. 1.060/1950. Essa discussão ocasionou o surgimento de três correntes, as quais, vale advertir, foram criadas basicamente mais na seara jurisprudencial do que doutrinária[54]:

1ª) o beneficiário deve pagar ao vencedor todas as despesas processuais e honorários de advogado, haja vista que o princípio da sucumbência tem caráter sancionatório;

2ª) o beneficiário nada deve pagar, justamente por ser beneficiário da gratuidade judiciária;

3ª) o beneficiário não deve pagar, mas se dentro dos cinco anos seguintes ao trânsito em julgado perder sua condição de necessitado, terá de pagar ao vencedor aquele valor, nos termos do que dispõe o art. 12.

Pode parecer questionável a existência autônoma dessa terceira corrente, não sendo nenhum absurdo afirmar que havia, na verdade, apenas duas. Isso porque o art. 12 expressamente previa – e isso para qualquer situação: fosse o beneficiário vencedor ou vencido – que a mudança da condição de necessitado para a de não necessitado tornava obrigatório que o beneficiário pagasse pelas isenções decorrentes da gratuidade, as quais abrangiam a verba de sucumbência. Logo, a segunda corrente não existia, pois sempre havia a possibilidade de aplicação do art. 12. Mas não aprofundaremos essa discussão devido aos fins deste livro.

Se de um lado é possível encontrar (supostamente) três correntes na jurisprudência, de outro, a maioria da doutrina que se dedica ao assunto adota a terceira corrente: Fredie Didier Jr. e Rafael Oliveira[55], Augusto Tavares Rosa Marcacini[56], Rogério Nunes de Oliveira[57], Cândido Rangel Dinamarco[58].

A jurisprudência tanto do STJ quanto do STF pacificou acerca da recepção do art. 12 da Lei n. 1.060/1950 pela CF/88, entendendo que a gratuidade da justiça não afasta a sucumbência imposta à parte, mas apenas suspende o pagamento por até cinco anos se não revertido o estado de necessidade, incidindo, após, a prescrição[59].

É bastante provável que os §§ 2º e 3º do art. 98 do CPC/2015 não alterem esse horizonte, já que eles refletem exatamente o que os Tribunais Superiores vinham decidindo: a gratuidade da justiça constitui ***condição suspensiva de exigibilidade*** das obrigações decorrentes da sucumbência,

---

54 Com efeito, dos principais doutrinadores atuais que abordaram essas correntes, Fredie Didier Jr. e Rafael Oliveira (*Benefício da justiça gratuita...*, cit., p. 25-6) se valem da obra de Augusto Tavares Rosa Marcacini. Este, por sua vez, menciona a existência de três correntes jurisprudenciais, citando basicamente julgados oriundos do Tribunal de Justiça do Estado de São Paulo. *Assistência jurídica, assistência judiciária e justiça gratuita,*. cit., p. 52-6.

55 *Benefício da justiça gratuita...*, cit., p. 25-6.

56 *Assistência jurídica, assistência judiciária e justiça gratuita...*, cit., p. 52.

57 *Assistência jurídica gratuita...*, cit., p. 164.

58 *Instituições de direito processual civil*, cit., v. II, p. 702.

59 STF, 1ª Turma, Rel. Min. Dias Toffoli, **ARE 823820 AgR-ED/DF** – Distrito Federal, DJE 18-6-2015 (exemplo de aplicação do referido art. 12); STF, 2ª Turma, Rel. Min. Ayres Britto, **ARE 643601 AgR / DF** – Distrito Federal, *DJE* de 2-12-2011; STJ, 1ª Turma, Rel. Min. Arnaldo Esteves Lima, EDcl no AREsp 209961/PE, DJE 15-12-2013; STJ, 2ª Turma, Rel. Min. Herman Benjamin, AgRg no AREsp 403.448/SP, DJE 28-2-2014; STJ, 2ª Turma, Rel. Min. Humberto Martins, AgRg no REsp 1414975 / SP, *DJE* 13-112015.

condição esta que desaparece ***caso o credor comprove*** o fim da insuficiência de recursos por parte do devedor beneficiário da gratuidade da justiça. Se tal insuficiência não se alterar durante cinco anos a contar do trânsito em julgado, as obrigações decorrentes da sucumbência estarão *prescritas*.

## 21. A PERDA DA CONDIÇÃO DE NECESSITADO SUCUMBENTE: A QUEM CABE TAL DEMONSTRAÇÃO?

Vale aprofundar a análise do § 3º do art. 98 explorando aspecto pouco explorado: o CPC/2015 expressamente ***atribui ao credor a prova da perda da condição de necessitado do beneficiário***, ao contrário da respectiva regra que constava do art. 12 da Lei n. 1.060/1950, que nada referia a esse respeito.

Vale uma indagação: esse regime diferenciado teve o objetivo de conferir à *parte credora*, e somente a ela, a iniciativa de discussões desse jaez ou a previsão de caber a ela tal prova não impede que o juiz, *de ofício*, aja naquele intuito? Vale dizer, a título de argumentação, que essa indagação pode ser respondida de *duas maneiras* e ambas com base no art. 99, § 2º.

A leitura de que o juiz pode, *de ofício*, agir no sentido de fazer com que agora "ex-necessitado" não continue usufruindo dos benefícios da gratuidade decorre tanto do dever de boa-fé processual (art. 5º) – que aqui equivale à máxima de que ninguém pode se beneficiar da própria torpeza (*Nemo auditur propriam turpitidinem allegans*) – quanto da existência art. 99, § 2º. Com efeito, se o juiz, com fulcro em elementos dos autos, pode indeferir o pleito de gratuidade judiciária (art. 99, § 2º), não faria sentido impedi-lo, após a sucumbência do beneficiário da gratuidade da justiça, alcançar o mesmo resultado. No fundo, essa conduta judicial seria zelar para que somente os necessitados se valham da gratuidade da justiça.

Outra leitura, porém, é possível.

O art. 99, § 2º prevê competir ao juiz indeferir o pleito de gratuidade judiciária desde que haja *elementos nos autos*. Não existindo tais elementos, a interpretação literal é de que ao juiz é vedado agir, e eles só existiriam se o credor peticionasse nesse sentido – o que retira o caráter *ex officio* da questão. Frise-se que ressalva como essa ("se houver nos autos elementos...") não existia no art. 5º, *caput*, da Lei n. 1.060/1950, que apenas referia a 'fundadas razões', sem acrescentar algo como 'constante dos autos'. Além disso, parece perigoso permitir ao juiz que atue como o defensor do interesse na arrecadação, o que poderia ferir sua imparcialidade, como se fosse responsável pela arrecadação.

A prevalecer esse entendimento restritivo, na prática não poderia o juiz, de ofício – para raciocinarmos com uma situação incomum e hipotética –, com base, por exemplo, em uma notícia veiculada na imprensa, fazer com que o beneficiário, agora não mais necessitado já que saiu na capa da revista *Forbes*, arque com os benefícios da gratuidade da justiça[60].

---

60 Num interessante julgado, o TJRS admitiu o uso de fotos do ORKUT para provar que a parte que pleiteou o benefício fazia viagens para a Europa (para diversão), de modo que não se poderia admitir, no caso, o deferimento da gratuidade. Já na ementa se lê: "o magistrado tem o poder-dever de investigar a real situação de necessidade da parte que pretende o benefício", ressaltando que isso decorre do zelo para com os cofres públicos (Agravo n. 70015426174, 17ª Câmara Cível, rel. Elaine Harzheim Macedo, de 29-6-2006).

Até por se tratar de algo tradicional e costumeiro no direito brasileiro, parece-nos que a primeira leitura é a mais acertada. No limite, aliás, até se poderia interpretar que a novel expressão 'elementos nos autos' tem o condão de restringir a atuação de ofício do juiz, e não simplesmente extirpá-la.

## 22. PARCELAMENTO E CONCESSÃO PARCIAL DA GRATUIDADE

Os §§ 5º e 6º do art. 98 disciplinam *técnicas de concessão parcial de gratuidade da justiça.*

Antes de tudo, parece-nos que essas técnicas correspondem à exigência de igualdade de tratamento das partes, tratando os desiguais desigualmente; além disso, permitem a implementação da boa-fé objetiva, pois se espera daquele que não necessita integralmente da gratuidade da justiça pedido de concessão parcial do benefício. No limite, é uma forma que tem o solicitante da gratuidade da justiça de prevenir futura impugnação da parte contrária, evitando, assim, as duras consequências de eventual revogação – que pode até implicar-lhe multa processual.

Em tese, esses dispositivos correspondem ao ***art. 13 da Lei n. 1.060/1950, que não foi expressamente revogado pelo CPC/2015***; por sua vez, o mencionado art. 13 foi antecedido pelo revogado art. 79 do CPC/1939[61]. Como se pode notar, o art. 13 autorizava a concessão parcial de justiça gratuita e, diferentemente da especificação do art. 79 do CPC/1939, determina, de modo genérico, o rateio da parcela paga entre os titulares do direito de recebimento.

O § 5º do art. 98 do CPC/2015 parece ampliar o objeto de incidência da normativa: antes, os dispositivos do CPC/1939 e da Lei n. 1.060/1950 cuidavam somente das despesas, enquanto o novel dispositivo estende a gratuidade em relação a algum ou a todos os atos processuais. Assim, pode acontecer de o beneficiário pagar todas as despesas e, por exemplo, deixar de recolher a remuneração do perito, por ser ela muito custosa. Importa lembrar, para que se compreenda esse exemplo, que despesas *"abrangem as custas dos atos do processo, a indenização de viagem, a remuneração do assistente técnico e a diária de testemunha"*[62]. De qualquer modo, o CPC/2015 permite a técnica de concessão da gratuidade da justiça *limitada a alguns atos processuais*, coisa que o art. 13 da Lei n. 1.060/1950 não autorizava expressamente – embora isso se pudesse inferir à luz do princípio superior do acesso à Justiça.

Além da técnica acima (concessão parcial), o dispositivo legal ora analisado (sua segunda parte) prevê que a gratuidade poderá abranger todos os atos processuais mas com redução percentual das despesas.

O § 6º do art. 98 complementa, na verdade, as duas técnicas que identificamos no § 5º e, importa frisar, trata-se de inovação por não encontrar dispositivo correspondente na Lei n. 1.060/1950 nem no CPC/1939.

Como se depreende desse § 6º, a pessoa cuja insuficiência de recursos não lhe permita apenas o *pagamento à vista* das despesas processuais poderá requerer ao juiz seu *parcelamento.*

---

61 "Se o beneficiado puder suportar em parte as despesas do processo, o juiz mandará pagar as custas aos oficiais de justiça, porteiros dos auditórios e demais serventuários, na ordem que estabelecer, considerando as necessidades de cada um."

62 CPC/2015, art. 84.

Pela redação desse dispositivo, não fica excluída a possibilidade sua aplicação conjunta com uma das técnicas do § 5º. Por exemplo, pode-se reduzir o percentual de pagamento das despesas parcelando-as.

Todas as vezes que o legislador brasileiro previu o instituto da concessão parcial (em sentido amplo) da gratuidade da justiça, ele foi movido, sem dúvida alguma, pela melhor das intenções. Ela, porém, não leva em conta que, na prática, sua operacionalização é bastante dificultosa e é por isso que, às vezes, as leis simplesmente não "pegam" – como se diz popularmente.

Na vida real, quando os §§ 5º e 6º do art. 98 forem utilizados, a técnica de concessão parcial da gratuidade da justiça a ser aplicada dependerá, sobretudo, do pedido de quem se candidate ao benefício da gratuidade[63]. Só ele poderá esclarecer qual a melhor técnica aplicável à sua situação, movido, senão pela consciência acerca do papel da gratuidade da justiça, pelo temor de eventual multa decorrente de sua, digamos, *má-fé pela metade* (art. 100, parágrafo único).

## 23. MOMENTOS PARA PLEITEAR A GRATUIDADE DA JUSTIÇA. EFEITO *EX NUNC* DO DEFERIMENTO DA GRATUIDADE DA JUSTIÇA NA JURISPRUDÊNCIA DO STJ

O *caput* do art. 99 do CPC/2015 bem como seu § 1º correspondem a parte do revogado art. 6º da Lei n. 1.060/1950, e a redação atual tem a vantagem de explicitar com maior clareza o que estava implícito na Lei n. 1.060/1950: os ***momentos em que se pode formular o pedido de gratuidade da justiça.***

É indiscutível, pela redação do CPC/2015, que *a qualquer momento* pode ser feito o pedido de gratuidade da justiça: o momento é condicionado só pela necessidade da parte. A regra do CPC/2015, por sinal, vai ao encontro da jurisprudência:

Em conclusão, a 1ª Turma, por maioria, deu provimento a agravo regimental interposto de decisão que desprovera agravo de instrumento manejado de decisão que, ante a ausência de preparo, inadmitira, na origem, recurso extraordinário no qual requerida a assistência judiciária gratuita no ato de sua interposição — v. Informativo 640. Entendeu-se cabível deferir-se a gratuidade antes da interposição ou como pleito embutido na petição de recurso extraordinário, salvo se houvesse fraude, como, por exemplo, quando a parte não efetuasse o preparo e, depois, requeresse que se relevasse a deserção. Afirmou-se plausível alguém que, até então, pudesse custear as despesas processuais não possuir mais condições de providenciar preparo, o que teria força declaratória a retroagir ao período próprio à interposição do recurso no qual pleiteada a

63 Uma crônica de Mario Filho sobre o futebol bem ilustra como será desafiador obter essa sinceridade no campo processual. Segundo o grande cronista, em 1924, no Rio de Janeiro, jogaram América e São Cristóvão. Em dado momento, Chiquinho, jogador do América, teria feito um gol com a mão. Os jogadores e a torcida do São Cristóvão protestaram e o juiz, Mister Toddy, um inglês, com sua "fleuma britânica", resolveu decidir o impasse perguntando ao próprio Chiquinho se ele realmente colocara a mão na bola. Chiquinho respondeu: "Não". Então Mister Toddy concluiu que Chiquinho não colocou a mão na bola, validando o gol (no fim do jogo a torcida do São Cristóvão quebrou o vestiário do América). *As coisas incríveis do futebol* – as melhores crônicas de Mario Filho, Francisco Michelin (organização), Ex Machina, São Paulo, 2014, p. 84.

assistência judiciária. Vencido o Min. Dias Toffoli, relator, que negava provimento ao recurso. Destacava que o requerimento de justiça gratuita, quando realizado na primeira oportunidade, deveria ser processado nos autos principais e, se formulado posteriormente, autuado em apenso, com intimação da parte contrária para contestar (AI n. 652139 AgR/MG, rel. Min. Dias Toffoli).

Diferentemente da Lei n. 1.060/1950, o CPC/2015 também possibilitou, expressamente, que o ***terceiro***, ao ingressar no processo (na fase de recurso inclusive), se valha da gratuidade da justiça. Apenas é importante que ele utilize *simples petição* se não tiver de usar petição *específica* em obediência ao ordenamento processual: *e.g.*, deve interpor recurso de terceiro, e não simples petição se estiver recorrendo; deve apresentar petição inicial de embargos de terceiro se estiver ajuizando tal ação, e não simples petição; etc.

Aspecto importante a considerar, e que o CPC/2015 não abordou expressamente, é que o pedido de gratuidade da justiça que restar deferido surtirá efeito do deferimento em diante (*ex nunc*), não retroagindo (*ex tunc*). Assim vem se decidindo na jurisprudência:

> AgRg no AREsp 442474 / MG 2013/0397312-0
> Relator(a) Ministro HERMAN BENJAMIN Órgão Julgador – SEGUNDA TURMA Data do Julgamento 18/02/2014
> PROCESSUAL CIVIL. ASSISTÊNCIA JUDICIÁRIA GRATUITA. PEDIDO FORMULADO NA PEÇA RECURSAL. EFEITOS RETROATIVOS. IMPOSSIBILIDADE. RECURSO ESPECIAL. ALÍNEA "C". NÃO DEMONSTRAÇÃO DA DIVERGÊNCIA.
> 1. **O STJ possui entendimento no sentido de que a concessão do benefício da assistência judiciária gratuita só produzirá efeitos quanto aos atos processuais relacionados ao momento do pedido, ou que lhe sejam posteriores, não sendo admitida, portanto, sua retroatividade.** (...) [NEGRITO]
> GRATUIDADE. JUSTIÇA. REQUERIMENTO. CURSO. PROCESSO. POSSIBILIDADE. No caso, a recorrente, no momento da interposição da apelação, requereu os benefícios da justiça gratuita, alegando falta de condições financeiras para arcar com os encargos do preparo do recurso. **A Turma entendeu que, conforme o art. 4º c/c o art. 6º da Lei n. 1.060/1950, pode-se requerer o benefício da gratuidade da justiça tanto no ato de demandar quanto no curso de processo, desde que não esgotada a prestação jurisdicional, sendo certa a impossibilidade de extensão retroativa da assistência judiciária.** [NEGRITO] Precedentes citados: AgRg no AREsp 41.373-MS, *DJE* 4-11-2011; AgRg no AREsp 663-DF, DJE 29/6/2011, e AgRg no Ag 876.596-RJ, *DJE* 24-8-2009.
> (REsp 903.779-SP, Rel. Min. Luis Felipe Salomão, julgado em 17-11-2011 – Informativo 487/2011)

## 24. PEDIDO DE GRATUIDADE NA FASE RECURSAL

O § 7º do art. 99 do CPC/2015 não encontra dispositivo correspondente na Lei n. 1.060/1950, constituindo uma extensão prática do *caput* e do § 1º do art. 99 – para não sermos repetitivos, fazemos remissão aos respectivos comentários.

De qualquer modo, esse dispositivo concretiza a hipótese de requerimento da gratuidade na fase recursal, o que é plenamente lógico com a possibilidade de alguém ter condições de arcar com o preço do processo desde o início, mas, por alguma reviravolta na vida, perder tal capacidade quando da fase recursal. Nesse caso, ***o relator não deverá considerar o recurso deserto***

***porque, num primeiro momento, a parte requerente estará dispensada do recolhimento do preparo, cabendo ao relator apreciar esse pedido.*** Se o requerimento de gratuidade for **negado**, intimará o requerente fixando-lhe prazo para que proceda ao recolhimento do preparo – como se vê, o dispositivo em apreço, como não poderia ser diferente, encarnou a lógica das normas fundamentais de boa-fé objetiva (art. 5º) e do modelo cooperativo (art. 6º, CPC/2015).

Neste ponto, o CPC/2015 se inspirou na jurisprudência firmada pelo STJ e pelo STF:

> PROCESSO CIVIL. RECURSO ESPECIAL. BENEFÍCIO DA GRATUIDADE DE JUSTIÇA. POSSIBILIDADE DE REQUERIMENTO NO CURSO DO PROCESSO. ART. 6º DA Lei n. 1.050/1950. 1. A Lei n. 1.060/1950, recepcionada pela Constituição Federal de 1988, regulamentou o benefício da gratuidade de justiça, garantindo aos menos favorecidos o direito ao acesso à justiça e à tutela jurisdicional em situação material de igualdade, isentando-os das despesas do processo. 2. O pedido de gratuidade de justiça pode ser formulado no curso do processo (art. 6º da Lei n. 1.060/50), aplicando-se tão somente às despesas processuais vindouras, vedada a hipótese de retroatividade. 3. **No caso em exame, a recorrente requereu, em petição apartada, a concessão da gratuidade de justiça por ocasião da interposição da apelação, visando à obtenção da isenção do pagamento das despesas com o preparo do recurso, o que se configura prática legítima, tanto que deferido o benefício pelo Juízo singular por ocasião do recebimento da apelação.** 4. Recurso especial provido, determinando-se a remessa dos autos ao tribunal de origem para análise da apelação. REsp 903.779-SP, Rel. Min. Luis Felipe Salomão, julgado em 17-11-2011.
>
> Em conclusão, a 1ª Turma, por maioria, deu provimento a agravo regimental interposto de decisão que desprovera agravo de instrumento manejado de decisão que, ante a ausência de preparo, inadmitira, na origem, recurso extraordinário no qual **requerida a assistência judiciária gratuita no ato de sua interposição** — v. Informativo 640. **Entendeu-se cabível deferir-se a gratuidade *antes* da interposição ou como *pleito embutido* na petição de recurso extraordinário, salvo se houvesse fraude**, como, por exemplo, quando a parte não efetuasse o preparo e, depois, requeresse que se relevasse a deserção. *Afirmou-se plausível alguém que, até então, pudesse custear as despesas processuais não possuir mais condições de providenciar preparo, o que teria força declaratória a retroagir ao período próprio à interposição do recurso no qual pleiteada a assistência judiciária.* Vencido o Min. Dias Toffoli, relator, que negava provimento ao recurso. Destacava que o requerimento de justiça gratuita, quando realizado na primeira oportunidade, deveria ser processado nos autos principais e, se formulado posteriormente, autuado em apenso, com intimação da parte contrária para contestar. **AI 652139 AgR/MG, rel. orig. Min. Dias Toffoli, red. p/ o acórdão Min. Marco Aurélio, 22-5-2012. (AI-652139)**

Não há superposição entre esse § 7º e o § 1º do art. 101 do CPC/2015, pois este dispositivo diz respeito à hipótese de quem recorre do indeferimento ou revogação da gratuidade da justiça.

## 25. A QUEM CABE ANALISAR A GRATUIDADE DA JUSTIÇA. DISTINÇÃO EM RELAÇÃO À ASSISTÊNCIA JURÍDICA

O *caput* do art. 99 do CPC/2015 determina que a análise sobre a condição de necessitado para fins de gratuidade da justiça cabe ao Poder Judiciário (ao juiz do processo), como deixava claro, a propósito, o art. 5º da Lei n. 1.060/1950. Nunca é demais frisar, porém, que para fins de assistência jurídica, isto é, acerca de quem vai prestar este serviço, a análise compete à Defensoria Pública. Um julgado do TJRJ bem esclarece o ponto:

Administrativo. Processual civil. Defensor Público. Determinação judicial de cessação do patrocínio da Defensoria Pública. Impossibilidade. Violação, por via oblíqua, do princípio da inamovibilidade do Defensor Público. **Inexistência de relação de hierarquia ou subordinação entre Defensores Públicos e Magistrados.** Hipótese em que o **Juízo de 1º grau indeferiu requerimento de assistência judiciária gratuita e determinou a cessação do patrocínio da Defensoria Pública. O Poder Judiciário não tem como intervir na relação cliente-advogado e, do ponto de vista meramente administrativo, é da Defensoria Pública o juízo de oportunidade e conveniência da atividade de representação judicial dos necessitados, respeitados os limites éticos e disciplinares impostos pela própria instituição.** Trata-se de órgão vinculado ao Poder Executivo do Estado e, como integrante da Administração Pública, seus agentes estão submetidos às normas e princípios do Direito Administrativo. Afirma-se, pois, a discricionariedade da Defensoria Pública quanto à avaliação de ser, ou não, seu assistido carente de recursos. Se, diferentemente do Juiz, o Defensor Público entende que seu assistido é necessitado a justificar a atuação da Defensoria Pública, nada pode o Juiz fazer a respeito. Afinal de contas, o Magistrado decide sobre a concessão, ou não, da gratuidade de Justiça e não sobre a representação judicial da parte. Entre os membros da Defensoria Pública e a Magistratura não há qualquer relação de hierarquia ou subordinação (artigo 82, Lei Complementar Estadual n. 6/77). Por isso, ainda que tenha negado a assistência judiciária gratuita, não pode, o Juiz, obstaculizar a representação da parte por Defensor Público que, mesmo nesses casos, continua senhor de suas prerrogativas para intimação e contagem de prazos. Entendimento contrário levaria, por via oblíqua, à desconsideração da norma legal do artigo 127, Lei Complementar n. 80/04, que prevê a inamovibilidade do Defensor Público (AI 2008.002.13794, TJRJ, rel. Des. Marco Antonio Ibrahim). (destacamos)

Esse é um exemplo concreto da ***distinção entre assistência jurídica e gratuidade da justiça (antiga gratuidade judiciária, conforme a nomenclatura antiga)***.

## 26. PROCEDIMENTO DO PEDIDO DE GRATUIDADE

O §1º do art. 99 do CPC/2015, tal qual o revogado art. 6º da Lei n. 1.060/1950, prevê que ***o pedido de gratuidade não deve suspender o curso do processo***. O CPC/2015, porém, prescreve que o processamento se dê ***nos autos do próprio processo*** – diversamente do que determinava a Lei n. 1.060/1950, que determinava autuação em separado.

Assim, percebe-se que o CPC/2015 ***não trata mais o pedido de justiça gratuita como processo incidente***, e há coerência do ponto de vista do sistema processual: segundo os ***arts. 101 e 1.015, V*** *do CPC/2015, a regra é que* ***a impugnação contra decisão ou de indeferimento de gratuidade ou de revogação dessa gratuidade seja feita por agravo de instrumento***, exceto se a decisão for manifestada por meio de sentença, caso em que caberá apelação. As duas hipóteses não exigem realmente autos apartados.

No que tange ao aspecto formal, enquanto o art. 99, *caput*, do CPC/2015 prescreve que o pedido de gratuidade da justiça deve ser feito *na própria petição* relativa à primeira manifestação da parte nos autos, o art. 6º da Lei n. 1.060/1950 dispunha que o peticionamento dar-se-ia autonomamente, tanto que sua análise corria em autos apartados, como já dissemos. A jurisprudência, aliás, inspirava-se no referido art. 6º para decidir que o pleito de gratuidade na fase recursal deveria ser feito em petição avulsa, e não no seio das próprias razões recursais, sob pena de considerar a ocorrência da deserção:

> PROCESSUAL CIVIL. AGRAVO REGIMENTAL NO RECURSO ESPECIAL. EXECUÇÃO DE SENTENÇA. INOVAÇÃO RECURSAL. IMPOSSIBILIDADE. PRECLUSÃO CONSUMATIVA. GRATUIDADE DA JUSTIÇA. REQUERIMENTO NAS RAZÕES DO RECURSO ESPECIAL. NECESSIDADE DE PETIÇÃO AVULSA. AUSÊNCIA DE PREPARO. DESERÇÃO. SÚMULA 187/STJ. MASSA FALIDA. INAPLICABILIDADE DO ART. 208 DO DECRETO-LEI N. 7.661/45. PRECEDENTES. AGRAVO REGIMENTAL PARCIALMENTE CONHECIDO E, NESSA PARTE, NÃO PROVIDO.
>
> (...) 2. Conforme dispõe o art. 6º da Lei n. 1.060/1950 e a jurisprudência consolidada do STJ, o pedido do benefício da assistência judiciária gratuita, quando já em curso o processo, deve ser formulado por meio de **petição avulsa** e não nas razões do recurso especial, devendo ser processada em apenso aos autos principais. A falta de observância a este procedimento implica **erro grosseiro**, inviabilizando a apreciação do pedido.
>
> 3. Incide ao caso, a Súmula 187/STJ: É deserto o recurso interposto para o Superior Tribunal de Justiça, quando o recorrente não recolhe, na origem, a importância das despesas de remessa e retorno dos autos.
>
> 4. Outrossim, a jurisprudência desta Corte é no sentido de que a intimação para a complementação do preparo só é admitida quando recolhido o valor de forma insuficiente. No caso concreto, não se trata de insuficiência de preparo, e sim de ausência de comprovação do seu recolhimento.

Agora, porém, ao que tudo indica, a jurisprudência – que seguia a lógica do revogado art. 6º da Lei n. 1.060/1950 – deverá firmar novo entendimento, admitindo que o pedido de gratuidade da justiça seja feito nas próprias razões do recurso, e essa mudança converge ao espírito de primazia do julgamento do mérito.

## 27. INDEFERIMENTO DA GRATUIDADE

Os §§ 2º e 3º do art. 99 do CPC/2015 devem ser interpretados conjuntamente. Eles correspondem a parte do § 1º do art. 4º e parte do *caput* do art. 5º da Lei n. 1.060/1950.

O § 2º do art. 99 determina que o juiz só indeferirá o pedido *se* **houver nos autos** elementos que evidenciem a falta de pressupostos legais para concessão de gratuidade. Sem esses elementos, prevalece a presunção do § 3º, ou seja, deve-se considerar verdadeira até prova em contrário a insuficiência deduzida pelo requerente[64]. Essa regra reflete a jurisprudência, que já admitia o indeferimento do benefício pelo juiz mesmo sem impugnação da parte contrária.

O § 4º do art. 99 do CPC/2015, por sua vez, impede o indeferimento da gratuidade da justiça sob o simples argumento de que o requerente é representado por advogado particular, o que é coerente com o espírito de um Código que, ao disciplinar técnicas de concessão parcial da gratuidade, ***decididamente rejeita a lógica do tudo ou nada.***

---

64 Sobre o contexto histórico do revogado art. 4º da Lei n. 1.060/1950, remetemos o leitor para as reflexões que fizemos no tópico sobre a história da assistência jurídica no Brasil.

Com efeito, alguns juízes, equivocadamente, negavam o benefício somente com base nesse argumento, sem ponderar que existem advogados atuando *pro bono*, ou atuando por contrato de honorários com cláusula *ad exitum* ou mesmo honorários meramente simbólicos. Portanto, o § 4º proscreve esse tipo de decisão totalmente abusiva.

Quanto ao § 3º do art. 99 do CPC/2015, um dos autores da presente obra destaca aspecto importante que distingue o tratamento legal da pessoa natural em relação ao da jurídica: presume-se verdadeira a alegação de insuficiência deduzida exclusivamente por pessoa natural, e portanto "a contrario sensu, *a pessoa jurídica deverá comprovar, não bastando apenas a declaração de seu representante nesse sentido*". Ele ainda nos recorda que a jurisprudência sempre oscilou nesse assunto: sobre se pessoa jurídica fazer jus à assistência jurídica, o STF, por exemplo, já entendeu que a pessoa jurídica de direito privado, com e sem fins lucrativos, pode gozar da gratuidade, desde que prove a incapacidade econômica (Informativo n. 455, RE n. 192715). O STJ, por sua vez, já adotou outra posição: só a pessoa jurídica de direito privado com fins lucrativos precisa provar isso (Eresp 388045)[65-66].

De fato, concordamos que o texto literal do CPC/2015 não faz a distinção do STJ, porém sabemos que as dificuldades são enormes para pessoas jurídicas sem fins lucrativos: falhou aqui o CPC/2015, sobretudo porque uma de suas preocupações é o acesso à justiça mais amplo possível. Ademais, tenha-se em mente que mesmo a pessoa jurídica sem fins lucrativos em boas condições financeiras mereceria, *de lege ferenda*, a isenção da gratuidade judiciária, pois esse dinheiro pode ser utilizado em sua atividade-fim para beneficiar um maior número de pessoas destinatárias do serviço que presta.

## 28. DECLARAÇÃO FALSA DA CONDIÇÃO DE NECESSITADO. FALSIDADE IDEOLÓGICA?

Do ponto de vista penal, o CPC/1939 – algo que a Lei n. 1.060/1950 deixou de lado – já determinava no art. 72, especificamente em seu parágrafo único: "*A parte que pretender o benefício de gratuidade mencionará, na petição, o rendimento ou vencimentos que percebe e os seus encargos pessoais e de família. (...) Quem, para este efeito, prestar declarações falsas, será punido na forma da lei penal*".

Atualmente, porém, os tempos parecem ter mudado a esse respeito e a jurisprudência brasileira tem se manifestado pela *atipicidade* na hipótese de falsa declaração de pobreza para obtenção de gratuidade da justiça, conforme extraímos do informativo STJ 546, de 24 de setembro de 2014, bem como do sítio digital do STF:

---

65 REIS, Gustavo Augusto Soares dos. O CPC/2015 e a Defensoria Pública do século XXI: o regime jurídico de um novo ator processual..., cit., p. 417.

66 Tramita no STF a ADIn 4.636, proposta pelo Conselho Federal da Ordem dos Advogados do Brasil, pretendendo justamente a declaração de inconstitucionalidade da expressão "e jurídicas" (relativa à atuação em favor de pessoas jurídicas) do inciso V do art. 4º da LC n. 80/1994.

DIREITO PENAL. ATIPICIDADE DA FALSA DECLARAÇÃO DE HIPOSSUFICIÊNCIA PARA OBTENÇÃO DE JUSTIÇA GRATUITA. É atípica a mera declaração falsa de estado de pobreza realizada com o intuito de obter os benefícios da justiça gratuita. O art. 4º da Lei n. 1.060/1950 dispõe que a sanção aplicada àquele que apresenta falsa declaração de hipossuficiência é meramente econômica, sem previsão de sanção penal. Além disso, tanto a jurisprudência do STJ e do STF quanto a doutrina entendem que a mera declaração de hipossuficiência inidônea não pode ser considerada documento para fins penais. Precedentes citados do STJ: HC 218.570-SP, Sexta Turma, DJE 5/3/2012; HC 217.657-SP, Sexta Turma, DJE 22/2/2012; e HC 105.592-RJ, Quinta Turma, DJE 19/4/2010. Precedente citado do STF: HC 85.976-MT, Segunda Turma, *DJ* 24/2/2006. HC 261.074-MS, Rel. Min. Marilza Maynard (Desembargadora convocada do TJ-SE), julgado em 5/8/2014. FALSIDADE IDEOLÓGICA. DECLARAÇÃO DE POBREZA PARA FINS DE GRATUIDADE JUDICIÁRIA. Declaração passível de averiguação ulterior não constitui documento para fins penais. HC deferido para trancar a ação penal (STF, HC 85976, Rel. Min. Ellen Gracie, j. 24-2-2006).

Concordamos com a atipicidade: a declaração não se refere a um fato, mas sim a um juízo de valor do declarante sobre a possibilidade de arcar com os custos de advogado sem prejuízo de suas necessidades pessoais e familiares, que dificilmente permitiria a comprovação objetiva da falsidade e, em especial, do dolo. A falsa afirmação sobre a propriedade de um imóvel pode ser objetivamente comprovada, assim como o dolo sobre a falsidade. A falsa afirmação sobre o juízo de valor de ter ou não condição de custear advogado sem prejuízo do sustento da família escapa à taxatividade e aptidão de objetiva comprovação exigidas pela tipicidade penal ("estrita legalidade", na lição garantista)[67]. Além disso, se a lei prevê sanção administrativa para a falta, sem a ressalva da sanção penal, a pena administrativa deve ser considerada suficiente.

## 29. GRATUIDADE DA JUSTIÇA A ADVOGADO

Historicamente, tanto o CPC/1973 ou a Lei n. 1.060/1950 não faziam a distinção entre parte e advogado para fins de gratuidade. O § 5º do art. 99, bem recordam Luiz Dellore et al[68], disciplinou o assunto, concedendo guarida ao advogado que se mostre necessitado e precise da gratuidade da justiça para recurso cujo objeto seja o valor fixado para honorários de sucumbência.

O advogado que se declarar necessitado deverá fazer tal declaração de insuficiência para usufruir da presunção do § 3º do art. 99: e a regra que comentaremos a seguir, do § 6º do art. 99 do CPC/2015, também o vincula, porque o fato de seu cliente ser beneficiário da gratuidade da justiça, por óbvio, não lhe estende automaticamente tal benefício quando este discutir o valor de seus honorários sucumbenciais. Essa desvinculação reside na ***pessoalidade*** da gratuidade da justiça.

## 30. CARÁTER PESSOAL DA GRATUIDADE

Corresponde ao § 6º do art. 99 do CPC/2015 e ao o art. 10 da Lei n. 1.060/1950, sendo que

67 Nesse sentido FERRAJOLI, Luigi. *Direito e Razão*. 4. ed. São Paulo: RT, 2014. p. 444.

68 ROQUE, André Vasconcelos; GAJARDONI, Fernando da Fonseca; DELLORE, Luiz; OLIVEIRA; Zulmar Duarte de. *Teoria Geral do Processo...*, cit., comentário ao art. 99, item "6", p. 338.

este não foi expressamente revogado, mas tacitamente. Tais dispositivos apontam o caráter ***personalíssimo*** do benefício da gratuidade da justiça[69].

O trecho final do art. 10 da Lei n. 1.060/1950 desse dispositivo parecia – em leitura desatenta – apresentar exceção à regra da pessoalidade do benefício, mas não era o que ocorria. Afinal, tratava-se de concessão (e não de transmissão) do benefício aos herdeiros: o dispositivo, nesse sentido, dispunha que a concessão deveria ocorrer para aqueles que "necessitarem de tais favores" (deixemos de lado a expressão literalmente paternalista da lei, pois não se trata de "favor").

O CPC/2015 corretamente manteve a regra jurídica de atribuir à gratuidade da justiça caráter pessoal. Por tal motivo, consoante o § 6º do art. 99, o direito à gratuidade não se estende a litisconsorte ou a sucessor do beneficiário, dependendo de concessão específica do juízo que analisará a situação pessoal de cada um deles.

Diferentemente do art. 10 da Lei n. 1.060/1950 e do art. 69 do CPC/1939[70], o CPC/2015 não menciona expressamente a situação dos herdeiros. Porém, quando o § 6º menciona que os sucessores (em sentido *processual*) devem se submeter à análise pessoal para fins de concessão judicial do benefício da gratuidade da justiça, por óbvio estão incluídos os herdeiros que sucedam, processualmente, a parte falecida.

Um exemplo da jurisprudência esclarece muito bem essa *pessoalidade* do benefício da gratuidade da justiça . Trata-se da impossibilidade do benefício concedido ao apelante principal ser estendido, ou se comunicar, com o apelante adesivo pelo simples fato do regime de adesão recursal (informativo STJ n. 0458, de 29 de novembro a 3 de dezembro de 2010):

> PREPARO. RECURSO ADESIVO. O recorrente no REsp insurge-se contra o julgamento *a quo* que deixou de conhecer de seu recurso adesivo de apelação por declará-lo deserto. Sustenta que, conforme dispõe o art. 500 do CPC, o recurso adesivo segue sempre o recurso principal como subordinado e dependente; assim, se o recurso principal está isento de preparo por ser beneficiário da gratuidade da Justiça, não se poderia exigir o preparo do recurso adesivo. Para o Min. Relator, essa interpretação legal não pode ser acompanhada, uma vez que o parágrafo único do citado art. 500 do CPC estabelece que se aplicam ao recurso adesivo as mesmas regras do recurso independente, ou seja, aquele recurso que a parte interporia espontaneamente nos termos do art. 511 do CPC. Dessa forma, não prospera a pretensão do recorrente, visto que o acórdão recorrido está em conformidade com o posicionamento adotado neste Superior Tribunal, razão pela qual a Turma não conheceu do recurso. Precedente citado: REsp 799.010-SP, *DJ* 4/6/2007. (REsp 912.336-SC, Rel. Min. Aldir Passarinho Junior, julgado em 2-12-2010).

## 31. IMPUGNAÇÃO AO DEFERIMENTO DA GRATUIDADE

O art. 100 revela o espírito existente na sistemática de concessão da gratuidade da justiça, a saber: privilegiar o acesso à justiça. Não é outra a razão de abrir caminho à impugnação da

69 O Código de Processo Civil de 1939 já previa a mesma sistemática e era até mais expresso: "Art. 69. O benefício de gratuidade é personalíssimo, extinguindo-se com a morte do beneficiário; poderá, entretanto, ser concedido aos herdeiros que continuarem a demanda, verificadas as condições previstas neste capítulo".

70 "O benefício de gratuidade é personalíssimo, extinguindo-se com a morte do beneficiário; poderá, entretanto, ser concedido aos herdeiros que continuarem a demanda, verificadas as condições previstas neste capítulo."

gratuidade da justiça somente após a concessão da benesse pelo juiz, o que também vigorava na Lei n. 1.060/1950. Tratamos mais desse assunto nos comentários ao art. 101, quando abordamos o tema recursos, mais especificamente os poderes do relator.

Outro aspecto importante é que o art. 100 confirma a possibilidade de se conceder o benefício da gratuidade da justiça a qualquer tempo, isto é, ao longo de todo o procedimento e até mesmo quando esteja findado e surja a necessidade do benefício para efetivação da decisão judicial em serviços notariais e de registro (quanto a esta última parte, confira nosso comentário ao § 8º do art. 98 do CPC). Isso porque existe perfeito paralelismo entre o art. 100 com o *caput* do 99 e seu § 1º, já que a impugnação se dará a qualquer tempo, respeitado o prazo de 15 (quinze) dias após o deferimento da gratuidade da justiça.

Essa discussão não é de hoje, e assim merece destaque explorar a frase *"em qualquer fase da lide"*, prevista explicitamente no revogado art. 7º da Lei n. 1.060/1950 acerca da possibilidade de impugnação pela parte contrária. Qual é o significado dessa frase?

Fredie Didier Jr. e Rafael Oliveira advertem que "em qualquer fase da lide" não exime a parte contrária da preclusão, que deve impugnar no primeiro momento que tiver para falar nos autos. "Do contrário", enfatizam, "ter-se-ia que admitir à parte impugnante guardar consigo uma 'carta na manga', de que pudesse lançar mão a qualquer momento..."[71]. Na mesma linha, Augusto Tavares Rosa Marcacini aduz que o trecho "em qualquer fase da lide" deve ser entendido como devendo a parte contrária impugnar, sob pena de preclusão, no primeiro momento em que tiver ciência da causa para a revogação ou a cassação[72].

Esse tema também é pertinente à novel legislação. Basta indagarmos: e na hipótese em que a impugnação se dá por simples petição, porque o impugnante somente teve conhecimento da situação de não hipossuficiência após o prazo de 15 (quinze) dias da concessão do benefício? Nessa hipótese, acompanhamos Dellore et al. ao sustentarem que:

> A interpretação mais adequada para esse prazo é ter como início o conhecimento da situação de não hipossuficiência econômica do beneficiário; por certo, trata-se de hipótese na qual não há como delimitar claramente o termo inicial do prazo. Contudo, se não for admitida essa interpretação, o exercício do direito processual de impugnar a gratuidade será limitado[73].

Acrescentaríamos, apenas, limitado sem justa razão.

Outra observação se mostra pertinente: uma vez que haja impugnação e sendo esta indeferida pelo juiz – hipótese discutida por Augusto Tavares Rosa Marcacini –, não poderá a parte contrária reiterar a impugnação – salvo, é claro, se houver fato novo[74]. Nesse sentido também são as reflexões de Rogério Nunes de Oliveira[75].

71 *Benefício da justiça gratuita...*, cit., p. 50.

72 MARCACINI, Augusto Tavares Rosa. *Assistência jurídica, assistência judiciária e justiça gratuita*. Forense: Rio de Janeiro, 2001. p. 101.

73 ROQUE, André Vasconcelos; GAJARDONI, Fernando da Fonseca; DELLORE, Luiz; OLIVEIRA; Zulmar Duarte de. *Teoria Geral do Processo...*, cit.,, comentário ao art. 100, item "5", p. 342.

74 MARCACINI, Augusto Tavares Rosa. *Assistência jurídica, assistência judiciária e justiça gratuita...*, cit., p. 101.

75 *Assistência jurídica gratuita...*, cit., p. 173-4.

Como se vê, o tema da impugnação do benefício da gratuidade da justiça também ***abrange a matéria de ônus da prova***. Em nosso entendimento, por sinal, é aplicável – se for o caso – o ônus dinâmico da prova, previsto no art. 373, § 1º do CPC/2015[76].

Podemos inferir do CPC/2015, também, o fato de que ***a impugnação não mais deve ser apresentada em petição separada para autuação em apartado***. Conforme dissemos nos comentários ao *caput* do art. 99 e seu § 1º, a sistemática do art. 6º da Lei n. 1.060/1950 (autuação em separado, apensando-se os respectivos autos da gratuidade aos principais) foi expressamente revogada pelo CPC/2015[77], e tal modificação guarda simetria com o regime recursal que incide na matéria de gratuidade da justiça.

Em nosso sentir, a ideia de não se processar a impugnação em autos apartados decorre do ***esforço de simplificação do processo civil*** levado a cabo pelo CPC/2015, conforme se extrai da leitura da exposição de motivos dessa codificação. Porém, não há qualquer estudo empírico a respeito do quanto, de fato, essa autuação em separado supostamente diminuiria a velocidade da tramitação processual. Por sinal, sempre houve quem dissesse o contrário (também sem base empírica alguma), isto é, que a autuação em separado evitaria o tumulto processual, como se pode notar nesse julgado da Corte Especial do STJ, informativo n. 0529, de novembro de 2013:

> DIREITO PROCESSUAL CIVIL. MODO DE REALIZAÇÃO DO PEDIDO DE REVOGAÇÃO DE ASSISTÊNCIA JUDICIÁRIA GRATUITA. Não deve ser apreciado o pedido de revogação de assistência judiciária gratuita formulado nos próprios autos da ação principal. De fato, o art. 4º, § 2º, da Lei n. 1.060/1950, com redação dada pela Lei n. 7.510/1986, estabelece que a 'impugnação do direito à assistência judiciária não suspende o curso do processo e será feita em autos apartados' e o art. 6º, *in fine*, do mesmo diploma legal determina que a respectiva petição 'será autuada em separado, apensando-se os respectivos autos aos da causa principal, depois de resolvido o incidente'. Além disso, o art. 7º, parágrafo único, da mesma lei preceitua que o requerimento da parte contrária de revogação do benefício 'não suspenderá o curso da ação e se processará pela forma estabelecida no final do artigo 6º' do mesmo diploma. Nesse contexto, **se a assistência judiciária gratuita [sic; terminologia correta é *gratuidade da justiça*, ou ao tempo da decisão *judiciária*] requerida no curso da demanda deve ser processada em apenso aos autos principais, mais razão ainda há para que o pedido de revogação do benefício seja autuado em apartado, pois, diversamente daquele, este sempre ocasionará debates e necessidade de maior produção de provas, a fim de que as partes confirmem suas alegações.** Nessa conjuntura, cabe ressaltar que **a intenção do legislador foi evitar tumulto processual** [**NEGRITO**], determinando que tal exame fosse realizado em autos apartados, garantindo a ampla defesa, o contraditório e o regular curso do processo. Ademais, entender de modo diverso, permitindo que o pleito de revogação da assistência judiciária gratuita seja apreciado nos próprios autos da ação principal, resultaria, além da limitação na produção de provas, em indevido atraso no julgamento do feito principal, o que pode prejudicar irremediavelmente as partes. Ante o exposto, não se pode entender que o processamento da impugnação nos próprios autos da ação principal constitui mera irregularidade. Efetivamente, deixar de observar a ne-

76 Mesmo sentido: ROQUE, André Vasconcelos; GAJARDONI, Fernando da Fonseca; DELLORE, Luiz; OLIVEIRA; Zulmar Duarte de. *Teoria Geral do Processo...*, cit., comentário ao art. 100, item "4", p. 342.

77 CPC/2015, art. 1.072, III.

cessidade de autuação do pedido de revogação de assistência judiciária gratuita em autos apartados da ação principal configura erro grosseiro, suficiente para afastar a possibilidade de deferimento do pedido. EREsp 1.286.262-ES, Rel. Min. Gilson Dipp, julgado em 19-6-2013. (destacamos)

Curiosamente, nesse mesmo julgado da Corte Especial do STJ, contido no citado Informativo n. 0529, também não há qualquer base empírica para se afirmar que a autuação em apartado supostamente aceleraria o processo e garantiria melhor os direitos das partes – como sói acontecer no direito, infelizmente, fazem-se afirmações com base única e exclusivamente no subjetivismo.

De qualquer modo, o julgado supracitado possui a serventia de justificarmos o porquê da simplificação da impugnação (o que vale também para o requerimento), e isso sem especulações sobre contribuir ou não para a duração razoável do processo: o que o CPC/2015 pretende ao simplificar a impugnação (assim como o requerimento) é evitar esse tipo de decisão, como exposto pela Corte Especial do STJ.

No limite, o rigor absoluto acerca dessa questão é uma excessiva valorização do formalismo em detrimento do direito das partes. Não se trata de sermos partidários – e não somos – da prática judiciária de alguns juízes que reiteradamente desrespeitam formas para facilitar somente o trabalho do respectivo cartório ou secretaria judicial, pretextando a instrumentalidade das formas em seus reiterados abusos; todavia, no contexto da gratuidade da justiça não faz o menor sentido negar o requerimento dessa gratuidade, ou sua impugnação, por mera questão de forma sem que haja prejuízo.

Seja como for, é aguardarmos para ver o efeito prático dessa mudança.

São duas as hipóteses de acolhimento na impugnação da gratuidade da justiça: revogação e cassação.

## 32. REVOGAÇÃO E CASSAÇÃO

A gratuidade da justiça é sempre concedida a título *precário*, ou seja, não é vitalícia. Em outras palavras, uma vez concedida ela pode ser retirada. Como prova de que esse entendimento não é de hoje, J. M. de Carvalho Santos, jurista brasileiro que comentava dispositivo similar contido no art. 77 do CPC/1939, afirmava que a gratuidade "judiciária" é sempre concedida a título precário[78].

Essa precariedade se manifesta por meio dos institutos da *revogação* e da *cassação*.

Tanto a revogação como a cassação podem ser decididas pelo juiz após impugnação da parte contrária ou de ofício[79]. Na Lei n. 1.060/1950 isso era regulado pelos arts. 7º e 8º. O art.

---

78 *Código de Processo Civil interpretado*. 6. ed. Rio de Janeiro; São Paulo: Livraria Freitas Bastos, 1963. v. I, p. 268.

79 Essa sistemática ia ao encontro da filosofia do então novo diploma legal de 1939. O próprio J. M. de Carvalho Santos introduziu em sua obra a Exposição de Motivos do CPC/39, de autoria de Francisco Campos. Para Francisco Campos, o novo código superava a "concepção duelística" de processo – onde as partes agem em duelo e, protagonistas que eram, o juiz era levado a decidir conforme as habilidades (e inabilidades)

7º está revogado expressamente pelo CPC/2015, tomando seu lugar o art. 100 que estamos a comentar, enquanto o art. 8º não; a nosso ver, o art. 8º continua vigente e é compatível com o sistema processual do CPC/2015.

O CPC/1939 não dava ao juiz poderes para que, de ofício, indeferisse o pleito de gratuidade. Isto porque o art. 73 estipulava apenas que ele poderia '*conceder*, de plano, a isenção'. No sistema processual do CPC/2015, entretanto, a gratuidade da justiça é matéria que pode ser conhecida de ofício[80], tal e qual regulamenta o art. 8º da Lei n. 1.060/1950. Curiosamente, esse dispositivo prevê de modo expresso que, nessa hipótese, o juiz "ouvirá a parte interessada dentro de 48 horas improrrogáveis". A parte interessada só pode ser o beneficiário da justiça gratuita, que terá de desembolsar o preço do processo se perder o benefício, além de correr o risco de ser multado processualmente se caracterizada a má-fé processual. Assim, será ele ouvido no prazo do art. 8º da Lei n. 1.060/1950, regra também compatível com o modelo cooperativo do CPC/2015, o que converge também com o art. 10 do CPC/2015[81]. O prazo de 48 horas poderá ser dilatado, nos termos do art. 139, VI, do CPC/2015, se houver necessidade para efetivo contraditório.

Assim, ***entendemos que o art. 8º continua vigente*** por se tratar de regra específica, que, conquanto não prevista no CPC/2015, com ele é compatível.

Voltando especificamente ao art. 100 do CPC/2015, que corresponde ao 7º da Lei n. 1.060/1950, ***o leitor deve ter uma cautela especial com os conceitos de "revogação" e de "cassação"***, pois os arts. 7º e 8º da Lei n. 1.060/1950 utilizam apenas o termo "revogação", e o art. 100, em seu parágrafo único, igualmente; mas a revogação atrela-se a duas causas: a inexistência ou o desaparecimento dos requisitos para a fruição da gratuidade judiciária. No mínimo desde o CPC/1939 a doutrina aponta essa confusão terminológica[82], mas o fato da humanidade ter chegado à Lua nesse meio tempo não impediu que o CPC/2015 incorresse no mesmo erro.

Seja como for, a doutrina não diverge sobre haver diferença entre revogação e cassação.

Na ***revogação***, tem-se o desaparecimento da situação de pessoa necessitada, ao passo que na ***cassação*** constata-se a sua inexistência. Reportando-se à classificação dos atos judiciais, Ro-

---

delas. Mas essa concepção, dizia Campos, prejudicava principalmente a defesa dos fracos, acarretando a descrença popular quanto à distribuição da justiça. Impunha-se, assim, a adoção, pelo novo código, de outro fundamento: a "concepção autoritária" do processo, onde o juiz deixava de ser mero espectador para ter uma posição protagonista, cabendo a ele, e não às partes, a busca da verdade. Por isso o CPC/1939 previu diversas regras atinentes à função do juiz no processo. Por fim, não dá para deixar de observar que na concepção "autoritária" exposta conscientemente por Francisco Campos o termo "autoritário" era empregado com significado diverso do que atualmente se lhe dá. Hoje, mesmo os adeptos dessa corrente jamais ousariam nominar sua escola de autoritária.

80 CPC/2015, inciso XIII do art. 337 c/c § 5º do art. 337.

81 *"O juiz não pode decidir, em grau algum de jurisdição, com base em fundamento a respeito do qual não se tenha dado às partes oportunidade de se manifestar, ainda que se trate de matéria sobre a qual deva decidir de ofício."*

82 Referindo-se ao art. 77 daquele diploma legal, Pontes de Miranda advertia: "Aí, de modo nenhum se cogita de revogação do benefício, se bem que a lei use 'revogada' para caracterizar o ato judicial posterior à concessão. Em verdade, o que se dá é cassação". *Comentários ao Código de Processo Civil*, v. I, cit., p. 297.

gério Nunes de Oliveira foi perspicaz ao apontar que na revogação tem-se um ato desconstitutivo, enquanto na cassação, declaratório negativo[83].

É na prática que a distinção entre revogação e cassação se torna mais importante, pois somente na segunda existe um quê de má-fé[84], e por isso aquele que foi indevidamente beneficiado fica sujeito a pagar todas as despesas processuais que o atingiriam além da multa processual do agora revogado art. 4º, § 1º da Lei n. 1.060/1950, substituído pelo parágrafo único do art. 100 do CPC/2015.

Além de ser de ofício, a revogação e a cassação também podem decorrer de *impugnação da parte contrária*, que terá o ônus da prova.

Antes que passe pela cabeça do leitor que a parte contrária é um "dedo-duro", deve-se ter em mente que, para além do *dever de lealdade* que se espera das partes[85] (e, no caso, a parte contrária pode impugnar apenas e tão só por compreender que não é democrático que alguém goze indevidamente de um direito), ela possui um *interesse de cunho econômico* nessa impugnação: caso não haja impugnação (ou decisão judicial de ofício), ela não fará jus à verba sucumbencial, uma vez que esta é abrangida pela gratuidade (antes o art. 3º, V, da Lei n. 1.060/1950, revogado, e agora o inciso VI e também os §§ 2º e 3º, todos do art. 98 do CPC/2015).

## 33. DESTINAÇÃO DA MULTA ORIUNDA DA CASSAÇÃO

E no caso de cassação, a quem se destina a multa? O revogado art. 4º, § 1º, da Lei n. 1.060/50 nada previa. Assim, antes do CPC/2015 nos posicionamos da seguinte forma: dever-se-ia seguir o regime da litigância de má-fé (art. 17 do CPC/1973), a destinando-se a multa à outra parte. Fredie Didier Jr. e Rafael Oliveira apresentaram opinião diversa: como a má-fé ofende a dignidade da Justiça, a multa deveria ser revertida ao Estado[86]. Ocorre que a posição dos ilustres professores colidia expressamente com o então art. 35 do CPC/1973[87], que destinava à parte contrária o valor da multa sancionada como decorrência do reconhecimento de má-fé processual e, portanto, antes do CPC/2015 recebemos o entendimento diverso como sugestão para eventual alteração legal. Atualmente, porém, a opinião de Didier e Oliveira prevaleceu no texto do parágrafo único do art. 100 do CPC/2015, pois este dispositivo prevê que a multa será revertida em benefício da Fazenda Pública estadual ou federal, podendo ser inscrita na dívida ativa.

## 34. RECURSOS

O regime de recursos próprio da matéria de gratuidade da justiça é governado pelo art. 101 do CPC/2015, que nos parece ter proporcionado aprimoramento quanto à matéria em foco. Para

83 *Assistência jurídica gratuita...*, cit., p. 175.

84 "(...) a cassação, via de regra, significa que a parte quis, ardilosamente, servir-se da assistência judiciária para efeito de fraudar o fisco e, quem sabe, burlar o ônus da sucumbência...". CAMPO, Hélio Márcio. *Assistência jurídica gratuita, assistência judiciária e gratuidade judiciária*. São Paulo: Juarez de Oliveira, 2002. p. 98.

85 Arts. 5º e 77 do Código de Processo Civil.

86 *Benefício da justiça gratuita...*, cit., p. 57-8.

87 "Art. 35. As sanções impostas às partes em consequência de má-fé serão contadas como custas e reverterão em benefício da parte contrária; as impostas aos serventuários pertencerão ao Estado."

entendermos essa melhoria, válido resgatarmos nossos comentários à luz da Lei n. 1.060/1950, quando da primeira edição deste livro.

Naquela ocasião, advertíamos que o leitor deveria ter em mente que a Lei n. 1.060 é de 1950, e, embora o texto legal da maioria de suas disposições se mantivesse o mesmo desde então, o ordenamento jurídico brasileiro passou por mudanças profundas, exigindo do intérprete a adequação daquele texto de meados do século passado à sistemática então mais atualizada.

Esse era o caso dos recursos, mas ***duas situações*** deviam ser consideradas na legislação de 1950: a *primeira*, do recurso em face da decisão judicial que indeferisse o pedido de concessão da gratuidade judiciária, caso em que o recorrente seria aquele que pleiteava a concessão do benefício; a *segunda*, do recurso em sede de incidente processual no qual se discutia a impugnação, pela parte contrária, da decisão judicial que concedera a gratuidade judiciária pleiteada, caso em que o recorrente era o impugnante ou o impugnado.

Nas duas situações acima, o revogado art. 17 da Lei n. 1.060/1950 (sendo aquela redação fruto de modificação havida por meio da Lei n. 6.014/1973), previa que o recurso cabível era o de ***apelação***[88]. Detalhemos um pouco mais essas duas situações.

No primeiro caso, qual seja, relativo à decisão de ***indeferimento*** do pleito de gratuidade, a ***literalidade*** do revogado art. 17 era ***questionada*** porque alguns doutrinadores advertiam que a decisão que indeferia o pedido de gratuidade judiciária era ***interlocutória***, sendo o recurso cabível o de ***agravo de instrumento*** do CPC/1973. Em ***defesa*** do recurso de ***apelação***, a ***literalidade*** do revogado art. 17 permitia entender que, quando o juiz indeferisse o pedido de gratuidade, o recurso possuiria efeito devolutivo e suspensivo (quando deferia e a parte contrária impugnava, o efeito era meramente devolutivo). Assim, o efeito prático da apelação interposta

88 Interessante reproduzir trecho da reflexão de Augusto Rosa Tavares Macarcini acerca da disciplina do recurso relativo à gratuidade judiciária, valendo-se até mesmo do regramento do CPC/39: "Ao que tudo indica, ao determinar a apelação como recurso cabível, a Lei n. 6.014/73 tem em vista os efeitos do recursos, e não a sua forma, adequação e procedimento. Fazendo uma análise da recente evolução histórica dos recursos aplicados à matéria, vemos que sempre houve preocupação do legislador em que o recurso contra o deferimento do benefício não tivesse efeito suspensivo, a fim de permitir ao beneficiário permanecer isento das custas desde logo. Por seu turno, recurso contra o indeferimento ou revogação do benefício sempre teve efeito suspensivo, não do andamento do processo, mas dos efeitos da decisão recorrida, permitindo ao beneficiado continuar a gozar das isenções até o julgamento". Prossegue o autor dizendo que o CPC/39 previa o agravo de instrumento em face de decisões que denegavam ou revogavam a gratuidade judiciária, pois naquela lei o agravo não possuía efeito suspensivo (não havia, segundo o autor, previsão de recurso para a decisão que concedia a gratuidade). Com o advento da Lei n. 1.060/1950, permaneceu "(...) a preocupação de permitir ao carente continuar a usufruir das isenções até julgamento superior, e por isso a redação original do art. 17 previa o cabimento do agravo de instrumento (salvo em caso de denegação, quando cabia agravo de petição, que previa efeito suspensivo), que, regra geral, não possuía efeito suspensivo. Daí o CPC atual, em vigor desde 1973, extinguiu o agravo de petição, passando a lei n. 1.060/50 a se adaptar a essa nova realidade, quando foi alterada para que de agora em diante coubesse apelação. Por fim, com o advento da alteração sofrida em 1973 na redação do art. 17, a intenção do legislador permaneceu a mesma: propiciar que o requerente da gratuidade continuasse a atuar no processo sem que tivesse de arcar com as custas até o julgamento definitivo dessa questão". *Assistência jurídica, assistência judiciária e gratuidade judiciária...*, cit., p. 107.

por quem pleiteava a gratuidade judiciária era que, por haver efeito suspensivo, o andamento do processo ficaria em tese à espera da decisão que resolvesse finalmente a concessão ou não da gratuidade.

Rogério Nunes de Oliveira, porém, defendia à luz do revogado art. 17 que o recurso cabível era o agravo de instrumento e arrolava dois motivos: tratava-se de decisão interlocutória, e admitir que uma decisão desse jaez fosse atacada por apelação seria um "desvirtuamento de nosso sistema". Além disso, desde a Lei n. 9.139/1995, que modificou dispositivos do CPC/1973 relativos aos recursos, não havia mais sentido a necessidade da apelação só por causa do efeito suspensivo que ostentava, pois dali em diante no agravo de instrumento o relator possuía poderes para suspender o cumprimento da decisão até o pronunciamento da Turma ou Câmara[89].

O segundo caso tratava do recurso cabível no ***incidente processual*** (autos apartados) nascido por causa da impugnação da parte contrária à decisão judicial que concedeu a gratuidade judiciária à parte que a pleiteou.

Quando a parte contrária – que, já o dissemos, possui tanto um dever de lealdade processual como interesse econômico a servirem de estímulos à sua postura questionadora – se insurgia contra a decisão de concessão da gratuidade judiciária à outra parte, ela não recorria dessa decisão, e sim a impugnava, ocasião em que podia provar que a revogação ou a cassação se impunha. Essa impugnação corria em autos apartados, nos termos dos arts. 6º e 7º da Lei n. 1.060/1950.

Aqui, a decisão judicial poderia ter os seguintes sentidos: (i) acolher as provas feitas pelo impugnante (parte contrária) e revogar ou cassar a gratuidade judiciária conferida ao impugnado, ou (ii) não as acolher e manter a gratuidade outrora concedida. Como se vê, nesse incidente processual ambas as partes poderiam recorrer, podendo haver até mesmo interesse recursal de ambos, caso o juiz acabasse tornando parcial a gratuidade que antes do incidente era total. Deste modo, o assunto sob a legislação de 1950 causava dúvidas profundas. Mas, não acabamos.

Conquanto reconhecesse que a decisão judicial no incidente fosse de caráter interlocutório, dessa vez Rogério Nunes de Oliveira admitia que o recurso cabível era o de apelação, à luz do já mencionado e atualmente revogado art. 17 da Lei n. 1.060/1950. E justificava essa conclusão à luz da posição de Augusto Tavares Rosa Marcacini[90], no seguinte sentido: "(...) embora atécnica, não causa óbices à marcha regular do processo, pois a apelação é processada nos autos apartados do incidente, evitando, dessa forma, grandes tumultos"[91]. Fredie Didier Jr. e Rafael Oliveira, porém,

---

89 *Assistência jurídica gratuita...*, cit., p. 180.

90 Ao que tudo indica, equivocou-se Rogério Nunes de Oliveira ao apontar Augusto Tavares Rosa Marcacini como outro doutrinador que pensaria da mesma maneira que ele. Com efeito, após interessante escorço histórico da evolução do sistema recursal da gratuidade judiciária, Augusto Tavares Rosa Marcacini afirmou, já à luz da redação atual do art. 17 da Lei n. 1.060/1950, o seguinte: "Nossa posição, porém, é no sentido de que, em qualquer dos casos [refere-se à discussão sobre a gratuidade ocorrer nos próprios autos ou em apartados], o recurso cabível é o de agravo [de instrumento]". *Assistência jurídica, assistência judiciária e gratuidade judiciária*, cit., p. 109.

91 Idem, p. 180. No mesmo sentido, CAMPO, Hélio Márcio. *Assistência jurídica gratuita, assistência judiciária e gratuidade judiciária...*, cit., p. 96.

mantinham inteira adesão ao aspecto científico e defendiam que, se a decisão judicial fosse de caráter interlocutório, o que cabia era o recurso de agravo, a despeito do art. 17 da Lei n. 1.060/1950[92].

Ainda uma vez vale a pena recorrer às lições de Rogério Nunes de Oliveira, que, após concordar que se tratava de "truncado regime recursal", defendia ser plenamente aplicável o *princípio da fungibilidade recursal*, mas reconhecia que em muitos julgados, sobretudo do STJ, não tinha sido essa a leitura, e para as duas situações já houve entendimento pela não aplicação desse princípio sob o argumento de que a jurisprudência já teria pacificado os recursos cabíveis, e sua não observância consubstanciava erro grosseiro[93].

Fato é que ***o CPC/2015 simplificou o sistema recursal em matéria de gratuidade da justiça***, pois o *caput* do art. 101 deixa claro que nas hipóteses de indeferimento ou revogação do benefício da gratuidade, o recurso será sempre o ***agravo de instrumento*** (art. 1.015, V do CPC/2015), ***exceto*** se a matéria (ou questão, se houver impugnação) for **resolvida na sentença**, hipótese em que o recurso será ***apelação***. O sistema, portanto, é mais simples e lógico, porque segue o critério científico da ***natureza da decisão***: uma conquista do CPC/1973, que resolveu o problemático sistema recursal do CPC/1939, porém, não deitou raízes na matéria de gratuidade da justiça. O CPC/2015, entretanto, ***não regulamentou quais seriam os possíveis recursos aplicáveis contra decisão monocrática do relator ou acórdão*** proferidos após provocação de uma das espécies recursais cabíveis, razão pela qual concordamos com Luiz Dellore et al. ao afirmarem que, nessas hipóteses, "*o recurso cabível seguirá a lógica do sistema*"[94].

## 35. O PREPARO RECURSAL

O § 1º do art. 101 encerra discussão jurisprudencial sobre a necessidade de se recolherem custas de preparo em recurso que impugna indeferimento ou revogação da gratuidade da justiça, questão que sempre foi tormentosa. Do ponto de vista do acesso à justiça, foi absolutamente positiva essa inovação.

O CPC/2015, porém, atribui ao relator julgar a questão de modo preliminar ao mérito do recurso (o Código trabalha expressamente com a hipótese do recurso devolver, além da gratuidade da justiça, outras questões), e o § 2º do art. 101 complementa a matéria: impõe que se for confirmada a denegação ou revogação da benesse da gratuidade da justiça, o relator ou o órgão colegiado determinará ao recorrente o recolhimento das custas processuais, no prazo de 5 (cinco) dias, sob pena de não conhecimento do recurso.

Nesse ponto, o CPC/2015 não andou bem. Por qual motivo não se deixou aplicar simplesmente a sistemática geral atinente aos poderes do relator, prevista no art. 932 dessa codificação? Aprofundaremos nossa crítica a partir desse ponto.

92 *Benefício da justiça gratuita...*, cit., p. 54.

93 *Assistência jurídica gratuita...*, cit., p. 180-1. Como julgados, o autor cita dois: um do STJ (AgRg no Agr. 579729-SP, Rel. Min. Nancy Andrighi) e um do TJ do ES (Agr. 024049012214, Rel. Des. Rômulo Taddei).

94 ROQUE, André Vasconcelos; GAJARDONI, Fernando da Fonseca; DELLORE, Luiz; OLIVEIRA; Zulmar Duarte de. *Teoria Geral do Processo...*, cit., comentário ao art. 101, item "2", p. 344/345.

Como se sabe, o modelo cooperativista do CPC/2015 tenta superar a tradicional dicotomia entre *processo liberal* e *processo autoritário*, razão pela qual prevê no mesmo corpo regras que observam generosamente a autonomia da vontade das partes, sem prejuízo de regras que reforçam os poderes do juiz (fiscalizando, também, os negócios processuais) e, todavia, estimulando-se o fim do "decisionismo judicial" (solipsismo judicial) por meio de institutos que visam garantir ao serviço público jurisdicional a capacidade de oferecer tratamento igualitário entre jurisdicionados na mesma posição (incidente de assunção de competência, incidente de resolução de demandas repetitivas etc.): nesse caldo, redimensiona-se a aplicação mais incisiva do princípio do contraditório, afastando-se a ideia de "protagonismos" no processo enquanto o debate estiver ocorrendo, pois na decisão judicial há protagonismo do Judiciário[95].

Nessa perspectiva, portanto, o CPC/2015 andou mal na matéria em discussão porque embora reconheça, de passagem, no § 2º do art. 101, a atuação do colegiado, reserva textualmente ao relator a decisão preliminar sobre o recolhimento de custas de preparo (ao negar, preliminarmente, a gratuidade da justiça). E se o relator decidir pelo recolhimento, restará ao jurisdicionado tentar alguma liminar pelo recurso cabível, qual seja, o agravo interno; porém, esse agravo interno é recurso dirigido ao relator, além do fato de esse recurso ter sido projetado de modo excessivamente autoritário, já que prevê multa pelo simples fato de haver unanimidade na "improcedência" (*sic*, na verdade improvimento) do agravo interno[96]. Por sua vez, o CPC/2015 fecha a porta para outros recursos enquanto a multa do agravo interno não for recolhida[97].

Como se pode notar, nesse ponto o CPC/2015 perdeu a mão, ou melhor, o equilíbrio, tendendo para viés autoritário, não havendo razão alguma para se diminuir a importância do tema gratuidade da justiça em matéria recursal, colocando-o quase que exclusivamente nas mãos do relator pela literalidade do texto legal.

Em nosso entendimento, portanto, ***o § 1º do art. 101 deve ser interpretado à luz do modelo cooperativo***, isto é, sem protagonismo exagerado do relator. E como deve, então, portar-se o relator considerando-se o texto legal?

A nosso ver, deve se ater fielmente *ao espírito do sistema da gratuidade da justiça*, considerando principalmente o § 1º do art. 99 do CPC/2015, bem como a lógica do momento da impugnação da gratuidade da justiça. Que espírito é esse, de modo mais preciso?

É o de ***privilegiar a concessão da gratuidade da justiça***, razão pela qual a impugnação da parte contrária prevista no art. 100 do CPC/2015 somente acontece *após a concessão da gratuidade*. Note o leitor, portanto, que esse contraditório diferido, não permitindo que a parte con-

95 THEODORO JÚNIOR, Humberto; NUNES, Dierle; BAHIA, Alexandre Melo Franco; PEDRON, Flávio Quinaud. *Novo CPC*: fundamentos e sistematização. 2. ed. Rio de Janeiro: Forense, 2015. cap. 2, p. 68 e seguintes; transcrevemos o seguinte excerto: "(...) Percebe-se, assim, a tendência de superação tanto do modelo liberal, de esvaziamento do poder do juiz, quanto do modelo social autoritativo, de exercício solitário de aplicação compensadora do direito pelo juiz, reduzindo os espaços de discussão endoprocessual e a função técnica desenvolvida pelas partes e seus advogados, e que muitas vezes impõe a essas uma mera posição de sujeição."

96 CPC/2015, art. 1.021, § 4º.

97 CPC/2015, art. 1.021, § 5º.

trária impugne a gratuidade antes da decisão do juiz, tem uma explicação: quer-se privilegiar o acesso à justiça, devendo ser ressaltado que tal espírito também vigorava na legislação de 1950.

Como esse espírito deve influenciar, então, o relator?

Se ele ficar em dúvida quanto aos pressupostos legais para a concessão de gratuidade, tal dúvida deve beneficiar o recorrente até a manifestação do *colegiado*. Não se trata de favor, que fique claro: essa interpretação abona o espírito que permeia a concessão da justiça gratuita, privilegiando o acesso à justiça.

E para que serve, então, o § 1º do art. 101 do CPC/2015?

Parece-nos que deve ser aplicado exclusivamente a caso em que se mostre evidente que o requerente (então recorrente) tem condições econômicas favoráveis para arcar com o preço econômico do processo judicial. Se a interpretação aplicada pelos tribunais seguir essa trilha, o processo voltará ao equilíbrio que se deseja com o modelo cooperativo.

Válido mencionar que as agruras aqui expostas não são de nossa exclusividade, razão pela qual Luiz Dellore et al. propõem que o § 2º do art. 101 seja interpretado do seguinte modo:

> Considerando-se o acesso à justiça e o direito a uma decisão colegiada (sendo o órgão colegiado o juiz natural para apreciar o recurso), é possível interpretar o § 2º do art. 100 sob uma perspectiva de a expressão 'confirmada a denegação ou revogação da gratuidade' dever ser lida no contexto de permitir uma análise não apenas pelo relator, mas por uma decisão colegiada (acórdão). Nesse contexto, para a obtenção da decisão colegiada, via agravo interno, não haveria necessidade de recolher o preparo do recurso anterior ou do novo (se devido, conforme a decisão do tribunal.
>
> **Nota:** A questão, porém, é tão polêmica que não houve consenso entre os autores, conforme noticiam ao final da transcrição[98].

Na linha do espírito que expusemos, se o recurso versar exclusivamente sobre gratuidade da justiça, é importante que se valorize o julgamento colegiado: exceto nas situações em que o próprio CPC/2015 permite o julgamento monocrático (negar provimento a recurso que for contrário a súmula do Supremo Tribunal Federal, do Superior Tribunal de Justiça ou do próprio tribunal; ou acórdão proferido pelo Supremo Tribunal Federal ou pelo Superior Tribunal de Justiça em julgamento de recursos repetitivos etc.[99]).

O *caput* do art. 102 deve ser interpretado tendo-se atenção para o fato de que revogação, dependendo o contexto, pode significar *cassação* – e não revogação propriamente dita, o que tem consequências práticas quanto ao que se deve recolher, conforme comentamos acima.

O parágrafo único do art. 102 confirma o que dissemos no início da exposição, quando discutimos a natureza processual da gratuidade da justiça, porque se ela for denegada o processo deverá ser extinto sem resolução de mérito na falta de recolhimento por parte do demandante, ficando o demandado privado do deferimento de atos e diligências que requerer enquanto não efetuar os pagamentos devidos pelo processo.

---

98 ROQUE, André Vasconcelos; GAJARDONI, Fernando da Fonseca; DELLORE, Luiz; OLIVEIRA; Zulmar Duarte de. *Teoria Geral do Processo*..., cit., comentário ao art. 101, item "7", p. 348-349.

99 CPC, art. 932, IV, *a* e *b*.

Por outro lado, esse parágrafo único possui previsão, a nosso ver, inconstitucional: na hipótese da parte não ser o autor, "não poderá ser deferida a realização de nenhum ato ou diligência requerida pela parte enquanto não efetuado o depósito."

O problema fundamental dessa disposição é o tratamento muito diverso entre o autor e as demais partes, sem que haja razão para tanto. Acaba incidindo em uma espécie de *processo civil do autor*. Porque o autor suportará extinção do processo sem julgamento do mérito, o que lhe permitiria repropor a ação para reiniciar a discussão do mérito. O réu, por outro lado, ficará impedido de requerer a realização de atos e diligências, ou seja: em tese, o processo continuaria tramitando, e o resultado do mérito pode favorecer o autor pelo mero fato de o Código permitir essa suspensão de direitos e faculdades do seu adversário. E lembremos que o réu, muitas vezes, só é réu porque não foi tão rápido para ajuizar a ação em face do autor. A regra ainda é desastrosa em vista de possíveis erros judiciários na avaliação da concessão da gratuidade da justiça.

Na impossibilidade prática de se tratar o réu do mesmo modo que o autor, exceto se estiver propondo alguma demanda conexa, o tratamento deve ser menos rigoroso do que o prescrito pelo Código. A solução do problema não é simples, exige reflexão de muitos. Mas, decididamente, é inconstitucional suspender direitos e faculdades do réu, a ponto de se admitir que o resultado seja favorável ao autor somente por essa razão, ou pelo menos que o resultado seja do mérito seja afetado por essa circunstância.

## 36. GRATUIDADE EM DISPOSITIVOS ESPARSOS: CÂMARAS PRIVADAS DE CONCILIAÇÃO E MEDIAÇÃO, LITÍGIO COLETIVO PELA POSSE DE IMÓVEL E PREFERÊNCIA EM PROVA PERICIAL

Há outros três dispositivos do CPC/2015 que tratam, de modo esparso, da gratuidade da justiça e merecem referência ainda que *en passant*.

Como contrapartida de seu credenciamento, o art. 169, § 2º do CPC impõe às ***câmaras privadas de conciliação e mediação*** um percentual obrigatório de audiências não remuneradas, a fim de atender a demanda de processos em que houver deferimento da gratuidade. Trata-se de *garantia do sistema multiportas* ao necessitado beneficiado com a gratuidade da justiça.

Esse sistema multiportas também inspira o § 2º do art. 565 do CPC, determinando que a ***Defensoria Pública seja intimada sempre que houver parte beneficiária de gratuidade da justiça em audiência de mediação em litígio coletivo pela posse do imóvel.*** Claro que tal intimação não vincula a Defensoria Pública de modo absoluto, pois, conforme já explicado alhures, compete-lhe dar a última palavra quanto ao atendimento do serviço de assistência jurídica integral e gratuita, cabendo ao Judiciário a última palavra quanto à matéria de gratuidade da justiça. Assim, se os beneficiários não se enquadrarem nos critérios da Defensoria poderá haver *denegação de atendimento* (embora não seja comum, pode acontecer da Defensoria Pública entender que alguém é necessitado, discordando do Judiciário, e vice-versa).

## 37. DO DIREITO DE PREFERÊNCIA NA PERÍCIA: CRITÉRIO DISCUTÍVEL?

Importantíssimo anotar-se ainda a ***preferência legal*** em favor do beneficiário de gratuidade da justiça no que tange à ***realização de exames que tenham por objeto a autenticidade ou***

***falsidade do documento, ou for de natureza médico-legal***, nos termos do art. 478 e seu § 1º do CPC/2015. Entendemos que essa preferência legal não é o melhor critério para atendimento dos titulares de gratuidade da justiça.

A realidade pode nos surpreender, mas é a realidade.

Segundo Ângelo Maraninchi Giannakos, diante da escassez de peritos judiciais, os profissionais nomeados pelo juiz como peritos comumente realizam seus misteres sem receber os honorários devidos. Fazem isso "(...) esperando que o mesmo juízo os nomeie em outras ações em que a parte não postulou a justiça gratuita, podendo pagar os honorários postulados pelo mesmo e arbitrados pelo juízo"[100].

Não fica distante o relato de Rogério Nunes de Oliveira: na praxe forense é corriqueiro o exame pericial fruto da gratuidade da justiça transformar-se numa "cruenta *via crucis*", já que "(...) alguns peritos, depois de nomeados, se escusam do encargo sob a alegação de motivo relevante ou de impossibilidade momentânea"[101].

A preferência legal ***é aplicável somente aos órgãos oficiais e repartições oficiais*** e explica-se para que o beneficiário da justiça gratuita não seja esquecido em detrimento de quem está remunerando a perícia.

Inquestionavelmente, vale insistir, a novel regra da preferência da realização da perícia em prol do beneficiário da gratuidade leva em conta a realidade acima exposta e, por isso, possui a melhor das intenções. No mínimo ela deixa um recado: se ocorrer de o ente federativo não efetuar o pagamento pela perícia, isso não poderá acarretar a não realização do exame, já que uma retaliação desse jaez violaria cabalmente o direito de acesso à justiça da população necessitada. Entretanto, é possível especular se aqui o legislador foi *mais realista que o rei*.

Segundo Norberto Bobbio, "a diferença entre regra e exceção está no fato de que a exceção deve ser justificada"[102] e, salvo melhor juízo, o direito de preferência em si não deixa de suscitar *dúvida quanto à sua constitucionalidade*, já que, à primeira vista, ele parece afrontar a isonomia – trata desigualmente o desigual, mas a nosso ver vai além da meta.

Lembremos que "as discriminações são recebidas como *compatíveis com a cláusula igualitária*" – ensina Celso Antônio Bandeira de Mello – "*apenas e tão somente quando existe um vínculo de correlação lógica* entre a peculiaridade diferencial acolhida por residente no objeto, e a desigualdade de tratamento em função dela conferida, *desde que tal correlação não seja incompatível com interesses prestigiados na Constituição*"[103].

É claro que se deve coibir o "*esquecimento*" da realização da perícia só porque, ao lado do beneficiário da gratuidade, há pessoas que pagam por ela. Mas essa desídia se corrige coibindo-a (o que se dá por diversos órgãos de controle), e não criando o que, na prática, pode se trans-

100 GIANNAKOS, Ângelo Maraninchi. *Assistência judiciária no direito brasileiro*. Porto Alegre: Livraria do Advogado, 2008. p. 127.

101 *Assistência jurídica gratuita...*, cit., p. 142-3.

102 *Igualdade e liberdade*. Tradução Carlos Nelson Coutinho. Rio de Janeiro: Ediouro, 1996. p. 10.

103 *Conteúdo jurídico do princípio da igualdade*. 3. ed. São Paulo: Malheiros, 1997. p. 17.

formar em vantagem injustificada dos beneficiários da gratuidade em detrimento dos não beneficiários. Ora, basta notarmos ser perfeitamente possível que haja muito mais urgência de perícia em causa envolvendo partes que **não** são beneficiárias de gratuidade da justiça, ficando sem justificativa constitucional o tratamento desigual e mais vantajoso ao beneficiário da justiça gratuita por não haver razão concreta para tanto. Nessa hipótese restrita, a preferência é injustificável. Ademais, devemos lembrar das preferências que, aqui, podemos chamar de qualificadas: idosos, deficientes etc. São preferências que devem prevalecer ante o art. 478, § 1º do CPC.

Em síntese, a fim de que se evite o "esquecimento" dos beneficiários da gratuidade da justiça em matéria de perícia, bastaria assegurar, pelo menos, que a realização de exames periciais fosse alternada entre beneficiários e não beneficiários de justiça gratuita, o que se justificaria pela histórica desídia estatal no atendimento dos necessitados, e nessa sistemática passar na frente os casos que se revelem mais urgentes – independentemente da urgência estar atrelada a interesse de titular da gratuidade da justiça –, ou processos que contenham o que denominamos acima de preferências qualificadas

# Referências


ABRANCHES, Sérgio Henrique Hudson de. Presidencialismo de coalização: o dilema institucional brasileiro. *Revista de Ciências Sociais*, Rio de Janeiro, v. 31, n. 01, 1988.

ADORNO, Sérgio. *Os aprendizes do poder*: o bacharelismo liberal na política brasileira. Rio de Janeiro: Paz e Terra, 1988.

ANDRADE, Carlos Drummond de. *O avesso das coisas [aforismos]*. 5. ed. Rio de Janeiro: Record, 2007.

ALCÂNTARA, Willlian Magalhães de. Contribuições para o debate a respeito do uso do território paulista pela Defensoria Pública. In: *Temas aprofundados da Defensoria Pública.* Salvador: JusPodivm, 2014. v. 2.

ALMEIDA, Joaquim Canuto Mendes de. *Princípios fundamentais de processo penal.* São Paulo: Revista dos Tribunais, 1973.

ALMEIDA JUNIOR, João Mendes de. *Direito judiciário brasileiro.* 5. ed. Rio de Janeiro: Freitas Bastos, 1960.

__________. *O processo criminal brasileiro.* 3. ed. São Paulo: Typ. Baptista de Souza, 1920.

ALVES, Alexandre Henry. *Regime jurídico da magistratura.* São Paulo: Saraiva, 2013.

ALVES, Cléber Francisco. Defensoria Pública e educação em direitos humanos. In: SOUSA, José Augusto Garcia de (org.). *Uma nova Defensoria Pública pede passagem*: reflexões sobre a Lei Complementar 132/09. Rio de Janeiro: Lumen Juris, 2001.

__________. *Justiça para todos*: assistência jurídica gratuita nos Estados Unidos, na França e no Brasil. Rio de Janeiro: Lumen Juris, 2006.

__________. Assistência jurídica integral e Defensoria Pública no novo CPC. In: SOUSA, José Augusto Garcia de. *Defensoria Pública*. Salvador: JusPodivm, 2015. item n. 03, p. 95 (Coleção Repercussões do Novo CPC).

ALVIM, Arruda. *Manual de direito processual civil*. 7. ed. São Paulo: Revista dos Tribunais, 2001. v. 2 (processo de conhecimento).

ARANTES FILHO, Marcio Geraldo. A disciplina da prova no Código de Processo Penal italiano. In: FERNANDES, Antonio Scarance; ALMEIDA, José Raul Gavião de; MORAES, Maurício Zanoide de. *Provas no processo penal* – estudo comparado. São Paulo: Saraiva, 2011.

ARANTES, Rogério Bastos. *Ministério Público e política no Brasil*. São Paulo: Sumaré, 2002.

ARAÚJO, José Aurélio de. O litígio coletivo da posse dos artigos 554 e 565 do Novo CPC e a atuação da Defensoria Pública. In: SOUSA, José Augusto Garcia de. *Defensoria Pública no novo CPC*. Salvador: JusPodivm, 2015.

ARAÚJO, Luiz Alberto David; NUNES JUNIOR, Vidal Serrano. *Curso de direito constitucional*. 13. ed. São Paulo: Saraiva, 2009.

ATALIBA, Geraldo. *República e Constituição*. 2. ed. São Paulo: Malheiros, 2001.

__________. Requisição do Ministério Público a juiz: relações entre órgãos constitucionais autônomos. *Revista Trimestral de Direito Público*, n. 2, p. 117-129, item 7, abr.-jun., 1993.,

AZEVEDO, Júlio Camargo de. *Prática Cível para Defensoria Pública*. Belo Horizonte: CEI, 2018.

BANDEIRA DE MELLO, Celso Antônio. *Curso de direito administrativo*. 18. ed. São Paulo: Malheiros, 2005.

BARBALHO, João. *Constituição federal brasileira* – commentarios. 2.edição. Rio de Janeiro: F. Briguiet e Cia. Editores, 1924.

BARBI, Celso Agrícola. *Comentários ao CPC*. 14. ed. Rio de Janeiro: Forense, 2003. v. I (arts. 1º a 153).

BARBOSA, Rui. O nosso rumo. *Obras Completas de Rui Barbosa*. 1889. v. XVI, t. I, p. 4. Disponível no sítio digital da Casa de Rui Barbosa, em: http://docvirt.com/docreader.net/DocReader.aspx?bib=ObrasCompletasRuiBarbosa&PagFis=1245&Pesq=.

BARRETO, Tobias. Introducção ao estudo do direito. In: ESTUDOS DE DIREITO. Publicação póstuma dirigida por Silvio Romero. Rio de Janeiro: Laemmert & C. Editores, 1892.

BARROS JUNIOR, Carlos S. de. Benefício da justiça gratuita no processo civil e serviço social, *Revista dos Tribunais*, São Paulo, ano XXXI, v. CXXXIX, set. 1942.

BARROSO, Luís Roberto. *Curso de direito constitucional contemporâneo*: os conceitos fundamentais e a criação de um novo modelo. São Paulo: Saraiva, 2009.

BASTOS, Celso Ribeiro. *Curso de direito constitucional*. 20. ed. São Paulo: Saraiva, 1999.

BEGA, Carolina Brambila. Curadoria especial: tutela da vulnerabilidade processual. 2012. Tese (Doutorado em Direito Processual) – Faculdade de Direito, Universidade de São Paulo, São Paulo, 2012. Disponível em: : <https://www.teses.usp.br/teses/disponiveis/2/2137/tde-18022013-105924/publico/TESE_Versao_Integral_Carolina_Brambila_Bega_10012013.pdf>. Acesso em: 13 dez. 2019.

BELLOQUE, Juliana Garcia. Da assistência judiciária – art. 27 e 28. In: CAMPOS, Carmen Hein (org.). *Lei Maria da Penha comentada em uma perspectiva jurídico-feminista*. Rio de Janeiro: Lumen Juris, 2011

BERGAN, Ronald. *Cinema*. Trad. Carolina Alfaro 3. ed. Rio de Janeiro: Zahar, 2009.

BESSONE, Darcy. O benefício da justiça gratuita e a assistência judiciária no Código de Processo Civil. *Revista Forense*, Rio de Janeiro, v. LXXXIII, jul. 1940.

BITTAR, Carlos Eduardo Bianca; ALMEIDA, Guilherme Assis de. *Curso de filosofia do direito*. 10. ed. São Paulo: Atlas, 2012.

BITTENCOURT, Edgard de Moura. *O juiz*: carreira, função e personalidade do magistrado contemporâneo. 2. ed. São Paulo: Edição Universitária de Direito, 1966.

BO, João Lanari. *Cinema japonês*: filmes, história, diretores. São Paulo: Giostri, 2016.

BOBBIO, Norberto. Presente e futuro dos direitos do homem. In: ______. A era dos direitos. *Apresentação*: Celso Lafer. 9. ed. São Paulo: Campus Elsevier, 2004.

__________ et al. *Dicionário de política*. Brasília: Editora Universidade de Brasília, 2000.

__________. *A era dos direitos*. Rio de Janeiro: Campus, 1992.

__________. *Igualdade e liberdade*. Tradução Carlos Nelson Coutinho. Rio de Janeiro: Ediouro, 1996.

BONAVIDES, Paulo. *Curso de direito constitucional*. São Paulo: Malheiros, 2007.

__________. *A Constituição aberta*. 2. ed. São Paulo: Malheiros, 1996.

__________. *Ciência política*. 10. ed. São Paulo: Malheiros, 1995.

__________. *Reflexões, política e direito*. 3. ed. São Paulo: Malheiros, 1998.

BONELLI, Maria da Gloria; OLIVEIRA, Fabiana Luci de; MARTINS, Rennê. *Profissões jurídicas, identidades e imagem pública*. São Paulo: Edufscar, 2006.

BONICIO, Marcelo José Magalhães. *Princípios do Processo no novo Código de Processo Civil*. São Paulo: Saraiva, 2016.

BORGES, Luis Carlos. *OAB versus assistência judiciária*. São Paulo: Livraria Ghignone Editora, 1980.

BOTELHO DE MESQUITA, José Ignacio. *Coisa julgada*. Rio de Janeiro: Forense, 2004.

BRAGHITTONI, Rogério Ives. *O princípio do contraditório no processo*: doutrina e prática. Rio de Janeiro: Forense Universitária, 2002.

BRITTO, Carlos Ayres. O regime constitucional dos Tribunais de Contas. In: GRAU, Eros Roberto; CUNHA, Sérgio Sérvulo da (orgs.). *Estudos de direito constitucional em homenagem a José Afonso da Silva*. São Paulo: Malheiros, 2003.

__________. Separação dos poderes na Constituição brasileira. In: CLÈVE, Clèmerson Merlin; BARROSO, Luís Roberto. *Doutrinas essenciais de direito constitucional*: organização dos poderes da República. São Paulo: RT, 2011.

BUENO, Cassio Scarpinella. *Amicus curiae no processo civil brasileiro*: um terceiro enigmático. 3. ed. São Paulo: Saraiva, 2012,

CALAMANDREI, Piero. *Proceso y democracia*. Trad. Hector Fix Zamudio. Buenos Aires: EJEA, 1960.

__________. Il concetto di "lite" nel pensiero di Francesco Carnelutti. In: ______. OPERE GIURIDICHE. Volume Primo. Morano Editore, cap. X, item 7.

CAMARGO, Rodrigo Tellini de A. *Audiência de custódia e medidas cautelares pessoais*. São Paulo: Tirant lo Blanch, 2019.

CAMPO, Hélio Márcio. *Assistência jurídica gratuita, assistência judiciária e gratuidade judiciária*. São Paulo: Juarez de Oliveira, 2002.

CANARIS, Claus Wilhelm. *Pensamento sistemático e conceito de sistema na Ciência do Direito*. Trad.: A. Menezes Cordeiro, Fundação Calouste Gulbenkian, Lisboa, 2008.

CANOTILHO, J. J. Gomes. *Direito constitucional e teoria da Constituição*. 6. ed. Coimbra: Almedina, 2002.

__________. *Estado de direito*. Lisboa: Gradiva, 1999.

CAPPELLETTI, Mauro. Acesso à justiça como programa de reforma e como método de pensamento. In: ______. *Processo, ideologias e sociedade*. Trad. de Elício de Cresci Sobrinho. Porto Alegre: Sergio Antonio Fabris, 2008. v. I.

__________. *Processo e ideologia*. Porto Alegre: Sergio Antonio Fabris, 2008. v. I.

__________. *Processo e ideologia*. Porto Alegre: Sergio Antonio Fabris, 2010. v. II.

__________. Os métodos alternativos de solução de conflitos no quadro do movimento universal de acesso à justiça. *Revista de Processo*, n. 74, p. 84, abr./jun. 1994.

__________; GARTH, Bryant. *Acesso à justiça*. Trad. de Ellen Gracie Northfleet. Porto Alegre: Sergio Antonio Fabris, 1988.

CARDOSO, José Eduardo Martins. Direitos e deveres dos magistrados e membros do Ministério Público, In: RENAULT, Sérgio Rabello Tamm, BOTTINI, Pierpaolo (coords.). *Reforma do Judiciário*. São Paulo: Saraiva, 2005.

CARDOSO, Luciana Zaffalon Leme. *Uma fenda na justiça, a Defensoria Pública e a construção de inovações democráticas*. São Paulo: Hucitec, 2010.

__________. Participação social na Defensoria Pública: inovações democráticas na esfera de justiça. In: SOUSA, José Augusto Garcia de (org.). *Uma nova Defensoria Pública pede passagem* – reflexões sobre a Lei Complementar 132/09. Rio de Janeiro: Lumen Juris, 2001.

CARNEIRO, Levi. *O livro de um advogado*. Rio de Janeiro: Editora A. Coelho Branco Filho, 1943.

CARNELUTTI, Francesco. *As misérias do processo penal.* Trad. de Ricardo Rodrigues Gama. Campinas: Russel, 2007.

CARONE, Edgar. *A República Velha*: instituições e classes sociais. 2. ed. São Paulo: Difusão Europeia do Livro, 1970.

CARVALHO, A. A. Contreras de. *Lei Orgânica da Magistratura Nacional interpretada*. Rio de Janeiro: Freitas Bastos, 1983.

CARVALHO, Sabrina Nasser de. *Direito de defesa nos conflitos fundiários*. Rio de Janeiro: Lumen Juris, 2019.

CASTRO, Araújo. *A Constituição de 1937*. 2. ed.. Livraria Freitas Bastos, 1941.

CASTRO, Carlos Roberto de Siqueira. A Constituição e a Defensoria Pública. *Revista de Direito da Defensoria Pública*, Rio de Janeiro, ano 4, n. 5, fev., 1991, p. 15-26.

__________. A Constituição e a Defensoria Pública. *Revista de Direito da Defensoria Pública Geral do Estado do Rio de Janeiro*, n. 7, ano 6, Rio de Janeiro, 1992.

__________. *A Constituição aberta e os direitos fundamentais*. Rio de Janeiro: Forense, 2005.

CAVALCANTI, Themístocles Brandão. *O funcionário público e seu estatuto*. São Paulo, 1940.

CENEVIVA, Walter. Constitucionalidade do advogado dativo. São Paulo, Revista dos Tribunais, v. 602, ano 74, dez. 1985.

CHIOVENDA, Giuseppe. *Instituições de Direito Processual Civil.* Tradução da 2ª edição italiana por J. Guimarães Menegale acompanhada de notas de Enrico Tullio Liebman. São Paulo: Saraiva, 1965.

__________. Del gratuito patrocínio. In: ______. *Saggi di Diritto Processuale Civile* (1894-1937). Milano: Giuffrè, 1993. v. 3.

CHOUKR, Fauzi Hassan. *Código de Processo Penal*: comentários consolidados e crítica jurisprudencial. 7. ed. Belo Horizonte: D'Plácido, 2017.

CINTRA, Antonio Carlos de Araújo. *Comentários ao CPC*. 2. ed. Rio de Janeiro: Forense, 2003. v. IV.

__________; GRINOVER, Ada Pellegrini; DINAMARCO, Cândido Rangel. *Teoria geral do processo*. 20. ed. São Paulo: Malheiros, 2004.

COELHO, Edmundo Campos. *As profissões imperiais* – Medicina, Engenharia e Advocacia no Rio de Janeiro (1822-1930). Rio de Janeiro: Record, 1999.

COMPARATO, Fabio Konder. *A afirmação histórica dos direitos humanos*. 4. ed. São Paulo: Saraiva, 2005.

__________. Fundamento dos Direitos Humanos. In: MARCÍLIO, Maria Luiza; PUSSOLI, Lafaiete (coords.). *Cultura dos direitos humanos*. São Paulo: LTr, 1998.

CONCI, Luiz Guilherme Arcaro. O controle de convencionalidade como parte de um constitucionalismo transnacional fundado na pessoa humana. *Revista de Processo*, n. 232, 2014.

CONSTANT, Benjamin. *Escritos de Política*. Tradução Eduardo Brandão. São Paulo: Martins Fontes, 2018.

COPETTI, André. *Direito penal e estado democrático de direito*. Porto Alegre: Livraria do Advogado, 2000.

CORGOSINHO, Gustavo. *Defensoria Pública*: princípios institucionais e regime jurídico. Belo Horizonte: Dictum, 2009.

CRETTON, Décio. *O estatuto da magistratura brasileira*. São Paulo: Saraiva, 1980.

CUNHA, Luciana Gross. *Juizado Especial*: criação, instalação, funcionamento e a democratização do acesso à justiça. São Paulo: Saraiva, 2008.

CUNHA JÚNIOR, Dirley da. *Curso de direito constitucional*. Salvador: JusPodivm, 2008.

DALLARI, Dalmo de Abreu. *O poder dos juízes*. 3. ed. São Paulo: Saraiva, 2010.

__________. *Constituição e constituinte*. São Paulo: Saraiva, 1984. p. 53-54.

__________. Estado de Direito e Cidadania. In: GRAU, Eros Roberto; GUERRA FILHO, Willis Santiago (org.). *Direito constitucional*: estudos em homenagem a Paulo Bonavides. São Paulo: Malheiros, 2001.

DANTAS JÚNIOR, Genival Torres. *A tutela da vítima pela Defensoria Pública na persecução penal*. Rio de Janeiro: Lumen Juris, 2016.

DAVIDSON, James West. *Uma breve história dos Estados Unidos*. 3. ed. Trad. Janaína Marcoantonio. Porto Alegre: L&PM, 2017.

DELLORE, Luiz. Justiça gratuita no CPC/2015: o lado A, em *JOTA*. Disponível em: http://jota.info/justica-gratuita-novo-cpc-lado.

DEZEM, Guilherme Madeira. *Curso de Processo Penal*. 5. ed. São Paulo: RT, 2019.

DIAS, Eduardo Augusto da Silva. Dificuldades e possibilidades de atuação da Defensoria Pública como *custos vulnerabilis* no processo penal. In: OLIVEIRA, Alfredo Emanuel Farias de et al. (orgs.). *Teoria geral da Defensoria Pública*. Belo Horizonte: D'Plácido, 2020.

DIDIER JR., Fredie; OLIVEIRA, Rafael. *Benefício da justiça gratuita*. 3. ed. Salvador: JusPodivm, 2008.

DINAMARCO, Cândido Rangel. *Instituições de direito processual civil*. 6. ed. São Paulo: Malheiros, 2009. v. II.

DONNELLEY, Paul. *501 crimes mais notórios*. Trad. Débora da Silva G. Isidoro. São Paulo: Larousse do Brasil, 2011.

DUNKER, Christian. A identificação. *Glossário Freud: Falando daquilo*. Disponível no canal Youtube, 00'00" a 02'50", em: <https://www.youtube.com/watch?v=qgZWOT_4Bwg>.

ESTEVAN, Juan Manuel Barquero. *La función del tributo en el Estado social y democrático de Derecho*. Madrid: CEPC, 2002.

ESTEVES, Diogo; SILVA, Franklyn Roger. *Princípios institucionais da Defensoria Pública*. 2. ed. Rio de Janeiro: Forense, 2017.

ETIENNE, Adolfo Filgueiras. *Defensoria Pública*: excelência no atendimento e nas postulações judiciais. Belo Horizonte: CEI, 2018.

FAGUNDES, Miguel Seabra. *O controle dos atos administrativos pelo Poder Judiciário*. 7. ed. Atualizada por Gustavo Binenbojm. Rio de Janeiro: Forense, 2005.

FALCÃO, Joaquim. Acesso à justiça: diagnóstico e tratamento. In: ASSOCIAÇÃO DOS MAGISTRADOS BRASILEIROS – AMB (org.). *Justiça*: promessa e realidade. . Rio de Janeiro: Nova Fronteira, 1996.

FALCON Y TELLA, Maria José; FALCON Y TELLA, Fernando. *Fundamento e finalidade da sanção*. Trad. Cláudia de Miranda Avena. São Paulo: RT, 2008.

FARHAT, Saïd. *Lobby, o que é, como se faz*: ética e transparência na representação junto a governos. Rio de Janeiro: Aberje, 2007.

FARIA, Julio Cezar de. *Juízes de meu tempo*. São Paulo: Livraria Martins, 1942.

FARIAS, Cristiano Chaves de. A legitimidade do Ministério Público para a ação de alimentos: uma conclusão constitucional. In: FARIAS, Cristiano Chaves de; ALVES, Leonardo Barreto Moreira; ROSENVALD, Nelson (orgs.). *Temas atuais do Ministério Público* – a atuação do Parquet nos 20 anos da Constituição Federal. 2. ed. Rio de Janeiro: Lumen Juris, 2010.

FENSTERSEIFER, Tiago. A legitimidade da Defensoria Pública para a ação civil pública ambiental e a condição de pessoa necessitada em termos (socio)ambientais: uma questão de acesso à Justiça (socio)ambiental. Revista de Processo, São Paulo, v. 193, março/2011, p. 93/100.

__________. *Defensoria Pública, direitos fundamentais e ação civil pública*. São Paulo: Saraiva: 2015, p. 64.

__________. *Defensoria Pública na Constituição Federal*. Rio de Janeiro: Forense, 2017.

FERNANDES, Antonio Scarance. *Processo penal constitucional*. 4. ed. São Paulo: Revista dos Tribunais, 2005.

FERRAJOLI, Luigi. Derecho y razón: teoria del garantismo penal. Prólogo de Norberto Bobbio. Décima edición. Madrid: Trotta, 2011.

FERRAZ, Antonio Augusto Mello de Camargo; GUIMARÃES JÚNIOR, João Lopes. A necessária elaboração de uma nova doutrina de Ministério Público, compatível com seu atual perfil constitucional. In: FERRAZ, Antonio Augusto Mello de Camargo (org.). *Ministério Público*: instituição e processo. São Paulo: Atlas, 1999.

FERRAZ, Antonio Augusto Mello de Camargo; DIAS JÚNIOR, Paulo Roberto. Aperfeiçoamento do sistema de investidura do Procurador-Geral de Justiça: pressuposto para a afirmação do Ministério Público como defensor do regime democrático. In: VIGLIAR, José Marcelo Meneses; MACEDO JUNIOR, Ronaldo Porto (org.). *Ministério Público II* – democracia. São Paulo: Atlas, 1999.

FERRAZ JR., Tercio Sampaio. *Introdução ao estudo do direito*: técnica, decisão, dominação. São Paulo: Atlas, 1989.

FERREIRA, Aurélio Buarque de Holanda. *Míni Aurélio*. 7. ed. Curitiba: Positivo.

FERREIRA, Ligia Fonseca. *Com a palavra, Luiz Gama*: poemas, artigos, cartas, máximas. São Paulo: Imprensa Oficial, 2011.

FIGUEIREDO, Guilherme José Purvin de Figueiredo. Advocacia pública e a defesa do meio ambiente à luz do art. 225 da CF. In: BENJAMIN, Antonio Herman; PURVIN, Guilherme José (coords.). *Direito ambiental e as funções essenciais à justiça*. São Paulo: RT, 2011.

FILHO, Mário. *As coisas incríveis do futebol* – as melhores crônicas de Mario Filho. Francisco Michelin (organização). São Paulo: Ex Machina, 2014.

FIX-ZAMUDIO, Héctor. Breves reflexiones sobre el concepto y el contenido del derecho procesal constitucional. *Anuario Iberoamericano de Justicia Constitucional*, Madrid, Centro de Estudios Constitucionales, v. 3, 1999.

FLINTOF, John-Paul. *Como mudar o mundo*. Trad. de Débora Landsberg. Rio de Janeiro: Objetiva, 2012.

FREUD, Sigmund. *Identificação (1920)*. Obras psicológicas completas de Sigmund Freud. Rio de Janeiro: Imago, 1996.

FULLER, Paulo Henrique Aranda. *Elementos de direito processual penal*. 11. ed. São Paulo: RT, 2012.

GALEANO, Eduardo. *De pernas pro ar* – a escola do mundo ao avesso. 8. ed. Porto Alegre: L&PM, 1999.

GALLIEZ, Paulo. *Princípios institucionais da Defensoria Pública*. 5. ed. Rio de Janeiro: Lumen Juris, 2010.

GARCIA, Emerson. *Ministério Público*: organização, atribuições e regime jurídico. 3. ed. Rio de Janeiro: Lumen Juris, 2008.

GARÇON, Maurice. *O advogado e a moral*. Trad. de Antonio de Souza Madeira Pinto. Coimbra: Armênio Amado, 1963.

GARRO, Alejandro M. Acesso à justiça para os pobres na América Latina. In: PANDOLFI, Dulce Chaves; CARVALHO, José Murilo de; CARNEIRO, Leandro Piquet; GRYNZPAN, Mario (org.). *Democracia, violência e injustiça*. Rio de Janeiro: Editora FGV, 1999.

GIANNAKOS, Ângelo Maraninchi. *Assistência judiciária no direito brasileiro*. Porto Alegre: Livraria do Advogado, 2008.

GIDI, Antonio, O Projeto CNJ de Lei de Ação Civil Pública. Avanços, inutilidades, imprecisões e retrocessos: a decadência das ações coletivas no Brasil (November 3, 2020). *Civil Procedure Review* (Special Edition) 2021, Available at SSRN: https://papers.ssrn.com/sol3/papers.cfm?abstract_id=3724081.

GIUDICELLI, Gustavo Barbosa. *A Defensoria Pública nos 30 anos da Constituição Federal*: consolidação, desafios e perspectivas. Rio de Janeiro: Lumen Juris, 2018.

GLEITMAN, Henry; REISBERG, Daniel; GROSS, James. *Psicologia*. 7. ed. Trad. Ronaldo Cataldo Costa, revisão técnica Giana Bitencourt Frizzo. Porto Alegre: Artmed, 2009.

GODOY, Arion Escorsin de. *Conflitos habitacionais urbanos: atuação e mediação jurídico-política da Defensoria Pública*. Curitiba: Juruá, 2015.

GOHN, Maria da Glória. *Conselhos gestores e participação sociopolítica*. 3. ed. São Paulo: Cortez, 2007.

GOMES, Mércio Pereira. *Antropologia*: ciência do homem, filosofia da cultura. 2. ed. São Paulo: Contexto, 2011.

GONÇALVES FILHO, Edilson Santana; ROCHA, Jorge Bheron; maia, Maurilio Casas. *Custos vulnerabilis:* a Defensoria Pública e o equilíbrio nas relações político-jurídicas dos vulneráveis. Belo Horizonte: CEI, 2020.

GONZÁLEZ, Pedro. *Defensoria Pública no século XXI*: novos horizontes e desafios. Rio de Janeiro: Lumen Juris, 2017.

GRAU, Eros Roberto. *Ensaio e discurso sobre a interpretação/aplicação do direito*. São Paulo: Malheiros, 2002.

__________. *O direito posto e o direito pressuposto*. 5 ed. São Paulo: Malheiros, 2003.

__________. *A ordem econômica na Constituição de 1988* (interpretação e crítica). 18. ed. São Paulo: Malheiros, 2017.

GRINOVER, Ada Pellegrini. Parecer sobre a legitimidade da Defensoria Pública para o ajuizamento de ação civil pública. *Revista da Defensoria Pública do Estado de São Paulo*, ano 4, n. 2, 2011.

__________. *As garantias constitucionais do direito de ação*. São Paulo: RT, 1973.

__________. *Novas tendências do direito processual*. Rio de Janeiro: Forense Universitária, 1990.

GROSTEIN, Julio. *Lei orgânica da Defensoria Pública do Estado de São Paulo*: comentários à lei complementar estadual n. 988/06. Salvador: JusPodivm, 2014.

GUEIROS, Nehemias. *A Advocacia e o seu Estatuto*. São Paulo/Rio de Janeiro: Freitas Bastos, 1964.

GUIMARÃES, Mario. *O juiz e a função jurisdicional*. Rio de Janeiro: Forense, 1958.

HADDAD, Eneida Gonçalves de Macedo. *A Defensoria Pública do Estado de São Paulo* – por um acesso democrático à Justiça. São Paulo: Letras Jurídicas, 2011.

HAZARD JR., Geoffrey C.; DONDI, Angelo. *Ética jurídica:* um estudo comparativo. Trad. de Luiz Gonzaga de Carvalho Neto; revisão da tradução de Lenita Ananias do Nascimento. São Paulo: WMF Martins Fontes, 2011.

HITTERS, Juan Carlos. Algo más sobre el proceso transnacional. In: MAC-GREGOR, Eduardo Ferrer (coord.). *Derecho procesal constitucional*. 5. ed. México: Porruá, 2006.

HOBSBAWM, Eric. *A era dos extremos*: o breve século XX. 2. ed. São Paulo: Companhia das Letras, 1994.

HOYOS, Arturo. El bloque de constitucionalidad. In: MAC-GREGOR, Eduardo Ferrer (coord.). *Derecho procesal constitucional*. 5. ed. México: Porruá, 2006.

HUGO, Victor. *Os Miseráveis*. Trad. Frederico Ozanam Pessoa de Barros. São Paulo: Cosac Naify, 2012.

INNERARITY, Daniel. Un mundo desincronizado. *Claves de razón práctica*, 186 (octubre, 2008).

JATAHY, Carlos Roberto de Castro. *Curso de princípios institucionais do Ministério Público*. 4. ed. Rio de Janeiro: Lumen Juris, 2009.

JUNQUEIRA, Gustavo Octaviano Diniz; REIS, Gustavo Augusto Soares dos; ZVEIBIL, Daniel Guimarães. Constitucionalidade da capacidade postulatória autônoma do Defensor Público: fundamentos e importância para a defesa de direitos humano. In: RÉ, Aluísio Iunes Monti Ruggero; REIS, Gustavo Augusto Soares (coords.). Temas Aprofundados da Defensoria Pública. Salvador: Juspodivm, 2014. V. 2, p. 97/132.

JUNQUEIRA, Gustavo Octaviano Diniz; REIS, Gustavo Augusto Soares dos. O novo desenho constitucional da Defensoria Pública: autonomia. *Revista dos Tribunais*, ano 101, v. 920, jun. 2012.

KRENAK, Ailton. *A vida não é útil*. Pesquisa e organização de Rita Carelli. São Paulo: Companhia das Letras, 2020.

LACERDA, Gabriel. *O direito no cinema*: relato de uma experiência didática no campo do direito. Rio de Janeiro: Editora FGV, 2007.

LACERDA, Galeno. Mandados e sentenças liminares, *Revista da Faculdade de Direito UFPR*, v. 14, n. 0, 1971. Disponível em: http://revistas.ufpr.br/direito/article/view/7191/5146.

LAFER, Celso. *Ensaio sobre a liberdade*. São Paulo: Perspectiva, 2007.

LAPLANCHE, Jean; PONTALIS, Jean. Verbete "identificação". *Vocabulário de Psicanálise*. Trad. Pedro Tamen. 4. ed. São Paulo: Martins Fontes, 2016.

LAZZARINI, Alexandre Alves. A intervenção do CADE no processo judicial. *Revista de Processo*, São Paulo: Revista dos Tribunais, v. 105, 2002, p. 247-248. Apud BUENO, Cassio Scarpinella. *Amicus curiae no processo civil brasileiro*: um terceiro enigmático. 3. ed. São Paulo: Saraiva, 2012.

LEAL, Victor Nunes. *Coronelismo, enxada e voto*: o município e o regime representativo no Brasil. 4. ed. São Paulo: Alfa-Omega, 1978 (Biblioteca Alfa-Omega de Ciências Sociais, Série 1ª, v. 2).

LEWIN, Ana Paula O. C. Meirelles e Ana Rita Souza Prata, Defensoria Pública e Lei Maria da Penal – a atuação da instituição de acordo com o artigo 28 da lei. In: RÉ, Aluísio Iunes Monti (org.). *Temas aprofundados da Defensoria Pública*. Salvador, 2014.

LEWIS, Anthony. *A trombeta de Gedeão*. Trad. Beatriz Moreira Pinto Beraldo. Rio de Janeiro: Forense, 1966.

LIEBMAN, Enrico Tullio. Manuale di Diritto Processuale Civile. Principi. Sesta edizione. Milano: Giuffrè, 2002.

__________. *Eficácia e autoridade da sentença*. Tradução Alfredo Buzaid e Benvindo Aires; e dos textos posteriores por Ada Pellegrini Grinover. 3. ed., Rio de Janeiro: Forense, 1984.

LIMA, Alcides de Mendonça. *O Poder Judiciário e a nova Constituição*. Rio de Janeiro: Aide, 1989.

LIMA, Frederico Rodrigues Viana de. *Defensoria Pública*. 2. ed. Salvador: JusPodivm, 2011.

LINS E SILVA, Evandro. *Arca dos guardados*: vultos e momentos nos caminhos da vida. Rio de Janeiro: Civilização Brasileira, 1995.

LÔBO, Paulo. *Estatuto da Advocacia e da OAB*. 5. ed. São Paulo: Saraiva, 2010.

LOFTUS, Elizabeth. *The fiction of memory* (vídeo legendado). Disponível em: http://www.ted.com/talks/elizabeth_loftus_the_fiction_of_memory?utm_medium=on.ted.com-static&utm_source=direct-on.ted.com&utm_campaign=&utm_content=awesm-publisher&awesm=on.ted.com_memory.

LOPES JR., Aury. *Direito processual penal*. 16. ed. São Paulo: Saraiva, 2019.

LOPES JR., Aury; GLOECKNER, Ricardo Jacobsen. *Investigação preliminar no processo penal*. 6. ed. São Paulo: Saraiva, 2014

LOPES JR., Aury; ROSA, Alexandre Morais da. Memória não é Polaroid: precisamos falar sobre reconhecimentos criminais, *Consultor Jurídico*, 07 de novembro de 2014, em: http://www.conjur.com.br/2014-nov-07/limite-penal-memoria-nao-polarid-precisamos-falar-reconhecimentos-criminais.

LORENCINI, Marco Antonio Garcia Lopes. A contribuição dos meios alternativos para a solução das controvérsias. In: SALLES, Carlos Alberto (coord.). *As grandes transformações do processo civil brasileiro*: homenagem ao Professor Kazuo Watanabe. São Paulo: Quartier Latin, 2009.

LYRA, Roberto. *Theoria e pratica da Promotoria Publica*. Rio de Janeiro: Editora Jacinto, 1937.

MACEDO JÚNIOR, Ronaldo Porto. Ministério Público brasileiro: um novo ator político. In: VIGLIAR, José Marcelo Menezes; MACEDO JÚNIOR, Ronaldo Porto (orgs.). *Ministério Público II*: democracia. São Paulo: Atlas, 1999.

MACHADO, Bruno Amaral. *Ministério Público*: organização, representações e trajetórias. Curitiba: Juruá, 2007.

MACHADO, José Alberto Oliveira de Paula. *Defensoria Pública e o futuro*. Florianópolis: Tirant lo Blanc, 2019.

MADISON, James. The particular structure of the new government and the distribution of power among its different parts, n. 47. The Federalist. In: GREAT BOOKS OF THE WESTERN WORLD. Chicago, Londres, Toronto: Encyclopaedia Britannica, Inc., 1952. v. 43.

MAFEZZOLI, Antônio. *A atuação da Defensoria Pública na promoção e defesa dos direitos humanos e o sistema interamericano de Direitos Humanos*. Disponível em: <http://www.defensoria.sp.gov.br/dpesp/Repositorio/31/Documentos/tese>. Acesso em: 10 nov. 2012.

MAIA, Maurilio Casas. A Intervenção de Terceiro da Defensoria Pública nas Ações Possessórias Multitudinárias do NCPC: Colisão de interesses (Art. 4º-A, V, LC n. 80/1994) e Posições processuais dinâmicas. In: DIDIER JR., Fredie; MACÊDO, Lucas Buril de; PEIXOTO, Ravi; FREIRE, Alexandre. (orgs.). Coleção Novo CPC – Doutrina Selecionada – V.1 – Parte Geral. 2. ed. Salvador: Jus Podivm, 2016, v. I, p. 1253/1292.

__________. *Custos vulnerabilis* constitucional: o Estado defensor entre o REsp n. 1.192.577-RS e a PEC n. 04/14. *Revista Jurídica Consulex*, Brasília, ano XVIII, n. 417, jun. 2014.

__________. Legitimidades institucionais no Incidente de Resolução de Demandas Repetitivas (IRDR) no direito do consumidor: Ministério Público e Defensoria Pública: similitudes e distinções, ordem e progresso. *Revista dos Tribunais*, São Paulo, n. 986, dez. 2017.

__________; SANTIAGO, Nestor Eduardo Araruna. O garantismos penal, o encarcerado vulnerável e a intervenção da Defensoria Pública na execução penal: custos vulnerabilis? Revista Brasileira de Ciências Criminais, v. 152, fevereiro de 2019, p. 173/209.

__________; OLIVEIRA, Alfredo Emanuel Farias de. Um breve ensaio sobre os avanços da Defensoria Pública enquanto custos vulnerabilis no Brasil. In: OLIVEIRA, Alfredo Emanuel Farias de; et al. (orgs.). Teoria Geral da Defensoria Pública. Belo Horizonte: D'Plácido, 2020.

MANCUSO, Rodolfo de Camargo. *Acesso à justiça*: condicionantes legítimas e ilegítimas. São Paulo: RT, 2011.

MARANHÃO, Jarbas. A Constituição de 1988 e o Tribunal de Contas: seus primórdios, normas e atribuições. *Revista de Informação Legislativa*, Brasília, ano 30, n. 119, jul./set. 1993.

MARCACINI, Augusto Tavares Rosa. *Assistência jurídica, assistência judiciária e justiça gratuita*. Rio de Janeiro: Forense, 2001.

MARÇAL, Thaís Boia. A inconstitucionalidade do procedimento de dúvida à gratuidade da justiça pelo notário ou registrador previsto no art. 98, §8º do NCPC. In: SOUSA, José Augusto Garcia de (coord.). *Defensoria Pública*. Salvador: Juspodivm, 2015.

MARINONI, Luiz Guilherme; BECKER, Laércio A. A influência das relações pessoais sobre a advocacia e o processo civil brasileiros. *Jus Navigandi*, Teresina, ano 8, n. 286, 19 de abril de 2004. Disponível em: https://jus.com.br/ artigos/5066/a-influencia-das-relacoes-pessoais-sobre-a-advocacia-e-o-processo-civil-brasileiros. Acesso em: 21 maio 2020.

MARQUES, José Frederico. *A reforma do Poder Judiciário*. São Paulo: Saraiva, 1979. v. 1.

MARQUES NETO, Floriano de Azevedo. *Entre independência institucional e neopatrimonialismo*: a distorção da doutrina do 'Promotor Natural'. Ministério Público: reflexões sobre princípios e funções institucionais. São Paulo: Atlas, 2010.

MARTINS, Pedro Batista. *Comentários ao código de processo civil*. Rio de Janeiro; São Paulo: Forense, 1960. V. I.

MARTINS JUNIOR, Wallace Paiva. *Remuneração de agentes públicos*. São Paulo: Saraiva, 2009.

MASCARENHAS, Breno Cruz. *A dinâmica do individualismo na Defensoria Pública do Rio de Janeiro*. Dissertação (Mestrado) – PUC/RJ, 1992, sob a orientação de José Ribas Vieira.

MASON, Alpheus T. A herança política dos Estados Unidos: revolução e governo livre – um tributo bicentenário. In: HARMON, M. Judd (org.). *Ensaios sobre a Constituição dos Estados Unidos*. Trad. Elcio Gomes Cerqueira. Rio de Janeiro: Forense, 1978.

MASSOUD, Carolina Ormanes. Mudanças no estatuto constitucional da magistratura. In: VELOSO, Zeno; SALGADO, Gustavo Vaz (coords.). *Reforma do Judiciário comentada*. São Paulo: Saraiva, 2005.

MATTOS, Marco Aurélio Vannucchi Leme de. *Os cruzados da ordem jurídica, a atuação da Ordem dos Advogados do Brasil (OAB), 1945-1964*. Tese (Doutorado em História) – FFLCH/USP, 2011.

MAXIMILIANO, Carlos. *Hermenêutica e aplicação do direito*. 3. ed. São Paulo; Rio de Janeiro: Freitas Bastos, 1941.

__________. *Comentarios á Constituição brasileira*. 3. ed. Porto Alegre: Livraria Globo, 1929.

MAZZILLI, Hugo Nigro. *Regime jurídico do Ministério Público*. 6. ed. São Paulo: Saraiva, 2007.

MAZZIOTTI, Manlio. *I conflitti di attribuzione fra i Poteri dello Stato*. Milano: Giuffrè, 1972. v. I.

MEDAUAR, Odete. *Direito administrativo moderno*. 8. ed. São Paulo: Revista dos Tribunais, 2004.

MEDEIROS, Ana Letícia Barauna Duarte; PIOVESAN, Flávia; VIEIRA, Oscar Vilhena. Introdução. In: PIOVESAN, Flávia (coord.). *Código de Direito Internacional dos Direitos Humanos anotado*. São Paulo: DPJ, 2008.

MELLO, Celso Antonio Bandeira. Apontamentos sobre a teoria dos órgãos públicos. *Revista de Direito Público*, São Paulo, 1970.

__________. *Conteúdo jurídico do princípio da igualdade*. 3. ed. São Paulo: Malheiros, 1997.

__________. *Curso de direito administrativo*. 20. ed. São Paulo: Malheiros, 2006.

MELLO, Celso de. Um Prefácio desnecessário... In: TORON, Alberto Zacharias et al. *Prerrogativas profissionais do advogado*. 3. ed. São Paulo: Atlas, 2010.

MELLO, Oswaldo Aranha Bandeira de. *Princípios gerais de direito administrativo*. 3. ed. São Paulo: Malheiros, 2007.

MELLO, J. Soares de. *Juizes criminaes* – o seu recrutamento. São Paulo: Editora Limitada, 1932.

MELLO, Oswaldo Aranha Bandeira de. *Princípios gerais de direito administrativo*. 3. ed. São Paulo: Malheiros, 2007.

MENDES, Gilmar Ferreira et al. *Curso de direito constitucional*. São Paulo: Saraiva, 2007.

MENDONÇA, Joseli Maria Nunes. *Evaristo de Moraes*: tribuno da República. Campinas: Ed. Unicamp, 2007.

MENEGALE, J. Guimarães. *O estatuto dos funcionários públicos*. Rio de Janeiro: Forense, 1962. V. I.

MENEZES, Felipe Caldas. *Defensoria Pública da União*: princípios institucionais, garantias e prerrogativas dos membros e um breve retrato da instituição. Disponível em: <http://www.dpu.gov.br/pdf/artigos/artigo_principios_institucionais_Felipe.pdf>. Acesso em: 7 jan. 2013.

__________. Defensoria Pública da União: princípios institucionais, garantias e prerrogativas dos membros. In: ADVOCACIA DE ESTADO E DEFENSORIA PÚBLICA: funções públicas essenciais à justiça. Letra da Lei e Instituto Brasileiro de Advocacia Pública-IBAP. Paraná, Curitiba, 2009,

MESQUITA, José Ignacio Botelho de; LOMBARDI, Mariana; AMADEO, Rodolfo da Costa Manso Real; DELLORE, Luiz; ZVEIBIL, Daniel Guimarães. Antecipação da tutela versus improcedência da ação. In: CARVALHO, Milton Paulo de (org.). *Direito Processual Civil*. São Paulo: Quartier Latin, 2007.

MESQUITA, José Ignacio Botelho de. *O princípio do juiz natural*. In: Teses, Estudos e Pareceres de Processo Civil. Vol. 3. São Paulo: RT, 2007.

__________. Novas tendências do direito processual: uma contribuição para o seu reexame. In: Teses, estudos e pareceres de processo civil. São Paulo: RT, 2005. v. 1.

MESSITTE, Peter. Assistência judiciária no Brasil: uma pequena história. *Revista dos Tribunais*, ano 57, v. 392, jun. 1968, p. 399-412.

MIOTTO, Armida Bergamini. A Defensoria Pública no Brasil. *Revista de Informação Legislativa*, Brasília, abr.-jun. 1973, p. 71-104.

MIRANDA, F.C. *Comentários ao código de processo civil*. Rio de Janeiro: Forense,, 1947. V. I.

MIRANDA, Jorge. *Manual de direito constitucional*. Coimbra: Coimbra Ed., 2000.

MIR PUIG. Santiago. *El Derecho Penal em el Estado Social y Democrático de Derecho*. Barcelona: Ariel, 1994.

MONTESQUIEU, Charles de Secondat – Barão de. *O espírito das leis*. Trad. Fernando Henrique Cardoso e Leôncio Martins Rodrigues. São Paulo: Difusão Europeia do Livro, 1962. v. I.

MONTORO, André Franco. *Introdução à ciência do direito*. 23. ed. São Paulo: Revista dos Tribunais, 1995.

MORAES FILHO, Antonio Evaristo de. *Advogado criminal, esse desconhecido*. Revista do Advogado, out. 2003, n. 72, p. 14-22.

MORAES, Guilherme Peña de. *Instituições da Defensoria Pública*. São Paulo: Malheiros, 1999.

MORAES, Sílvio Roberto Mello. *Princípios institucionais da Defensoria Pública*. São Paulo: Revista dos Tribunais, 1994.

__________. *Princípios institucionais da Defensoria Pública*. São Paulo: Revista dos Tribunais, 1995.

MOREIRA, José Carlos Barbosa. O direito à assistência jurídica: evolução no ordenamento brasileiro de nosso tempo. *Revista de Processo*, São Paulo, RT, jul.-set. 1992.

__________. O direito à assistência jurídica. *Revista de Direito da Defensoria Pública do Estado do Rio de Janeiro*, ano 4, n. 5, 1991.

__________. *Comentários ao CPC*. 16. ed. Rio de Janeiro: Forense, 2011.

MOREIRA NETO, Diogo de Figueiredo. Funções essenciais à justiça e contra-poderes, *Revista da AGU – Advocacia-Geral da União*, Brasília, ano X, n. 27, p. 7-30, jan./mar. 2011

MOUNK, Yasha. *O povo contra a democracia*: por que nossa liberdade corre perigo e como salvá-la. Trad.: Cássio de Arantes Leite e Débora Landsberg. São Paulo: Companhia das Letras, 2019.

MULLER, Friederich. *Quem é o Povo?* Tradução de Peter Naumann. Rio de Janeiro: Max Limonad, 2000

NABAIS, José Casalta. A face oculta dos direitos fundamentais: os deveres e os custos dos direitos. *Revista de Direito Público da Economia*, v. 5, n. 20, out./dez. 2007, p. 153-181. Disponível também em: <http://www.egov.ufsc.br/portal/sites/default/files/anexos/15184-15185-1-PB.pdf>. Acesso em: 15 maio 2015.

NALINI, José Renato. *Recrutamento e preparo de juízes*. São Paulo: RT, 1992.

__________. A democratização da administração dos tribunais. In: RENAULT, Sérgio Rabello Tamm; BOTTINI, Pierpaolo (coords.). *Reforma do Judiciário*. São Paulo: Saraiva, 2005.

NERY JUNIOR, Nelson. *Princípios do processo civil na Constituição Federal*. 5. ed. 2. tir. São Paulo: Revista dos Tribunais, 1999 (Coleção Estudos de Direito de Processo Enrico Tullio Liebman, v. 21).

NETO, Diogo de Figueiredo Moreira. Funções Essenciais à Justiça. In: MENDES, Gilmar; MARTINS, Ives Gandra da Silva; NASCIMENTO, Carlos Valder do (coords.). *Tratado de direito constitucional.* 2. ed. São Paulo: Saraiva, 2012.

NIETZSCHE, Friedrich Wilheim. *Genealogia da moral*: uma polêmica. Trad. Paulo César de Sousa. São Paulo: Companhia das Letras, 2002.

NOGUEIRA, Jose Carlos de Ataliba. *Estado é um meio e não um fim*. São Paulo: Universidade de São Paulo, 1940.

NUSDEO, Fábio. *Curso de economia*: introdução ao direito econômico. 4. ed. São Paulo: Revista dos Tribunais, 2005.

OLIVEIRA, Alfredo Emanuel Farias de. O que é Defensoria Pública? Qual é a sua identidade? Concepções tangenciais da hermenêutica fenomenológica. In: MAIA, Maurílio Casas. *Defensoria Pública, democracia e processo.* São Paulo: Tirant lo Blanch, 2020.

OLIVEIRA, Alfredo Emanuel Farias de; MAIA, Maurílio Casas. Um breve ensaio sobre os avanços da Defensoria Pública enquanto custos vulnerabilis no Brasil. In: OLIVEIRA, Alfredo Emanuel Farias de; et al. (orgs.). Teoria Geral da Defensoria Pública. Belo Horizonte: D'Plácido, 2020.

OLIVEIRA, João Gualberto de. *História dos órgãos de classe dos advogados.* São Paulo: Lex, 1968.

OLIVEIRA, Rogério Nunes de. *Assistência jurídica gratuita.* Rio de Janeiro: Lumen Juris, 2006.

ORTS, Adela Cortina; NAVARRO, Emilio Martínez. *Ética.* Trad. de Silvana Cobucci Leite. 3. ed. São Paulo: Loyola, 2010.

PAIVA, Caio; FENSTERSEIFER, Tiago. *Comentários à Lei Nacional da Defensoria Pública.* Belo Horizonte: CEI, 2019. (Coleção Leis Especiais Comentadas primeira parte, item n. 5.1, p. 50).

PAIVA, Caio. *Prática penal para a Defensoria Pública.* Rio de Janeiro: Forense, 2016.

PASSOS, José Joaquim Calmon de. O problema do acesso à justiça no Brasil. *Revista de Processo*, n. 39, jul.-set. 1985, p. 78-88.

PEÑA de Moraes, Humberto; TEIXEIRA, José Fontenelle. *Assistência judiciária*: sua gênese, sua história e função protetiva do Estado. Niterói: La Cava Santos, 1974.

PEREIRA, Viviane Ruffeil Teixeira. In: VELOSO, Zeno; SALGADO, Gustavo Vaz (coords.). *Reforma do Judiciário comentada.* São Paulo: Saraiva, 2005.

PERELMAN, Chaïm. *Lógica jurídica.* Trad.: Vergínia K. Pupi. São Paulo: Martins Fontes, 2004.

PIETRO, Maria Sylvia Zanella Di. *Direito administrativo.* 17. ed. São Paulo: Atlas, 2004.

PIOVESAN, Flávia (coord. geral). *Código de Direito Internacional dos Direitos Humanos anotado.* São Paulo: DPJ, 2008.

__________. *Temas de direitos humanos.* São Paulo: Max Limonad, 1998.

PITOMBO, Sérgio Marcos de Moraes. *Procedimento administrativo criminal realizado pelo Ministério Público* [publicado originalmente em 2002]. Obra em processo penal. São Paulo: Singular, 2018.

__________. *Direitos humanos e processo penal.* Visões contemporâneas. São Paulo: As-sociação Juízes para a Democracia, 2001. p. 107-113. Também disponível em: <http://www.sergio.pitombo.nom.br/files/word/direitos_hum.doc>. Acesso em: 20 jun. 2008.

__________. A dignidade do processo penal de Canuto Mendes a Lauria Tucci (Prefácio). In: TUCCI, Rogério Lauria. *Teoria do direito processual penal.* São Paulo: RT, 2002.

POCHMANN, Marcio. O país dos desiguais, *Le Monde Diplomatique Brasil*, ano 1, n. 3, out. 2007

POUND, Roscoe. *Desenvolvimento das garantias constitucionais da liberdade.* Trad. de E. Jacy Monteiro. São Paulo: Ibrasa, 1965 (Clássicos da Democracia, n. 29).

PRADO, Geraldo. *Em torno da jurisdição.* Rio de Janeiro: Lumen Juris, 2010.

RAMOS, André de Carvalho. *Curso de direitos humanos.* 5. ed. São Paulo: Saraiva, 2018.

RÉ, Aluísio Iunes Monti Ruggeri. *Manual do defensor público*: teoria e prática. 4.ed. Juspodium, Salvador, 2019.

REIS, Gustavo Augusto Soares dos. Educação em direitos e Defensoria Pública: reflexões a partir da Lei Complementar n. 132/09. *Revista da Defensoria Pública do Estado de São Paulo*, ano 4, n. 2, 2001.

__________. *Comentários à lei da Defensoria Pública.* São Paulo: Saraiva, 2013.

__________. O novo Código de Processo Civil e a Defensoria Pública do século XXI: o regime jurídico de um novo ator processual. In: SOUSA, José Augusto Garcia de (coord.). *Defensoria Pública*: repercussões do novo CPC. Salvador: JusPodivm, 2015.

__________. *Direitos humanos, democracia e justiça social*: uma homenagem à professora Eunice Prudente – da militância à academia. São Paulo: Letras Jurídicas, 2017.

RIBEIRO, Renato Janine. Os direitos humanos poderão ameaçar a democracia? In: RIFIOTIS, Theophilos; RODRIGUES, Tiago Hyra (orgs.). *Educação em direitos humanos* – discursos críticos e temas contemporâneos. Florianópolis: Ed. UFSC, 2008.

RIGOLIN, Ivan Barbosa. *Comentários ao regime único dos servidores públicos civis.* 6. ed. São Paulo: Saraiva, 2010.

ROBERT, Henri. *O advogado.* São Paulo: Martins Fontes, 1997.

ROCHA, Amélia Soares da. *Defensoria Pública*: fundamentos, organização e funcionamento. São Paulo: Atlas, 2013.

ROCHA, Jorge Bheron. A Defensoria como custos vulnerabilis e a advocacia privada. *Revista Consultor Jurídico*, maio 2017. Disponível em: <https://www.conjur.com.br/2017-mai-23/tribuna-defensoria-defensoria-custos-vulnerabilis-advocacia-privada>.

__________. A Defensoria como player garantidor do contraditório e da ampla defesa. *Revista Consultor Jurídico*, 14 de outubro de 2017. Disponível em: <https://www.conjur.com.br/2017-out-14/diario-classe-defensoria-player-garantidor-contraditorio-ampla-defesa>.

RODRIGUES, Lêda Boechat. *História do Supremo Tribunal Federal*. Rio de Janeiro: Civilização Brasileira, 1965. Tomo I.

RODRIGUES, Walter Piva. Assistência judiciária, uma garantia insuficiente. In: GRINOVER, Ada Pellegrini; DINAMARCO, Cândido Rangel; WATANABE, Kazuo. *Participação e processo*. São Paulo: RT, 1988.

__________. A assistência jurídica aos necessitados e as ações judiciais coletivas. In: FUNDAÇÃO KONRAD ADENAUER. *Cadernos Adenauer 3*: Acesso à justiça e cidadania. São Paulo, maio 2000.

ROQUE, André Vasconcelos; GAJARDONI, Fernando da Fonseca; DELLORE, Luiz; OLIVEIRA; Zulmar Duarte de. *Teoria Geral do Processo*: comentários ao CPC de 2015 (Parte Geral). São Paulo: Forense, 2015.

ROSA, Alexandre Morais da, Qual a cor do cavalo branco de Napoleão?, *Consultor Jurídico*, 22 fev. 2014. Disponível em: http://www.conjur.com.br/2014-fev-22/diario-classe-qual-cor-cavalo--branco-napoleao.

ROSA, Inocêncio Borges da. *Nulidades do processo*. Porto Alegre, Globo, 1935.

ROSENN, Keith. *O jeito na cultura jurídica brasileira*. Rio de Janeiro: Renovar, 1998.

ROUDINESCO, Elisabeth; PLON, Michel. Verbete "identificação". *Dicionário de Psicanálise*. Trad. Vera Ribeiro e Lucy Guimarães. Rio de Janeiro: Zahar, 1998.

SABADELL, Ana Lucia. *Manual de sociologia jurídica*. 5. ed. São Paulo: RT, 2010.

SABATO, Ernesto Sabato. *A resistência*. São Paulo: Companhia das Letras, 2008.

SADEK, Maria Tereza. Justiça e direitos: a construção da igualdade. In: BOTELHO, André; SCHWARCZ, Lili Moritz. *Agenda brasileira*: temas de uma sociedade em mudança. São Paulo: Companhia das Letras, 2011.

SALDANHA, Nelson. *A OAB e sua trajetória*. Recife: OAB de Pernambuco, 1982.

SANTIAGO, Nestor Eduardo Araruna; MAIA, Maurílio Casas. O garantismos penal, o encarcerado vulnerável e a intervenção da Defensoria Pública na execução penal: custos vulnerabilis? Revista Brasileira de Ciências Criminais, v. 152, fevereiro de 2019, p. 173/209.

SANTOS, Boaventura de Sousa. *Para uma revolução democrática da justiça*. 3. ed. São Paulo: Cortez, 2011.

SANTOS, J. M. de Carvalho. *Código de Processo Civil interpretado*. 6. ed. Rio de Janeiro; São Paulo: Livraria Freitas Bastos, 1963. v. I.

SANTOS, Milton. *O espaço do cidadão*. 7. ed. São Paulo: Edusp, 2007.

SARAGAMO, José. *Ensaio sobre a lucidez.* São Paulo: Companhia das Letras, 2004.

SCHRITZMEYER, Ana Lúcia Pastore. Afetos em jogo nos tribunais do júri. *São Paulo em Perspectiva*, São Paulo: Fundação Seade, v. 21, n. 2, jul.-dez. 2007.

SEABRA FAGUNDES, Miguel. *O controle dos atos administrativos pelo Poder Judiciário.* Atualizador: Gustavo Binenbojm. 7. ed. Rio de Janeiro: Forense, 2005.

SILVA, Bruno César da; SCHWEIKER, Peter Gabriel Molinari. Autoridade parental e autonomia progressiva: a necessidade de superação da teoria das incapacidades à luz da Doutrina da Proteção Integral. Cadernos da Defensoria Pública do Estado de São Paulo. São Paulo, v. 3, n.15, p. 44/61, jul. 2018.

SILVA, De Plácido e. *Comentários ao Código de Processo Civil.* 4. ed. Rio de Janeiro: Forense, 1956.

SILVA, Bruno César da. Defensoria Pública e a participação processual de crianças e adolescentes. Rio de Janeiro: Lumen Juris, 2016.

SILVA, Fábio de Sá e. Opinião pública, pesquisa aplicada e reforma da Justiça: contribuições e desafios, políticos e analíticos. In: SCHIAVINATTO, Fábio (org.). *Sistema de indicadores de percepção social.* Brasília: Ipea, 2011.

SILVA, Franklyn Roger Alves; ESTEVES, Diogo. A nova disciplina da legitimação extraordinária da Defensoria Pública no NCPC. In: DIDIER JR., Fredie (coord. geral); SOUSA, José Augusto Garcia de (coord.). *Coleção Repercussões do Novo CPC.* Salvador: JusPodivm, 2015.

SILVA, José Afonso da. *Curso de direito constitucional positivo.* 27. ed. São Paulo: Malheiros, 2006.

SILVA, Marco Antonio Marques da. *Acesso à justiça penal e Estado Democrático de Direito.* São Paulo: Juarez de Oliveira, 2001

SILVA, Octacílio Paula. *Ministério Público.* São Paulo: Sugestões Literárias, 1981.

__________. *Ética do magistrado à luz do direito comparado.* São Paulo: RT, 1994.

SILVA SANCHEZ. Jesus Maria. *A Expansão do Direito Penal.* Tradução de Luiz Otávio de Oliveira. São Paulo: RT, 2011.

SOBRINHO, Eduardo Pinto Pessoa. *Manual dos servidores do Estado.* Rio de Janeiro: A. Coelho Branco Filho Editor, 1963.

SODRÉ, Ruy de Azevedo. *O advogado*: seu estatuto e a ética profissional. 2. ed. São Paulo: RT, 1967.

SORRENTINO, Federico. I conflitti di attribuzione tra i poteri dello Stato. *Rivista Trimestrale di Diritto Pubblico*, Milano: Giuffrè, anno XVII, n. 3, luglio-settembre de 1967, item 7.

SOUSA, José Augusto Garcia de. O destino de Gaia e as funções constitucionais da Defensoria Pública: ainda faz sentido – sobretudo após a edição da Lei Complementar 132/09 – a visão individualista a respeito da instituição? In: SOUSA, José Augusto Garcia de (coord.). *Uma nova*

*Defensoria Pública pede passagem*: reflexões sobre a Lei Complementar 132/09. Rio de Janeiro: Lumen Juris, 2011.

__________. A Defensoria Pública e o CPC de 2015: novos caminhos – e responsabilidades – para uma instituição enfim essencial. In: DIDIER JR., Fredie (coord. geral);

__________. *Coleção Repercussões do Novo CPC*. Salvador: JusPodivm, 2015.

SOUZA, Fábio Luís Mariani de. *A Defensoria Pública e o acesso à justiça penal*. Porto Alegre: Nuria Fabris, 2011.

SOUZA, Silvana Cristina Bonifácio. *Assistência jurídica integral e gratuita*. São Paulo: Método, 2003.

STRECK, Lenio Luiz. *Tribunal do Júri*: símbolos e rituais. 3. ed. Porto Alegre: Livraria do Advogado, 1998.

TÁCITO, Caio. Controle dos motivos do ato administrativo. In: Temas de Direito Público: Estudos e Pareceres. Rio de Janeiro: Renovar, 1997. v. 1.

__________. Vinculação e discricionariedade administrativa. In: Temas de Direito Público: Estudos e Pareceres. Rio de Janeiro: Renovar, 1997. v. 1.

TANONE, Júlio Cesar. *A verba honorária devida à Defensoria Pública pela atuação em curadoria especial*. Disponível em: <http://www.defensoria.sp.gov.br/dpesp/Repositorio/20/Documentos/TODAS%20AS%20TESES/TESE%207.pdf>. Acesso em: 13 abr. 2013.

TAVARES, André Ramos. *Manual do Poder Judiciário*. São Paulo: Saraiva, 2012.

__________. *Curso de direito constitucional*. 10. ed. São Paulo: Saraiva, 2012.

__________. *Parecer na página da Associação Nacional dos Defensores Públicos* (Anadep). Disponível em: <http://www.anadep.org.br/wtksite/grm/envio/1409/P_DEFENSORIA_Andre_Ramos_Tavares.pdf>.

TEIXEIRA, José Fontenelle. Defensoria Pública e política institucional: a falta de uma doutrina. *Revista da de Direito da Defensoria Pública*, Rio de Janeiro, ano 13, n. 17, jan. 2001

TELLES JUNIOR, Goffredo. *Estudos*. São Paulo: Juarez de Oliveira, 2005.

TEPEDINO, Gustavo; BARBOZA, Heloísa Helena; MORAES, Maria Celina Bodin de. *Código Civil interpretado conforme a Constituição da República*. Rio de Janeiro: Renovar, 2007.

THEODORO JÚNIOR, Humberto; NUNES, Dierle; BAHIA, Alexandre Melo Franco; PEDRON, Flávio Quinaud. *Novo CPC*: fundamentos e sistematização. 2. ed. Rio de Janeiro: Forense, 2015.

TORNAGHI, Hélio. *Curso de processo penal*. São Paulo: Saraiva, 1987.

TUCCI, Rogério Lauria; TUCCI, José Rogério Cruz e. *Constituição de 1988 e processo*: regramentos e garantias constitucionais do processo. São Paulo: Saraiva, 1989.

URWAND, Ben. *A colaboração*: o pacto entre Hollywood e o nazismo. Trad. Luis Reyes Gil. São Paulo: Leya, 2014.

VALLADÃO, Alfredo. *O Ministério Público, quarto poder do Estado e outros estudos jurídicos*. Anotações, traços biográficos e bibliografia de Alfredo Valladão por Haroldo Valladão. Rio de Janeiro: Freitas Bastos, 1973.

VERÍSSIMO, Luís Fernando. O poder do nada. In: ROITMAN, Ari (org.). *O desafio ético*. Rio de Janeiro: Garamond, 2009.

VERNASCHI, Rafael Valle; ZVEIBIL, Daniel Guimarães. Defensoria não é disciplinada pelo Estatuto da Ordem. *Consultor Jurídico*, 27 maio 2011. Disponível em: http://www.conjur.com.br/2011-mai-27/defensoria-regrada-lei-complementar-nao-estatuto-oab. Acesso em: 20 jan. 2013.

VIANNA, Luiz Wernneck et al. *Corpo e alma da magistratura brasileira*. 3. ed. Rio de Janeiro: Revan, 1997.

VITORELLI, Edilson. *O devido processo legal coletivo*: dos direitos aos litígios coletivos. São Paulo: RT, 2016. Cap. 6.

WATANABE, Kazuo. *Modalidades de mediação*. Série Cadernos do CEJ, n. 22. Brasília: Conselho de Justiça Federal, 2001.

WEIS, Carlos. *Direitos humanos contemporâneos*. São Paulo: Malheiros, 2006.

YARSHELL, Flávio Luiz. *Curso de Direito Processual Civil*. São Paulo: Marcial Pons, 2014.

ZAFFARONI, Eugênio Raul et al. *Direito penal brasileiro*. Rio de Janeiro: Revan, 2017.

ZANON, Artemio. *Assistência judiciária gratuita*. São Paulo: Saraiva, 1985.

ZUFELATO, Camilo. A participação da Defensoria Pública nos processos coletivos de hipossuficientes: da legitimidade ativa à intervenção *ad coadjuvandum*. *Revista Digital de Direito Administrativo*, v. 3, n. 3, p. 636-657, 2016. Disponível em: <https://doi.org/10.11606/issn.2319-0558.v3i3p636-657>.

ZVEIBIL, Daniel Guimarães. Capacidade postulatória autônoma dos Defensores Públicos: qual o significado? *APADEP em notícias*, n. 19, ano IV, maio-jun. 2011, p. 6. Disponível em: http://content.yudu.com/Library/A1ºfz3/RevistaApadepemNotci/resources/index.htm?referrerUrl=http%3A%2F%2Fwww.yudu.com%2Fpublish%2Ffinish_now%2F170611. Acesso em: 20 jan. 2013.

__________ et al. Como assim? Defensores Públicos com "superpoderes"? *APADEP em notícias*, n. 15, ano III, maio-jun. 2010, p. 5. Disponível em: http://content.yudu.com/Library/A1ºfz3/RevistaApadepemNotci/resources/index.htm?referrerUrl=http%3A%2F%2Fwww.yudu.com%2Fpublish%2Ffinish_now%2F170611. Acesso em: 10 jan. 2013.

__________. *Contribuição para uma análise processual dos conflitos brasileiros de atribuição*. Dissertação (Mestrado) – Faculdade de Direito da USP. Orientador: Prof. José Ignacio Botelho de Mesquita. São Paulo, 2006.

__________. Instrumentalidade, reformas e decadência do sistema processual civil brasileiro: oportunidade de revisão e reajuste. In: TUCCI, José Rogério Cruz e; RODRIGUES, Walter Piva; AMADEO, Rodolfo da Costa Manso Real (coords.). *Processo civil*: homenagem a José Ignacio Botelho de Mesquita. São Paulo: Quartier Latin, 2013.

# Filmografia

*A escolha de Sofia (Sophie's Choice*, EUA, 1982)

*Anatomia de um crime* (*Anatomy of a Murder*, EUA, 1959)

*As duas faces de um crime* (*Primal fear*, EUA, 1996)

*As leis de família* (*Derecho de familia*, Argentina, 2006)

*A trombeta de Gedeão* (*Gideon's Trumpet*, EUA, 1980)

*Cabo do Medo* (*Cape Fear*, EUA, 1991)

*Casablanca* (*Casablanca*, EUA, 1942)

*Estranha compulsão* (*Compulsion*, EUA, 1958)

*Jornada pela Justiça* (*The Wronged Man*, EUA, 2010)

*Juízo* (Brasil, 2007)

*Justiça para todos* (*And Justice for All*, EUA, 1979)

*Justiça* (Brasil/Holanda, 2004)

*Meu primo Vinny* (*My cousin Vinny*, EUA, 1992)

*O crime não compensa* (*Knock on any door*, EUA, 1949)

*O esquadrão da justiça* (*The star chamber*, EUA, 1983)

*Onde está a liberdade?* (*Dov'è la libertà?*, Itália, 1954)

*Ônibus 174* (Brasil, 2002)

*O processo* (*The trial*, Reino Unido, 1993)

*O reverso da fortuna* (*Reversal of Fortune*, EUA, 1990)

*O sol brilha na imensidão* (*The sun shines bright*, 1953)

*Os suspeitos* (*The usual suspects*, EUA, 1995)

*Rebelião no presídio* (*Riot in Cell Block 11*, EUA, 1954)

*Separados, mas iguais* (*Separate but equal*, EUA, 1991)

*Sleepers*: a vingança adormecida (*Sleepers*, EUA, 1996)

*Sob suspeita* (*Suspect*, EUA, 1987)

*Tudo o que desejamos* (*Toutes nos envies*, França, 2010)

*Uma lição de amor* (*I am Sam*, EUA, 2001)

*Um certo capitão Lockhart* (*The Man from Laramie*, EUA, 1955)

*Vive-se uma só vez* (*You only live once*, EUA, 1937)

*12 homens e uma sentença* (*12 angry men*, EUA, 1957)